스케치업 2019

완전정복

Sketchup

신명철 저

PREFACE

스케치업 완전정복 시리즈를 발간한 지도 벌써 7년이라는 세월이 흘렀습니다. 스케치업 8 버전으로 시작하여 2015, 2017, 그리고 이번 2019에 이르기까지 그 동안 스케치업 완전정복 시리즈를 사랑해 주신 독자분들께 진심으로 감사의 인사를 드립니다. 2년마다 책을 집필하면서 독자들에게 많은 사랑을 받는다는 것은 저자 입장에서는 참으로 다행스러운 일이지만 또 한편으로는 후속 집필에 대한 부담감을 느낍니다. 새로운 책은 분명 이전의 책들과 비교하여 더 나은 면을 보여야 하기 때문입니다. 그래서 이번 스케치업 2019 완전정복 또한 여러 가지 고민과 출판사와의 기획회의를 통해서 좀 더 발전된 책이 될 수 있도록 하였습니다.

1 건축물 제작 시 전체적으로 명확한 치수 기입 요청

스케치업 8 완전정복에서 정확한 치수를 명시하지 않고 임의의 치수라고 표기한 이유는 정확한 치수가 아니어도 상관없기 때문입니다. 예를 들어 난간의 간격이라든지, 벽면의 무늬 크기 등은 독자 임의로 설정해도 무관하다고 생각했습니다. 하지만 이 책은 전적으로 따라하기 방식으로 되어 있어서 이러한 세세한 치수도 명확히 표기하는 친절함이 필요하다는 지적이 있었습니다. 그래서 스케치업 2019 완전정복에서는 전 버전에서 임의의 치수로 표기하였거나 기입되지 않은 치수를 모두 수치화하였습니다.

2 프로그램을 영문버전에서 한글버전으로 전환 요청

필자는 학생들을 가르치는 교사로서 가능하면 한글버전이 아닌 영문버전을 사용하라고 권합니다. 영문버전이 처음에는 어렵지만 다른 프로그램의 메뉴들과 유사한 면이 많아서 연계하여 사용하기 쉽기 때문입니다. 또한 한글버전은 메뉴들을 매끄럽게 번역하기보다는 직역에 가까운 번역으로 메뉴를 이해하는 데 어색한 부분이 있기 때문입니다. 하지만 한글버전 사용자가 생각보다 많다는 것을 깨닫고 독자들이 주신 의견을 반영하였습니다. 기존의 영문버전을 그대로 유지하되 한글버전을 사용하는 독자들을 위해 메뉴의 영문버전과 한글버전을 모두 표기하였습니다. 예를 들어 Rectangle(직사각형) 도구, Push/Pull(밀기/끌기) 도구 등과 같이 아이콘의 모양과 영문버전 그리고 괄호 안에 한글버전으로 표기하여 영문버전 사용자들과 한글버전 사용자들이 같이 볼 수 있도록 하였습니다. 따라서 한글버전을 사용하는 독자들도 불편함이 없이 책을 볼 수 있을 것입니다.

3 V-Ray에 대한 설명 미흡

마지막으로 V-Ray에 대한 내용이 부족하다는 지적입니다. V-Ray는 자신이 모델링한 데이터를 실사 이미지로 랜더링하는 프로그램을 말합니다. 지금까지 출시된 랜더러 중에서 가장 강력하다고 할 수 있습니다. 스케치업 역시 V-Ray와 연동하여 사용하면 실사에 가까운 퀄리티의 이미지를 얻을 수 있기 때문에 너무 매력적인 프로그램입니다. 하지만 이 부분에 대해 출판사와 여러 차례 기획회의를 한 결과 V-Ray 관련 내용이 방대하여 V-Ray 내용을 자세하게 다룬다면 현재의 분량보다 두 배로 늘어나게 되며, 무엇보다도 이미 시중에 출간된 V-Ray 관련 도서와 차별화되지 못한다는 결론을 내렸습니다. 따라서 V-Ray 메뉴를 세세하게 설명하기보다는 V-Ray를 적용하는 데 가장 기본적인 내용들과 가장 많이 사용하는 부분만을 압축해서 수록하기로 결정하였습니다. 따라서 기존의 스케치업 완전정복 시리즈보다 더 많은 V-Ray 내용을 공부할 수 있을 것입니다.

이 책은 다양한 건축물과 인테리어를 만들어봄으로써 스케치업 프로그램을 좀 더 쉽게 이해할 수 있도록 하였습니다.

Part 01 에서는 건축물 및 인테리어를 제작할 때 반드시 알아야 할 기능을 설명하였습니다. 스케치업 프로그램은 인터페이스가 간단하고 모델링 방법이 쉽기 때문에 몇 가지 기능만 알아도 충분히 건축물을 만들 수 있습니다.

Part 02 에서는 스케치업 프로그램을 처음 접하는 독자들을 위해 모델링 및 매핑을 세세하게 설명하였습니다. 또 모델링하는 방법이 여러 가지가 있는데, 사용자에 맞는 모델링 방법을 독자 스스로 찾을 수 있도록 모델링 방식을 다양하게 설명하였습니다.

Part 03 에서는 중급자들을 위해 좀 더 난이도 있는 건축물 및 전통가옥을 수록하였습니다. 스케치업의 단점은 곡선이 많은 건축물이나 직각이 아닌 형태의 건축물을 만들기가 어렵다는 것인데 예제를 통해서 이러한 건축물들도 쉽게 만들 수 있을 것입니다.

Part 04 에서는 건축물이 종합편으로 도시계획 및 초등학교 등 스케치업 실무자들을 위하여 좀 더 난이도 있는 내용들을 수록하였습니다.

Part 05 는 인테리어 부분으로, 스케치업 프로그램이 외부 건축물(Exterior)뿐만이 아니라 인테리어에도 많이 사용되고 있음을 보여줍니다. 또한 인테리어를 할 때 특히 많이 사용되는 V-Ray의 가장 기본이 되는 메뉴와 예제를 다루었습니다.

이 책은 건축물 및 인테리어를 제작하는 데 꼭 필요한 예제만 고르고 골라 구성하였고, 기존에 출간된 매뉴얼 중심의 책에서 벗어나 다양한 예제 중심의 도서로 건축 및 인테리어 디자인을 전공한 학생 및 실무자에게 기본 서적이 될 것입니다.

책이 출간되기까지 많은 도움을 주신 대가출판사 김호석 사장님 이하 직원 여러분께 깊은 감사를 드립니다. 그리고 나의 보물 지윤, 동겸, 동률이 많이 사랑하고 최종이미지 리터칭 작업을 도와준 사랑하는 아내에게 감사를 전합니다. 마지막으로 스케치업 8부터 깊은 사랑을 가지고 발전적인 조언을 아끼지 않은 독자 여러분들께 감사의 인사드립니다.

2019년 5월
신명철

PREVIEW

실전 예제로 배우는 건축·인테리어

스케치업 2019 완전정복

01 단독주택 Ⅰ(일자형)

02 단독주택 Ⅱ(T자형)

03 현대식 주택

04 펜션 만들기

05 전통가옥 만들기

06 쇼핑센터 만들기

07 아파트 단지 만들기

08 초등학교 만들기

09 단독주택 아이소메트리 만들기

10 선이 아름다운 카페(Cafe) 만들기

01 단독주택 Ⅰ(일자형) | (78쪽) 난이도 : 하(★☆☆☆☆) | 소요시간 : 1시간 30분

02 단독주택 Ⅱ(T자형) | (138쪽) 난이도 : 중하(★★☆☆☆) | 소요시간 : 2시간 30분

03 현대식 주택 | (205쪽) 난이도 : 중(★★★☆☆) | 소요시간 : 4시간

04 펜션 제작하기 | (268쪽)

난이도 : 상중(★★★★☆) | 소요시간 : 7시간

05 전통가옥 제작하기 | (346쪽)

난이도 : 상(★★★★★) | 소요시간 : 12시간 | 리터칭 시간 : 3시간

06 쇼핑센터 제작하기 | (426쪽)

난이도 : 상중(★★★★☆) | 소요시간 : 7시간 | 리터칭 시간 : 3시간

07 아파트 단지 제작하기 | (512쪽) 난이도 : 상(★★★★★) | 소요시간 : 5시간 | 리터칭 시간 : 5시간

08 초등학교 제작하기 | (573쪽) 난이도 : 상(★★★★★) | 소요시간 : 8시간 | 리터칭 시간 : 6시간

09 단독주택 아이소메트리 제작하기 | (668쪽) 난이도 : 중(★★★☆☆) | 소요시간 : 5시간

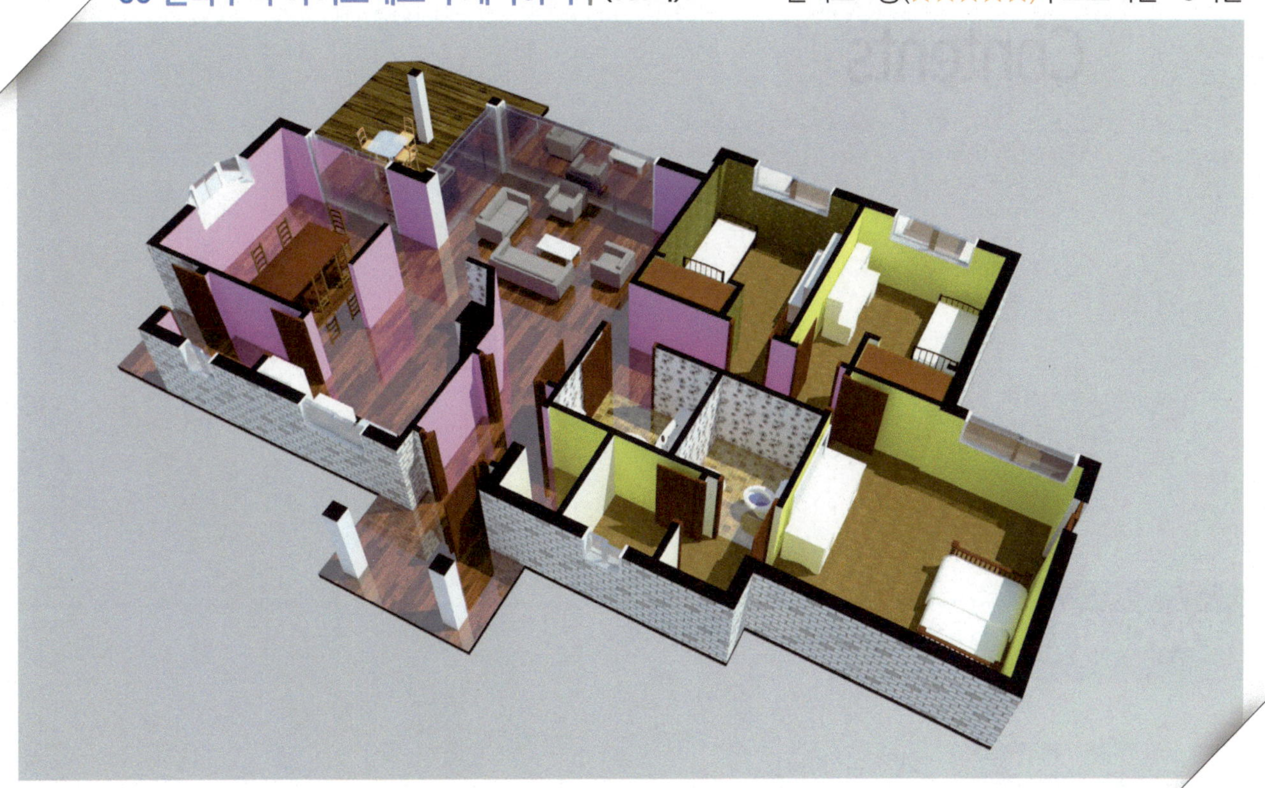

10 선이 아름다운 카페(Cafe) 제작하기 | (708쪽) 난이도 : 상중(★★★★☆) | 소요시간 : 7시간

Contents

PART 02 단독주택 제작하기(초급편)

PART 03 건축물 제작하기(중급편)

들어가기 전에

SketchUp 8 버전에서 SketchUp 2013 버전으로 업그레이드되면서 가장 많이 변화된 것은 바로 인터페이스의 변화이다. 그리고 1년 단위로 계속해서 새로운 버전의 SketchUp이 나오고 있는데 SketchUp 8에서 SketchUp 2013 버전으로 바뀔 때만큼 큰 변화는 아니지만 기능적인 부분과 처리속도에 대한 부분에서 많이 업그레이드되었다. 그럼 예전 버전들과 비교해 SketchUp 2019는 어떻게 달라졌는지 알아보도록 하자.

1. SketchUp 2019의 달라진 점

SketchUp 8

SketchUp 2013

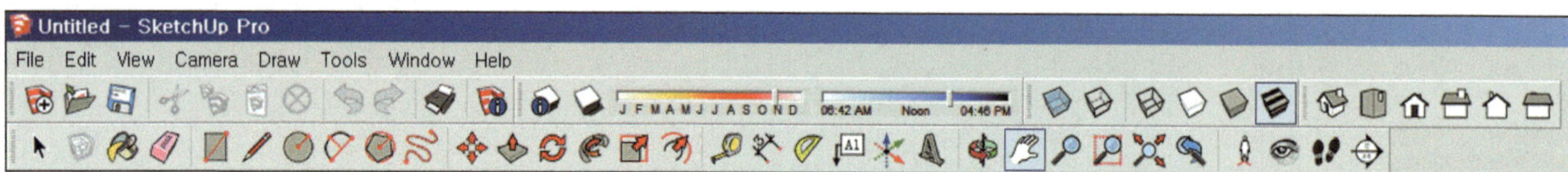

- 예전의 SketchUp 버전에 비해 아이콘들이 직관적이고 단순하게 변경되었다.
- 컴퓨터 처리속도 및 Zoom(확대/축소) 기능확대, 다양한 비디오 Export(내보내기)의 기능들이 추가되었다.

SketchUp 2015

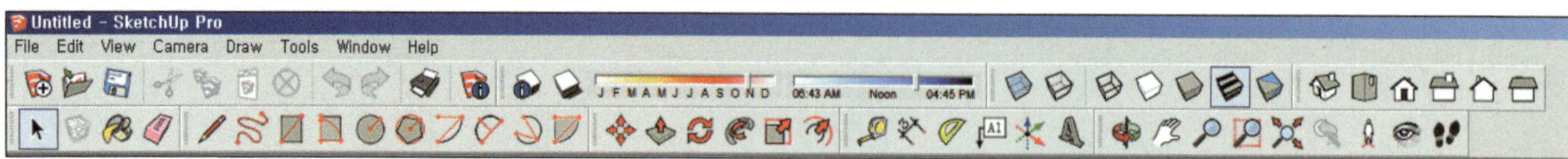

- 64bit를 지원한다.
- Rotate Rectangle(사각형회전) 기능이 추가되었다.
- Arc(호) 기능이 추가되었다.
  Center(중심)과 2Point를 연결하는 호를 그릴 수 있다.

- 3Point Arc(3점호) 기능이 추가되었다.
  3점을 지나는 호를 그릴 수 있다.
- Pie(파이) 기능이 추가되었다.
  Center(중심)과 2Point를 연결하는 Pie(파이) 면을 그릴 수 있다.

SketchUp 2017

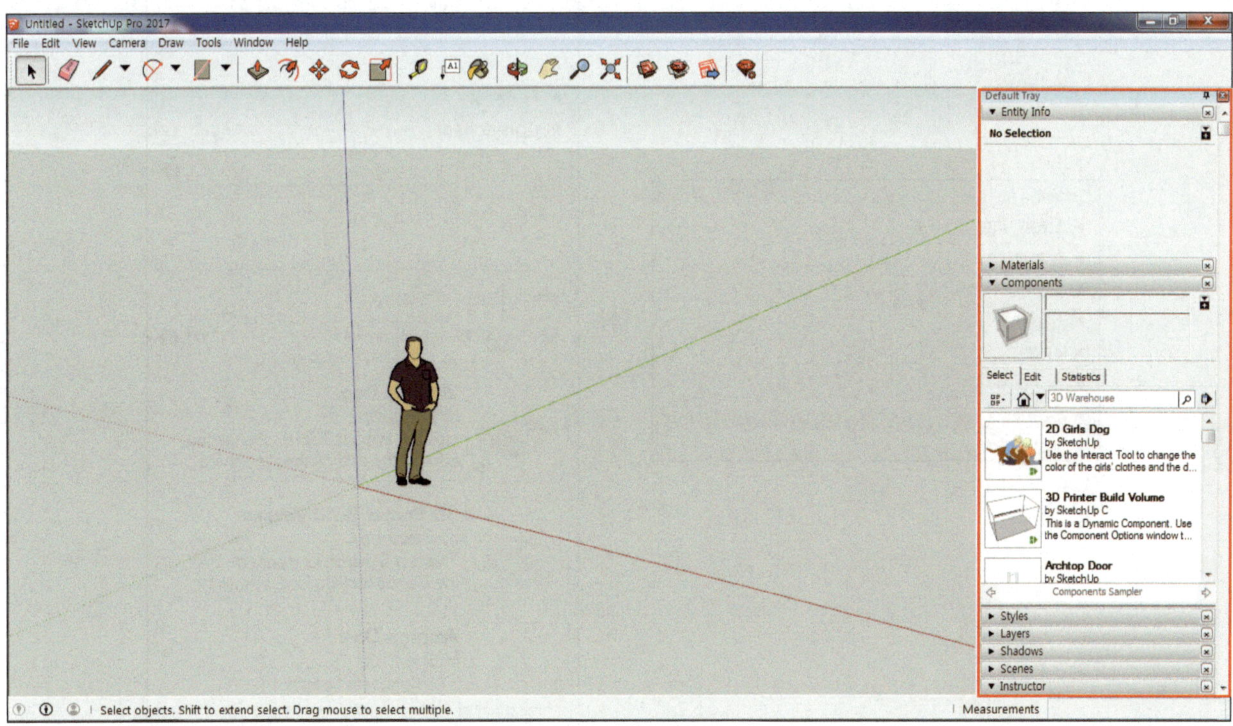

- SketchUp 2017부터는 64bit 운영체제에서만 사용가능하다.
- SketchUp 2017의 가장 큰 변화는 포토샵이나 일러스트레이터 프로그램과 같이 여러 가지 Trays(상자)가 우측에 생성되어 있어 작업하는 내용이나 Materials(재질), Components(컴포넌트), Styles(스타일), Layers(레이어), Scenes(장면), Instructor(소개) 등을 한 눈에 볼 수 있다. 또한 자신이 원하는 Tray(상자)를 편집할 수 있다.

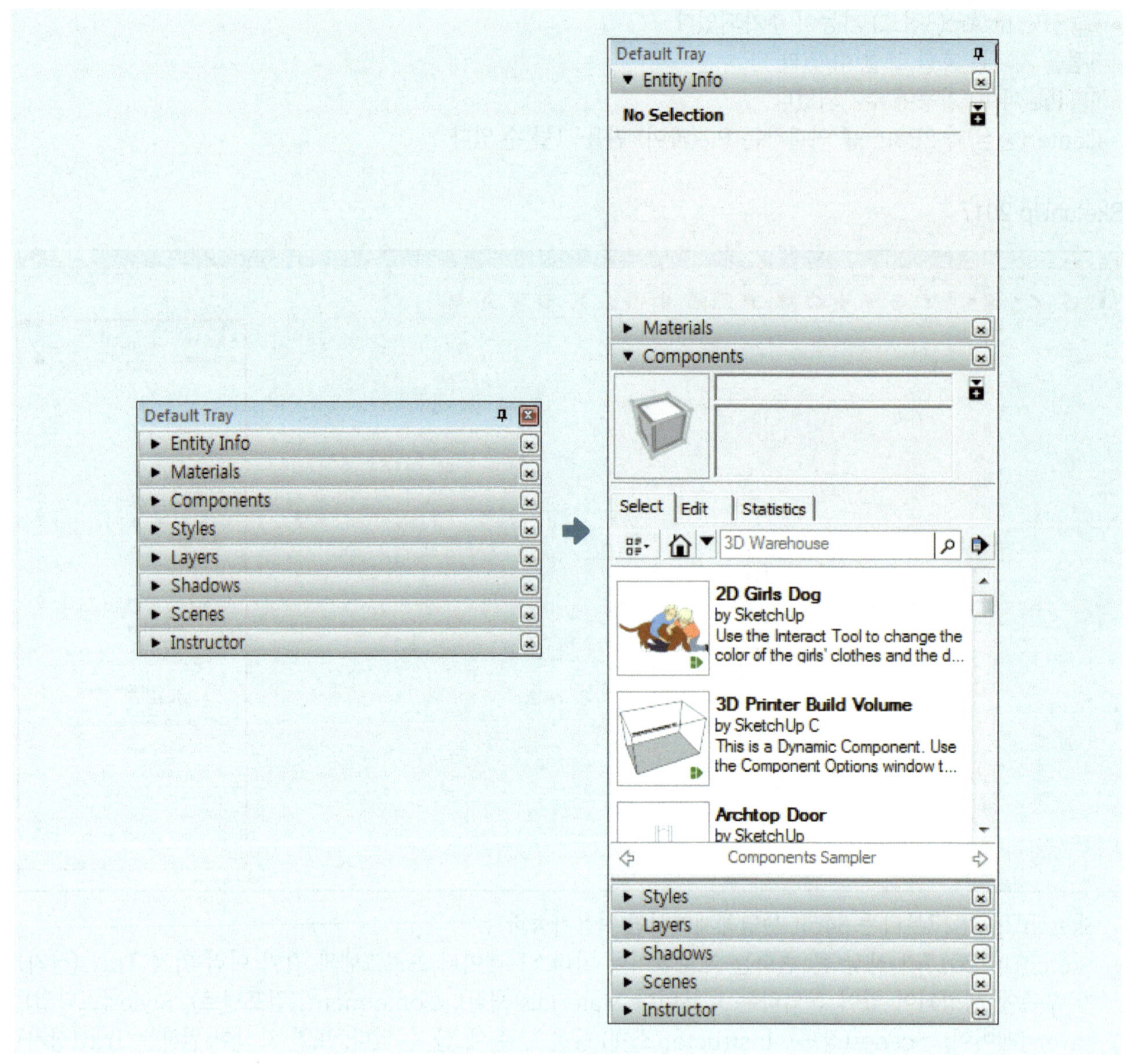

• 화살표를 클릭해서 각 Tray(상자)를 열어 자세한 내용을 볼 수 있다.

SketchUp 2019

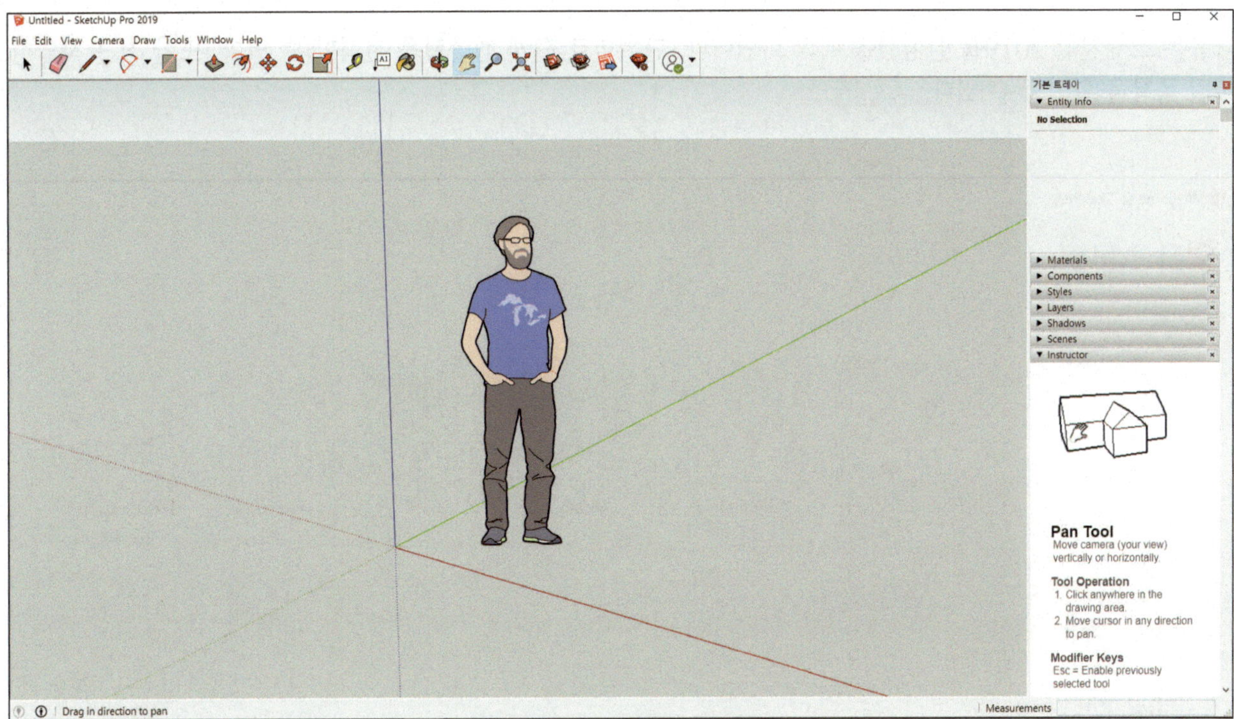

- 스케치업 2019는 인터페이스에서는 그 전 버전과 크게 달라진 것은 없다.
- 다만 기능적인 면에서 업그레이드된 것을 확인할 수 있다.

① 사용 목적에 맞는 템플릿의 선택과 최근 작업 파일 관리가 더 쉽고 편리해졌다.

다음은 스케치업 2019를 실행했을 때의 화면이다. 단위별로 쉽게 템플릿을 선택할 수 있다. 또한 최근 작업한 파일 목록을 확인할 수 있다.

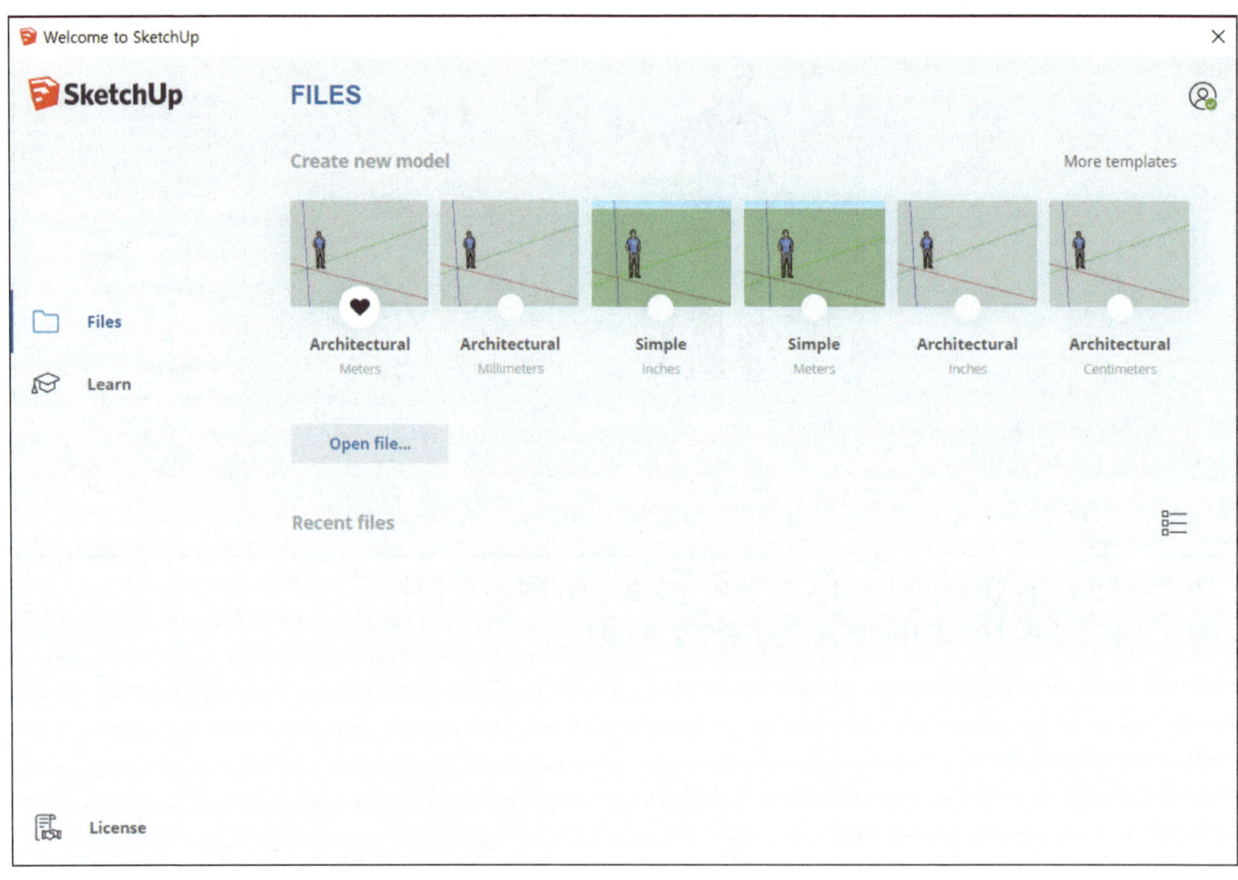

② 3D Warehouse의 검색 기능 강화

3D Warehouse란 건축, 디자인, 설계의 재미를 위하여 누구나 3D 모델을 공유하고 다운로드할 수 있는 공간이다. 이러한 3D Warehouse에 카테고리를 만들어 모델의 종류별로 구분하여 검색에 필요한 시간을 최소화하였다.

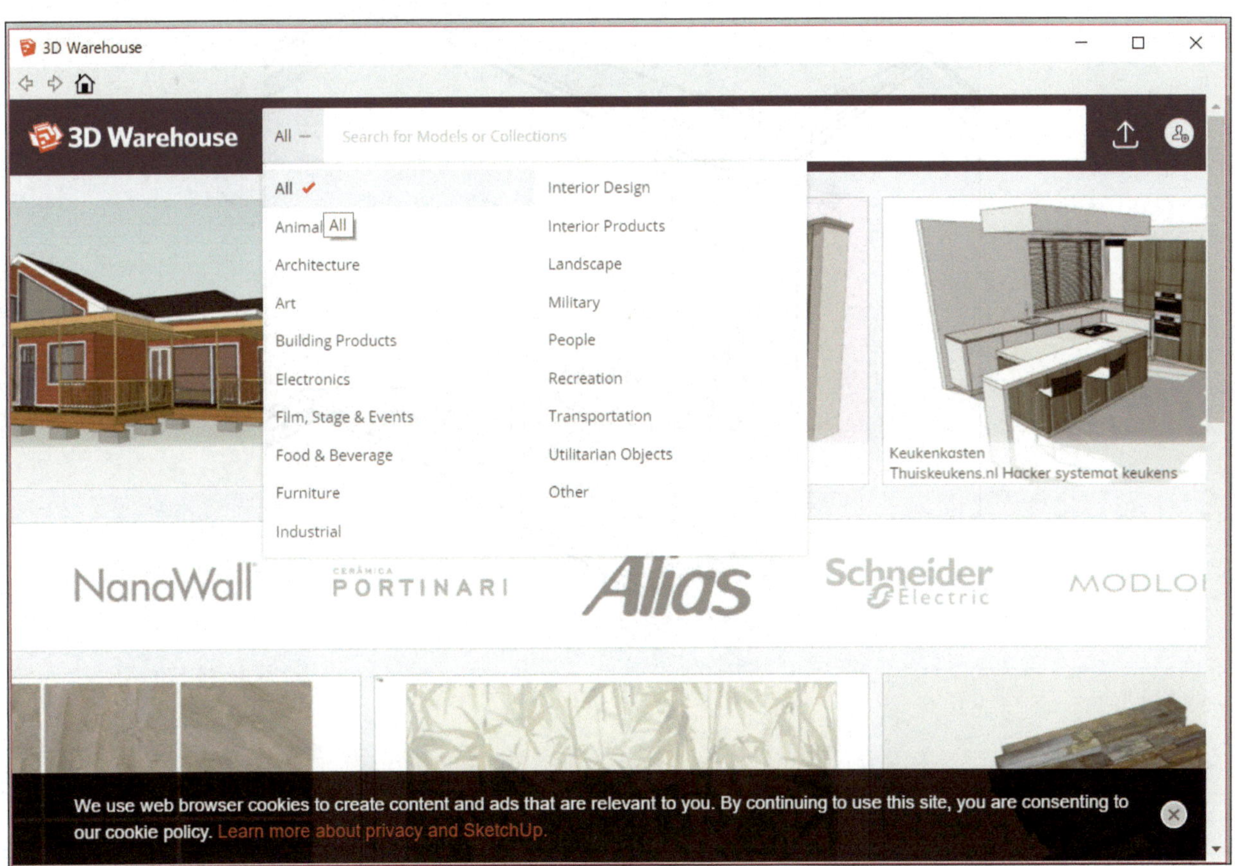

③ Tape Measure Tool(줄자도구)의 기능향상

줄자도구 실행 후 속성 정보를 알고 싶은 객체(선, 면 등) 위에 마우스를 가져가면 해당 객체의 길이나 면적이 Entity info 창을 통해 확인할 필요없이 바로 화면에 표시된다.

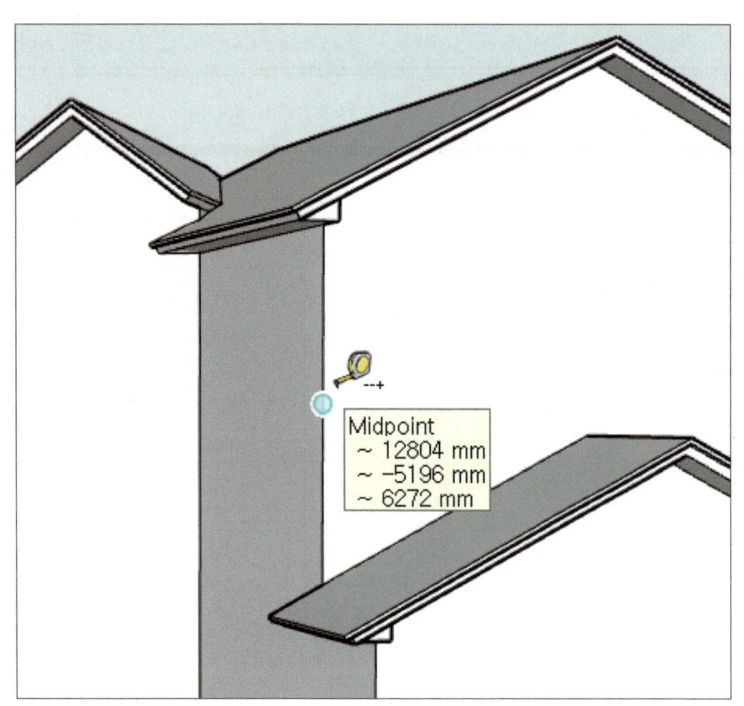

④ 다양한 선의 종류 표현 가능

레이어별 선의 종류가 점선, 파선, 파쇄선 등으로 지정 가능하여 시각적으로 모델링을 편하게 볼 수 있다.

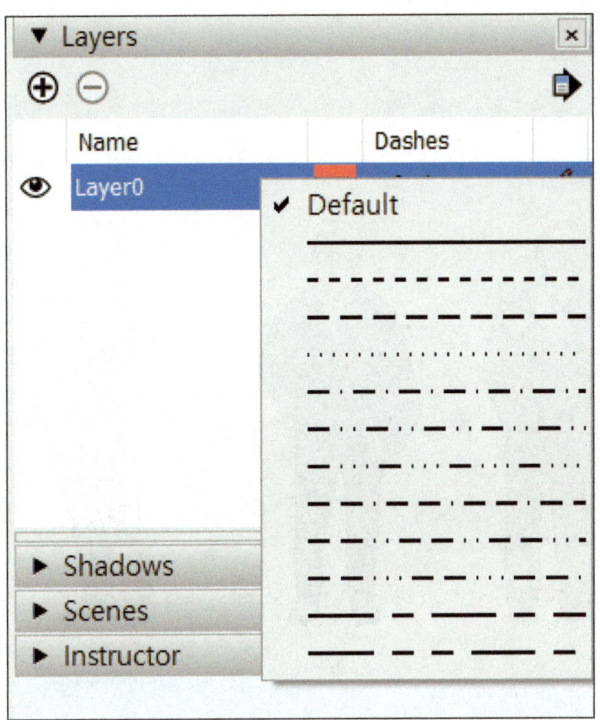

⑤ 이 밖에도 스케치업 AR/VR용 뷰어를 통해 AR/VR 기기와 연결할 수 있으며, 스케치업 캠퍼스에서 쉽고 편리하게 스케치업 프로그램을 공부할 수 있다.

TIP

〈캐릭터의 변화〉

SketchUp 버전이 업그레이드되면서 메인화면의 캐릭터들도 변화가 있었다.
대부분 SketchUp 프로그램의 개발팀의 팀원(Member)이거나 후원자(Supporter)의 실제 이름들이다.

2. SketchUp 2019 다운로드하고 실행하기

SketchUp 공식홈페이지 https://www.sketchup.com/ko/try-sketchup에 들어가면 SketchUp 2019 평가판을 무료로 다운로드받을 수 있다. SketchUp Pro 2017은 유료이며 정식버전을 구입해 사용하길 바란다. 평가판은 30일 사용할 수 있다.

① SketchUp 홈페이지에 접속한다.

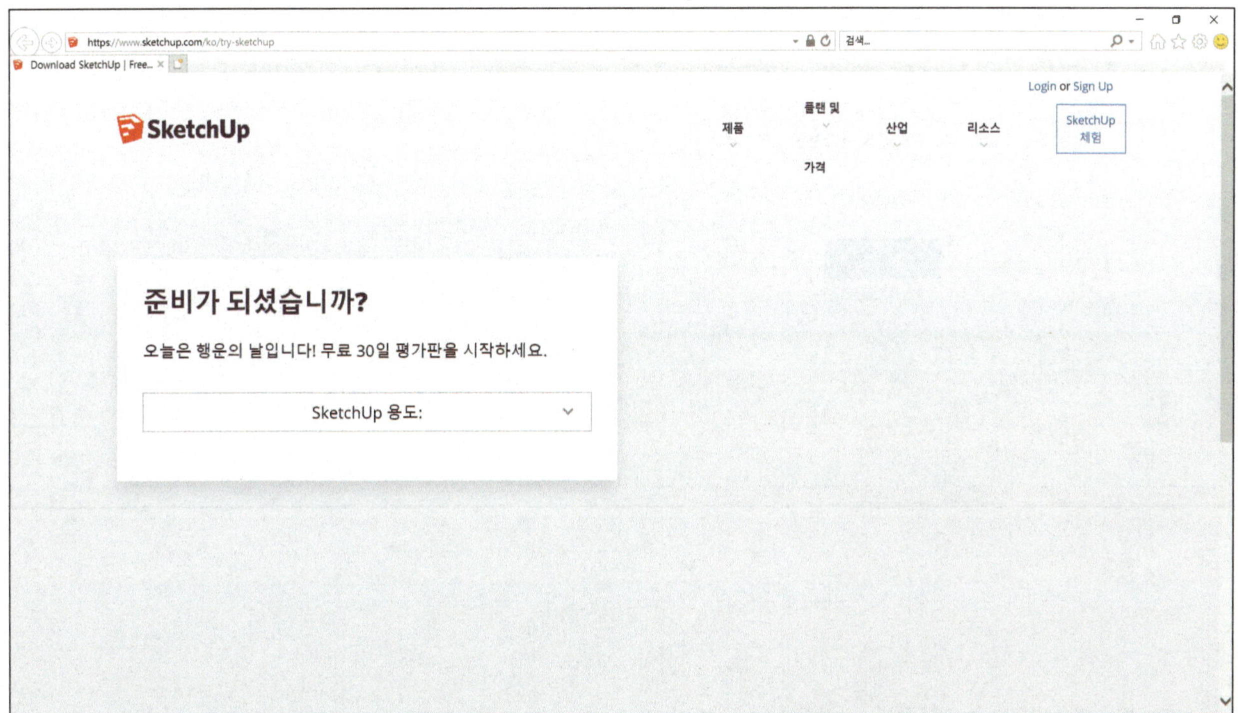

② SketchUp 용도를 "개인용"으로 선택한 후 로그인을 한다. 스케치업 계정이 없는 독자는 먼저 계정만들기를 클릭해서 계정을 만든다.

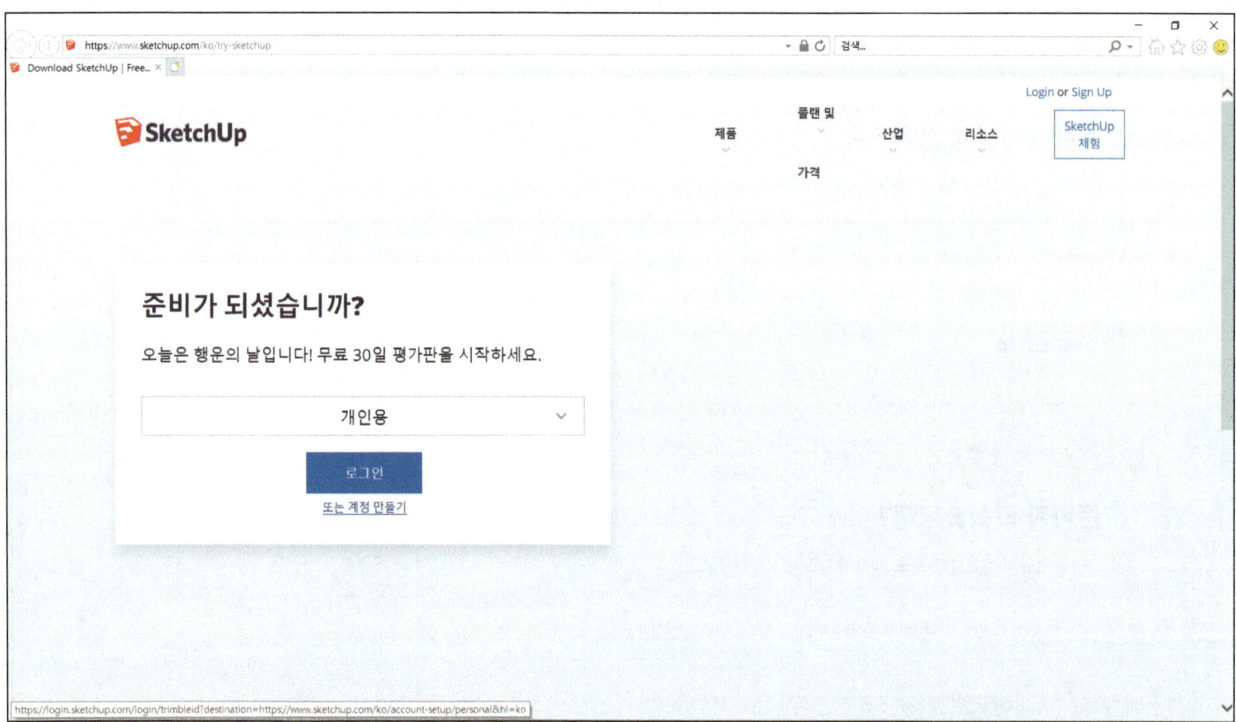

③ 생성된 계정으로 로그인한다.

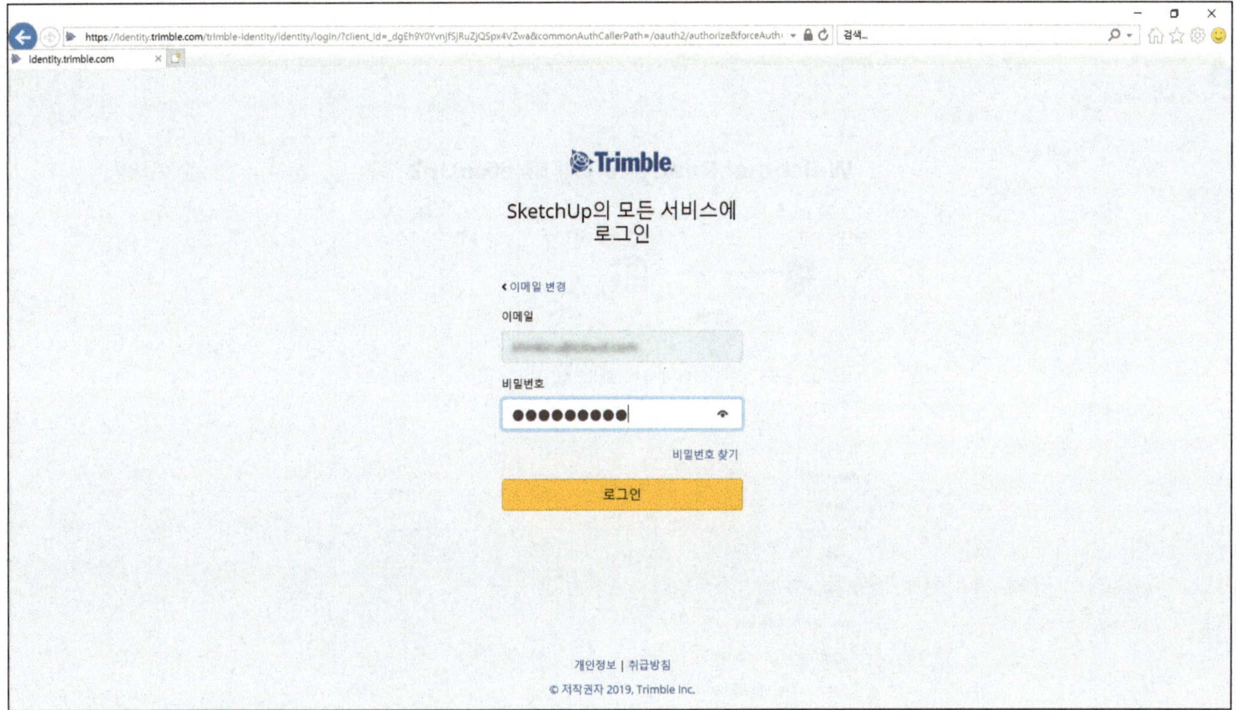

④ Interest에서 Architecture를 선택한다. 기타 본인의 사용 용도에 맞춰 선택하면 된다. 선택 후 내 앱으로 계속하기를 클릭한다.

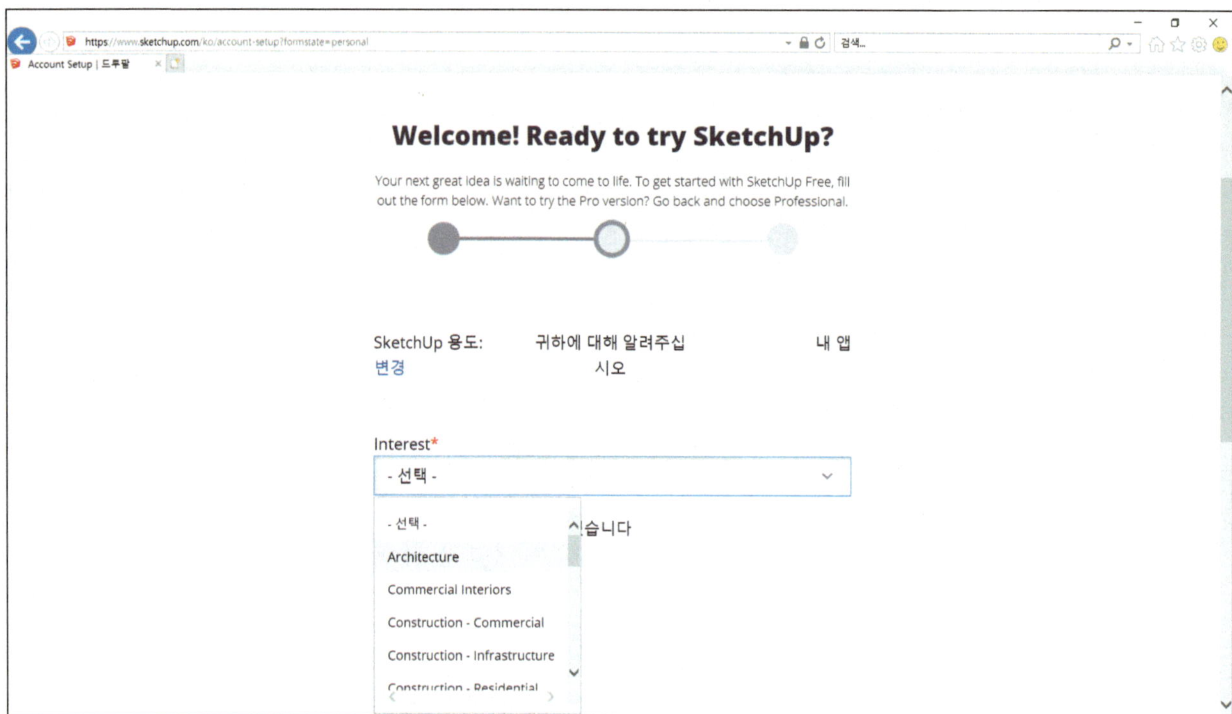

⑤ SketchUp Pro 다운로드를 클릭하여 스케치업 설치파일을 다운로드한다.

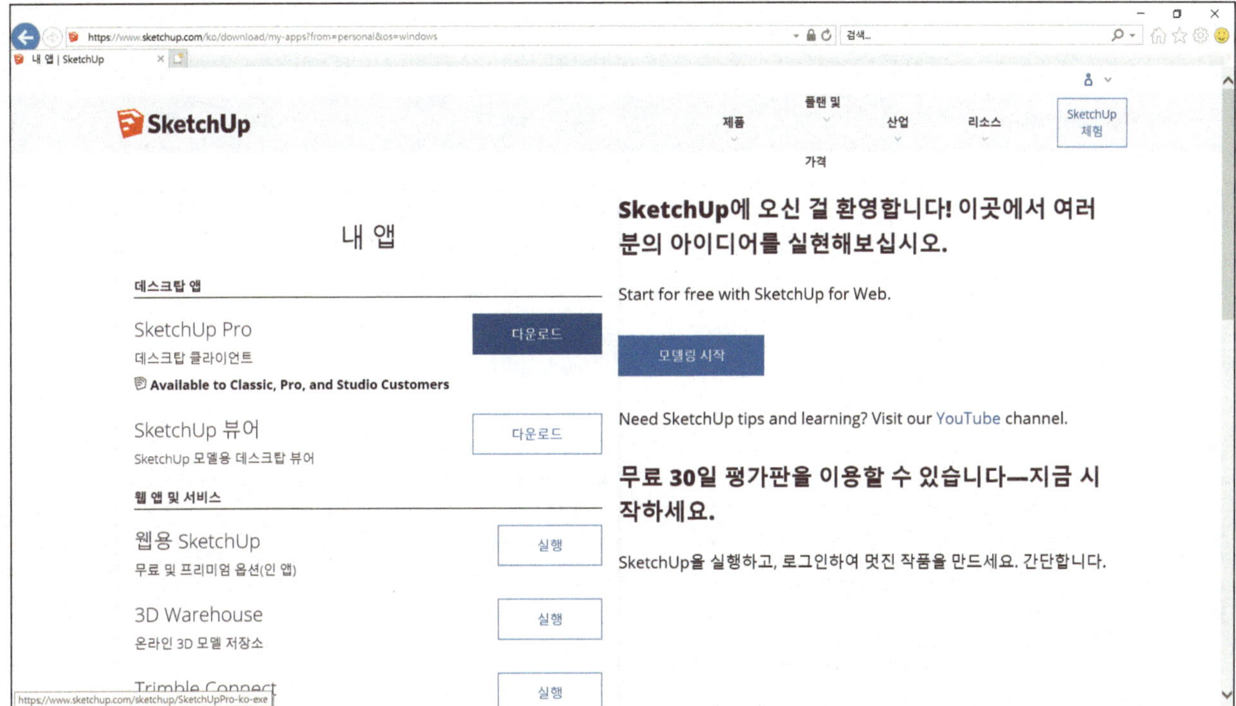

⑥ 실행 버튼을 클릭하여 스케치업 설치를 시작한다.

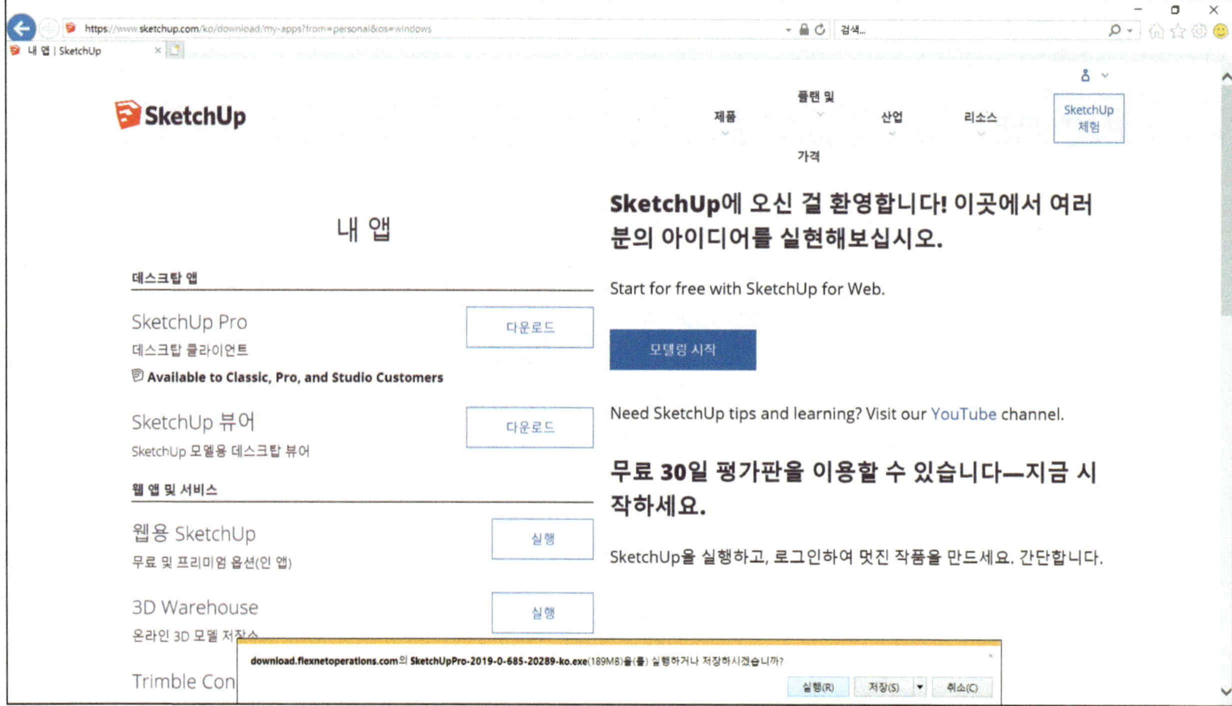

⑦ 스케치업 2019가 설치된다.

⑧ 설치가 완료되면 바탕화면에 세 개의 아이콘이 생성된다.

이제 설치한 SketchUp 2019를 실행해보도록 하자.

⑨ 바탕화면에 SketchUp 2019 아이콘을 더블클릭해서 SketchUp을 실행한다.

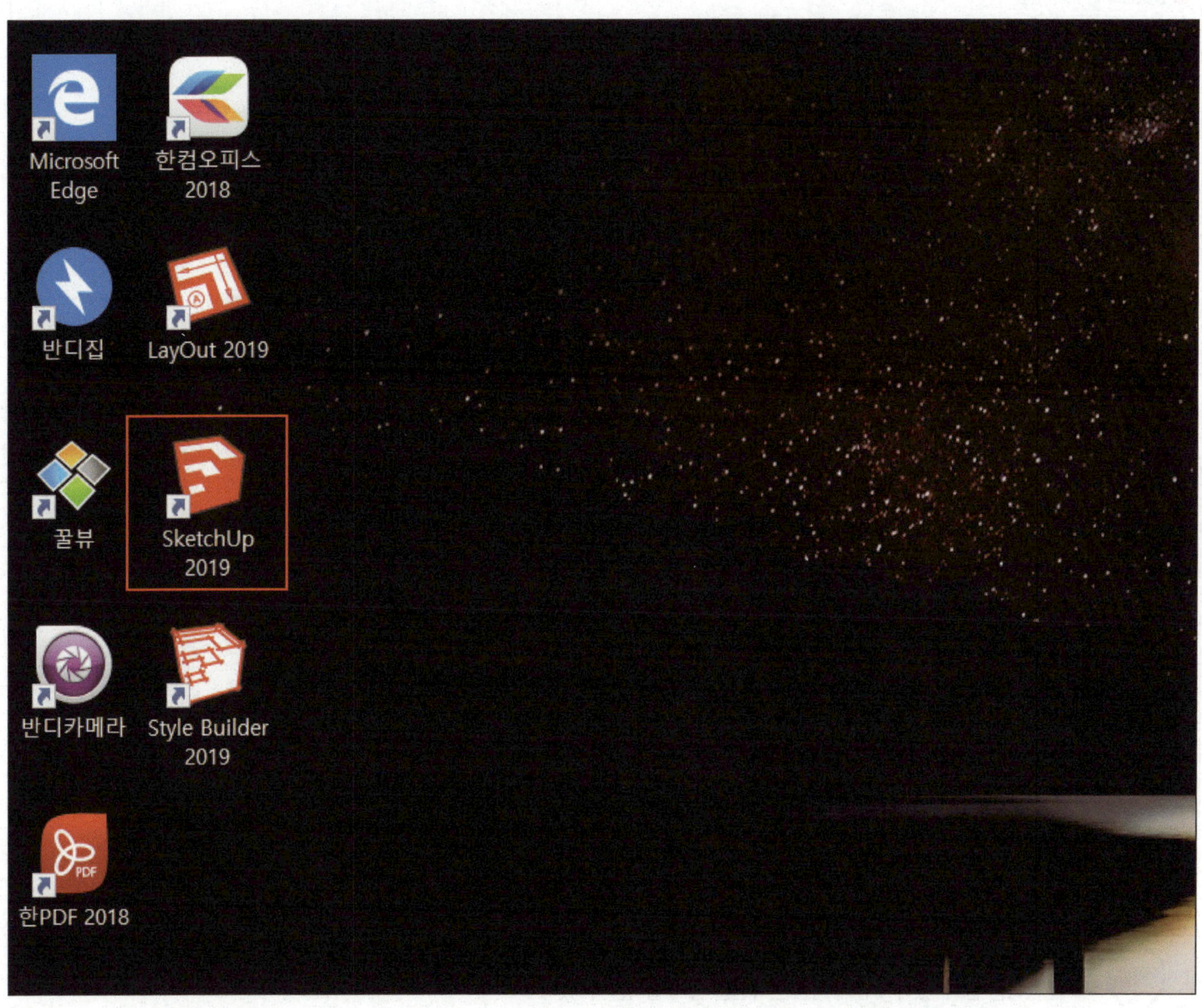

⑩ 스케치업을 실행하면 템플릿을 설정할 수 있으며 최근 실행한 파일을 선택할 수 있다.

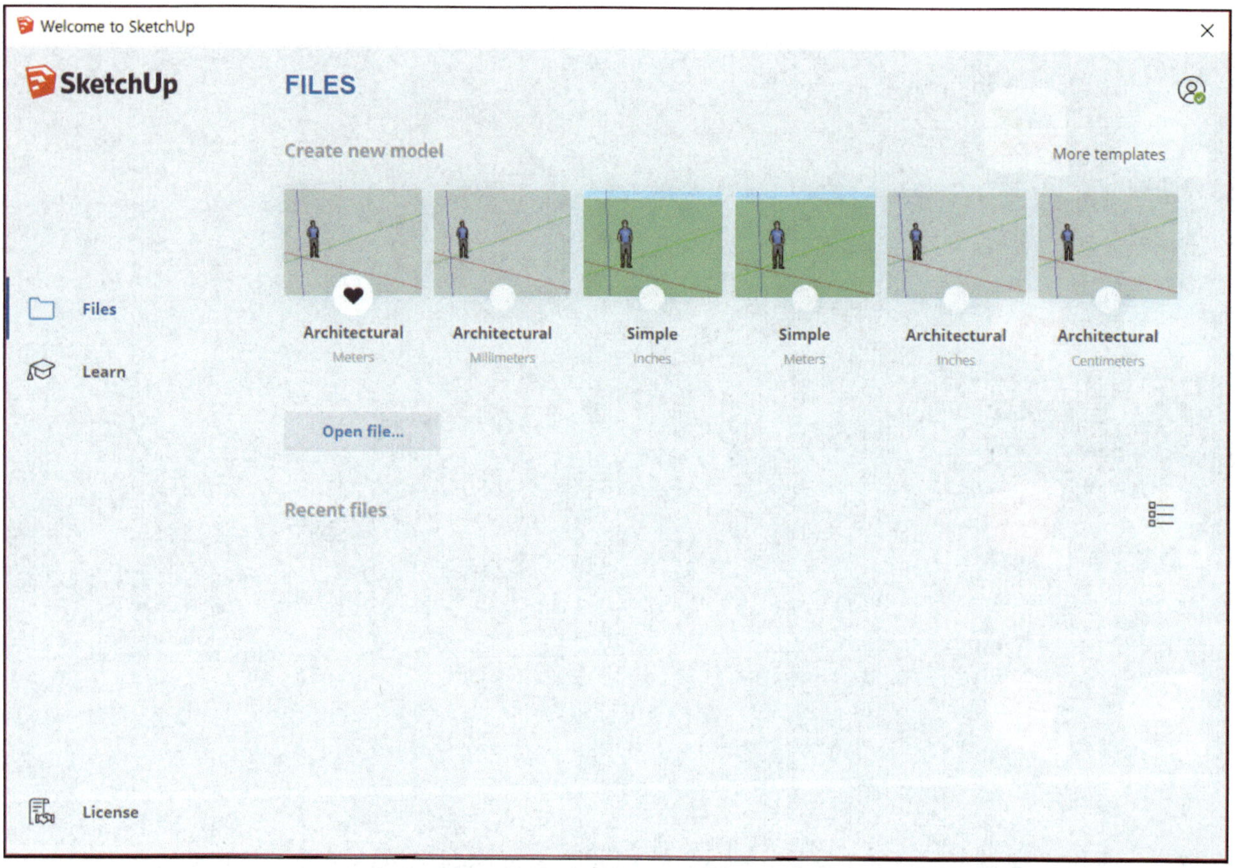

Welcome to SketchUp

SketchUp

FILES

Create new model

More templates

Architectural Meters | Architectural Millimeters | Simple Inches | Simple Meters | Architectural Inches | Architectural Centimeters

Files

Learn

Open file...

Recent files

License

스케치업 2019에서 새롭게 선보이는 스케치업 실행화면이다. 다양한 템플릿 종류를 바로 선택할 수 있으며 최근 사용한 파일의 목록을 볼 수 있어서 전에 작업한 파일을 쉽게 열어볼 수 있다.

⑪ 스케치업 2019가 실행되었다.

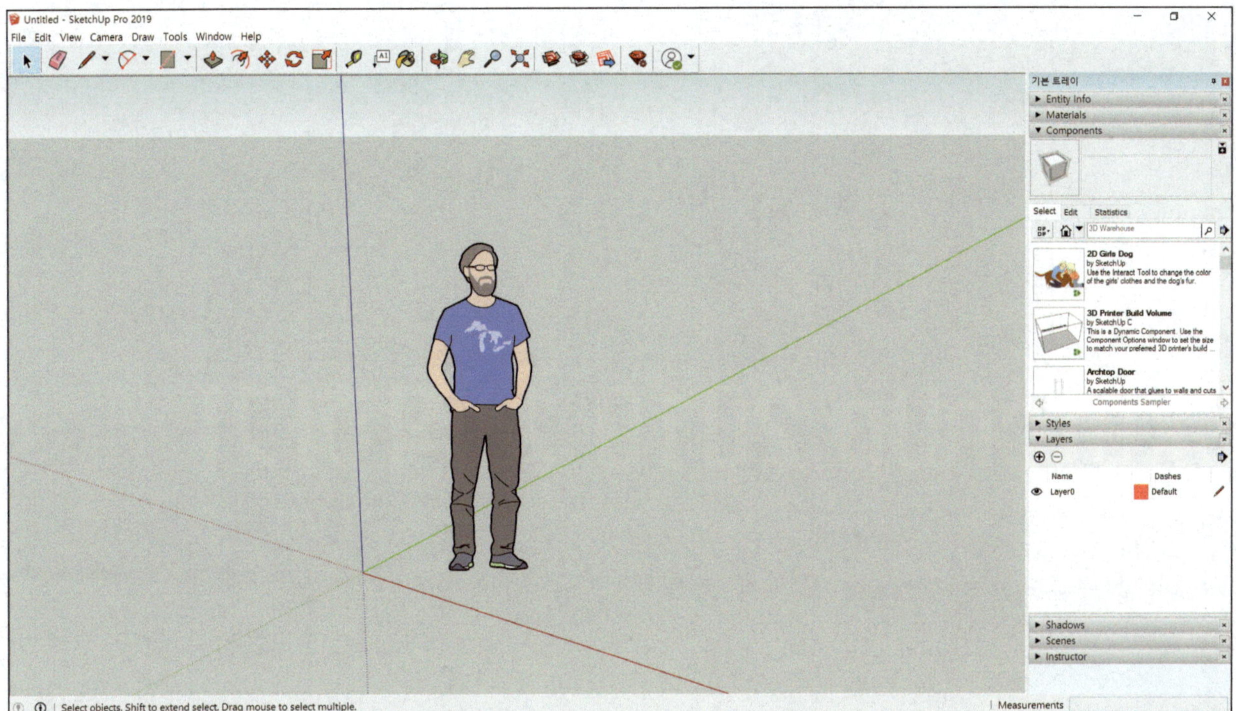

Part 01
SketchUp 2019 시작하기

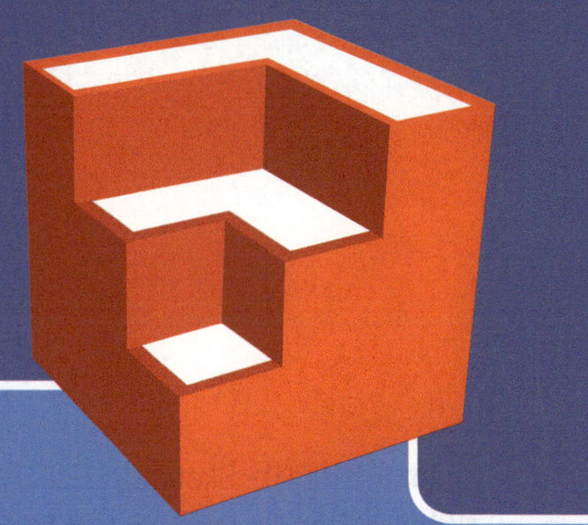

Chapter 01 화면 설정하기

Chapter 02 꼭 필요한 기능 익히기

Part 01에서는 SketchUp 작업을 효율적으로 하기 위해서 화면 설정하기, 단위 설정하기, 단축키 설정하기 등과 같은 인터페이스 조절을 비롯하여 꼭 필요한 기능에 대해서 다루기로 한다. SketchUp을 처음으로 다루는 독자들은 반드시 이 Part 01을 공부해야만 한다. 그렇지 않으면 예제를 따라하는 데 있어 중간에 헤맬 수 있기 때문이다. 특히 Chapter 02는 SketchUp에서는 자주 쓰이는, 아주 중요한 기능이기 때문에 꼭 학습하길 바란다.

화면 설정하기

01 Chapter

Chapter 01에서는 SketchUp 프로그램을 맨 처음 다루는 데 있어서 효율적인 인터페이스를 꾸미는 방법에 대하여 설명하였다. 필자는 SketchUp 5 시리즈부터 다루어 왔기 때문에 예전의 인터페이스에 익숙해져 있다. 독자들도 나름대로 자신의 방식에 맞게 인터페이스를 꾸밀 수 있겠지만 필자의 방식도 괜찮을 것이다.
자! 먼저 SketchUp 2019을 설치하게 되면 다음과 같은 인터페이스를 볼 수 있다.

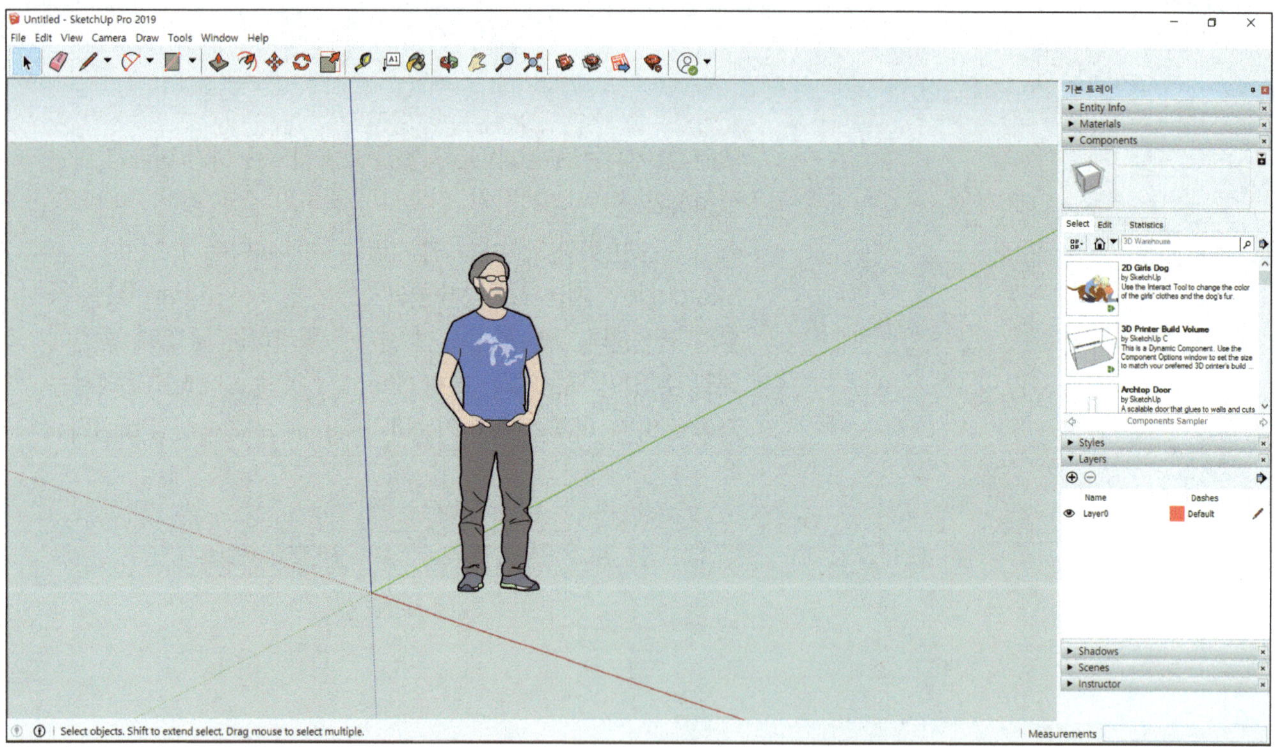

타 3D 프로그램에 비해 아주 단순하며 건축 및 실내디자인에 특성화된 3D 프로그램이므로 기능이 다양하지 않아 인터페이스도 비교적 단순하게 되어 있다.

그럼 우선 사용자가 편리하도록 인터페이스를 바꿔보도록 하겠다.

01 화면 설정하기

1 먼저 캐릭터를 없앤다.

Select(선택) 도구로 캐릭터를 선택한 후 키보드 Delete 키를 누르면 된다.

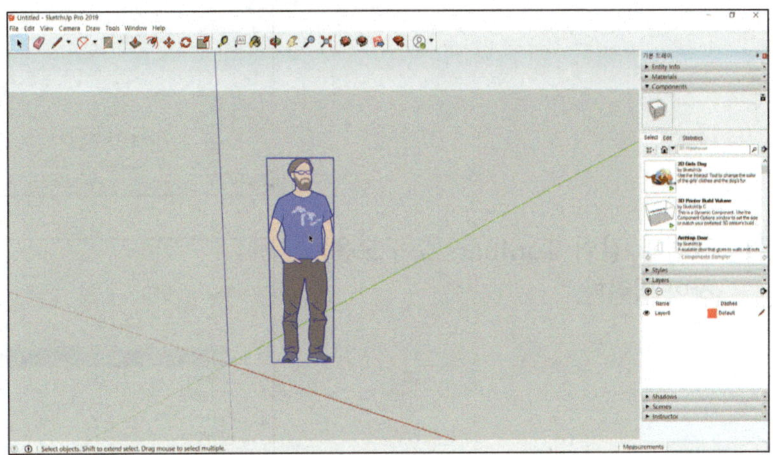

Tray(상자)없애기

스케치업 8 이전 버전부터 사용해온 독자라면 Tray(상자) 창이 불편할 수도 있다. 또한 작은 모니터를 사용하는 유저도 마찬가지다. 화면을 넓게 볼 수 있게 하기 위해서 Tray 창을 없앨 수 있다.

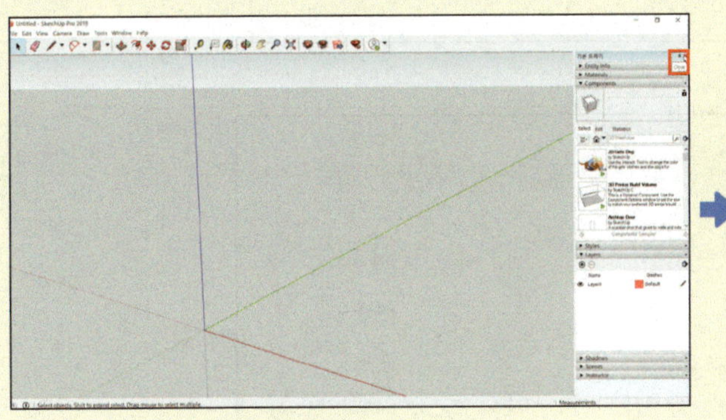

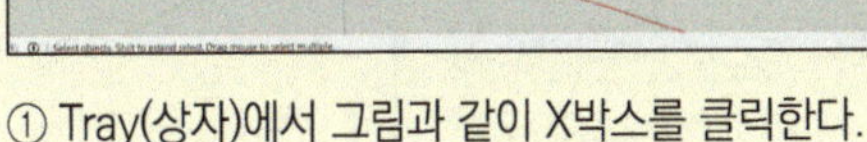

① Tray(상자)에서 그림과 같이 X박스를 클릭한다.

② 그림과 같이 Tray(상자)가 없어진 것을 확인할 수 있다.

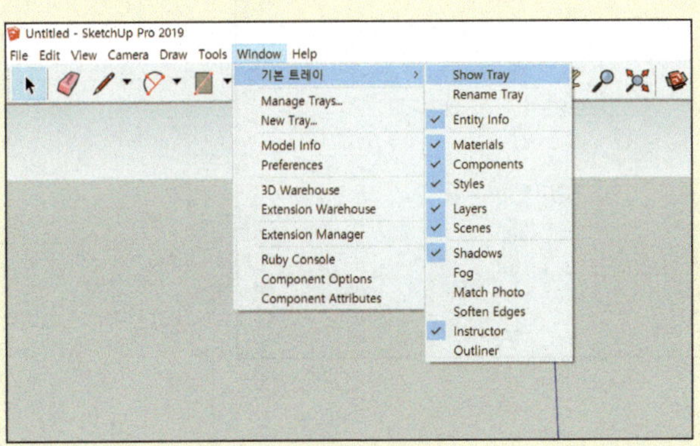

③ 다시 Tray(상자)를 보이게 하고 싶다면 Window(창) 〉 기본 트레이 〉 Show Tray를 선택하면 된다.

2 새로운 도구들을 가지고 오기 위해서 메뉴에서 View(보기) 〉 Toolbars(도구모음)를 선택한다.

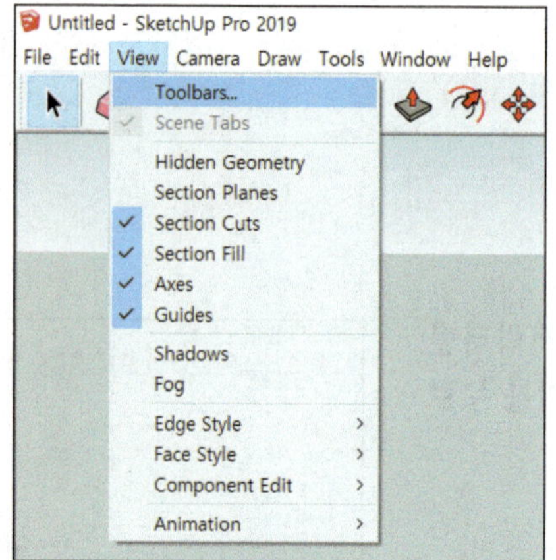

3 그림과 같이 Toolbars(도구모음) 창이 열린다.

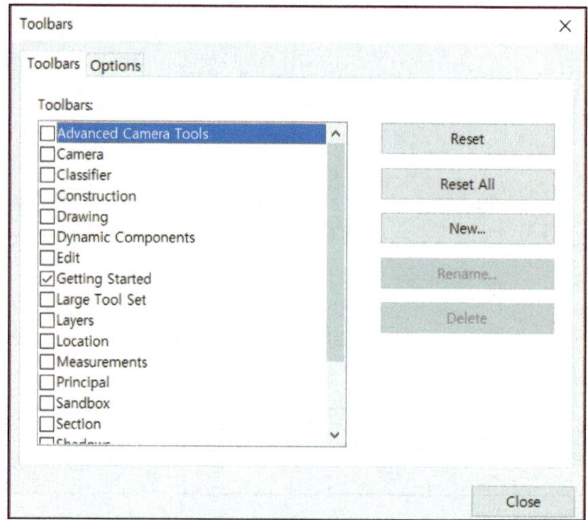

4 Toolbars(도구모음) 창에서 그림과 같이

- Camera(카메라), Construction(축조), Drawing(그리기), Edit(편집), Principal(기본), Section(섹션), Shadows(그림자), Standard(표준), Styles(스타일), Views(뷰)의 체크박스를 선택한다.

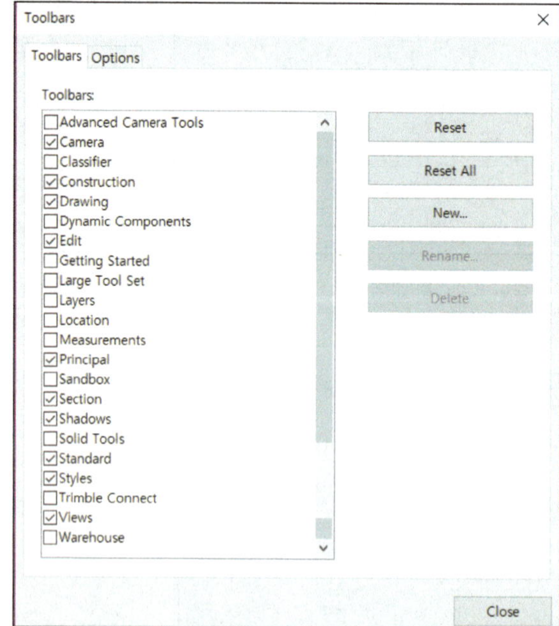

5 도구모음 창에 기본 아이콘들이 그림과 같이 정렬된다.

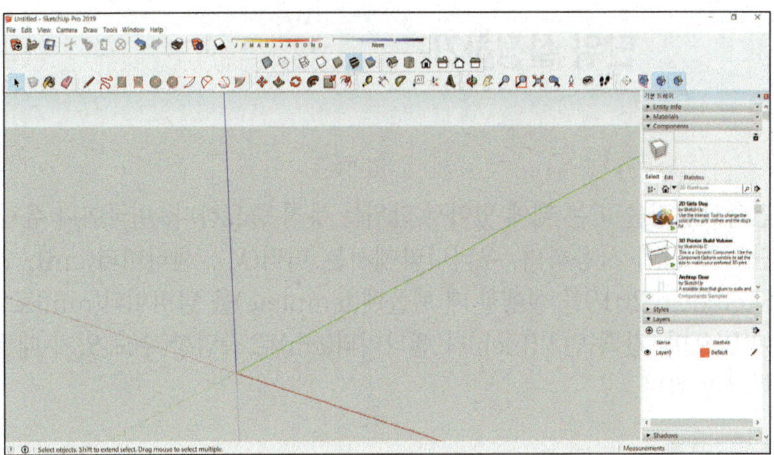

1. Toolbar(도구모음)의 위치바꾸기

그림에서와 같이 Toolbar(도구모음)를 자유롭게 움직일 수 있다. 마우스로 드래그하면 움직이므로 본인이 좋아하는 위치로 바꿀 수 있다.

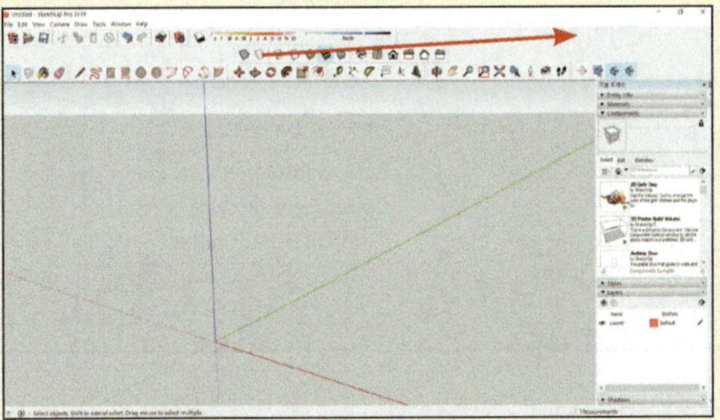

2. Toolbar(도구모음)를 가지고 오는 또 다른 방법

위쪽의 빈 화면에서 마우스 오른쪽 버튼을 클릭하면 도구모음들이 보이며, 마우스로 선택하여 필요한 도구들을 쉽게 가지고 올 수 있다.

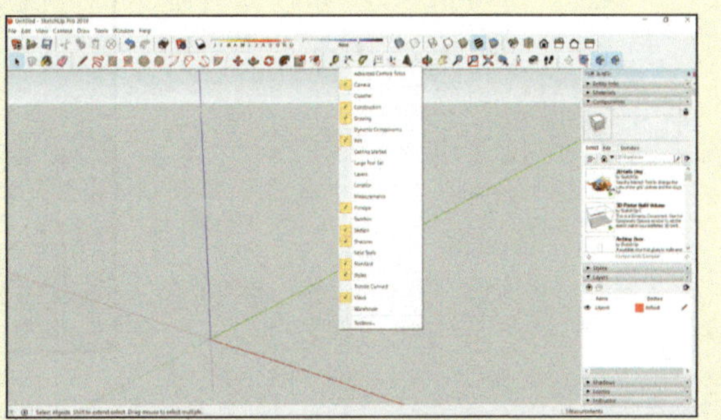

6 다음과 같이 인터페이스가 완성되었다.

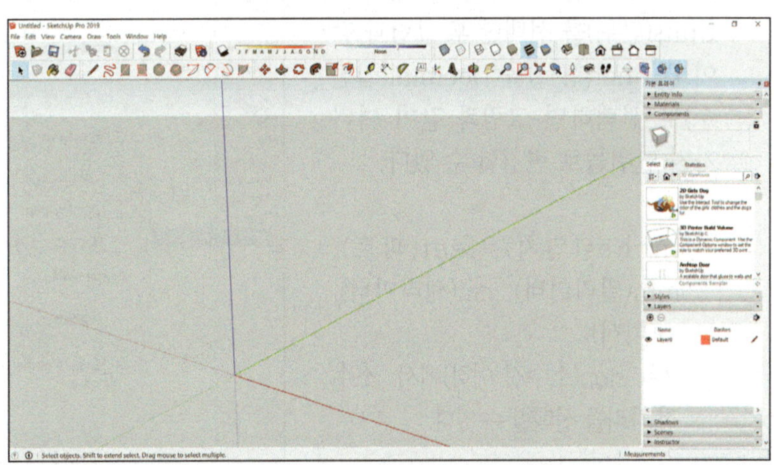

위의 인터페이스가 절대적인 것은 아니며, 사용자 임의로 많이 쓰는 Toolbar(도구모음)들을 배치하면 된다.

02 단위 설정하기

건축모델링을 하는 데에 있어서 단위는 무척 중요하다. 미국이나 유럽에서는 인치(Inch), 피트(Feet), 야드(Yard) 단위를 많이 사용하며, 우리나라에서는 미터(M), 센티미터(cm), 밀리미터(mm) 단위를 많이 사용한다. 처음 SketchUp 2019을 실행할 때 템플렛(template)을 밀리미터(mm)로 설정했다면 단위는 밀리미터(mm)로 설정되어 있으며, 간혹 인치(inch)나 센티미터(cm)로 작업할 수도 있기 때문에 반드시 단위를 설정하는 방법을 짚고 넘어가야 한다.

1 메뉴에서 Window(창) 〉 Model Info(모델정보)를 선택한다.

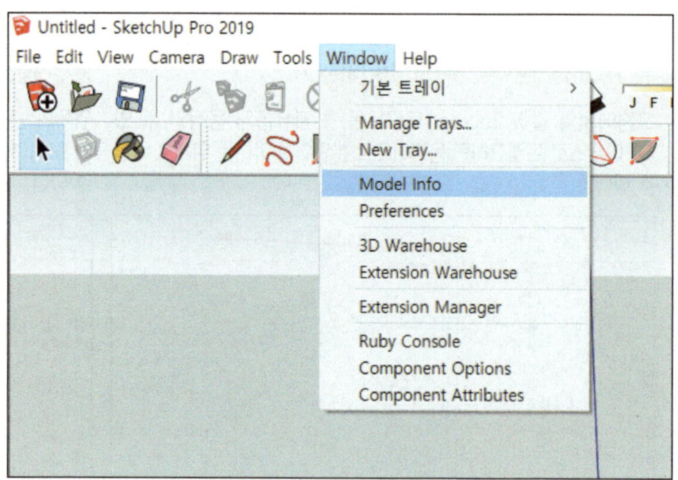

2 Model Info(모델정보) 창에서 Units(단위)를 선택한 후 그림과 같이 Format(형식)을 Decimal(십진수)로 선택하면 그림과 같이 여러 가지 단위들로 변경할 수 있다.

- inches(인치), feet(피트), mm(밀리미터), cm(센티미터), m(미터)
- Precision(소수점 이하)에서 소수점 자리를 선택할 수 있다.

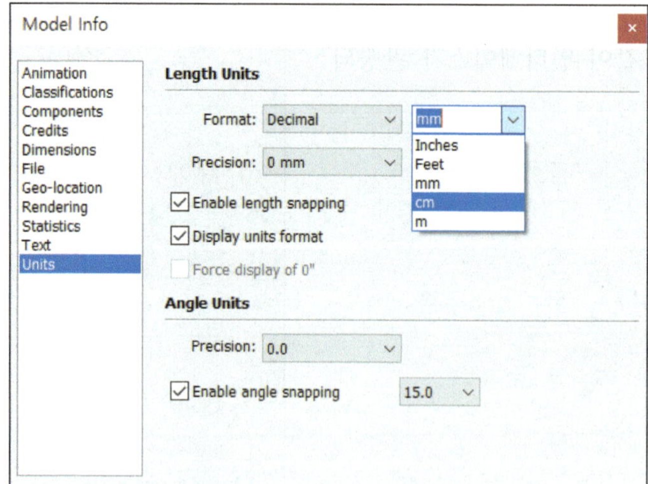

3 Rectangle(직사각형) 도구로 사각형을 화면에 그려본 후, 화면 오른쪽 하단의 Dimensions(치수)에서 자신이 바꾼 치수가 제대로 나오는지 확인한다.

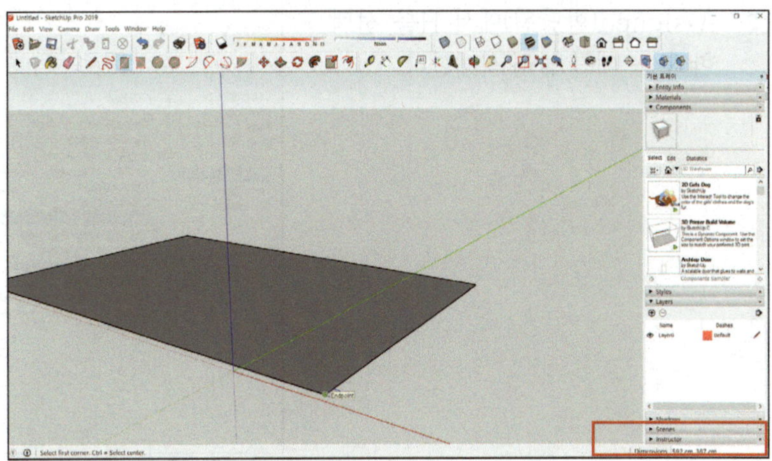

03 단축키 설정하기

이번에는 많이 사용하는 툴을 편리하게 사용하기 위해 단축키로 설정해 보도록 하자. 특히 많이 사용하는 툴을 단축키로 저장해 두면 쉽게 툴을 바꿀 수 있기 때문에 작업속도가 빨라진다.

1 메뉴에서 Window(창) 〉 Preference(환경설정)를 선택한다.

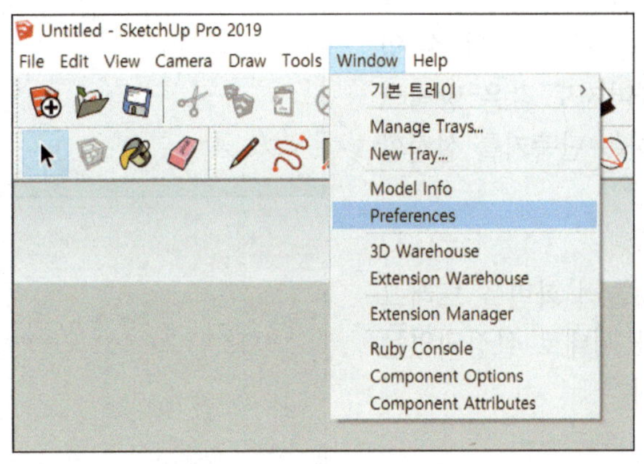

2 Shortcuts(바로가기)를 선택한 후, Camera/Pan(카메라/이동(상하/좌우))을 선택한다. 현재 Pan(이동(상하/좌우))의 단축키는 "H"로 되어 있는데 이것을 스페이스바로 바꿔 보도록 하자.

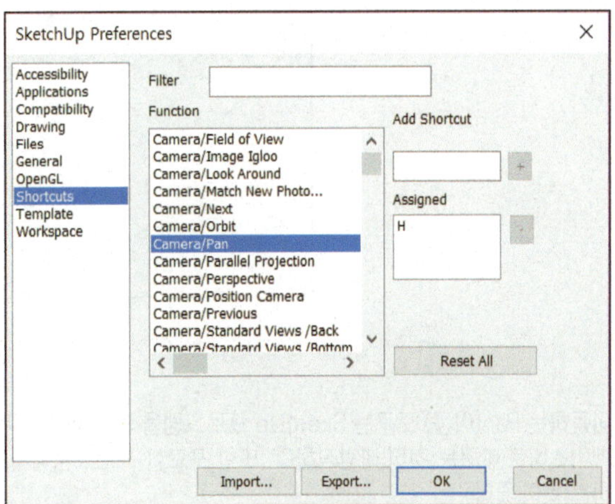

3 Assigned(할당됨)에서 H를 선택한 후, - 키를 눌러 삭제한다.

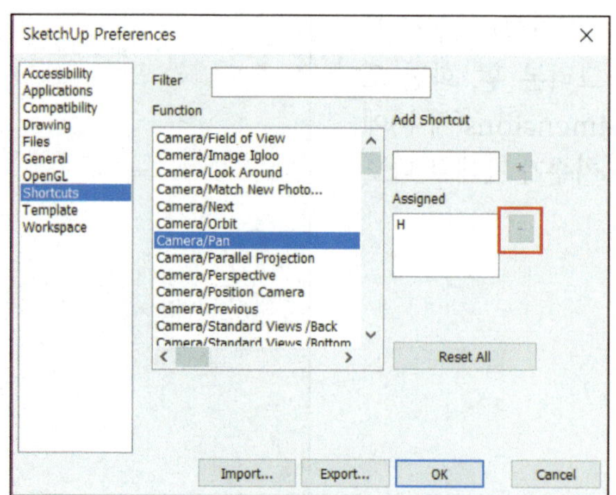

4 Add Shortcut(바로가기 추가)의 빈 창으로 커서를 가져가 클릭하고 키보드에서 스페이스바를 누른 후, + 버튼을 클릭한다. "OK" 버튼을 선택하여 단축키 설정을 마무리 한다. 이제 스페이스바를 누르면 화면을 마음대로 움직일 수 있는 Pan(이동(상하/좌우)) 기능을 실행할 수 있게 되었다. 나머지도 같은 방법으로 자신이 원하는 단축키를 설정할 수 있다.

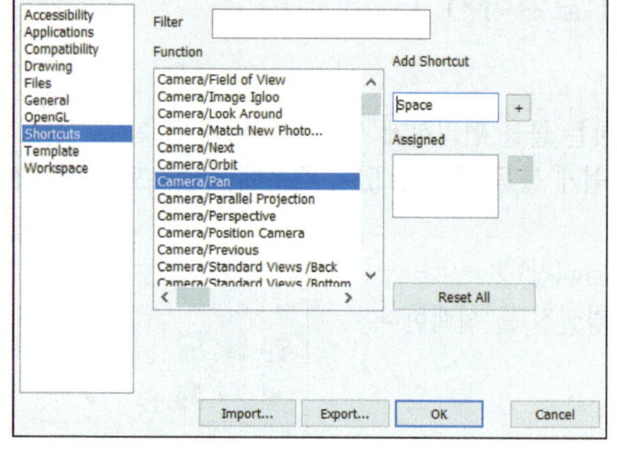

5 스페이스바를 눌러 화면을 드래그해서 단축키가 제대로 설정되었는지 확인해 본다.

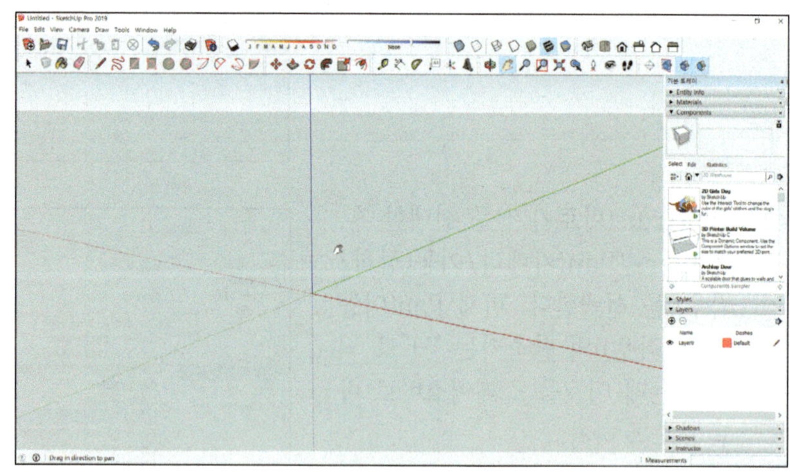

화면을 이동하는 Pan(이동) 도구는 SketcUp 프로그램을 사용함에 있어 가장 많이 사용되는 도구 중 하나이므로 단축키 H보다는 스페이스바로 바꾸는 것이 바람직하다. 또한 포토샵 프로그램에서도 화면 이동 단축키가 스페이스바이기 때문에 통일해서 사용하는 것이 좋다.

SketchUp에서 많이 쓰이는 단축키 알아보기

단축키는 작업의 속도를 빠르게 하는 데 효과적이다. 모든 단축키를 외울 필요는 없지만 많이 쓰이는 단축키는 알아두어야 할 필요가 있다.

아이콘	이름(영문판 / 한글판)	단축키	내용
	select / 선택	Ctrl+A	오브젝트를 모두 선택할 때
	Make Component / 구성요소 만들기	G	컴포넌트를 만든다.
	Paint Burket / 페인트통	B	재질을 적용할 때
	Eraser / 지우기	E	선과 모서리를 지울 때
	Rectangle / 직사각형	R	사각형을 그릴 때
	Line / 선	L	선을 그릴 때
	Circle / 원	C	원을 그릴 때
	2Point Arc / 2점 호	A	호를 그릴 때
	Move / 이동	M	오브젝트를 움직일 때
	Push/Pull / 밀기/끌기	P	면을 입체로 뽑아낼 때
	Rotate / 회전	Q	오브젝트를 회전할 때
	Scale / 배율	S	오브젝트의 크기를 변환할 때
	Offset / 오프셋	F	선과 면을 원하는 간격만큼 떨어져 생성한다.
	Tape Measure Tool / 줄자도구	T	보조선을 만든다.
	Orbit / 궤도	O	화면을 회전한다.
	Pan / 이동(상하/좌우)	Space bar	화면을 이동한다. Pan 도구는 원래 단축키가 등록되어 있지 않지만 워낙 많이 쓰이는 기능이기 때문에 앞에 단축키 설정과 같이 스페이스바로 등록하는 것이 좋다.
	Zoom / 확대/축소	Z	화면을 축소, 확대한다.
	Zoom Extents / 범위 확대/축소	shift+Z	화면에 오브젝트과 꽉 차도록 보여준다.

이제 SketchUp 프로그램을 이용해서 건축물을 만들 준비는 끝났다.
다만 건축물을 만들기 위해서 꼭 알아야 할 몇 가지 기능들이 있는데 Chapter 02에서는 그러한 기능들을 따라해 보도록 하겠다. SketchUp 프로그램을 다뤄본 독자라면 넘어갈 수도 있으나 혹 자신이 모르는 아주 편리한 기능들이 있을 수도 있으니 한 번 눈으로라도 보라고 권하고 싶다. 만약 SketchUp을 처음 다루는 독자라면 반드시 정독해서 기능들을 알아두어야 한다. 그래야만 뒤에 나오는 건축물을 제작할 때 편리할 수 있고, 다른 사람보다 쉽게 모델링을 할 수 있기 때문이다.

꼭 필요한 기능 익히기

이번 Chapter에서는 우리가 건축물을 만들기 위해 워밍업(Warming up) 시간으로, 꼭 필요한 기능 몇 가지를 짚고 넘어가도록 하자.

01 수치입력창을 이용해서 정확한 치수의 면 생성하기

건축모델링에서 중요한 것이 바로 정확한 치수로 된 건물을 만드는 것이다. 보통 캐드로 된 도면을 보고 입체로 만드는데, 치수를 정확히 입력해 주어야 한다. 수치입력창은 Dimensions(치수), Distance(거리), Sides(측면), Radius(반경), Measurements(단위), Length(길이), Rotate(회전), Angle(각도), Width(너비) 등 다양한 값을 입력할 수 있다.

먼저 수치입력창을 이용해서 정확한 치수(8000mm*6000mm)의 사각형을 그려보도록 하자.

1 Rectangle(직사각형) 도구를 선택한 후 디스플레이 창에 임의대로 사각형을 그린다. 아직까지는 정확한 치수가 들어간 것은 아니다.

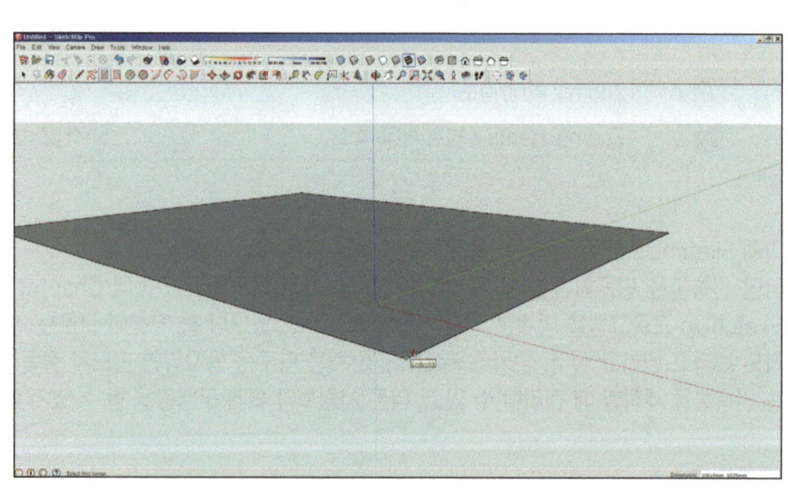

2 수치입력창에서 8000,6000을 입력한 후 엔터키를 누른다. 이때 중요한 것은 마우스로 수치입력창을 클릭한 후 수치를 입력하는 것이 아니라, 그냥 사각형을 그린 후 바로 키보드로 8000, 6000을 입력하면 그것이 수치입력창에 나타난다. 수치의 중간은 반드시 ,(콤마)로 입력하여야 한다.

Dimensions 8000,6000

수치입력창을 클릭해서 수치를 입력하는 것이 아니라 키보드에서 수치를 누르면 그것이 수치입력창에 자동으로 들어가게 된다. 반드시 콤마로 가로, 세로 크기를 구별하여야 한다.

3 Dimension(치수) 도구로 확인해 보면 아래의 그림처럼 가로 8000mm, 세로 6000mm인 사각형이 그려진 걸 확인할 수 있다.

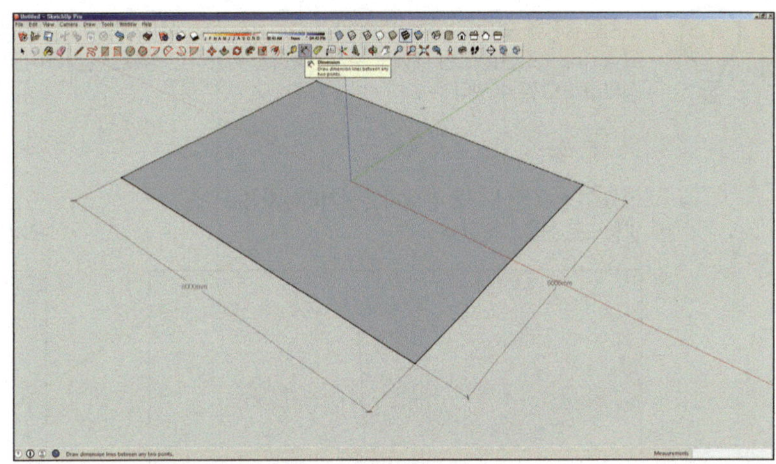

4 Push/Pull(밀기/끌기) 도구를 선택한 후 사각면을 선택한 후 그림처럼 Blue 축 방향으로 면을 만든다.

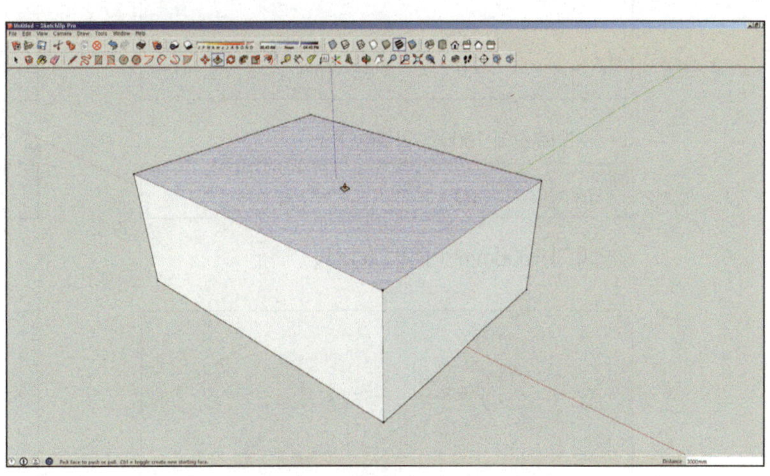

5 수치입력창에 3000을 입력한다. 그럼 높이가 3000mm인 육면체를 생성할 수 있다.

Distance 3000

6 그림에서 보면 가로 8000mm, 세로 6000mm, 높이 3000mm인 육면체가 생성되었다.

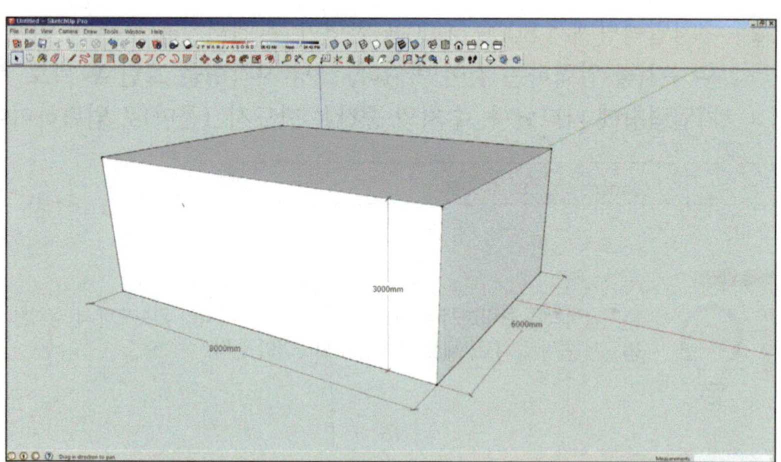

수치입력창에 수치를 입력하면 우리가 그리고자 하는 오브젝트의 크기를 정확하게 그릴 수 있다. 또한 Line(선) 도구로 선을 그리거나 보조선을 그릴 때에도 수치입력창을 이용하면 정확한 길이의 선을 그릴 수 있다. 복사되는 개수, Offset(간격) 등도 정확하게 그릴 수 있다.

〈수치입력창으로 선 그리기〉

① Line(선) 도구를 선택하고 모서리에서 Blue 축 방향으로 선을 그린다.

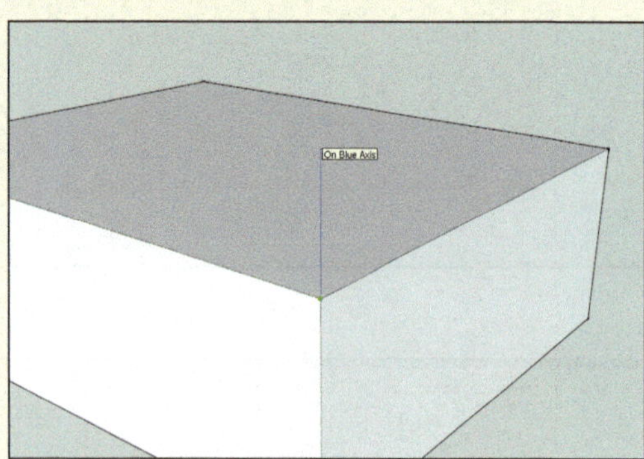

② 수치입력창에 1000을 입력한다.

Length	1000

③ 길이가 1000mm인 선이 그려진다.

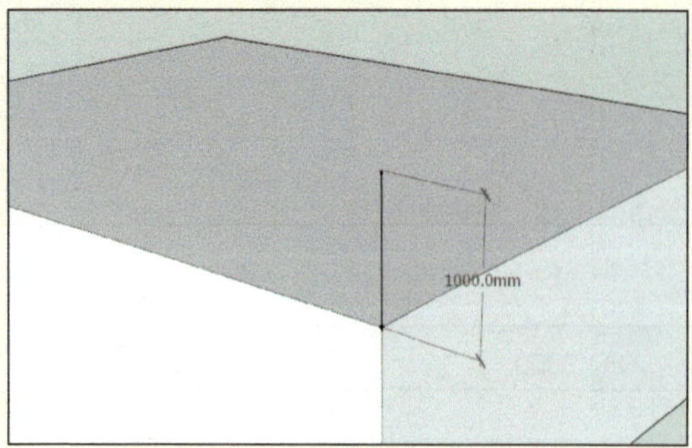

〈수치입력창으로 일정한 간격만큼 떨어진 보조선 그리기〉

① Tape Measure Tool(줄자도구) 도구를 사용해서 모서리를 클릭하고 수직방향으로 드래그한다.

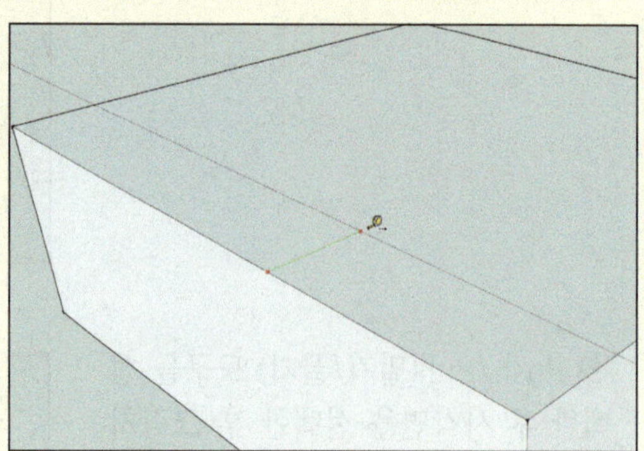

② 수치입력창에 1000을 입력한다.

Length	1000

③ 옆 모서리에서 정확하게 1000mm 떨어진 보조선이 생성된다.

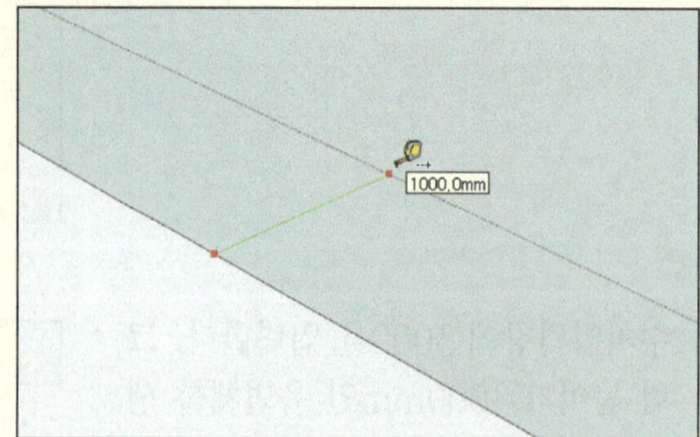

02 Orbit(궤도)과 Pan(이동(상하/좌우))을 이용해서 화면 둘러보기

모델링을 하다 보면 화면을 자신의 원하는 데로 움직여야 할 필요가 있다. 아마도 건축물을 만들다 보면 약 1000번, 많게는 5000번 까지도 화면을 확대, 축소, 이동, 회전을 반복해야 한다. 그때 사용되는 기능이 바로 Orbit(궤도)과 Pan(이동(상하/좌우)) 기능이다. Orbit(궤도)과 Pan(이동(상하/좌우)) 기능에 익숙해져야 모델링 속도가 빨라진다.

1 Orbit(궤도) 도구을 선택한다.

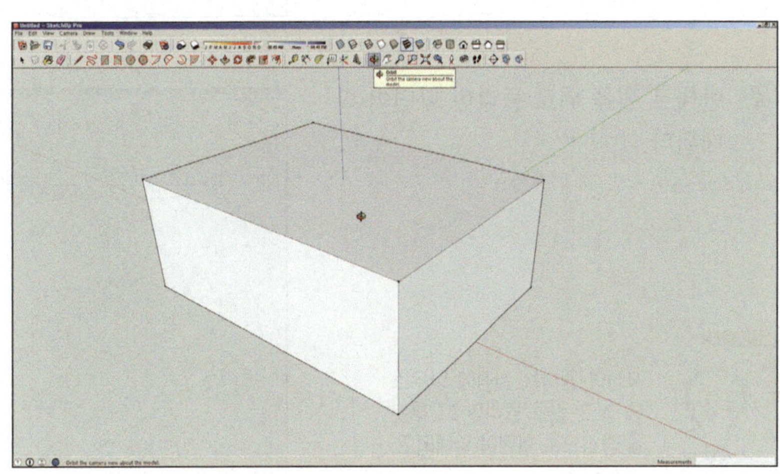

2 마우스 왼쪽 버튼을 클릭한 상태에서 화면을 회전한다.

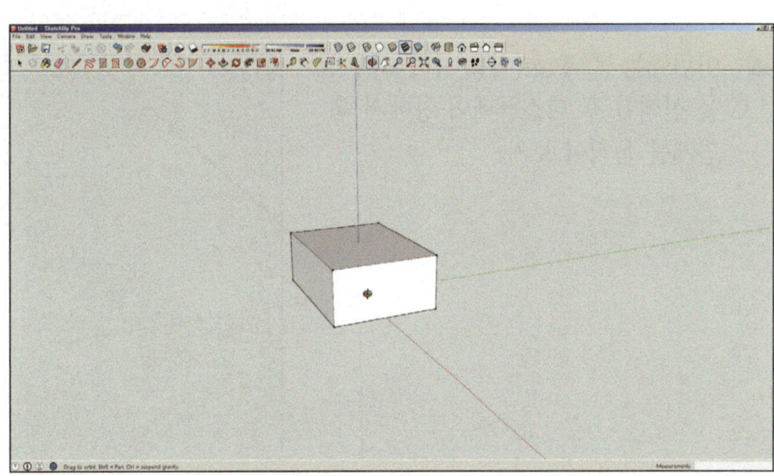

3 본인이 사용하는 마우스가 휠마우스라면 휠을 아래로 당겨보자. 그러면 화면이 축소된다.

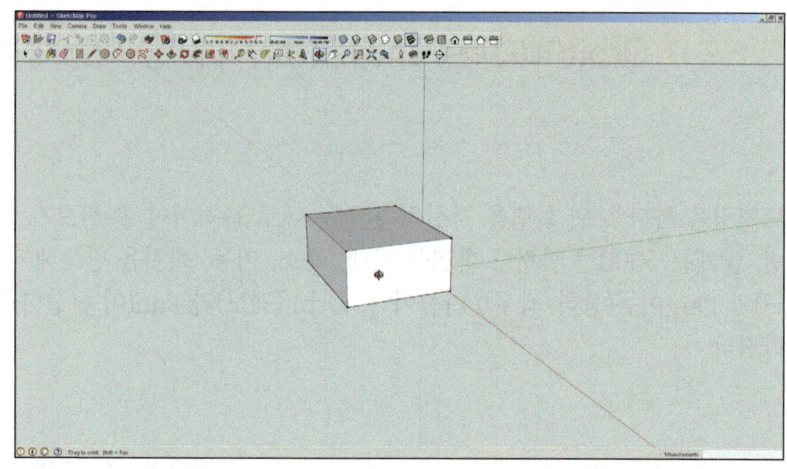

4 반대로 휠을 위로 돌리면 화면이 확대된다.

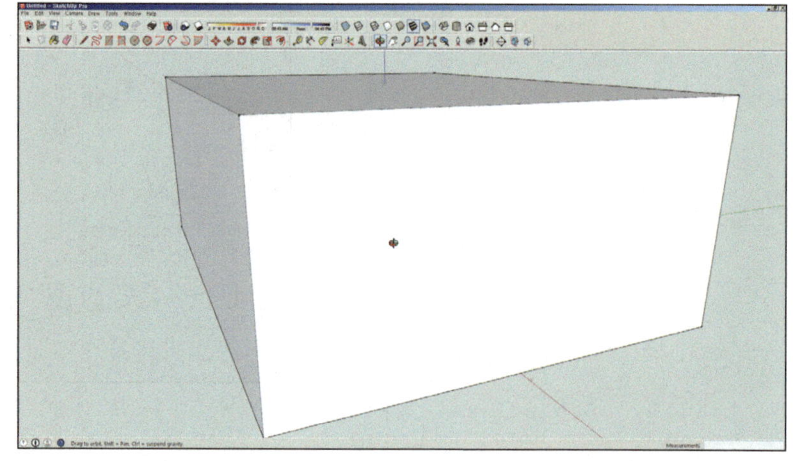

자신이 원하는 지점에 마우스를 놓고 휠을 돌리면 그 부분을 중심으로 화면이 확대되고, 축소된다.

5 이번에는 Pan(이동(상하/좌우))을 선택한 후 디스플레이 창에서 육면체를 움직여 보자.

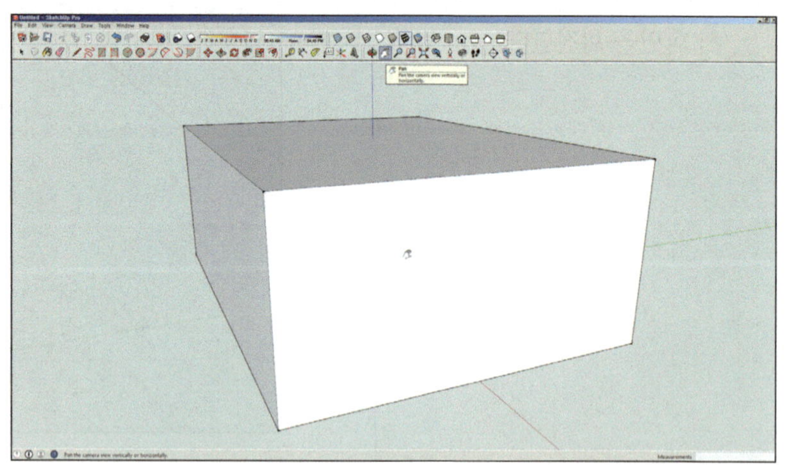

앞서 단축키 설정하기에서 Pan(이동(상하/좌우)) 도구의 단축키를 스페이스바로 설정했기 때문에 스페이스바를 선택하면 바로 Pan(이동(상하/좌우)) 도구를 실행할 수 있다. 만약 단축키를 설정하지 않은 독자라면 지금 바로 단축키 설정하기로 가서 단축키를 설정해 보도록 한다.

6 마우스를 누르고 화면을 좌, 우로 움직인다.

| 참고 | 이후 Camera(카메라) 도구는 〈알아두기 09〉 'Camera(카메라)와 Section(섹션) 도구 이용하기'를 참고한다.

03 Ctrl(컨트롤) 키를 활용한 다양한 기능 익히기

SketchUp 프로그램에서 Ctrl(컨트롤) 키는 다양하게 사용된다. 면을 새롭게 생성하거나 복사할 때 많이 이용되며, 오브젝트를 연속해서 선택할 때에도 사용된다.

1 Rectangle(직사각형) 도구를 선택한 후 디스플레이 창에 임의대로 사각형을 그린다.

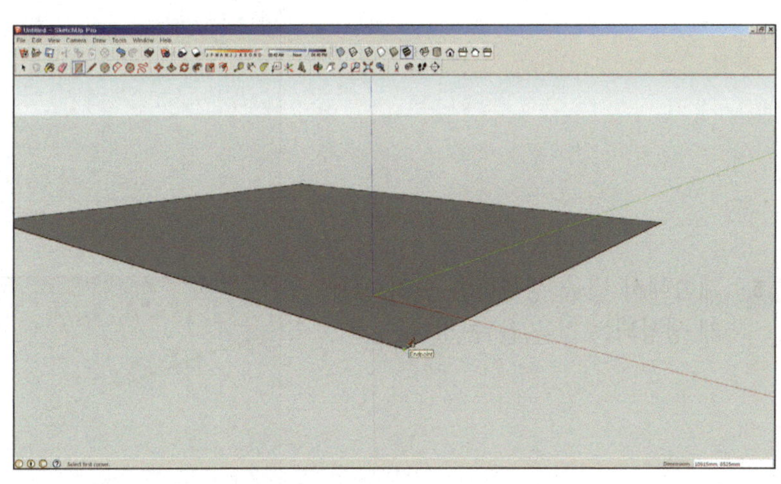

2 Push/Pull(밀기/끌기) 도구를 선택한 후 사각면을 선택한 후 그림처럼 Blue 축 방향으로 면을 만든다. 앞에서 배운 것처럼 수치입력창을 이용해도 좋다.

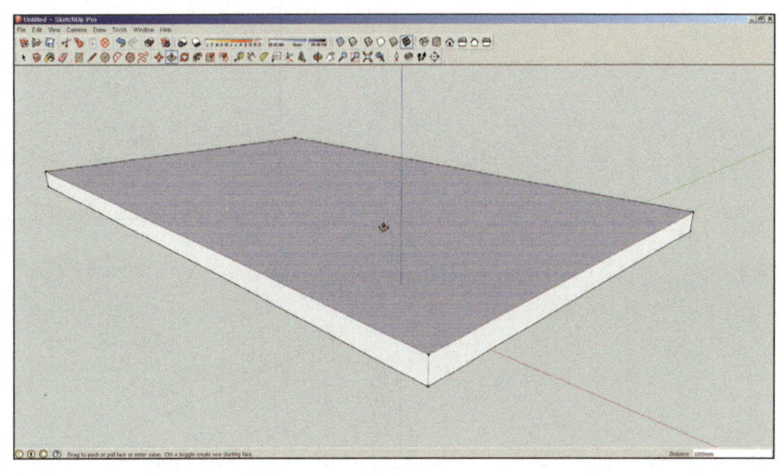

3 Push/Pull(밀기/끌기) 도구가 선택된 상태에서 Ctrl(컨트롤) 키를 누른다. 그러면 그림에서와 같이 아이콘에 +표시가 나타난다.

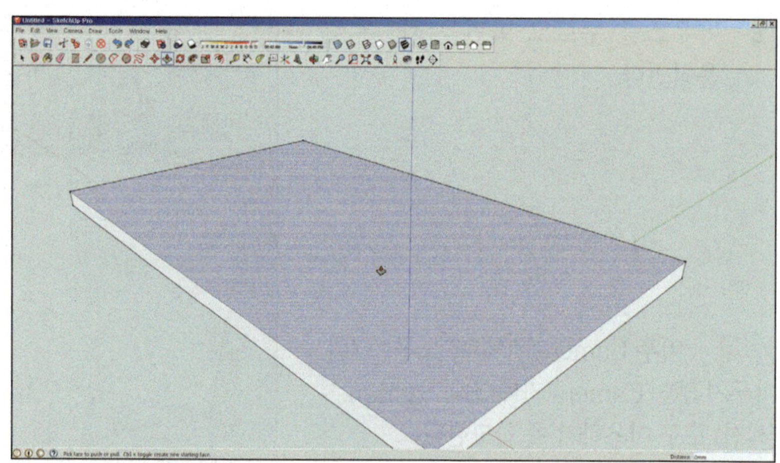

4 마우스를 위쪽으로 드래그하면 면이 생성된다.

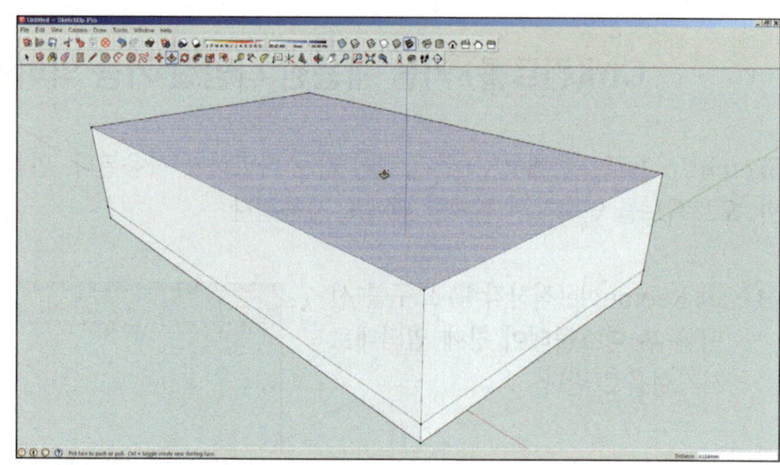

5 계속해서 면을 생성하면 면이 새롭게 생성되는 것을 알 수 있다.

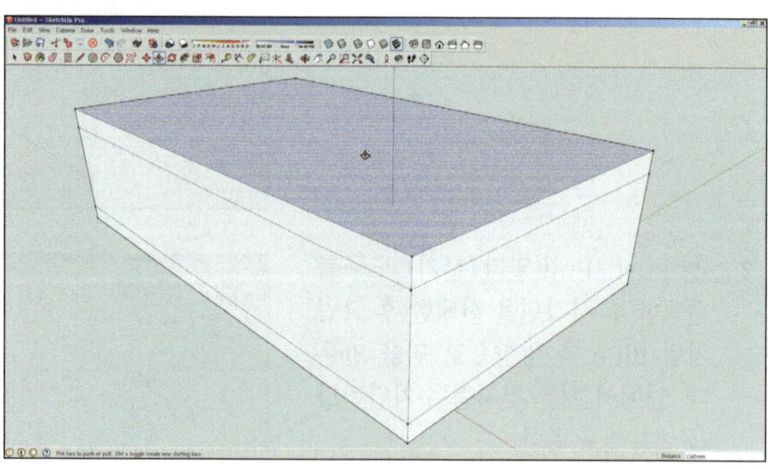

6 면이 새롭게 생성되면 좋은 점이 바로 중간 면을 없앨 수 있다는 것이다. Eraser(지우기) 도구로 중간 모서리를 삭제해 본다.

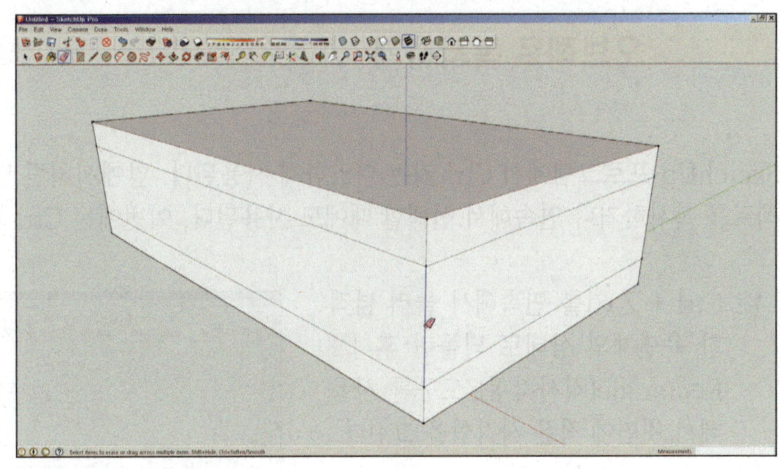

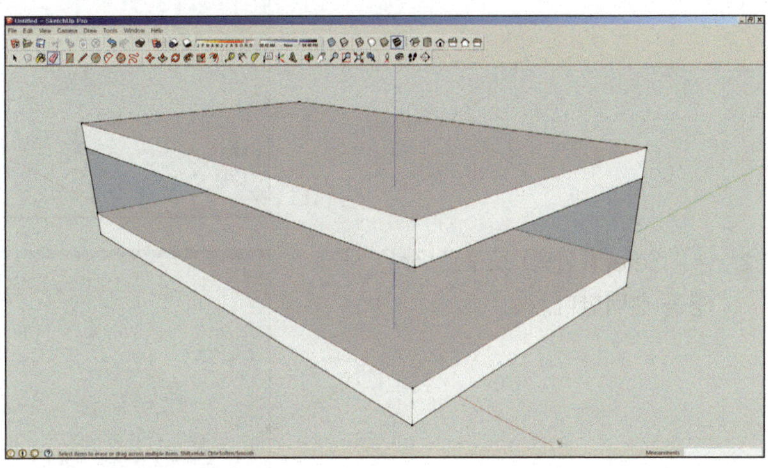

04 오브젝트 복사하기

SketchUp 프로그램에서 Ctrl 키는 다양하게 사용된다. 앞에서처럼 면을 새롭게 생성할 때에도 이용하지만 오브젝트를 복사하거나 연속해서 선택할 때에도 사용된다. 이번에는 Ctrl 키를 활용해서 오브젝트를 복사해 보자.

1 Ctrl + Z 키를 연속해서 눌러 넓적한 육면체의 상태로 되돌린 후, Rectangle(직사각형) 도구를 사용해서 윗면에 작은 사각형을 그린다.

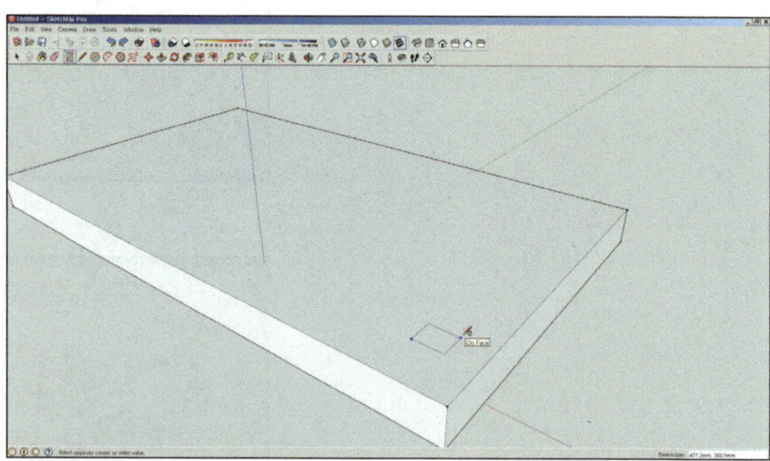

2 Select(선택) 도구로 작은 사각형을 선택한다.

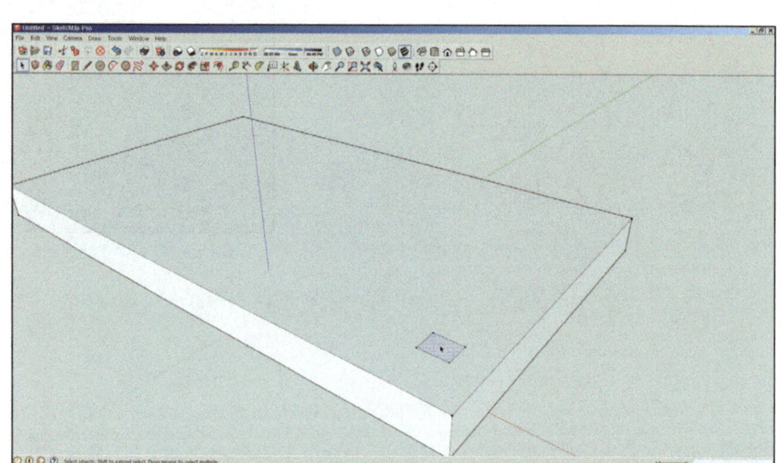

3 Move(이동) 도구를 선택한 후 한쪽 모서리를 다시 선택한다. 다음 Ctrl 키를 누르면 아이콘 옆에 + 표시가 나타난다.

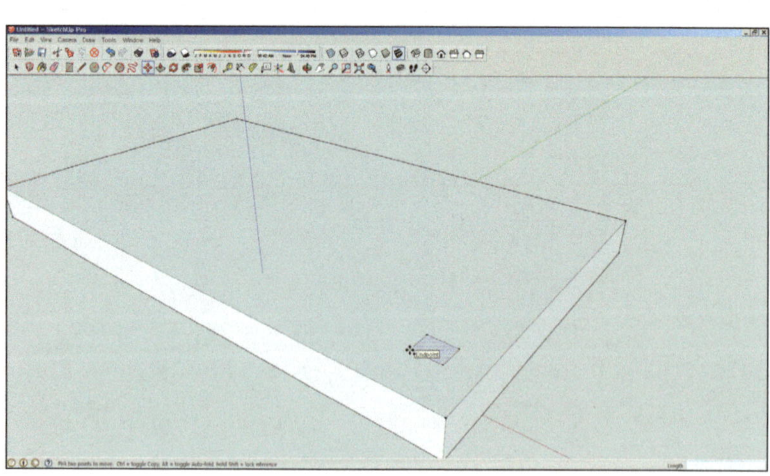

4 옆으로 이동하면 사각형이 복사가 된다.

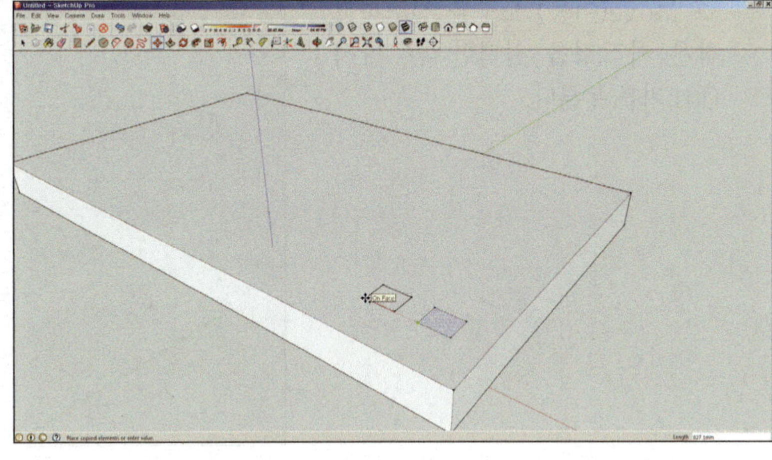

좀 더 상세하게 설명하자면

① Select(선택) 도구 선택
② 작은 사각형 선택
③ Move(이동) 도구 선택
④ Ctrl 키 누름
⑤ 화면에 "+" 표시
⑥ 이동하면 복사됨

5 이때 수치입력창에 *5(곱하기 5)를 입력해 보자.

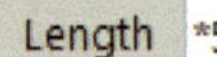

6 그럼 그림과 같이 5개가 복사되는 것을 알 수 있다.

이때 복사되는 사각형들의 거리 조절은 맨 처음 복사한 사각형이 기준이 된다.

이제 나누기 복사에 대해서 알아보자.

7 Ctrl + Z 키를 눌러 오브젝트의 상태를 되돌린 후, 면 위에 Rectangle(직사각형) 도구를 사용해서 작은 사각형을 그린다.

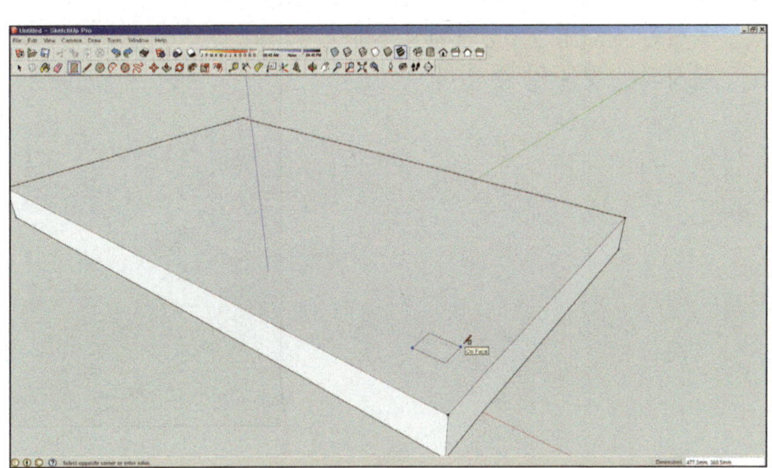

8 Move(이동) 도구를 선택하고 작은 사각형을 선택한 후, 다시 Ctrl 키를 누른다.

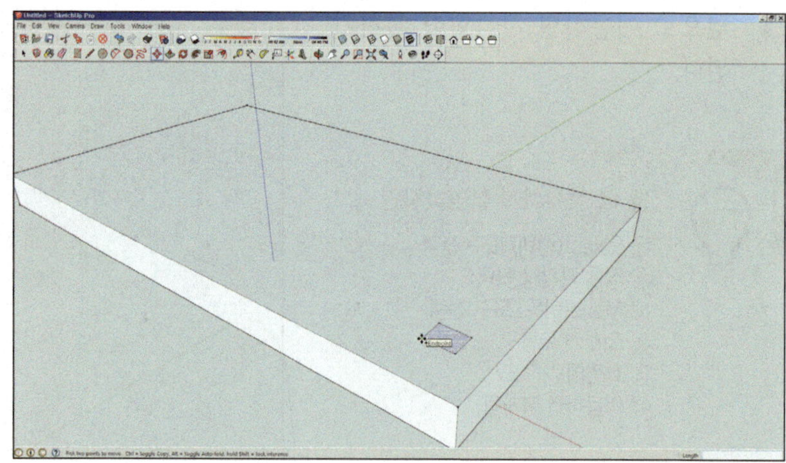

9 반대쪽까지 넓게 복사를 한다.

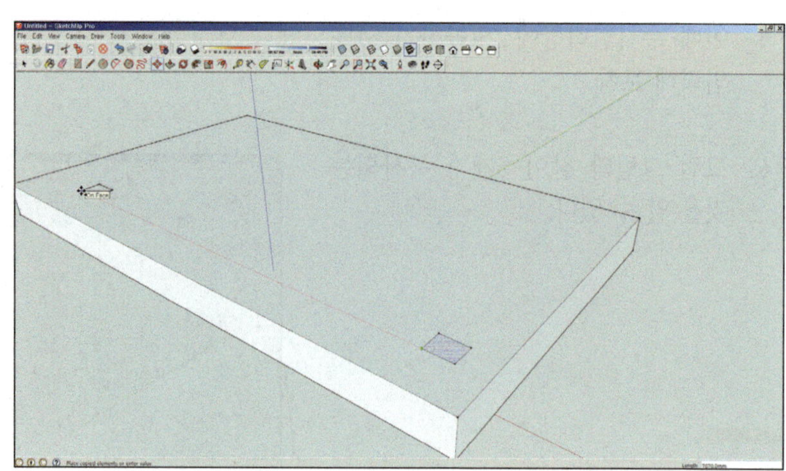

10 이번에는 수치입력창에 /5(나누기 5)를 입력한다.

Length /5

11 그러면 그림에서와 같이 맨 처음 복사한 사각형을 5등분해서 5개가 복사되는 것을 알 수 있다.

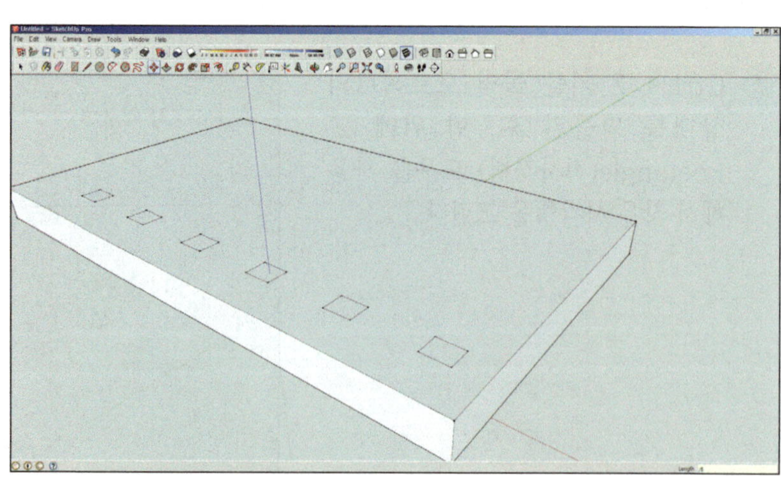

05 Offset(오프셋) 도구 사용하기

Offset(오프셋) 도구는 SketchUp 프로그램에서 많이 사용되는 기능 중 하나이다. 어떠한 형태에서 일정한 거리만큼 떨어져 면이나 선을 생성할 수 있다.

1 Ctrl +Z로 넓적한 육면체 상태로 되돌린 후 Offset(오프셋) 도구를 사용해서 윗면의 모서리를 선택한다.

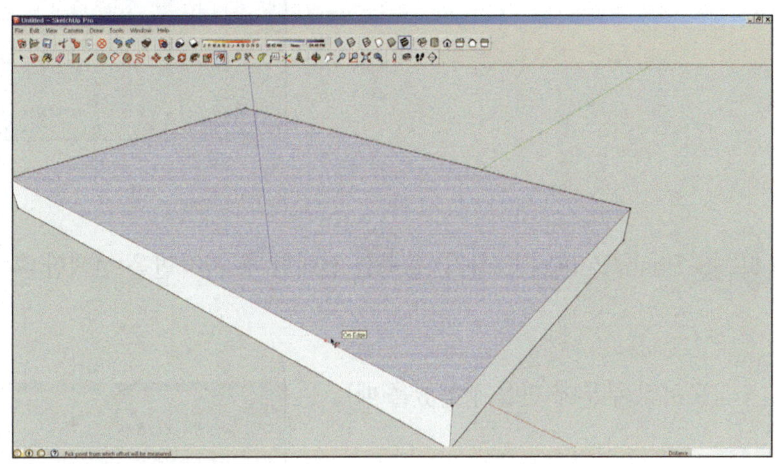

2 모서리부터 마우스를 드래그한다.

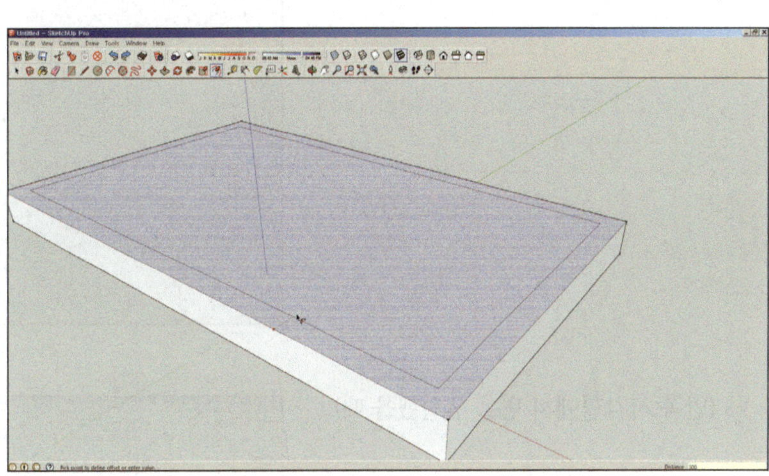

3 수치입력창에 300을 입력한다.

Distance	300

4 그림과 같이 윗면에서 300mm 떨어진 곳에 사각형이 생성이 되었다.

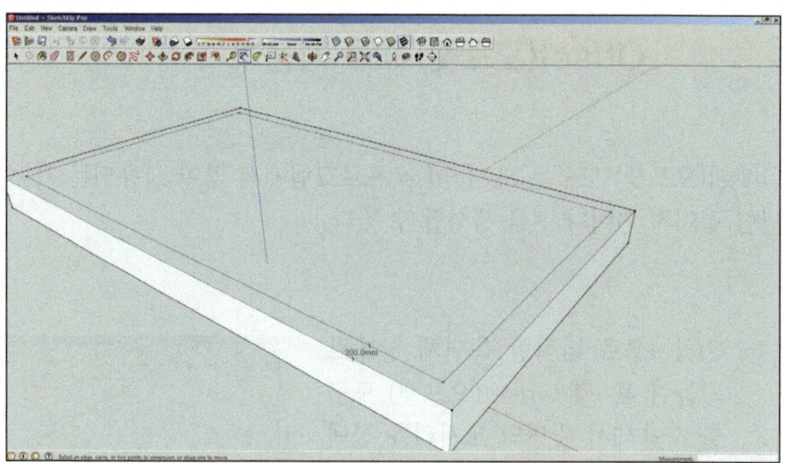

5 Push/Pull(밀기/끌기) 도구를 선택한 후 사각면을 선택한 후 그림처럼 Blue 축 방향으로 면을 만든다.

(모서리 부분에 면을 생성했을 때)

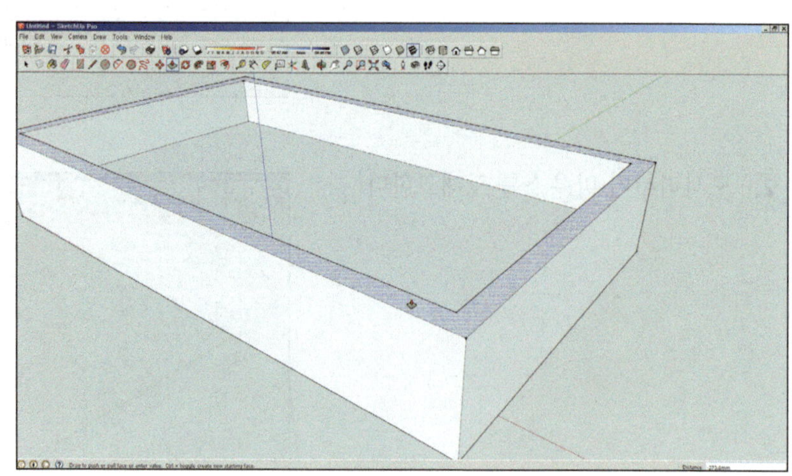

(안쪽 사각형에서 면을 생성했을 때)

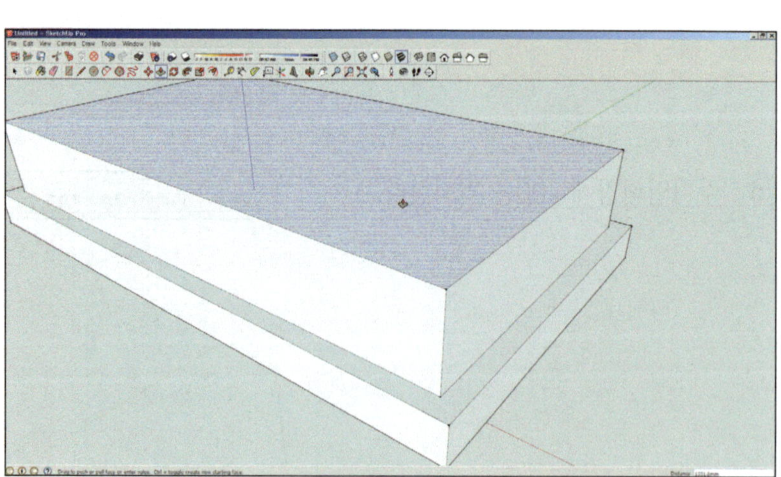

Offset(오프셋) 기능은 면에서 뿐만이 아니라 선에서도 적용된다. 선을 선택한 후 Offset(오프셋) 기능을 사용하면 된다.
선을 연속해서 선택할 때에는 키보드의 'Shift' 키를 누른 후 선택하면 된다.

06 Line(선) 도구로 사각뿔 만들기

건축물을 만들다 보면 사각뿔, 삼각뿔 등 뿔의 형태로 만들어야 할 경우가 많다. 이때 Line 툴과 Move 툴을 사용하면 쉽게 만들 수 있다.

1. Ctrl + Z 로 되돌린 후 넓적한 육면체 상태에서 Line(선) 도구를 사용하여 그림과 같이 한쪽 꼭짓점에서 대각선으로 선을 그린다.

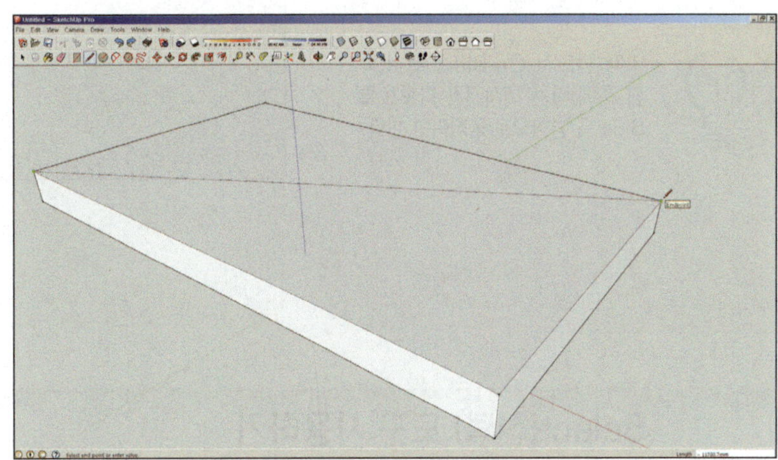

2. 반대쪽도 같은 방법으로 그린다.

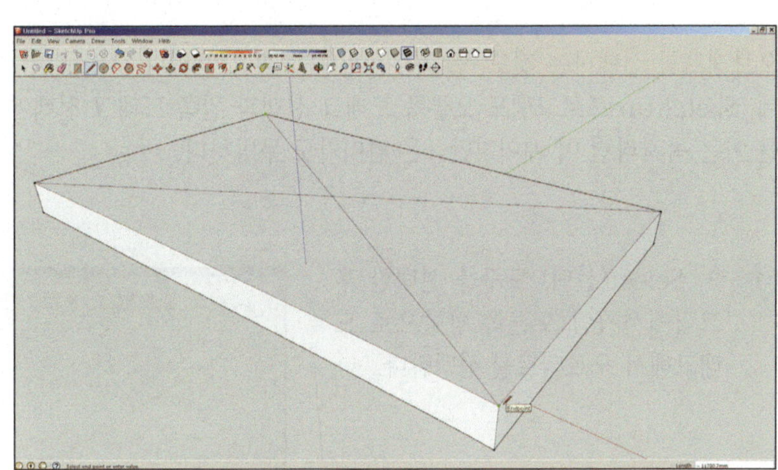

3. Move(이동) 도구를 선택한 후 다시 가운데 모서리를 선택한다.

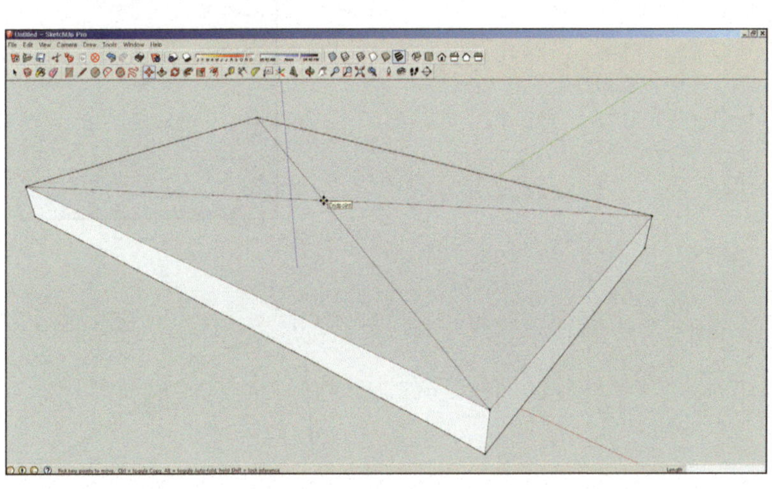

4 꼭짓점을 Blue 축 방향으로 이동해 서 사각뿔의 형태로 만든다.

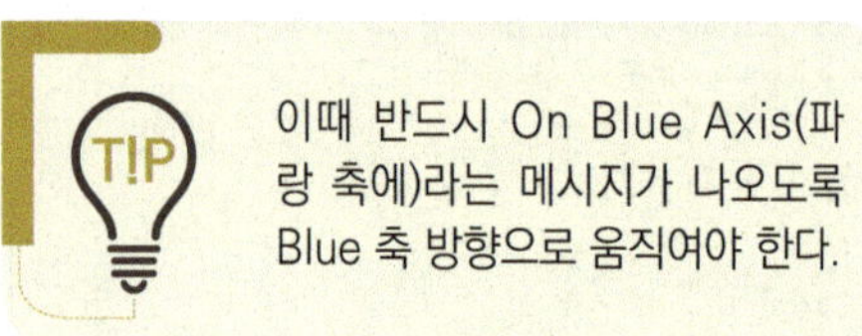

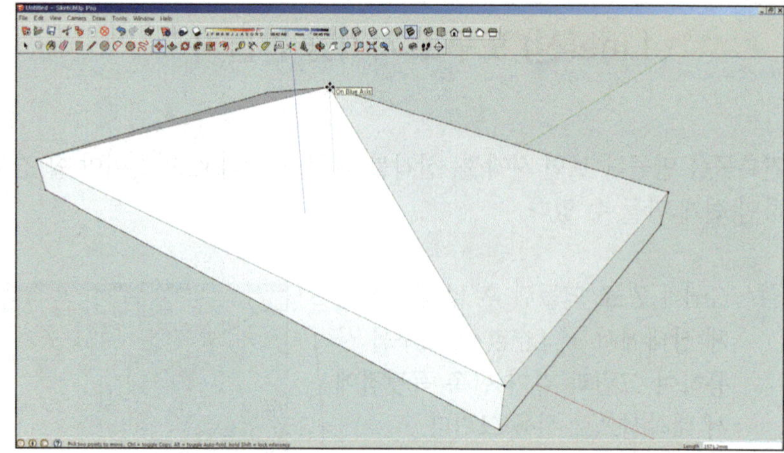

07 Select(선택) 도구 사용하기

오브젝트를 선택하는 것도 꼭 알아두어야 할 필요가 있다. AutoCAD를 다뤄본 독자라면 쉽게 이해할 수 있을 텐데, SketchUp 프로그램도 오른쪽 드래그 선택과 왼쪽 드래그 선택에 차이가 있다. 오른쪽 드래그와 왼쪽 드래그를 아는 독자라면 이 페이지만큼은 넘어가도 무방하다.

1 Select(선택) 도구를 선택한 후 그림에서처럼 오른쪽 방향으로 드래그해서 오브젝트를 선택한다.

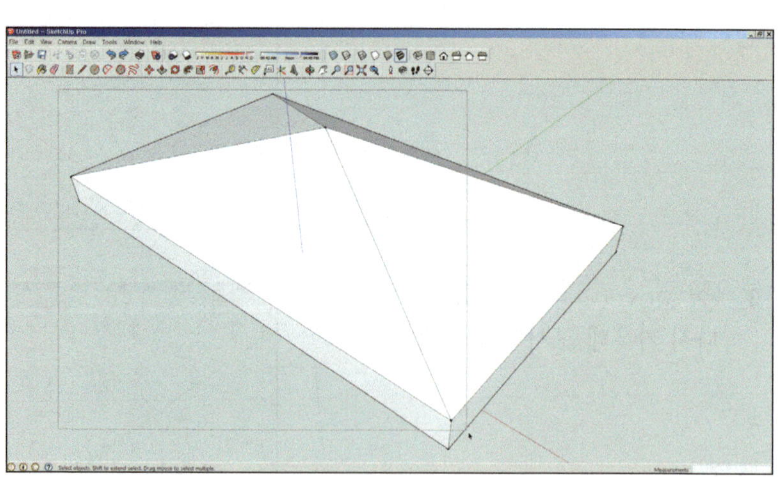

2 그러면 그림처럼 선택되는 것은 위에서 드래그했을 때 사각형 안에 포함되는 면이나 선이 선택된다.

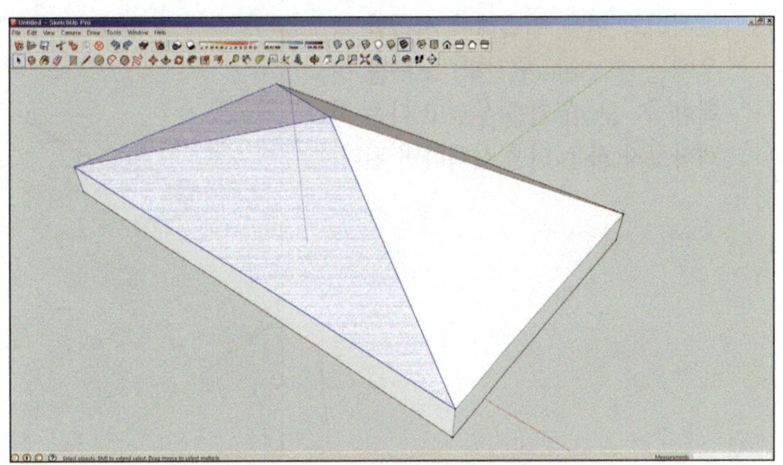

3 빈 공간에 마우스를 클릭해서 선택을 해제하고 이번에는 아래에서 시작해서 왼쪽으로 진행되게 선택한다.

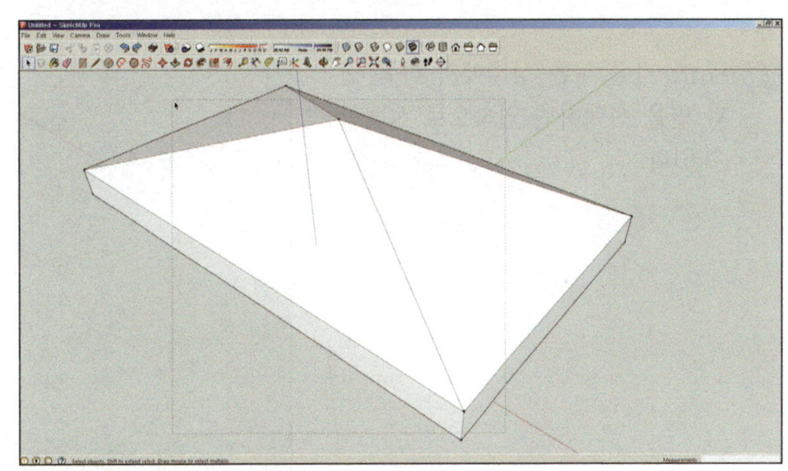

4 그러면 그림처럼 거의 대부분의 면과 선이 선택된 것을 알 수 있다.

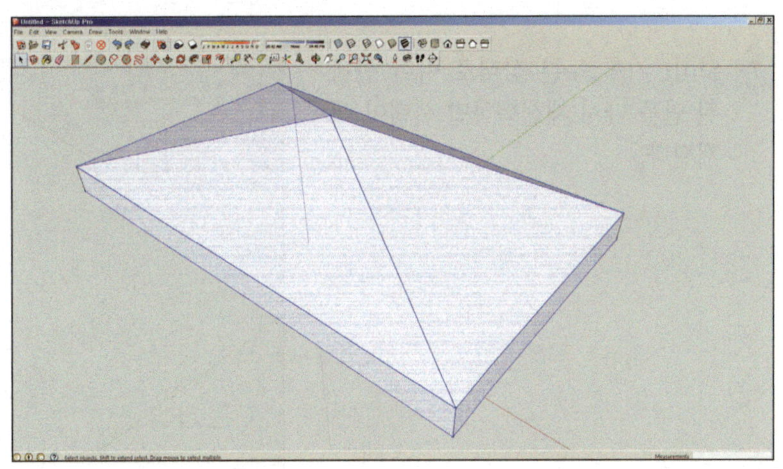

오브젝트를 선택할 경우 오른쪽 드래그 선택의 경우 선택범위 안에 포함된 면이나 선이 선택되지만, 왼쪽 드래그 선택인 경우 선택범위에 걸쳐져 있는 면이나 선도 모두 선택할 수 있다. 아주 미세한 차이지만 독자들은 꼭 기억하길 바라며 나중에 건축 모델링 시 아주 유용하게 적용할 수 있다.

5 모서리와 면을 연속해서 선택할 경우에는 Select(선택) 도구를 선택한 후, Shift 키를 누르고 다음 선택하고자 하는 면을 선택하면 된다.

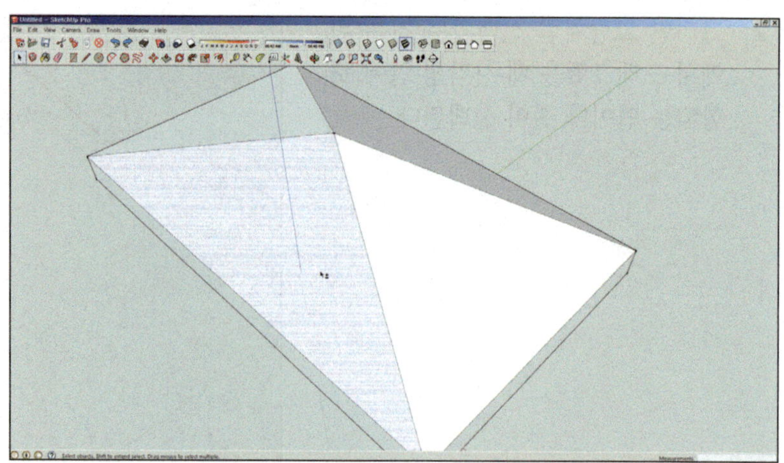

6 Shift 키를 누른 상태에서 다음 선과 면을 선택하면 연속으로 선택할 수 있다.

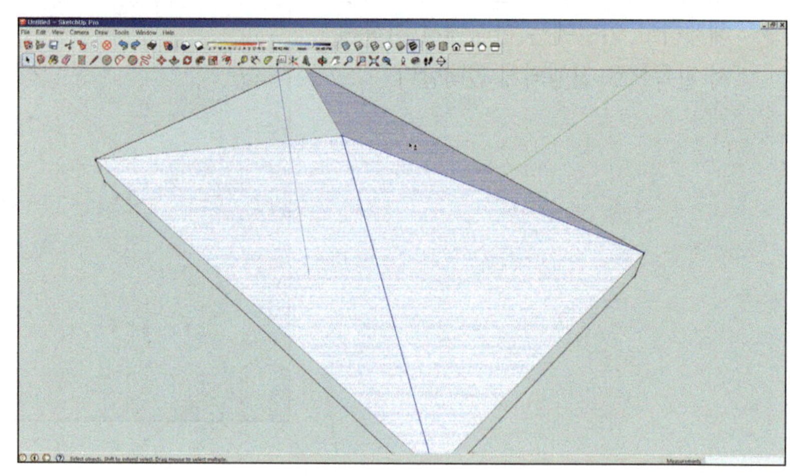

7 Shift 키를 누른 상태로 이미 선택된 면을 다시 재선택하면 선택이 해제된다.

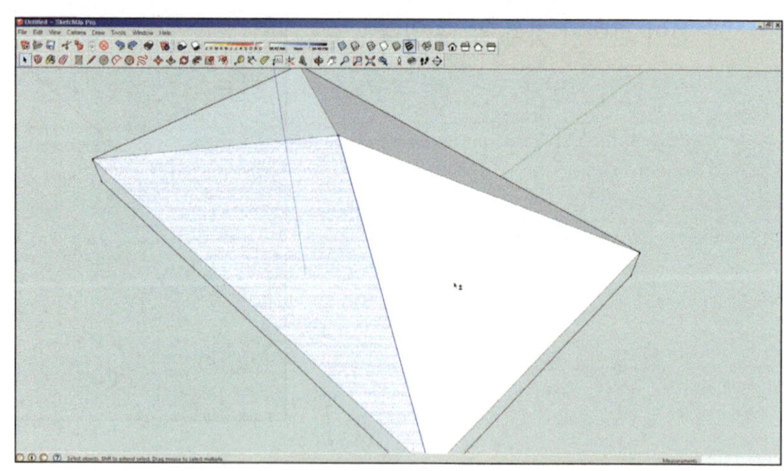

Ctrl 키도 다중선택이 가능하지만 Shift 키처럼 선택한 것을 뺄 수는 없다. 따라서 독자들은 Ctrl 키보다는 Shift 키로 다중선택하는 방법이 바람직하다.

08 Intersection Faces(교차 면)로 겹쳐진 면 잘라내기

모델링을 하다보면 가끔 서로 겹쳐진 면들을 잘라내야 할 필요가 있다. 스케치업의 기본 모델링 방식은 면을 생성하면서 오브젝트를 만드는 방법이다. 하지만 서로 면을 겹치게 한 후 잘라내는 방식도 알아두면 아주 편리한 기능이다.

1 Rectangle(직사각형) 도구를 사용해서 사각형을 하나 그린다. 치수는 중요하지 않다.

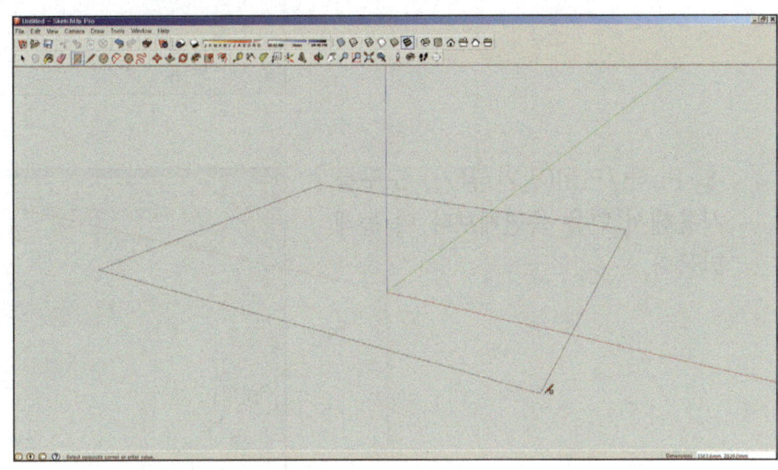

2 Push/Pull(밀기/끌기) 도구를 사용하여 위쪽으로 면을 만든다.

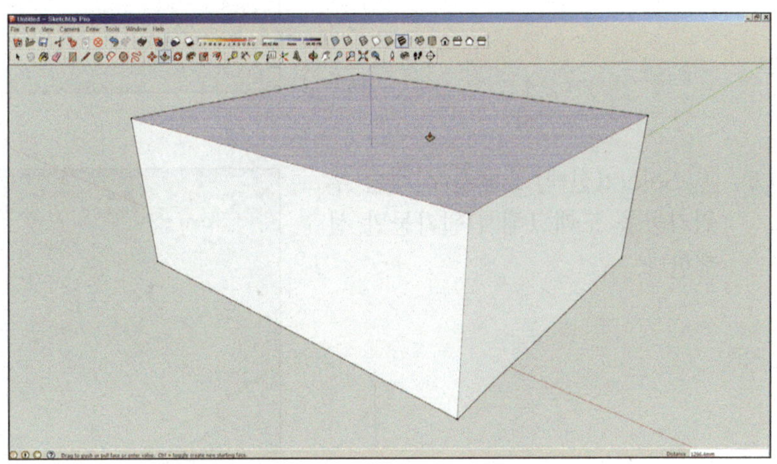

3 Circle(원) 도구를 사용해서 육면체의 옆에 원을 그린다.

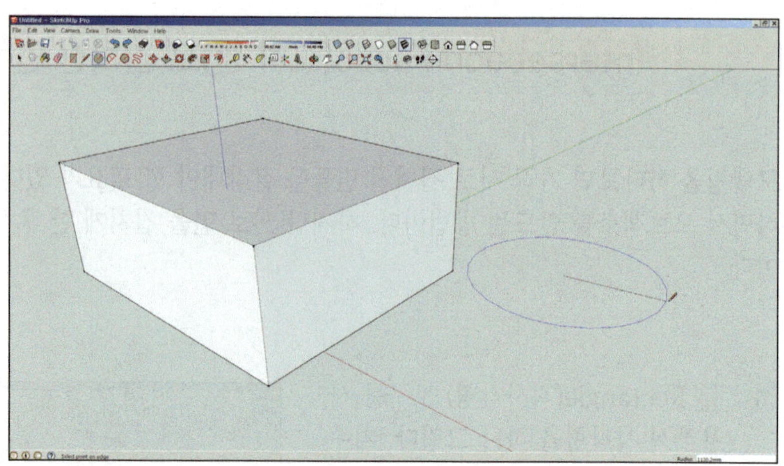

4 Push/Pull(밀기/끌기) 도구를 사용해서 면을 육면체보다 더 높게 만든다.

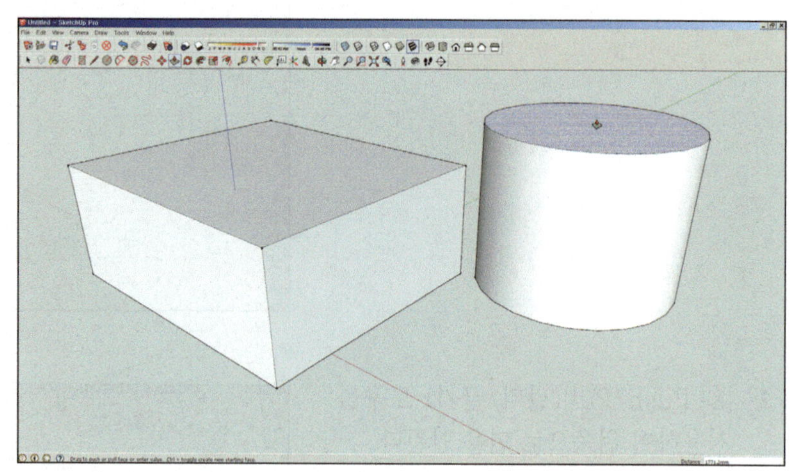

5 Select(선택) 도구를 선택한 후 원기둥을 드래그해서 원기둥만 선택한다.

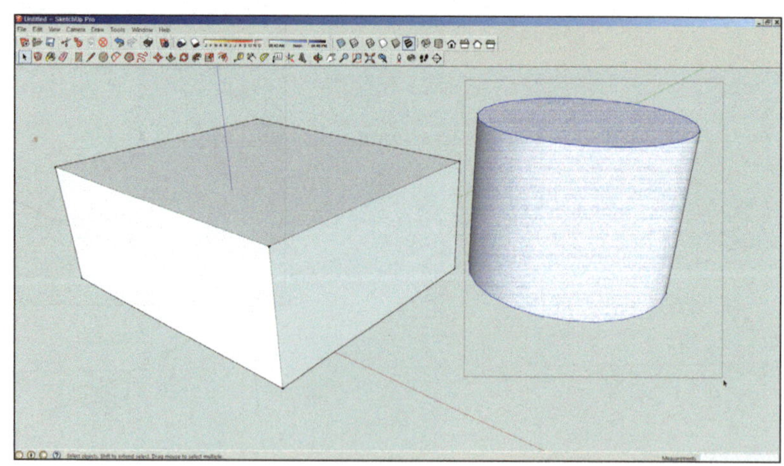

6 Move(이동) 도구를 사용해서 원기둥을 육면체와 겹치도록 이동한다.

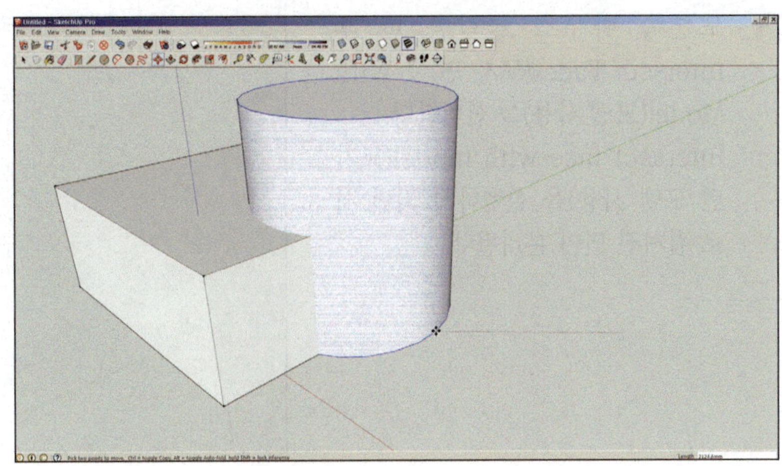

7 겹쳐진 부분을 확인하기 위해 X-ray(X선) 모드를 선택한다.

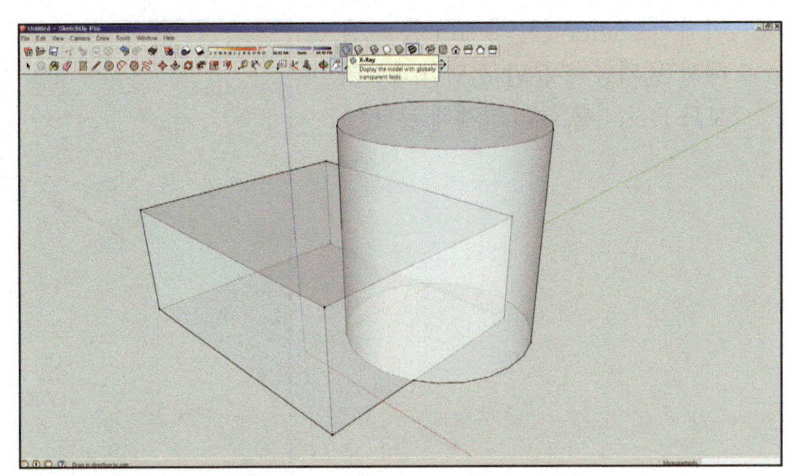

8 Ctrl + A 단축키를 누르거나, Select(선택) 도구를 이용해서 육면체와 원기둥을 모두 선택한다.

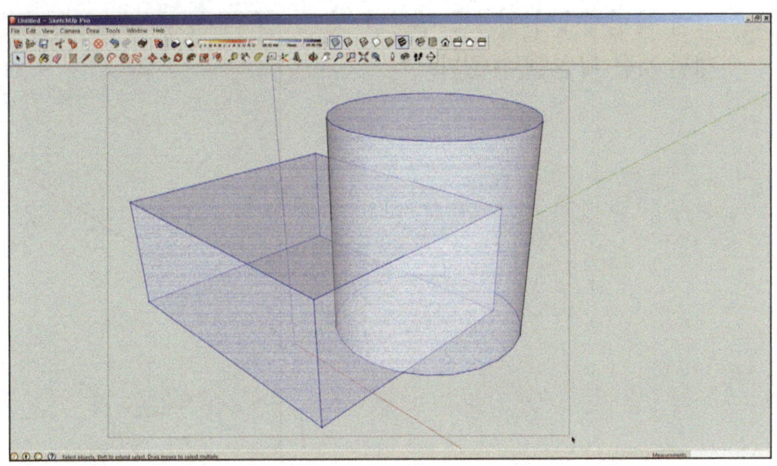

9 오른쪽 마우스 클릭을 한 후 Intersect Faces(교차 면) 〉 With Model(모델 사용)을 선택한다. Intersect face with model(교차 면 모델 사용)을 실행하게 되면 서로 겹쳐진 면이 분리된다.

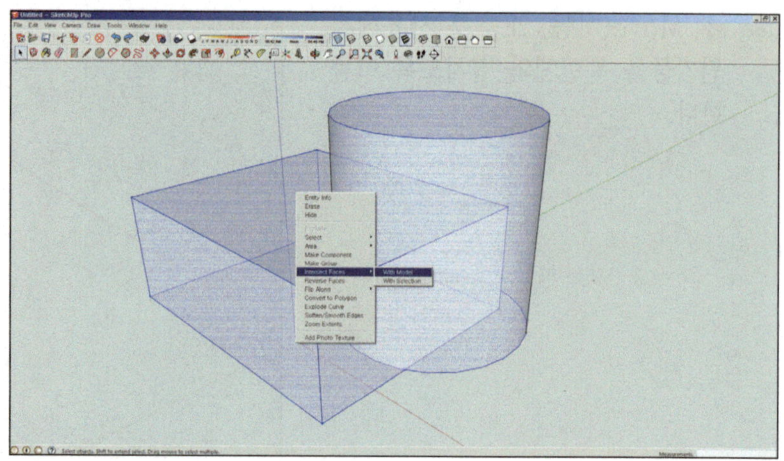

10 이제 [Select 아이콘] Select(선택) 도구를 이용해서 원기둥 부분만 선택한 후, 키보드 Del 키를 눌러 삭제해 본다.

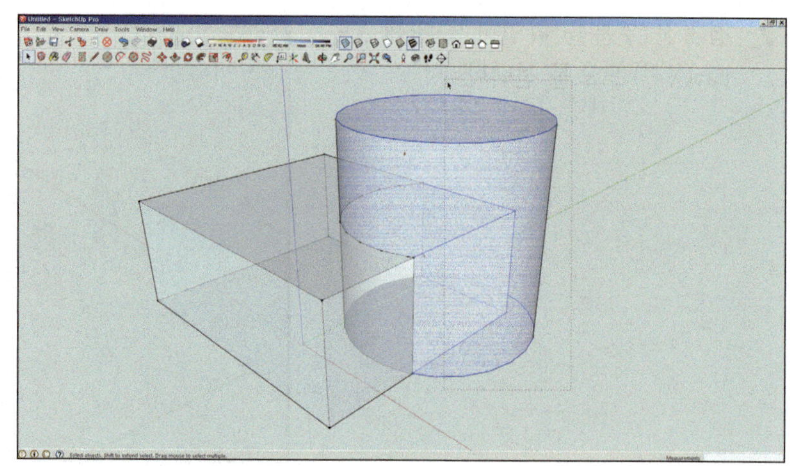

12 그럼 육면체에서 원기둥 부분만 삭제된 것을 확인할 수 있다.

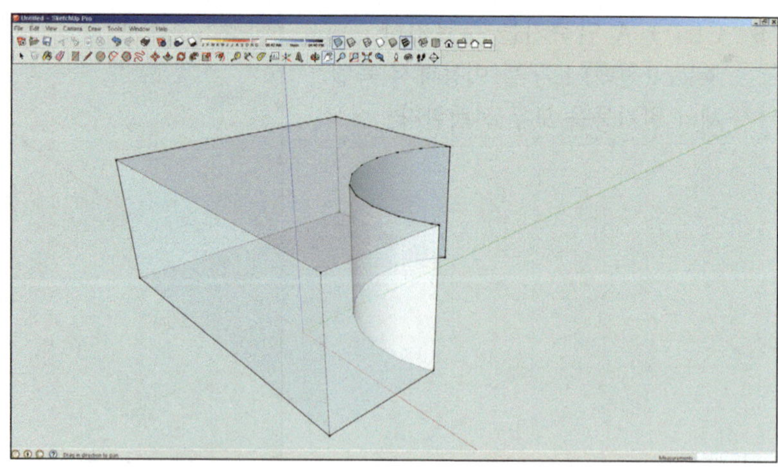

13 Ctrl + Z 키를 한 번만 실행해서 전단계로 되돌아 간 후, 이번에는 육면체 부분을 선택해서 Del 키를 눌러 삭제한다.

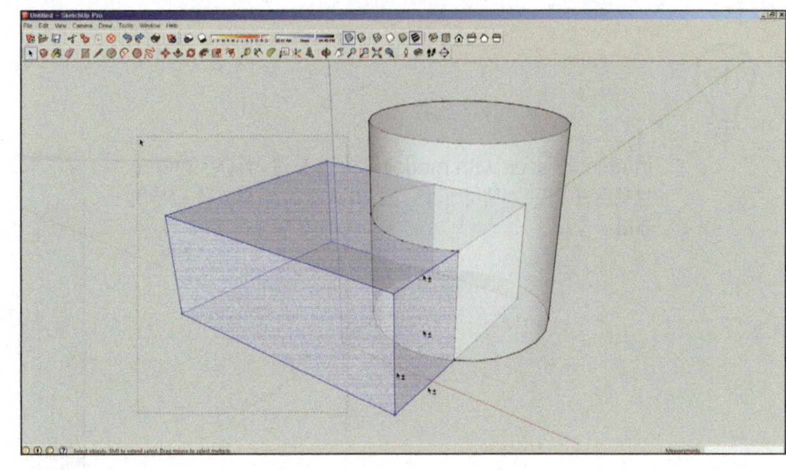

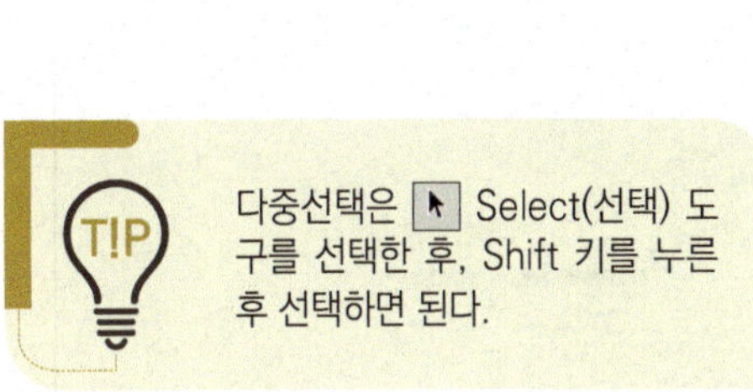

다중선택은 Select(선택) 도구를 선택한 후, Shift 키를 누른 후 선택하면 된다.

14 전과는 반대로 이번에는 원기둥에서 육면체 부분이 빠진 것을 알 수 있다.

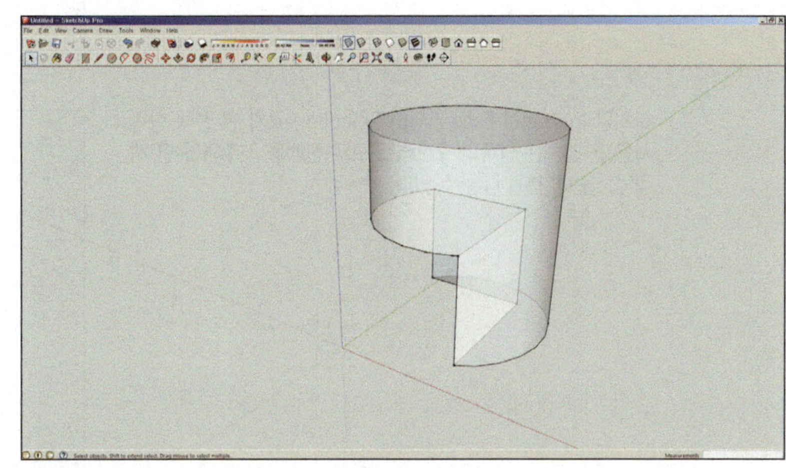

15 다시 한번 Ctrl + Z 키를 눌러 전단계로 되돌아 간 후, 이번에는 육면체와 원기둥이 겹치는 부분을 제외한 나머지 부분을 Select(선택) 도구를 이용해서 선택한다. 연속적으로 선택할 경우에는 앞에서 배웠듯이 Shift 키를 누르고 선택하면 된다.
Del 키를 눌러 선택된 부분을 삭제하면 원기둥과 육면체가 겹치는 부분만 남고 나머지는 모두 삭제된 것을 확인할 수 있다.

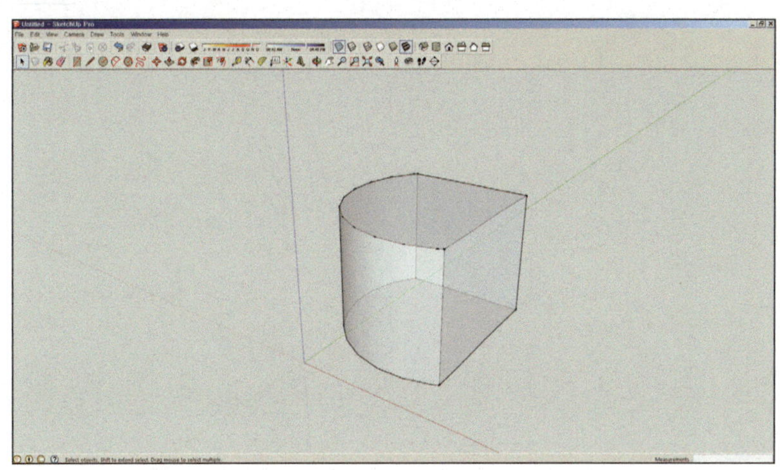

Intersect Faces with model(교차 면 모델 사용)과 Intersect Faces with Selection(교차 면 선택 항목 사용)의 차이

Intersect Faces with model(교차 면 모델 사용)은 한쪽 오브젝트의 면만 선택하더라도 그 면과 접하는 부분을 나누어 준다.

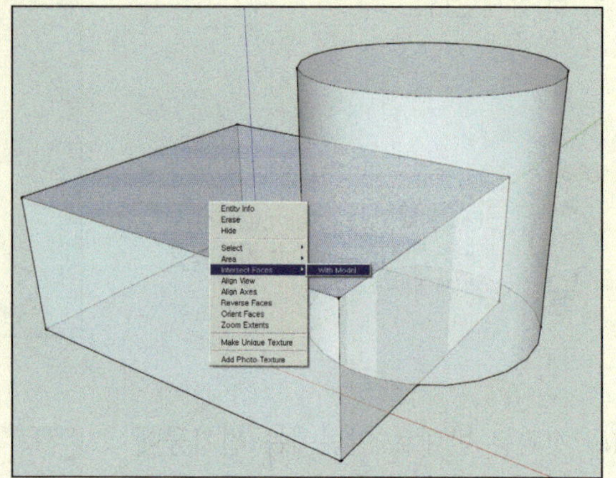

하지만 Intersect Faces with Selection(교차 면 선택 항목 사용)은 겹치는 양쪽의 오브젝트 모두 선택을 해주어야 면 끼리 접하는 부분을 나눌 수 있다.

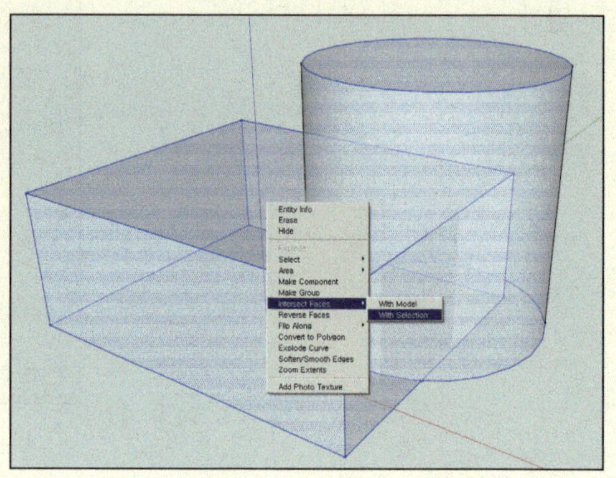

Rotated Rectangle(회전된 직사각형)과 3Point Arc(3점 호) 기능 익히기

1) Rotated Rectangle(회전된 직사각형)

- Rotated Rectangle(회전된 직사각형)은 회전된 사각면을 만들 때 유용하다. 예를 들어 단독주택의 지붕과 같이 이등변 삼각면의 형태를 제작할 때 적용하면 된다. 그럼 Rotated Rectangle(회전된 직사각형)을 사용해서 삼각면을 제작해 보도록 하자.

1 먼저 Rectangle(직사각형) 도구를 사용해서 (3000, 4000) 사각형을 그린다.

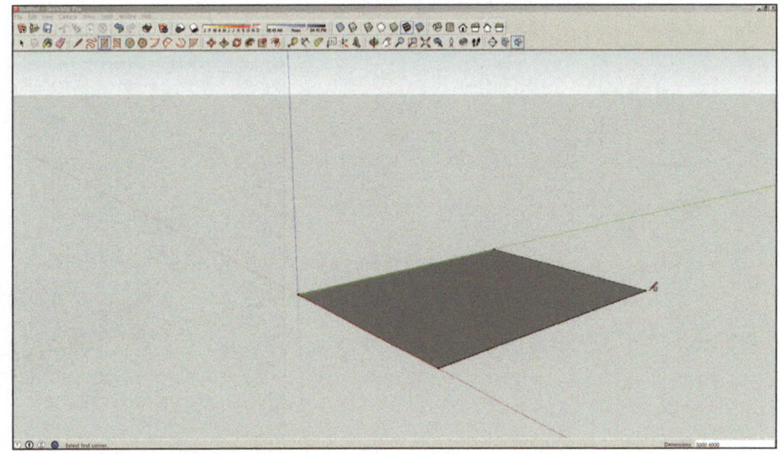

2 Line(선) 도구를 이용해서 사각면의 Midpoint(중간점)에서 Blue 축 방향으로 1000mm인 수직선을 그린다.

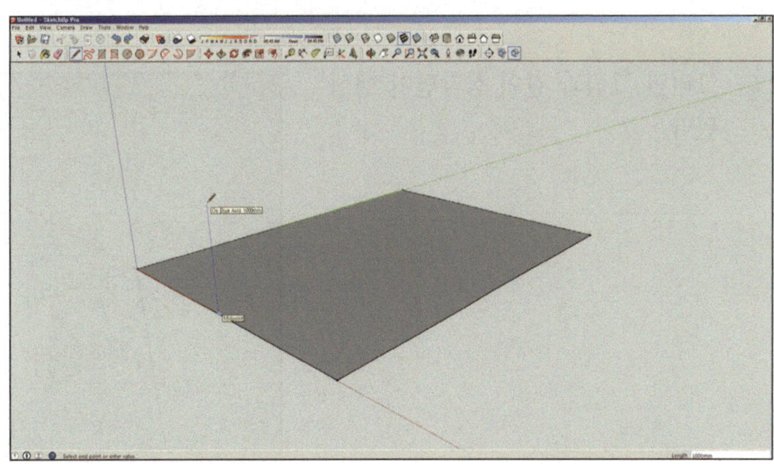

3 Rotated Rectangle(회전된 직사각형) 도구를 선택한 후, 그림과 같이 사각면의 끝 모서리(1점)에서 끝 모서리(2점)로 선을 그린 후, 다시 수직인 선 끝점(3점)까지 선을 그린다.

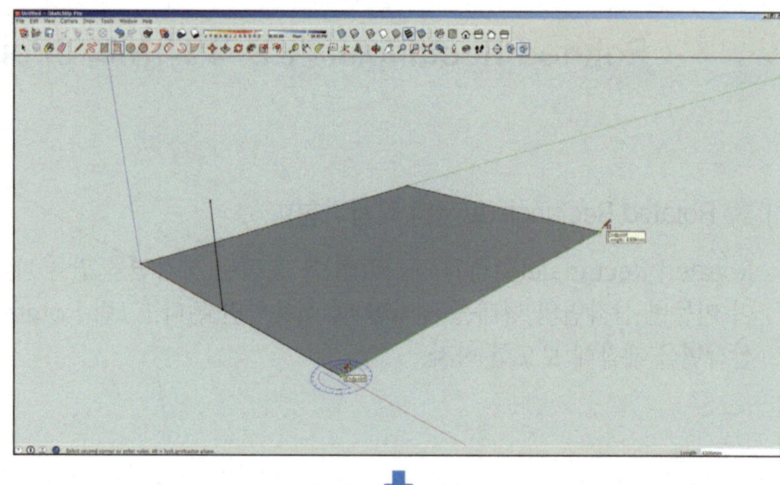

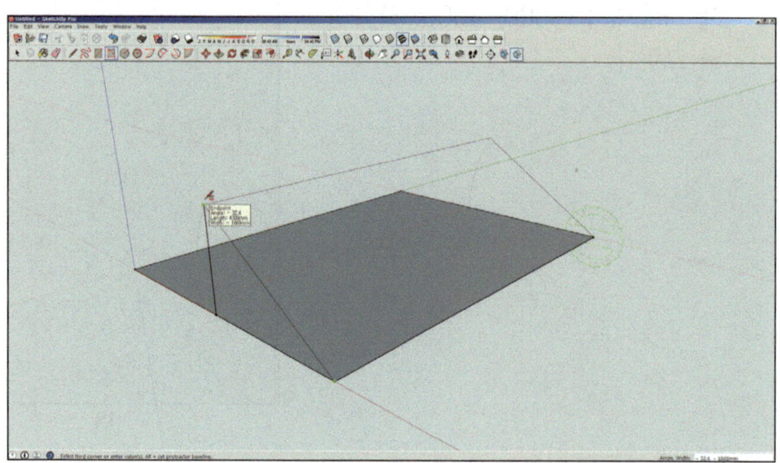

4 그러면 그림과 같이 삼각면이 생성된다.

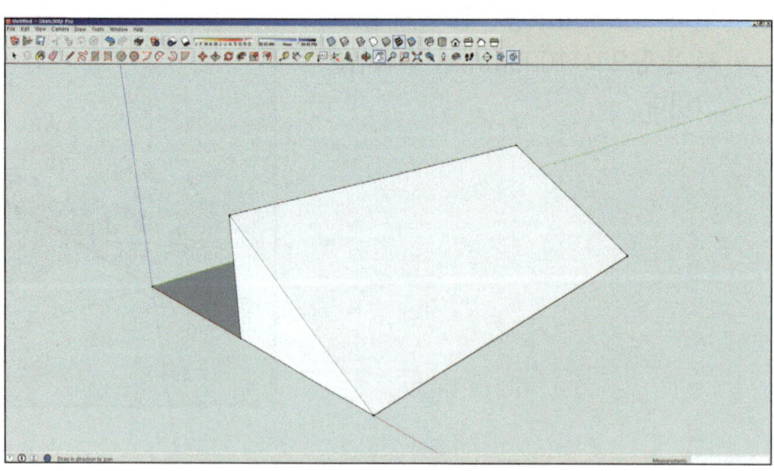

5 반대편도 같은 방법으로 Rotated Rectangle(회전된 직사각형) 도구를 선택한 후 차례대로 그리면 삼각면을 만들 수 있다.

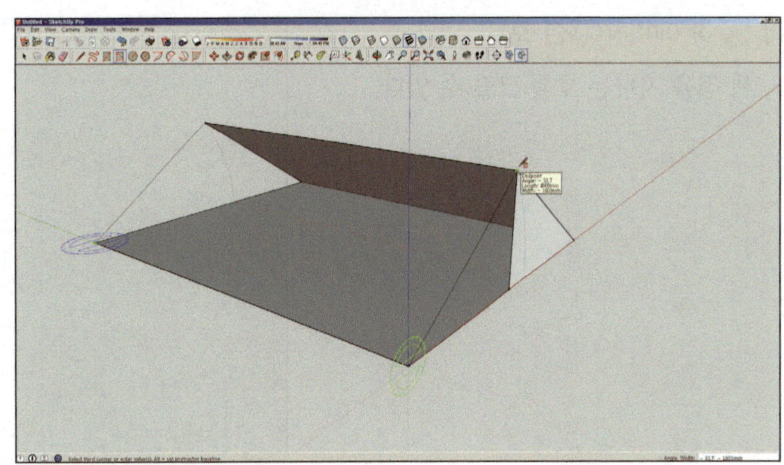

6 지붕면이 완성되었다.

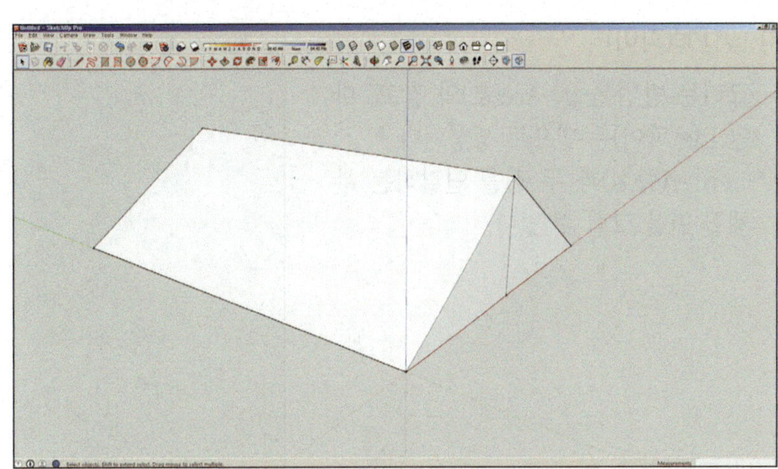

2) Arc(호)

- Center(중심)과 두 점을 연결하는 호를 그릴 수 있다. 이때 호의 각은 임의로 정할 수 있다.
- 면 위에 그리면 선이 아니라 면으로 생성된다.

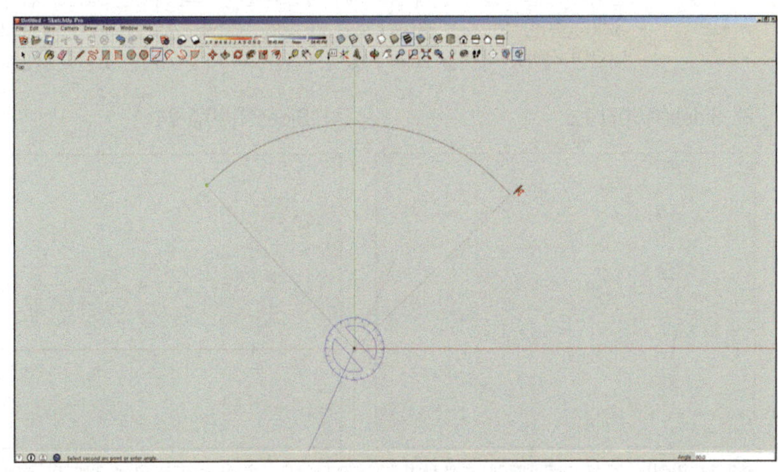

3) 3Point Arc(3점 호)

- 세 점을 지나는 호를 그릴 수 있다.

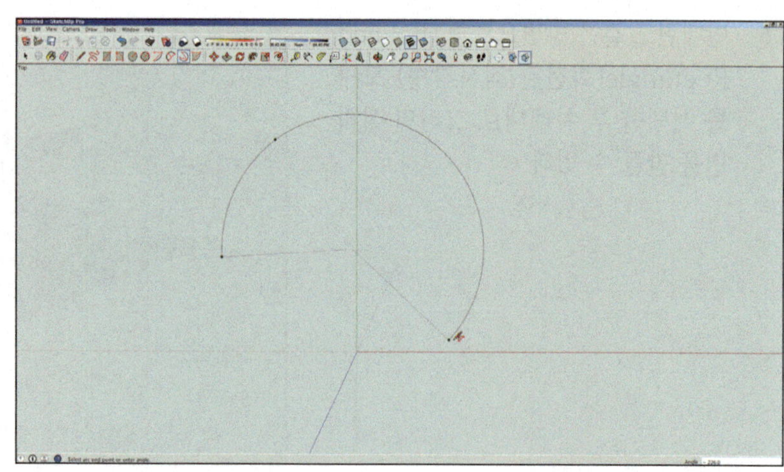

4) Pie(파이)

- 그리는 방법은 Arc(호)와 같고, 다만 Pie(파이)는 면으로 생성된다.
- Center(중심)과 두 점을 연결하는 부채꼴 면을 그릴 수 있다.

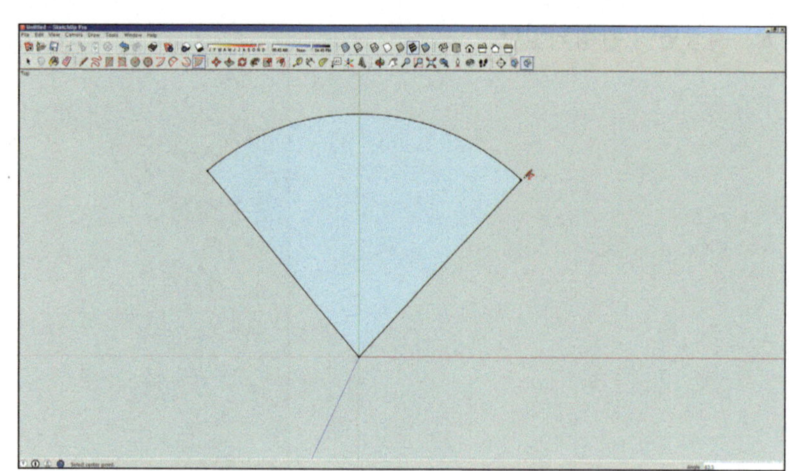

호를 그릴 때 부드러움의 차이 Sides(측면)

- 원이나 호를 그릴 때 선이 각이 지고 부드러운 정도의 차이는 Sides(측면) 값에 따라 다르다.
- Sides(측면)라는 것은 원이나 호를 연결하는 직선의 개수를 의미한다. 수치가 높으면 부드러운 곡선이 생성되고, 수치가 낮으면 각이 진 곡선을 그릴 수 있다. 다만 값이 너무 커지면 모델링 용량이 커지고 처리속도가 늦어지는 단점이 있다.

가. Sides(측면)값 12

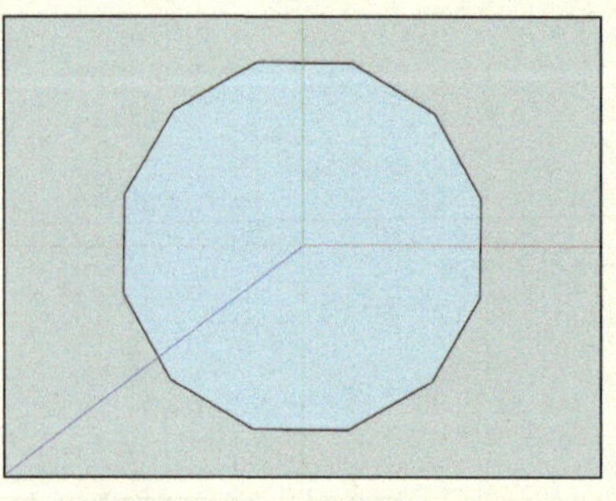

나. Sides(측면)값 24

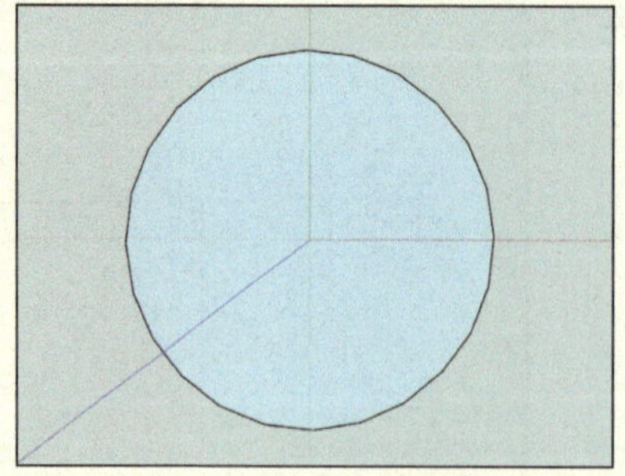

다. Sides(측면)값 100

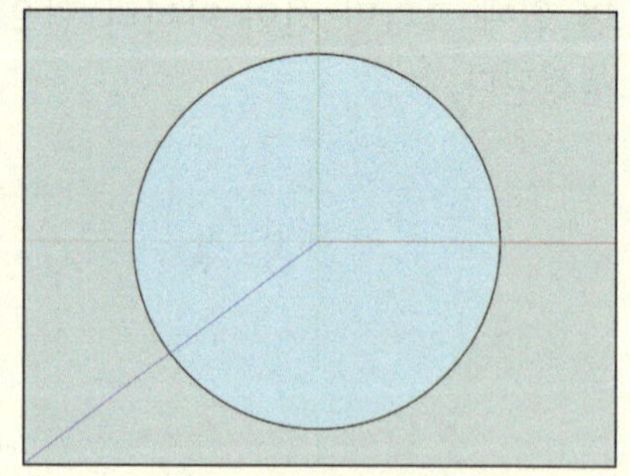

따라서 원이나 호를 그릴 때에는 자신이 그리고자 하는 호의 부드러움의 정도를 생각해서 Sides(측면)값을 정확하게 해줄 필요가 있다. Sides(측면)값 설정은 원이나 호를 선택한 바로 수치입력창에 Sides(측면) 값을 입력하면 된다.

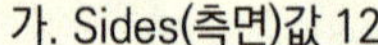

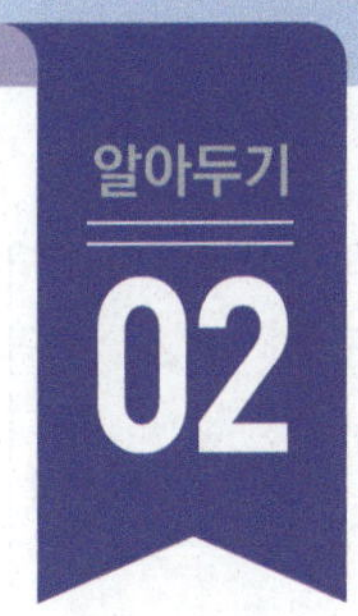

좌표축에 대하여 알아보기

우리가 흔히 중 · 고등학교 때에는 3차원의 좌표가 X축, Y축, Z축이라고 배웠을 것이다.
하지만 스케치업에서는 X, Y, Z축 대신 Red축, Green축, Blue축을 사용한다.
쉽게 생각하면 Red축은 X축, Green축은 Y축, Blue축은 Z축이라고 생각해도 무방하다.
우리가 스케치업 모델링이 쉬운 이유가 바로 좌표축에 있다. 선을 그리거나 면을 생성할 때 스케치업은 바로 Red, Green, Blue축에 추정하여 오브젝트를 만든다.

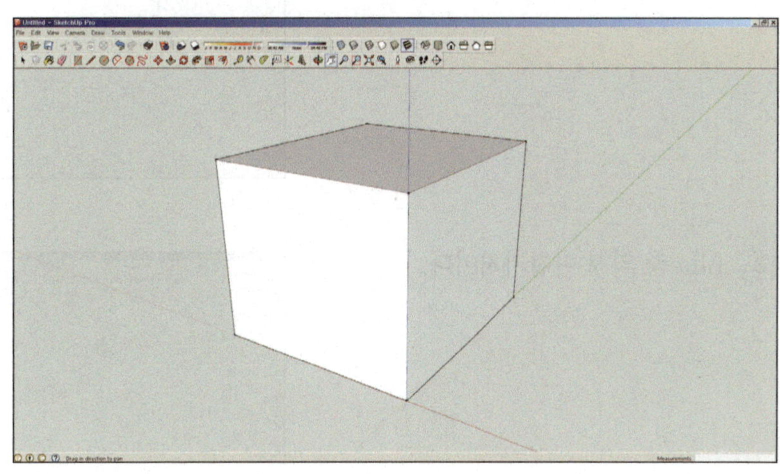

그렇다면 Line(선) 도구를 사용하여 선을 그릴 때 Red, Green, Blue축에 평행하게 그리는 방법에 대하여 알아보자.

1 그림에서와 같이 Green축에 평행하게 그리려면 반드시 Green색 선이 나와야 하고, On Green Axis(녹색축에)라는 문구가 나와야 한다. 이렇게 되면 Green축에 평행하고 Red, Blue축에는 직각인 선을 그릴 수 있다.

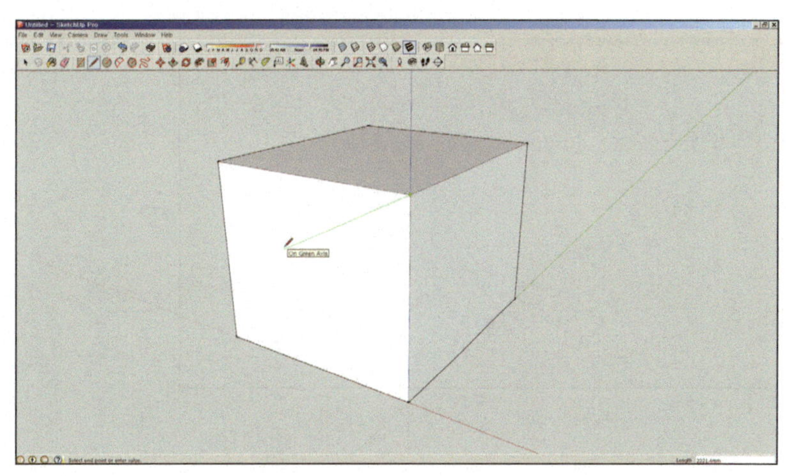

2 Red축에 평행하게 그릴 때에도 마찬가지다. 선이 Red 색이어야 하며, On Red Axis(빨간색축에)라는 문구가 나오면 Red축에 평행하게 선을 그릴 수 있다.

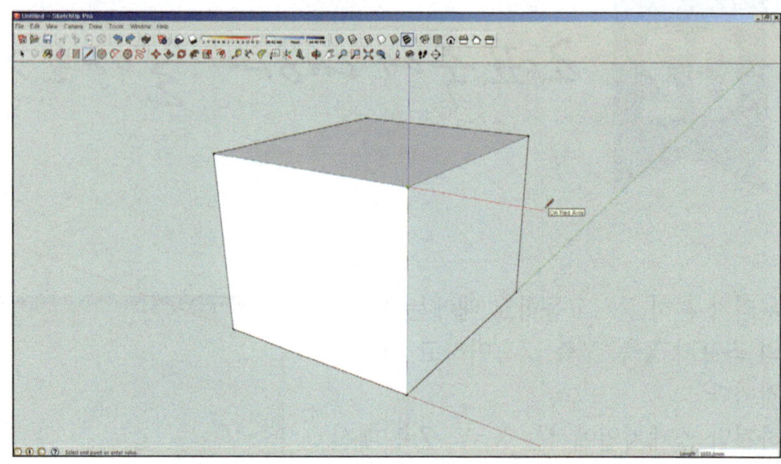

3 Blue축 역시 마찬가지이다.

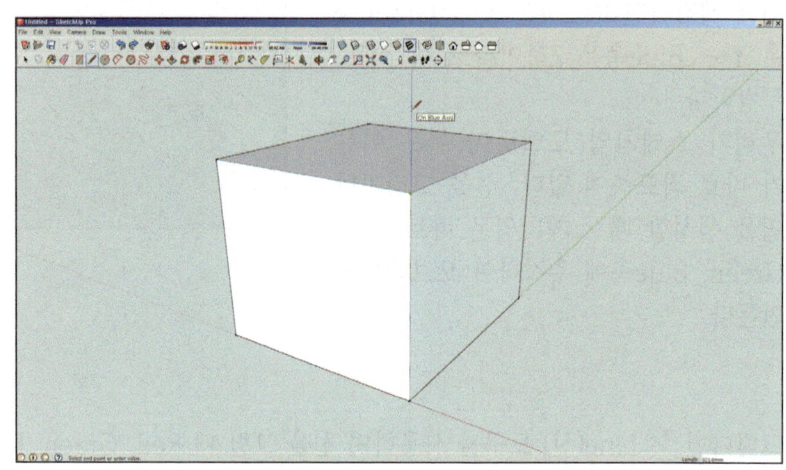

4 따라서 Green, Red, Blue축에 평행하게 선을 연속해서 그린다면 다음과 같은 면이 생성된다.

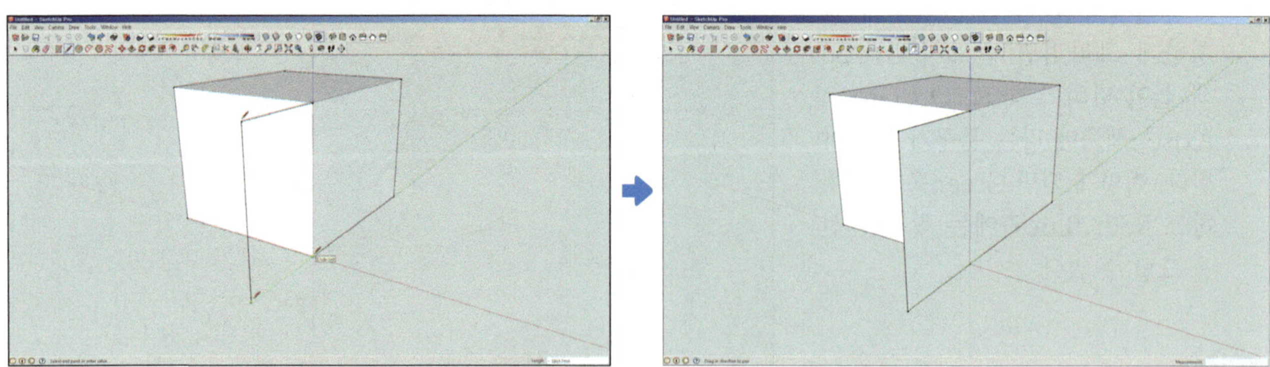

SKETCH UP 2019 SKETCH UP 2019 SKETCH UP 2019 SKETCH UP 2019 SKETCH UP 2019
SKETCH UP 2019 SKETCH UP 2019 SKETCH UP 2019 SKETCH UP 2019 SKETCH UP 2019

SKETCH UP 2019 SKETCH UP 2019 SKETCH UP 2019 SKETCH UP 2019 SKETCH UP 2019
SKETCH UP 2019 SKETCH UP 2019 SKETCH UP 2019 SKETCH UP 2019 SKETCH UP 2019
SKETCH UP 2019 SKETCH UP 2019 SKETCH UP 2019 SKETCH UP 2019 SKETCH UP 2019

Part 02
단독주택 제작하기(초급편)

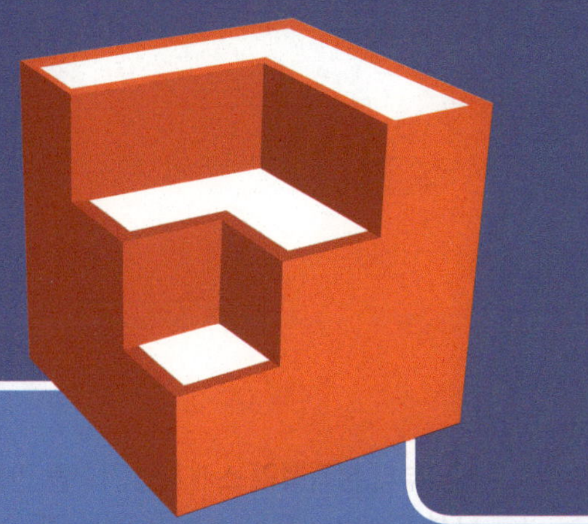

이번 Part에서는 스케치업의 기초과정으로 단독주택 만들기를 해 보자. 간단한 건축물을 단계별로 제작해 봄으로써 스케치업을 처음으로 접하는 분들이 스케치업의 기초적인 기능들에 보다 쉽게 다가갈 수 있게 구성하였다. 따라서 초급편에서는 매우 세밀한 부분까지 자세하게 기록하였다. 처음 스케치업을 시작하는 학습자께서는 반드시 이번 Part를 학습해야 하며, 그래야 다음 중급과정(Part 03)으로 넘어갈 때 쉽게 이해할 수 있다.

단독주택 | (일자형)

Chapter

지금부터 본격적인 스케치업 건축물 만들기를 시작하도록 하겠다.

우선 Chapter 03에서는 일자형 단독주택으로 우리가 앞으로 건축물을 제작하는 데에 있어 가장 기본이 되는 모델링 기법을 배울 것이다.

건축물의 기본 형태에서 지붕, 베란다, 계단 만들기의 내용을 중심으로 다룰 것이며, 특히 중간에 삽입된 Tip 내용을 주의 깊게 살펴보도록 한다.

01 기본형태 만들기

1 Rectangle(직사각형) 도구를 사용해서 (7200mm*11500mm)으로 된 사각형을 그린다.

수치입력창에서 치수를 기입하면 정확한 치수의 사각형을 만들 수 있다. 이때 수치의 중간은 반드시 ,(콤마)로 입력해야 한다.

Dimensions	7200,11500

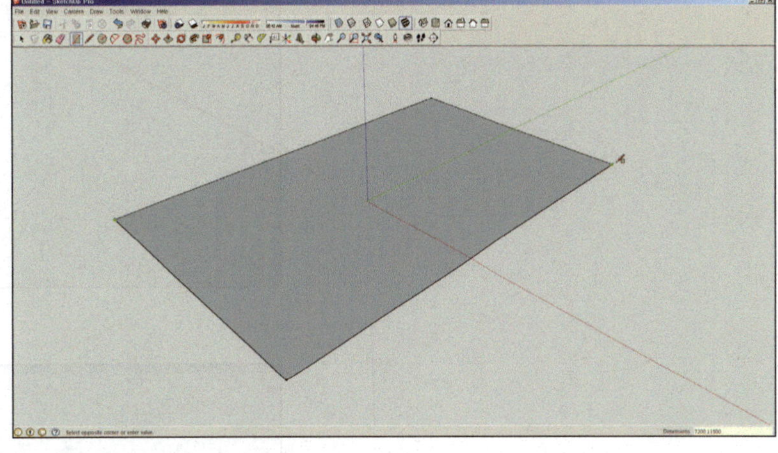

2 Push/Pull(밀기/끌기) 도구를 사용한 후 사각면을 선택한 후 그림처럼 Blue축 방향으로 면을 만든다. 높이에 대한 치수는 4350mm이다.

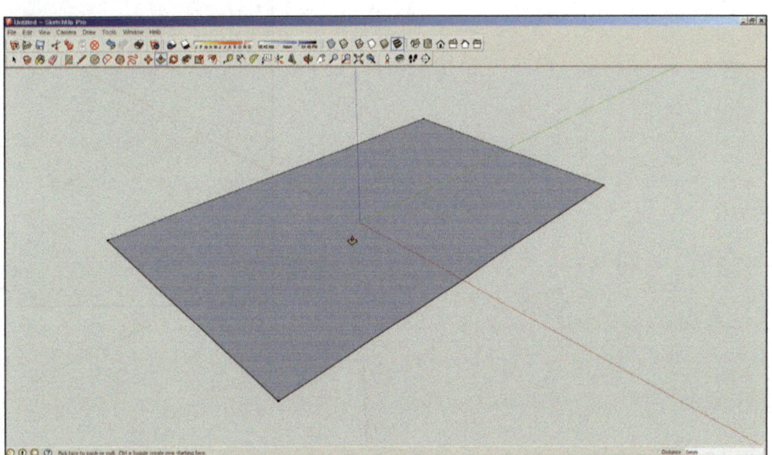

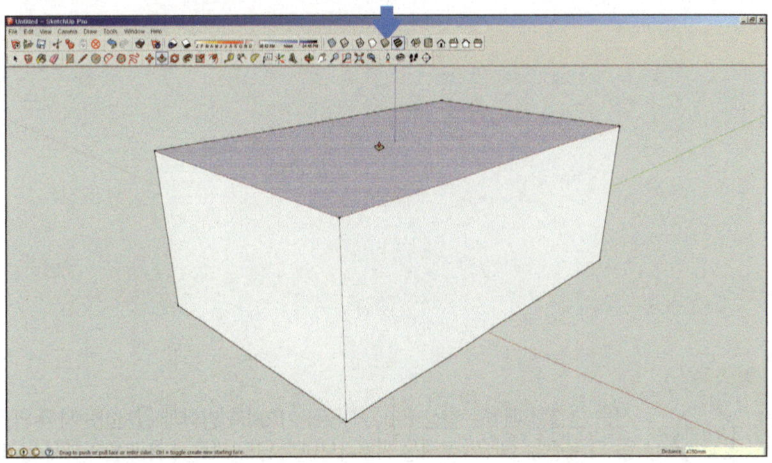

3 Line(선) 도구를 선택한 후 윗면 모서리의 Midpoint(중간점)를 잡고 반대쪽 Midpoint(중간점)로 선을 그린다.

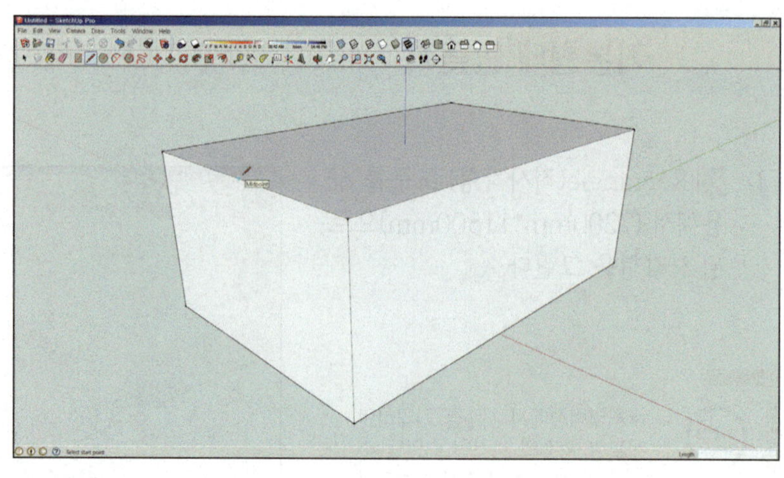

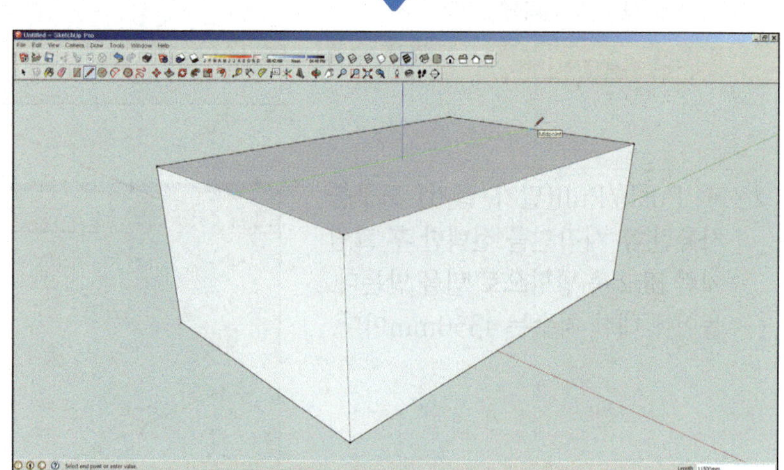

선을 연결할 때에는 항상 Blue, Green, Red축 방향과 일치하는지 주의할 필요가 있다. 지금은 단순한 형태의 주택을 만들지만 좀 더 복잡한 형태의 주택을 만들다보면 본인도 모르게 축과 일치하지 않게 그려지는 경우가 발생하기 때문이다.
따라서 항상 선을 연결할 때에는 Blue, Green, 혹은 Red축과 일치하도록 정확하게 그려야 하며, 일치한 선은 위 그림처럼 축의 색깔과 같은 색으로 선이 나타난다.

4 Select(선택) 도구를 이용해서 선을 선택한 후 Move(이동) 도구를 사용해서 윗면에 그린 선을 Blue축 방향으로 1650mm 올린다. 이때에도 Blue축 방향으로 정확하게 올려줘야 한다.

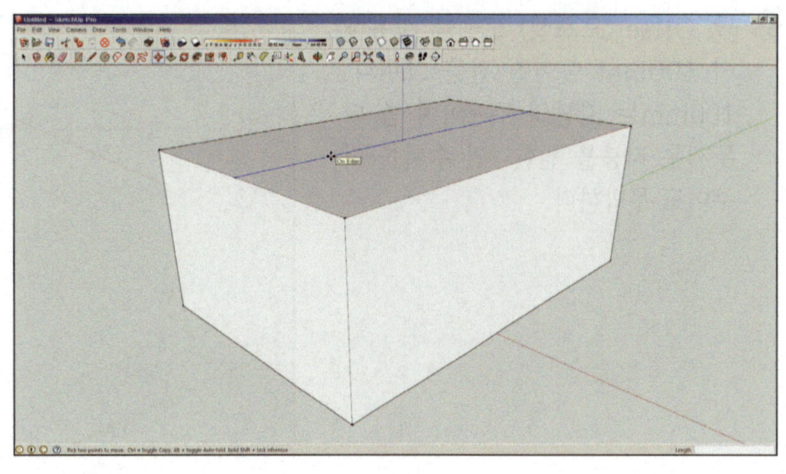

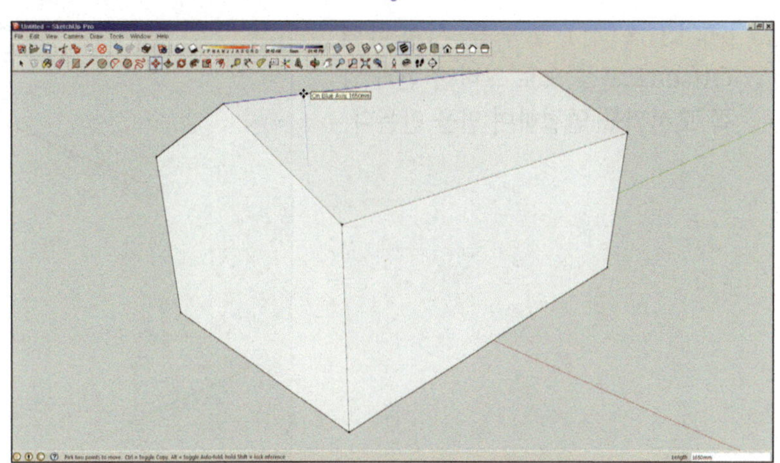

5 지붕을 만들기 위해서 그림과 같이 옆쪽 모서리를 Select(선택) 도구를 이용해서 선택한다.

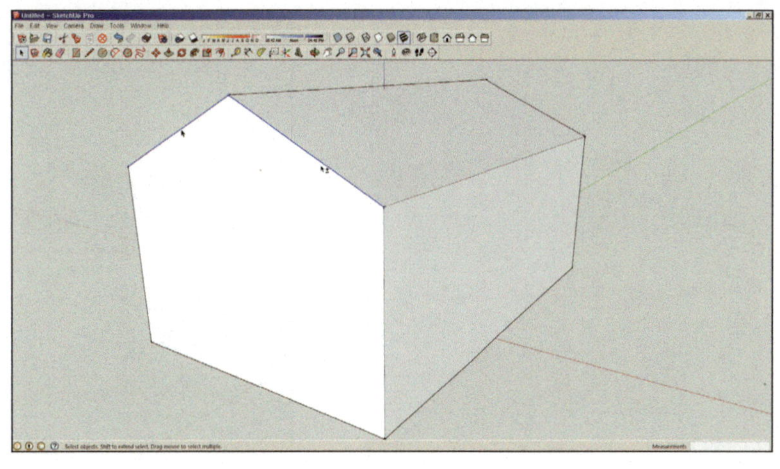

도구를 사용할 때 한쪽 모서리를 선택한 후 연속해서 다른 모서리를 선택할 때에는 Ctrl 키 혹은 Shift 키를 누르고 선택하면 된다. Ctrl 키는 계속 연속해서 선택할 수 있으며, Shift 키는 선택된 오브젝트를 다시 취소할 수 있는 기능을 가지고 있다.

6 Offset(오프셋) 도구를 사용해서 100mm 떨어진 선을 그린다. 100mm는 지붕의 두께이며 좀 더 두꺼운 지붕을 원한다면 수치를 더 주어도 무방하다.

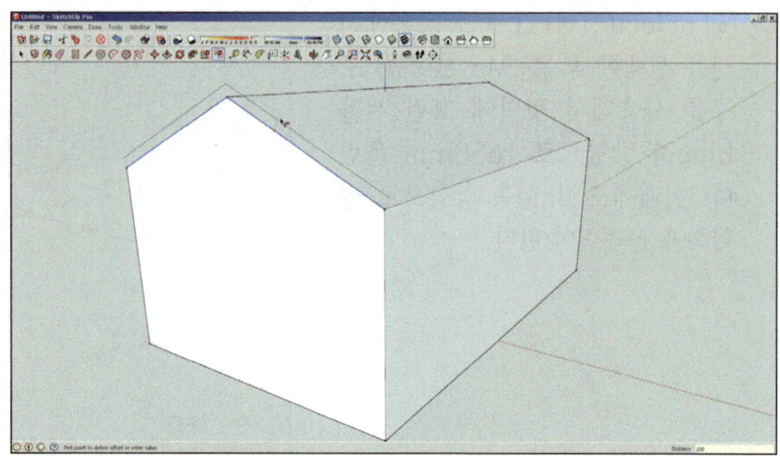

7 Line(선) 도구를 사용하여 Offset(오프셋)으로 그려진 선과 양쪽 모서리를 연결하여 면을 만든다.

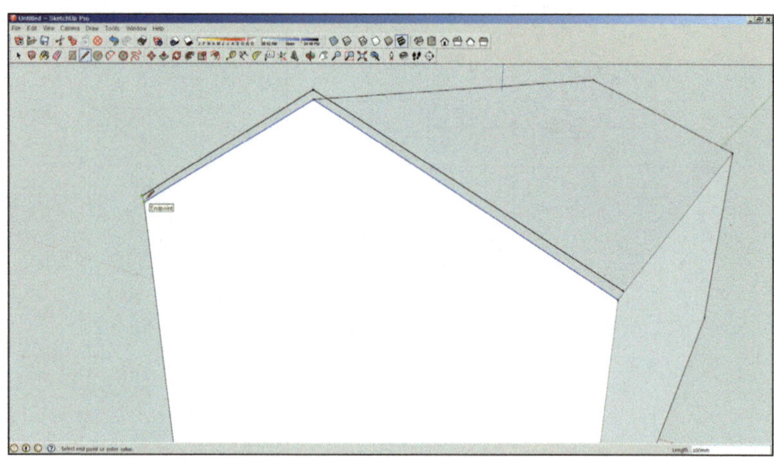

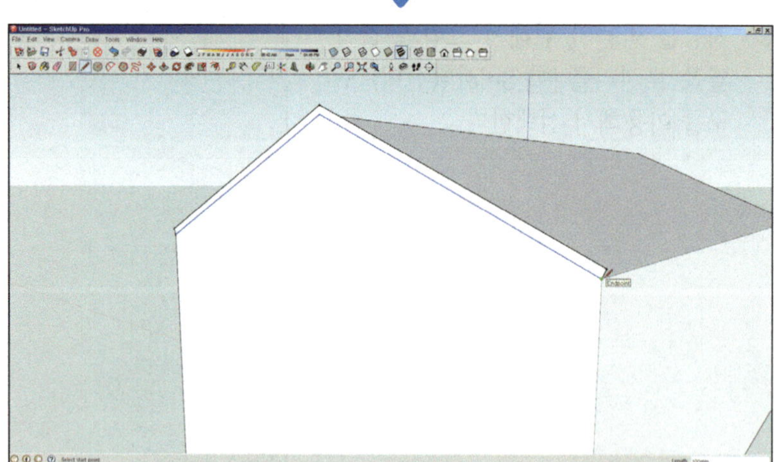

8 Orbit(궤도) 도구를 사용해서 반대 면이 보이도록 화면을 조절한다.

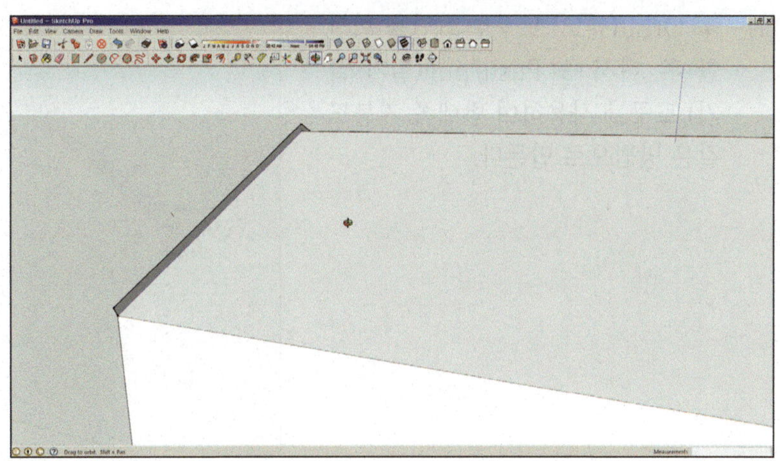

9 Push/Pull(밀기/끌기) 도구를 사용해서 반대 면의 지붕을 벽면까지 만든다.

Push/Pull(밀기/끌기) 도구로 정확한 치수의 면을 만들고자 할 때에는 수치입력창에 수치를 정확하게 입력해야 하지만 그림과 같이 뒷면 벽까지 마우스를 드래그해서 벽면의 길이에 맞추어 면을 생성할 수도 있다.

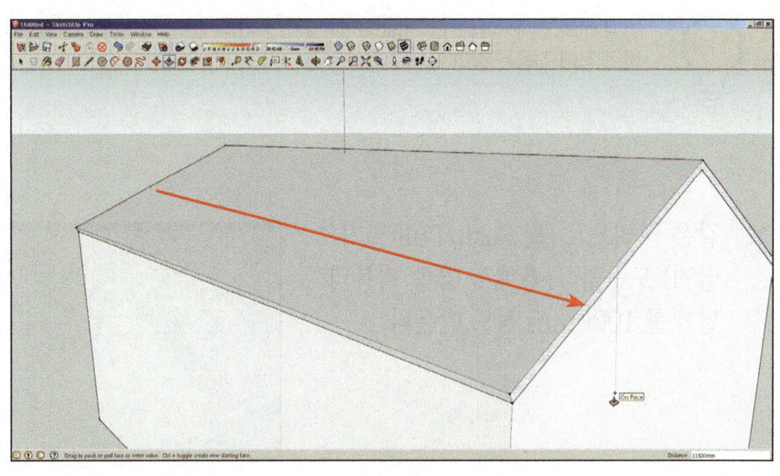

10 Push/Pull(밀기/끌기) 도구를 사용해서 지붕을 425mm 정도 더 만든다.

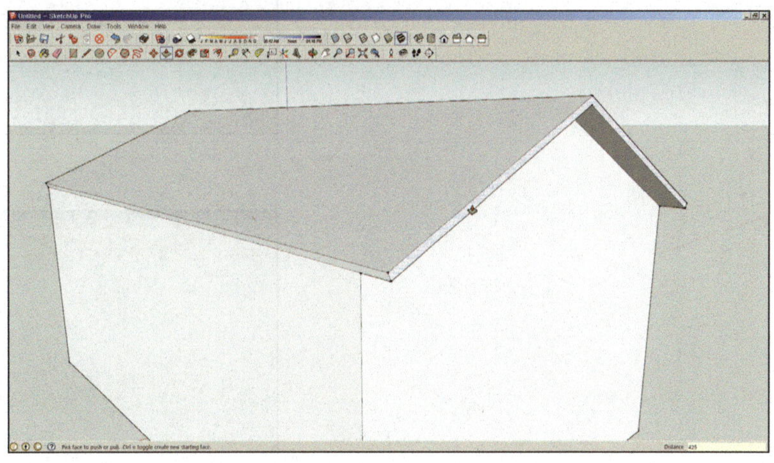

11 Orbit(궤도) 도구로 화면을 회전한 후, 다시 Push/pull(밀기/끌기) 도구를 사용하여 반대쪽 지붕도 같은 방법으로 만든다.

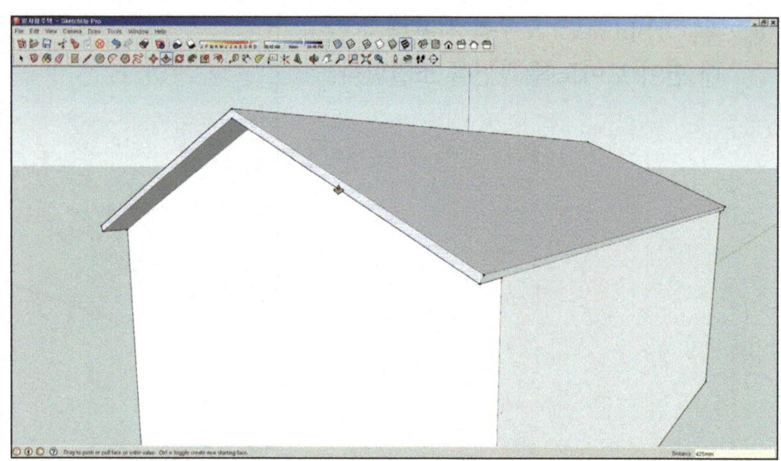

이때 바로 전에 적용했던 Push/Pull(밀기/끌기)의 값을 똑같이 적용할 때에는 생성하고자 하는 면에서 더블클릭하면 된다. 그럼 바로 전에 적용된 값이 그대로 적용된다.

12 같은 방법으로 Push/Pull(밀기/끌기) 도구를 사용해서 양쪽 지붕의 날개를 1000mm 정도 만든다.

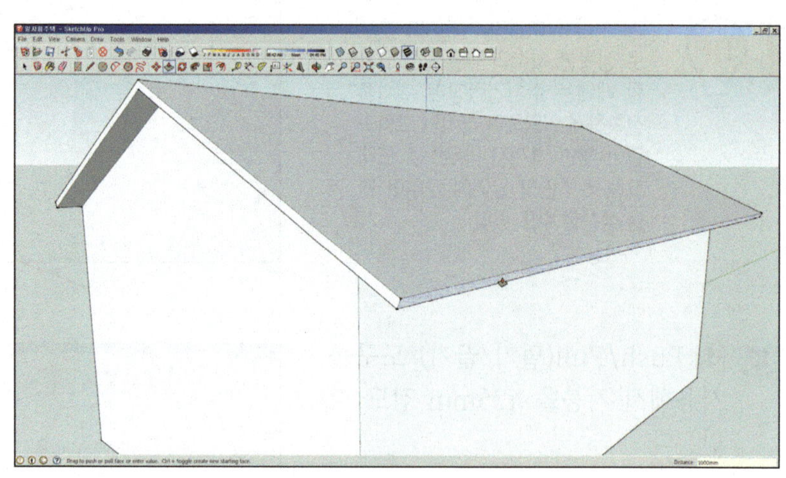

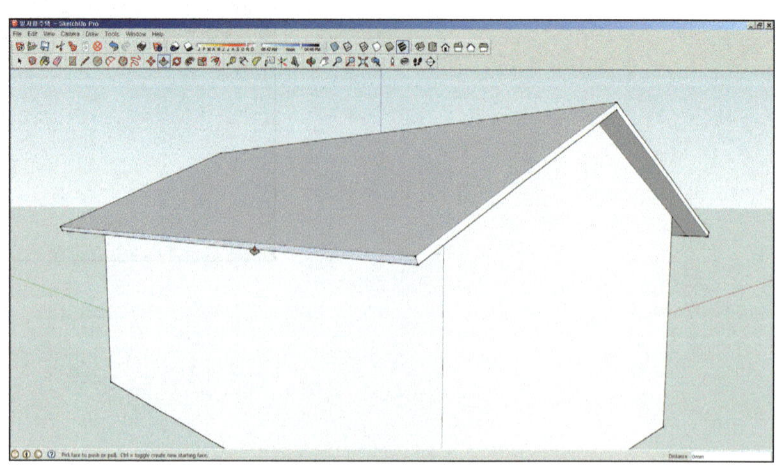

13 Orbit(궤도) 도구를 사용해서 지붕의 아랫면이 보이도록 화면을 설정한 후, Eraser(지우기) 도구를 사용해서 그림과 같이 지붕을 만들면서 생긴 4개의 불필요한 선들을 제거한다.

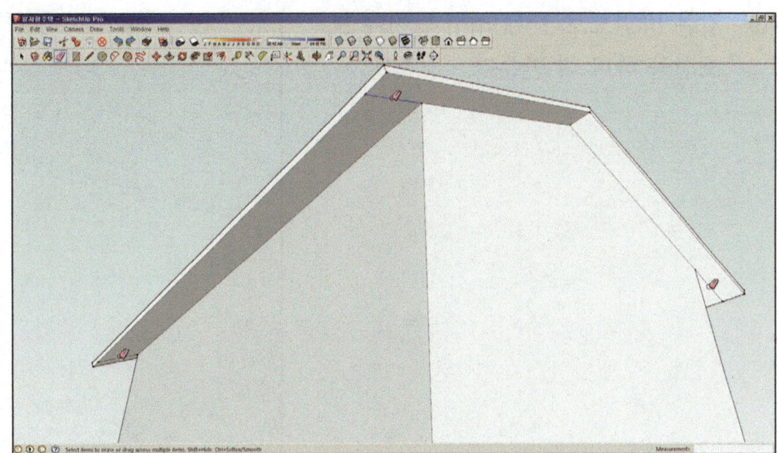

불필요한 선들을 제거하는 이유는 나중에 Mapping(매핑) 작업(면에 색을 입히거나 재질을 주는 작업)을 할 때 편리하게 하기 위해서다. 선이 나누어져 있으면 매핑 작업을 할 때 나누어진 면을 몇 번이고 채색해야 하는 번거로움이 발생한다.

02 베란다 만들기

지금부터 1층 현관에서 밖으로 나갈 수 있는 베란다 및 정문으로 올라가는 계단을 만들어 보도록 하겠다.

14 먼저 정확한 높이에 위치하는 베란다를 만들기 위해서 Tape Measure Tool(줄자도구)을 이용해서 맨 아래의 모서리에서부터 1650mm 높이까지 보조선을 만든다.

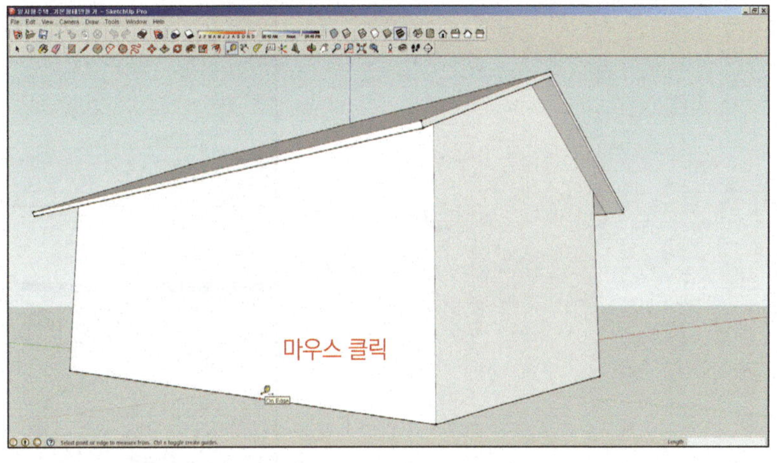

Tape Measure Tool(줄자도구) 역시 수치입력창에 정확한 수치(1650mm)을 입력하면 아랫면에서 1650mm 떨어진 보조선을 그릴 수 있다.

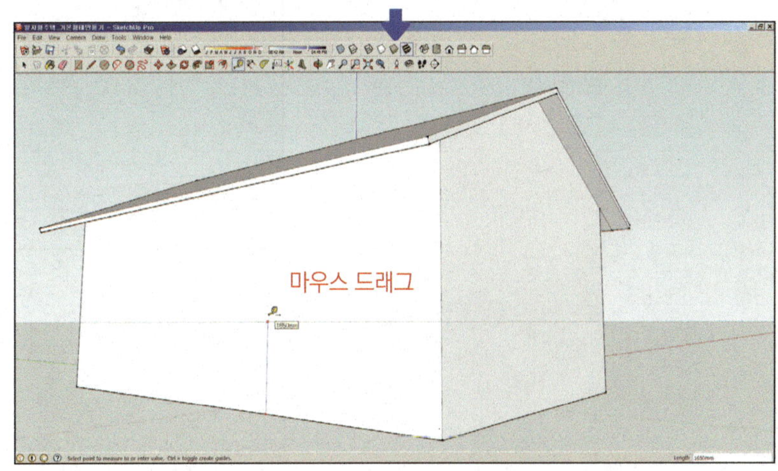

15 같은 방법으로 1500mm 높이에 보조선을 하나 더 만든다.

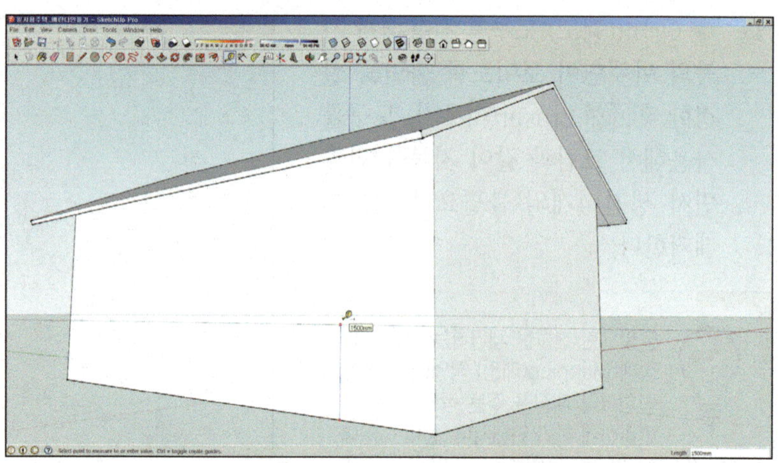

16 Line(선) 도구를 사용하여 보조선에 맞추어 선을 그린다.

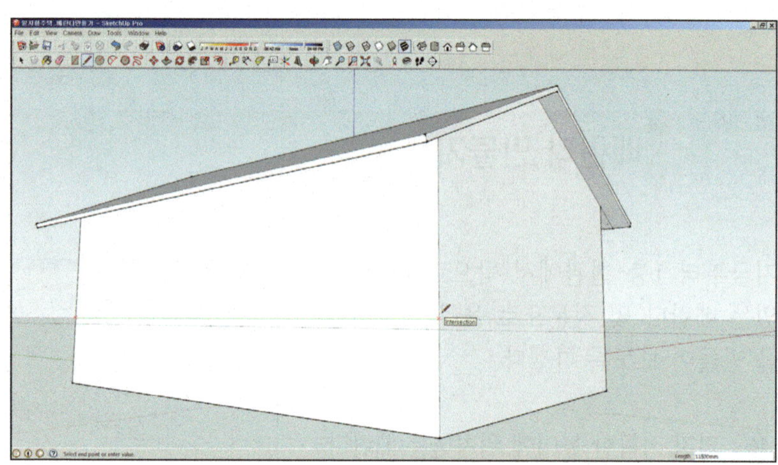

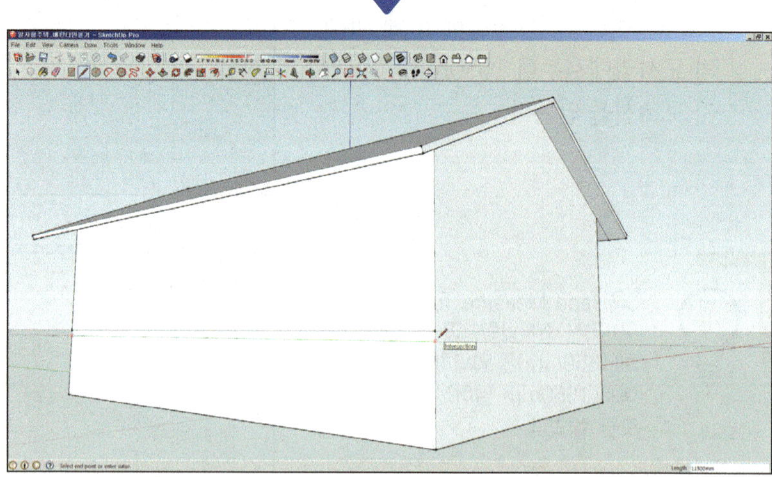

17 Push/Pull(밀기/끌기) 도구를 사용하여 1500mm 면을 만든다.

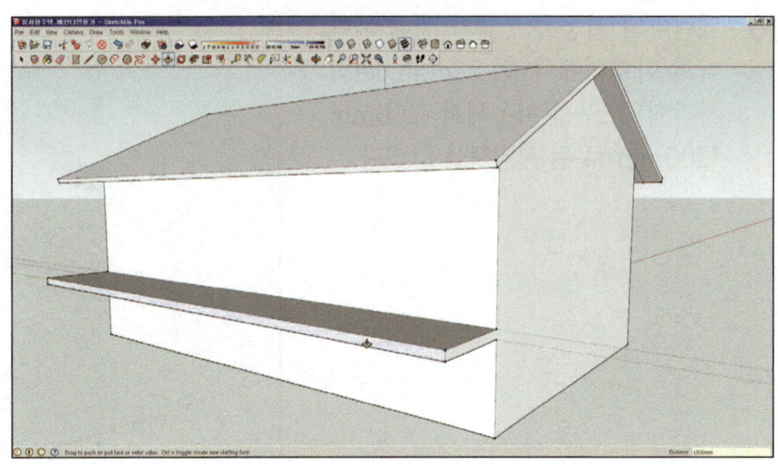

18 Line(선) 도구를 사용하여 그림과 같이 앞면에 선을 생성한다. 연속해서 다른 옆면과 뒤쪽 면까지 모두 선을 그린다.

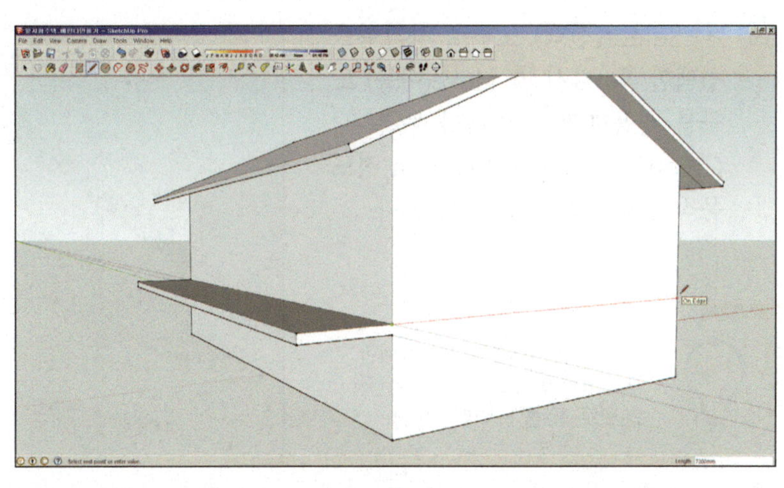

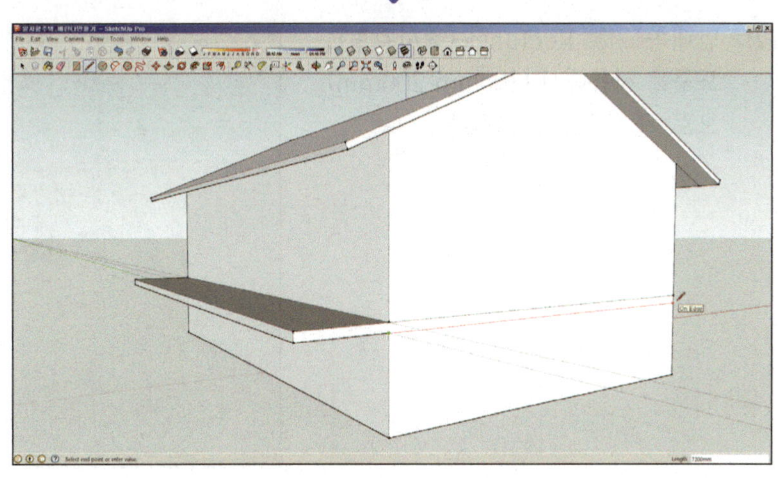

선을 그릴 때 따로 보조선을 그리지 않더라도 축(Red, Green, Blue)을 이용하면 쉽게 직선을 그릴 수 있다. 이 그림에서도 선을 그릴 때 Red축 방향으로 뒤쪽 모서리까지 선을 그린 것이다. 이때 반드시 선의 색의 Red가 되도록 해야 한다.

19 베란다의 기둥을 만들기 위해 베란다의 아랫면에서 Rectangle(직사각형) 도구를 사용해서 (200mm*200mm)로 된 사각형을 그린다.

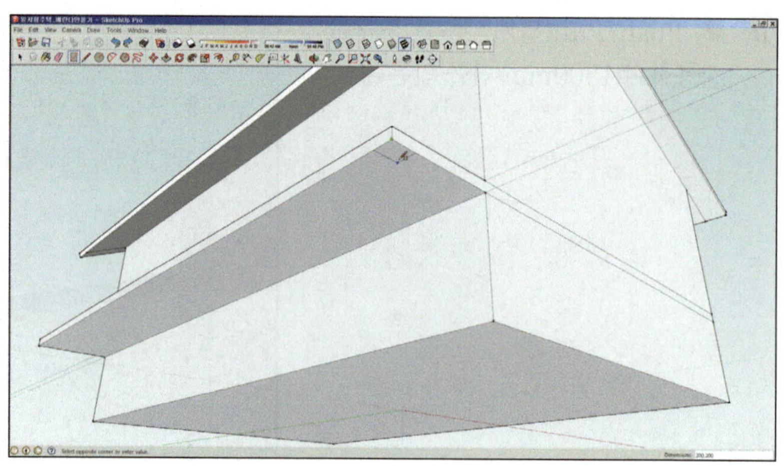

20 Select(선택) 도구로 사각형을 선택한 후, 다시 Move(이동) 도구를 사용해서 Ctrl 키를 누른 후, Green축 방향으로 3900mm 정도 움직여 새로운 사각형을 만든다.

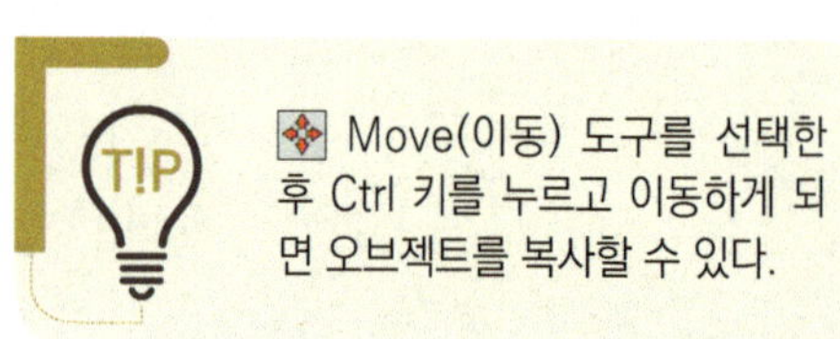

Move(이동) 도구를 선택한 후 Ctrl 키를 누르고 이동하게 되면 오브젝트를 복사할 수 있다.

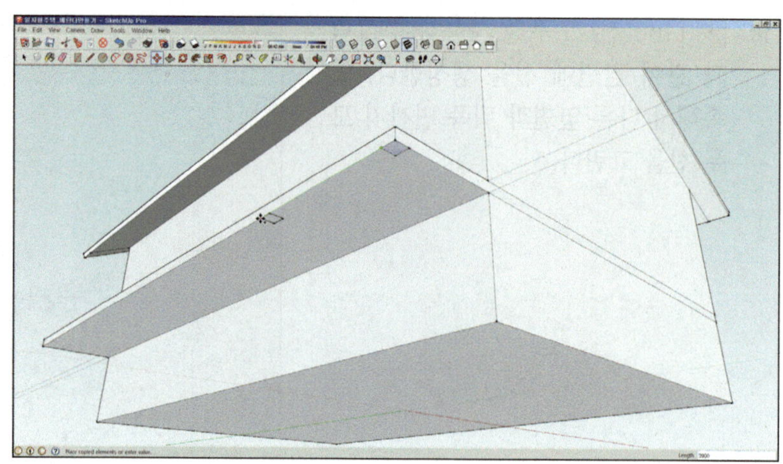

21 반대쪽도 Rectangle(직사각형) 도구를 사용해서 (200mm*200mm)으로 된 사각형을 그린다.

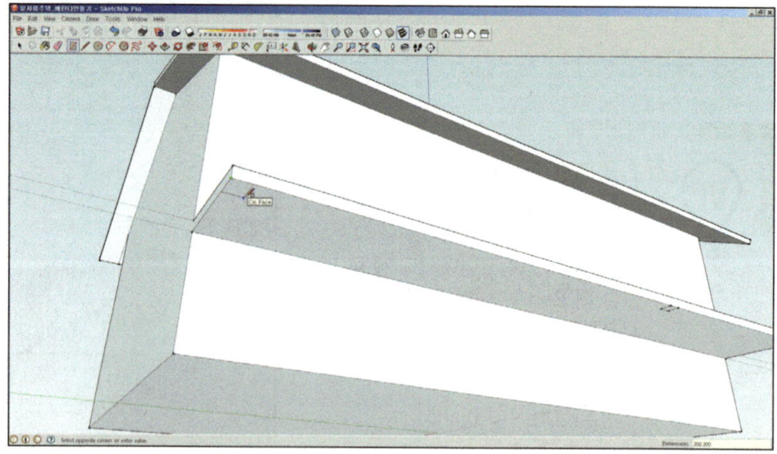

22 Push/Pull(밀기/끌기) 도구를 사용하여 베란다의 기둥을 아랫면까지 드래그해서 만든다.

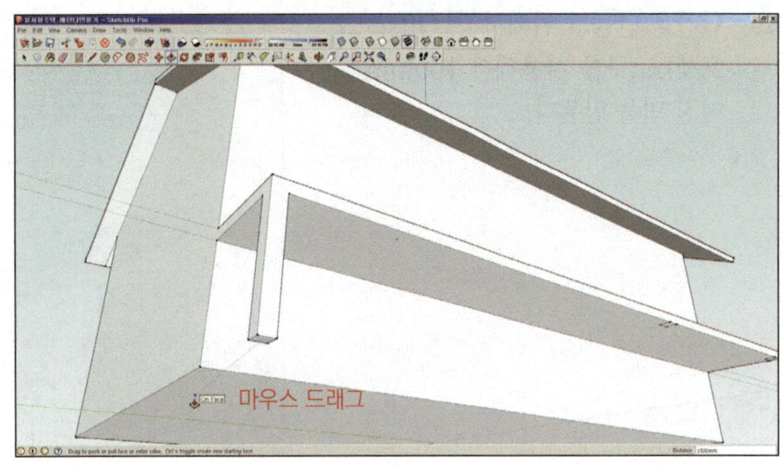

23 Push/Pull(밀기/끌기) 도구로 베란다 기둥면을 선택한 후 더블클릭해서 전에 적용했던 기둥의 높이와 같게 만든다.

Push/Pull(밀기/끌기) 도구를 사용할 때 먼저 생성된 면과 똑같이 면을 생성하고 싶을 경우에는 더블클릭을 하면 된다. 바로 전 단계의 값을 기억하고 있기 때문이다.

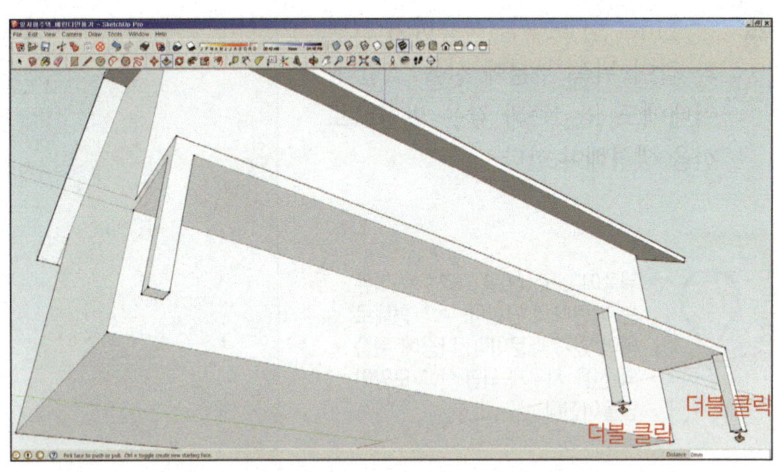

24 Eraser(지우기) 도구로 그림과 같이 보조선들을 지운다.

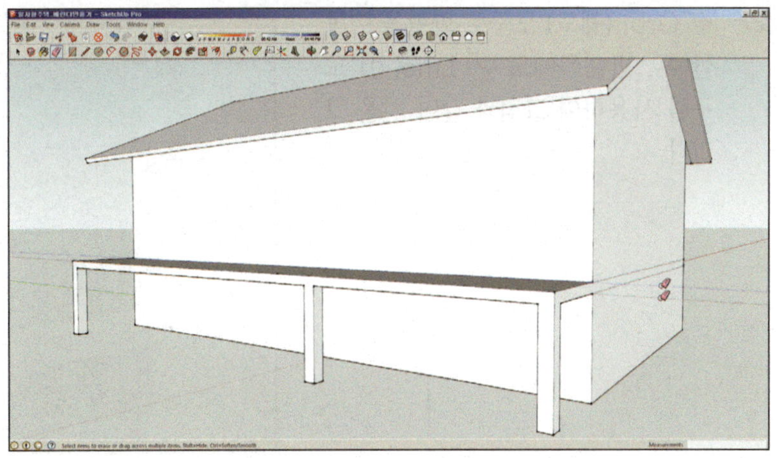

25 난간을 만들기 위해서 Offset(오프셋) 도구를 사용해서 100mm 떨어진 면을 만든다.

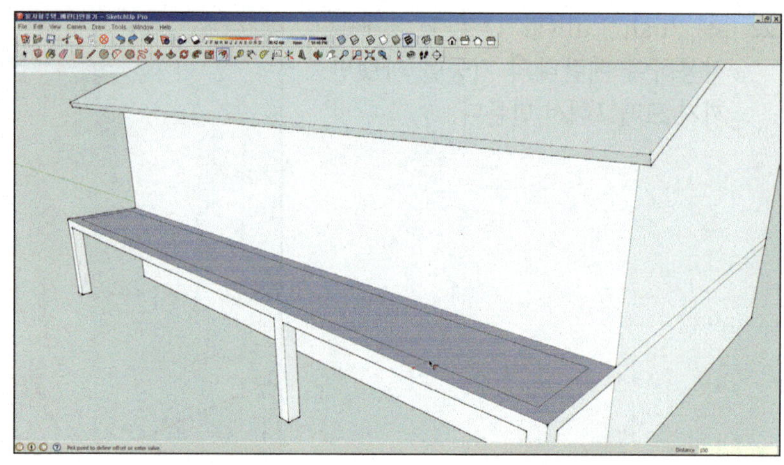

26 Line(선) 도구를 사용하여 그림과 같이 뒤쪽 부분에 선을 그린다. 이때에도 Red축과 같은 방향으로 선을 생성해야 한다.

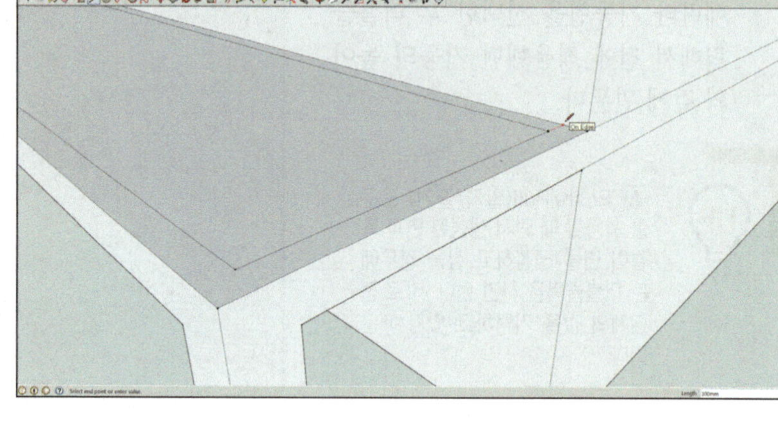

뒤쪽에 Line(선)을 그려주는 이유는 베란다의 난간이 "ㄷ" 형태로 되어 있기 때문이다. 나중에 뒤쪽의 선을 지우게 되면 "ㄷ" 모양이 만들어진다.

27 Orbit(궤도) 도구로 화면을 이동한 후, 반대쪽에도 Line(선) 도구를 사용하여 그림과 같이 선을 그린다.

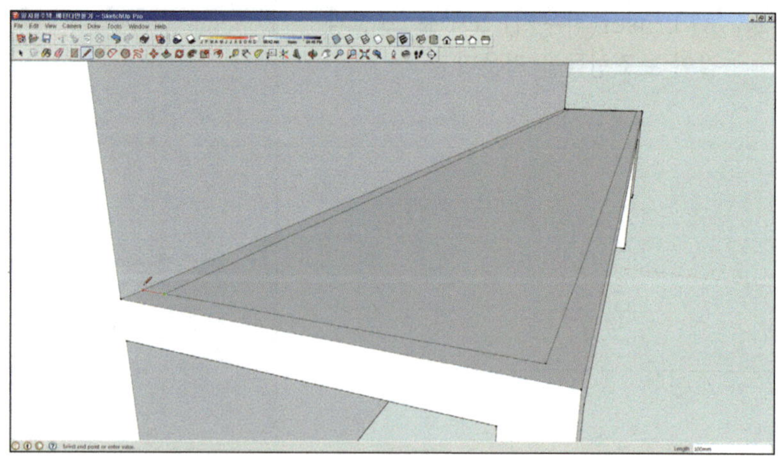

28 Eraser(지우기) 도구로 그림과 같이 안쪽의 선을 지운다.

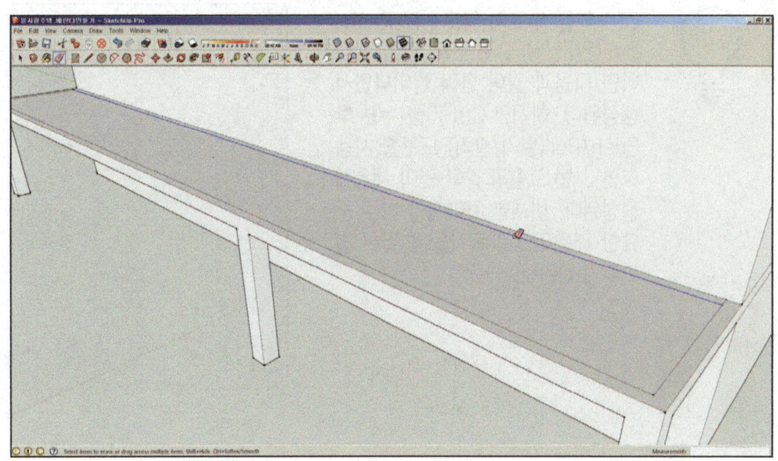

29 Push/Pull(밀기/끌기) 도구로 생성할 면을 선택한 상태에서 Ctrl 키를 누른 후 850mm의 면을 만든다.

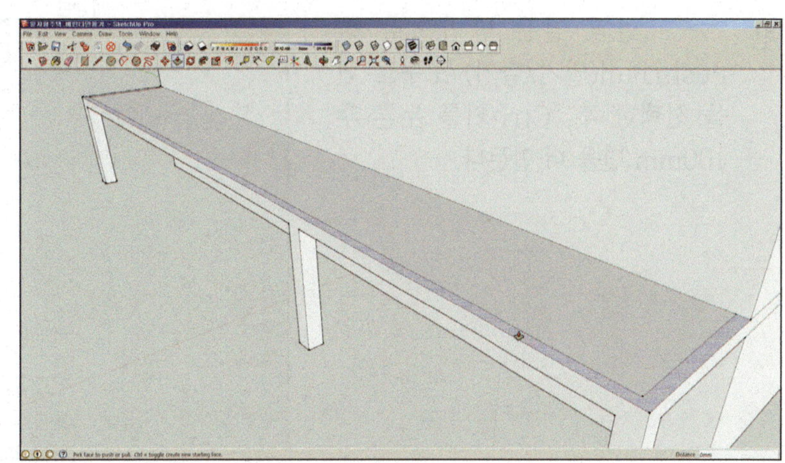

30 그림 면이 늘어나면서 생성된 것이 아니라 새로운 면이 생성된다.

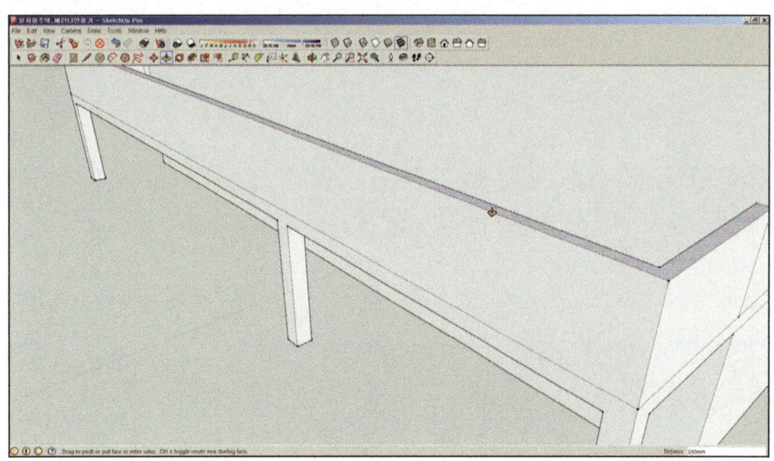

Ctrl 키를 누르지 않고 Push/Pull(밀기/끌기) 도구로 면을 생성하면 다음과 같이 면이 늘어나면서 생성된다. 하지만 Ctrl 키를 누른 후 Push/Pull(밀기/끌기) 도구를 사용하면 30번 그림과 같이 면이 새롭게 생성된다. 미세한 차이지만 아주 중요한 내용이므로 독자들은 필히 알아두기 바란다.

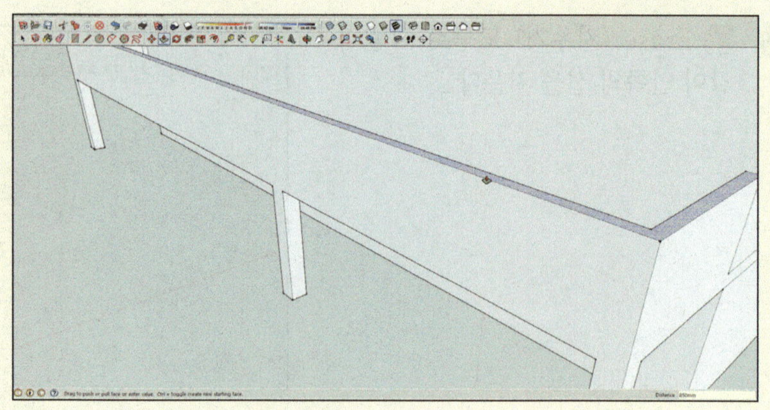

31 29~30번과 같은 방법으로 Push/Pull(밀기/끌기) 도구로 면을 선택한 후, Ctrl 키를 누른 후 100mm 면을 더 만든다.

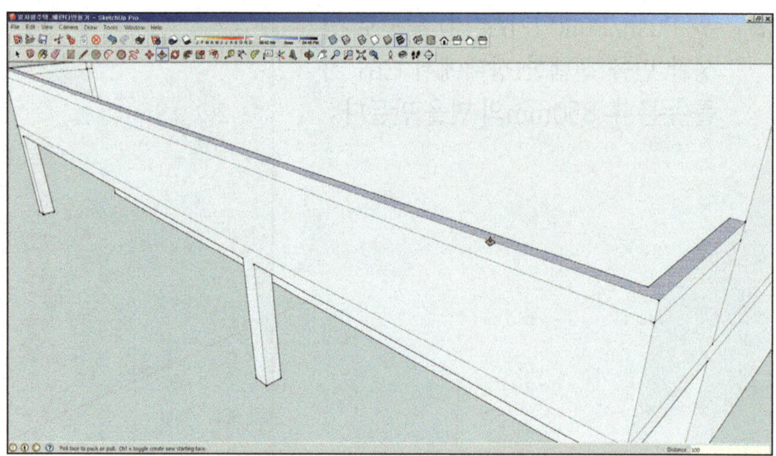

32 Eraser(지우기) 도구로 그림과 같이 난간의 중간 부분을 모두 지운다.

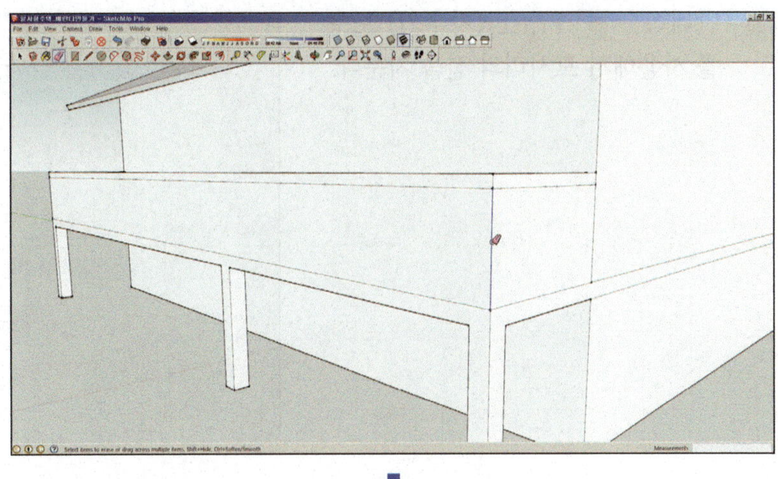

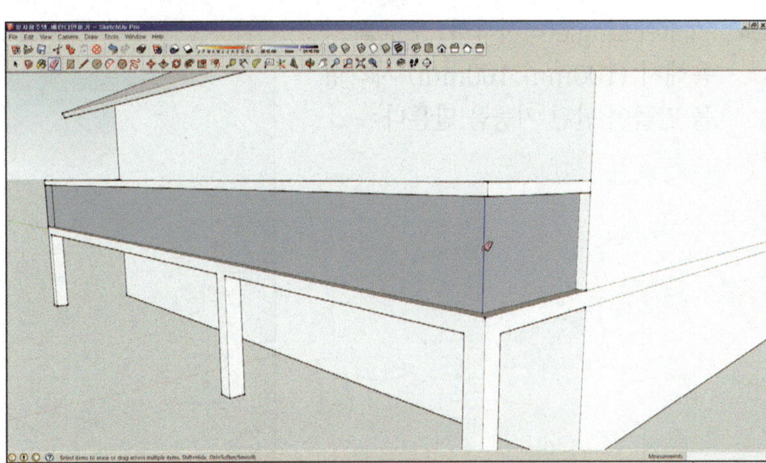

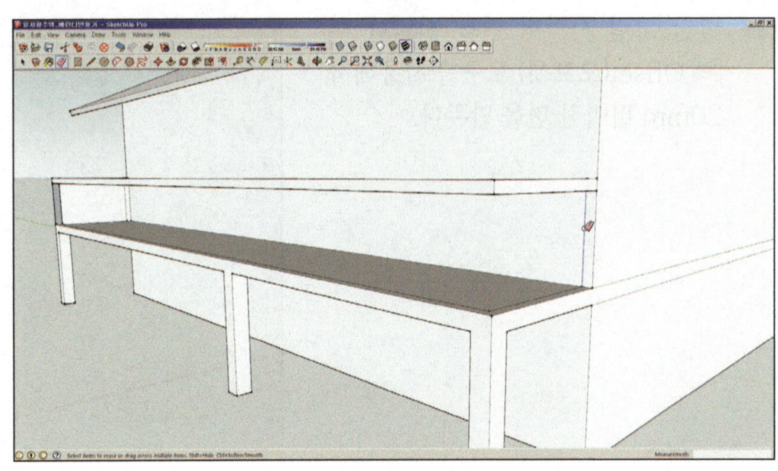

33 반대쪽도 Eraser(지우기) 도구를 사용해서 모서리의 선을 지운다.

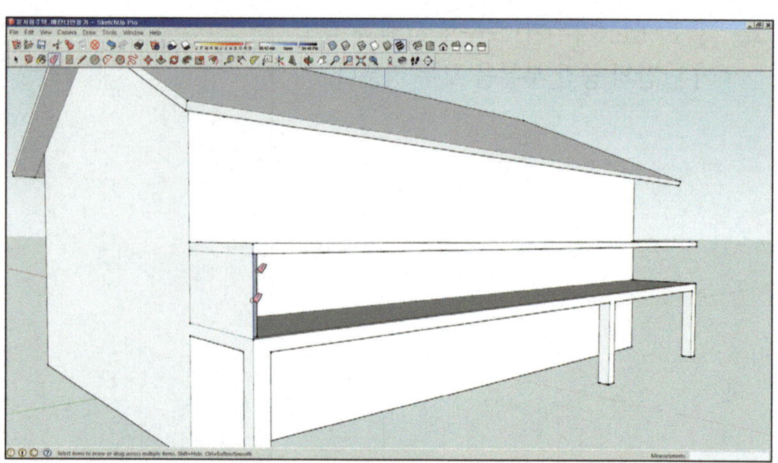

34 Rectangle(직사각형) 도구를 사용해서 (100mm*100mm) 사각형을 만들어 난간 기둥을 만든다.

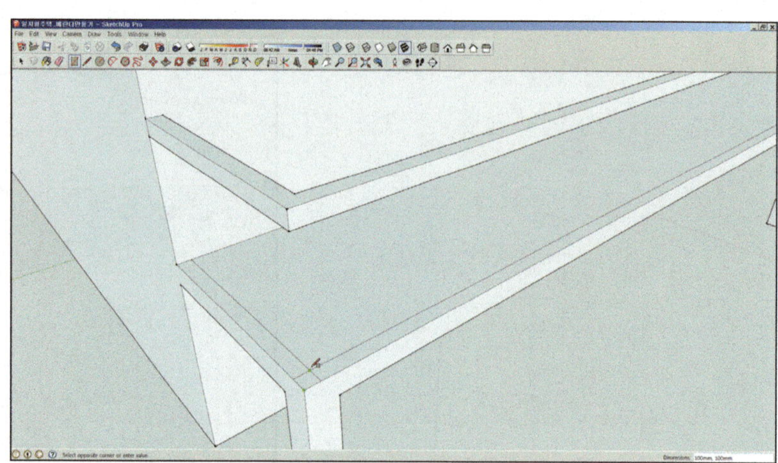

35 방금 그린 사각형 면을 선택한 후 Offset(오프셋) 도구를 사용해서 20mm 떨어진 면을 만든다.

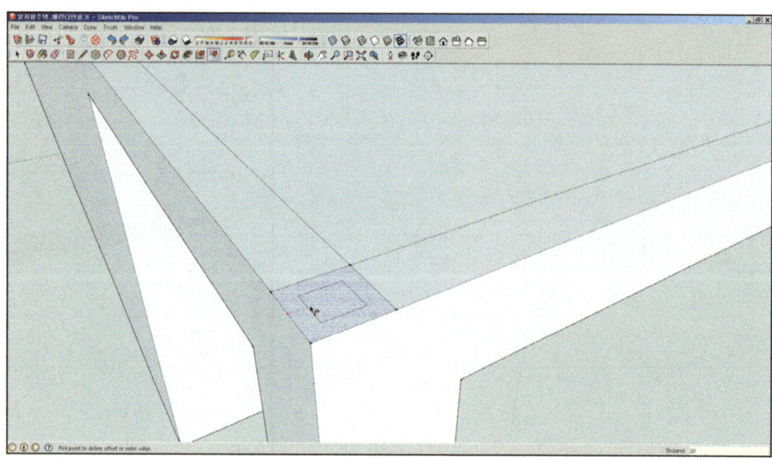

36 Eraser(지우기) 도구로 그림과 같이 선을 지운다.

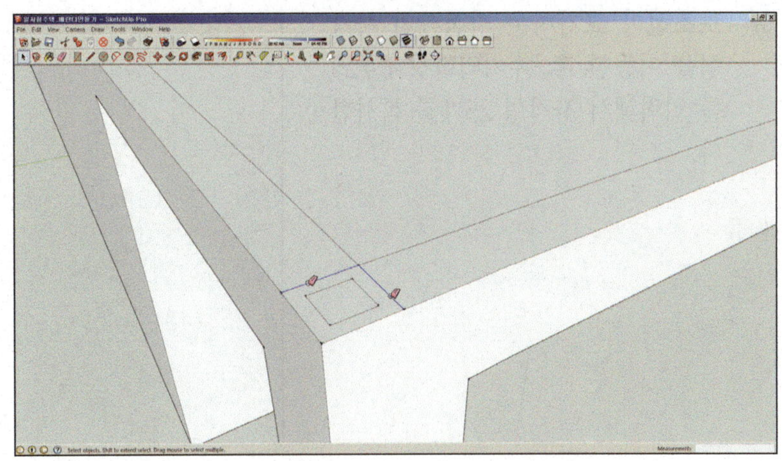

37 Orbit(궤도) 도구를 사용해서 화면을 반대쪽 베란다로 이동한 후 Tape Measure Tool(줄자도구)을 사용해서 양쪽 모서리에서 20mm 떨어진 곳에 보조선을 그린다.

보조선을 그리는 이유는 사각형을 복사할 때 정확한 곳으로 복사하기 위해서는 보조선을 이용해야 하기 때문이다.

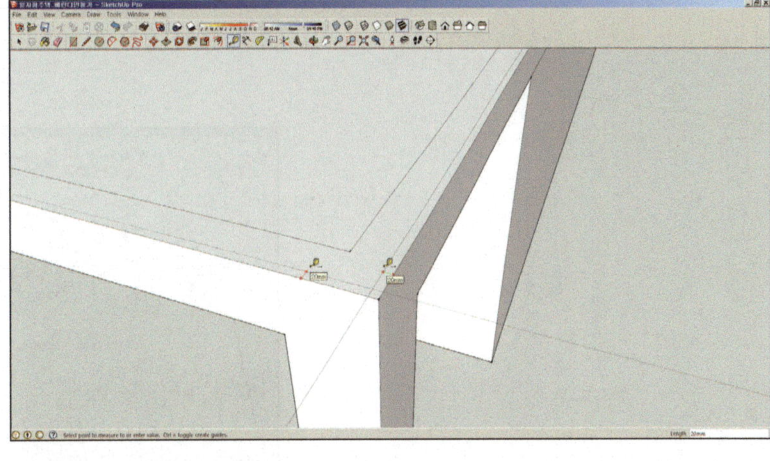

38 다시 화면을 전환한 후, 처음에 그렸던 사각형을 선택한 후 Ctrl 키를 누른 후 Move(이동) 도구를 선택하여 한쪽 모서리를 다시 선택한다. Ctrl 키를 누른 이유는 사각형을 복사하기 위해서이다.

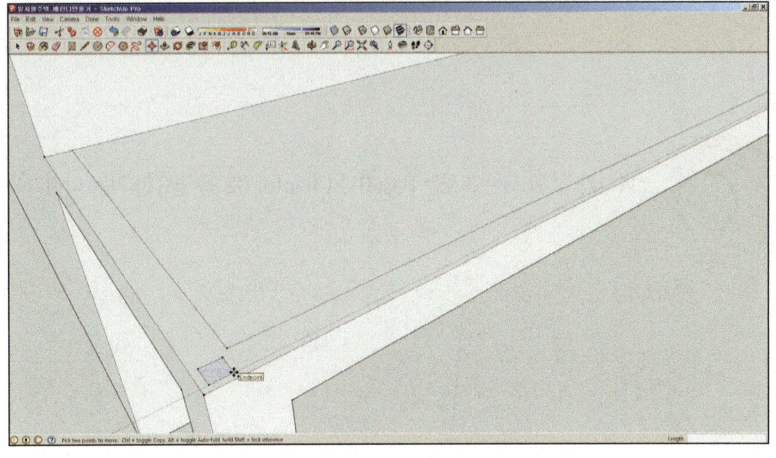

39 보조선이 교차하는 지점까지 사각형을 이동한 후, 수치입력창에 /25를 입력해서 사각형 25개를 복사한다.

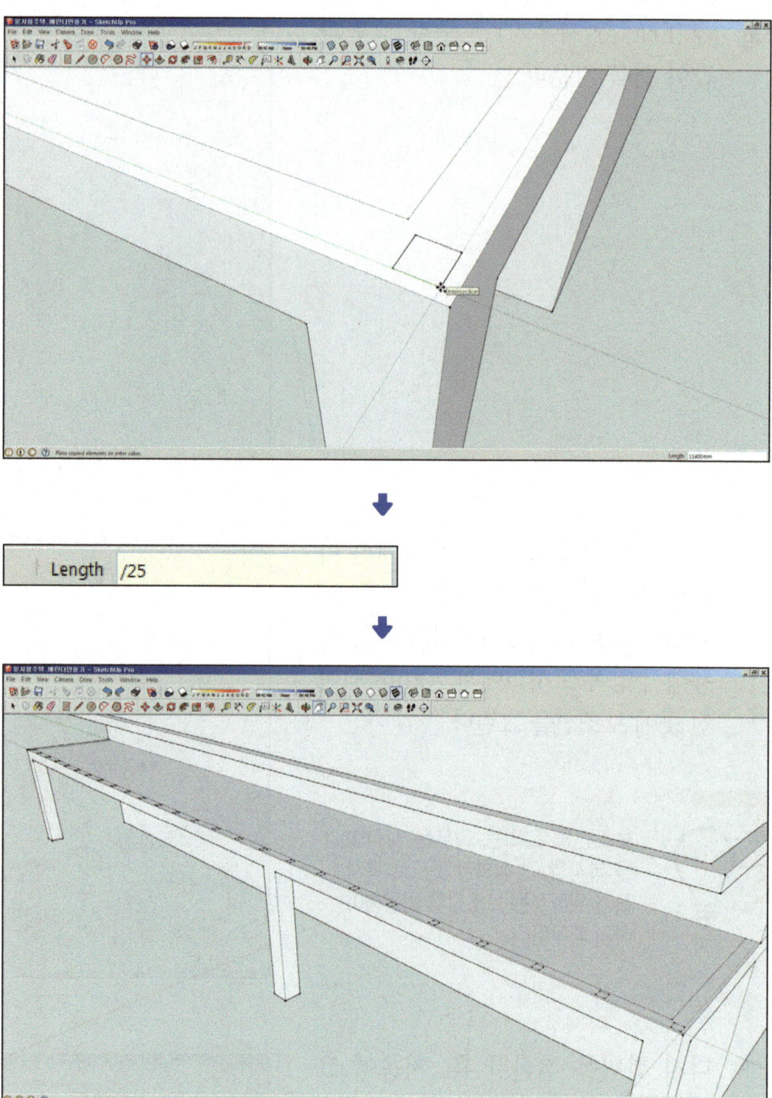

복사가 잘 안 되는 독자는 Part 01〉 Chapter 02 꼭 필요한 기능 익히기에서 "04. 오브젝트 복사하기" 부분을 참고하길 바란다.

40 베란다의 옆면도 같은 방법으로 사각형을 4개 복사한다.

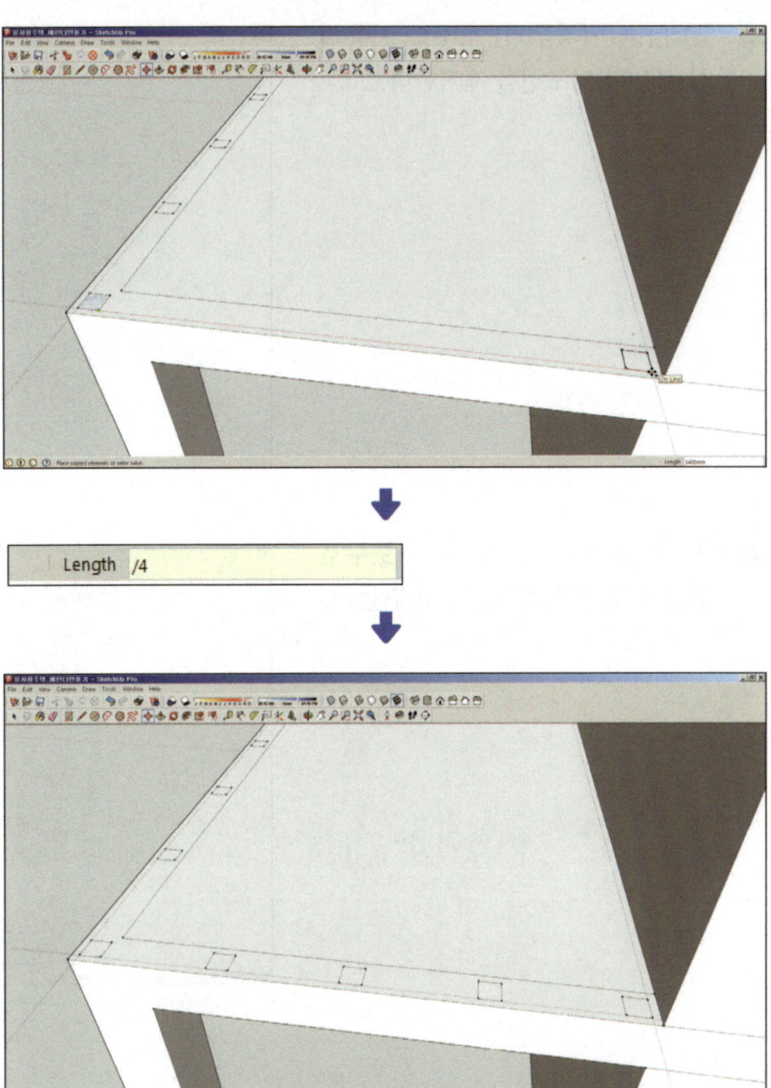

41 반대쪽 옆면 베란다도 마찬가지다.

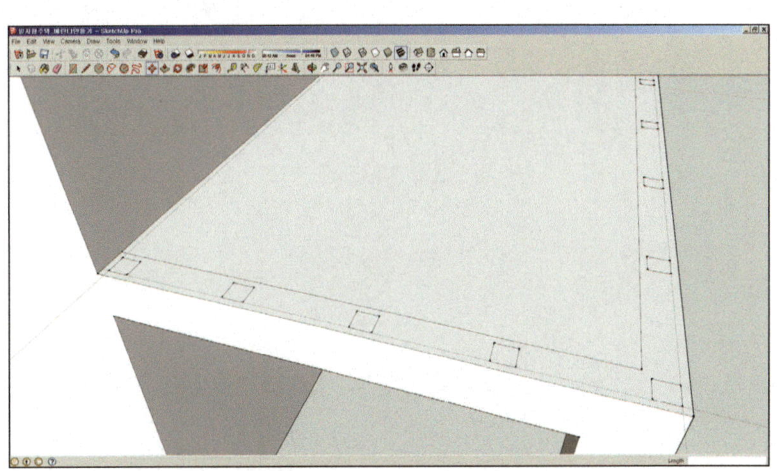

42 Eraser(지우기) 도구를 사용해서 사용한 보조선을 제거한다.

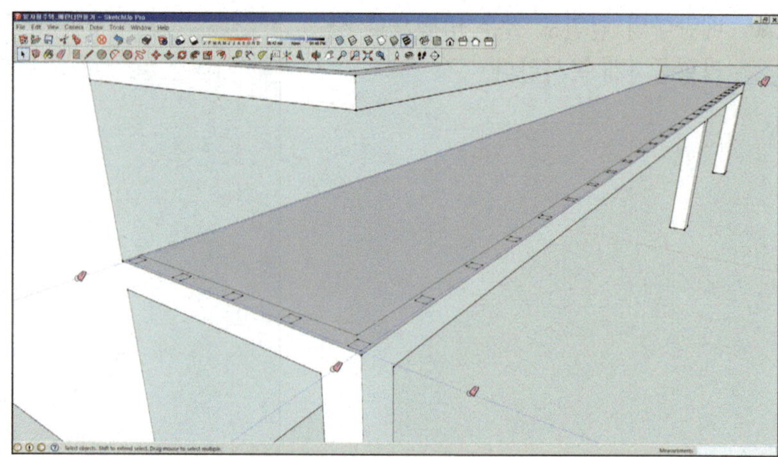

43 Push/Pull(밀기/끌기) 도구로 면을 위의 난간까지 맞추어 만든다.

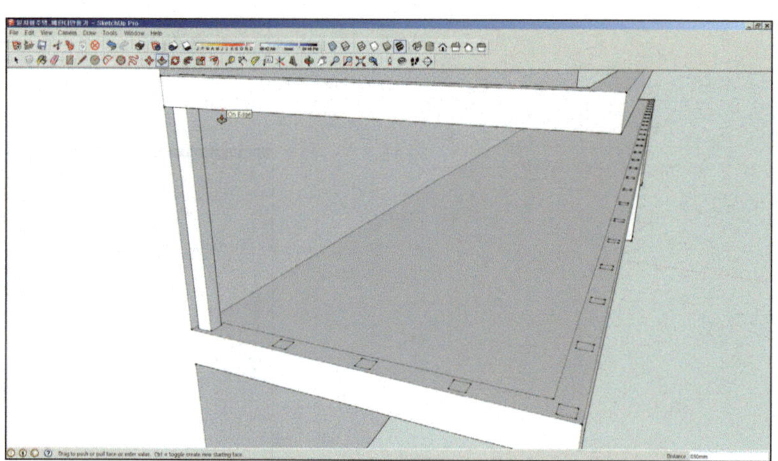

44 더블클릭해서 계속해서 같은 높이로 면을 생성하여 그림과 같이 만든다.

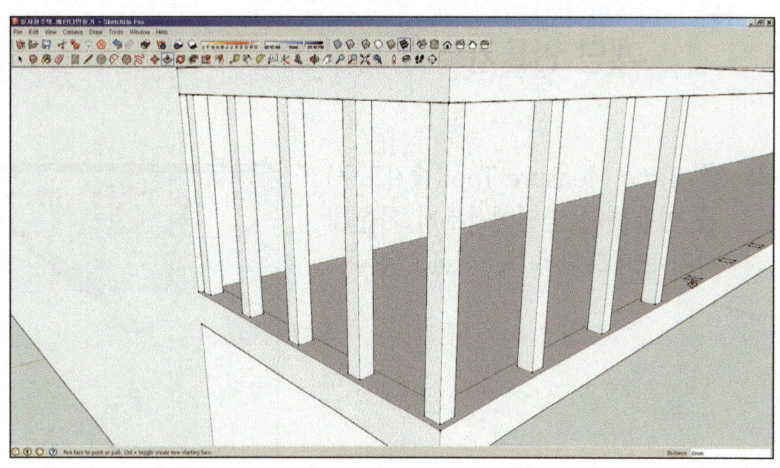

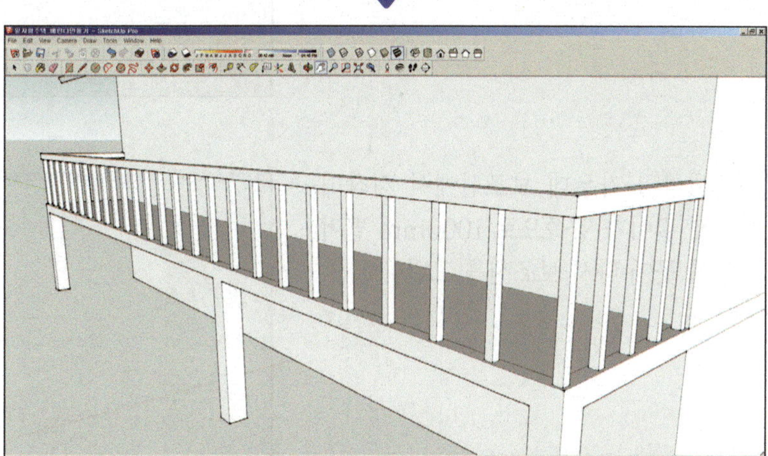

45 Eraser(지우기) 도구를 사용해서 베란다 안쪽 선들을 제거하고, 베란다를 완성한다.

03 계단 만들기

46 Tape Measure Tool(줄자도구)을 이용해서 옆면에서부터 가운데까지 드래그해서 보조선을 그린다.

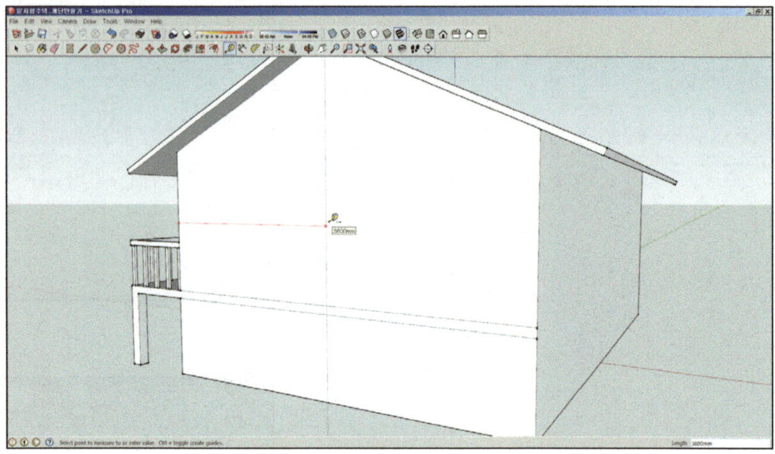

47 생성된 가운데 보조선에서 시작해서 길이가 양쪽으로 1000mm 떨어진 곳에 다시 보조선을 그린다.

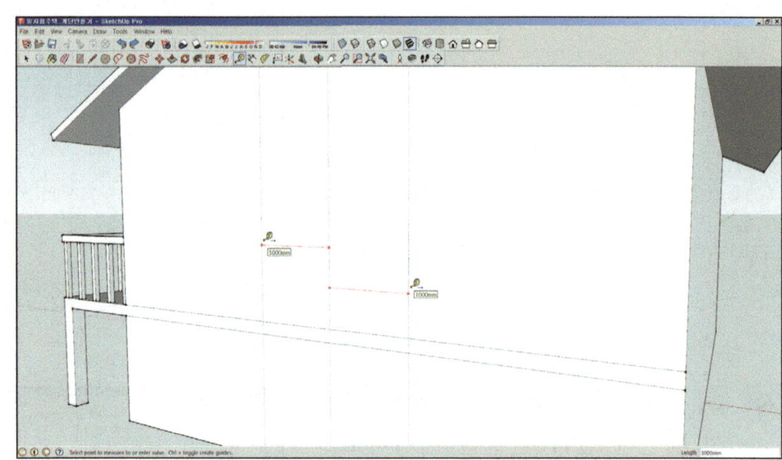

48 Tape Measure Tool(줄자도구)을 이용해서 그림과 같이 윗선에서부터 500mm 떨어진 곳에 보조선을 그린다.

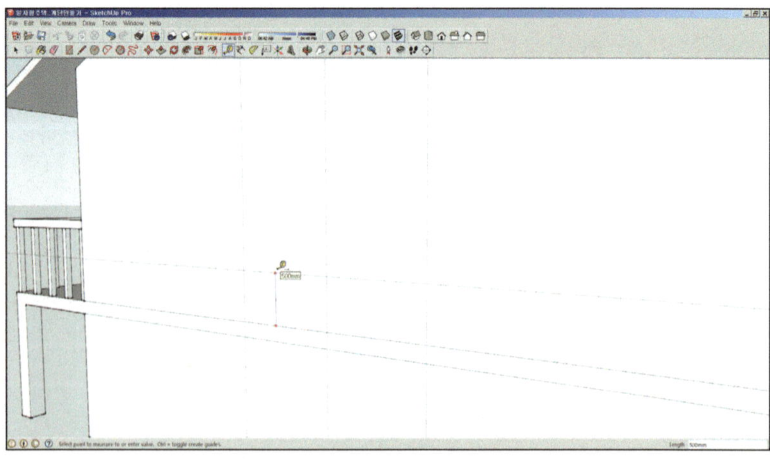

49 Rectangle(직사각형) 도구를 사용해서 그림과 같이 보조선의 교차점에서 시작해서 아래 면까지 사각형을 그린다.

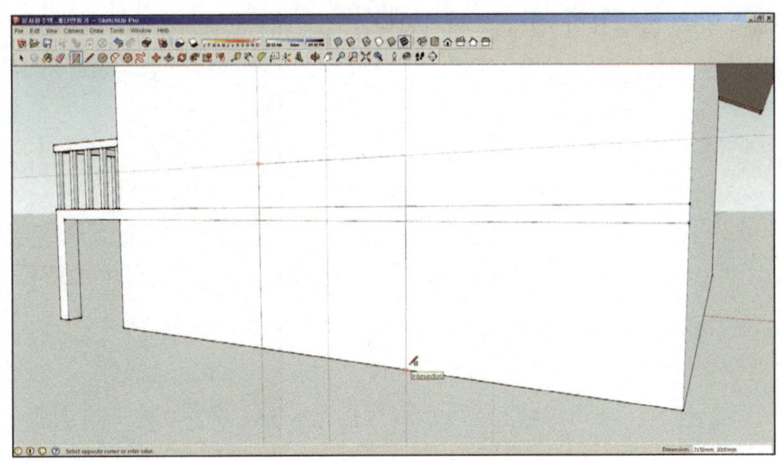

50 Eraser(지우기) 도구로 사각형의 안쪽 선과 사용한 보조선들을 지운다.

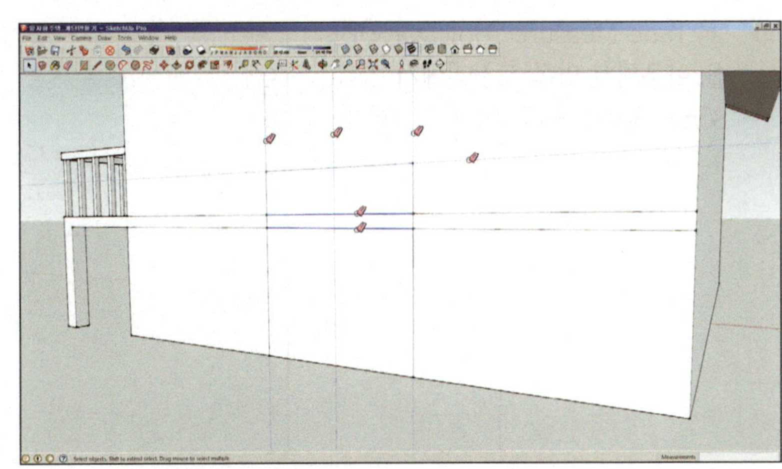

51 Push/Pull(밀기/끌기) 도구로 3000mm 바깥으로 면을 만든다.

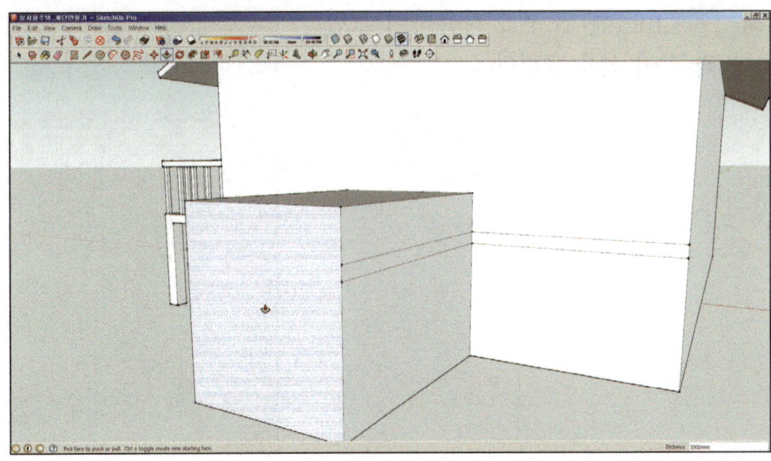

52 양쪽 불필요한 선들을 제거한다.

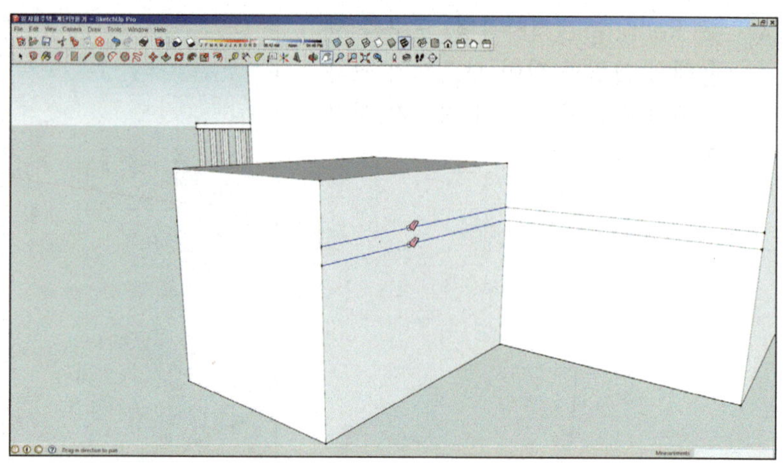

53 Tape Measure Tool(줄자도구)을 이용해서 양쪽 모서리에서 각각 80mm 떨어진 곳에 보조선을 그린다.

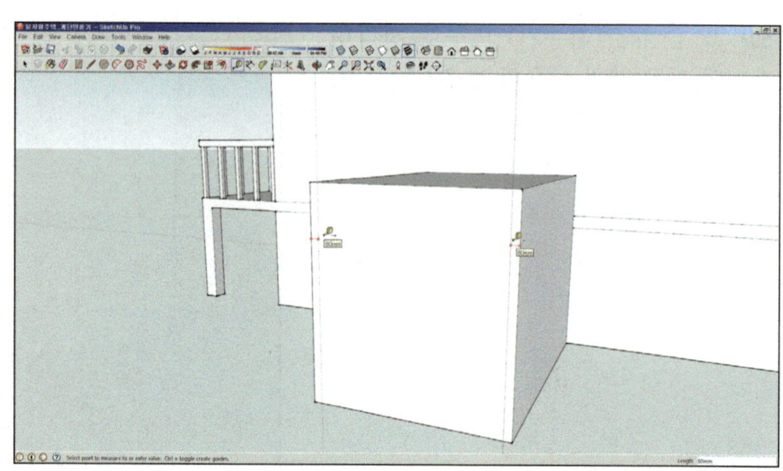

54 Line(선) 도구를 사용하여 그림과 같이 선을 그린다.

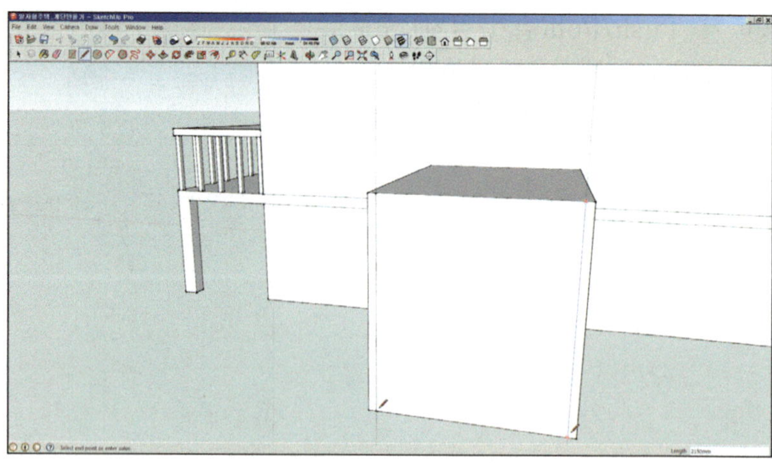

55 Line(선) 도구를 사용해서 윗면에서 Green축 방향으로 양쪽에 선을 그린다.

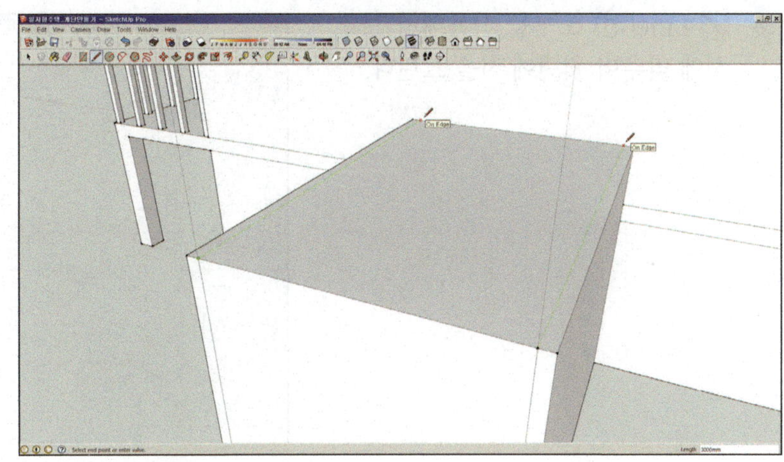

56 Tape Measure Tool(줄자도구)을 이용해서 그림과 같이 모서리에서 1500mm 떨어진 곳에 보조선을 그린다.

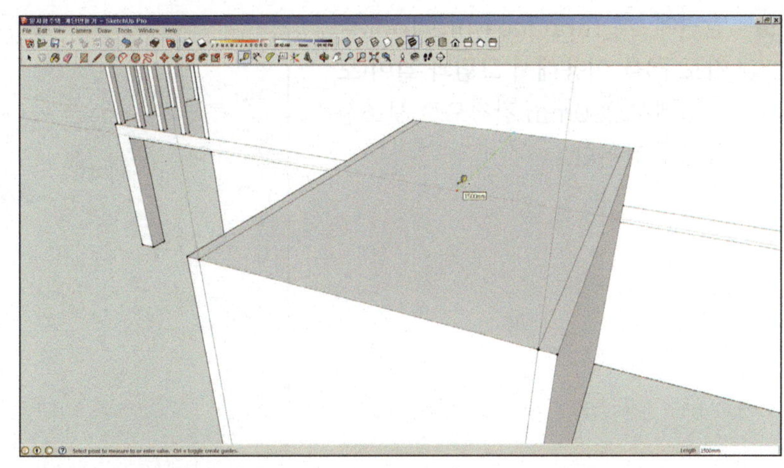

57 연속해서 Tape Measure Tool(줄자도구)을 이용해서 그림과 같이 모서리에서 300mm 간격으로 보조선을 4개 더 만든다.

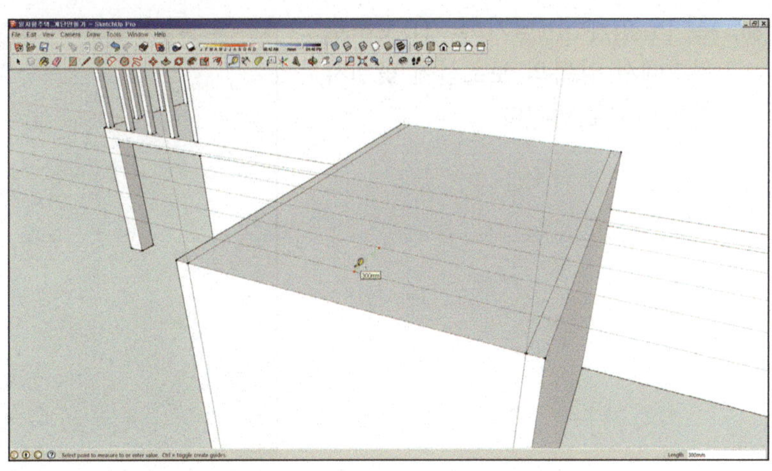

58 Line(선) 도구를 사용해서 보조선에 맞추어 윗면에 선을 그린다.

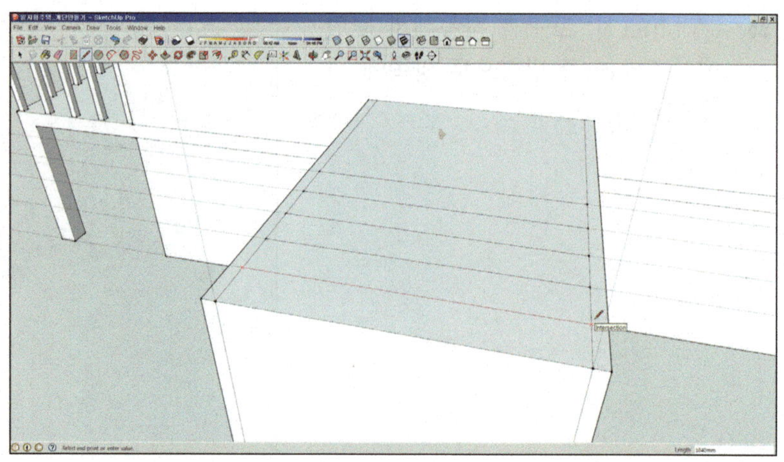

59 앞면에 Tape Measure Tool(줄자도구)을 이용해서 그림과 같이 모서리에서 200mm 간격으로 보조선을 6개 만든다.

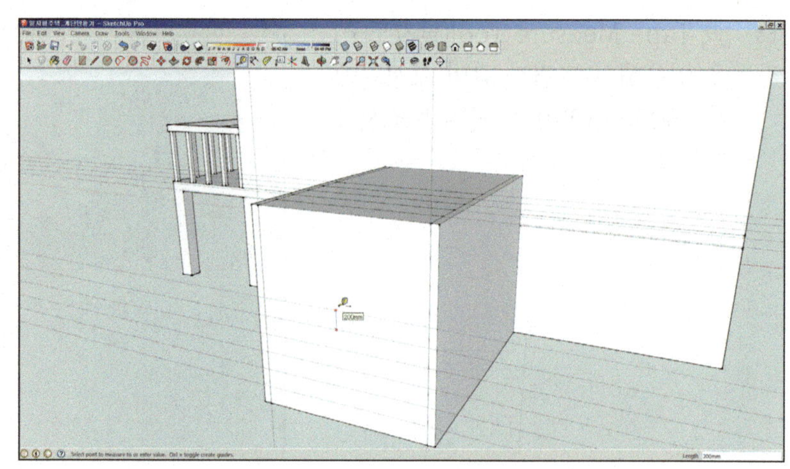

60 Push/Pull(밀기/끌기) 도구로 윗면에서 앞쪽의 보조선에 맞춰서 면을 아래로 당긴다.

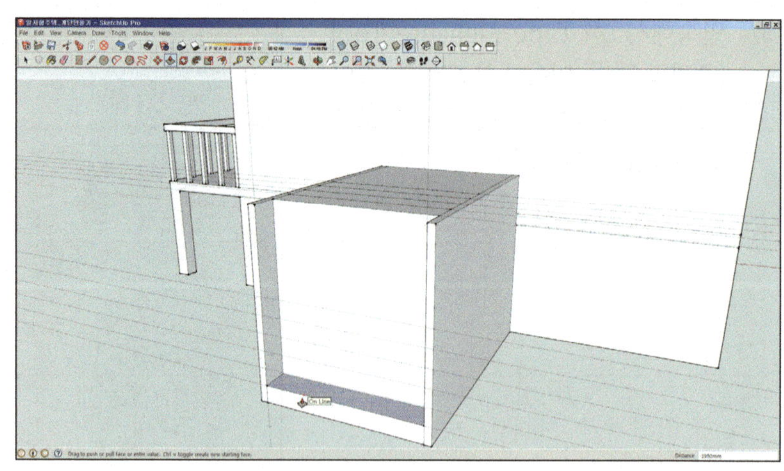

61 Push/Pull(밀기/끌기) 도구를 사용해서 두 번째 면은 두 번째 보조선에 맞추어 면을 아래로 내린다.

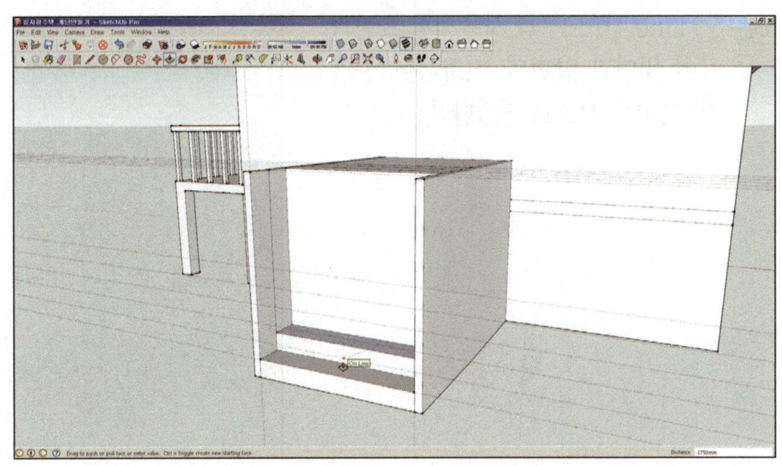

62 나머지 부분도 보조선에 맞추어 면을 아래로 내려 계단모양을 완성한다.

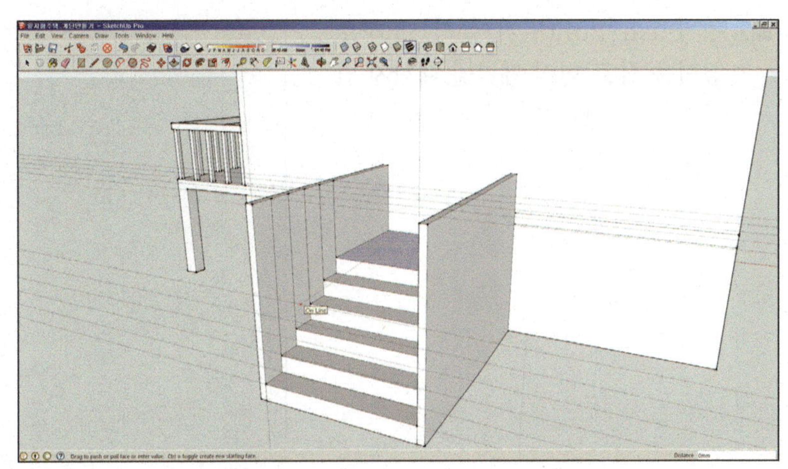

63 Eraser(지우기) 도구로 불필요한 선들과 보조선들을 제거한다.

Eraser(지우기) 도구로 선을 지울 때에는 하나하나 선을 선택해도 되지만 우리가 지우개로 글씨를 지우듯 지우고 싶은 선들을 드래그해서 지울 수도 있다. 왜냐하면 Eraser(지우기) 도구는 면은 제거되지 않기 때문이다.

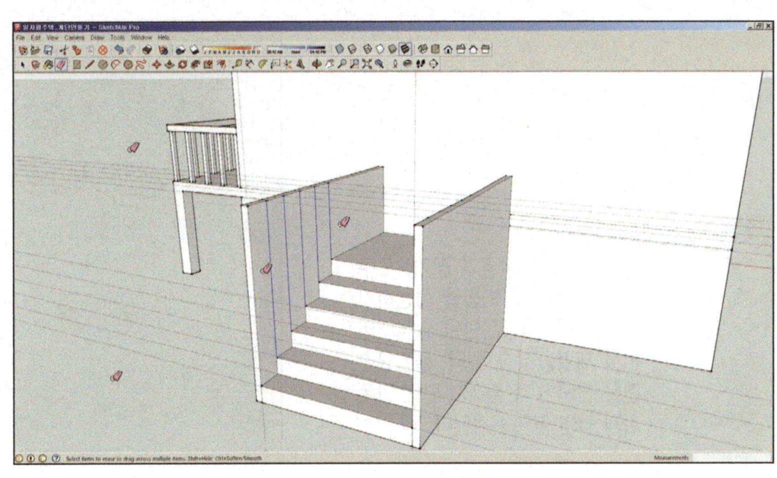

64 Line(선) 도구를 사용해서 그림과 같이 윗면과 앞면의 Midpoint(중간점) 사이를 선으로 연결한다.

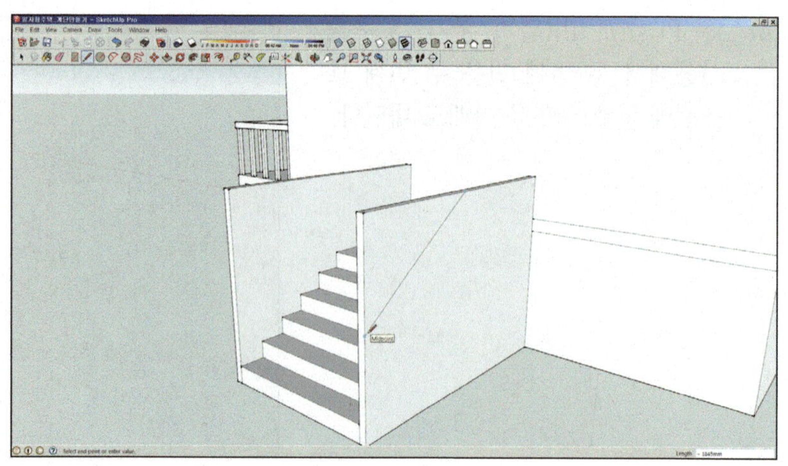

65 Push/Pull(밀기/끌기) 도구로 옆면을 잡고 면이 제거될 때까지 안쪽으로 집어넣는다.

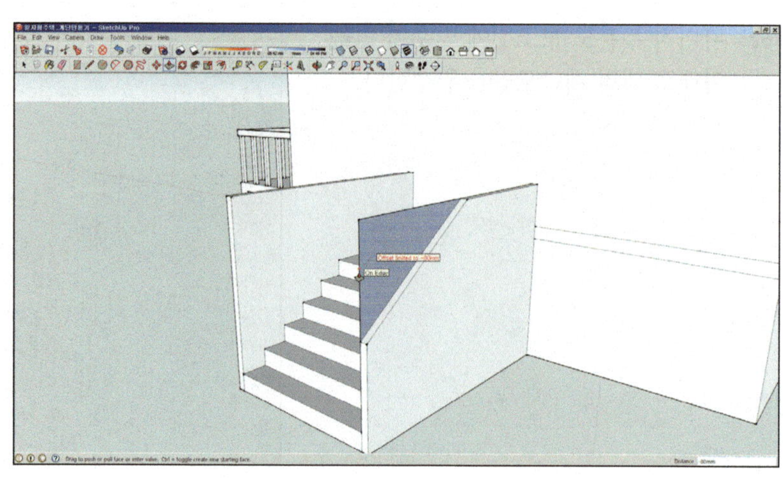

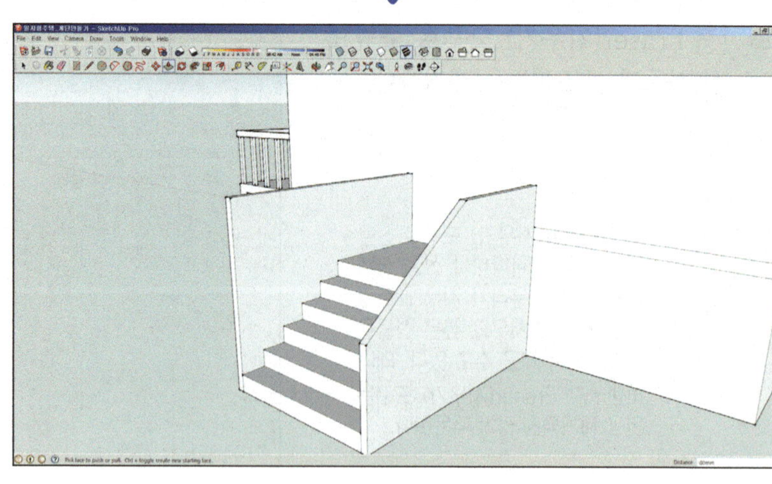

Push/Pull(밀기/끌기) 도구는 면을 끌어당겨 면을 생성하기도 하지만 반대로 면을 밀어내어 면을 제거할 수도 있다. 불필요한 면을 선택한 후 끝까지 면의 안쪽까지 밀면 면은 제거된다.

66 같은 방법으로 다른쪽 옆면도 그림과 같이 만든다. 그럼 계단이 완성되었다.

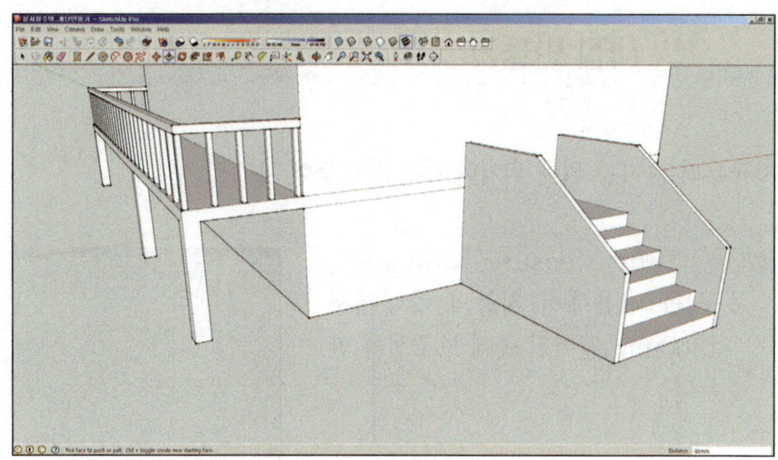

완성된 계단의 모습이다.

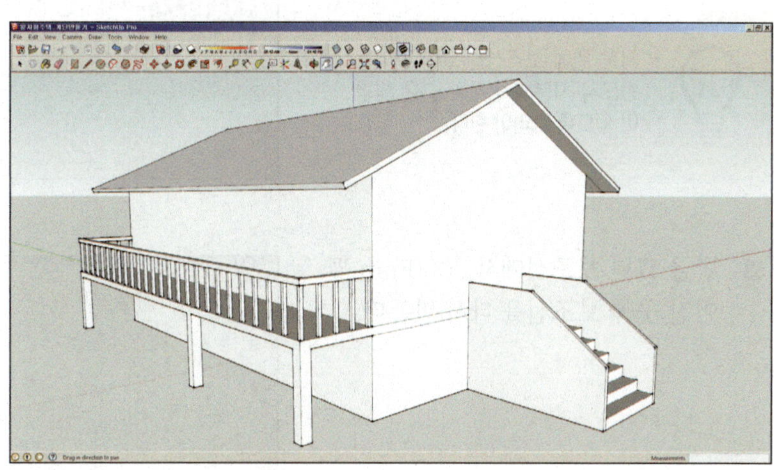

04 새집 만들기

지금부터는 지붕 위에 위치한 새집을 만들어 보기로 하자.

67 Tape Measure Tool(줄자도구)을 이용해서 지붕의 아래에서 1300mm 떨어진 곳에 보조선을 만든다.

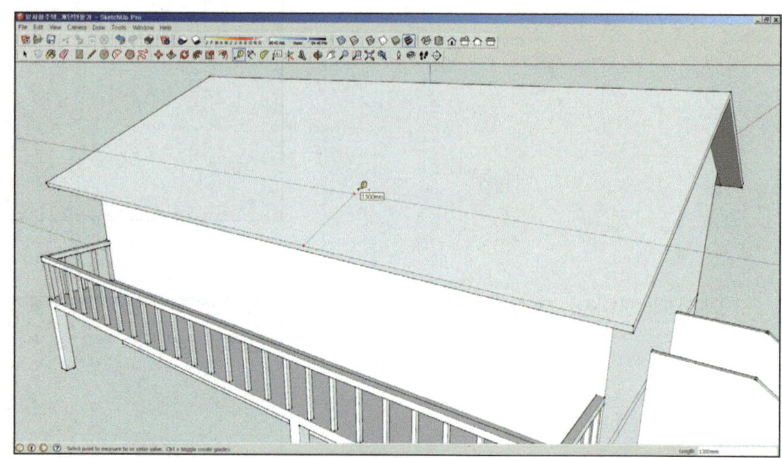

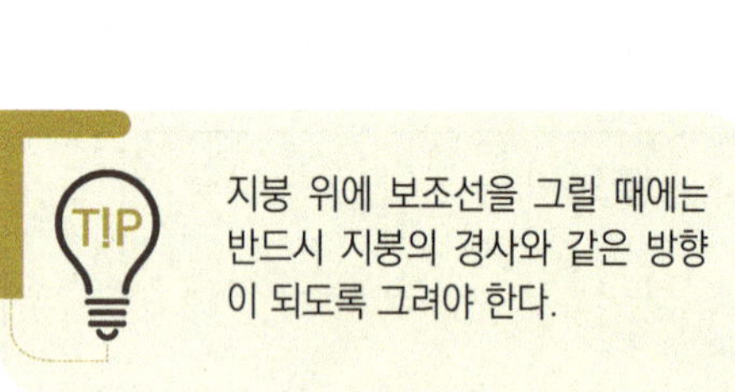

지붕 위에 보조선을 그릴 때에는 반드시 지붕의 경사와 같은 방향이 되도록 그려야 한다.

68 방금 그린 보조선에서 2000mm 떨어진 곳에 보조선을 다시 만든다.

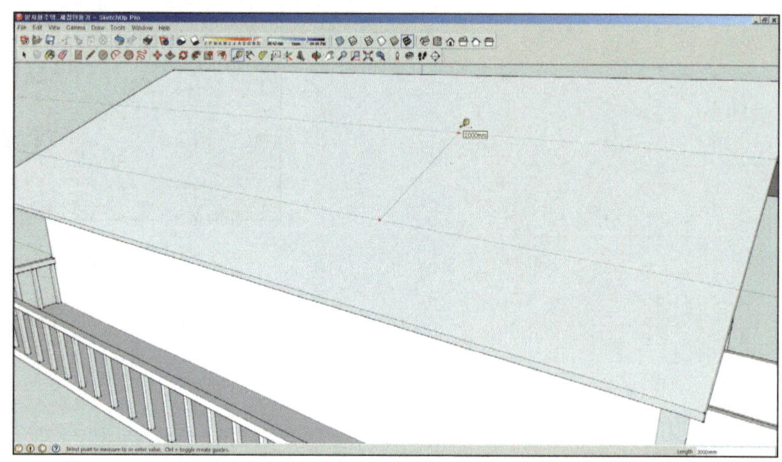

69 지붕의 중앙에 보조선을 만든다. 지붕의 옆면에서 Midpoint(중간점)으로 드래그해서 보조선을 만든다.

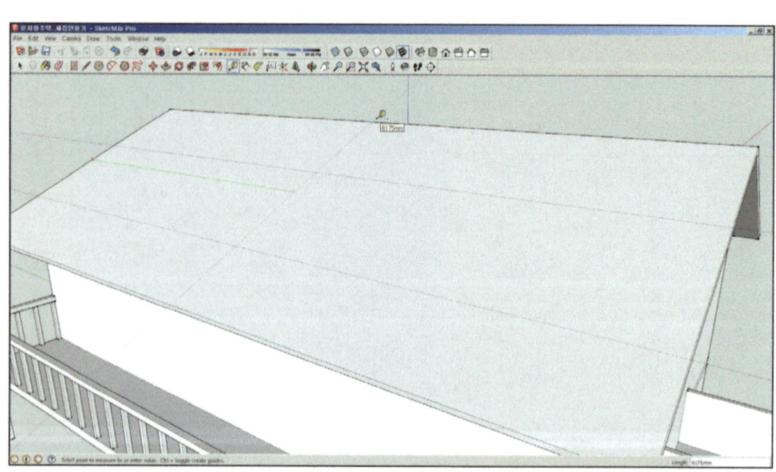

70 중앙 보조선에서 양쪽으로 각각 1000mm 간격으로 떨어진 보조선을 만든다.

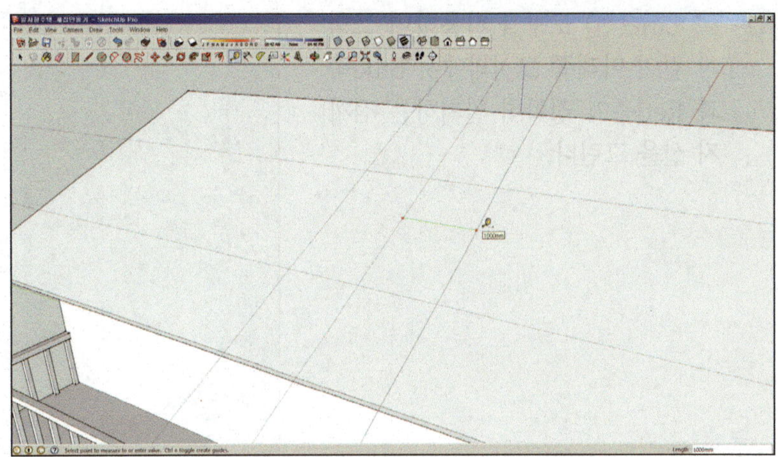

71 Rectangle(직사각형) 도구를 사용해서 그림과 같이 보조선의 Intersection(교차점)에서 시작해서 교차점으로 끝나는 지점에 사각면을 만든다.

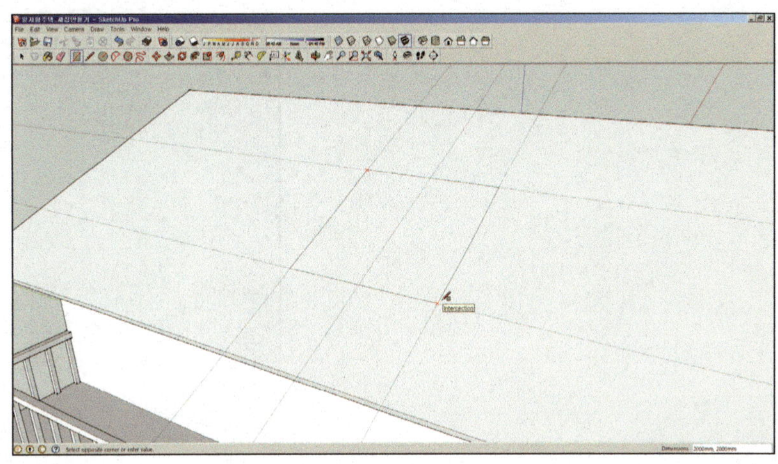

72 Line(선) 도구를 사용하여 그림과 같이 아래쪽 모서리에서 Blue축과 Red축이 정확히 일치하는 점까지 선을 그린다.

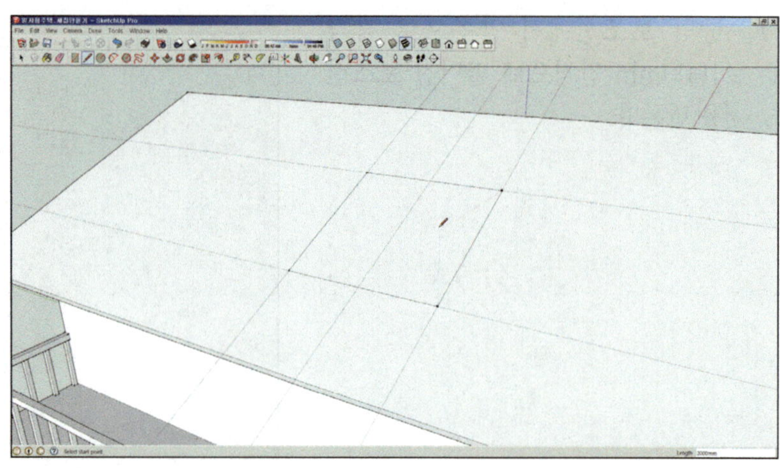

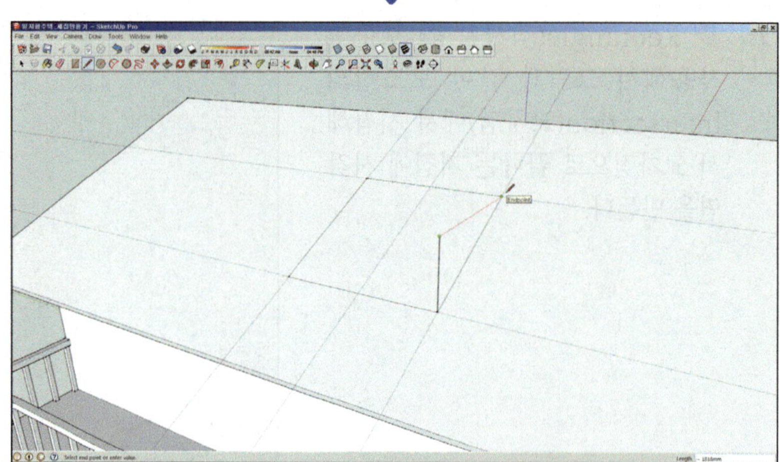

다음과 같이 면이 입체로 생성되어야 한다.

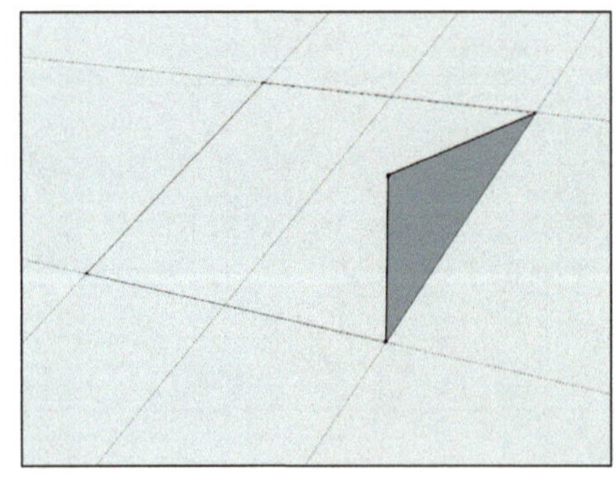

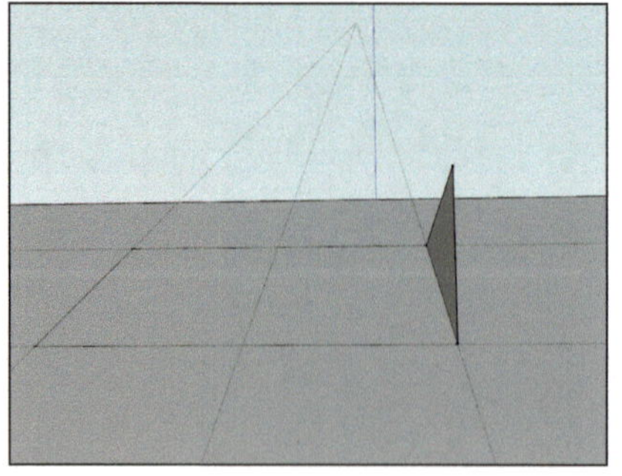

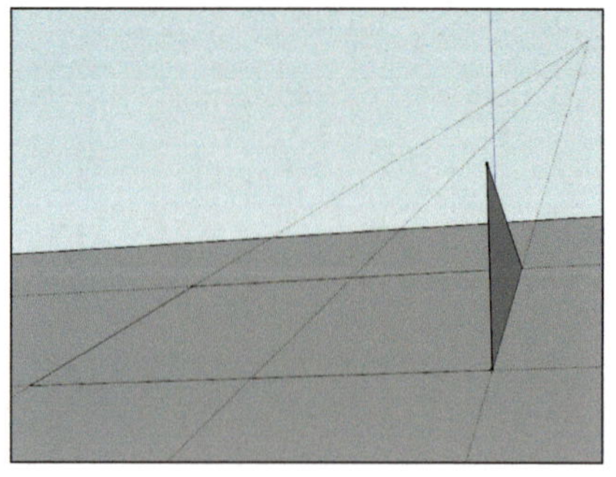

지붕 위에 선을 그릴 때에는 Blue축과 Red축이 정확하게 일치하는 곳으로 선을 그려야 한다. 만약 이 방법이 어려운 독자는 먼저 Blue 축 방향으로 길게 선을 그리고 다시 Red축 방향으로 선을 길게 그린 후 연장된 선을 Eraser(지우기) 도구로 지워도 괜찮다.

73 Push/Pull(밀기/끌기) 도구로 삼각면을 잡고 보조선까지 면을 만든다.

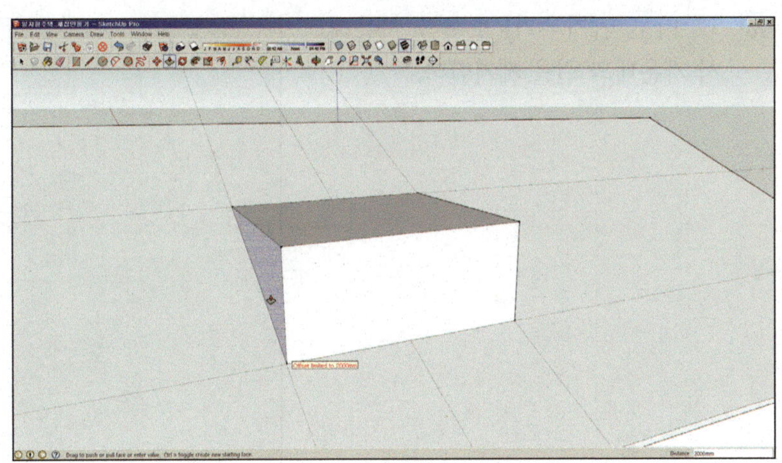

74 Line(선) 도구를 사용해서 위 모서리의 중간점에서 Blue축 방향으로 500mm 직선을 그린다.

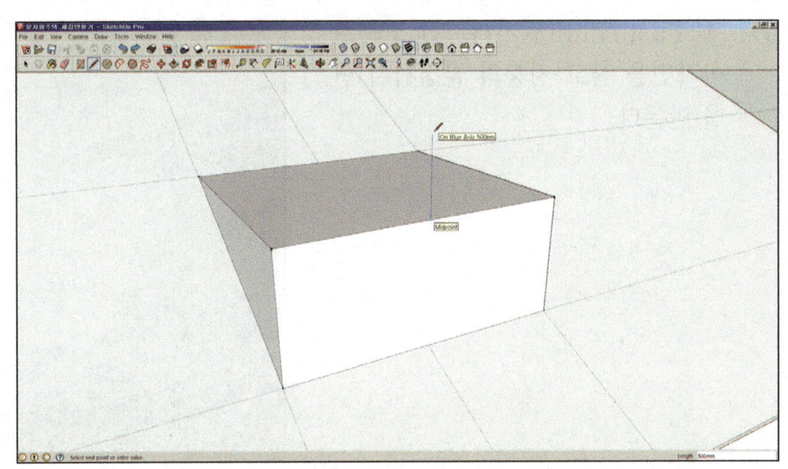

75 윗점에서 양쪽으로 선을 그려 면을 만든다.

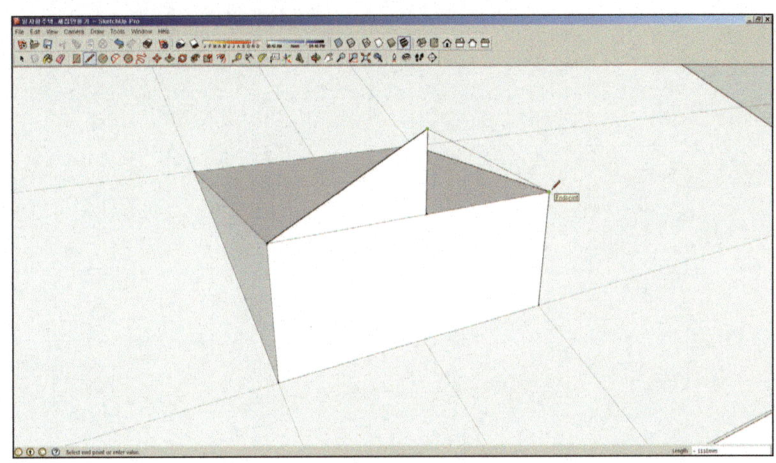

76 Eraser(지우기) 도구를 사용해서 가운데의 선을 제거한다.

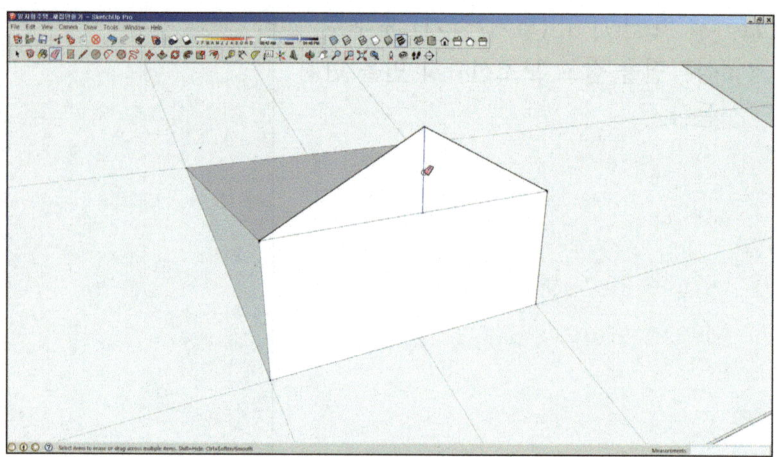

77 Push/Pull(밀기/끌기) 도구로 삼각면을 잡고 지붕의 끝점까지 면을 만든다.

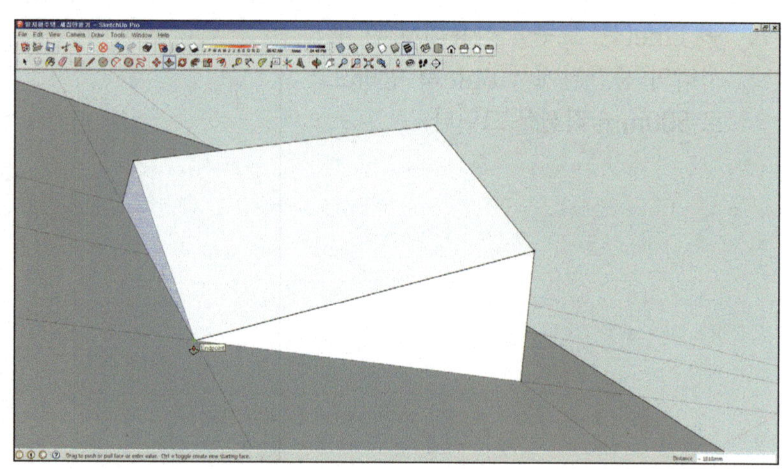

78 Move(이동) 도구를 선택한 후 새 집의 한쪽 모서리를 잡은 후 지붕면으로 드래그해서 이동한다. 이때 반드시 On face(면에)에 붙여야 한다.

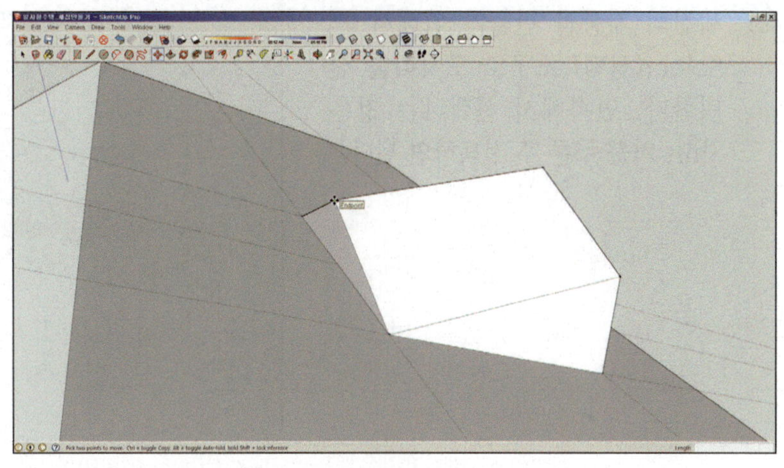

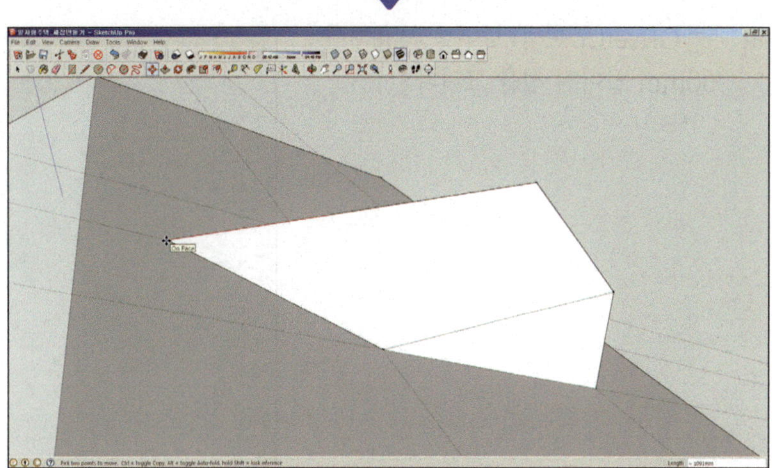

79 Eraser(지우기) 도구를 사용해서 앞쪽에 있는 선과 사용한 보조선을 모두 제거한다.

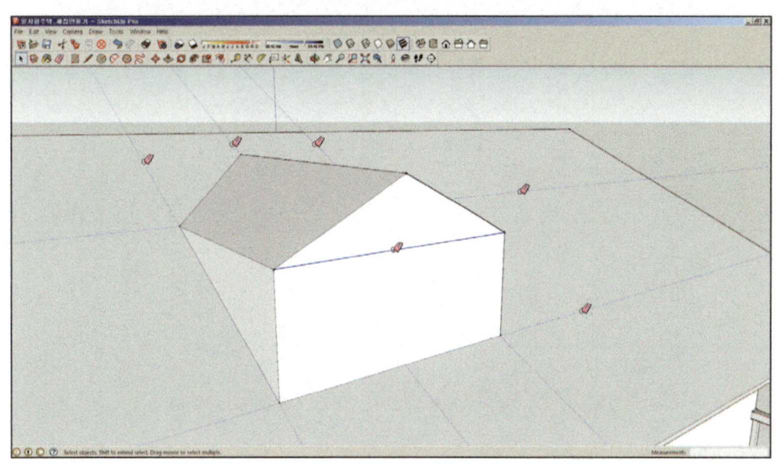

80 새집의 지붕을 만들기 위해서 Select(선택) 도구로 모서리를 선택한다. 연속해서 선택하는 것은 Shift 키를 누른 후 선택하면 된다.

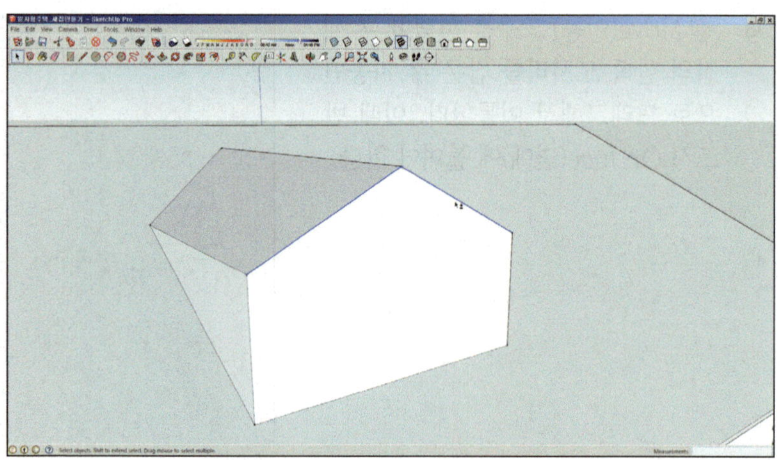

81 Offset(오프셋) 도구를 사용해서 60mm 떨어진 선을 그린다.

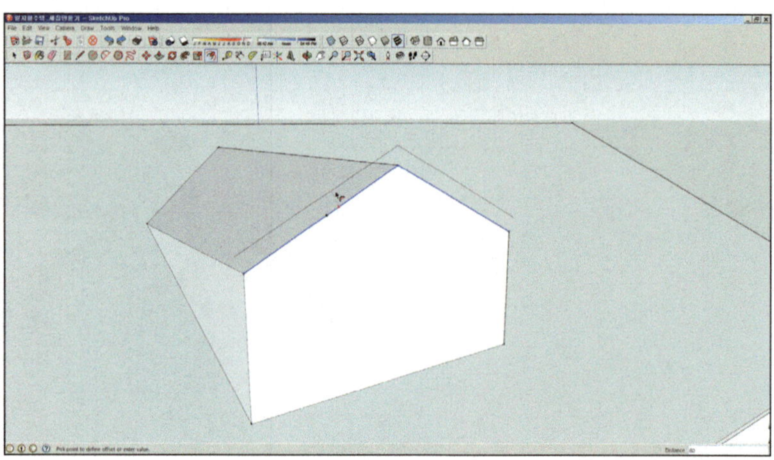

82 Line(선) 도구를 사용해서 양쪽 끝을 선으로 연결해서 면을 만든다.

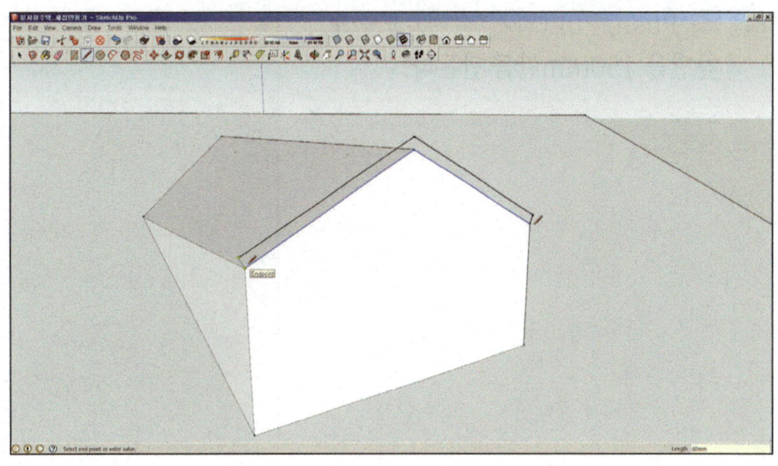

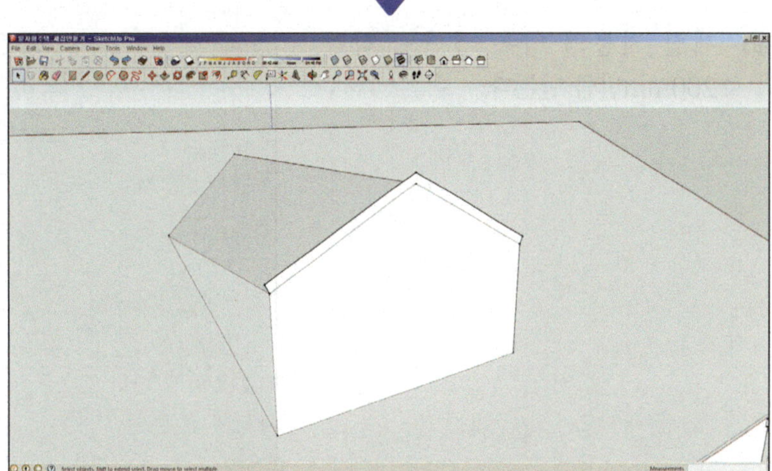

83 Orbit(궤도) 도구로 화면을 회전시킨 후, 뒤쪽 면을 잡고 Push/Pull(밀기/끌기) 도구로 지붕의 끝점까지 면을 만든다.

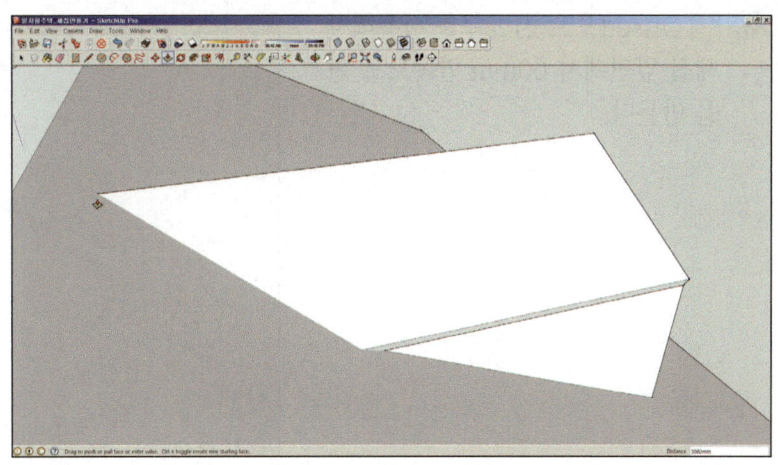

84 Push/Pull(밀기/끌기) 도구로 앞면을 150mm만큼 만든다.

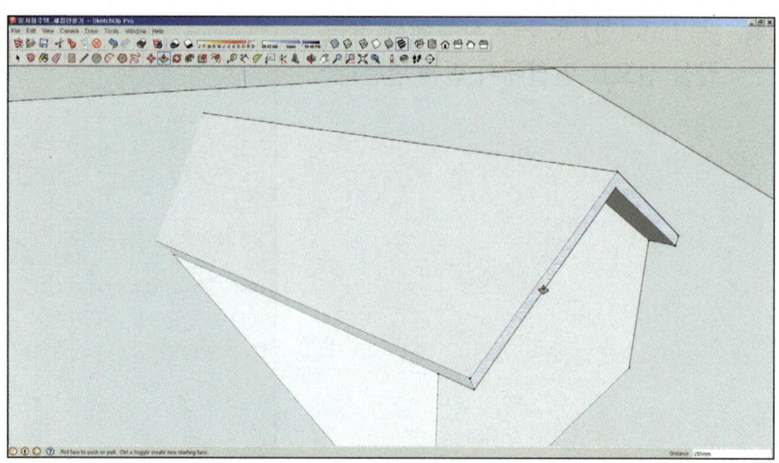

85 새집 지붕의 양쪽 옆면도 각각 200mm만큼 만든다.

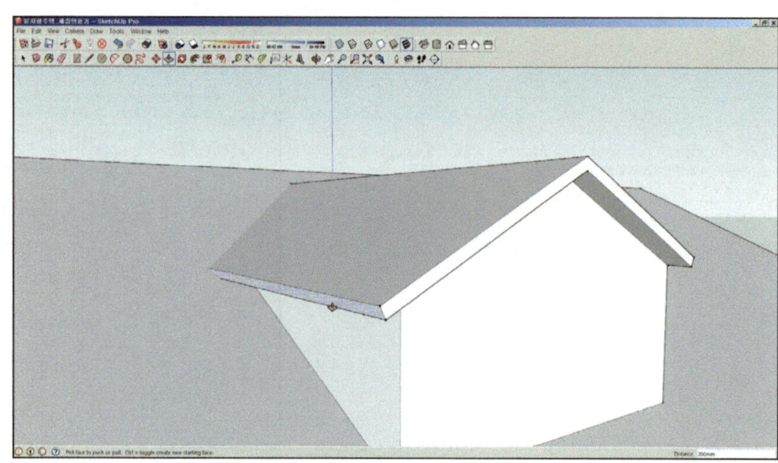

86 Offset(오프셋) 도구를 사용해서 새집 앞면에서 60mm 안쪽으로 면을 만든다.

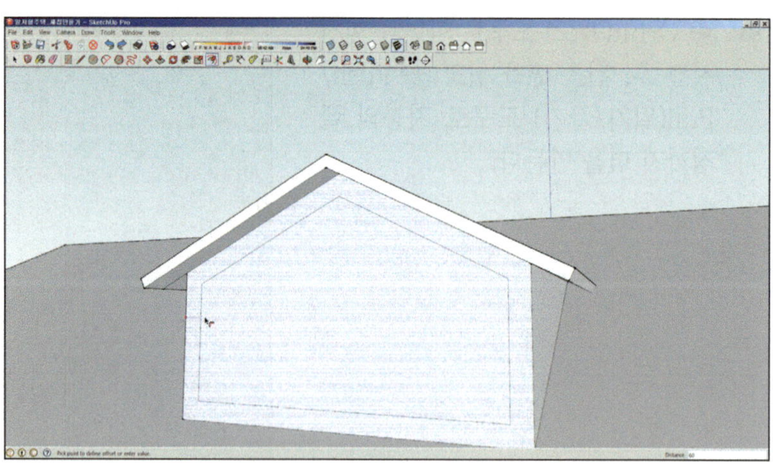

87 Push/Pull(밀기/끌기) 도구로 앞쪽 면을 뒤쪽 방향으로 100mm 만큼 집어넣는다.

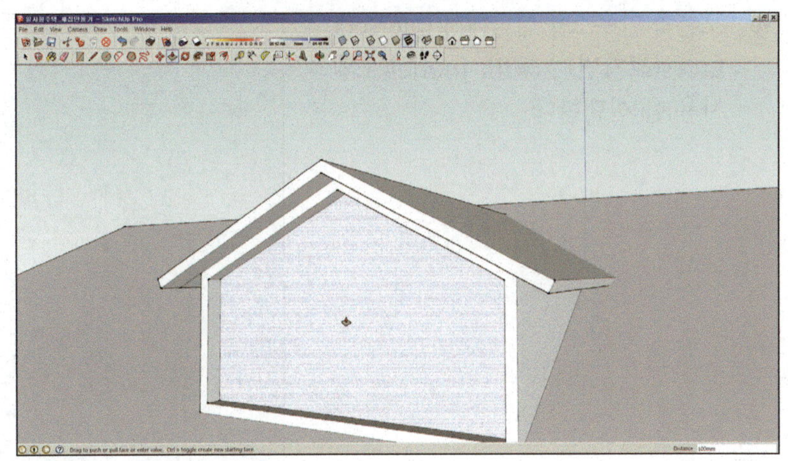

88 Style(스타일) 도구 모음에서 X-ray(X선) 도구를 선택해서 반투명한 상태로 만든다. 새집의 지붕이 주택의 지붕으로 파고들어간 것을 제거하기 위해서이다.

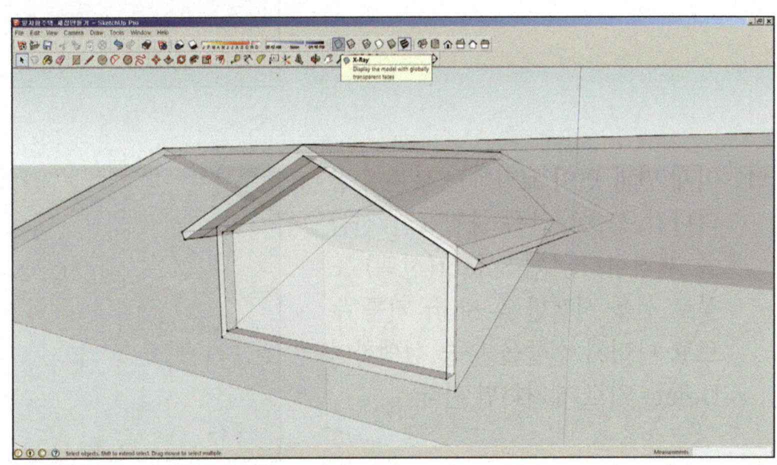

89 Select(선택) 도구를 선택한 후, 왼쪽 드래그해서 주택 지붕과 새집 지붕이 모두 선택되도록 한다.

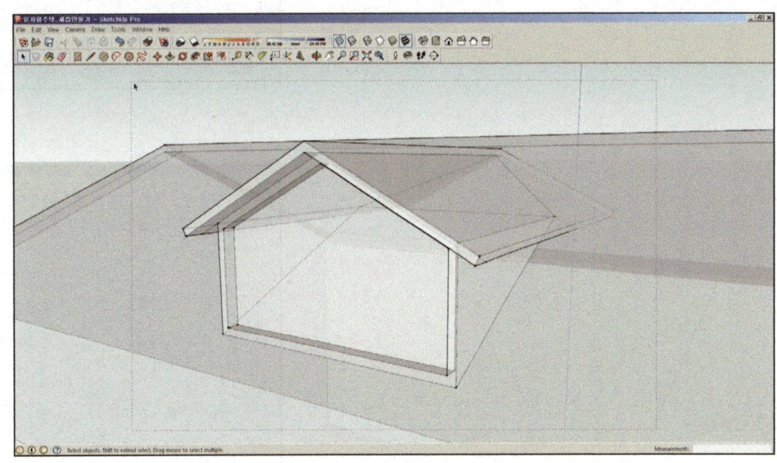

90 오른쪽 마우스를 클릭해서 Intersect faces(교차면) 〉 with model(모델 사용)을 선택한다.

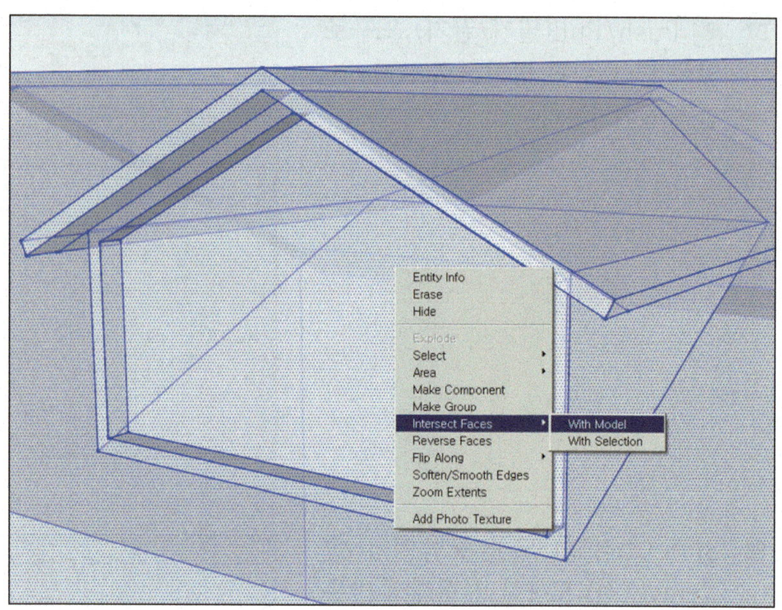

91 이제 면과 면이 교차하는 부분이 잘려나갔으므로 안쪽 불필요한 선들을 제거한다. Select(선택) 도구로 선을 선택한 후 Shift 키를 누르고 나머지 선들을 다중 선택하여 Delete 키로 제거하면 된다.

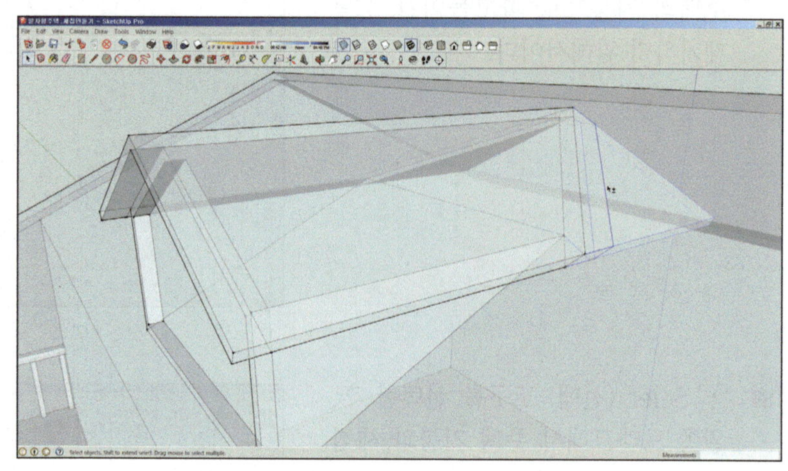

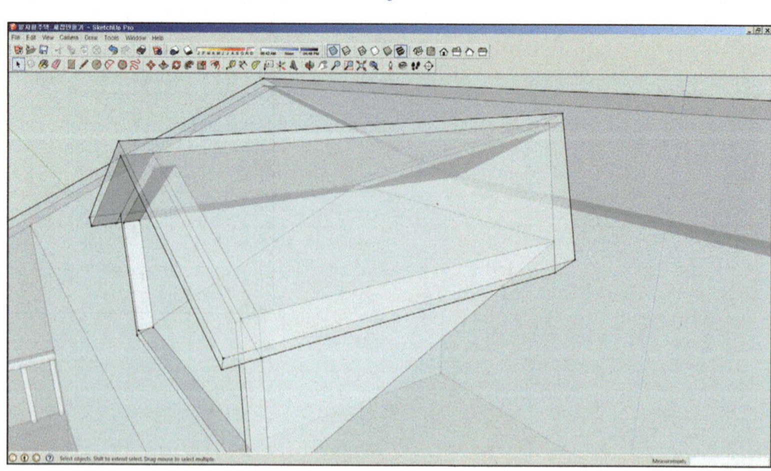

chapter 02 꼭 필요한 기능익히기 중 '08. Intersection Faces(교차면)로 겹쳐진 면 잘라내기' 부분을 참고하길 바란다.

92 같은 방법으로 반대쪽도 제거한다.

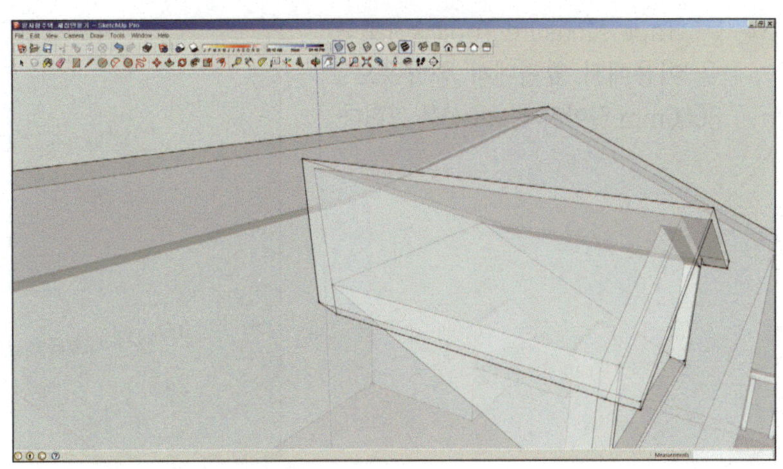

93 다시 한번 X-ray(X선) 도구를 선택해서 반투명 상태에서 벗어나 원래의 상태로 되돌아간다.
새집이 완성되었다.

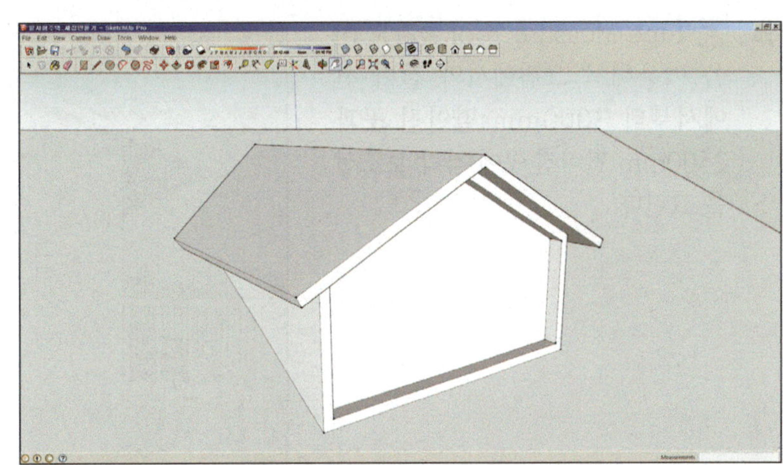

05 Components(구성요소)를 이용한 창문과 문 만들기

Component(구성요소)란 하나의 독립적인 객체로 언제든지 저장하고 불러올 수 있다. 또 인터넷(구글)에 올려져 있는 수많은 객체들을 가져와 사용할 수 있는 장점이 있다. 창문이나 문 같은 경우 직접 만들기도 하지만 이미 만들어져 인터넷에 올라온 컴포넌트가 많이 있기 때문에 모델링 시간을 단축하고 작업의 편의성을 위해 인터넷에 있는 컴포넌트를 가져다 쓰기도 한다. 컴포넌트를 사용해서 창문과 문을 쉽게 만들어 보자.
먼저 컴포넌트를 사용하기 위해서는 본인의 컴퓨터가 인터넷이 가능하여야만 한다.

그럼 먼저 출입문 지붕을 만들어 보자.

94 Tape Measure Tool(줄자도구)을 이용해서 옆면에서 중앙쪽으로 3600mm 떨어지게 보조선을 그린다.

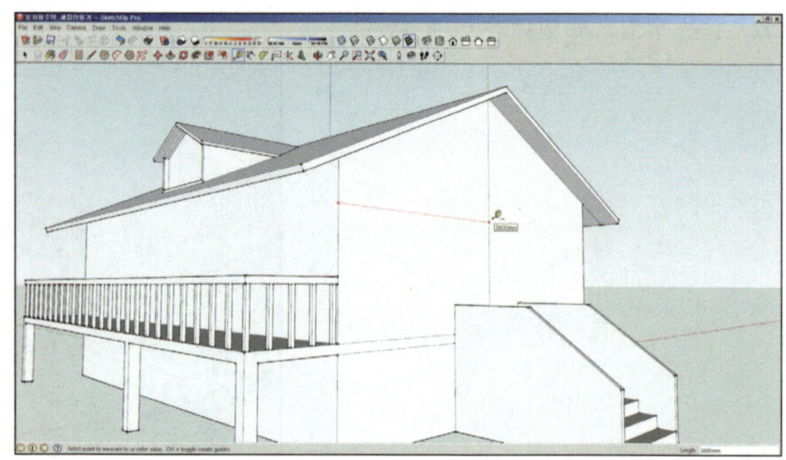

95 Tape Measure Tool(줄자도구)을 이용해서 그림에서와 같이 선에서부터 3000mm 떨어진 곳과 2500mm 떨어진 곳에 각각 보조선을 그린다.

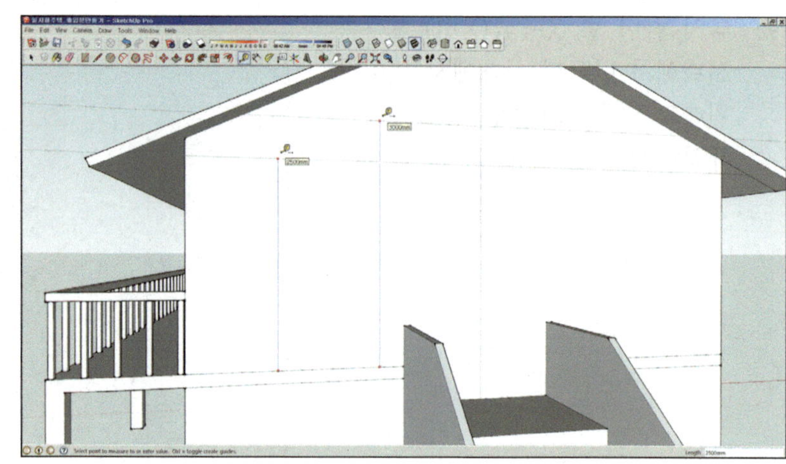

96 다시 중심 보조선을 기준으로 좌우로 각각 1200mm 떨어진 보조선을 그린다.

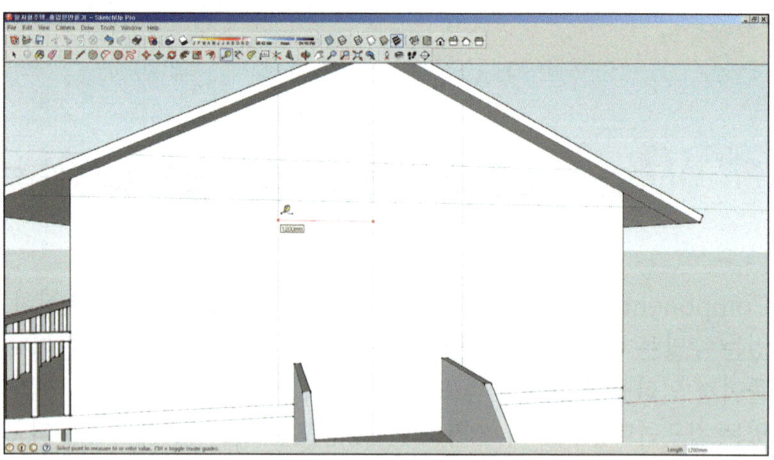

97 Line(선) 도구를 사용해서 그림과 같이 선을 그린다.

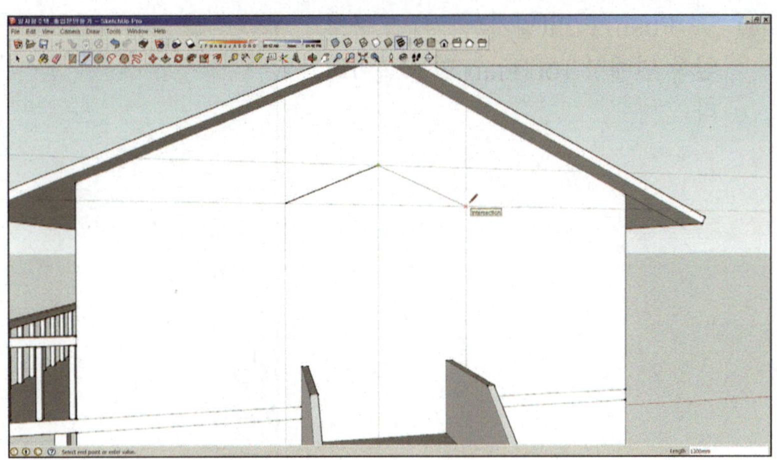

98 Select(선택) 도구로 선을 연속 선택한 후 Offset(오프셋) 도구를 사용해서 그린 선에서 60mm 떨어진 선을 그린다.

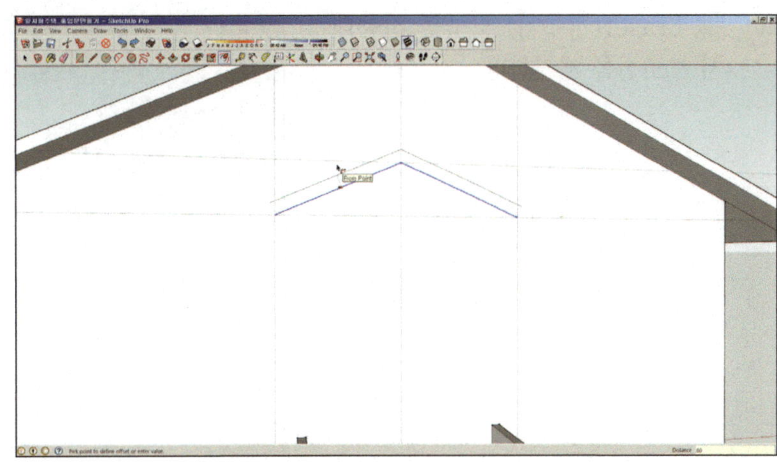

99 Line(선) 도구로 양쪽 모서리를 연결한다.

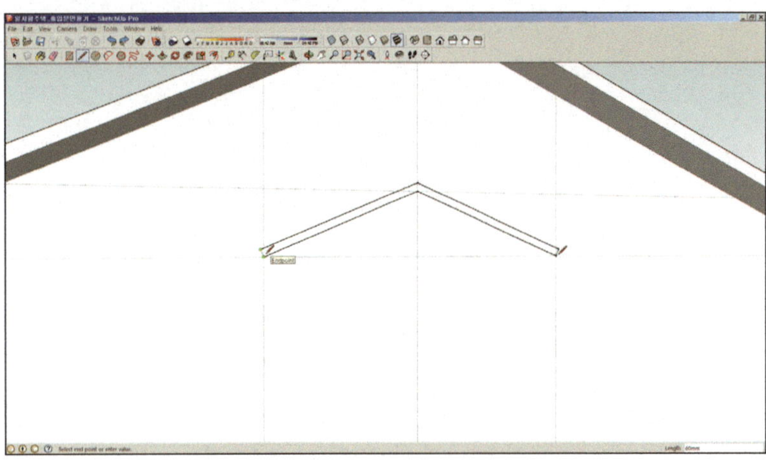

100 Push/Pull(밀기/끌기) 도구로 앞쪽 면에서 1600mm 면을 뽑아낸다.

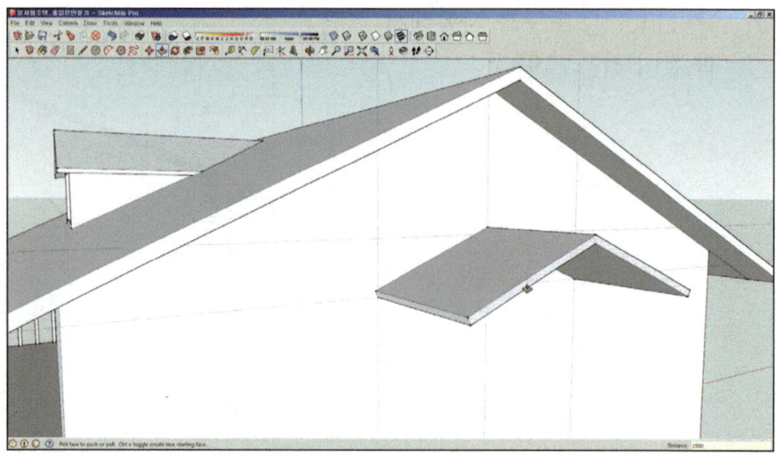

101 Eraser(지우기) 도구를 사용해서 보조선을 제거한다.

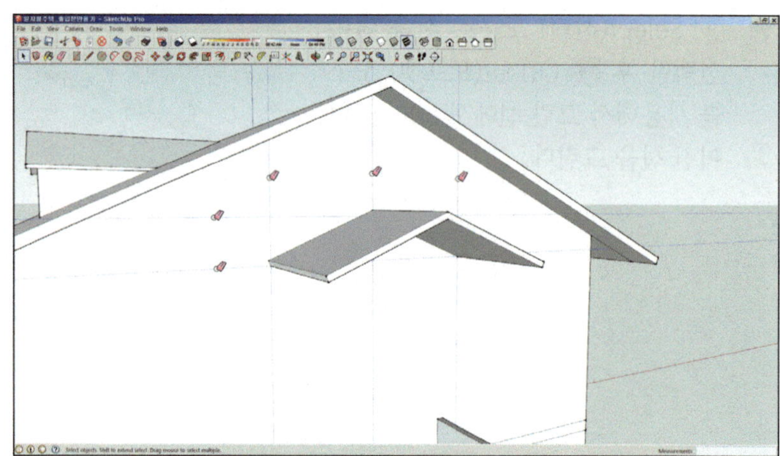

102 자 이제 컴포넌트를 불러와 문과 창문을 만들어 보자. 메뉴에서 Window(창) 〉 기본 트레이 〉 Components(구성요소)를 선택한다.

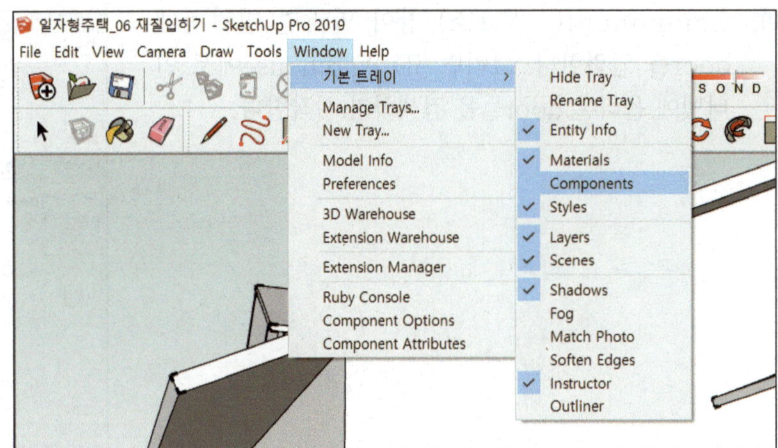

그럼 트레이 창에 Component(구성요소) 창이 활성화된 것을 확인할 수 있다.

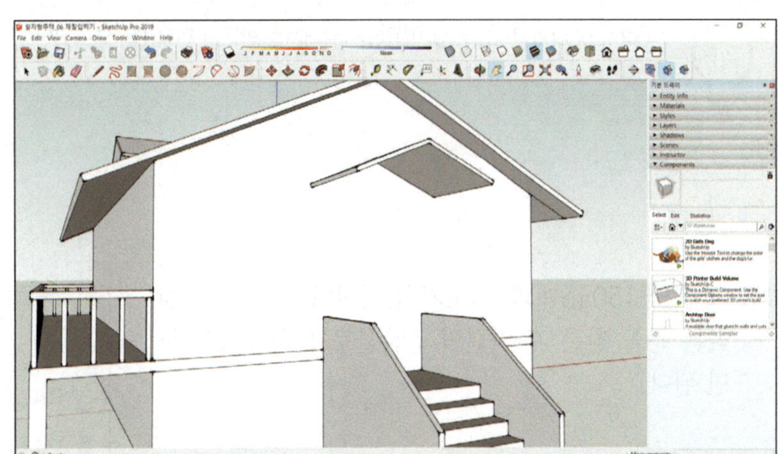

창문이나 문 같은 경우 직접 만들기도 하지만 이미 만들어져 인터넷에 올라온 Component(구성요소)가 많이 있기 때문에 모델링 시간을 단축하고 작업의 편의성을 위해 인터넷에 있는 컴포넌트를 가져다 쓰는 경우가 많다. 하지만 너무 컴포넌트를 맹신해서는 안 된다. 만약 처음 스케치업을 배우는 유저들이 스케일과 옵션 등을 무시하고 마구잡이로 컴포넌트를 올릴 경우 컴포넌트를 불러와도 벽면에 달라붙지 않는다거나, 스케일이 너무 크거나 너무 작아서 보이지 않을 수도 있기 때문이다.

103 Component(구성요소) 창이 열리면 입력창에 door를 입력한다. 그러면 3D Warehouse에서 인터넷에 올라온 door들을 검색하기 시작한다.

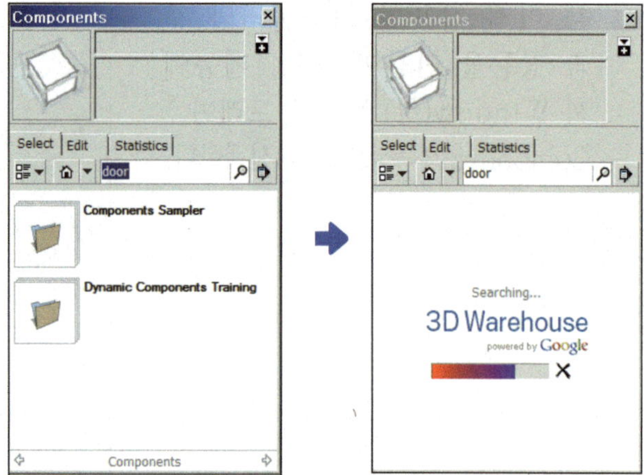

Component(구성요소)를 이용하기 위해서는 반드시 인터넷이 연결되어 있어야 한다.

104 그럼 약 15046개의 door가 검색되며, 이중에서 원하는 문을 찾은 후 자신의 건축물로 불러오기만 하면 된다.

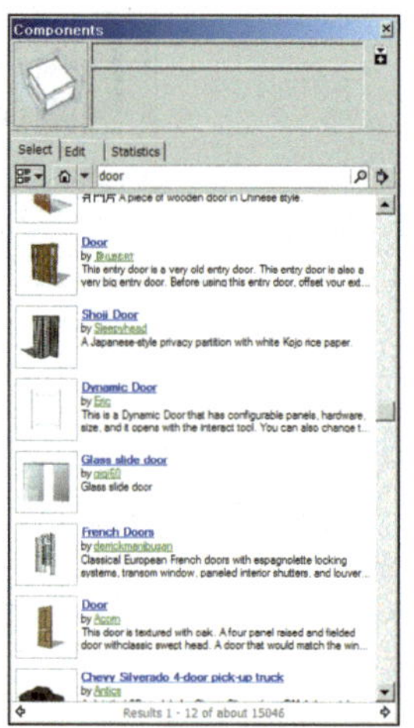

하단의 화살표를 클릭하면 다음 페이지로 넘어간다.

105 하나를 선택한 후 자신의 건물에 붙여 넣는다. Move(이동) 도구를 사용해서 위치를 정확히 한다.

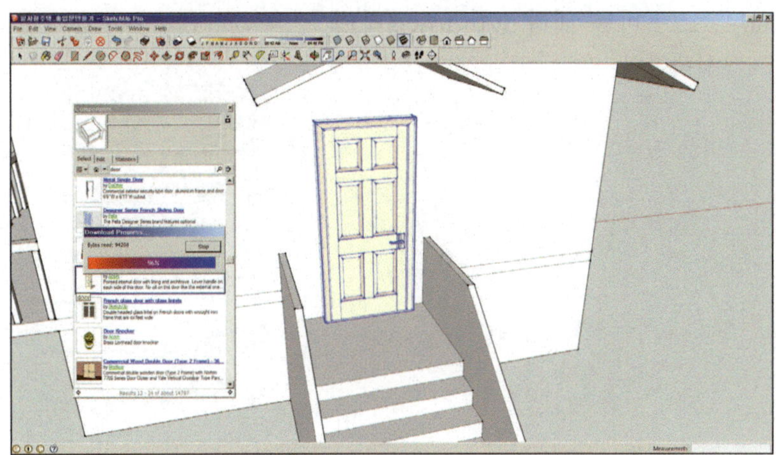

불러온 컴포넌트의 크기가 맞지 않을 때에는 Scale(배율) 도구를 사용해서 오브젝트의 크기를 알맞게 조절해서 사용한다.

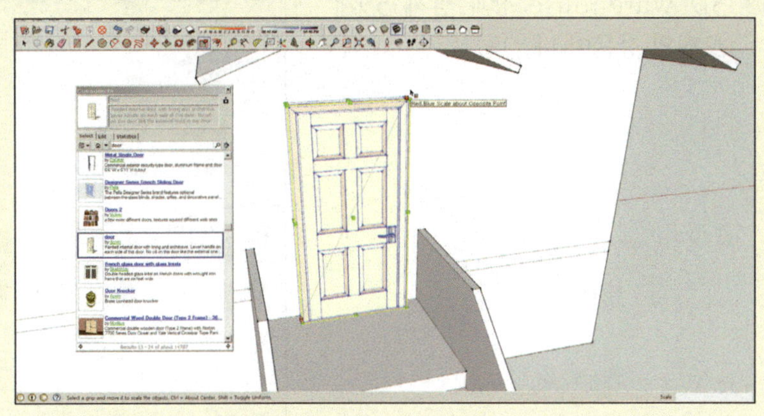

106 이번에는 창문을 불러오도록 하겠다. 창문도 앞에서와 같은 방법으로 해도 되지만, 102번 tip에서도 설명했듯이 너무 무분별한 컴포넌트가 많기 때문에 좀 더 안정적이고 퀄리티있는 창문을 불러오도록 하겠다. 컴포넌트 창에서 Navigation(탐색) 버튼을 클릭한 후 창을 열어 Architecture(건축) 메뉴를 선택한다.

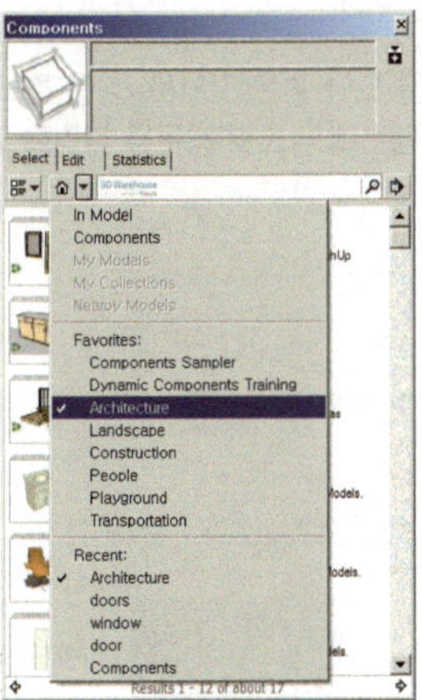

107 스크롤바를 내려 Windows(창)를 선택한다.

108 3D Warehouse 창과 함께 59개 모델의 창문이 나온다.

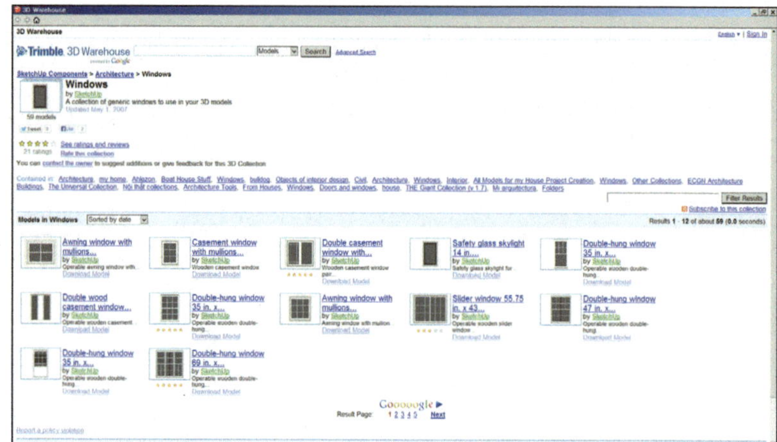

이 방법은 유저들이 가장 많이 쓰는 창문들을 모아 놓은 것으로, 창문 컴포넌트를 불러올 때에는 이렇게 불러오는 것이 가장 좋은 방법이다. 대부분의 창문 모양이 모두 있기 때문에 앞으로 창문을 불러올 때에는 3D Warehouse에서 불러오도록 한다.

109 자신이 원하는 창문을 선택한 후, 다운로드 버튼을 클릭하여 스케치업으로 불러온다.

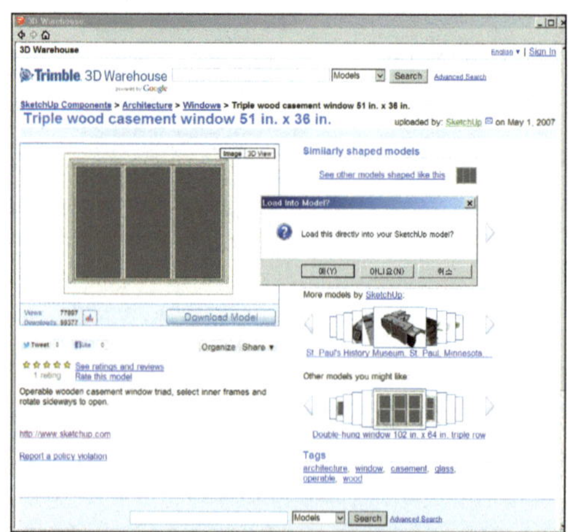

110 Move(이동) 도구를 사용해서 Component(구성요소)를 자신이 원하는 위치로 이동한다.

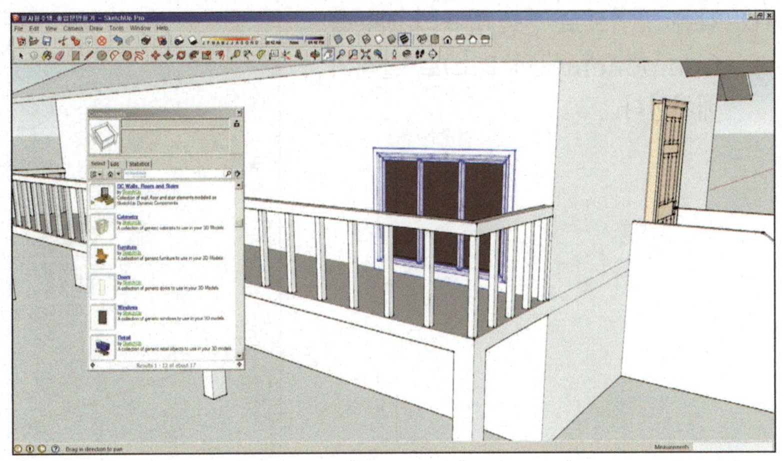

111 Scale(배율) 도구를 사용해서 대각선 방향으로 드래그해서 크기를 맞춘다.

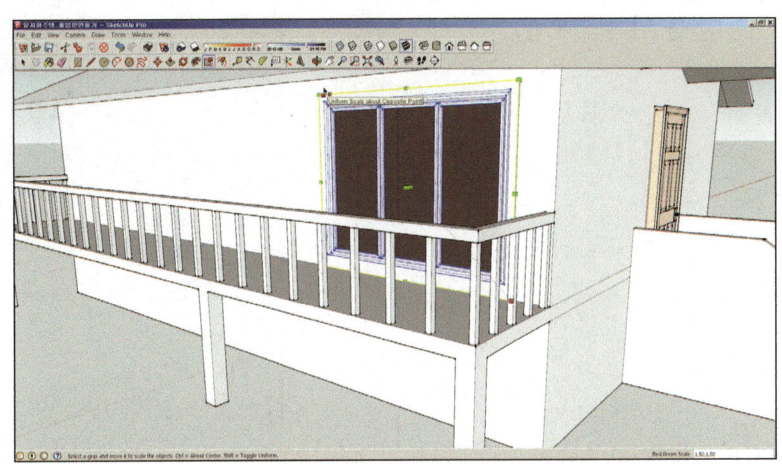

Component(구성요소)를 벽면에 붙였을 때 내부가 보여야 된다. 만약 Component(구성요소)를 벽면에 붙였을 때 내부의 모습이 보이지 않는다면 다른 Component(구성요소)를 불러오거나, 아니면 정확하게 벽면에 붙은 상태가 아니다.

112 같은 방법으로 건물 앞쪽의 창문을 Component(구성요소)로 불러와 배치한다.

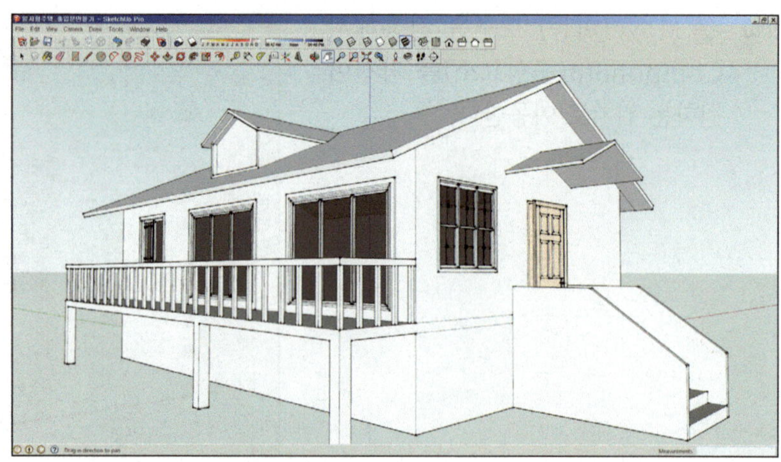

(건물 뒤쪽의 모습)

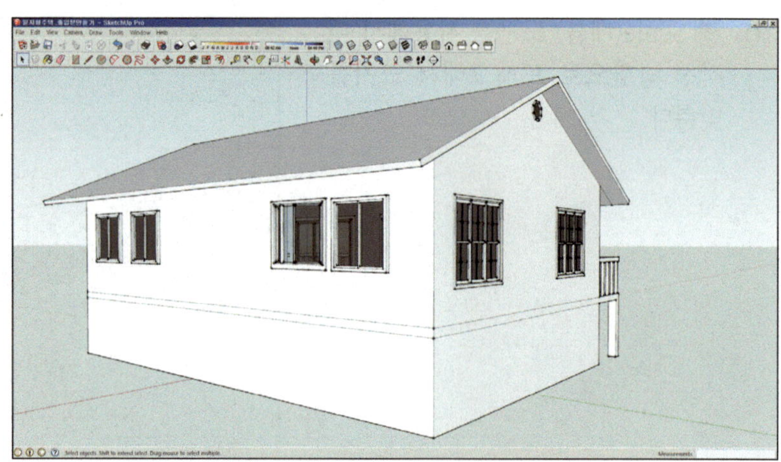

06 재질 입히기

모델링은 완성되었다. 이제 완성된 모델링에 재질을 적용해 보자. 오브젝트에 재질을 적용하는 과정을 Mapping(매핑)이라고 부르며, 스케치업에서는 다른 3D 프로그램보다 재질을 적용하는 과정이 무척 쉽고 간단하다.

113 Paint Burket(페인트통) 도구를 선택한 후 Materials(재질) 창에서 Roofing(지붕) 폴더를 선택한다.

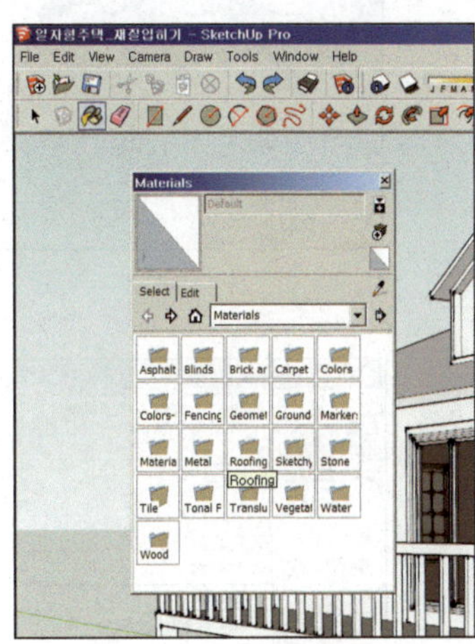

Mapping(재질입히기)는 3D의 분류에서 하나의 독립적인 과정으로 떨어져 나올 만큼 아주 중요한 과정이라 할 수 있다. 오브젝트에 옷을 입히는 과정으로 내가 어떠한 재질을 적용하느냐에 따라 나무가 되기도 하고 벽돌, 대리석, 잔디, 도로(시멘트), 투명한 유리재질 등이 되기 때문이다.

114 Roofing_Shingles_GAF_Estates(지붕_지붕널_GAF_부동산) 재질을 선택한다.

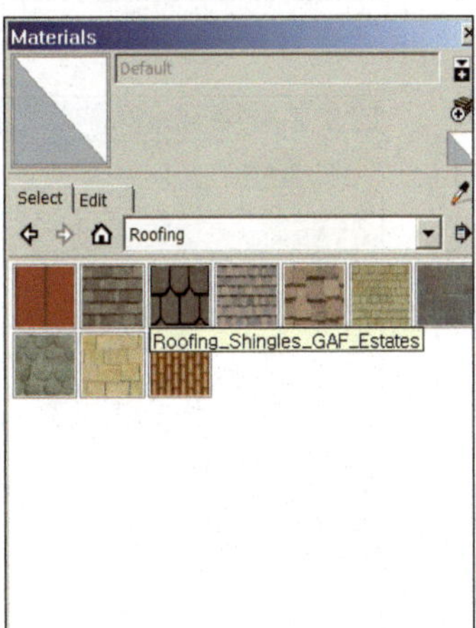

115 지붕 부분을 클릭하여 재질을 적용한다.

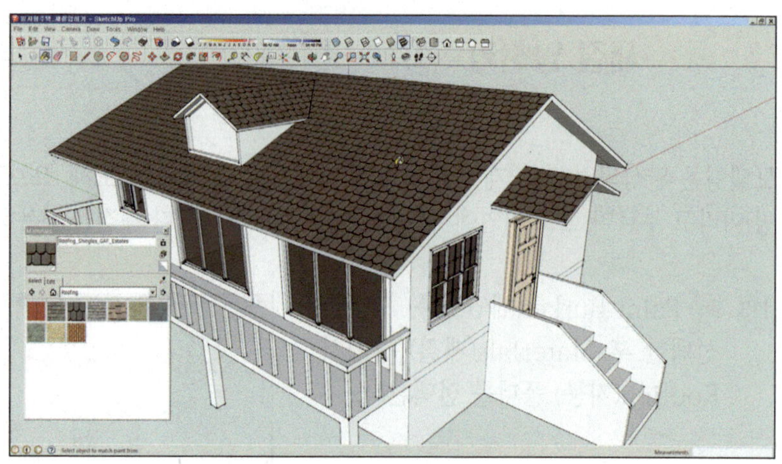

116 이번에는 벽면에 재질을 입혀보자. Materials(재질) 창에서 Brick and Cladding(벽돌 및 클래딩)을 선택한다.

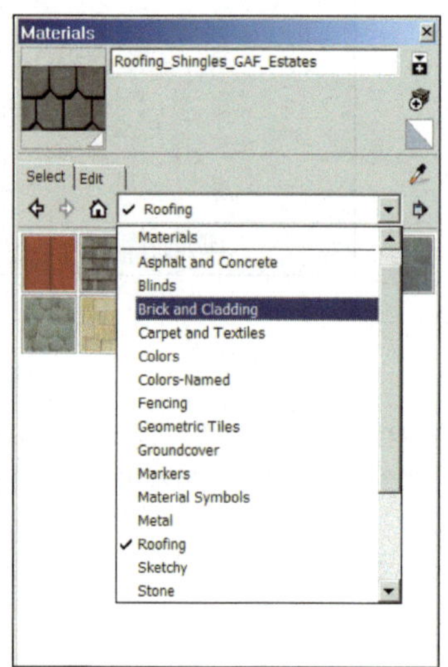

117 Bric_Rough_Tan(벽돌_거친_황갈색) 재질을 선택한다. 독자 여러분이 원하는 재질을 선택해도 무방하다.

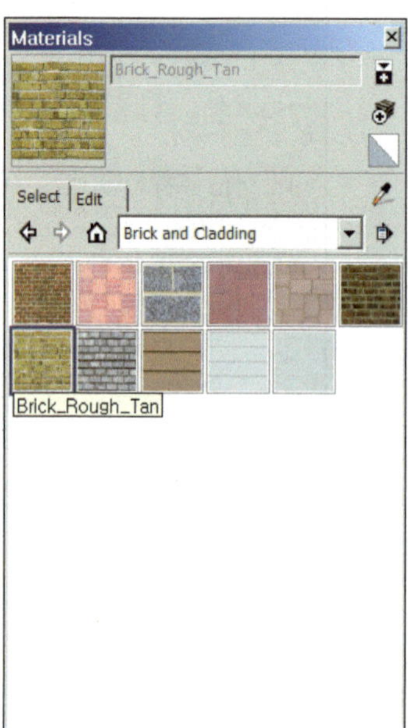

118 그림과 같이 벽면을 클릭하여 벽돌 재질을 적용한다.

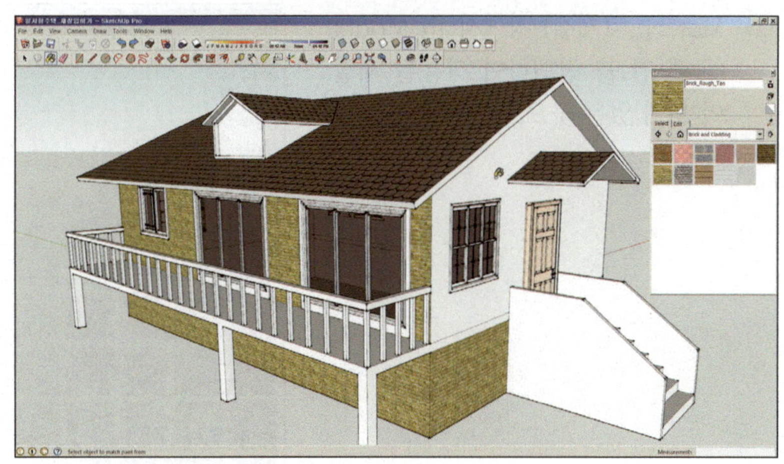

119 다양하게 재질을 적용해 보길 바라며, 다음에는 새집 창에 투명한 재질을 적용해 보도록 하자. Materials(재질) 창에서 Colors(색상)를 선택한다.

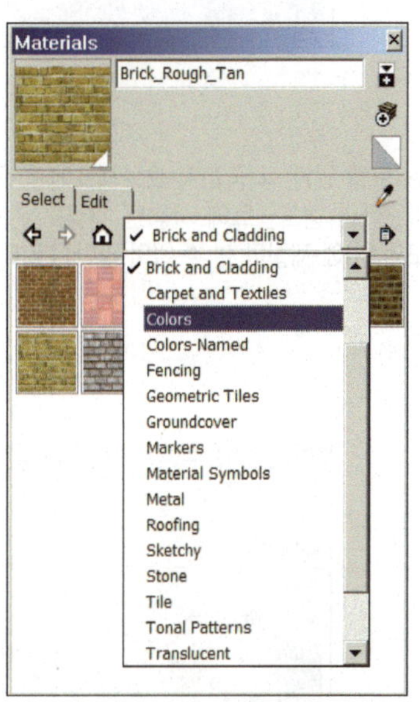

120 Color_115(색상_115)를 선택한 후 창문에 색을 적용한다. 아직까지 투명한 상태는 아니다.

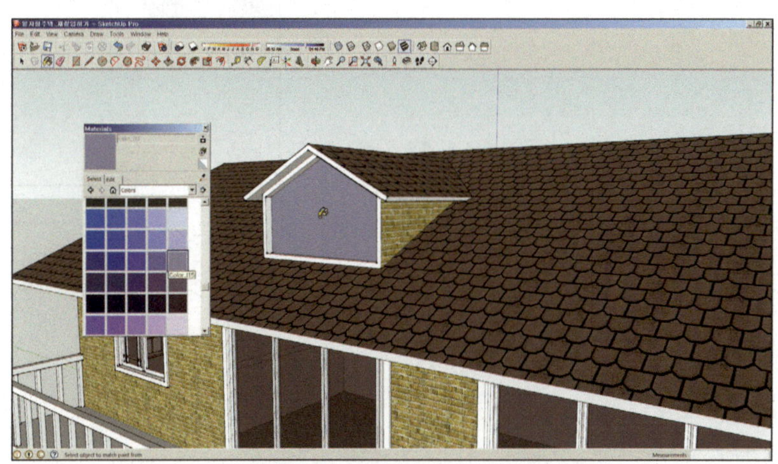

121 Materials(재질) 창에서 In Model(모델 안)을 선택하여 적용된 재질이 모여 있는 곳으로 이동한다.

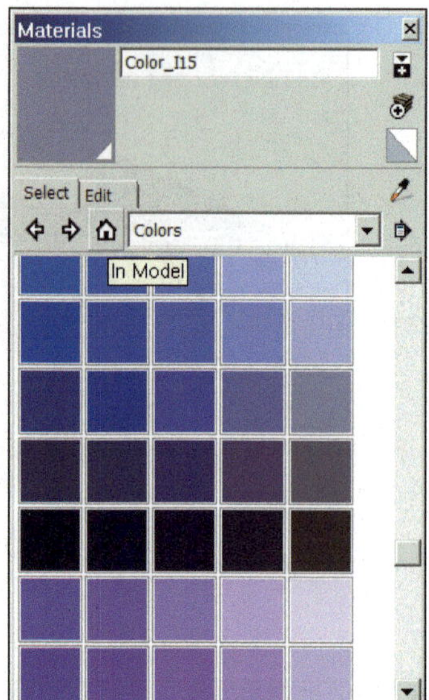

Materials(재질) 창에서 In Model(모델 안)은 지금까지 오브젝트에 적용된 재질을 모아 놓은 곳이다. 자신이 직접 선택한 재질분만이 아니라 컴포넌트를 불러왔다면 컴포넌트에 사용된 재질도 존재한다. 따라서 너무 많은 컴포넌트를 불러오게 되면 Materials(재질) 창의 In Model(모델 안)에 재질이 셀 수 없이 많아질 것이다.

122 방금 새집의 창에 적용한 Color_115(색상_115)의 재질을 더블클릭한다.

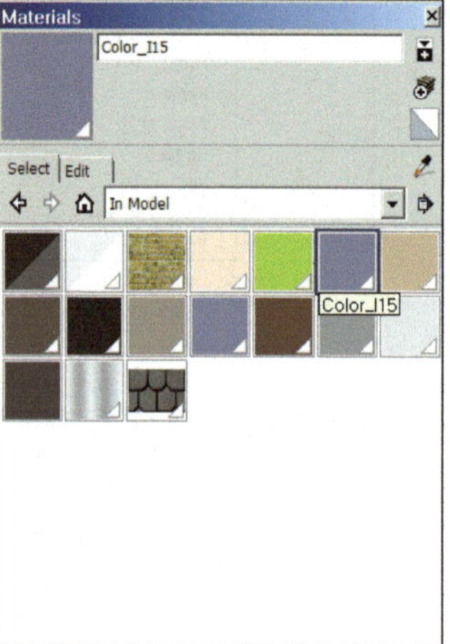

123 그림처럼 Opacity(불투명도) 부분을 100에서 50으로 바꾸어준다. 수치를 입력하거나 바를 드래그하면 된다. 새집의 창문이 투명해진 것을 확인할 수 있다.

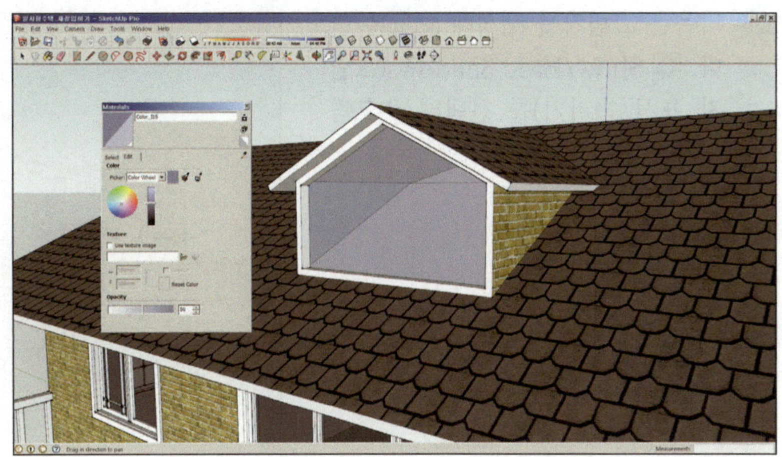

Opacity(불투명도) 값은 불투명도 혹은 투명도로서 100일 때 완전 불투명하고 0의 값일 때 완전 투명하다. 따라서 50의 경우에는 반투명하다고 할 수 있다. 창문의 투명도에 따라 본인 스스로 투명도에 대한 값을 조절하면 된다.

124 같은 방법으로 베란다는 나무재질로 적용한다. 나머지 부분도 독자 임의대로 재질을 적용한다.

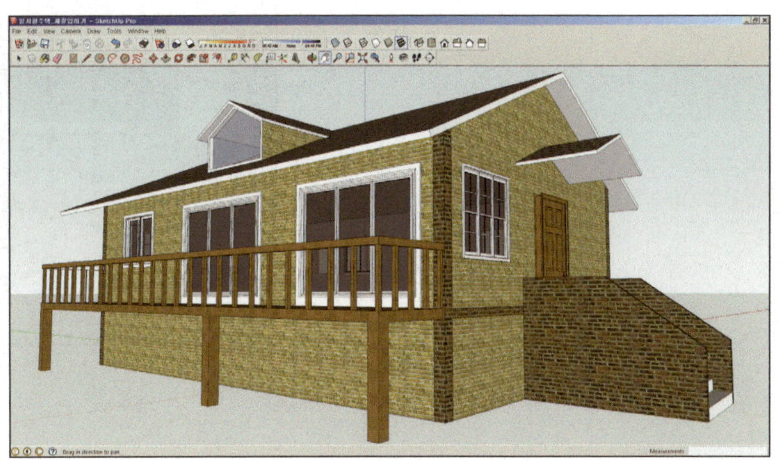

125 다음은 그림자를 생성해 보도록 한다. Show/Hide Shadows(그림자 표시/숨기기)를 선택해서 그림자를 만든다.

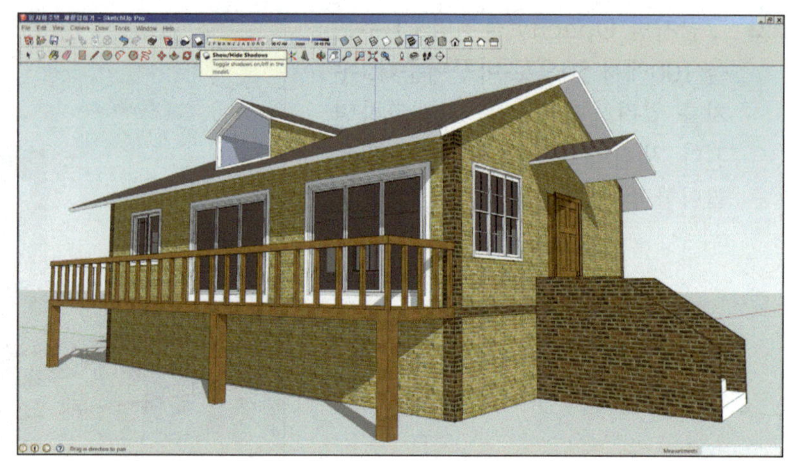

그림자는 건물의 전체적인 분위기를 정하는 아주 중요한 작업이다. 이번 Chapter 03의 끝부분에 〈알아두기 03〉 '오늘의 시간에 맞추어 그림자 생성하기'에서 좀 더 자세하게 다루어 보도록 한다.

126 다음과 같이 컴포넌트에서 나무와 사람도 가져와 완성해 보도록 하자.

오늘의 시간에 맞추어 그림자 생성하기

그림자를 생성하는 것은 매우 간단하다. 상단 메뉴에서 Show/Hide Shadows(그림자 표시/숨기기)를 선택하기만 하면 그림자가 생성되기 때문이다. 하지만 지금 내가 살고 있는 현재의 시간에 맞추어 그림자를 생성할 수도 있다.

1 상단 메뉴에서 Shadow Settings(그림자 설정)을 클릭해서 Shadow Settings(그림자 설정) 창을 연다.

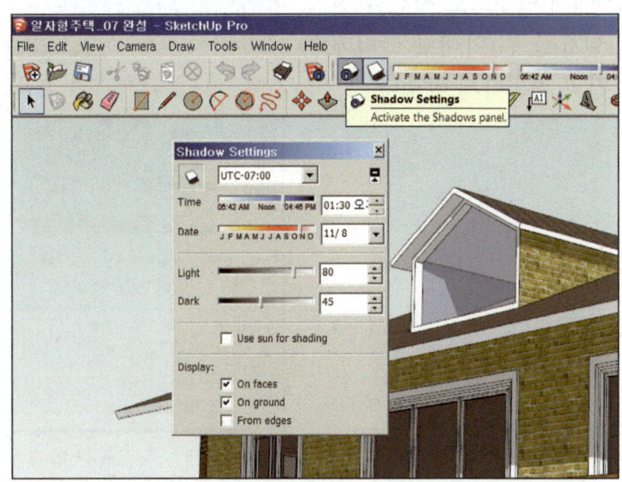

2 다른 방법으로는 메뉴에서 Window(창) 〉 Shadows(그림자) 를 선택해도 Shadow Setting(그림자 설정) 창을 열 수 있다.

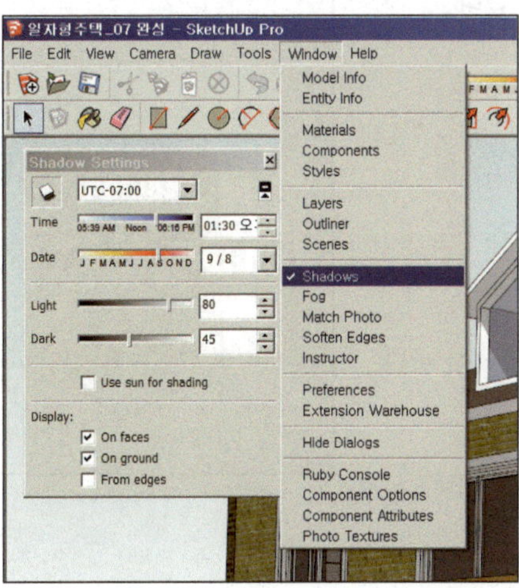

3 Shadow Settings(그림자 설정)에서 Date(날짜)에 화살표를 클릭한 후 Today(오늘) 부분을 선택한다.

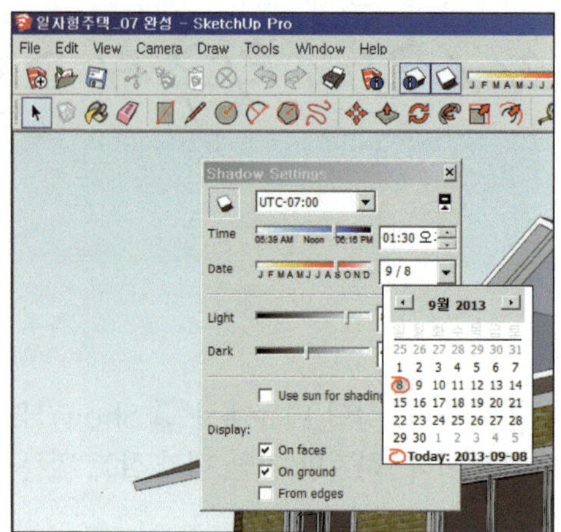

4 Time(시간)에서 마우스로 시간을 선택한 후 화살표를 위/아래로 클릭해서 지금 시간과 정확하게 맞춘다.

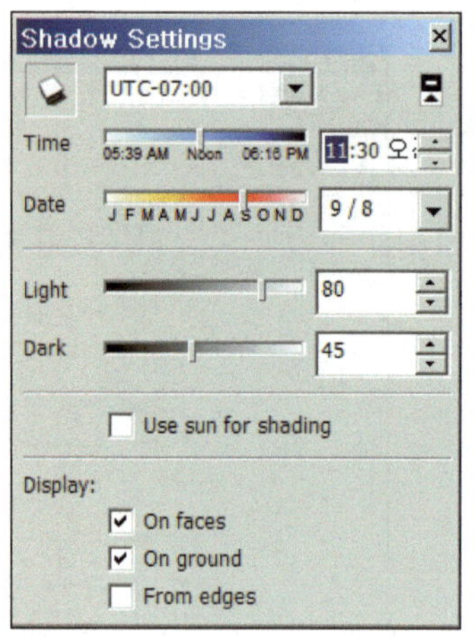

5 그럼 오늘의 시간에 맞추어 그림자가 생성된 것을 확인할 수 있다.

6 Shadow Settings(그림자 설정) 창의 메뉴에 대하여 좀 더 살펴보면 Light(밝음)는 빛의 밝기이며, Dark(어두움)는 그림자의 진하기이다. Light(밝음) 값을 100, Dark 값을 0으로 하면 그림과 같은 빛과 그림자를 얻을 수 있다.

7 상단 메뉴에 있는 Date(날짜) 값과 Time(시간) 값을 적절히 조절해서 더욱 완성도 있는 그림자를 생성해 보자.

단독주택 II (T자형)

Chapter 04

T자형 단독주택은 앞에서 다룬 일자형 단독주택 만들기와 비슷하다. 단 기본형태가 T자로 되어 있기 때문에 지붕을 만들 때와 창문 제작은 일자형 단독주택과는 다르게 컴포넌트도 사용하면서 직접 창문을 만들어 볼 것이다. 여러 가지 방법의 모델링 기법을 익혀둔다면 독자들이 직접 건축물들을 만들면서 난관에 부딪친다 해도 문제를 잘 해결할 수 있을 것이다. 그러므로 다양한 방법을 동원해 가능한 한 모델링을 많이 만들어보는 게 좋다.

그럼 지금부터 T자형 단독주택 만들기를 시작하겠다.

01 기본형태 만들기

건축모델링에서 중요한 것이 바로 기본형태 만들기이다. 기본형태만 잘 만들 수 있다면 그 다음은 아주 쉽다. 그러므로 건축모델링을 할 경우에는 그 건물의 형태가 어떻게 되어 있는지 잘 살펴볼 필요가 있다. 예를 들어 앞에서 배운 일자형인지, 이번에 배울 T자형인지, 혹은 ㄷ자형인지, 십자(+)형인지 잘 파악해야 한다. 그래야 지붕을 먼저 만들 것인지 혹은 나중에 만들 것인지 판단을 할 수 있으며, 시행착오를 최소화하여 빠른 시간 안에 모델링을 완성할 수 있다. 이번에 배울 T자형 단독주택을 통해 이러한 모델링 프로세서를 충분히 학습하기 바란다.

1 Rectangle(직사각형) 도구를 사용해서 (13000mm*8000mm)로 된 사각형을 그린다. 수치입력창을 이용하면 정확한 치수의 사각형을 그릴 수 있다.

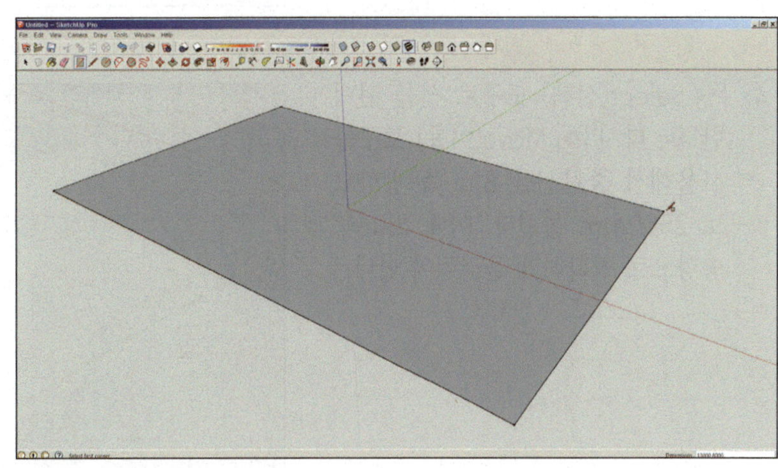

2 Push/Pull(밀기/끌기) 도구를 사용하여 사각면을 선택한 후 그림처럼 Blue축 방향으로 면을 만든다. 높이에 대한 치수는 4500mm이다.

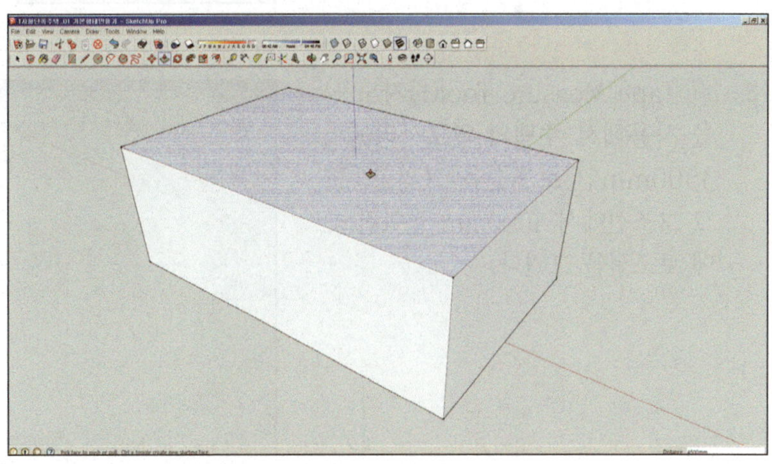

3 Line(선) 도구를 사용하여 윗면에 Midpoint(중간점)을 잡고 선을 그린다.

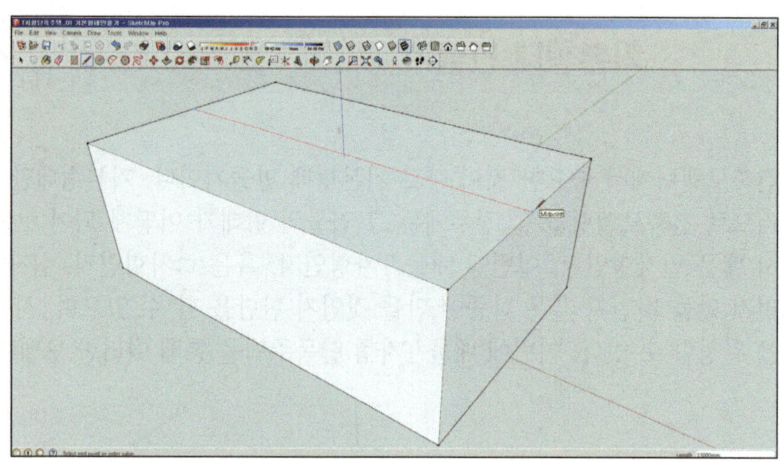

4 Select(선택) 도구로 선을 선택한 후, 다시 Move(이동) 도구를 사용해서 중간선을 Blue축 방향으로 2500mm 올린다. 이때 Blue축 방향으로 정확하게 올려줘야 한다.

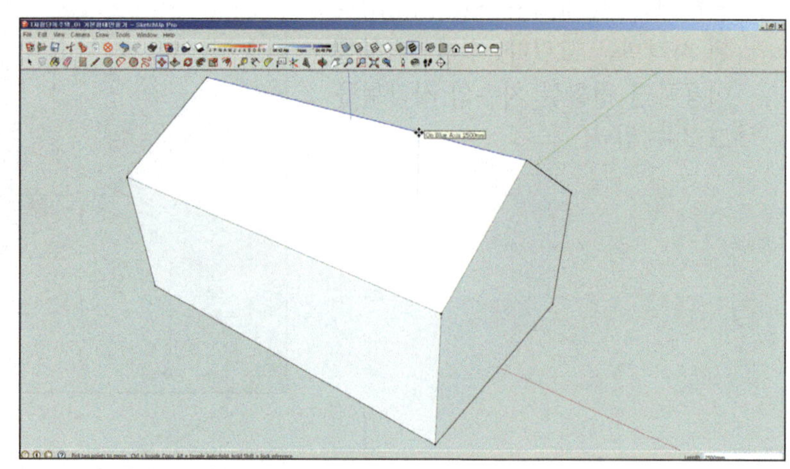

5 Tape Measure Tool(줄자도구)을 사용해서 주택의 옆모서리에서 3500mm인 보조선을 그리고, 또 그 보조선에서 4000mm 떨어진 곳에 보조선을 그린다.

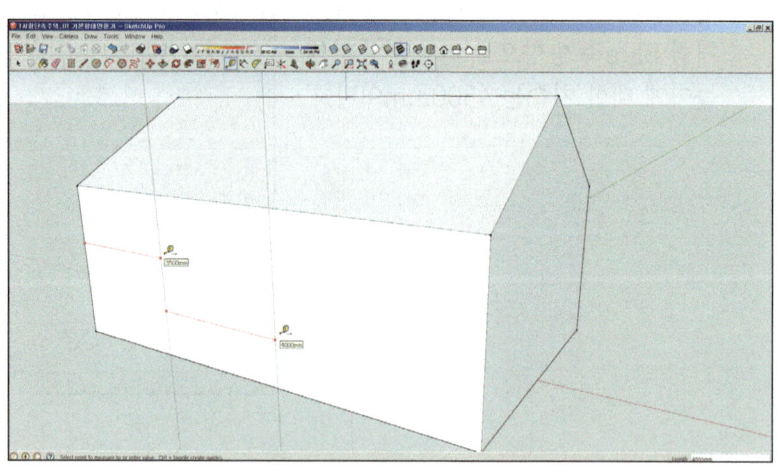

6 Line(선) 도구를 사용하여 양쪽 보조선에 맞추어 주택의 옆면에 선을 그린다.

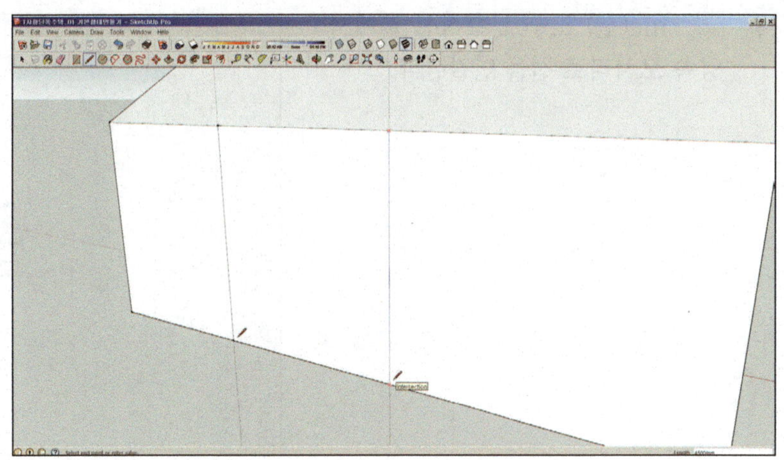

7 Eraser(지우기) 도구로 보조선을 지운 후 Push/Pull(밀기/끌기) 도구를 사용해서 사각면을 선택하여 그림처럼 앞쪽으로 면을 만든다. 치수는 3500mm이다.

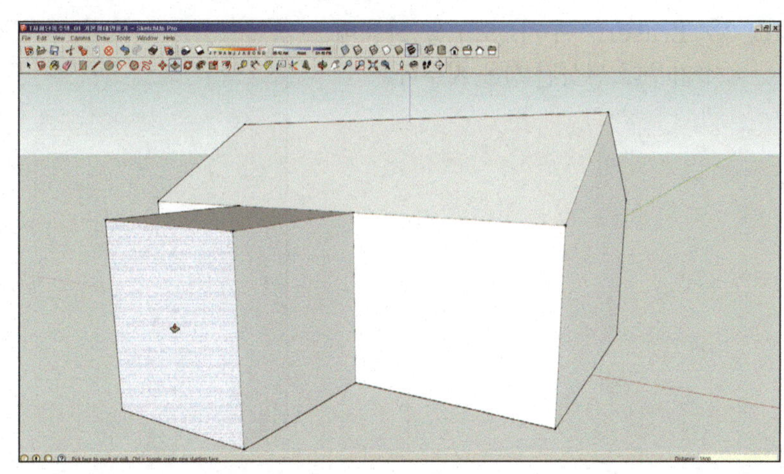

8 그림에서와 같이 앞으로 나온 면의 중간점에서 Blue축 방향으로 1500mm 선을 그린다.

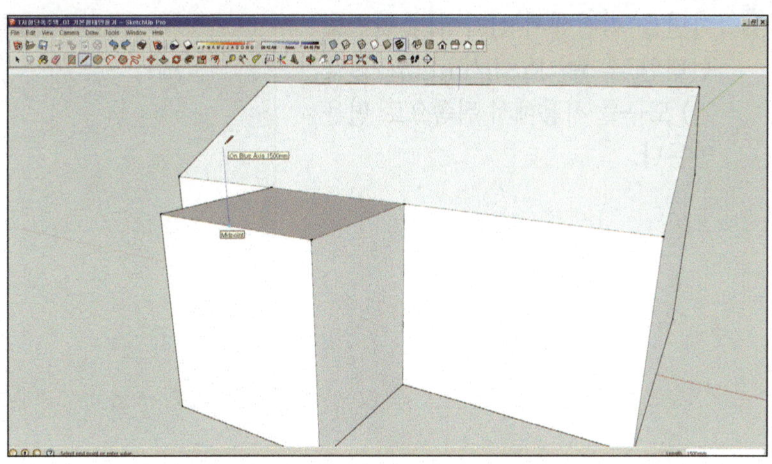

9 Line(선) 도구로 수직선 끝에서 양쪽 모서리로 선을 연결한다.

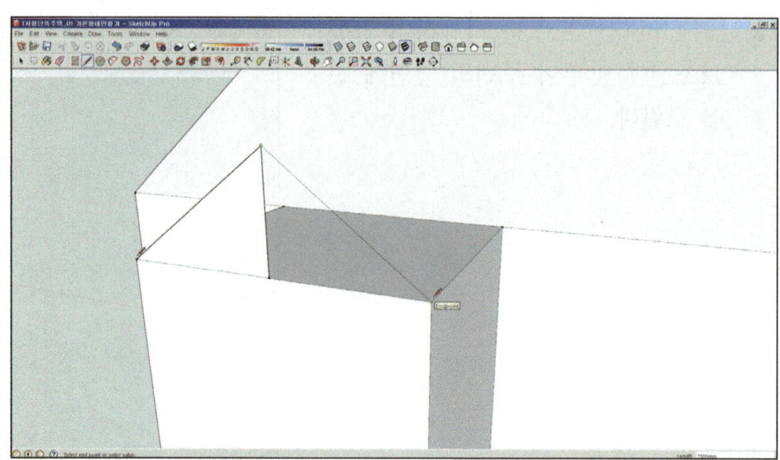

10 Eraser(지우기) 도구를 사용해서 가운데 생성된 선을 지운다.

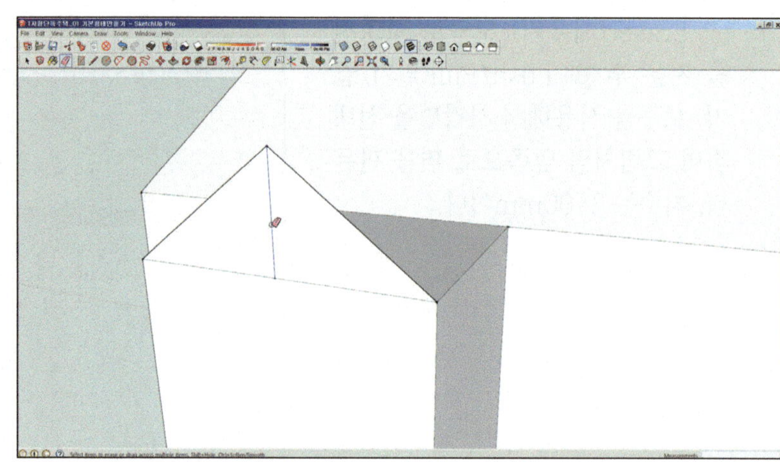

11 화면을 회전해서 삼각형의 뒷면을 선택한 후 Push/Pull(밀기/끌기) 도구를 사용해서 뒤쪽으로 면을 만든다.

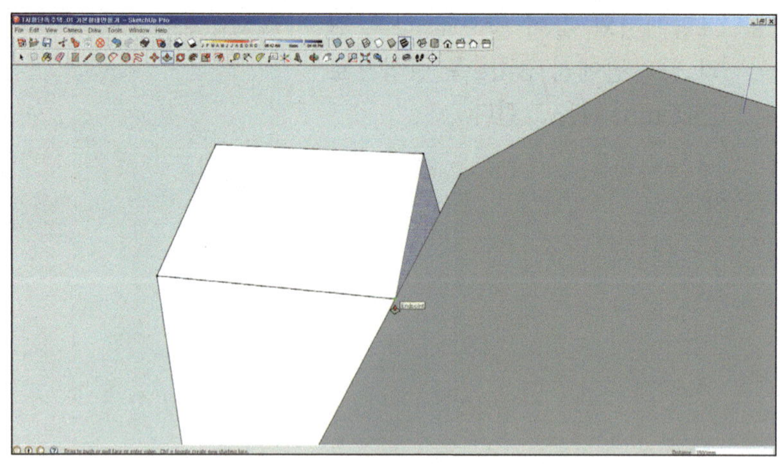

12 Move(이동) 도구를 사용해서 끝모서리만 선택한 후 뒤쪽 지붕의 On Face(면에)까지 이동하여 면을 만든다.

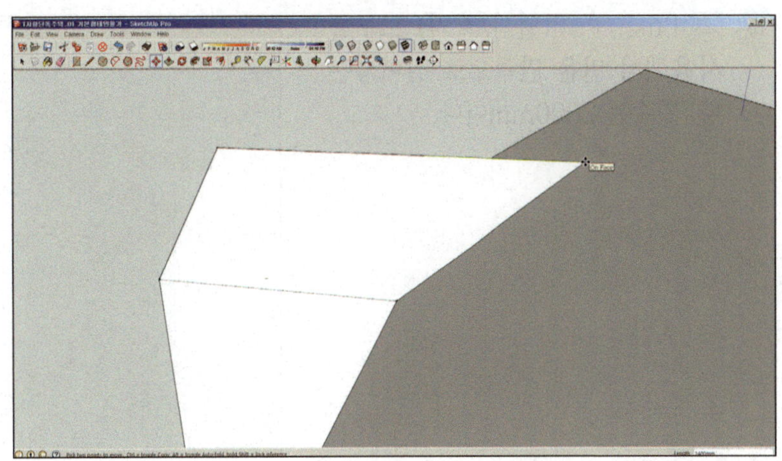

13 Eraser(지우기) 도구로 앞쪽의 가로선을 지운다.

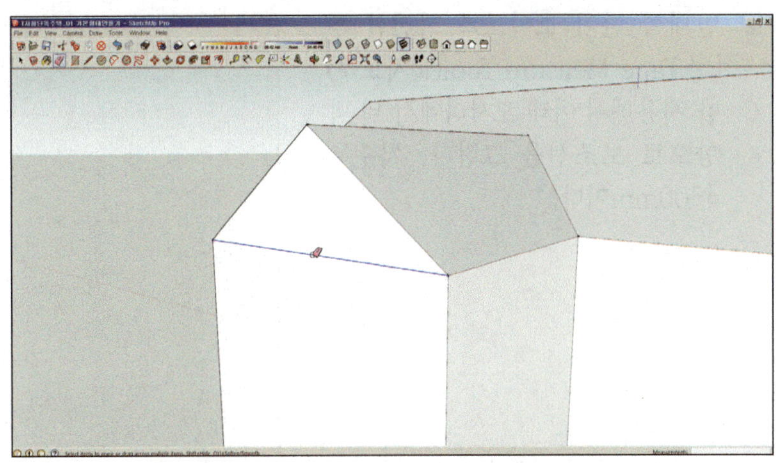

14 Line(선) 도구를 사용해서 주택 옆면의 Midpoint(중간점)에서 Blue축 방향으로 선을 그린다.

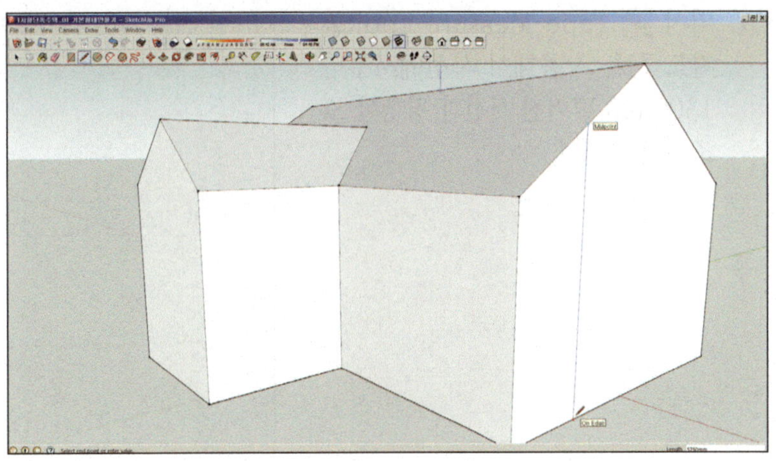

15 Push/Pull(밀기/끌기) 도구를 사용해서 면을 안쪽으로 집어넣는다. 치수는 2000mm이다.

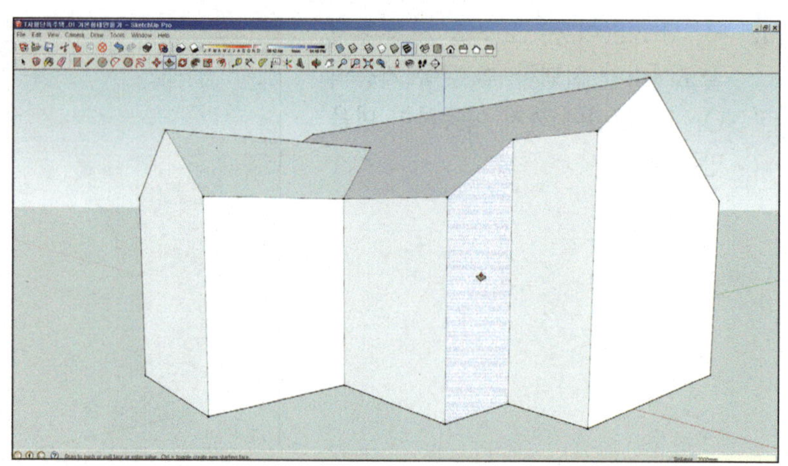

16 반대쪽 면이 보이도록 회전한 후 Tape Measure Tool(줄자도구)을 사용해서 아래 모서리에서 위 방향으로 보조선을 그린다. 치수는 4500mm이다.

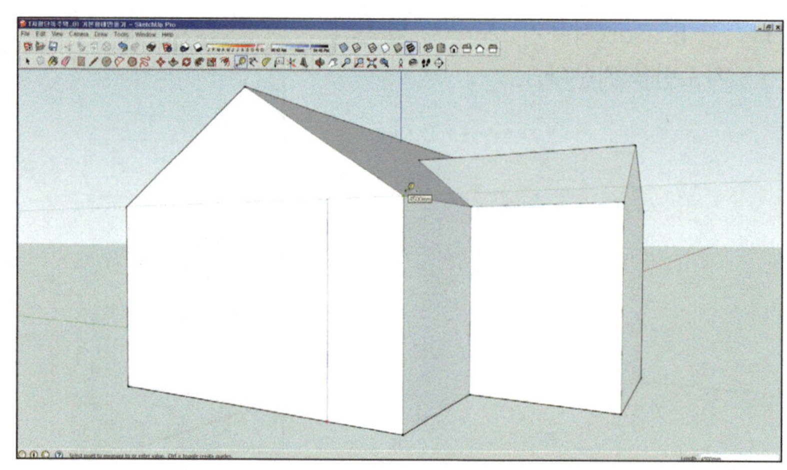

17 역시 Tape Measure Tool(줄자도구)을 사용해서 사선에서부터 1300mm 떨어진 사선과 평행한 보조선을 그린다.

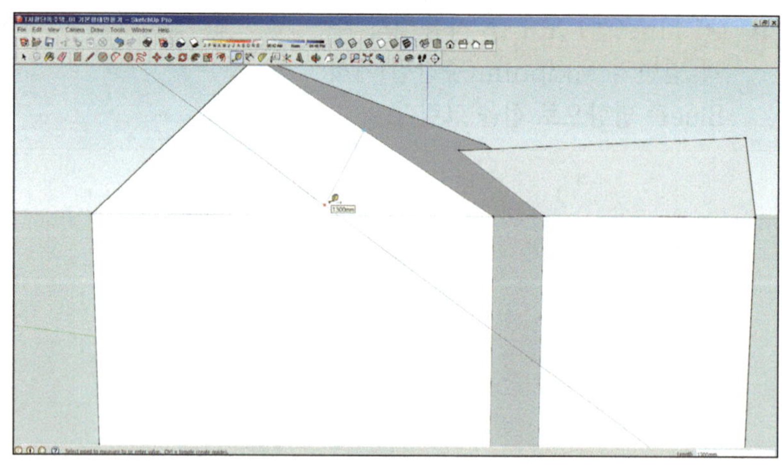

18 Line(선) 도구를 이용해서 그림에서와 같이 보조선에 맞추어 선을 그린다.

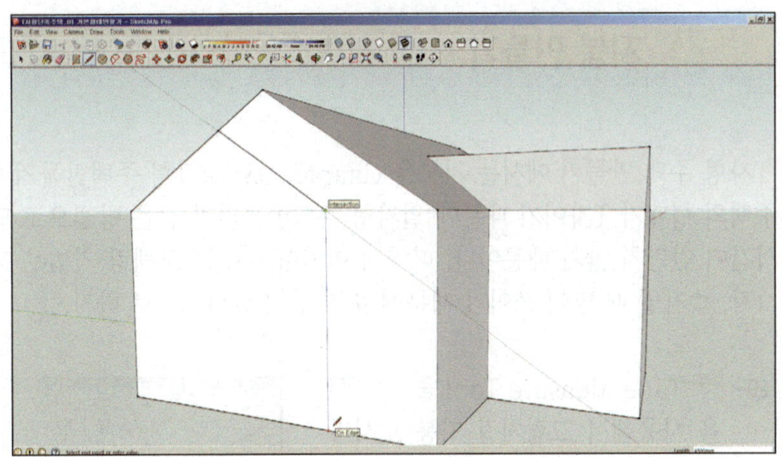

19 Push/Pull(밀기/끌기) 도구를 사용해서 바깥쪽으로 면을 만든다. 치수는 2500mm이다.
기본적인 형태는 마무리 되었다. 다음으로는 지붕을 만들어 보도록 하자.

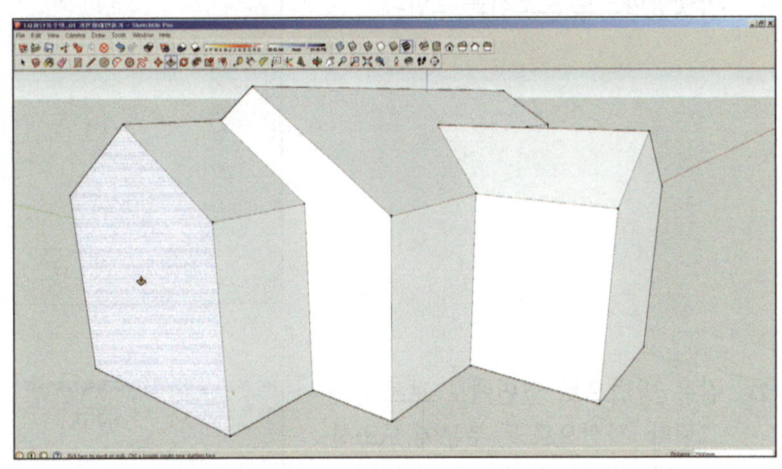

02 지붕 만들기

'T자형 주택 만들기'에서는 지붕을 Chapter 03 '일자형 주택만들기'와는 좀 다르게 만들 필요가 있다. 왜냐하면 주택의 형태가 T자이기 때문에 일자형 주택만들기와 같은 방법으로 만들면 겹치는 부분을 제거하는 데에 걸리는 시간이 만만치 않기 때문이다. 따라서 여기서 배우는 모델링 기법은 건물의 기본형태가 일자가 아니라 T자, 혹은 ㄱ자, ㄷ자일 때 많이 쓰이기 때문에 주의 깊게 살펴보기로 하자.

20 Tape Measure Tool(줄자도구)을 사용해서 그림처럼 지붕 모서리에서 벽면 아래로 150mm 떨어진 아랫방향으로 보조선을 그린다.

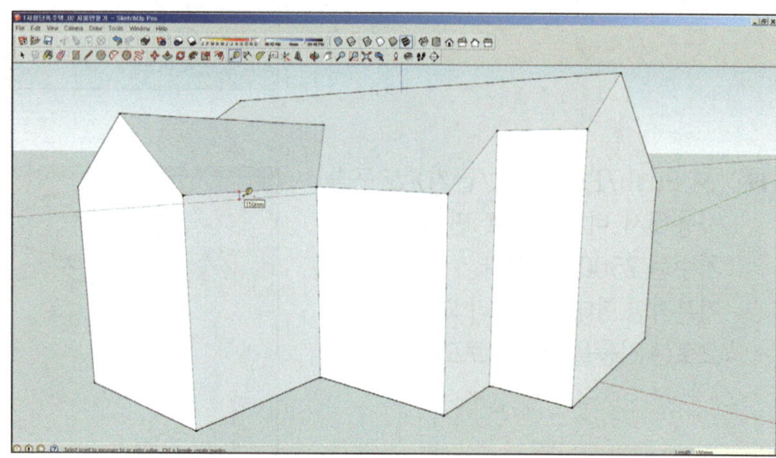

21 같은 방법으로 옆면에도 보조선을 그린다. 사선으로 된 부분에 보조선을 그릴 때에는 그림과 같이 옆면의 보조선에 정확하게 맞출 필요가 있다.

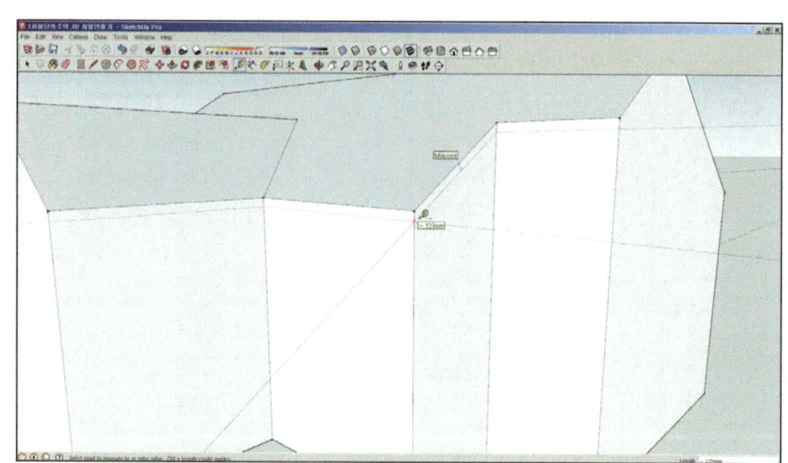

지붕의 경사와 평행하도록 보조선을 그릴 때 반드시 지붕 사선에서 시작하지만 그림과 같이 끝나는 점은 세로 벽면의 모서리와 보조선이 교차하는 점을 이어서 그려야 한다.

22 주택의 앞쪽에서도 마찬가지로 사선에서 옆면의 보조선과 교차하는 점으로 보조선을 양쪽으로 그린다.

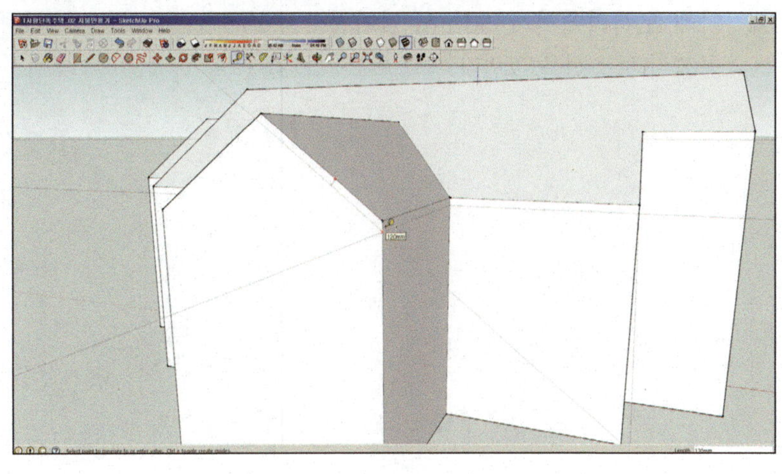

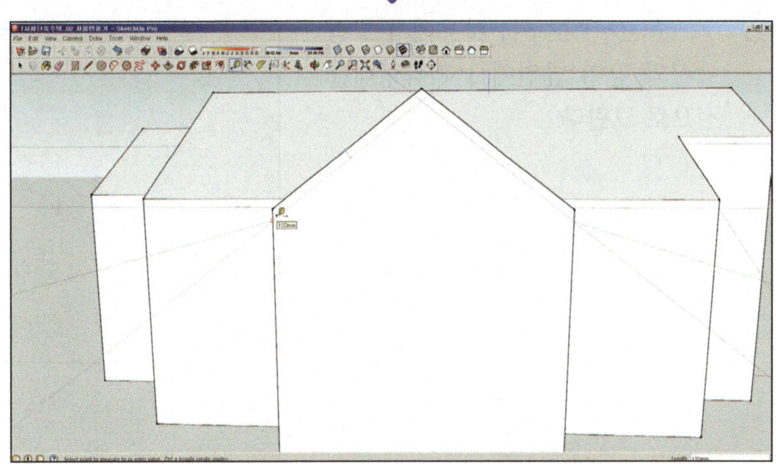

23 앞 건물의 양쪽 옆면에서 150mm 떨어진 보조선을 각각 그린다.

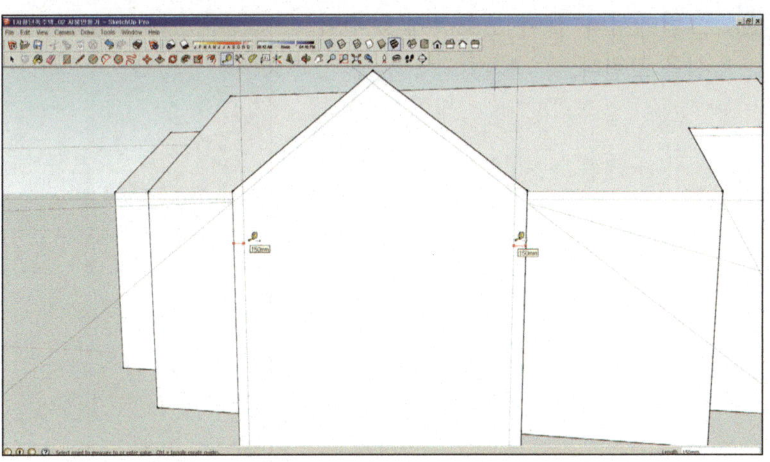

24 아래 모서리에서 4350mm 떨어진 곳까지 보조선을 그린다.

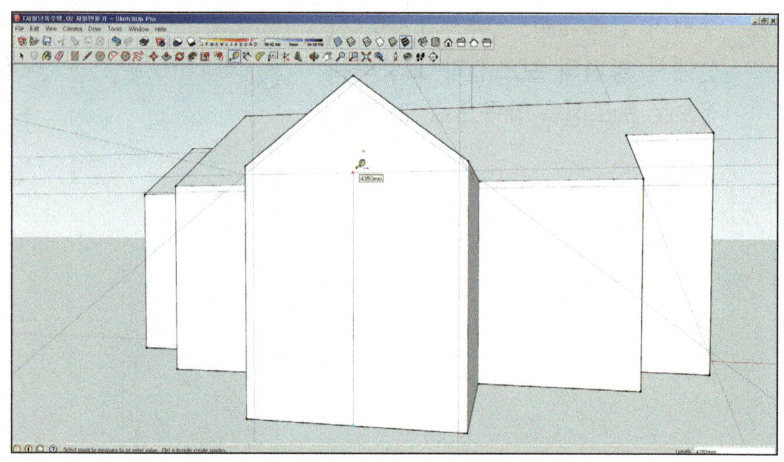

25 Line(선) 도구를 사용해서 그림에서와 같이 앞면에서 지붕형태를 선으로 그린다.

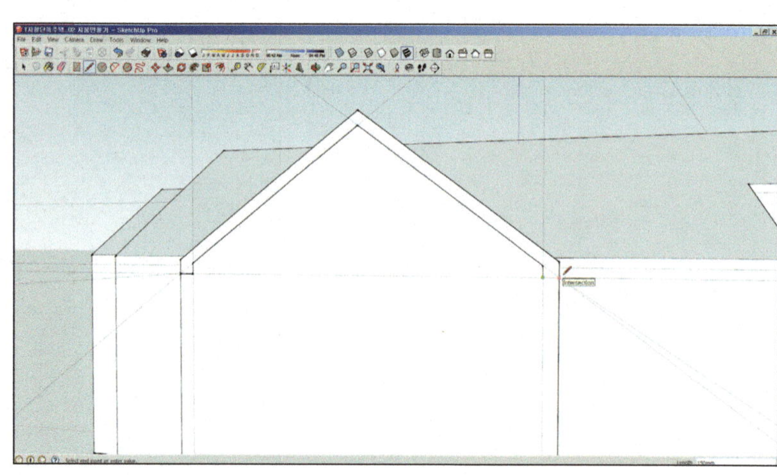

26 그림에서와 같이 보조선에 맞추어 선을 그린다.

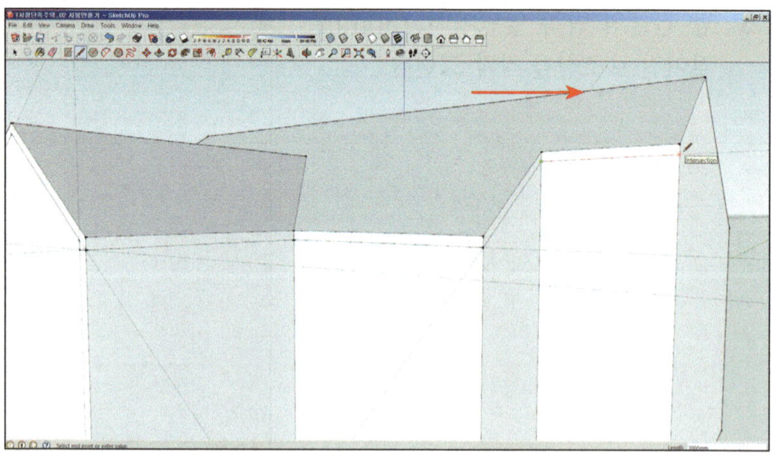

27 주택의 오른쪽 면에도 Tape Measure Tool(줄자도구)을 사용하여 지붕에서 사선으로 된 보조선을 그린다.

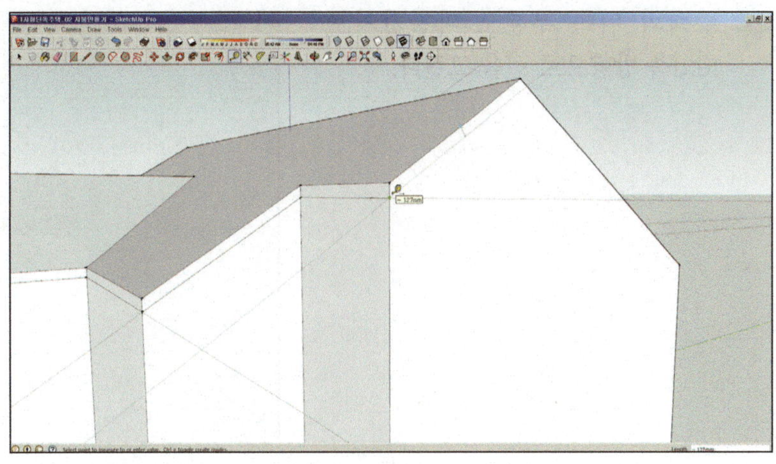

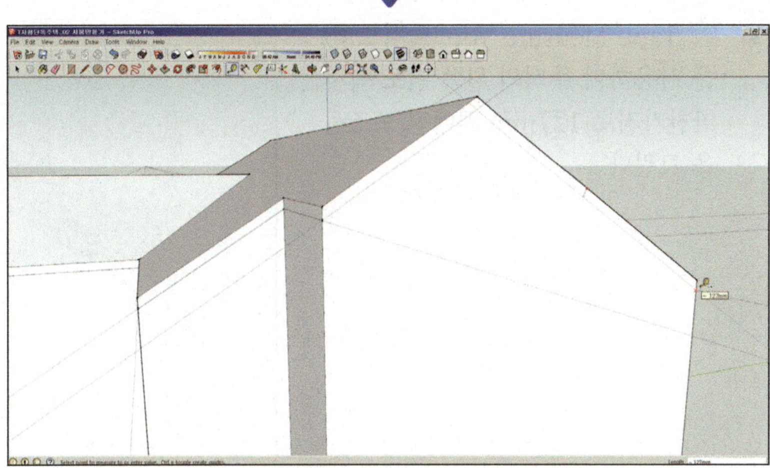

28 Line(선) 도구를 사용해서 보조선에 맞추어 선을 그린다.

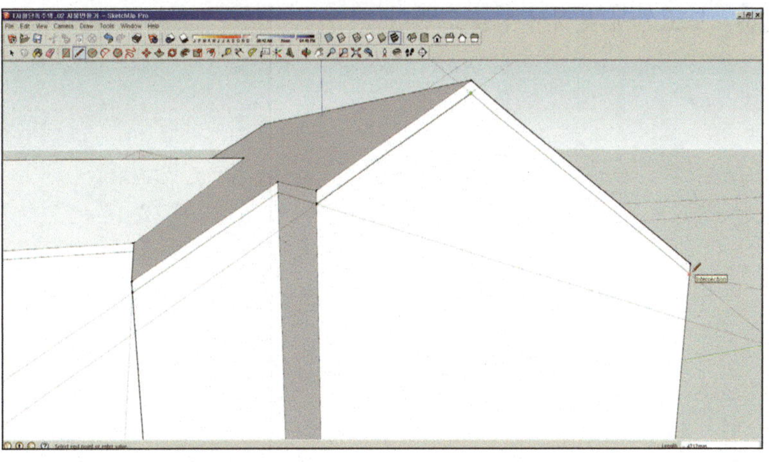

29 주택의 뒤쪽 부분도 마찬가지로 Red축 방향으로 선을 그린다.

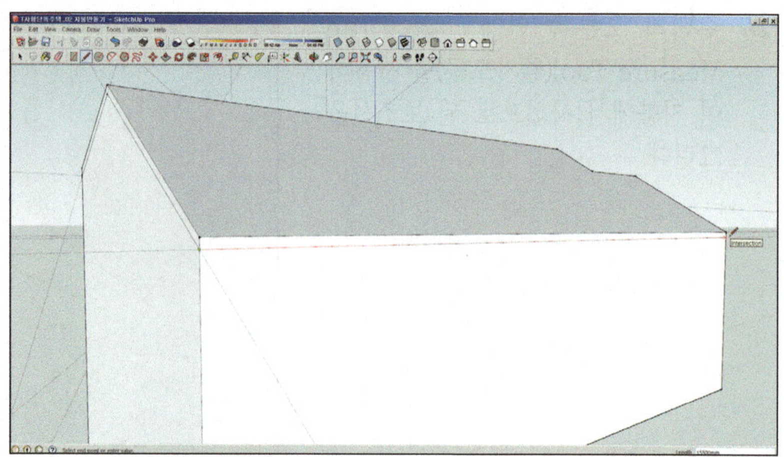

30 Tape Measure Tool(줄자도구)을 사용하여 주택의 왼쪽 면도 역시 마찬가지로 127mm 떨어진 보조선을 그린다.

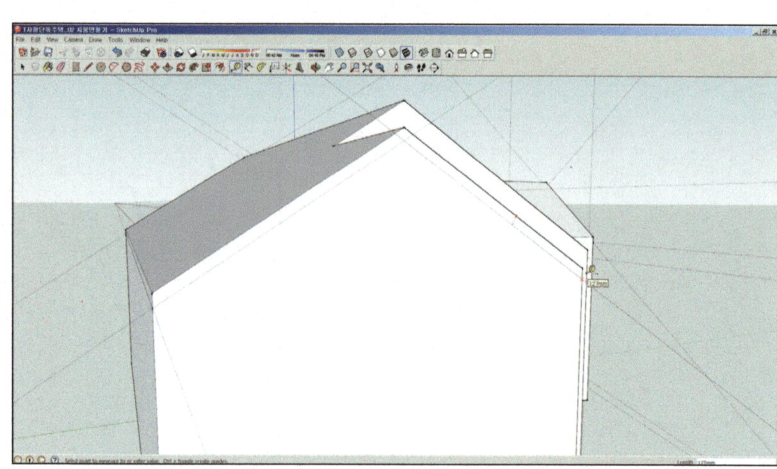

31 보조선에 맞춰서 선을 그린다.

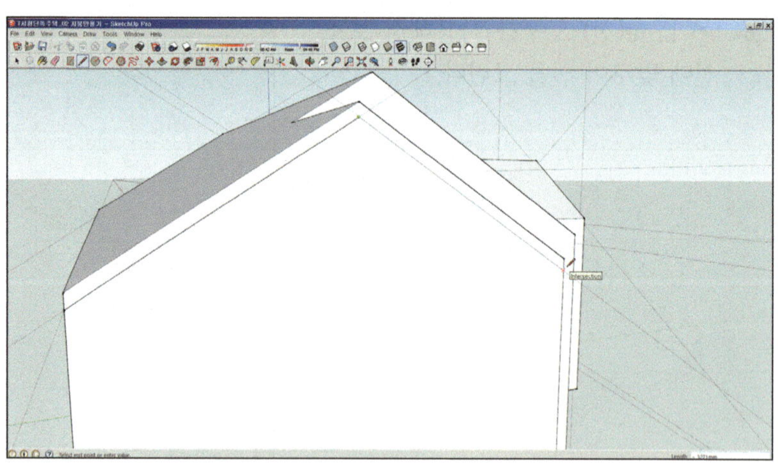

32 옆면도 역시 선을 그린다.

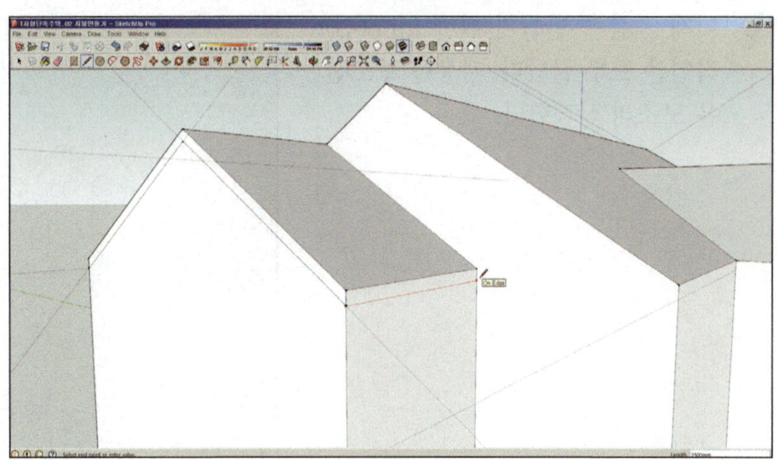

33 그림에서처럼 같은 방법으로 지붕에 해당하는 보조선을 그린다.
이해가 안 되는 독자는 02 지붕 만들기 21번을 다시 보기 바란다. 지붕을 만들기 위해서 계속 반복되는 작업이다.

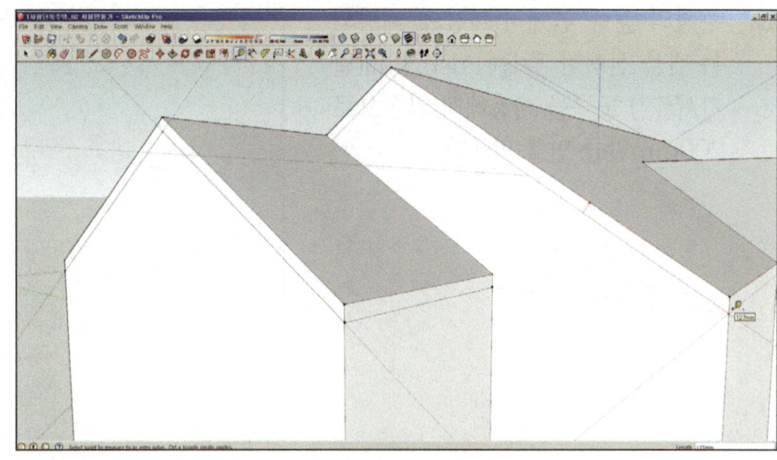

34 보조선에 맞춰 선을 그려 지붕의 형태를 완성한다.

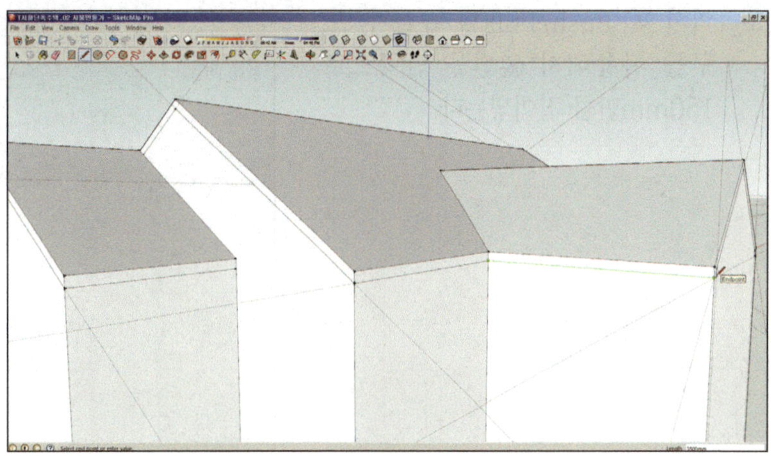

35 이제 지붕을 만들기 위한 Line(선) 작업은 모두 끝났다. 사용한 보조선은 모조리 삭제한다.

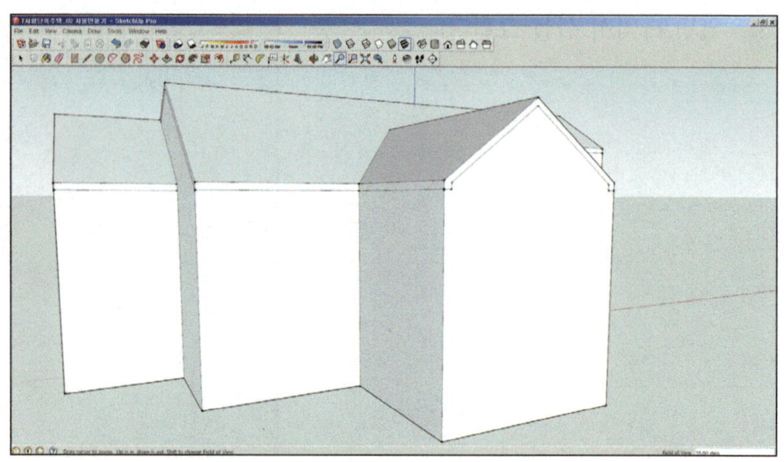

36 주택의 앞쪽 면에서 지붕에 해당되는 면을 선택한 후 Push/Pull(밀기/끌기) 도구를 사용해서 앞쪽으로 200mm만큼 면을 만든다.

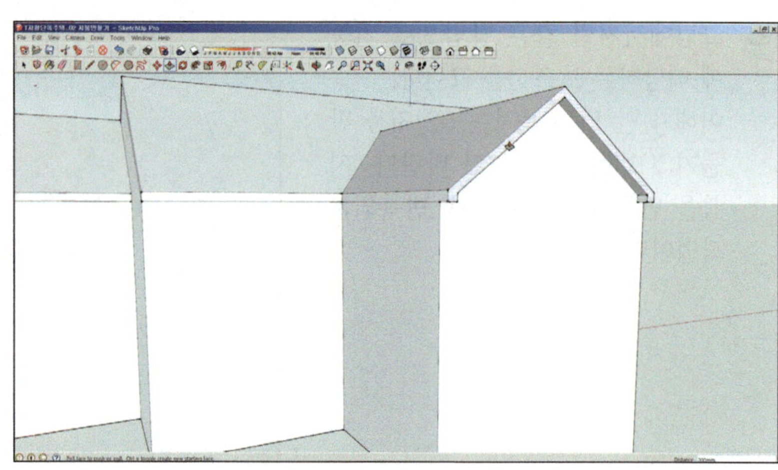

37 역시 Push/Pull(밀기/끌기) 도구를 사용해서 옆면을 안쪽으로 150mm만큼 집어넣는다.

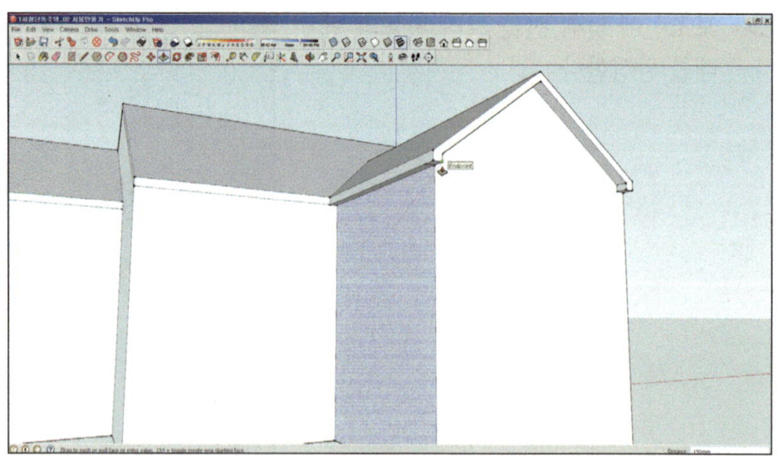

38 같은 방법으로 그림과 같이 주택의 옆면을 150mm 안쪽으로 집어넣는다.

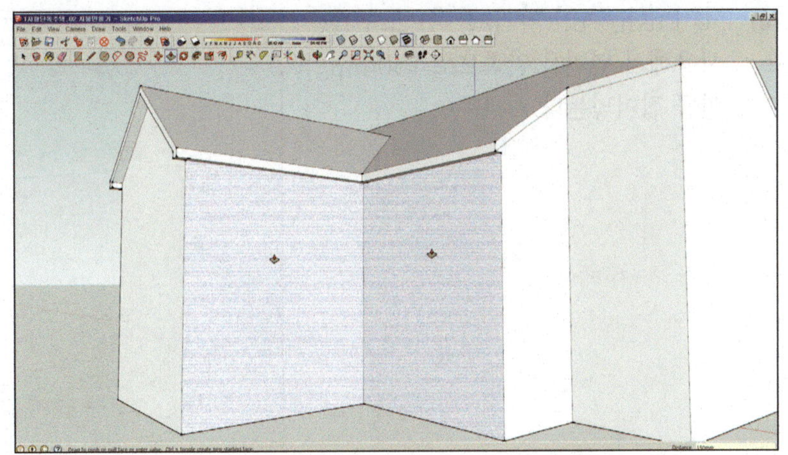

39 지붕 모양을 예쁘게 만들기 위해서 Line(선) 도구를 사용해서 그림과 같이 안쪽 면에서 Blue축 방향으로 사선과 맞닿도록 수직선을 그린다.

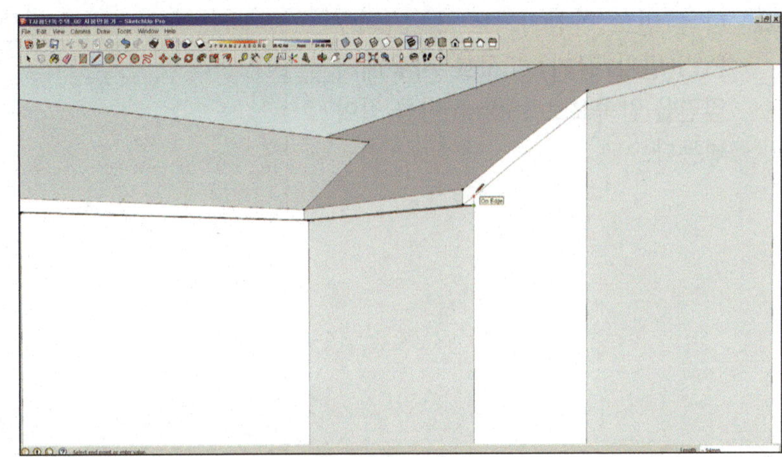

40 그림에서와 같이 지붕면 안쪽의 불필요한 선은 Eraser(지우기) 도구로 제거한다.

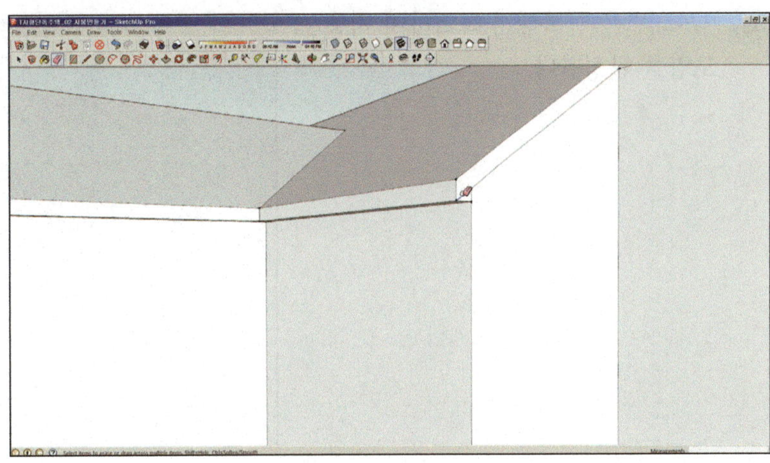

41 Push/Pull(밀기/끌기) 도구를 사용해서 옆면을 안쪽으로 150mm만큼 집어넣는다.

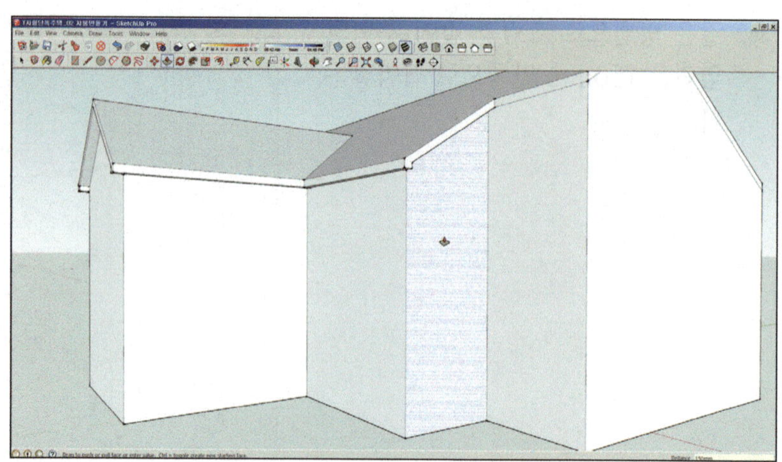

42 다음 면도 마찬가지로 Push/Pull(밀기/끌기) 도구를 사용해서 옆면을 안쪽으로 150mm만큼 집어넣는다.

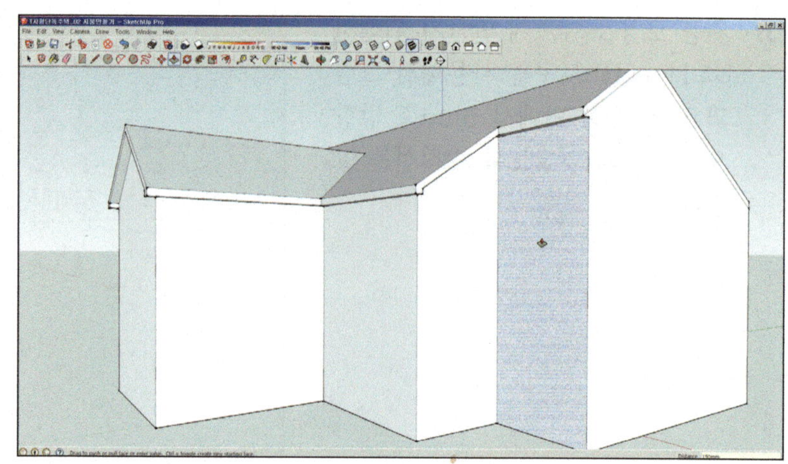

43 39~40번을 반복해서 작업하여 지붕 모양을 완성한다.

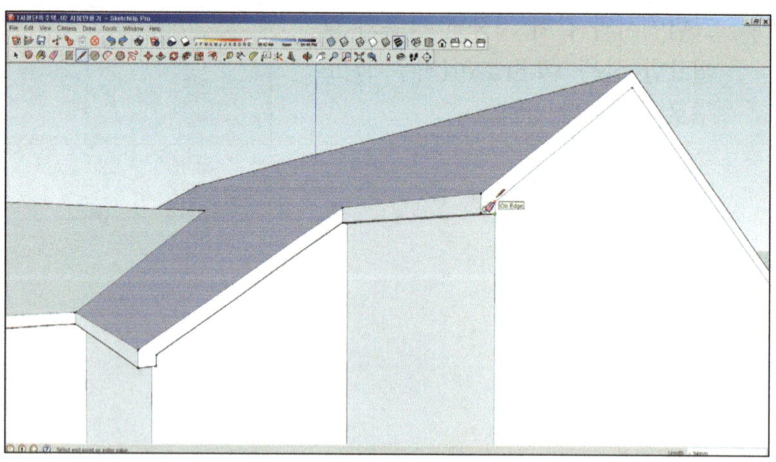

44 주택의 뒷면도 역시 Push/Pull(밀기/끌기) 도구를 사용해서 안쪽으로 150mm만큼 집어넣는다.

45 39~40번을 반복해서 작업하여 지붕 모양을 완성한다.

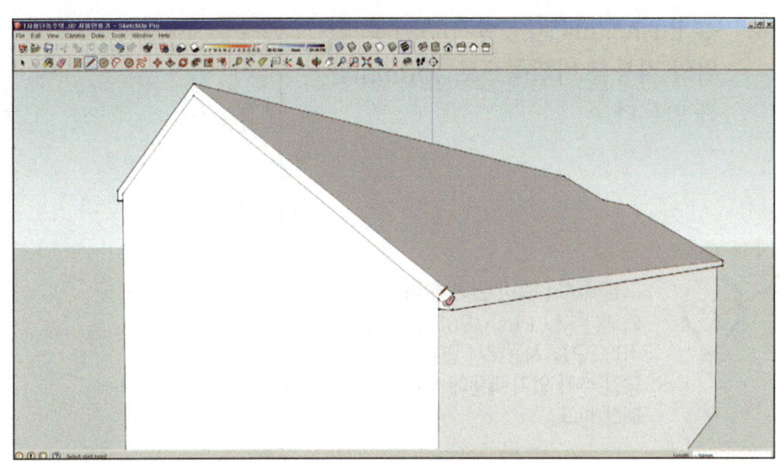

46 주택의 오른쪽 면 역시 Push/Pull(밀기/끌기) 도구를 사용해서 안쪽으로 150mm만큼 집어넣는다.

47 반대쪽 지붕 역시 39~40번 작업을 반복해서 지붕의 모양을 같게 만든다.

48 Push/Pull(밀기/끌기) 도구로 맨 위의 지붕을 바깥쪽으로 150mm만큼 만든다.

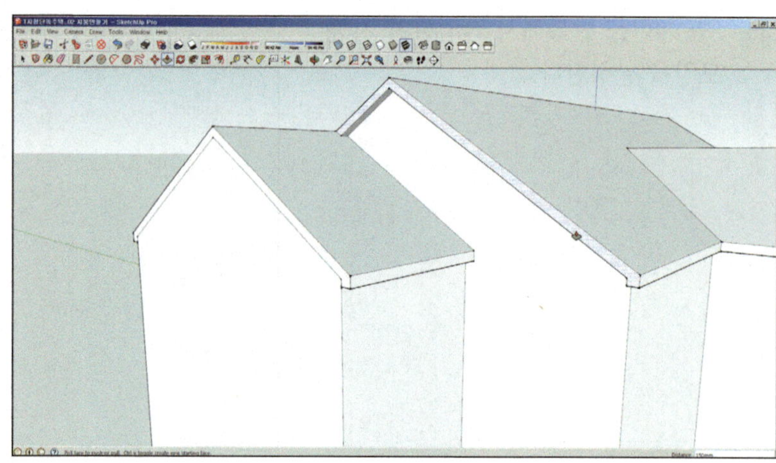

그림에서와 같이 면이 붙어 있을 때에는 Push/Pull(밀기/끌기) 도구를 사용해서 면을 밀거나 당길 수가 없기 때문에 특히 주의해야 한다.

49 마찬가지로 Push/Pull(밀기/끌기) 도구로 왼쪽 벽면을 안쪽으로 150mm만큼 집어넣는다.

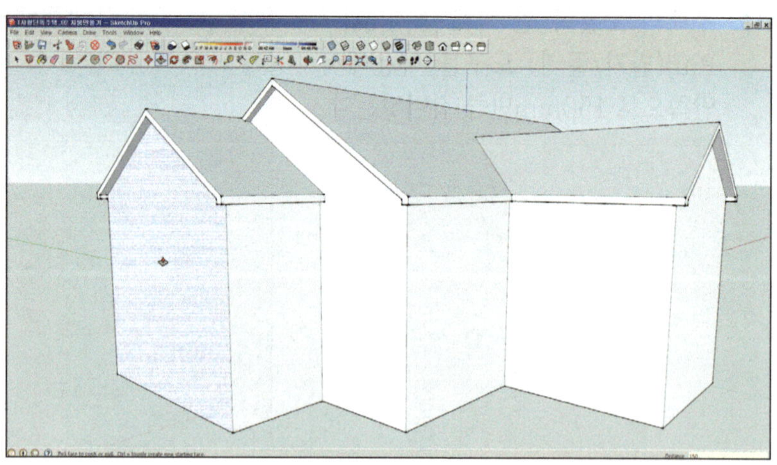

50 마지막으로 Eraser(지우기) 도구로 지붕 아래쪽의 불필요한 선들을 제거한다. 지붕 만들기는 끝이 났다.

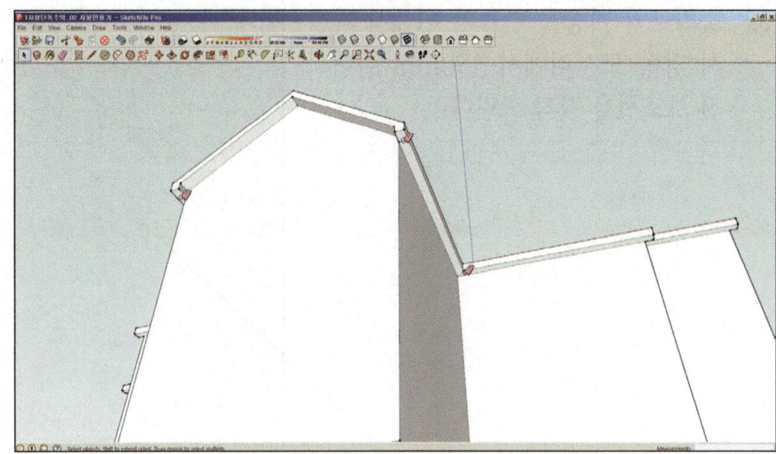

03 출입구 및 계단 만들기

출입구 및 계단 만들기는 생성된 면을 제거해가면서 만들어 볼 것이다. 우리가 건축물 모델링을 할 때 두 가지 방법이 있다. 하나는 작은 덩어리에서 시작해서 계속해서 면을 만들어가면서 모델링하는 방법과, 또 다른 하나는 큰 덩어리에서 면들을 점차 안쪽으로 축소하거나 제거해가면서 제작하는 방법이다. 출입구는 큰 덩어리에서 면들을 제거하면서 만들어 보겠다.

51 Tape Measure Tool(줄자도구)을 사용해서 주택의 앞면 아래에서 각각 1000mm와 4200mm 높이의 보조선을 그린다.

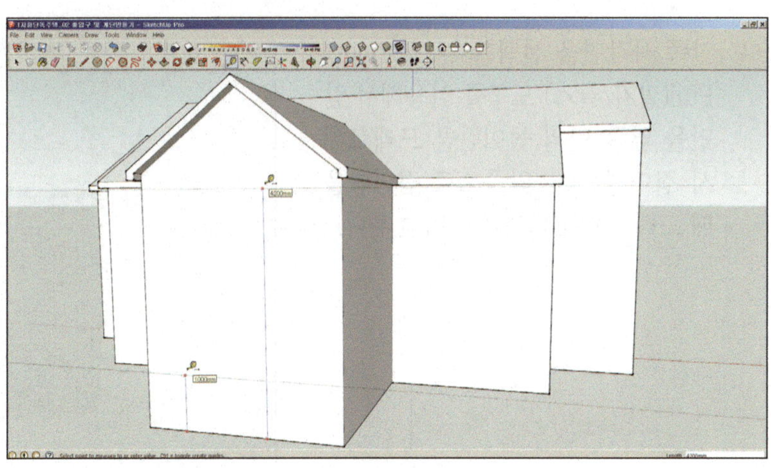

52 출입구의 기둥을 만들기 위해서 다시 양쪽 모서리에서 350mm 떨어진 보조선을 각각 그린다.

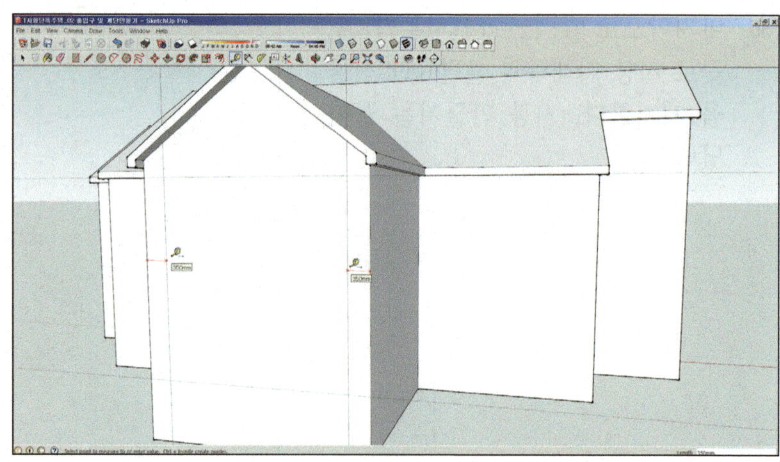

53 Rectangle(직사각형) 도구를 사용해서 보조선에 맞추어 사각형을 그린다.

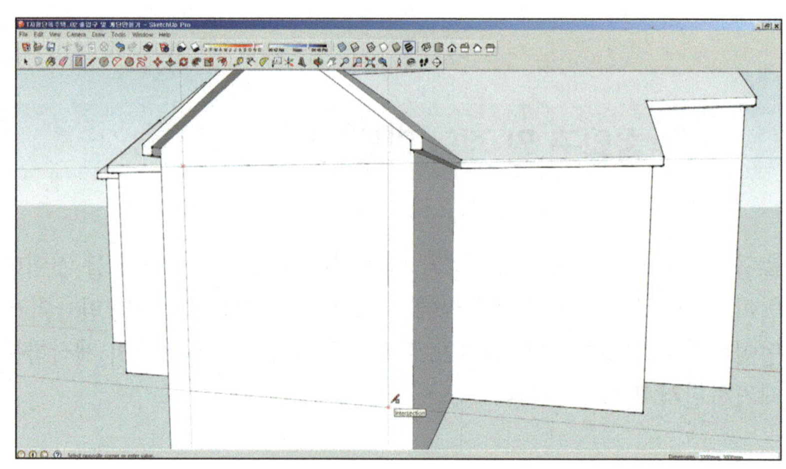

54 안쪽 사각면을 선택한 후 Push/Pull(밀기/끌기) 도구를 사용해서 앞면을 옆쪽 면의 높이만큼 드래그해서 집어넣는다. 안쪽으로 집어넣을 때 드래그해서 벽면에 붙이면 된다.

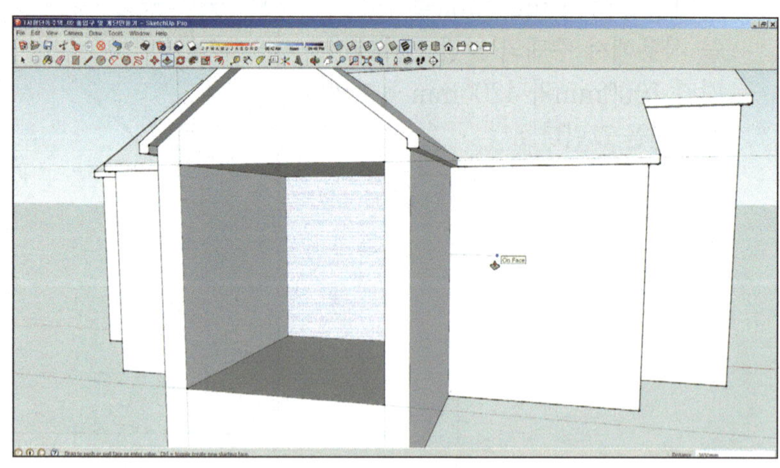

55 Line(선) 도구를 사용해서 기둥이 될 앞면과 출입구의 옆면에 선을 위, 아래로 그린다. Green축 방향으로 정확히 그려야 한다.

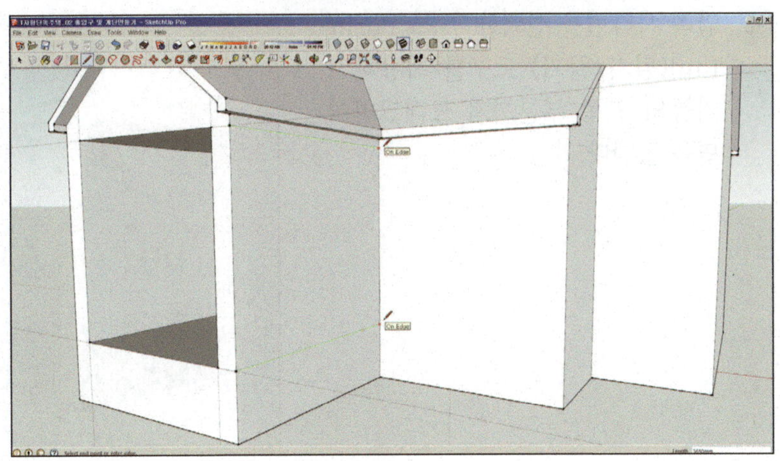

56 그림처럼 앞쪽 모서리에서 350mm 만큼 떨어진 보조선을 그린다.

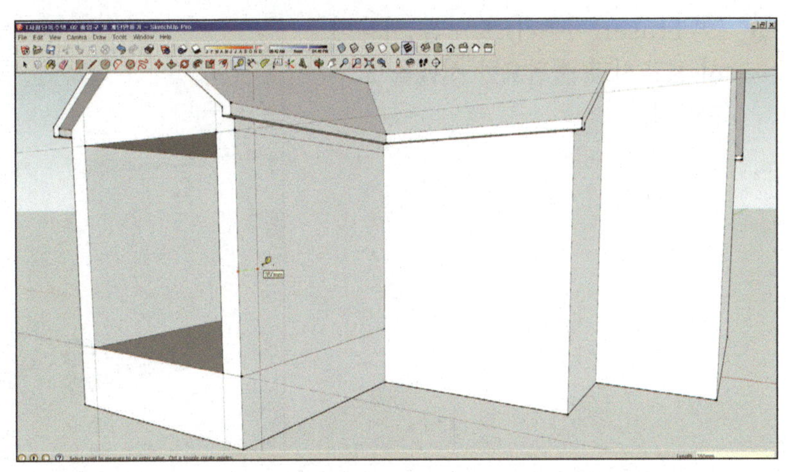

57 Line(선) 도구를 사용하여 보조선과 선이 교차하는 점부터 아랫방향으로 선을 그린다.

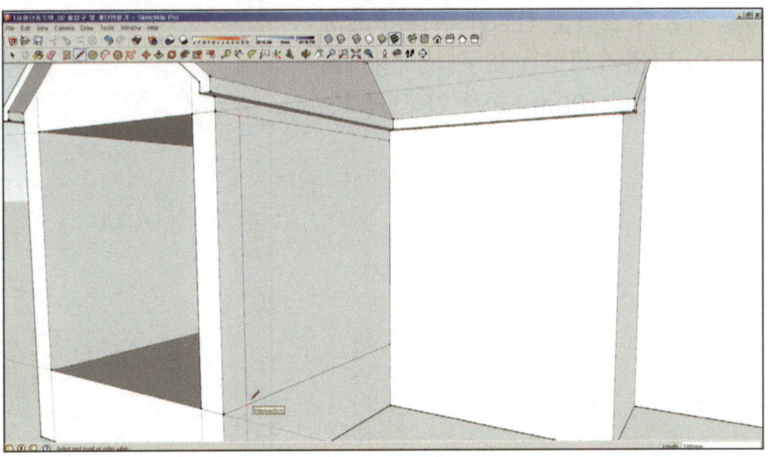

58 안쪽 사각면을 선택한 후 Push/Pull(밀기/끌기) 도구를 사용해서 기둥의 안쪽 부분까지 드래그하여 면을 없앤다.

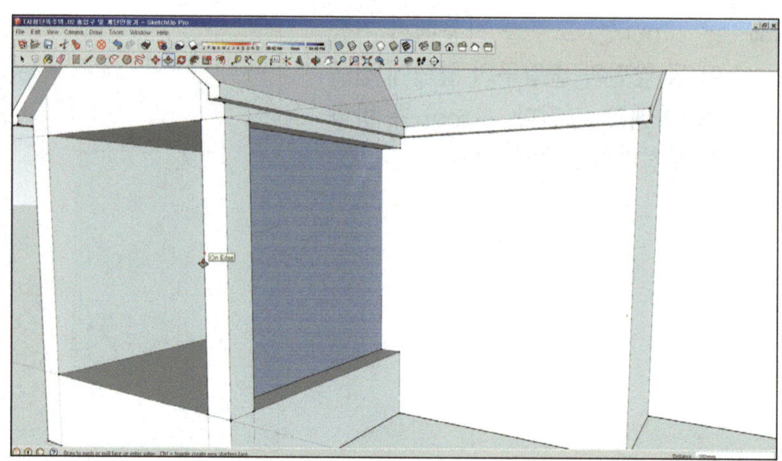

59 Eraser(지우기) 도구를 사용해서 보조선과 불필요한 선들을 모두 지운다.

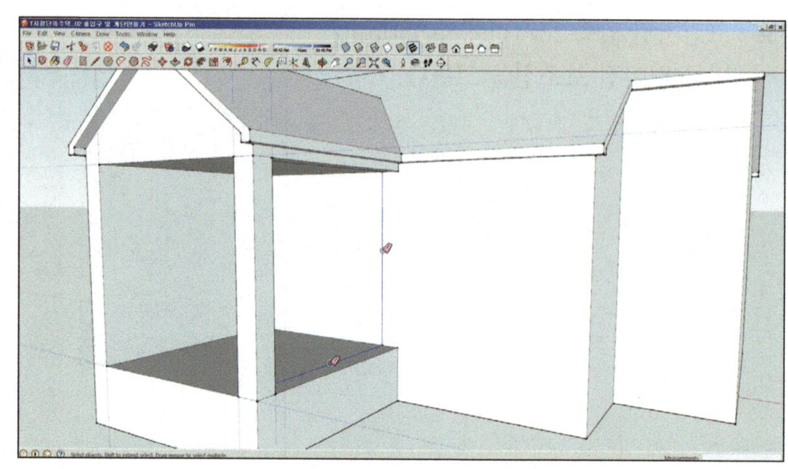

60 기둥의 옆면을 선택한 후 Push/Pull(밀기/끌기) 도구를 사용해서 안쪽으로 100mm만큼 집어넣는다.

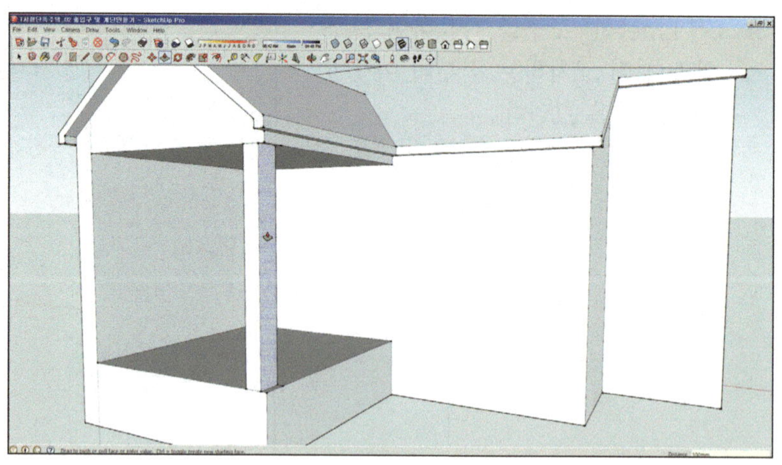

61 같은 방법으로 기둥의 앞면을 선택하여 100mm 안쪽으로 집어넣는다.

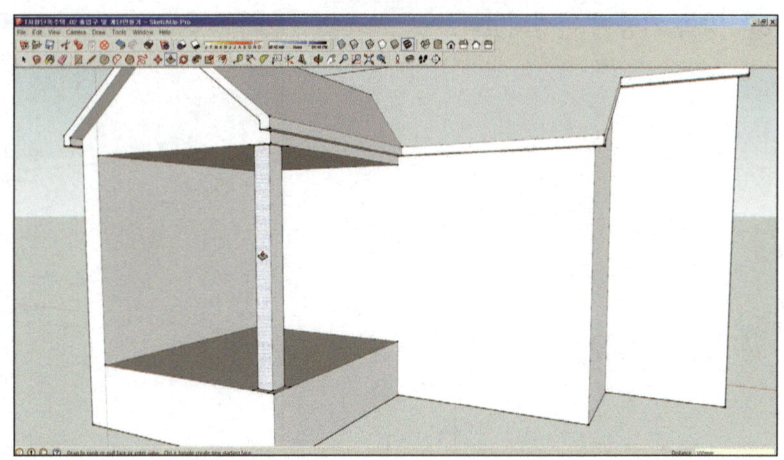

62 바닥과 윗면에 불필요한 선들을 제거한 후 기둥을 완성한다.

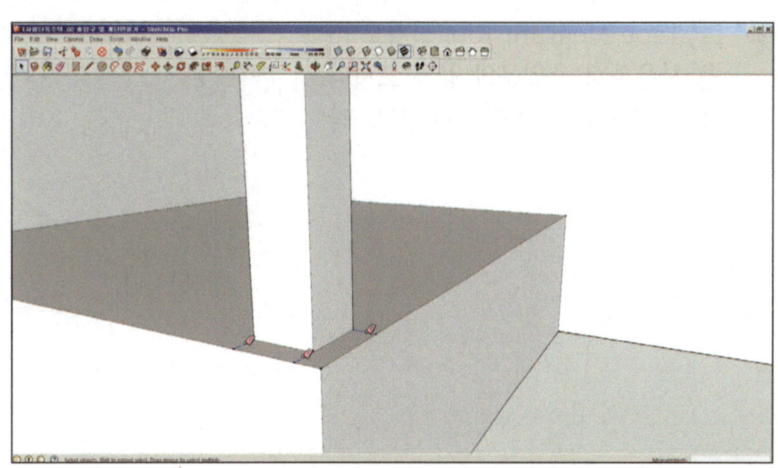

63 반대쪽 기둥도 마찬가지로 55~62번을 반복해서 작업하여 완성한다.

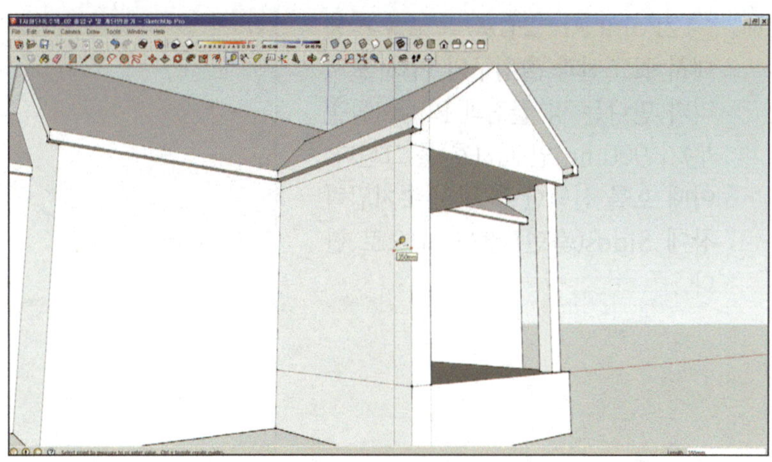

64 양쪽 기둥이 완성되었다.

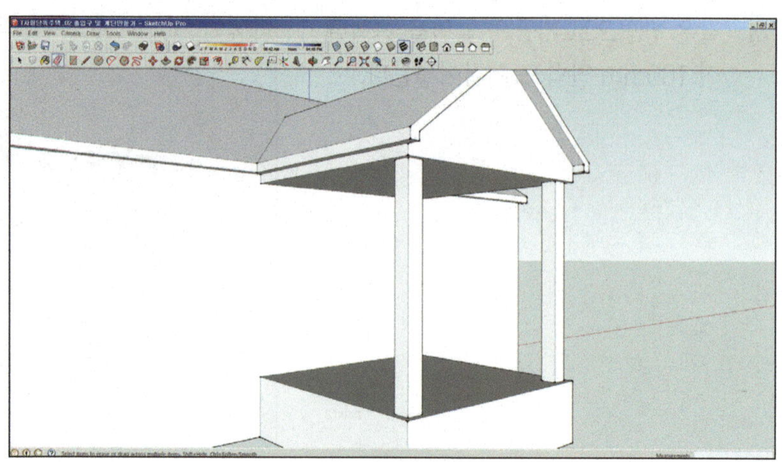

65 Tape Measure Tool(줄자도구)을 사용해서 출입문의 양쪽 모서리에서 450mm 떨어진 보조선을 각각 그린다.

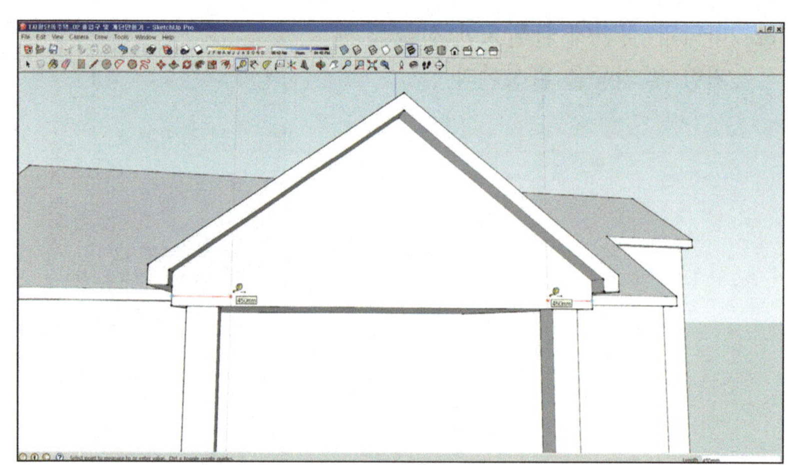

66 2Point Arc(2점호) 도구를 사용해서 보조선과 출입구의 아래 모서리가 만나는 양 끝점과 Bulge(돌출부)가 900mm인 Arc(호)를 그린다. 이때 호를 선택한 후 먼저 수치입력창에 Sides(측면) 값을 50으로 한다. Sides 50

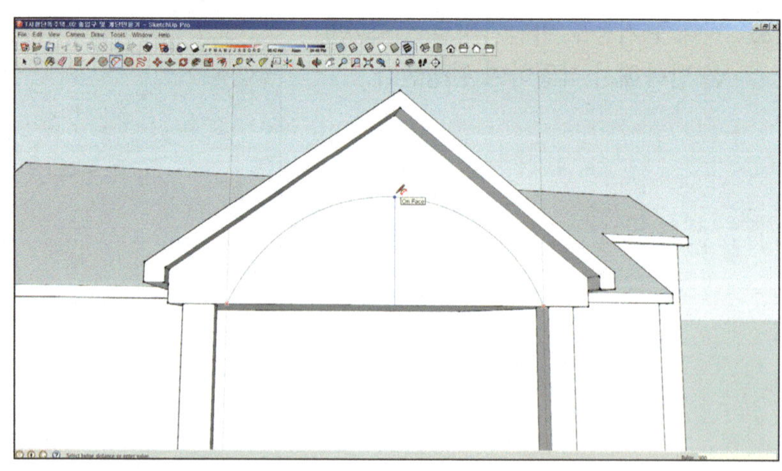

아크를 생성하는 순서는 먼저 시작점, 끝점, 중간 호의 곡률 순이다. 또한 호를 그릴 때에는 Sides(측면) 값을 50 정도로 한다. Sides(측면) 값이 높을수록 부드러운 곡선이 되며 낮을수록 각이 진 호가 그려진다.

67 Push/Pull(밀기/끌기) 도구를 사용해서 면을 안쪽으로 3000mm 집어넣는다.

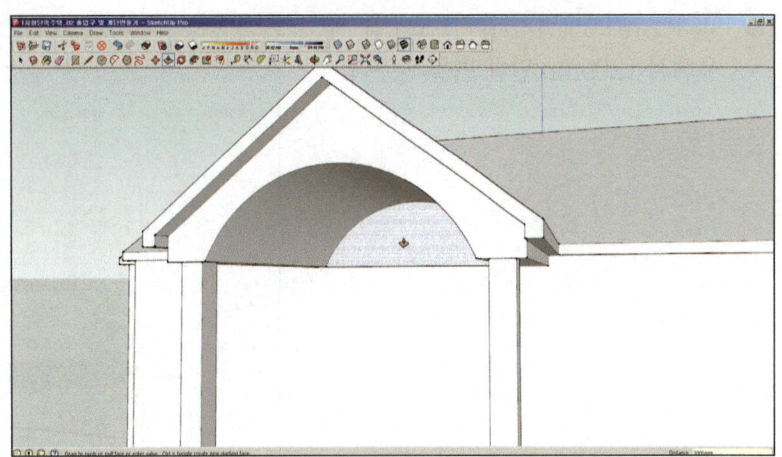

68 계단 만들기를 하기 위해 Tape Measure Tool(줄자도구)을 사용해서 아래 부분에 보조선을 각각 200mm 떨어지게 4개 그린다.

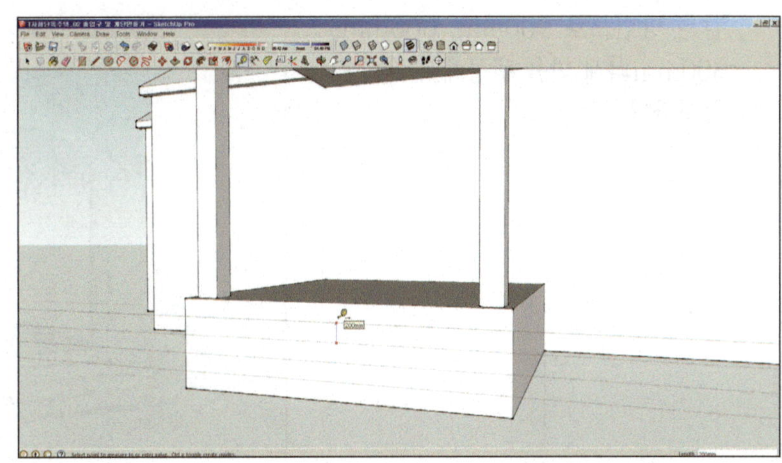

69 Line(선) 도구를 사용해서 보조선에 맞게 선을 그린다.

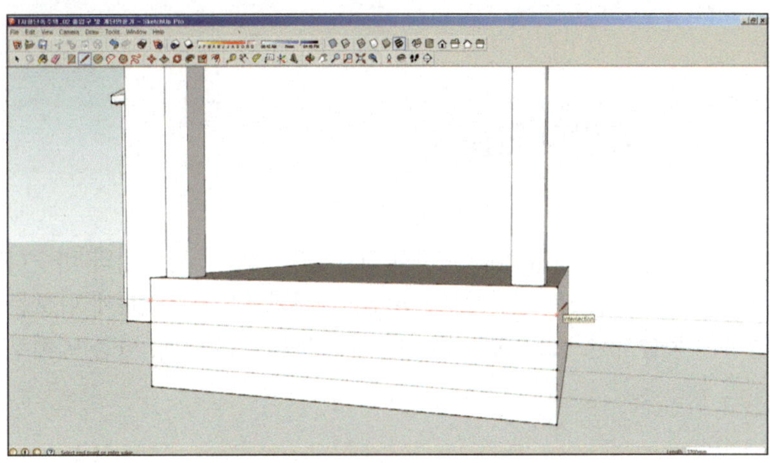

70 Push/Pull(밀기/끌기) 도구를 사용해서 1200mm만큼 면을 만든다.

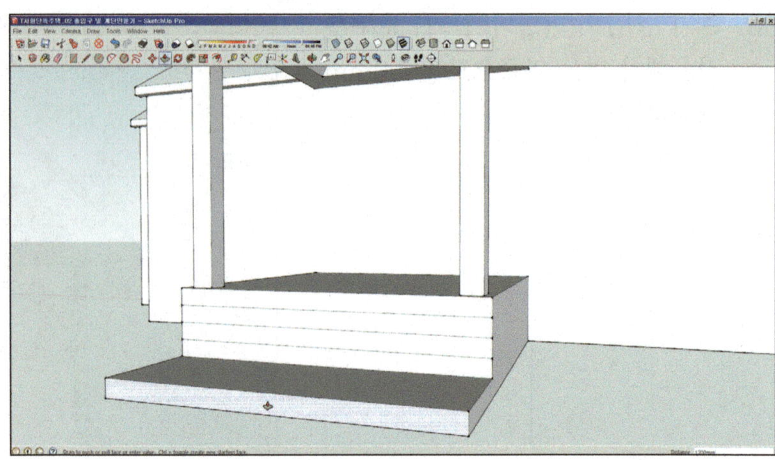

같은 방법으로 900mm, 600mm, 300mm되게 면을 생성해서 계단을 완성한다.

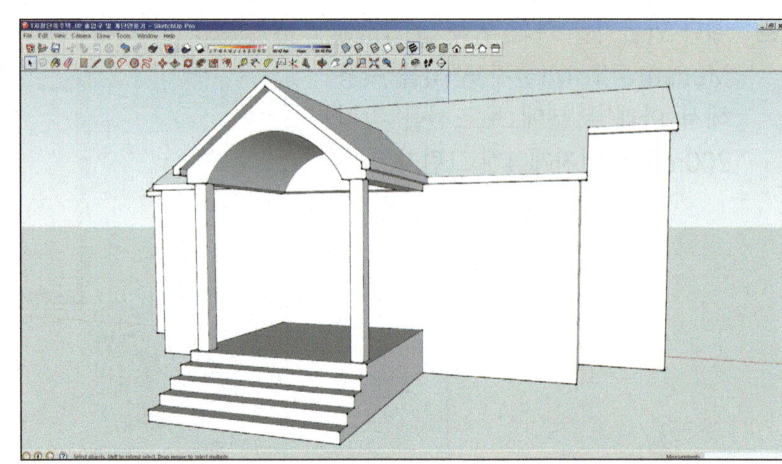

04 베란다 만들기

베란다 만들기는 Chapter 03에서 만들었던 베란다 만들기와 비슷하다. 다만 2중으로 된 난간만 다를 뿐이다. 앞으로 이 책에 나오는 베란다는 Chapter 03과 Chapter 04에 나오는 것을 참고하면 될 것이다. 따라서 베란다 만들기는 복습차원으로 이번 Chapter까지만 다룰 것이며, 다음 예제부터는 설명하지 않도록 하겠다.

71 Line(선) 도구를 사용해서 계단의 위쪽 모서리에서 Red축 방향으로 벽면에 선을 그린다.

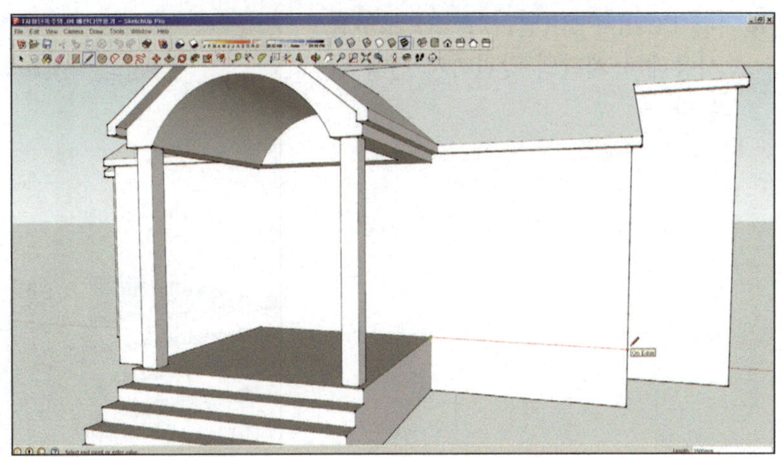

72 방금 그린 선에서 아래로 150mm 떨어진 보조선을 만든다.

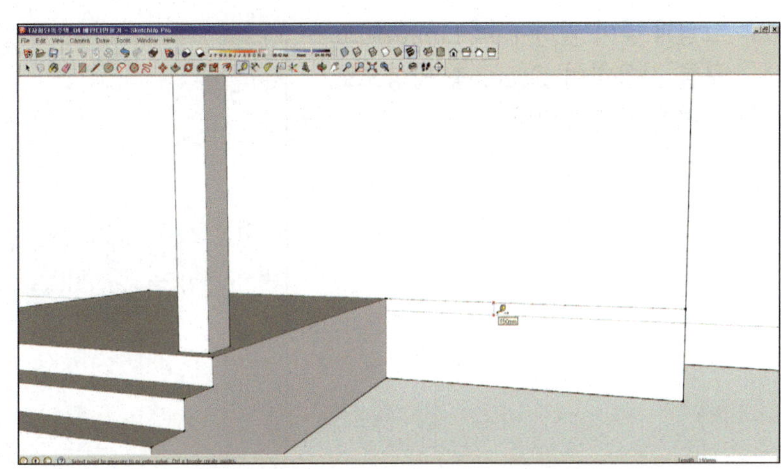

73 보조선에 맞추어 선을 그린다.

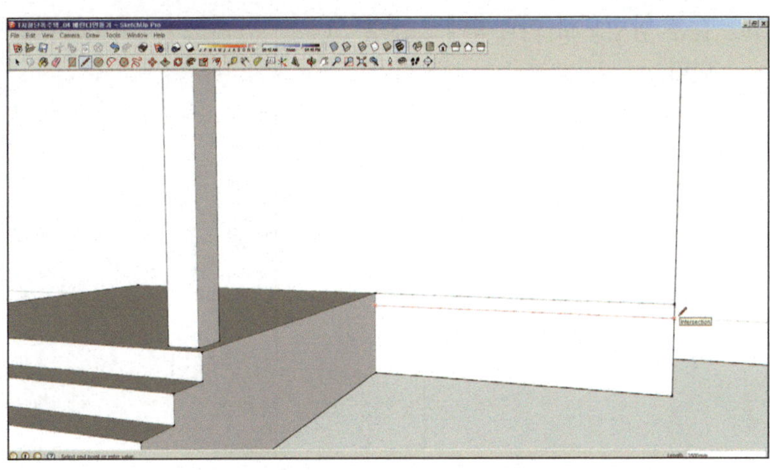

74 Push/Pull(밀기/끌기) 도구를 사용해서 계단의 앞면까지 면을 만든다.

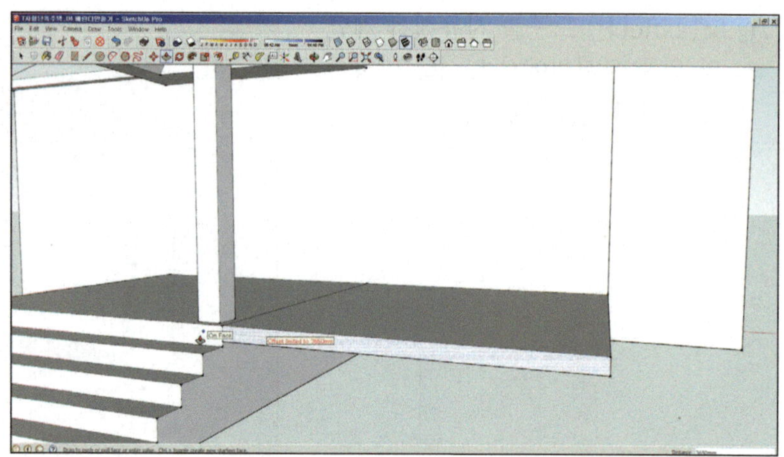

75 그림과 같이 옆면에 Line(선) 도구를 사용하여 Green축 방향으로 벽면에 선을 그린다.

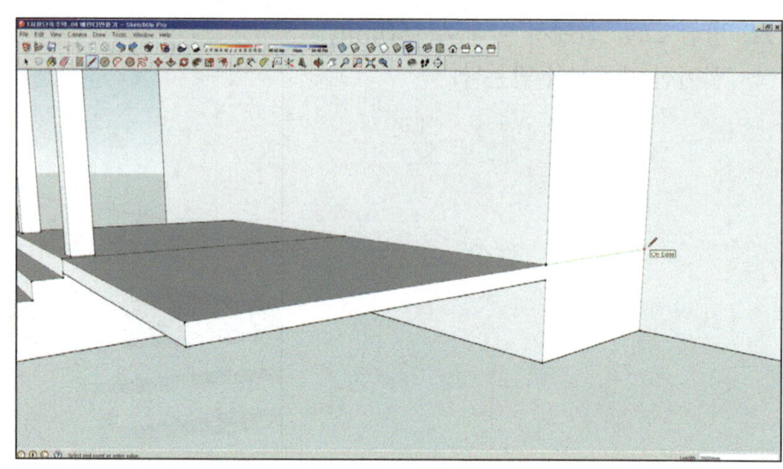

76 같은 방법으로 아래쪽에도 선을 그린다.

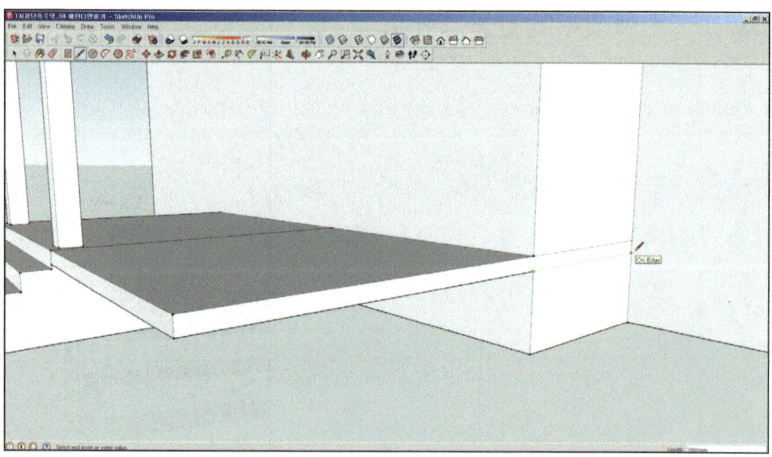

77 Push/Pull(밀기/끌기) 도구를 사용해서 베란다의 면을 뒤쪽 벽면에 맞추어 만든다.

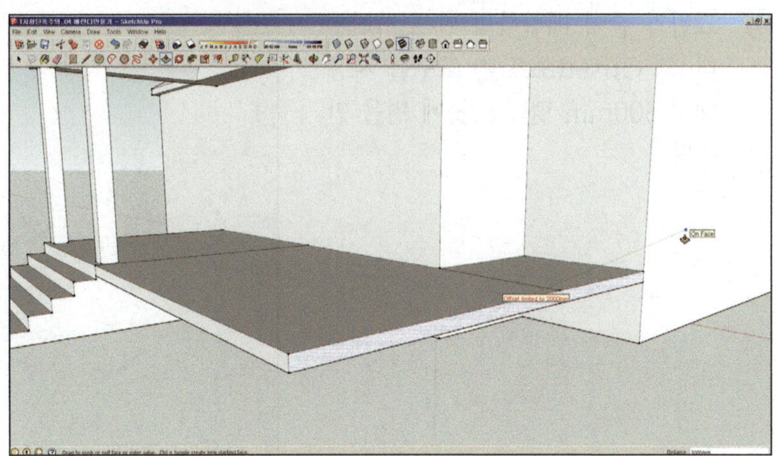

Push/Pull(밀기/끌기) 도구로 면을 생성할 때 붙어있는 면이 있을 경우 그 면 이상으로 면을 생성할 수 없다. 따라서 붙어있는 면 이상으로 생성할 경우에는 Ctrl 키를 눌러 면을 새롭게 생성하거나 그렇지 않다면 먼저 붙어있는 면까지 면을 생성하고 다시 한 번 면을 생성해야 한다.

78 Eraser(지우기) 도구를 사용해서 베란다 윗면과 아랫면에 있는 불필요한 선들을 지운다.

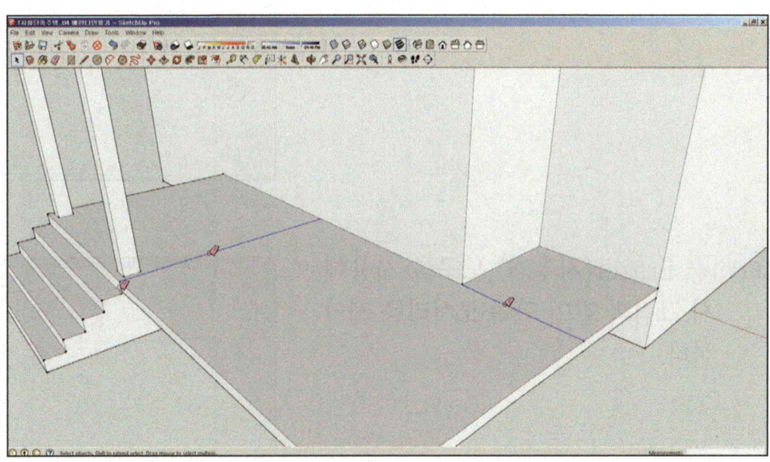

79 그림과 같이 베란다의 면 모서리부터 Offset(오프셋) 도구를 사용해서 300mm 떨어진 곳에 면을 만든다.

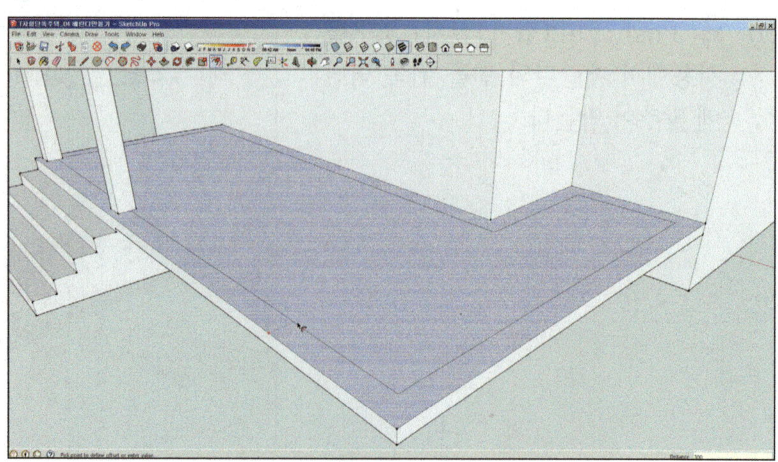

80 다시 한 번 Offset(오프셋) 도구를 사용해서 앞쪽 면에서 100mm 떨어진 곳에 면을 만든다.

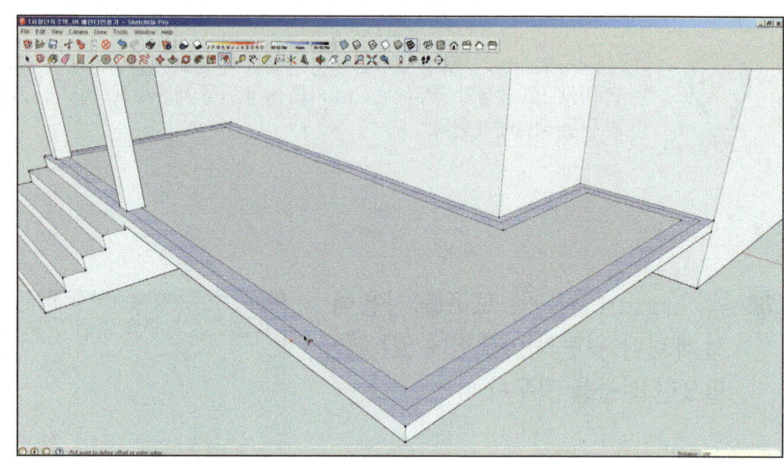

81 Eraser(지우기) 도구를 사용해서 그림과 같이 안쪽 모서리를 제거한다.

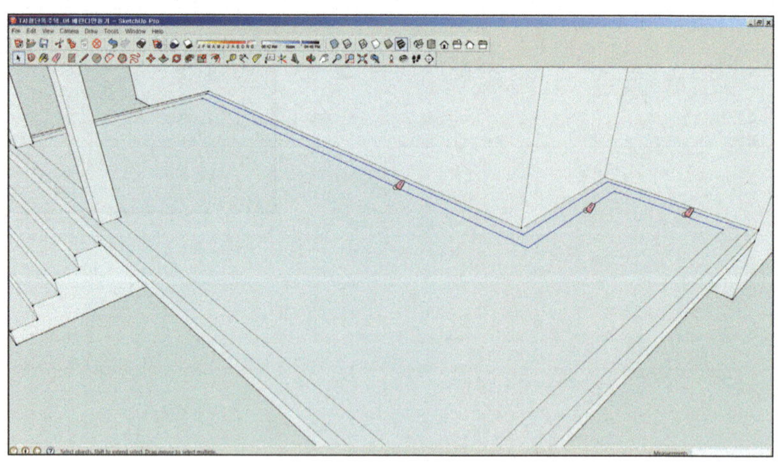

82 베란다 뒤쪽의 끊어진 부분을 Line(선) 도구를 사용하여 벽면 끝까지 선을 연장한다.

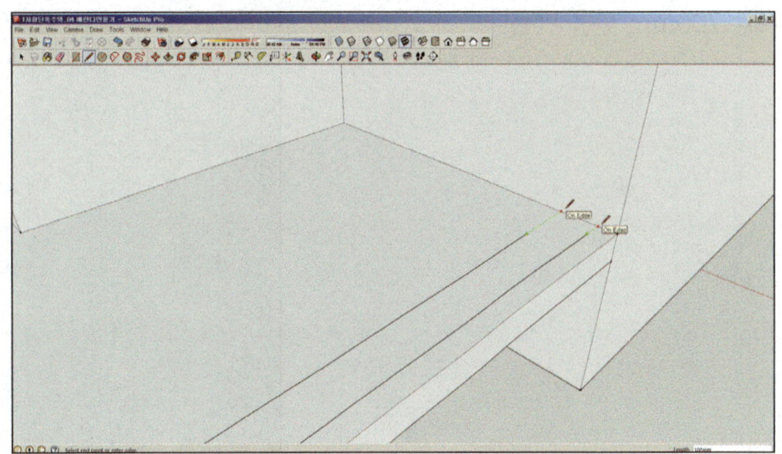

83 왼쪽의 베란다도 마찬가지로 선을 연장해서 그린다.

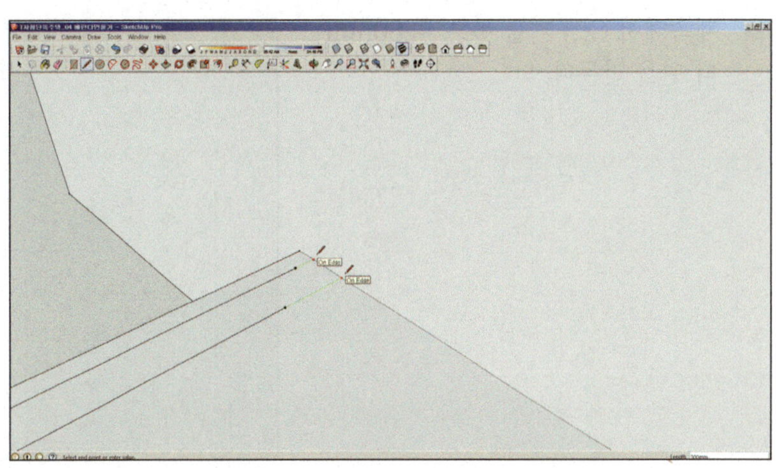

84 Push/Pull(밀기/끌기) 도구를 사용해서 안쪽 부분의 면을 선택한 후 Ctrl 키를 누른다. Ctrl 키를 누르는 이유는 면을 늘리는 것이 아니라 새로운 면을 만들기 위해서이다.

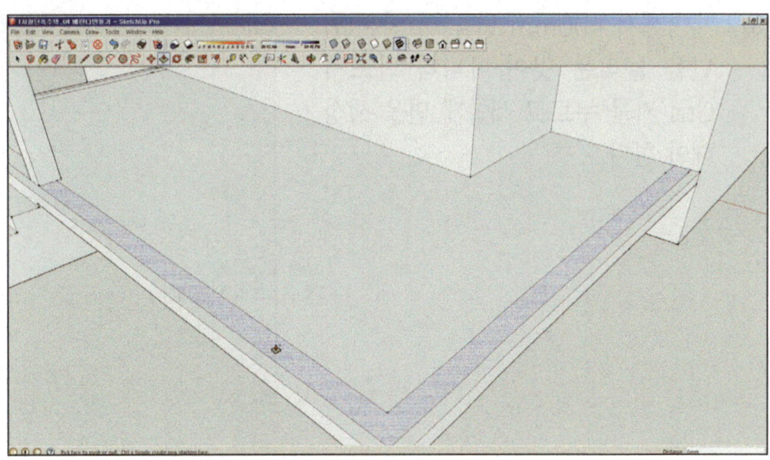

85 700mm 면을 만든다.

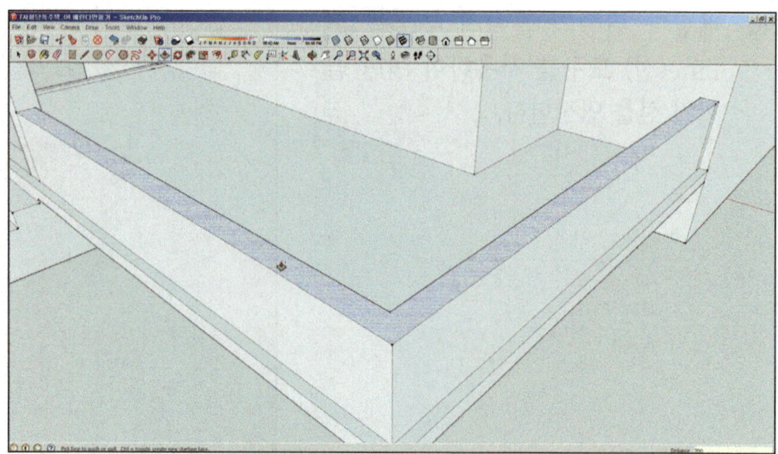

86 계속해서 Ctrl 키를 누른 후 80mm 더 면을 만든다.

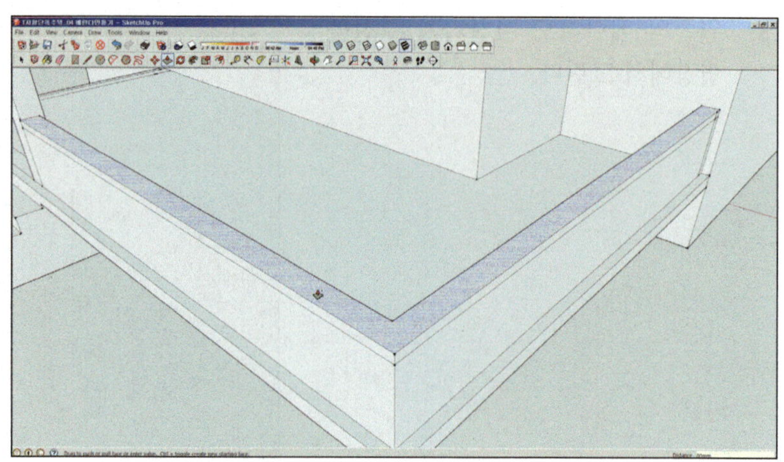

87 계속해서 400mm 면을 더 만든다. 면을 늘리는 것이 아니라 반드시 Ctrl 키를 누르고 새롭게 면을 생성해야 한다.

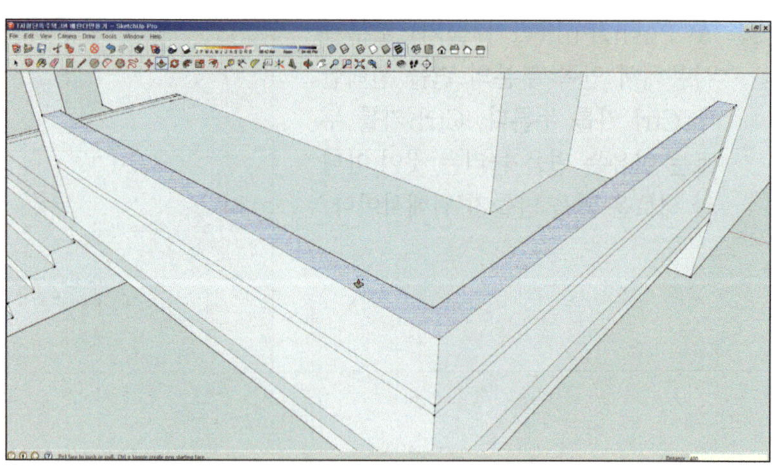

88 마지막으로 80mm 더 만든다.

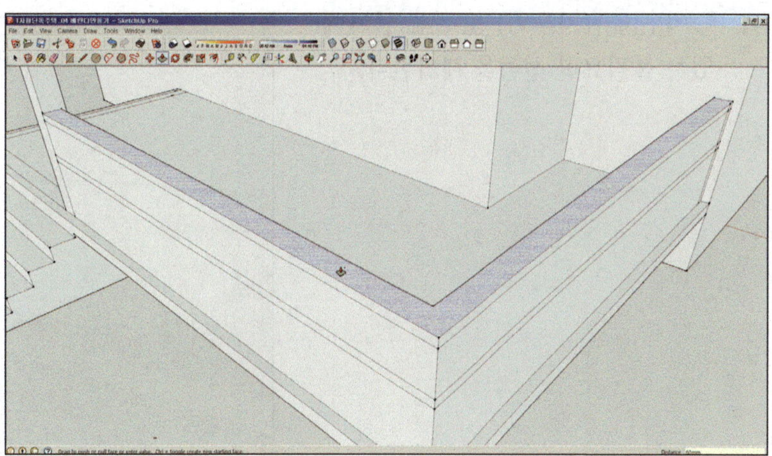

89 Eraser(지우기) 도구를 사용해서 안쪽 면의 모서리 부분을 지운다.

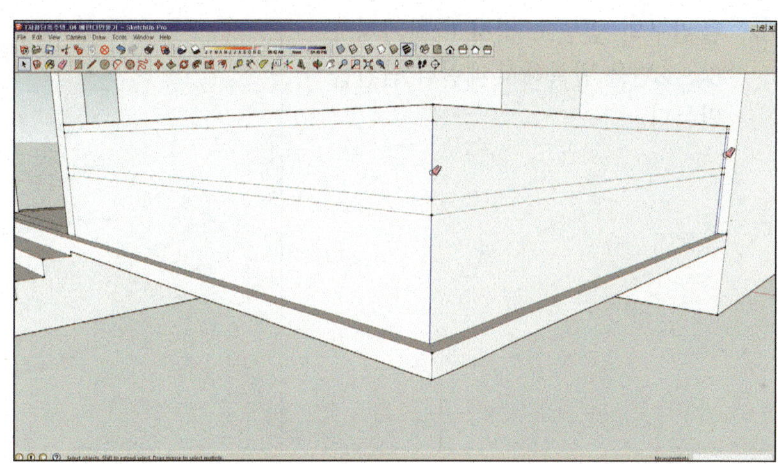

90 마찬가지로 안쪽 모서리를 한 번 더 지운다.

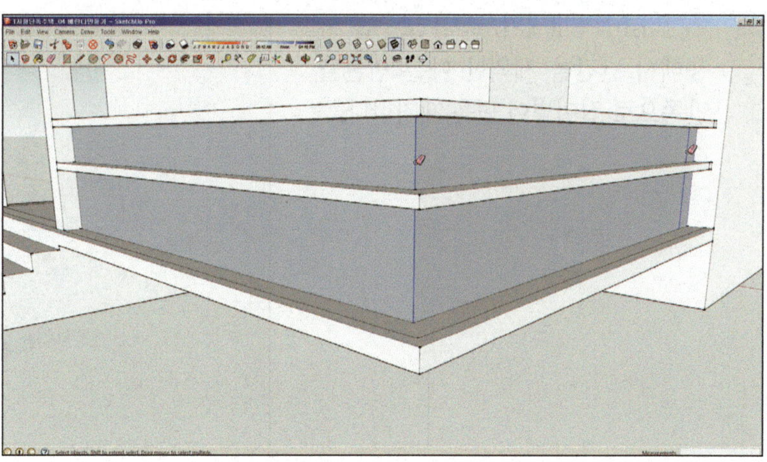

91 Eraser(지우기) 도구로 난간에 있는 불필요한 선들을 제거한다.

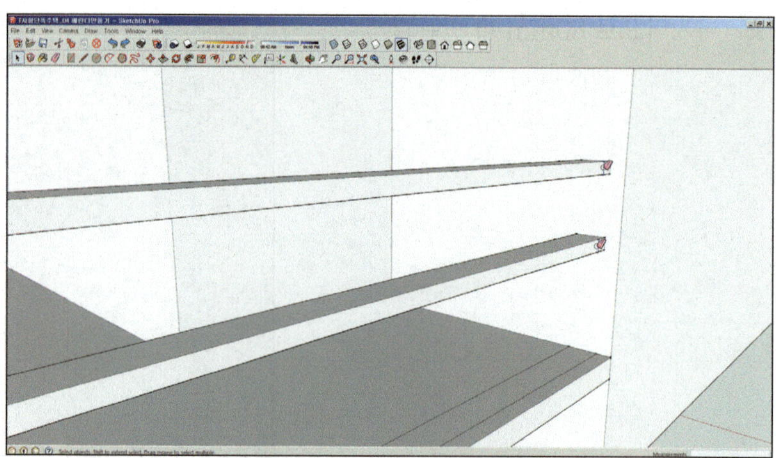

92 출입구의 옆면도 역시 마찬가지로 84~88번을 반복해서 베란다 난간을 만든다.

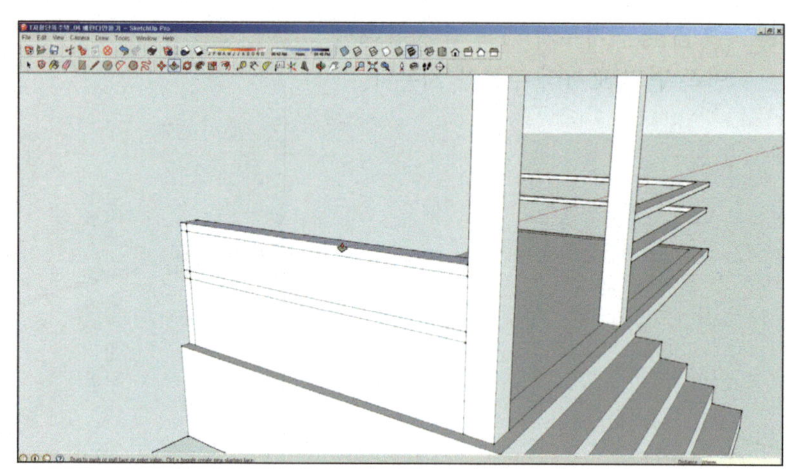

93 Push/Pull(밀기/끌기) 도구를 사용해서 난간을 제외한 다른 면들을 안쪽으로 집어넣어 면을 제거한다.

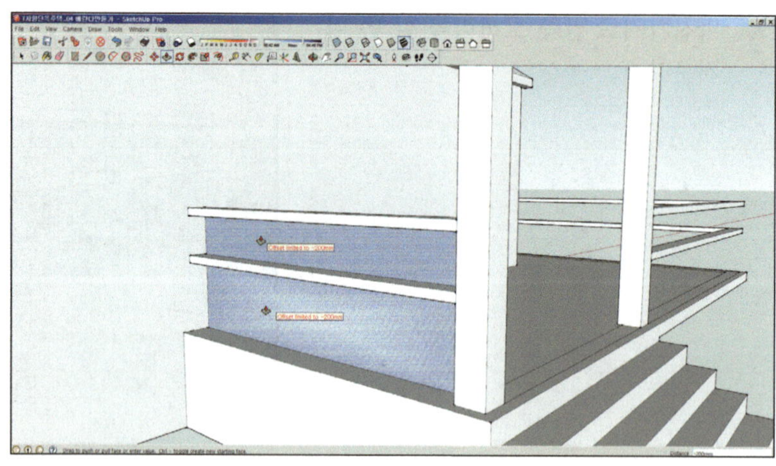

Eraser(지우기) 도구는 선이나 모서리를 지울 때 사용한다. 모서리를 지우면 면이 사라지기 때문에 면을 지우는 역할도 한다. 하지만 모서리가 없이 면만 존재할 때는 면을 제거하지 못한다. 따라서 Push/Pull(밀기/끌기) 도구로 면을 안쪽까지 밀어 지우거나 Select(선택) 도구로 면을 선택한 후 Del 키를 눌러 면을 제거해야 한다.

94 그림과 같이 베란다 난간을 완성한다.

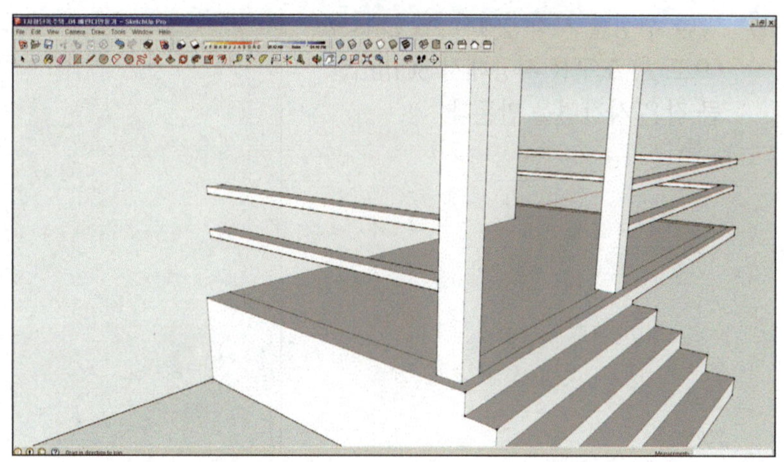

95 Eraser(지우기) 도구로 출입구 쪽의 선들을 제거한다.

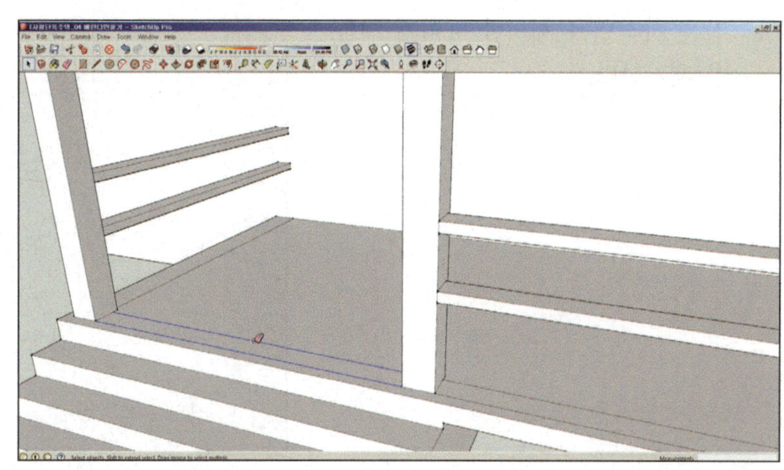

96 Rectangle(직사각형) 도구를 사용해서 베란다의 모서리 부분에 (200mm, 200mm) 사각형을 그린다.

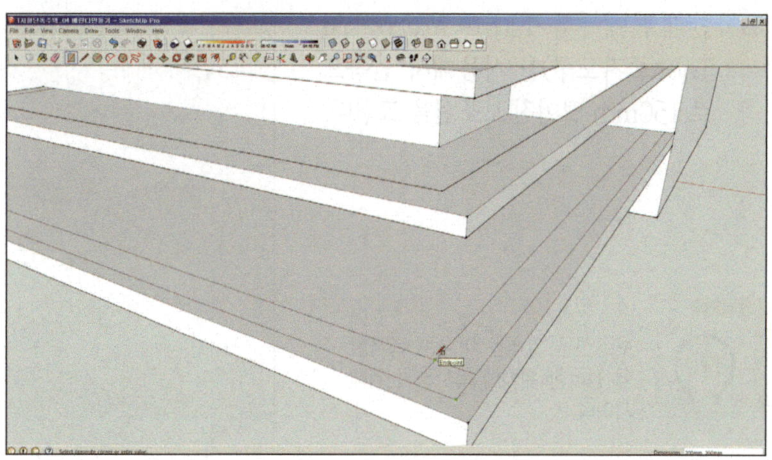

97 방금 생성한 사각면에서 Offset(오프셋) 도구를 사용해서 50mm만큼 작은 사각면을 만든다.

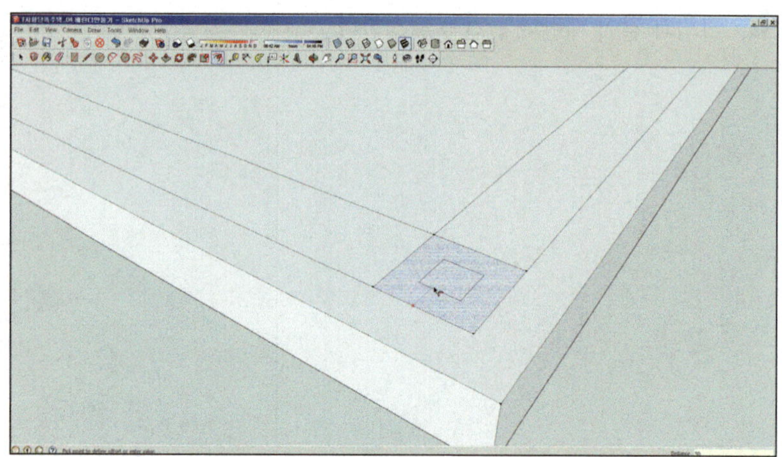

98 작은 사각면을 제외한 나머지 선들은 제거한다.

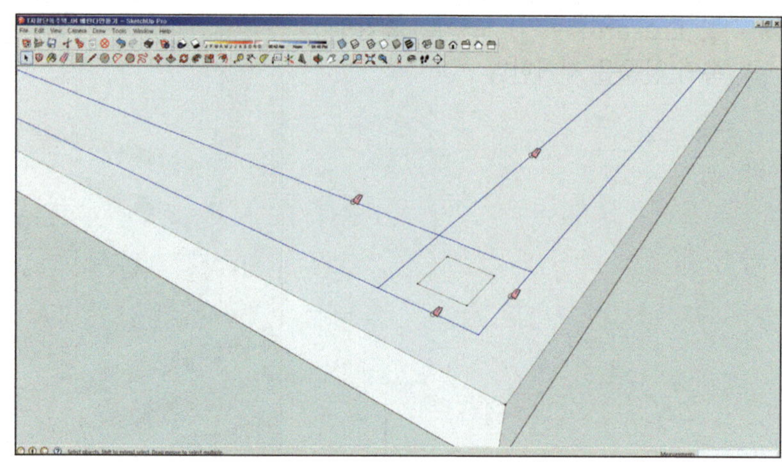

99 반대편에 Tape Measure Tool(줄자도구)을 사용해서 안쪽으로 150mm 떨어진 보조선을 그린다.

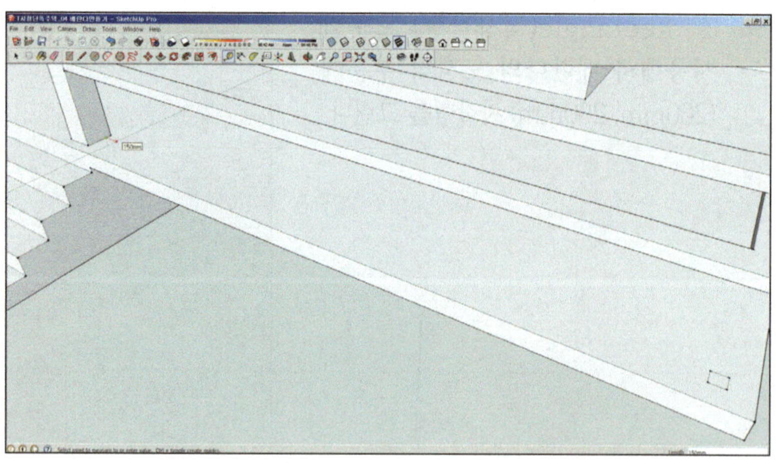

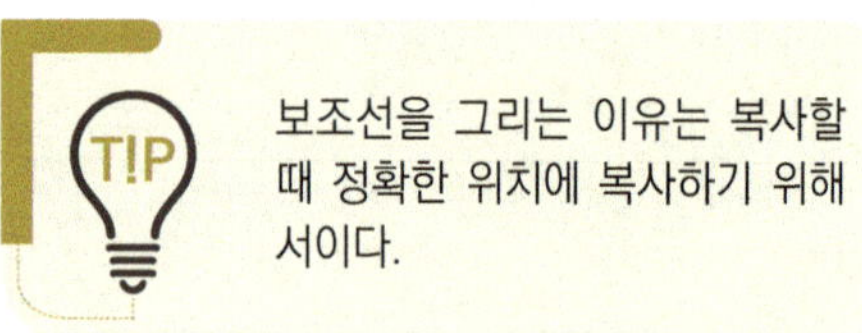

보조선을 그리는 이유는 복사할 때 정확한 위치에 복사하기 위해서이다.

100 Select(선택) 도구로 먼저 사각형을 선택한 후 다시 Move(이동) 도구로 사각면의 꼭짓점을 선택하고 Ctrl 키를 누른다. 그리고 보조선까지 사각면을 복사한다.

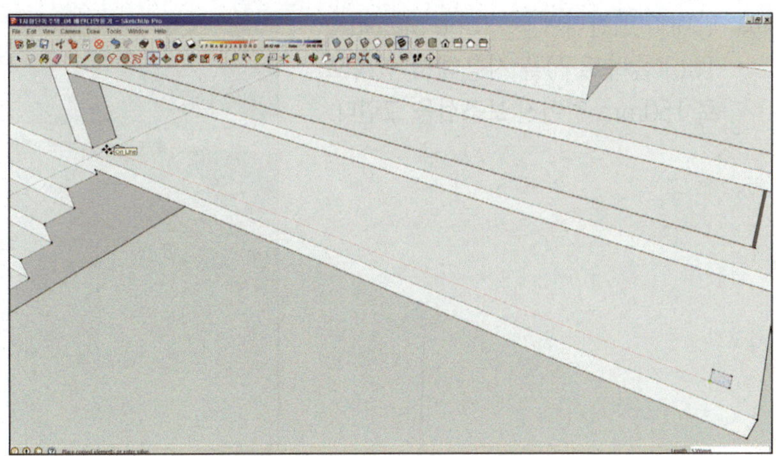

101 수치입력창에 /6(나누기 6)을 입력해서 6개를 복사한다.

Length /6

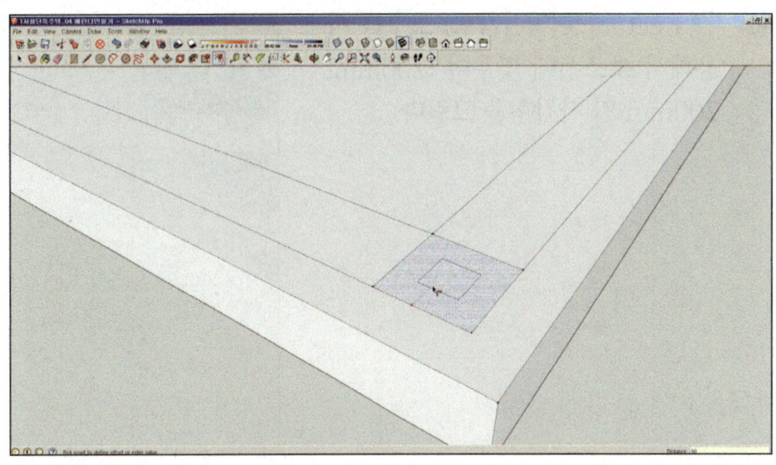

102 같은 방법으로 옆쪽 베란다에 사각면을 6개 복사해서 만든다. (99~101번 참고)

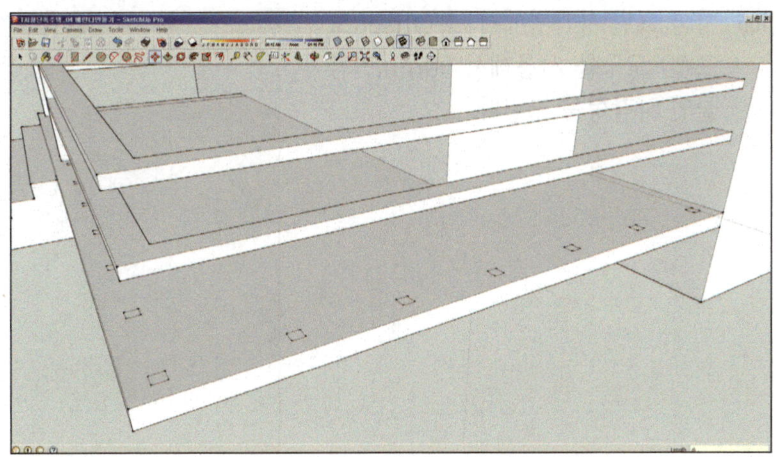

103 반대쪽 베란다에 Tape Measure Tool(줄자도구)을 사용해서 안쪽으로 150mm 떨어진 보조선을 그린다.

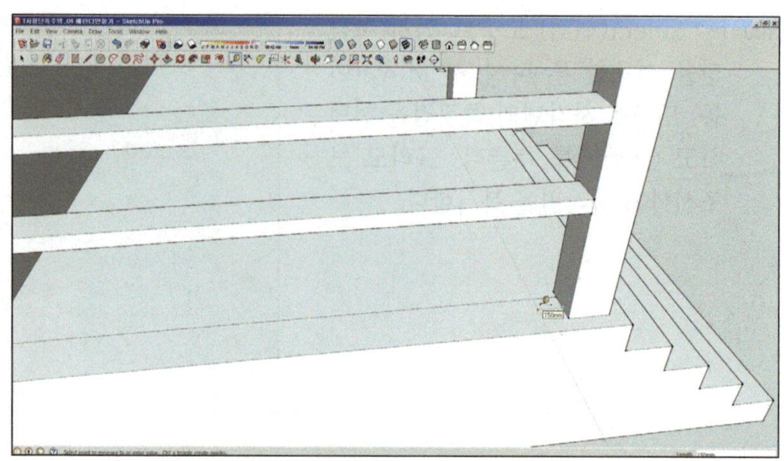

104 Rectangle(직사각형) 도구를 사용해서 보조선에 맞추어 (200mm, 200mm)인 사각형을 그린다.

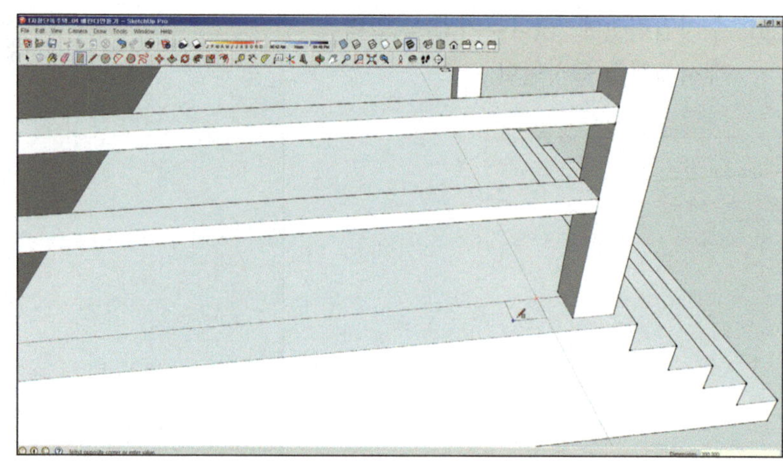

105 방금 그린 사각형에서 Offset(오프셋) 도구를 사용해서 50mm만큼 줄인 사각형을 그린다.

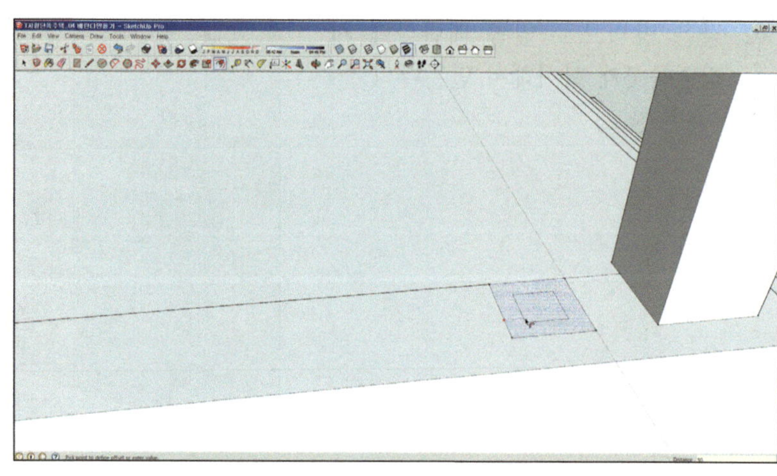

106 사용한 선과 보조선을 제거한 후 3개를 더 복사한다. (99~101번 참고)

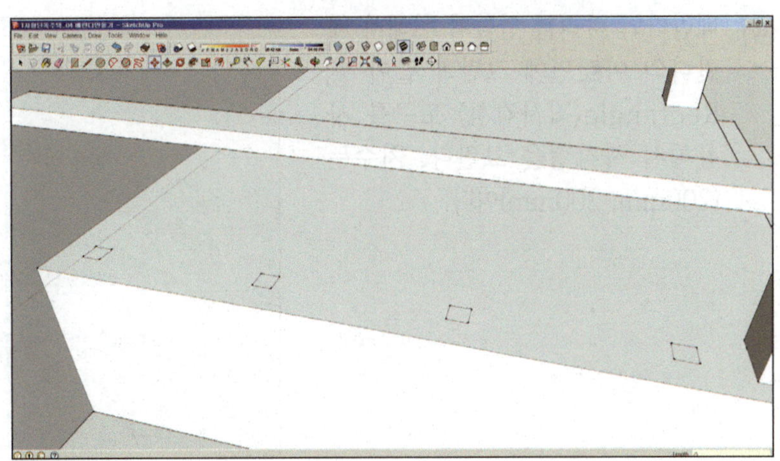

107 Push/Pull(밀기/끌기) 도구를 사용해서 맨 위 난간의 아랫부분까지 면을 만든다.

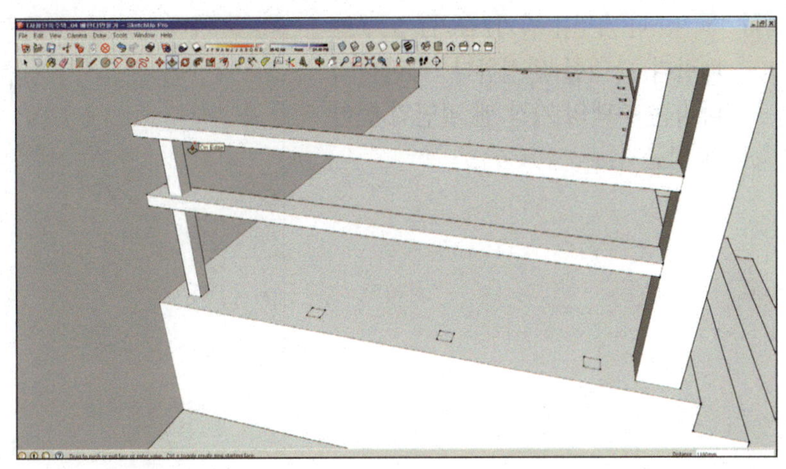

108 나머지 기둥도 더블클릭해서 그림과 같이 면을 만든다.

Push/Pull(밀기/끌기) 도구를 사용해서 면을 생성할 때, 면을 더블클릭하면 전에 면을 만들 때의 높이값을 기억하고 있어 그 다음은 똑같은 높이의 면을 만들 수 있다.

109 베란다의 다리를 만들기 위해서 베란다의 아랫면에 그림과 같이 Rectangle(직사각형) 도구를 사용해서 사각형을 그린다. 치수는 (200mm, 200mm)이다.

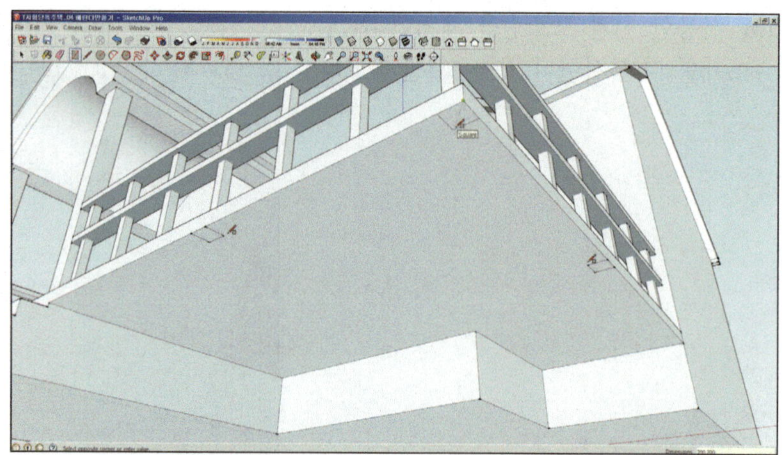

110 Push/Pull(밀기/끌기) 도구로 베란다 다리를 완성한다. 베란다의 다리는 주택의 가장 맨 밑면의 높이에 맞춘다.

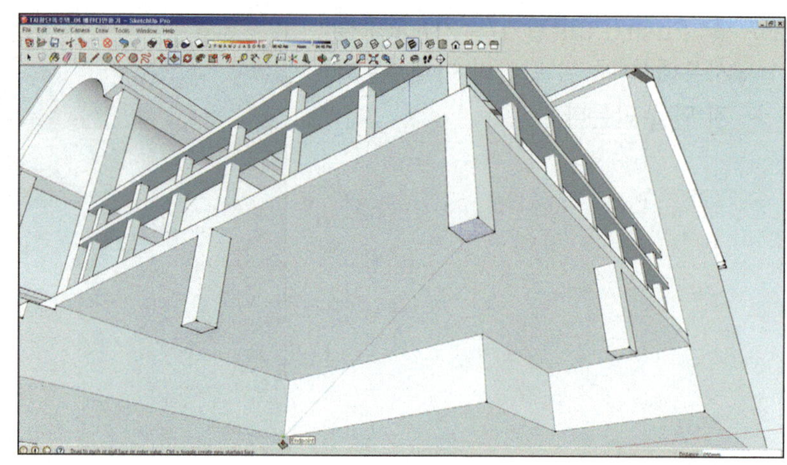

| 참고 | 앞에서도 말했듯이, 베란다 만들기는 이번 Chapter까지만 다루고 다음부터는 다루지 않겠다. 다음 예제에서 베란다 만들기가 나오면 Chapter 03과 Chapter 04를 참고하길 바란다.

05 옥탑방 만들기

옥탑방 만들기는 Chapter 03에서 만들었던 새집 만들기와 비슷하다. 따라서 베란다 만들기와 마찬가지로 옥탑방 만들기도 이번 Chapter까지만 다루고 다음 예제부터는 다루지 않겠다. 다음 예제에서도 언급을 하겠지만 앞으로 이런 유형의 옥탑방 만들기가 나오면 Chapter 04의 내용을 학습하길 바란다.

111 Tape Measure Tool(줄자도구)을 사용해서 그림과 같이 지붕의 옆에서 1000mm, 또 그 보조선에서 2000mm 떨어진 곳에 보조선을 그린다.

112 역시 마찬가지로 지붕 아래 모서리에서 800mm, 그 보조선에서 1800mm 떨어진 곳에 보조선을 그린다.

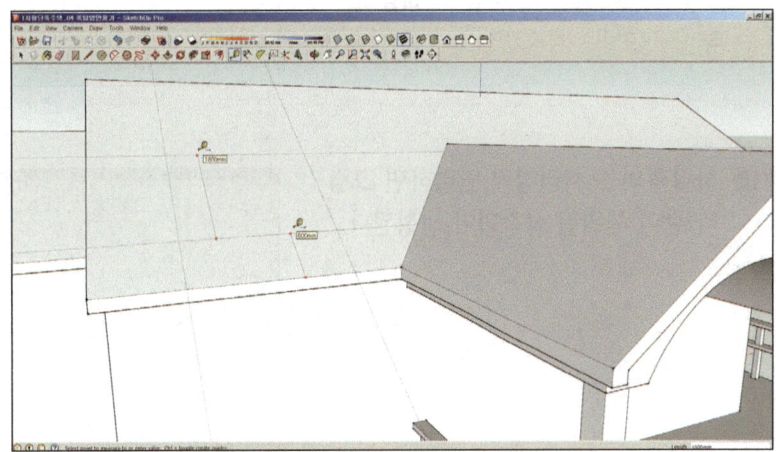

113 Rectangle(직사각형) 도구를 사용해서 보조선에 맞추어 그림과 같이 사각형을 그린다.

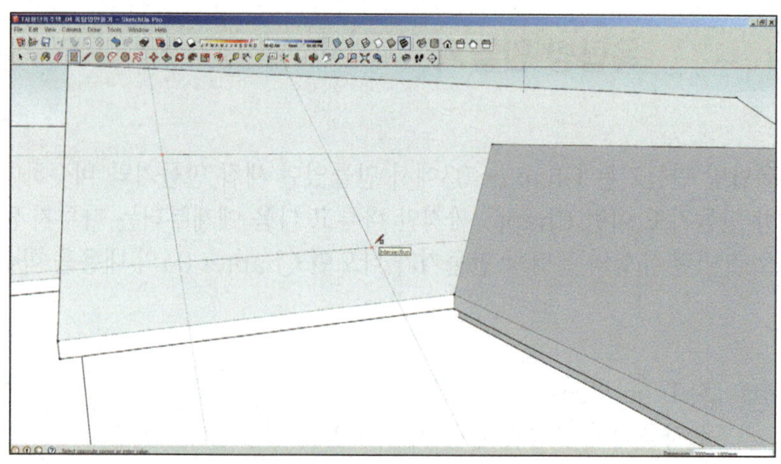

114 Line(선) 도구를 사용하여 그림과 같이 사각면의 아래 꼭짓점에서 Blue축 방향으로 Green축이 만나는 점까지 선을 그린다.

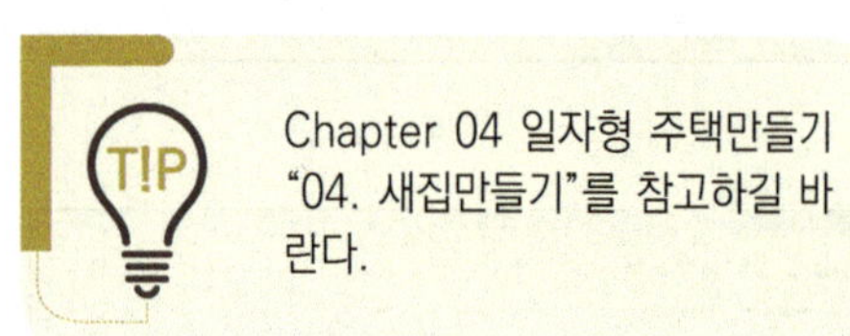

Chapter 04 일자형 주택만들기 "04. 새집만들기"를 참고하길 바란다.

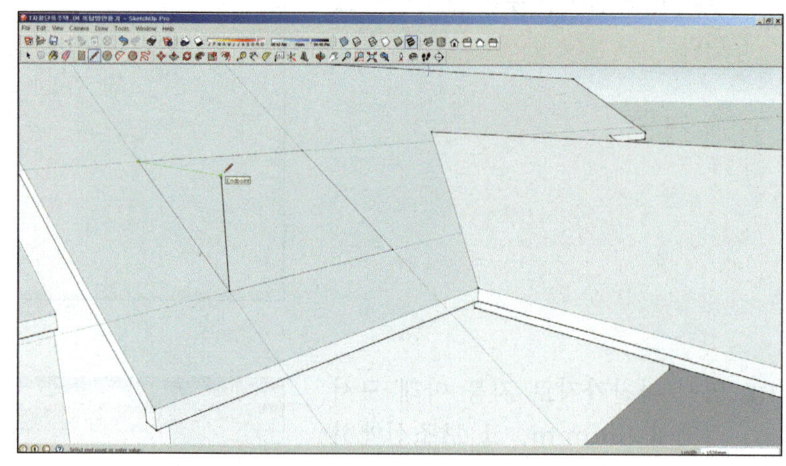

115 사각형의 모서리까지 연결하면 그림과 같이 세워진 삼각면이 생성된다.

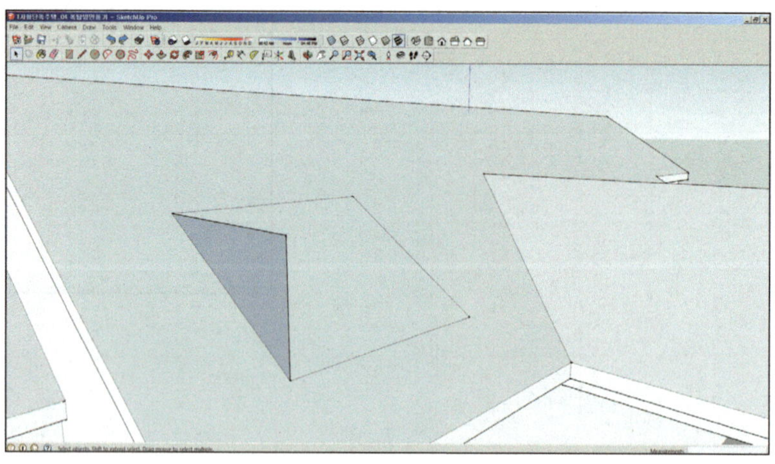

116 화면을 회전해서 뒷면을 보이게 한 후 Push/Pull(밀기/끌기) 도구를 사용해서 그림과 같이 면을 만든다.

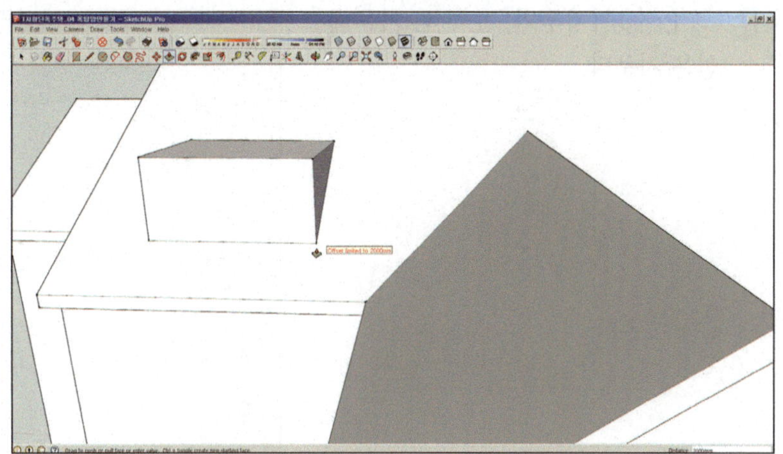

117 Line(선) 도구를 사용하여 옥탑방의 윗면 모서리의 Midpoint(중간점)에서 시작하여 Blue축 방향으로 길이가 1000mm인 선을 그린다.

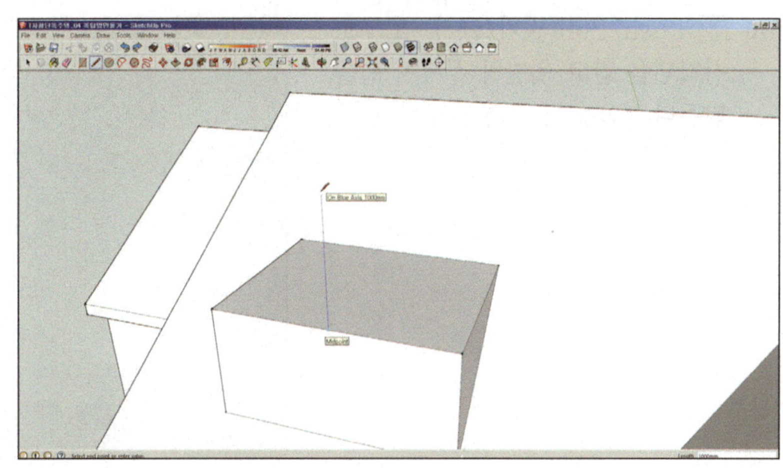

118 Line(선) 도구를 사용하여 꼭짓점에서 양쪽 옆으로 선을 그려 면을 만든다.

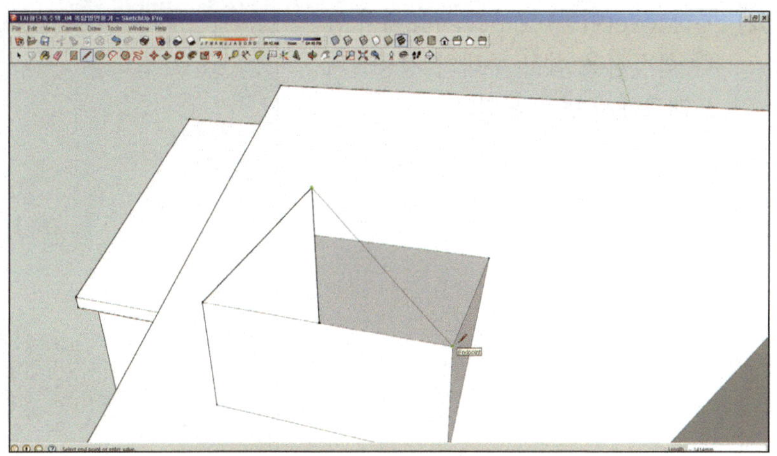

119 Eraser(지우기) 도구로 가운데 선은 지운다.

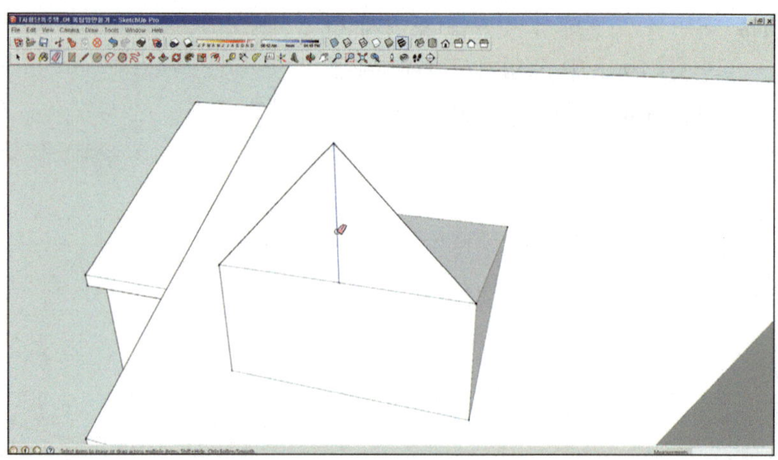

120 Push/Pull(밀기/끌기) 도구로 삼각면을 잡고 윗면의 끝까지 면을 만든다.

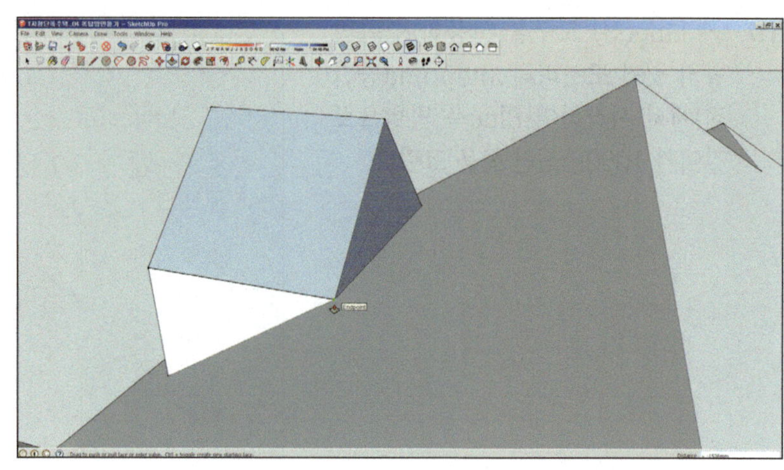

121 Move(이동) 도구를 사용해서 삼각 꼭짓점을 잡고 주택의 지붕까지 드래그해서 면을 붙인다.

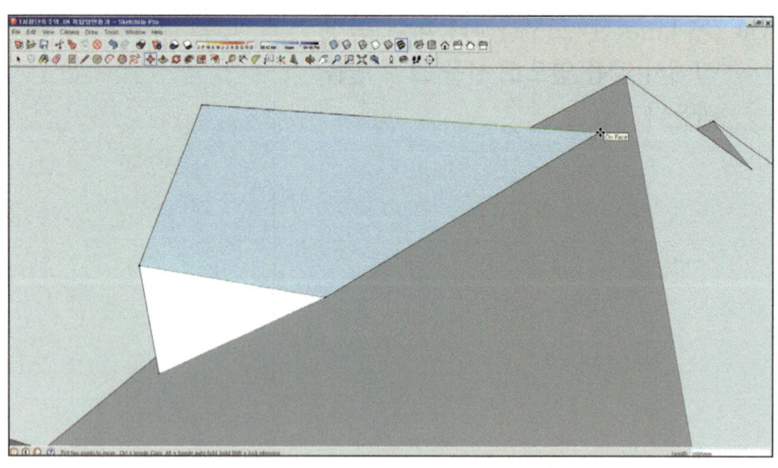

122 앞쪽의 가로선을 지운다.

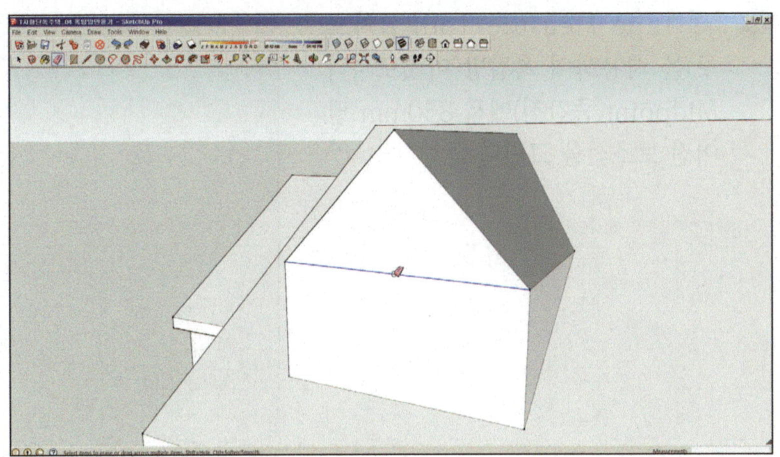

만약 아래의 첫 번째 그림과 같이 생성된 독자가 있다면 당황할 필요가 없다. 이러한 상태는 안쪽 면과 뒤쪽 면이 뒤집어졌을 때, Push/Pull(밀기/끌기) 도구를 사용했을 때 나타나는 현상이다. 이러한 문제를 해결하려면 Line(선) 도구를 사용해서 면을 생성하면 된다.

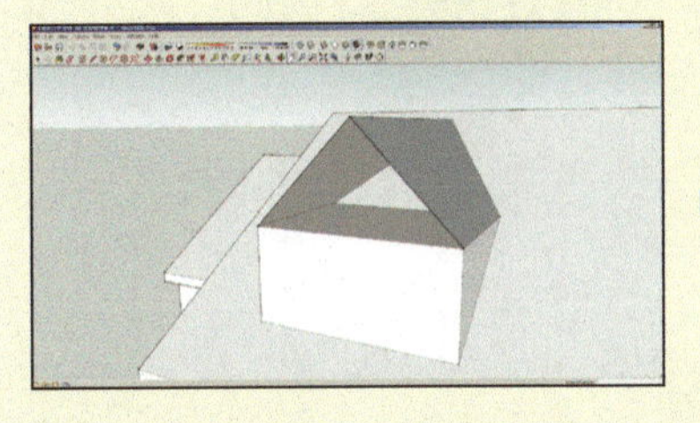

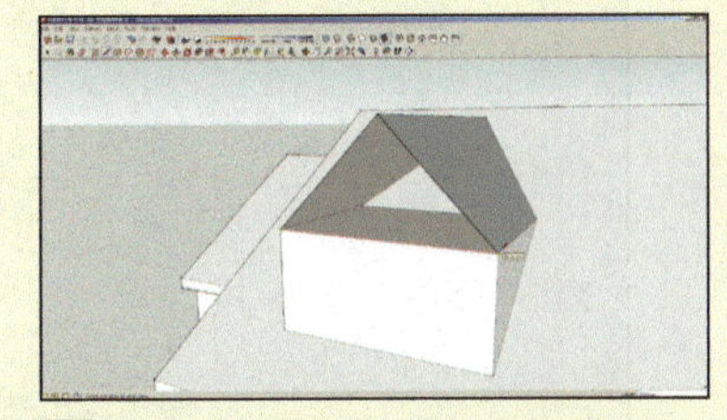

Line(선) 도구를 이용해 선을 그린다.

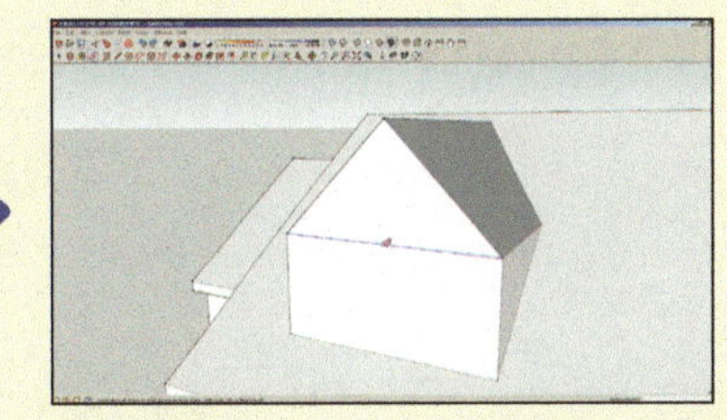

그럼 그림과 같이 면이 생성되고 이제 가운데 선을 지우면 됩니다.

123 Offset(오프셋) 도구를 사용해서 옥탑방의 앞면을 선택한 후 100mm만큼 작은 면을 만든다.

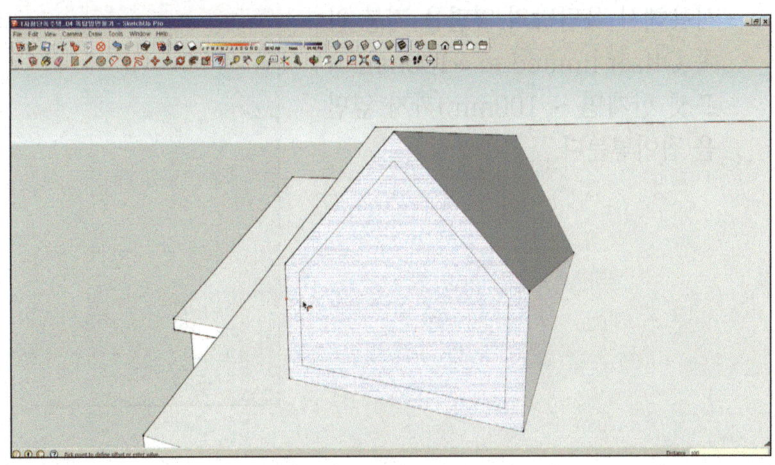

124 Tape Measure Tool(줄자도구)을 사용하여 옥탑방 아랫모서리 Midpoint(중간점)에서 850mm 떨어진 보조선을 그린다.

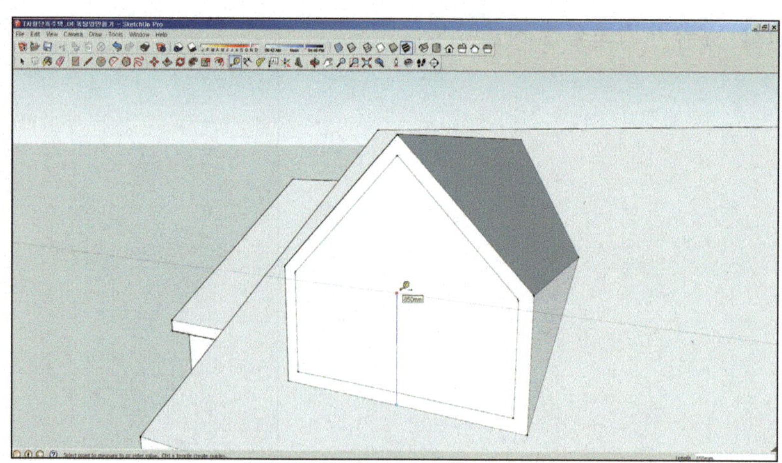

125 그림과 같이 Line(선) 도구를 사용해서 보조선에 맞추어 옥탑방의 앞면과 옆면에 선을 그린다.

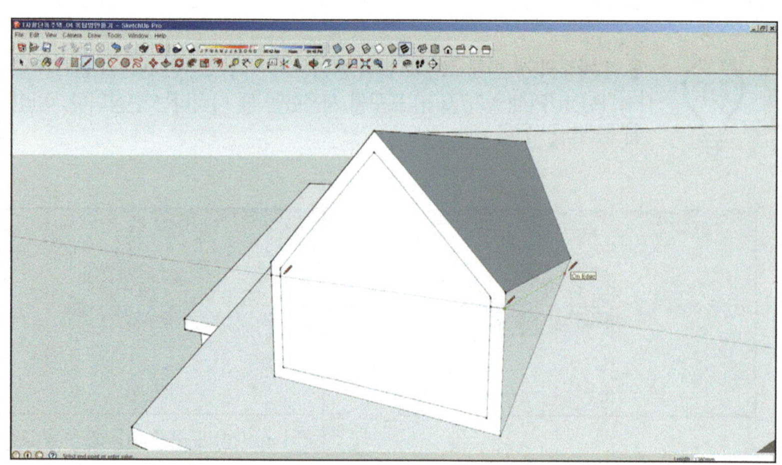

126 Push/Pull(밀기/끌기) 도구를 사용해서 옥탑방의 옆면을 지붕 안쪽 Offset limited to ~100mm(오프셋 한계면 ~ 100mm)까지 옆면을 집어넣는다.

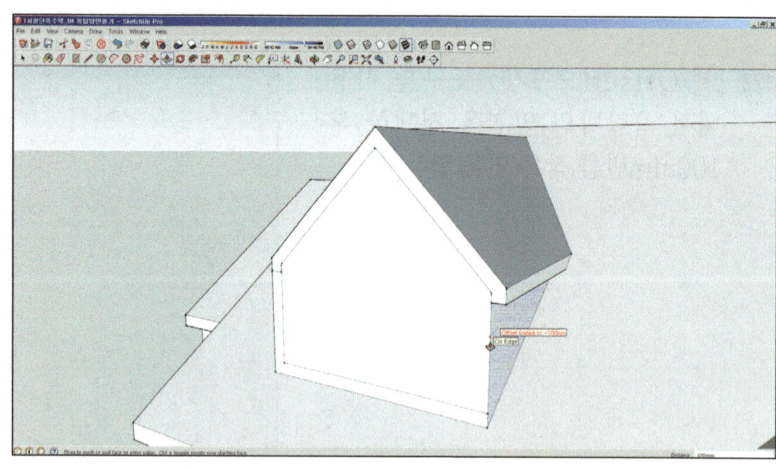

127 반대쪽도 마찬가지로 Line(선) 도구로 선을 그린다.

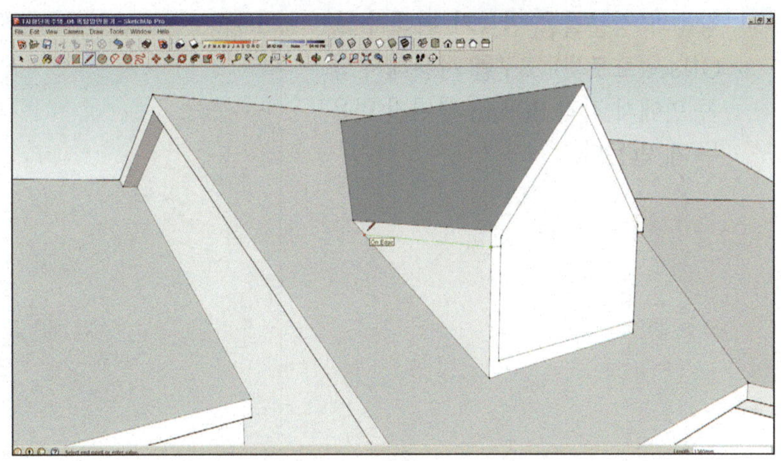

128 Push/Pull(밀기/끌기) 도구를 사용해서 면을 안쪽으로 집어넣는다. Eraser(지우기) 도구로 앞면의 선을 지운다.

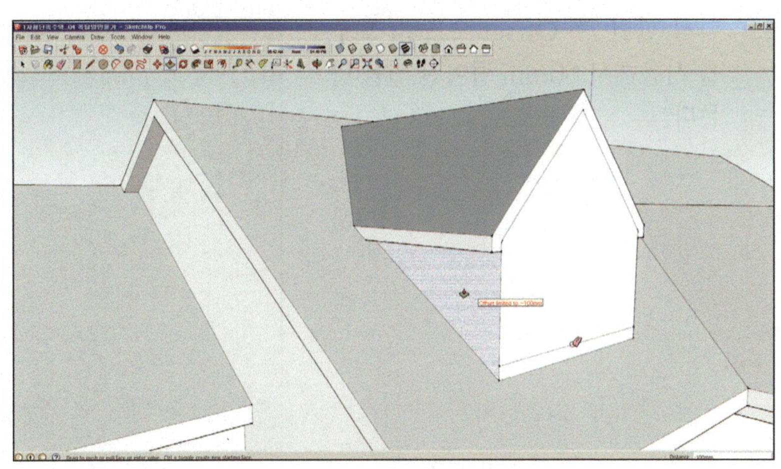

129 지붕면을 선택해서 Push/Pull(밀기/끌기) 도구로 앞쪽으로 면을 만든다. 치수는 200mm이다.

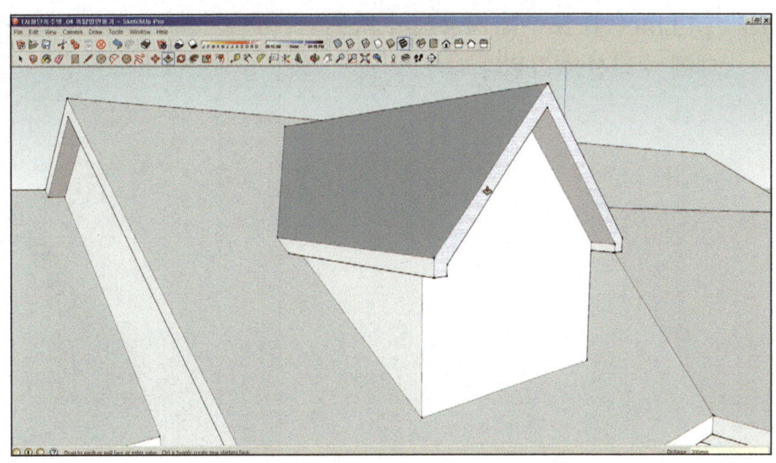

130 창문과 창문틀을 만들기 위해서 Offset(오프셋) 도구를 사용해서 앞쪽 면에서 각각 80mm 떨어진 면을 두 개 만든다.

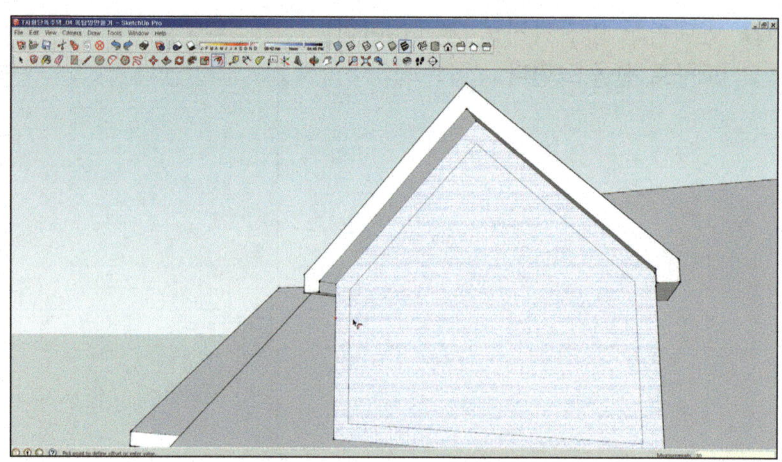

131 다시 한번 Offset(오프셋) 도구를 사용해서 60mm 떨어진 면을 만든다.

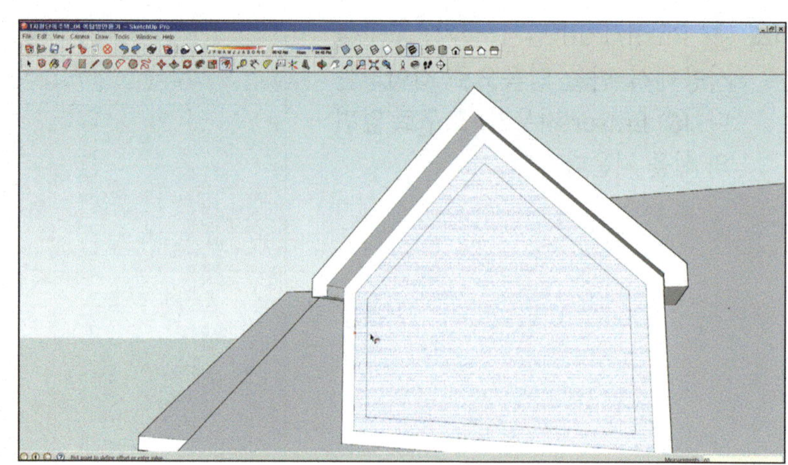

132 Line(선) 도구를 사용해서 가운데에 수직선을 그린다.

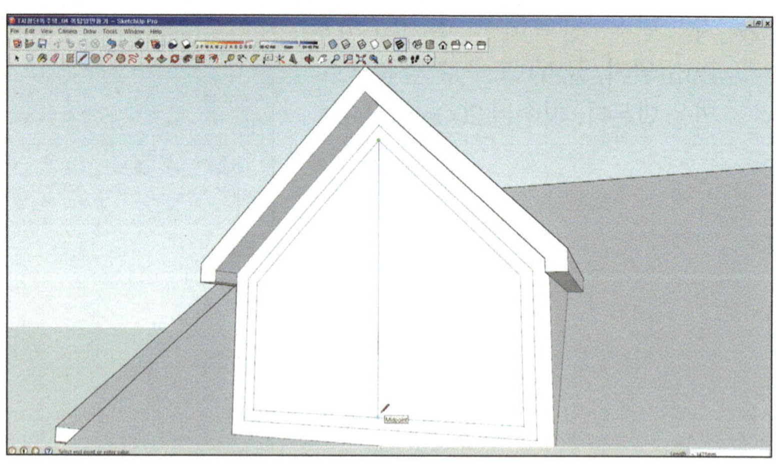

133 Tape Measure Tool(줄자도구)을 사용해서 중앙선에서 각각 30mm 떨어진 곳에 보조선을 그린다.

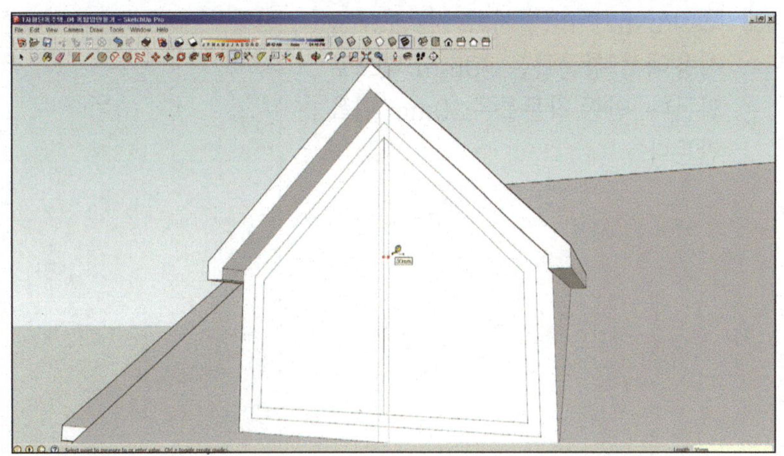

134 보조선에 맞추어 Line(선) 도구로 수직선을 그린다.

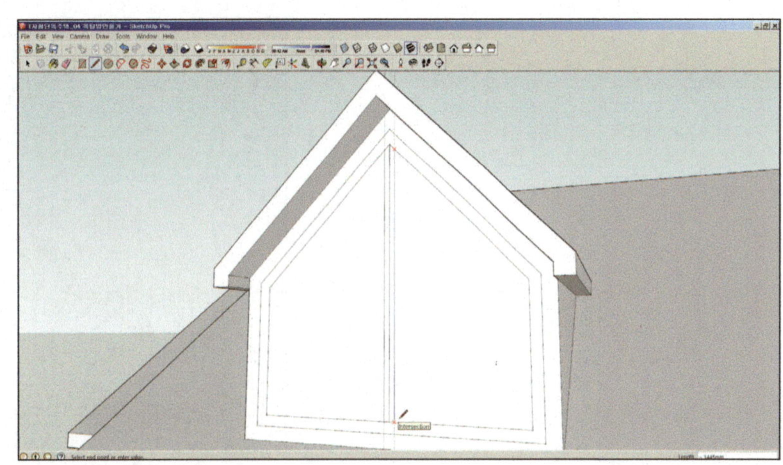

135 Eraser(지우기) 도구로 가운데 선과 보조선을 제거한다.

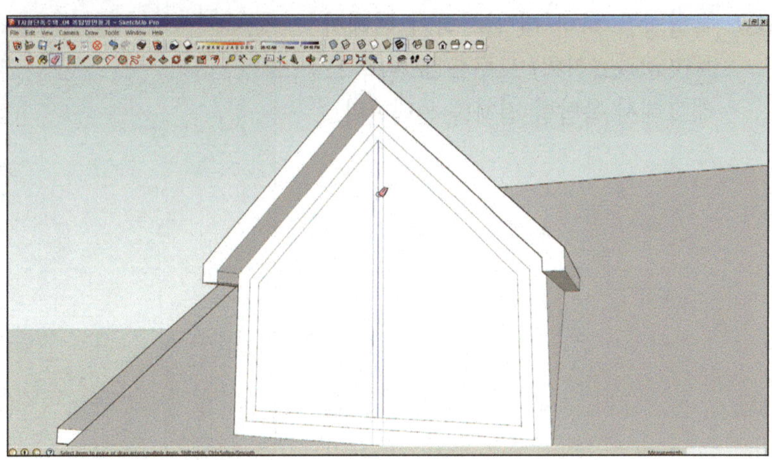

136 Push/Pull(밀기/끌기) 도구를 사용해서 창문틀은 30mm 앞으로 만든다. 안쪽 창문틀은 20mm 면을 만든다.

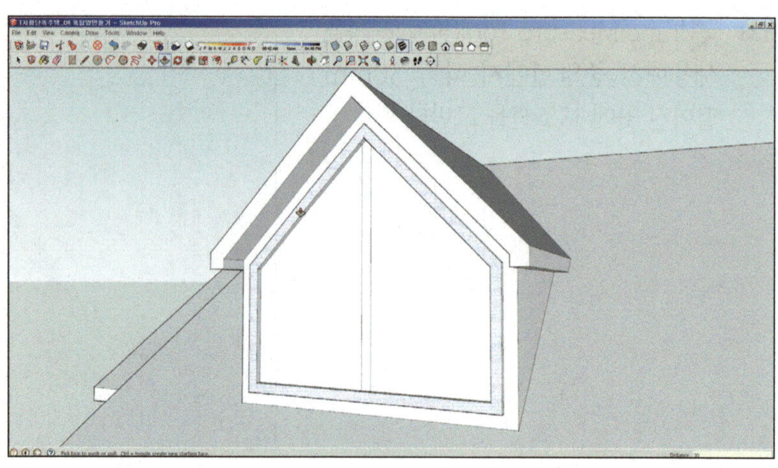

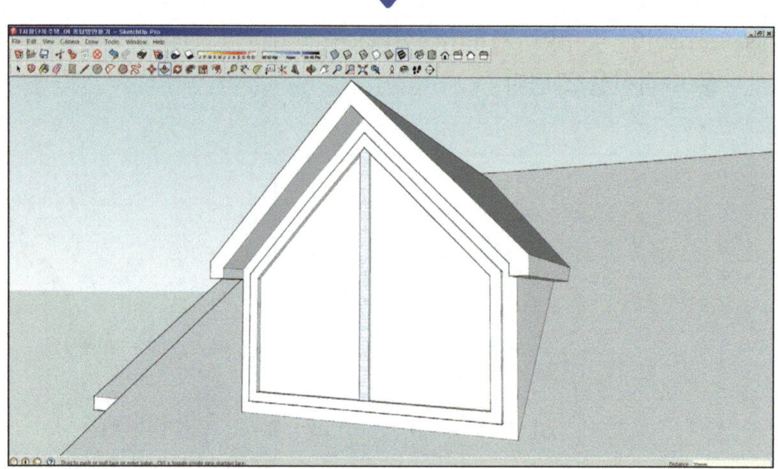

137 옥탑방을 하나 더 복사하기 위해서 Select(선택) 도구를 오른쪽 드래그해서 옥탑방 전체를 선택한다.

Select(선택) 도구로 오브젝트를 선택할 때 오른쪽으로 드래그하게 되면 선택영역 안에 완전히 포함된 것만 선택 가능하며, 왼쪽으로 드래그하게 되면 선택 영역에 걸쳐있는 오브젝트 모두가 선택된다.

138 Move(이동) 도구를 선택한 후 옥탑방 오른쪽 모서리에서 Ctrl 키를 누른 후, Red축 방향으로 7150mm만큼 이동해서 복사한다.

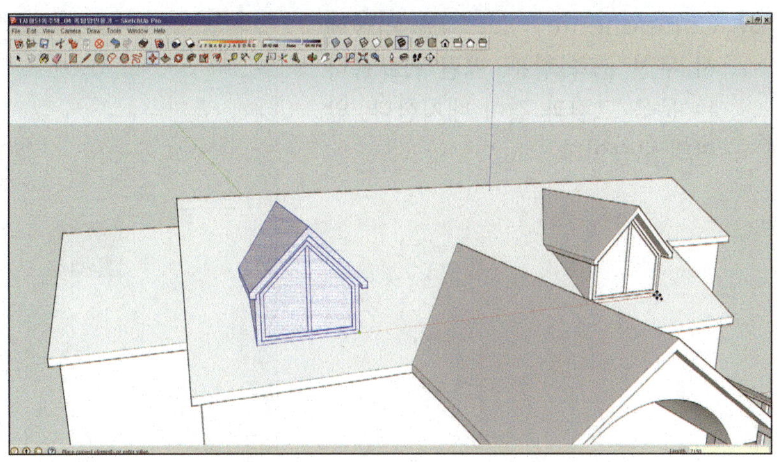

옥탑방이 완성되었다.

06 창문 만들기

출입문 및 창문은 Component(구성요소)를 잘 이용하면 건축모델링에 있어서 불필요한 시간을 줄일 수 있다. 다만 이번에 만들어 볼 벽의 두 면을 차지하는 통유리라든지, 자신의 건물에 맞는 창문을 만들고자 할 때에는 직접 모델링해야만 한다.

139 Component(구성요소)를 이용해서 우선 문과 창문, 베란다로 통하는 문을 그림과 같이 배치한다. 앞면의 모습이다.

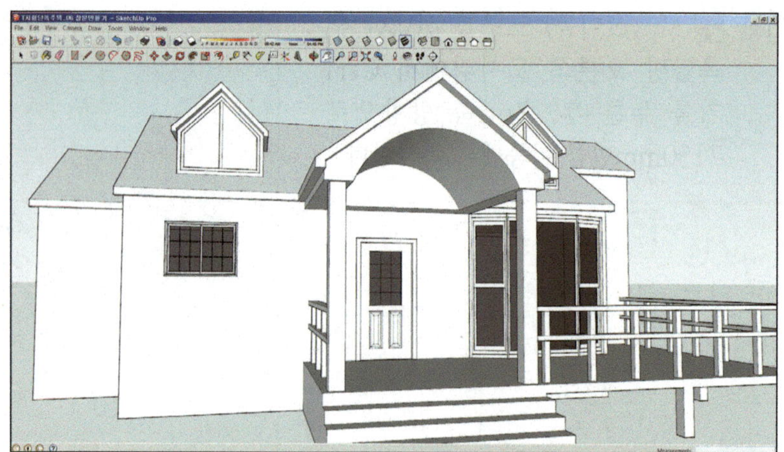

컴포넌트에 대해 잘 이해가 안 가는 독자는 Part 02 단독주택 제작하기 Chapter 01 단독주택 Ⅰ(일자형) 중에서 "05. Component(구성요소)를 이용한 창문과 문 만들기"를 참고하길 바란다.

3D Warehouse에서 창문 컴포넌트 가져오기
3D Warehouse를 사용해서 창문 컴포넌트를 가져와 주택에 적용해 보도록 하자.
3D Warehouse를 사용하기 위해서는 반드시 인터넷이 연결되어 있어야 한다.

1. 메뉴 Window(창) 〉 3D Warehouse(3D 웨어하우스)를 선택한다.

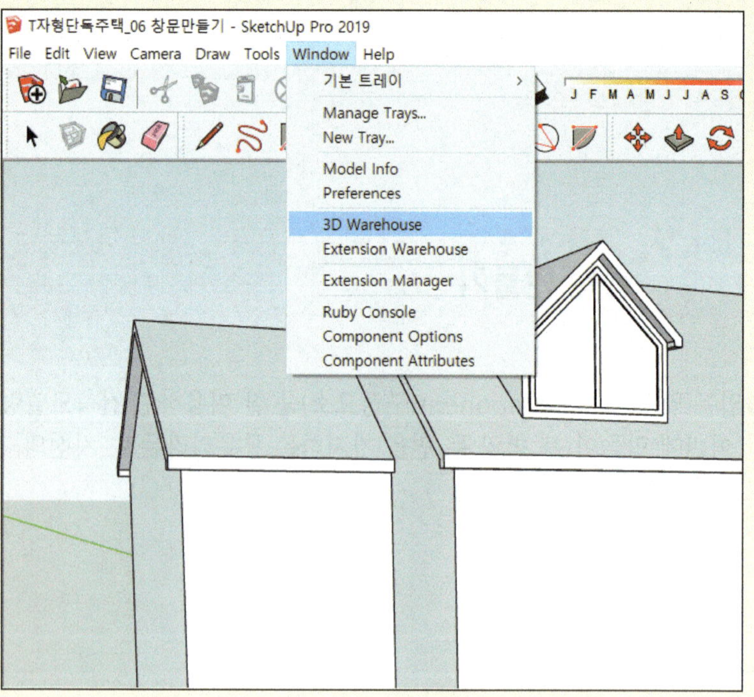

2. 3D Warehouse 창 검색바에 "Windows"를 입력한다.

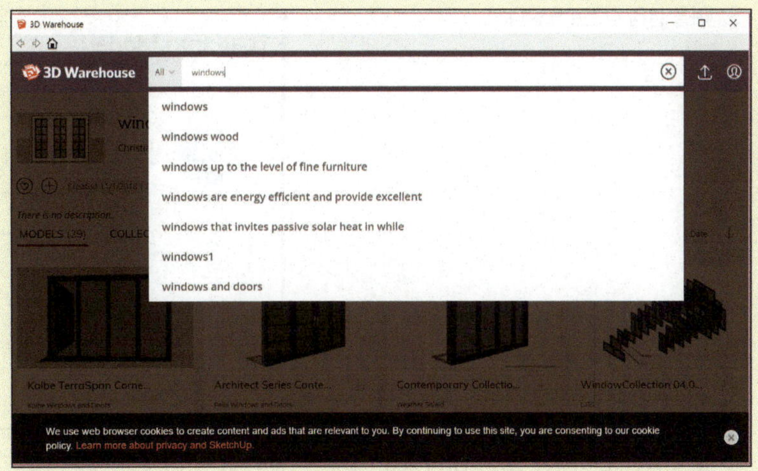

3. 수많은 모델의 Windows가 검색된다.

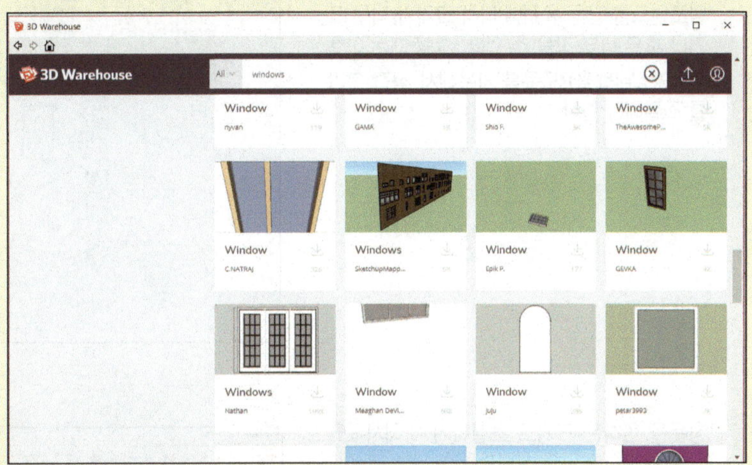

4. 본인이 가장 마음에 드는 창을 골라 다운로드 버튼을 클릭한다.

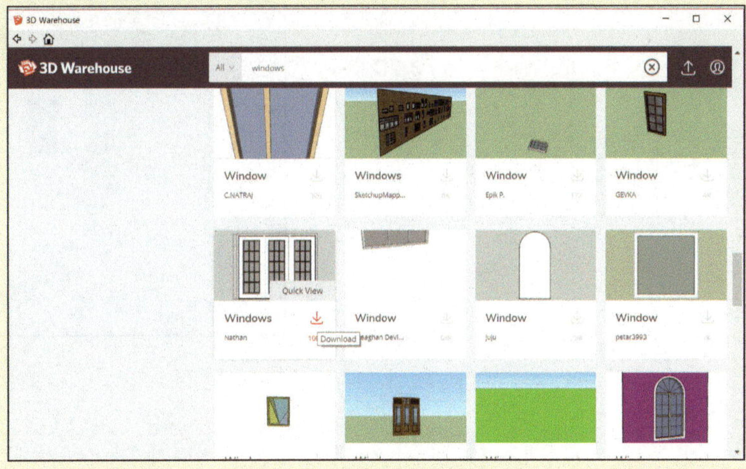

5. 예를 눌러 다운로드한다.

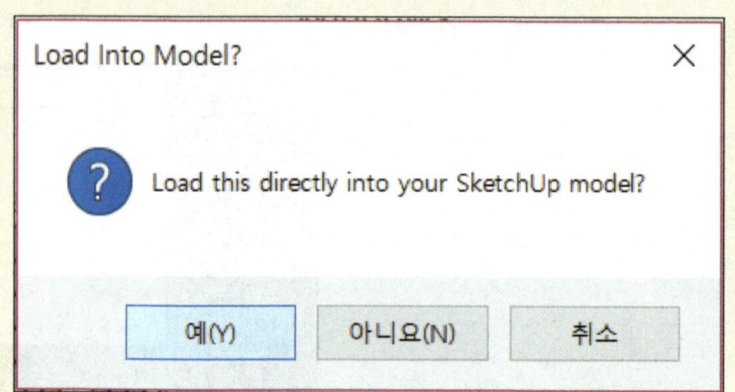

6. 화면에서 자신이 창문을 만들고 싶은 벽면으로 이동한다. 이때 반드시 "On Face" 메시지가 나와야 벽면에 창문이 달라붙는다. 이때 컴포넌트를 만든 유저에 따라 크기가 너무 크거나 혹은 너무 작을 수 있다. 그럴 때는 이후 Scale(배율) 도구를 사용해서 직접 크기를 조절해야 한다.

7. 창문을 원하는 크기로 조절하기 위해서 Scale(배율) 도구를 선택한다.

8. 창문의 모서리를 잡고 원하는 크기로 드래그 해서 크기를 조절한다.

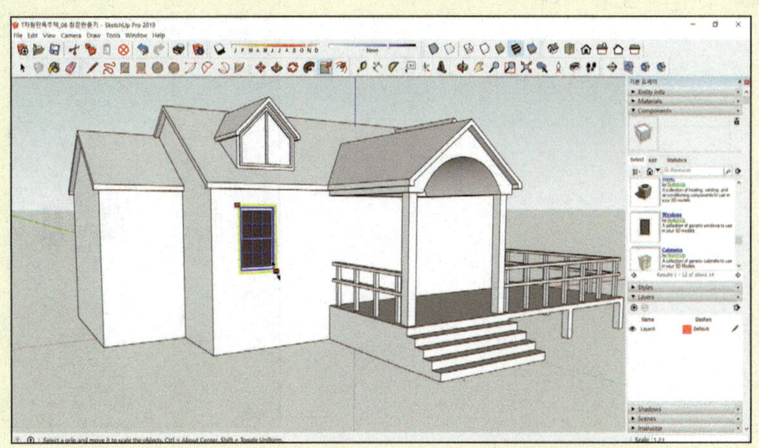

9. 창문이 완성되었다. 컴포넌트를 이용하면 직접 만들지 않아도 쉽게 창문을 모델링할 수 있다.

140 뒷면의 모습이다.

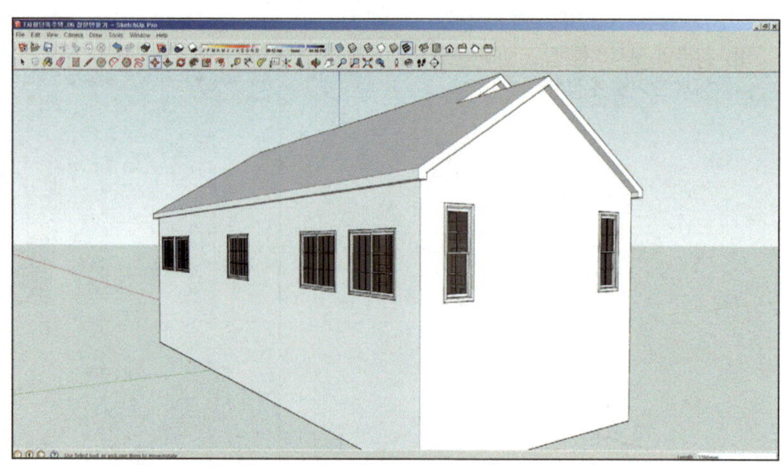

141 이제 주택의 오른쪽 부분에 창문을 만들어 보자. Tape Measure Tool(줄자도구)을 사용해서 그림처럼 아래에서 2500mm, 옆쪽에서 1000mm, 지붕사선에서 600mm 떨어진 곳에 보조선을 그린다.

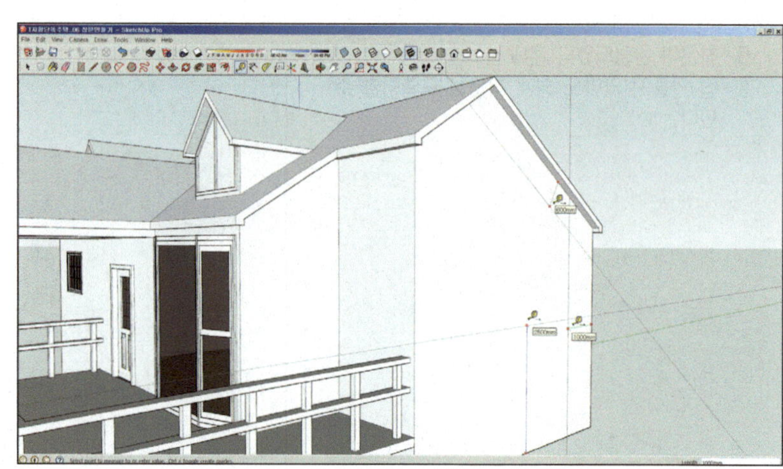

142 계속해서 그림처럼 앞쪽 모서리에서 2200mm, 그 보조선에서 다시 300mm 떨어진 곳에 보조선을 그린다.

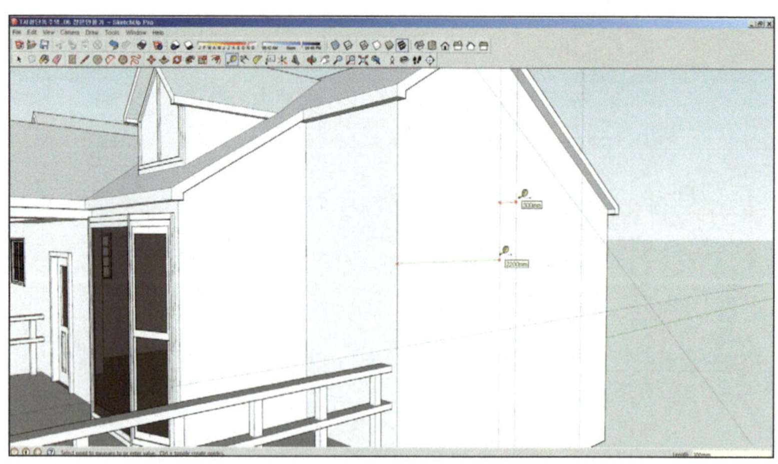

143 역시 Tape Measure Tool(줄자 도구)을 사용해서 그림과 같이 보조선을 그린다. 하나는 3000mm, 또 다른 보조선의 치수는 300mm이다.

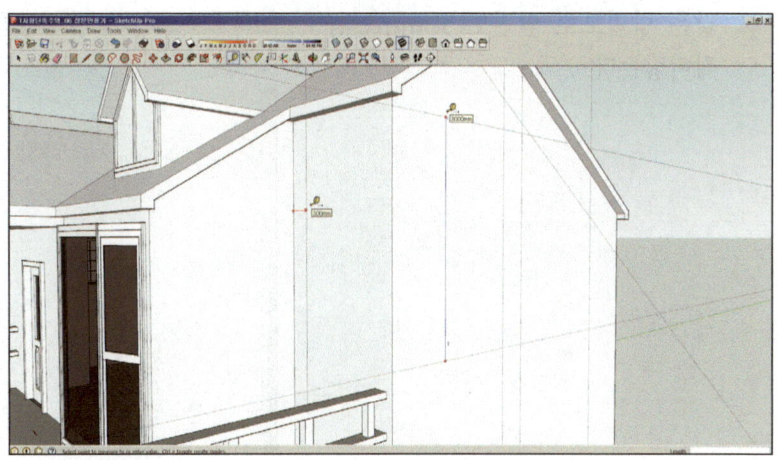

144 그림과 같이 보조선에 맞추어 벽면의 앞쪽과 옆쪽에 선을 그린다.

선을 다 그리고 난 후에는 그릴 때 굵었던 선이 가는 선으로 바뀐다. 만약 선을 그리고 난 후에도 굵은 선으로 남아있다면 그것은 벽면에 그리지 않고 허공에 떠있는 선을 그렸거나 선이 완전히 닫히지 않은 것이다.

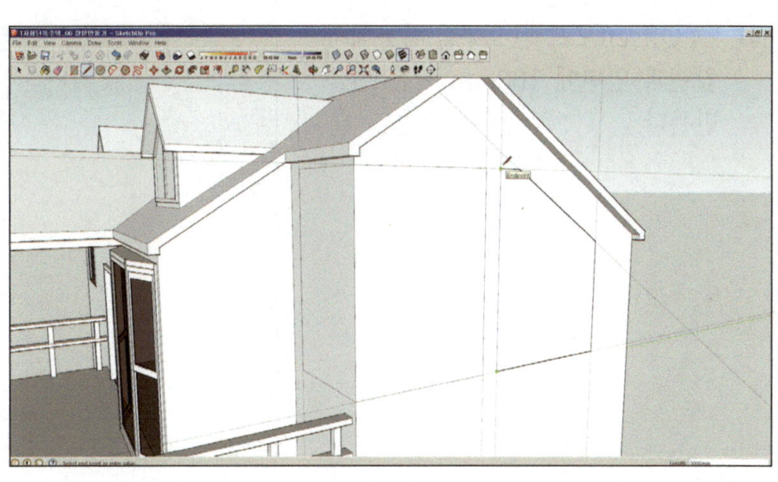

145 Push/Pull(밀기/끌기) 도구로 벽면을 안쪽으로 50mm만큼 집어넣는다.

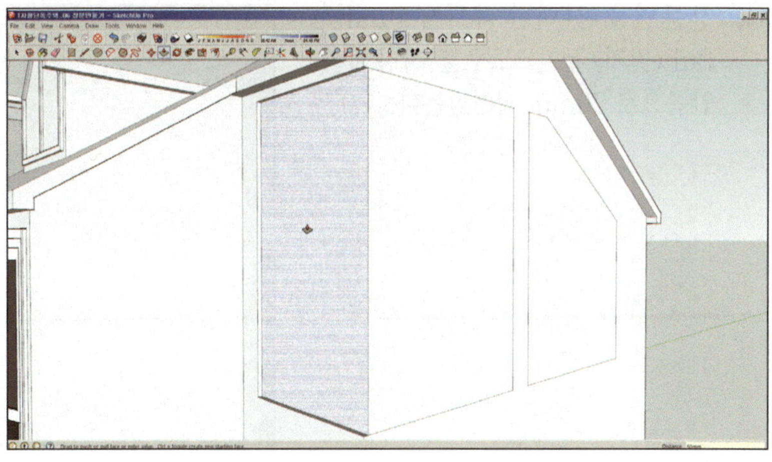

146 같은 방법으로 옆면도 50mm만큼 집어넣는다.

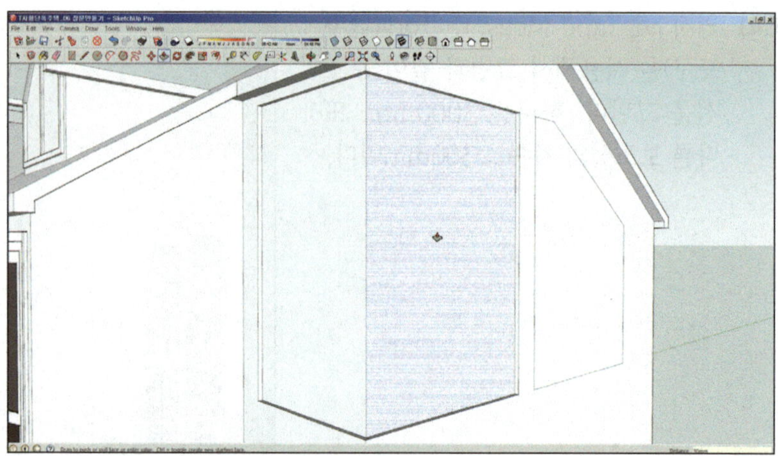

147 Offset(오프셋) 도구를 사용해서 앞면과 옆면에 100mm 작은 면을 만든다.

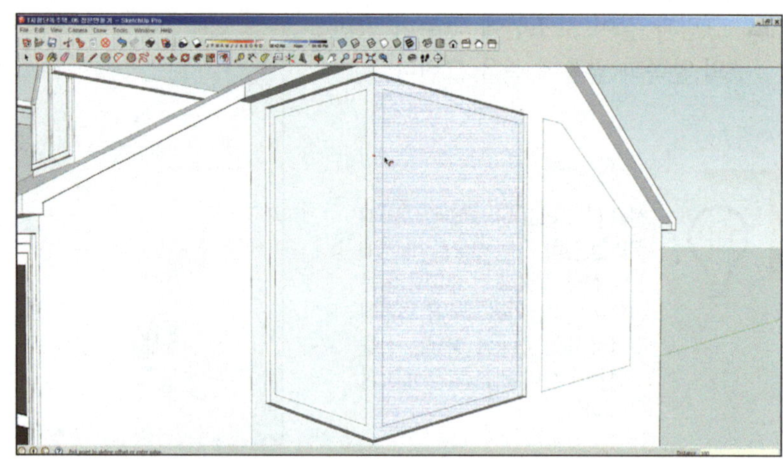

148 창문면을 선택한 후 Push/Pull(밀기/끌기) 도구를 사용해서 안쪽으로 20mm 집어넣는다.

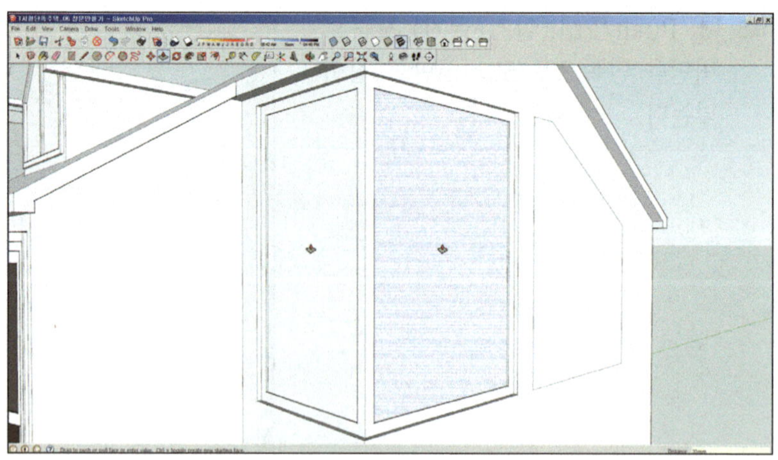

149 뒤쪽 창문도 Offset(오프셋) 도구를 사용해서 100mm 작은 면을 만든다.

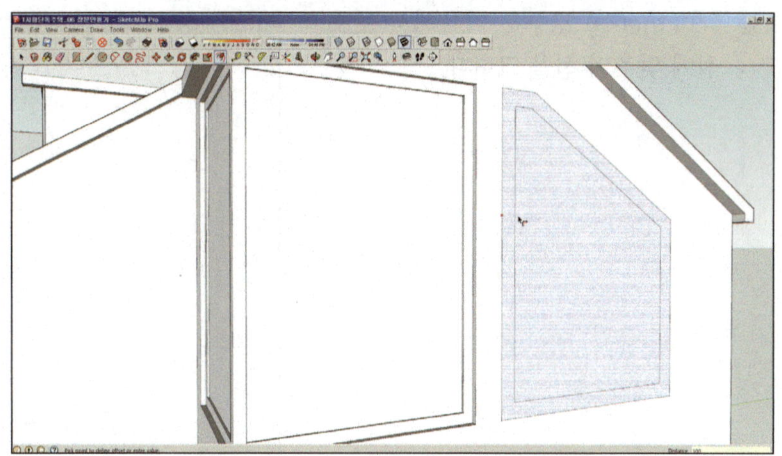

150 중간에 창문틀을 만들기 위해서 그림처럼 Green축 방향으로 선을 그린다.

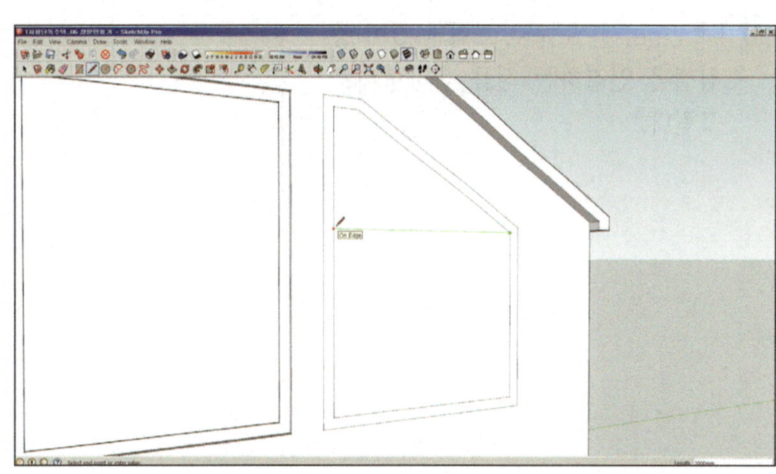

151 Tape Measure Tool(줄자도구)로 선에서 60mm 떨어진 곳에 보조선을 그린다.

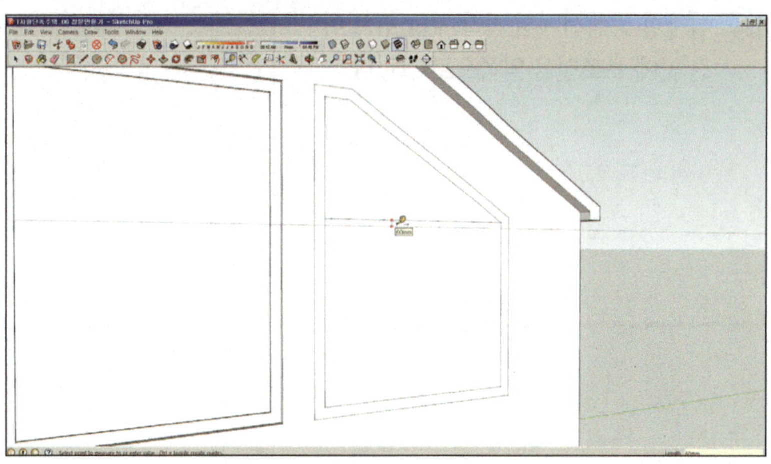

152 Line(선) 도구를 이용해서 보조선에 맞추어 선을 그린다.

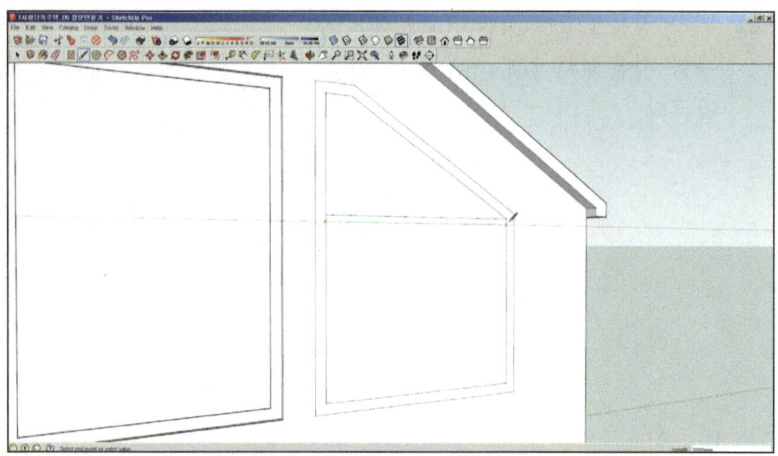

153 Line(선) 도구로 그림과 같이 중심점을 연결하는 선을 십자형태로 그린다.

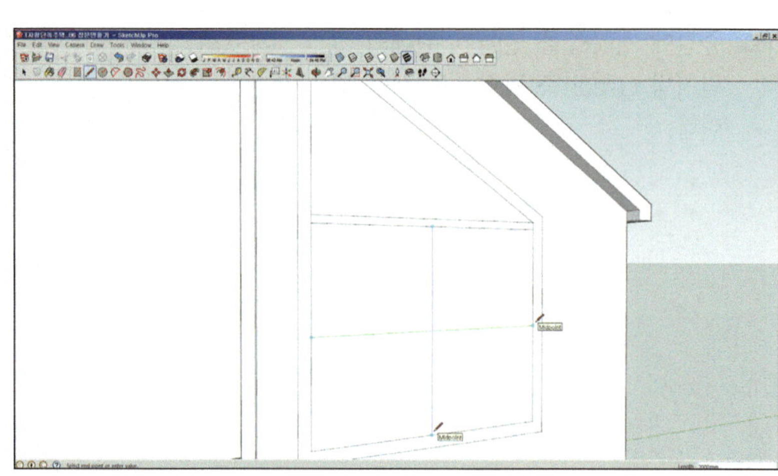

154 십자형 중심선에서 각각 30mm 떨어진 곳에 보조선을 양쪽으로 그린다.

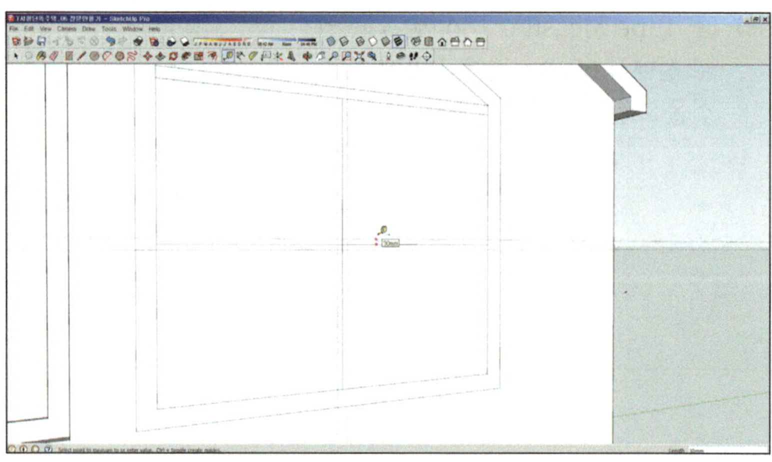

155 Eraser(지우기) 도구로 가운데 십자모양의 선을 제거한다.

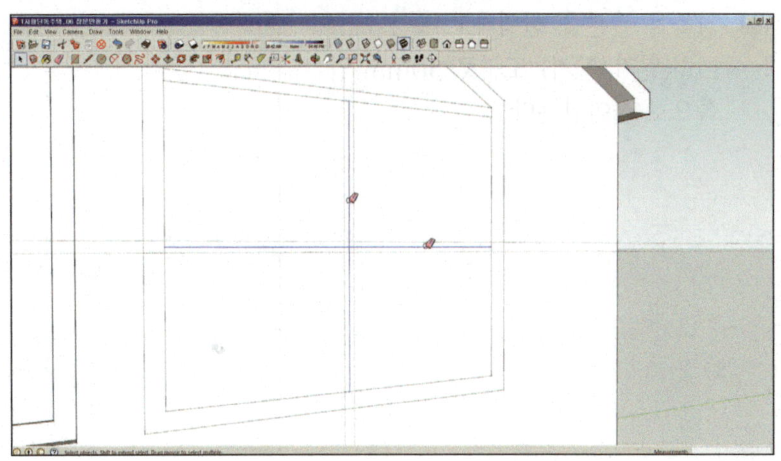

156 Line(선) 도구를 사용해서 창문의 형태대로 보조선에 맞추어 선을 그린다.

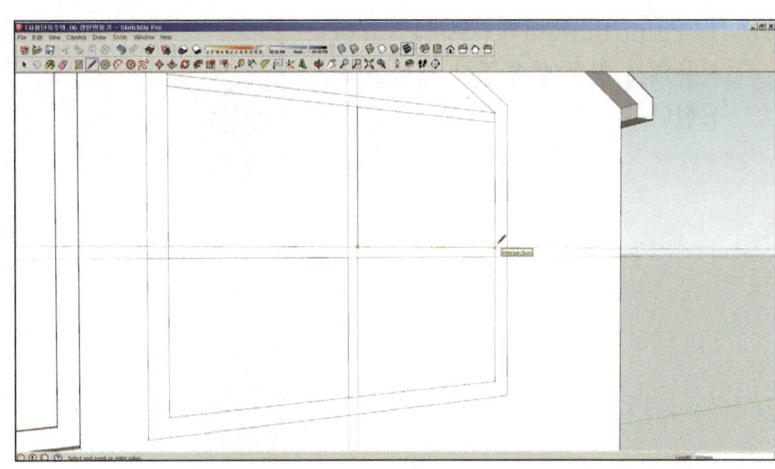

157 Push/Pull(밀기/끌기) 도구로 창문에 해당하는 면을 안쪽으로 70mm 집어넣는다.

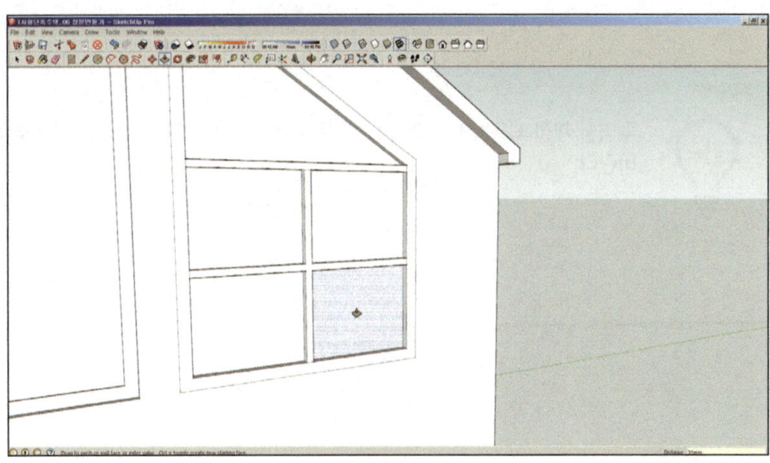

158 창틀을 부분을 선택하고 Push/Pull(밀기/끌기) 도구로 50mm 안쪽으로 집어넣는다.

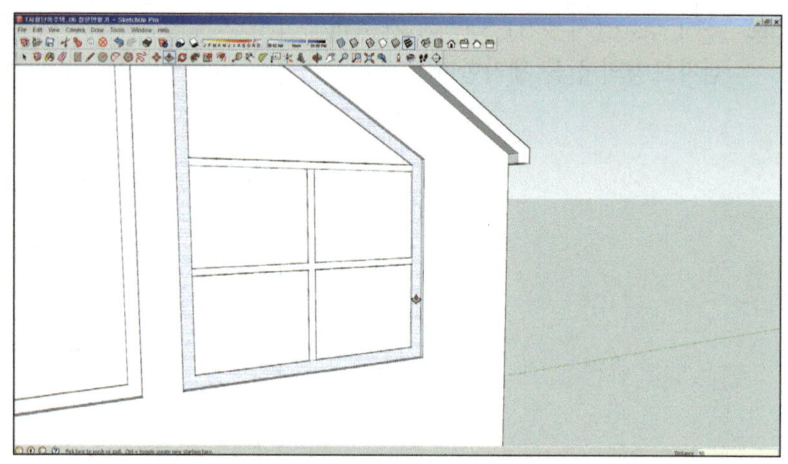

159 Paint Burket(페인트통) 도구를 사용해서 창문에 투명한 재질을 적용한다.

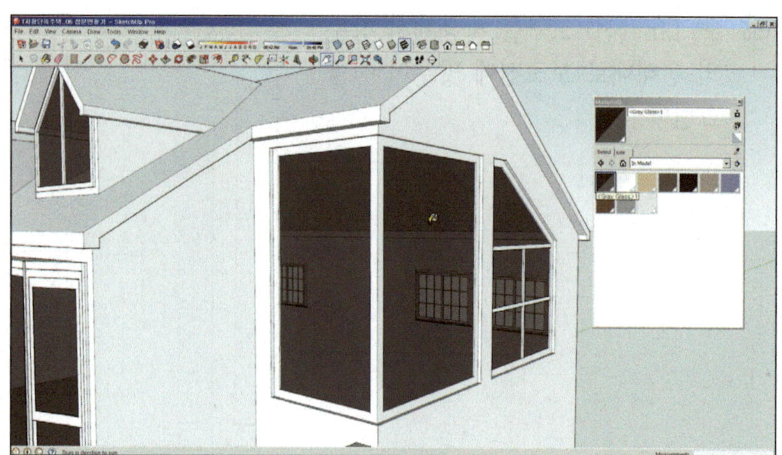

투명한 재질 적용방법은 Part 02 단독주택 제작하기 Chapter 01 단독주택 Ⅰ(일자형) 중에서 "06.재질입히기" 부분을 참고하길 바란다.

주택모델링이 완성되었다면 재질은 독자 임의대로 적용해 보길 바란다.

재질입히기에 대해서는 Chapter 03 단독주택 I(일자형) "06 재질입히기"를 참고하길 바란다. 재질을 잘 적용하기 위해서는 평소에 건축물들을 유심있게 보는 습관이 중요하다. 실제 건축물들의 재질이 무엇으로 적용되어 있는지 사진으로 남겨놓는 것도 좋은 습관이다.

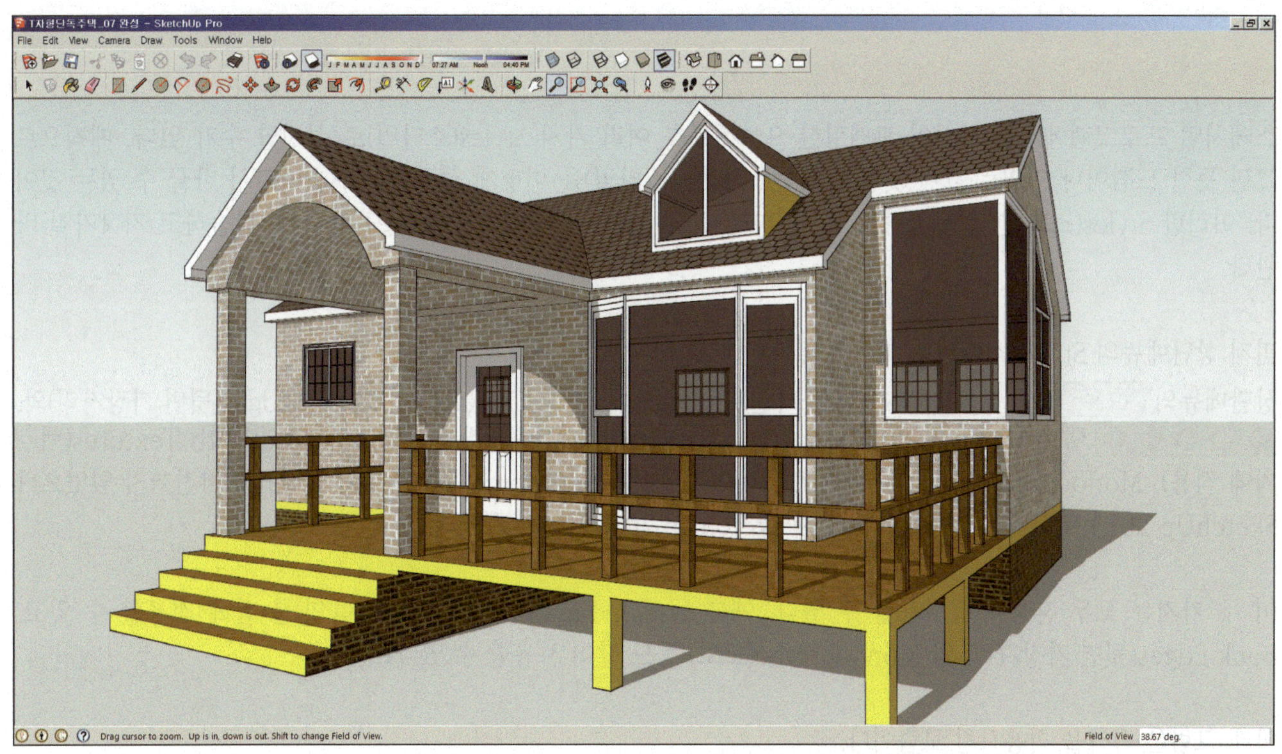

Styles(스타일) 설정하기 1

스케치업 프로그램에서는 자신이 모델링한 오브젝트를 여러 가지 Styles(스타일)로 설정할 수가 있다. 매직으로 그린 듯한 느낌이나 연필로 그린 듯한 느낌 등, Styles(스타일)을 어떻게 설정하느냐에 따라서 바꿀 수 있는 것이다. 이러한 Styles(스타일) 설정하기도 역시 알아두면 유용하게 사용되는 기능이므로 한 번 학습하고 지나가길 바란다.

먼저 상단메뉴의 Styles(스타일)에 대하여 알아보기로 하자.
상단메뉴의 Styles(스타일)에서는 크게 X-Ray(X선), Back Edges(뒷면 가장자리)와, Wireframe(와이어프레임), Hidden Line(은선), Shaded(음영), Shaded With Textures(텍스처에 적용), Monochrome(모노) 두 가지로 나누어진다. Monochrome(모노)은 SketchUp 8버전까지 있었으나 SketchUp 2013 버전에서 없어졌다가 다시 SketchUp 2019에서 부활했다.

이 두 가지는 모두 혼용해서 사용할 수 있다. 예를 들어 X-Ray(X선)와 Shaded(음영)를 함께 적용할 수 있고, Back Edges(뒷면 가장자리) 와 Monochrome(모노) 등도 같이 사용할 수 있다는 말이다.

아래 그림은 각각을 적용시킨 모습이다.

- Wireframe(와이어프레임)
  Wireframe(와이어프레임)은 오브젝트를 선으로만 보여주고 그림자는 보이지 않는다. 따라서 Wireframe(와이어프레임)은 오브젝트가 많아져서 작업시간이 오래 걸릴 때 적용하면 화면 전환이나 다른 작업을 빨리 실행할 수 있다.

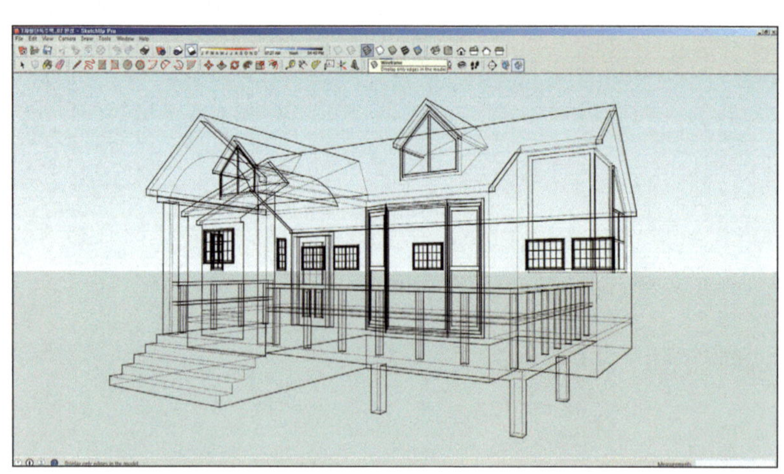

- Hidden Line(은선)
  Hidden Line(은선)은 Wireframe(와이어프레임)처럼 선으로만 보이지만 앞면에 가려져 뒤쪽에 있는 선들은 보여주지 않고 그림자를 보여준다. 전체적인 오브젝트의 모양이나 그림자의 적용 등을 알아볼 때 사용하는 Style(스타일)이다.

- Shaded(음영)
  Shaded(음영)은 재질이 적용되더라도 적용된 재질과 가장 가까운 색으로만 보여준다. 그림자 역시 적용된다. 전체적인 색의 조화를 볼 때 사용되는 Style(스타일)이다.

- Shaded With Textures(텍스처에 적용)
  Shaded With Textures(텍스처에 적용)은 적용된 재질 그대로를 보여주며 그림자도 적용된다. 최종적인 이미지를 얻을 때 적용한다.

- Monochrome(모노)

  적용된 재질에 영향받지 않고 오직 오브젝트의 형태에 영향을 받아 보여주며, 그림자도 마찬가지다. 창문 재질은 투명하지만 Monochrome(모노)을 적용하면 투명하게 보이지 않고 그림자 역시 투명한 값에 맞추어 진하고 밝게 적용되는 것이 아니라 오브젝트의 형태에만 적용되어 생성된다.

- X-Ray(X선)

  그림은 Hidden Line(은선)에 X-Ray(X선)를 적용한 모습이다. X-Ray(X선)을 적용하면 오브젝트를 반투명한 상태로 보여주며, 뒤쪽 부분과 겹치는 부분 등을 볼 수 있다.

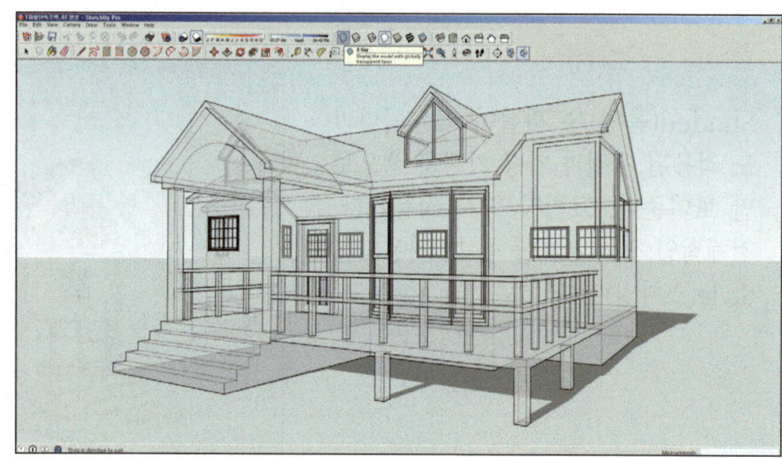

- Back Edges(뒷면 가장자리)

  Back Edges(뒷면 가장자리)는 X-ray(X선)와 비슷하지만 뒤쪽에 안 보이는 선 부분을 표현할 때 점선으로 표현된다.

현대식 주택

Chapter

이번 Chapter에서는 현대식 주택 만들기이다. 건물의 형태가 앞서 만들었던 일자형과 T자형 주택과는 약간 차이가 있어 좀 더 난이도 있는 건물모델링을 배울 수 있을 것이다. 하지만 모형이 복잡하다고 해서 모델링이 어려운 것은 아니며, 다만 작업의 양이 좀 더 많을 뿐이다. 이와 더불어 외부에서 불러온 이미지를 매핑으로 적용하는 방법에 대해 알아보도록 하겠다.

01 기본형태 만들기

가운데 건물을 중심으로 현대식 주택의 기본형태를 만들어 보자.

1 Rectangle(직사각형) 도구를 사용해서 Top(맨 위)에서 사각형을 그린다. 치수는 11000mm*12000mm이다.

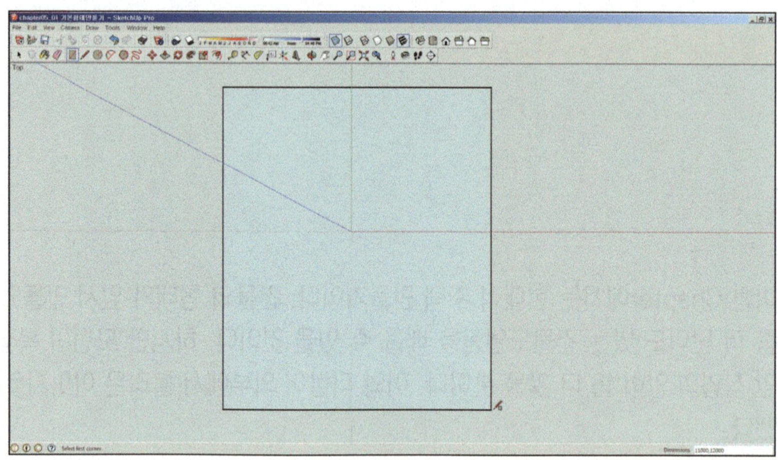

상단 메뉴에 있는 Views(뷰) 메뉴에서 Top(맨 위) 아이콘을 선택하면 화면이 Top View(맨 위 보기)로 바뀐다. 평면을 그리는 경우 Top View(맨위 보기)를 많이 사용하고 다시 ISO View(ISO 보기)로 전환하면 입체의 형태를 볼 수 있다. 이 밖에도 Front View(정면도), Right View(우측면도), Back View(배면도), Left View (좌측면도) 등으로 전환할 수 있다.

2 위에서 그린 사각형의 오른쪽 위 모서리에서 그림과 같이 치수가 (6000, 4500)인 사각형을 그린다.

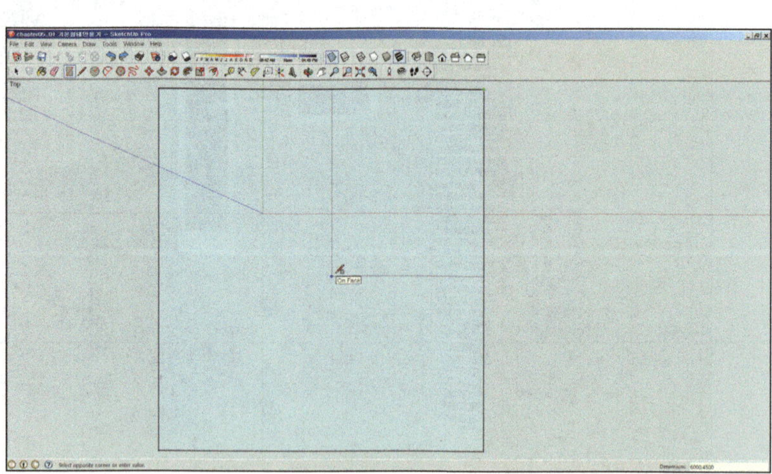

3 마찬가지로 왼쪽 아래 모서리에서 시작하는 사각형을 그린다. 치수는 (4500, 800) 이다.

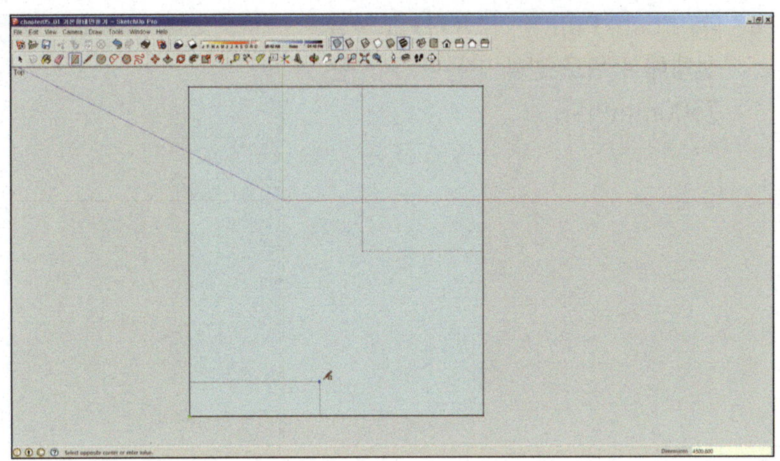

4 Eraser(지우기) 도구를 사용해서 그림처럼 양쪽 모서리를 지운다.

사각면을 지울 때는 지우개 도구로 모서리를 지워서 면을 지울 수도 있지만 Select(선택) 도구로 면을 드래그해서 선택한 후 Del 키로 삭제하는 방법도 있다. 지우개 도구는 면을 제거하지 못한다.

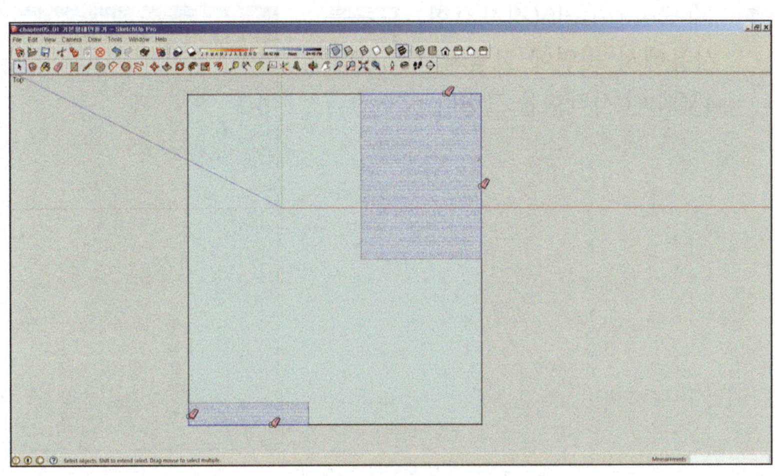

5 Views(뷰) 창에서 ISO를 클릭해서 ISO View로 전환한다.

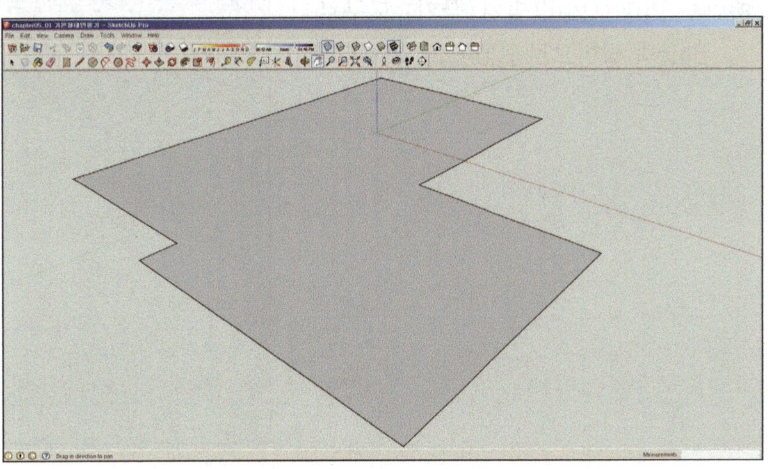

6 Push/Pull(밀기/끌기) 도구를 선택해서 위로 면을 만든다. 치수는 7500mm이다.

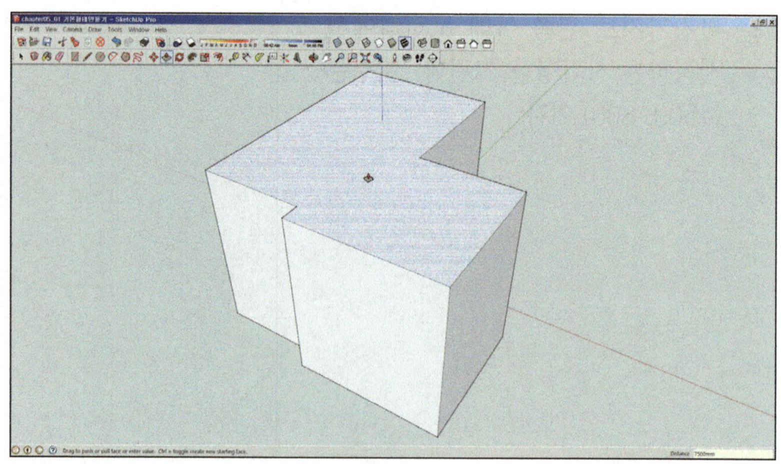

7 Rectangle(직사각형) 도구를 사용해서 윗면에 그림처럼 (4500, 4300)인 사각형을 그린다.

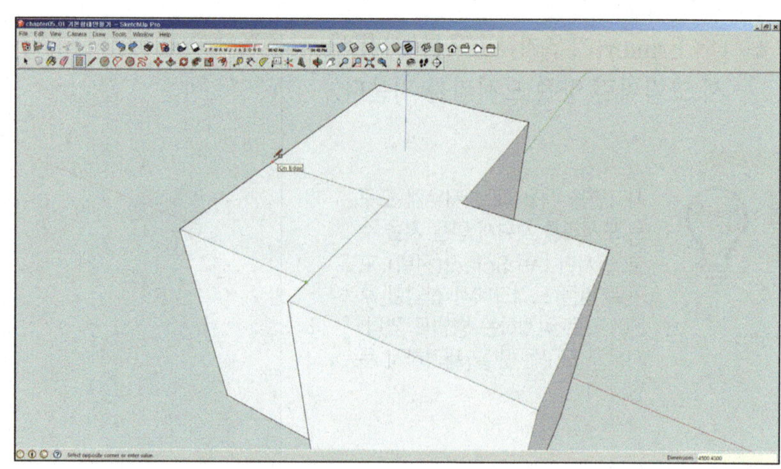

8 Push/Pull(밀기/끌기) 도구로 Blue축 방향으로 2200mm 올린다.

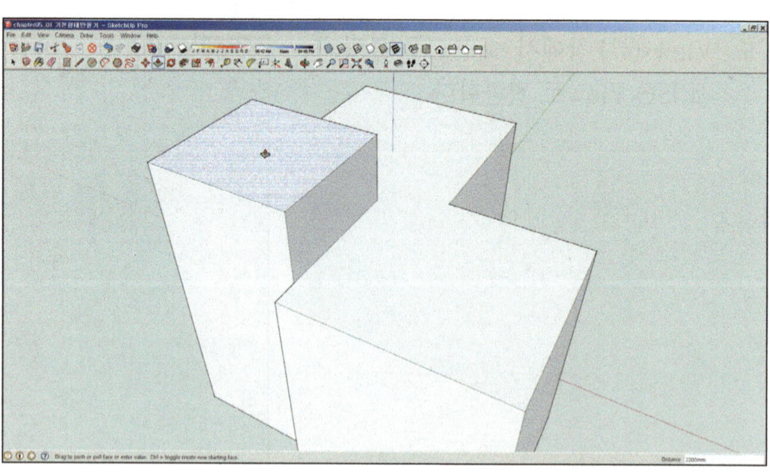

9 주택의 왼쪽 면에서 Rectangle(직사각형) 도구를 사용하여(7500, 3200)인 사각면을 만든다.

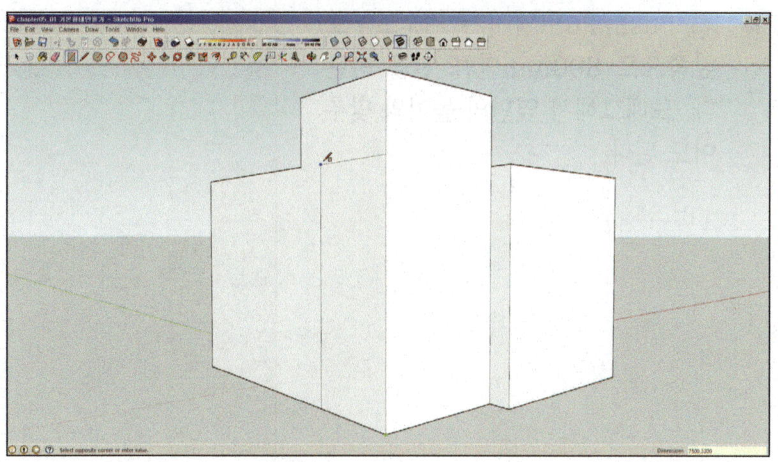

10 Push/Pull(밀기/끌기) 도구를 선택한 후 Ctrl 키를 눌러 3000mm 면을 만든다.

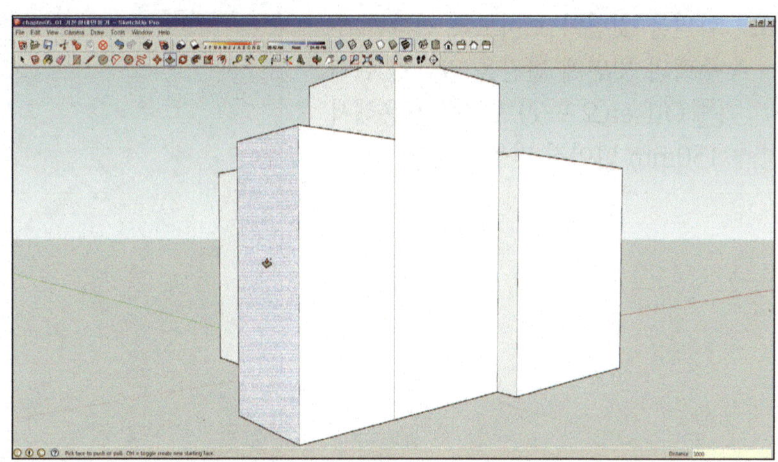

Ctrl 키를 누르지 않고 면을 생성한 경우는 면을 새롭게 생성하는 것이 아니라 늘리는 것이다. 따라서 나중에 Line(선) 도구로 또 선을 그려야 하는 번거로움이 있다.

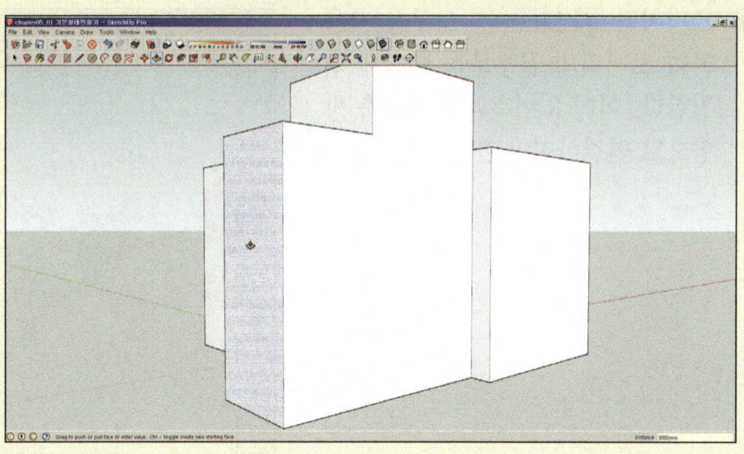

11 Push/Pull(밀기/끌기) 도구로 앞쪽으로 800mm만큼 면을 만든다. 드래그해서 옆면의 높이와 맞추어도 된다.

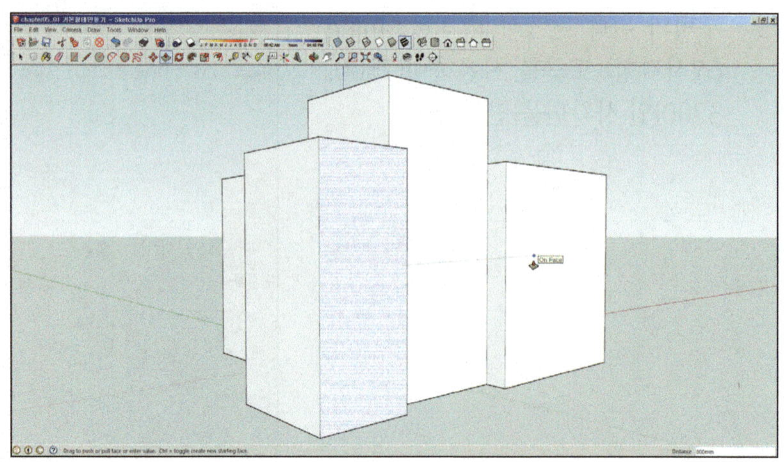

12 화면을 윗면이 보이도록 전환한 후 주택의 윗면에 난간을 만들기 위해 Offset(오프셋) 도구를 사용해서 150mm 떨어진 면을 만든다.

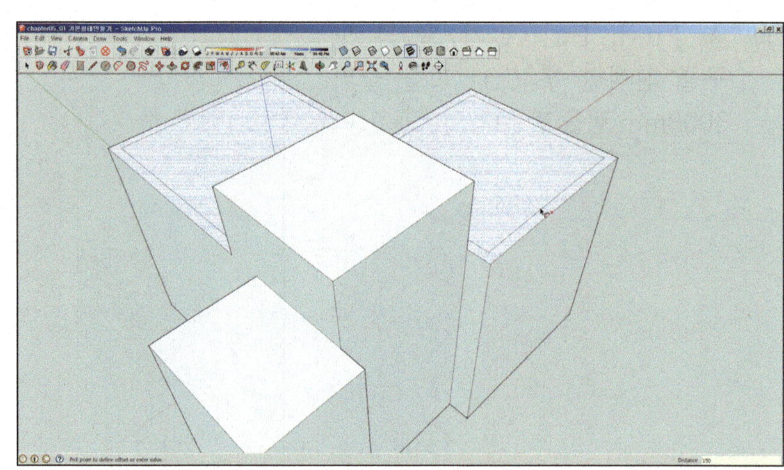

13 그림처럼 Line(선) 도구를 사용하여 모서리의 끝부분을 벽면에 연결한다. 이때 Red축과 Green축 방향으로 연결하여야 한다.

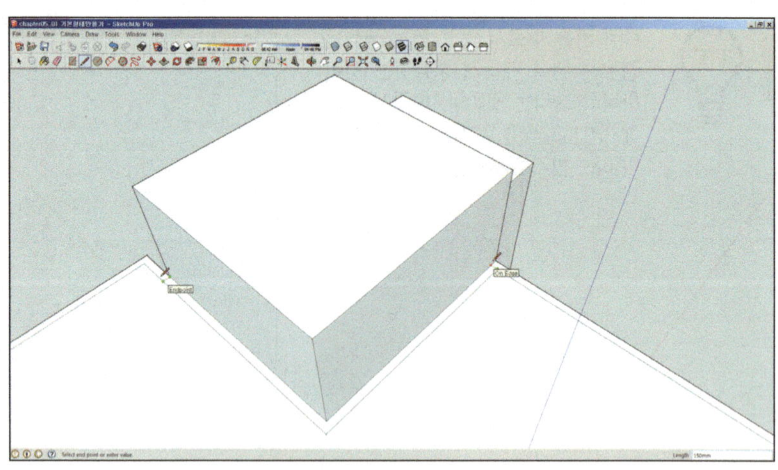

14 Eraser(지우기) 도구로 그림처럼 선을 제거한다.

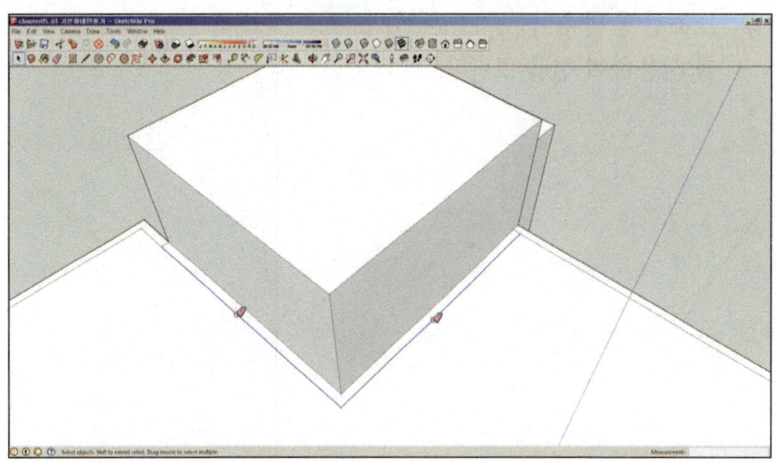

15 Push/Pull(밀기/끌기) 도구를 사용해서 1200mm 면을 생성하여 난간을 만든다.

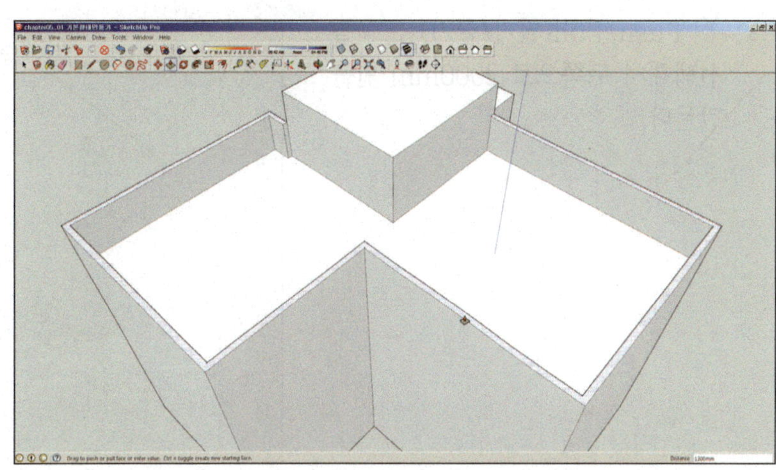

16 주택의 뒷면에 Tape Measure Tool(줄자도구)을 이용해서 아랫면에서 800mm 떨어진 곳에 보조선을 그린다.

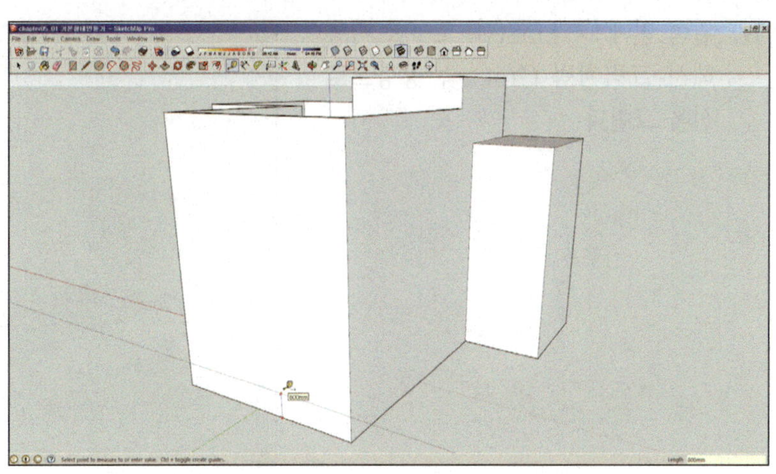

17 보조선에 맞추어 Line(선) 도구를 사용하여 선을 그린다.

18 Push/Pull(밀기/끌기) 도구를 선택해서 뒤쪽으로 2000mm 면을 만든다.

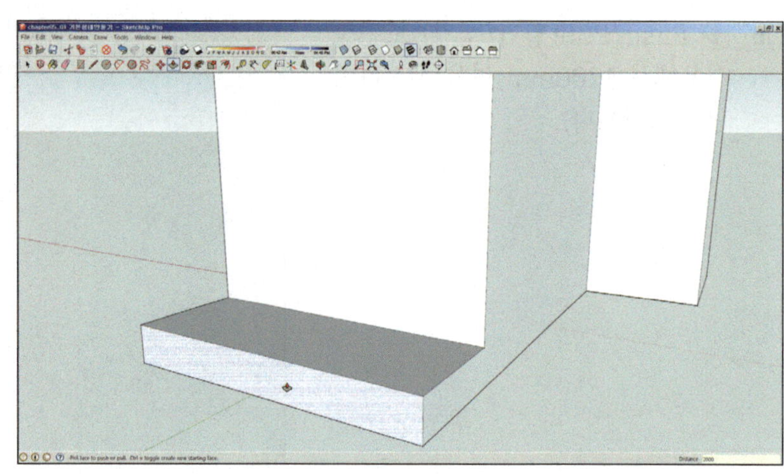

19 왼쪽 면에 Line(선) 도구를 사용해서 그림처럼 Green축 방향으로 선을 그린다.

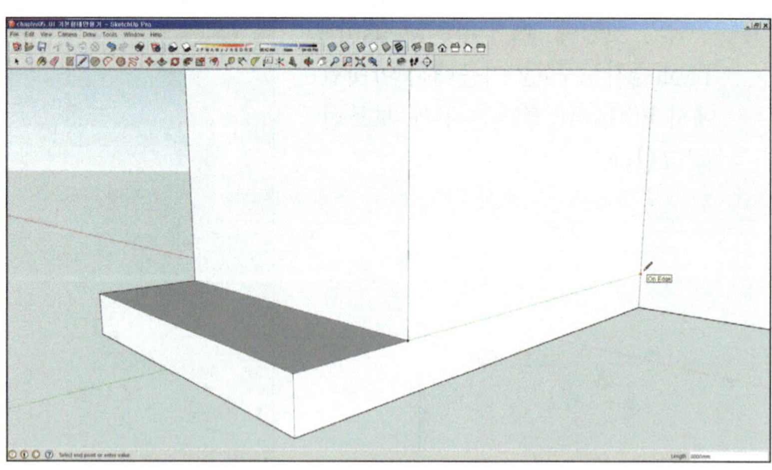

20 Push/Pull(밀기/끌기) 도구를 사용해서 2500mm 면을 만든다.

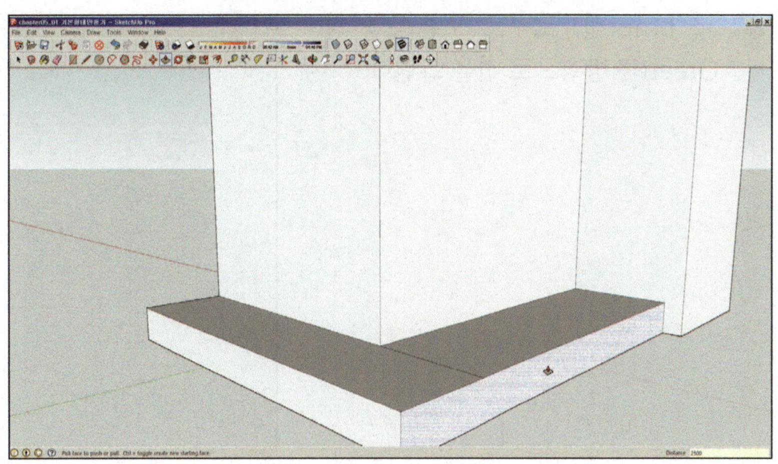

21 Eraser(지우기) 도구로 윗면의 선은 제거한다.

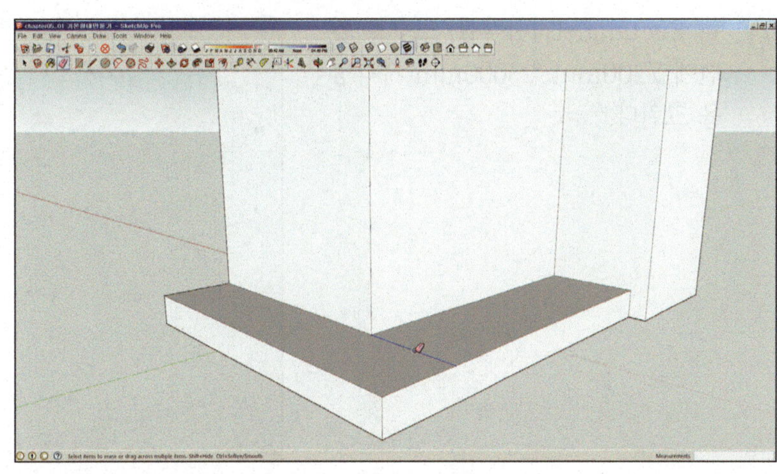

22 Rectangle(직사각형) 도구를 사용해서 주택의 오른쪽 건물 앞면에 (7200, 3000) 사각형을 그린다.

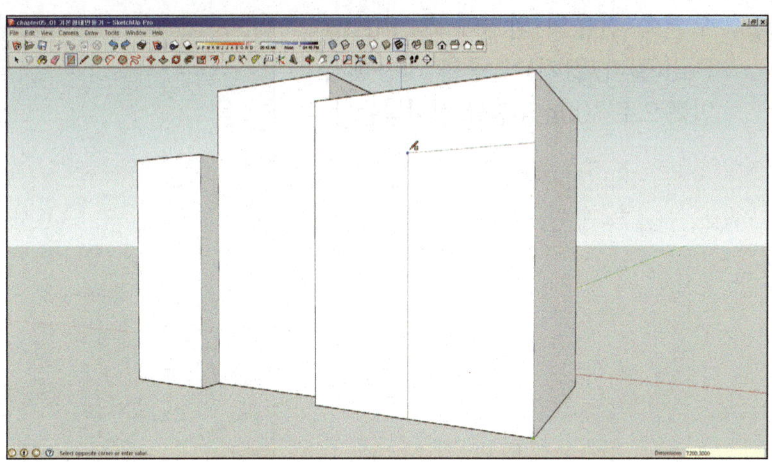

23 Line(선) 도구로 오른쪽 면의 Green축 방향으로 선을 그린다.

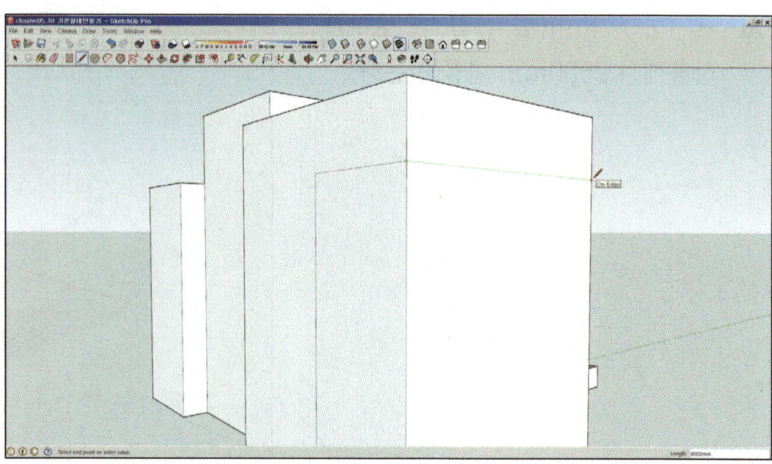

24 Rectangle(직사각형) 도구로 뒷면에 7200mm * 3000mm 사각형을 그린다.

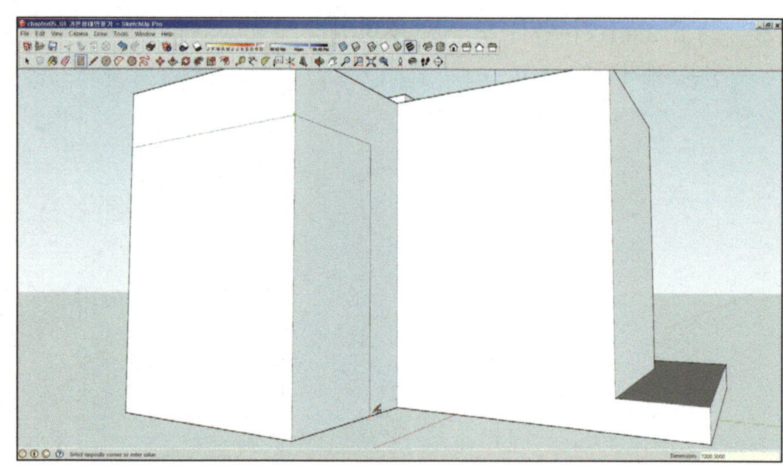

25 오른쪽 건물의 앞면에 Push/Pull(밀기/끌기) 도구를 사용해서 안쪽으로 300mm만큼 집어넣는다.

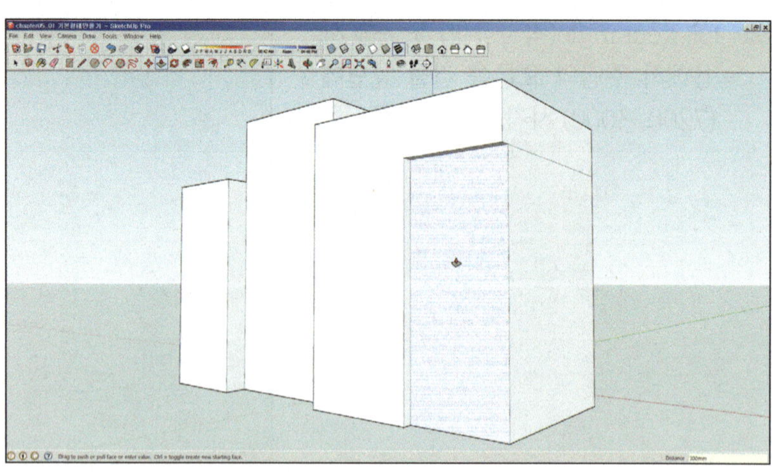

26 Tape Measure Tool(줄자도구)로 주택의 앞쪽 지면에서 500mm 떨어진 곳에 보조선을 그린다.

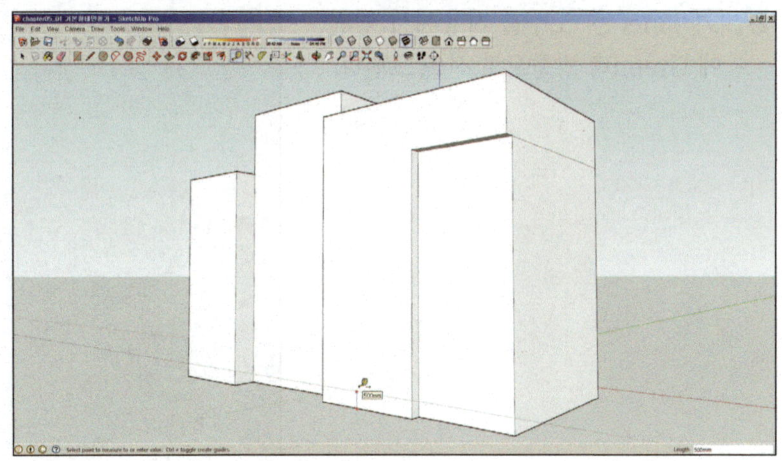

27 보조선에 맞추어 Line(선) 도구를 사용해서 선을 그린다.

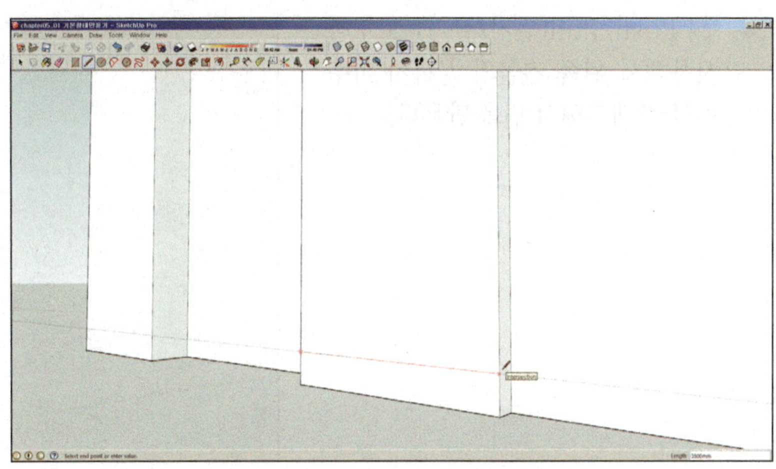

28 Push/Pull(밀기/끌기) 도구를 사용해서 앞쪽으로 2500mm 면을 만든다.

29 Line(선) 도구를 사용해서 옆면에 Green축 방향으로 선을 그린다.

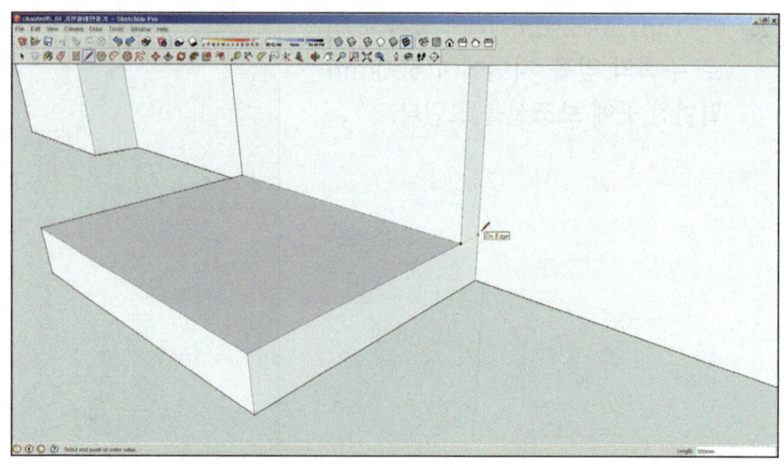

30 Push/Pull(밀기/끌기) 도구를 사용해서 왼쪽 건물의 끝까지 마우스를 드래그해서 면을 만든다.

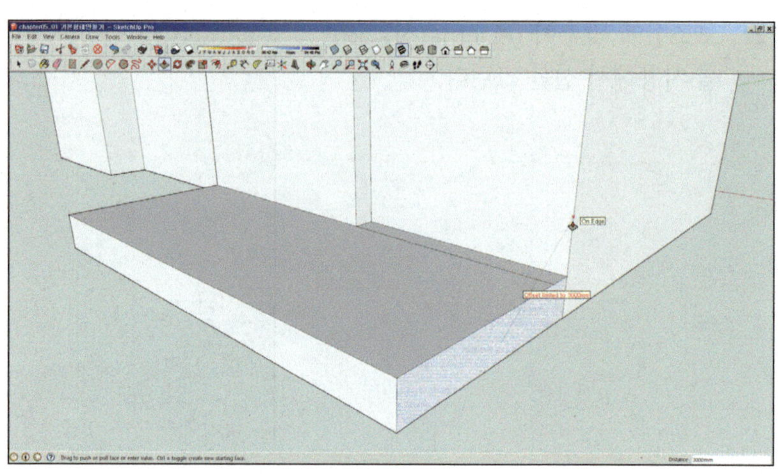

31 반대쪽 면도 Line(선) 도구로 선을 그린 후 다시 Push/Pull(밀기/끌기) 도구를 사용해서 옆쪽 건물 면까지 면을 만든다.

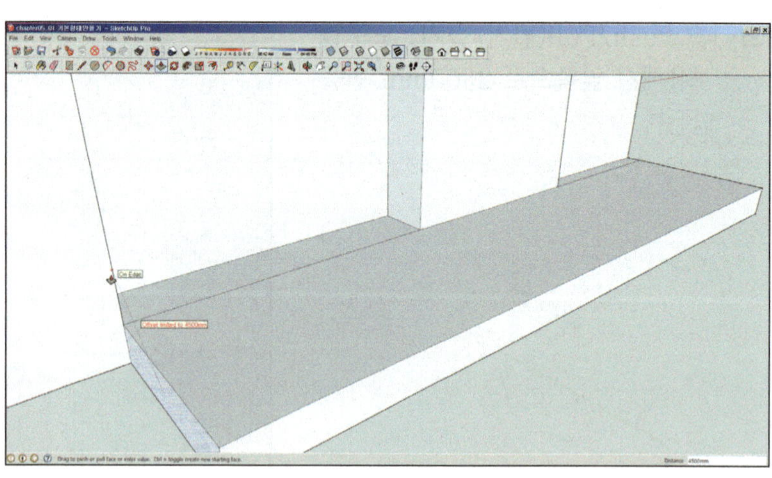

32 Eraser(지우기) 도구로 윗면의 선을 제거한다.

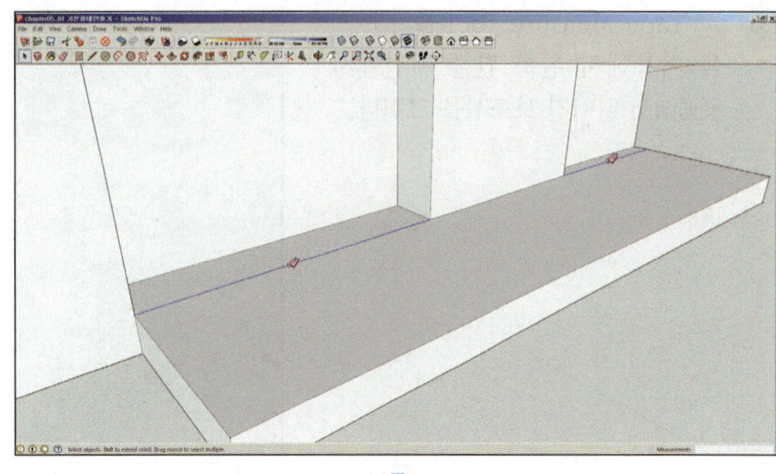

현대식 주택의 기본형태가 완성되었다.

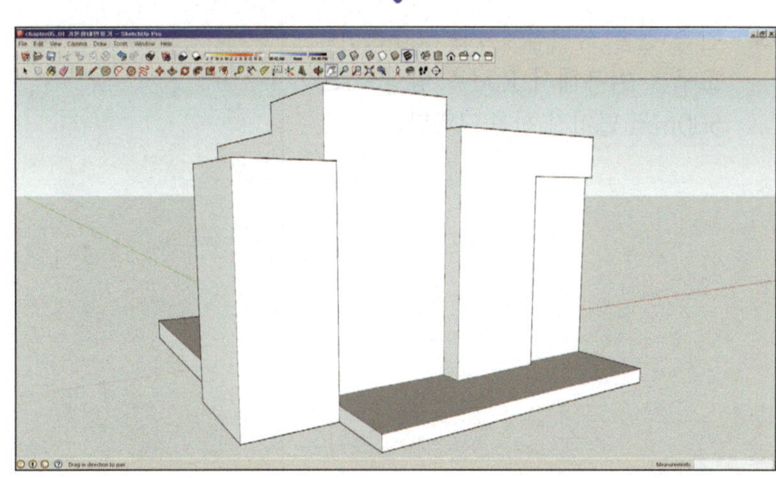

다음에는 왼쪽 건물과 오른쪽 건물을 좀 더 세밀하게 모델링해 볼 것이다.

02 건물꾸미기 1

앞장까지 건물의 기본 형태를 만들었다면 지금부터는 건물의 섬세한 형태를 만들어 보도록 하겠다. 건물꾸미기 1에서는 왼쪽 건물을, 건물꾸미기 2에서는 오른쪽 건물의 형태를 다듬을 것이다. 이렇게 섬세한 형태를 잘 만들어야만 주택의 모양이 예쁘며, 건물이 좀 더 사실다워질 수 있다.

33 Tape Measure Tool(줄자도구)을 이용해서 왼쪽 건물 지면에서 500mm 떨어진 보조선을 그린다.

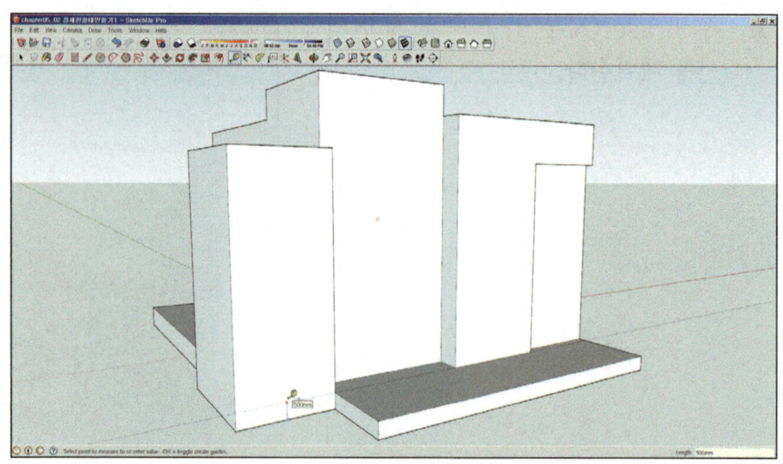

34 왼쪽 건물 꼭짓점에서 Line(선) 도구를 이용해서 Red축 방향으로 500mm 떨어진 선을 그린다.

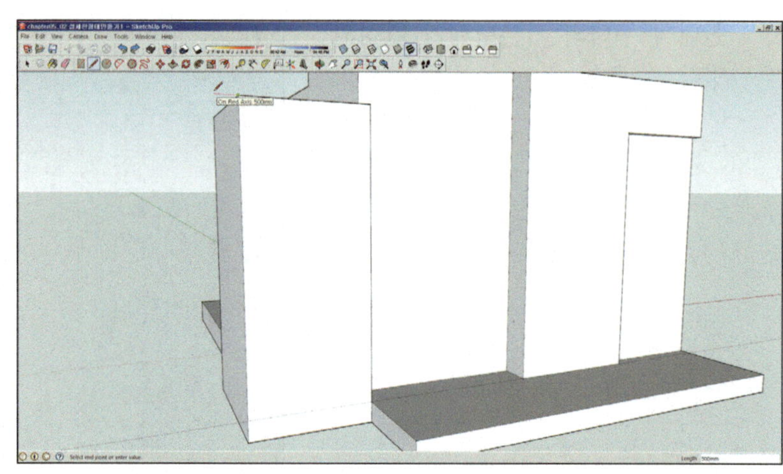

35 Line(선) 도구를 이용해서 방금 그린 선과 보조선을 연결하는 대각선을 그린다.

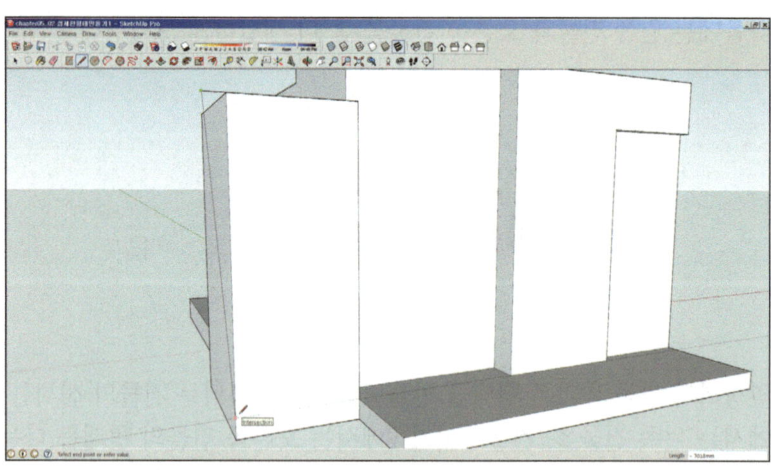

36 화면을 뒤쪽으로 회전한 후 삼각면을 Push/Pull(밀기/끌기) 도구를 사용해서 뒤쪽으로 700mm 면을 만든다.

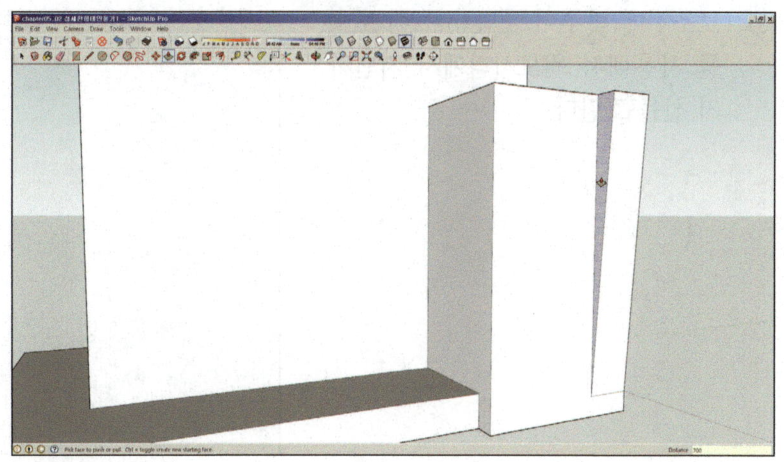

37 Line(선) 도구를 사용해서 그림처럼 생성된 면의 뒷모서리에서 지면으로 선을 그린다.

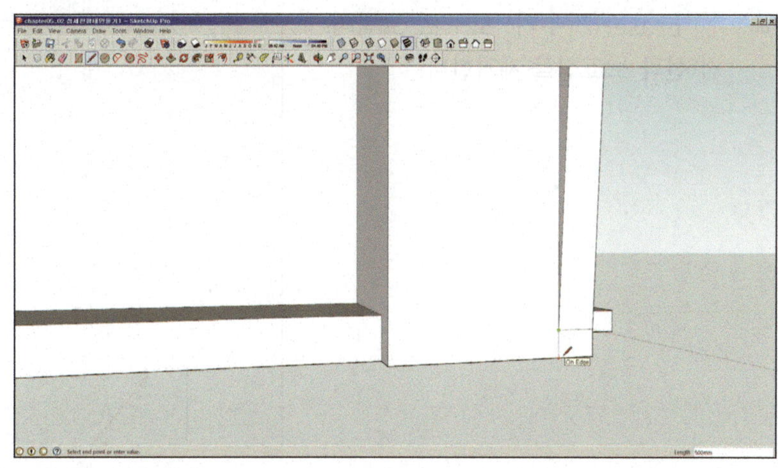

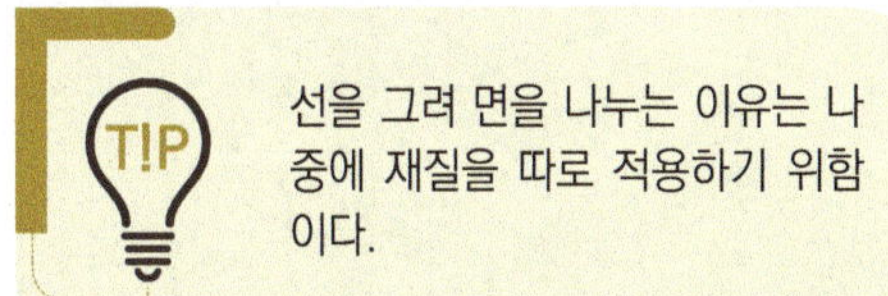

선을 그려 면을 나누는 이유는 나중에 재질을 따로 적용하기 위함이다.

38 앞면에서 Tape Measure Tool(줄자도구)로 선으로부터 500mm 떨어진 곳에 보조선을 그린다.

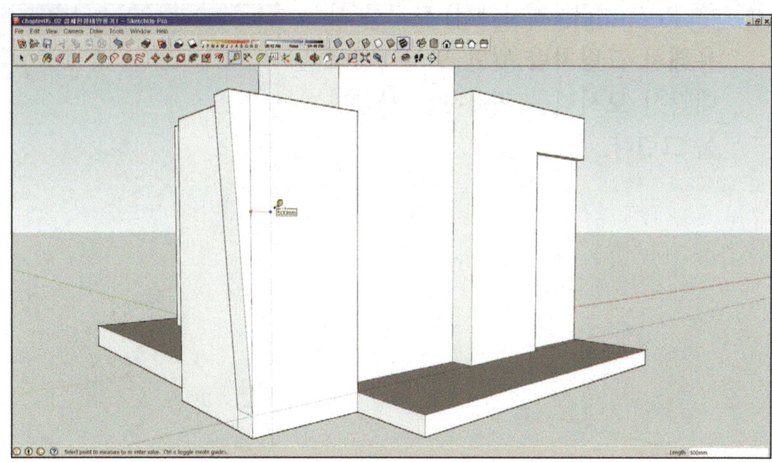

39 보조선에 맞추어 Line(선) 도구를 사용해서 윗모서리에서 지면까지 선을 그린다.

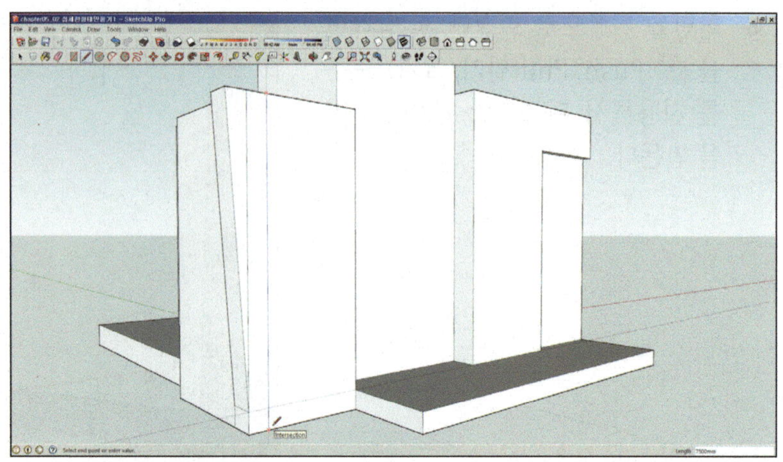

40 Eraser(지우기) 도구로 그림처럼 선과 보조선을 제거한다.

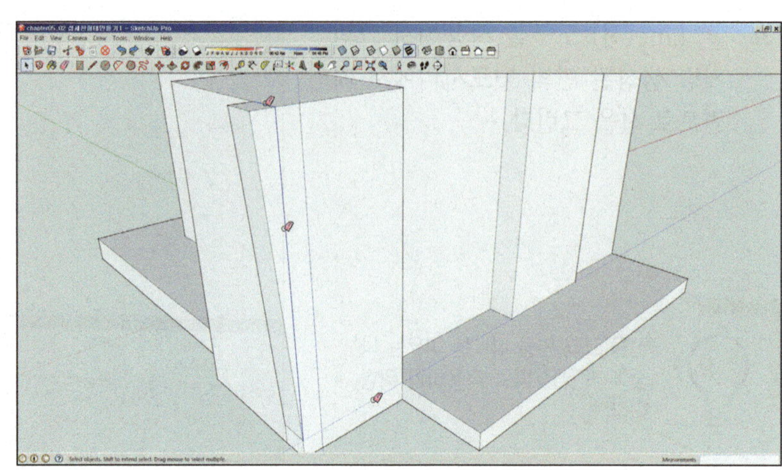

41 Rectangle(직사각형) 도구를 사용해서 그림처럼 윗면 모서리에서 대각선 모서리를 연결하는 사각형을 그린다.

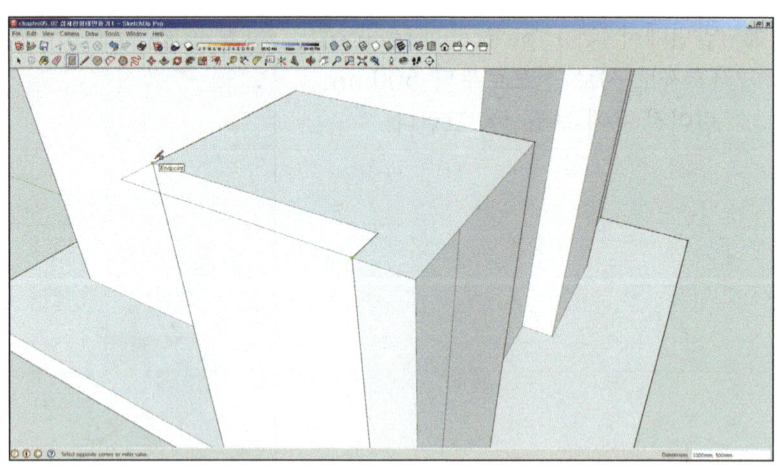

42 방금 그린 사각면에서 Ctrl 키를 누른 후 Push/Pull(밀기/끌기) 도구를 사용해서 위로 1200mm 면을 만든다.

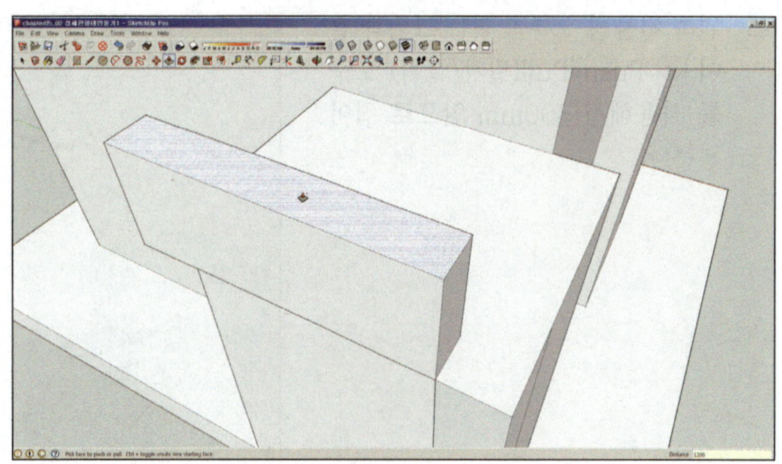

43 다른 면을 같은 방법으로 1200mm 만큼 올린다.

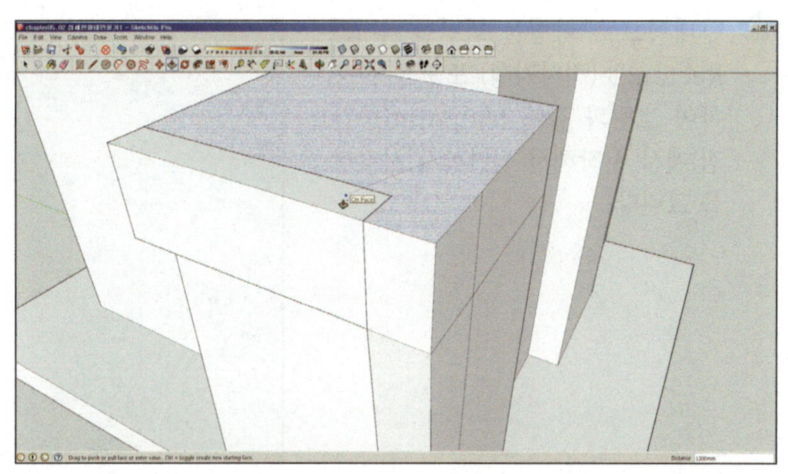

44 Eraser(지우기) 도구로 선들을 제거한다.

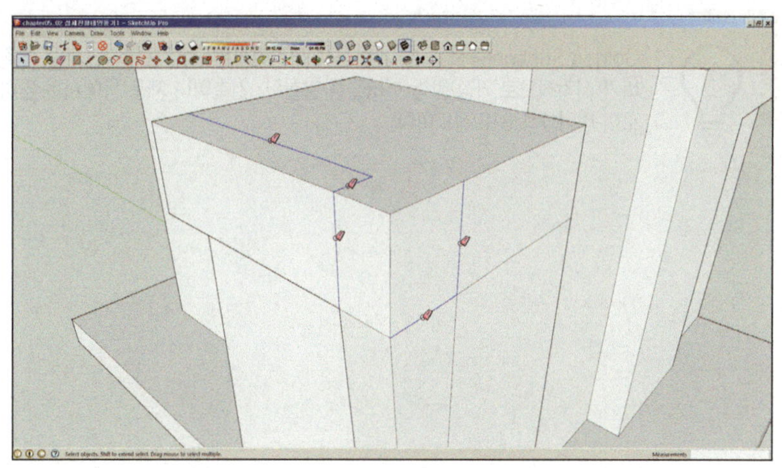

면의 중간선들과 사용한 보조선을 바로바로 제거해 주어야 선들이 복잡해지는 것을 방지하며 작업의 속도를 높일 수 있다. 또한 선들을 제거해 줌으로써 면의 모양이 바뀌게 되어 자신이 원하는 모양으로 만들 수 있다.

45 왼쪽 건물의 오른쪽 면을 그림과 같이 Push/Pull(밀기/끌기) 도구를 사용해서 300mm 안으로 집어 넣는다.

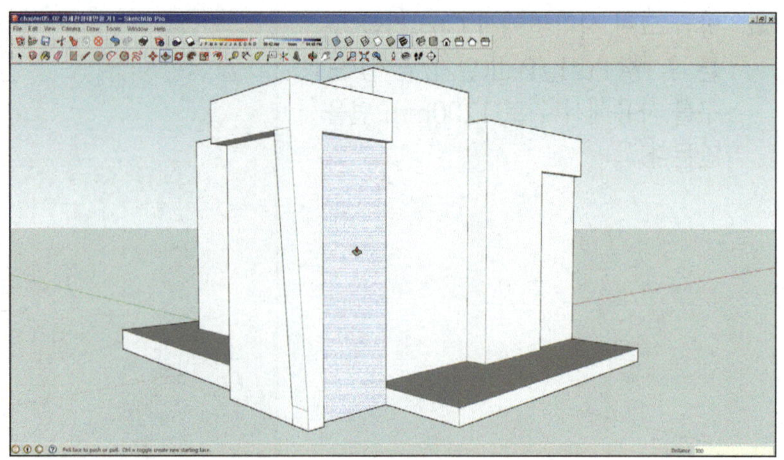

46 반대쪽으로 화면을 회전한 후 Rectangle(직사각형) 도구를 사용하여 그림과 같이 Midpoint(중간점)에서 시작해서 뒷면까지 사각형을 그린다.

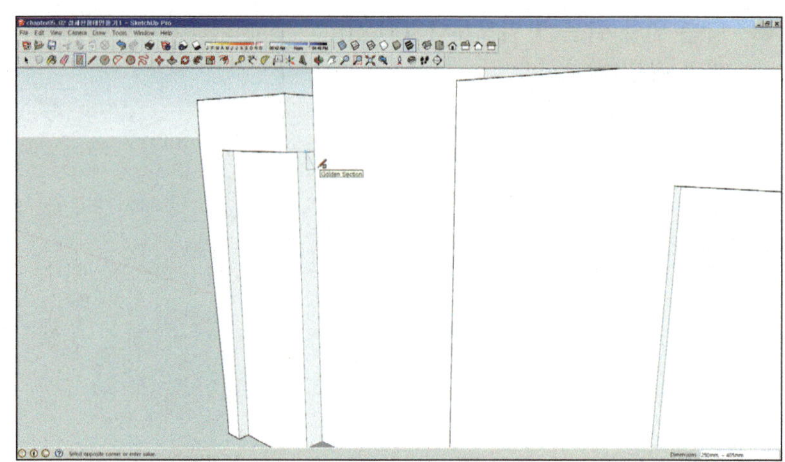

Golden Section(금색 섹션)이란 금색 섹션이라는 말로 번역되었지만, 정확하게는 황금분할을 말하는 것이다. 즉 사각형 두 변의 비가 시각적으로 가장 완벽한 비율을 말한다. 건축이나 제품 등에서는 많이 사용하니 알아둘 필요가 있다. 수치적으로 가로대 세로이 비가 1:1.618 정도이다.

47 Eraser(지우기) 도구로 작은 사각형 위 모서리를 제거한다.

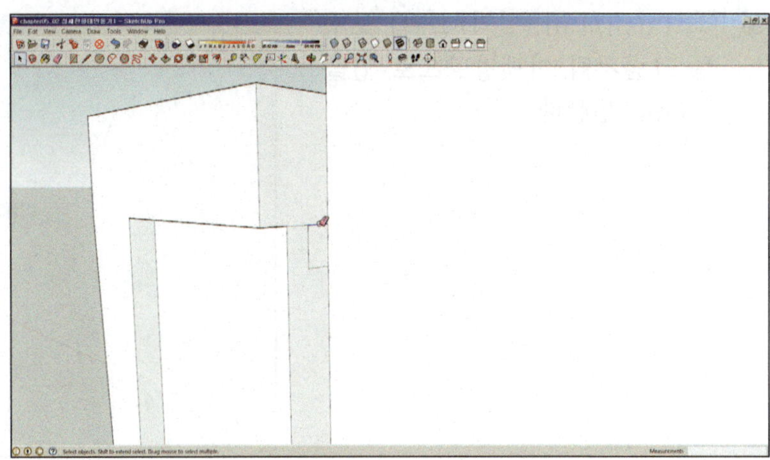

48 Push/Pull(밀기/끌기) 도구를 사용해서 바깥쪽으로 300mm 면을 만든다.

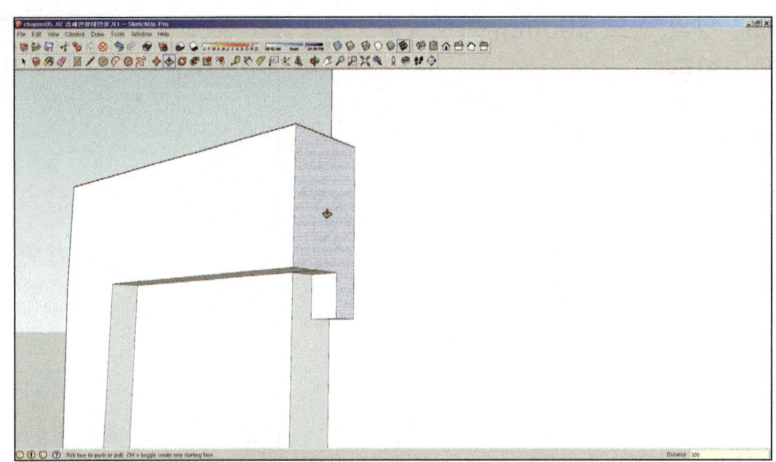

49 Eraser(지우기) 도구로 아래쪽에 선을 제거한다.

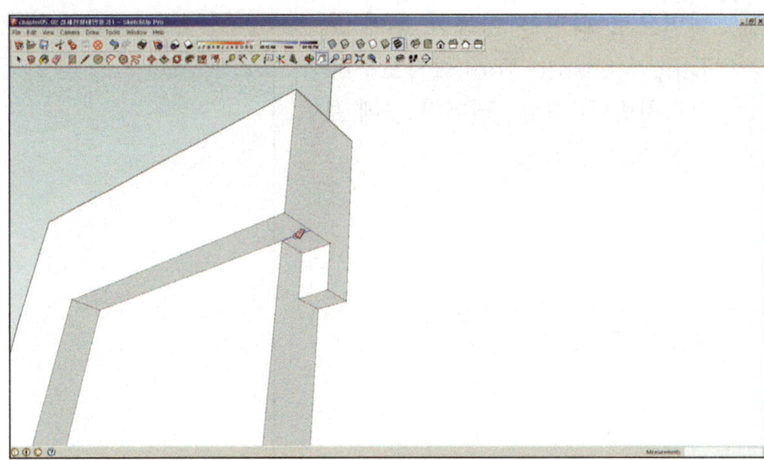

50 Push/Pull(밀기/끌기) 도구로 그림처럼 아랫방향으로 면을 500mm 만든다.

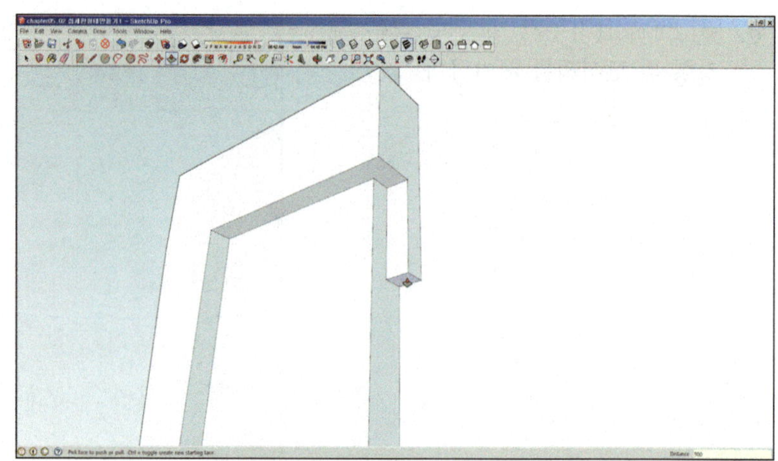

51 옆의 면도 500mm 아랫방향으로 만든다.

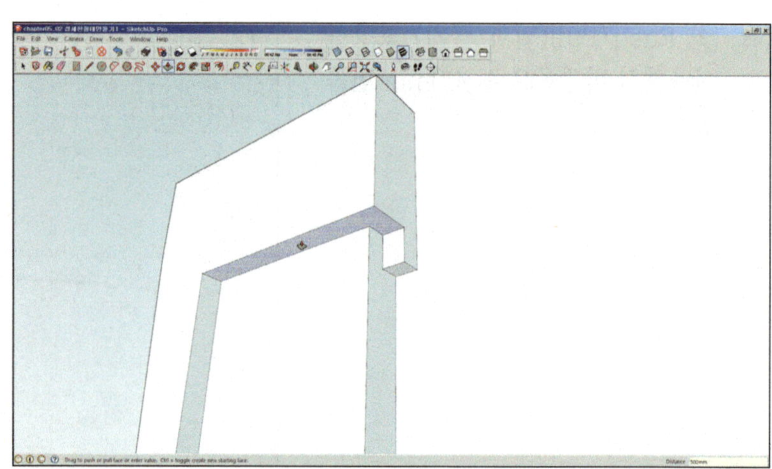

52 뒷면으로 화면을 이동한 후에 Tape Measure Tool(줄자도구)로 그림처럼 500mm 떨어진 곳에 보조선을 그린다.

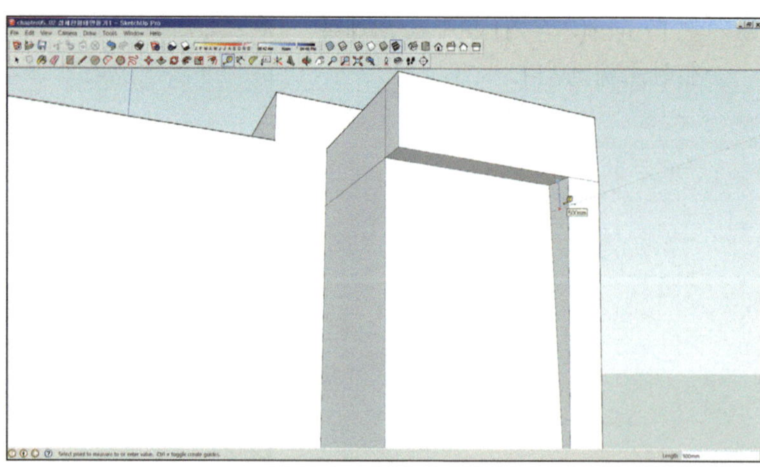

53 Line(선) 도구를 사용해서 그림 처럼 보조선에 맞추어 선을 그린다.

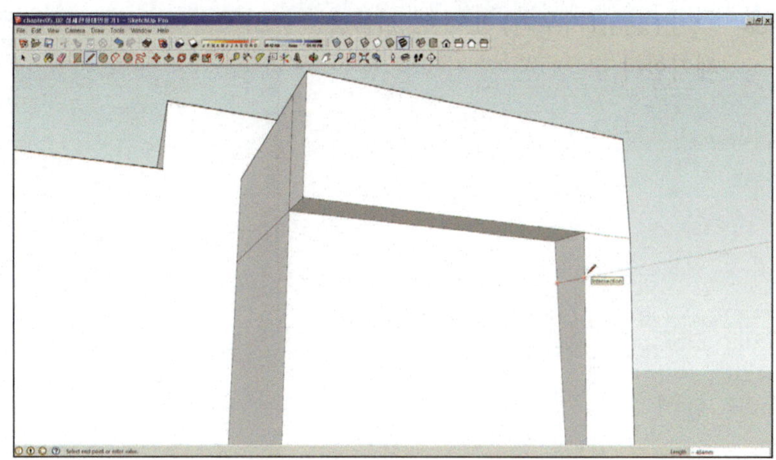

54 Push/Pull(밀기/끌기) 도구를 사용해서 왼쪽 건물의 뒷면까지 면을 만든다. 치수는 3300mm이다.

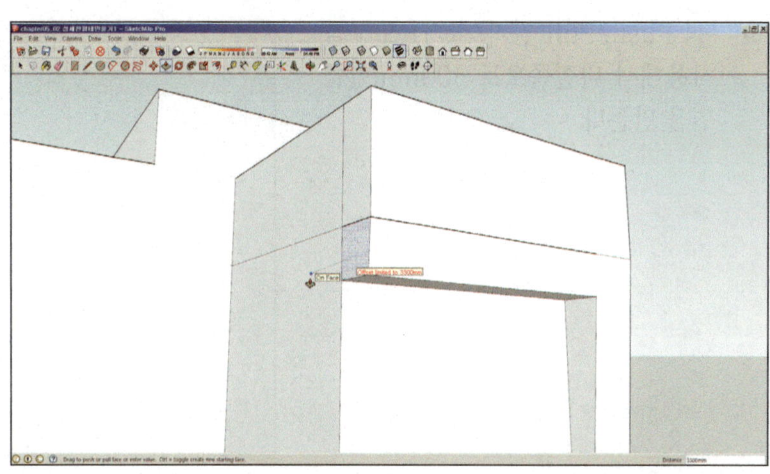

55 Line(선) 도구로 모서리에서 가운데 건물까지 Red축 방향으로 선을 그린다.

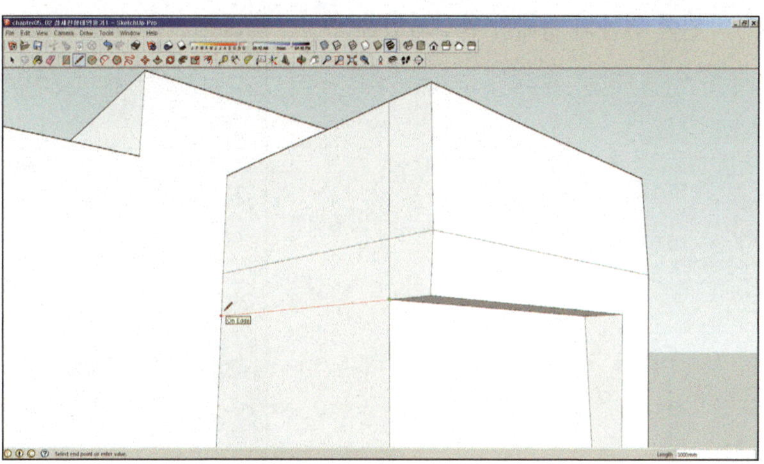

56 Eraser(지우기) 도구로 선들을 제거한다.

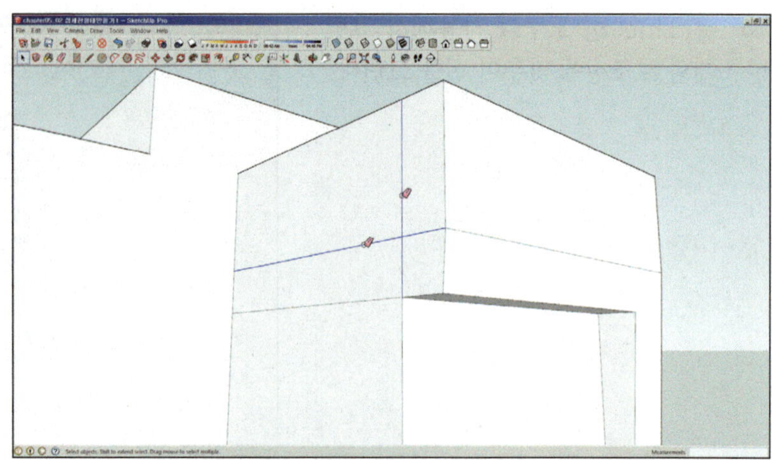

57 Push/Pull(밀기/끌기) 도구를 사용해서 바깥쪽으로 300mm만큼 면을 만든다.

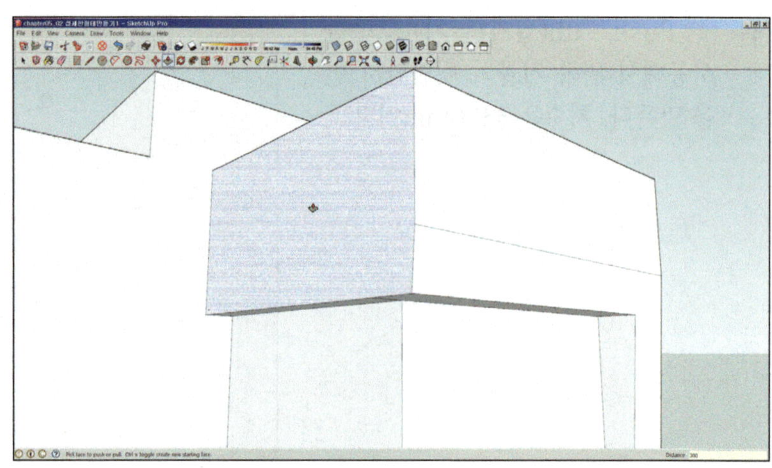

왼쪽 건물의 형태가 완성되었다.

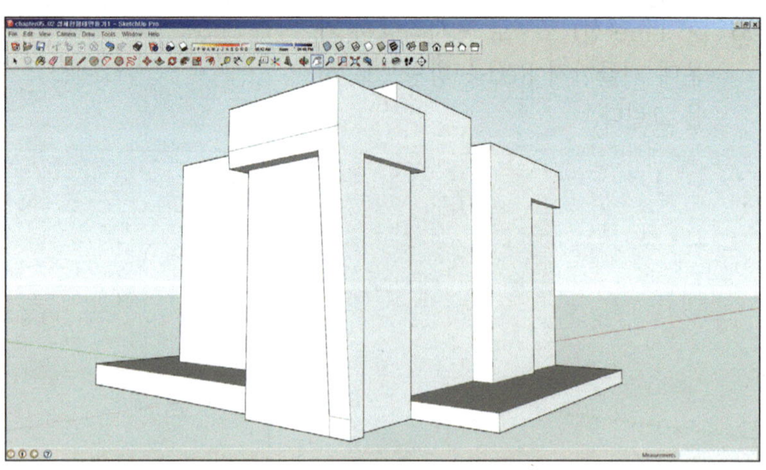

03 건물꾸미기 2

이번에는 오른쪽 건물의 형태를 다듬어 볼 차례이다. 앞에서 만들었던 건물꾸미기 1과 비슷한 면이 많기 때문에 수월하게 작업할 수 있을 것이다.

58 Line(선) 도구를 사용해서 오른쪽 건물의 안쪽 벽에서 Red축 방향으로 뻗어나온 선을 그린다. 치수는 1000mm이다.

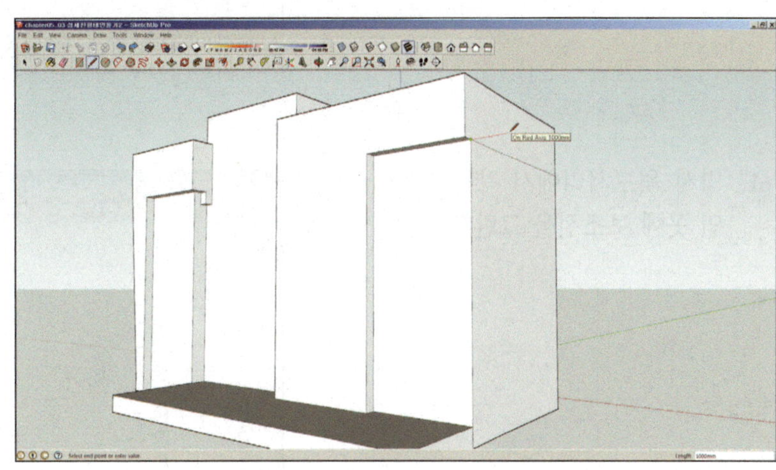

59 Line(선) 도구를 사용해서 그림처럼 아래 부분으로 대각선을 그려 삼각면을 만든다.

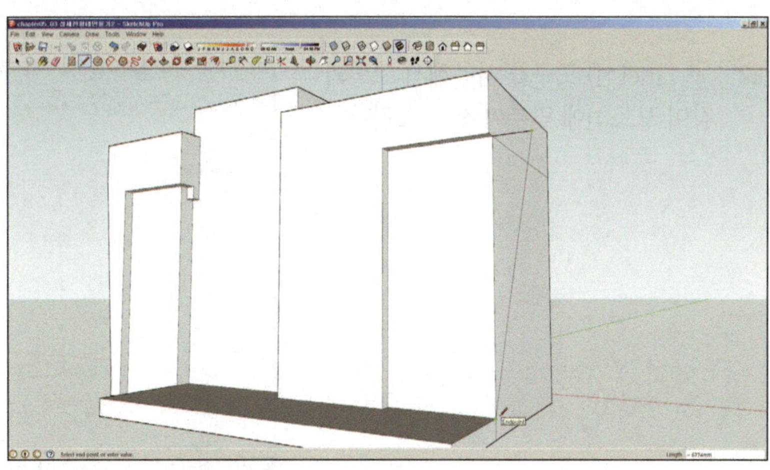

60 Tape Measure Tool(줄자도구)을 사용해서 그림처럼 옆면에서 각각 500mm 떨어진 곳에 보조선을 두 개 그린다.

61 역시 윗모서리에서 각각 1000mm인 곳에 보조선을 그린다.

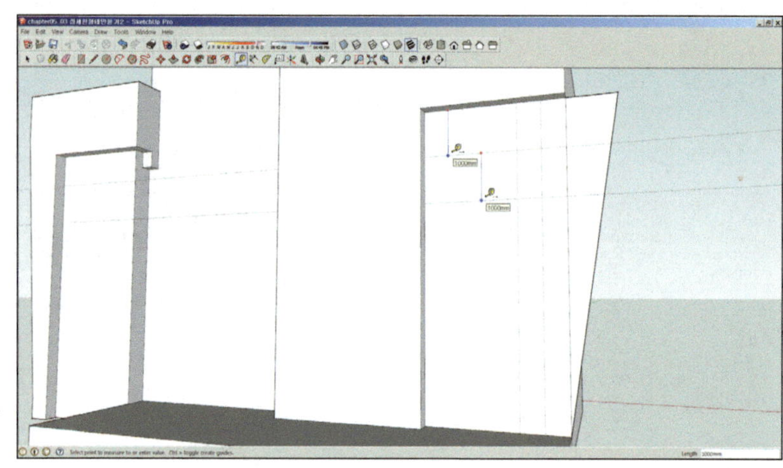

62 Line(선) 도구를 사용해서 그림과 같이 보조선에 맞추어 선을 그린다.

63 Eraser(지우기) 도구로 선과 사용한 보조선을 제거한 후 Push/Pull(밀기/끌기) 도구를 선택하고, Ctrl 키를 누른 후 앞쪽으로 면을 600mm만큼 만든다.

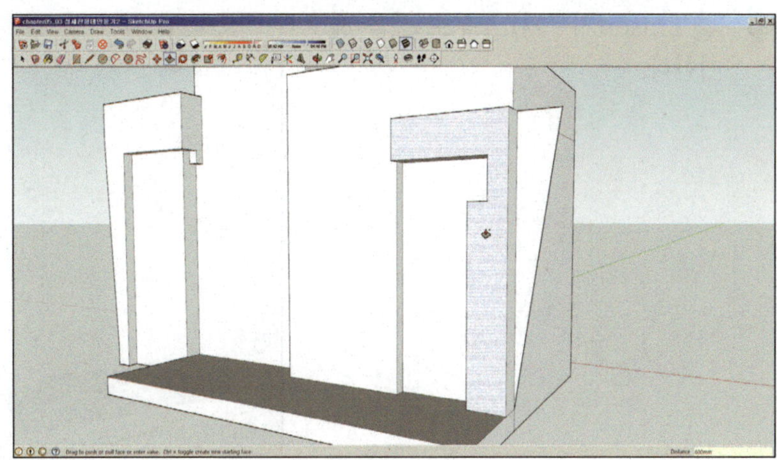

Ctrl 키를 누르지 않고 Push/Pull(밀기/끌기) 도구로 면을 생성하게 되면 그림과 같이 앞에 튀어나온 면까지만 면이 생성이 되고 그 이상으로는 면이 생성되지 않는다. 하지만 Ctrl 키를 누르고 면을 생성하면 앞쪽 면보다 더 튀어나온 면을 생성할 수 있다.

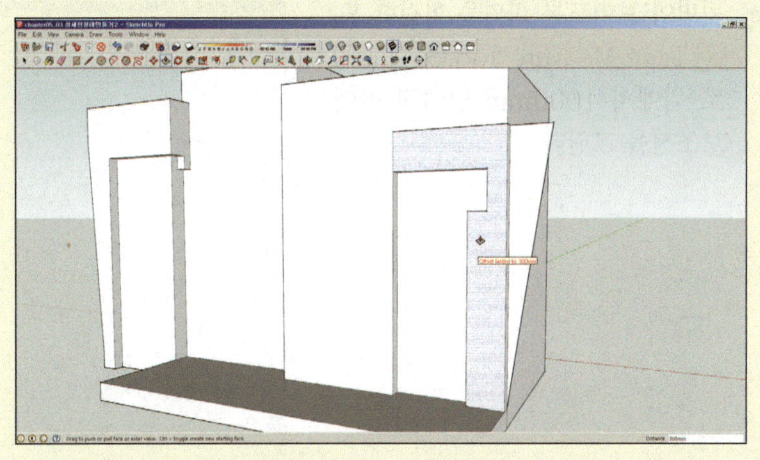

64 나머지 삼각면도 Push/Pull(밀기/끌기) 도구로 방금 생성한 면의 높이와 같게 면을 만든다. 치수는 600mm이다.

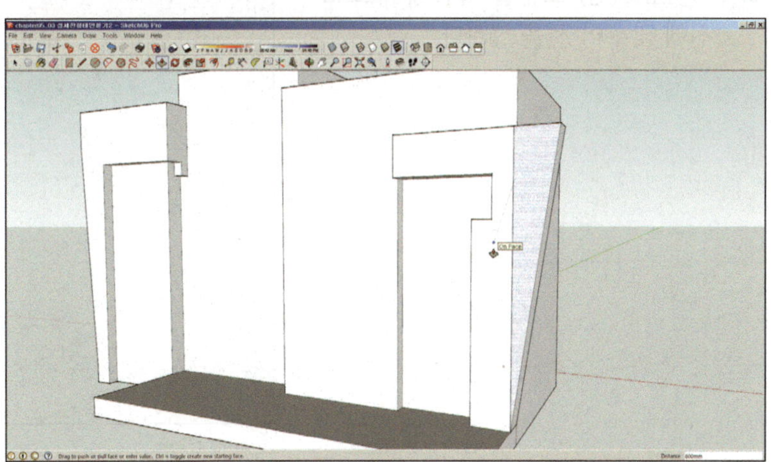

65 Eraser(지우기) 도구로 선을 제거한다.

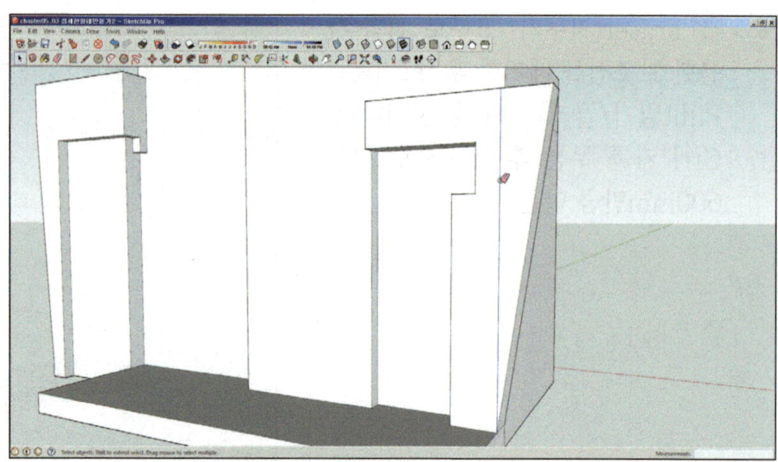

66 뒷면이 보이도록 화면을 회전한 후, Tape Measure Tool(줄자도구)로 위에서 1000mm 떨어진 곳에 보조선을 그린다.

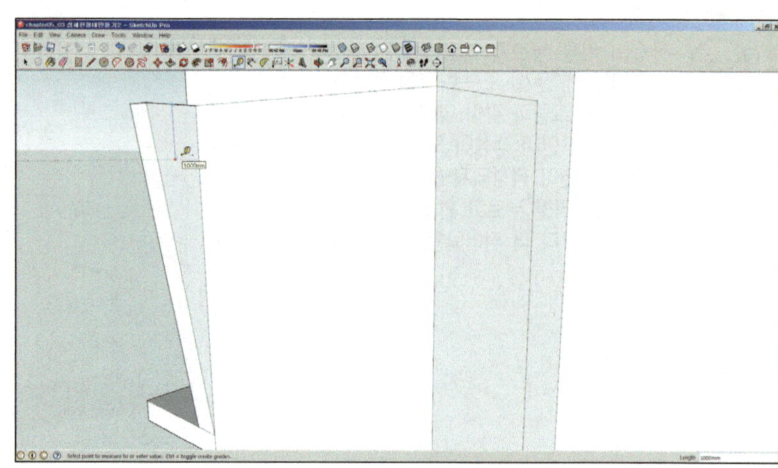

67 Line(선) 도구를 사용해서 보조선에 맞추어 선을 그린다.

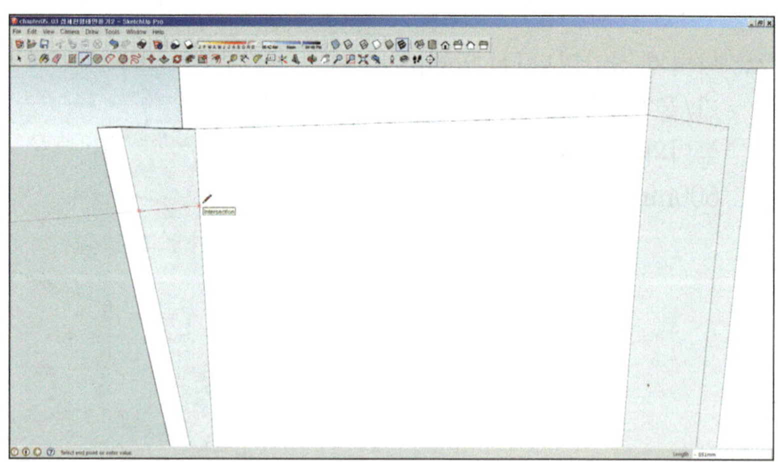

68 Push/Pull(밀기/끌기) 도구로 뒷면까지 면을 만든다.

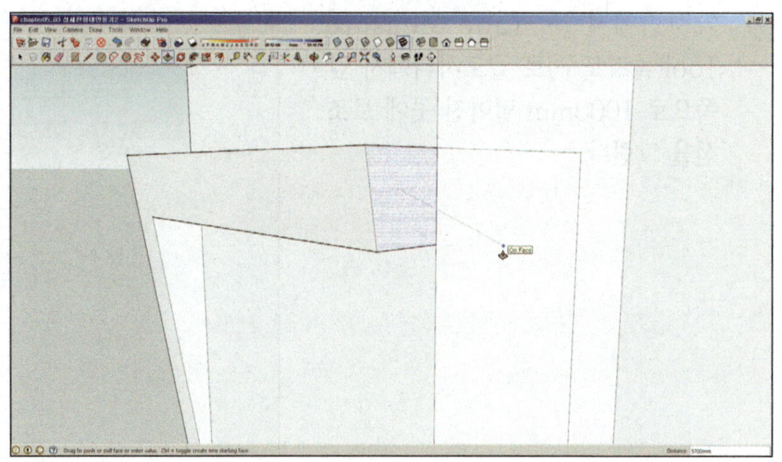

69 한 번 더 Push/Pull(밀기/끌기) 도구를 사용해서 뒷면보다 500mm 더 길게 면을 만든다.

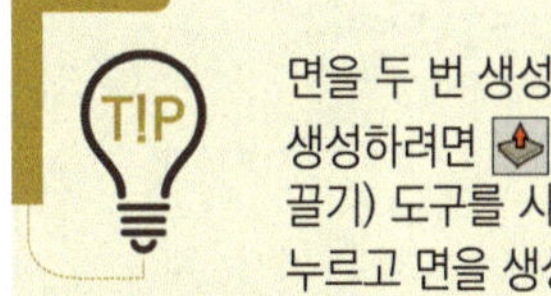

면을 두 번 생성하지 않고 한 번에 생성하려면 Push/Pull(밀기/끌기) 도구를 사용할 때 Ctrl 키를 누르고 면을 생성하면 된다.

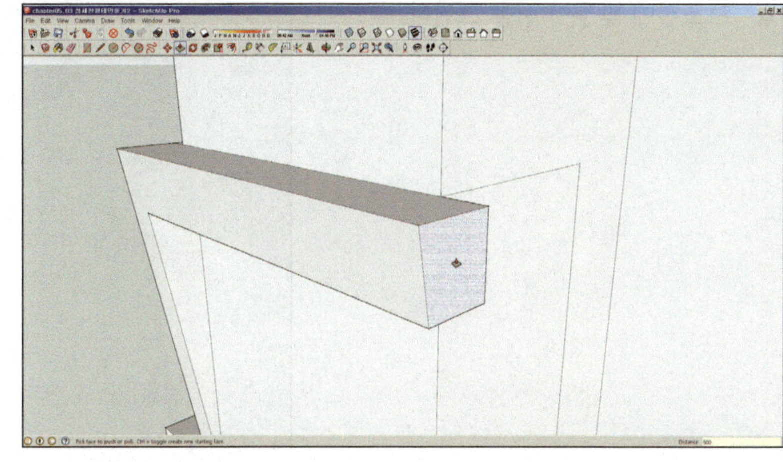

70 화면을 회전한 후 Push/Pull(밀기/끌기) 도구로 뒷면에서 면을 선에 맞추어 만든다.

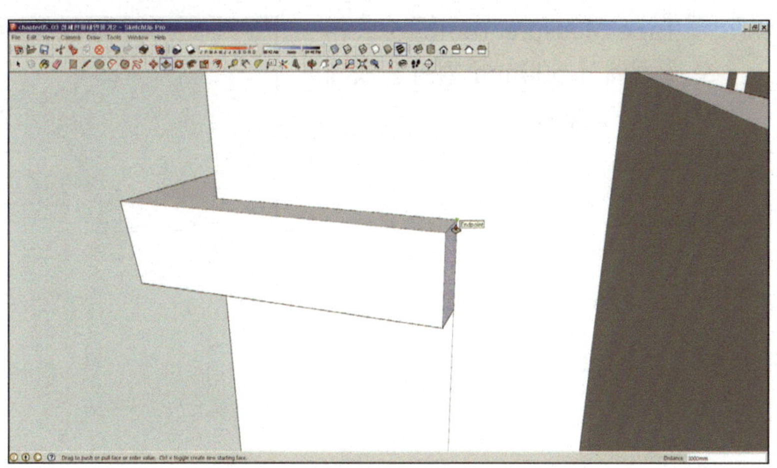

71 아랫면에서 Tape Measure Tool(줄자도구)로 끝모서리에서 앞쪽으로 1000mm 떨어진 곳에 보조선을 그린다.

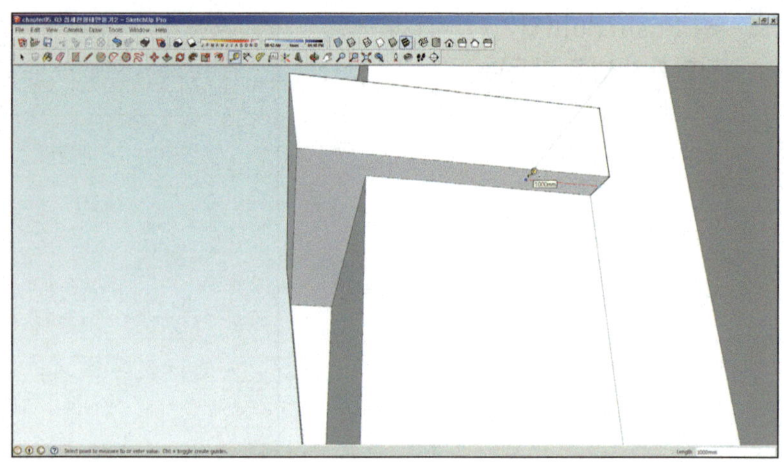

72 보조선에 맞추어 선을 그린다.

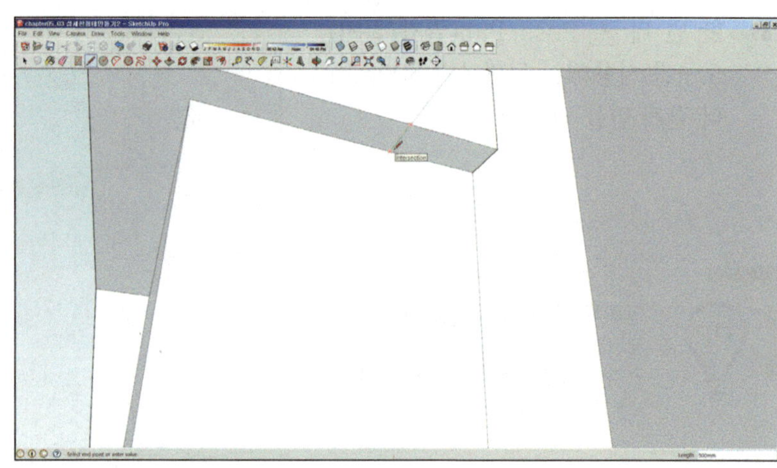

73 Tape Measure Tool(줄자도구)로 끝선에서 500mm 떨어진 곳에 보조선을 그린다.

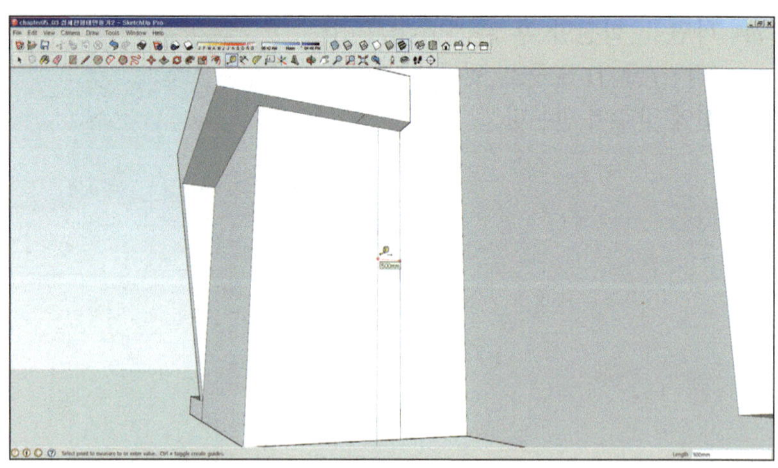

74 Line(선) 도구를 사용해서 위쪽 가운데 선에서 아래쪽 대각선 방향으로 선을 그린다.

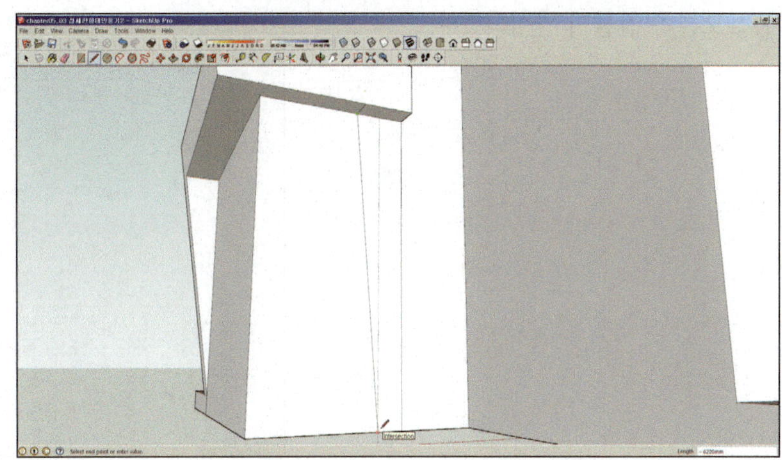

75 다시 한 번 앞쪽 중간선에서 아래 지면까지 선을 그려 삼각면을 만든다.

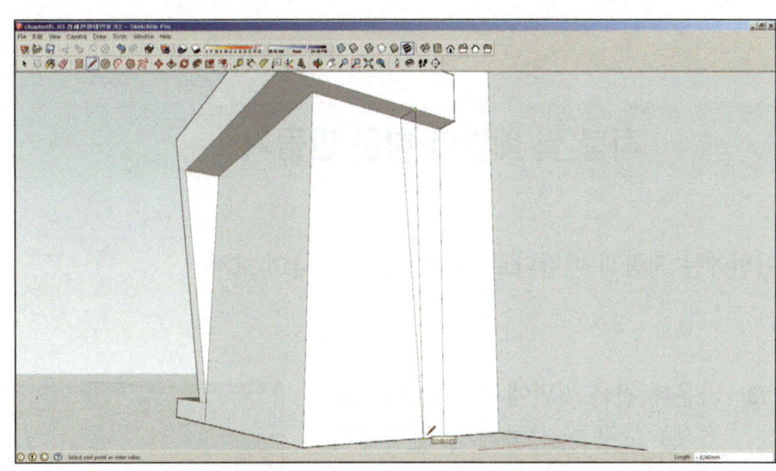

76 위쪽 모서리에서 아래로 선을 그려 삼각기둥을 완성한다.

77 오른쪽 건물이 완성되었다.

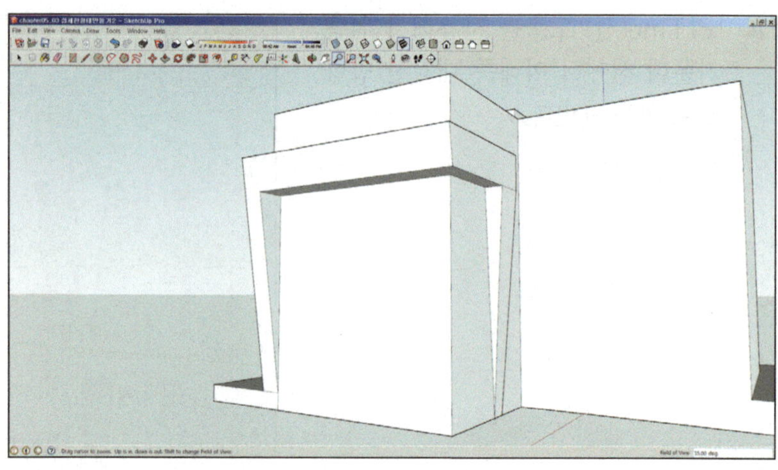

04 지붕 및 베란다 창문 만들기

이번에는 지붕과 베란다로 나가는 문을 만들어 보자.

78 가운데 건물 윗면에서 Offset(오프셋) 도구를 사용해서 윗면에서 300mm 바깥쪽으로 떨어진 곳에 사각면을 만든다.

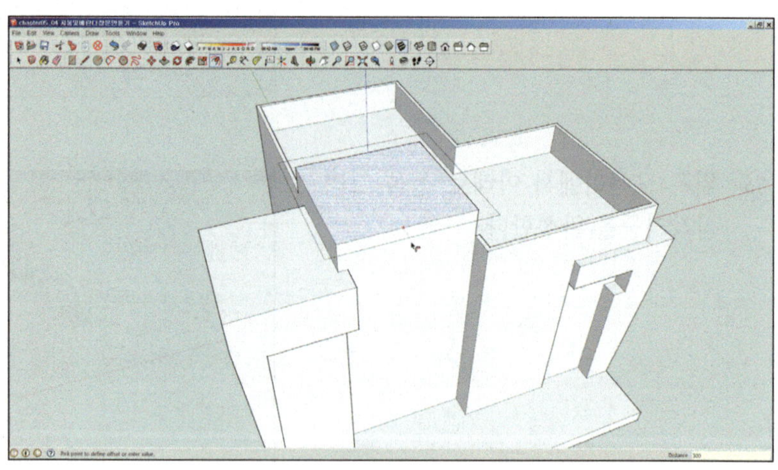

79 먼저 안쪽 사각면을 선택한 후 Push/Pull(밀기/끌기) 도구를 선택한 후, Ctrl 키를 누르고 1200mm 플러스 면을 만든다.

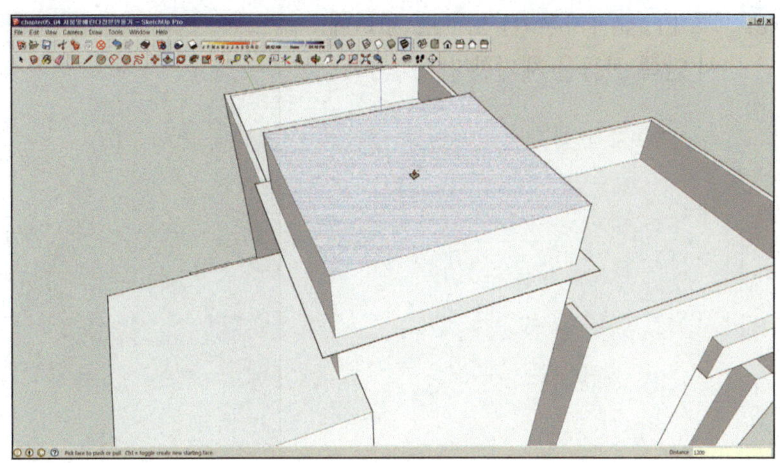

Ctrl 키를 누르지 않고 Push/Pull(밀기/끌기) 도구를 사용했을 때 간혹 면이 지워지는 경우가 발생하기 때문에 반드시 Ctrl 키를 누르고 면을 만든다.

80 옆의 모서리 부분도 같은 높이로 면을 위쪽 방향으로 만든다.

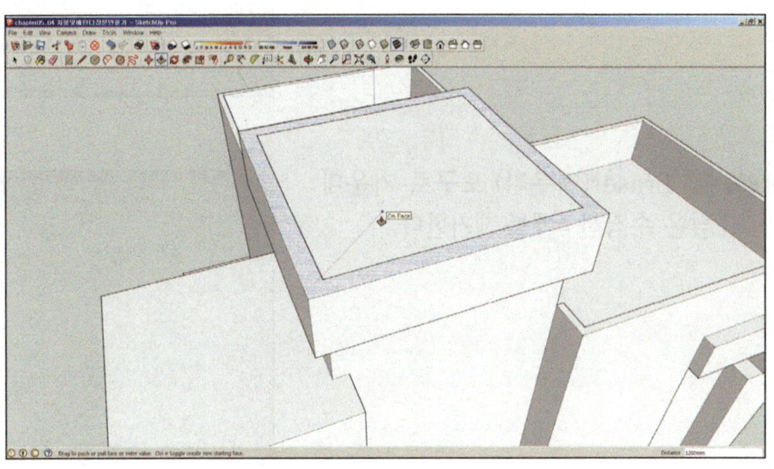

81 Eraser(지우기) 도구로 윗면에서 안쪽 선들을 제거한다.

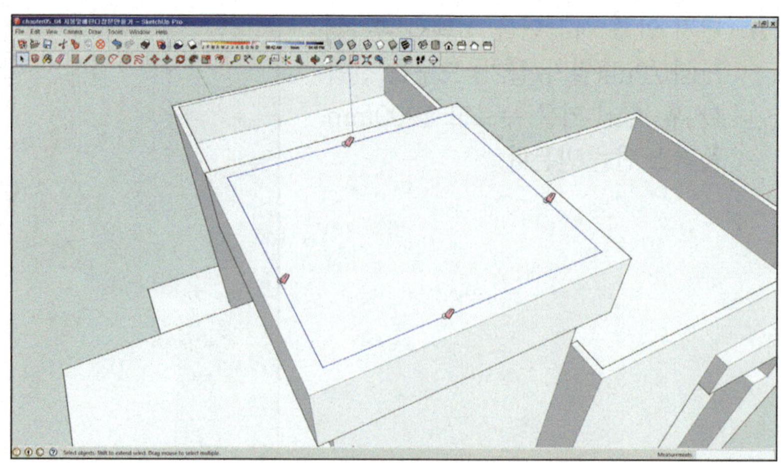

82 Select(선택) 도구로 지붕의 앞쪽 모서리를 선택한 후, Move(이동) 도구로 Blue축 방향 아래로 900mm 내린다.

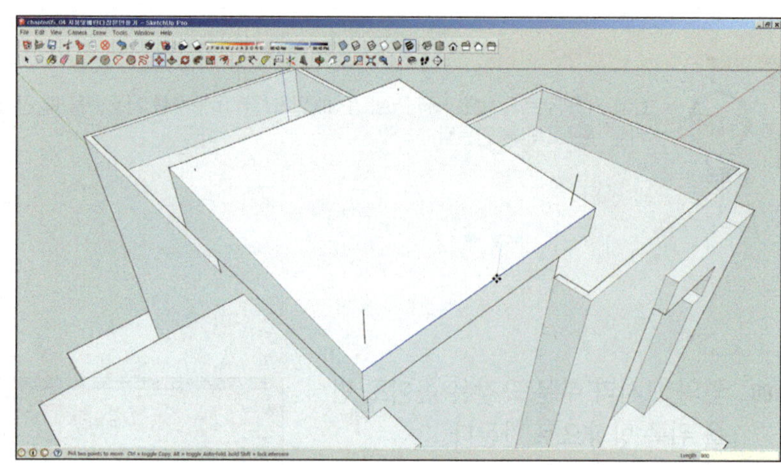

83 Eraser(지우기) 도구로 가운데 남은 수직선 4개를 제거한다.

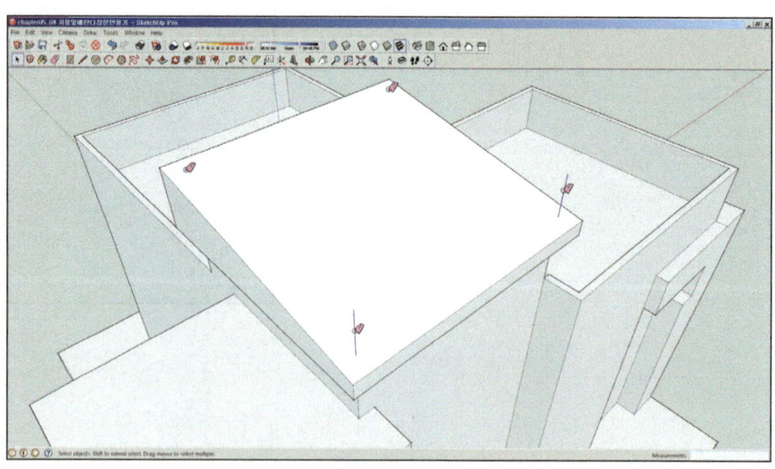

84 그럼 그림과 같이 지붕이 완성되었다.

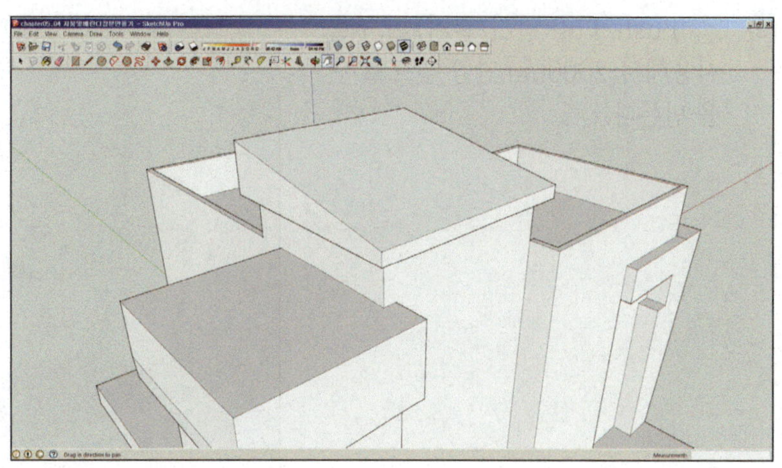

85 이제부터는 베란다 창문 부분을 만들어 보도록 하자. 우선 Tape Measure Tool(줄자도구)로 베란다의 바닥면에서 3500mm 떨어진 곳에 보조선을 생성하고 그 보조선에서 다시 250mm 떨어진 곳에 보조선을 그린다.

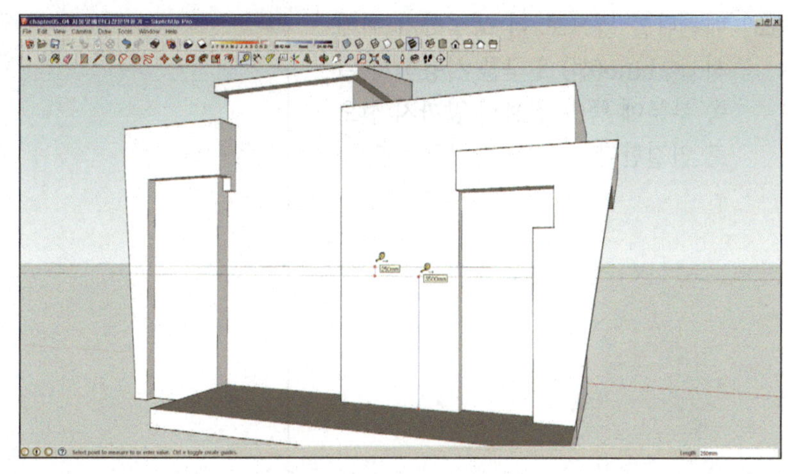

86 Line(선) 도구를 사용해서 보조선에 맞추어 선을 위, 아래 평행하게 그린다.

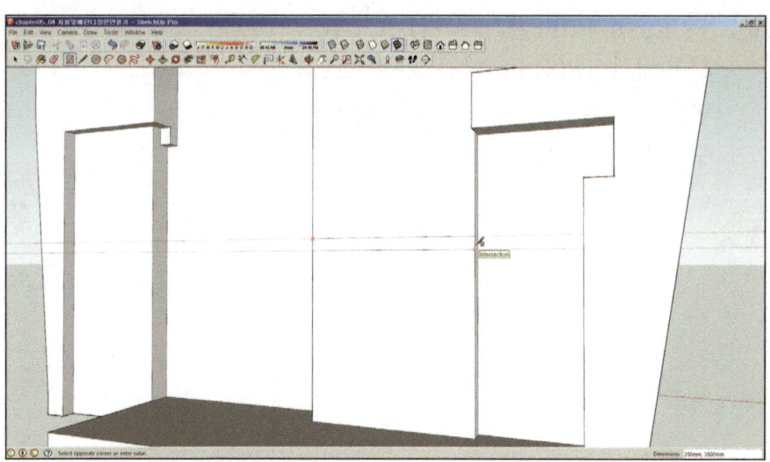

87 Push/Pull(밀기/끌기) 도구를 사용해서 2000mm만큼 앞으로 면을 만든다.

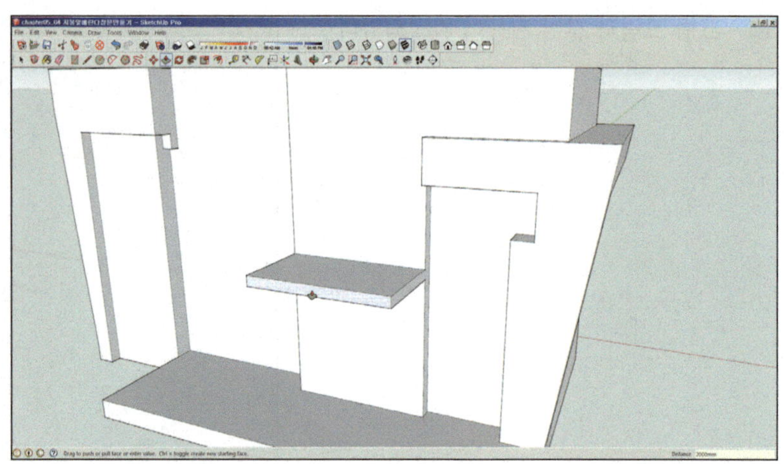

88 베란다를 옆으로 더 생성하기 위해서 Line(선) 도구를 사용해서 왼쪽 부분에 중앙 건물의 앞까지 선으로 연결한다.

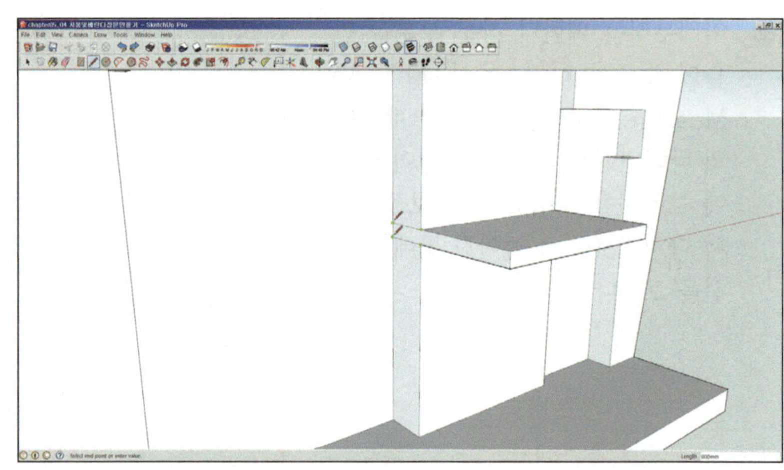

89 Push/Pull(밀기/끌기) 도구를 사용해서 1800mm만큼 왼쪽으로 면을 만든다. Eraser(지우기) 도구로 윗면의 선을 제거한다.

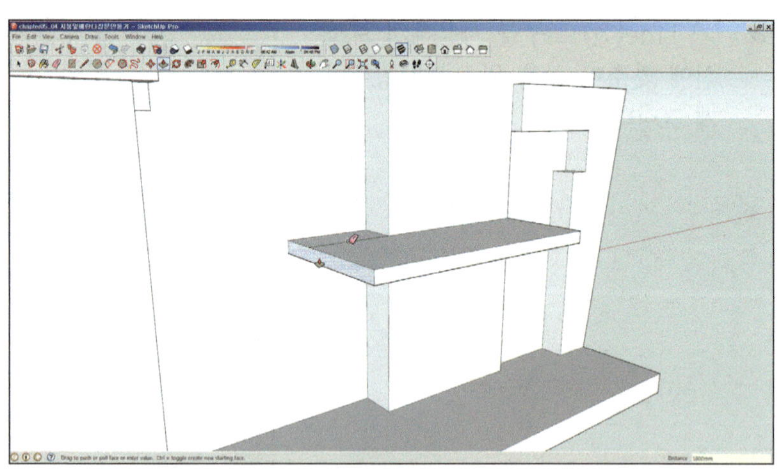

90 2층 베란다 지붕을 만들기 위해 Tape Measure Tool(줄자도구)을 사용해서 그림과 같이 보조선을 각각 2800mm 그리고 그 보조선에서 400mm 떨어진 곳에 그린다.

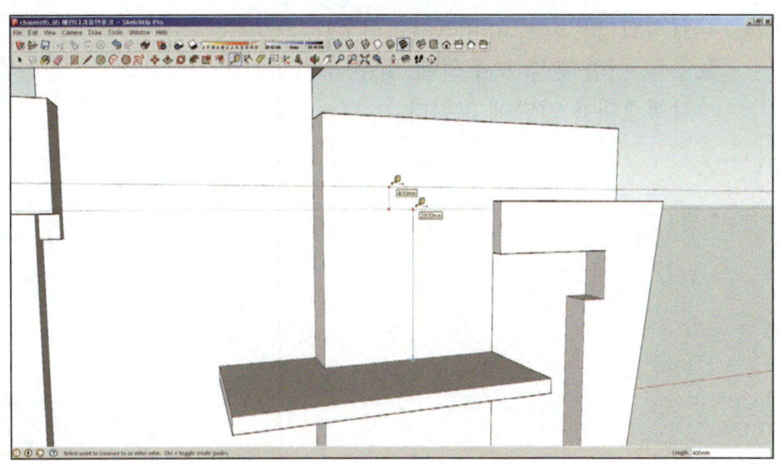

91 그림과 같이 Tape Measure Tool(줄자도구)을 사용해서 양쪽 모서리에서 각각 250mm 떨어지게 보조선을 그린다.

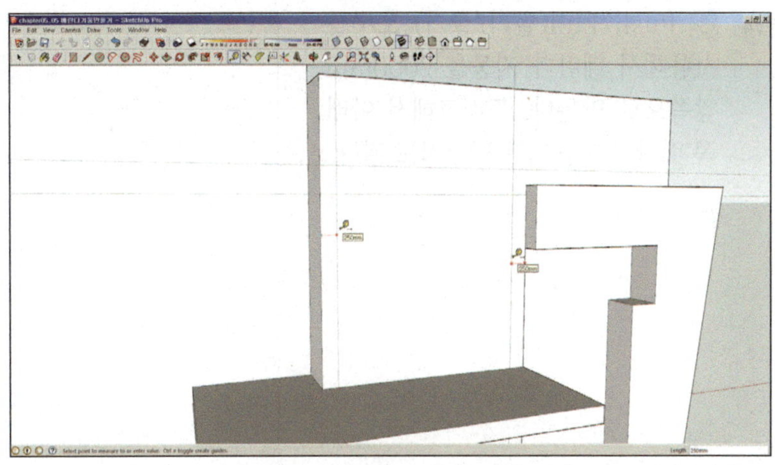

92 베란다 지붕을 만들기 위해서 그림과 같이 맨 위 보조선에서 100mm, 오른쪽 보조선에서 오른쪽 방향으로 250mm 떨어진 곳에 보조선을 그린다.

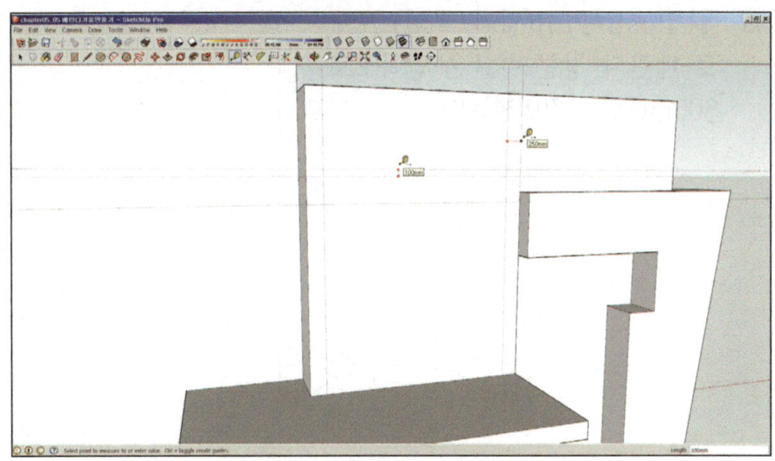

93 그림처럼 Rectangle(직사각형) 도구를 사용해서 보조선에 맞추어 사각형 2개를 앞면에 그린다.

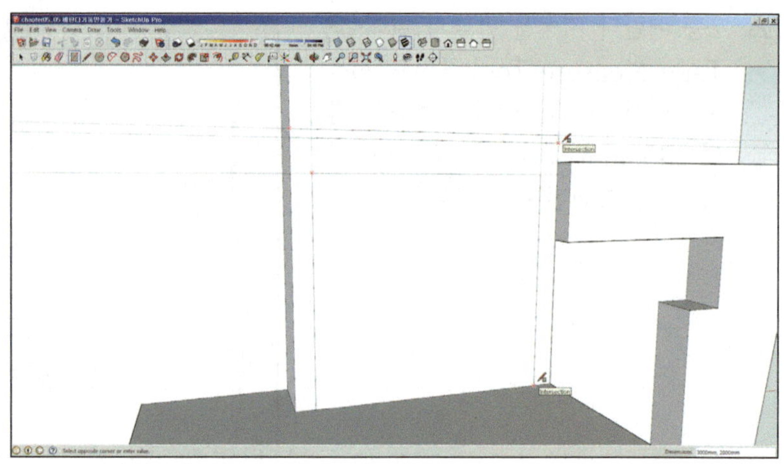

94 Push/Pull(밀기/끌기) 도구를 사용해서 베란다 지붕을 2000mm 앞쪽으로 만든다. 드래그해서 아래쪽 베란다의 높이에 맞추어도 된다.

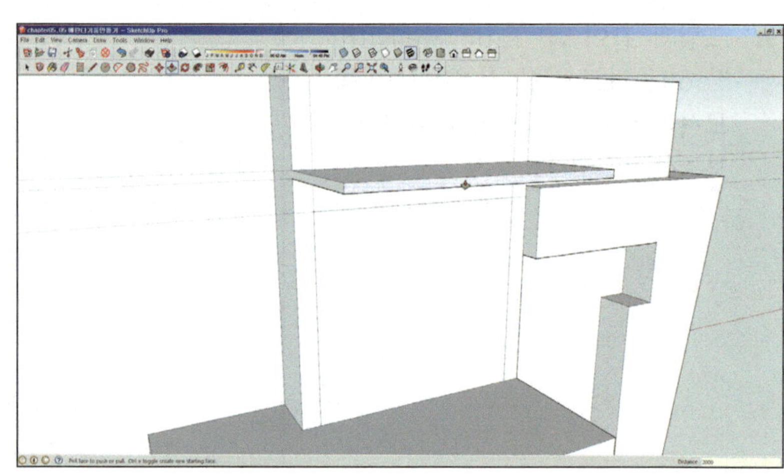

95 Push/Pull(밀기/끌기) 도구로 베란다 창문 부분은 안쪽으로 300mm만큼 집어넣는다.

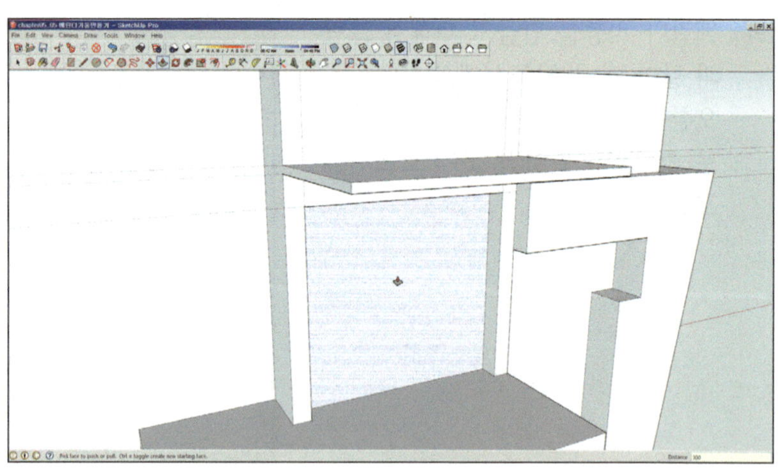

96 1층 역시 창문이 들어갈 부분을 만들기 위하여 Tape Measure Tool(줄자도구)로 위 베란다 아랫면에서 400mm 떨어진 곳에 보조선을 그린다.

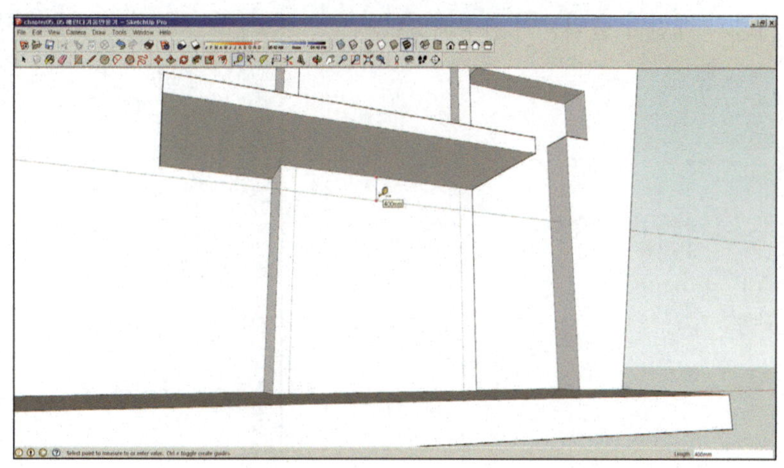

97 Rectangle(직사각형) 도구를 사용해서 보조선에 맞추어 사각형을 그린다.

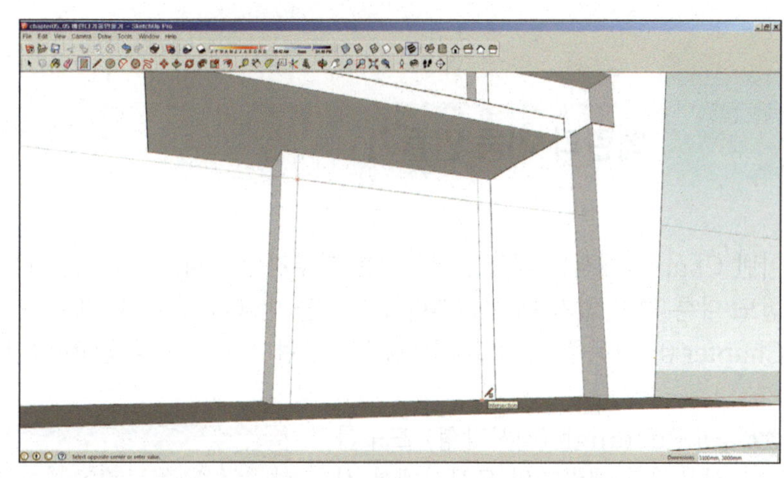

98 Push/Pull(밀기/끌기) 도구를 사용해서 안쪽으로 300mm만큼 면을 집어넣어서 베란다 창문이 들어갈 자리를 완성한다.

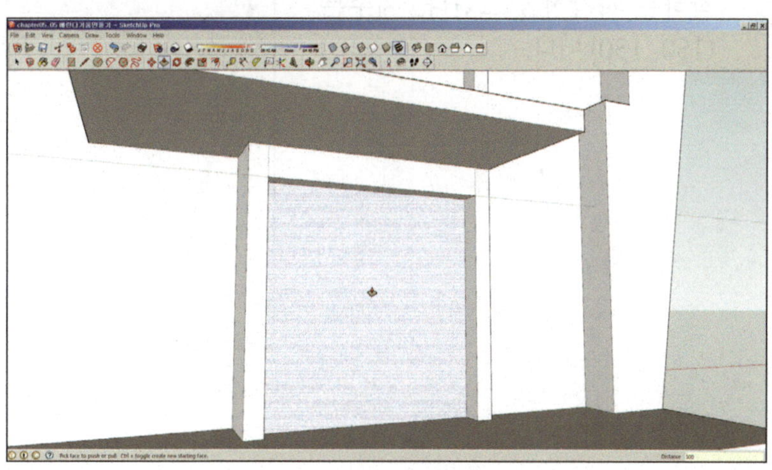

지붕과 베란다 출입문이 완성되었다.

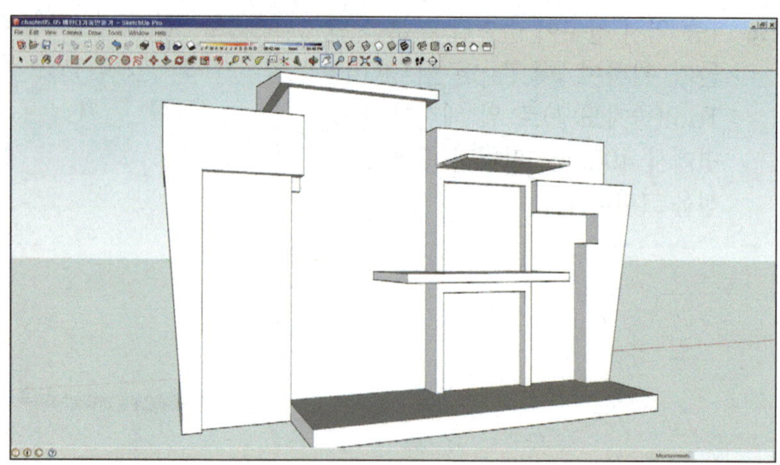

05 베란다 기둥 만들기

이번 Chapter에서는 베란다 만들기는 다루지 않는다. 다만 베란다를 만드는 데 필요한 기둥 만들기는 아직 한 번도 다룬 적이 없기 때문에 베란다 기둥을 만들어 보자. 나머지 베란다는 Part 02 단독주택 제작하기(초급편) Chapter 03 단독주택 I(일자형) 중 "02 베란다 만들기"를 참고하길 바란다.

99 Rectangle(직사각형) 도구를 사용해서 베란다의 모서리에서 시작하는 사각형을 그린다. 치수는 (150, 150) 이다.

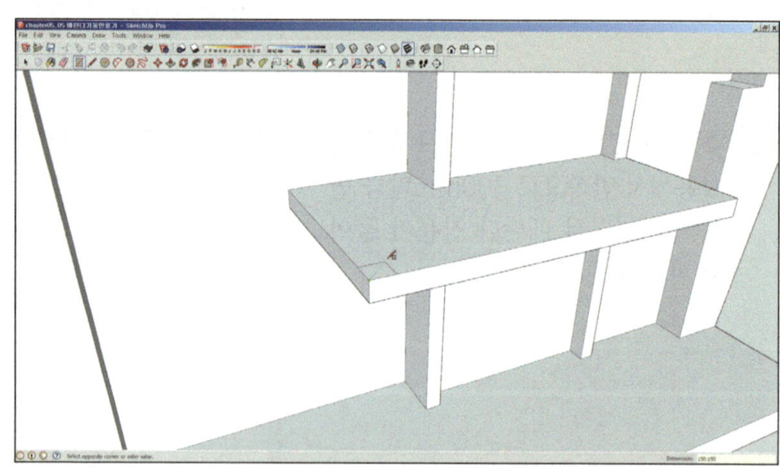

100 Offset(오프셋) 도구를 사용해서 방금 그린 사각형에서 바깥쪽으로 50mm 떨어진 큰 사각면을 만든다. 기둥 전체의 가로, 세로는 250mm * 250mm이다.

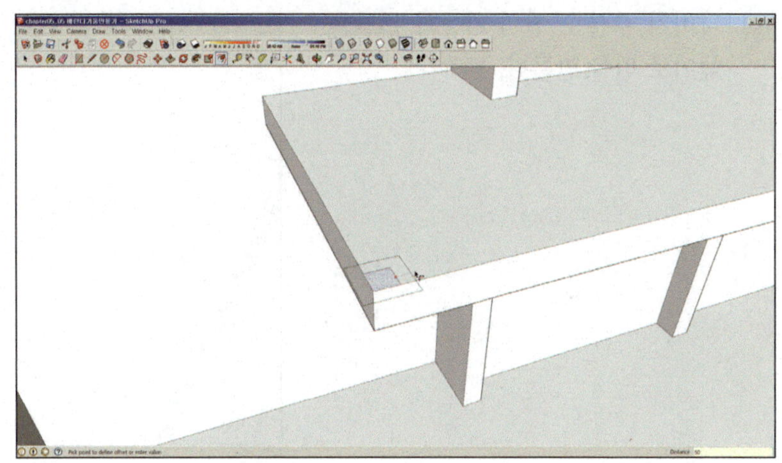

101 Eraser(지우기) 도구로 안쪽에 만들었던 사각형을 그림과 같이 지운다.

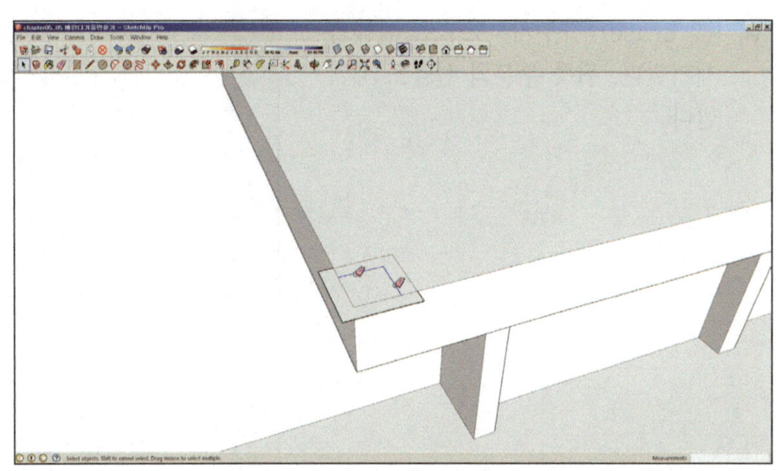

102 Push/Pull(밀기/끌기) 도구를 선택하고 Ctrl 키를 누른 후 위쪽으로 1500mm만큼 면을 만든다.

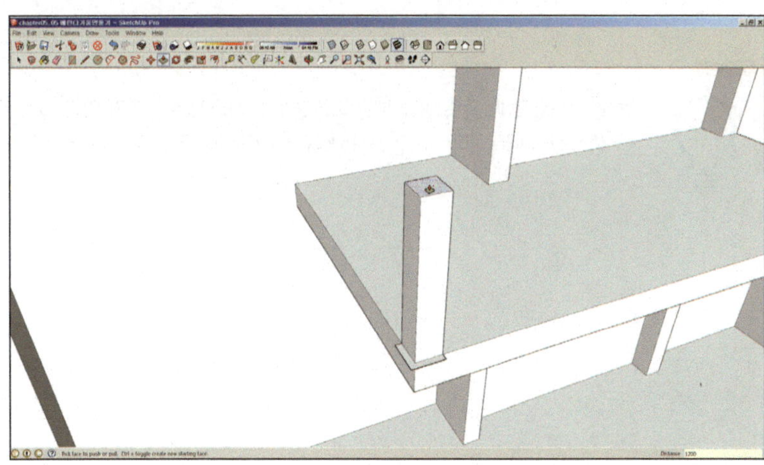

103 나머지 부분도 전의 기둥과 똑같은 높이로 면을 만든다.

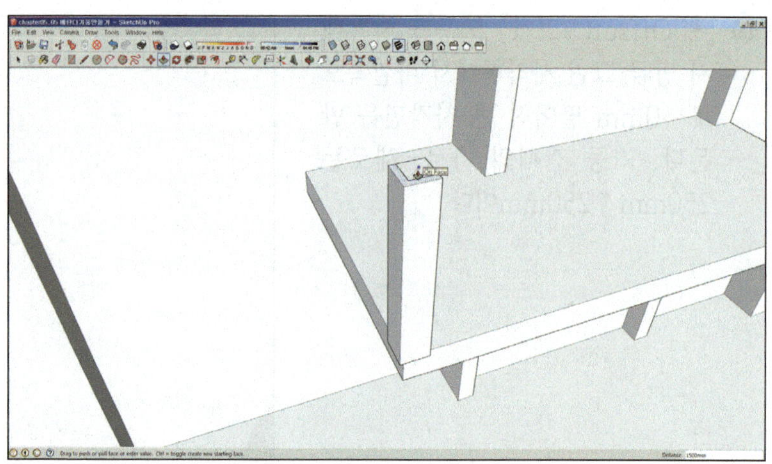

104 Eraser(지우기) 도구로 선들을 제거한다. 뒤쪽 부분의 선들도 제거한다.

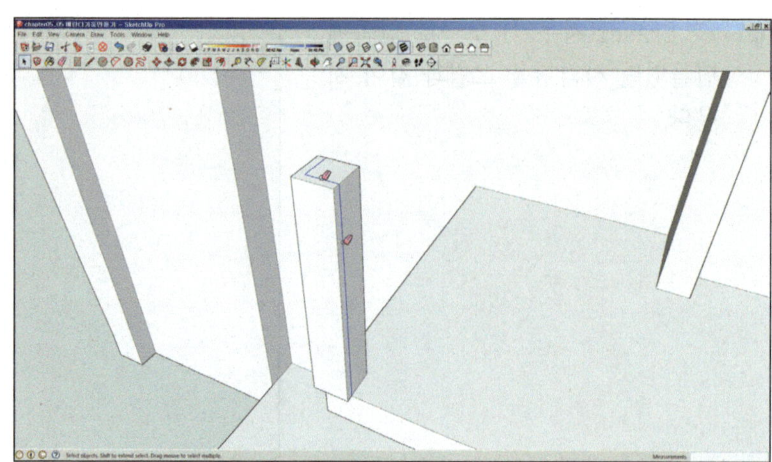

선을 제거했을 때 종종 아래 베란다의 면들이 사라지는 경우가 있다. 이것은 102번 기둥 면을 생성할 때 Ctrl 키를 누르지 않고 면을 생성했기 때문이다. 102번에서 Push/Pull(밀기/끌기) 도구를 선택하고 Ctrl 키를 누른 후 면을 새롭게 생성하여야 한다.

105 아랫부분에 기둥을 만들기 위해 Push/Pull(밀기/끌기) 도구로 베란다의 "ㄱ" 부분의 아랫부분까지 면을 만든다.

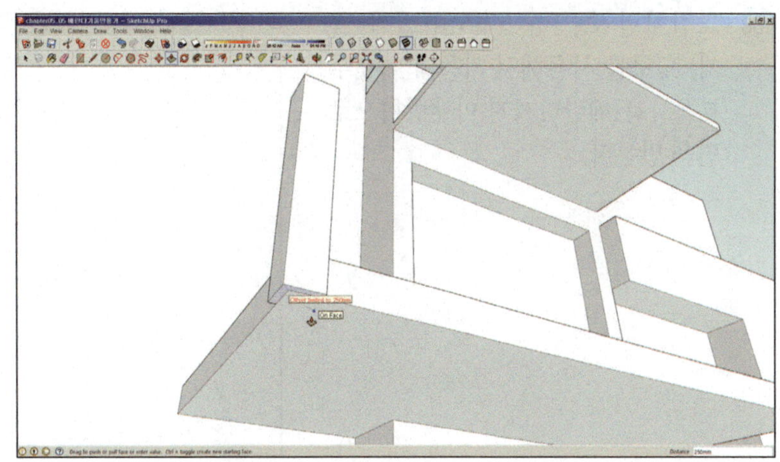

106 Rectangle(직사각형) 도구를 사용해서 (200, 200)인 사각형를 그린다.

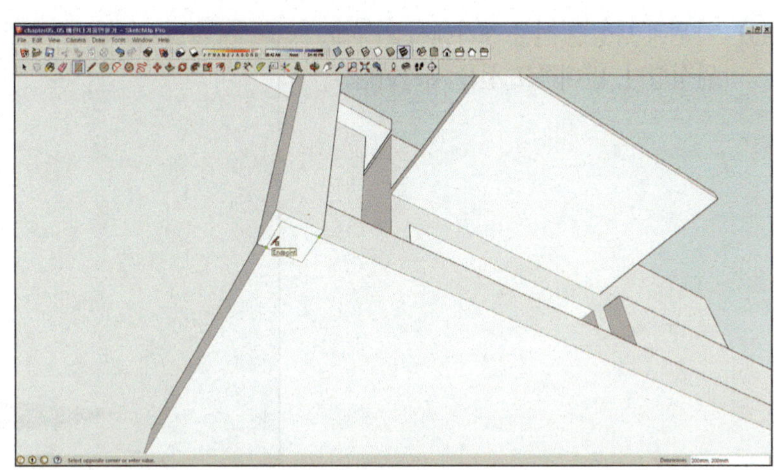

107 그림처럼 가운데 선들을 지운다.

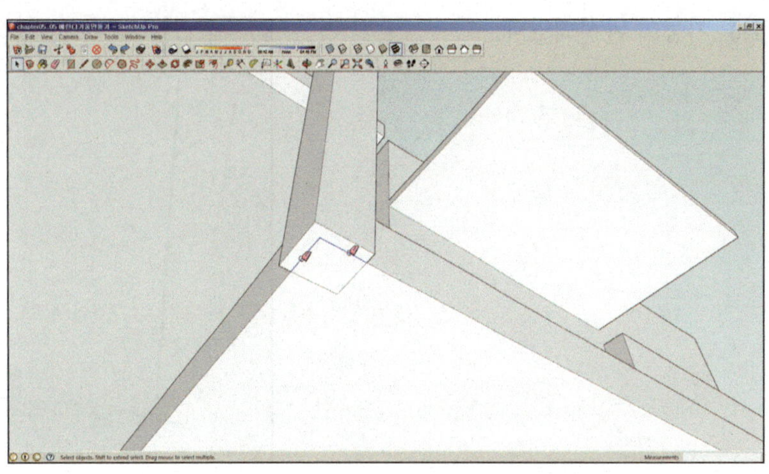

108 그림처럼 Push/Pull(밀기/끌기) 도구를 사용해서 기둥의 아랫부분을 1층 베란다까지 아랫방향으로 면을 만든다.

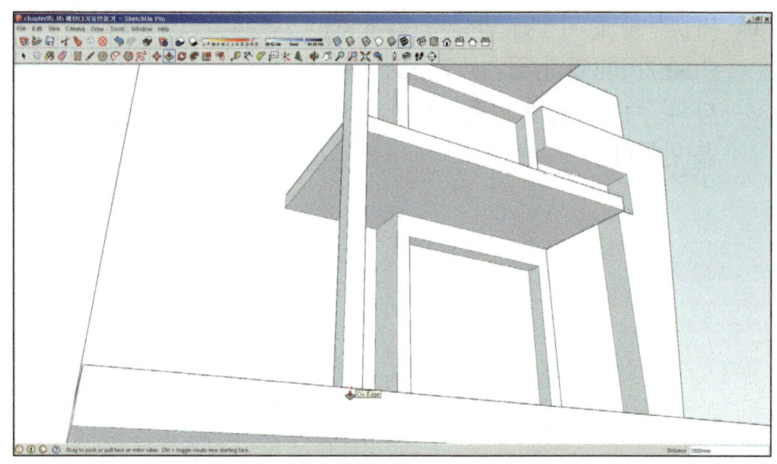

109 가운데 생성된 선을 제거해서 기둥을 완성한다. 반대쪽도 선을 제거한다.

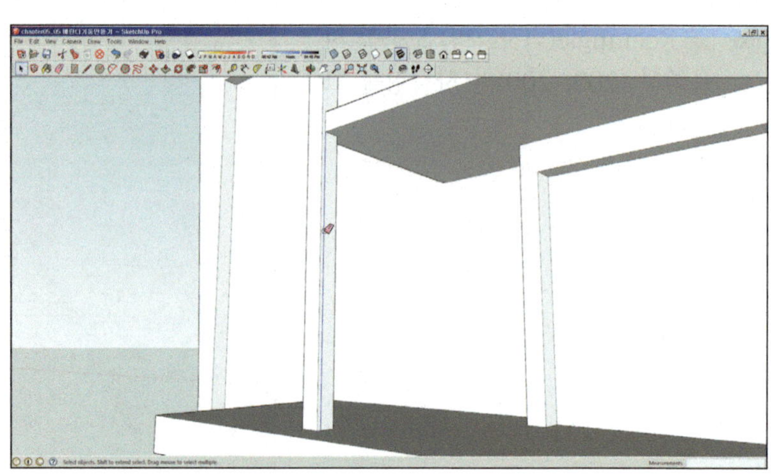

110 기둥이 완성되었다.

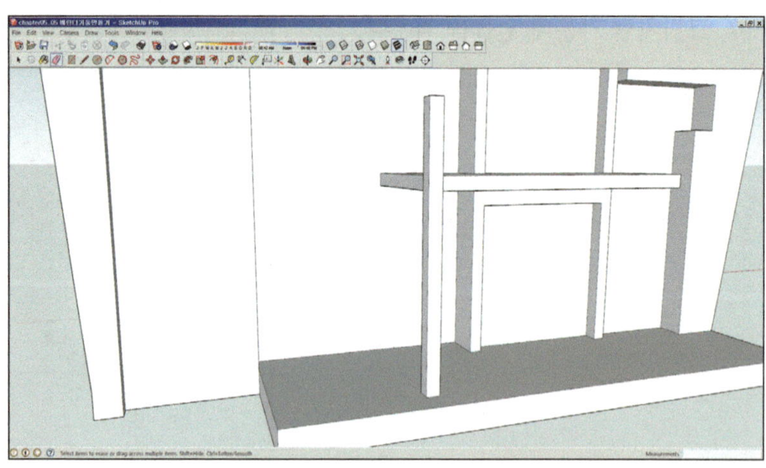

111 오른쪽 기둥도 마찬가지로 99~109번까지의 과정을 반복해서 완성해 보도록 한다.

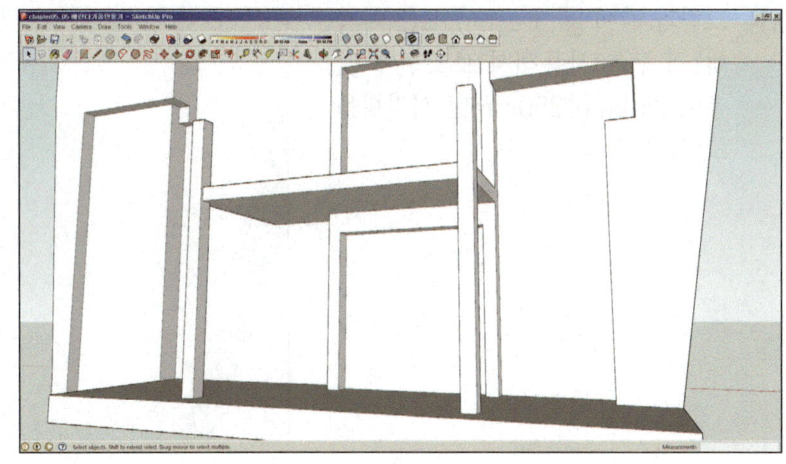

112 가운데 기둥은 같이 만들어 보도록 하자. 양쪽 기둥 만드는 것과 거의 비슷하지만 복습차원에서 만들어 보는 것이다. 그림과 같이 Tape Measure Tool(줄자도구)을 사용해서 왼쪽 모서리에서 1800mm 떨어진 곳에 보조선을 그리고 그 보조선에서 다시 250mm 떨어진 곳에 보조선을 그린다.

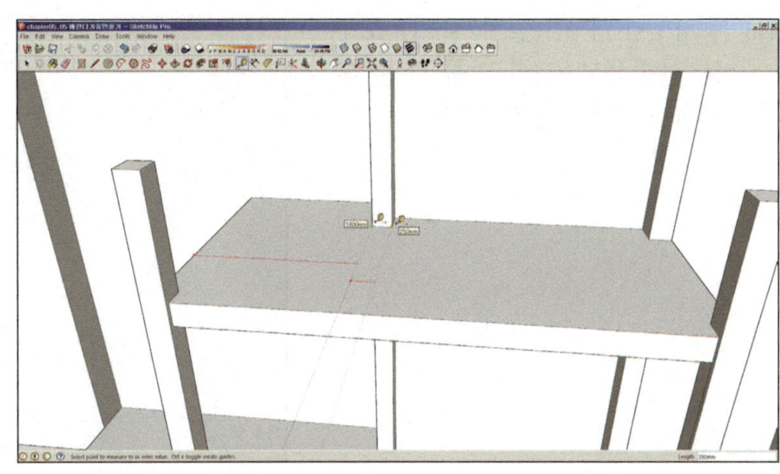

113 다시 Tape Measure Tool(줄자도구)을 사용해서 베란다 앞쪽 모서리에서 안쪽으로 200mm, 바깥쪽으로 50mm 떨어진 곳에 보조선을 그린다.

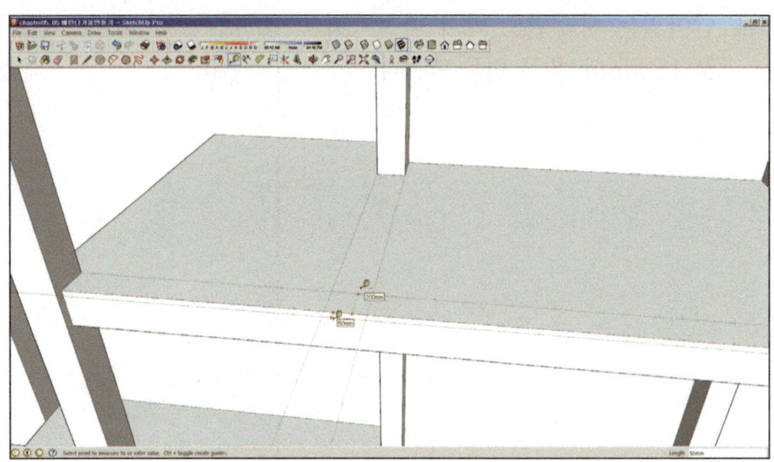

114 그림과 같이 Rectangle(직사각형) 도구를 사용해서 보조선에 맞추어 250mm*250mm인 사각형을 그린다.

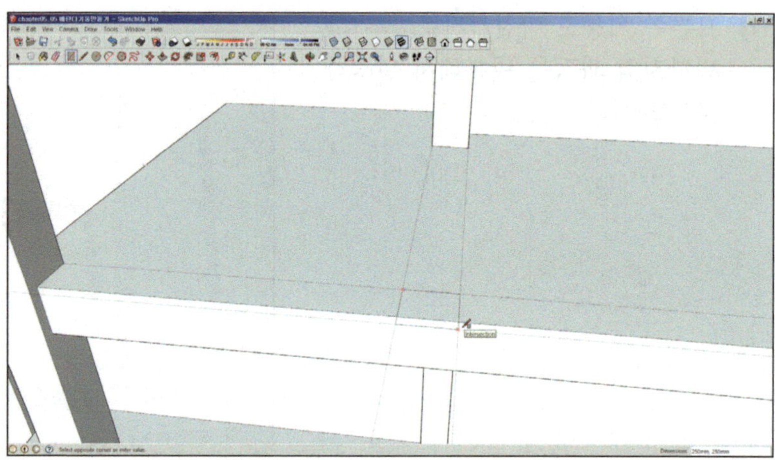

115 Push/Pull(밀기/끌기) 도구를 선택하고 Ctrl 키를 누른 후 1500mm만큼 면을 만든다.

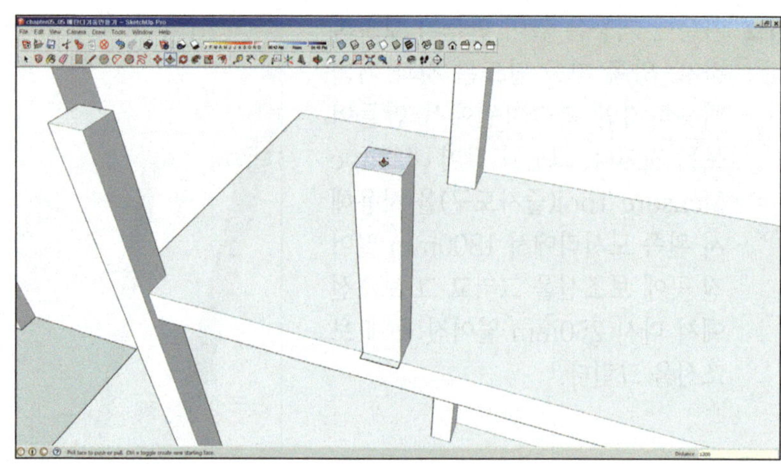

116 남아있는 사각면도 역시 마찬가지로 1500mm 위로 면을 만든다.

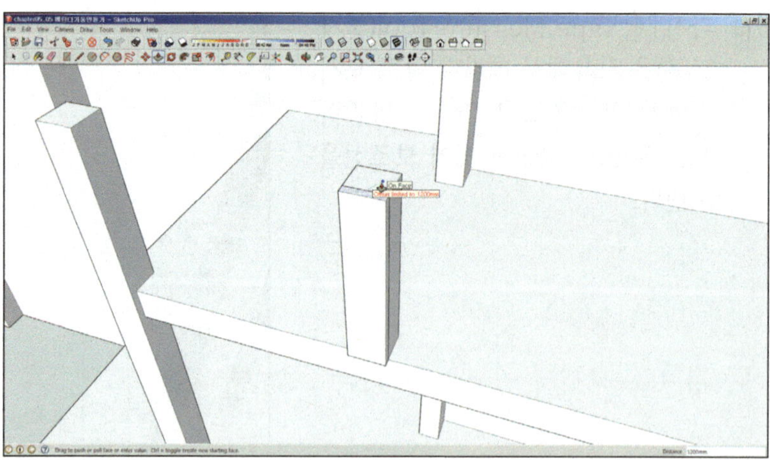

117 Push/Pull(밀기/끌기) 도구를 사용해서 기둥 아랫면을 베란다의 아랫면까지 면을 만든다.

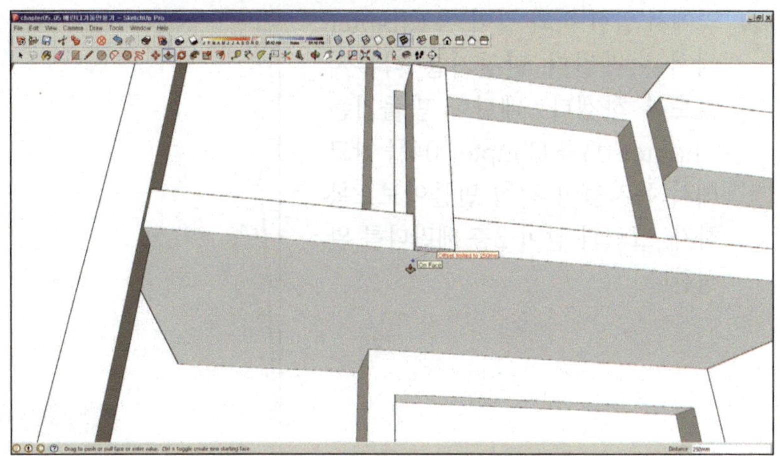

118 Rectangle(직사각형) 도구를 사용해서 베란다 아랫면에 250mm*200mm인 사각형을 그린다.

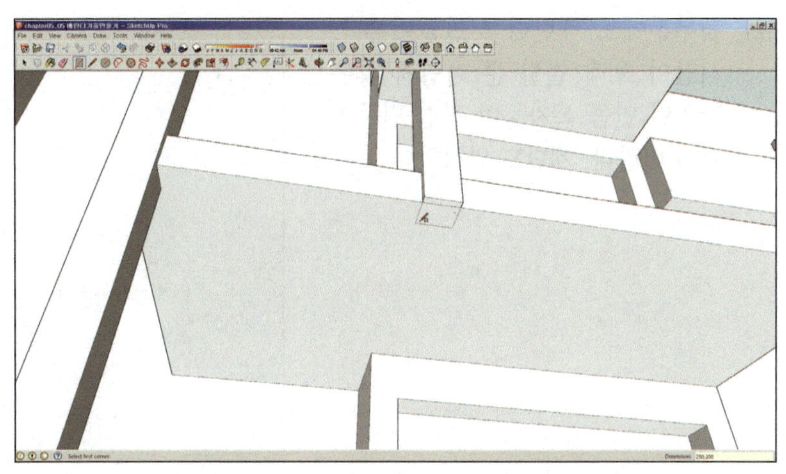

119 Eraser(지우기) 도구로 가운데 선을 삭제한 후, 사각면을 Push/Pull(밀기/끌기) 도구를 사용해서 1층 베란다까지 아랫방향으로 사각기둥을 만든다.

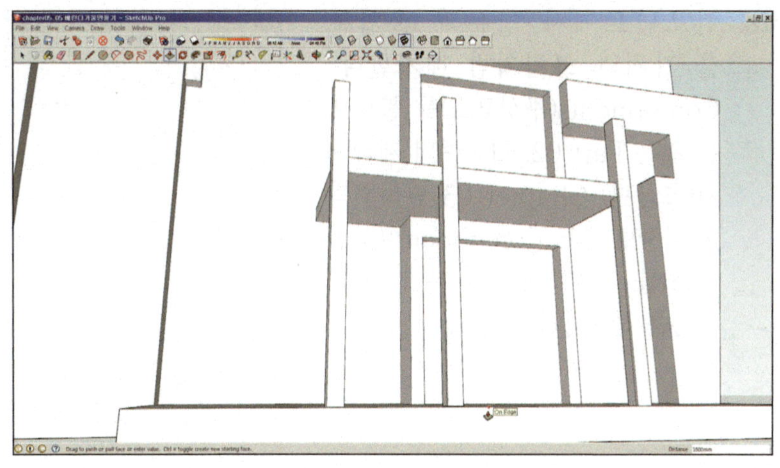

120 앞에서 말한 바와 같이 이 Chapter 에서는 베란다 만들기는 다루지 않도록 하겠다. 베란다 만들기는 Chapter 03과 Chapter 04를 참고해서 독자들이 직접 만들어보도록 하자. 그림과 같이 2층 베란다를 완성한다.

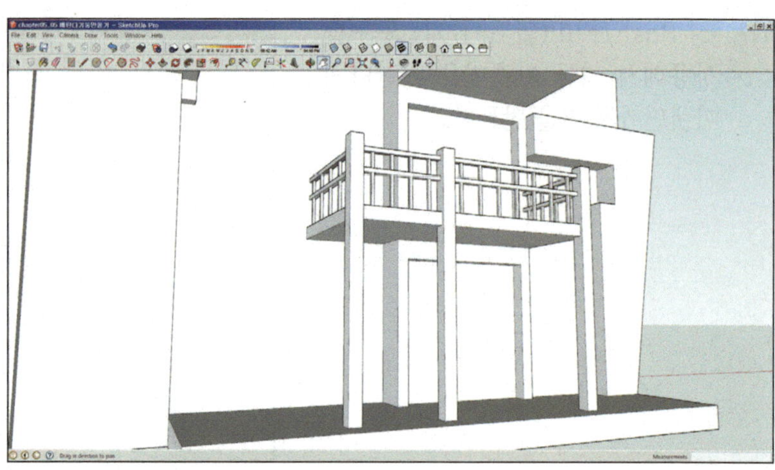

121 뒷부분에도 베란다를 만들어본다. 시간이 오래 걸릴 뿐 어렵지 않은 작업인 만큼 독자들이 직접 만들어 보길 바란다. 계단도 완성한다.

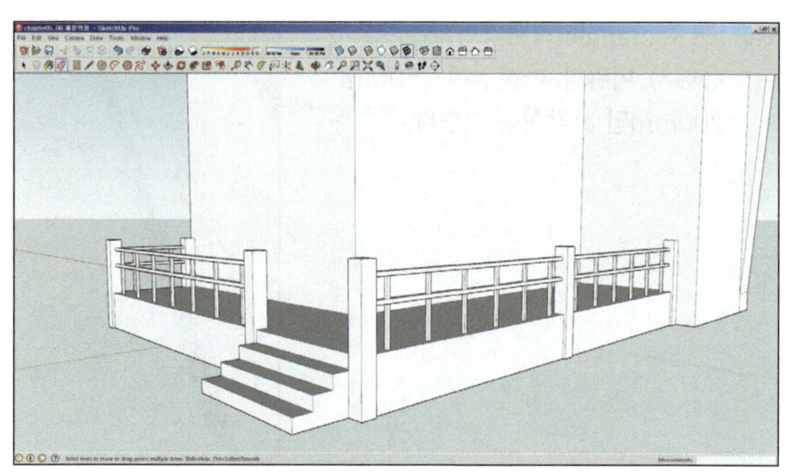

122 컴포넌트에서 창문과 출입문을 가져와 그림처럼 배치한다. Components(구성요소)를 불러오는 것은 Part 02. 단독주택 제작하기(초급편) Chapter 03 단독주택 I(일자형) "05 Components(구성요소)를 이용한 창문과 문 만들기" 부분을 참고하길 바란다.

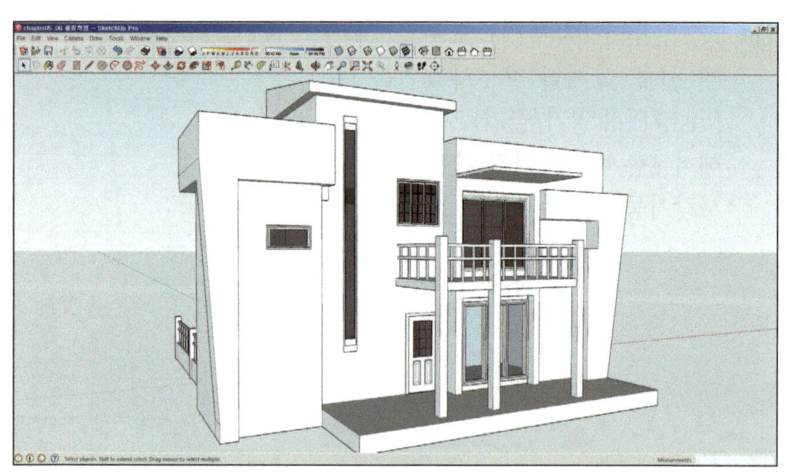

123 왼쪽 건물과 가운데 건물 뒷부분도 Components(구성요소)의 창문을 이용해서 다음과 같이 배치한다.

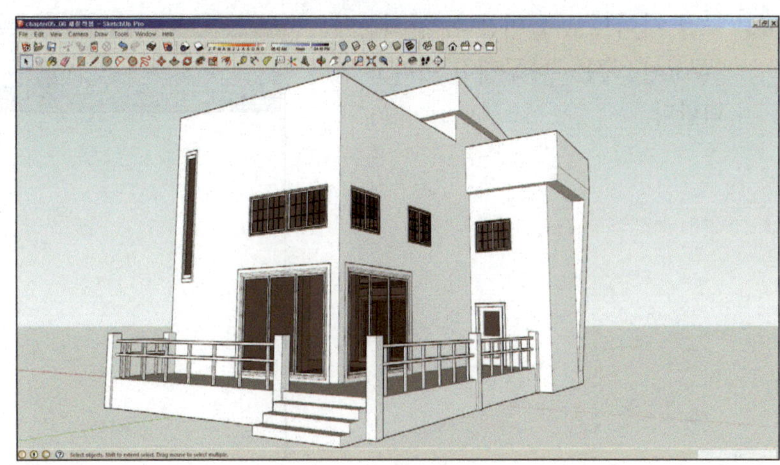

124 오른쪽 건물의 뒷모습이다.

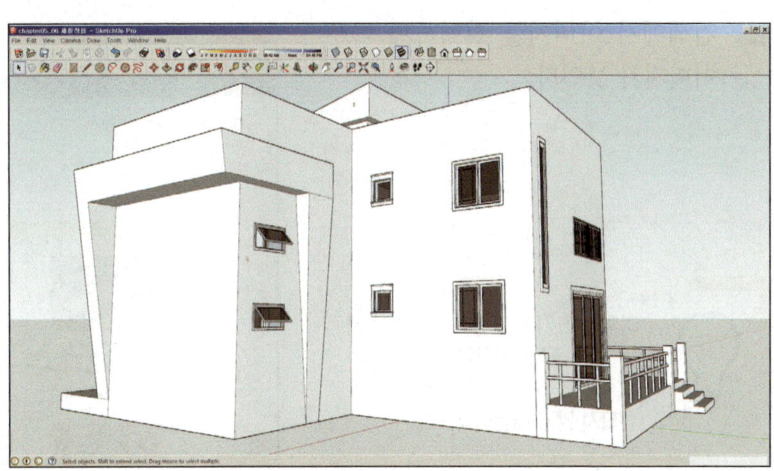

06 Google(구글)에서 나무재질 다운받고 재질 적용하기

나무재질을 입히기 위해서 구글 사이트(http://www.google.co.kr)에서 나무재질을 다운받고 다운받은 재질을 실제로 스케치업 프로그램에서 만든 주택에 적용해보는 시간을 갖도록 해보자. 아름다운 주택을 만드는 방법에는 여러 가지가 있는데, 모델링을 완벽하게 하는 것도 중요하지만 이처럼 사실적인 재질을 입히는 매핑작업 역시 중요하다.

125 구글 사이트로 들어간다. 검색창에 "Wood" 혹은 "나무재질"이라고 입력한다.

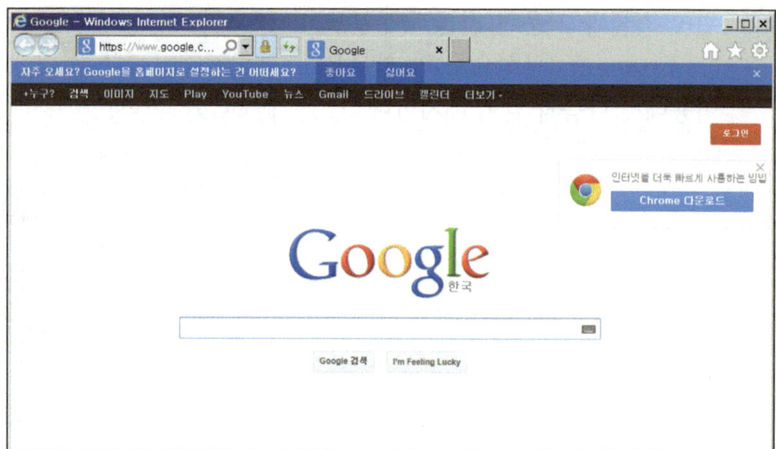

126 검색에서 이미지를 선택하면 나무 이미지가 보인다.

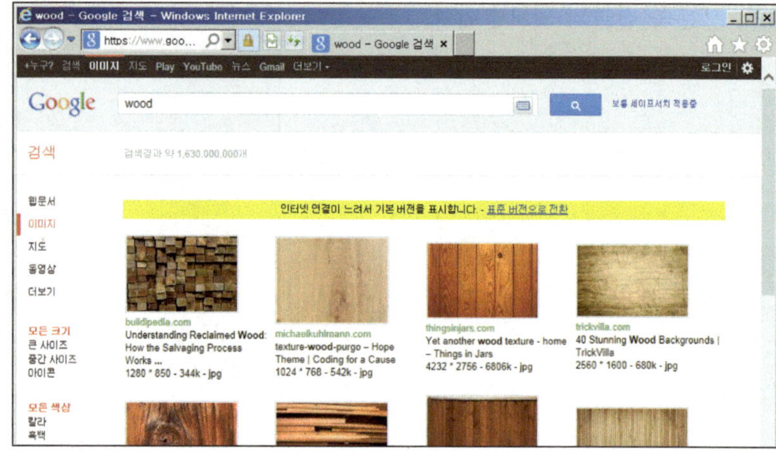

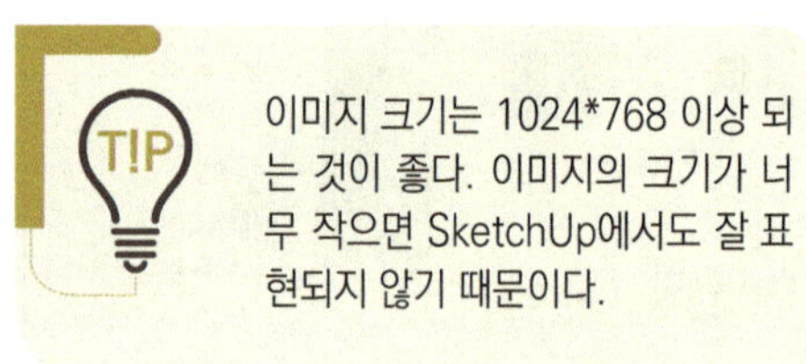

이미지 크기는 1024*768 이상 되는 것이 좋다. 이미지의 크기가 너무 작으면 SketchUp에서도 잘 표현되지 않기 때문이다.

127 마음에 드는 이미지를 골라 마우스로 클릭한다.

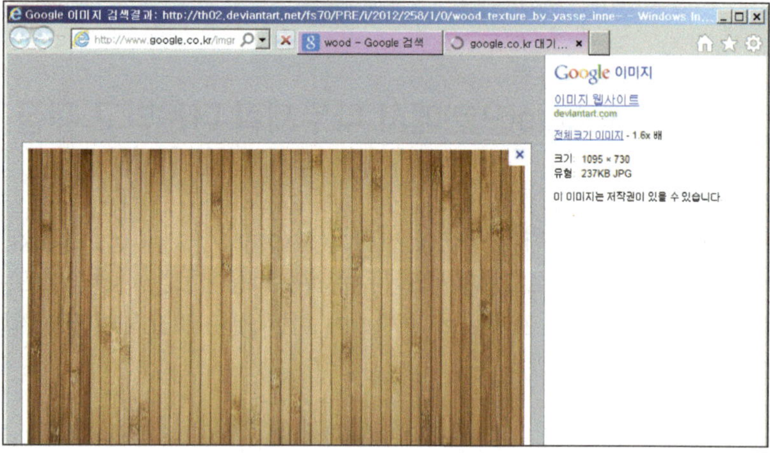

128 오른쪽 마우스를 클릭해서 다른 이름으로 사진 저장을 선택한다.

129 D드라이브에 재질이라는 폴더를 생성하고 그곳에 나무재질을 저장한다.

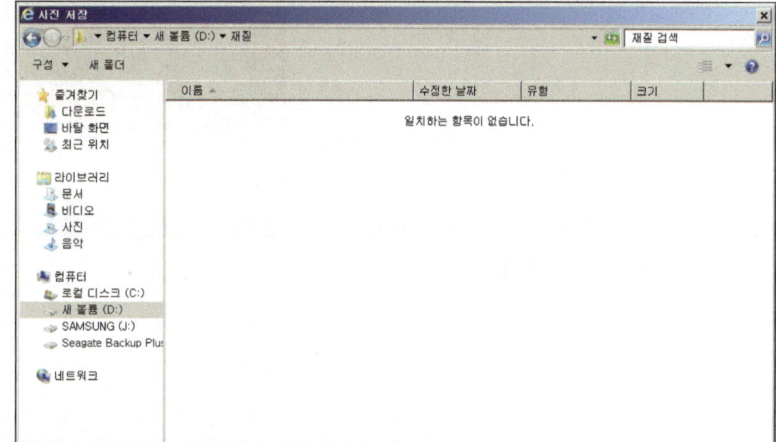

130 그럼 나무재질이 저장된 것을 확인할 수 있다.

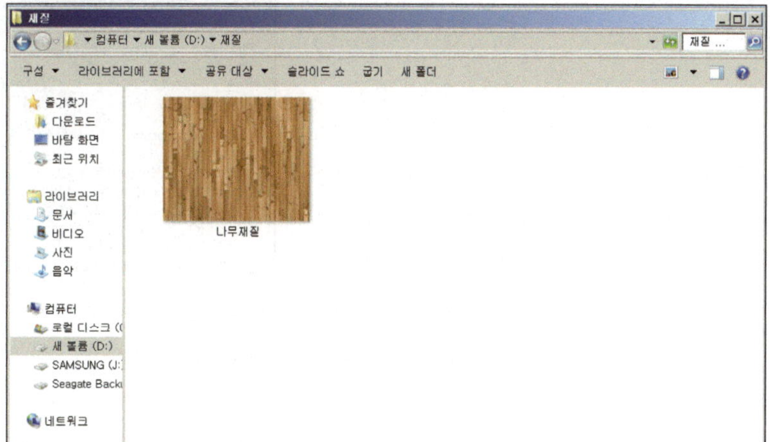

재질은 많이 가지고 있으면 좋기 때문에 자신이 원하는 이미지를 많이 보유하고 있는 것이 바람직하다. 같은 건축 모델링이더라도 재질을 어떻게 사실적으로 적용했느냐에 따라 퀄리티가 달라지기 때문이다. 모델링도 중요하지만 매핑 또한 매우 중요한 작업임을 기억한다.

131 그림 다음과 같이 나무 재질을 오브젝트에 직접 적용해보도록 하자.

132 스케치업에서 File(파일) 〉 Import(가져오기)를 선택한다.

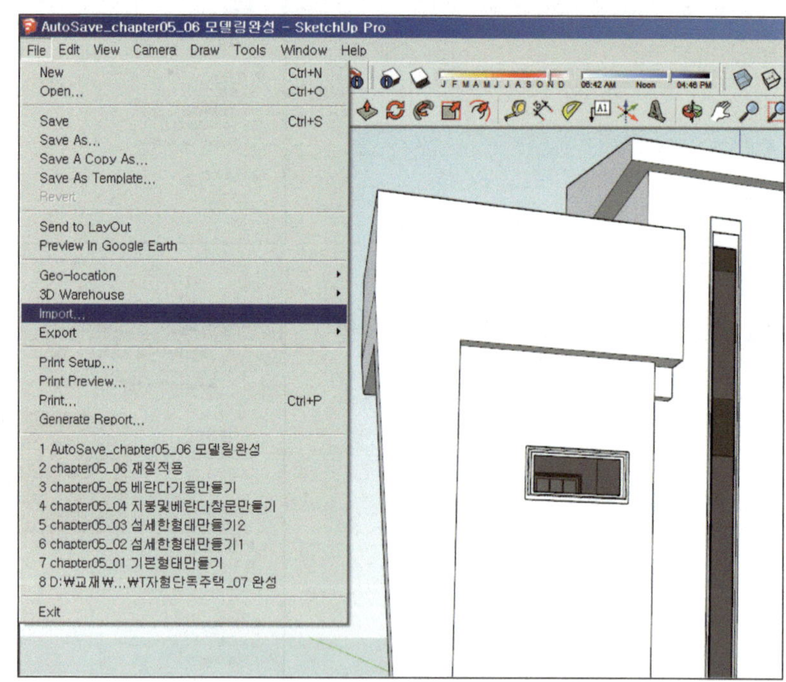

133 적용하고자 하는 나무이미지를 선택한다. 이때 중요한 것은 재질로 입힐 것이기 때문에서 반드시 "Use as texture(텍스처로 사용)"로 선택해야 한다.

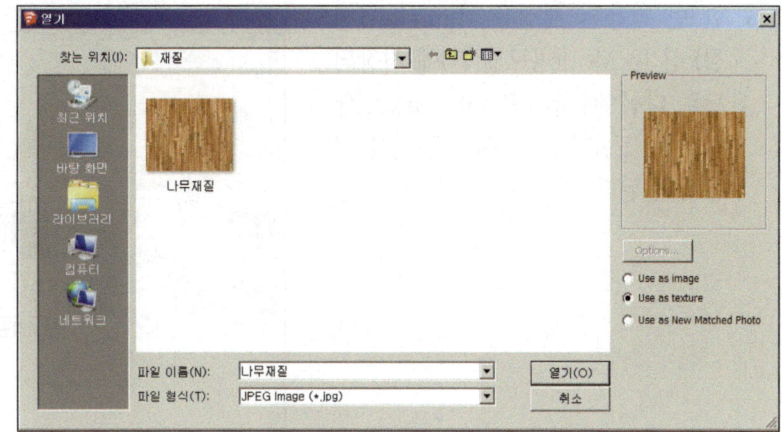

134 이미지를 가져와 재질을 입힐 면 아랫부분을 클릭한다.

135 재질이 들어갈 윗부분까지 드래그한 후 클릭해서 재질을 적용한다.

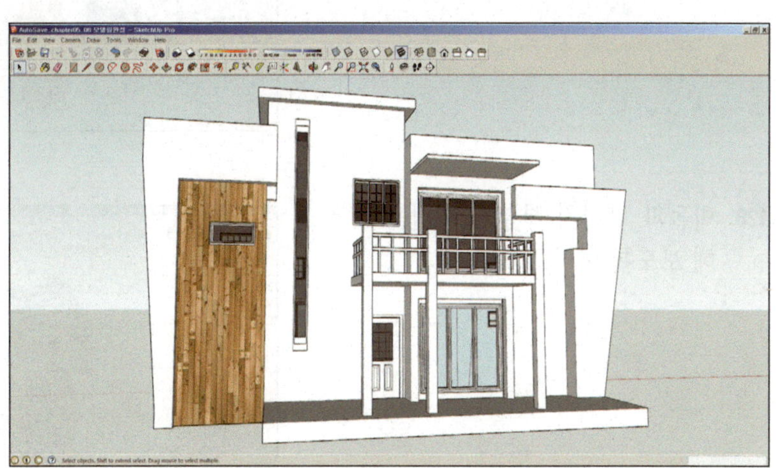

재질을 적용할 때 재질이 반복되는 크기를 조절할 수 있는데, 재질을 적용할 때 마우스 드래그를 짧게 하여 이미지 크기가 작아지면 작아진 크기 대로 반복되면서 재질이 적용되고, 그림처럼 한 면 전체에 이미지가 들어가도록 드래그하면 이미지가 커진 상태로 재질이 적용된다.

136 한 번 적용된 재질은 Materials(재질) 창 In Model(모델 안)에 저장되므로 다음에는 Paint Burket(페인트통) 도구를 사용해서 재질을 적용하면 된다.

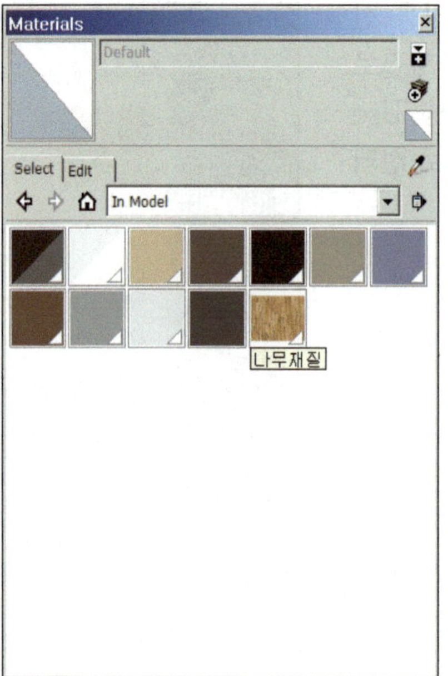

137 계속해서 같은 방법으로 적용해보도록 하자.

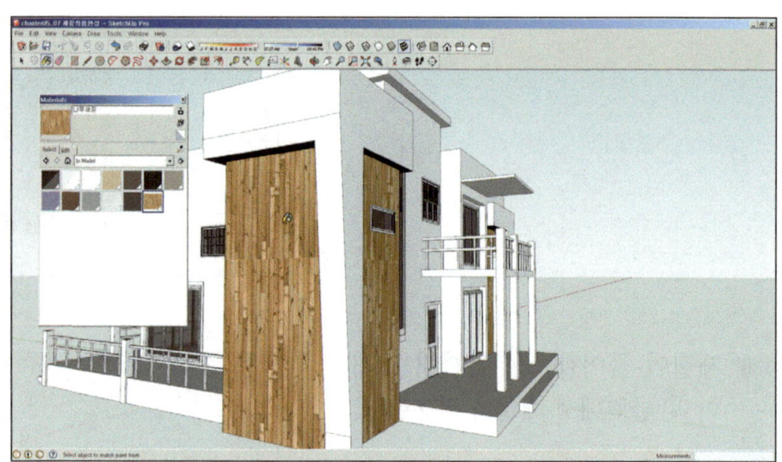

138 벽돌과 나머지 부분도 재질을 적용해 보도록 한다.

알아두기 05 Styles(스타일) 설정하기 2

Styles(스타일) 설정하기 두 번째로 이번에는 Styles(스타일) 창에 가서 건축물의 Style을 바꿔보도록 하자. Styles 창에는 우리가 전에 했던 기본적인 스타일 외에 연필 느낌이라든지, 매직으로 그린 듯한 느낌 등 다양하게 적용할 수 있다.

1 메뉴에서 Window(창) 〉 Styles(스타일)을 클릭해서 Styles(스타일) 창을 연다.

2 Styles(스타일) 창에서 Assorted Styles(스타일 모음) 폴더를 클릭한다.

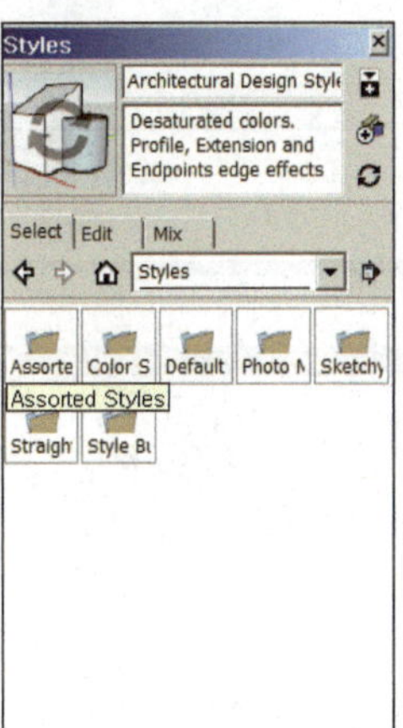

화살표를 클릭해서 Assorted Styles(스타일 모음)을 선택해도 된다.

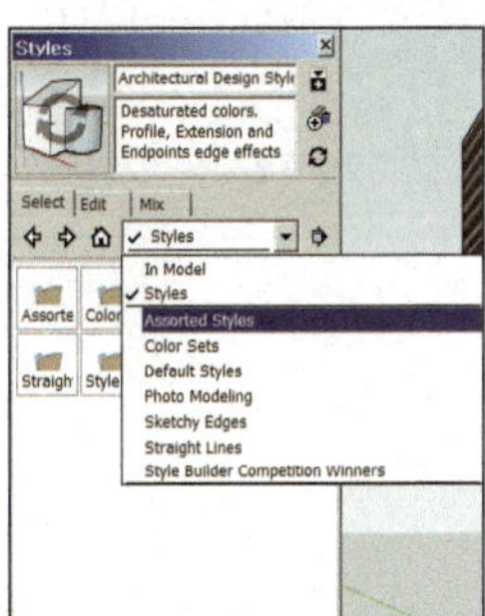

3 Blueprint(청사진)를 선택하면 오브젝트의 모양이 파란색으로 변하는 것을 알 수 있다. 마치 파란색 종이에 흰색 색연필로 그린 듯한 느낌이다.

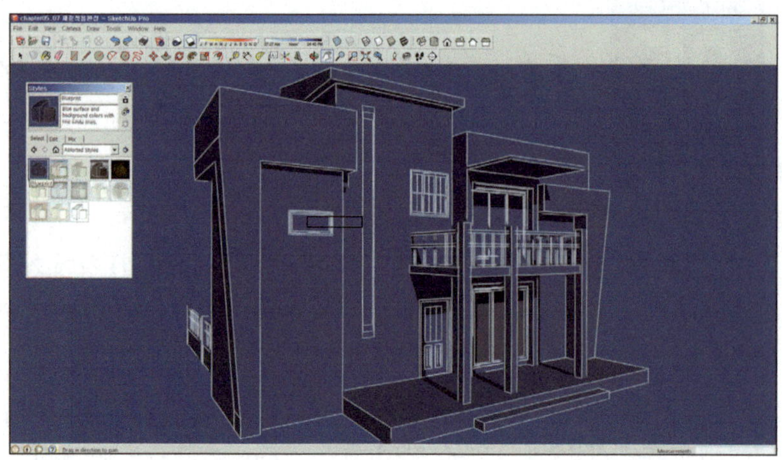

4 Brush Strokes on Canvas(캔버스의 브러시 획)를 선택하면 캔버스 위에 블러시로 그린 듯한 느낌이 된다.

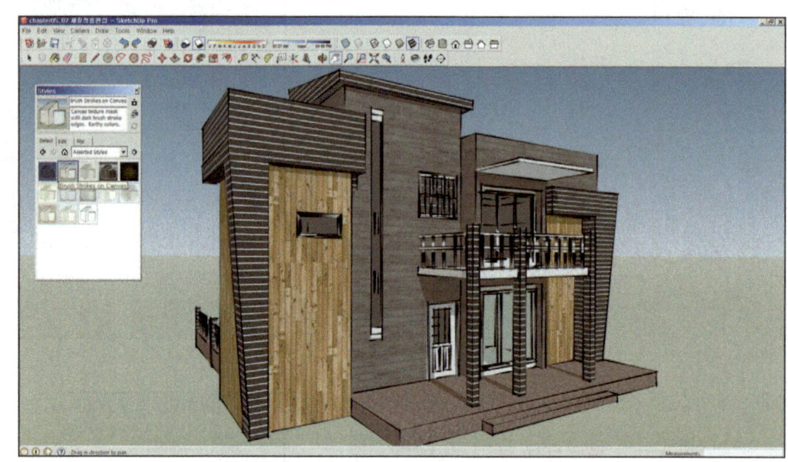

5 Generic CAD(일반 CAD)를 선택한 모양이다.

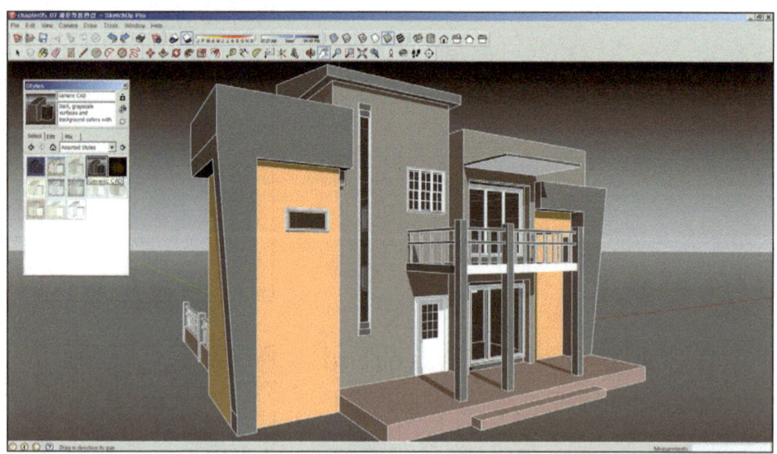

6 Whiteboard with Dry Erase Marker(화이트보드와 건식 소거 마커)를 선택하면 마커로 그린 듯한 느낌을 표현할 수 있다. 나머지도 한 번씩 클릭해봐서 어떠한 스타일인지 확인해보길 바란다.

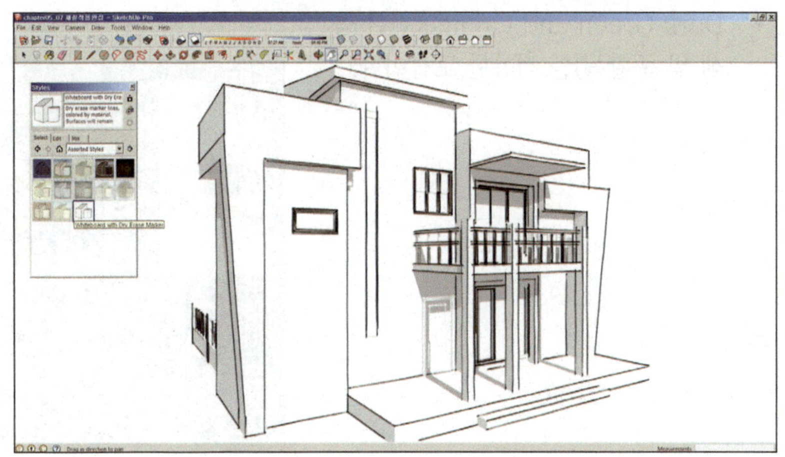

7 다시 화살표를 클릭해서 Color Sets(색상모음)를 선택한다. Color Sets(색상모음)에서는 다양한 색상의 스타일을 적용할 수 있다.

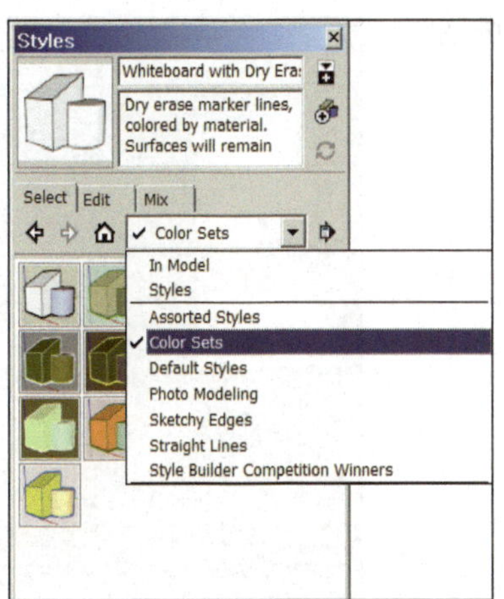

8 Blue and Orange(파랑 및 주황)를 적용한 모습이다. 배경색이 파란색이며 외곽선이 오렌지 색으로 변한다.

9 Dark Green and Orange(진한 녹색 및 주황색)를 적용한 모습이다.

10 Mint Green(연녹색)을 적용한 모습이다.

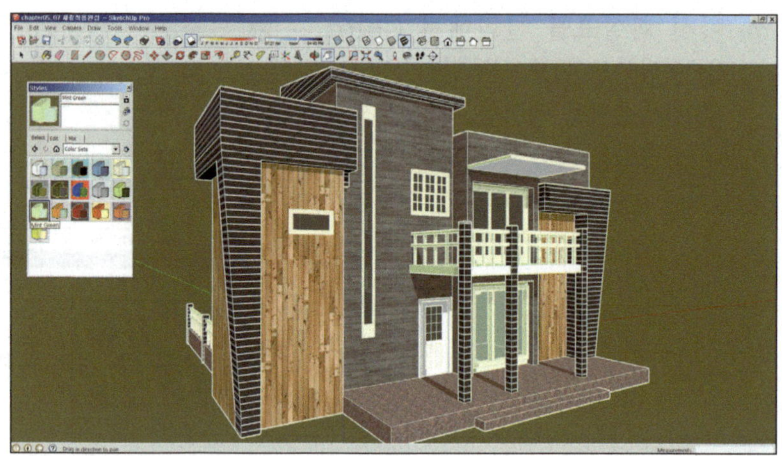

11 나머지 스타일도 한 번씩 적용해 보면 알 수 있다. 여기에서는 특히 많이 쓰이는 스타일만 짚고 넘어가도록 하겠다. 다시 Styles(스타일) 창에서 Sketchy Edges(가장자리 스케치)를 선택한다. Sketchy Edges(가장자리 스케치) 스타일은 사람이 연필이나 마커로 그린 듯한 스타일을 적용할 수 있다.

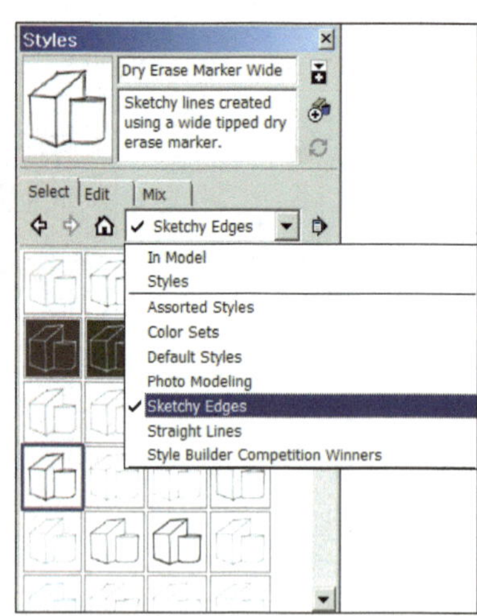

12 다양한 Sketchy Edges(가장자리 스케치) 스타일

① 연필로 그린 듯한 느낌

② 굵은 펜으로 그린 듯한 느낌

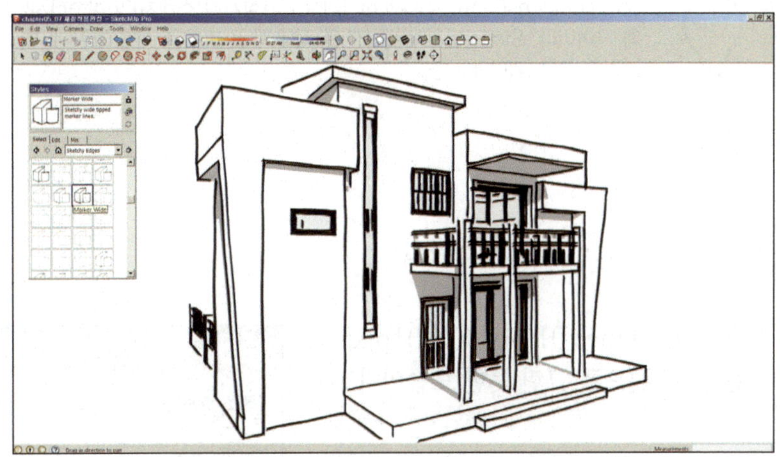

③ 붉은색 펜으로 그린 듯한 느낌이다. 이외에도 여러 가지 스타일로 표현할 수 있다.

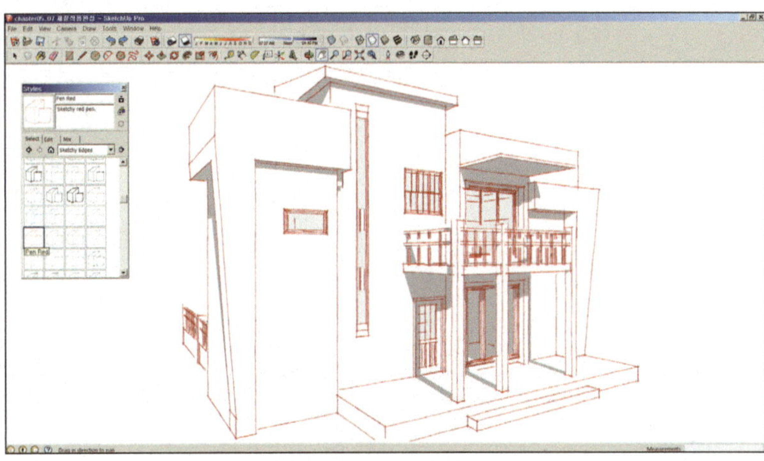

13 다시 Styles(스타일) 창에서 Straight Lines(직선) 스타일을 선택한다.

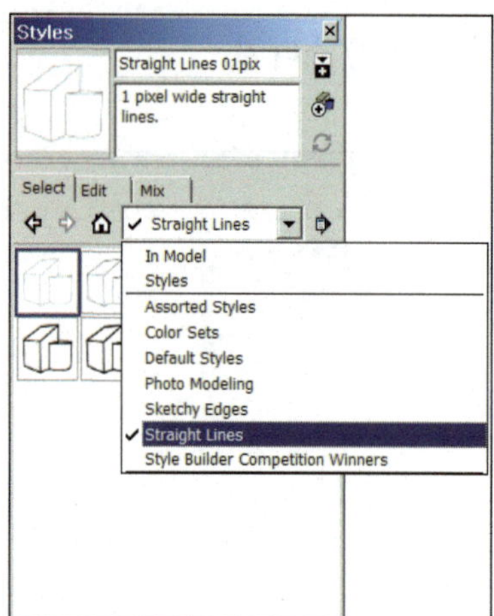

Straight Lines(직선)은 Sketchy Edges(가장자리 스케치)와 비슷하지만 차이가 있다면 손으로 그린 것과 도구(자)를 이용한 것의 차이이다. Straight Lines(직선)은 자를 대고 반듯한 선을 그린 듯 한 느낌이고 Sketchy Edges(가장자리 스케치)는 손으로 그린 듯 한 느낌이다.

14 Straight Lines(직선) 스타일

① Straight Lines 01 pix(직선 01pix)는 얇은 펜으로 그린 듯한 모습이다.

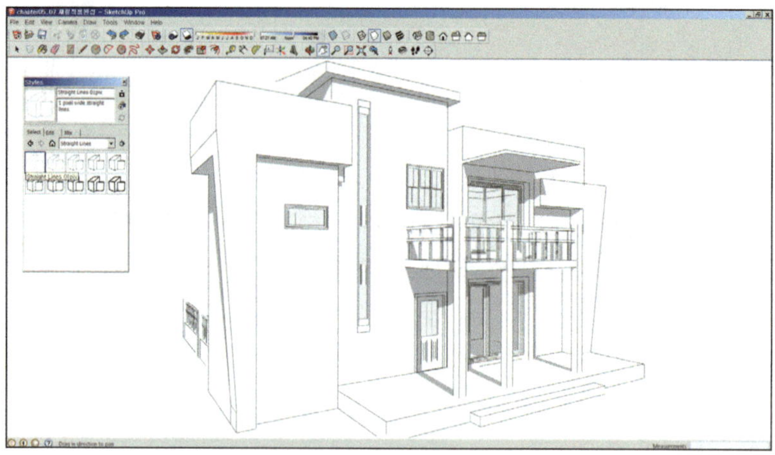

② Straight Lines 02 pix((직선 02pix) 좀 더 굵은 펜으로 그린 듯한 모습이다.

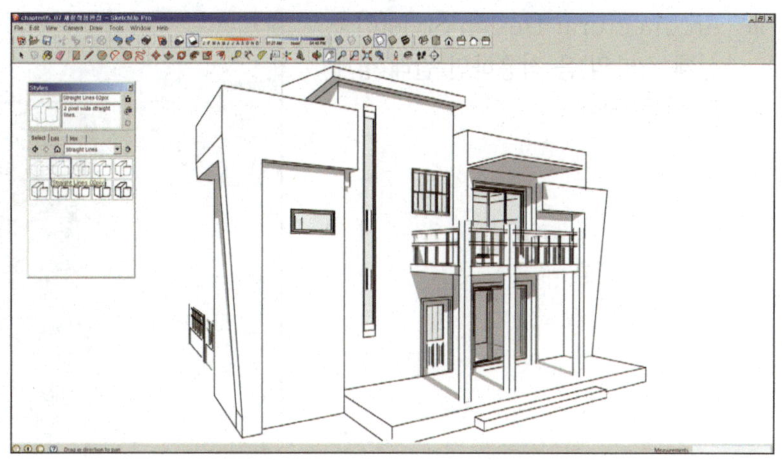

③ Straight Lines 07 pix(직선 07pix) 마커로 그린 듯한 모습이다.

15 마지막으로 Styles(스타일) 창에서 Default Styles(기본 스타일)을 선택한다. Default Styles(기본 스타일)은 기본적으로 제공되는 스타일로 여러 가지 스타일로 적용한 후 마음에 들지 않아 맨 처음으로 되돌아 갈 때 사용하면 된다.

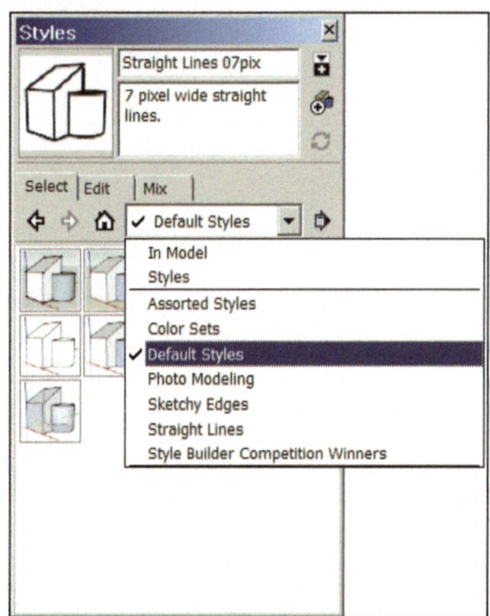

16 Architectural Design Style(건축 설계 스타일)을 적용하면 원래 상태로 되돌아온다.

17 Simple Style(단순 스타일)을 적용한 모습이다. SketchUp 7 이전은 다음 그림이 Default Style(기본 스타일)이었다.
필자도 SketchUp 5부터 사용해서 그런지 이 스타일이 매우 친숙하다.

SKETCH UP 2019 SKETCH UP 2019 SKETCH UP 2019 SKETCH UP 2019 SKETCH UP 2019
SKETCH UP 2019 SKETCH UP 2019 SKETCH UP 2019 SKETCH UP 2019 SKETCH UP 2019

SKETCH UP 2019 SKETCH UP 2019 SKETCH UP 2019 SKETCH UP 2019 SKETCH UP 2019
SKETCH UP 2019 SKETCH UP 2019 SKETCH UP 2019 SKETCH UP 2019 SKETCH UP 2019
SKETCH UP 2019 SKETCH UP 2019 SKETCH UP 2019 SKETCH UP 2019 SKETCH UP 2019

Part 03
건축물 제작하기(중급편)

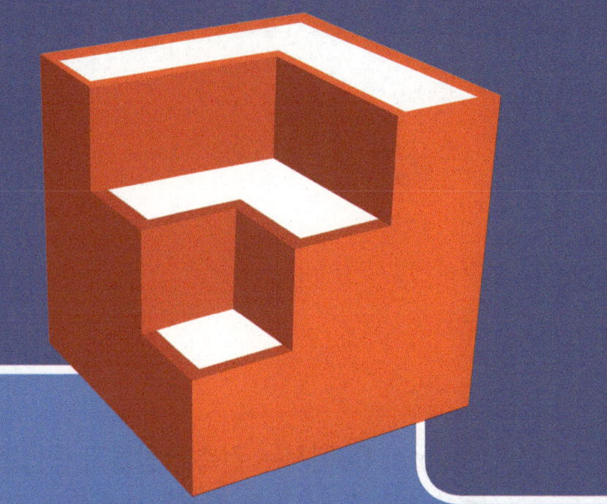

Chapter 06 펜션 제작하기

Chapter 07 전통가옥 제작하기

Chapter 08 쇼핑센터 제작하기

Part 03에서는 스케치업의 중급과정으로 펜션에서부터 전통가옥, 쇼핑센터 등 좀 더 난이도 있는 건축물들을 제작해 보도록 하겠다. Part 02에서 배운 기초 모델링 기법을 사용하면서 좀 더 난이도 있는 건축물(펜션, 전통가옥, 쇼핑센터)를 제작해 봄으로써 실무능력을 키우는 단계라 할 수 있다. 따라서 이번 Part 03에서는 Part 02와 같이 세심한 설명의 작업 프로세스보다는 다양한 형태의 건축물들을 좀 더 쉽고 빠르게 제작할 수 있는 방법을 배우는 단계이며, 반복되는 작업이나 쉬운 작업들은 배제하고 꼭 필요한 모델링 기법에 대해서만 설명토록 하겠다. Part 02를 제대로 학습한 독자라면 시간이 오래 걸릴 뿐 충분히 따라할 수 있을 것으로 예상되며, 몇 번의 시행착오를 거듭해야만 비로소 실력이 늘어날 것이므로 실패를 두려워해서는 안 된다. 또한 Part 03에서는 Part 02와 같이 일일이 도구에 대해 설명하지 않기 때문에(예를 들어 "Rectangle(직사각형) 도구를 사용해서 사각형을 그린다"가 아니라 바로 "사각형을 그린다" 혹은 "Line(선) 도구를 사용해서 선을 그린다"가 아니라 바로 선을 그린다"로 설명) 만약 Part 03의 모델링이 이해가 어렵다면 Part 02를 다시 한 번 복습하길 바란다.

펜션 제작하기

Chapter 06에서는 건축물 만들기 중급편으로 펜션을 제작해보도록 하겠다. 요즈음 여행을 가면 아름다운 펜션들을 많이 볼 수 있는데, 그러한 펜션을 내손으로 직접 만들어 본다면 어떨까?

이 Chapter를 잘 이해하고 학습한다면 여러분은 직접 아름다운 펜션을 제작할 수 있을 것이다. Part 02에서 학습한 건축물이 직각의 형태를 갖는 주택이었다면 이 Chapter에서 학습하는 건축물은 30도 정도 꺾여 있는 건축물이기 때문에 모델링을 하는 데에 어려움이 있을 수 있다. 하지만 그렇다고 해서 결코 어려운 것은 아니며 쉽게 따라할 수 있을 것이다. 실제 건축물에서도 기초 공사가 중요하듯이 SketchUp에서도 기초 모델링을 어떻게 하느냐에 따라 아주 쉽게 건물을 만들 수 있다.

01 펜션의 기본형태 만들기

지금 제작할 펜션의 형태는 보기에는 쉽지만 30도 정도 휘어진 구조이기 때문에 처음부터 정확하게 그려줄 필요가 있다.

1 Polygon(다각형) 도구를 선택한 후 3000mm 크기로 6각면을 만든다.

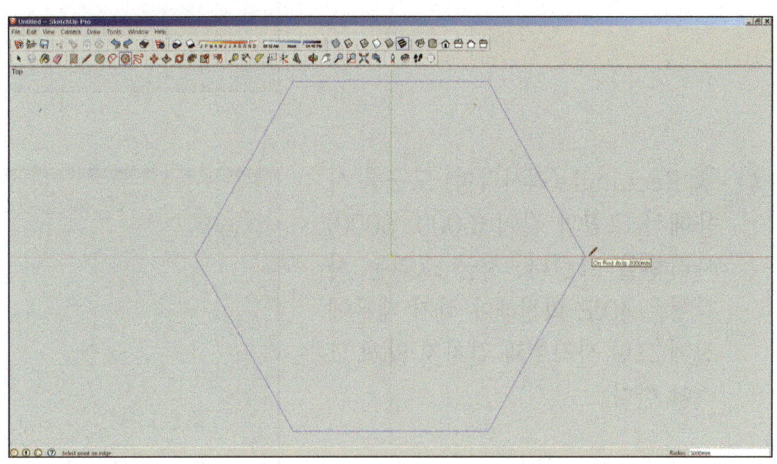

6각형을 만드는 방법은 Polygon(다각형) 도구를 선택한 후 수치입력창에서 Sides(측면) 값을 6으로 입력하면 된다. Sides 6 따라서 오각형을 만들고자 한다면 Sides(측면) 값 "5", 8각형을 만들고자 한다면 Sides(측면) 값을 "8"로 하면 된다.

2 Select(선택) 도구로 6각형 전체를 선택한 후 Rotate(회전) 도구를 사용해서 생성된 육각형을 30도 회전한다.

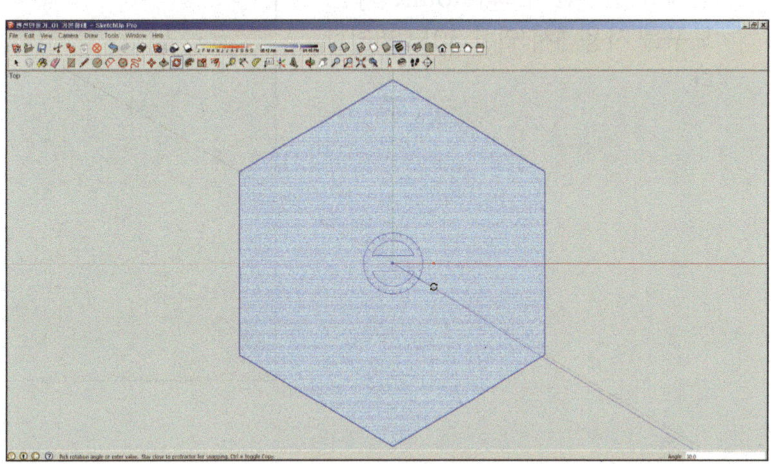

3 Rectangle(직사각형) 도구를 사용해서 그림과 같이 육각형의 꼭짓점에서 시작하는 사각형을 그린다. 치수는 (15000, 4500)이다.

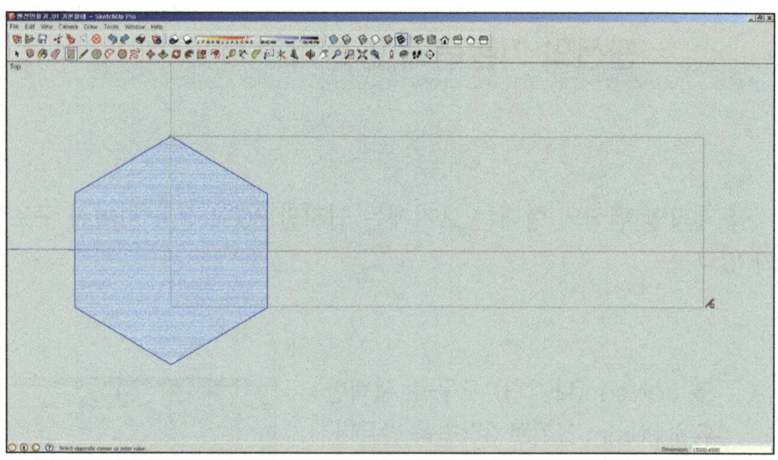

4 Rectangle(직사각형) 도구를 사용해서 그림과 같이 (6000, 6000) 사각형을 그린다. 지금 그리는 사각형은 30도 회전해야 하기 때문에 전에 그린 사각형과 겹치지 않게 그려야 한다.

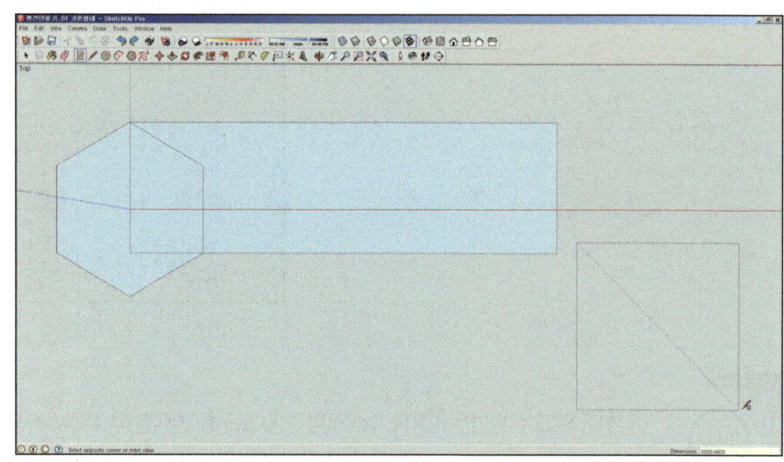

5 Select(선택) 도구로 정사각형 전체를 선택한 후 Rotate(회전) 도구를 사용해서 역시 30도 회전한다.

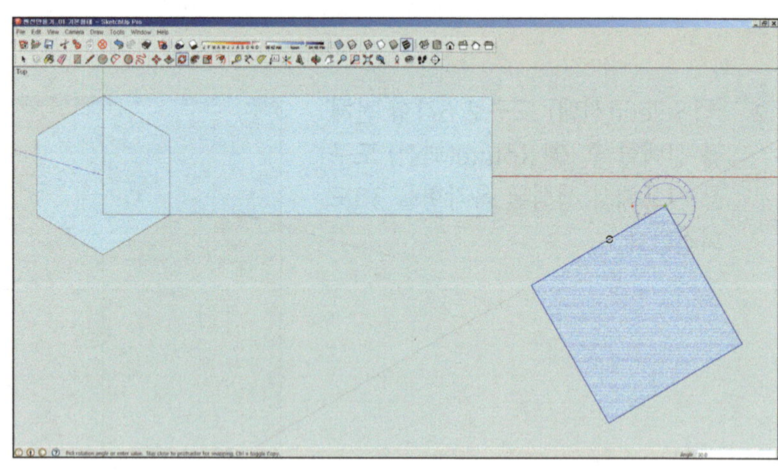

6 Move(이동) 도구를 사용해서 회전된 사각형의 꼭짓점을 잡고 이동시켜 긴 사각형의 꼭짓점에 맞춘다.

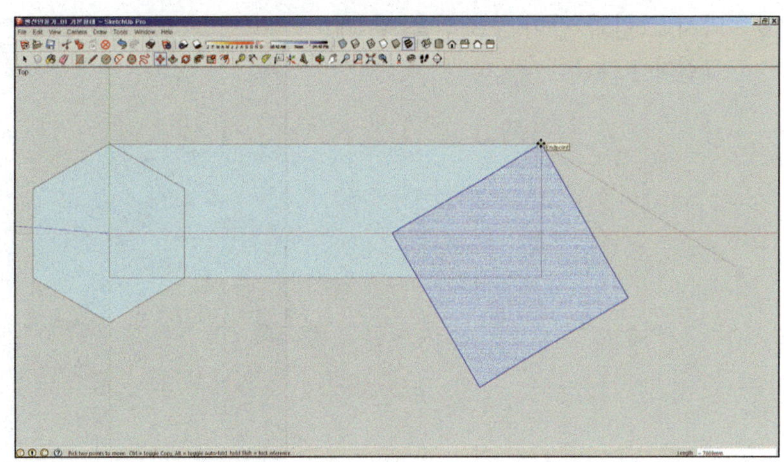

7 Eraser(지우기) 도구를 사용해서 안쪽의 선들을 그림과 같이 제거한다.

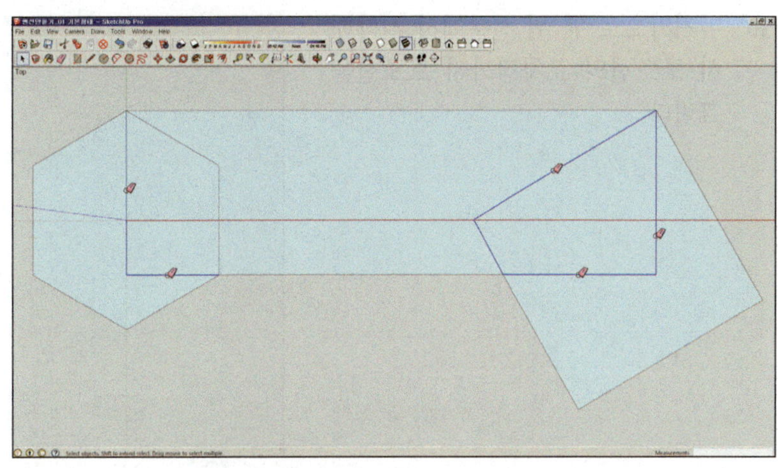

8 Tape Measure Tool(줄자도구)을 사용해서 그림과 같이 보조선을 그린다.

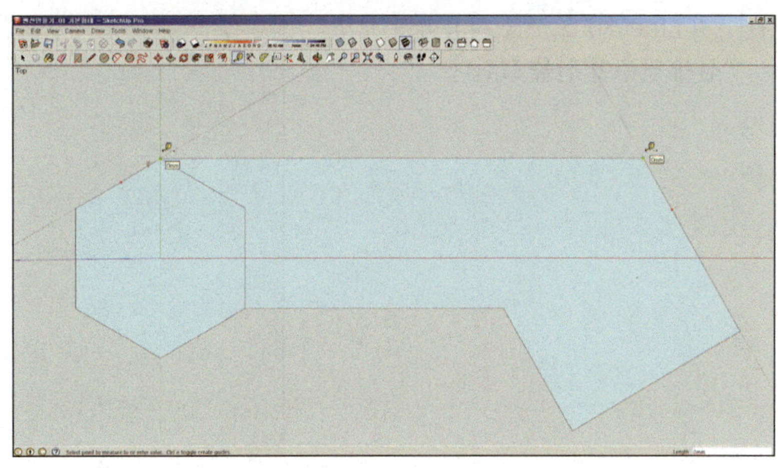

선분을 따라 연장되는 보조선을 그리는 방법은 Tape Measure Tool(줄자도구)을 선택한 후 선분의 중간점을 클릭하고 다시 꼭짓점을 선택하면 된다.

9 역시 그림과 같이 보조선을 두 개 그린다.

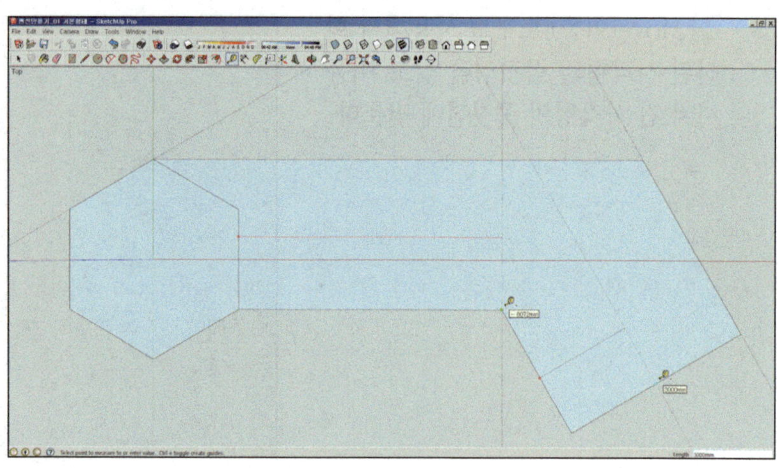

10 마지막으로 맨 위 선분에서 시작해서 보조선의 교차점까지 보조선을 그린다.

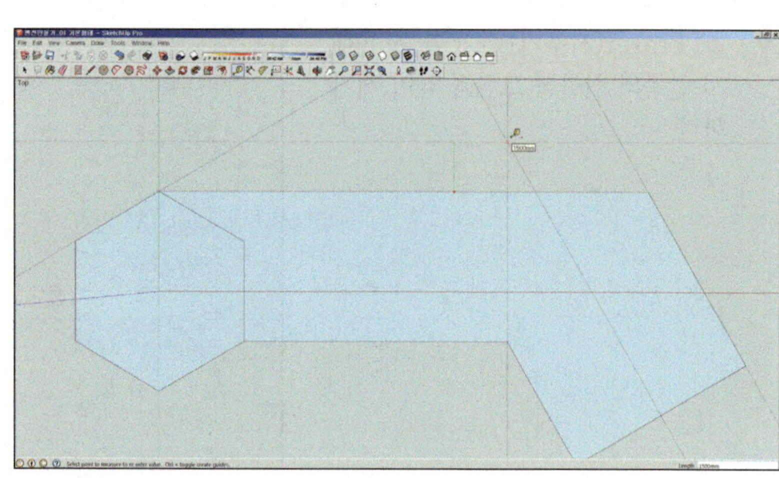

11 Line(선) 도구를 사용하여 보조선에 맞추어 선을 그린다.

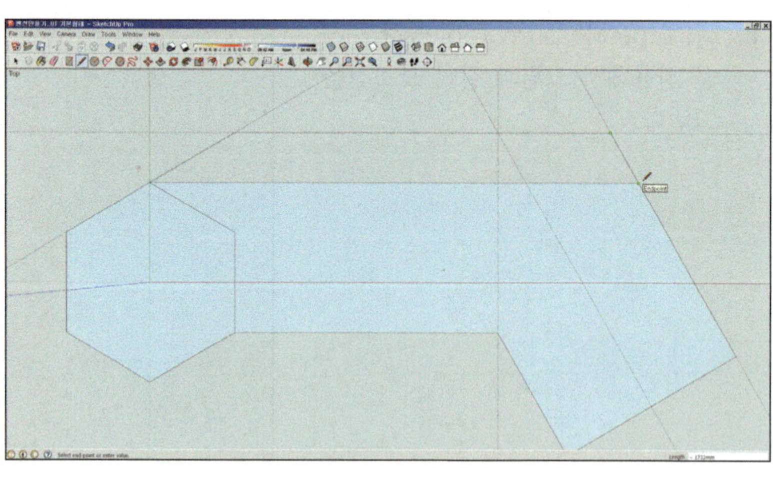

12 그림과 같이 선을 그린다.

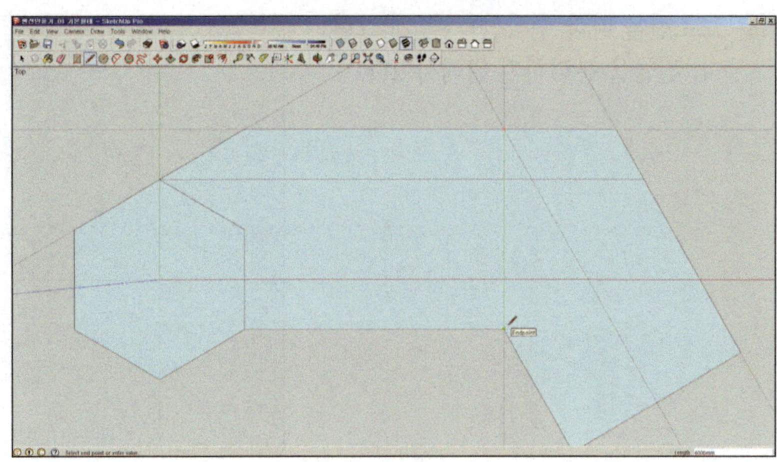

13 Eraser(지우기) 도구로 안쪽의 가로선을 제거한다.

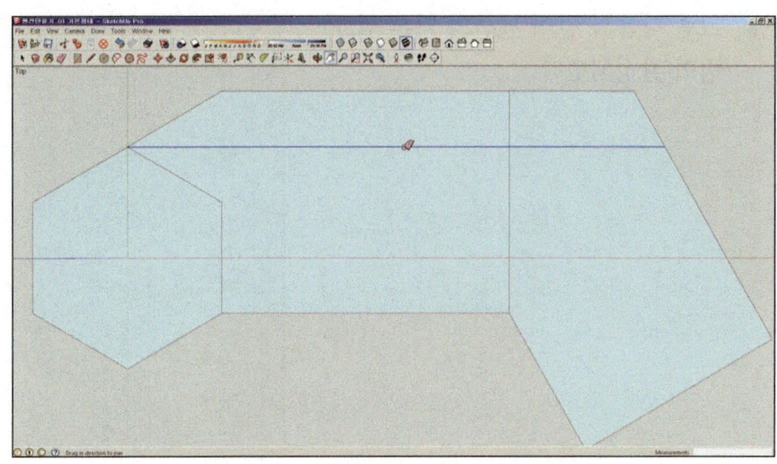

14 그림과 같이 육각형에서 800mm, 그 보조선에서 4500mm만큼 떨어진 곳에 보조선을 그린다.

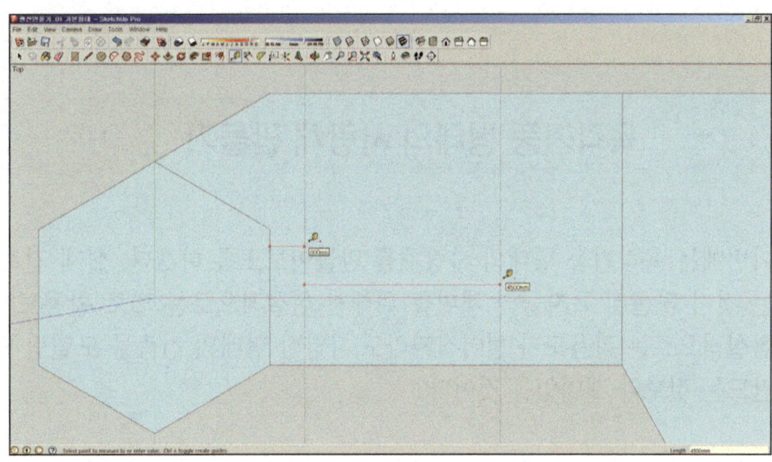

15 보조선을 따라 수직선을 두 개 그린다. 건물을 분리하기 위해서이다.

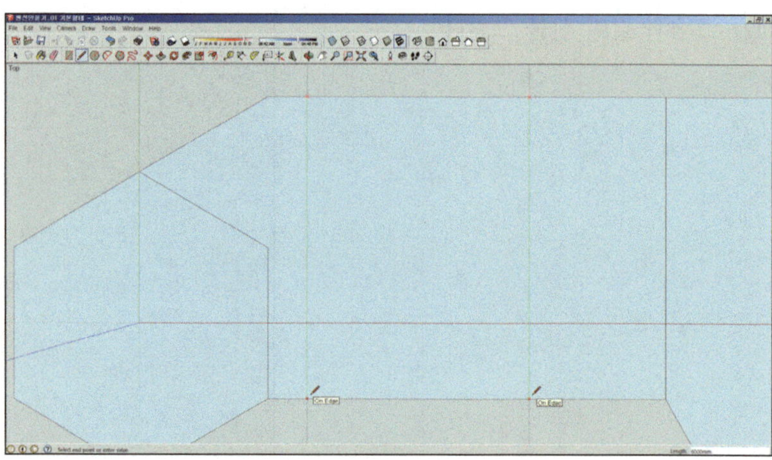

16 그림 다음과 같이 펜션의 기본 밑그림이 완성되었다.

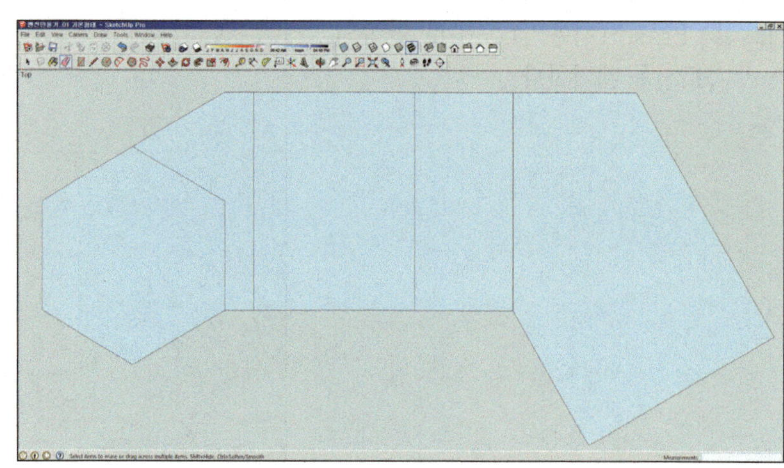

02 육각기둥 형태의 사랑채 만들기

이번에는 육각기둥 형태의 사랑채를 만들어보도록 하겠다. 실제 건축물의 경우 대부분 직사각형 형태로 되어 있는 것이 많은데 독자들의 재미를 위해서 현실적으로는 별로 활용도가 떨어지지만 육각형의 형태를 선택하였다. 현실적으로는 활용도가 떨어질지라도 다양한 형태의 건축물 모델링 연습에 도움이 될 것이며, 직사각형의 형태를 만드는 것보다 재미있을 것이다.

17 Push/Pull(밀기/끌기) 도구를 사용하여 육면체를 8000mm만큼 만든다. Ctrl 키를 누른 후 면을 생성해야 한다.

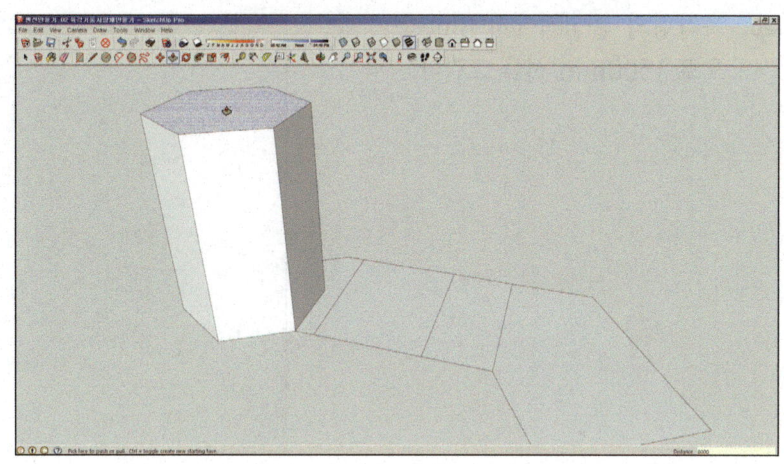

18 Offset(오프셋) 도구를 사용해서 600mm 떨어진 곳에 육각면을 만든다.

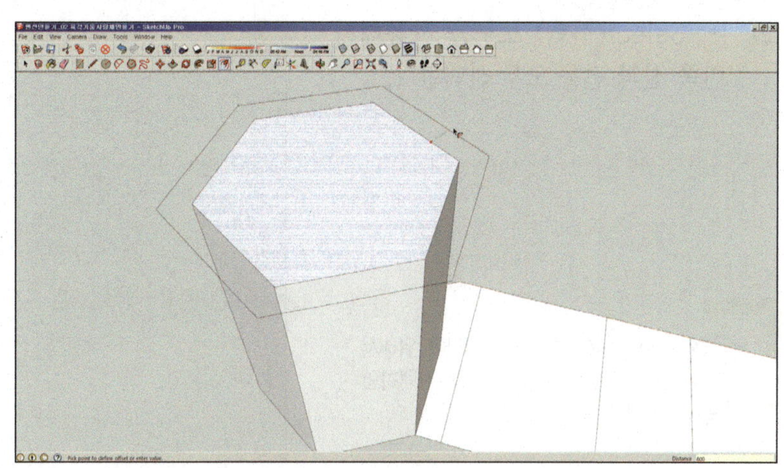

19 그림과 같이 육각형의 모서리에서 대각선 방향으로 선을 그린다.

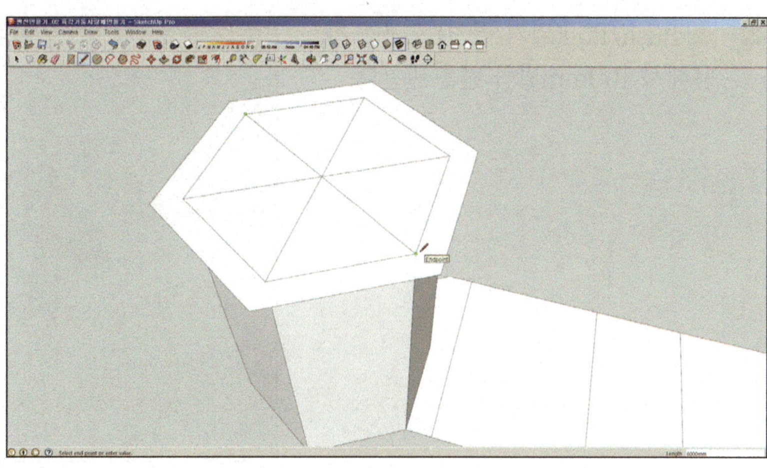

20 육각형의 중심점에서 Blue축 방향으로 1500mm 선을 그린다.

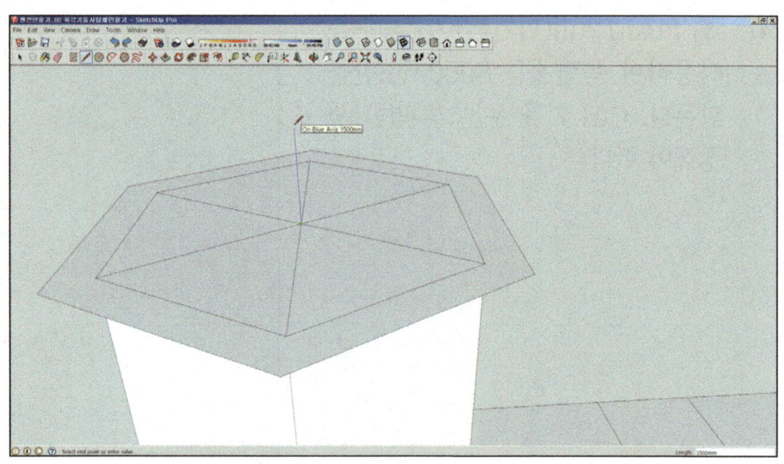

21 Select(선택) 도구를 사용해서 안쪽 선과 면을 모두 선택한다.

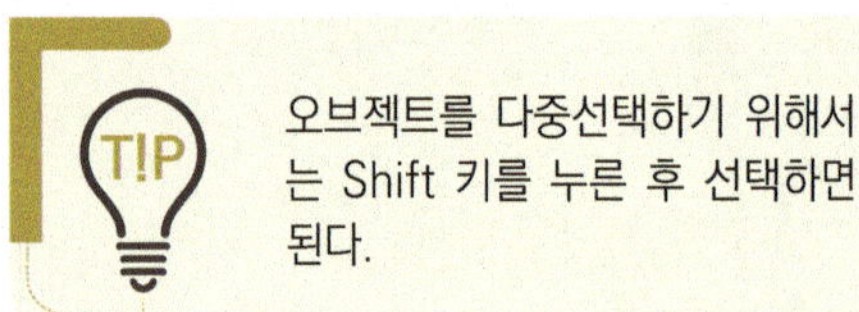

오브젝트를 다중선택하기 위해서는 Shift 키를 누른 후 선택하면 된다.

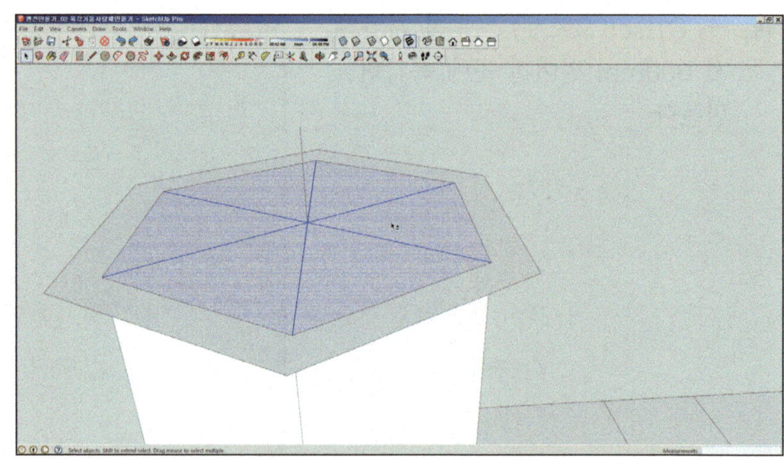

22 Push/Pull(밀기/끌기) 도구를 사용해서 100mm만큼 면을 만든다.

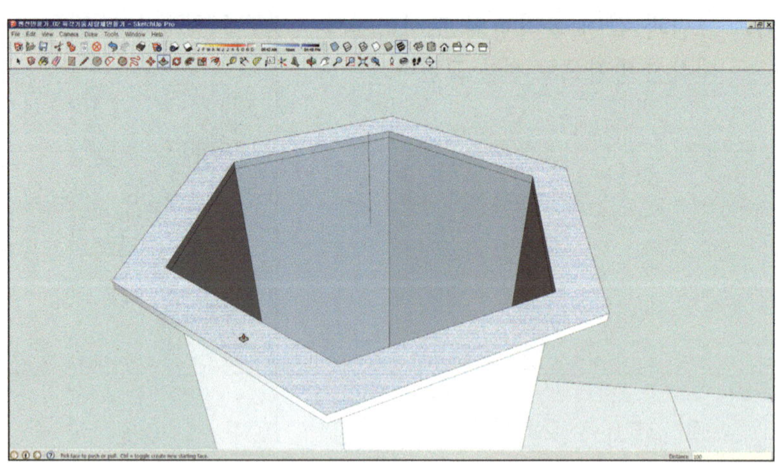

23 Offset(오프셋) 도구를 사용해서 100mm 더 큰 육각면을 만든다.

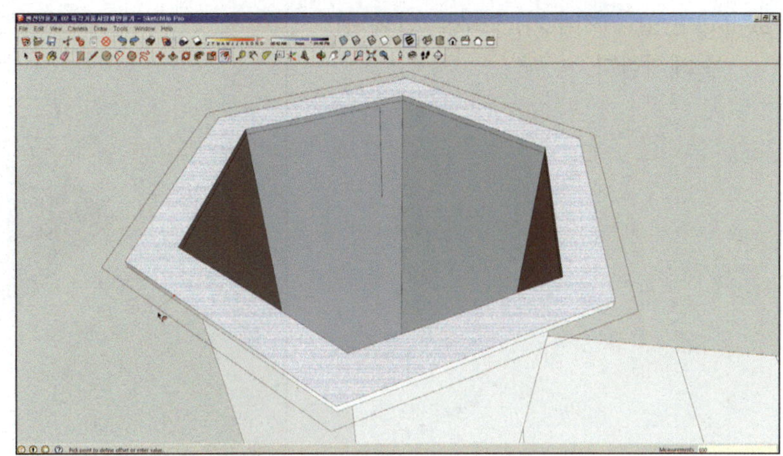

24 안쪽 육각기둥에서 Push/Pull(밀기/끌기) 도구를 선택하고 다시 Ctrl 키를 누른 후 면을 150mm 만든다.

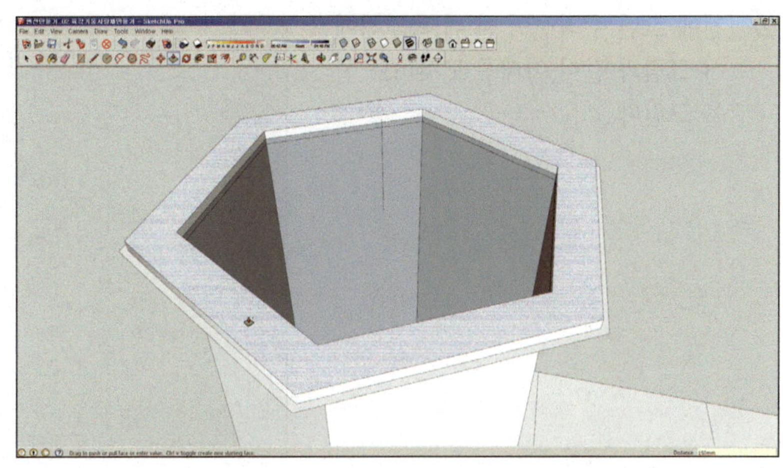

25 바깥쪽 육각기둥도 안쪽 높이에 맞춰 면을 만든다.

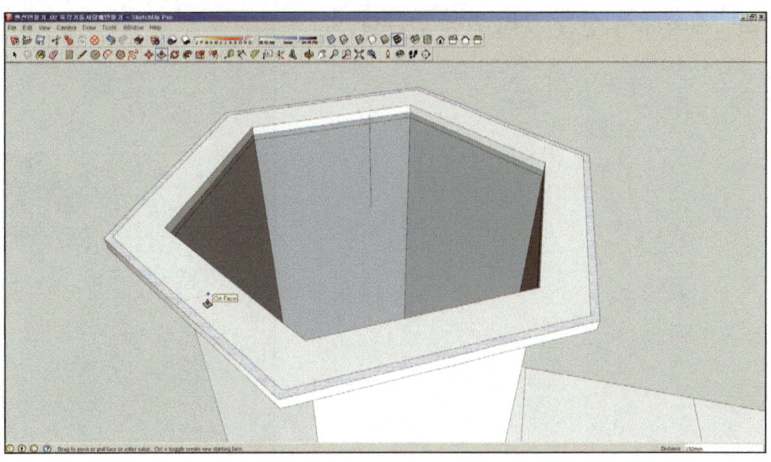

26 Eraser(지우기) 도구로 안쪽 선을 제거한다.

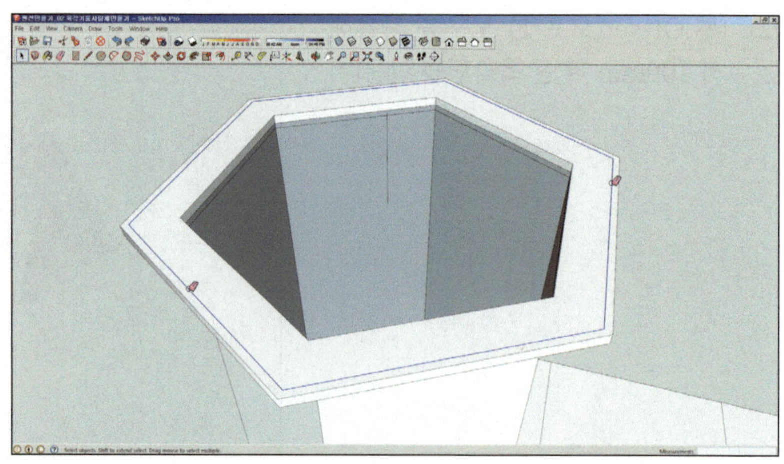

27 전에 그린 수직선의 맨 위 꼭짓점에서 그림과 같이 아래쪽 모서리로 선을 그린다.

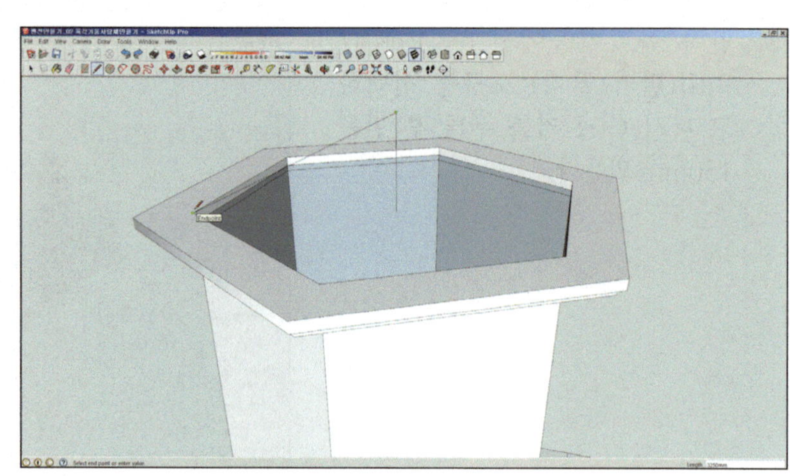

28 계속해서 선을 그려 면을 만든다.

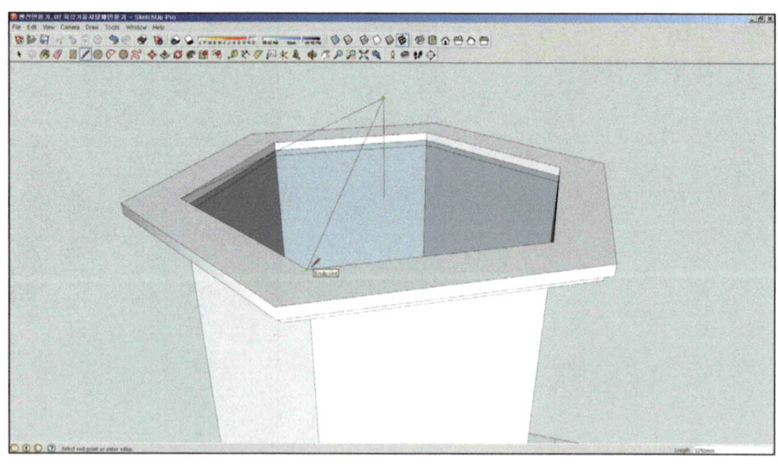

29 육각뿔의 형태가 된 것을 확인할 수 있다.

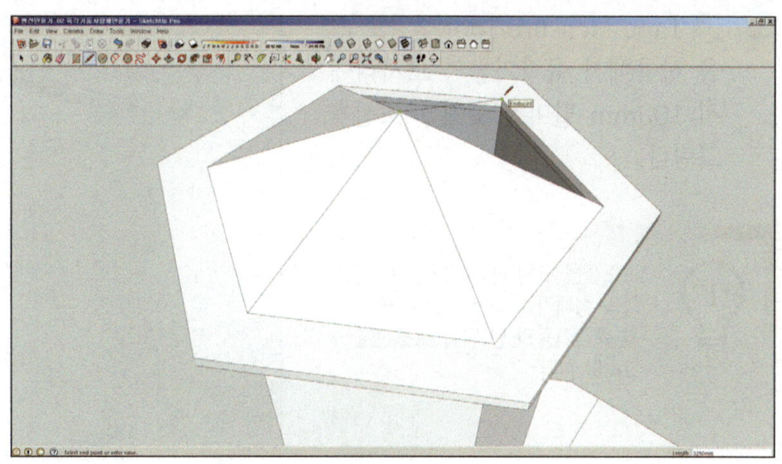

30 Line(선) 도구로 모서리 부분에 선을 모두 그린다.

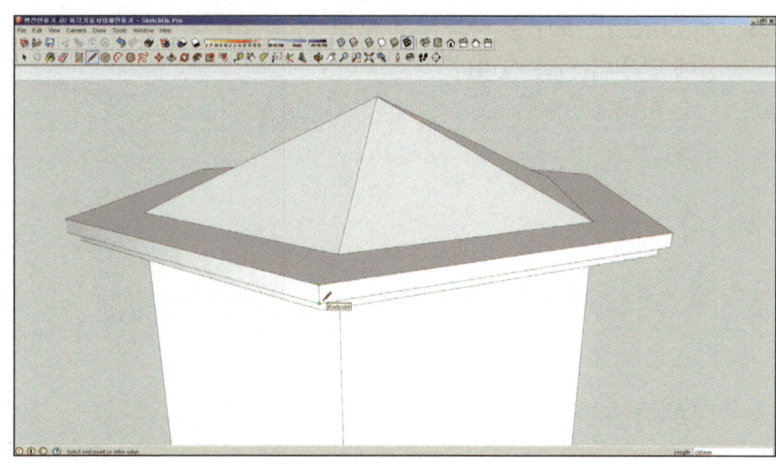

Polygon(다각형) 도구로 육면체를 그리고 Push/Pull(밀기/끌기) 도구로 면을 생성하게 되면 모서리에 선이 없다. 따라서 정확한 모델링을 위해서 선을 그려야 한다.

31 아래쪽도 마찬가지로 모서리 부분에 선을 그린다.

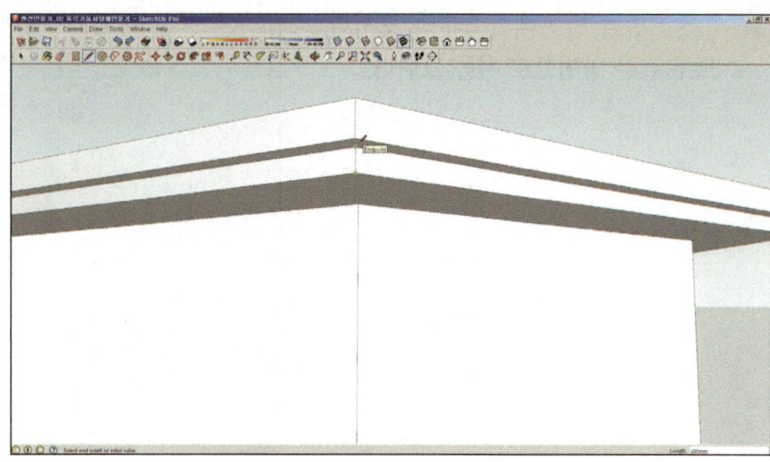

32 Tape Measure Tool(줄자도구)을 사용해서 육각기둥의 모서리에서 100mm 떨어진 곳에 보조선을 그린다.

보조선을 그릴 때 육각기둥이 직각의 형태가 아니기 때문에 반드시 육각기둥의 면 위에 보조선을 그려야 한다.

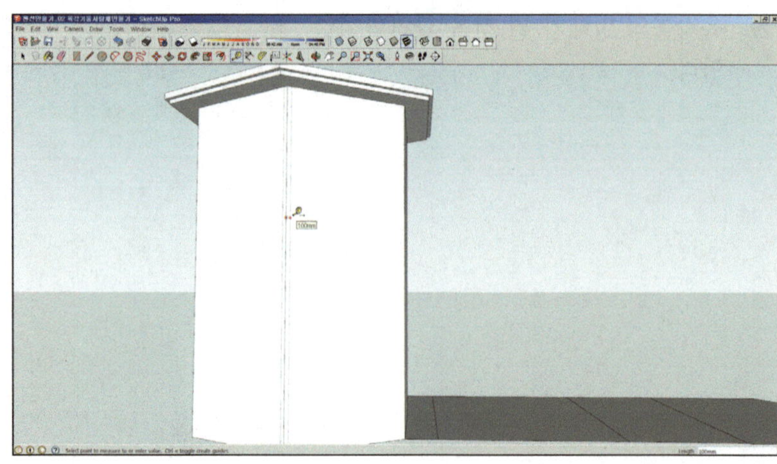

33 Line(선) 도구를 사용해서 보조선에 맞추어 선을 그린다.

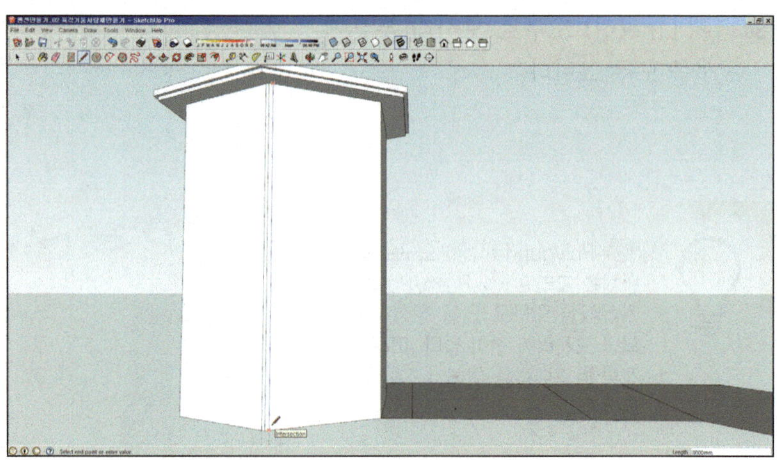

34 32~33번을 반복해서 6개의 모서리 모두 같은 방법으로 선을 그린다.

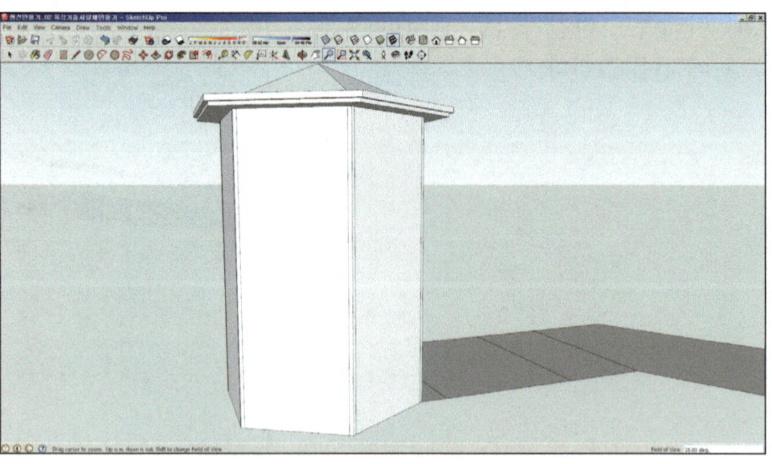

35 만약 아랫면이 뚫렸다면 Line(선) 도구를 사용해서 그림과 같이 선을 그려 막는다. 아랫면이 막혀있는 독자는 다음으로 넘어간다.

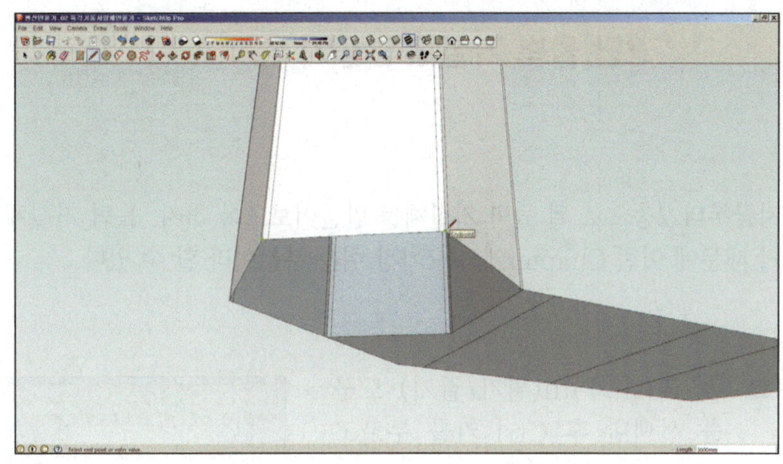

아랫면이 뚫린 원인은 17번에서 Push/Pull(밀기/끌기) 도구를 사용할 때 Ctrl 키를 누르지 않았기 때문이다.

36 Push/Pull(밀기/끌기) 도구를 사용해서 육각기둥의 옆면을 안쪽으로 50mm 집어넣는다.

6개의 면 모두 같은 방법으로 안쪽으로 30mm 집어넣어 육각기둥 형태의 사랑채를 완성한다.

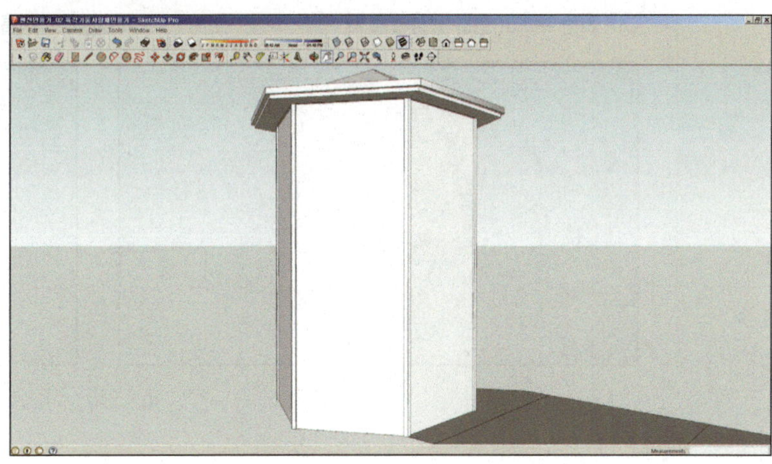

03 2단 돌벽 거실체 만들기

지금부터 2층으로 된 돌벽 거실체를 만들어보도록 하자. 돌벽 거실체는 전에 배웠던 모델링 기법이 많이 들어가기 때문에 이번 Chapter에서는 가장 쉬운 부분이라 할 수 있다.

37 Push/Pull(밀기/끌기) 도구를 선택한 후 Ctrl 키를 누르고 4000mm 면을 만든다.

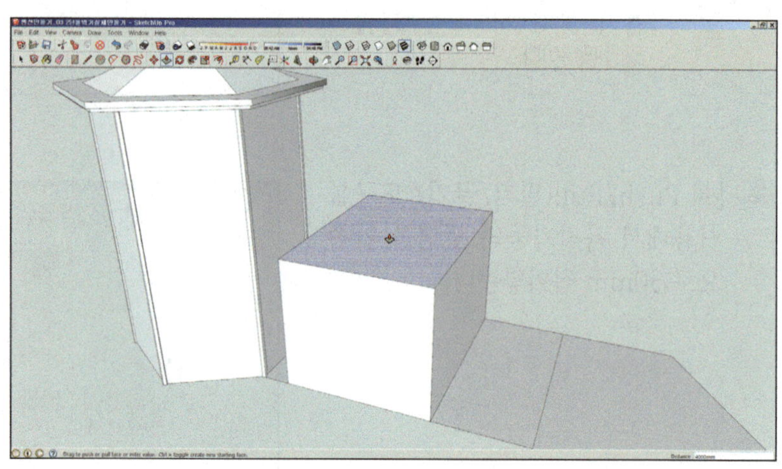

Push/Pull(밀기/끌기) 도구를 사용할 때 Ctrl 키를 누르고 안 누르고의 차이는 그림처럼 면이 여러 개 붙어 있을 때 알 수 있다. 따라서 앞으로 Push/Pull(밀기/끌기) 도구를 사용할 때 어느 때에는 Ctrl 키를 누르고, 또 어느 때에는 Ctrl 키를 누르지 않는지 잘 구분할 필요가 있다.

Ctrl 키를 누르고 면을 생성했을 때

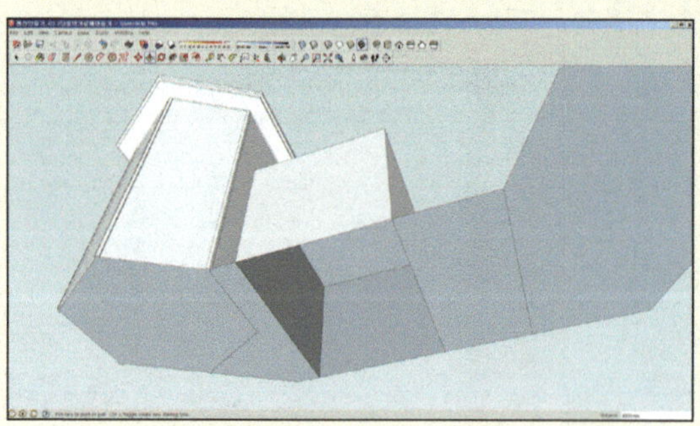

Ctrl 키를 누르지 않고 면을 생성했을 때

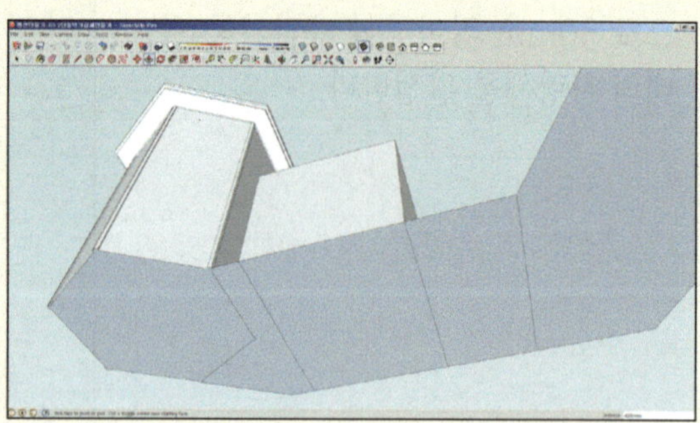

38 다시 앞쪽으로 1500mm만큼 면을 만든다.

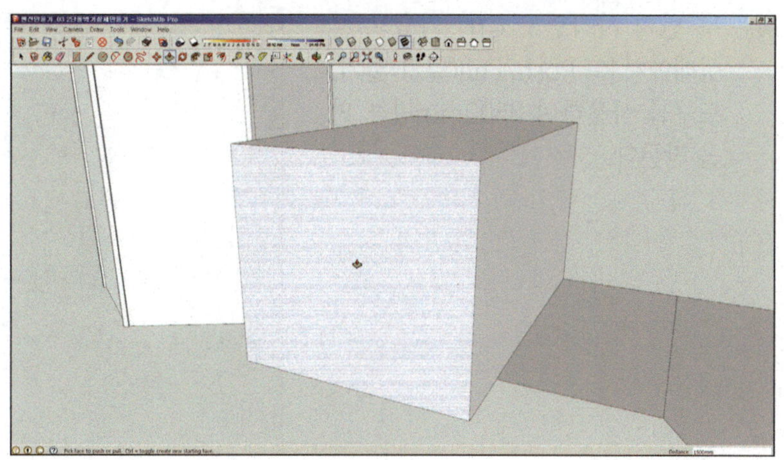

39 앞쪽에서 2000mm 떨어진 곳에 보조선을 먼저 생성한 후, 그 보조선을 따라 선을 그린다.

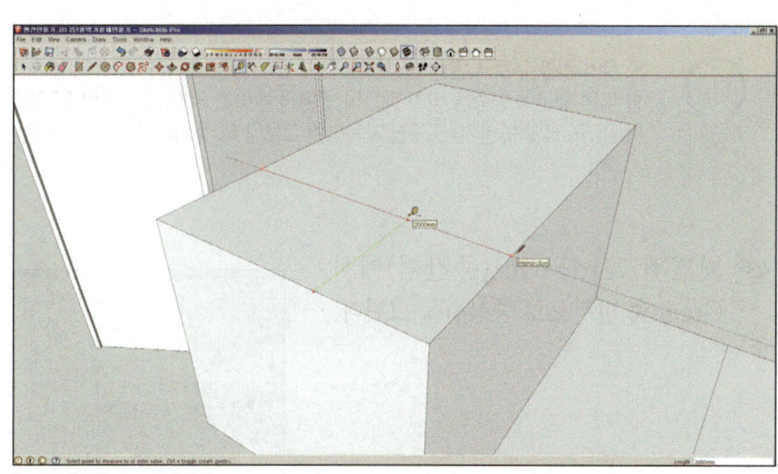

40 그림과 같이 뒷면을 Push/Pull(밀기/끌기) 도구를 사용하여 위쪽 방향으로 4000mm 면을 만든다.

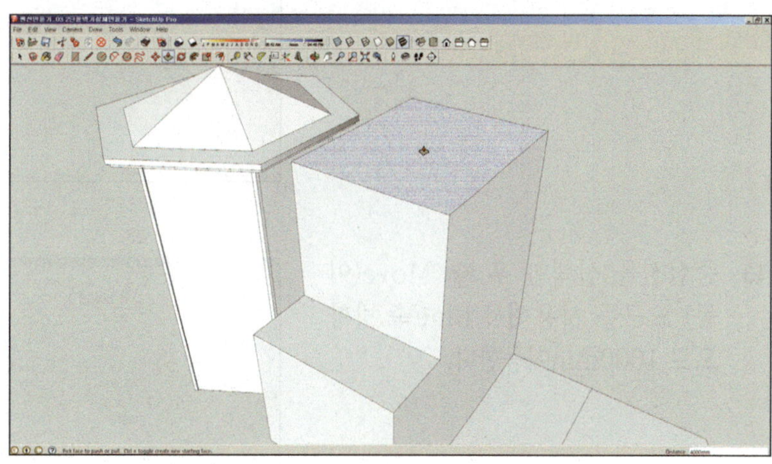

41 두 번째 사각면도 Ctrl 키를 누른 상태에서 Push/Pull(밀기/끌기) 도구를 사용하여 8500mm만큼 면을 만든다.

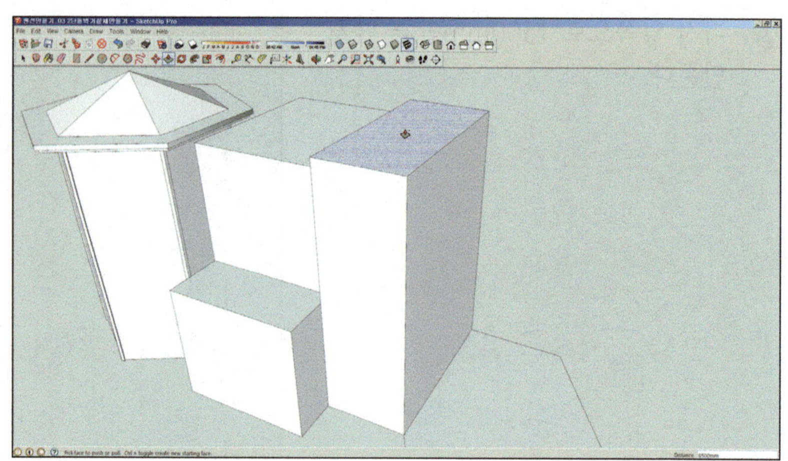

또 Ctrl 키를 누르고 면을 생성하면 면이 붙어 있을 때 옆면보다 더 높거나 긴 면을 생성할 수 있다. SketchUp에서는 면을 생성할 때에 옆면에 영향을 받기 때문에 옆면의 높이가 8000mm이면 8000mm까지 밖에 생성할 수 없다. 하지만 Ctrl 키를 누르고 Push/Pull(밀기/끌기) 도구를 사용하면 그보다 더 높거나 긴 면을 생성할 수 있는 것이다.

42 윗면의 Midpoint(중간점)에서 Green축 방향으로 중심선을 그린다.

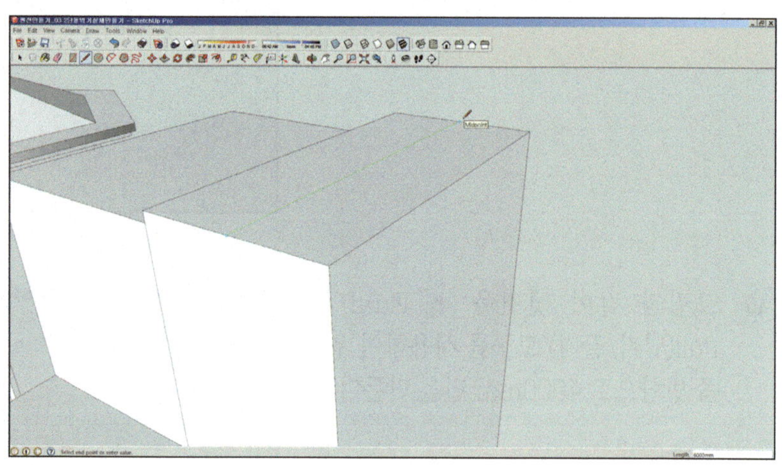

43 중심선을 선택한 후 Move(이동) 도구를 사용해서 Blue축 방향으로 1000mm이동한다.

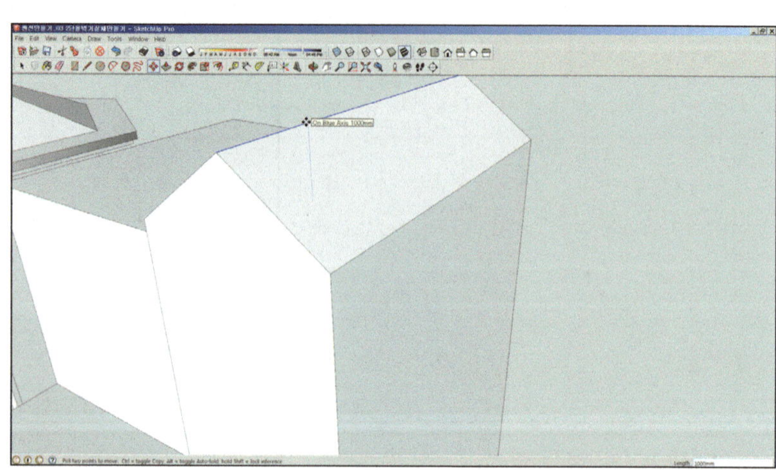

44 지붕을 만들기 위해 Select(선택) 도구로 지붕 모서리를 선택한다. 다중 선택할 경우에는 Shift 키를 누르면 된다. 지붕 그리기는 추후에 아주 많이 나오기 때문에 확실하게 알아두어야 한다.

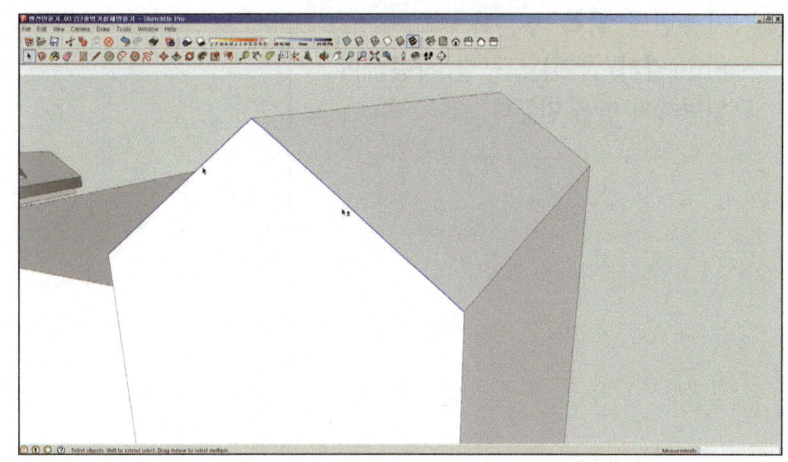

45 지붕을 만들기 위해 Offset(오프셋) 도구를 사용해서 삼각모서리 선을 100mm 떨어진 곳에 만든다.

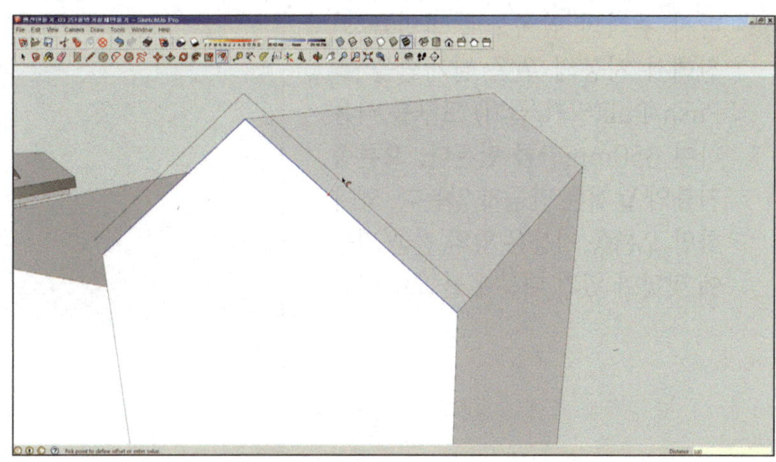

46 Line(선) 도구를 사용하여 양쪽의 끝선을 이어 면을 만든다.

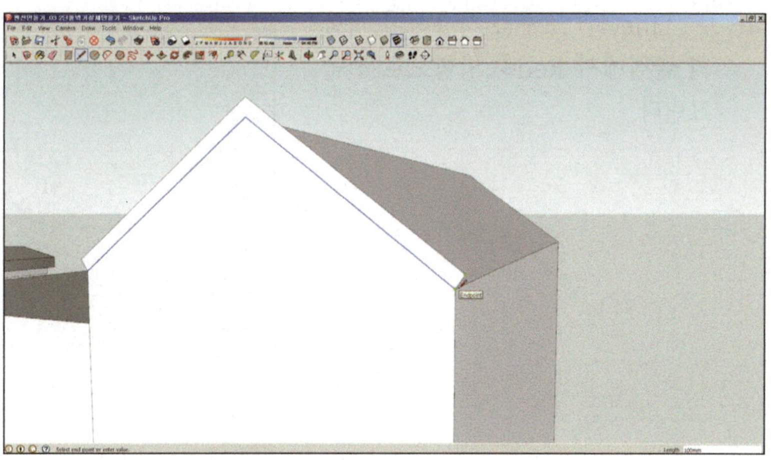

47 지붕면의 뒤쪽 부분을 Push/Pull(밀기/끌기) 도구를 사용하여 뒷면까지 면을 만든다.

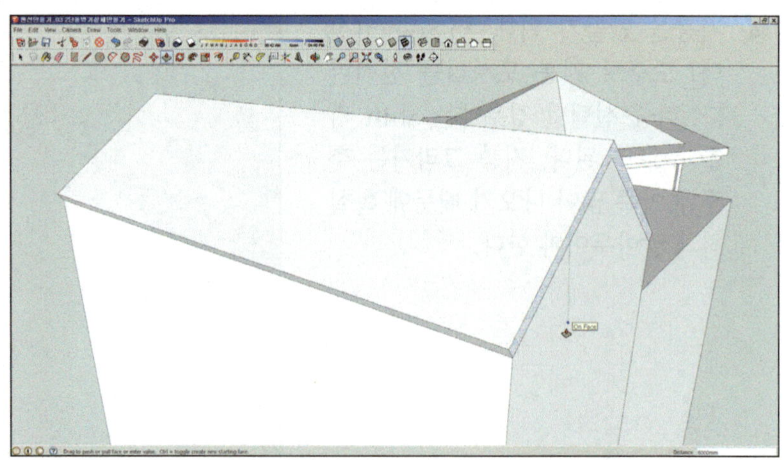

48 다시 주택의 앞쪽으로 화면을 회전해서 지붕의 왼쪽 날개면을 Push/Pull(밀기/끌기) 도구를 사용하여 350mm만큼 만든다. 오른쪽 지붕의 날개는 만들지 않는다. 왜냐하면 오른쪽 지붕은 옆의 건물 지붕에 맞닿아 있기 때문에 불필요하다.

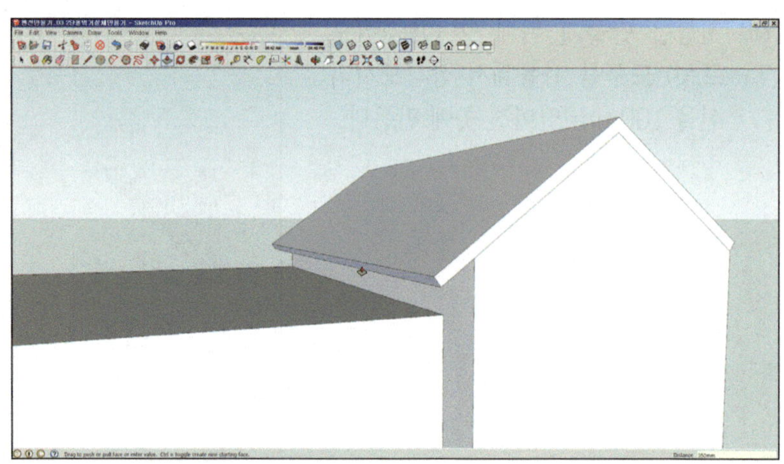

49 Line(선) 도구를 사용하여 지붕의 끝점에서 Red축 방향으로 선을 그린다.

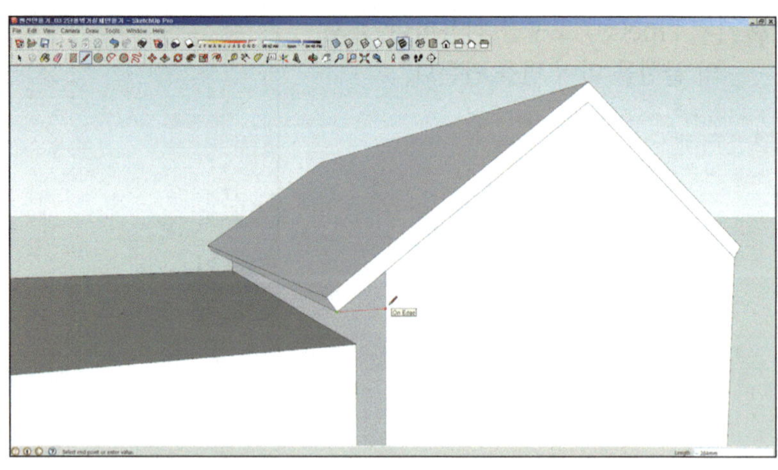

50 방금 생성한 삼각면의 뒤쪽 면을 Push/Pull(밀기/끌기) 도구를 사용하여 건물의 뒷면까지 면을 만든다.

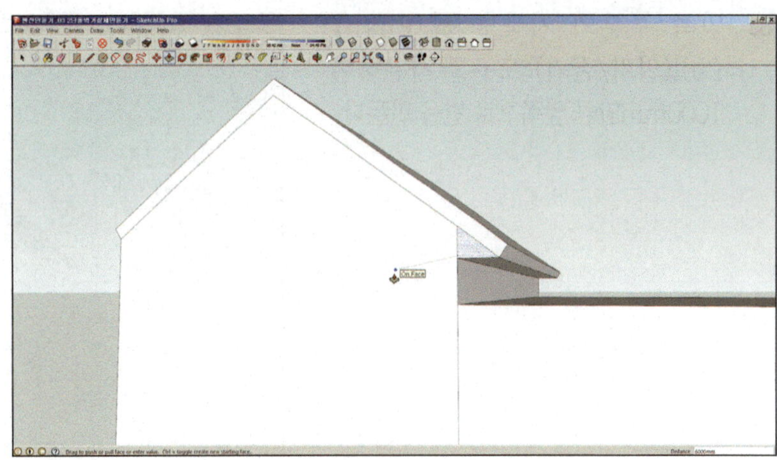

51 지붕 부분을 Push/Pull(밀기/끌기) 도구를 사용하여 300mm만큼 만든다.

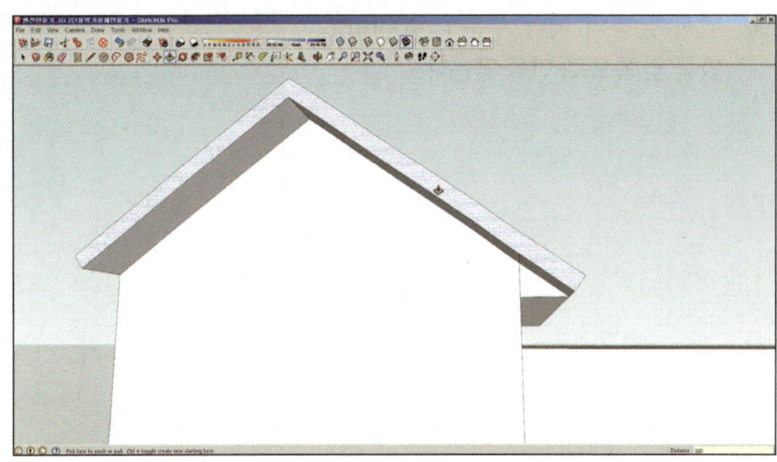

52 Push/Pull(밀기/끌기) 도구를 사용하여 처마 부분도 200mm만큼 만든다.

53 앞쪽 부분의 지붕도 Push/Pull(밀기/끌기) 도구를 사용하여 1000mm만큼 앞쪽으로 면을 만든다.

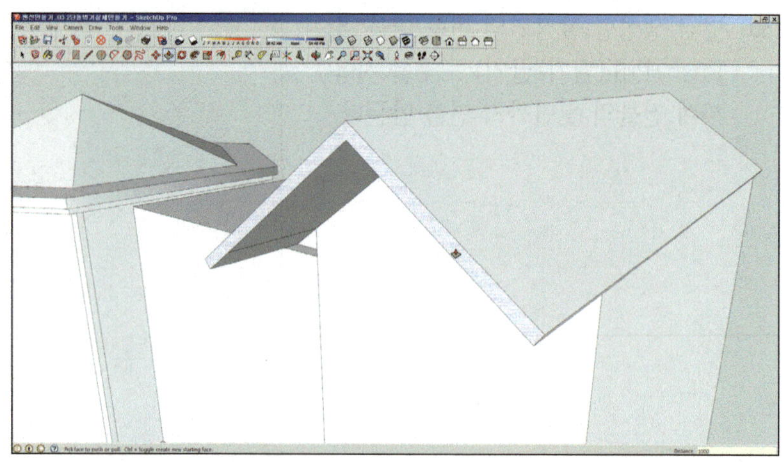

54 역시 앞쪽의 처마 부분도 900mm 만큼 앞쪽으로 면을 만든다.

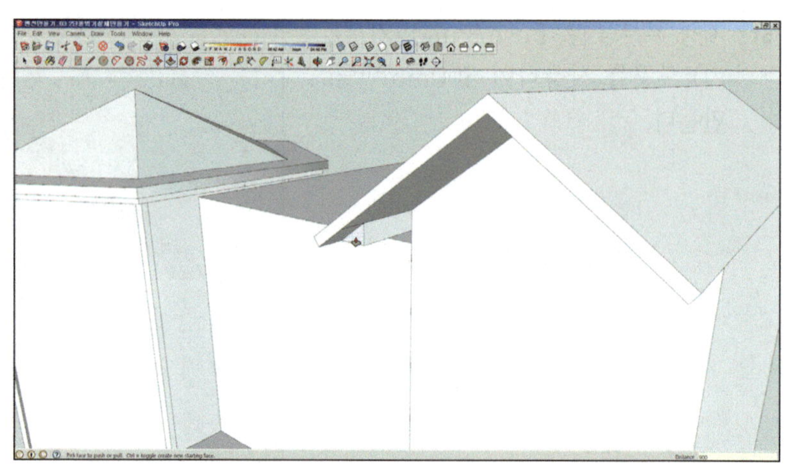

55 지붕을 하나 더 만들기 위해 위 지붕 모서리를 선택한 후 Offset(오프셋) 도구를 사용해서 50mm 만큼 떨어진 곳에 선을 그린다.

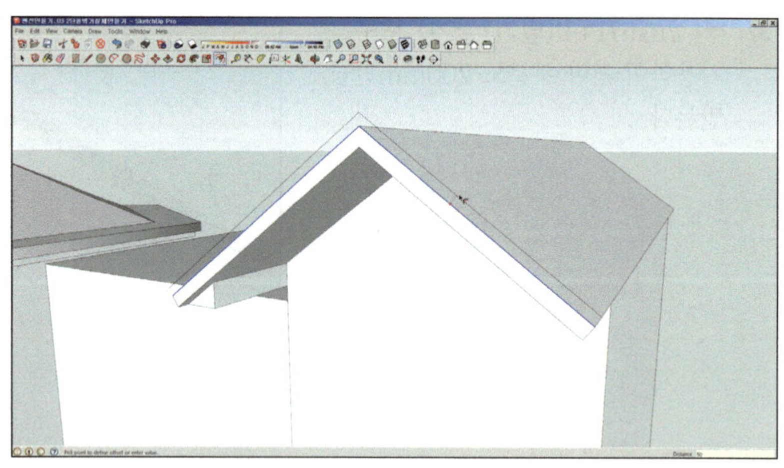

지붕을 하나만 만들어도 되지만 좀 더 사실감 있는 건축모델링을 위해서 이중 지붕을 만든다. 대부분 실제 건축물에서도 지붕이 한 겹으로 되어 있는 것이 아니라 이중으로 되어 있다.

56 Line(선) 도구를 사용해서 양쪽 끝을 선으로 연결한다. 계속해서 앞의 내용을 참고하여 그림처럼 지붕을 완성해 보도록 한다.

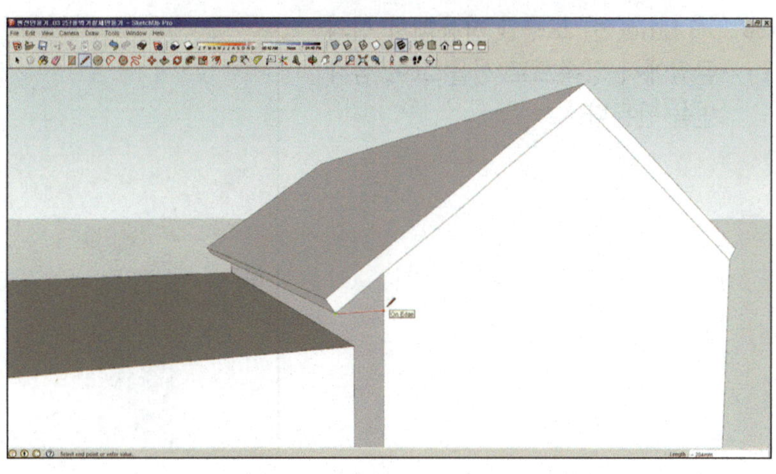

지붕 만들기는 전에 많이 해왔던 작업이므로 자세히 설명하지는 않겠다. 지붕 만들기가 익숙하지 않은 독자는 Part 02에 Chapter 03과 04번의 지붕 만들기를 참고하기 바란다.

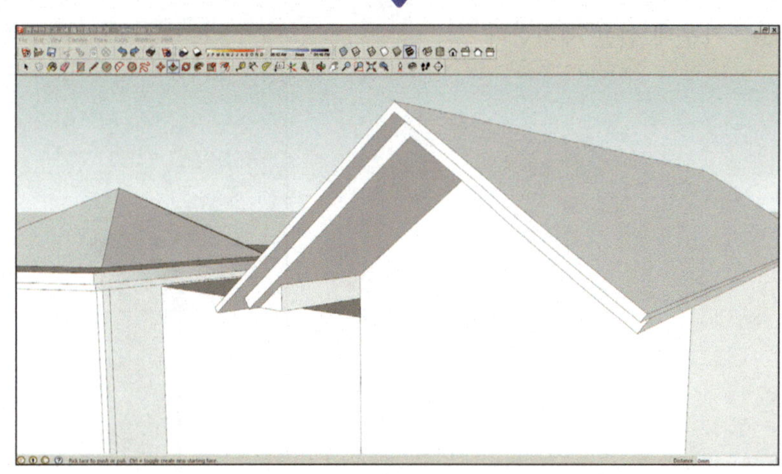

57 가운데 건물의 Midpoint(중간점)에서 Blue축 방향으로 2000mm 선을 그린다.

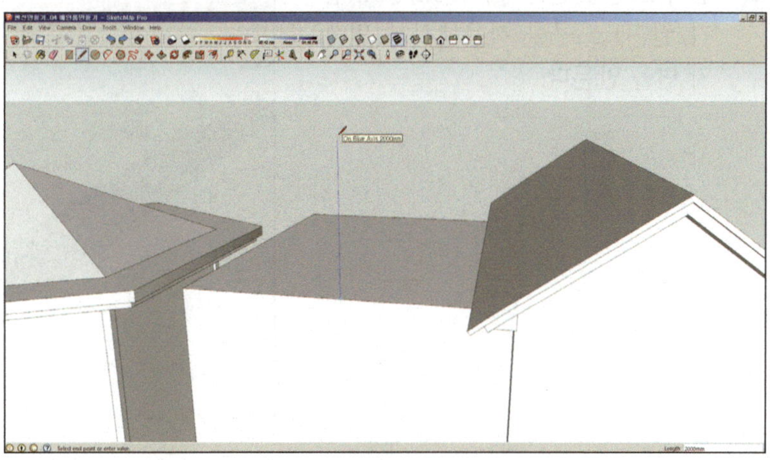

58 Line(선) 도구를 사용해서 선의 끝점에서 양쪽으로 선을 그어 삼각면을 만든다.

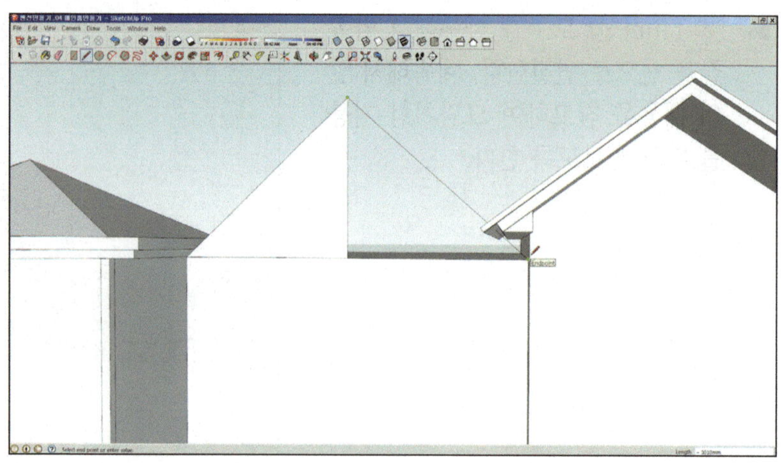

59 가운데 선은 제거한다.

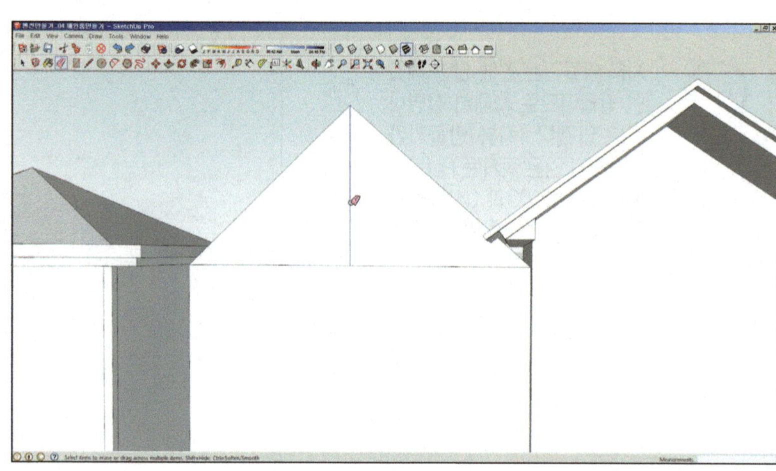

60 삼각형의 뒷면을 Push/Pull(밀기/끌기) 도구를 사용해서 뒷면까지 면을 만든다.

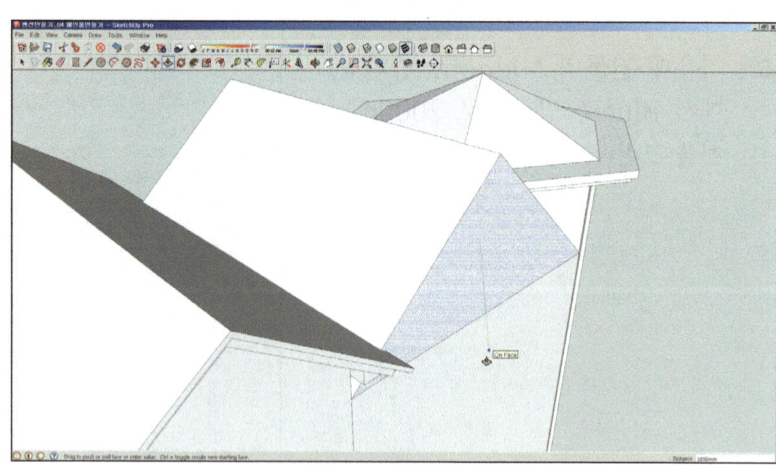

61 지붕을 만들기 위해 Offset(오프셋) 도구를 사용해서 100mm 떨어진 선을 그린다.

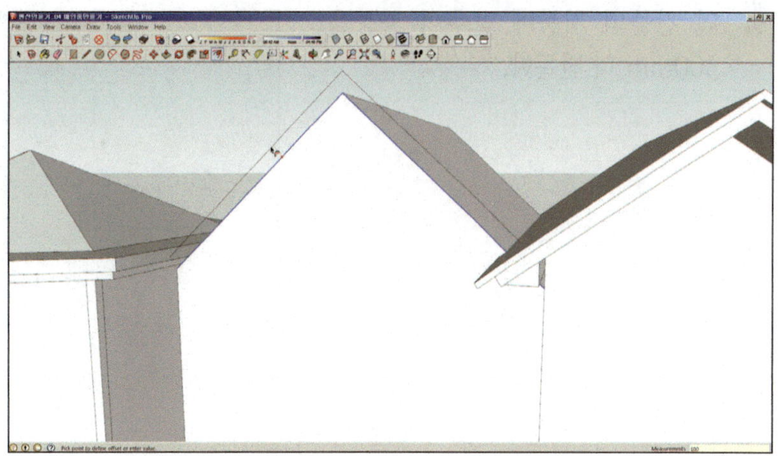

62 화면을 X-ray(X선) 모드로 바꾼 후 양쪽 끝의 선을 연결한다.

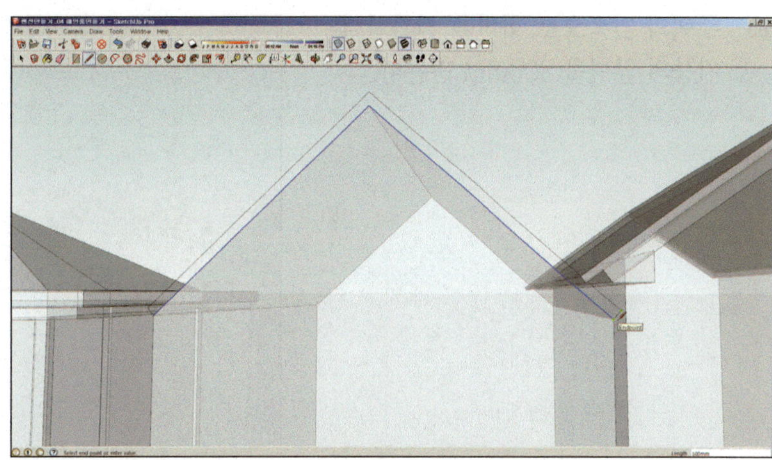

선이 옆 건물에 가려져 보이지 않을 때에는 X-ray(X선) 모드로 전환하면 보이게 된다.

63 X-ray(X선) 모드를 해제한 후 그림과 같이 Push/Pull(밀기/끌기) 도구를 사용해서 지붕의 뒷면을 만든다.

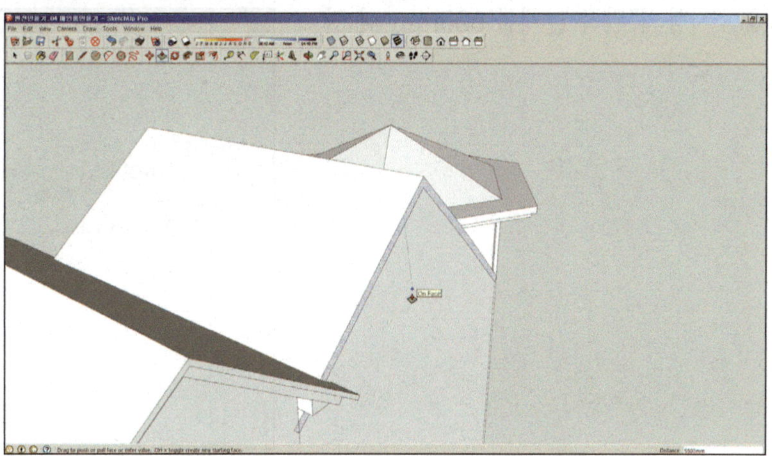

64 옆 건물의 지붕에 맞추어 지붕을 300mm 더 만든다.

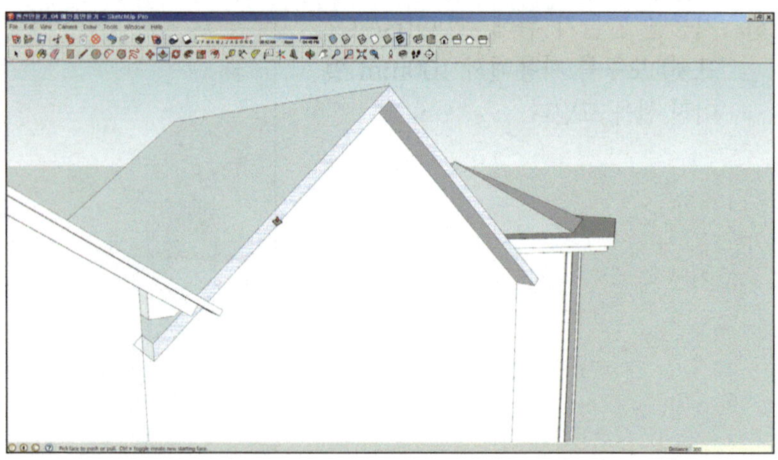

65 주택의 앞쪽으로 화면을 전환한 후 지붕의 앞면을 800mm 만든다.

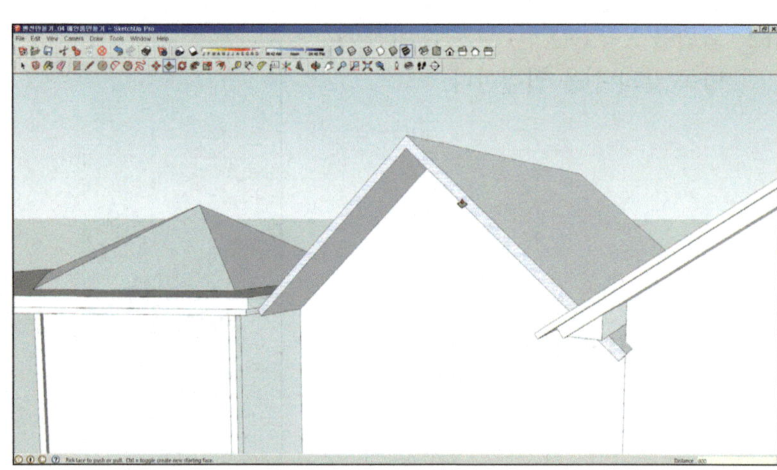

66 지붕의 왼쪽 날개를 600mm 더 만든다.

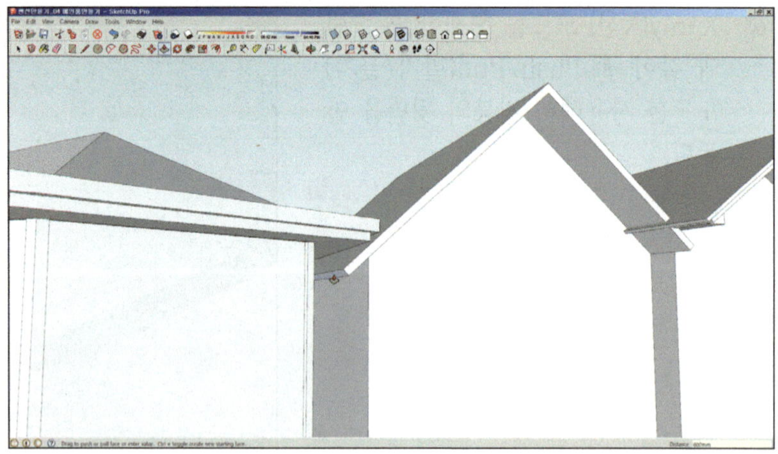

67 지붕 밑 처마 부분을 만들기 위해서 그림과 같이 지붕 날개에서 Red축 방향으로 선을 그린다.

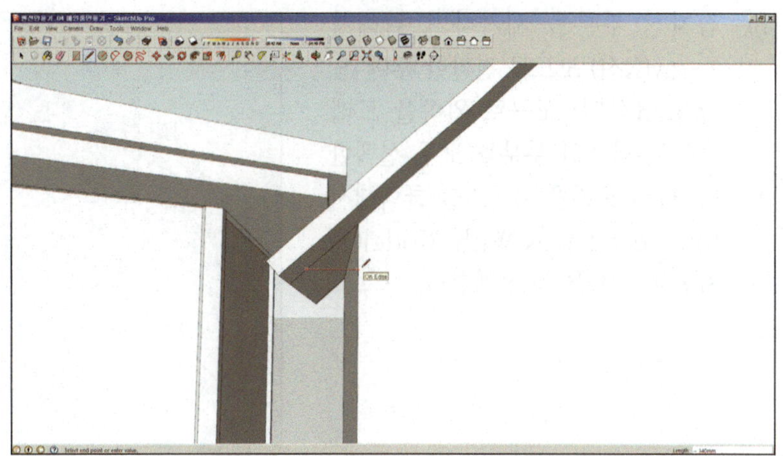

68 Push/Pull(밀기/끌기) 도구를 사용해서 앞쪽으로 500mm 면을 만든다. 뒷면도 건물의 길이만큼 면을 만든다.

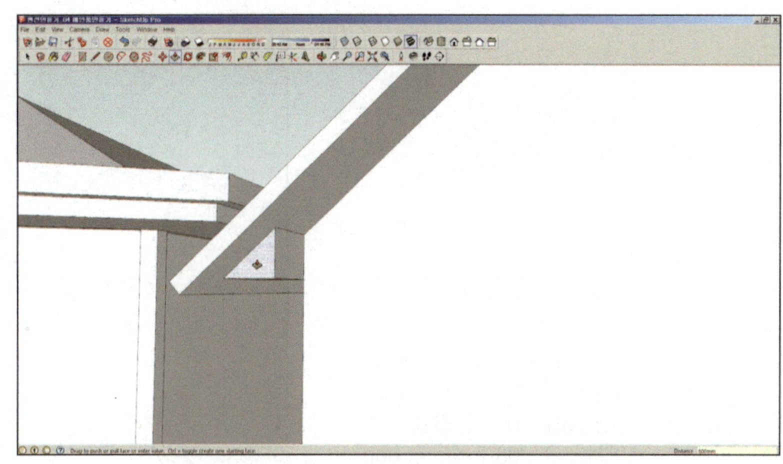

69 44~48번을 반복해서 지붕을 하나 더 만든다.

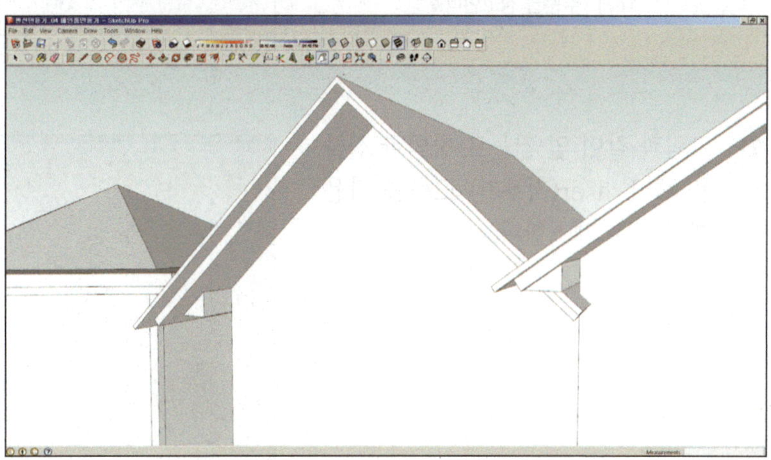

70 겹쳐진 부분을 제거하기 위해서 X-ray(X선) 모드로 전환한 후에 Select(선택) 도구로 왼쪽을 드래그해서 겹쳐진 부분을 모두 선택한다. 다시 오른쪽 마우스를 클릭해서 Intersect Faces With Model(교차면 모델사용)을 선택한다.

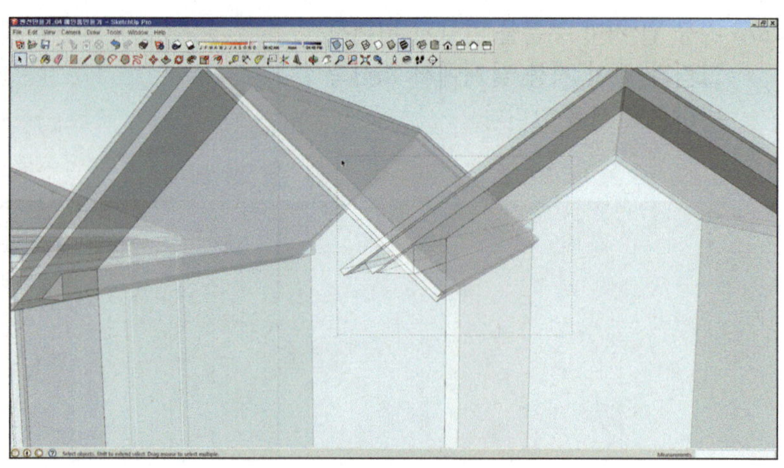

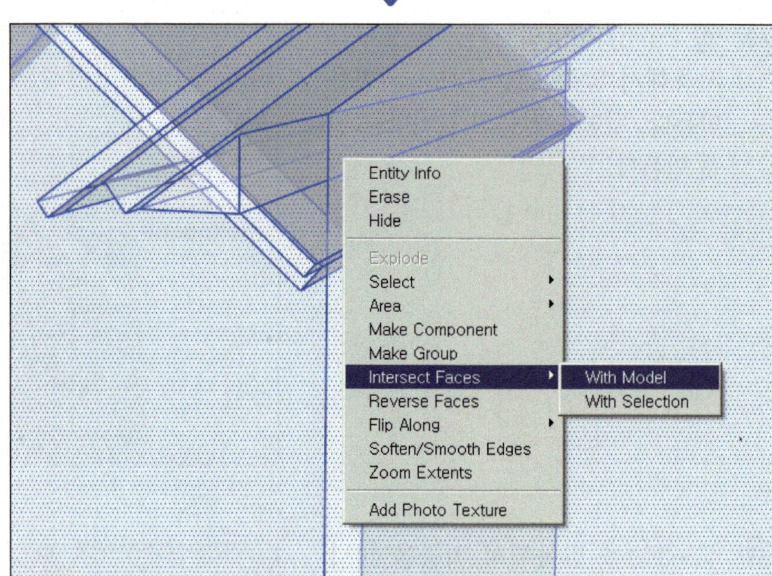

Intersect Faces With Model(교차면 모델사용)에 대해서는 Chapter 02 꼭 필요한 기능익히기 중 "08 Intersection Faces(교차면)로 겹쳐진 면 잘라내기" 부분을 참고한다.

71 그림과 같이 옆 건물로 침범한 선들을 Eraser(지우기) 도구를 사용해서 모두 제거한다.

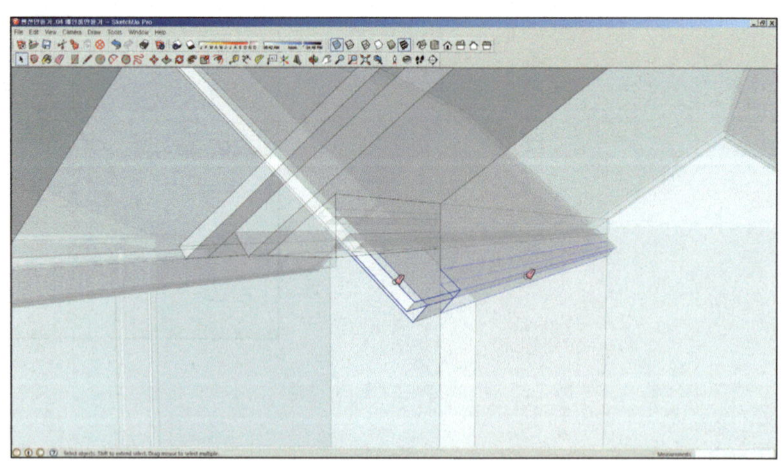

72 옆면을 침범한 부분을 제거한 모습이다.

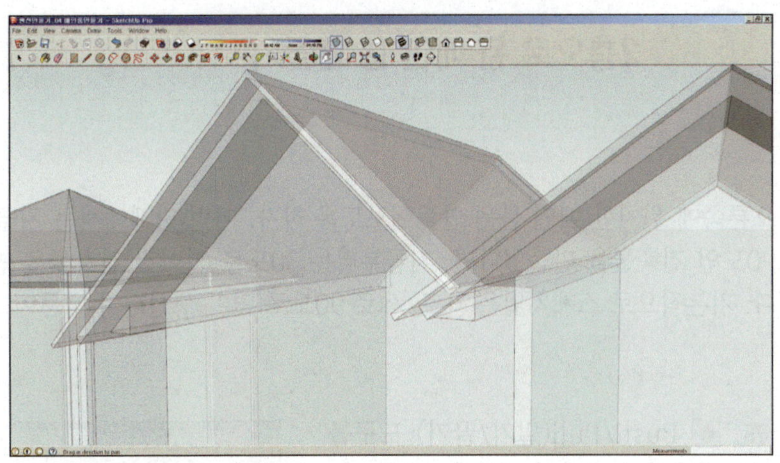

73 X-Ray(X선) 모드를 해제해서 원래의 상태로 돌아온다.

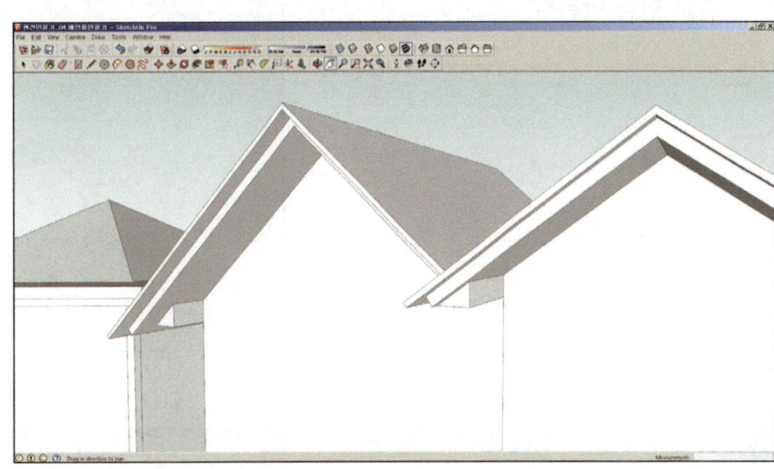

74 뒤에서 본 모습이다. 이제 가운데 거실채가 완성이 되었다.

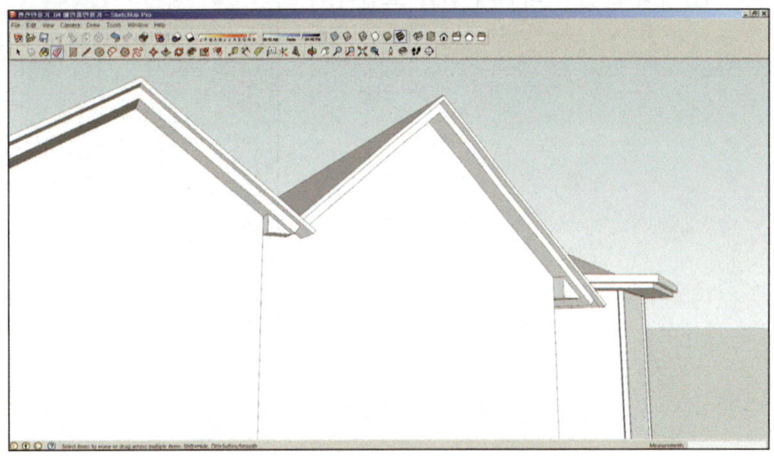

04 2층으로 된 메인 룸 만들기

오른쪽에 위치한 메인 룸을 만들어보도록 하자. 이번 단계에서는 지금까지와는 다르다. 지금까지는 가로, 세로가 90도인 건축물을 만들었다면, 지금부터는 30도로 꺽어진 건축물을 만들어야 하기 때문에 세심한 주의가 필요하다. 기본적으로 스케치업은 가로, 세로 90도로 면이 생성되기 때문에 그 점을 생각해서 모델링을 해야 한다.

75 Push/Pull(밀기/끌기) 도구를 사용하여 오른쪽 건물을 8000mm 위로 면을 만든다.

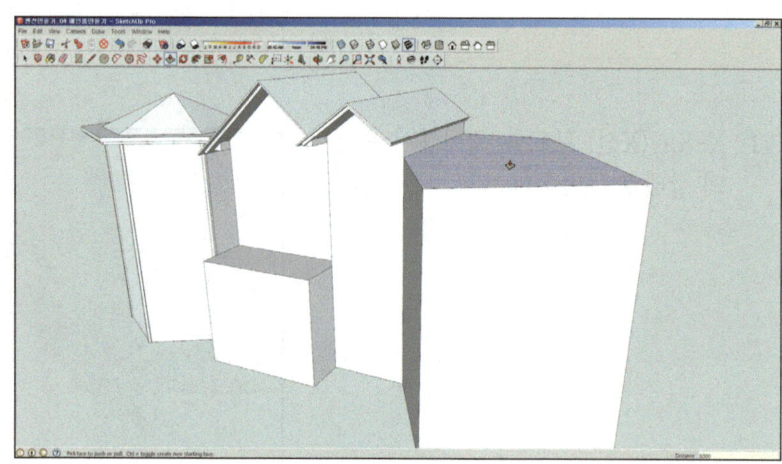

76 윗면에서 Line(선) 도구를 사용해서 앞 모서리의 Midpoint(중간점)에서 끝 모서리까지 선을 그린다.

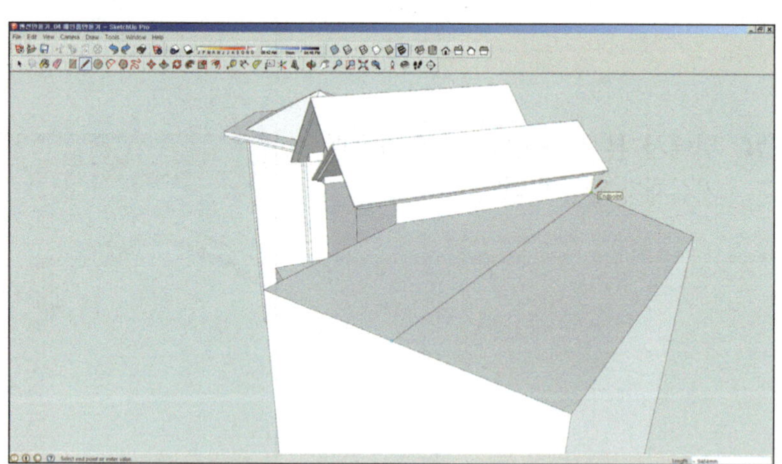

77 Move(이동) 도구를 사용해서 Blue축 방향으로 1500mm만큼 이동한다.

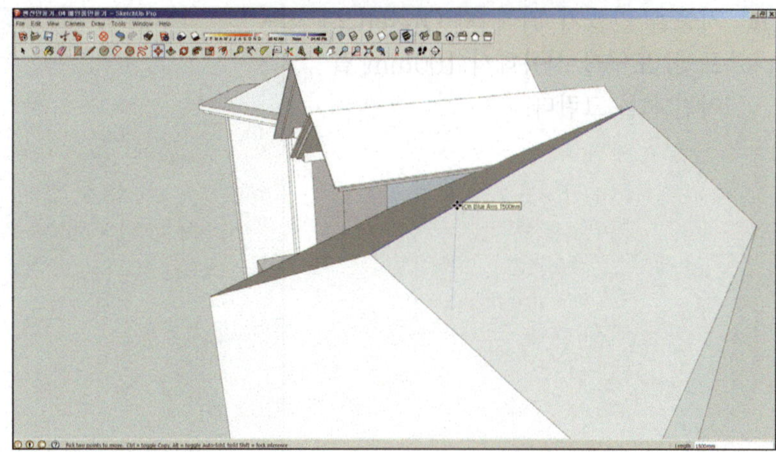

건물 지붕면이 올라가면서 그와 붙어 있던 가운데 건물의 옆면이 사라지는데 Line(선) 도구를 사용해서 선을 그려주면 다시 면이 생성된다.

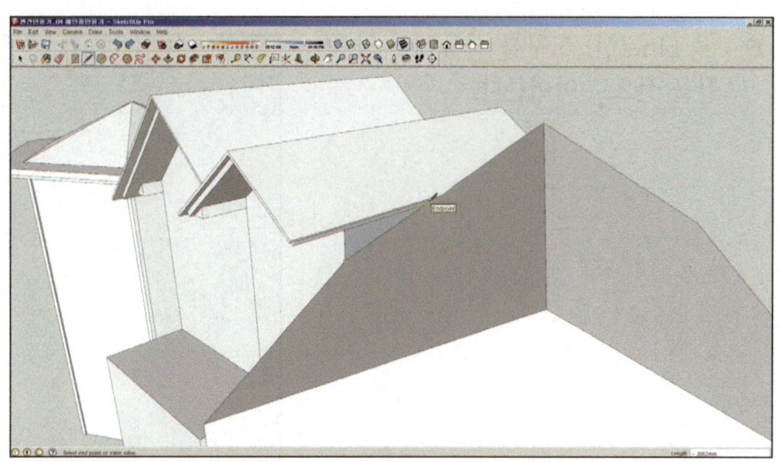

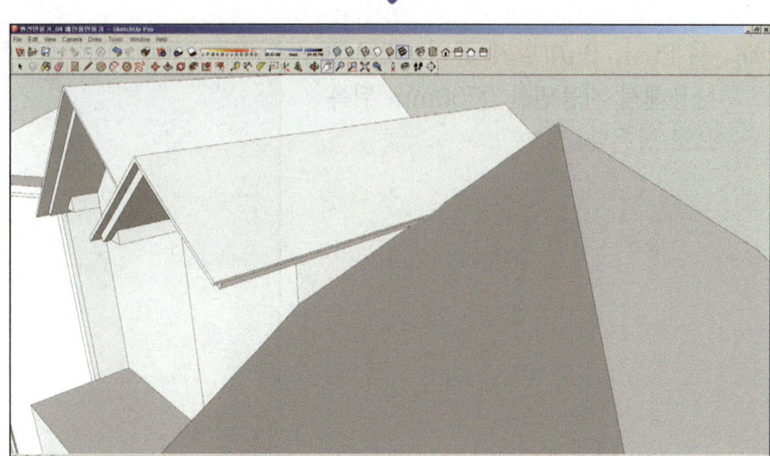

78 지붕을 만들기 위해 Offset(오프셋) 도구를 사용해서 100mm 떨어진 선을 그린다.

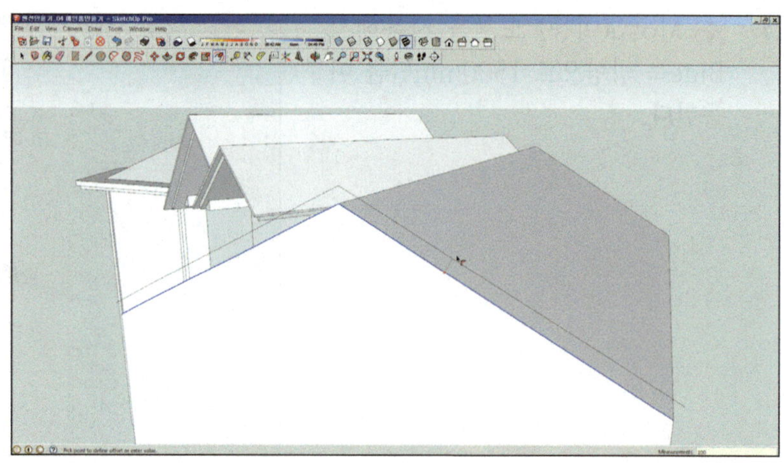

79 Line(선) 도구를 사용해서 양쪽 끝을 선으로 이어준다.

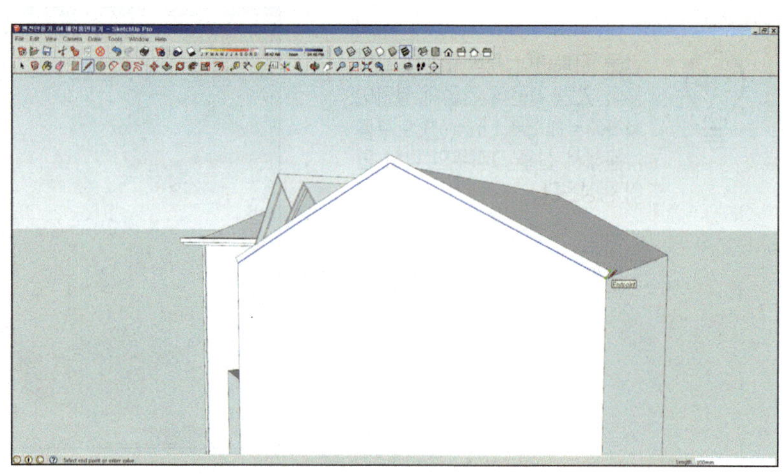

80 Push/Pull(밀기/끌기) 도구를 사용해서 지붕면을 9700mm 뒤쪽으로 만든다.

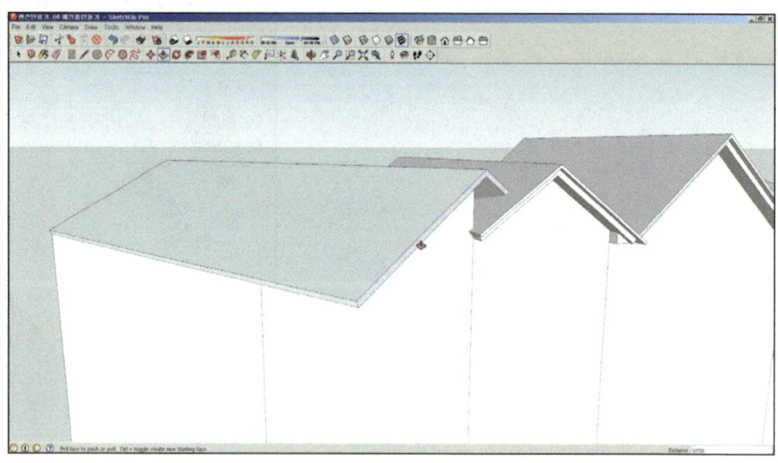

81 지붕 옆면을 Push/Pull(밀기/끌기) 도구를 사용해서 300mm 만든다.

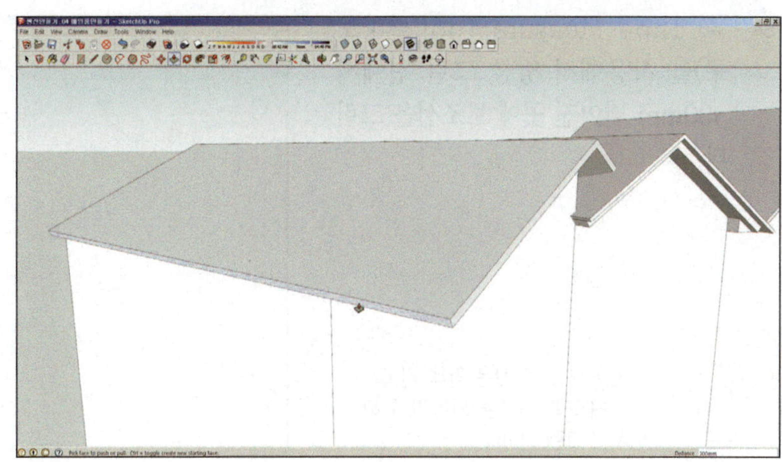

82 뒤로 많이 튀어나온 지붕을 잘라내기 위해서 사전 작업이 필요하다. 먼저 건물의 모서리를 연장하는 보조선을 그린다. Tape Measure Tool(줄자도구)을 선택하고 모서리의 중간에서 다시 그 모서리를 선택하여 보조선을 그린다.

| 참고 | Chapter 06의 8번(p.271)을 참고한다.

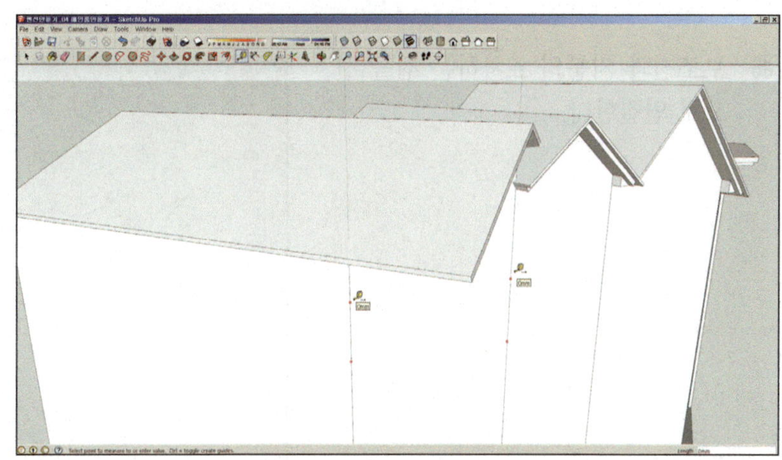

83 Line(선) 도구를 사용해서 그림과 같이 보조선과 지붕이 만나는 교차점끼리 선으로 연결한다.

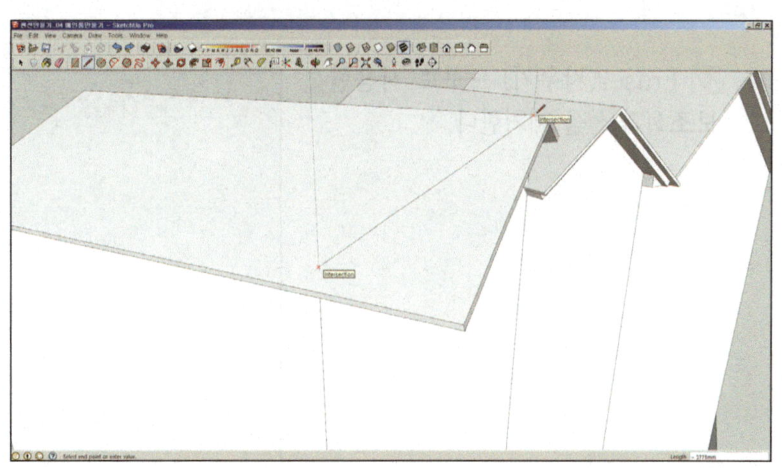

84 Tape Measure Tool(줄자도구)을 사용해서 방금 그린 선에서 300mm 떨어진 곳에 보조선을 그린다.

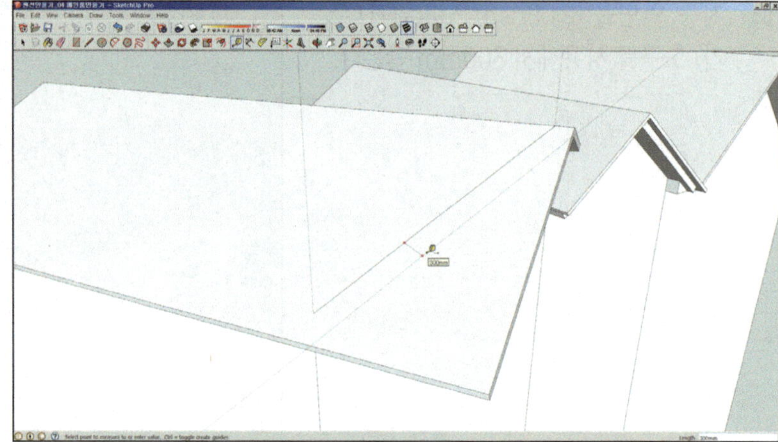

83번에서 그린 선은 아래 건물과 평행하도록 지붕을 만들기 위해 임시로 그린 선이다.

85 보조선과 지붕의 교차하는 점을 선으로 연결한다.

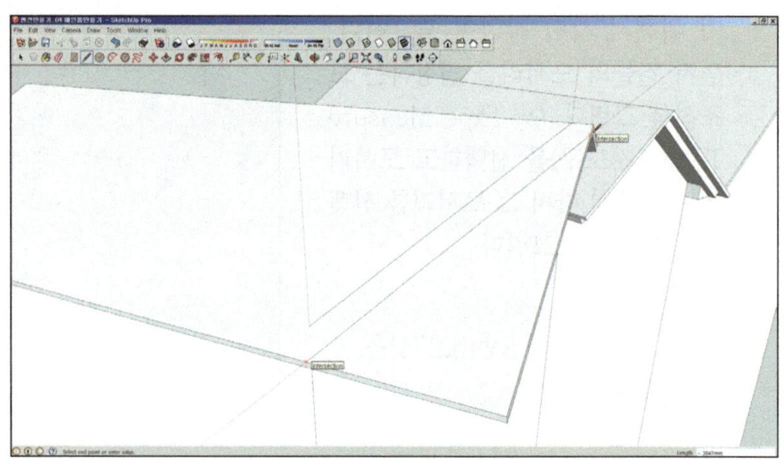

86 Eraser(지우기) 도구로 사용한 보조선과 선을 제거한다.

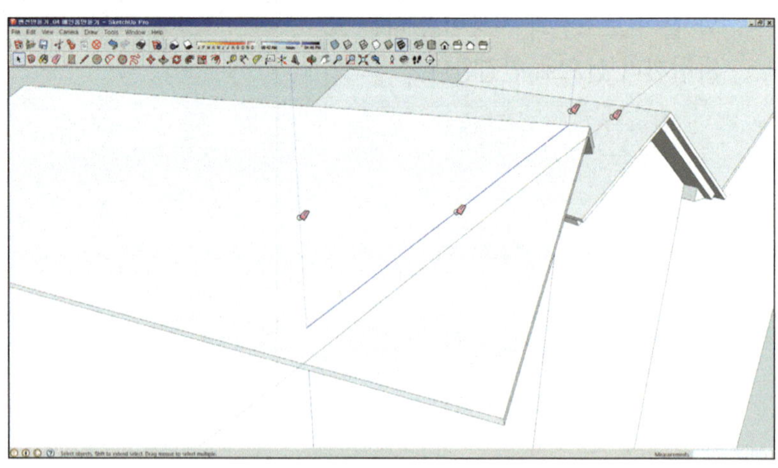

87 Push/Pull(밀기/끌기) 도구를 사용해서 지붕면을 아래까지 밀어서 면을 제거한다.

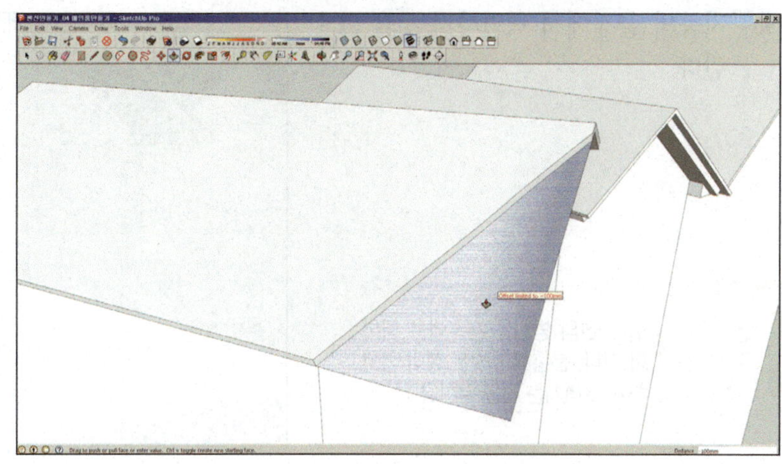

88 지붕이 완성되었다.

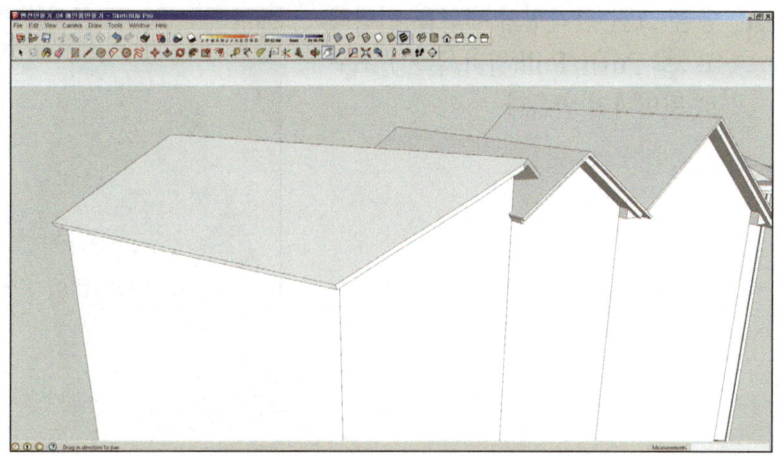

89 지붕의 왼쪽 날개 부분을 300mm 만든다.

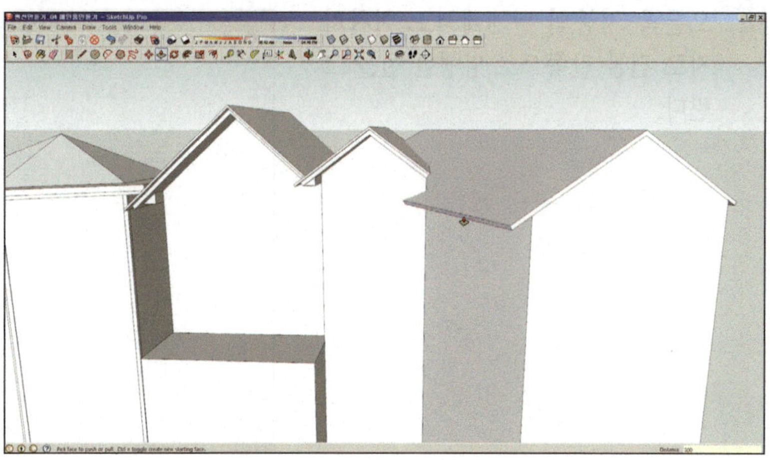

90 지붕의 끝점에서 벽면까지 선을 그린다.

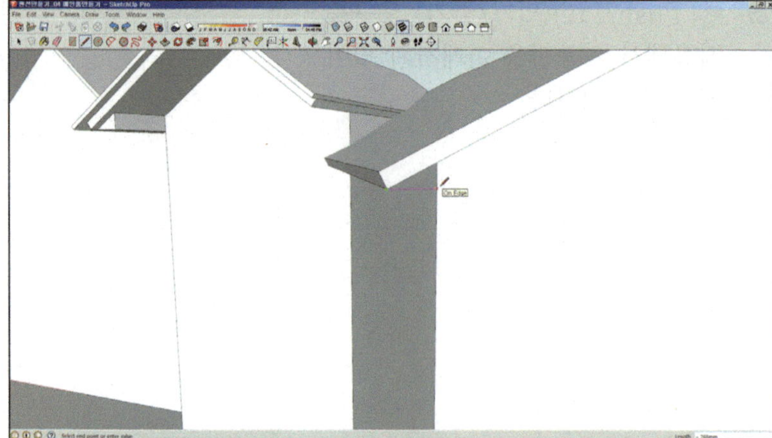

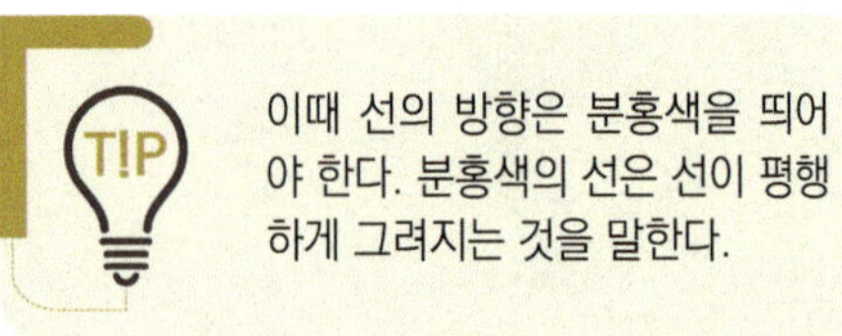

TIP

이때 선의 방향은 분홍색을 띠어야 한다. 분홍색의 선은 선이 평행하게 그려지는 것을 말한다.

91 방금 그린 삼각형의 뒷면을 선택하고 Push/Pull(밀기/끌기) 도구로 뒷면까지 만든다.

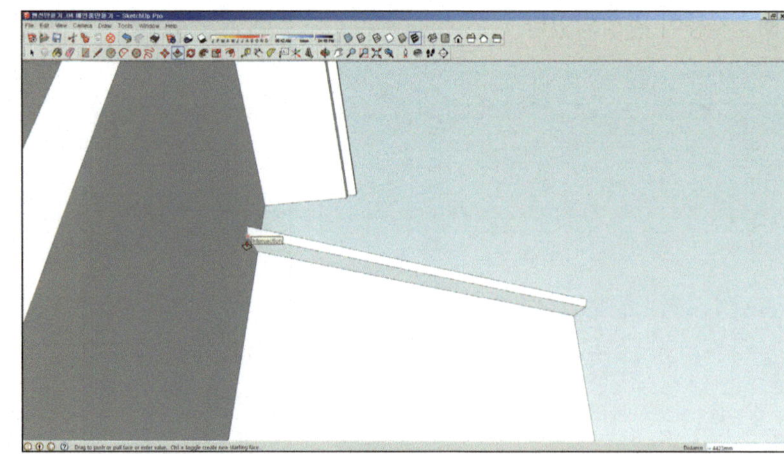

92 오른쪽 지붕의 날개에서도 마찬가지로 건물 안쪽으로 평행한 선을 그린다.

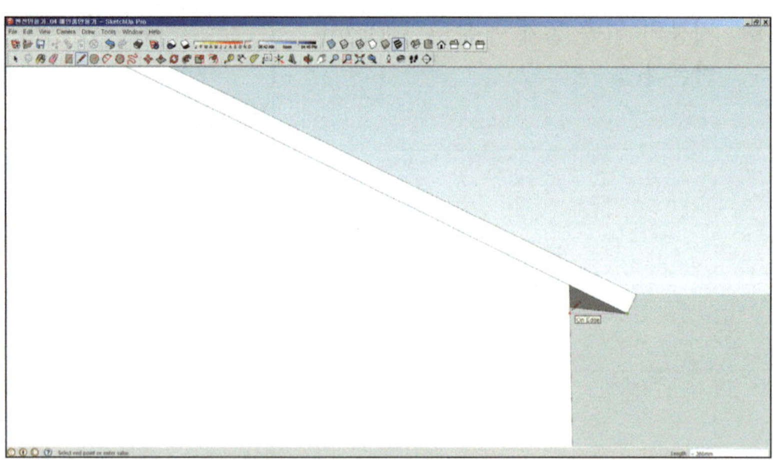

93 삼각형의 뒷면을 선택한 후 Push/Pull(밀기/끌기) 도구로 건물의 뒷면까지 면을 만든다.

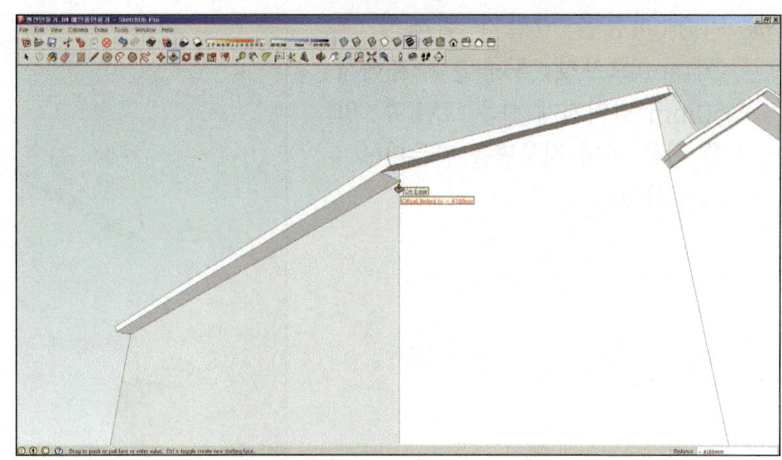

94 앞쪽의 지붕을 Push/Pull(밀기/끌기) 도구를 사용하여 앞쪽으로 500mm만큼 면을 만든다.

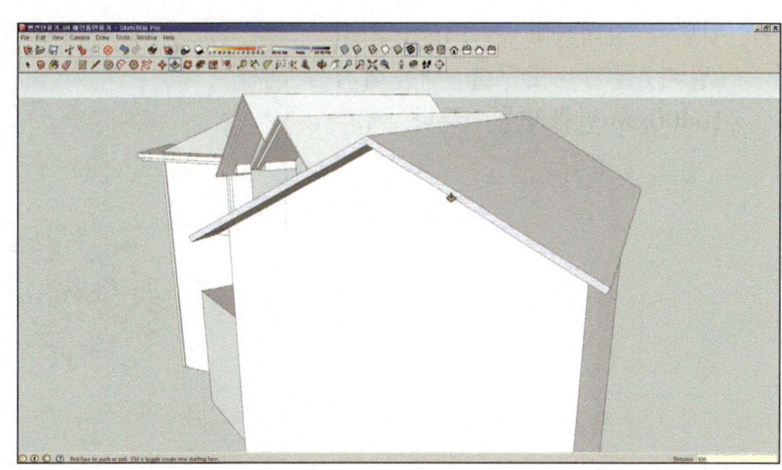

95 양쪽의 처마 부분을 Push/Pull(밀기/끌기) 도구를 사용해서 400mm 만든다.

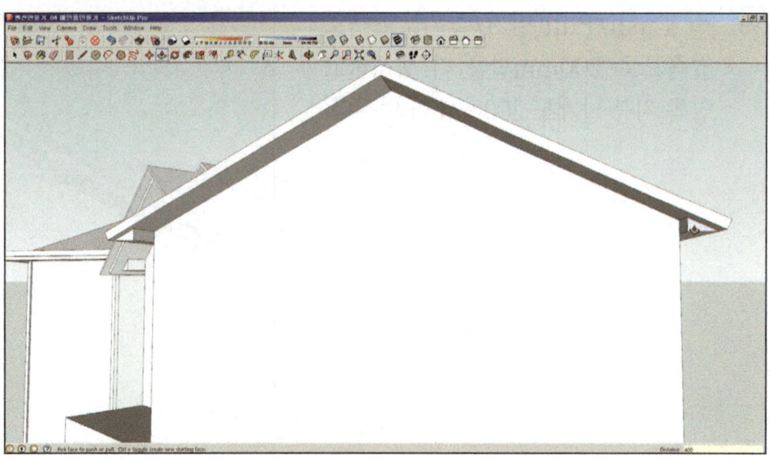

96 이중 지붕을 만들기 위해서 Offset(오프셋) 도구를 사용해서 50mm 떨어지게 선을 그린 후, 양쪽 선을 이어 지붕면을 만든다(44~46번 참고).

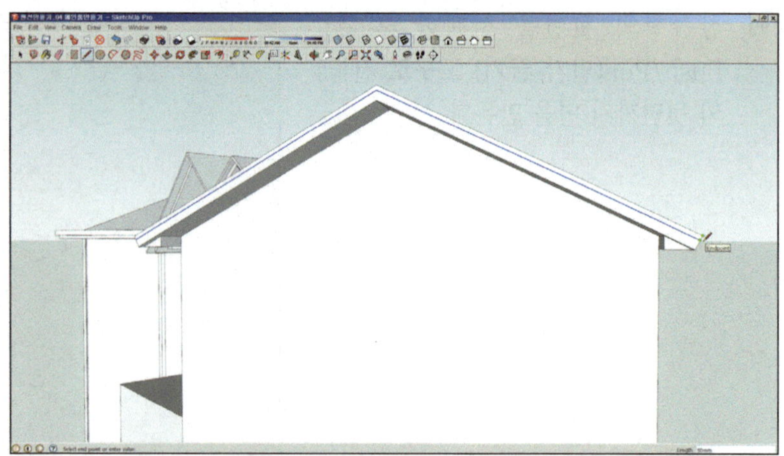

97 뒷면을 선택하고 Push/Pull(밀기/끌기) 도구를 사용해서 10400mm만큼 면을 만든다.

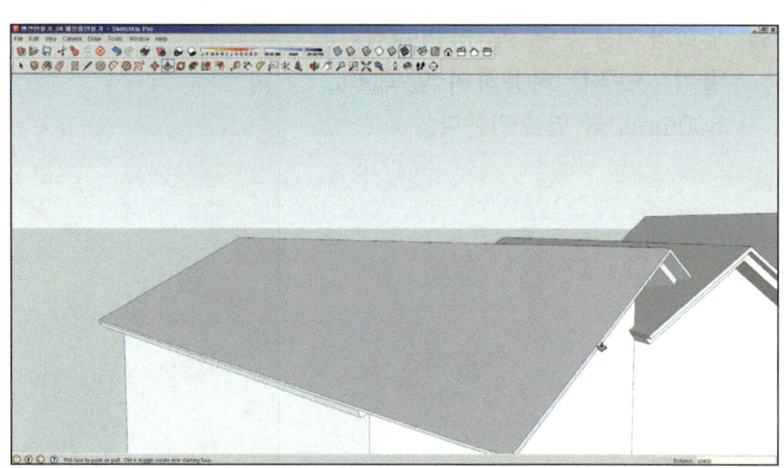

98 Push/Pull(밀기/끌기) 도구로 앞쪽으로 200mm만큼 더 생성하고 양쪽 지붕 날개도 200mm 더 만든다.

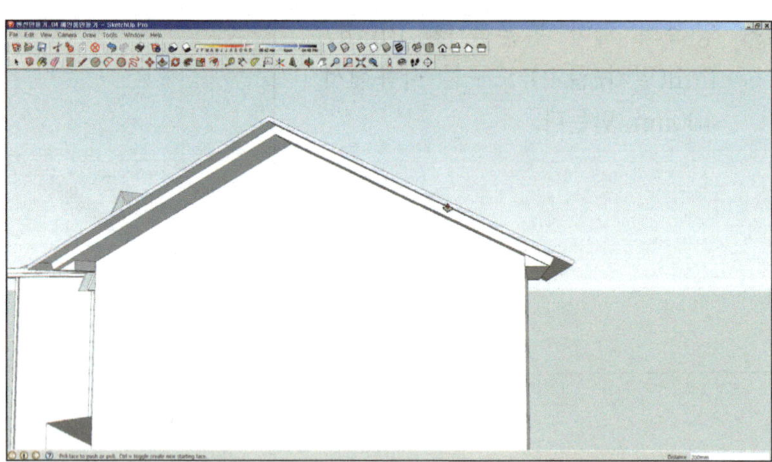

99 역시 지붕을 잘라내기 위해서 82~84번을 참고하여 그림과 같이 만든다. 이때 선과 보조선과의 거리는 600mm이다.

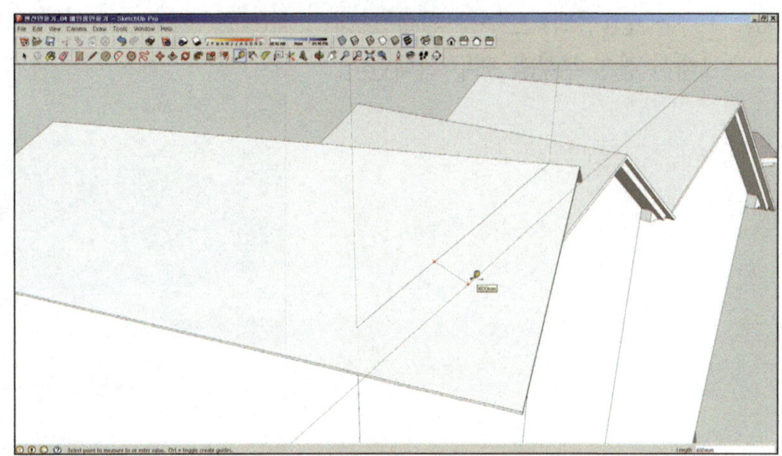

100 사용한 선들을 제거한 후 Push/Pull(밀기/끌기) 도구를 사용해서 지붕면을 제거한다.

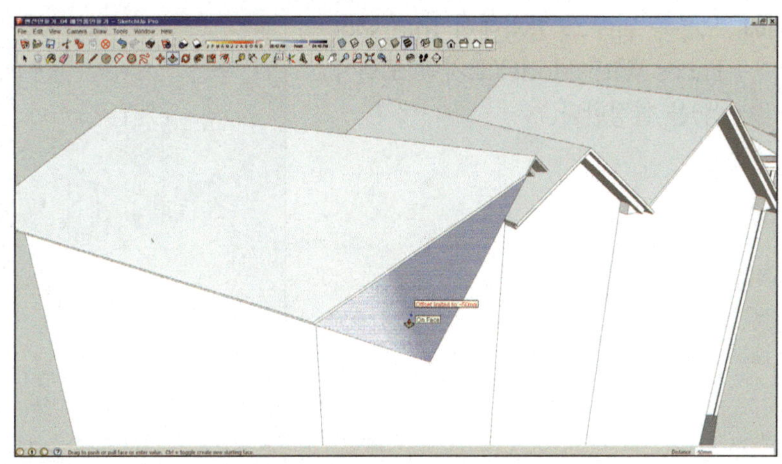

101 겹친 부분을 제거하기 위해서 X-ray(X선) 모드로 전환한다. 옆 건물로 파고든 지붕면이 보인다.

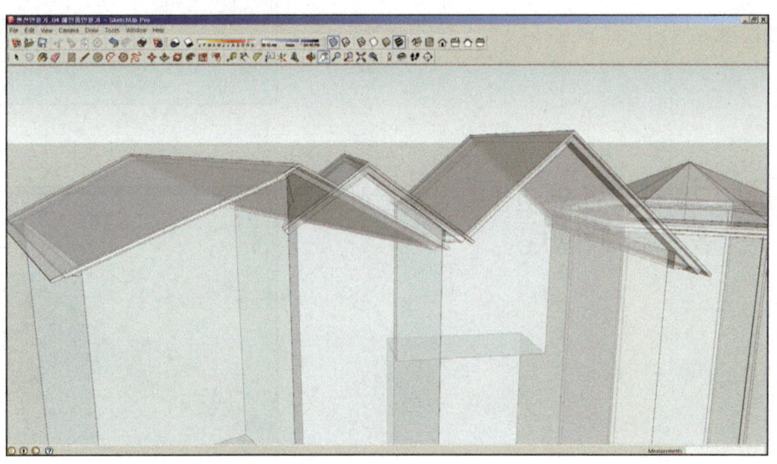

102 Select(선택) 도구를 왼쪽 드래그해서 겹친 부분을 모두 선택한다.

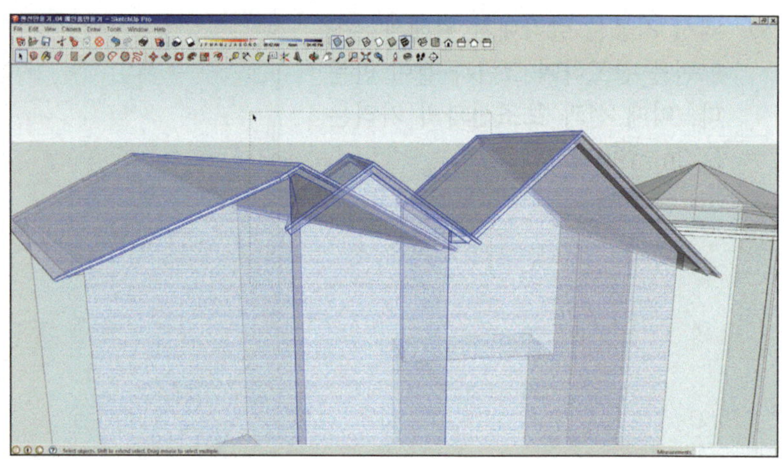

103 오른쪽 마우스 클릭해서 Intersect Faces With Model(교차면 모델사용)을 설정한다.

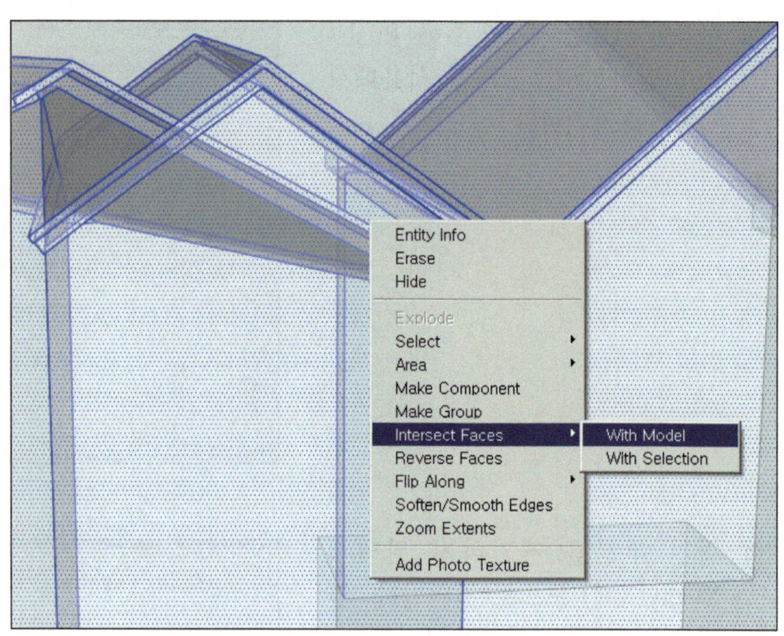

104 그림과 같이 옆 건물로 침범한 선들을 모두 제거한다.

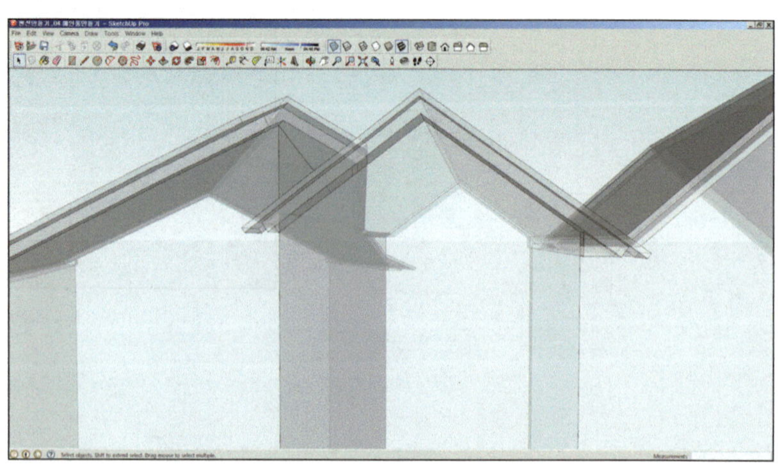

105 X-ray(X선) 모드를 해제하고 원래의 상태로 되돌아온다. 펜션의 형태가 완성되었다.

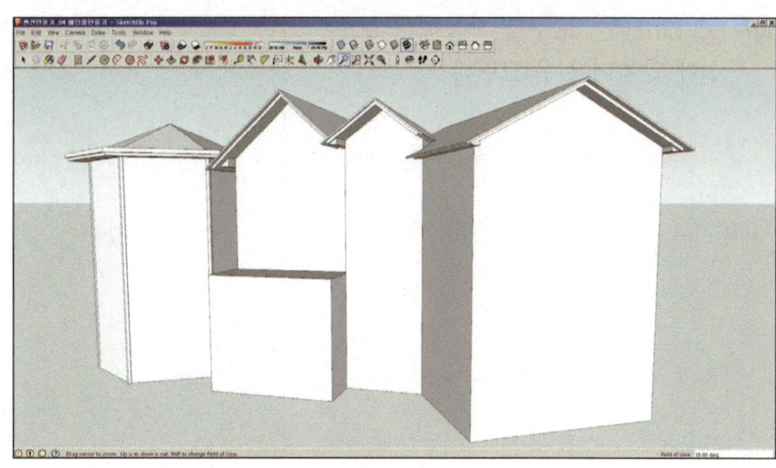

05 베란다와 연결된 1층 쪽방 만들기

이번에는 베란다와 연결된 1층의 쪽방을 만들어보도록 하자.

106 그림과 같이 보조선을 그린다. 치수는 아랫면에서 4000mm 떨어진 보조선과 위 지붕 양쪽에서 보조선과 옆면의 교차점을 지나는 사선 보조선 2개이다.

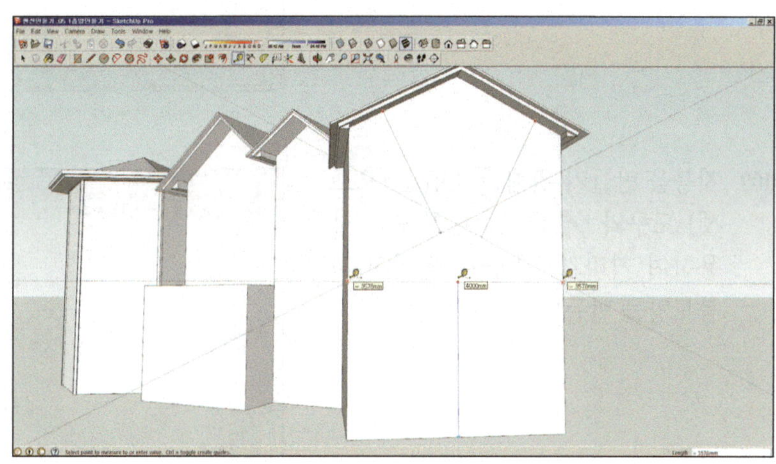

107 Line(선) 도구를 사용해서 보조선에 맞추어 선을 그린다.

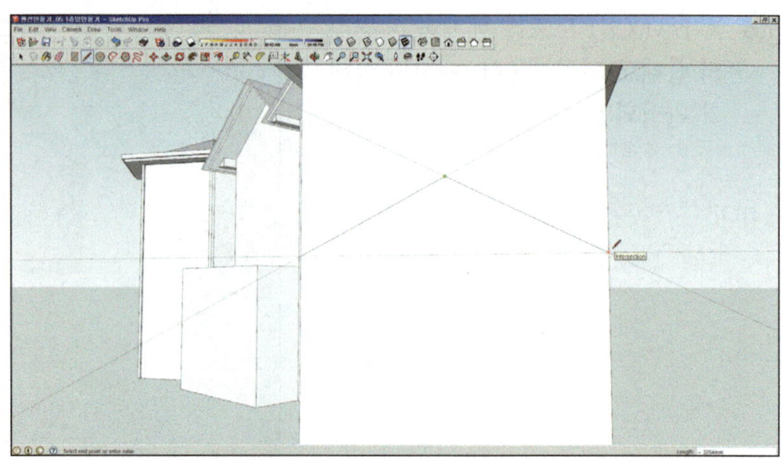

108 Push/Pull(밀기/끌기) 도구를 사용하여 2500mm만큼 밖으로 면을 만든다.

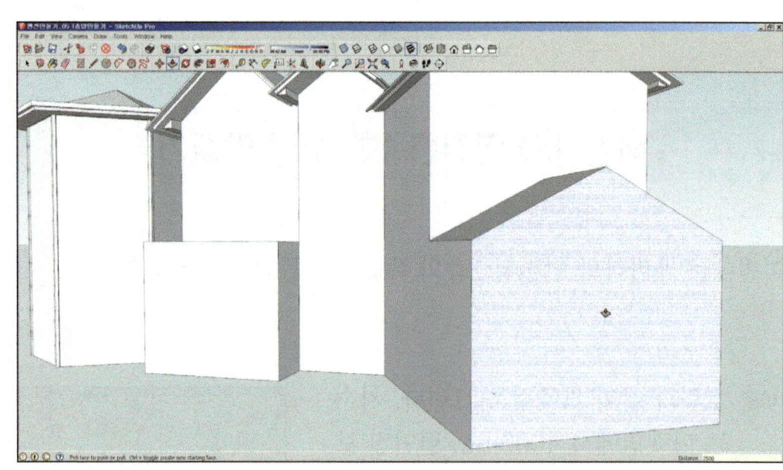

109 지붕을 만들기 위해 Offset(오프셋) 도구와 Line(선) 도구를 사용하여 거리가 100mm 떨어진 지붕모양을 만든다.

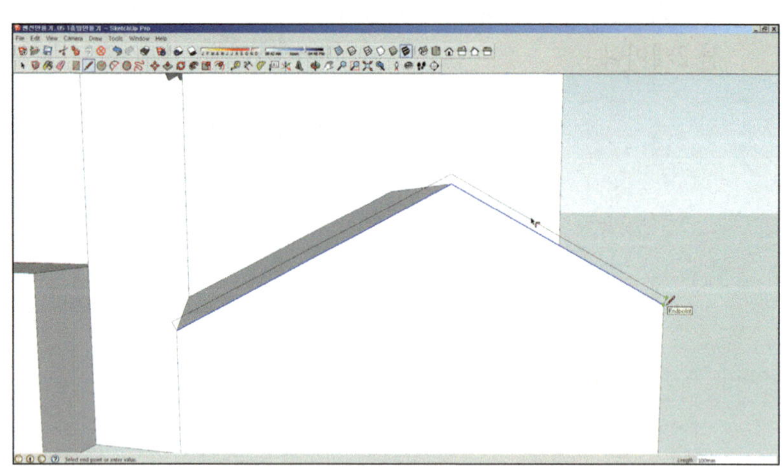

110 Push/Pull(밀기/끌기) 도구를 사용하여 뒤쪽으로 면을 생성한 후, 다시 지붕 옆 날개를 500mm 만든다.

111 Line(선) 도구를 사용해서 지붕 날개 끝에서 건물의 안쪽까지 선을 그린다.

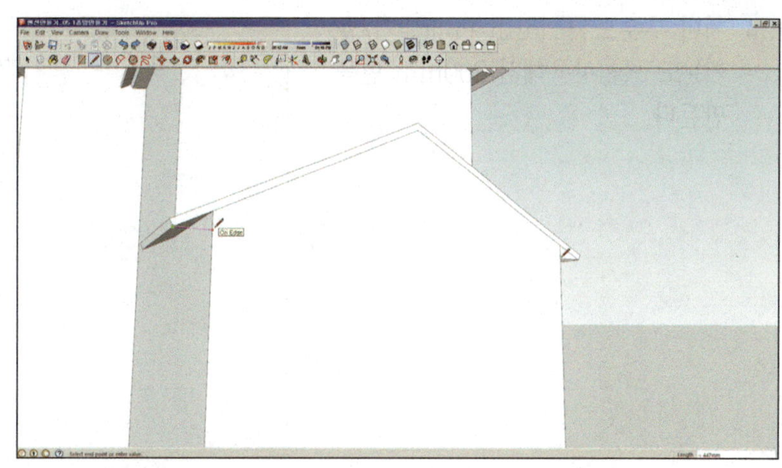

112 Push/Pull(밀기/끌기) 도구를 사용해서 양쪽 모두 뒷면까지 면을 만든다.

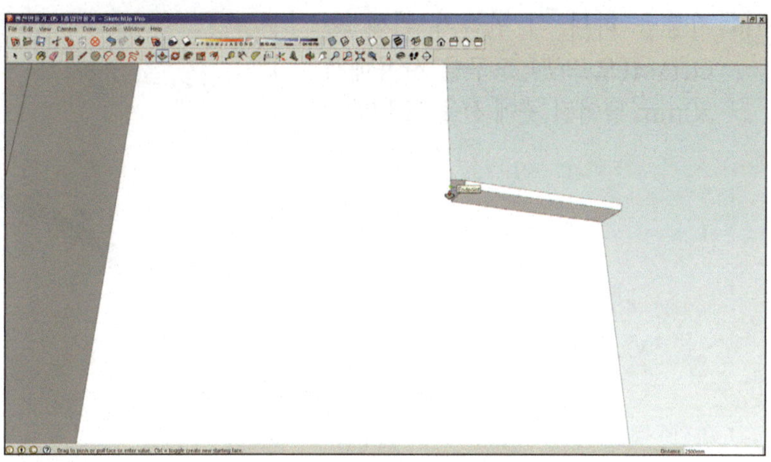

113 Push/Pull(밀기/끌기) 도구를 사용하여 앞쪽으로 면을 만든다. 치수는 1000mm이다.

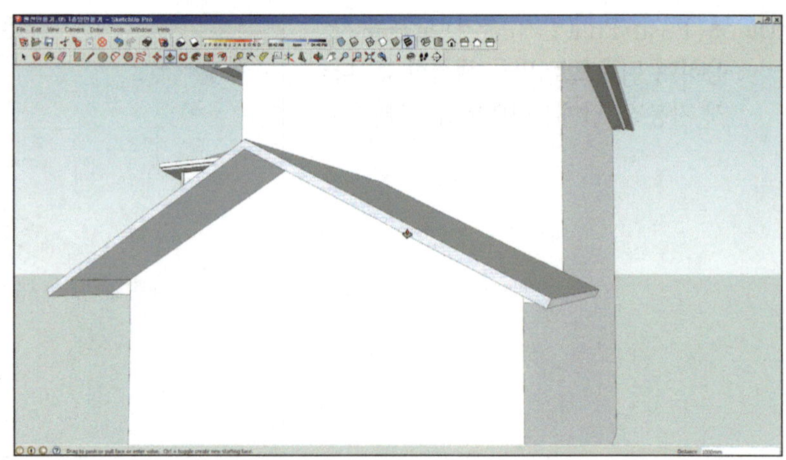

114 처마 부분도 Push/Pull(밀기/끌기) 도구를 사용해서 800mm 면을 만든다.

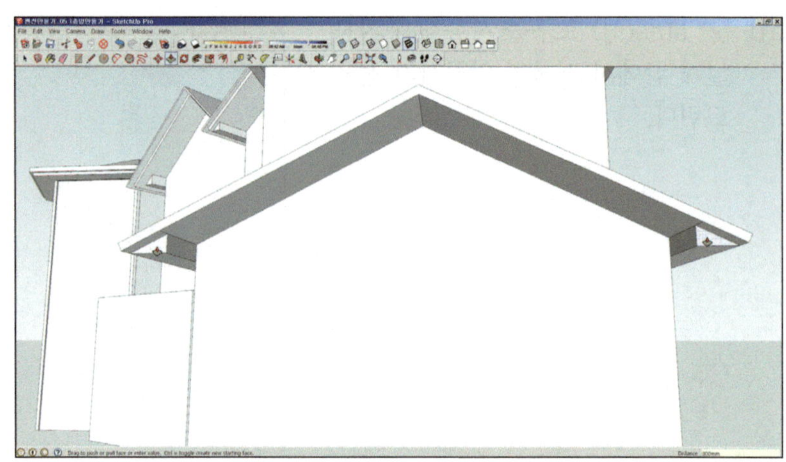

115 지붕을 하나 더 만들기 위해 Offset(오프셋) 도구를 사용해서 50mm 떨어진 곳에 선을 그린다.

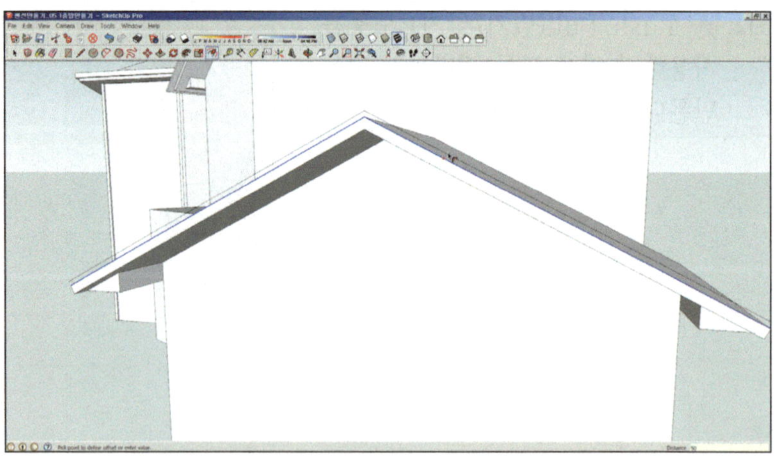

116 Push/Pull(밀기/끌기) 도구로 뒷면까지 면을 생성한 후, 다시 양쪽 날개를 300mm 더 만든다.

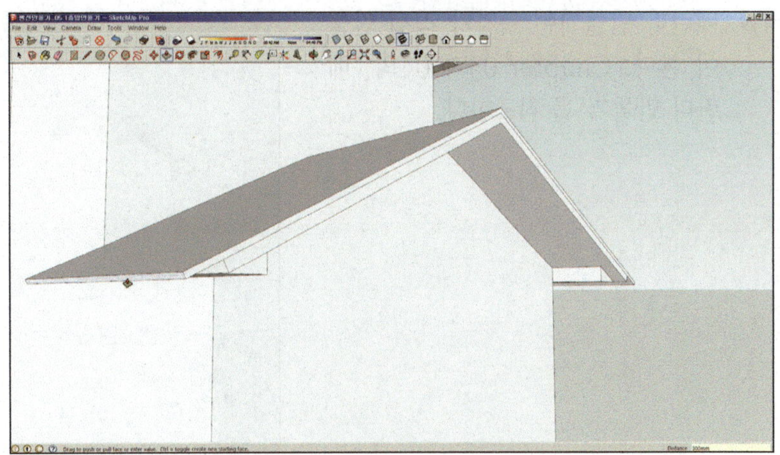

117 Push/Pull(밀기/끌기) 도구로 앞쪽으로 200mm 면을 생성해서 지붕을 완성한다. 불필요한 선들은 제거한다.

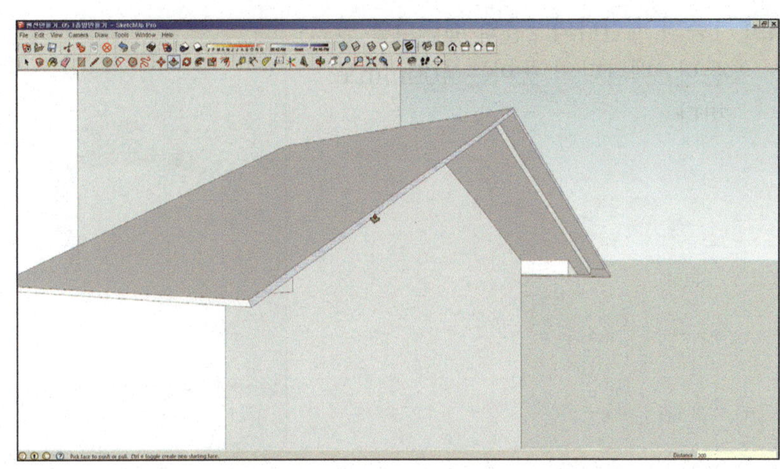

118 건축물의 뒤쪽에서 그림과 같이 Push/Pull(밀기/끌기) 도구를 사용해서 면을 4000mm 만든다.

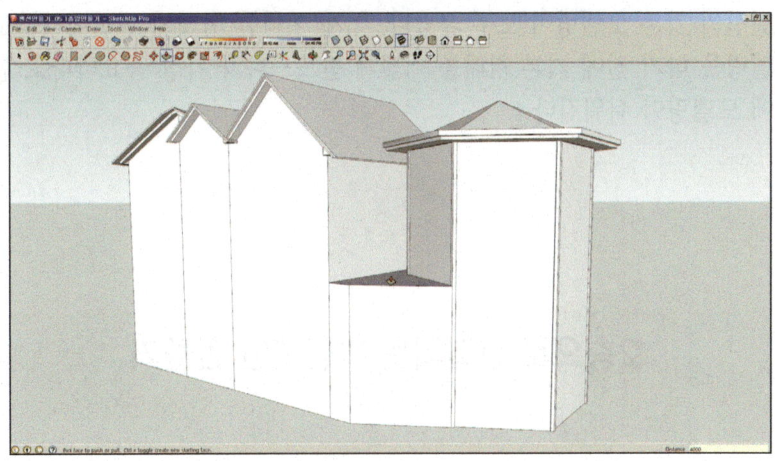

119 베란다 만들기는 독자가 직접 만들어 본다. Chapter 03과 04의 "베란다 만들기"를 참조한다.

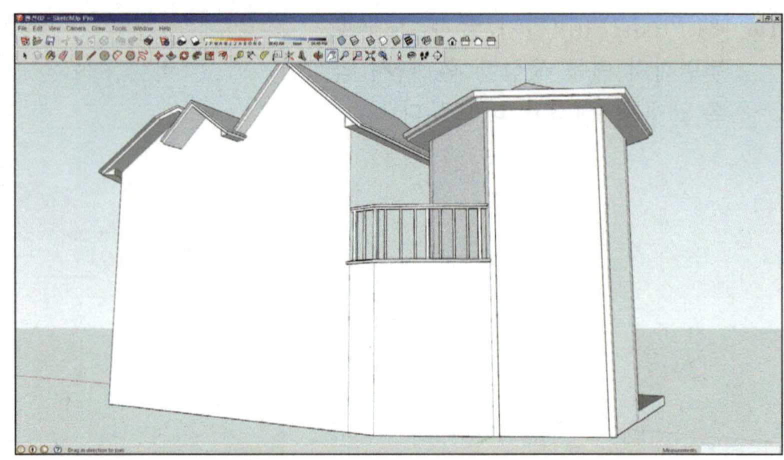

120 1층의 베란다와 2층의 베란다를 만든다. 베란다의 높이는 400mm로 한다.

펜션의 기본 모델링이 모두 끝났다. 이제 어떠한 형태의 펜션이더라도 독자들은 충분히 만들 수 있을 것이다. 모델링을 하기 전에 기본 형태를 어떻게 만드느냐가 가장 중요하다고 할 수 있다. 밑그림을 정확하게 그려야 그 뒤에 모델링이 쉬워진다.

06 2층으로 연결되는 비상계단 만들기

이번에는 건축물의 옆면에 있는 2층과 연결되는 비상계단을 만들어 보도록 하자. 2층 이상의 건축물들을 보면 항상 비상용 계단이 있다. 이번 시간에 계단 만들기를 확실하게 배워 여러분들이 앞으로 제작할 건축물들의 계단을 만들 때 도움이 되었으면 한다.

121 Tape Measure Tool(줄자도구)을 사용해서 건물의 오른쪽 면에서 앞쪽 모서리에서 250mm 떨어진 곳에 보조선을 그린다.

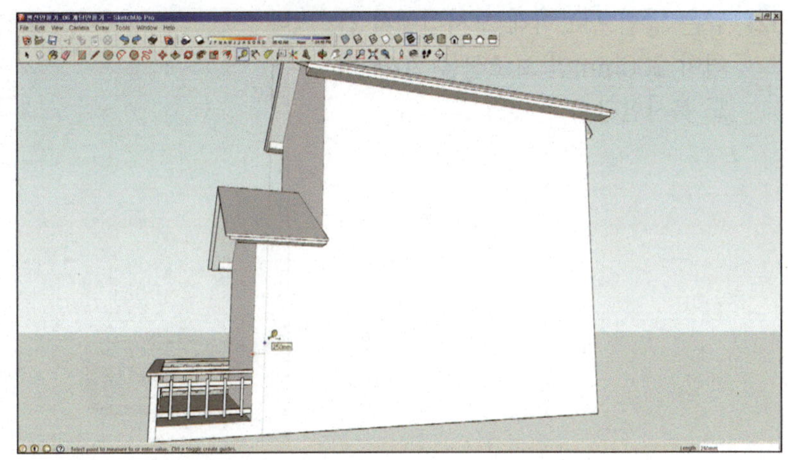

122 Select(선택) 도구로 보조선을 선택한 후 다시 Move(이동) 도구로 보조선을 이동한다. 이때 Ctrl 키를 눌러 복사해서 이동한다. 간격은 250mm이다. 수치입력창에 Length *20 *20을 입력하여 20개를 복사한다.

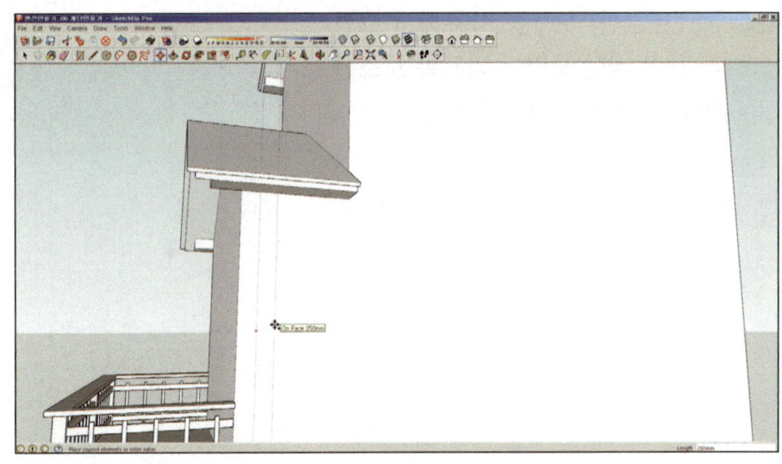

이때 건축물이 30도 꺾여 있기 때문에 반드시 건축물의 면에 붙도록 보조선을 생성해야 한다. 실제로 이 부분에서 On face(면에)가 아니고 Red축 방향으로 복사되어 허공에 보조선을 생성하는 경우가 비일비재하다.

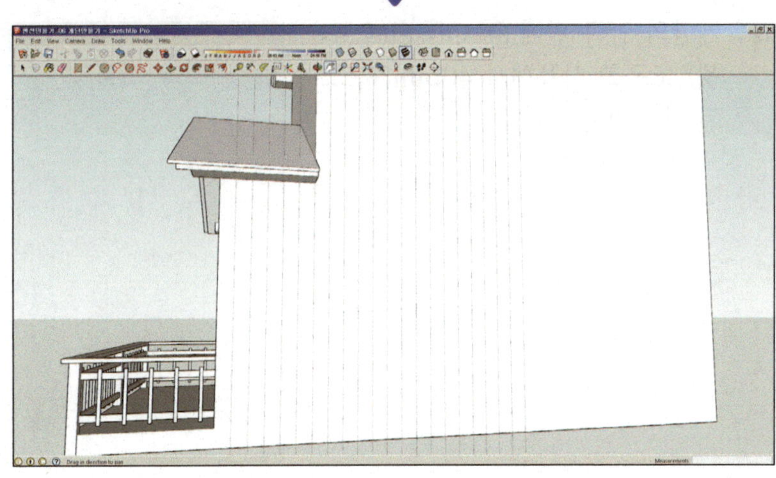

123 같은 방법으로 아래 모서리에서 간격이 200mm인 보조선을 20개 정도 복사한다.

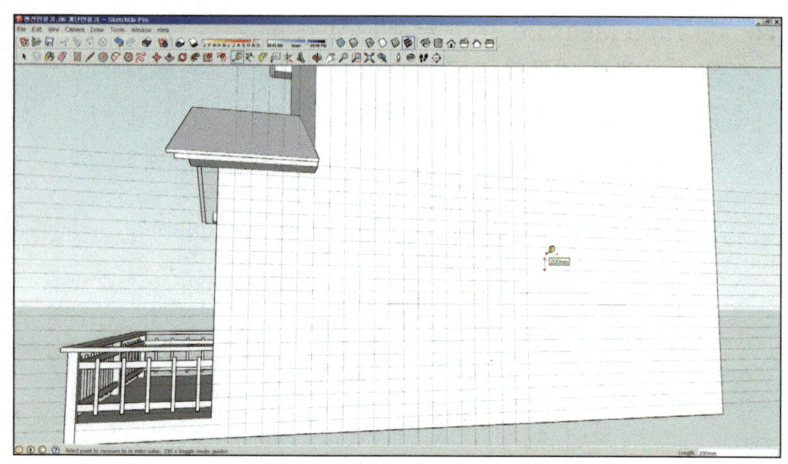

124 Line(선) 도구를 사용해서 그림과 같이 계단 모양이 되도록 보조선에 맞추어 선을 그린다.

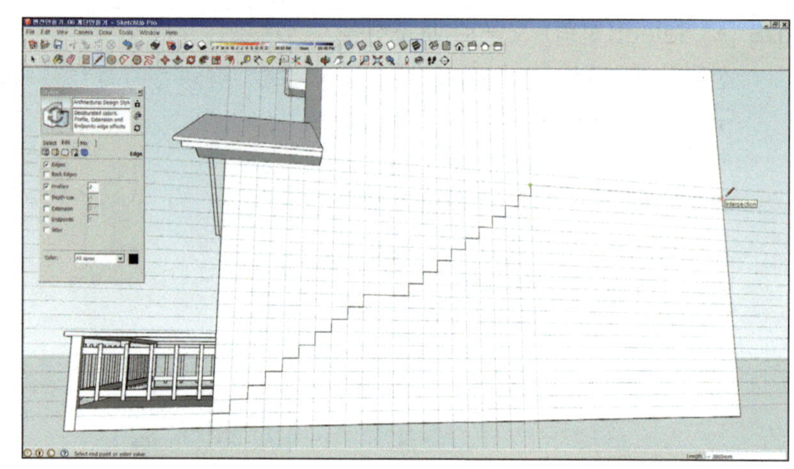

125 계단의 안쪽 면에 Offset(오프셋) 도구를 사용해서 40mm 축소된 면을 만든다.

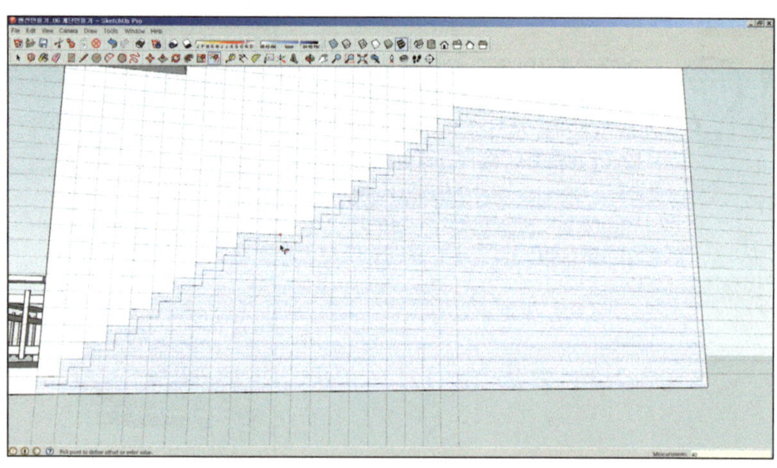

126 그림과 같이 계단의 아랫면 모양이 되도록 선을 그린다. 보조선이 부족하다면 더 추가로 그려 넣는다. 높이는 200mm이고 넓이는 250mm이다.

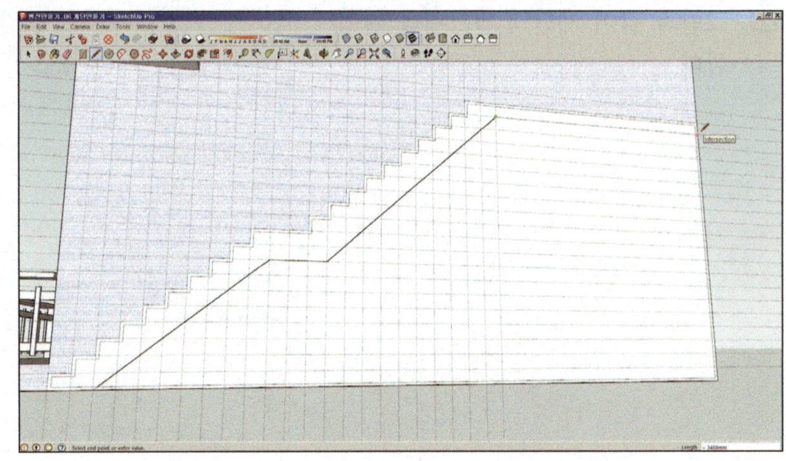

127 사용한 보조선을 모두 지우고, 다시 계단의 맨 아랫부분에서 그림과 같이 선을 두 개 연결하고 중간의 선은 Eraser(지우기) 도구로 제거한다.

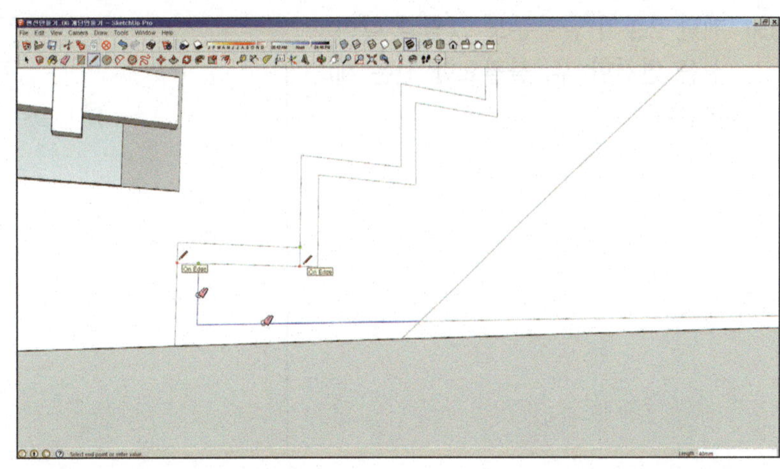

128 다시 한 번 살펴보면 선을 연결하여 계단의 발판 부분만 남기고 나머지 선은 지운다. 나머지 계단도 모두 같은 방법으로 제작한다.

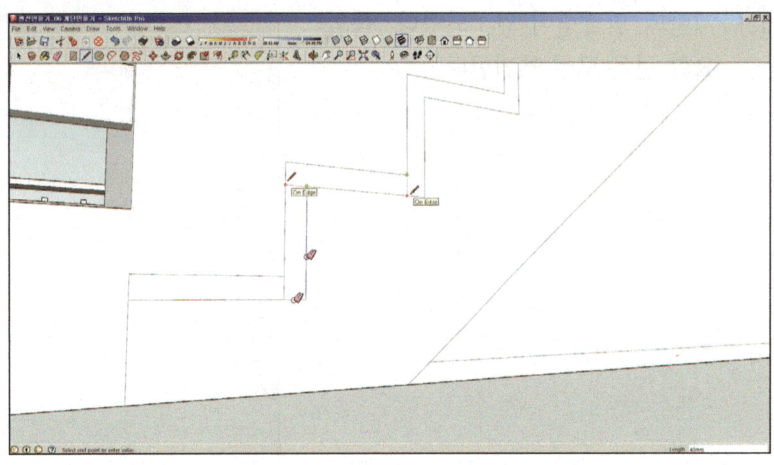

129 그림과 같이 계단의 밑그림을 완성한다.

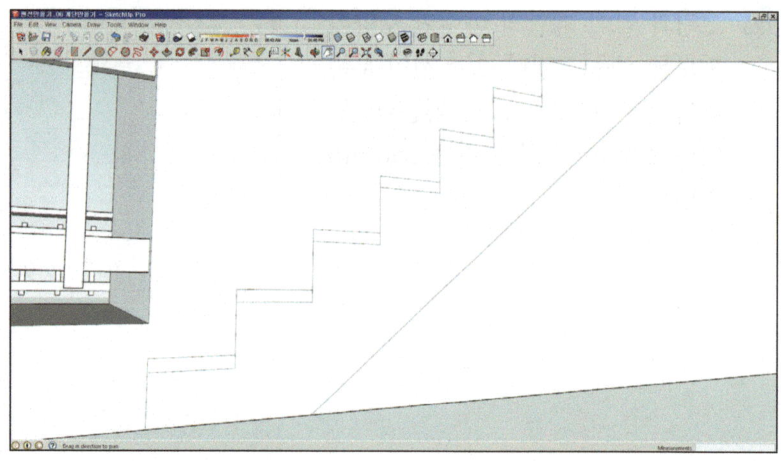

130 계단 2층의 끝부분도 그림과 같이 선을 연결한 후, 불필요한 선은 제거한다.

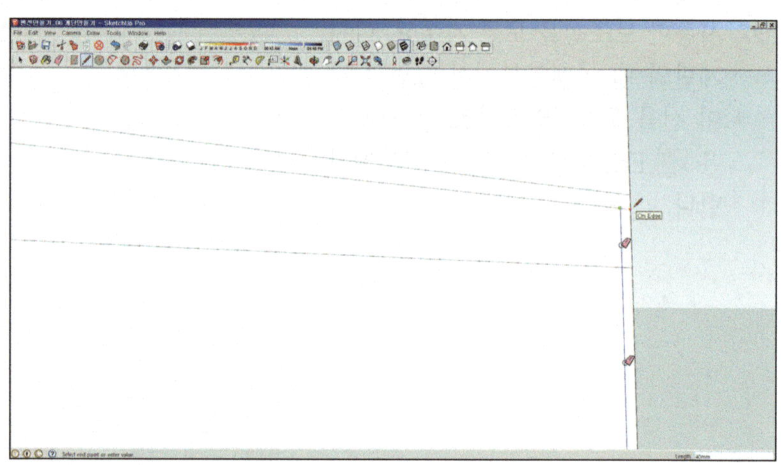

131 계단의 밑그림이 완성되었다. 불필요한 선은 모두 제거한다.

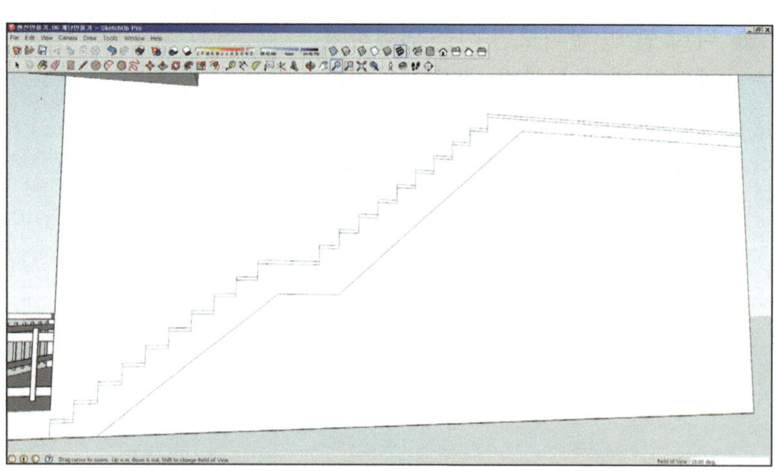

132 Push/Pull(밀기/끌기) 도구를 사용하여 1200mm만큼 면을 만든다.

133 발판 부분도 1200mm 면을 만든다.

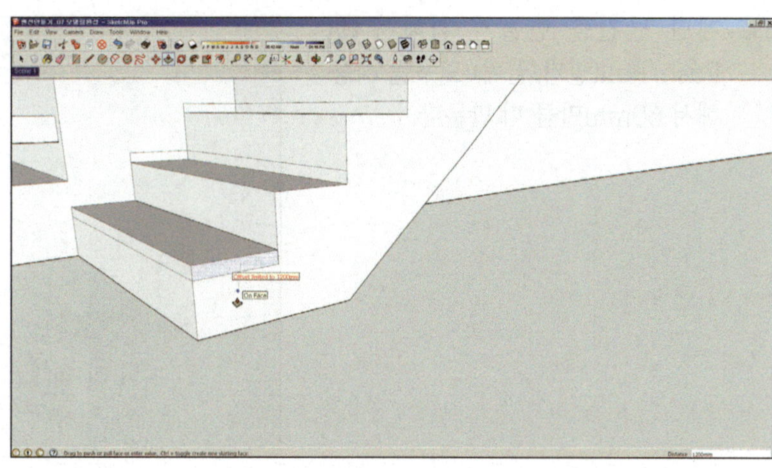

134 발판 부분은 앞쪽으로 20mm 더 만든다.

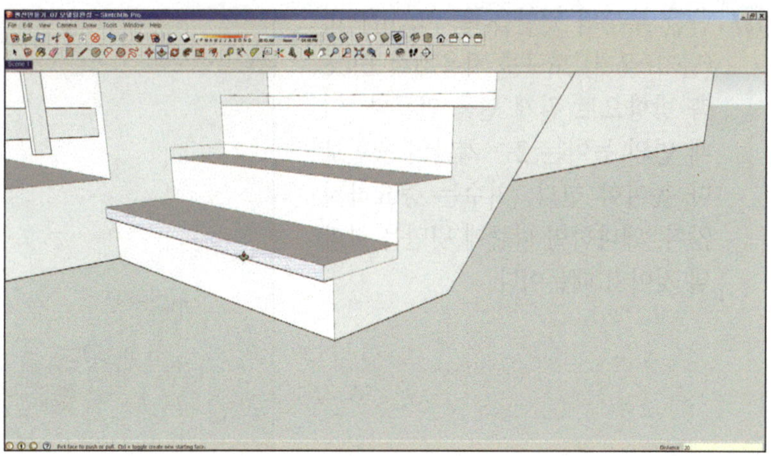

135 나머지 계단도 133~134번을 반복해서 그림과 같이 완성한다.

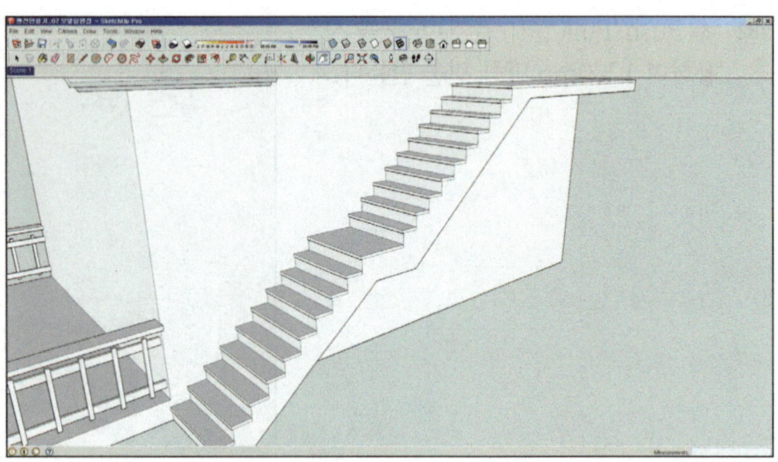

136 계단 난간을 만들기 위해서 Push/Pull(밀기/끌기) 도구를 사용해서 60mm만큼 더 만든다.

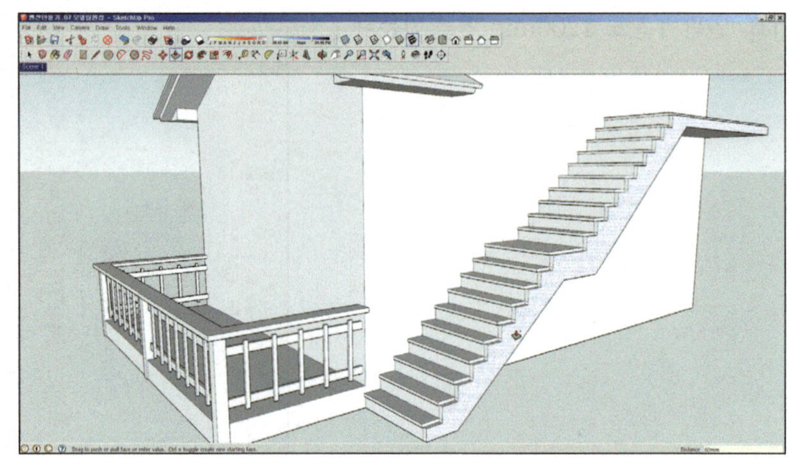

137 난간 부분의 윗면을 Push/Pull(밀기/끌기) 도구를 사용해서 Blue 축 방향으로 길게 면을 만든다. 이때 면의 높이는 2층 계단의 윗면보다 높아야 한다. 치수는 중요하지 않다. 왜냐하면 나중에 윗면을 잘라 낼 것이기 때문이다.

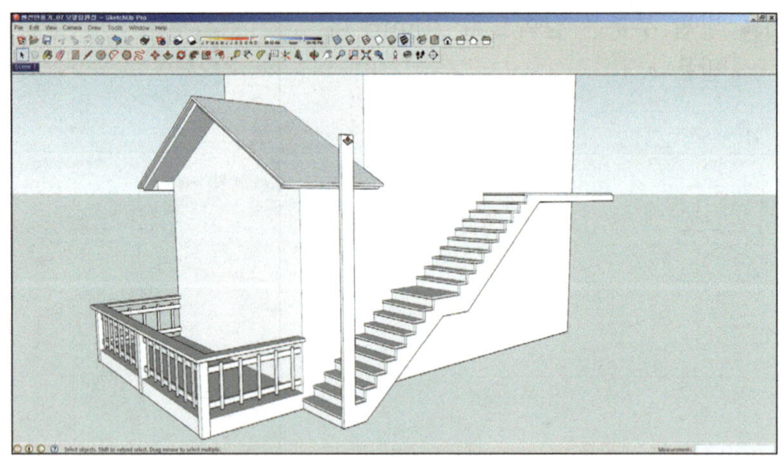

138 두 번째도 마찬가지로 Push/Pull(밀기/끌기) 도구를 사용하여 옆의 난간 높이와 같은 높이로 면을 만든다.

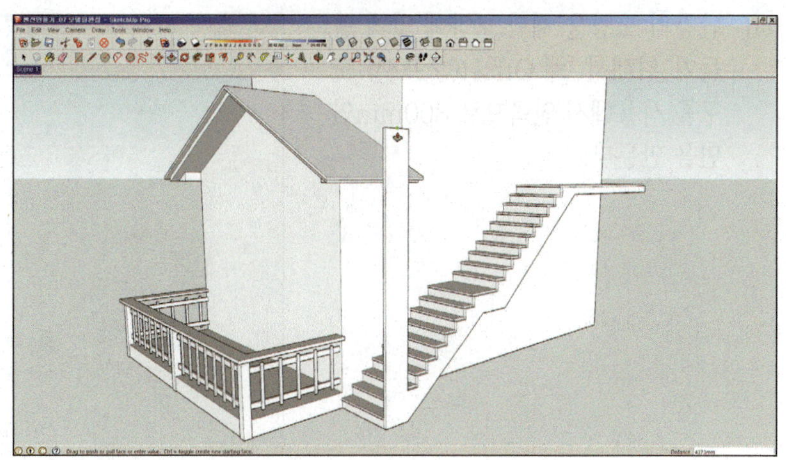

139 나머지 계단도 모두 마찬가지로 Push/Pull(밀기/끌기) 도구를 사용해서 그림과 같이 완성한다.

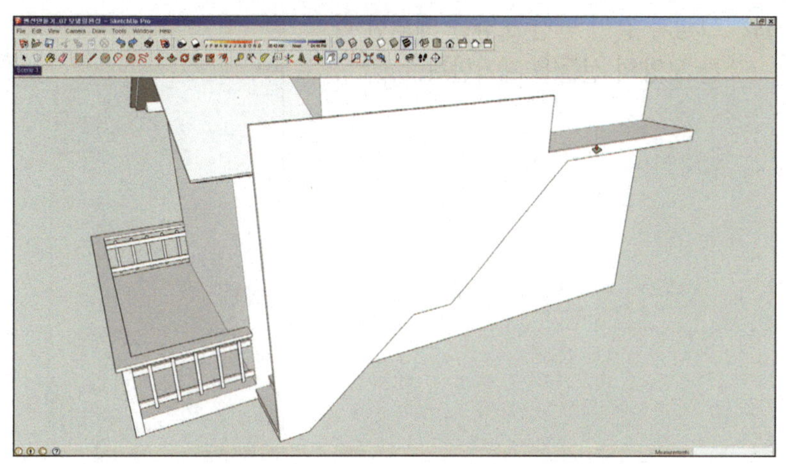

140 안쪽에 생성된 선들을 Eraser(지우기) 도구를 사용해서 모두 제거한다.

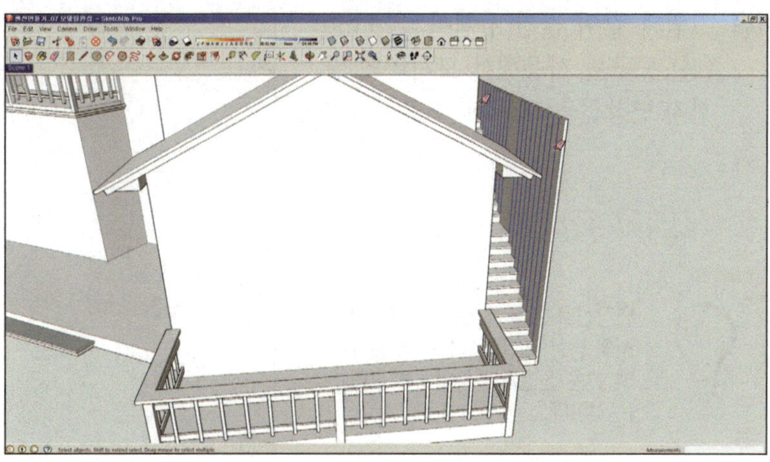

141 난간의 모양을 계단 모양에 맞게 만들기 위해서 Offset(오프셋) 도구를 사용해서 안쪽으로 800mm인 면을 만든다.

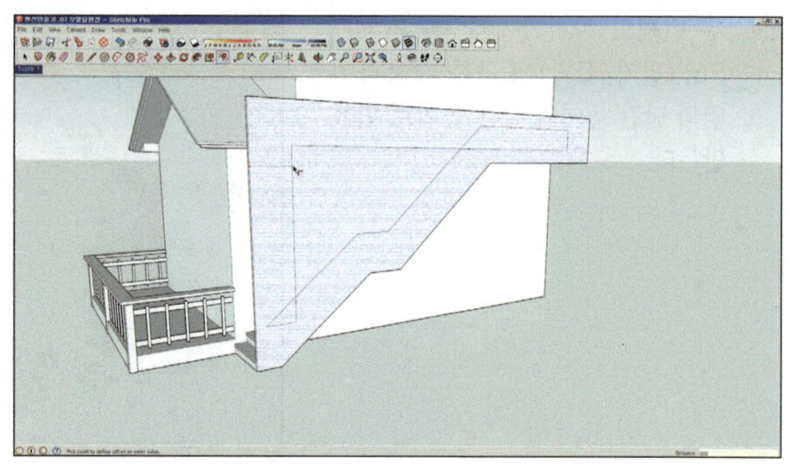

142 그림과 같이 난간 모양을 제외한 다른 모양의 선들을 제거한다.

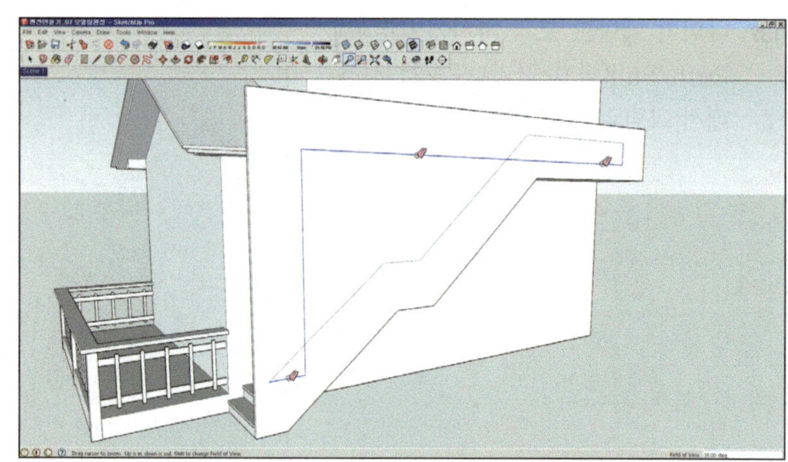

143 그림과 같이 끊긴 선에서 Line(선) 도구를 사용해서 모서리의 끝까지 연장선을 그린다.

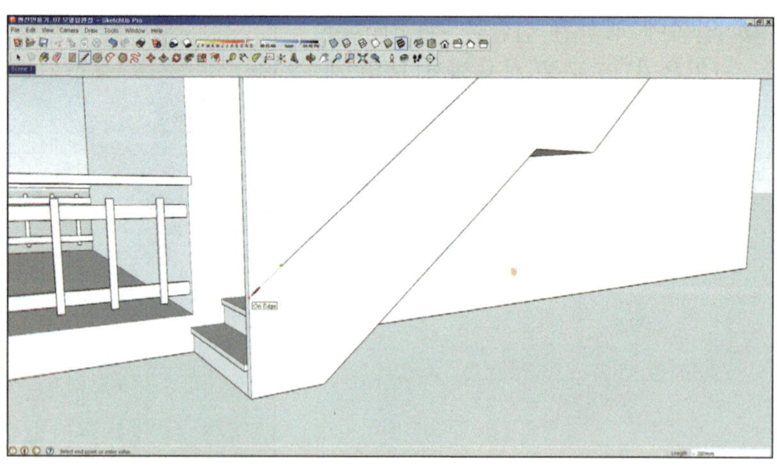

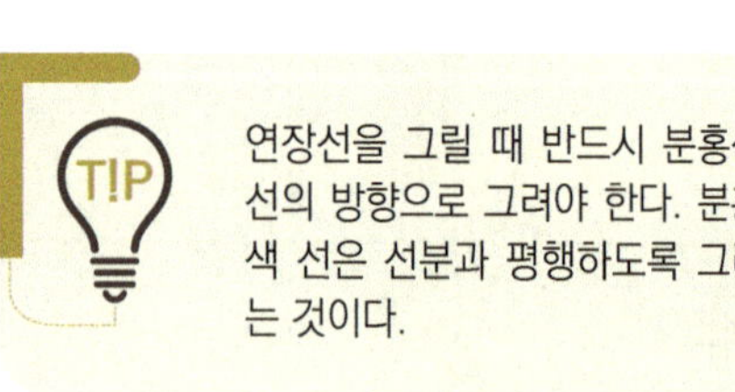

연장선을 그릴 때 반드시 분홍색 선의 방향으로 그려야 한다. 분홍색 선은 선분과 평행하도록 그리는 것이다.

144 2층 계단 부분도 마찬가지로 Line(선) 도구를 사용해서 연장선을 그린다.

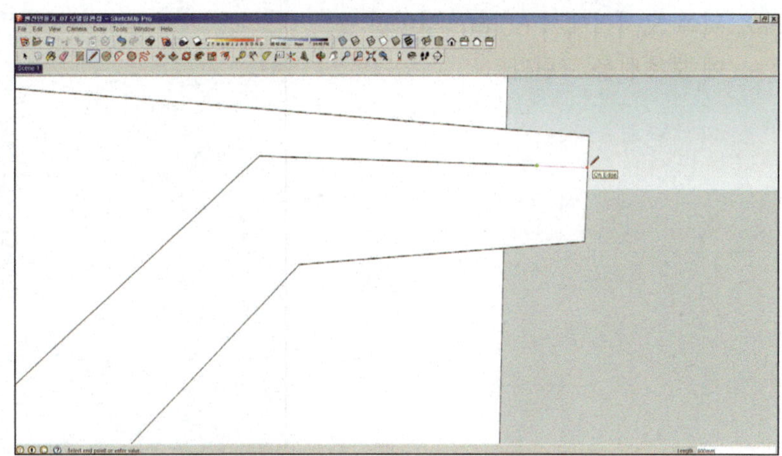

145 Push/Pull(밀기/끌기) 도구를 사용해서 그림과 같이 면을 안쪽으로 밀어넣어 면을 제거한다.

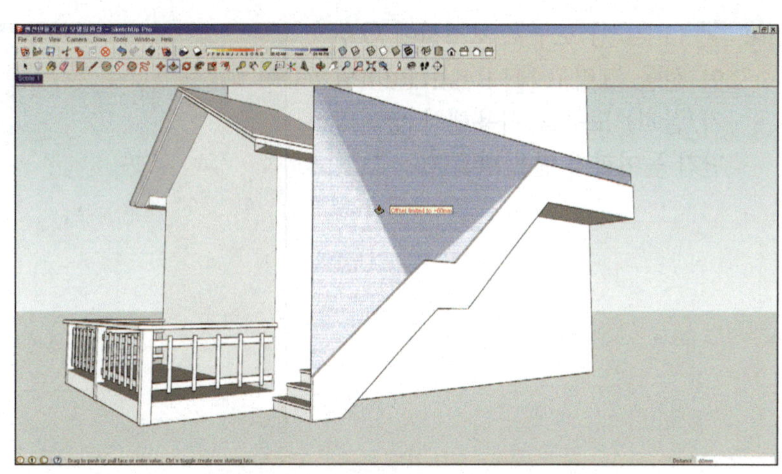

146 2층 계단의 난간 부분에 Eraser(지우기) 도구로 선을 제거한다.

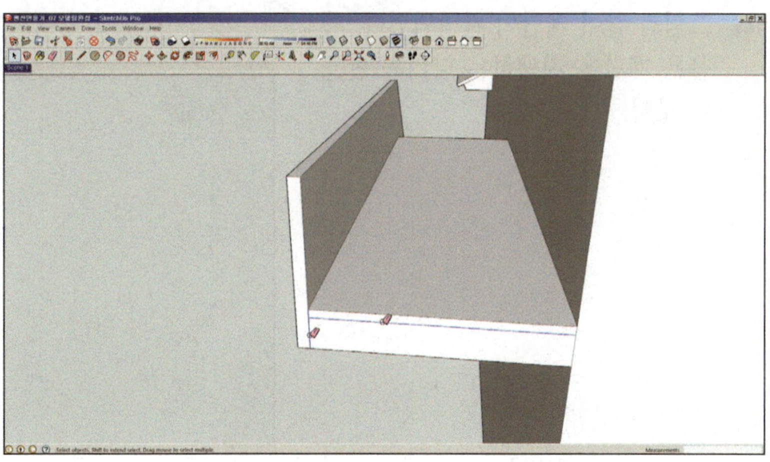

147 뒤쪽 모서리에서 60mm 떨어진 곳에 보조선을 그린다.

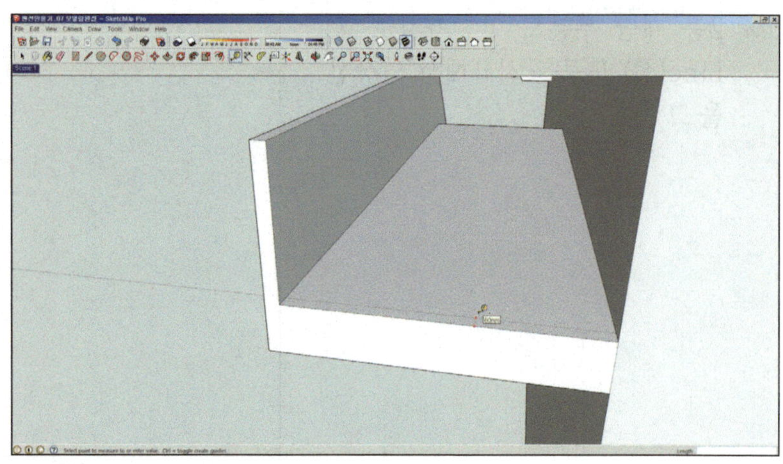

148 Line(선) 도구로 보조선에 맞추어 선을 그리고 Push/Pull(밀기/끌기) 도구를 사용해서 옆면의 난간 높이까지 면을 만든다.

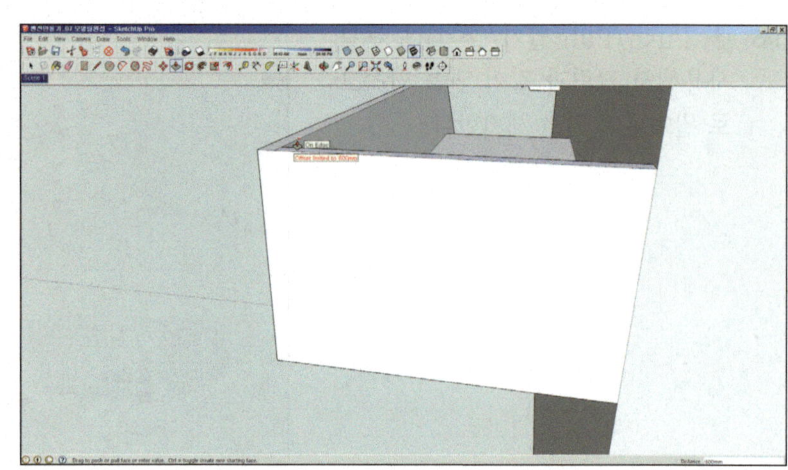

149 그림과 같이 계단이 완성되었다. 다음은 계단을 지탱하는 다리를 만들어 보자.

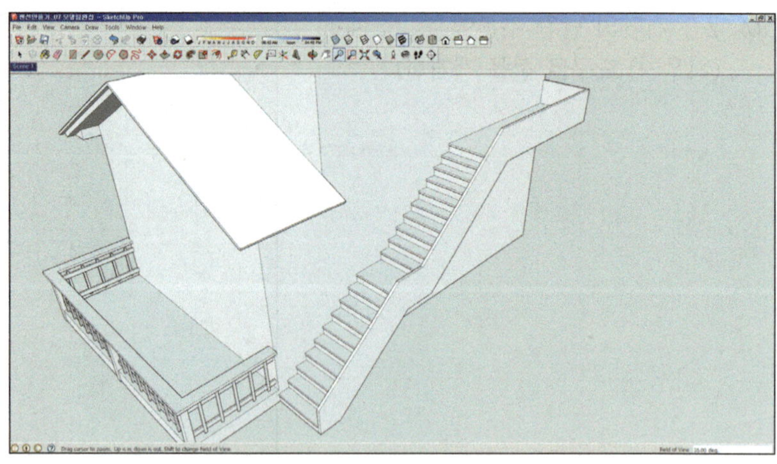

150 계단의 다리를 만들기 위해서 계단의 아랫면에 Rectangle(직사각형) 도구를 사용해서 200*200mm인 사각형을 그린다.

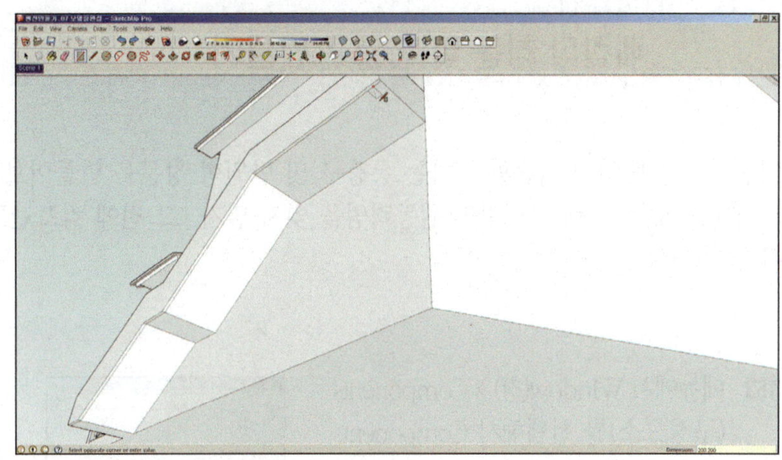

151 Push/Pull(밀기/끌기) 도구로 다리를 아랫면까지 생성하다.

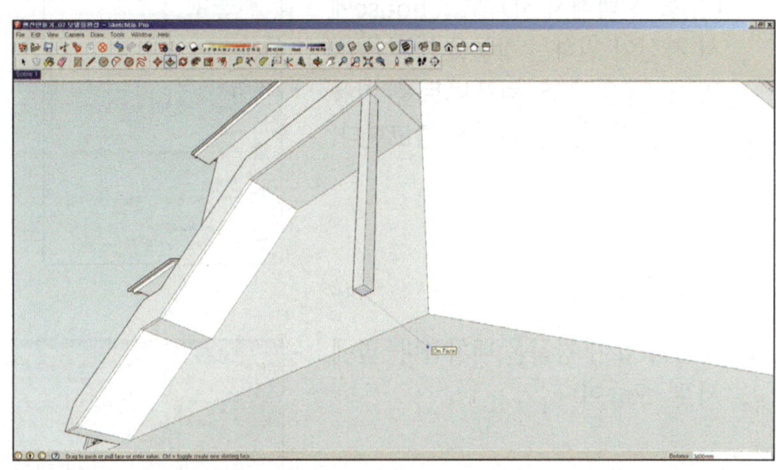

152 같은 방법으로 두 개 더 다리를 만든다.

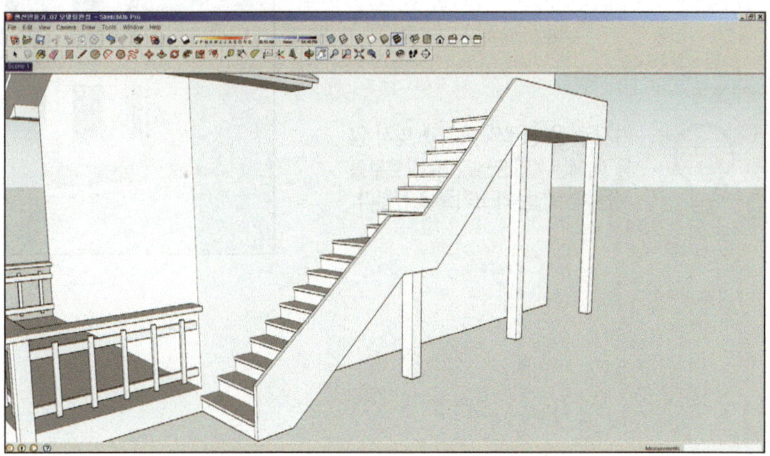

07 베란다 창문 및 통풍구 만들기

이번에는 주택의 공기순환을 하는 통풍구 및 반원형 창문을 만들어보도록 하자. 이러한 사소한 설치물 하나하나가 퀄리티있는 주택 모델링의 원동력임을 잊지 말자. 그 전에 컴포넌트를 이용해서 출입문과 창문을 배치해보도록 한다.

153 메뉴에서 Window(창) > Components(구성요소)를 선택해서 Components(구성요소) 창을 열고, Windows(창)를 선택해서 3D Warehouse에서 자신이 원하는 창문을 가져온다. Part 02의 "05 컴포넌트를 이용한 창문과 문 만들기"를 참고한다.

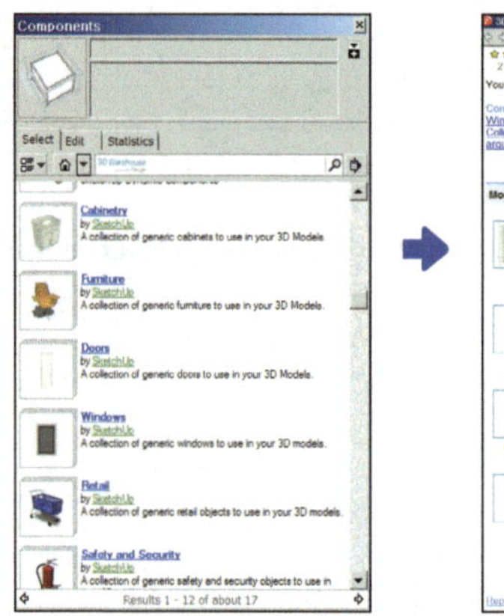

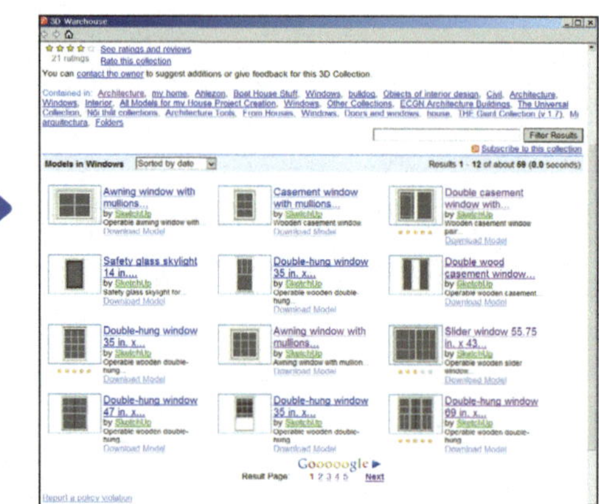

154 다음과 같이 창문을 배치한다. 앞에서 본 모습이다.

가지고 온 창문의 크기가 맞지 않을 때에는 Scale(배율) 도구를 사용해서 창문의 크기를 조절한다.

155 뒤에서 본 모습이다.

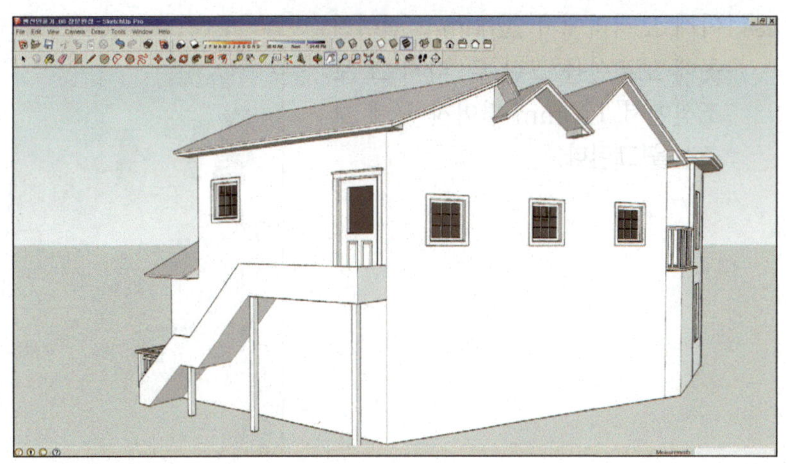

156 베란다 창문이 들어갈 부분을 정확히 하기 위해서 Tape Measure Tool(줄자도구)로 옆모서리에서 1120mm 떨어진 곳에 보조선을 그린 후, 다시 그 보조선에서 80mm 떨어진 보조선을 그린다.

어떠한 창문으로 어떻게 배치했느냐에 따라서 보조선의 간격이 달라질 수 있다.

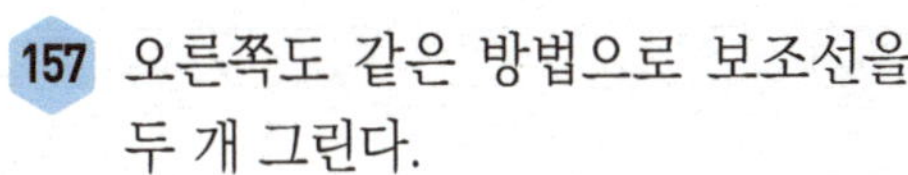

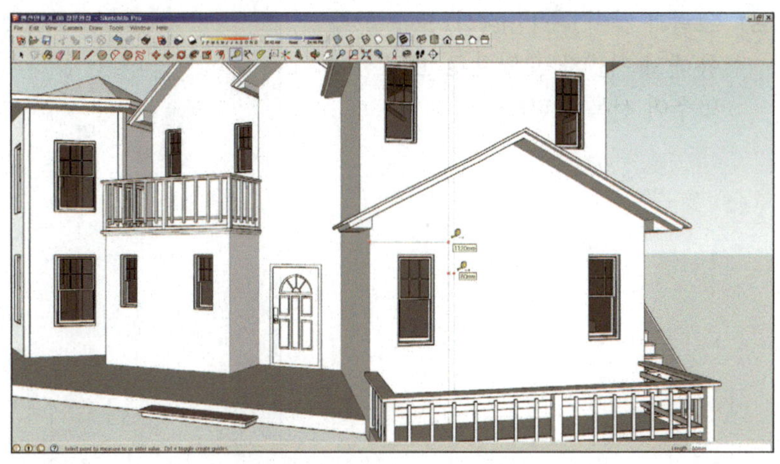

157 오른쪽도 같은 방법으로 보조선을 두 개 그린다.

158 아래 모서리에서 2200mm 떨어진 곳에 보조선을 그린 후, 다시 그 보조선에서 100mm 떨어진 곳에 보조선을 그린다.

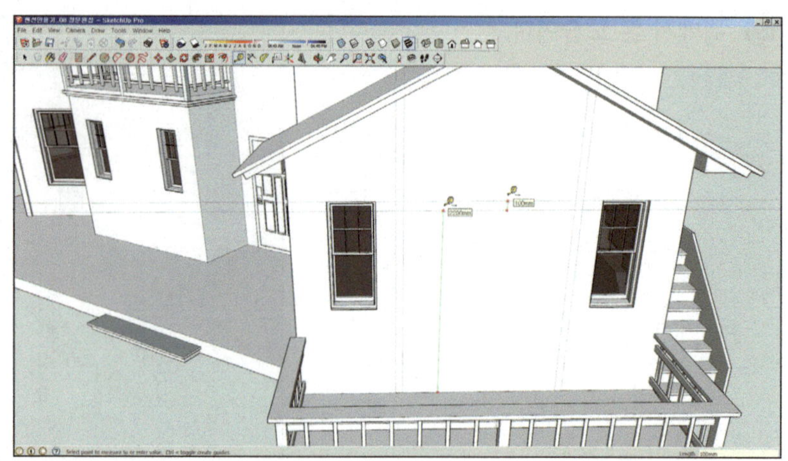

159 그림과 같이 Line(선) 도구를 사용해서 "H"자 모양으로 보조선에 맞추어 선을 그린다.

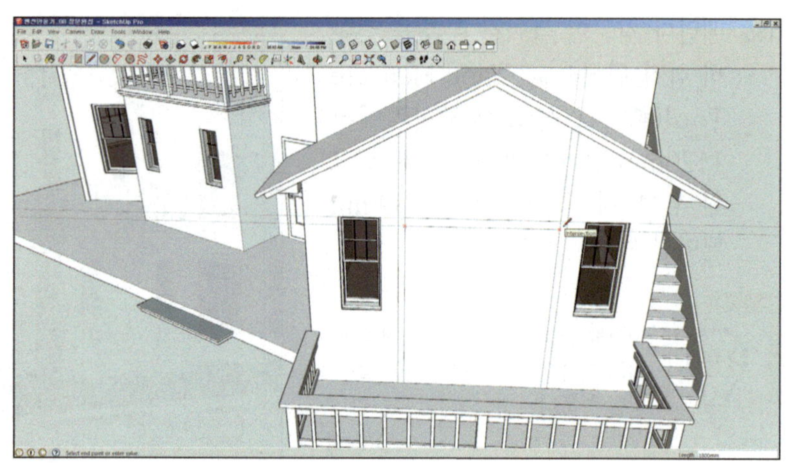

160 3D Warehouse를 이용해서 베란다 창문으로 쓰일 Component(구성요소)를 다운로드받아 가지고 온다.

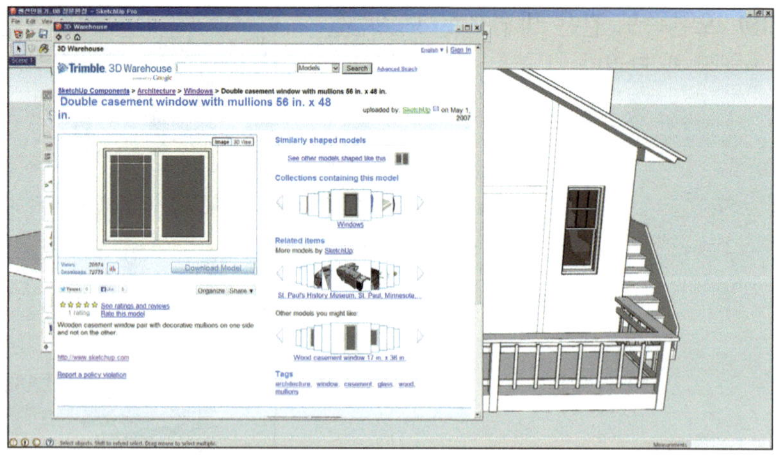

161 그림과 같이 Scale(배율) 도구를 사용해서 베란다 창문의 크기를 조절한다.

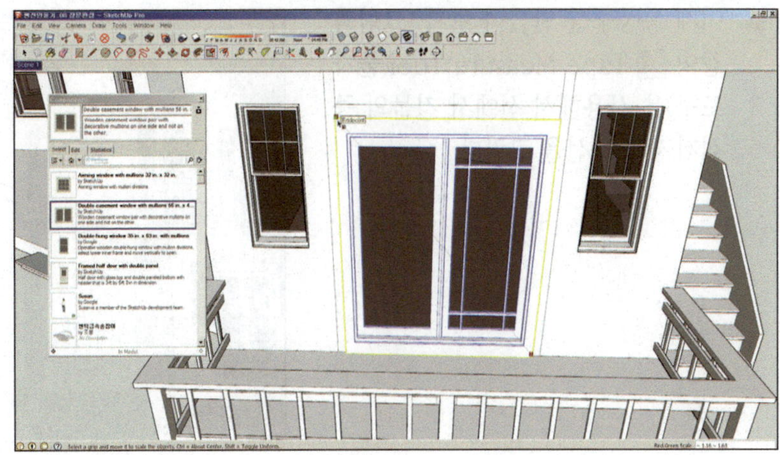

162 베란다의 창문이 완성되었다.

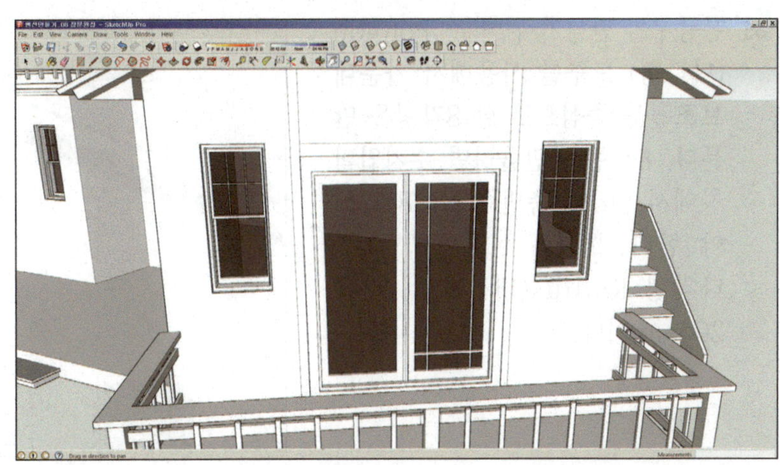

163 같은 방법으로 그림과 같이 베란다를 3개 더 완성한다.

164 이제 통풍구를 만들어 보자. 그림과 같이 Tape Measure Tool(줄자 도구)을 사용해서 선에서 건물의 중심까지 보조선을 그린다.

165 통풍구를 만들기 위해 Polygon (다각형) 도구를 사용해서 가운데 보조선을 중심으로 한 8각형을 만든다. 8각형을 만들려면 수치입력 창에서 Sides(측면) 값을 8로 해야 한다. Sides 8

다각형 Radius(내접반경) 값은 200mm이다.

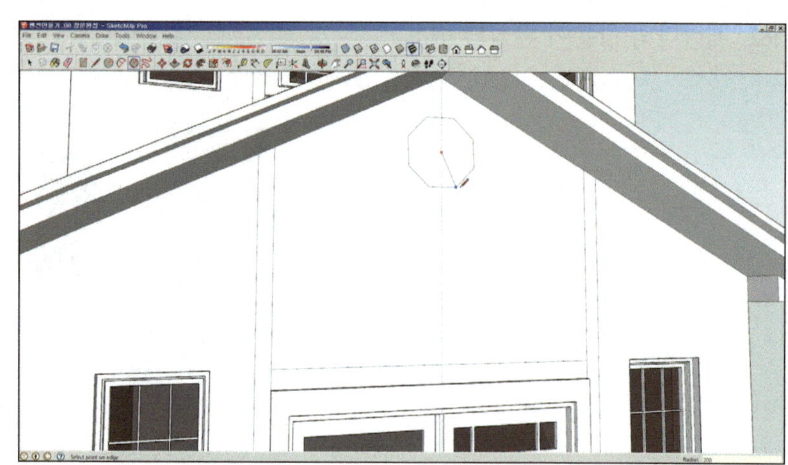

166 Offset(오프셋) 도구를 사용해서 안쪽으로 50mm 작은 8각면을 만든다.

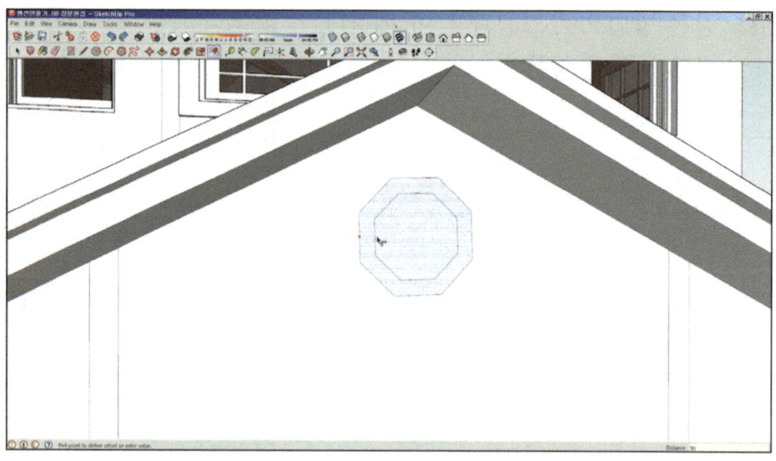

167 다시 안쪽으로 30mm 작은 8각면을 만든다.

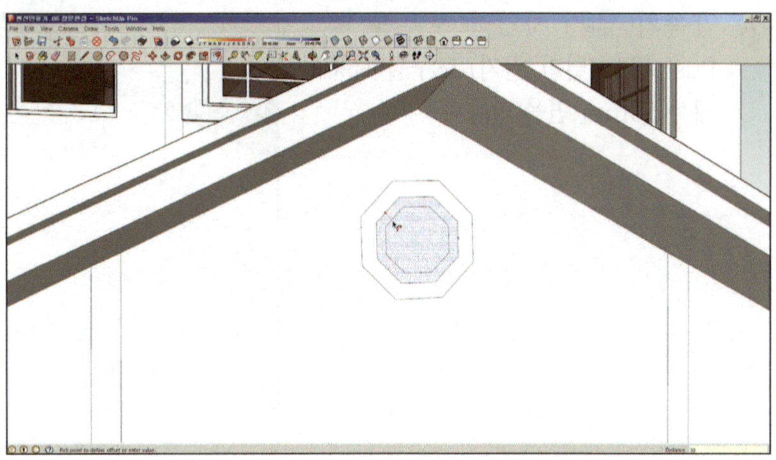

168 Line(선) 도구를 사용해서 그림과 같이 선을 그린다.

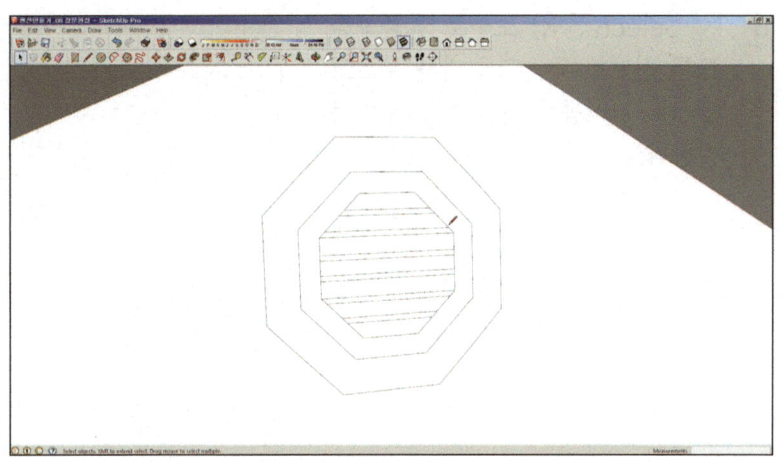

169 Push/Pull(밀기/끌기) 도구를 사용하여 그림과 같이 면을 만든다. 바깥쪽 8각면의 높이는 20mm이고, 안쪽 8각면의 높이는 50mm이다. 안쪽부터 면을 생성하고 바깥쪽을 나중에 만든다.

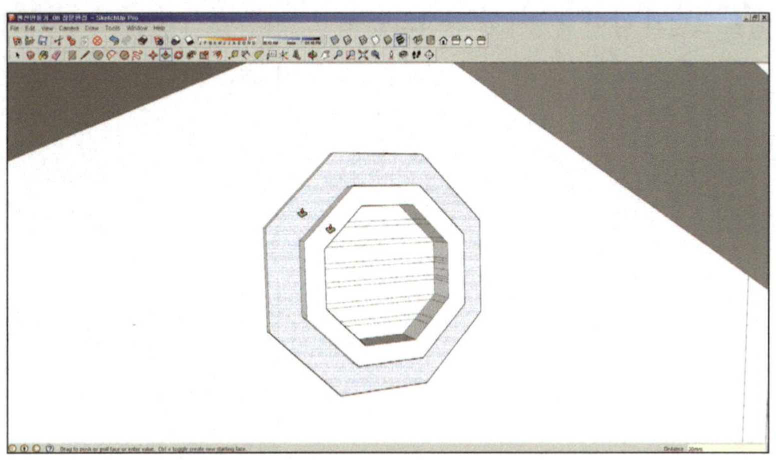

170 안쪽의 넓은 사각형 모두를 Push/Pull(밀기/끌기) 도구를 사용해서 30mm 면을 만든다.

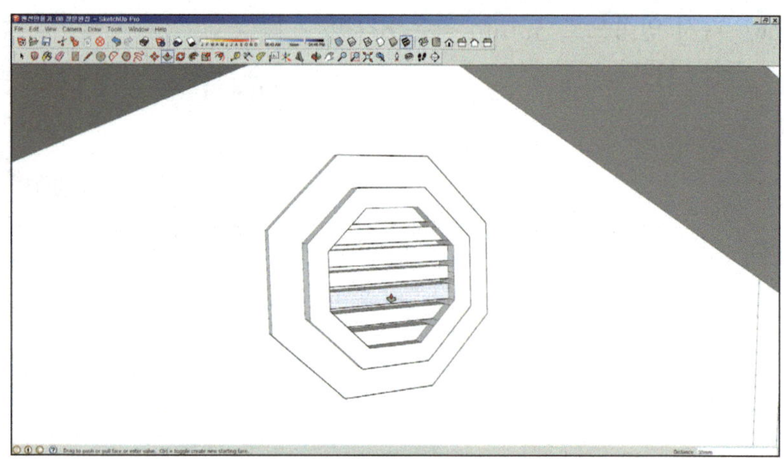

171 Select(선택) 도구로 통풍구를 모두 선택한 후, Ctrl 키를 누르고 Move(이동) 도구로 윗면까지 복사한다.

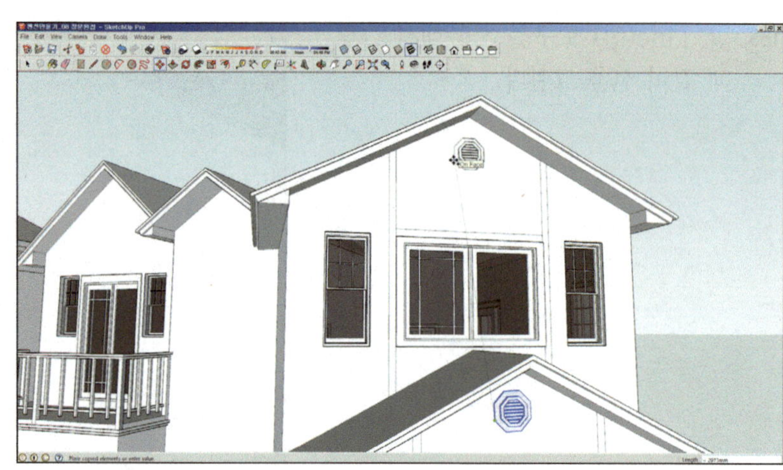

172 그림과 같이 통풍구가 완성되었다.

08 반원형 창문 만들기

마지막으로 반원형 창문을 만들고 재질을 적용해 완성하도록 한다. 반원형 창문과 같이 컴포넌트에 없는 창문과 혹은 자신이 원하는 모양의 창문을 만들고자 할 때에는 직접 그려야 한다. 이렇게 그린 창문은 나중에 컴포넌트로 저장해서 언제든지 불러올 수 있다. 컴포넌트를 제작하는 방법은 "알아두기 07 내가 만든 창문 컴포넌트로 저장하기"를 참고하기 바란다.

173 가운데 건물의 앞면에서 Tape Measure Tool(줄자도구)을 사용해서 모서리로부터 가운데 중심점까지 드래그해서 중심 보조선을 그린다.

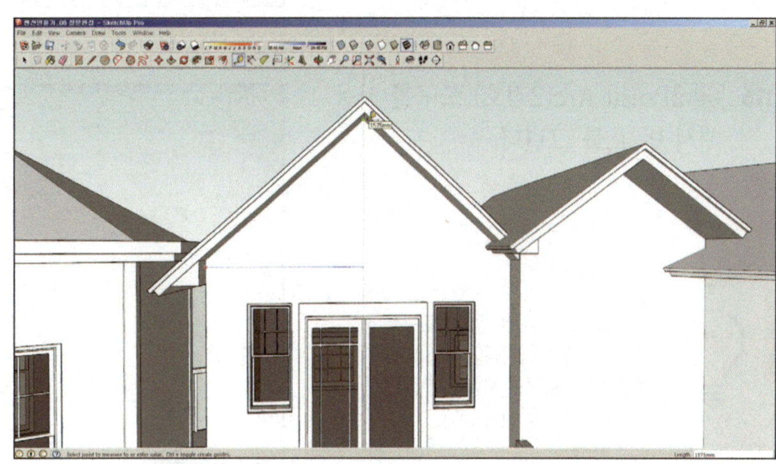

174 중심보조선으로부터 양쪽으로 각각 650mm 떨어진 곳에 보조선을 그린다.

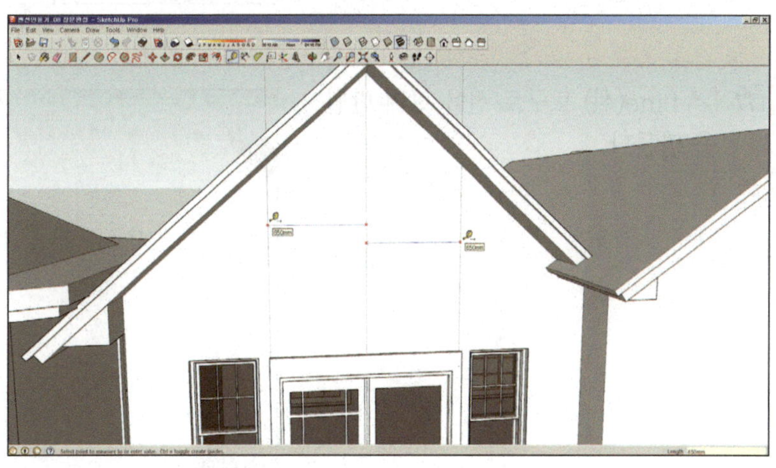

175 베란다 창문 위 모서리에서 100mm 떨어진 곳에 보조선을 그린 후, 다시 그 보조선에서 650mm 떨어진 곳에 보조선을 그린다.

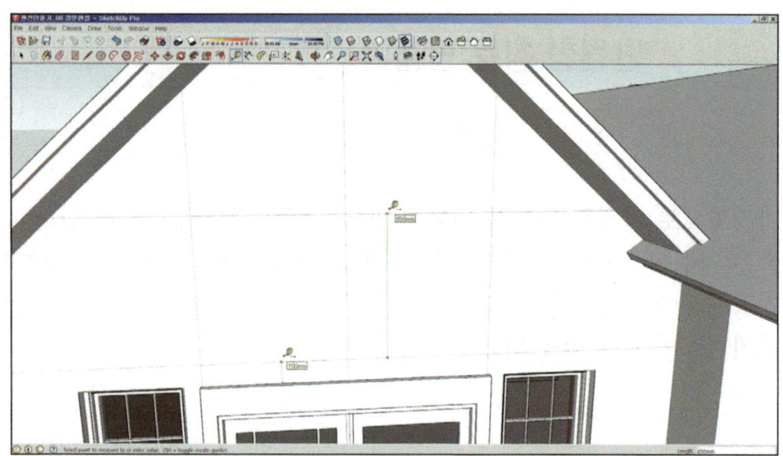

176 2Point Arc(2점호) 도구를 사용해서 반 호를 그린다.

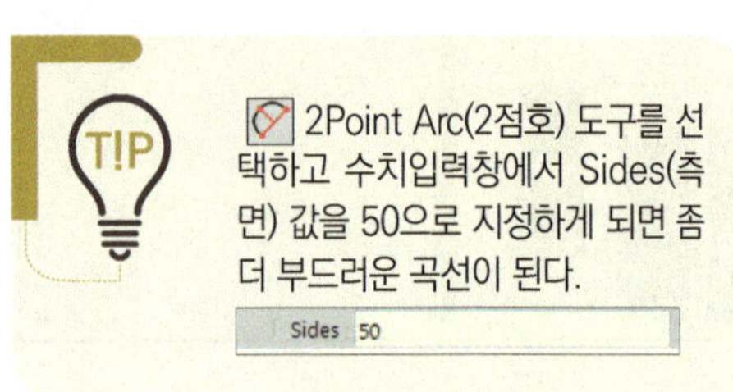

TIP

2Point Arc(2점호) 도구를 선택하고 수치입력창에서 Sides(측면) 값을 50으로 지정하게 되면 좀 더 부드러운 곡선이 된다.

Sides 50

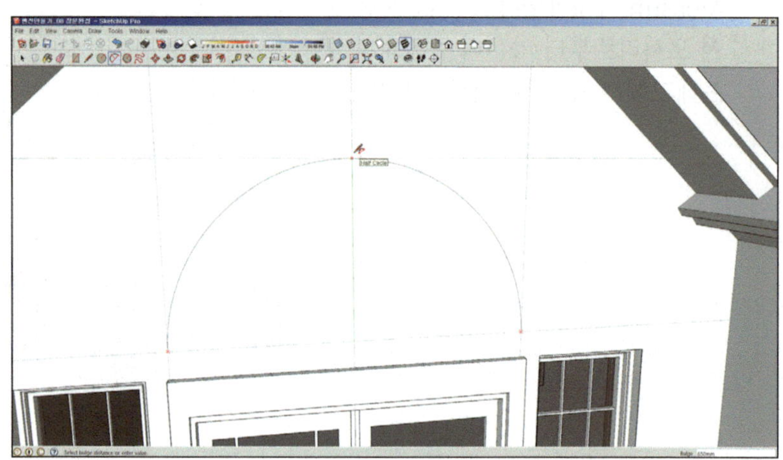

177 Line(선) 도구로 선을 그어 반원을 만든다.

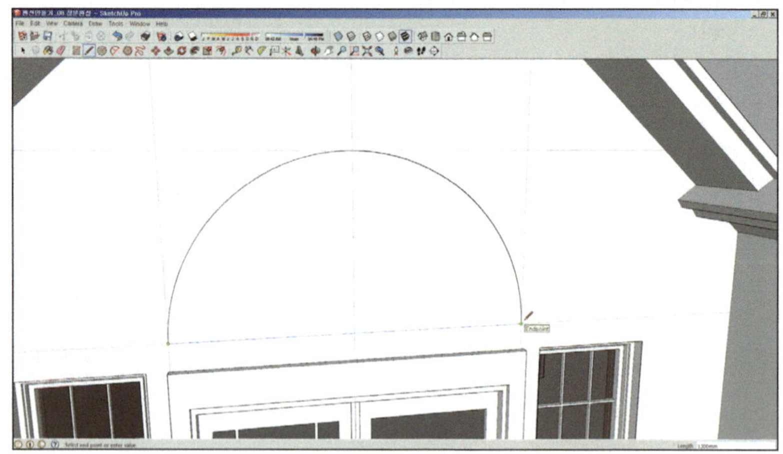

178 반원의 창틀을 만들기 위해서 Offset(오프셋) 도구를 사용해서 50mm 작은 반원을 만든다.

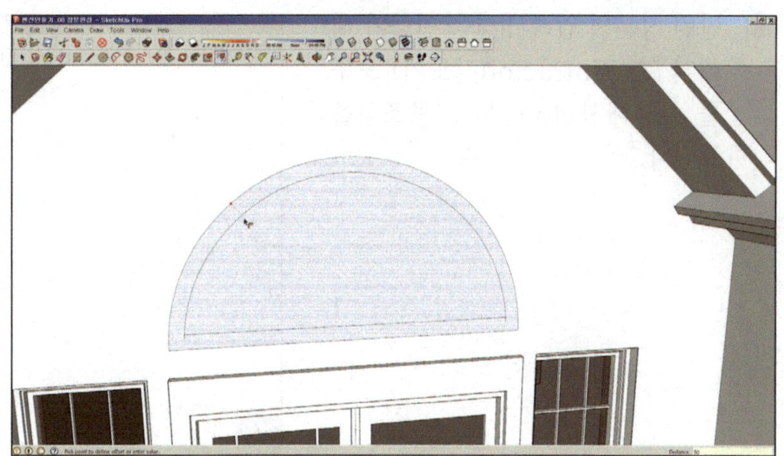

179 Offset(오프셋) 도구로 인해 생긴 꼬인 선을 Eraser(지우기) 도구로 제거한다. 반대쪽도 마찬가지이다.

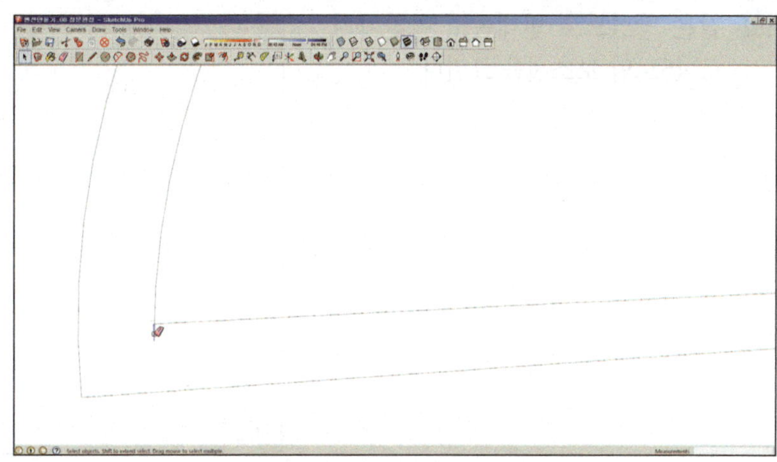

180 Line(선) 도구를 사용해서 Midpoint(중간점)에서 Green축 방향으로 선을 그린다.

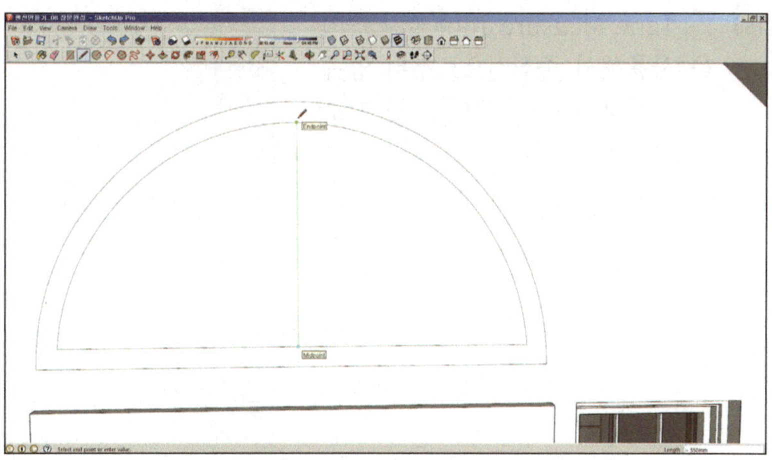

181 반원 창문의 안쪽 창살을 만들기 위해서 Protractor(각도기) 도구를 사용해서 45도 되는 보조선을 그린다.

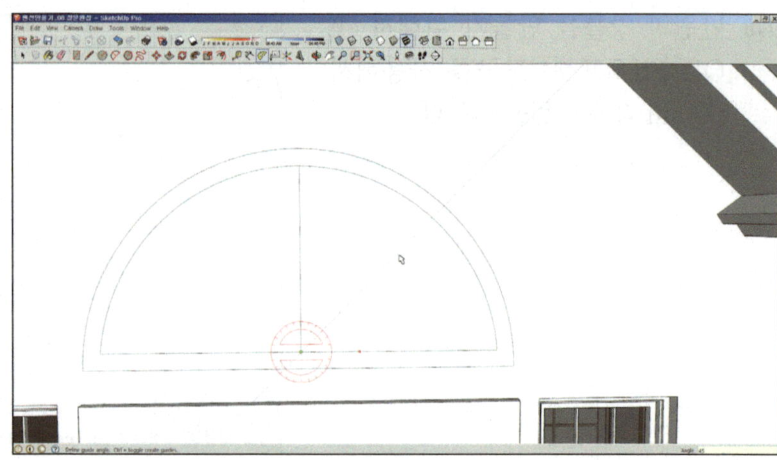

182 같은 방법으로 반대쪽도 마찬가지로 45도인 보조선을 그린다.

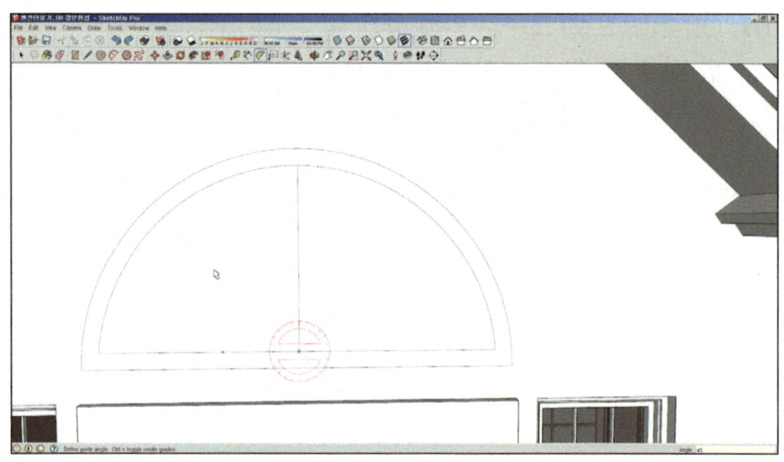

183 Tape Measure Tool(줄자도구)을 사용해서 중심선으로부터 양쪽으로 각각 20mm 떨어진 곳에 보조선을 그린다.

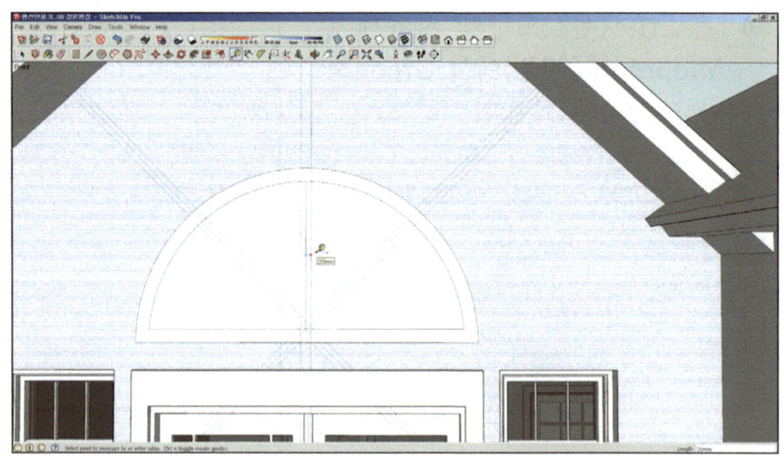

184 보조선을 따라 Line(선) 도구를 사용해서 선을 그린다.

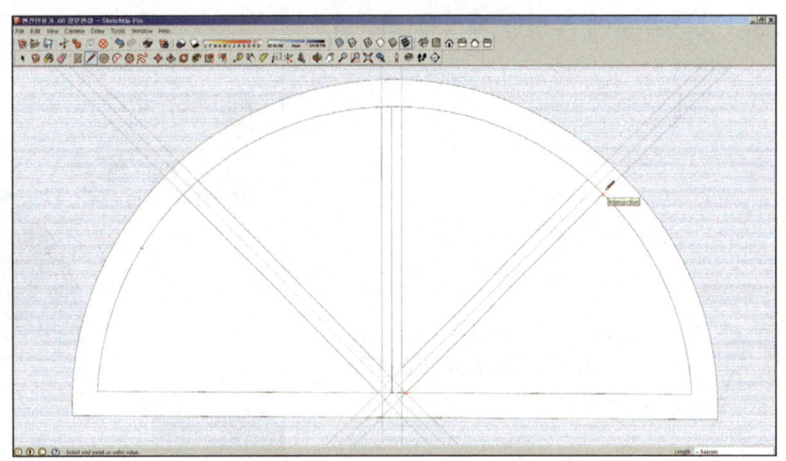

185 반원형 창문의 밑그림이 완성되었다. 불필요한 선들을 모두 제거한다.

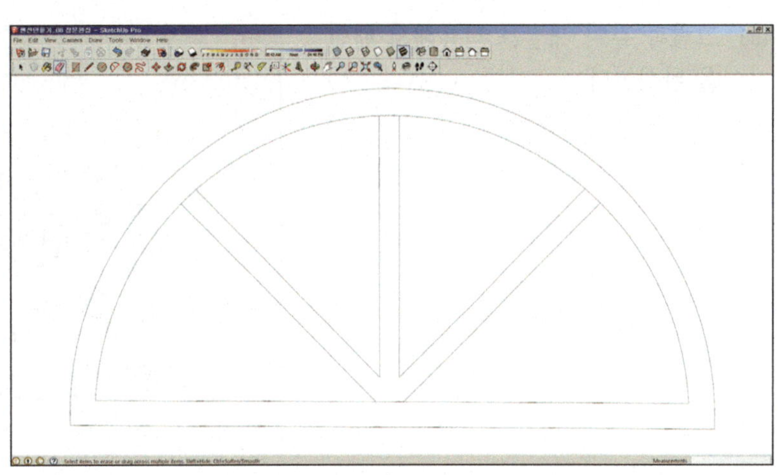

186 Push/Pull(밀기/끌기) 도구를 사용해서 바깥쪽 창틀은 50mm 면을 생성하고, 안쪽 창살 부분은 30mm 면을 만든다.

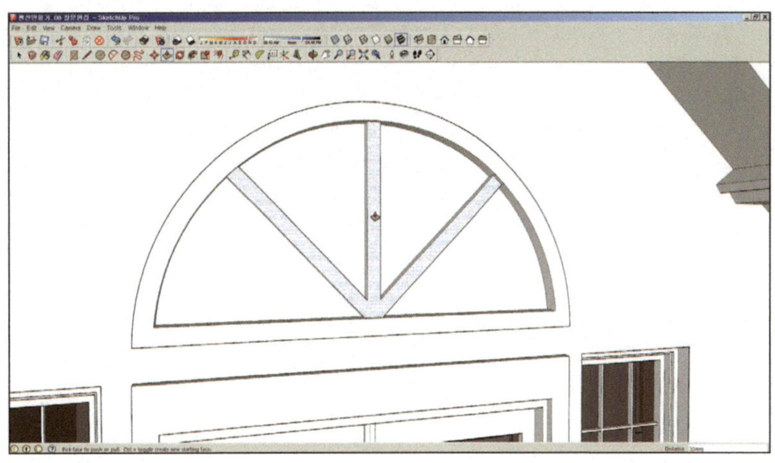

187 창문 부분에 투명한 재질을 적용한다.

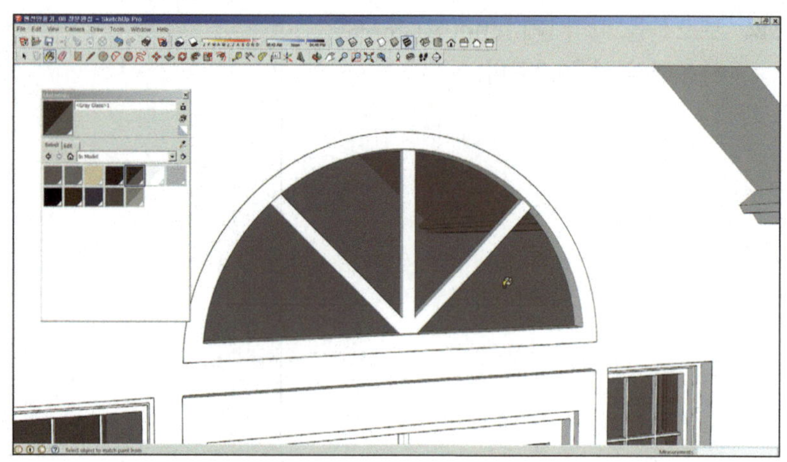

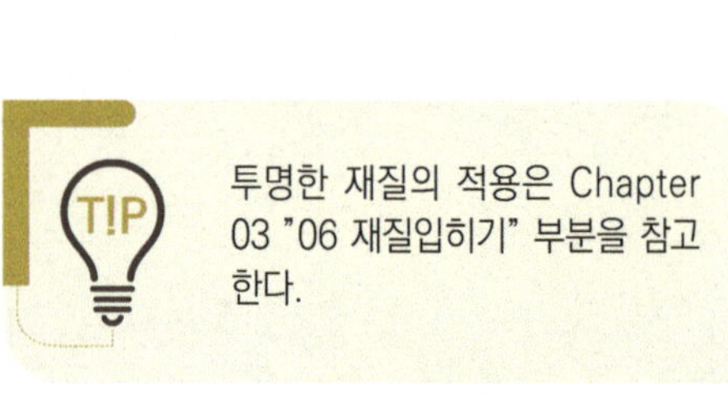

TIP

투명한 재질의 적용은 Chapter 03 "06 재질입히기" 부분을 참고한다.

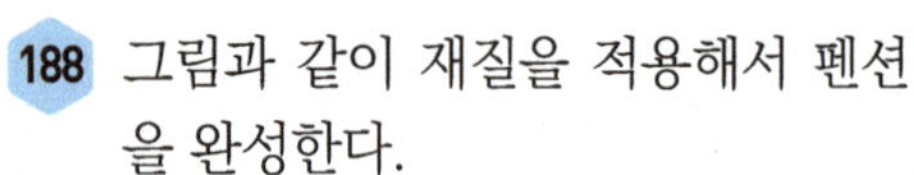

188 그림과 같이 재질을 적용해서 펜션을 완성한다.

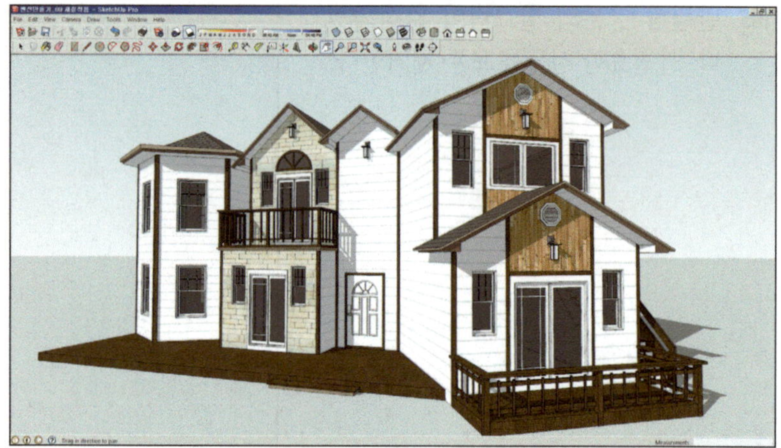

Scene으로 신나는 애니메이션 구현하기

스케치업 프로그램에서도 애니메이션을 구현할 수 있다. 3dsmax나 Maya 프로그램처럼 정밀하지는 않아도 카메라가 이동하면서 보여주는 시점의 애니메이션은 충분히 가능하다. 이번 시간에서는 애니메이션을 만들어보자. 애니메이션을 제작한 후, Export(내보내기)시켜서 애니메이션 파일로 저장할 수 있다.

1 메뉴에서 View(보기) 〉 Animation(애니메이션) 〉 Add Scene(장면 추가)을 선택해서 Scene(장면)을 만든다.

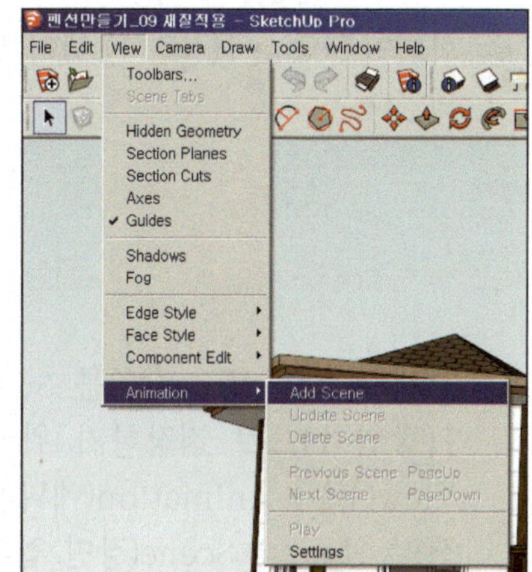

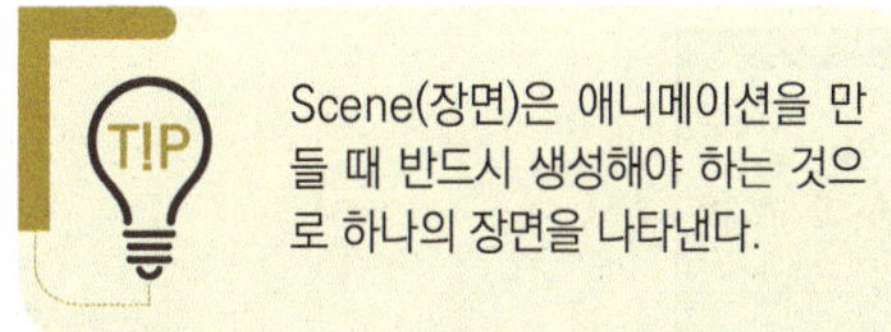

Scene(장면)은 애니메이션을 만들 때 반드시 생성해야 하는 것으로 하나의 장면을 나타낸다.

2 경고창이 나오면 다음 그림처럼 체크한 후 Create Scene(장면생성) 버튼을 클릭한다. 현재 있는 View(뷰)를 새로 생성되는 Scene(장면)으로 저장하겠는지의 여부를 묻는 메시지 창이다.

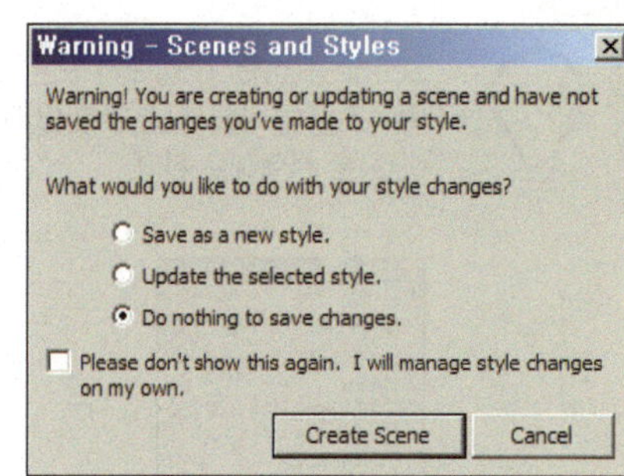

3 메뉴에서 View(뷰) 〉 Scene Tabs(장면 탭)을 선택한다. 화면에 Scene Tab(장면 탭)을 보이게 하는 메뉴이다.

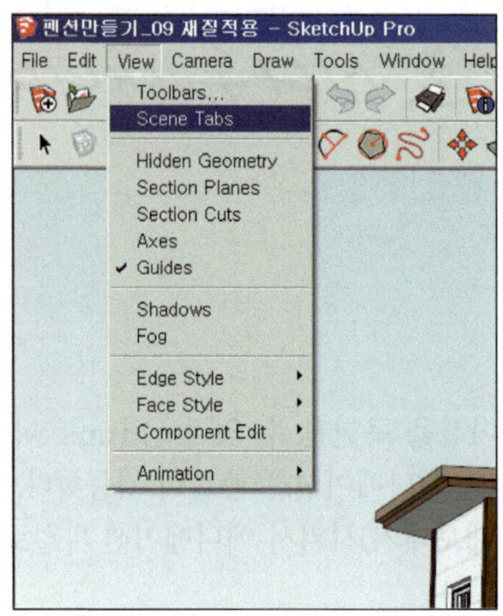

4 화면에 Scene 1(장면 1) 탭이 생성되었다.

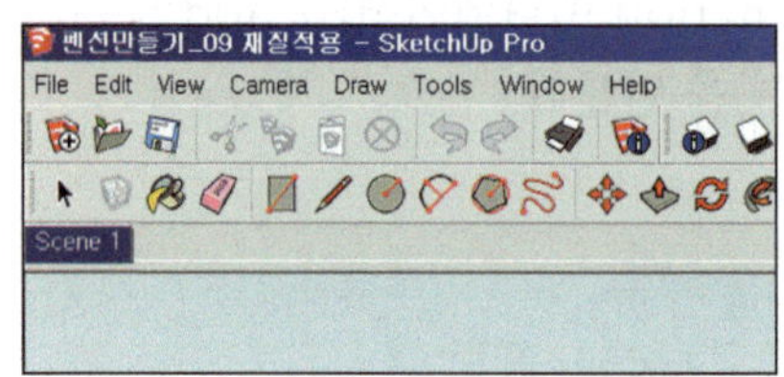

5 현재 보이는 View(뷰)를 Scene 1(장면 1)으로 저장하기 위해서 View(뷰) 〉 Animation(애니메이션) 〉 Update Scene(장면 업데이트)을 선택한다.

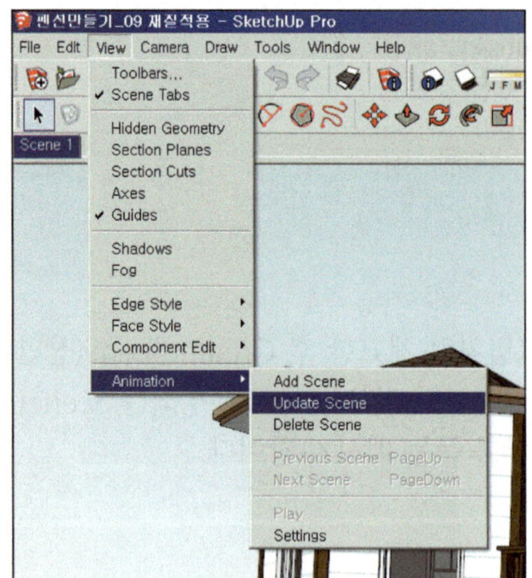

TIP

Scene 1(장면 1) 탭에서 오른쪽 마우스를 클릭해서 Update(업데이트)를 선택해도 된다.

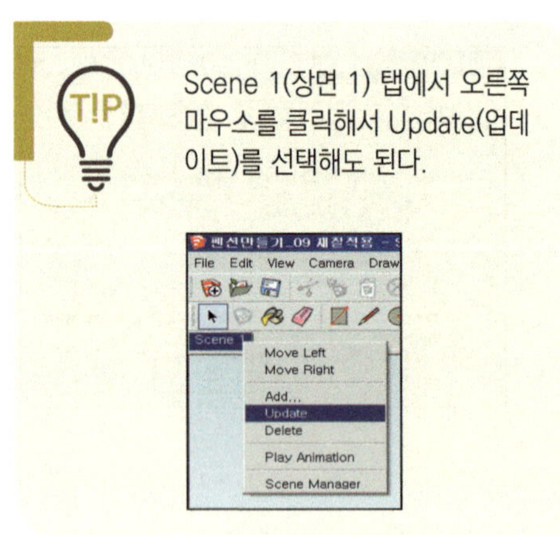

6 하나의 Scene(장면)을 추가하기 위해서 Scene 1(장면 1) 탭에서 오른쪽 마우스를 클릭해서 Add(추가)를 선택한다.

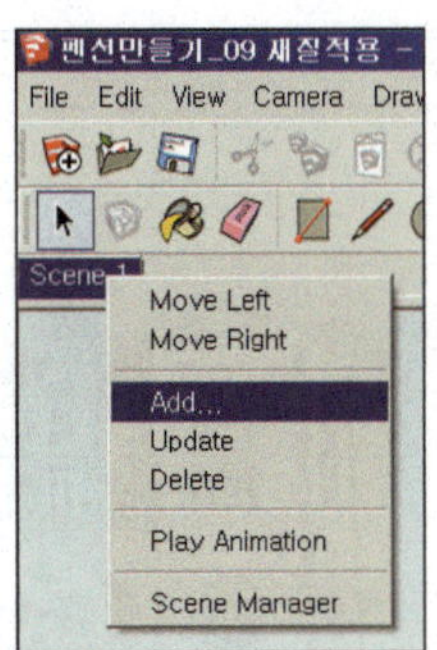

7 Scene 2(장면 2)가 생성되었다. Orbitz(궤도) 도구를 사용해서 화면의 View(뷰)를 전환한다.

8 Scene 2(장면 2) 탭에서 오른쪽 마우스를 클릭해서 Update(업데이트)를 선택하여 지금 보이는 View(뷰)를 다시 저장한다.

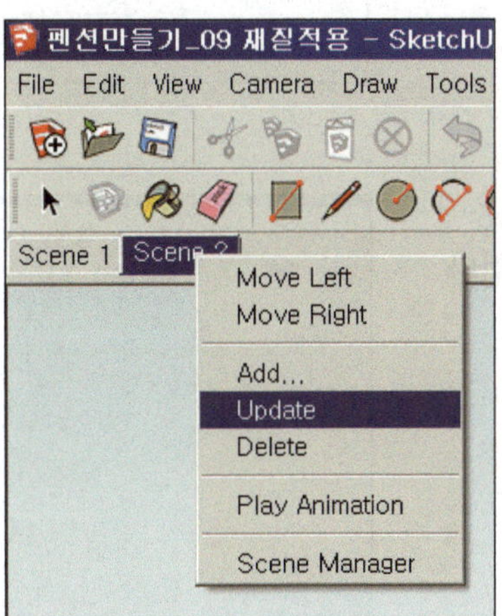

9 Scene 1(장면 1) 탭과 Scene 2(장면 2) 탭을 번갈아 클릭하면서 애니메이션이 되는지 확인한다.

애니메이션이 되지 않는다면 Scene 1(장면 1)과 Scene 2(장면 2)의 View(뷰)가 모두 같거나 제대로 저장되지 않은 것이니 1번부터 다시 따라하길 바란다.

10 Scene 2(장면 2) 탭에서 오른쪽 마우스를 클릭해서 Add(추가)를 선택해 Scene 3(장면 3)을 만든다.

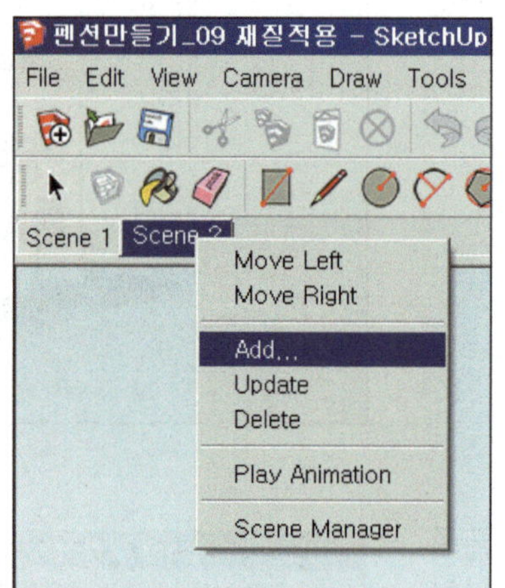

11 역시 Orbit(궤도) 도구를 사용해서 그림과 같이 View(뷰)를 회전한다.

12 회전된 View(뷰)를 Scene 3(장면 3) 탭에서 오른쪽 마우스를 클릭해서 Update(업데이트)로 저장한다.

13 같은 방법으로 펜션을 한 바퀴 돌도록 Scene 6(장면 6)까지 제작한다.

14 애니메이션이 되는 설정값을 변경하기 위해서 메뉴에서 View(보기) 〉 Animation(애니메이션) 〉 Setting(설정)을 선택한다.

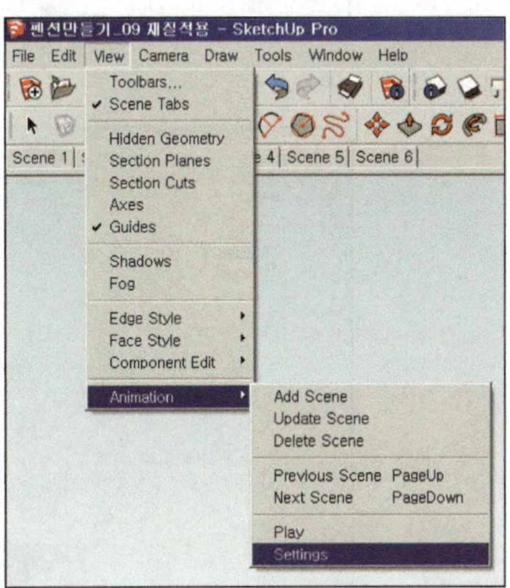

15 Scene Transitions(장면 전환) 값을 3초로 바꾸고 Scene Delay(장면 지연) 값을 0으로 바꾼다.

- Scene Transitions(장면 전환) 값은 Scene(장면)과 Scene(장면) 사이 애니메이션되는 시간을 의미한다.
- Scene Delay(장면 지연) 값은 다음 Secne(장면)으로 넘어갈 때 Delay(지연)되는 시간을 의미한다.

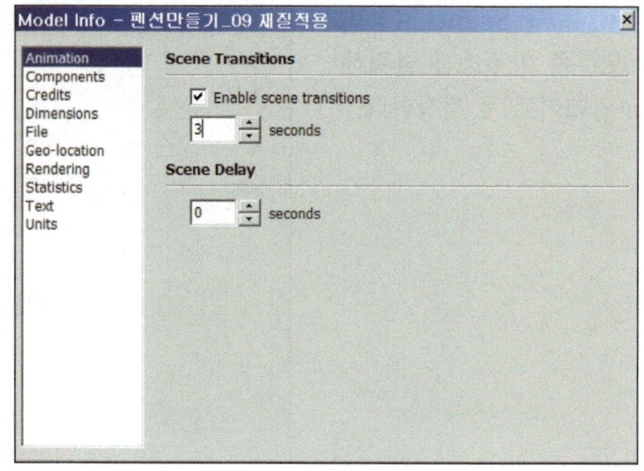

16 Setting(설정)이 모두 완료되었다면 Scene(장면) 탭에서 오른쪽 마우스를 클릭해서 Play Animation(애니메이션 재생)을 클릭하여 애니메이션을 실행한다.

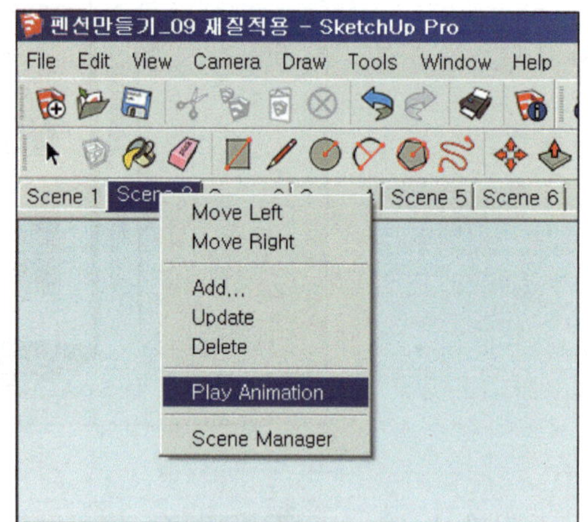

17 애니메이션이 실행된다.

18 이제 제작된 애니메이션을 파일로 Export(내보내기)해보자.
메뉴에서 File(파일) 〉 Export(내보내기) 〉 Animation(애니메이션) 〉 Video(동영상)를 선택한다.

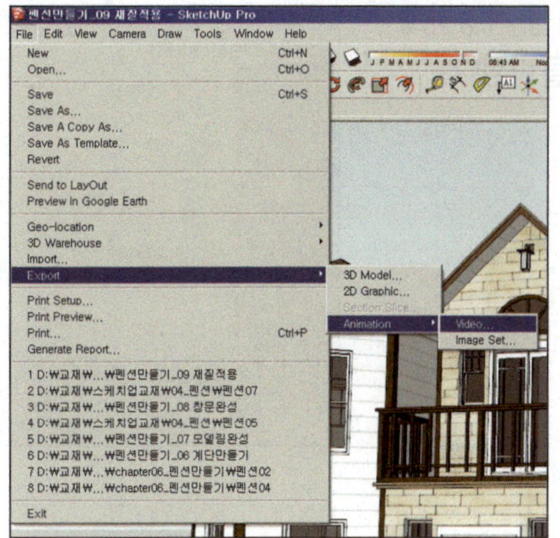

19 Export Type(내보내기 유형)에서 Avi 파일로 변경한다.

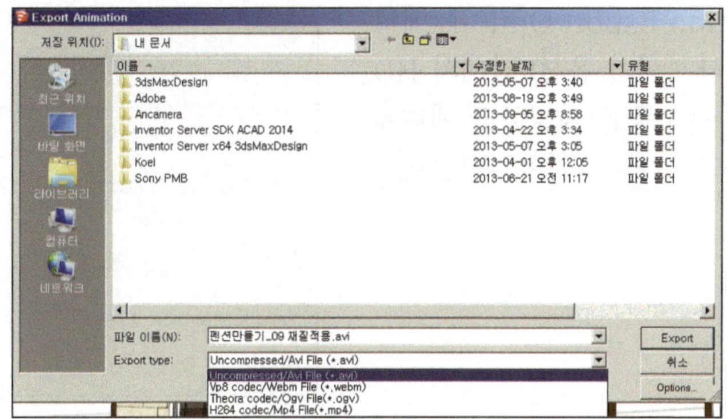

SketchUp 2013 이전 버전(SketchUp 8)에서는 Avi 파일 형식 밖에 지원되지 않았지만 SketchUp 2013 이후부터는 Avi뿐만 이 아니라 Webm, ogv, mp4 파일 형식을 지원한다.

1. Webm(웹엠)은 로열티 비용이 없는 개방형 고화질 영상 압축 형식의 영상 포맷이며 HTML5 비디오와 함께 이용한다. 2010년 5월 19일에 처음 나왔으며 구글의 후원을 받아 개발됐다. Webm 파일은 VP8 비디오와 Vorbis 오디오 스트림으로 이루어져 있으며 마트료시카 프로파일에 기반을 둔다.
2. Ogv는 Ogg Video로 스마트폰에서 재생 가능한 동영상 파일이다.
3. MP4는 MPEG-4 AVC(H.264) 코덱으로 압축된 영상과 AAC 혹은 MP3 코덱으로 압축된 음성이 합쳐진 동영상 파일을 의미한다.

20 바탕화면으로 저장 위치를 지정하고 Options(옵션) 버튼을 클릭한다.

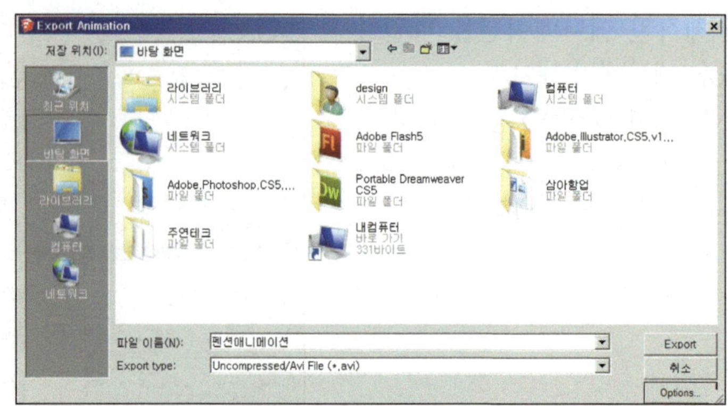

21 Animation Export Options(애니메이션 내보내기 옵션) 창에서 HD 및 Full HD 등을 지원하고 애니메이션 화면크기를 지정할 수 있다.

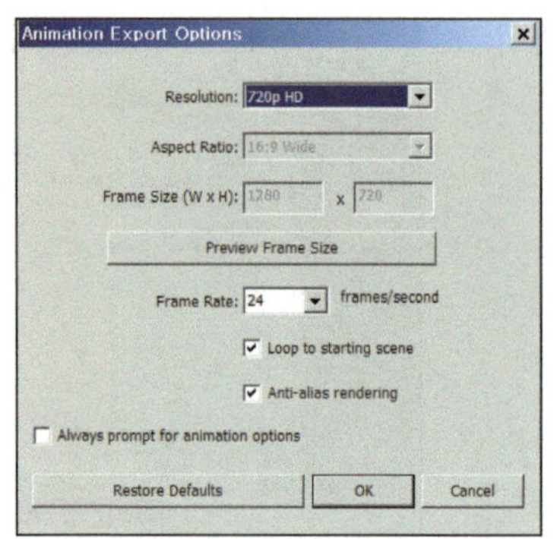

22 다시 되돌아온 후 Export(내보내기) 버튼을 클릭하면 애니메이션 파일이 Export(추출)된다.

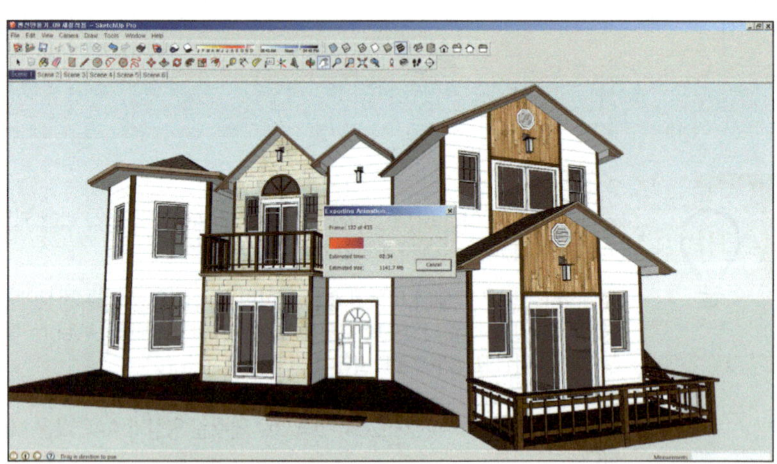

23 바탕화면에 가면 애니메이션이 저장된 것을 확인할 수 있다.

전통가옥 제작하기

07
Chapter

이번 Chapter에서는 우리나라의 아름다운 건축물인 전통가옥을 만들어보도록 하겠다. 전통가옥의 아름다움은 곡선미에 있는데, SketchUp의 가장 큰 단점은 바로 곡선의 형태를 완벽하게 구현해내지 못한다는 것이다. Push/Pull(밀기/끌기) 도구의 경우 직각으로 된 면을 만드는 데에는 아주 탁월하지만 곡선의 형태를 표현하기에는 한계가 있다. 하지만 SketchUp에서도 곡선의 형태를 생성하는 기능이 있는데 그것이 바로 Follow me(따라가기) 기능이다. 또 전통가옥 만들기는 모델링이 아주 복잡하기 때문에 전에 만들었던 건축모델링과는 많은 레벨의 차이가 있다. 전통가옥을 만들면서 우리나라 건축양식이 얼마나 위대한지 느껴보기 바란다. 그리고 한 가지 밝혀 둘 것이 있는데 필자는 전문적인 전통가옥을 만드는 대목장이 아니기 때문에 여기에 나오는 지붕 만들기라든지, 용머리, 처마 만들기 등은 실제 전통가옥을 제작하는 데에 있어서 전통적인 방식이 아니며 필자 임의대로 만든 것임을 밝혀둔다.

자, 그럼 지금부터 Follow me(따라가기) 기능을 사용해서 전통가옥을 만들도록 하겠다.

01 지붕의 기본형태 만들기

먼저 한옥의 지붕을 만들어보도록 하자.

1. Top View(맨 위)에서 Rectangle(직사각형) 도구를 사용해서 (8000, 4500)인 사각형을 그린다.

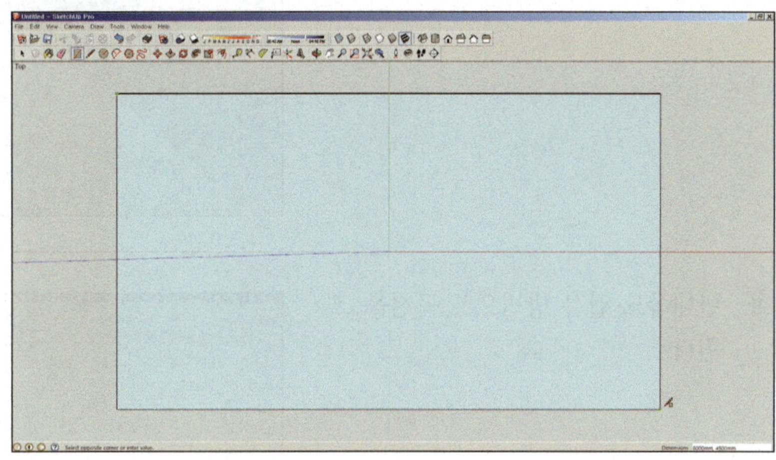

2. Line(선) 도구를 사용해서 옆면 모서리의 Midpoint(중간점)에서 Blue축 방향으로 1500mm 선을 그린다.

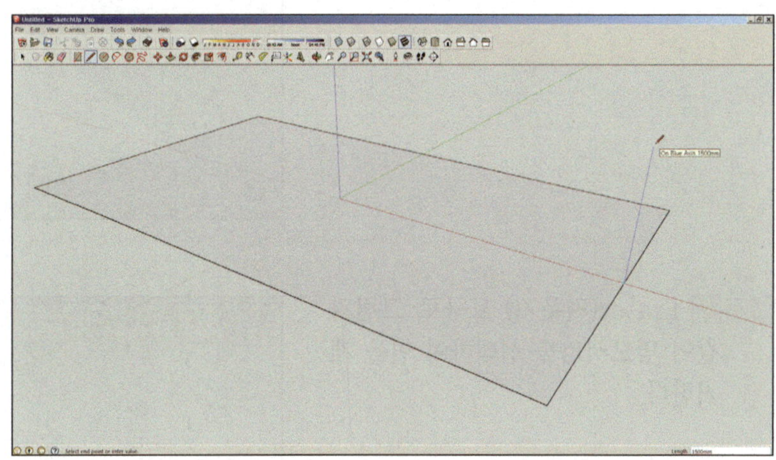

3. 지붕을 만들기 위해 수직선의 맨 꼭대기 꼭짓점에서 양쪽 모서리로 선을 연결하여 삼각형을 만들고, 가운데 선은 Eraser(지우기) 도구로 제거한다.

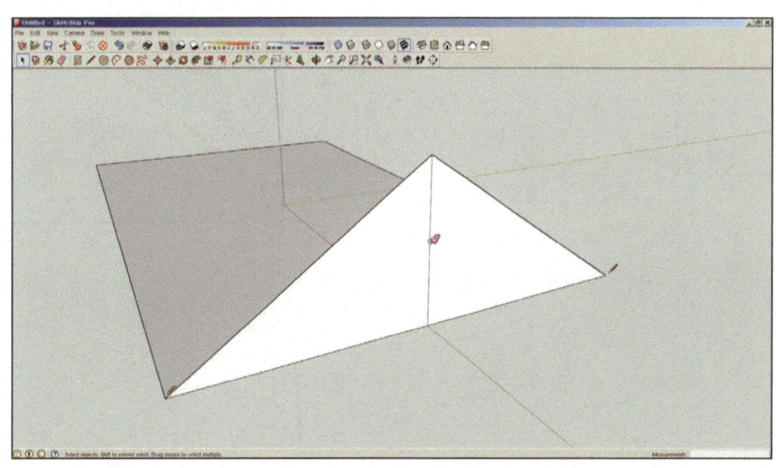

4 2Point Arc(2점호) 도구를 사용해서 지붕의 옆모서리의 끝을 연결하고 Bulge(돌출부)가 150인 곡선을 그린다.

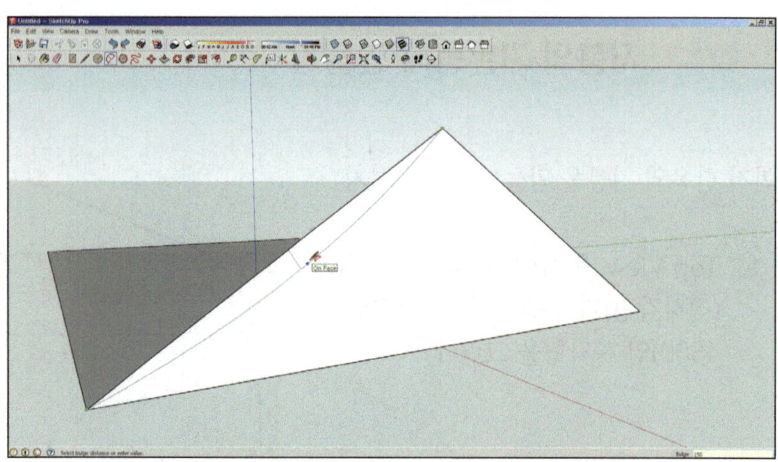

5 반대쪽도 같은 방법으로 곡선을 그린다.

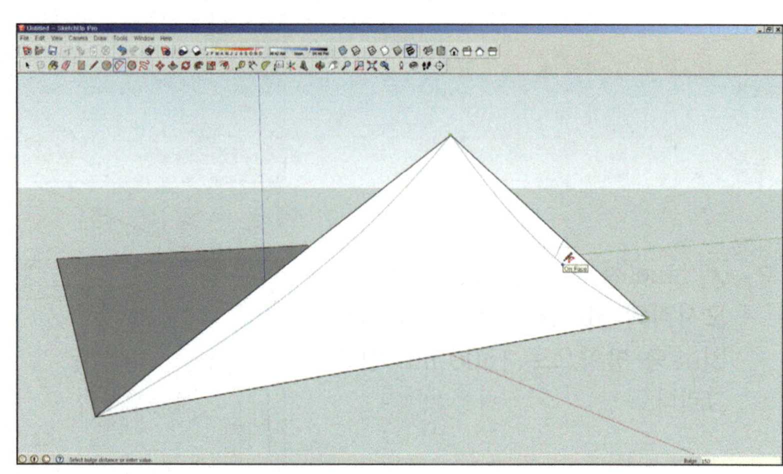

6 Eraser(지우기) 도구로 그림과 같이 옆모서리를 선택하여 면을 제거한다.

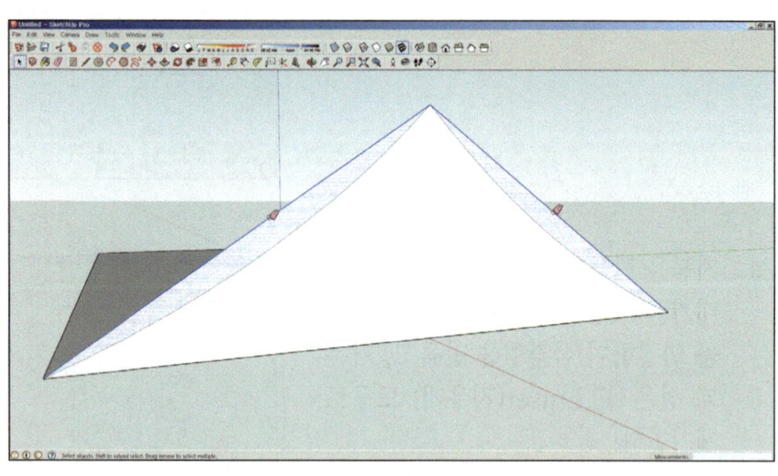

7 뒷면을 선택한 후, Push/Pull(밀기/끌기) 도구를 사용하여 지붕의 끝까지 면을 만든다.

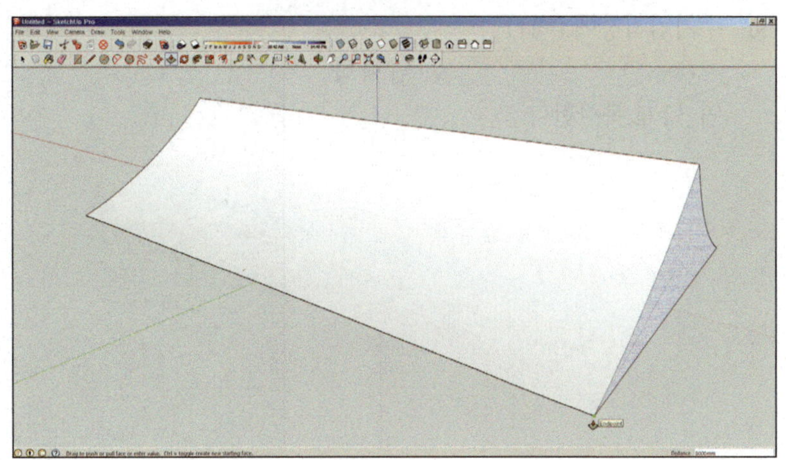

8 지붕선을 복사하기 위해서 Select(선택) 도구를 이용해서 그림과 같이 지붕의 모서리 부분을 선택한다. 연속 선택은 Shift 키를 누르면 된다. 선택한 후 Move(이동) 도구로 변경하고 Ctrl 키를 누른다.

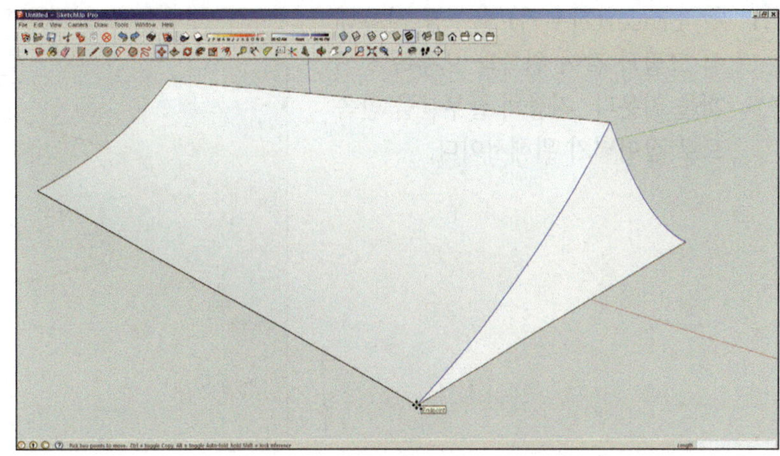

9 그림과 같이 모서리를 잡고 Red축 방향으로 250mm만큼 움직인다.

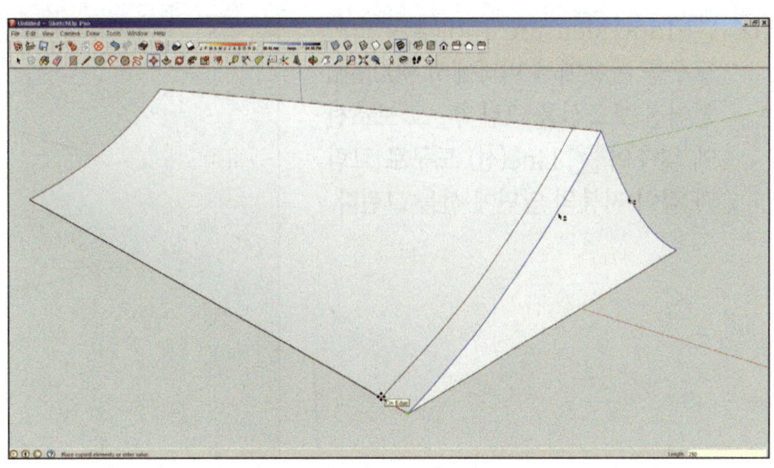

10 수치입력창에 (*31) Length *31 을 입력하여 31개 복사한다.

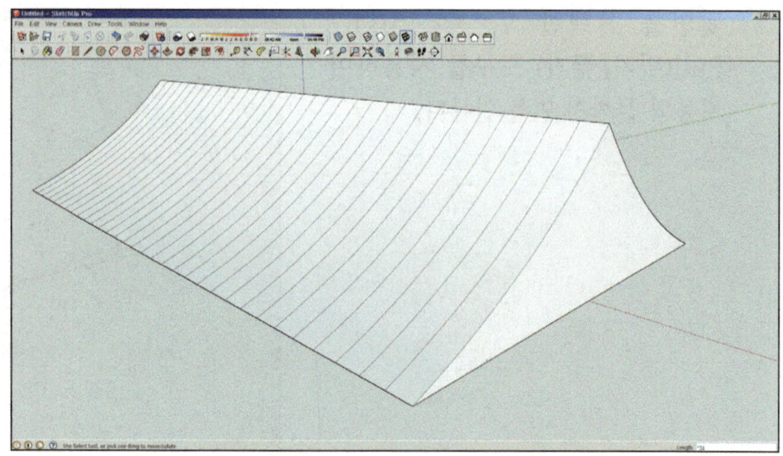

11 Eraser(지우기) 도구를 사용해서 그림과 같이 왼쪽과 오른쪽 선 3개를 지운다. 지붕의 끝부분을 안쪽으로 집어넣기 위해서이다.

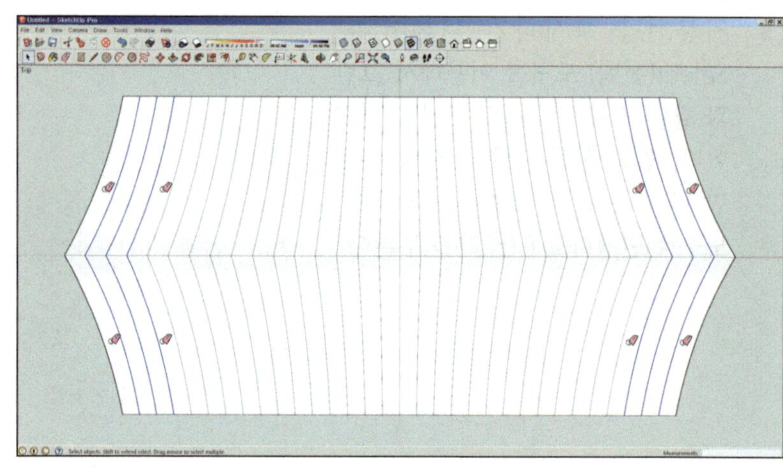

12 Tape Measure Tool(줄자도구) 도구를 사용해서 바닥에서 900mm 떨어진 보조선을 그린 후, 그 보조선에 맞추어 Line(선) 도구로 그림과 같이 지붕의 옆면에 선을 그린다.

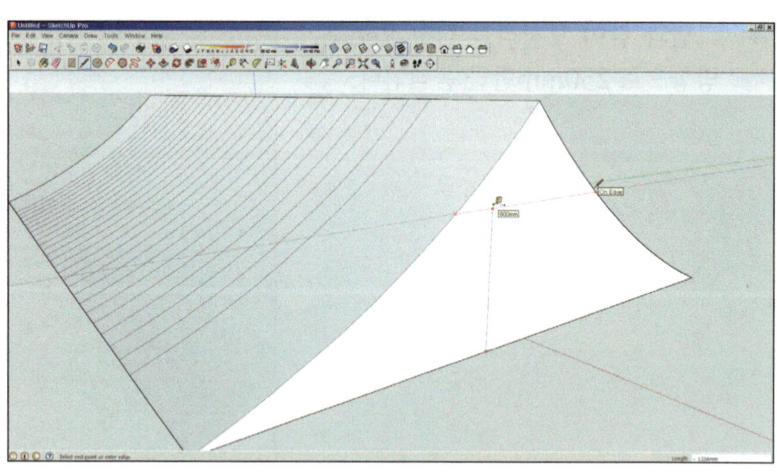

13 Push/Pull(밀기/끌기) 도구를 사용하여 모서리의 윗면을 첫 번째 선까지 집어넣는다.

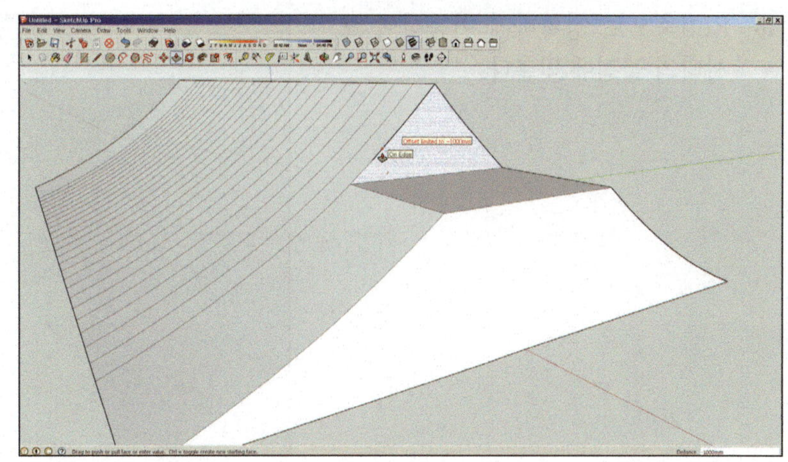

14 Line(선) 도구로 모서리에 맞추어 Blue축 방향으로 수직선을 2개 그린다.

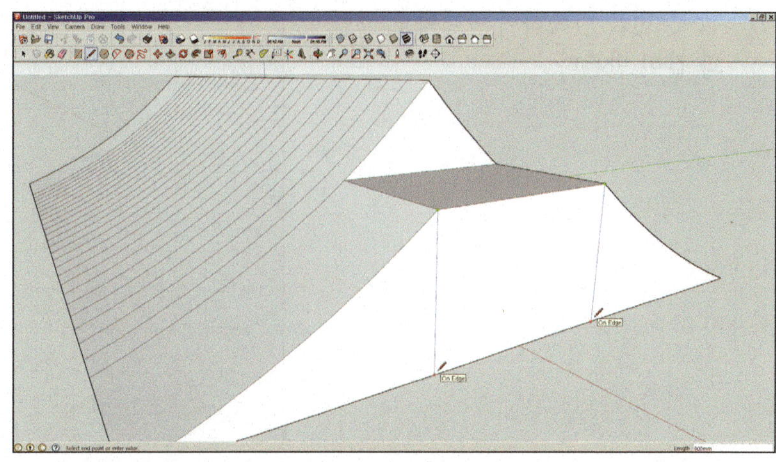

15 그림과 같이 Select(선택) 도구로 모서리를 선택한 후, Move(이동) 도구를 사용해서 모서리의 끝점을 선택한다.

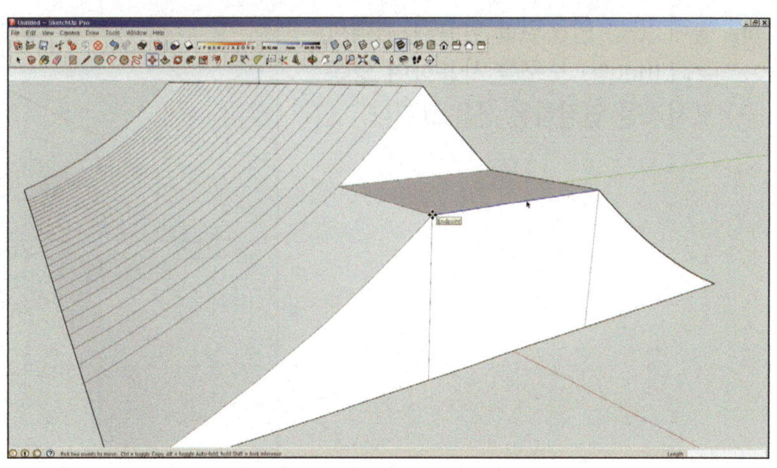

16 Red축으로 정확하게 이동하여 모서리의 끝점에 맞춘다.

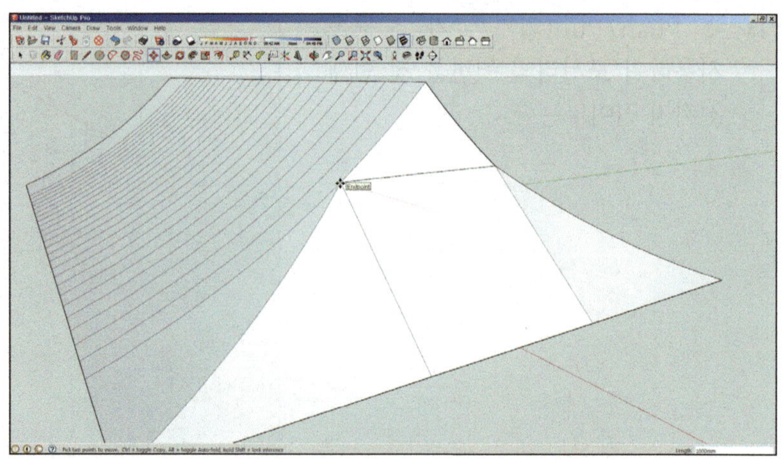

17 12~16번을 반복하여 반대쪽도 그림과 같이 만든다.

18 뚫려 있는 아랫면을 만들기 위해서 Line(선) 도구를 사용하여 양쪽 모서리를 연결하는 선을 그린다.

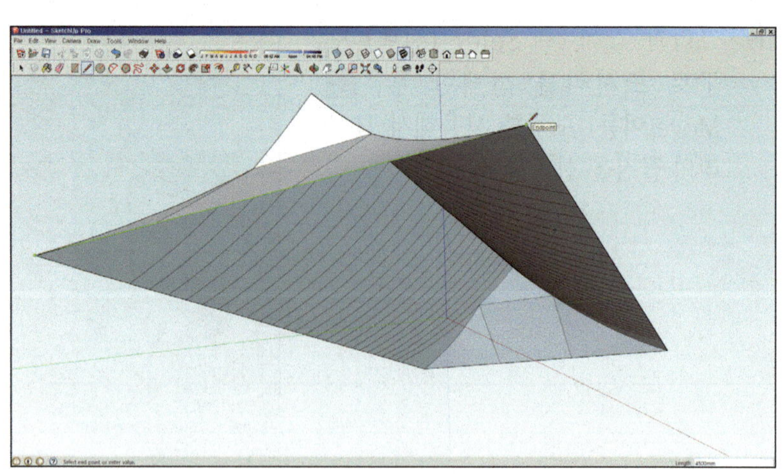

19 Push/Pull(밀기/끌기) 도구를 사용하여 아래쪽으로 2500mm만큼 면을 만든다.

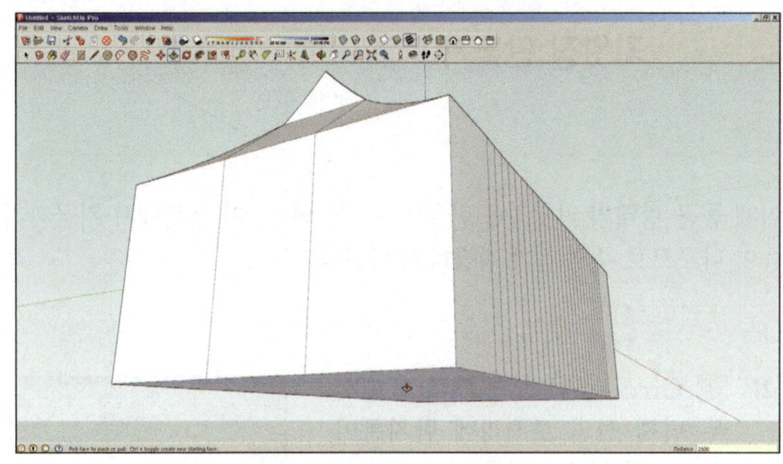

20 옆에 생성된 불필요한 선들은 Eraser(지우기) 도구를 사용해서 드래그해서 지운다.

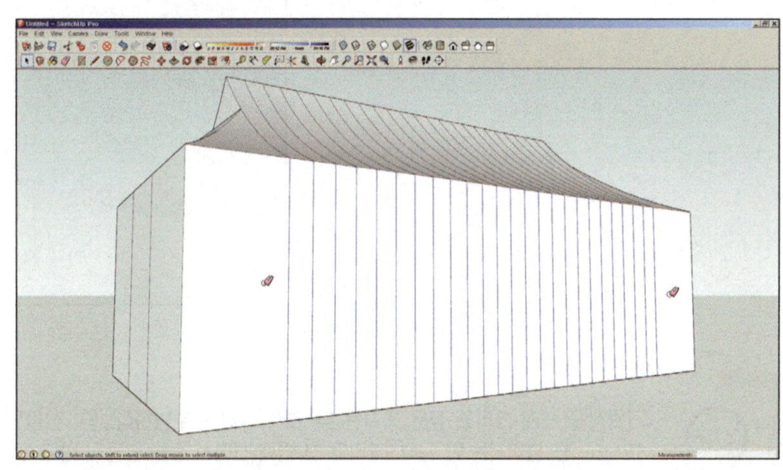

반대쪽과 앞면, 뒷면도 선을 제거한다. 이제 한옥의 기본형태가 완성이 되었다.

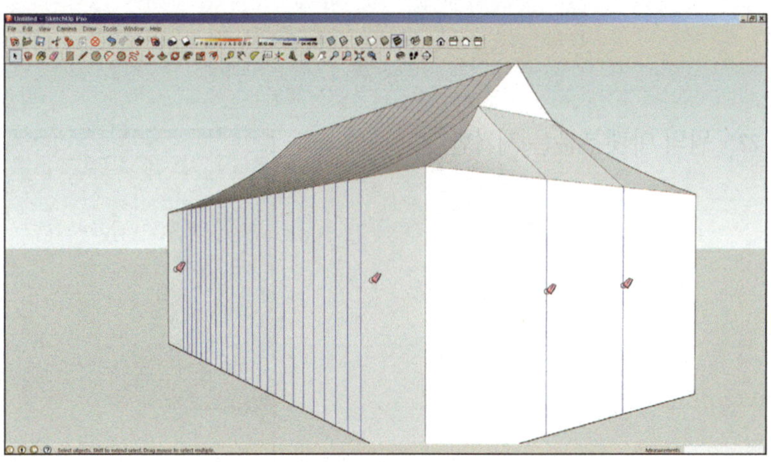

02 기왓장 만들기

이제 둥근 형태의 기왓장을 만들어보도록 하자. 이 부분에서 지금까지 다뤄보지 않았던 Follow me(따라가기) 기능이 나오므로 주의 깊게 학습하길 바란다.

21 Circle(원) 도구를 사용해서 두 번째 선의 모서리에 반지름이 50mm인 원을 그린다.

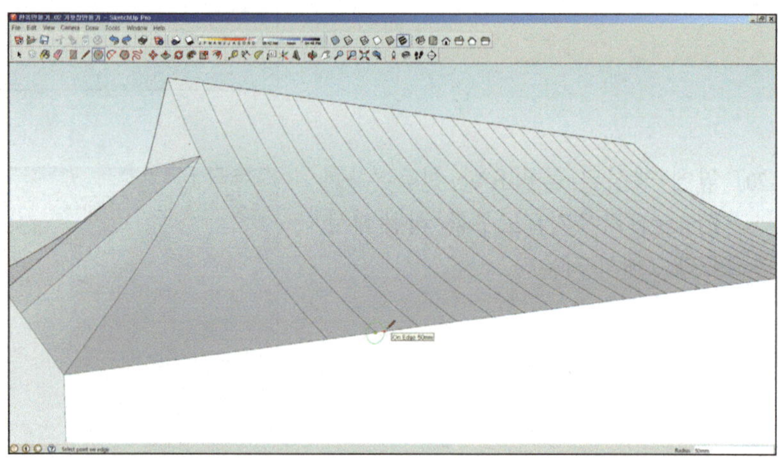

기왓장을 크게 그리고 싶은 독자는 더 크게 그려도 무방하다. 단, 선들의 간격이 처음에 250mm로 잡았기 때문에 반지름이 125mm를 넘어서는 안 된다. 그리고 첫 번째 선에서 원을 만들지 않고 두 번째 선에서 원을 만든 이유는 나중에 첫 번째 선 끝에서 용머리를 만들어야 하기 때문이다.

22 원의 아랫부분은 제거한다.

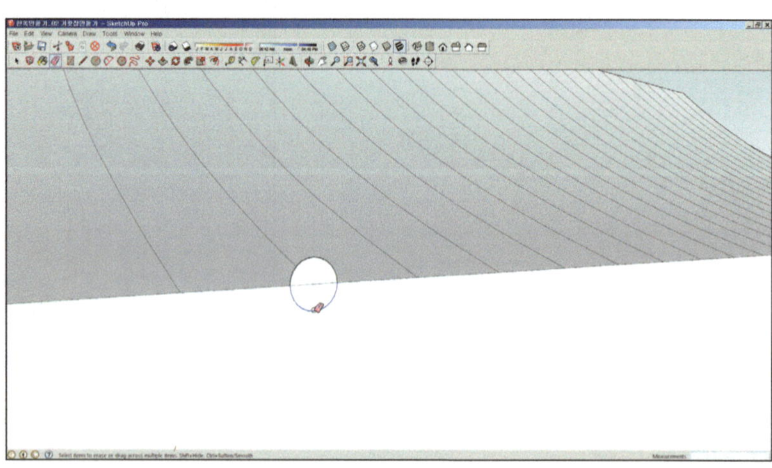

23 Follow me(따라가기) 도구를 선택하고 화면을 돌려 방금 그린 반원의 뒷면을 선택한다.

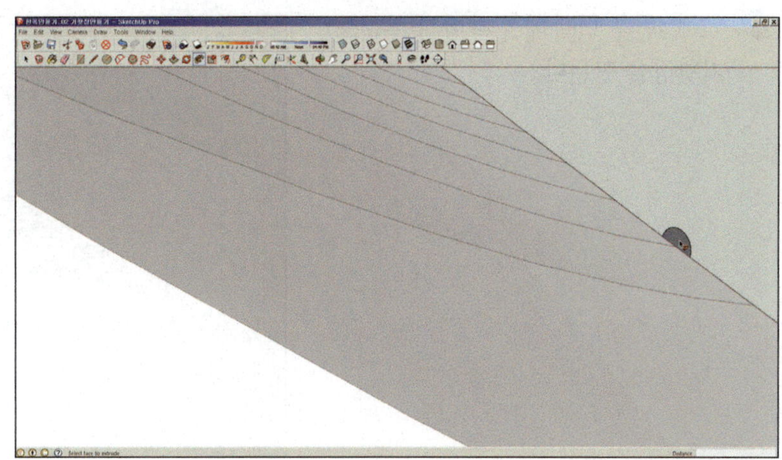

24 선을 따라 이동하며 면을 만든다. 반대편의 끝모서리까지 이동하여 면을 만든다.

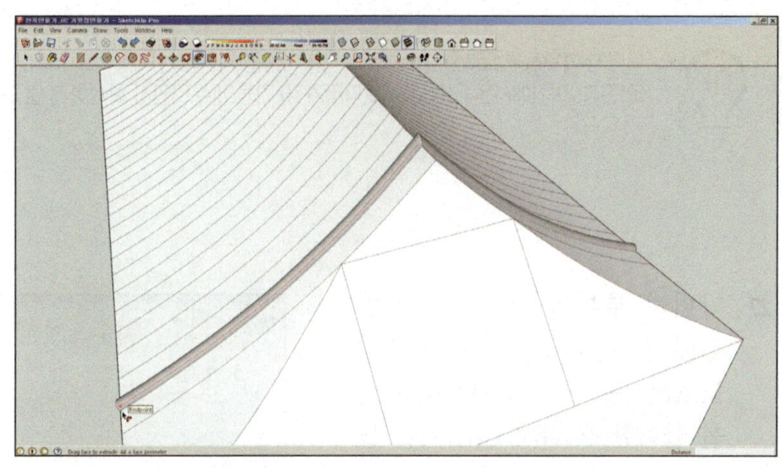

25 그럼 다음과 같이 반원의 형태가 곡선을 따라 면이 생성된 것을 알 수 있다.

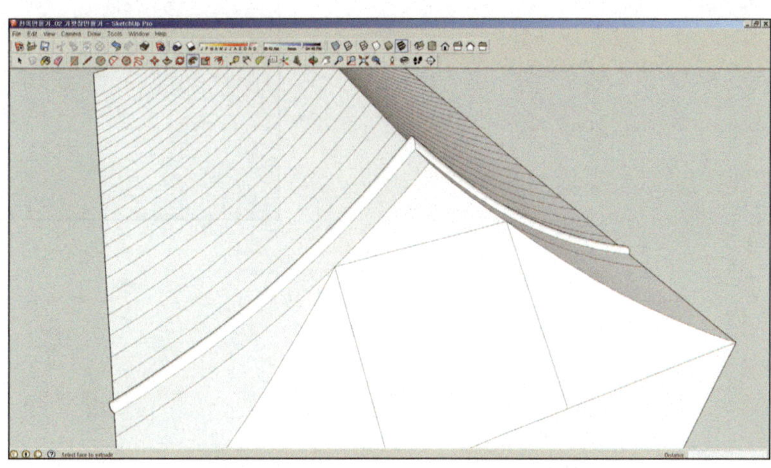

26 21~24번을 반복해서 나머지 부분도 기왓장을 만든다.

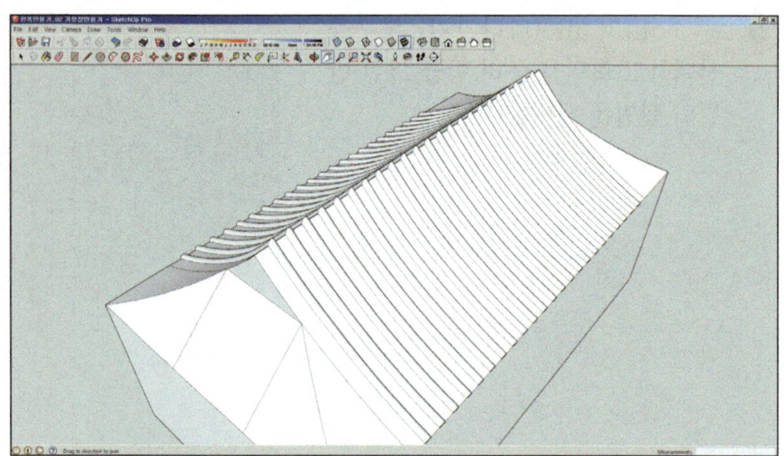

나머지 기왓장은 Follow me(따라가기) 기능을 사용해서 제작해도 되지만 간격이 일정하므로 하나의 기왓장을 복사해서 만들어도 된다. 여기에서는 Follow me(따라가기) 기능이 무엇인지 확실하게 알고 넘어가는 것이 중요하다.

27 나머지 부분의 기왓장을 만들기 위해 첫 번째 선을 선택한 후, Move(이동) 도구를 사용해 모서리를 클릭한 후 다시 Ctrl 키를 눌러 간격이 250mm되게 복사한다.

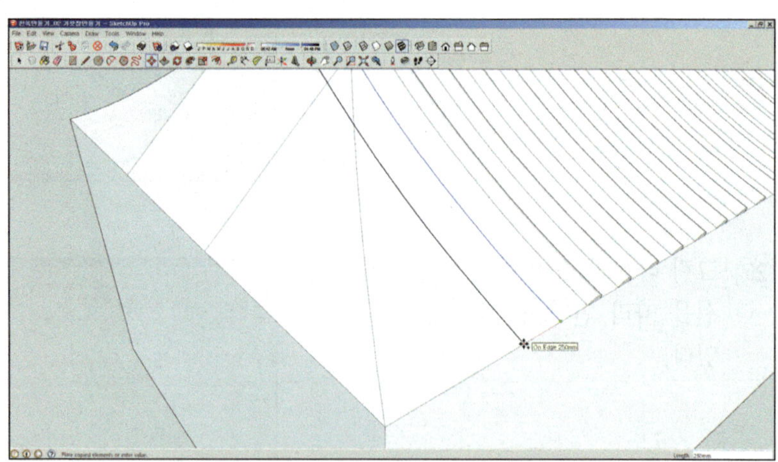

28 수치입력창에 *3을 Length *3 입력하여 3개를 복사한다.

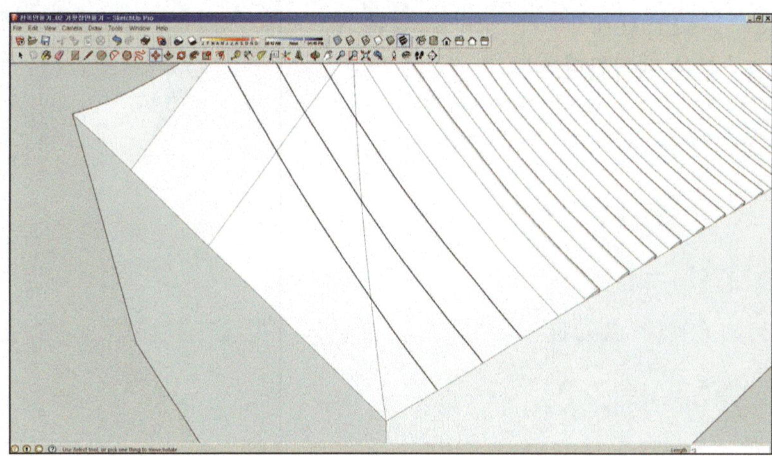

29 21번과 마찬가지로 Circle(원) 도구를 사용해서 반지름이 50mm인 원을 그린다.

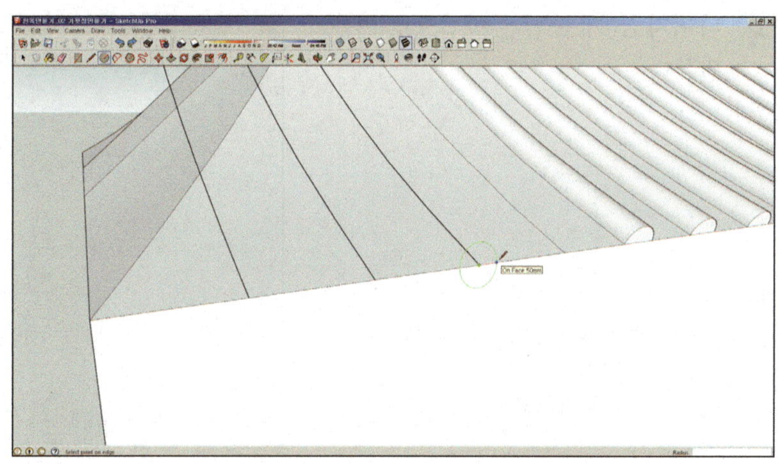

30 Follow me(따라가기) 도구를 사용해서 지붕의 모서리 부분까지 면을 만든다.

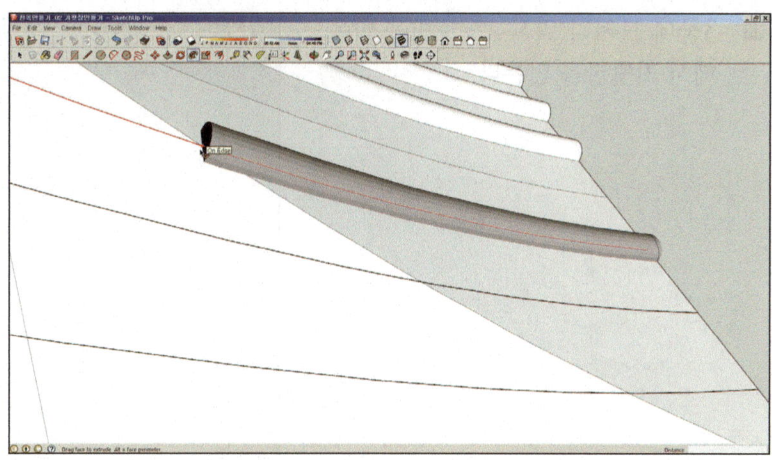

31 Eraser(지우기) 도구로 남은 부분은 제거한다.

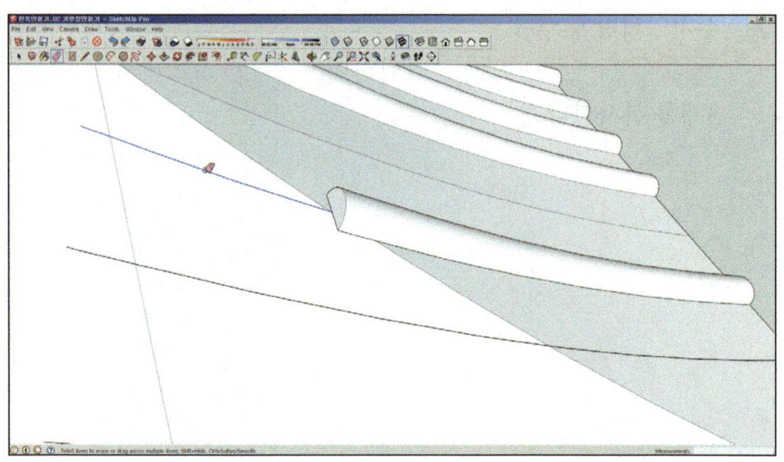

32 나머지 두 개도 같은 방법으로 면을 만든다.

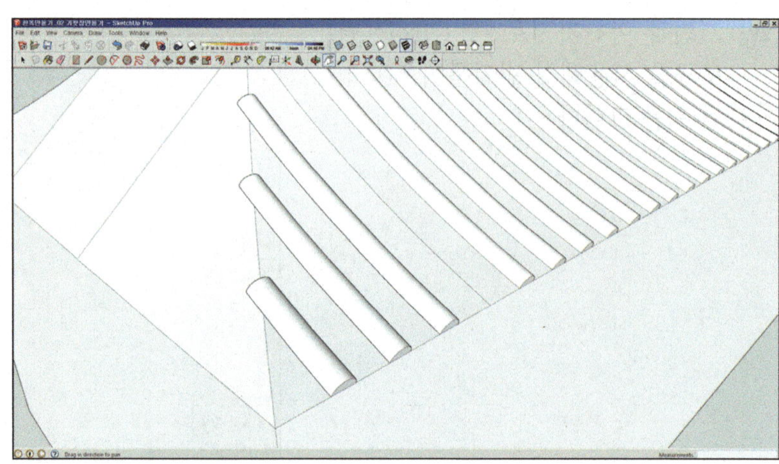

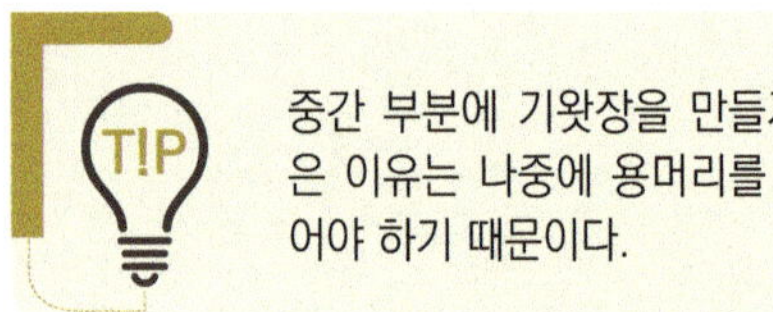

중간 부분에 기왓장을 만들지 않은 이유는 나중에 용머리를 만들어야 하기 때문이다.

33 3군데 모서리 역시 27~32번을 반복해서 기왓장을 만든다.

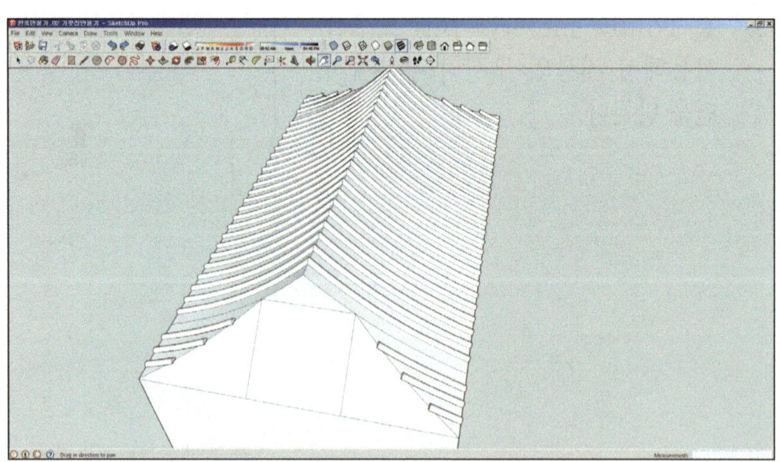

34 옆쪽 지붕에도 기왓장을 만들기 위해 Line(선) 도구를 사용해서 위, 아래 Midpoint(중간점)을 연결하는 선을 그린다. 순서는 가운데가 먼저 그리고 양쪽으로 선을 그린다.

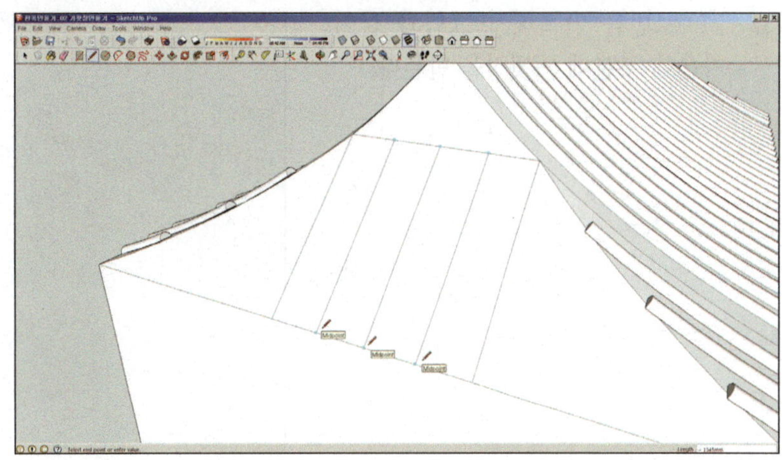

35 Move(이동) 도구를 사용해서 Ctrl 키를 누르고 Green축 방향으로 선을 복사한다.

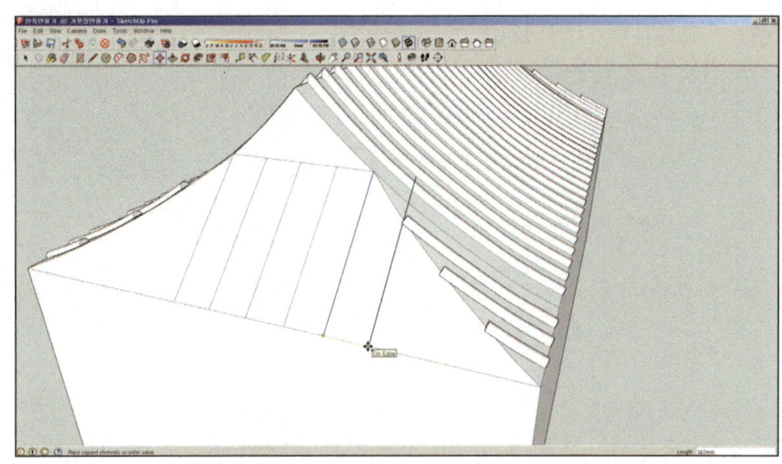

36 같은 방법으로 그림과 같이 선을 복사한다.

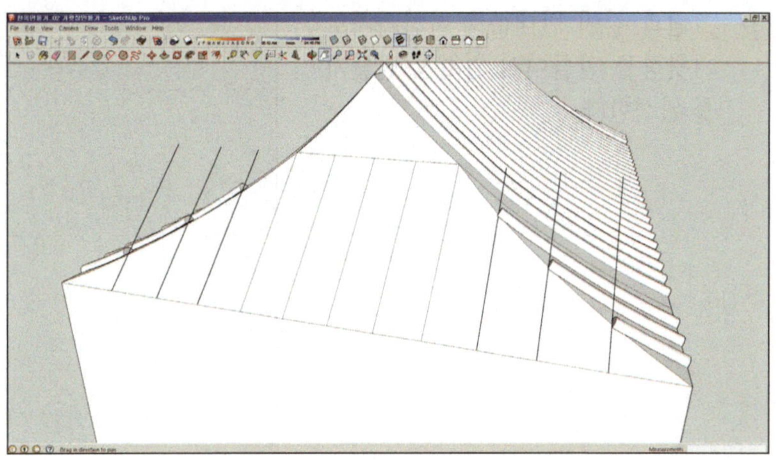

37 21~24번을 반복해서 그림과 같이 가운데 부분에 기왓장을 만든다.

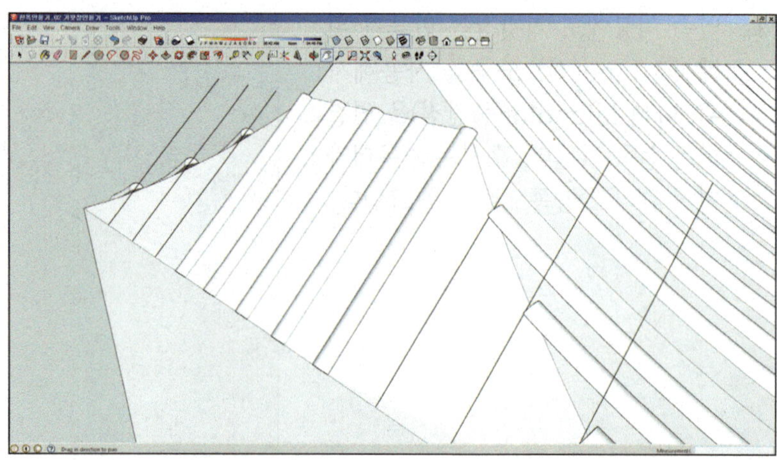

38 29~32번을 반복해서 나머지 부분도 기왓장을 만든다.

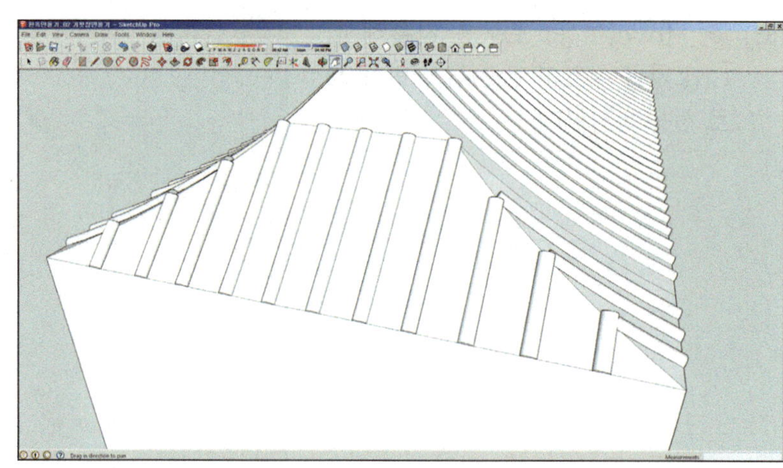

39 그림과 같이 반대쪽도 마찬가지로 기왓장을 만들어서 기왓장 만들기를 완성한다.

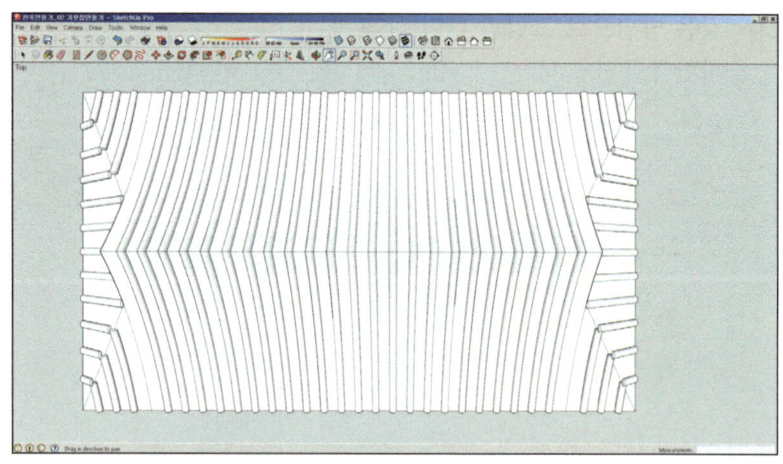

03 용머리 만들기

한옥의 상징인 용머리를 만들어보도록 하자. 다시 한 번 언급하는데 필자는 전문적인 한옥 대목장이 아니기 때문에 전통적인 모양이나 형식, 구조에 대해서는 잘 알지 못한다. 따라서 지금 만드는 용머리는 우리나라의 전통모양이 아님을 밝힌다.

40 지붕의 모서리에 Rectangle(직사각형) 도구를 사용해서 Blue축 방향(지면과 수직이 되도록)으로 (6000, 400)인 사각형을 그린다.

41 모서리의 끝부분을 좀 더 길게 만들기 위해 Rectangle(직사각형) 도구를 사용하여 (300, 400)인 사각형을 그린다.

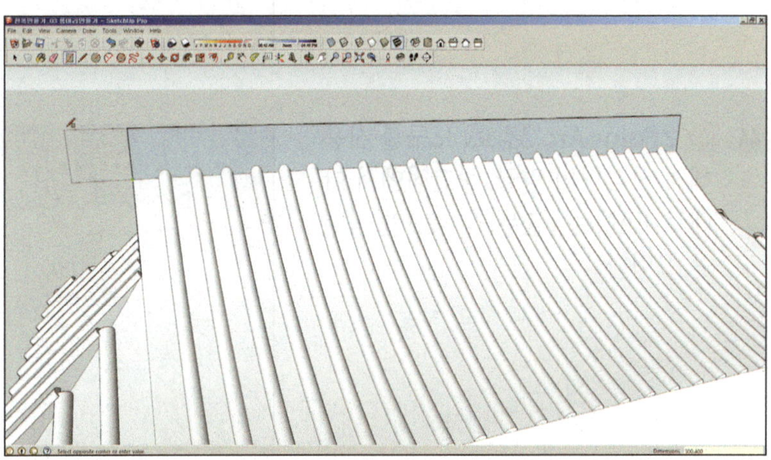

42 가운데 선은 제거한다.

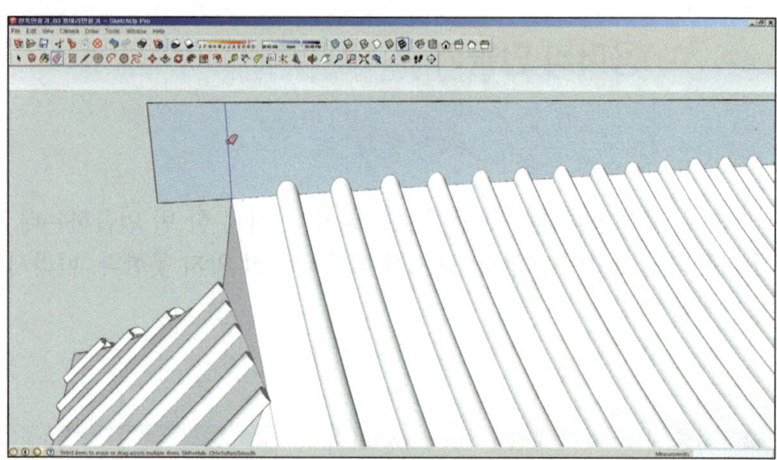

43 반대쪽도 마찬가지로 Rectangle(직사각형) 도구를 사용해서 면을 만들고 안쪽 선은 제거한다.

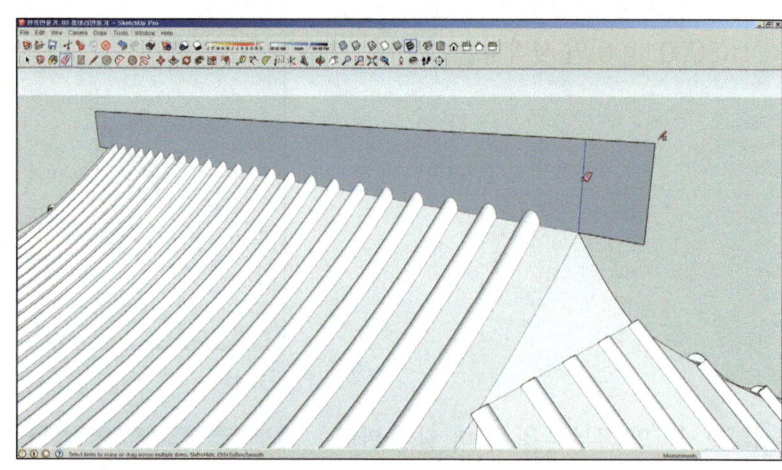

44 2Point Arc(2점호) 도구를 사용해서 사각형의 양끝, 중간점에서 아래로 Bulge(돌출부)가 120인 곡선을 그린다.

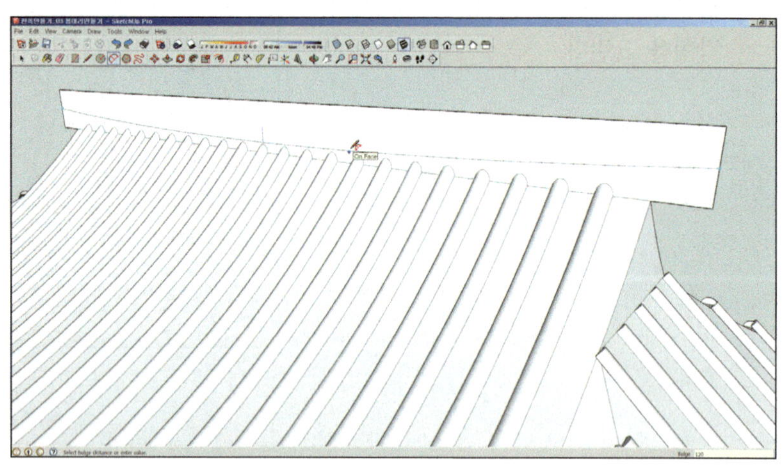

45 Eraser(지우기) 도구를 사용해서 방금 그린 선만 남기고 나머지는 모두 제거한다.

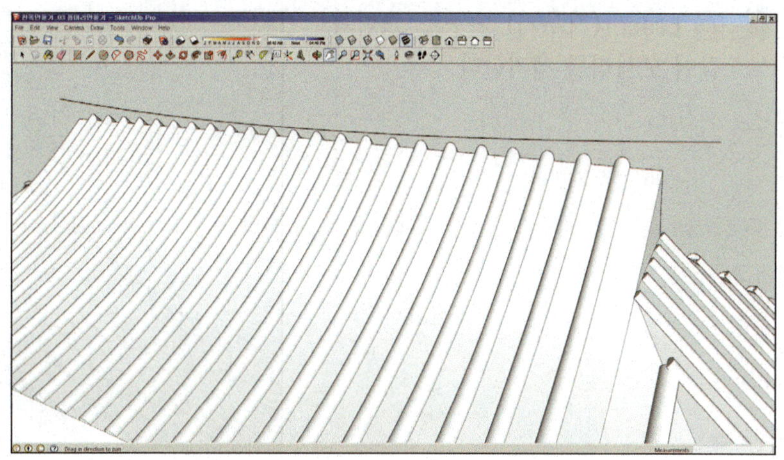

46 Circle(원) 도구를 사용해서 선의 끝점에서 지면과 직각이 되도록 Red축 방향으로 반지름이 150mm인 원을 그린다.

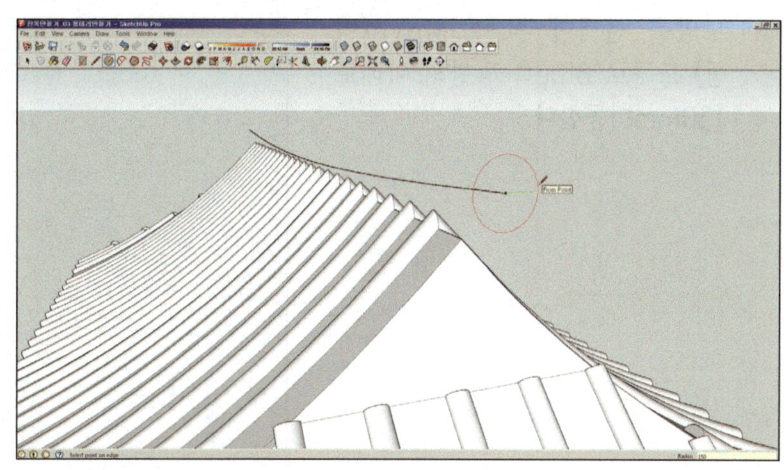

47 2Point Arc(2점호) 도구를 사용해서 그림과 같이 문양을 만든다. 독자들이 임의대로 모양을 만들어도 무방하다. 용머리의 단면 모양이다.

48 Eraser(지우기) 도구로 그림과 같이 모서리를 제거한다.

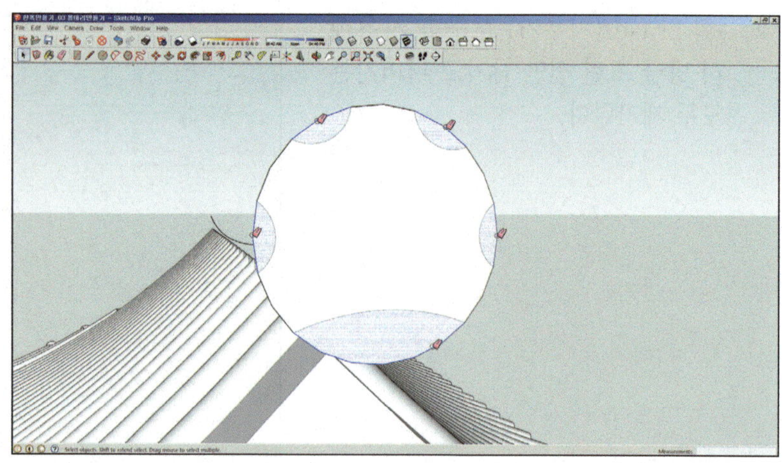

49 모양을 선택한 후 Move(이동) 도구로 Blue축 방향의 아래로 130mm이동한다.

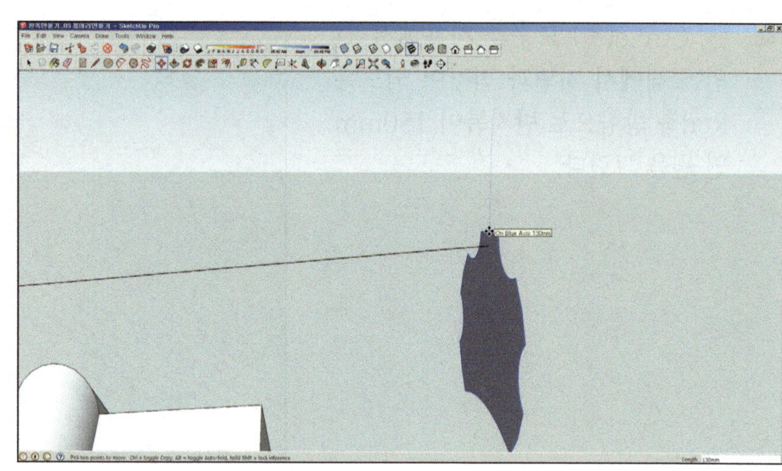

50 Follow me(따라가기) 도구를 사용해서 곡선의 끝까지 선을 따라 면을 만든다.

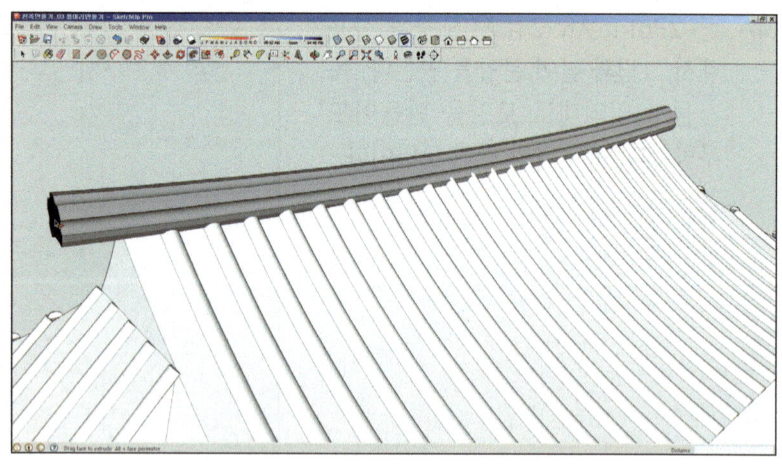

51 면을 선택한 후, Offset(오프셋) 도구를 사용해서 30mm만큼 큰 면을 만든다.

52 Push/Pull(밀기/끌기) 도구를 사용하여 뒤쪽으로 250mm만큼 면을 만든다.

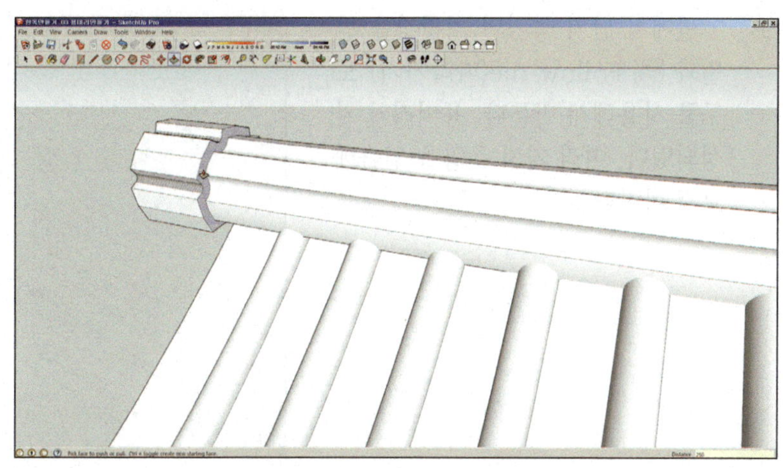

53 안쪽으로 면을 50mm만큼 집어넣는다. 이때 여러 가지 문양을 옆면에 그려보도록 한다. 여기에서는 따로 모양을 그리지 않고 넘어가도록 하겠다.

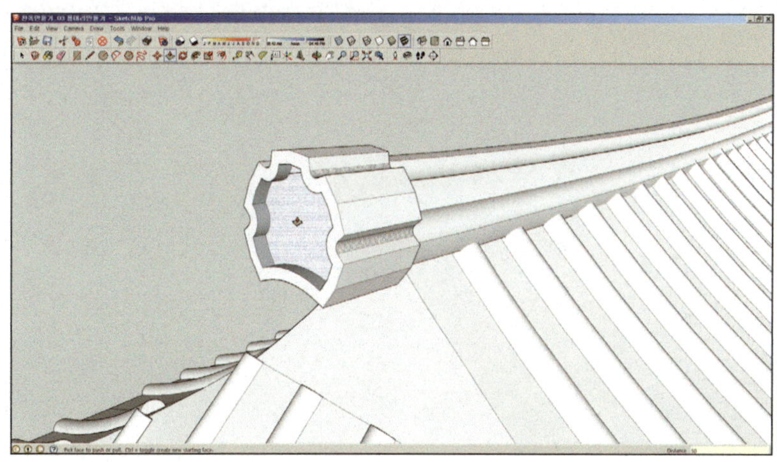

54 반대쪽에도 같은 방법으로 모양을 만든다.

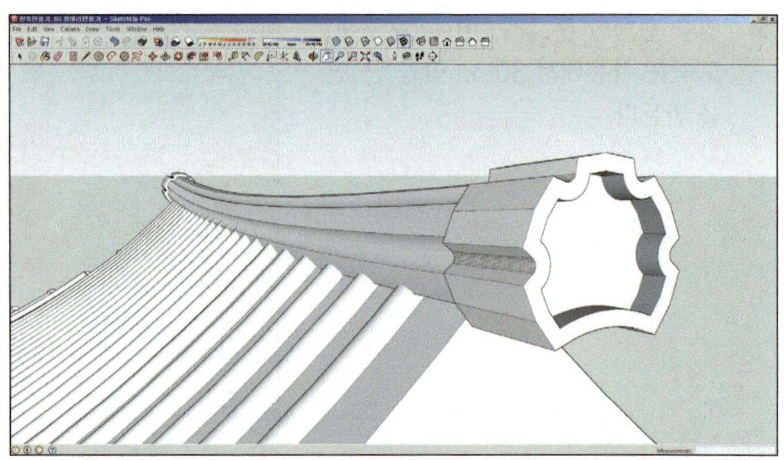

55 32번에서 남겨 놓았던 기왓장을 반원과 Follow me(따라가기) 도구를 사용해서 만든다. 용머리가 완성되었다. 여러 가지 문양을 연습해 보길 바란다.

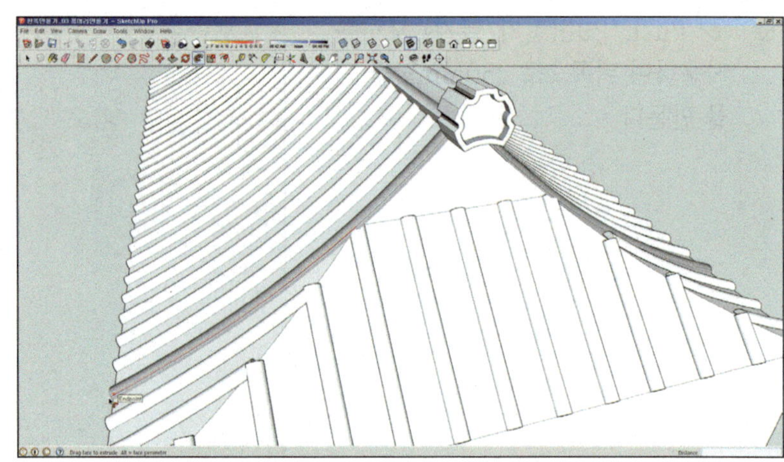

04 지붕 끝 기와 만들기

용머리랑 비슷한 방법으로 지붕 끝 기와를 만들어 지붕을 완성해보도록 하자.

56 Circle(원) 도구를 사용해서 지붕의 끝모서리에 반지름이 80mm인 원을 그린다.

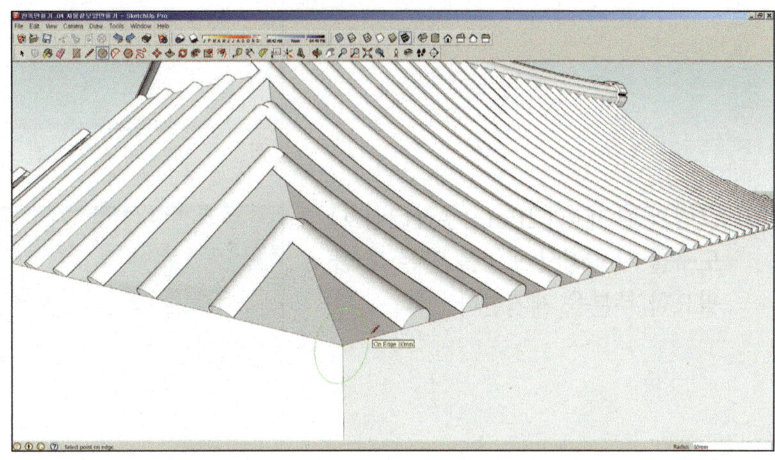

57 Line(선) 도구를 사용해서 반원보다 좀 더 위에 선을 그린 후 아래 부분은 제거한다.

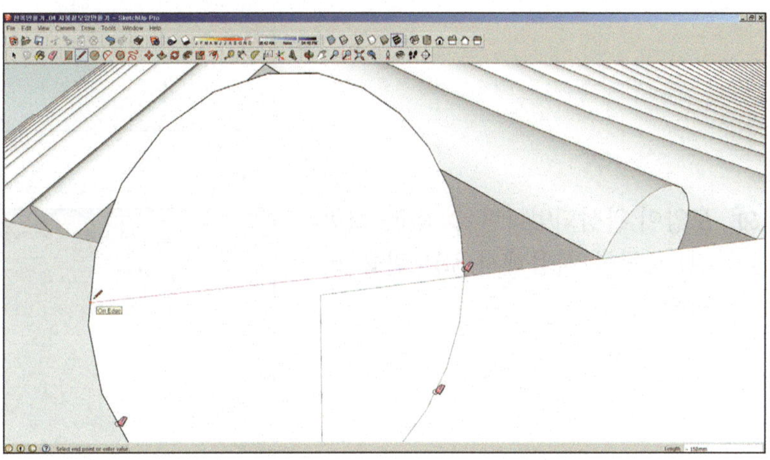

58 반원을 선택한 후 Move(이동) 도구를 사용해서 Green축 방향 바깥쪽으로 이동한다.

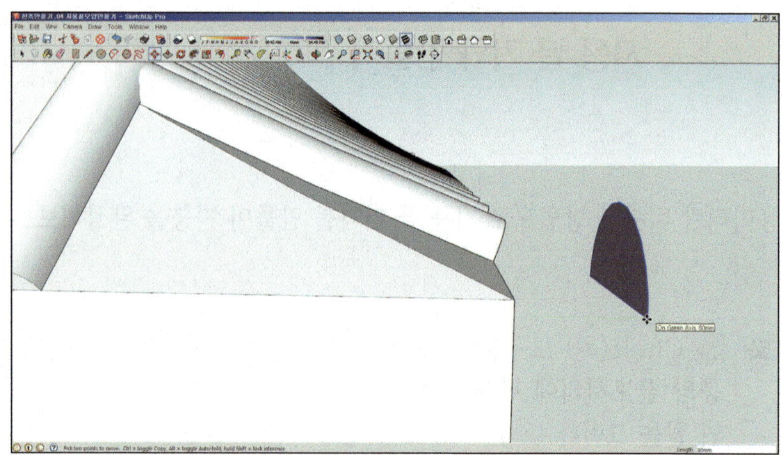

59 그림과 같이 2Point Arc(2점호) 도구를 사용해서 모양을 만든 후 불필요한 부분을 제거한다.

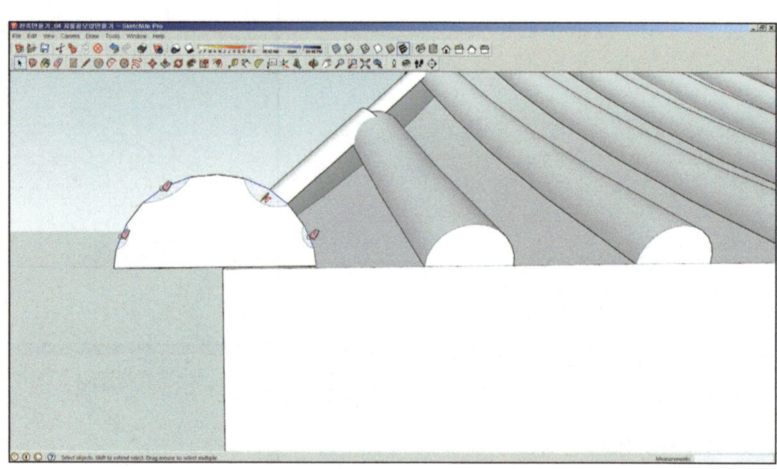

60 모양이 완성되었다면 Rotate(회전) 도구를 사용해서 30도만큼 회전한다.

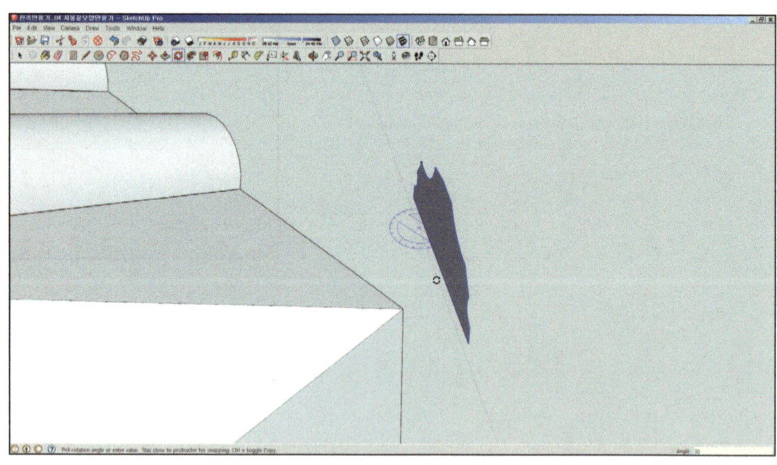

61 Move(이동) 도구를 사용해서 모양의 중심점을 모서리의 끝부분으로 이동한다.

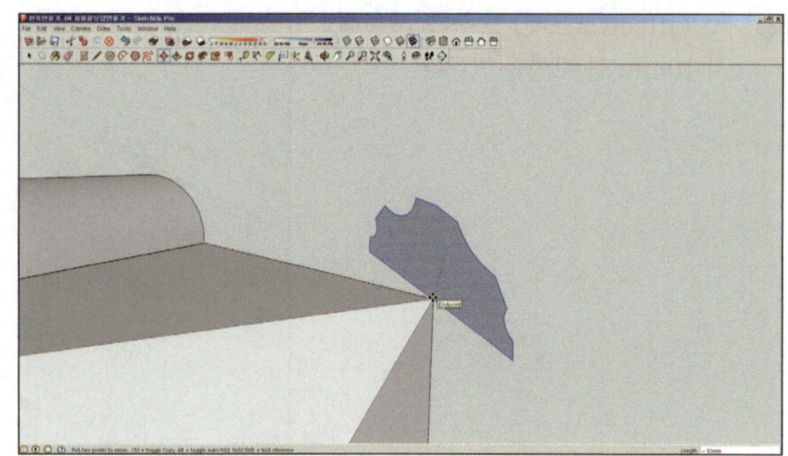

62 Follow me(따라가기) 도구를 사용해서 그림과 같이 모서리를 따라 면을 만든다.

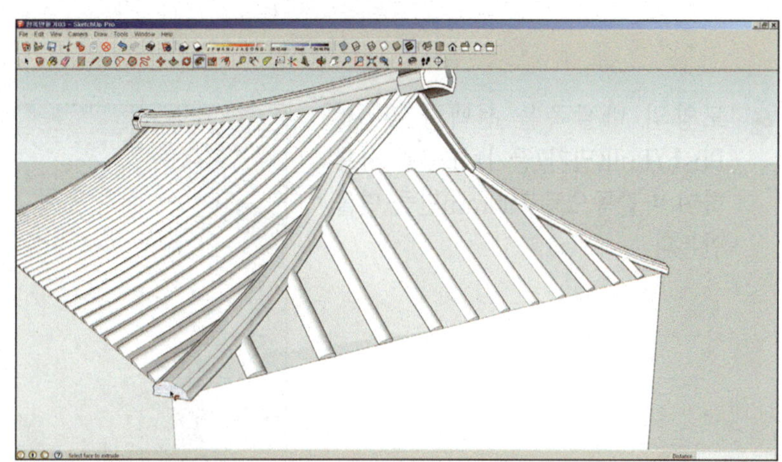

그림과 같이 Follow me(따라하기) 기능이 잘 안 되는 독자는 Style(스타일)을 X-ray(X선) 모드로 바꾸고 Top View(맨 위 뷰)에서 Follow me(따라하기) 기능을 사용하면 좀 더 쉽게 적용할 수 있다.

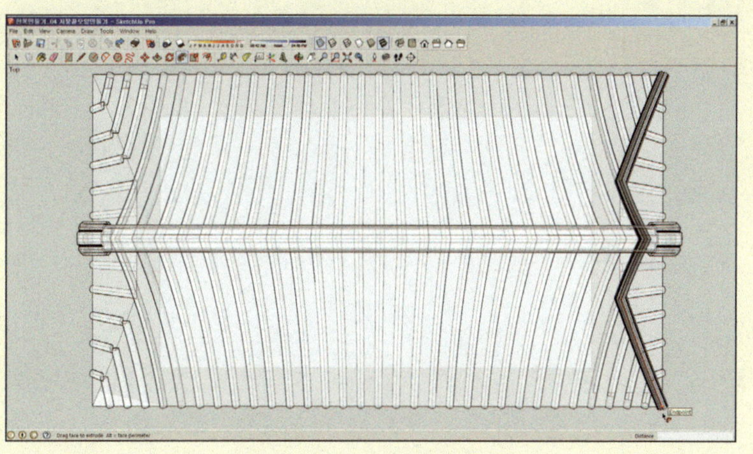

63 Offset(오프셋) 도구를 사용해서 10mm 큰 모양을 만든다.

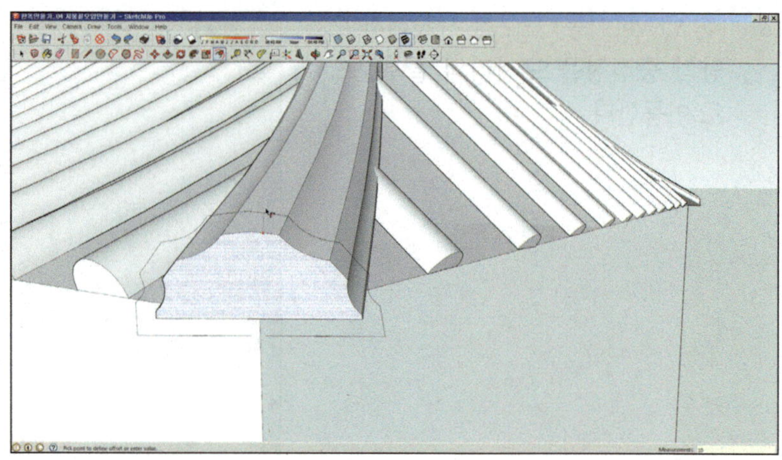

64 모양의 바깥쪽을 선택한 후 Push/Pull(밀기/끌기) 도구를 사용하여 바깥쪽으로 100mm만큼 면을 만든다.

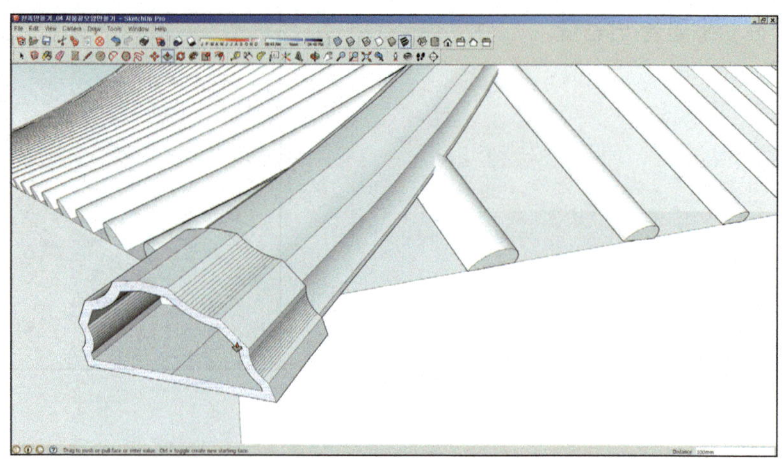

65 안쪽 면도 70mm 정도 바깥쪽으로 면을 만든다.

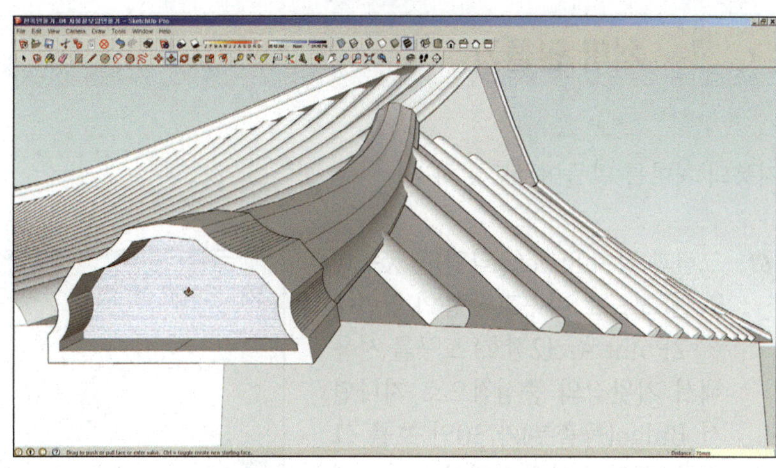

66 반대쪽과 나머지 끝 모양을 같은 방법으로 완성한다.

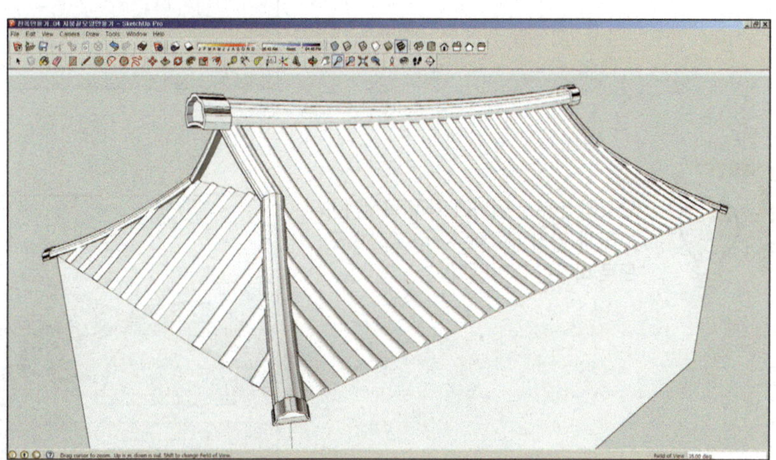

05 처마 만들기

지붕의 처마를 만들어보도록 하자.

67 그림과 같이 Style(스타일)을 X-ray(X선) 모드로 바꾸고 지붕의 옆면에 2Point Arc(2점호) 도구를 사용해서 기왓장의 중심점으로 지나면서 Bulge(돌출부)가 30인 호를 그린다. 면의 끝까지 그린다.

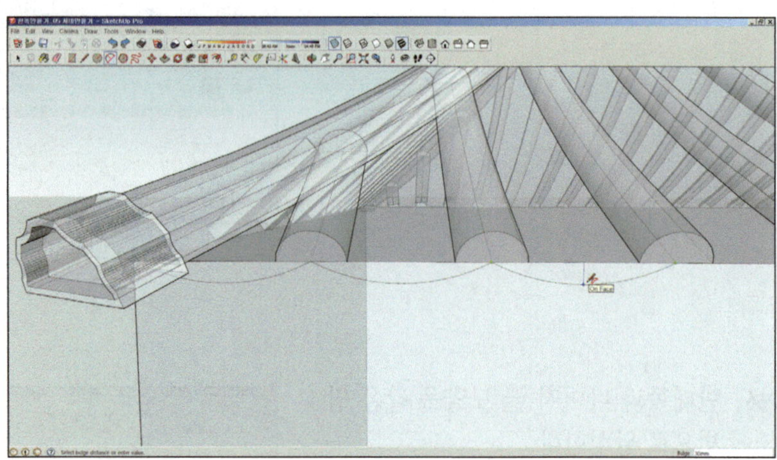

모서리 부분은 기와에 가려 꼭짓점이 보이지 않기 때문에 X-ray(X선) 모드로 바꾸는 것이 좋다.

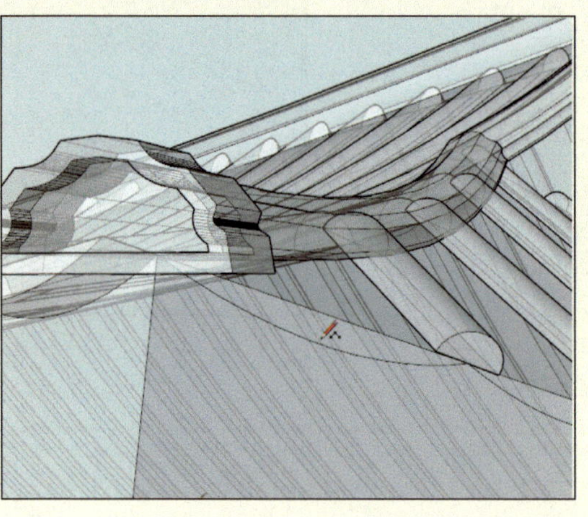

68 Push/Pull(밀기/끌기) 도구를 사용하여 바깥쪽으로 50mm 면을 만든다.

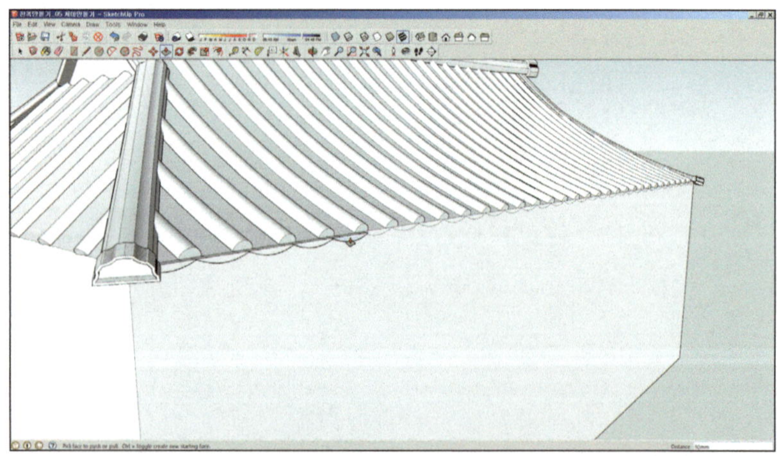

69 윗면에서 Eraser(지우기) 도구로 가운데 선을 제외한 나머지 선들을 제거한다.

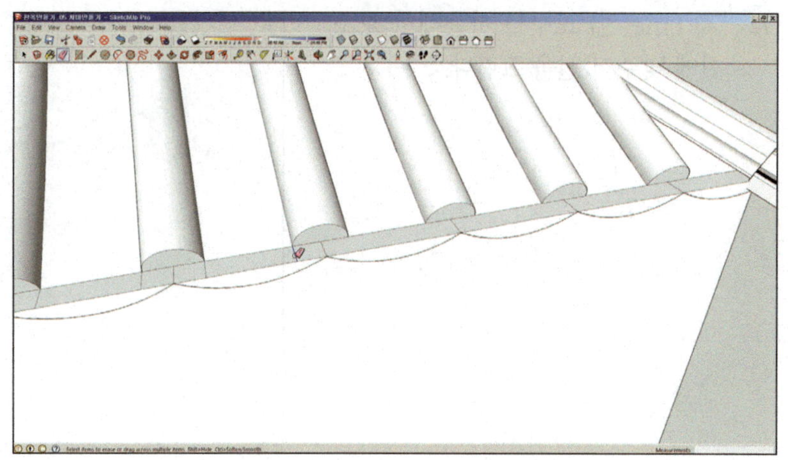

70 4개의 면 모두 같은 방법으로 면을 만든다.

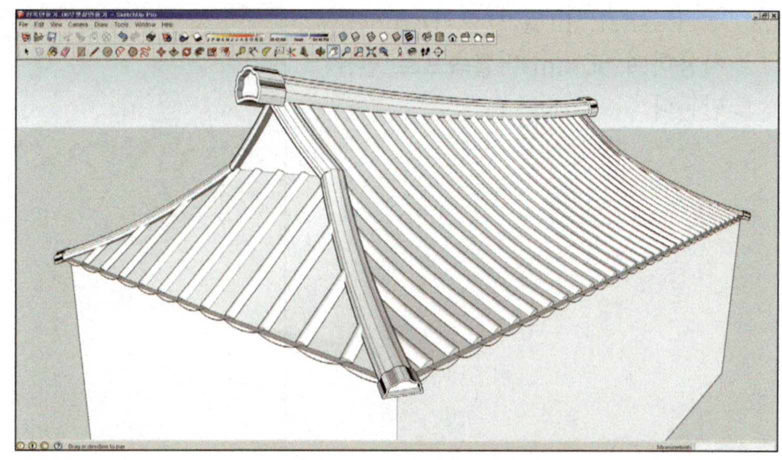

71 Tape Measure Tool(줄자도구)을 사용해서 그림과 같이 지면에서 2350mm 떨어진 곳에 보조선을 그린 후, 그 보조선에서 50mm 떨어진 곳에 보조선을 그린다.

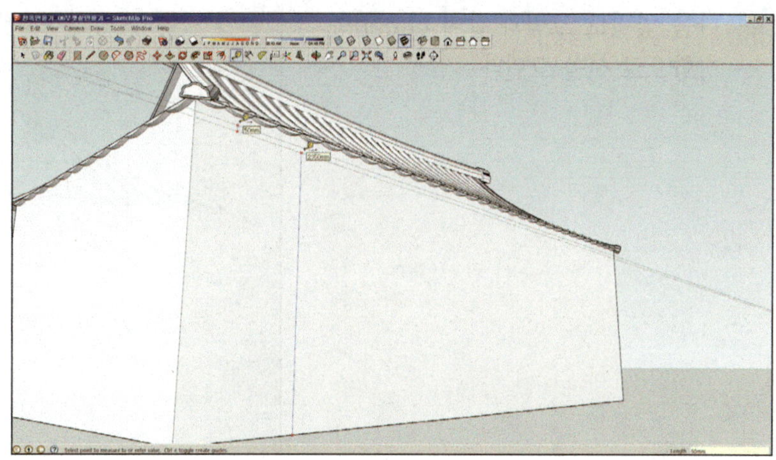

72 Line(선) 도구를 사용해서 보조선에 맞추어 선을 그린다.

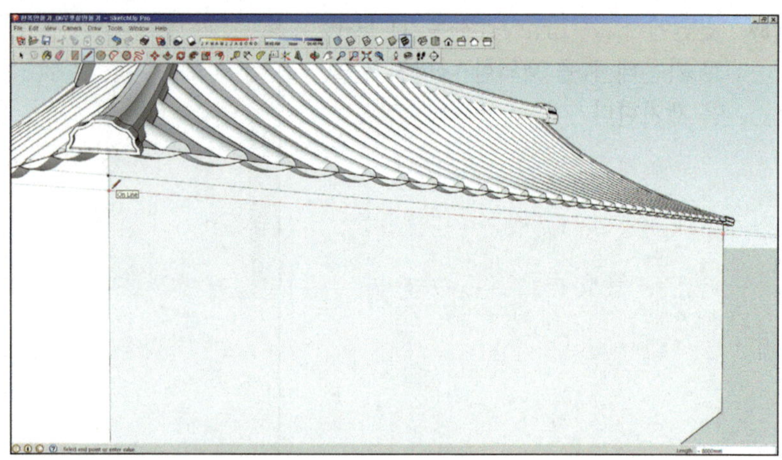

73 Push/Pull(밀기/끌기) 도구를 사용하여 50mm 바깥쪽으로 면을 만든다.

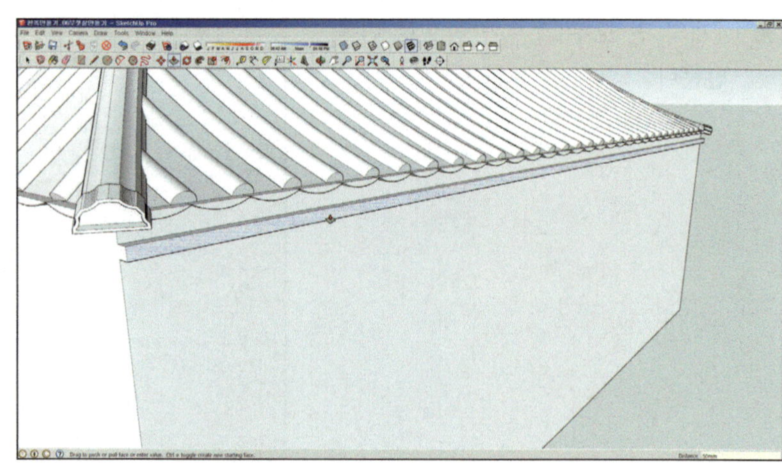

74 다음 옆면도 그림과 같이 Green축 방향으로 선을 그린다.

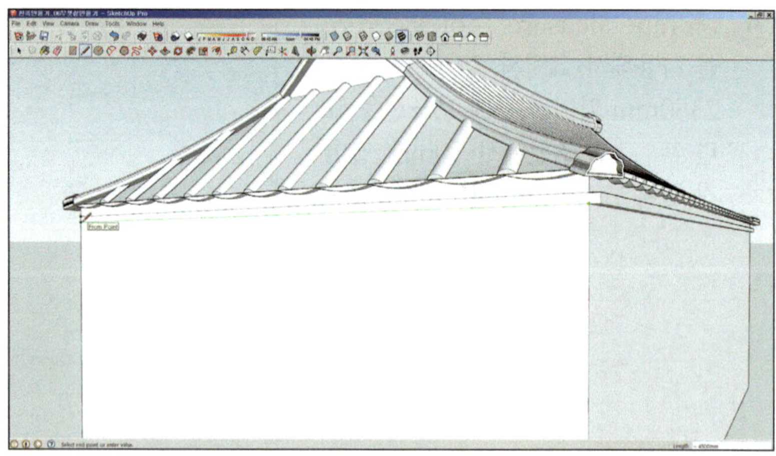

75 Push/Pull(밀기/끌기) 도구를 사용하여 50mm 면을 만든다. 나머지 벽면 모두 같은 방법으로 면을 만든다.

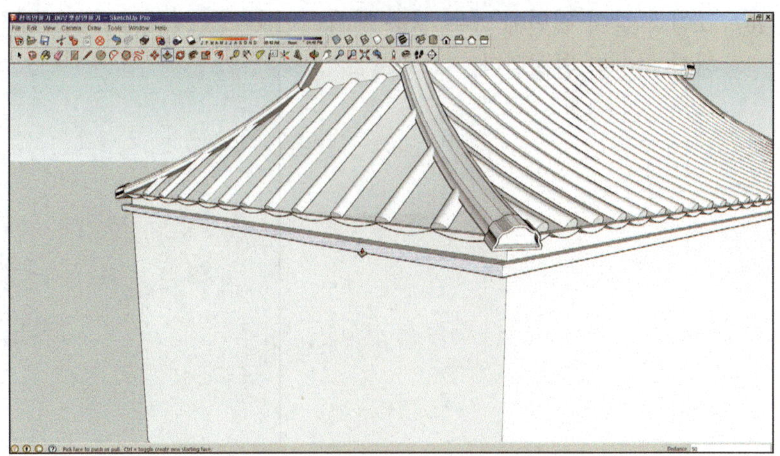

76 가운데 벽면을 제거하기 위해 바닥면을 선택한 후 Ctrl 키를 누르고 Push/Pull(밀기/끌기) 도구를 사용하여 150mm 위쪽으로 이동하여 중간에 면을 만든다.

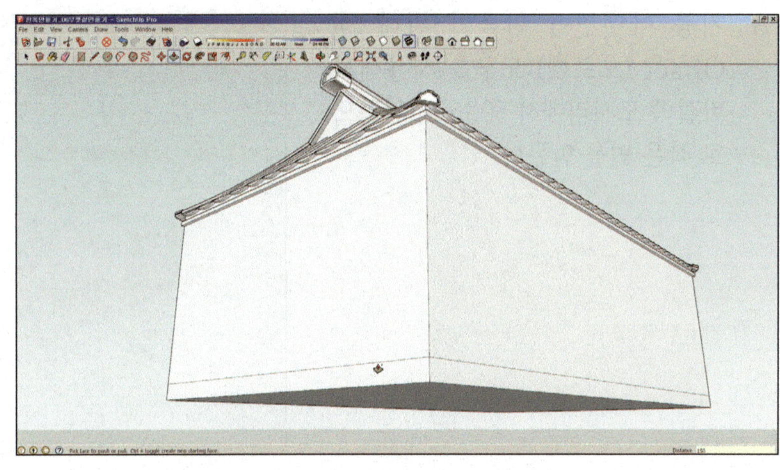

77 Eraser(지우기) 도구로 가운데 벽면에 해당되는 모서리를 제거한다.

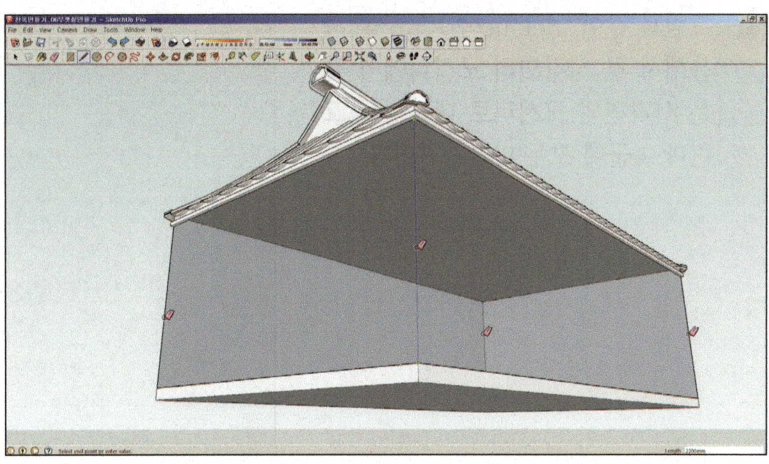

78 그림과 같이 윗면에 있는 선을 제거해서 처마를 완성한다.

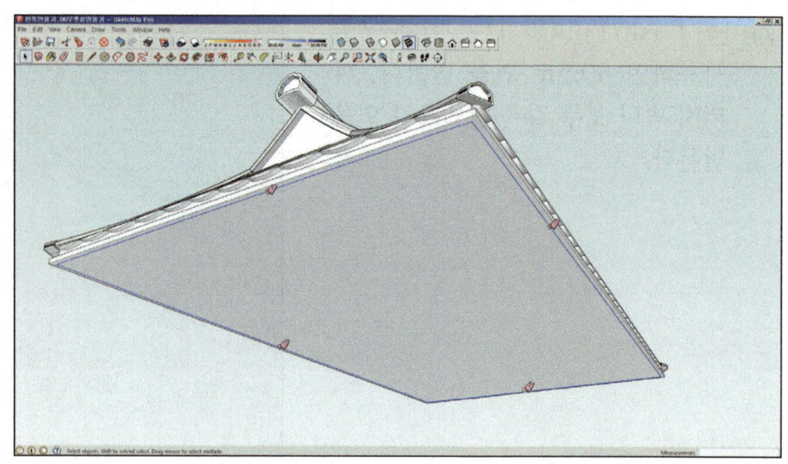

79 지붕 아랫면을 만들기 위해 Offset (오프셋) 도구를 사용해서 바깥쪽 모서리에서 500mm 안쪽으로 작은 면을 만든다.

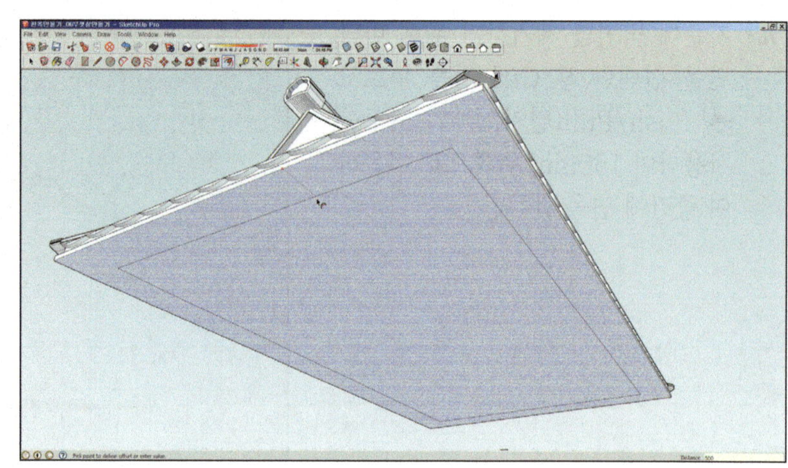

80 그림과 같이 Line(선) 도구를 사용해서 큰 사각면의 모서리에서 작은 사각면의 모서리로 대각선을 그린다. 4군데 모두 마찬가지이다.

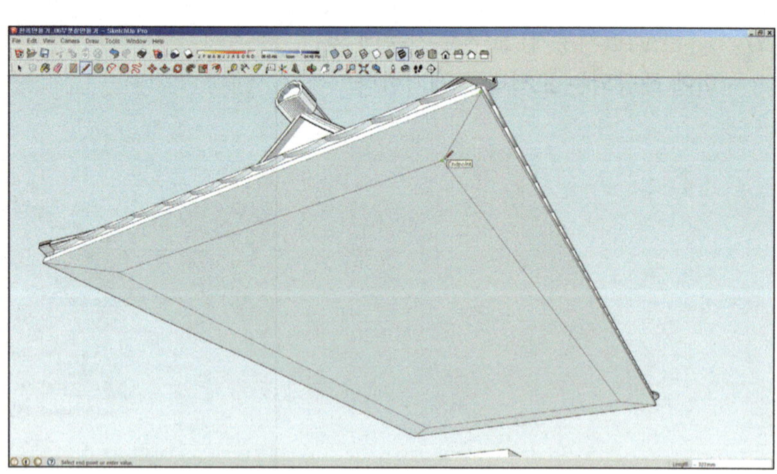

81 그림과 같이 모서리의 Midpoint(중간점)에서 Midpoint(중간점)을 잇는 선을 그린다.

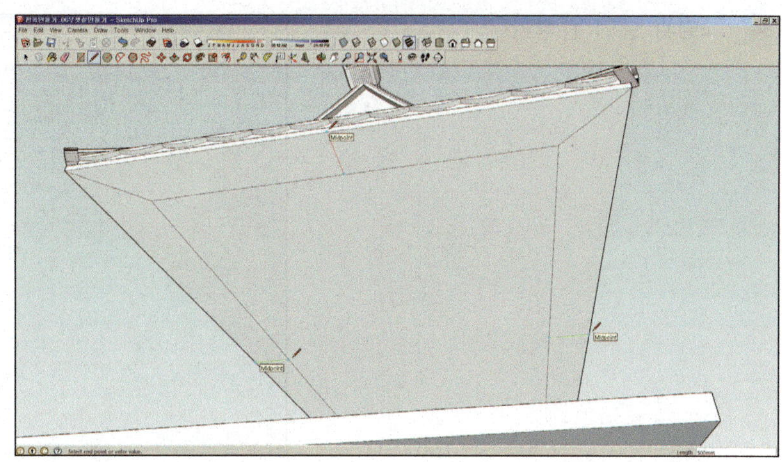

82 계속해서 Midpoint(중간점)에서 Midpoint(중간점)을 잇는 선을 그린다.

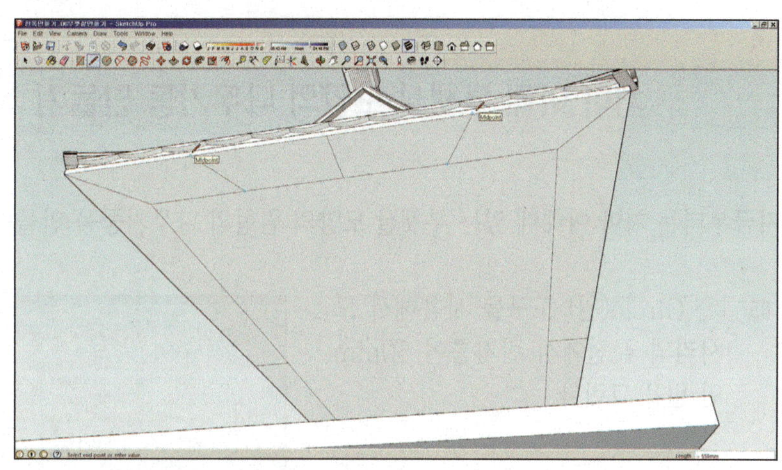

83 마찬가지로 중간점을 연결하는 선을 그린다.

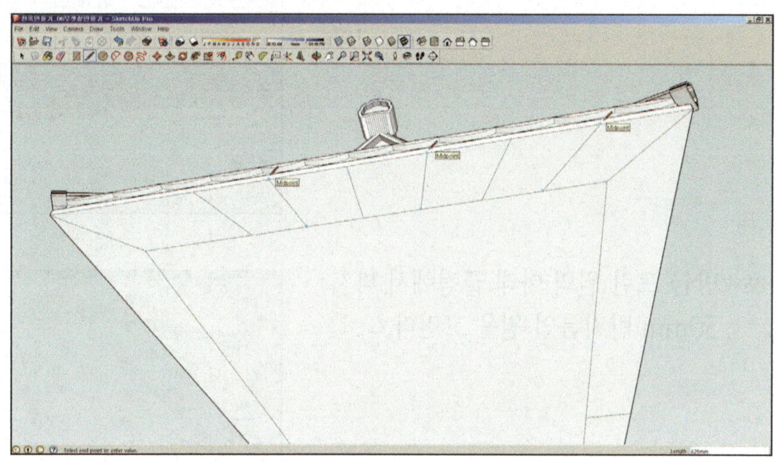

84 그림과 같이 완성한다.

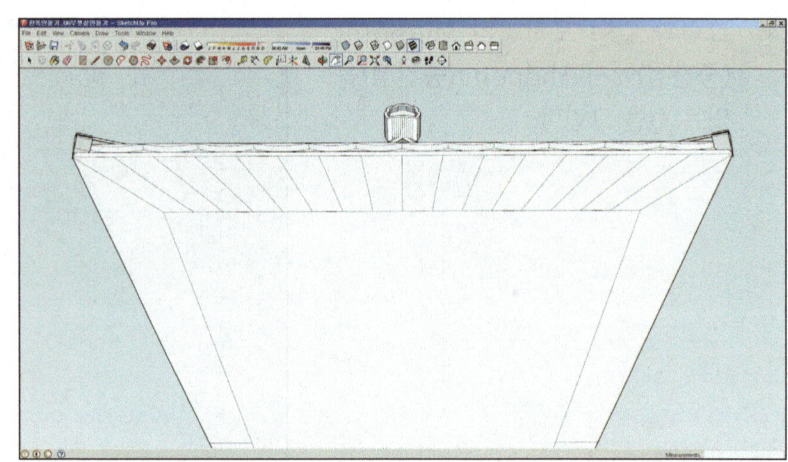

06 처마 아래 부챗살 모양의 나무기둥 만들기

지금부터는 처마 아래에 있는 부챗살 모양의 원형의 나무기둥을 만들어보도록 하자.

85 Circle(원) 도구를 사용해서 모서리의 끝점에서 반지름이 50mm인 원을 그린다.

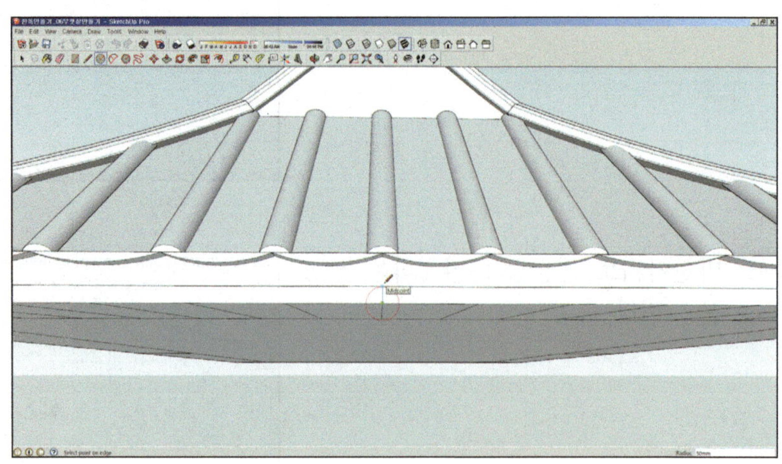

86 방금 그린 원의 아래 끝점에서 다시 50mm 반지름인 원을 그린다.

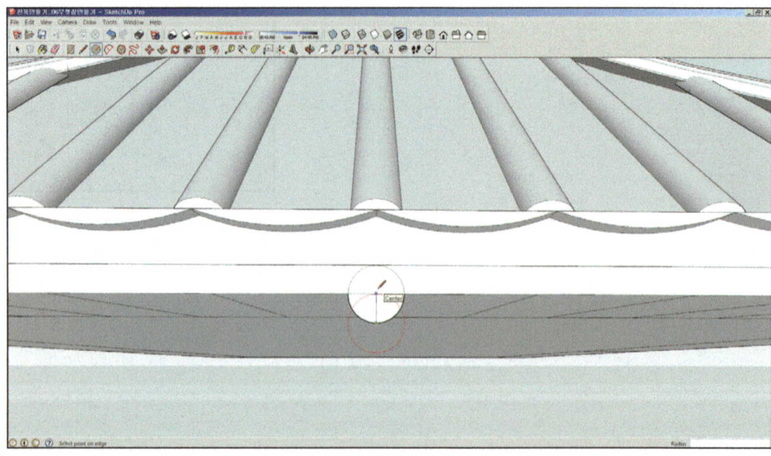

87 그림과 같이 아래 원만 남기고 위쪽 의 원은 제거한다.

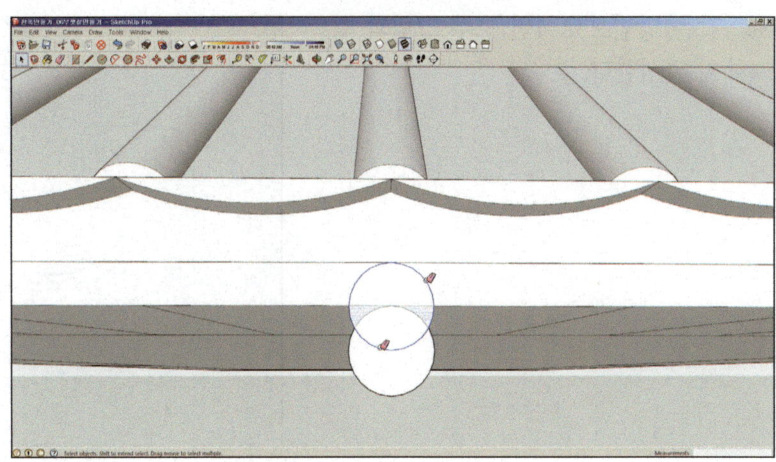

88 Follow me(따라가기) 도구를 사용해서 아래 처마모양의 선을 따라 뒤쪽으로 원통모양의 면을 만든다.

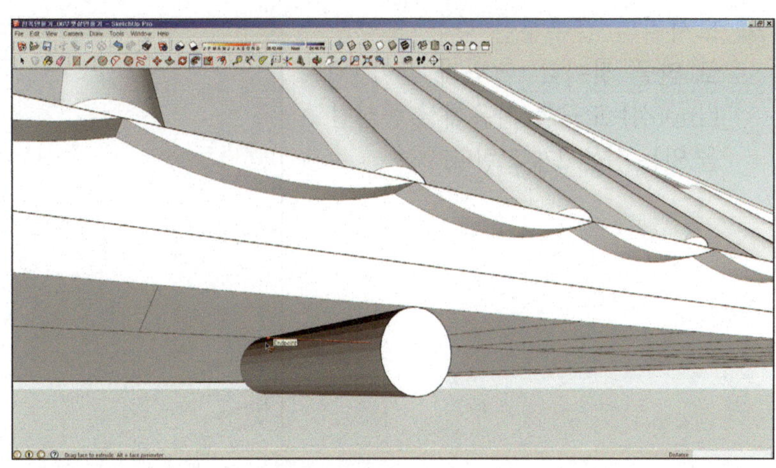

89 85~88번까지 반복해서 그림과 같이 부챗살 모양의 나무기둥을 만든다.

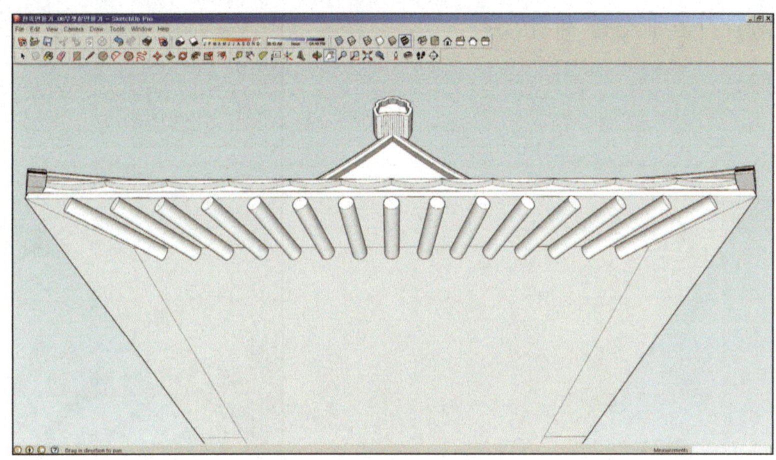

90 같은 방법으로 4면 모두 그림과 같이 완성한다.

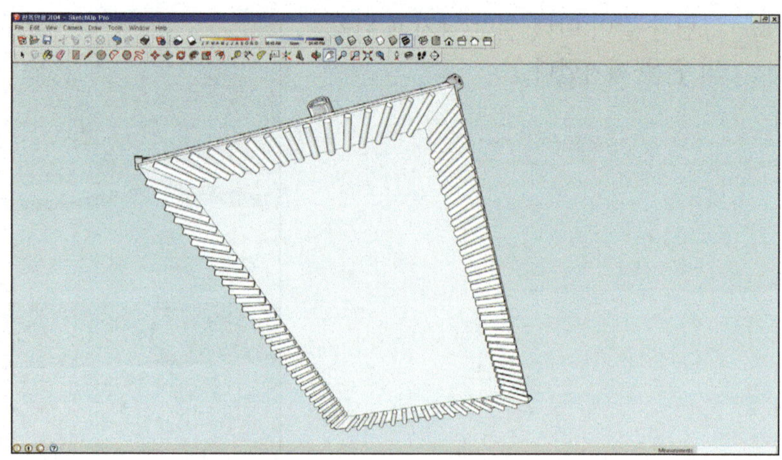

91 모서리의 끝부분은 다른 모양으로 만들 것이다. 그림과 같이 Line(선) 도구를 사용해서 중심점을 잇는 선을 2개 그린다.

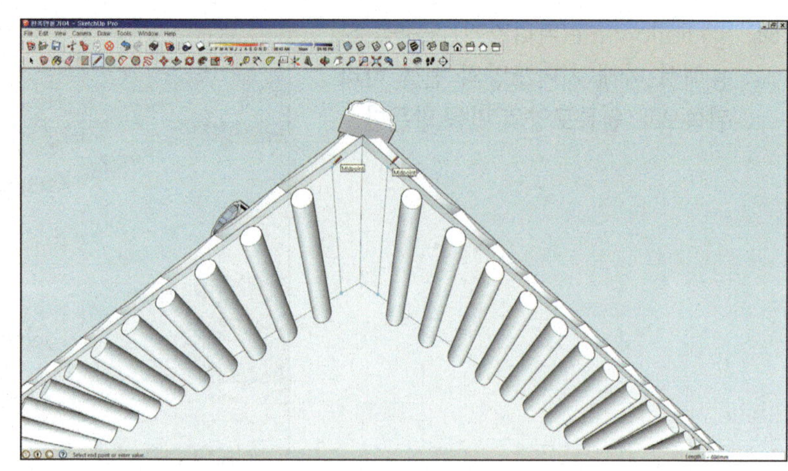

92 가운데 선을 제거한다.

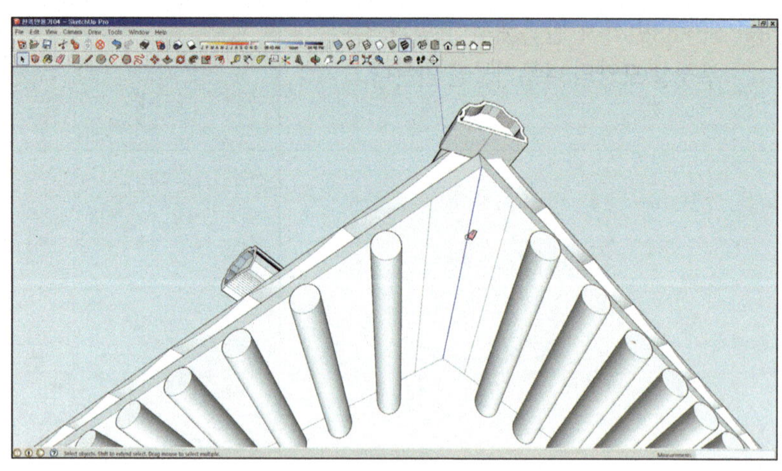

93 Push/Pull(밀기/끌기) 도구를 사용하여 아랫방향으로 120mm 면을 만든다.

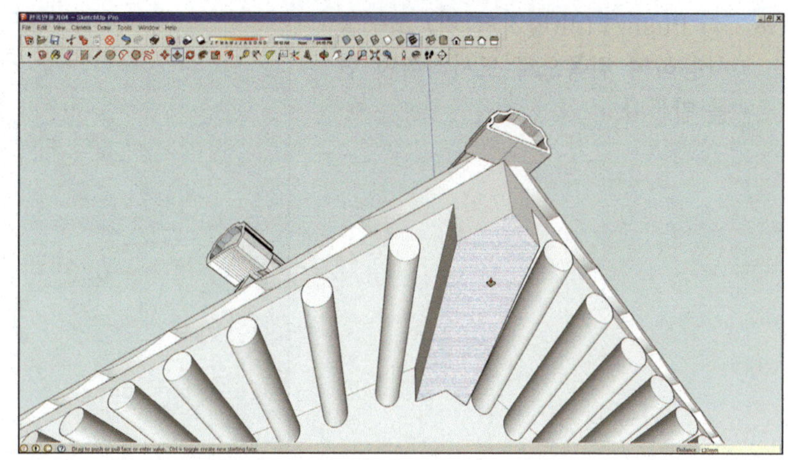

94 Select(선택) 도구로 "ㅅ" 모양의 모서리를 선택한 후 Offset(오프셋) 도구를 사용해서 20mm 떨어진 곳에 선을 만든다.

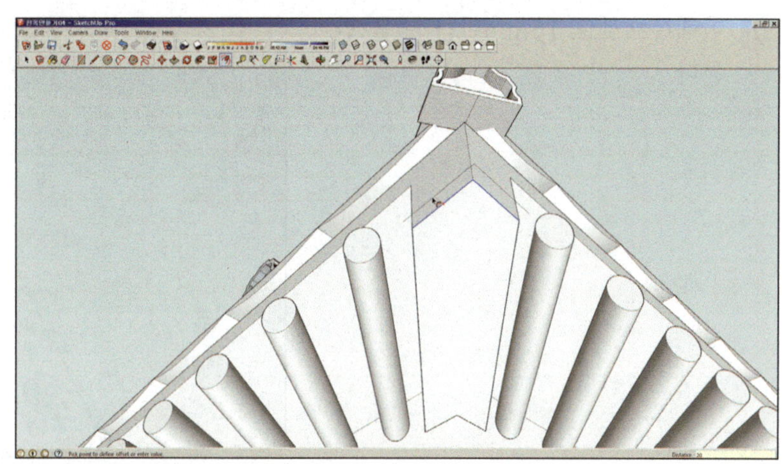

95 Line(선) 도구를 사용하여 양쪽 끝점을 이어 면을 만든다.

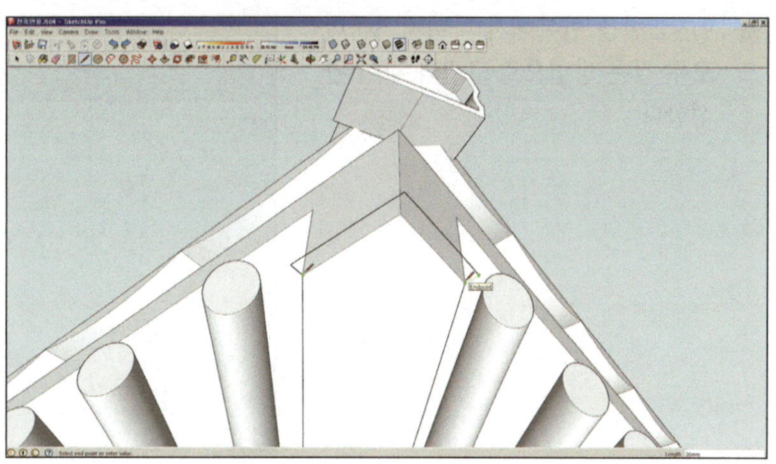

96 Push/Pull(밀기/끌기) 도구를 사용하여 위쪽으로 모서리까지 면을 만든다.

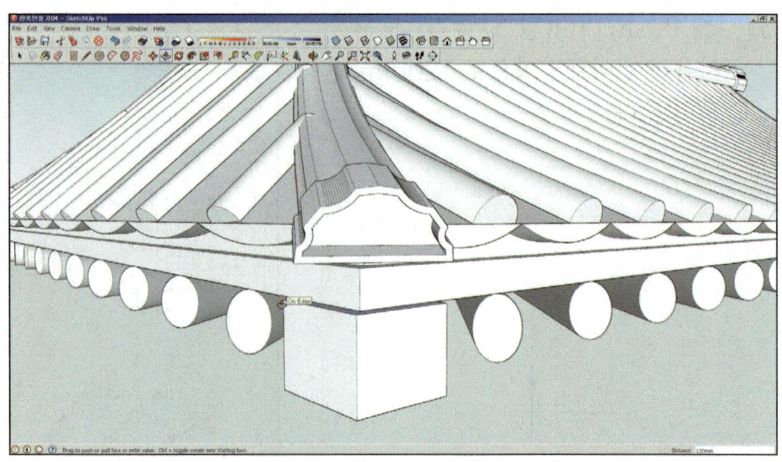

97 아래쪽으로도 15mm만큼 면을 만든다.

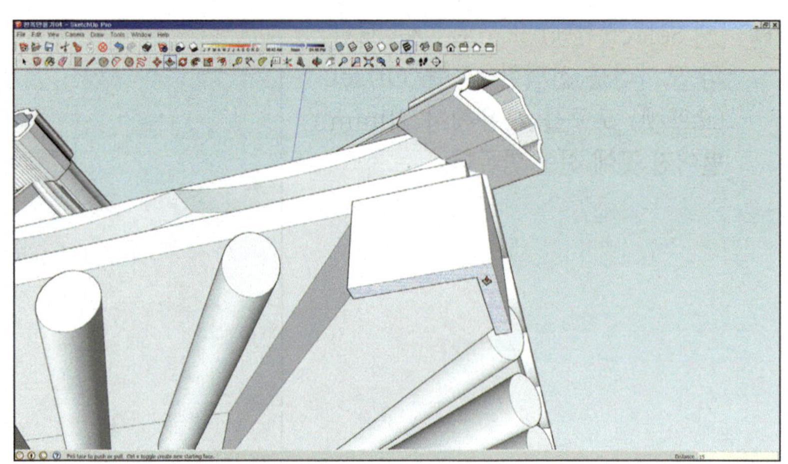

98 91~97번을 반복해서 나머지 3군데 모두 같은 방법으로 그림과 같이 완성한다.

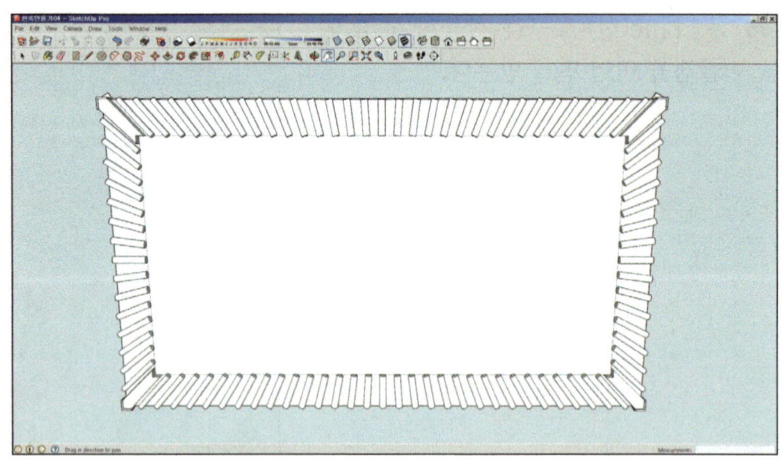

99 이제 지붕은 모두 완성이 되었다. 실제 전통가옥의 지붕은 곡선이 매우 아름답지만 여기에서는 아쉬운 데로 이 정도에서 마치도록 하겠다. 좀 더 연구를 거듭하면 SketchUp에서도 아름다운 곡선을 만들 수 있을 것으로 기대한다.

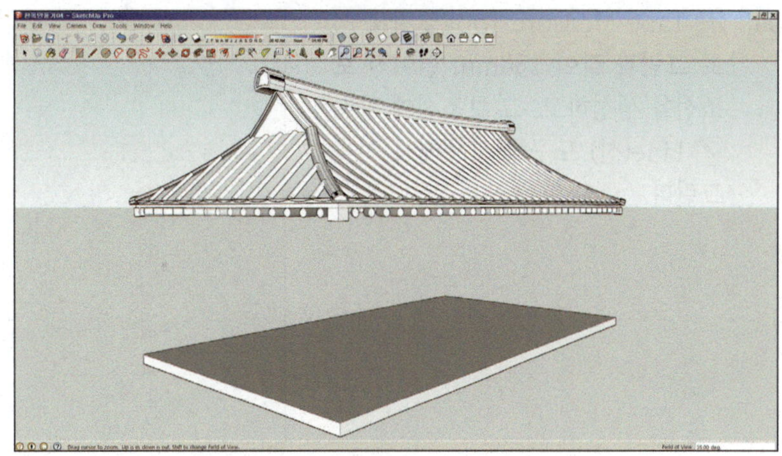

07 지붕아래 기둥 만들기

이제 지붕을 받치는 가로 기둥 및 세로 기둥을 제작해보도록 하자.

100 작업의 편의성을 위해 아래 바닥면에 해당하는 육면체를 Select(선택) 도구로 드래그해서 선택한 후 오른쪽 마우스를 클릭해서 Hide(숨기기)를 선택해 오브젝트를 숨긴다.

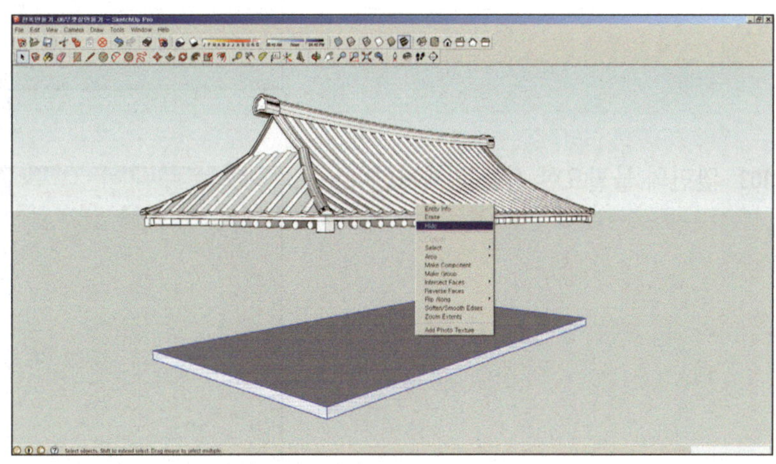

101 Tape Measure Tool(줄자도구)로 그림과 같이 150mm 떨어진 보조선을 생성하고, 그 보조선에 맞춰 Line(선) 도구를 사용해서 선을 그린다.

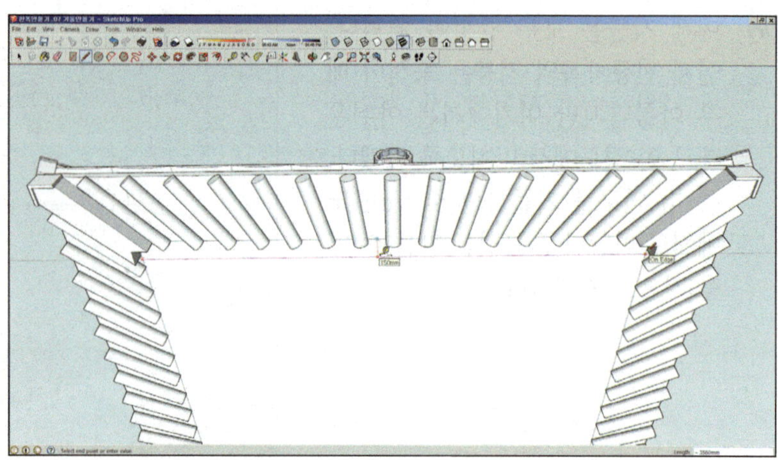

102 면을 선택한 후 Push/Pull(밀기/끌기) 도구를 사용하여 Ctrl 키를 누르고 면을 만든다. 치수는 150mm이다.

103 옆면의 불필요한 선들을 제거한다.

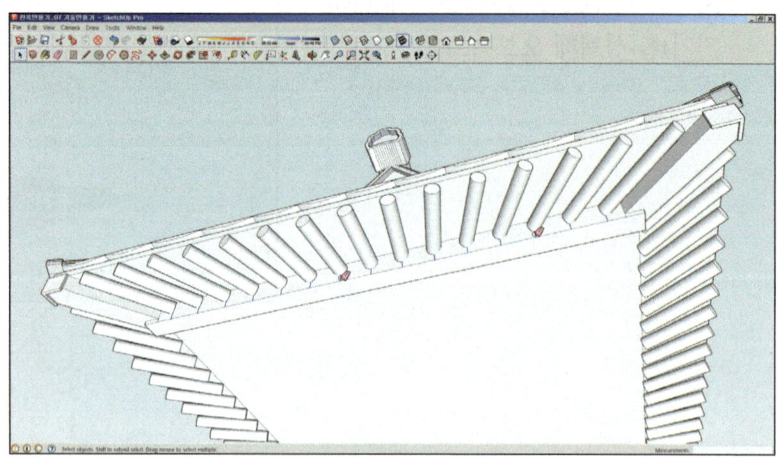

104 반대쪽도 마찬가지로 면을 만든다.

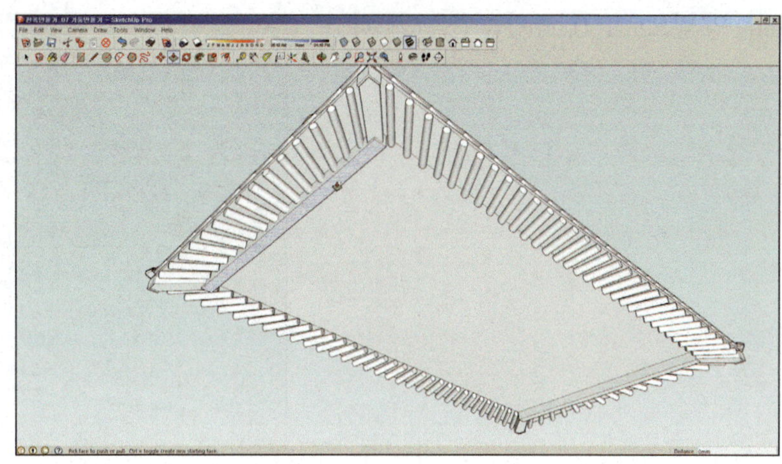

105 가로 부분도 같은 방법으로 면을 만든다.

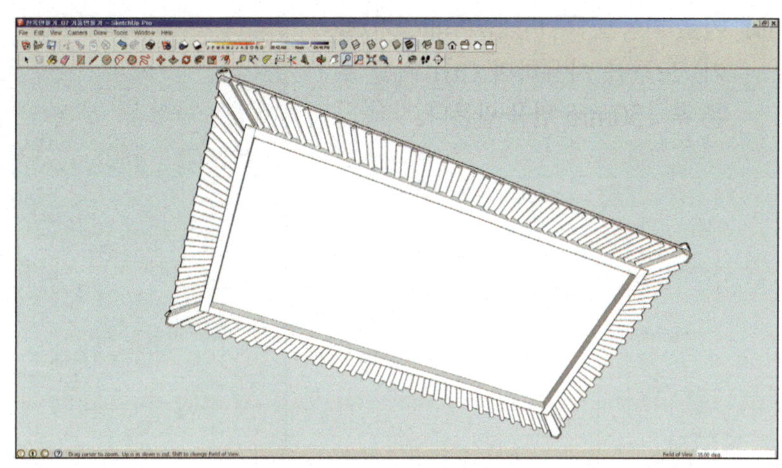

106 그림과 같이 Push/Pull(밀기/끌기) 도구를 사용하여 Ctrl 키를 누른 후 한 번 더 150mm 정도 면을 만든다.

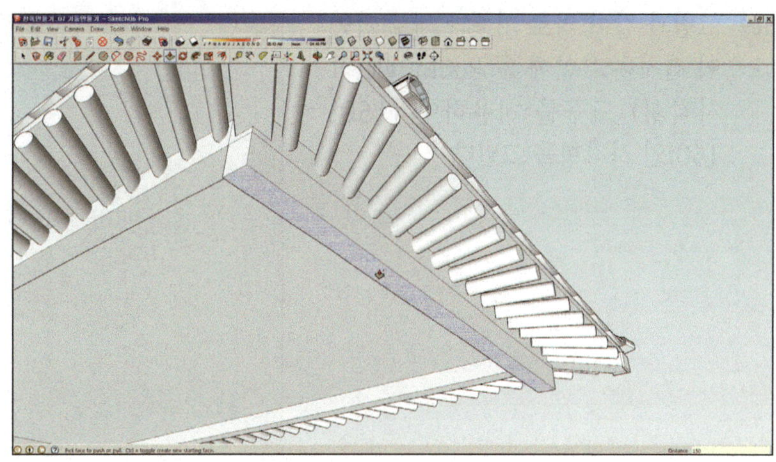

107 양 옆으로 150mm만큼 면을 만든다.

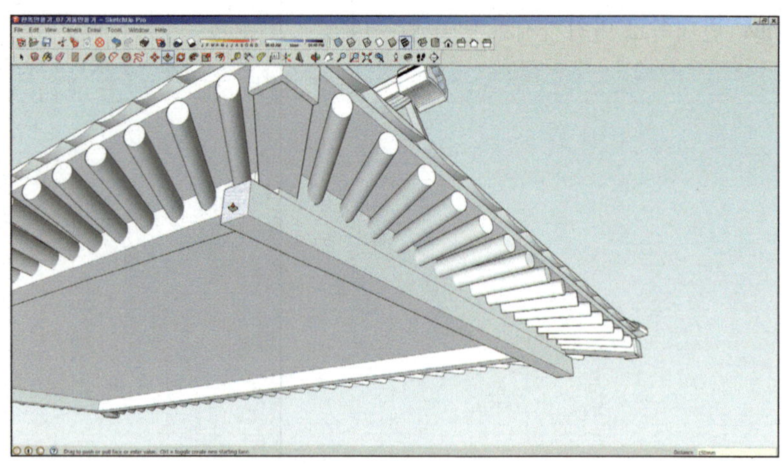

108 가로 기둥도 Push/Pull(밀기/끌기) 도구를 사용하여 Ctrl 키를 누른 후 150mm 면을 만든다.

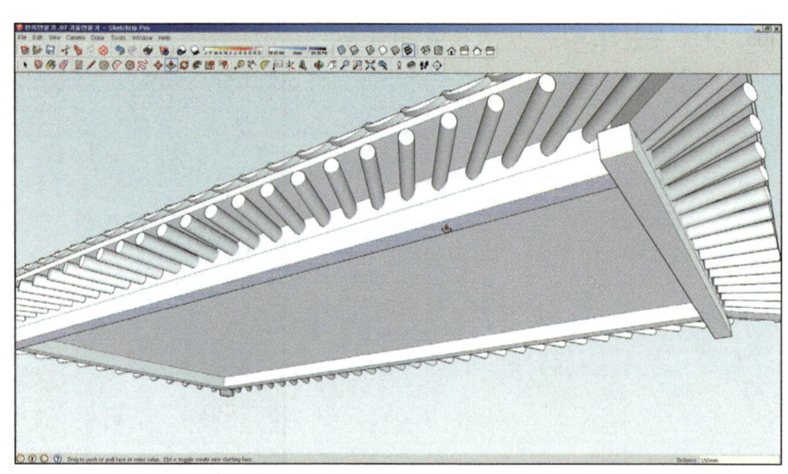

109 그림과 같이 가로 기둥과 세로 기둥이 겹치는 부분에 Rectangle(직사각형) 도구를 사용하여 (150, 150)인 사각형을 그린다.

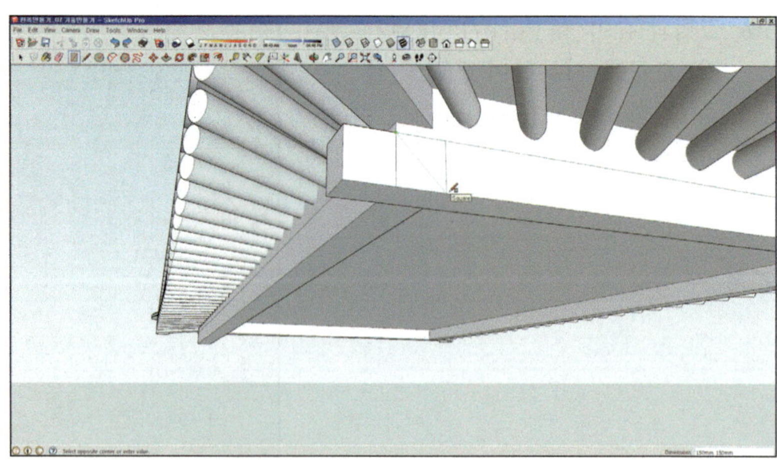

110 Push/Pull(밀기/끌기) 도구를 사용하여 Ctrl 키를 누른 후 바깥쪽으로 150mm 면을 만든다.

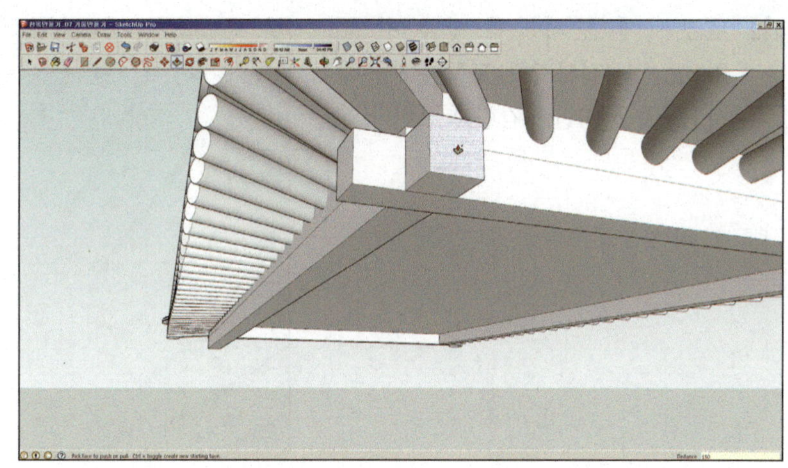

111 나머지 세로 기둥과 가로 기둥을 만들고 끝부분을 그림과 같이 완성한다.

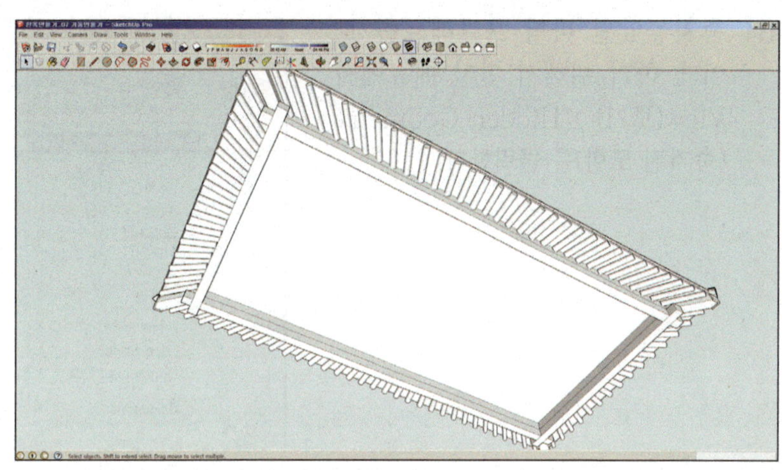

112 지붕기둥을 받치는 기둥을 만들기 위해 Tape Measure Tool(줄자 도구)을 사용해서 거리가 교차면에서 각각 50mm 떨어진 곳에 보조선을 그린다.

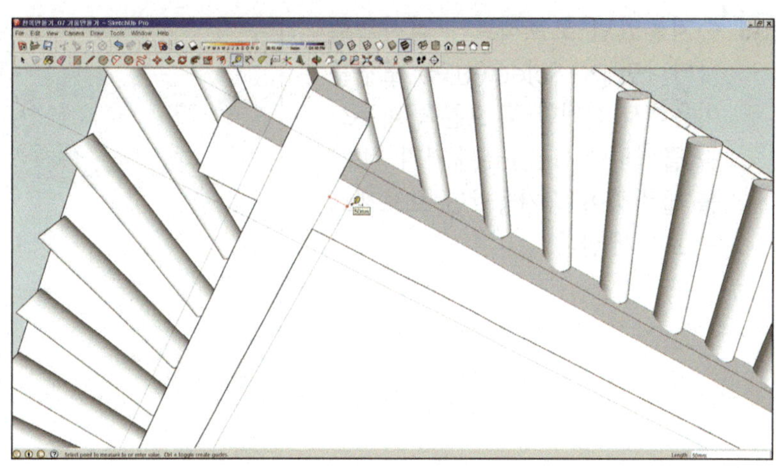

113 보조선에 모서리에 맞추어 Rectangle(직사각형) 도구를 사용해서 (250, 250)인 사각형을 그린다.

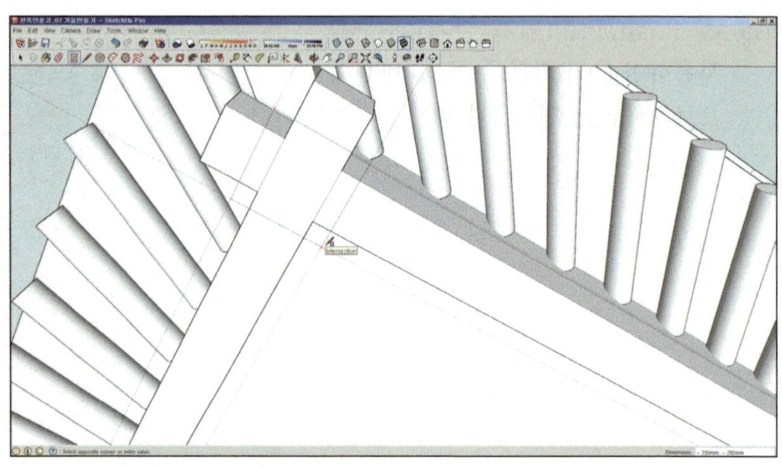

114 숨겨놓았던 바닥 오브젝트를 보이게 하기 위해서 먼저 메뉴에서 View(보기) 〉 Hidden Geometry(숨겨진 도형)를 클릭한다.

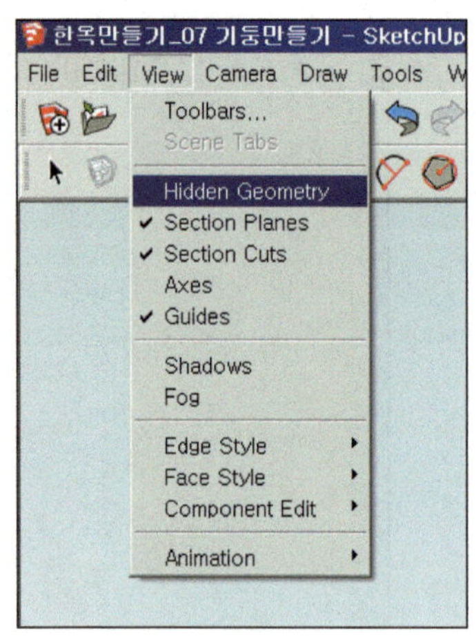

115 숨겨놓았던 오브젝트가 점선으로 나타나면 Select(선택) 도구를 이용해서 선택한 후 오른쪽 마우스를 클릭하여 Unhide(숨기기 취소)를 클릭하여 숨겨놓았던 오브젝트를 보이게 한다.

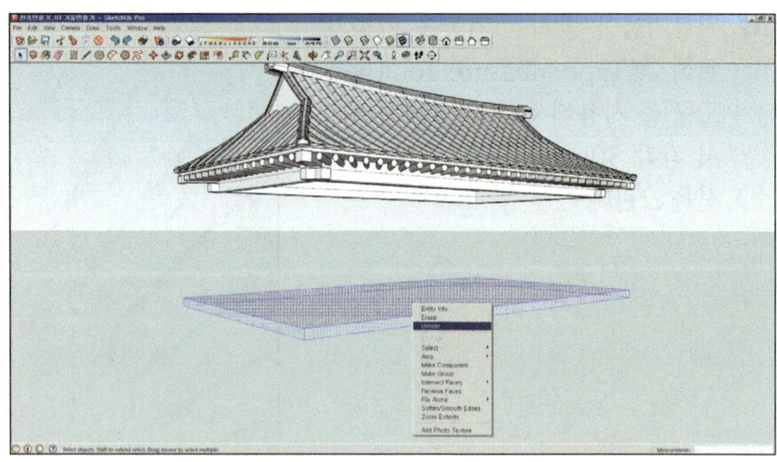

116 먼저 십자모양의 면을 선택한 후 Push/Pull(밀기/끌기) 도구를 사용해서 아랫면까지 면을 만든다.

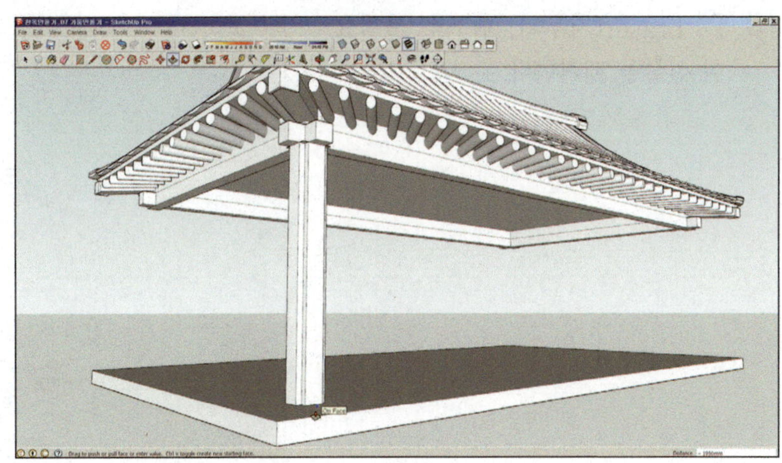

117 작은 사각형 면을 선택한 후 Push/Pull(밀기/끌기) 도구를 사용하여 바닥면까지 면을 만든다. 4개의 모서리 부분 모두 적용한다.

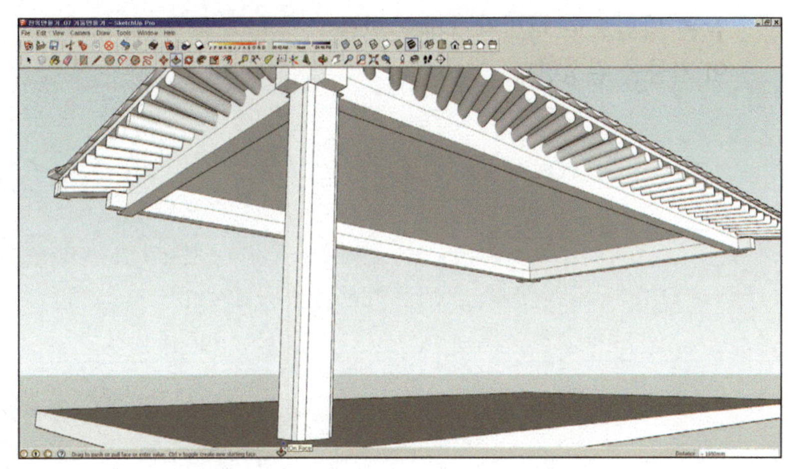

118 기둥을 받치도록 위쪽으로도 100mm만큼 위로 면을 만든다. 4군데 모두 같다.

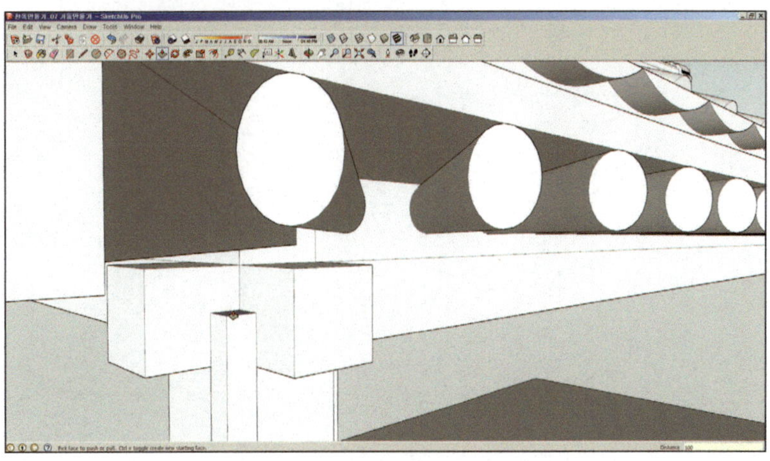

119 Eraser(지우기) 도구로 불필요한 선들을 제거한다.

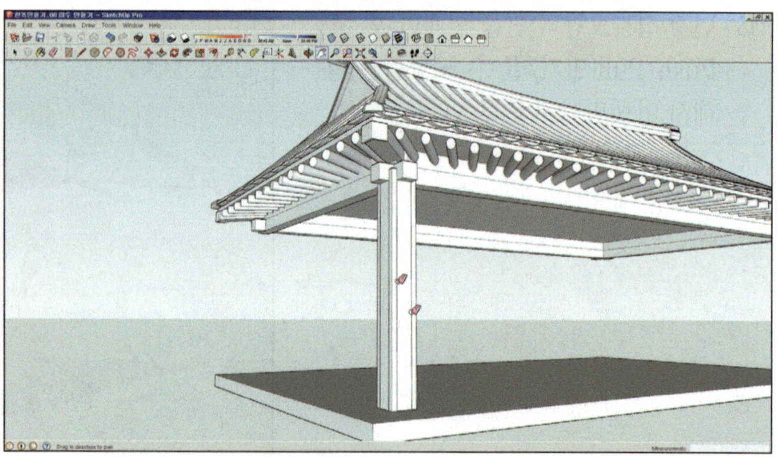

같은 방법으로 나머지 3개도 만들어 기둥을 완성한다.

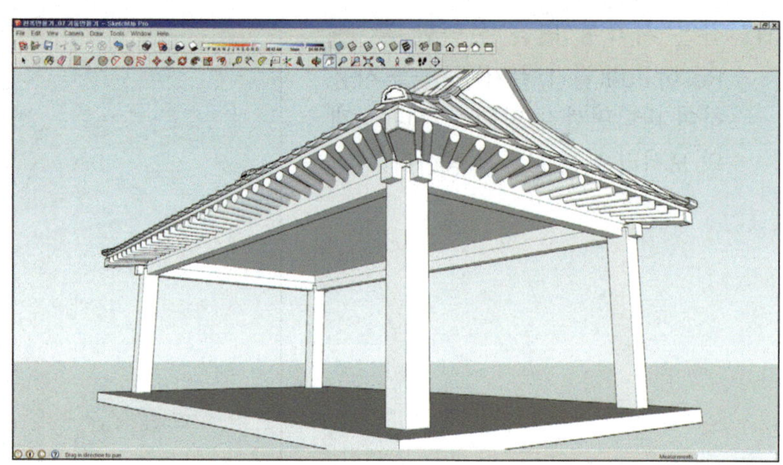

08 마루 및 벽면 만들기

이제 안방과 건넌방으로 연결된 마루를 만들어보도록 하자.

120 그림과 같이 Tape Measure Tool(줄자도구)을 사용해서 바닥면에서 각각 300mm와 그 보조선에서 100mm 떨어진 곳에 보조선을 그린다.

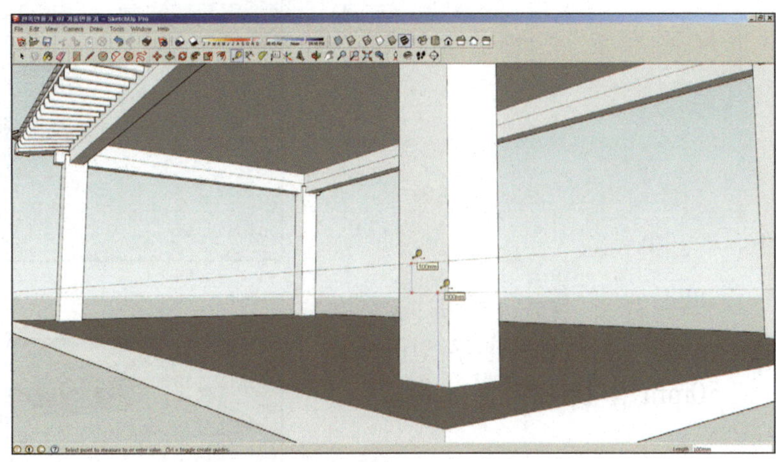

121 Line(선) 도구를 사용해서 그림과 같이 보조선에 맞추어 선을 그린다.

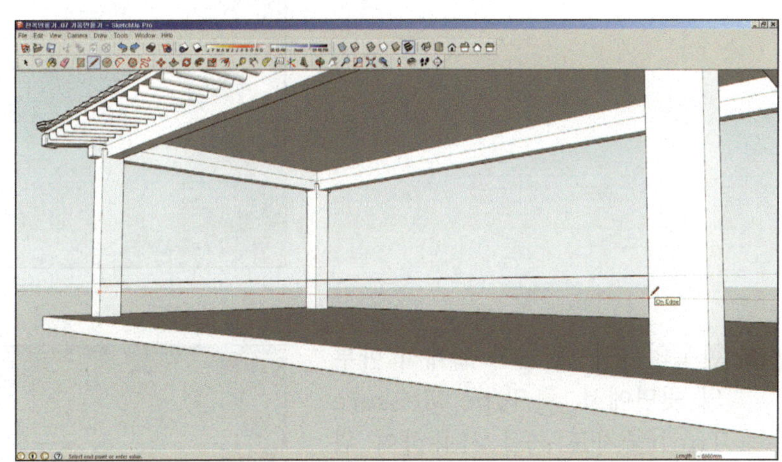

122 Push/Pull(밀기/끌기) 도구를 사용하여 뒷면까지 3610mm가 되도록 면을 만든다.

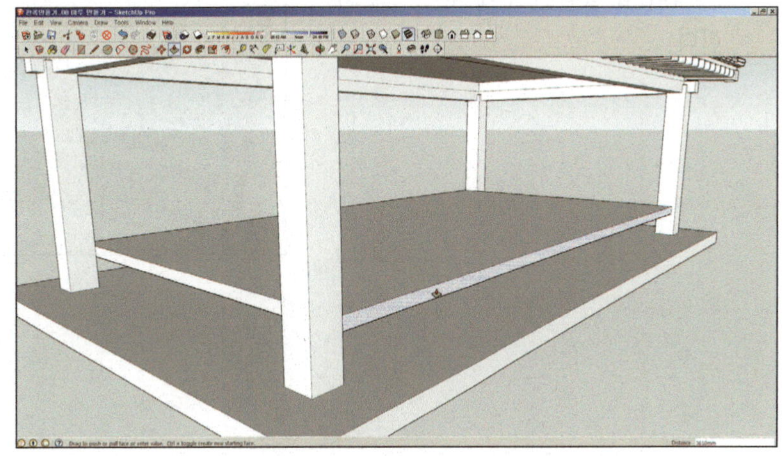

TIP 기둥 끝에서부터 약 50mm 정도 떨어지게 면을 만든다.

123 옆으로 면을 200mm 만든다. 반대쪽도 마찬가지이다.

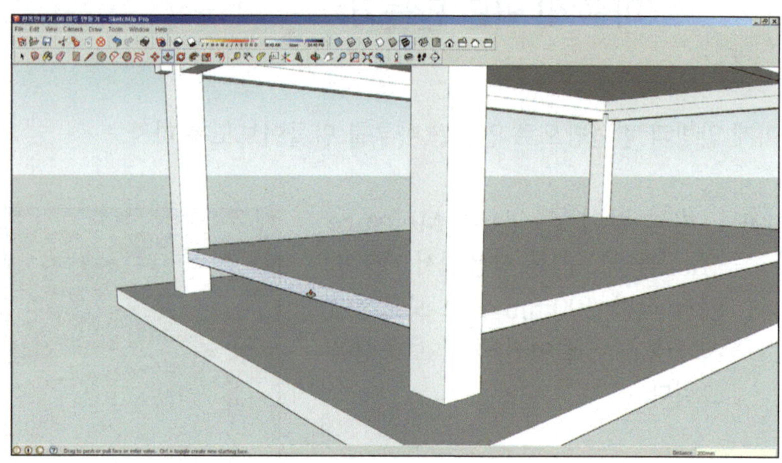

124 앞쪽의 면을 선택한 후 안쪽으로 50mm 집어넣는다.

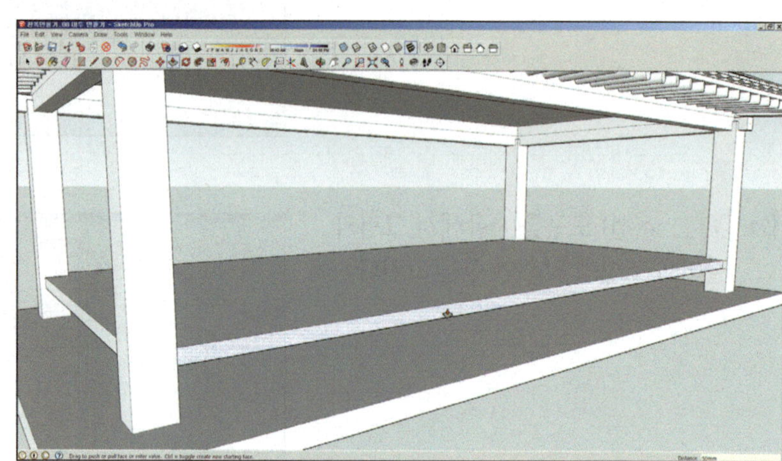

125 한옥의 벽을 만들기 위해서 마루의 윗면에서 Tape Measure Tool(줄자도구)을 사용하여 위쪽에서 2700mm, 오른쪽에서 2500mm 떨어진 곳에 보조선을 그린다.

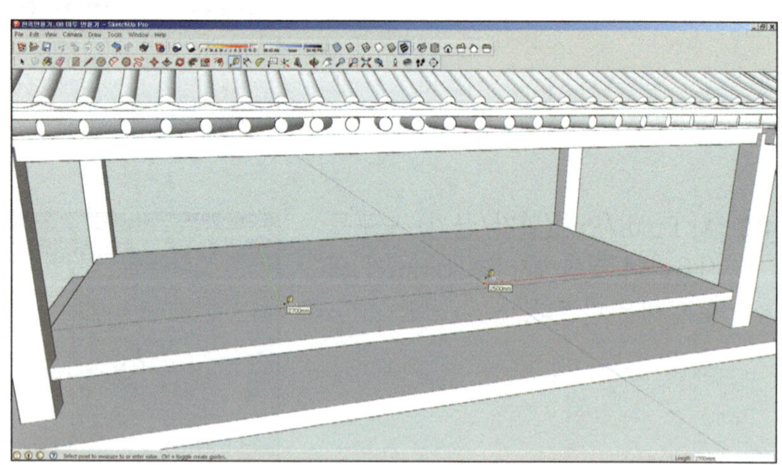

126 Line(선) 도구를 사용해서 보조선에 맞추어 "ㄱ"자 모양으로 선을 그린다.

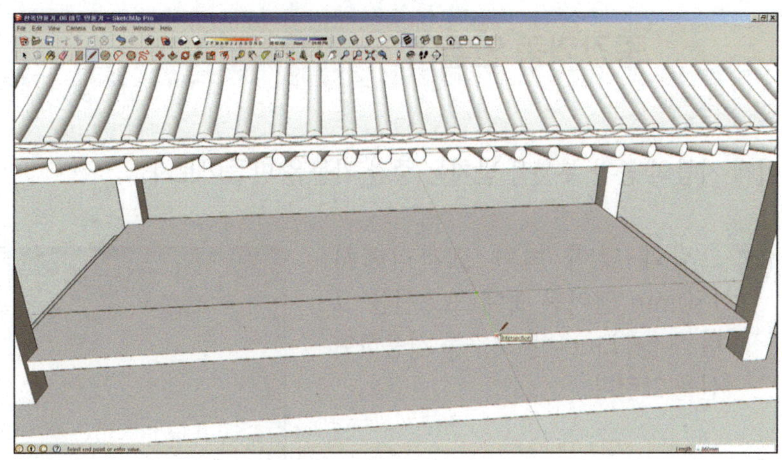

127 Push/Pull(밀기/끌기) 도구를 사용해서 Ctrl 키를 누른 후 위쪽의 면까지 한옥 벽면을 만든다.

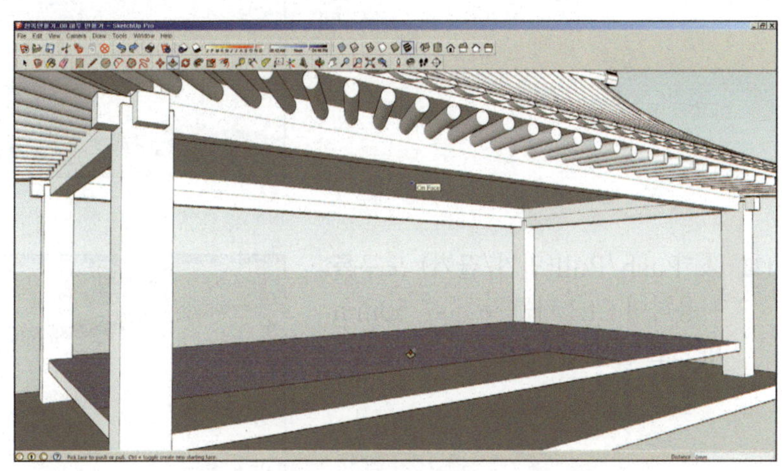

128 마루와 벽면이 완성되었다.

09 중간기둥 만들기

이제 지붕의 중간 부분을 받치는 중간 기둥을 만들어보자.

129 그림과 같이 벽면 모서리에서 150mm 떨어진 곳에 보조선을 그린 후 Line(선) 도구를 사용하여 선을 그린다.

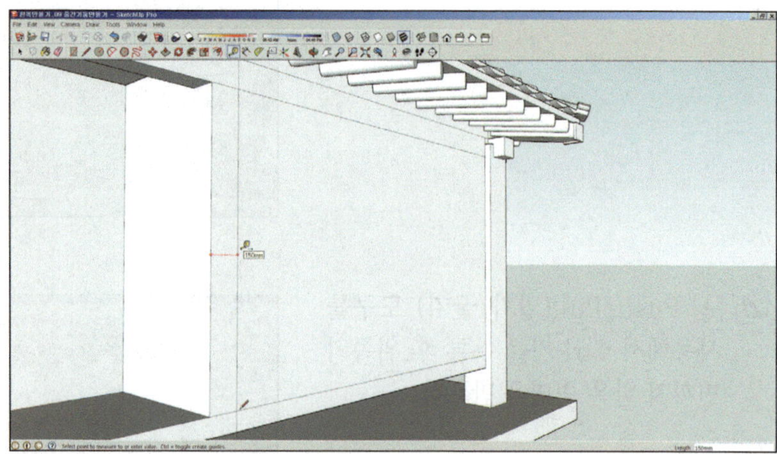

130 Push/Pull(밀기/끌기) 도구를 사용하여 Ctrl 키를 누른 후 50mm 밖으로 면을 만든다.

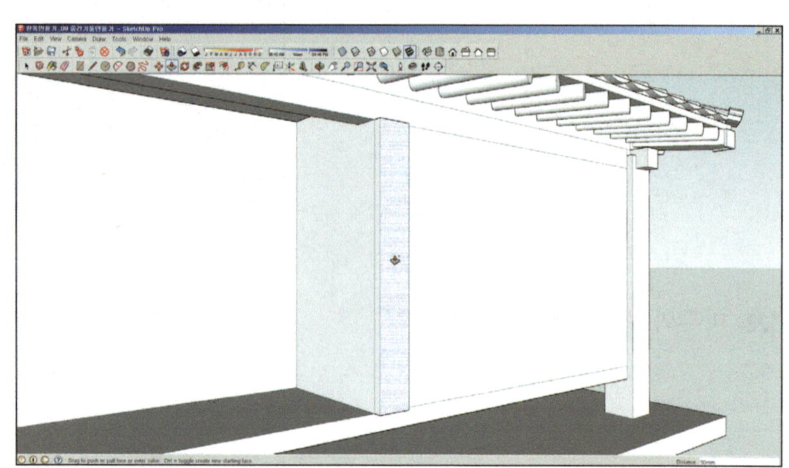

131 중간기둥의 아랫면을 선택한 후 바닥면까지 면을 만든다.

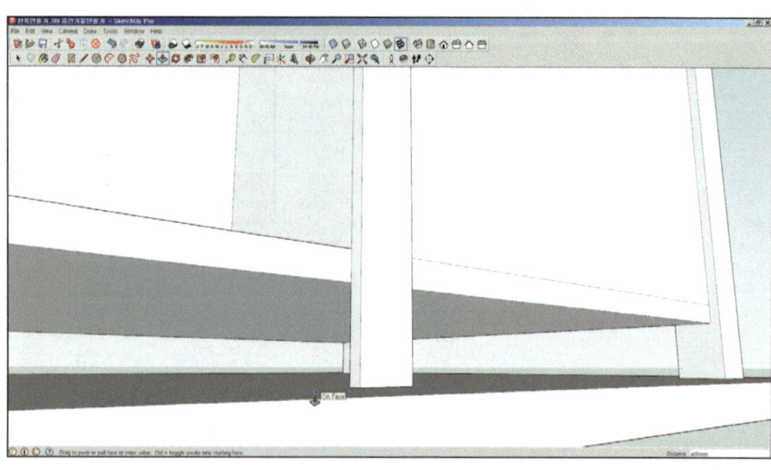

132 위쪽으로도 100mm만큼 면을 만든다.

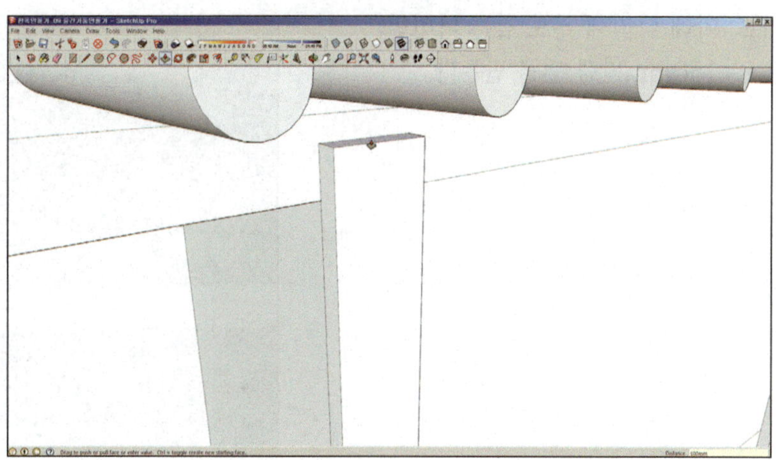

133 옆으로 50mm만큼 면을 만든다.

134 뒤쪽으로도 150mm만큼 면을 만든다. 중간기둥의 폭과 너비는 모두 200mm이다.

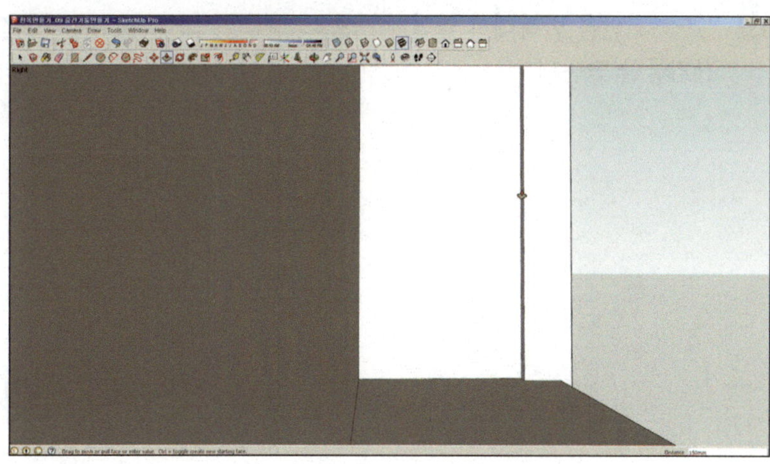

135 아래 다리 부분도 같은 너비인 150mm만큼 면을 만든다.

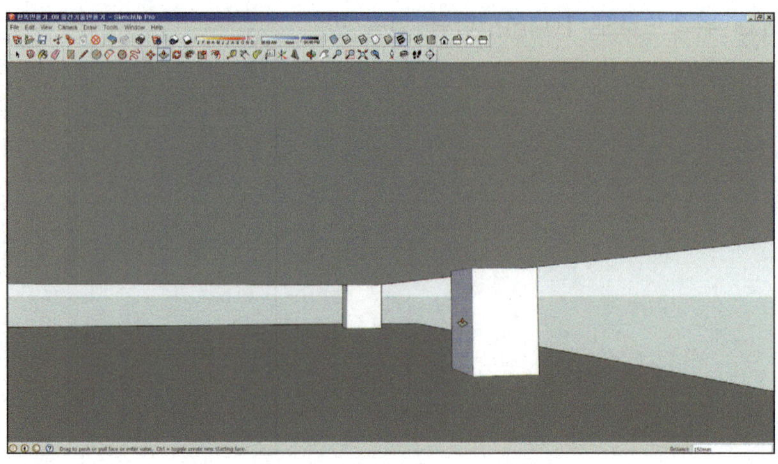

136 중간기둥이 완성되었다.

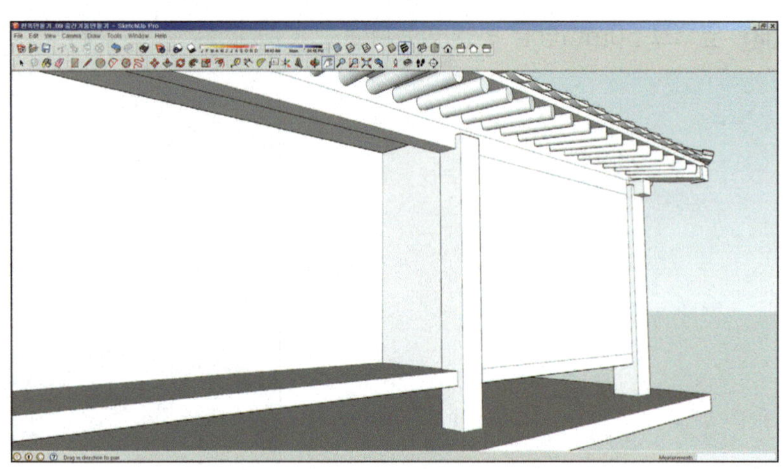

137 129~135번을 반복해서 옆면에도 중간기둥을 만든다.

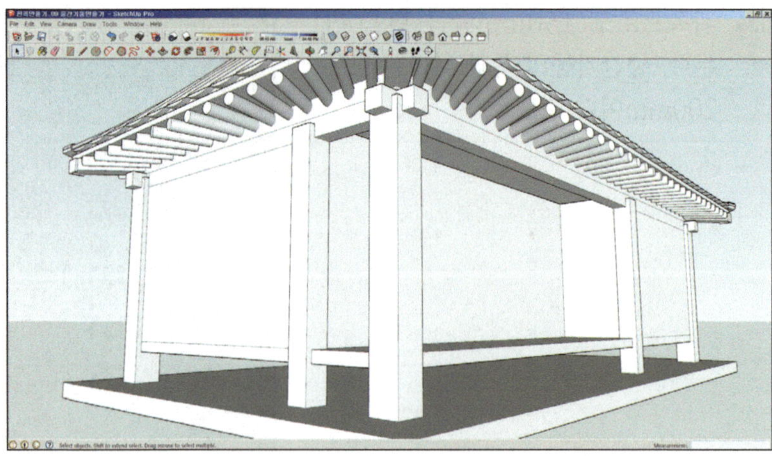

138 한옥의 뒷면에도 기둥을 만들기 위해서 Line(선) 도구를 사용해서 Midpoint(중간점)에서 아래로 수직선을 그린 후 다시 Tape Measure Tool(줄자도구)로 수직선에서 양쪽으로 100mm 떨어진 곳에 보조선을 그린다.

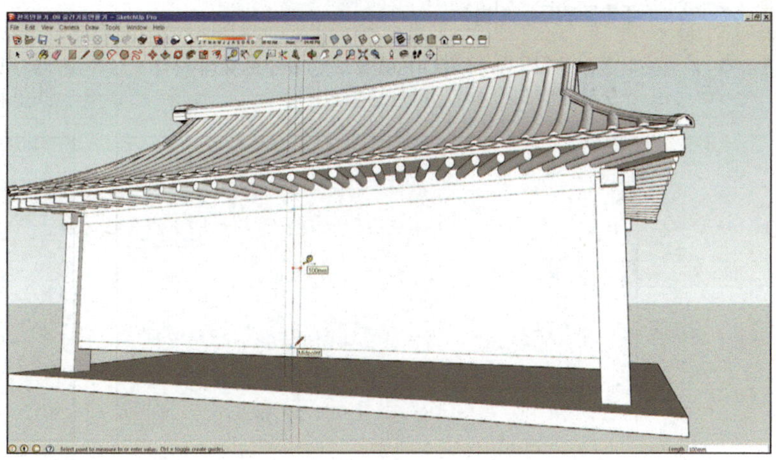

나머지는 앞에서와 동일한 방법으로 기둥을 완성한다.

139 기둥이 완성이 되었다면 아래에 주춧돌도 만든다. 주춧돌의 높이는 200mm이다.

주춧돌 만드는 방법

1. X-ray 모드에서 Offset(오프셋) 도구로 아래 사각 모서리에서 20mm 떨어진 면을 만든다.

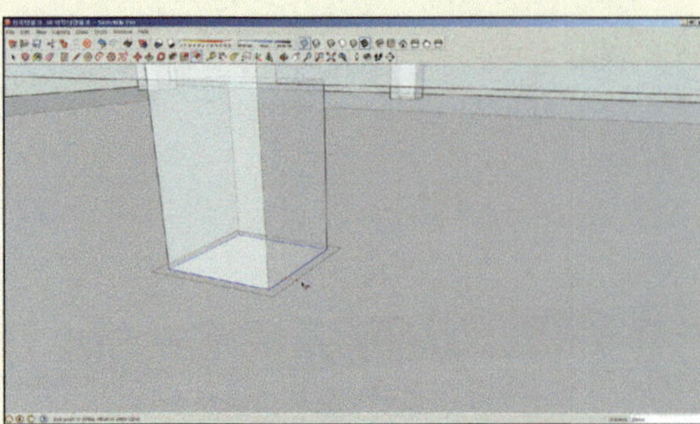

2. Push/Pull(밀기/끌기) 도구로 위쪽으로 면을 200mm 만든다.

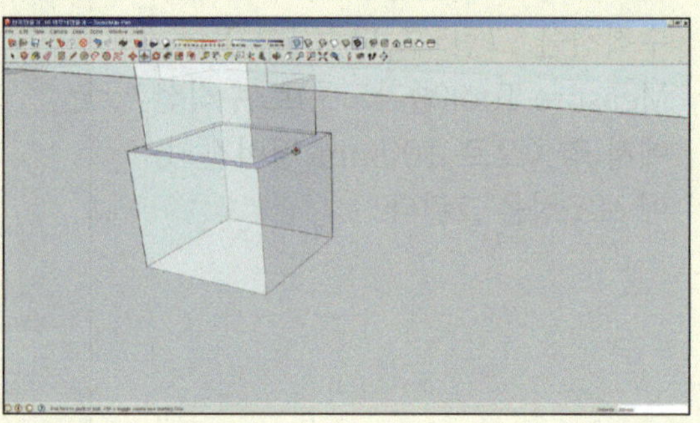

140 아래 벽을 만들기 위해 Line(선) 도구를 사용해서 마루의 아랫면에서 기둥에서부터 Green축 방향으로 선을 그린다.

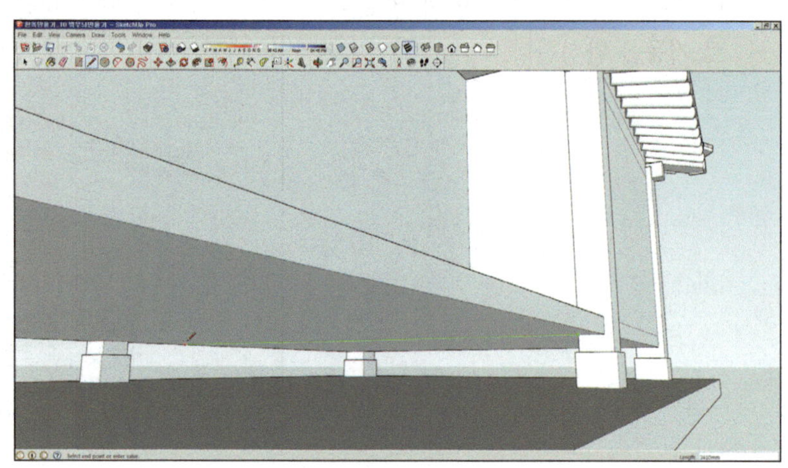

141 그림과 같이 아랫면을 Push/Pull(밀기/끌기) 도구를 사용하여 Ctrl 키를 누른 후 바닥면까지 면을 만든다.

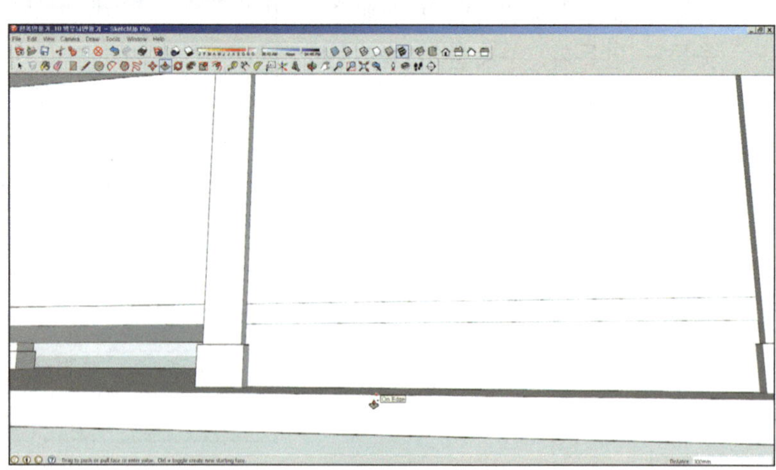

142 가로도 마찬가지로 마루의 아랫면에 기둥에서 Red축 방향으로 선을 그린다.

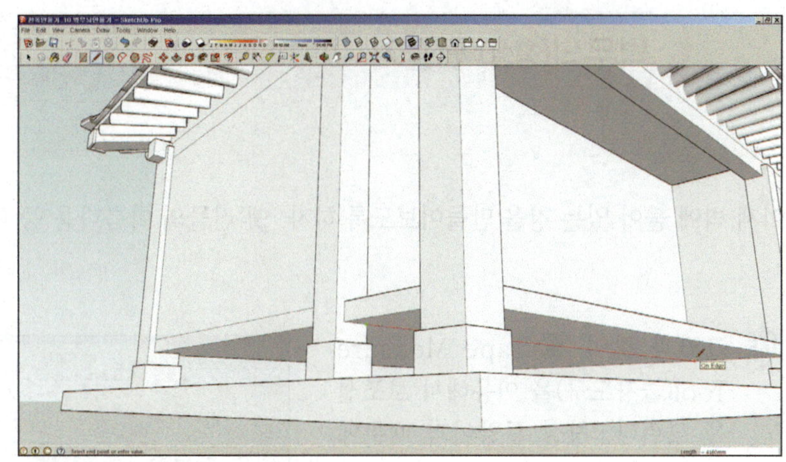

143 Push/Pull(밀기/끌기) 도구를 사용하여 Ctrl 키를 누른 후 바닥면까지 면을 만든다.

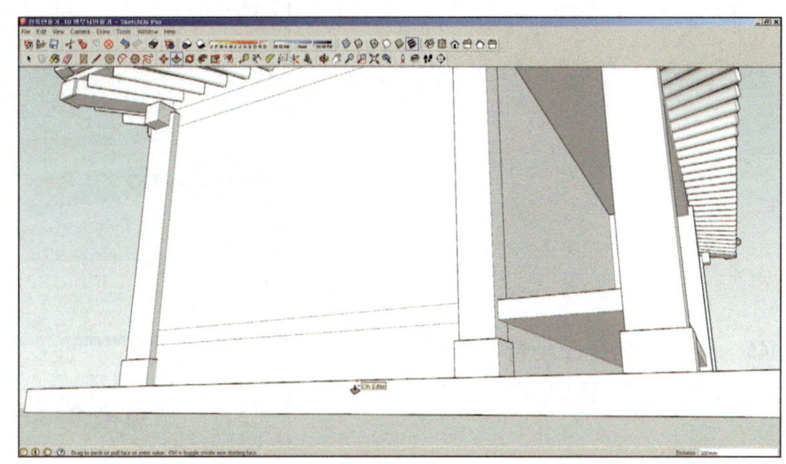

144 아래 벽까지 완성된 모습이다.

10 벽무늬(창살) 만들기

이제 벽에 붙어 있는 창을 만들어보도록 하자. 옛 건물의 아름다움 중 하나가 바로 창살 및 창문의 무늬이다.

145 그림과 같이 Tape Measure Tool(줄자도구)을 이용해서 보조선을 그린다. 창살 문양이기 때문에 치수는 정확하지 않아도 된다.

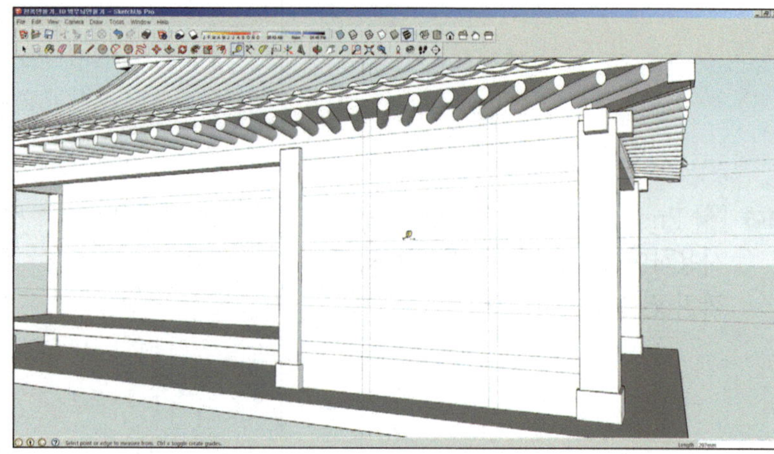

146 Line(선) 도구를 사용하여 보조선을 따라 그림과 같이 선을 그린다.

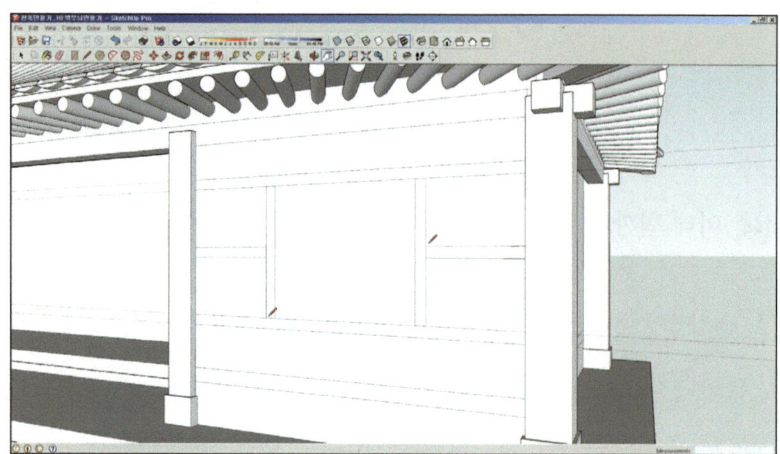

147 Push/Pull(밀기/끌기) 도구를 사용해서 20mm만큼 면을 만든다.

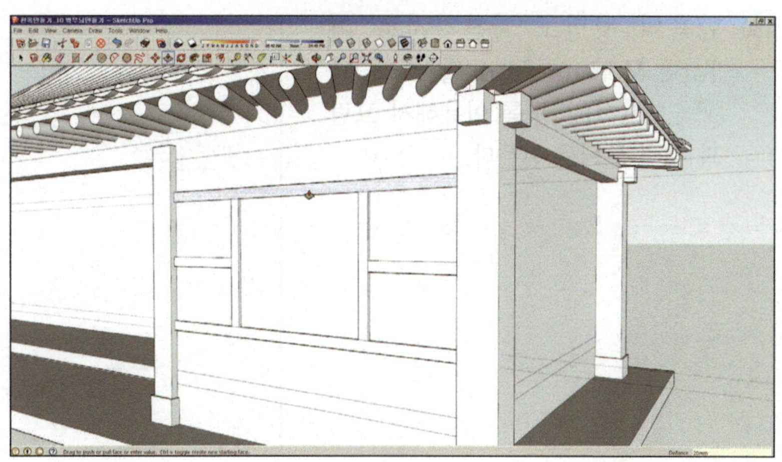

148 아래쪽에도 보조선과 선을 이용하여 그림과 같이 벽무늬를 만든다.

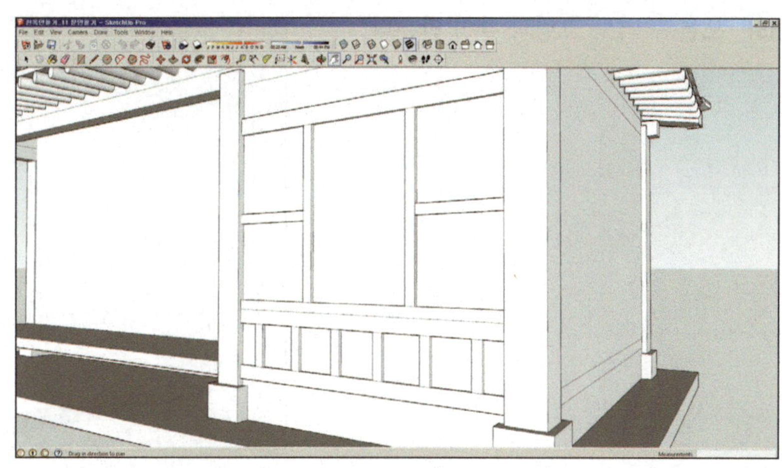

149 왼쪽 벽에도 보조선과 선을 사용해서 그림과 같이 벽무늬(창살)를 만든다.

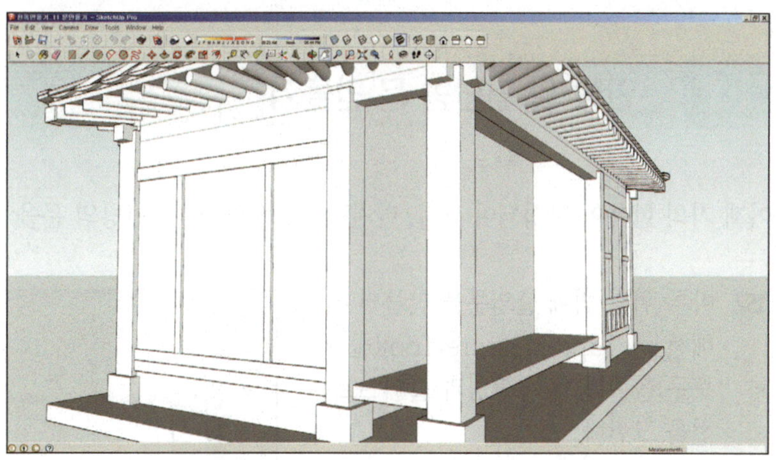

150 한옥의 뒷면도 마찬가지로 Tape Measure Tool(줄자도구)과 Line(선) 도구를 이용해서 그림과 같이 무늬를 만든다.

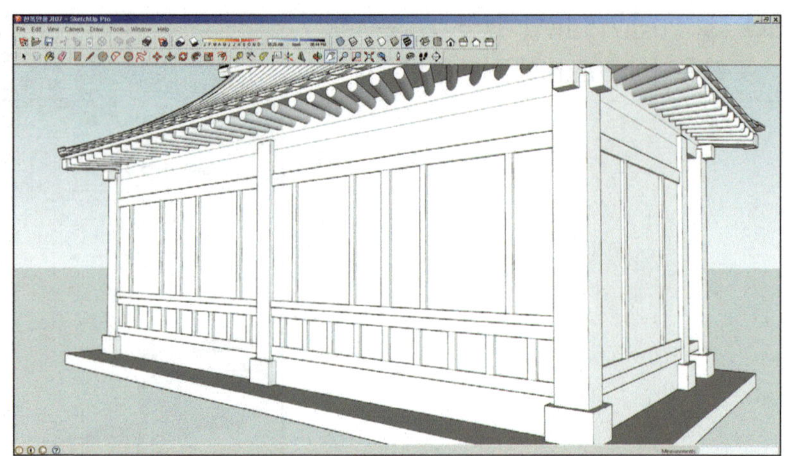

151 오른쪽 벽도 그림과 같이 만든다.

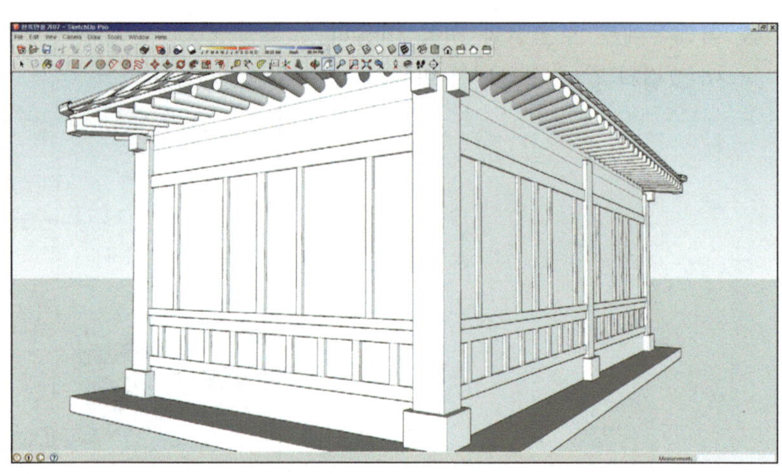

11 안방 및 건넌방 문 만들기

이제 거의 한옥이 완성되어 간다. 마지막으로 안방 및 건넌방의 문을 만들어보도록 하자.

152 마루 위의 벽에 출입문을 만들기 위해서 Tape Measure Tool(줄자도구)을 이용해서 그림과 같이 보조선을 그린다.

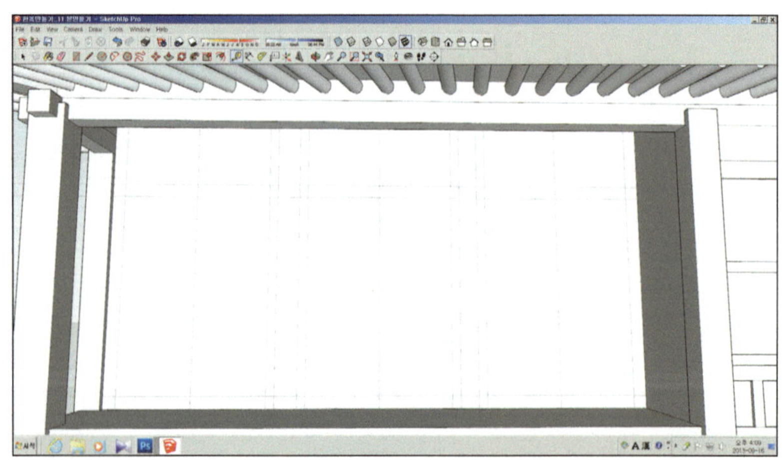

이때 보조선의 간격을 설정할 때 문이 들어갈 6자리의 높이와 폭의 크기가 같아야 한다. 높이 1600mm와 폭 600mm로 한다. 나머지 보조선들의 간격은 임의대로 해도 무방하다.

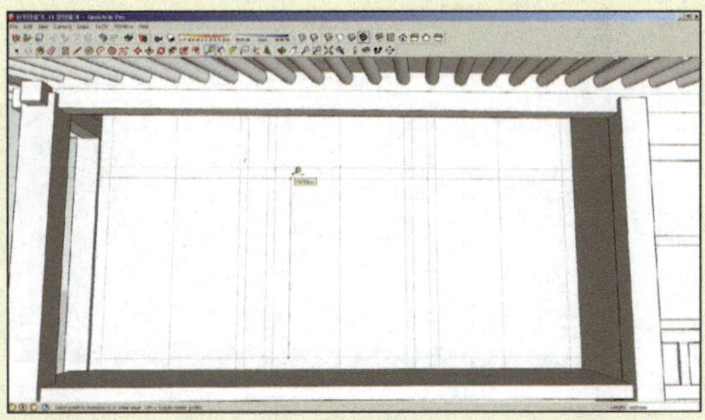

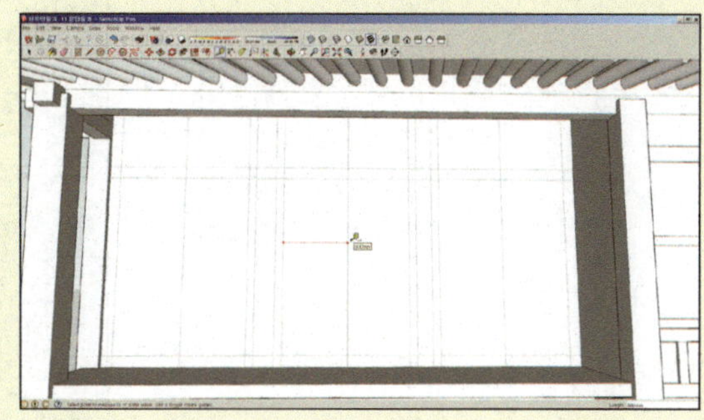

153 Rectangle(직사각형) 도구를 사용해서 그림과 같이 보조선에 맞추어 사각형을 그린다.

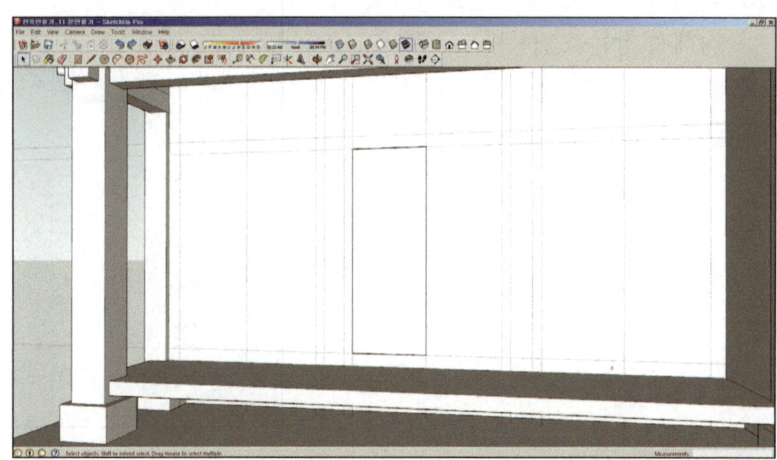

154 다음과 같은 문을 제작해서 153번 자리에 놓는다. 높이 1600mm, 폭 600mm이다.

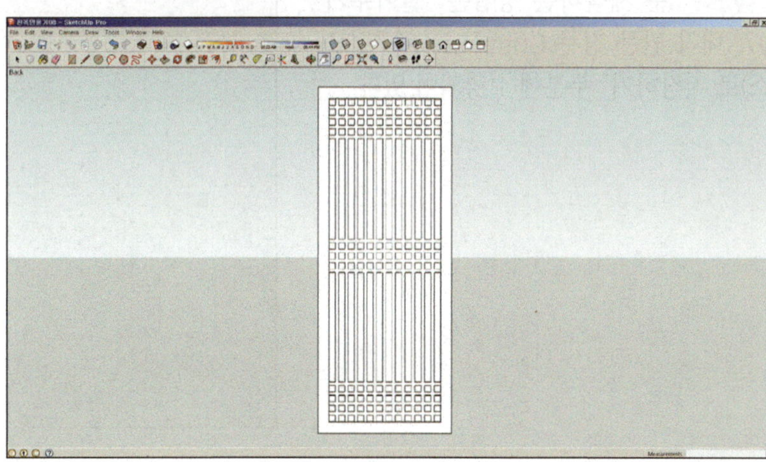

155 그림과 같이 안방문과 건너방 문이 완성되었다.

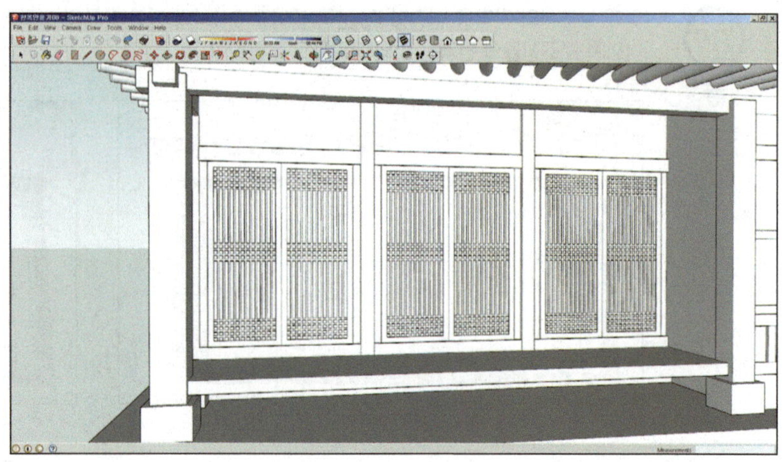

156 나머지 벽 부분에도 컴포넌트로 제작해서 창문을 만든다.

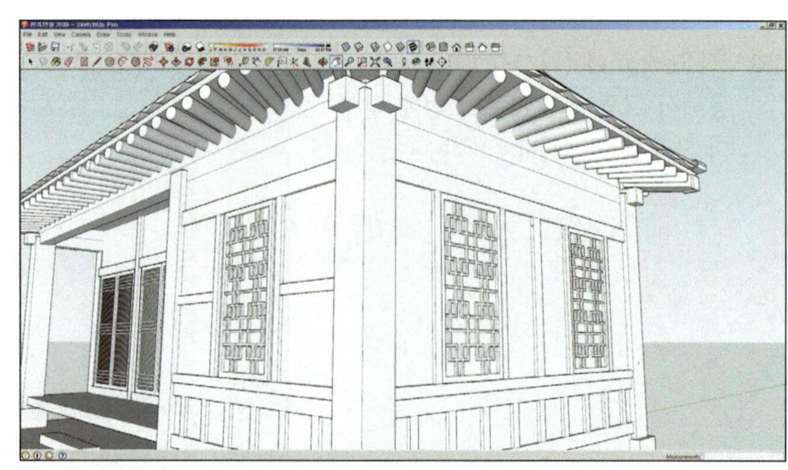

| 참고 | 문 제작하는 방법은 "알아두기 07. 내가 만든 창문 Component(구성요소)로 저장하기" 부분에 설명되어 있다.

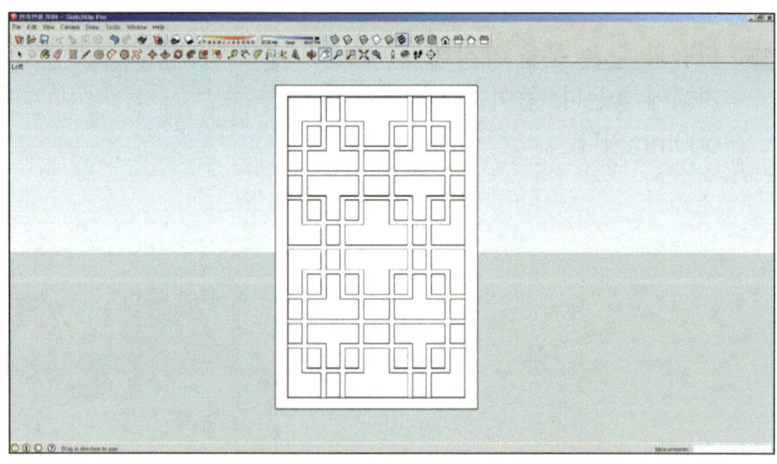

157 뒷면에도 그림과 같이 제작한 컴포넌트를 가져다 놓는다. 크기는 Scale(배율) 도구로 자유롭게 맞출 수 있다.

158 앞에 계단 및 마루 아래 디딤돌을 제작한다. 한옥 모델링이 완성되었다.

12 재질 입히기

전통가옥에 재질을 적용해보자. Chapter 03 "06.재질 입히기" 부분을 참고한다.

159 Paint Bucket(페인트통)을 선택한 후 Roofing(지붕)에서 Roofing_Shingles_Multi(지붕_지붕널_멀티)를 선택한다.

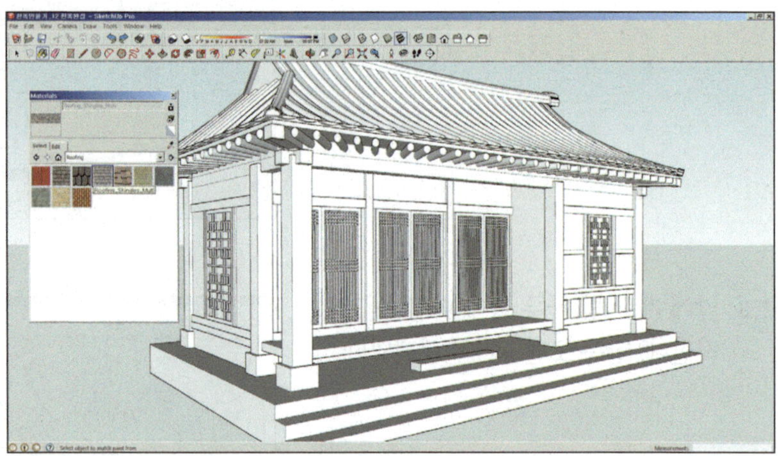

160 지붕을 클릭해서 재질을 적용한다.

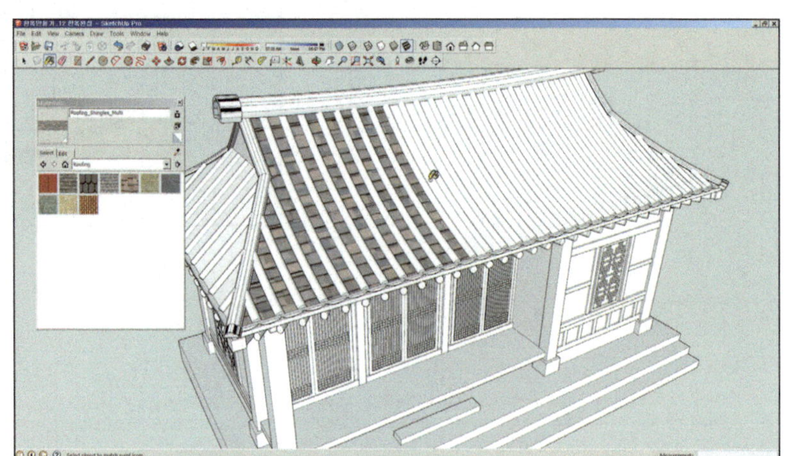

161 적용된 재질의 색을 바꾸기 위해서는 In Model(모델 안)의 적용된 재질을 더블클릭해서 그림과 같이 Edit(편집) 메뉴로 들어간다.

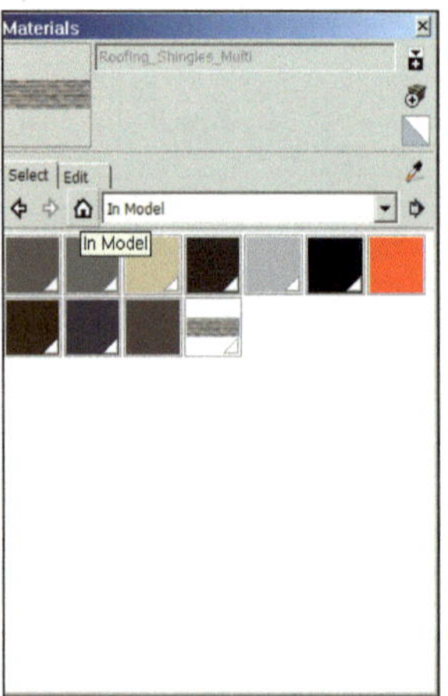

162 색상 조절 옆에 명도 조절에서 바를 아래로 내리면 좀 더 어두운 색의 재질로 변한다.

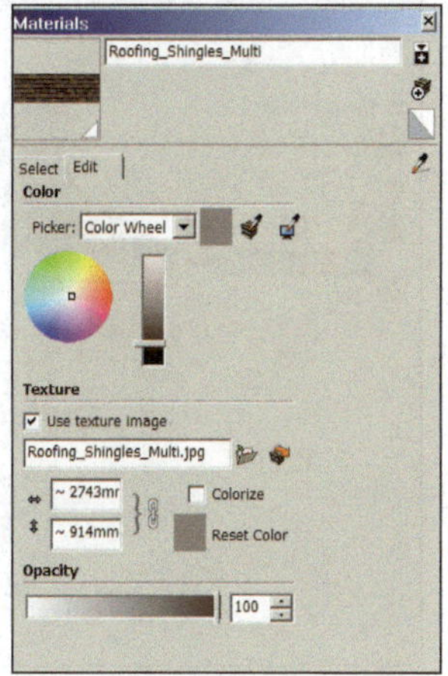

163 지붕 색깔이 좀 더 진해진 것을 확인할 수 있다.

164 기왓장은 검정색으로 재질을 적용한다.

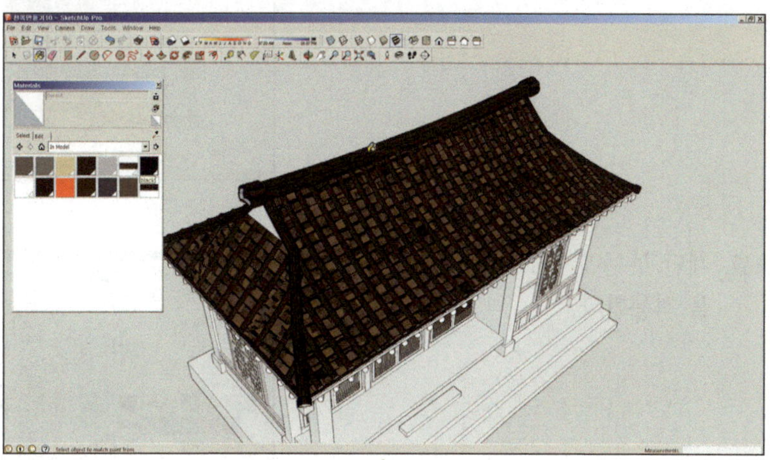

165 기둥은 그림과 같이 나무재질을 적용한다. 다양한 나무재질을 적용해 보도록 한다.

나무재질은 스케치업에서 제공하는 나무재질 이외에 자신이 원하는 재질을 인터넷에서 다운로드받아 적용하는 것이 훨씬 사실감 있게 표현된다. Chapter 05 "06. Google(구글)에서 나무 재질 다운받고 재질입히기" 부분을 참고한다.

166 처마 밑에 있는 부챗살 모양의 둥근 나무 부분도 재질을 적용한다. 좀 오래된 듯한 나무재질을 적용하는 것이 효과적이다.

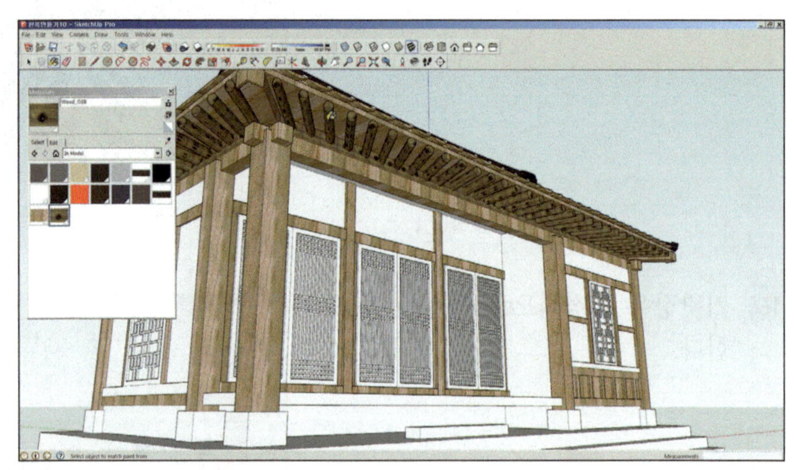

167 계단 부분에 돌 느낌이 나도록 재질을 적용한다.

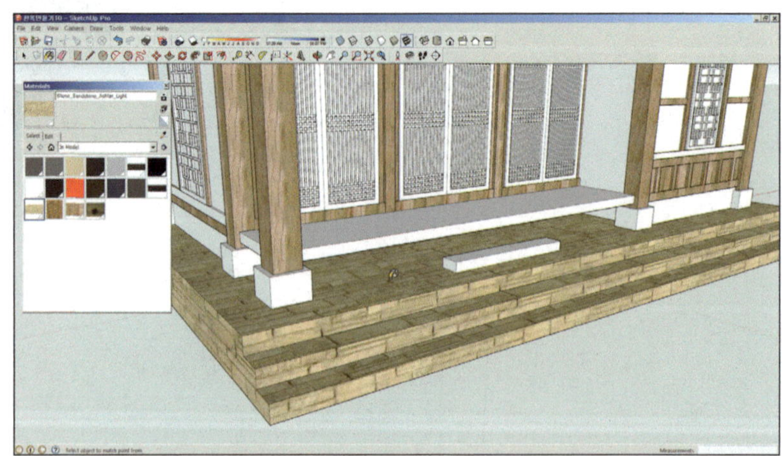

168 주춧돌과 마루 밑 디딤돌에 대리석 재질을 적용한다.

169 마루 부분도 나무재질을 적용한다.

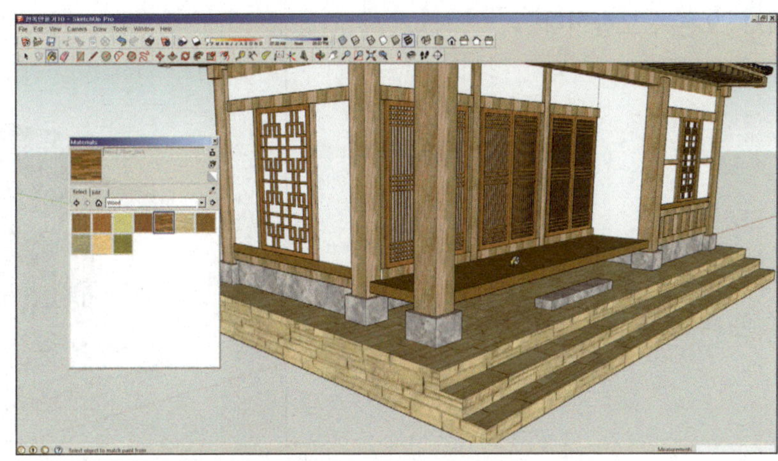

170 재질을 모두 적용한 모습이다.

171 전통가옥의 뒷모습이다.

172 오른쪽 모습이다.

173 전통가옥 전체를 복사해서 다양하게 꾸며본다.

알아두기 07 내가 만든 창문 Component(구성요소)로 저장하기

SketchUp에서 컴포넌트는 아주 중요한 역할을 한다. 물론 내 컴퓨터에 인터넷이 연결되어 있다면 엄청나게 많은 Component(구성요소)를 아주 쉽게 불러와 사용할 수 있지만 만약 내가 원하는 Component(구성요소)가 없다면 직접 제작할 수밖에 없다. 다만 창문이나 문처럼 반복해서 써야 할 경우, 그때마다 계속해서 만들 수는 없다. 이러한 때에 내가 만들어 놓은 창문을 Component(구성요소)로 저장해 두면 언제든지 가져와 사용할 수 있다. 이번 시간에는 내가 만든 창문을 Component(구성요소)로 저장하고, 불러와 사용하는 방법에 대해 알아보자.

1 Rectangle(직사각형) 도구를 사용해서 (650, 1360)인 사각형을 그린다.

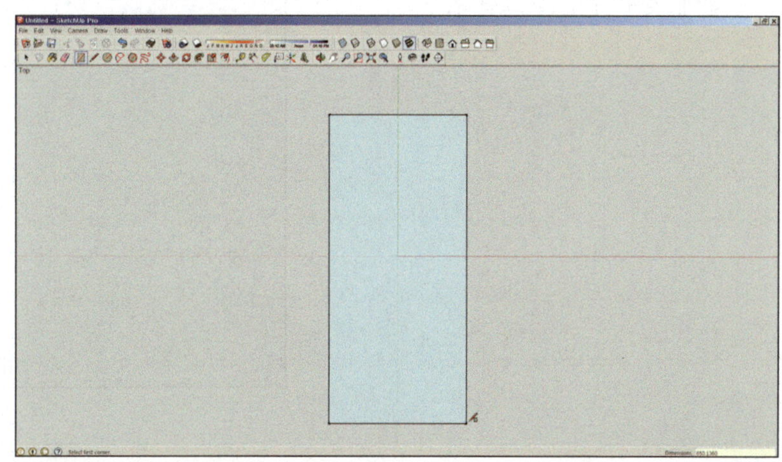

2 Offset(오프셋) 도구를 사용해서 40mm 작은 면을 만든다.

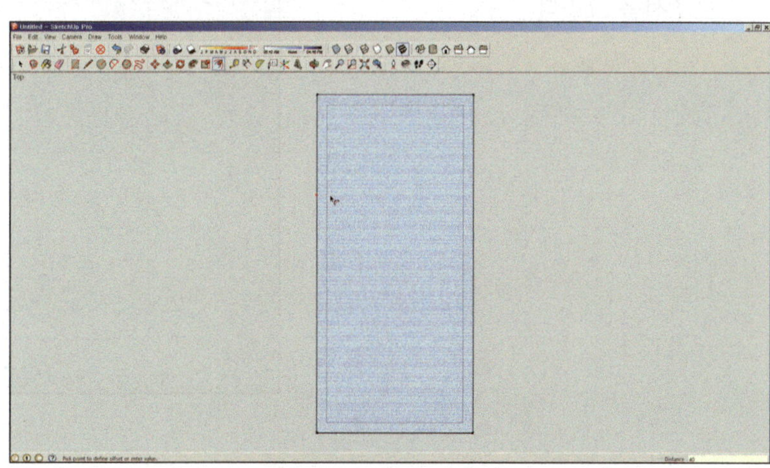

3 안쪽 아래 모서리에서 Tape Measure Tool(줄자도구)을 사용해서 각각 92mm, 16mm인 보조선을 그린다.

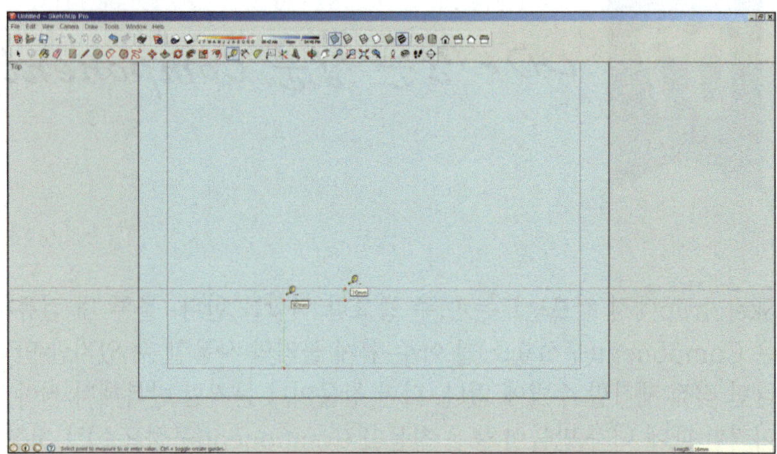

4 Line(선) 도구를 사용하여 보조선에 맞추어 선을 그린다.

5 선에서 다시 92mm 떨어진 곳에 보조선을 그린다.

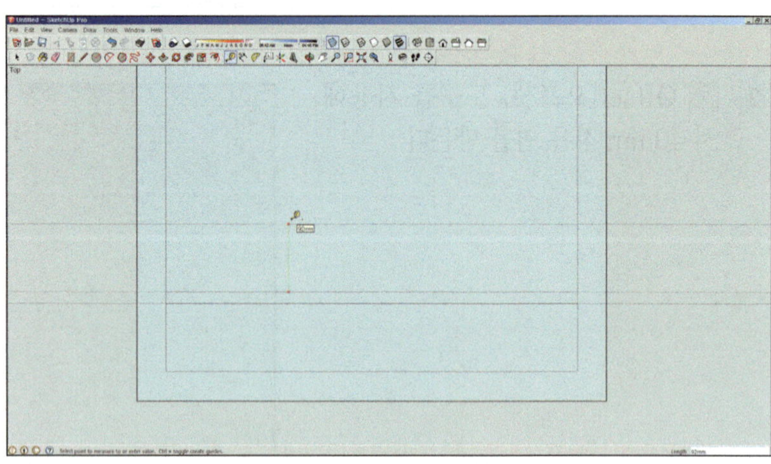

6 Select(선택) 도구를 이용해서 아래에 그린 선과 면을 선택한다.

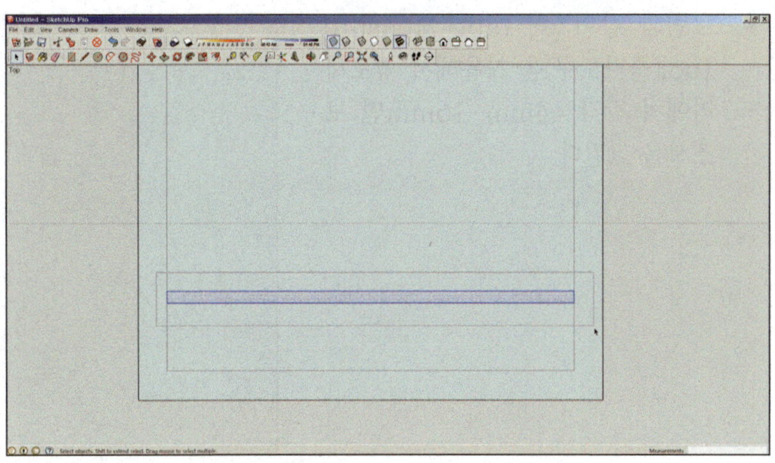

7 Move(이동) 도구를 사용해서 Ctrl 키를 누르고 보조선까지 복사한다.

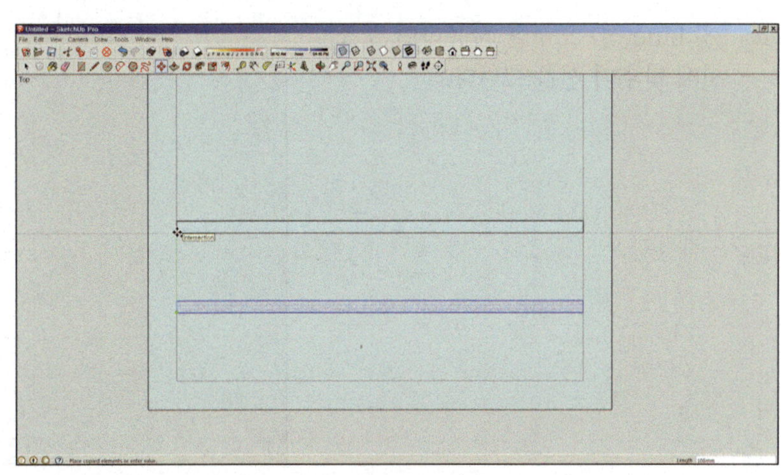

8 Length *10 수치입력 창에 *10을 입력하여 10개를 복사한다.

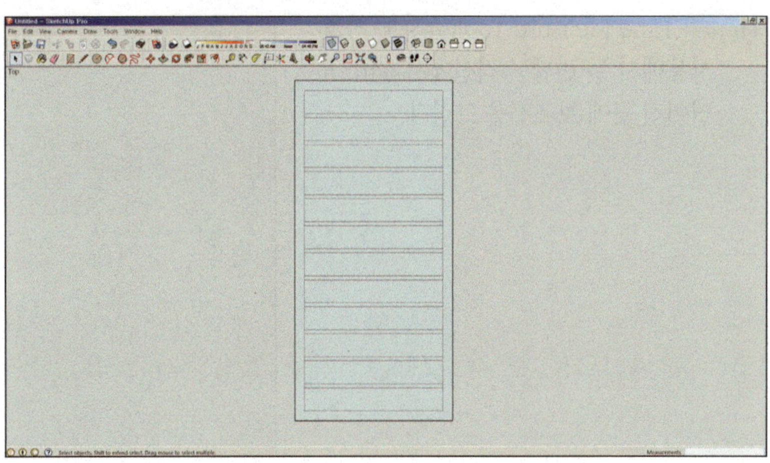

9 그림과 같이 Tape Measure Tool(줄자도구)을 사용해서 옆모서리에서 각각 44mm, 16mm인 보조선을 그린다.

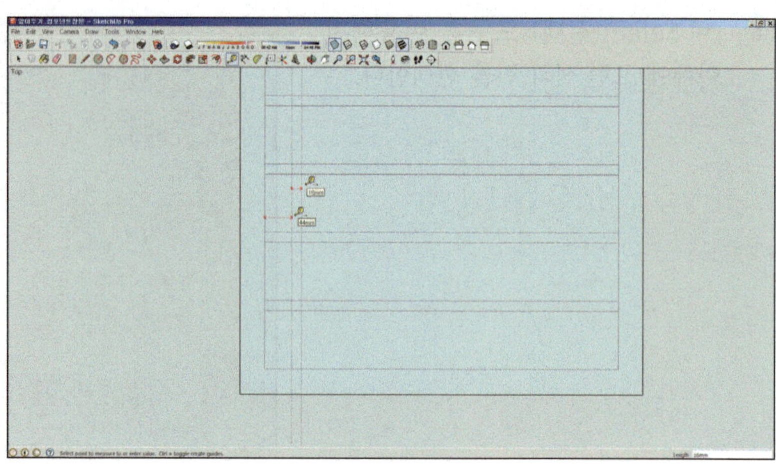

10 Line(선) 도구를 사용하여 보조선에 맞추어 선을 그린다.

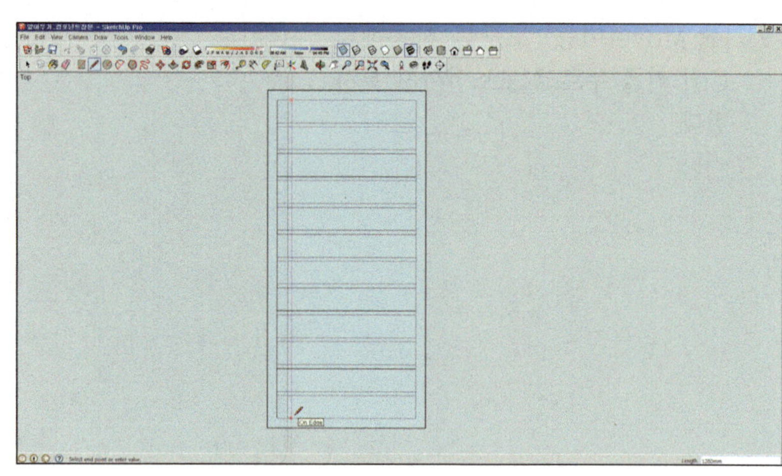

11 Tape Measure Tool(줄자도구)을 사용해서 두 번째 수직선에서 44mm 떨어진 곳에 보조선을 그린다.

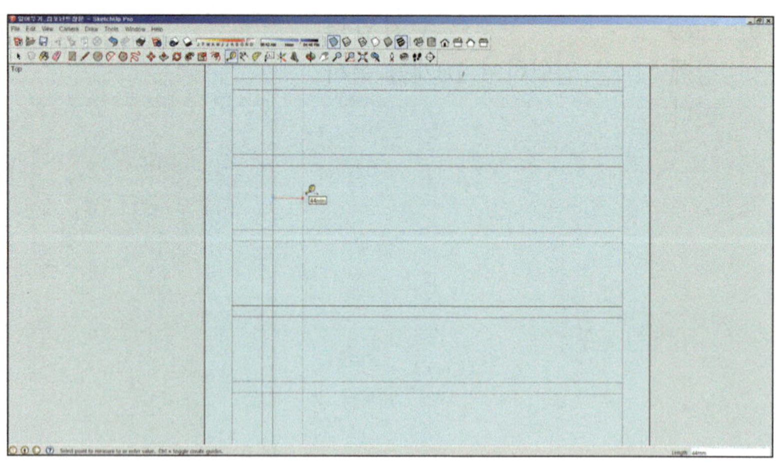

12 Select(선택) 도구를 이용해서 그림과 같이 두 개의 수직선을 선택한다.

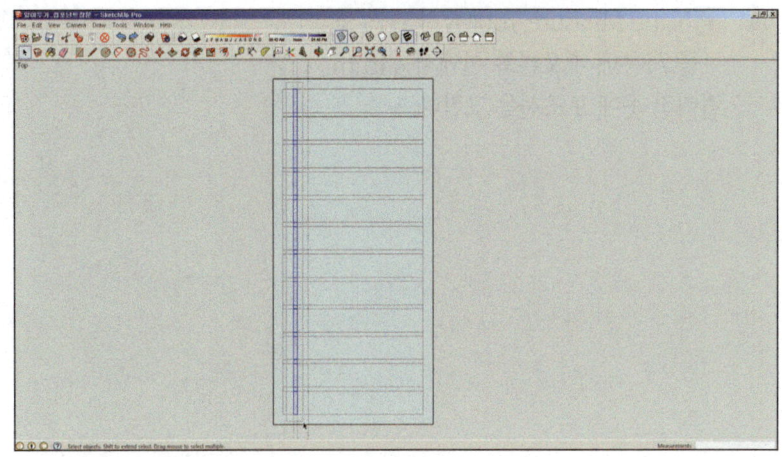

13 Move(이동) 도구를 사용해서 Ctrl 키를 누른 후 보조선까지 복사한다.

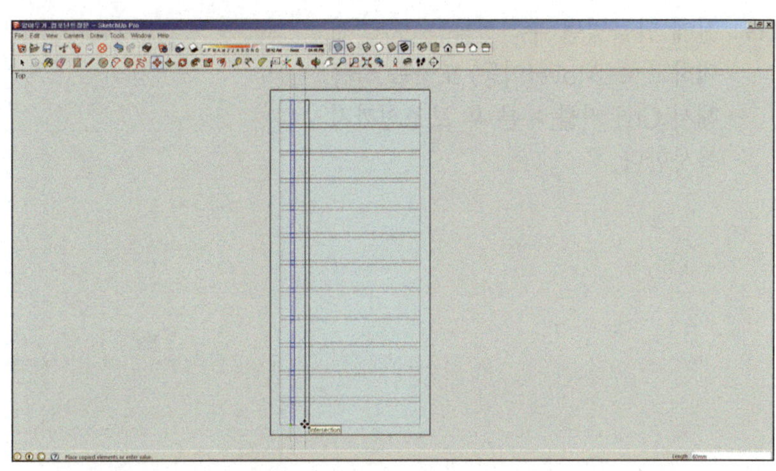

14 Length *3 수치입력 창에 *3을 입력해서 같은 간격으로 3개를 더 복사한다.

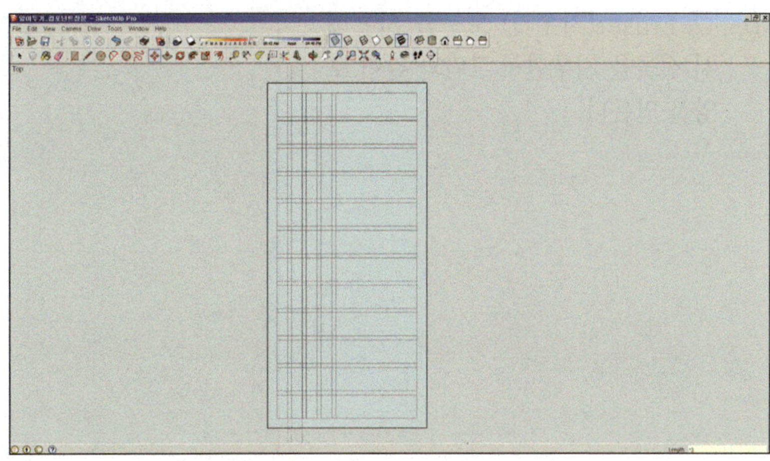

15 Tape Measure Tool(줄자도구) 도구를 사용해서 오른쪽 선에서 44mm 떨어진 곳에 보조선을 그린다.

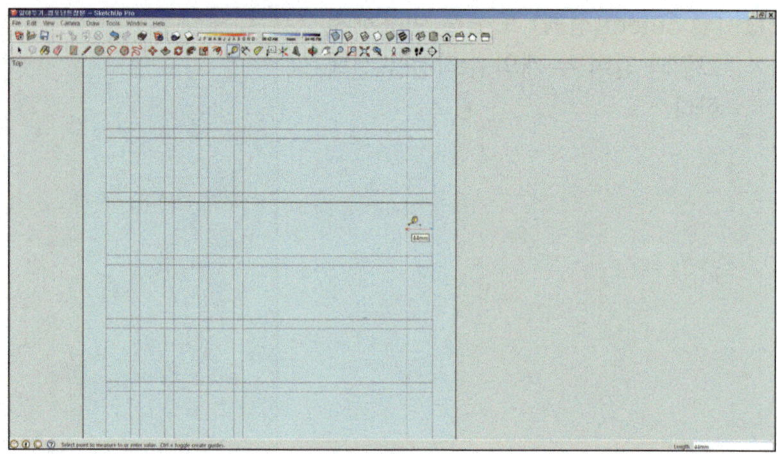

16 전에 만들었던 수직선들을 모두 선택하고 Move(이동) 도구를 사용해서 Ctrl 키를 누른 후 보조선까지 복사한다.

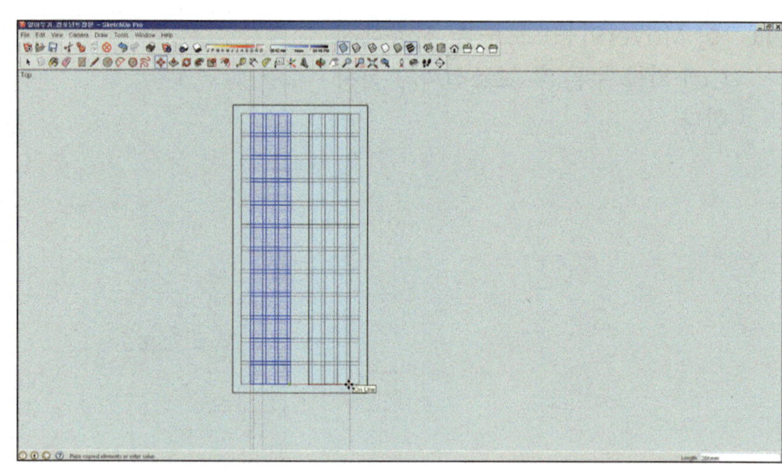

17 Eraser(지우기) 도구를 사용해서 선들을 지우면서 그림과 같이 모양을 만든다.

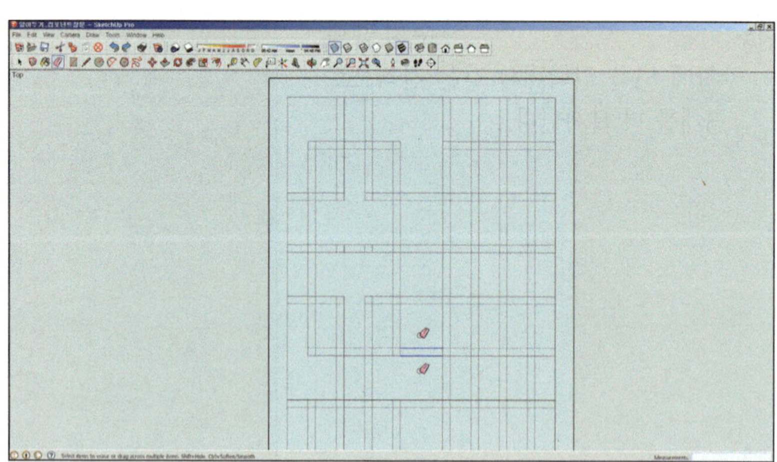

18 창틀 안쪽 부분도 선을 지운다.

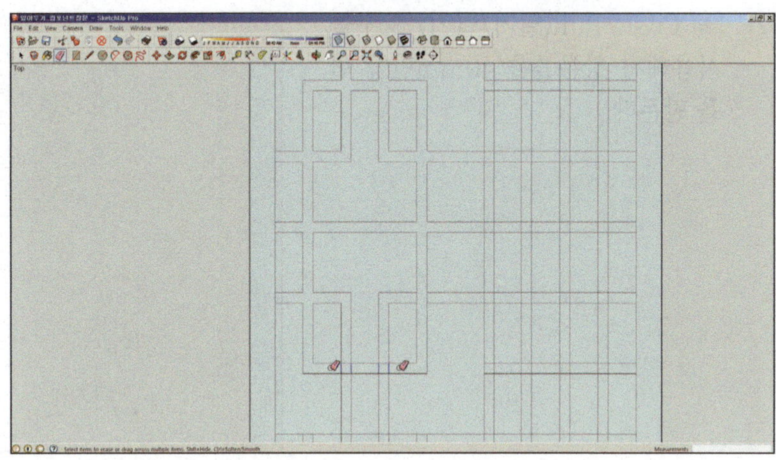

19 그림과 같이 창틀의 모양을 완성한다.

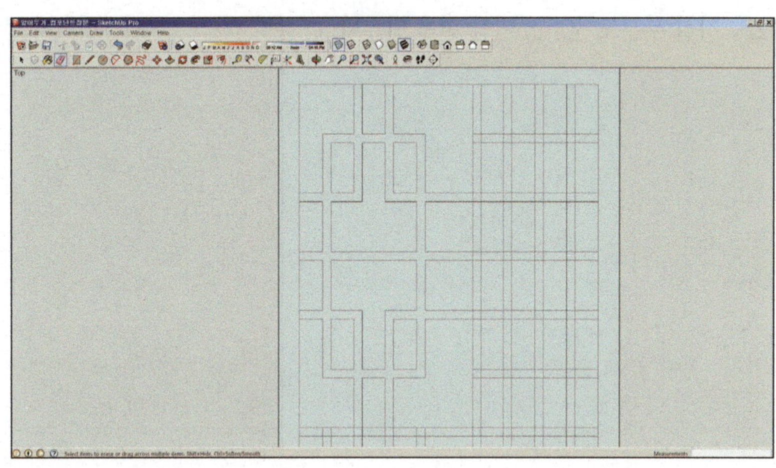

20 나머지 세 부분도 같은 방법으로 문양을 완성한다.

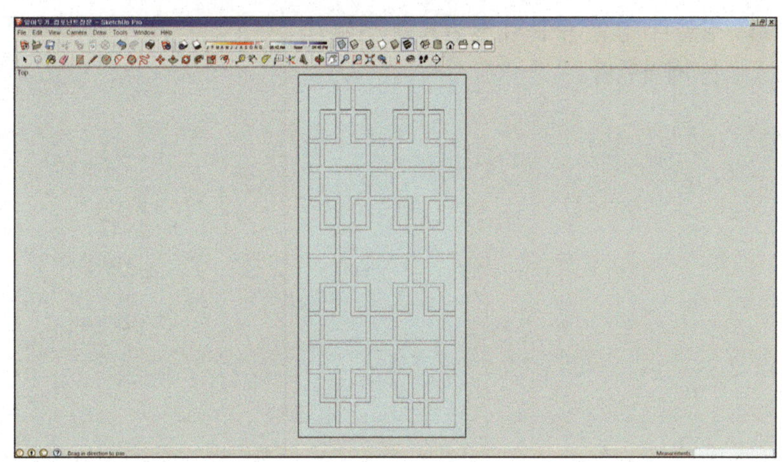

우리나라 전통문양을 참고해서 다른 모양으로도 창을 만들어보길 바란다.

21 Push/Pull(밀기/끌기) 도구를 사용해서 창문틀을 40mm만큼 면을 만든다.

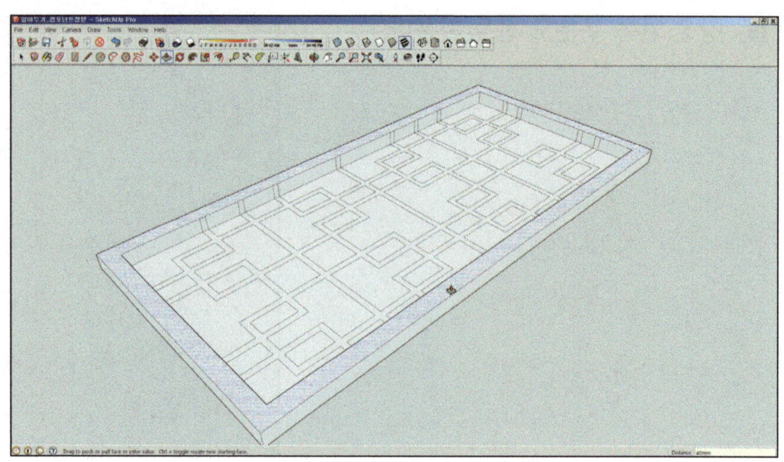

22 창살 부분도 30mm만큼 면을 만든다.

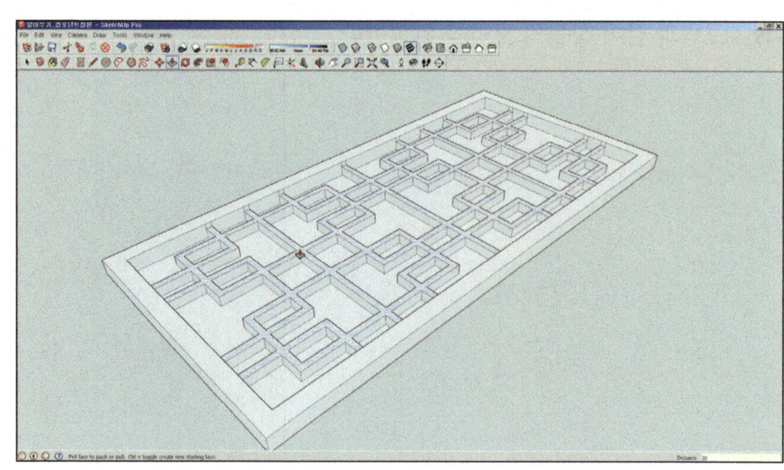

23 창틀과 창살 부분의 불필요한 선들은 제거한다.

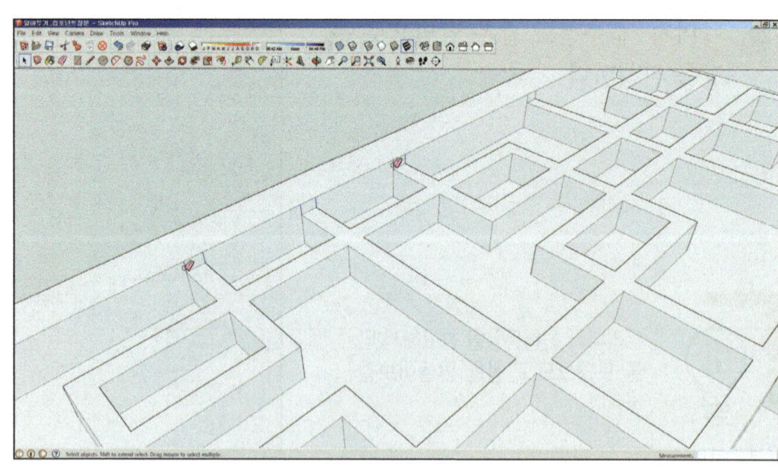

24 Paint Bucket(페인트통) 도구를 사용해서 나무재질을 창틀과 창살 부분에 적용한다.

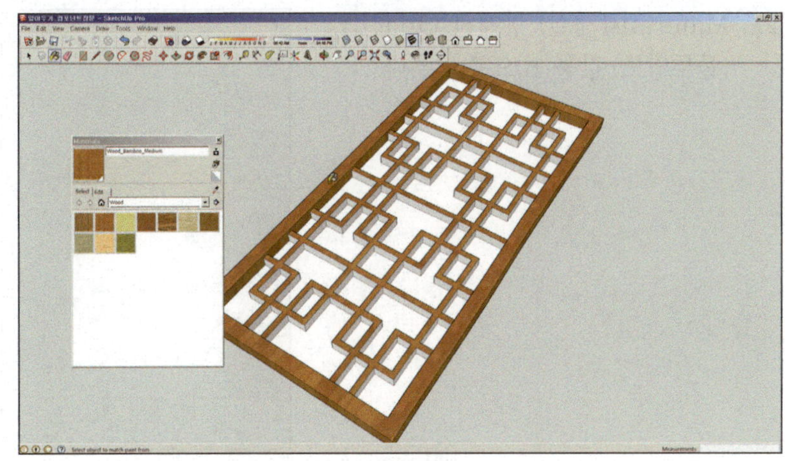

25 원래 전통가옥 문은 한지로 되어 있지만 여기에서는 그냥 유리재질로 적용해보도록 한다. 나중에 컴포넌트를 적용했을 때 안쪽이 보이는지 확인하기 위해서이다. 유리재질을 적용하기 위해 먼저 Colors(색상)에서 Color_002(색상_002) 색을 적용한다.

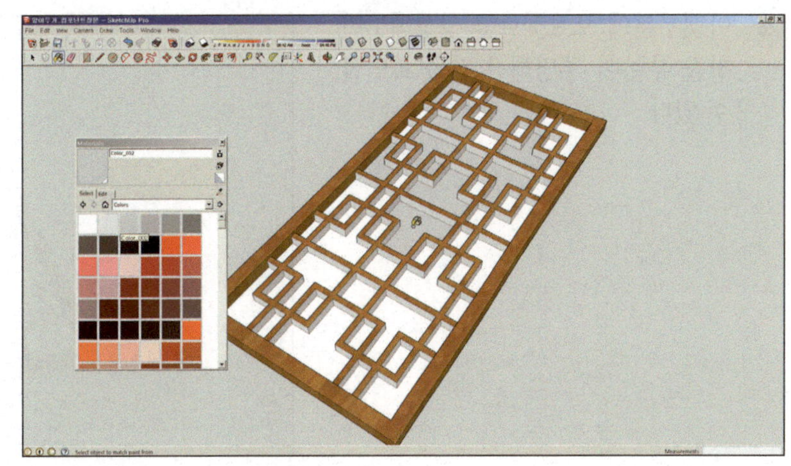

26 재질이 적용된 In Model(모델 안)에 가서 창문에 적용된 재질을 더블클릭한다.

27 Materials(재질) 창에서 Opacity (불투명도) 값을 10으로 낮춘다.

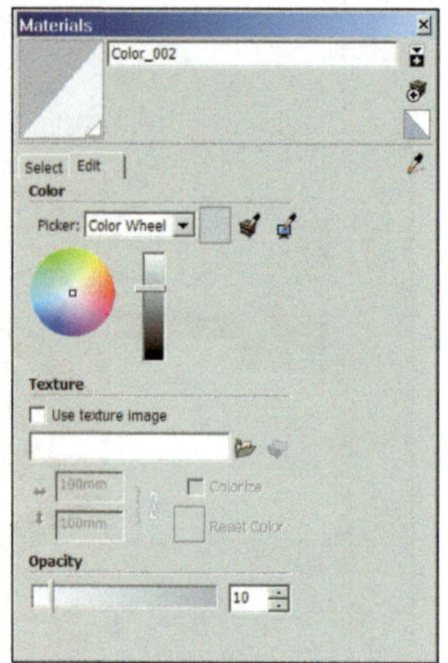

28 아랫부분에 오브젝트를 생성해보면 창틀 부분이 투명해진 것을 확인할 수 있다.

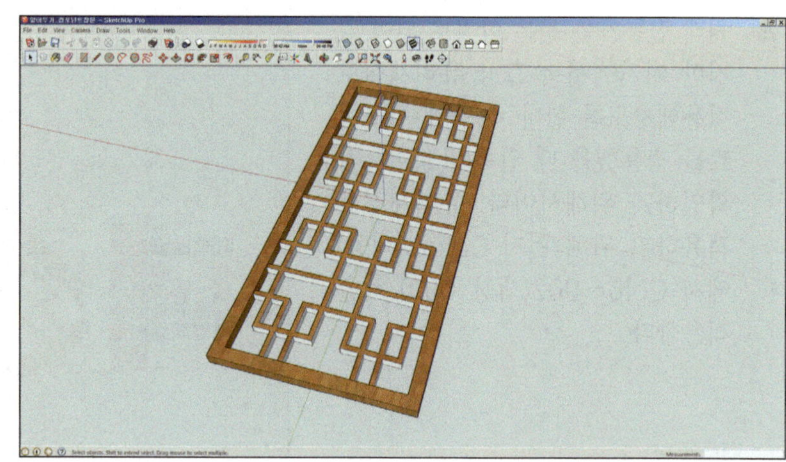

29 자 이제 만들어 놓은 창문을 컴포넌트로 저장해보도록 하자.
Select(선택) 도구로 창문을 모두 선택한 후, 오른쪽 마우스를 클릭해서 Make Component(구성요소 만들기)를 선택한다.

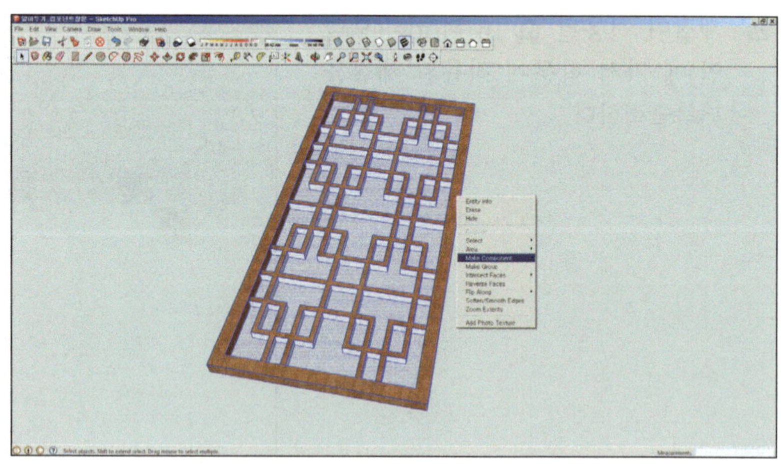

30 Create Component(구성요소 만들기) 창에서 Name(이름)과 Description(설명)을 넣은 후, Glue to(연결 대)에서 Any(모두)를 선택한다.

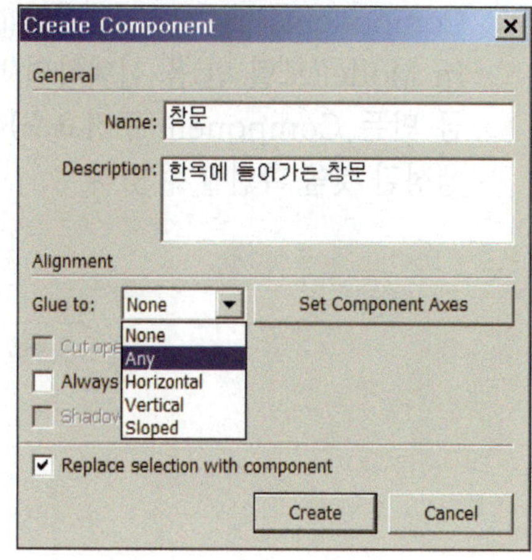

Glue to(연결 대)에서 반드시 Any(모두)를 선택해야 나중에 Component(구성요소)를 오브젝트에 적용했을 때 어떠한 방향이든지 모두 벽면에 달라 붙을 수 있다. 만약 Component(구성요소)를 불러왔을 때 벽면에 붙지 않는 경우는 Glue to(연결 대) 부분이 None(없음)으로 선택되어 저장되어 있는 Component(구성요소)라 하겠다.

31 다음으로 Cut Opening(개방부 잘라내기)을 반드시 체크한다.

Cut Opening(개방부 잘라내기)을 반드시 체크해야지만 나중에 Component(구성요소)가 붙은 자리에 벽면이 뚫려 안쪽까지 볼 수 있다. 역시 Component(구성요소)를 불러왔을 때 안쪽이 보이지 않는 경우 바로 Cut Opening(개방부 잘라내기) 옵션을 체크하지 않았을 때이다.

32 이제 만들어진 Component(구성요소)를 계속 사용할 수 있도록 저장해보자. 메뉴에서 Window(창) 〉 Components(구성요소)를 선택한다.

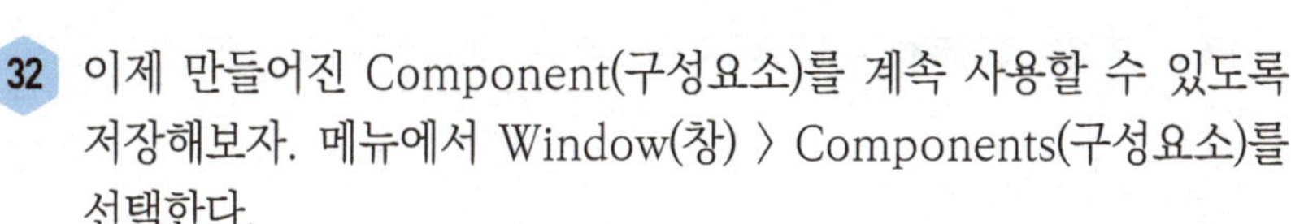

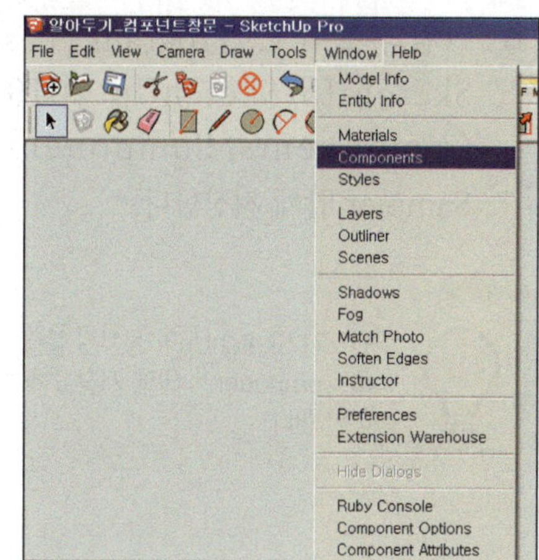

33 Components(구성요소) 창에서 🏠 In Model(모델 안)을 선택하면 방금 만든 Component(구성요소)가 생성된 것을 확인할 수 있다.

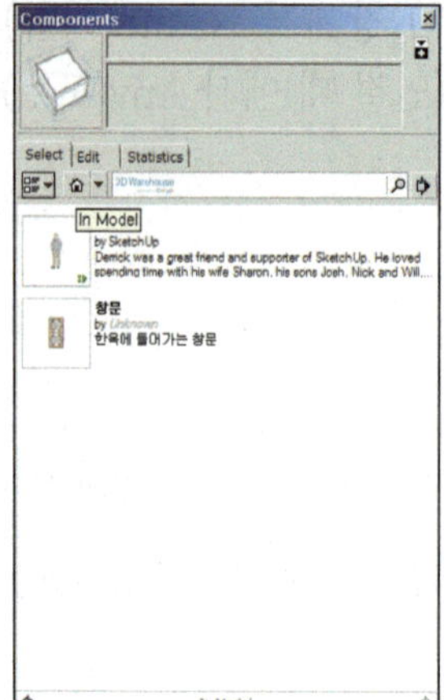

34 창문 Component(구성요소)를 선택한 후 오른쪽 마우스를 클릭해서 Save As(다른 이름으로 저장)를 선택한다.

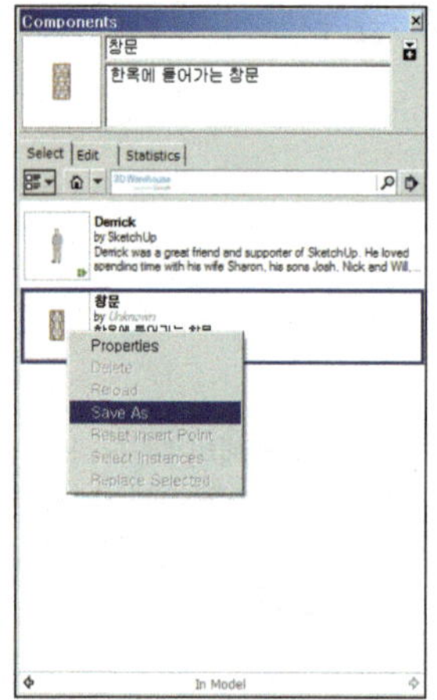

35 그림과 같이 C:/Program Files/SketchUp/SketchUp 2019/Components/Components Sampler 안에 저장한다.

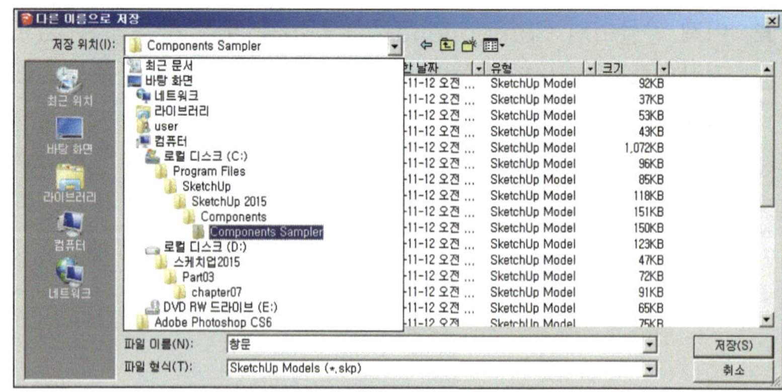

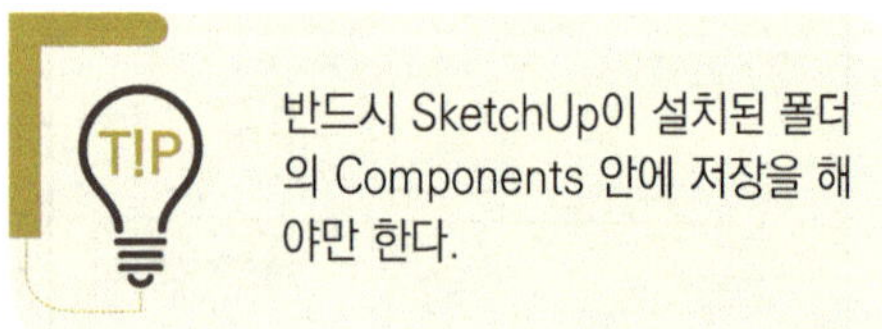

TIP

반드시 SketchUp이 설치된 폴더의 Components 안에 저장을 해야만 한다.

36 파일이름을 적은 후 저장 버튼을 클릭한다.

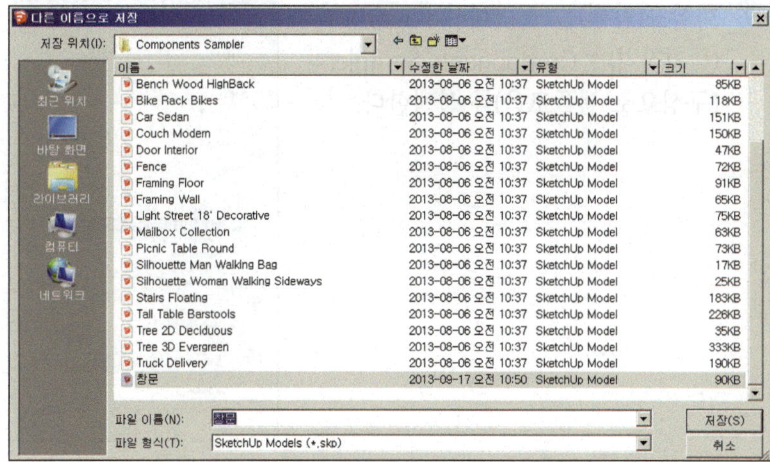

37 Component(구성요소)가 제대로 저장이 되었는지 알아보자. 먼저 Component(구성요소)를 불러와서 붙일 육면체를 만든다. 안쪽에 캐릭터를 없애지 않은 이유는 컴포넌트를 불러왔을 때 안쪽이 보이는지 확인하기 위해서이다.

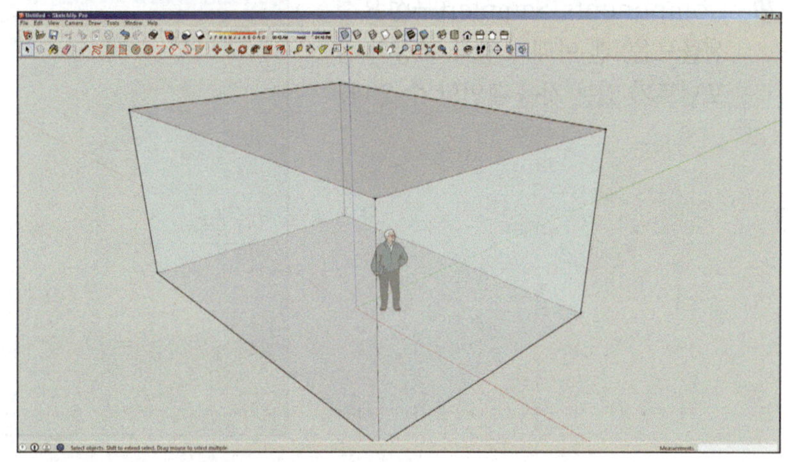

38 자신이 만든 컴포넌트를 적용하기 위해 메뉴에서 Window(창) 〉 Components(구성요소)를 선택하여 Componts(구성요소) 창을 연다.

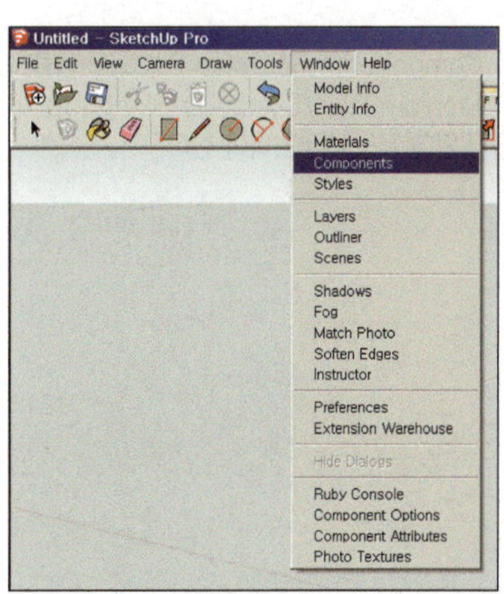

39 화살표(탐색)를 클릭해서 Favorites (즐겨찾기) 〉 Components Sampler (구성요소 샘플모음)를 선택한다.

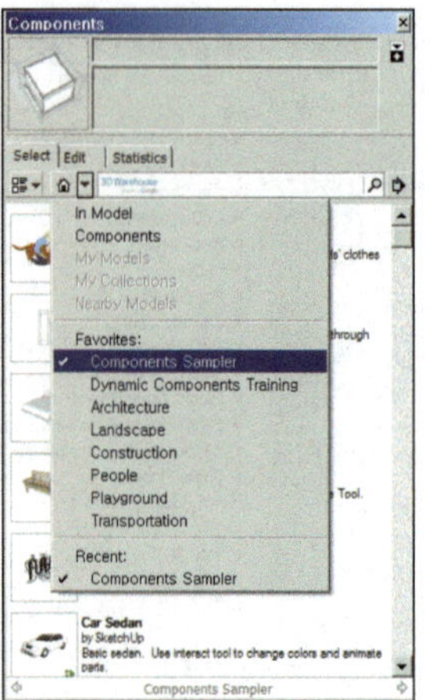

40 Components Sampler(구성요소 샘플모음) 맨 아래에 방금 저장한 컴포넌트가 있는 것을 확인할 수 있다.

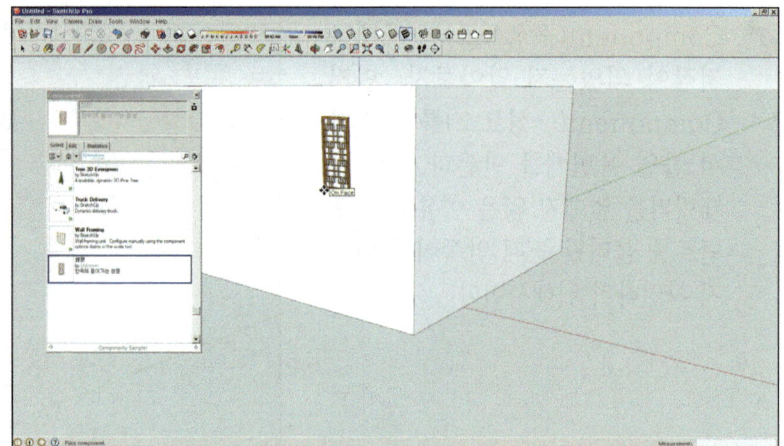

만약 Favorites(즐겨찾기) 〉 Components Sampler(구성요소 샘플모음)에 자신이 만든 Component(구성요소)가 없다면 SketchUp이 설치된 폴더 C:/Program Files/SketchUp/SketchUp 2019/Components/Components Sampler 안에 저장이 안 된 것이다. 반드시 이 폴더 안에 저장되어 있어야 한다.

41 안쪽을 확인해 보면 안에 캐릭터가 보이는 것을 확인할 수 있다.

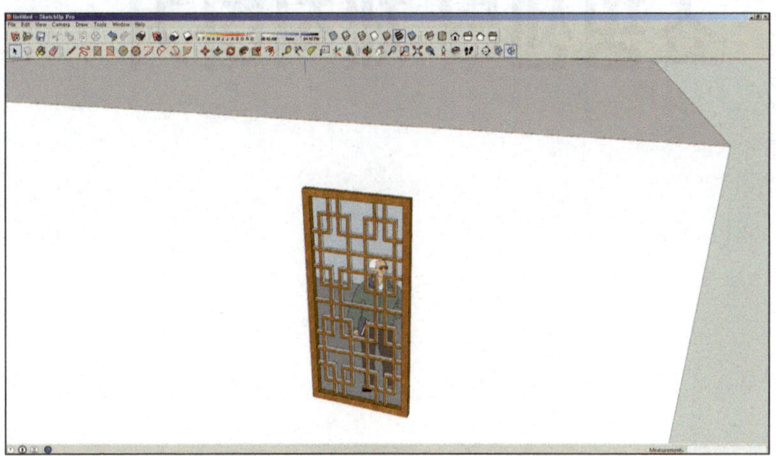

안쪽이 보이지 않는 경우는 벽면에 잘못 붙였거나 알아두기 31번에서 Cut Opening(개방부 잘라내기)를 체크하지 않아서이다.

쇼핑센터 제작하기

08 Chapter

이번 Chapter에서는 쇼핑몰을 제작해보도록 하겠다. 쇼핑몰을 제작하는 것은 앞에서 다룬 단독주택들과 모델링이 비슷하다. 하지만 주의 깊게 살펴야 할 것이 바로 에스컬레이터 제작하기와 도로 제작하기이다. 도로의 재질은 포토샵을 이용해 미리 만들어 놓은 도로 이미지를 가지고 매핑작업을 통해서 제작한다. 이와 같이 SketchUp은 포토샵 작업과 밀접한 인과관계를 가지고 있다. 아래의 그림 역시 V-ray로 랜더링한 후, 포토샵에서 리터칭 작업을 거쳐 완성한 그림이다.

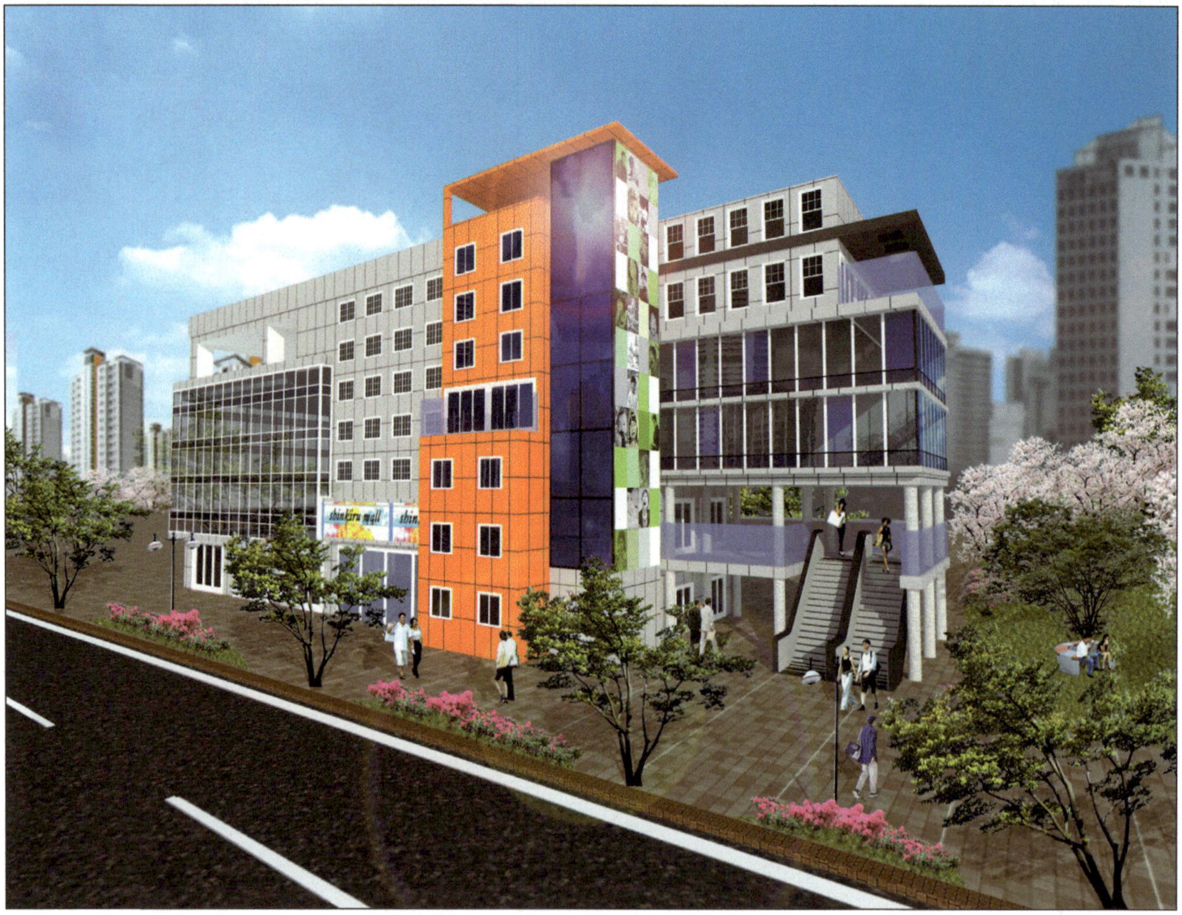

01 쇼핑센터의 기본 형태 만들기

우선 쇼핑몰의 기본 형태를 제작해 보도록 하자.

1 Rectangle(직사각형) 도구를 사용하여 (10000, 8000)인 사각형을 그린다.

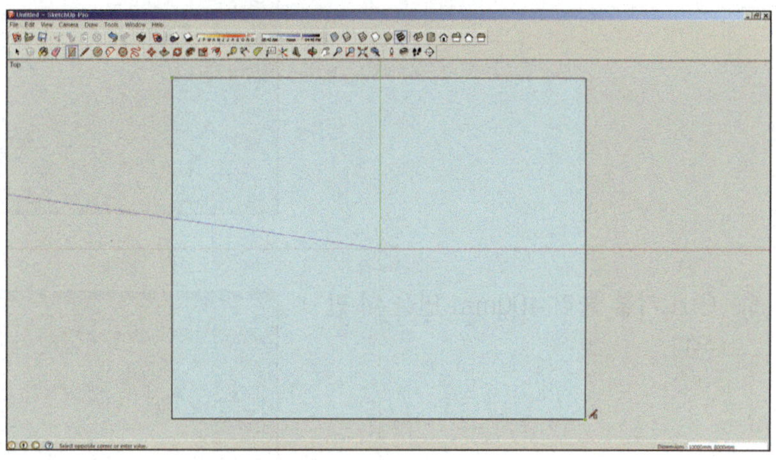

2 Push/Pull(밀기/끌기) 도구를 사용하여 3000mm만큼 면을 만든다.

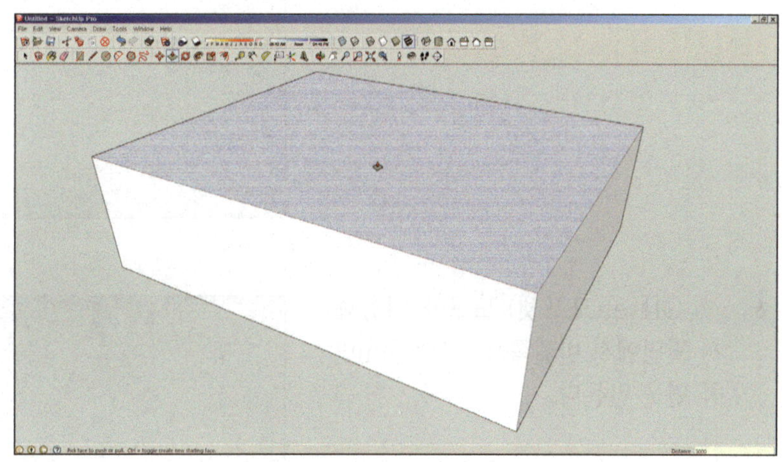

3 Push/Pull(밀기/끌기) 도구를 사용하여 Ctrl 키를 누른 후 400mm만큼 면을 만든다.

Push/Pull(밀기/끌기) 도구를 사용할 때 Ctrl 키를 눌러 새롭게 면을 생성하는 이유는 1층과 2층을 분리하는 이유도 있지만, 나중에 1층과 2층을 연결하는 에스컬레이터를 제작하기 위해서 면을 제거해야 하기 때문이다.

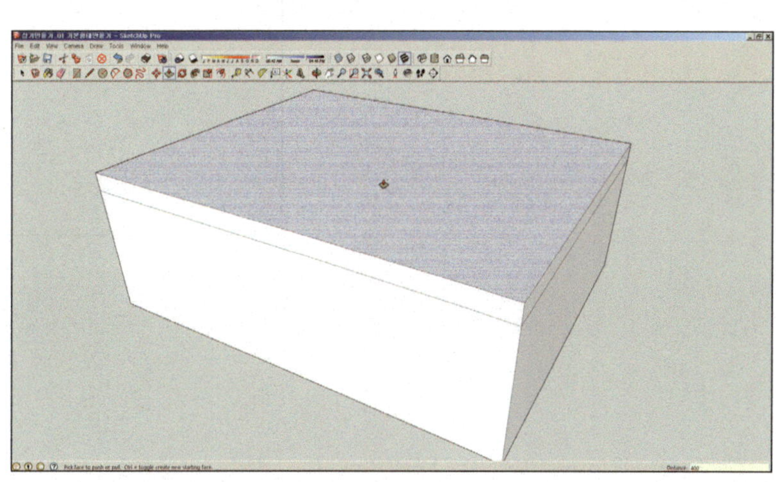

4 역시 Ctrl 키를 누른 후 Push/Pull(밀기/끌기) 도구를 사용하여 3000mm 면을 더 만든다.

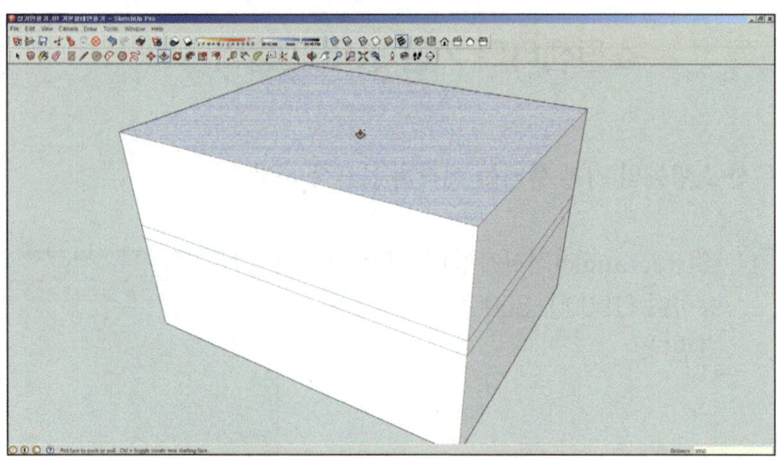

5 Ctrl 키를 눌러 400mm 면을 더 만든다.

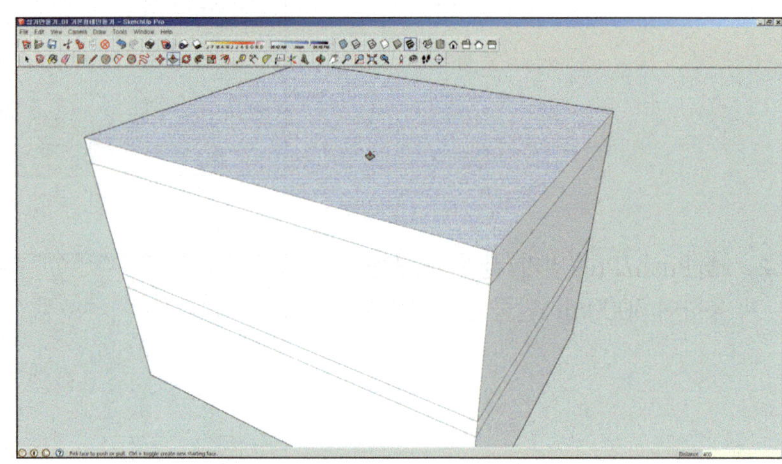

6 Offset(오프셋) 도구를 사용해서 윗면에서 바깥쪽으로 100mm만큼 면을 만든다.

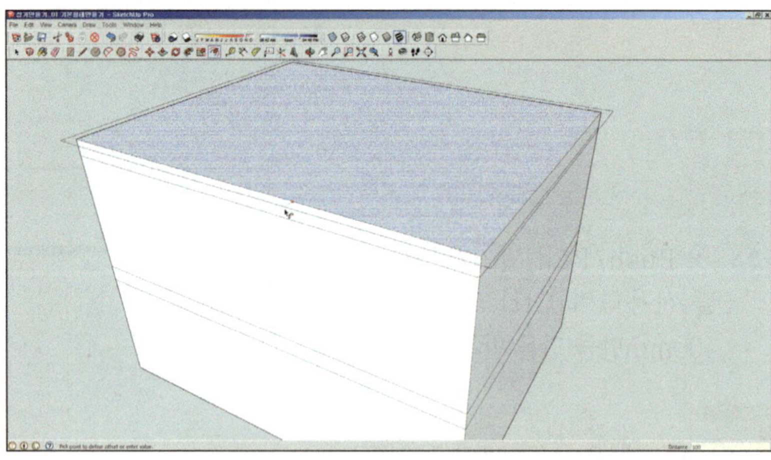

7 바깥쪽 면을 선택한 후 Push/Pull(밀기/끌기) 도구를 사용하여 300mm만큼 면을 만든다.

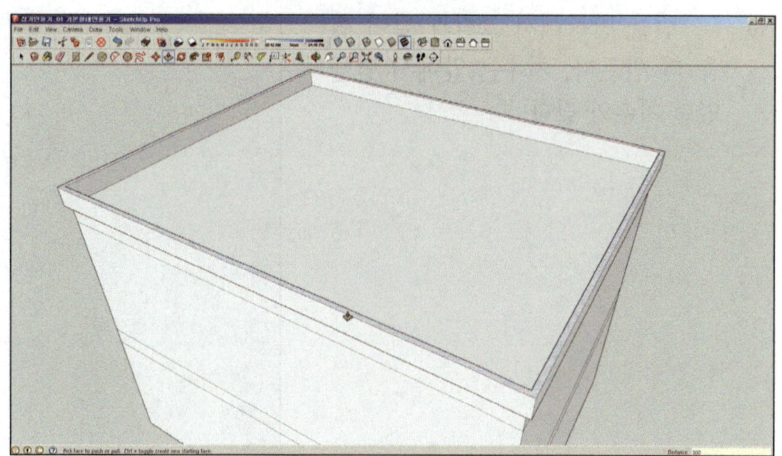

8 안쪽 면도 바깥쪽 면과 같은 높이로 면을 만든다.

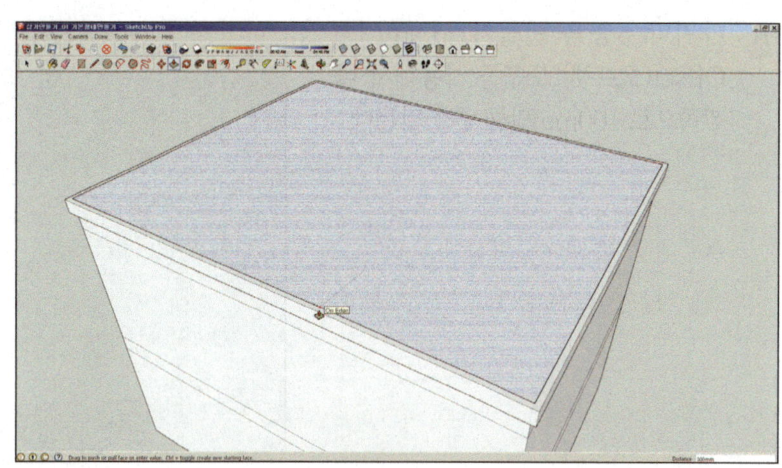

9 Push/Pull(밀기/끌기) 도구를 사용하여 Ctrl 키를 누른 후 면을 2500mm 만든다.

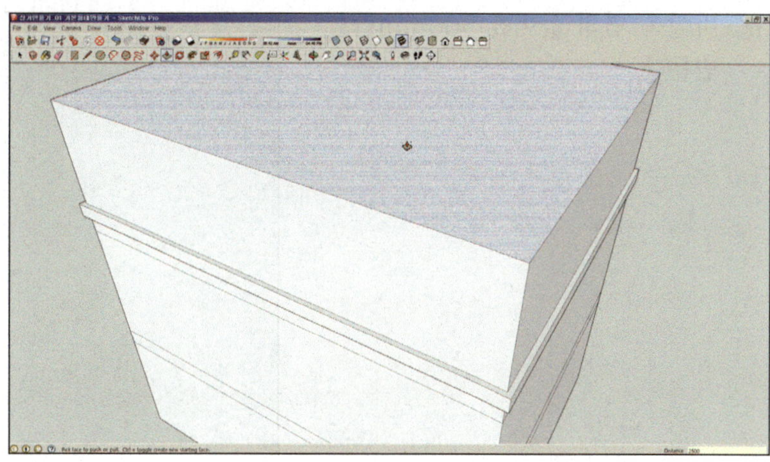

10 6~9번을 반복해서 그림과 같이 한 층 더 만든다. 치수는 앞에서 만들었던 치수와 같다.

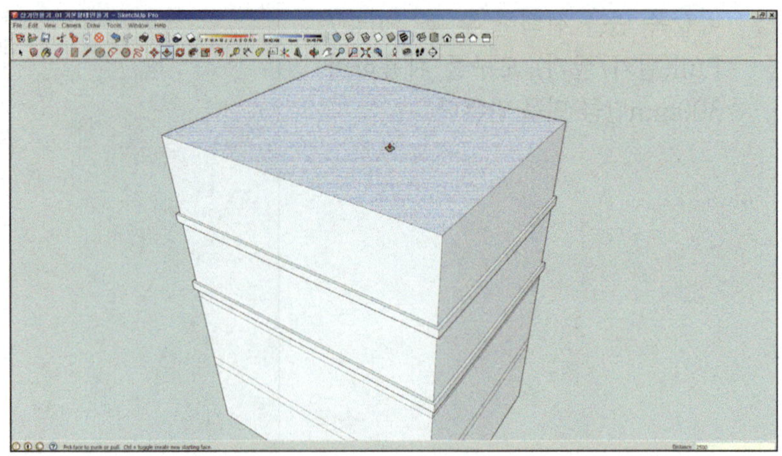

11 마지막 5층을 만들기 위해서 Offset(오프셋) 도구를 사용해서 바깥쪽으로 100mm만큼 면을 만든다.

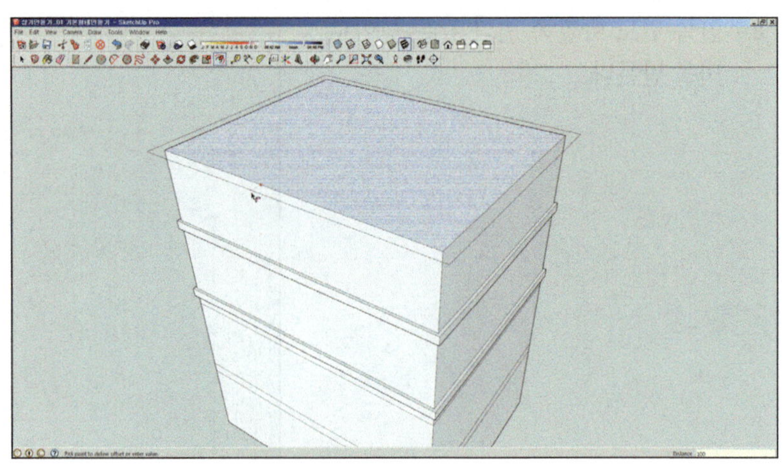

12 바깥쪽 면의 높이를 500mm만큼 만든다.

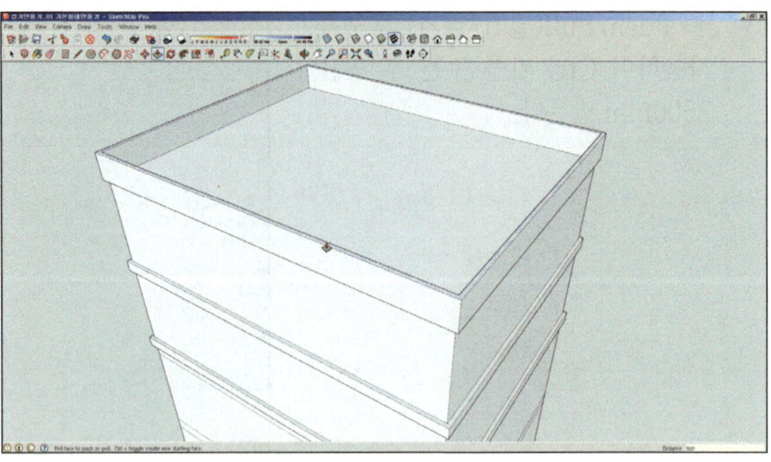

13 안쪽 면도 바깥쪽 면과 같은 높이로 면을 만든다.

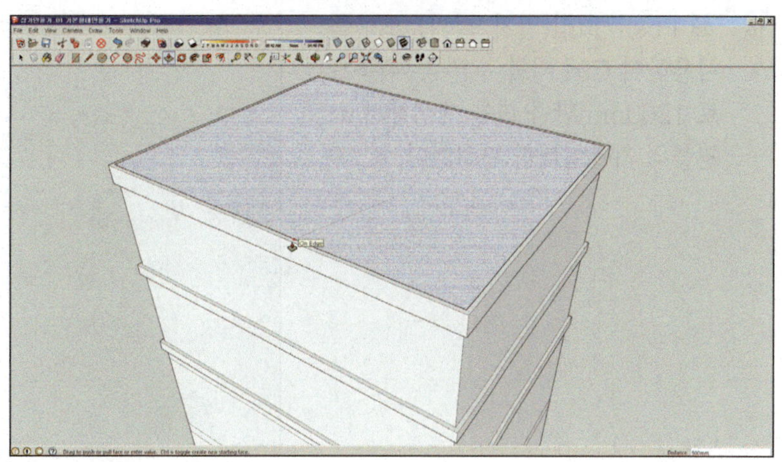

14 Push/Pull(밀기/끌기) 도구를 사용하여 Ctrl 키를 누른 후 2500mm만큼 면을 만든다.

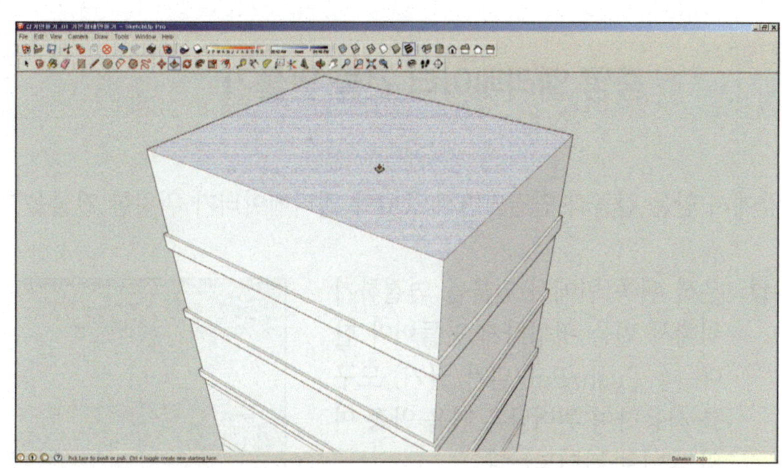

15 역시 같은 방법(11~13번)으로 옆으로 100mm 튀어나온 벽을 만든다.

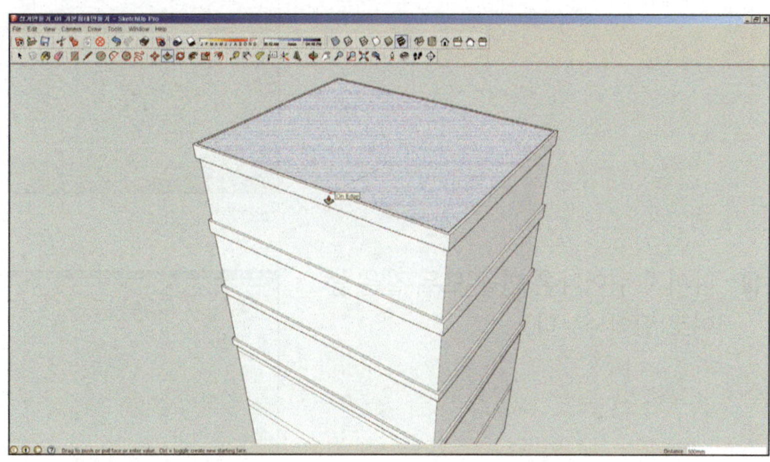

16 Push/Pull(밀기/끌기) 도구를 사용하여 Ctrl 키를 누른 후 위쪽으로 1200mm만큼 면을 생성해서 쇼핑몰의 기본형태를 완성한다.

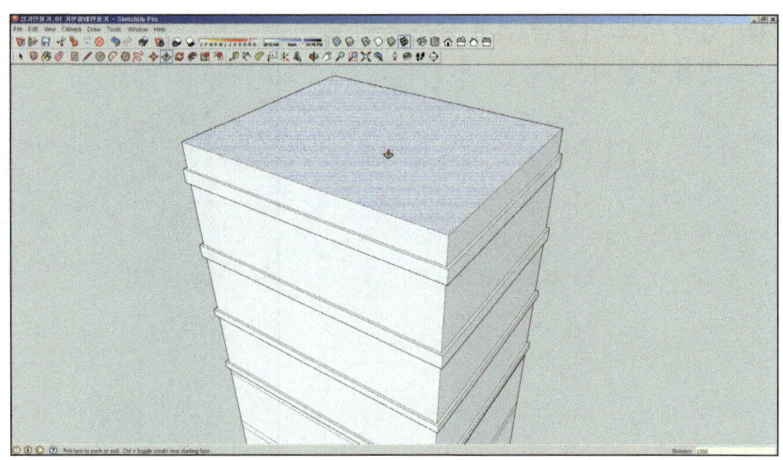

02 중앙 엘리베이터 건물 만들기

앞에서 만든 건물과 연결되면서 중앙에 엘리베이터가 위치한 건물을 만들어보자.

17 우선 뒤쪽 면에서 건물을 연결하기 위해서 면을 평평하게 만들어야 한다. Push/Pull(밀기/끌기) 도구를 사용하여 튀어나온 면을 안쪽 면의 높이로 집어넣는다.

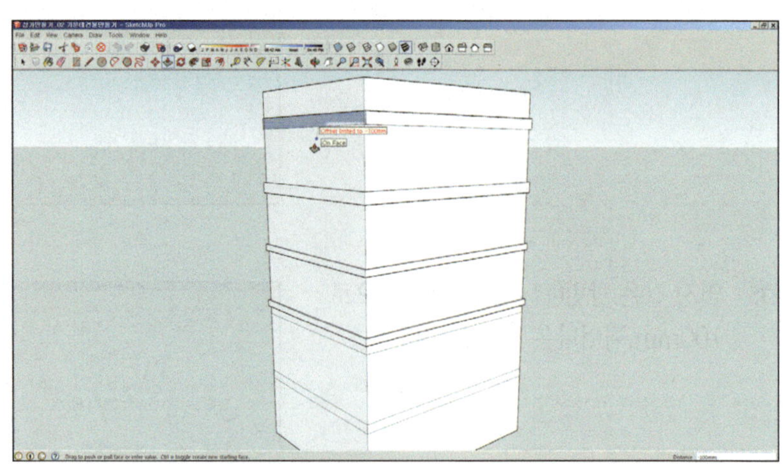

18 나머지 튀어나온 면을 모두 같은 높이로 집어넣는다.

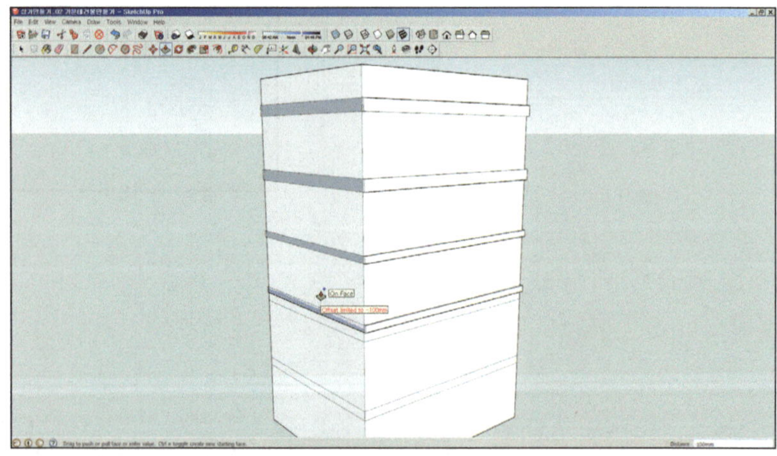

19 Eraser(지우기) 도구로 드래그해서 가운데 선들을 제거한다.

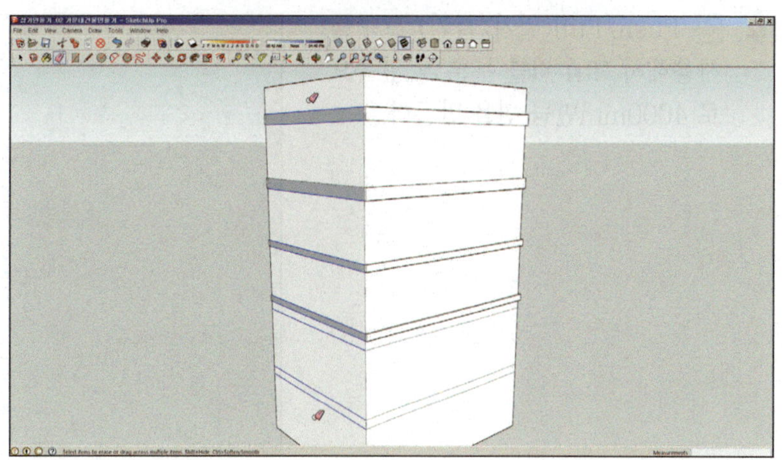

면은 안쪽으로 집어넣었을 때 회색으로 보이는 이유는 면이 뒤집혀있기 때문이다. 스케치업의 면은 얇은 종이처럼 되어 있는데 이것이 뒤집히면 색이 회색으로 보인다. Eraser(지우기) 도구로 선들을 지우면 다시 원래의 상태로 되돌아 온다.

20 Push/Pull(밀기/끌기) 도구를 사용하여 Ctrl 키를 누른 후 8000mm만큼 면을 만든다.

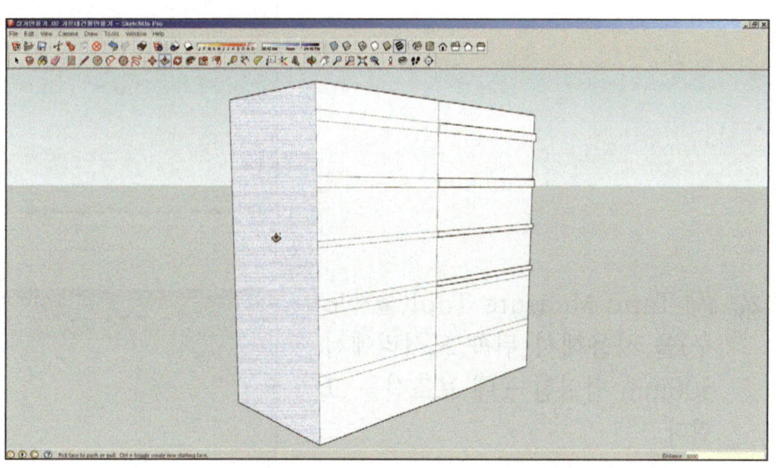

21 Eraser(지우기) 도구를 사용해서 앞쪽과 뒤쪽의 선들을 제거한다.

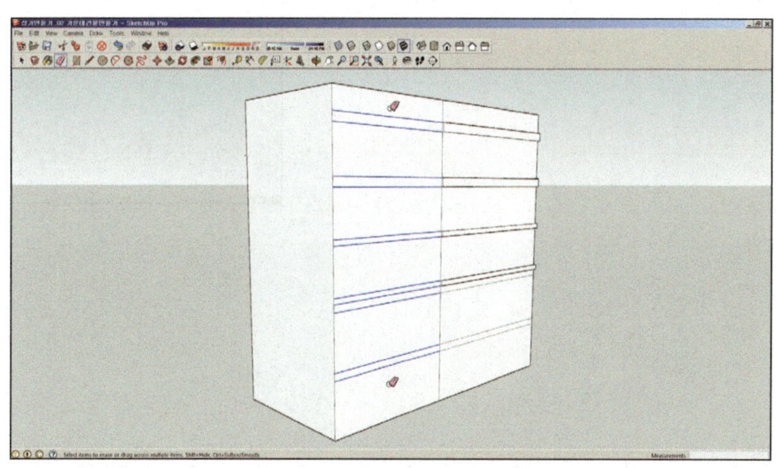

22 Push/Pull(밀기/끌기) 도구를 사용해서 Ctrl 키를 누른 후 앞쪽으로 4000mm만큼 면을 만든다.

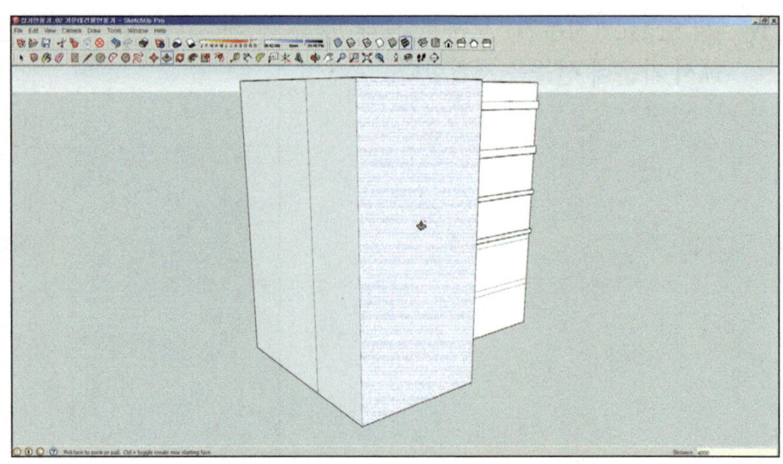

23 Eraser(지우기) 도구로 오른쪽 면의 선들을 제거한다.

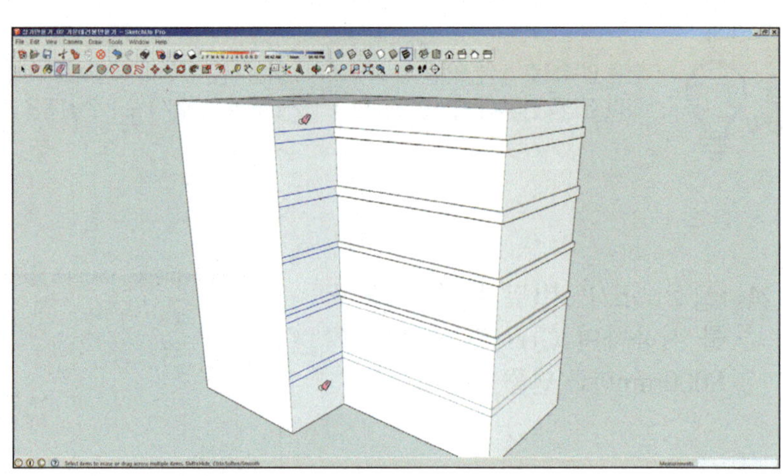

24 Tape Measure Tool(줄자도구)을 사용해서 뒤쪽 모서리에서 500mm 떨어진 곳에 보조선을 그린다.

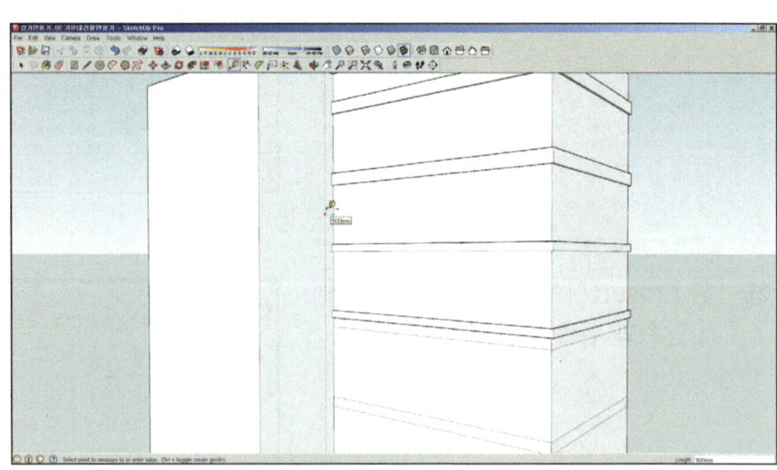

25 보조선에 맞추어 Line(선) 도구로 선을 그린다.

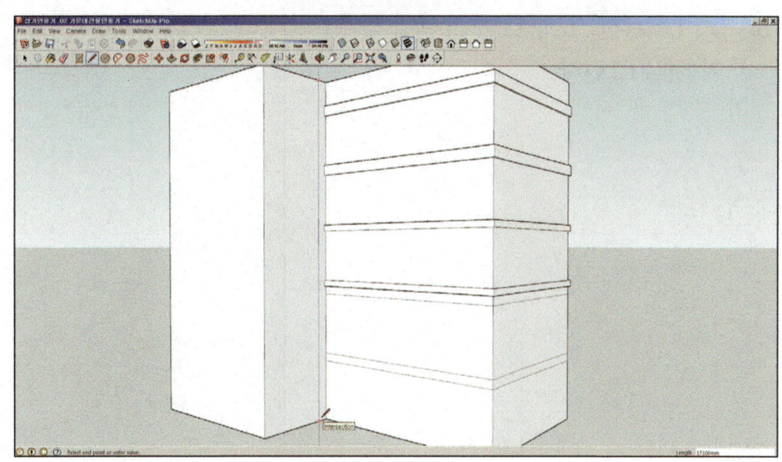

26 Push/Pull(밀기/끌기) 도구로 오른쪽으로 면을 500mm 만든다.

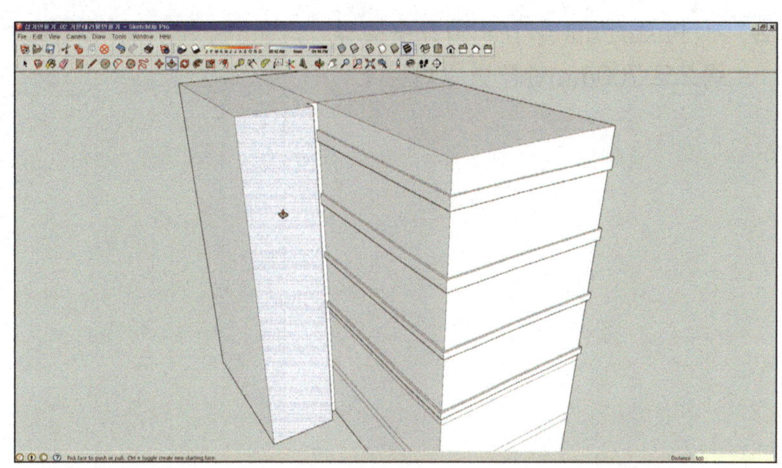

27 Tape Measure Tool(줄자도구)을 사용해서 앞면 모서리에서 3000mm 떨어진 곳에 보조선을 그린다.

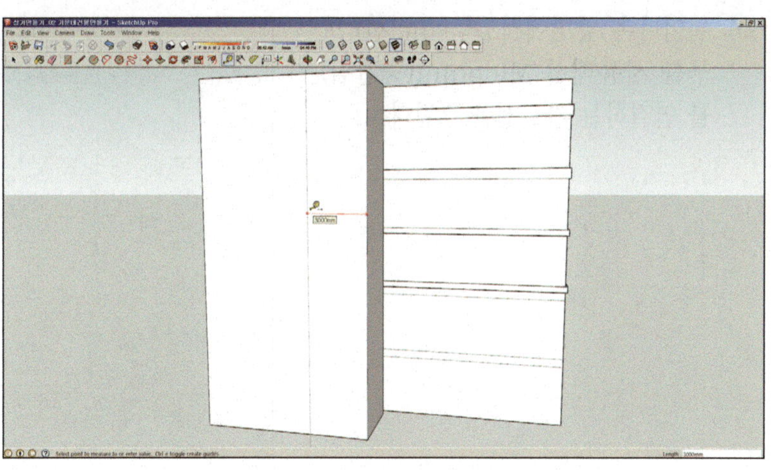

28 Line(선) 도구로 보조선에 맞추어 선을 그린다.

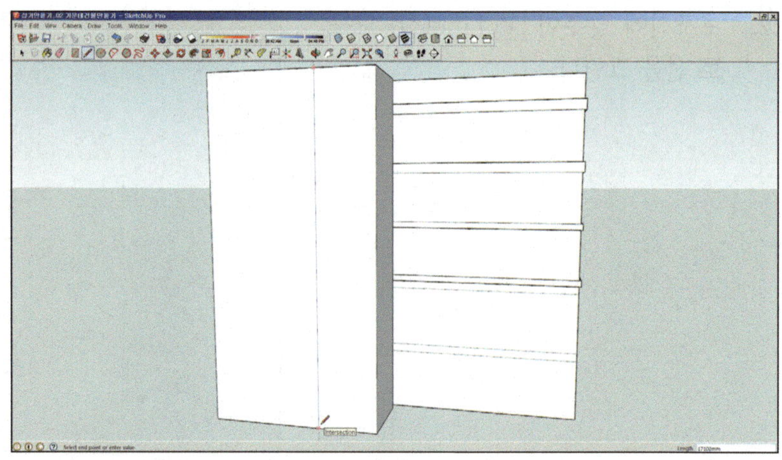

29 Push/Pull(밀기/끌기) 도구로 앞쪽으로 700mm만큼 면을 만든다.

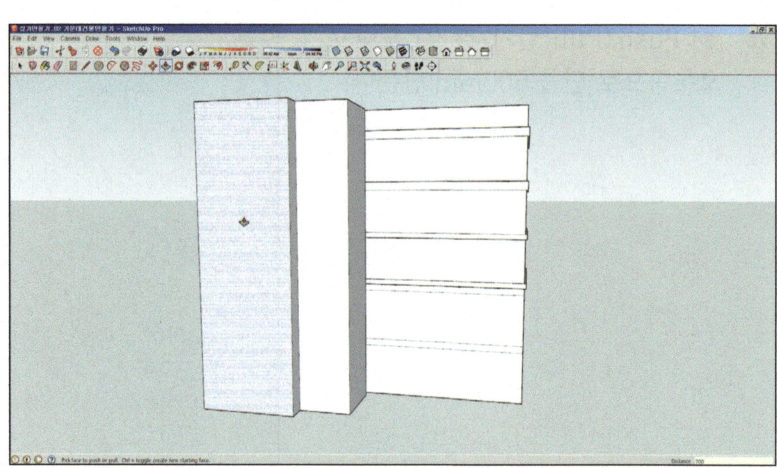

30 튀어나온 앞면에서 Line(선) 도구를 사용해서 Midpoint(중간점)를 연결하는 가로선을 그린다.

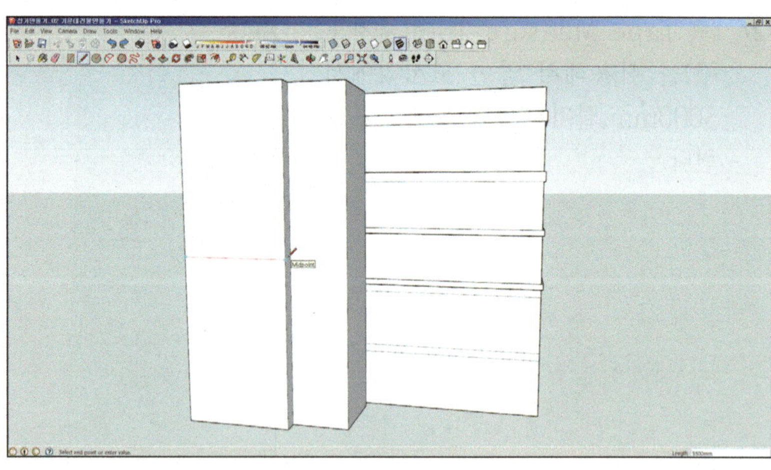

31 Push/Pull(밀기/끌기) 도구를 사용해서 아래쪽 부분에 면을 1500mm만큼 생성해 가운데 건물을 완성한다.

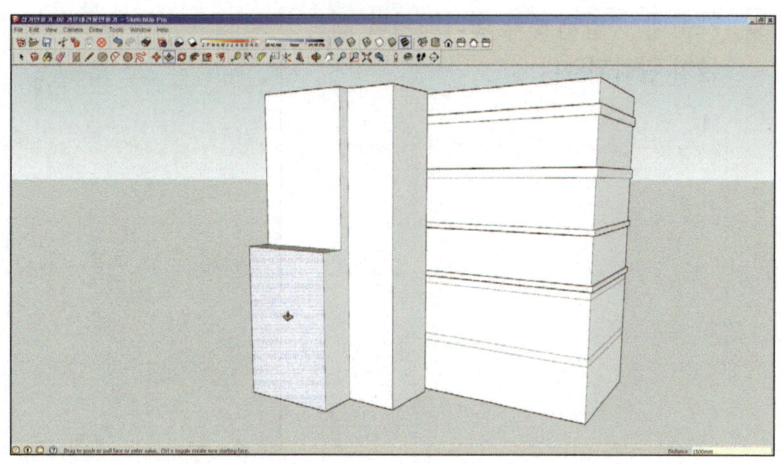

32 윗면에서 그림과 같이 Rectangle(직사각형) 도구를 사용해서 사각형을 그린다.

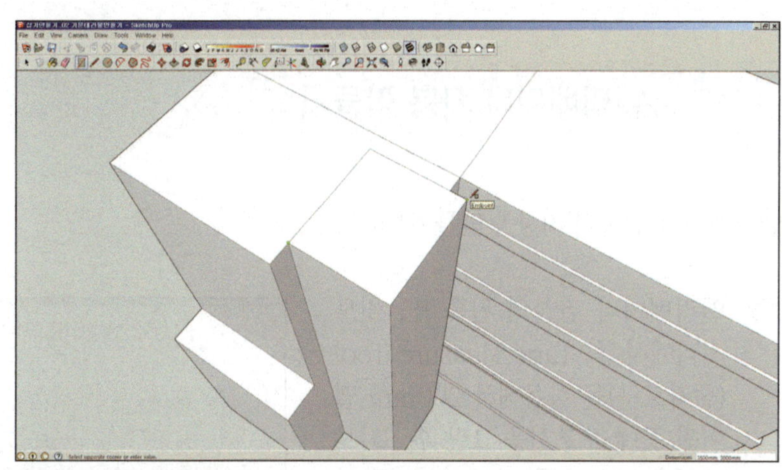

33 Push/Pull(밀기/끌기) 도구를 사용하여 위쪽으로 1800mm만큼 면을 만든다.

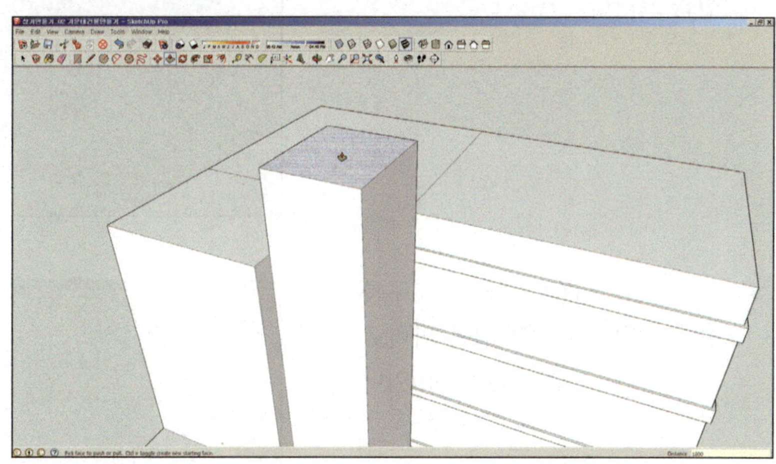

34 가운데 중앙건물과 엘리베이터 건물이 완성되었다.

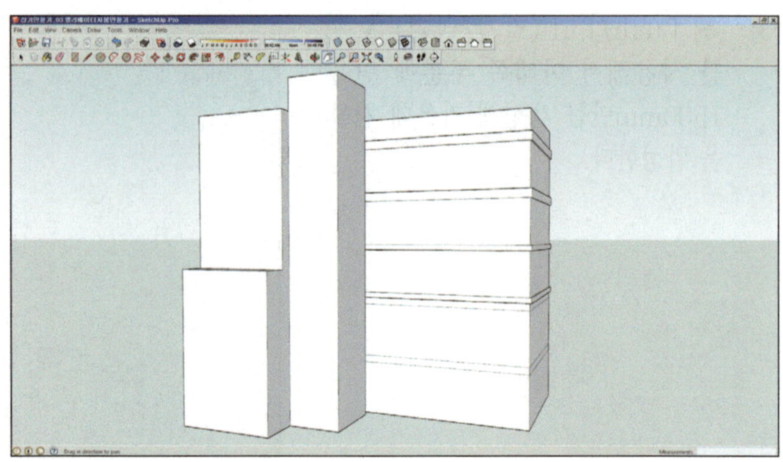

03 엘리베이터 지붕 만들기

엘리베이터 건물의 지붕을 만들어보자.

35 엘리베이터 건물의 왼쪽 면, 윗모서리에서 Tape Measure Tool(줄자도구)을 사용해서 200mm 떨어진 곳에 보조선을 그린 후, 그 보조선에 맞추어 Line(선) 도구로 선을 그린다.

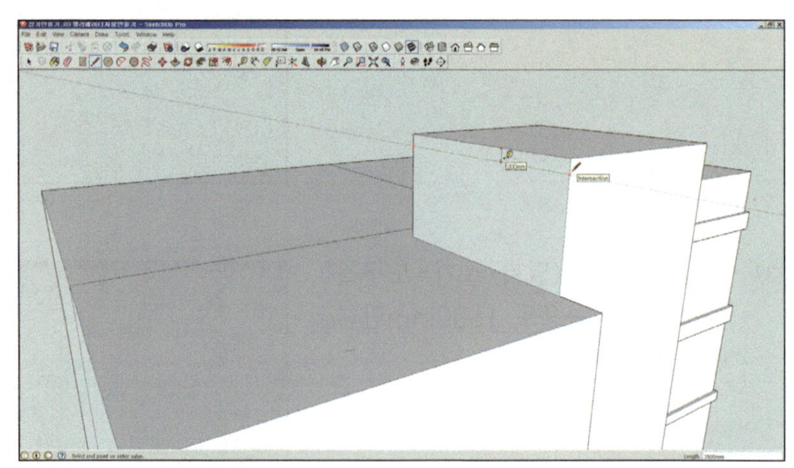

36 Push/Pull(밀기/끌기) 도구를 사용하여 앞쪽 건물과 같은 너비로 면을 만든다. 치수는 5500mm이다.

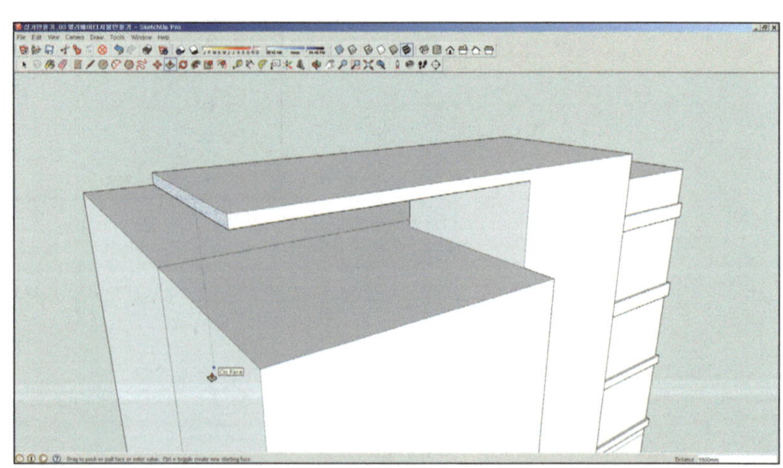

37 Line(선) 도구를 사용해서 앞쪽 면에 그림과 같이 Red축 방향으로 선을 그린다.

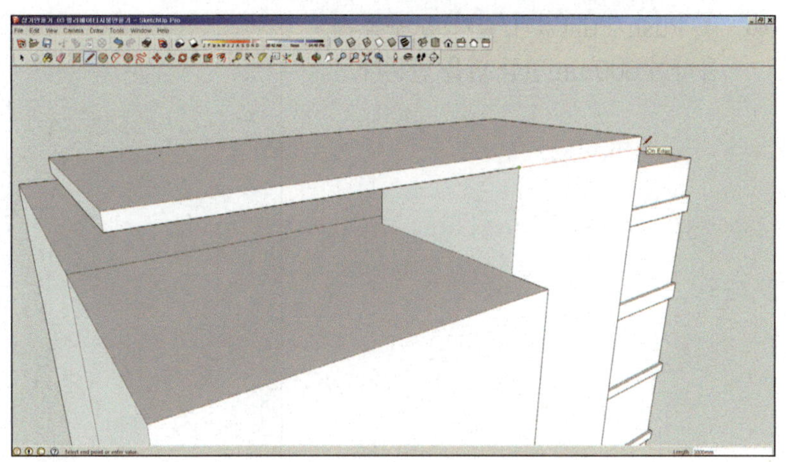

38 Push/Pull(밀기/끌기) 도구로 앞 건물과 같은 높이로 면을 만든다. 치수는 700mm이다.

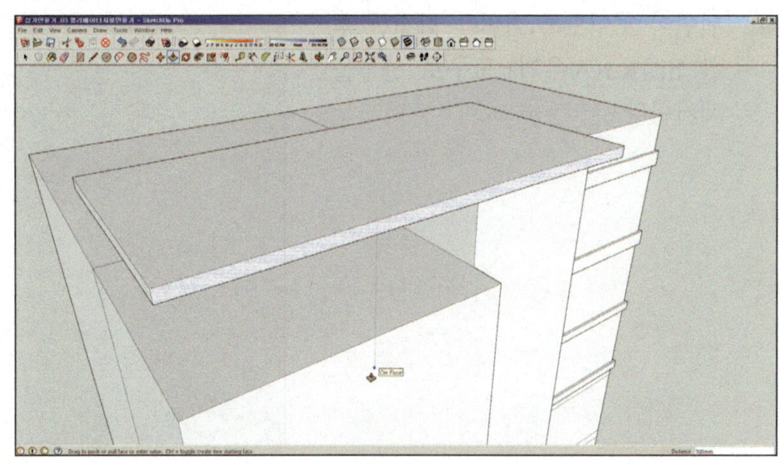

39 역시 Line(선) 도구를 사용해서 그림과 같이 오른쪽 면에 Green축 방향으로 선을 그린다.

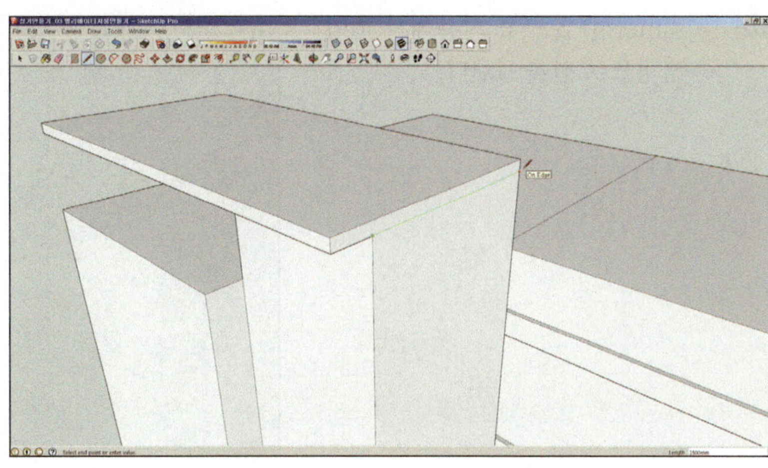

40 Push/Pull(밀기/끌기) 도구를 사용하여 600mm만큼 면을 만든다.

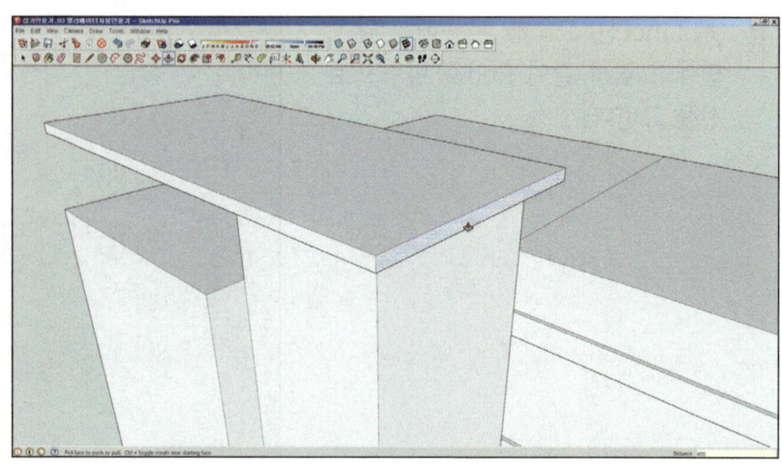

41 뒷면이 보이도록 화면을 회전한 후 Eraser(지우기) 도구로 선들을 제거한다.

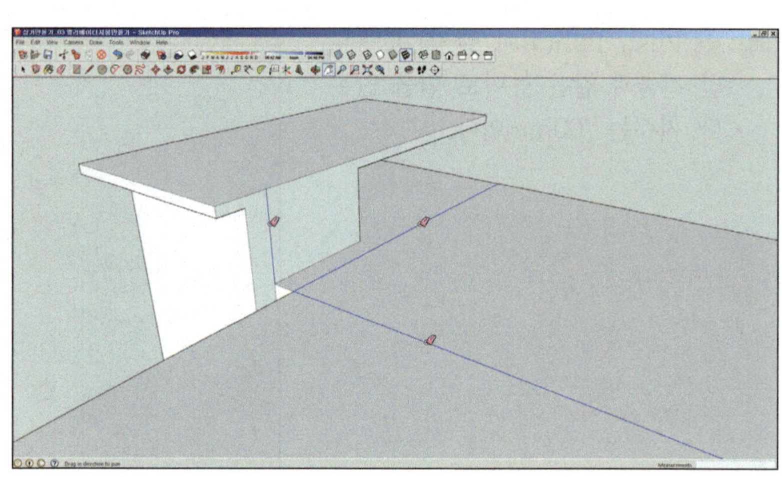

42 Line(선) 도구를 사용해서 Red 축 방향으로 선을 그린다.

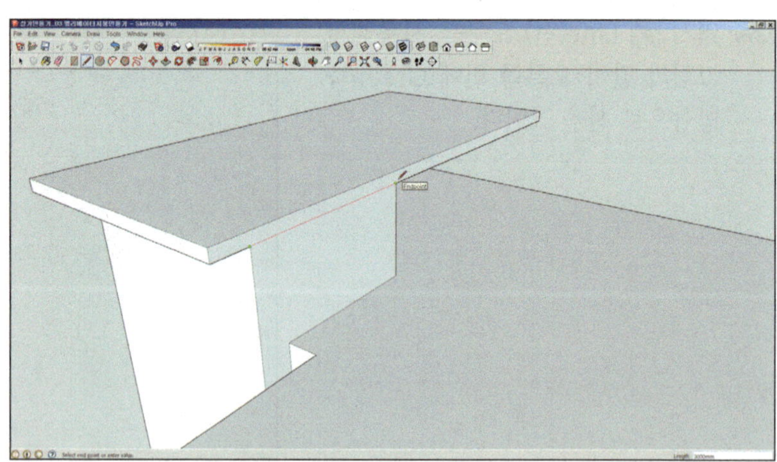

43 Push/Pull(밀기/끌기) 도구를 사용하여 600mm만큼 면을 만든다.

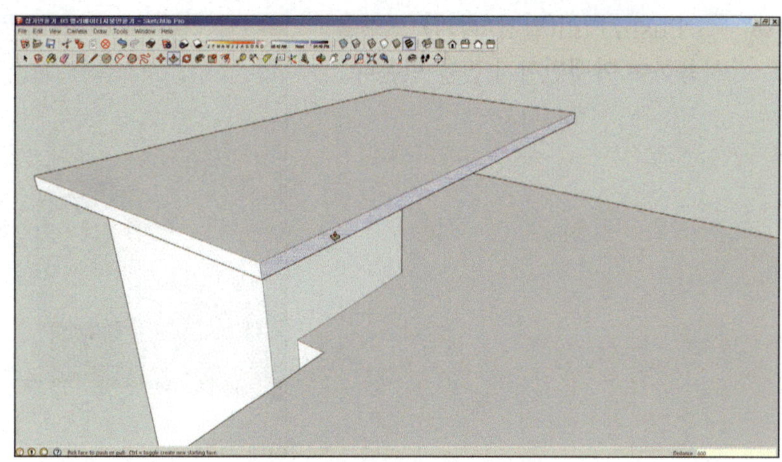

44 Eraser(지우기) 도구로 지붕 아래쪽의 선들을 제거한다.

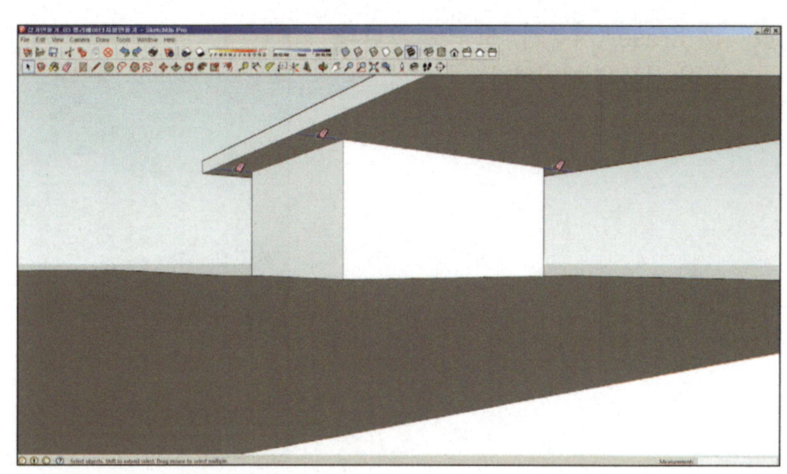

45 지붕을 받치는 기둥을 만들기 위해서 Rectangle(직사각형) 도구로 모서리 부분에 (250, 250)인 사각형을 그린다.

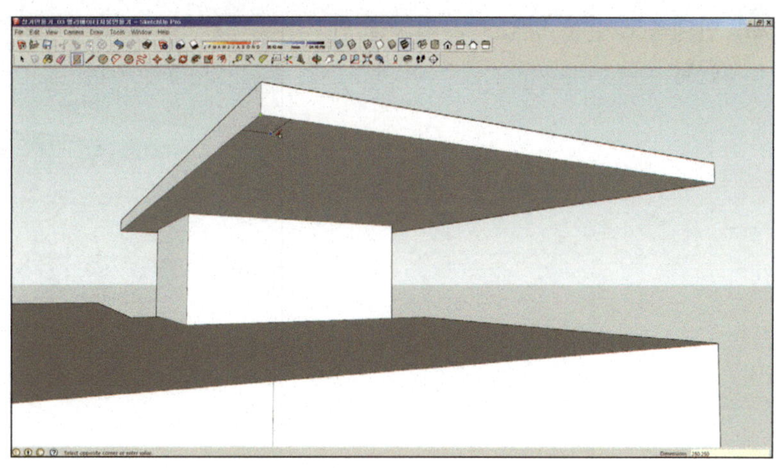

46 Push/Pull(밀기/끌기) 도구를 사용하여 아랫면까지 면을 만든다.

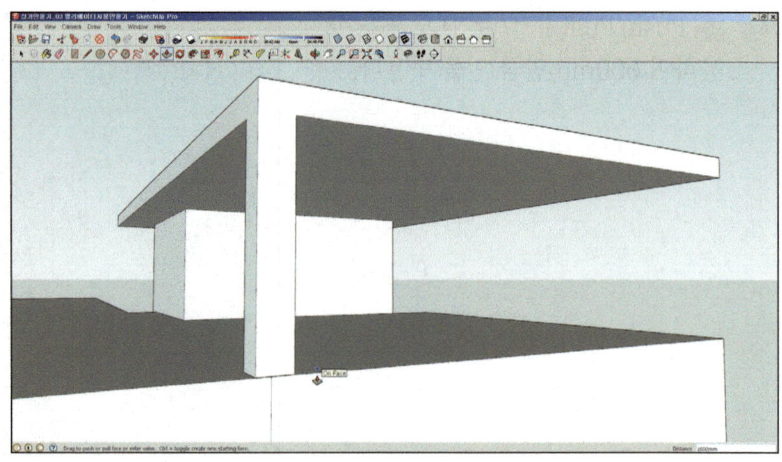

47 Eraser(지우기) 도구로 그림과 같이 선들을 제거한다.

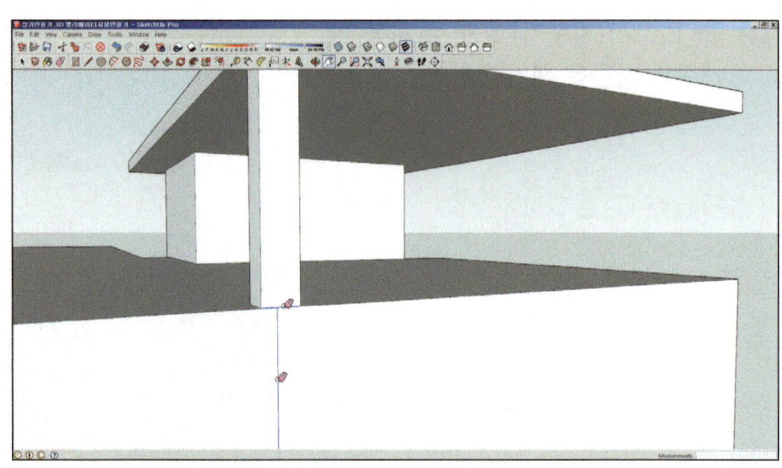

48 반대쪽도 같은 방법으로 기둥을 만든다.

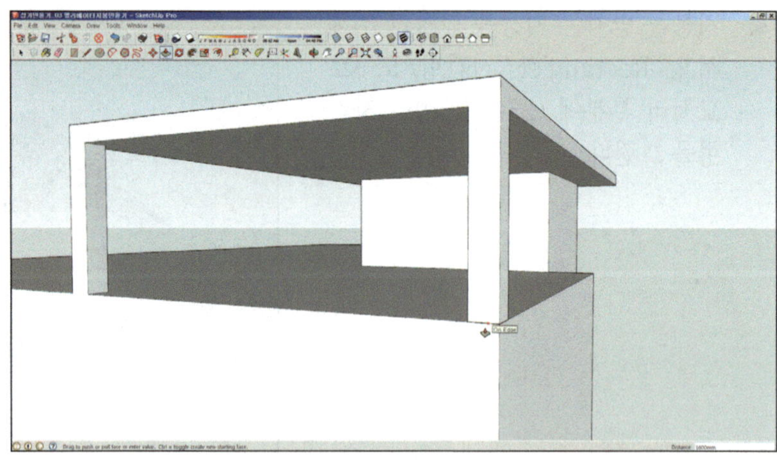

49 엘리베이터 지붕이 완성된 모습이다.

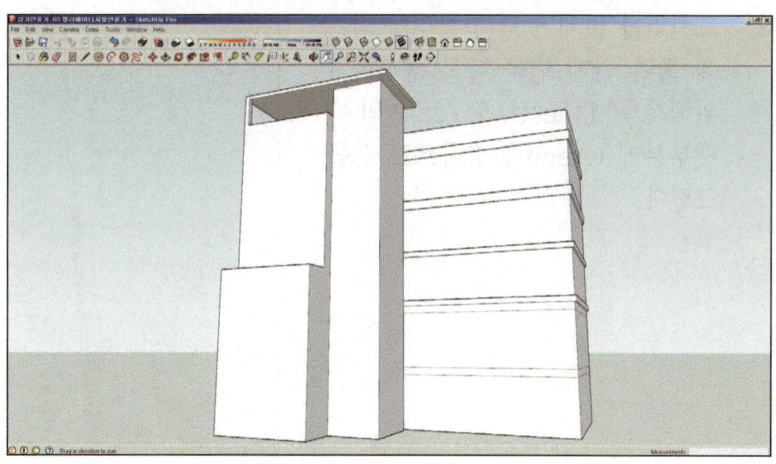

04 1층, 2층 로비 만들기

오른쪽 건물의 1층과 2층 로비를 만들어보자.

50 그림과 같이 Eraser(지우기) 도구로 1층과 2층 모서리 부분을 제거한다.

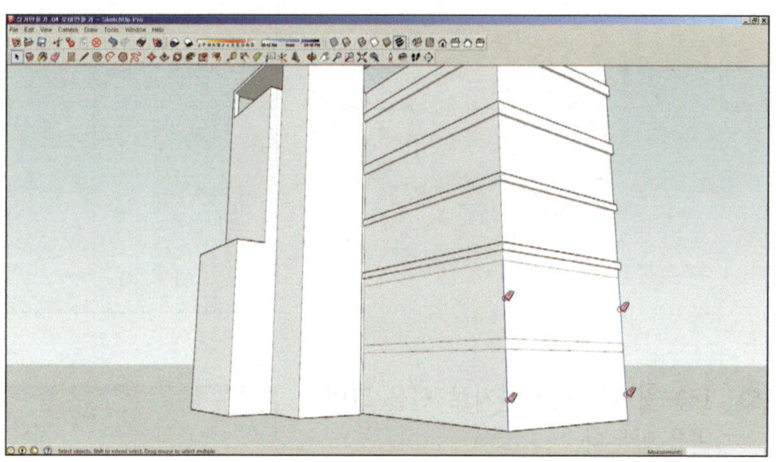

51 모서리를 없애면 면이 뚫리게 되는데 뚫린 면에 면을 다시 생성하기 위해서 Line(선) 도구로 면의 아랫부분에 Green축 방향으로 선을 그린다.

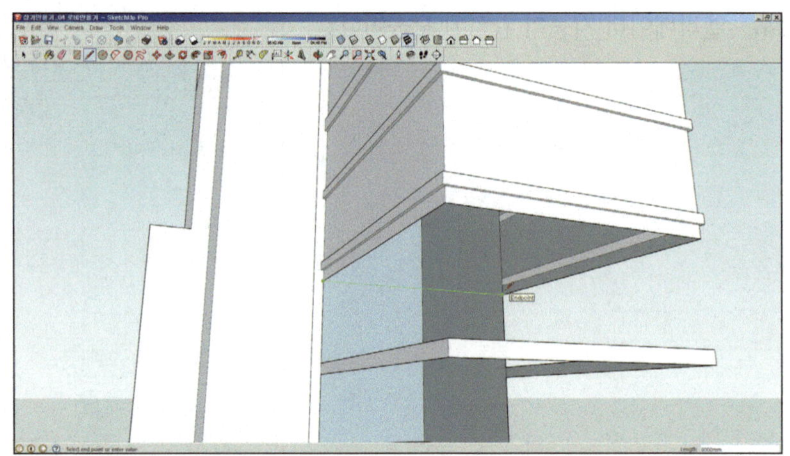

SketchUp 프로그램의 가장 큰 장점 중 하나가 바로 뚫린 면이 있을 때 선을 그리면 면이 만들어지는 것이다. 하지만 모델링이 하나의 오브젝트화되면서 모델링을 수정하기에는 어려움이 있다. 따라서 모델링을 할 때에는 정확한 모델링 프로세스를 머릿속에 세우고 모델링하는 습관을 가져야 한다.

52 윗면에도 선을 그어 면을 만든다.

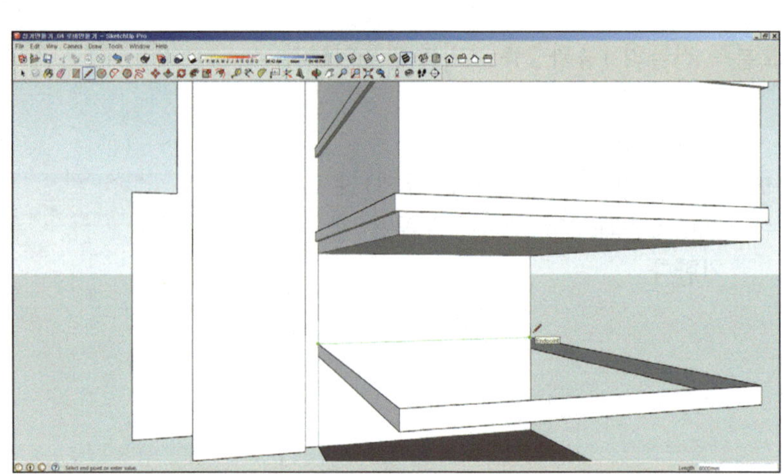

53 1층 윗면도 마찬가지로 선을 그어 면을 만든다.

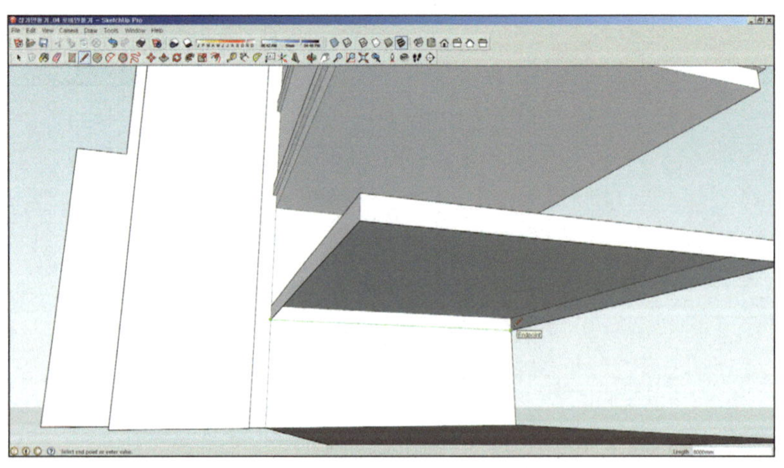

54 로비 기둥을 만들기 위해서 2층 천장 면에서 Tape Measure Tool(줄자도구)을 사용해서 양쪽 모서리에서 350mm 떨어진 곳에 보조선을 두 개 그린다.

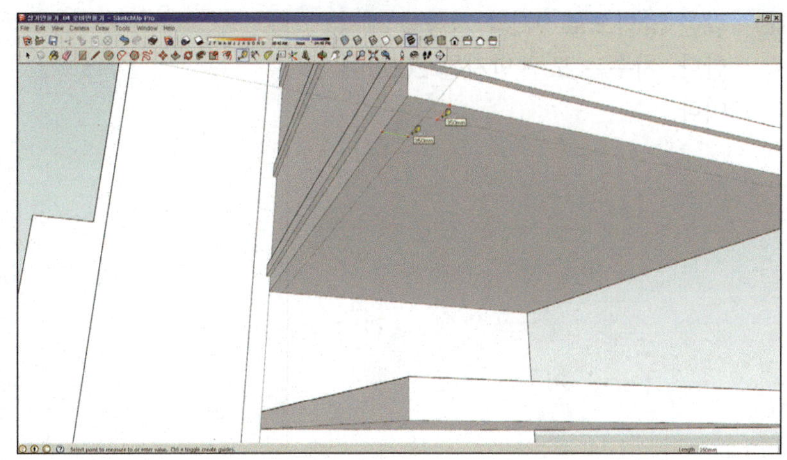

55 Circle(원) 도구를 사용해서 보조선의 교차점을 중심으로 반지름이 200mm인 원을 그린다.

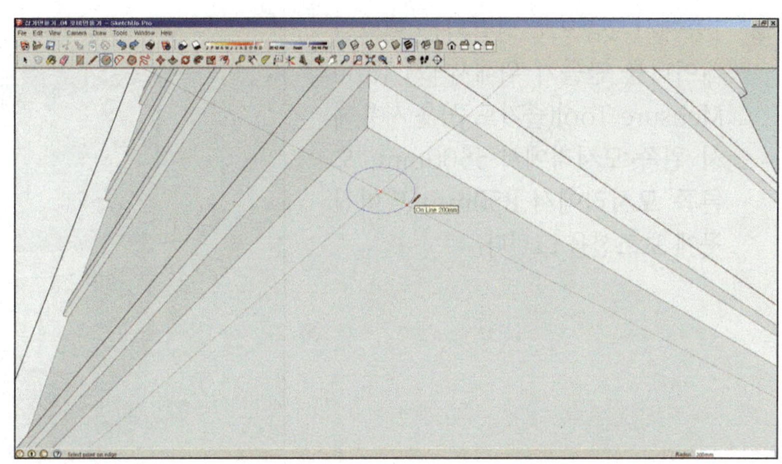

56 Push/Pull(밀기/끌기) 도구를 사용하여 1층 면까지 기둥을 만든다.

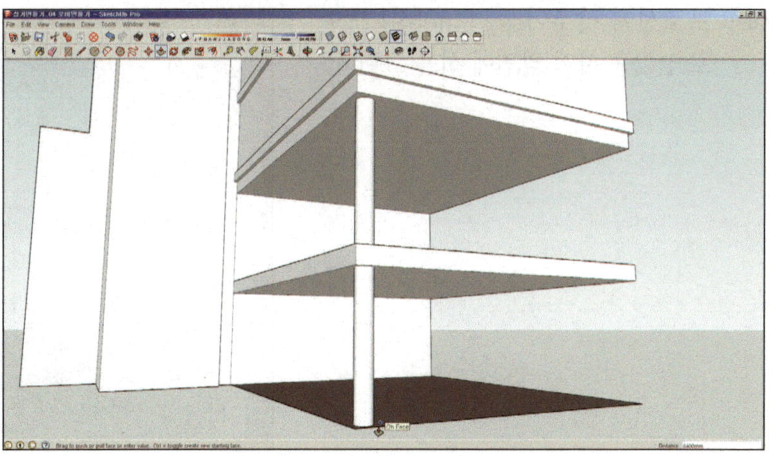

57 같은 방법으로 9개의 기둥을 제작한다. 치수는 모두 반지름 200mm이다.

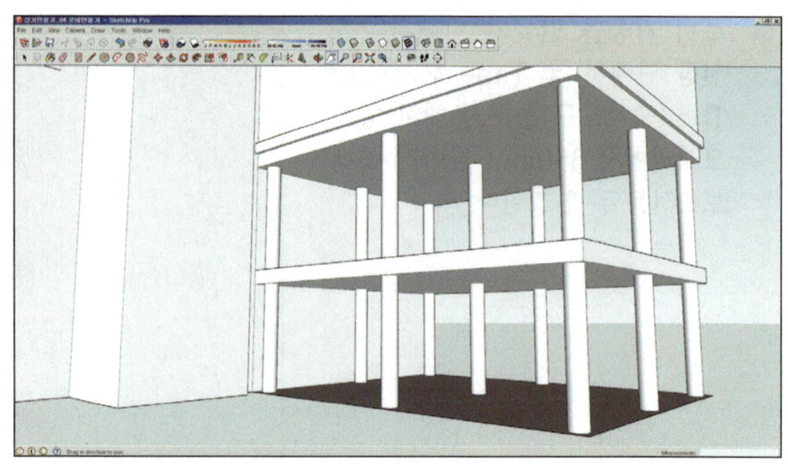

58 1층에서 2층으로 연결되는 에스컬레이터를 만들기 위해서 Tape Measure Tool(줄자도구)을 사용해서 왼쪽 모서리에서 5500mm, 오른쪽 모서리에서 850mm 떨어진 곳에 보조선을 그린다.

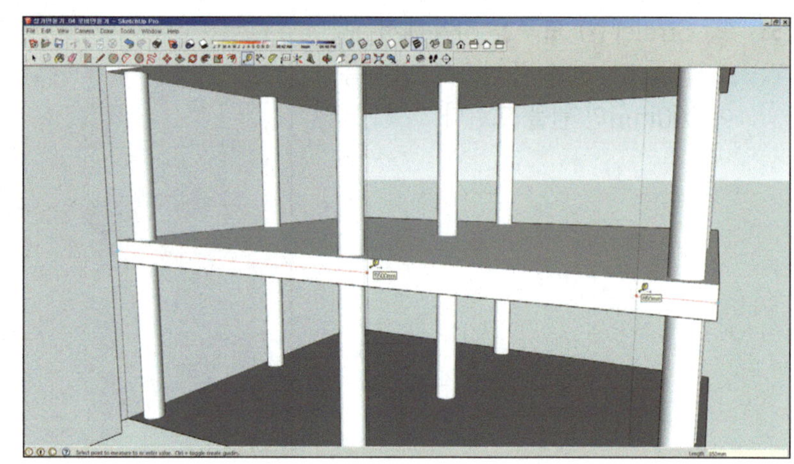

59 보조선에 맞추어 Line(선) 도구로 1, 2층 사이 앞면에 선을 그린다.

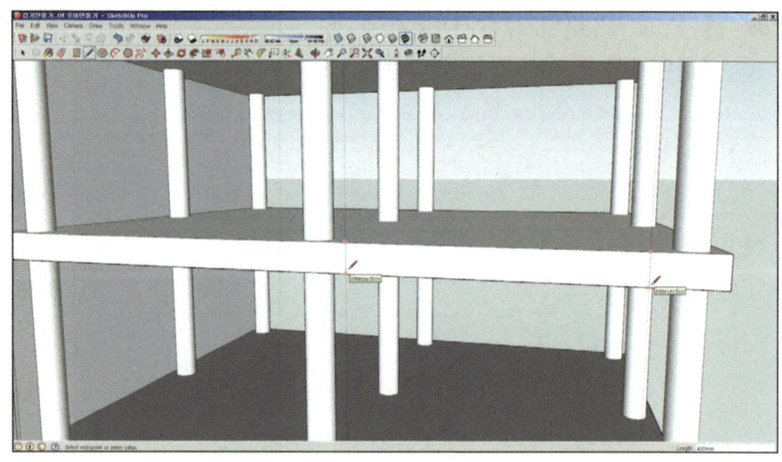

60 Push/Pull(밀기/끌기) 도구를 사용하여 안쪽으로 3650mm 면을 집어넣는다.

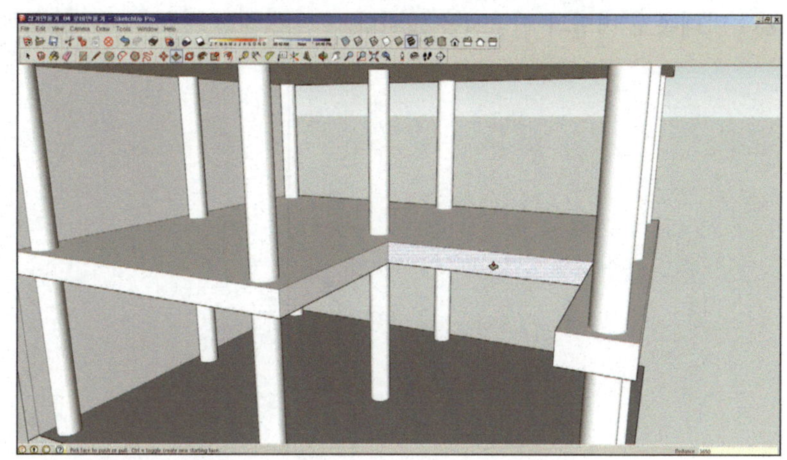

61 2층 난간을 만들기 위해서 Offset(오프셋) 도구를 사용해서 2층 바닥면에 안쪽으로 50mm 작은 면을 만든다.

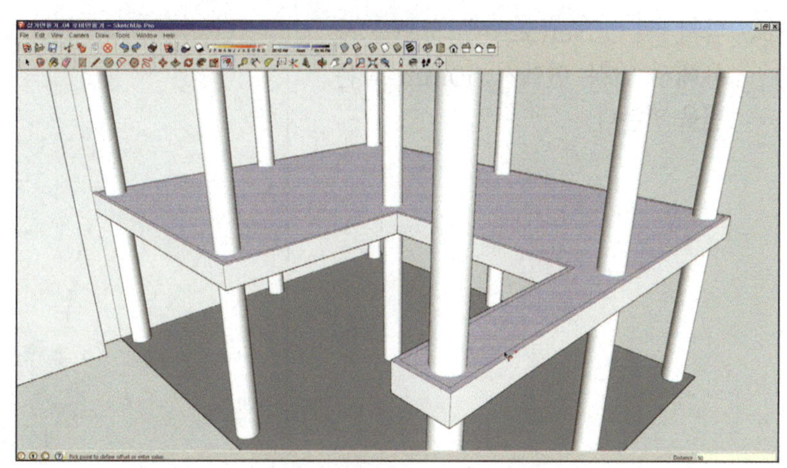

62 화면을 회전하여 오른쪽 면에서 그림과 같이 벽면으로 연결되게 선을 그리고, 벽면 안쪽에 생성된 면은 제거한다.

벽면 안쪽에는 난간이 생성되면 안 되기 때문에서 안쪽 선을 지운 것이다.

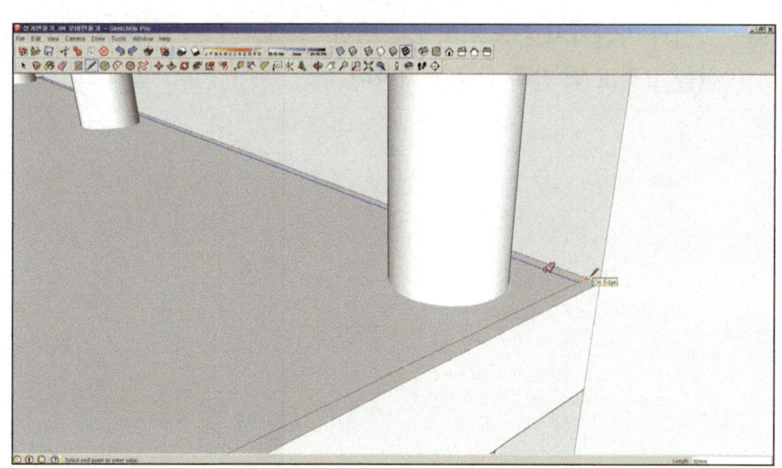

63 반대쪽도 벽면과 연결선을 그린다.

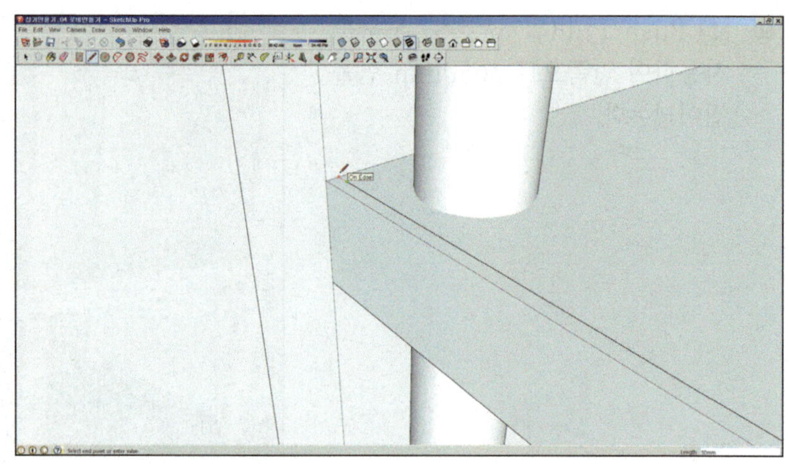

64 다시 Offset(오프셋) 도구를 사용해서 안쪽 면에서 50mm 작은 면을 만든다.

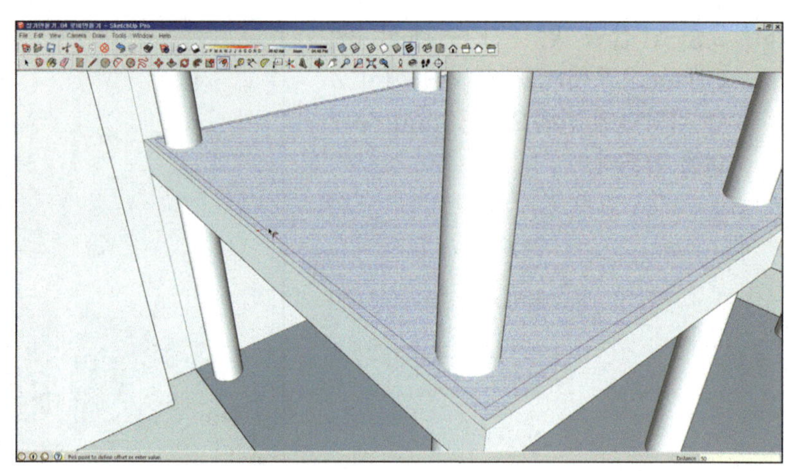

65 62번과 마찬가지로 벽 방향으로 연결선을 그리고 벽 안쪽 선을 제거한다.

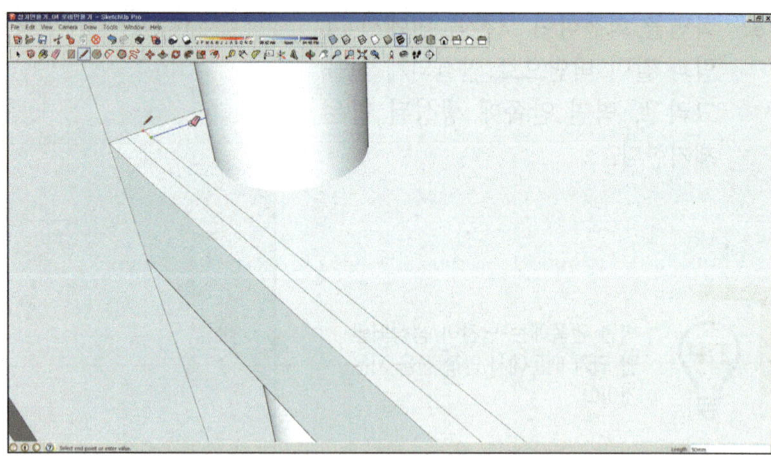

66 역시 반대쪽도 벽면과 연결선을 그린다.

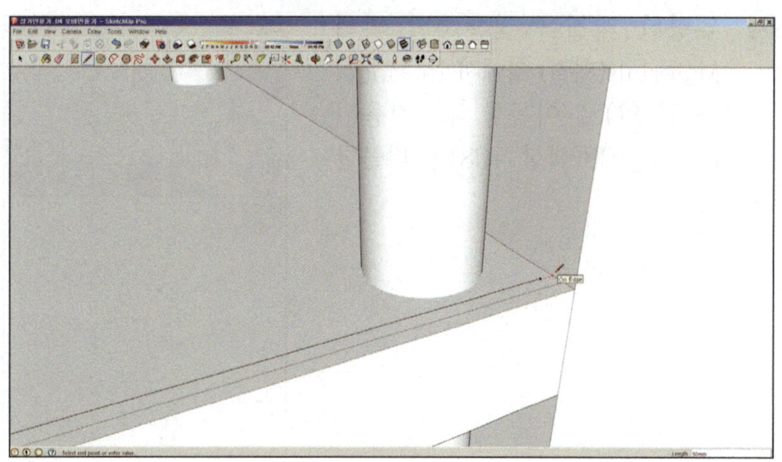

67 가운데 면을 선택하고 Push/Pull(밀기/끌기) 도구를 사용하여 Ctrl 키를 누른 후 1500mm 면을 만든다.

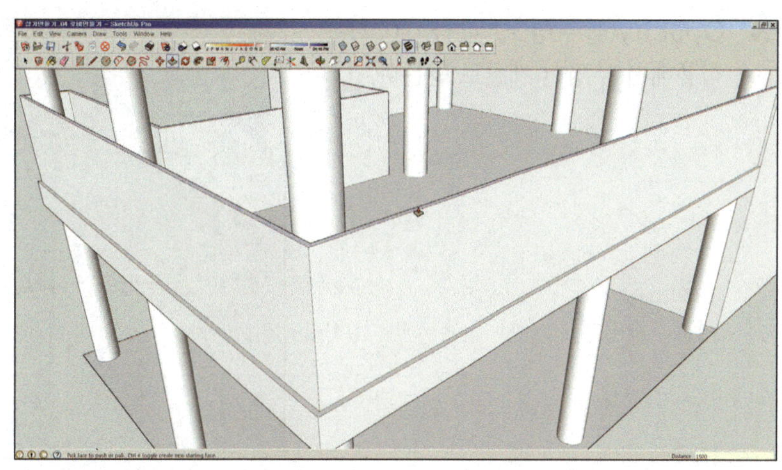

68 그림과 같이 Paint Bucket(페인트통) 도구를 사용해서 Materials(재질) 창의 Colors(색상)에서 Color_108(색상_108) 파란색을 적용한다.

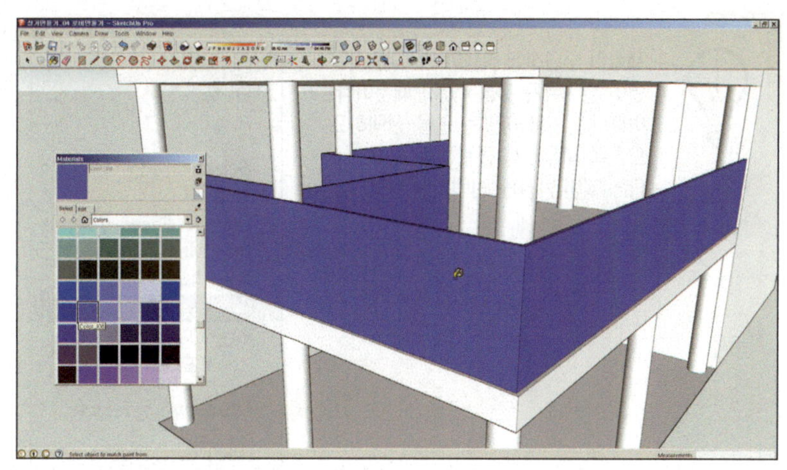

TIP 안쪽과 바깥쪽 모두 재질을 적용해야 나중에 투명하게 바꿀 수 있다.

69 투명한 재질을 적용하기 위해 Materials(재질) 창에서 In Model(모델 안)로 이동한 후, 적용된 Color_108(색상_108)를 더블클릭한다.

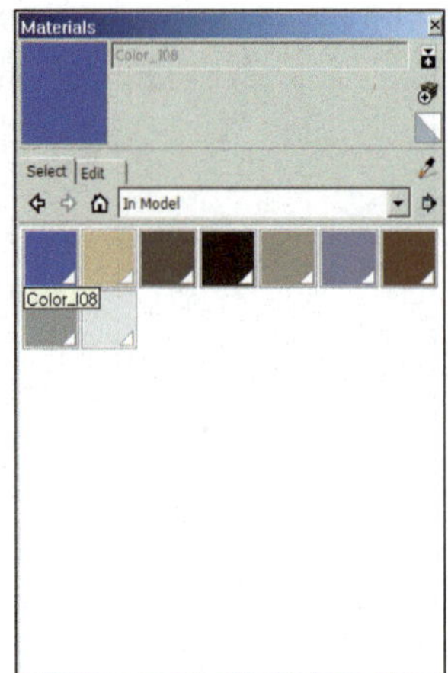

70 Opacity(불투명도) 값을 10으로 적용해서 투명한 재질로 만든다.

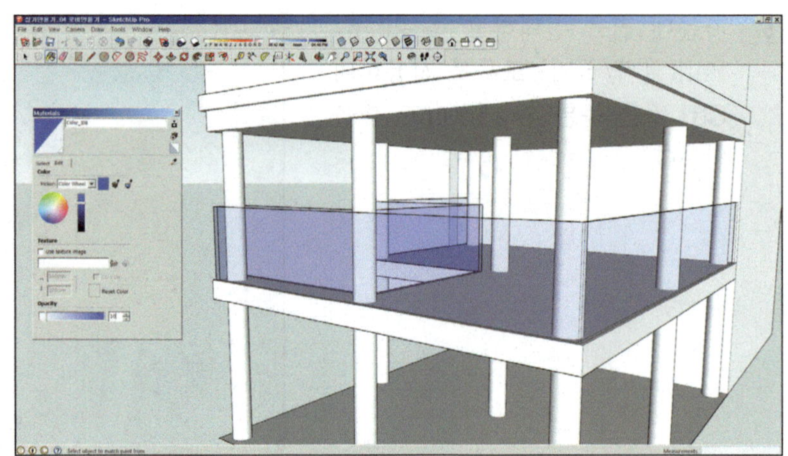

재질이 투명하게 적용이 안 되는 것은 면이 앞, 뒤가 뒤집혀있기 때문이다. 이때에는 뒤집혀있는 면을 선택하고 오른쪽 마우스를 클릭해서 Reverse Faces(면 반전)를 선택하면 된다.

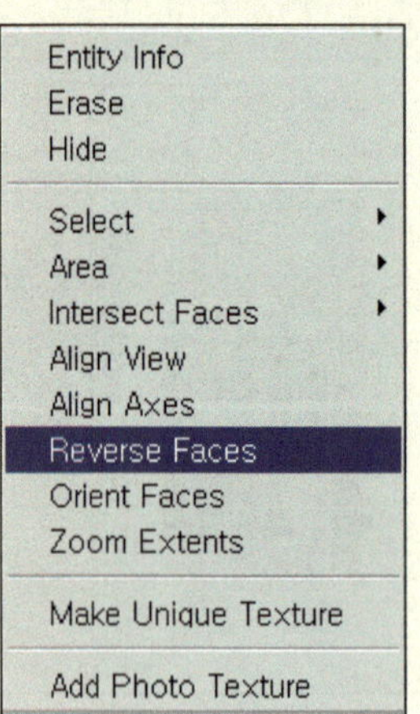

71 1층과 2층 로비가 완성된 모습이다.

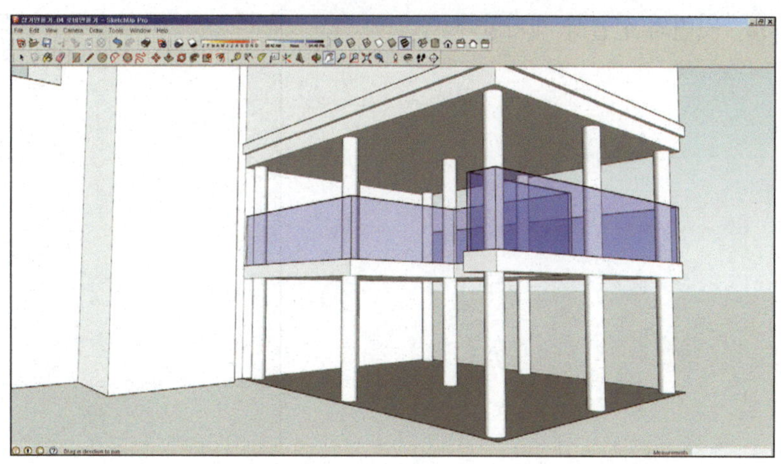

05 5층 베란다와 태양창 만들기

5층 베란다에 빛이 들어오는 태양창을 만들어보도록 하자.

72 베란다를 만들기 위해서 5층 오른쪽 면을 선택한 후 Push/Pull(밀기/끌기) 도구를 사용하여 2500mm 면을 집어넣는다.

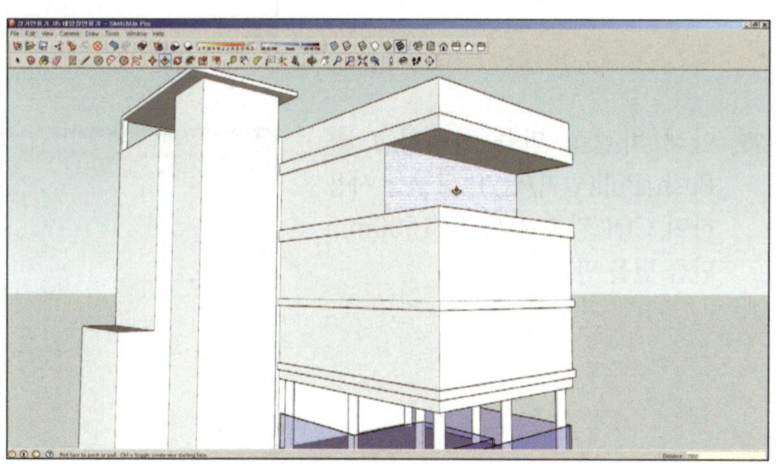

73 윗면의 선들을 제거한다.

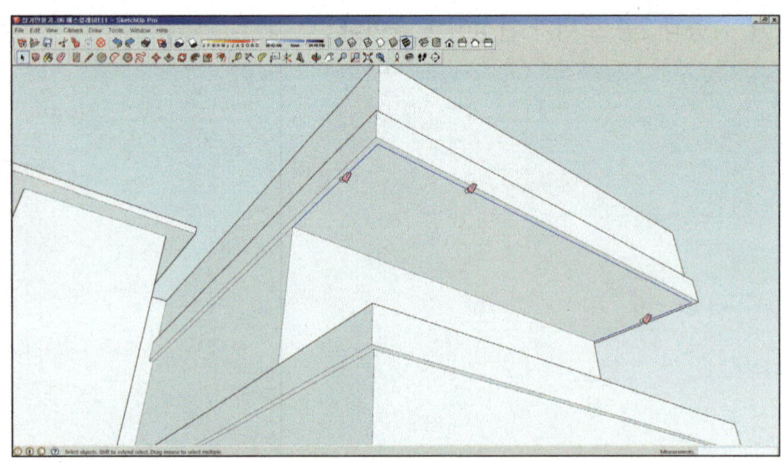

74 옥상층의 오른쪽 면도 5층의 높이로 면을 집어넣는다.

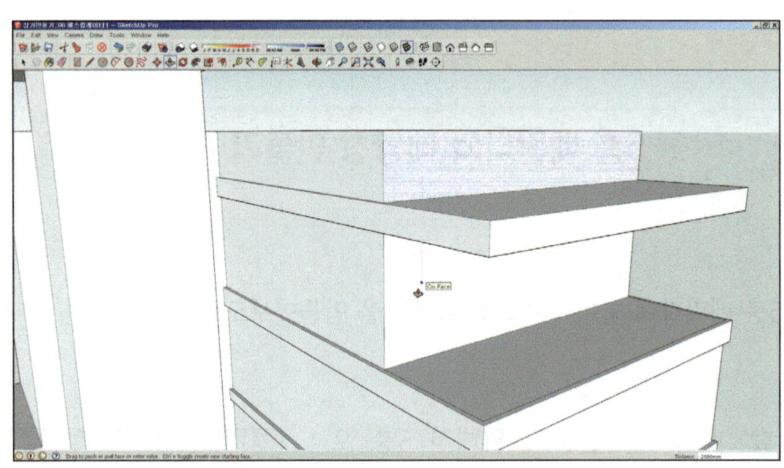

75 아래 바깥쪽 면을 선택하고 Push/Pull(밀기/끌기) 도구를 사용하여 Ctrl 키를 누른 후 1500mm 만큼 면을 만든다.

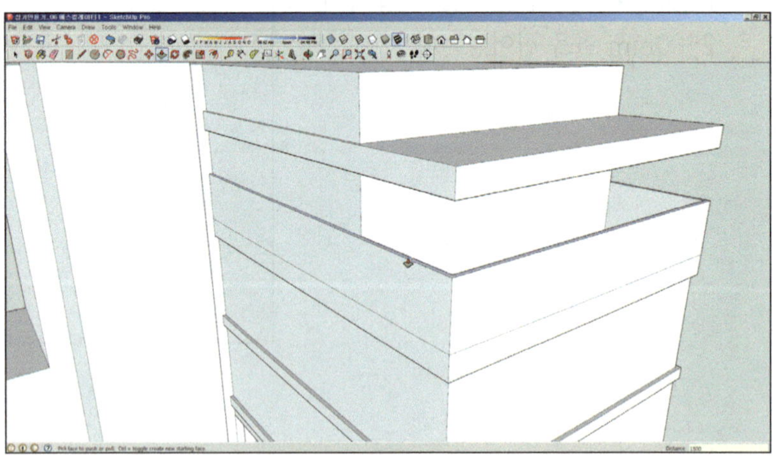

76 난간의 앞쪽 면을 Push/Pull(밀기/끌기) 도구를 사용해서 안쪽으로 50mm만큼 집어넣는다.

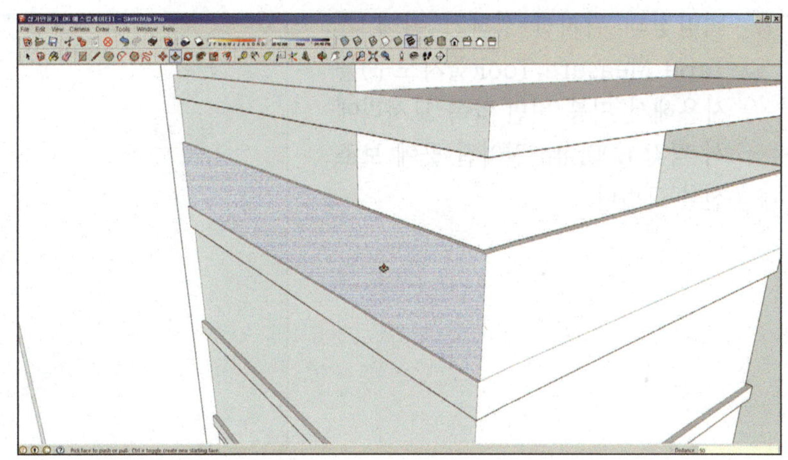

77 같은 방법으로 오른쪽 면과 뒤쪽면도 50mm 면을 집어넣는다.

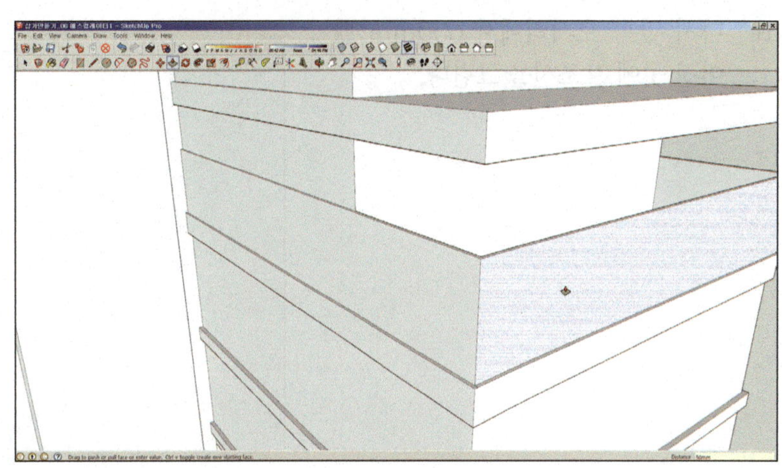

78 Materials(재질) 창에서 투명한 재질을 적용한다.

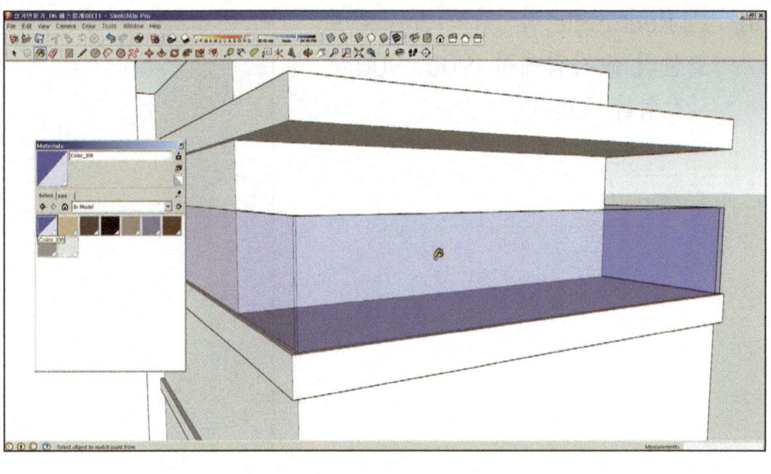

2층 로비에 적용했던 투명한 재질을 그대로 적용하면 된다.

79 태양창의 위치를 정하기 위해 Tape Measure Tool(줄자도구)을 사용해서 지붕 윗면 양쪽 모서리에서 각각 600mm 떨어진 곳에 보조선을 그린다.

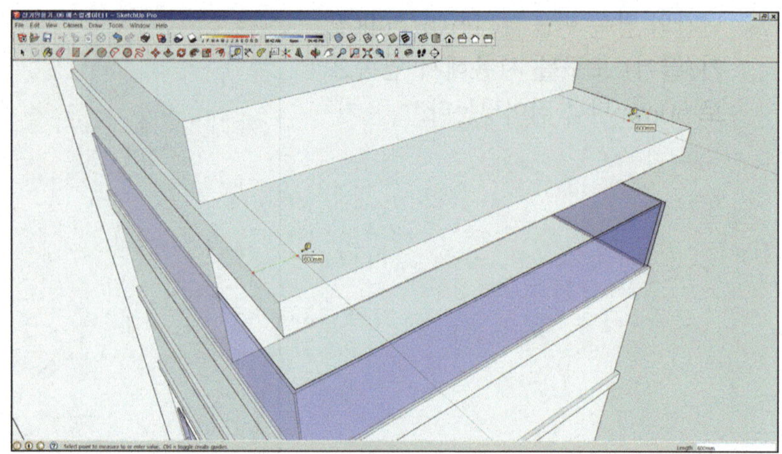

80 다시 앞쪽 모서리에서 600mm 떨어진 곳에 보조선을 그린다.

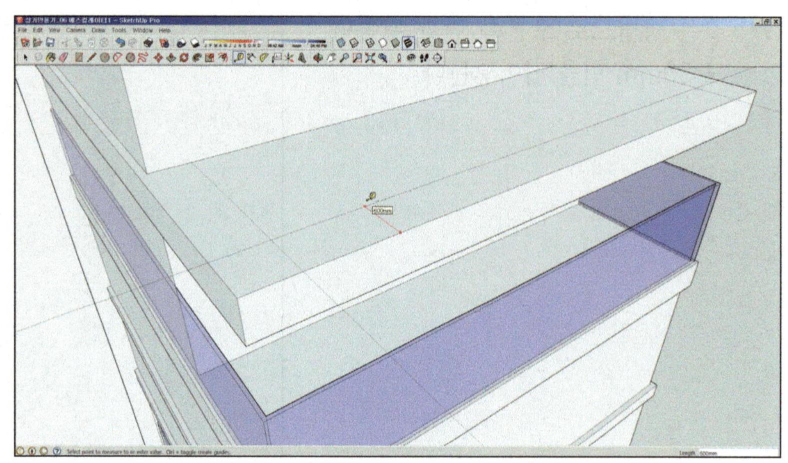

81 Rectangle(직사각형) 도구로 보조선의 교차점에서 (900, 900)인 사각형을 그린다.

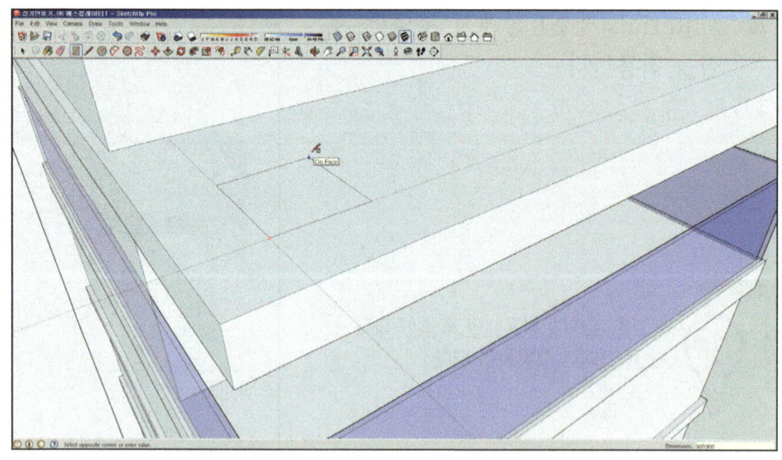

82 사각형를 선택해서 Move(이동) 도구로 Ctrl 키를 누른 후 그림과 같이 보조선의 교차점까지 복사한다.

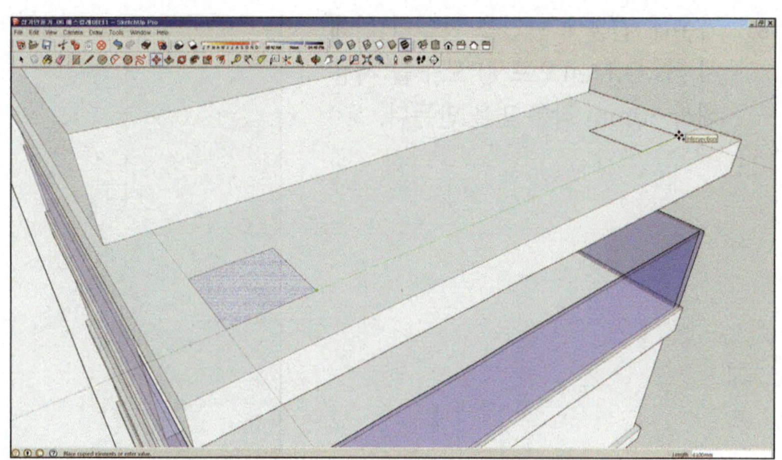

83 Length /6 수치입력창에 /6을 입력해서 6개를 복사한다.

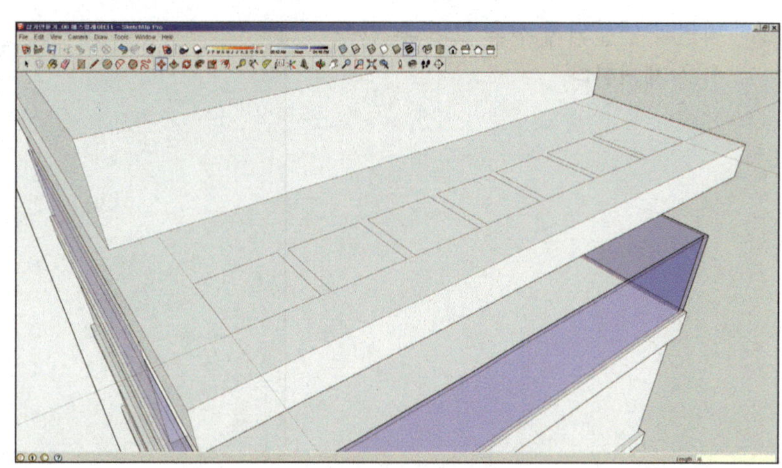

84 Push/Pull(밀기/끌기) 도구로 아랫면까지 면을 집어넣어 면을 제거한다. 태양창을 완성한다.

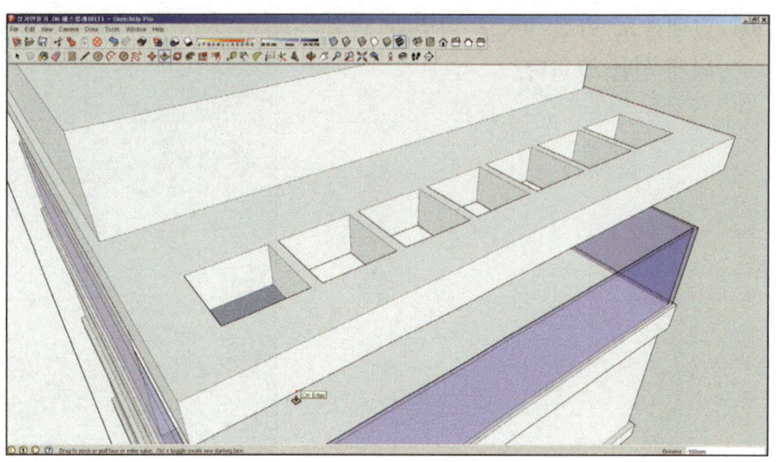

85 가운데 건물에 난간을 만들기 위해서 Offset(오프셋) 도구를 사용해서 50mm 작은 면을 만든다.

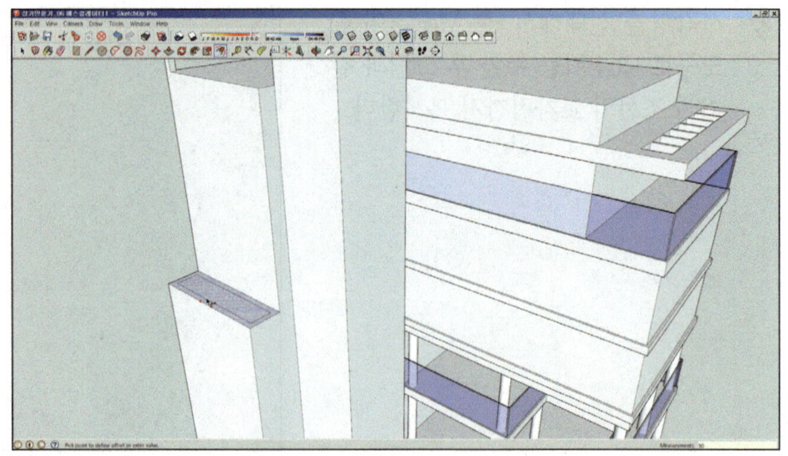

86 벽면과 연결되게 선을 그린 후 안쪽 선은 제거한다.

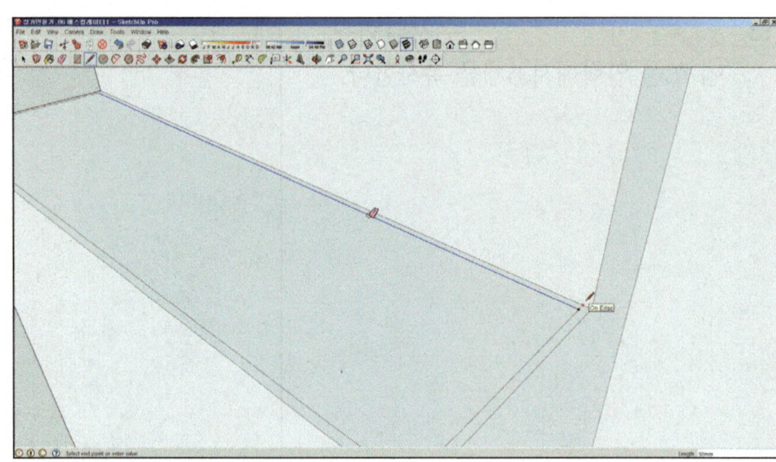

87 반대쪽도 마찬가지로 벽면과 연결되게 선을 그린다.

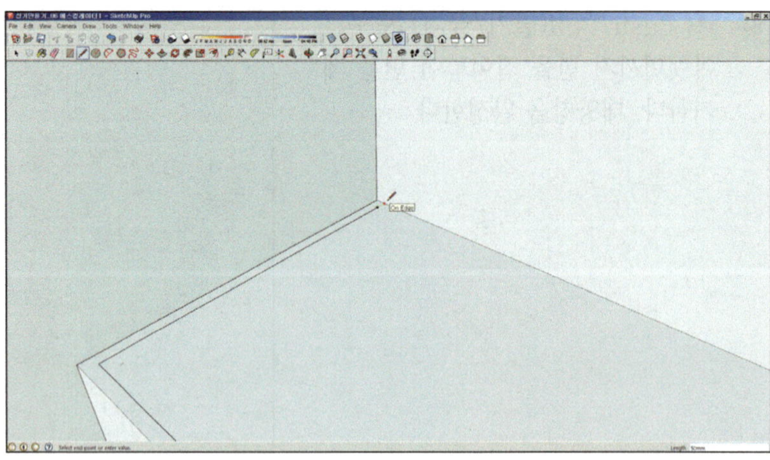

88 Push/Pull(밀기/끌기) 도구를 사용하여 1500mm 면을 만든다.

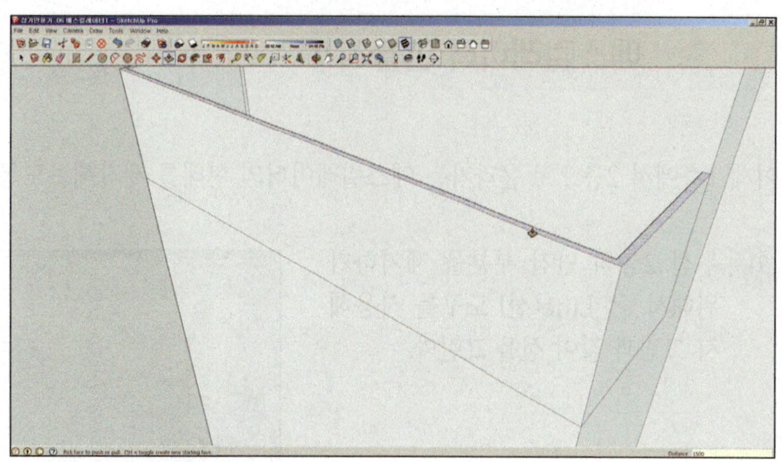

89 Paint Bucket(페인트통) 도구로 투명한 재질을 적용한다.

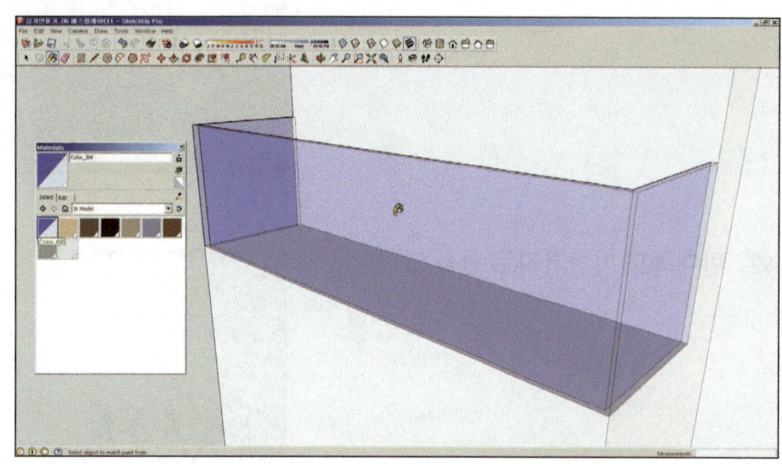

90 5층 베란다와 태양창이 완성되었다. 이제 빨간색 원 부분에 에스컬레이터를 만들어보도록 하자.

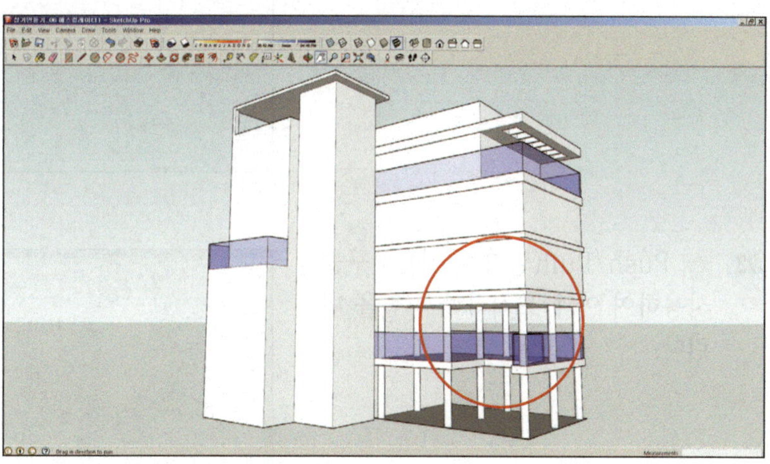

06 에스컬레이터 만들기 1

이제 1층에서 2층으로 올라가는 에스컬레이터의 형태를 제작해보도록 하자.

91 우선 2층의 난간 부분을 제거하기 위해서 Line(선) 도구를 사용해서 그림과 같이 선을 그린다.

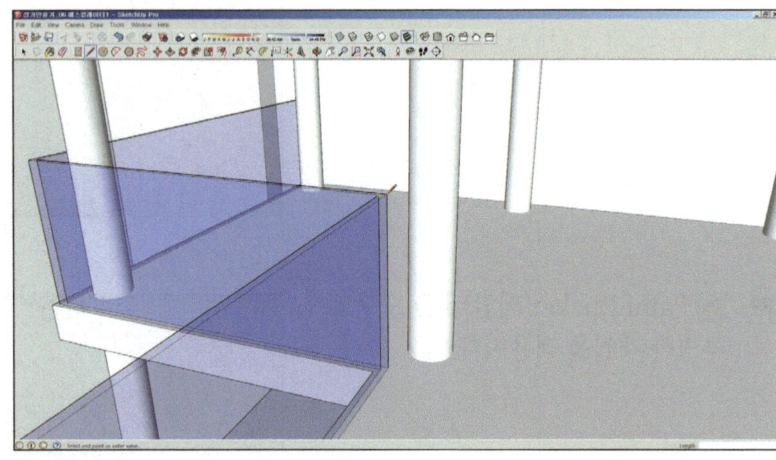

92 반대쪽도 마찬가지로 선을 그린다.

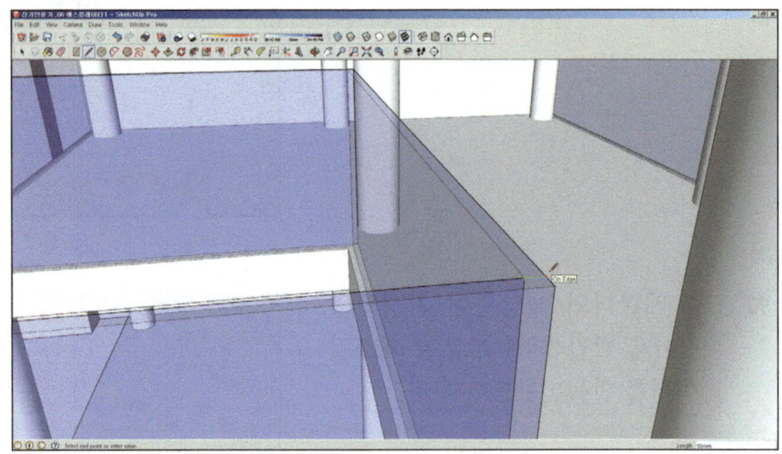

93 Push/Pull(밀기/끌기) 도구를 사용하여 아래 모서리까지 면을 내린다.

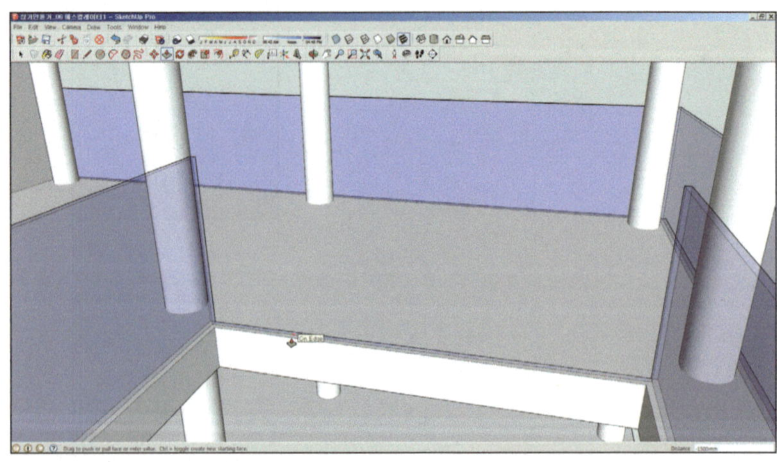

94 Eraser(지우기) 도구로 아래의 선들을 제거한다.

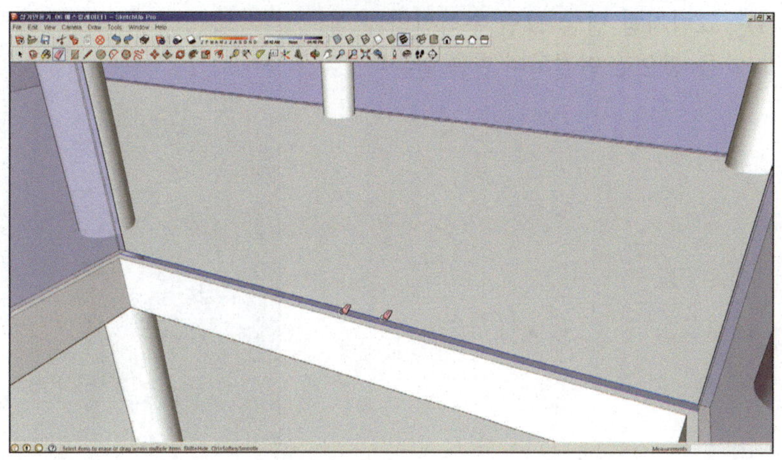

95 Line(선) 도구를 사용해서 그림과 같이 모서리 부분에 Blue축 방향으로 1200mm의 선을 그린다.

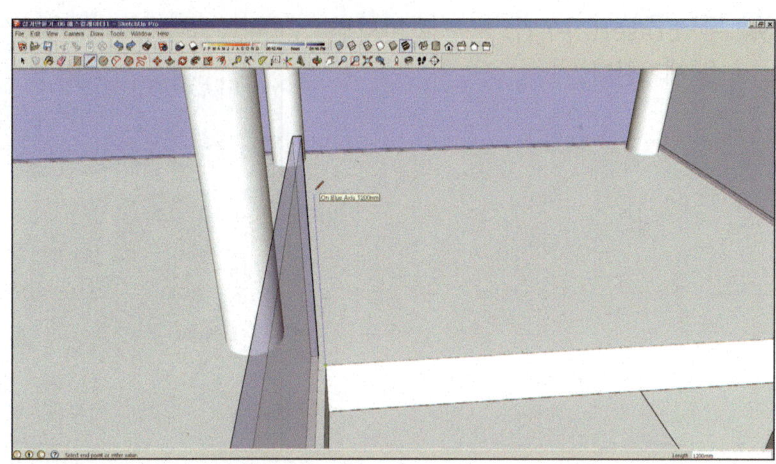

96 반대쪽에도 같은 높이로 선을 그린다.

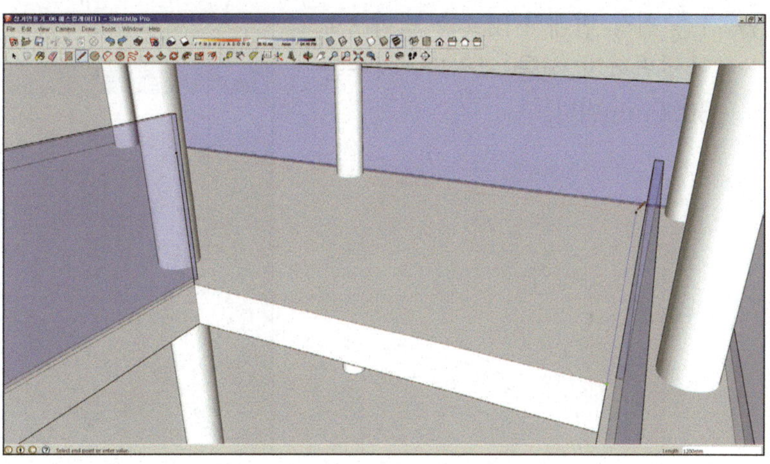

97 그림처럼 방금 그린 수직선의 끝점을 선으로 연결하여 면을 만든다.

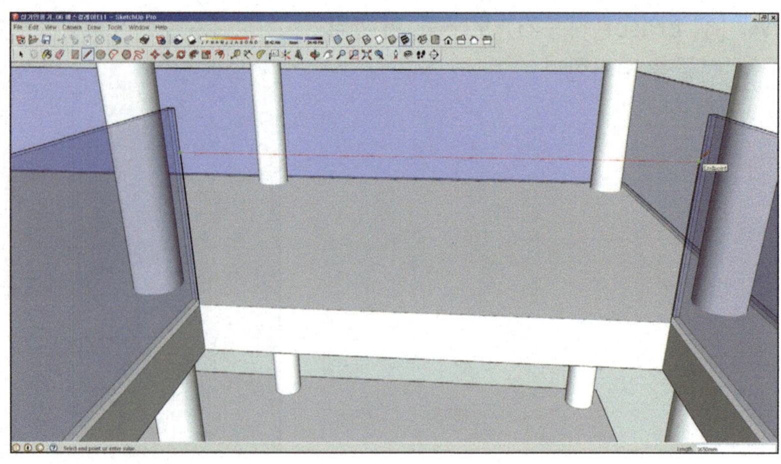

98 Eraser(지우기) 도구로 바닥면을 제거한다.

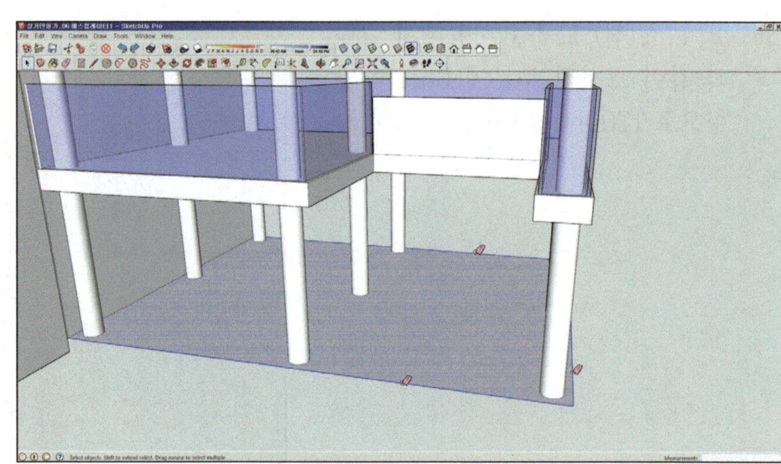

99 1층 천장 면에서 Blue축 방향으로 아랫면까지 선을 그린다. 치수는 3000mm이다.

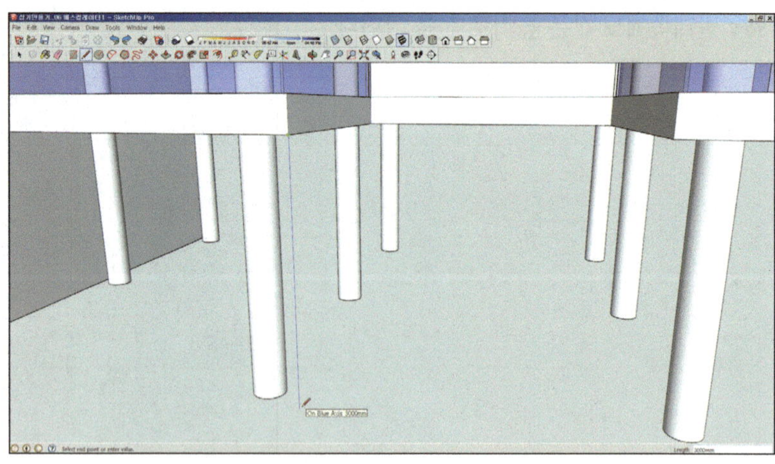

100 바닥 끝점에서 Green축 방향으로 1500mm 선을 그린다.

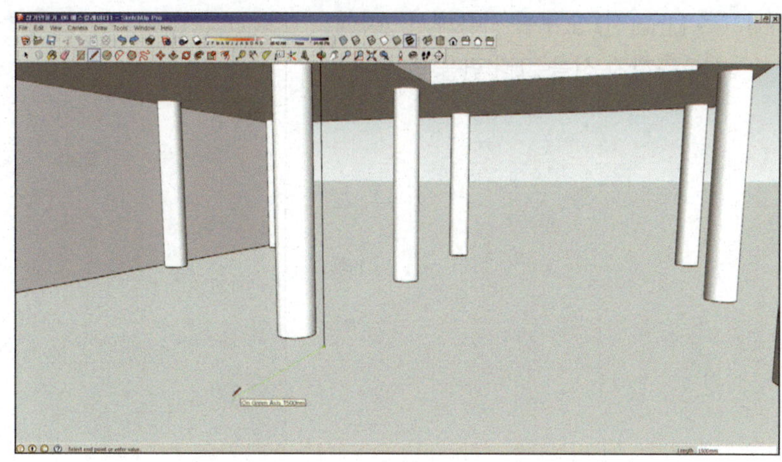

101 다시 Blue축 방향으로 1200mm 선을 그린 후, 처음 그린 선으로 연결하여 면을 만든다.

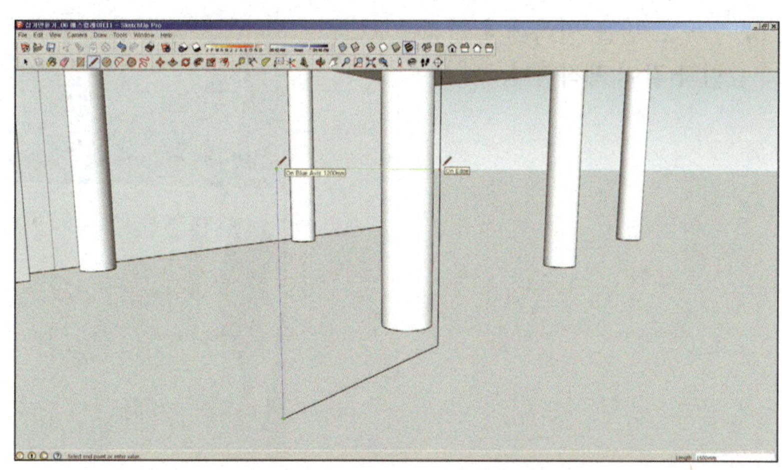

102 Eraser(지우기) 도구로 처음에 그렸던 선의 윗부분을 제거한다.

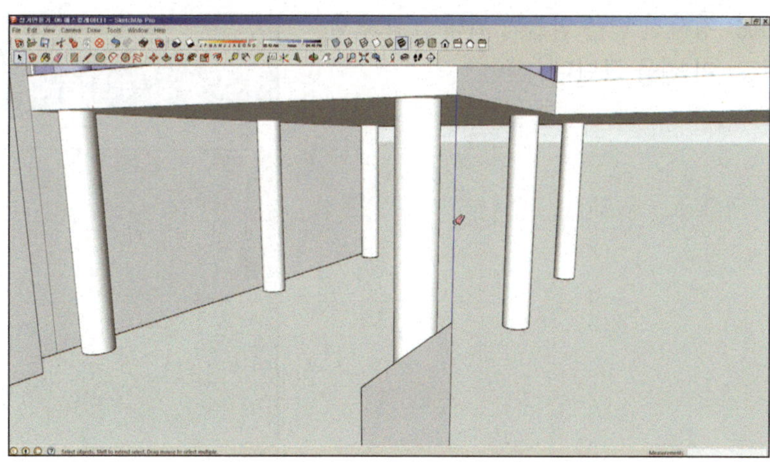

103 Line(선) 도구를 사용해서 2층에서 1층까지 선을 그려 면을 만든다.

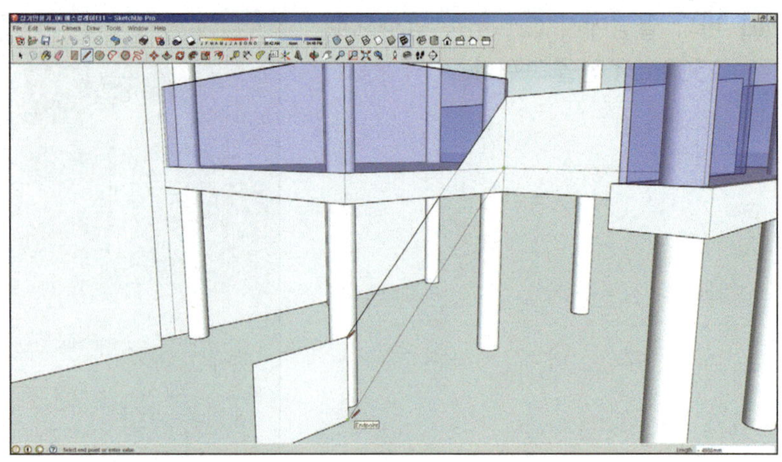

104 99~103번을 반복해서 반대쪽도 그림과 같이 제작한다.

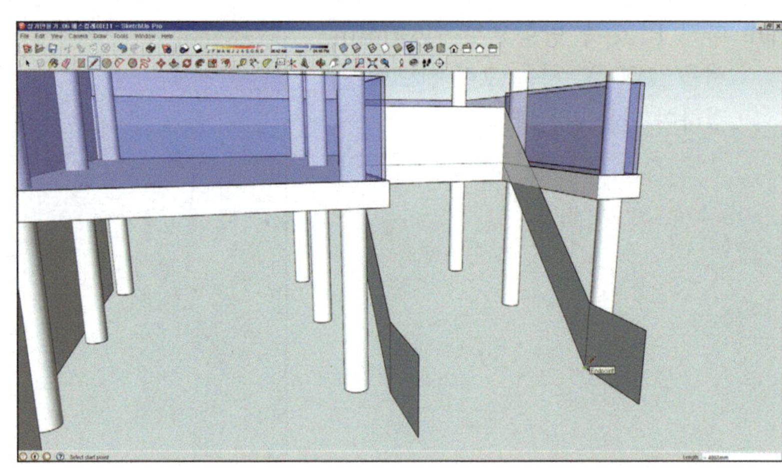

105 경사진 면을 만들기 위해 그림과 같이 선을 그린다.

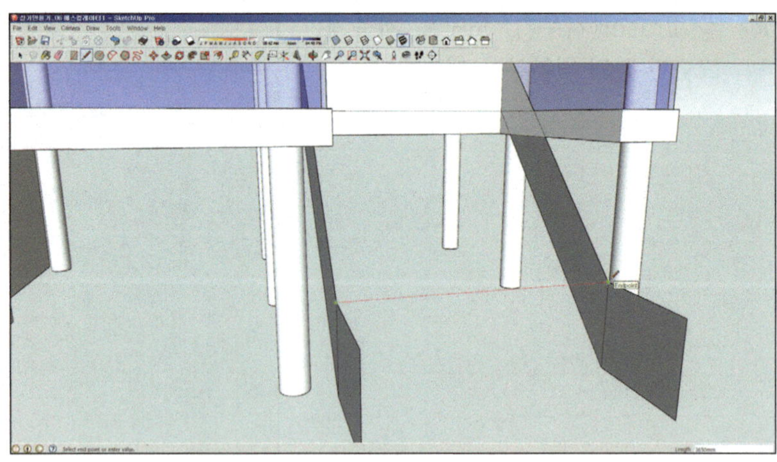

106 아랫면에서도 선을 연결하여 면을 만든다.

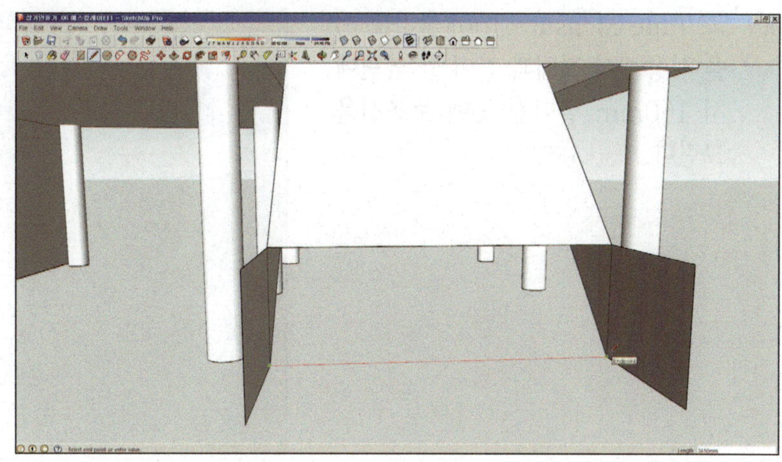

107 마지막으로 앞쪽도 선을 연결해서 면을 만든다.

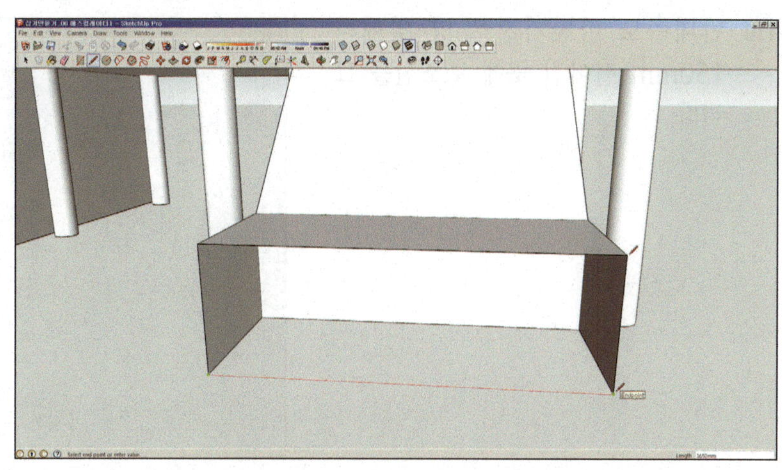

108 에스컬레이터의 Midpoint(중간점)을 연결하는 선을 그린다.

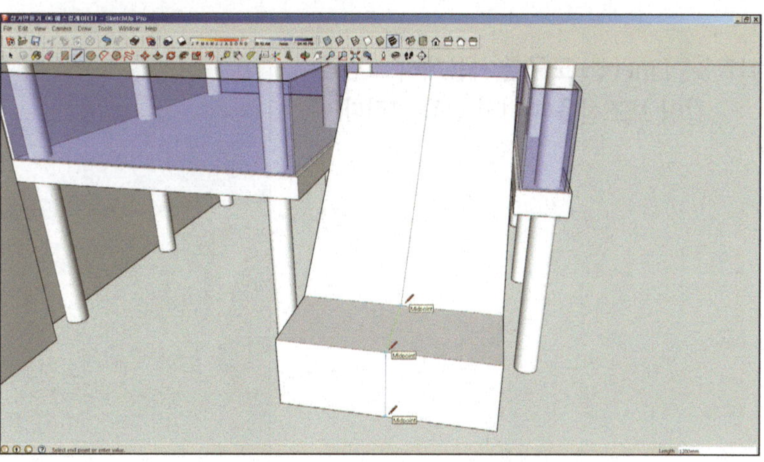

109 Tape Measure Tool(줄자도구)을 사용해서 그림과 같이 양 옆면에서 150mm 떨어진 곳에 보조선을 그린다.

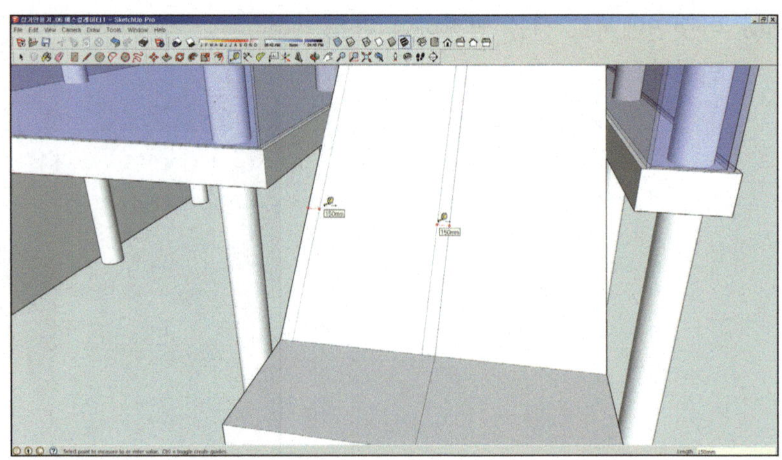

110 반대쪽도 마찬가지로 양 옆에서 150mm 떨어진 곳에 보조선을 그린다.

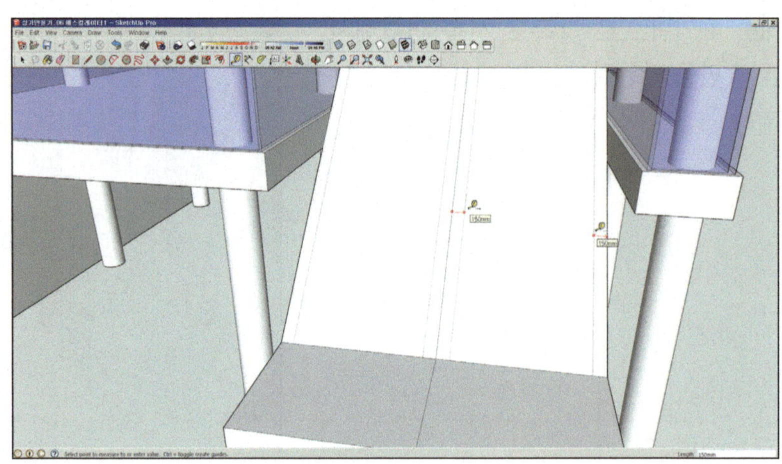

111 Line(선) 도구를 사용해서 그림과 같이 보조선을 따라서 선을 그린다.

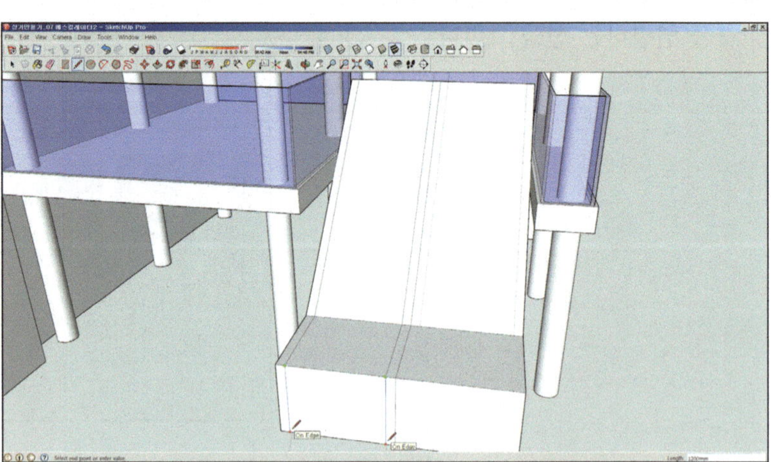

112 반대쪽도 보조선을 따라 선을 그린다.

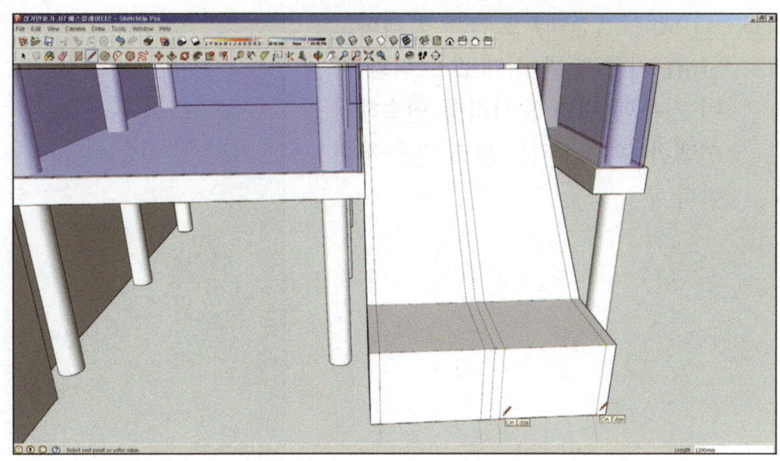

113 2층 부분에 Push/Pull(밀기/끌기) 도구를 사용하여 뒤쪽으로 1000mm 길이의 면을 만든다.

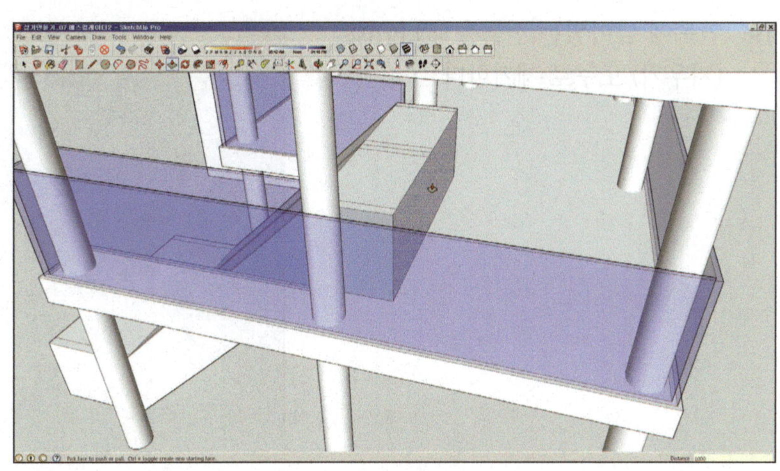

114 에스컬레이터의 2층 뒷면에 위에 선을 따라 Blue축 방향으로 그림과 같이 선을 그린다.

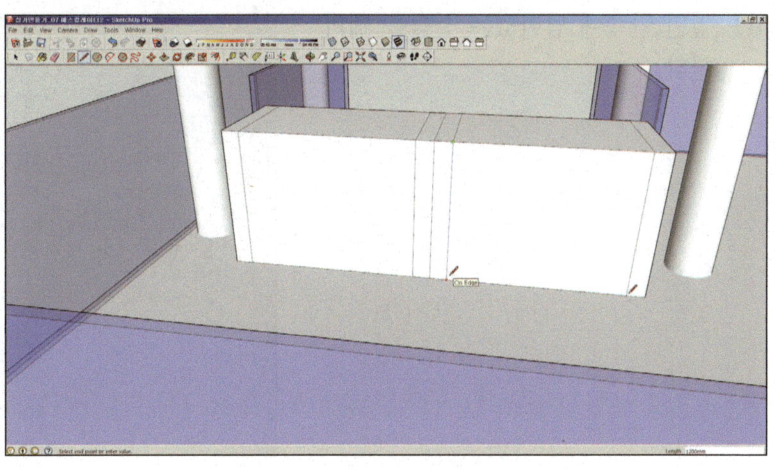

115 Select(선택) 도구를 선택하고 Shift 키를 누른 상태로 그림과 같이 가운데 면과 모서리를 연속해서 선택한 후 Del 키를 눌러 면을 제거한다.

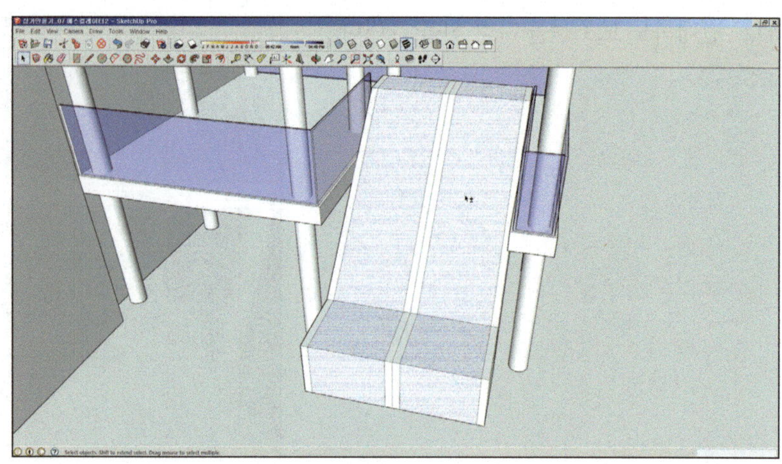

116 안쪽에 남아있는 선들을 Eraser(지우기) 도구로 제거한다.

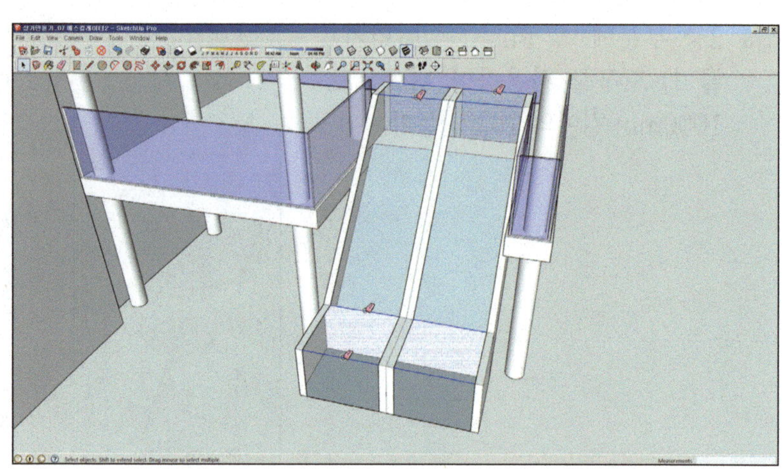

117 옆면 안쪽에 남아있는 선들을 제거한다.

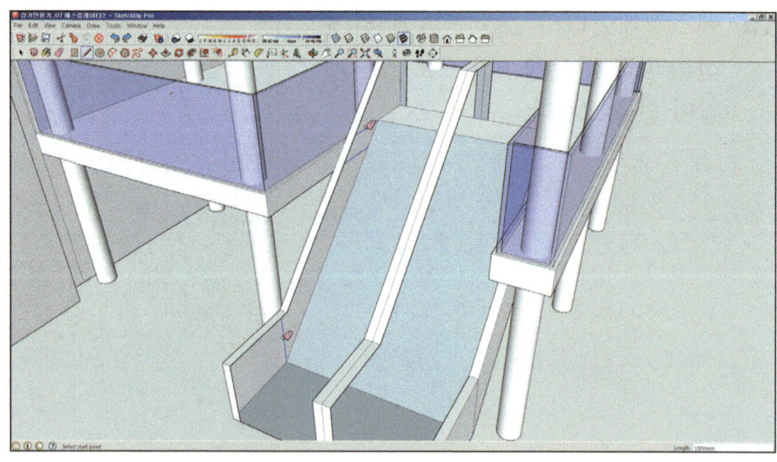

118 그림과 같이 Line(선) 도구를 사용해서 선을 그려 뚫린 면에 면을 생성한다.

대각선으로 선을 그릴 때에는 반드시 핑크색 선이 되도록 한 후 그린다. 핑크색은 바닥면 혹은 옆 모서리와 평행함을 나타낸다.

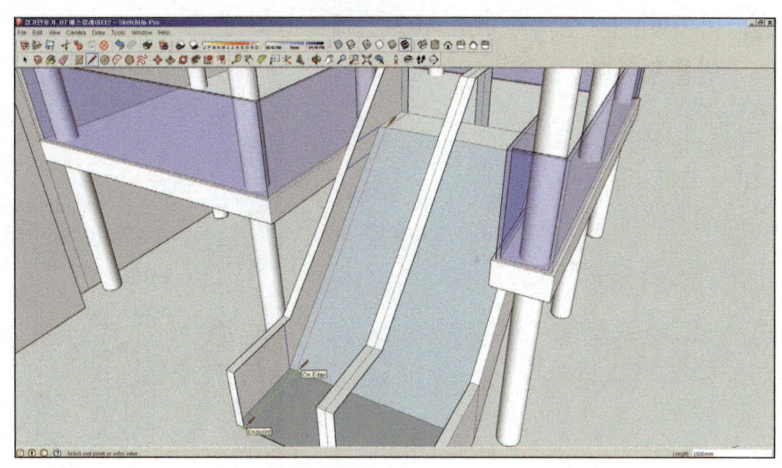

119 가운데 부분도 118번과 마찬가지로 선을 그려 면을 만든다.

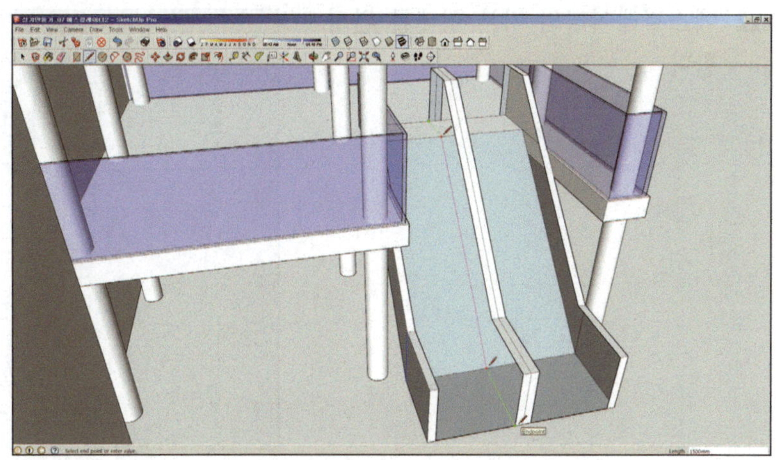

120 반대쪽도, 중앙 부분도 선을 그려 면을 만든다.

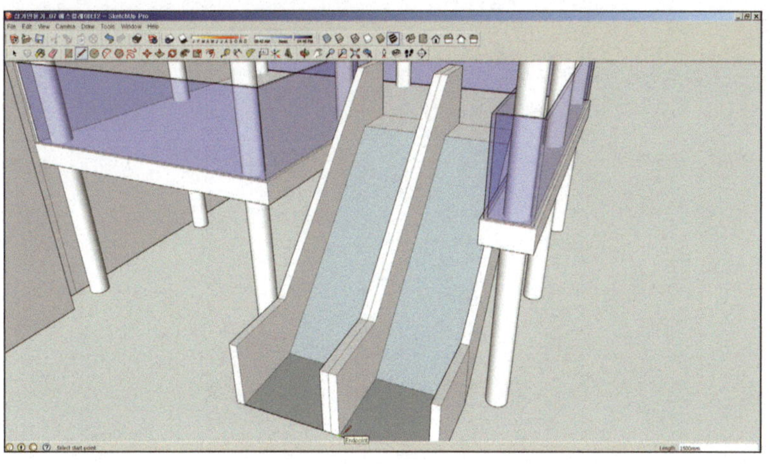

121 마지막으로 오른쪽 면도 선을 그려 면을 만든다.

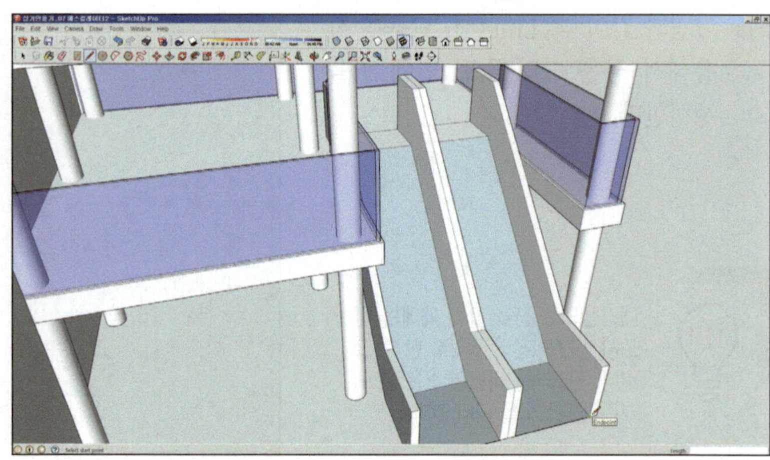

122 에스컬레이터의 기본 형태를 완성한다.

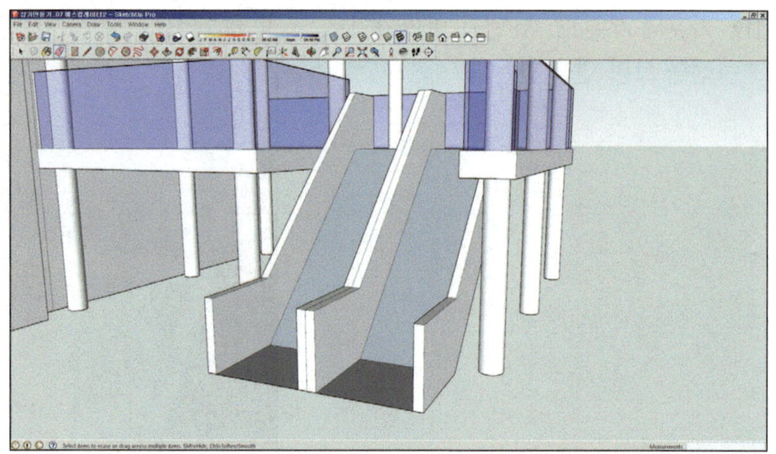

07 에스컬레이터 만들기 2

앞에서 만든 에스컬레이터를 바탕으로 좀 더 세밀하게 제작해보도록 하자.

123 에스컬레이터의 모서리 부분을 둥글게 만들기 위해 Tape Measure Tool(줄자도구)을 사용해서 위쪽 모서리와 앞쪽 모서리에서 200mm 떨어진 곳에 보조선을 그린다.

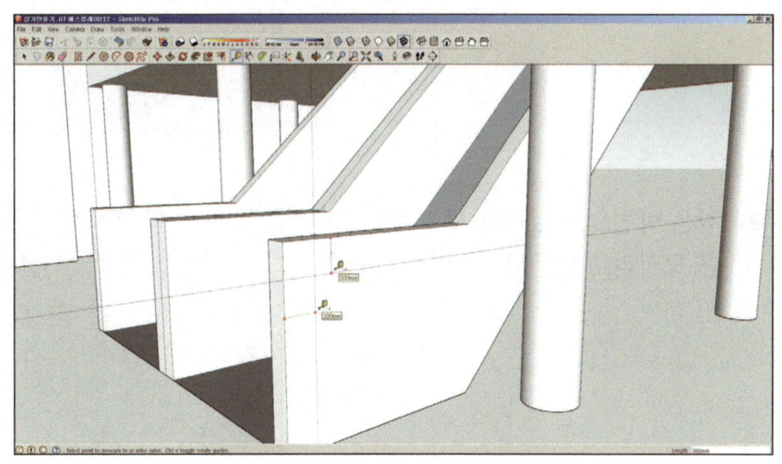

124 2Point Arc(2점 호) 도구를 사용해서 보조선의 교차점을 연결하면서 Radius(반경)가 200mm인 1/4호를 그린다.

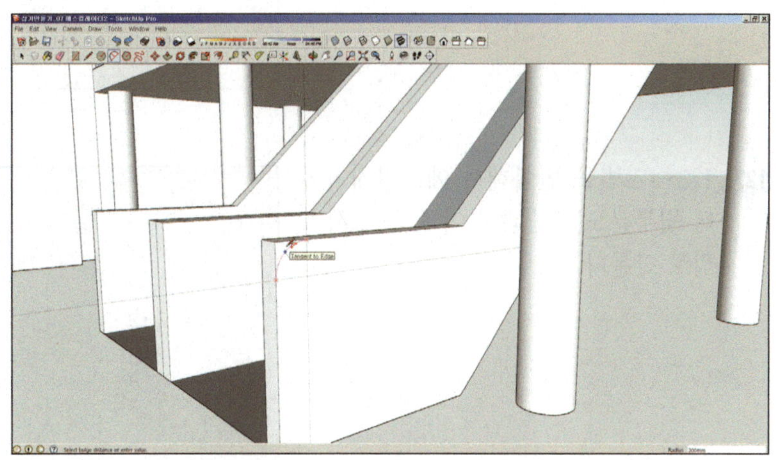

2Point Arc(2점 호) 도구로 호를 그릴 때 Tangent to Edge(가장자리에 접함) 메시지가 나오면 1/4인 호를 그릴 수 있다.

125 Push/Pull(밀기/끌기) 도구를 사용해서 모서리 부분을 제거한다.

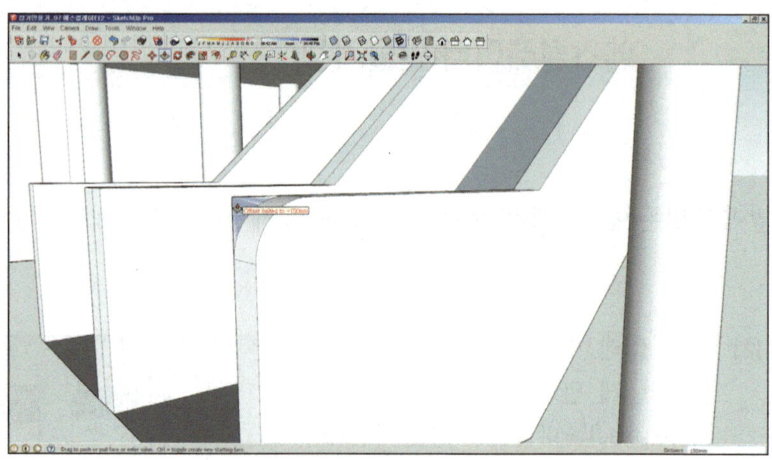

126 같은 방법으로 나머지 세 부분도 둥근 모서리로 만든다.

127 123~126번을 반복해서 에스컬레이터 윗부분도 그림과 같이 둥근 모서리로 만든다.

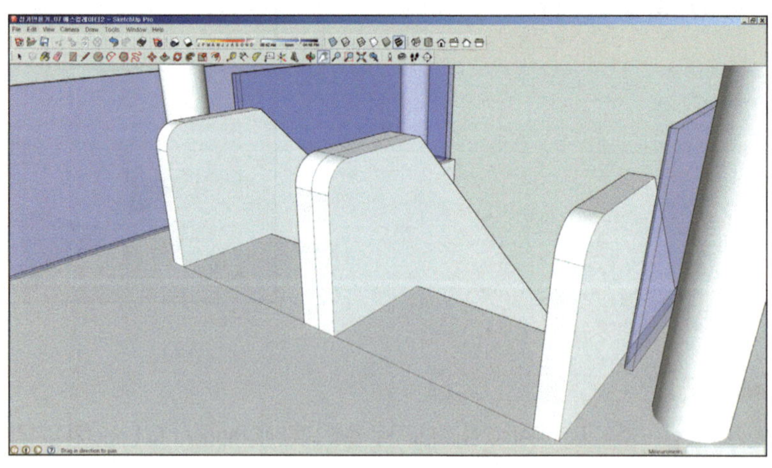

128 에스컬레이터가 꺾이는 부분도 둥글게 면을 만들기 위해서 Tape Measure Tool(줄자도구)로 꺾인 모서리에서 면을 따라 200mm 떨어진 곳에 보조선을 그린다.

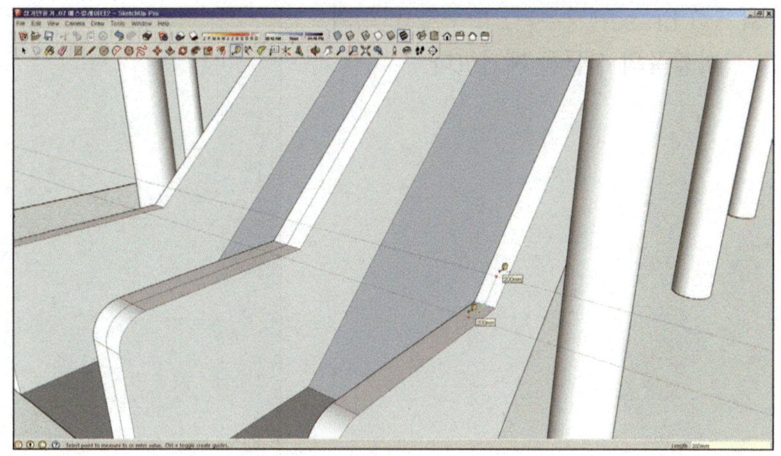

129 2Point Arc(2점 호) 도구를 사용해서 보조선의 교차점을 연결하는 호를 그린다.

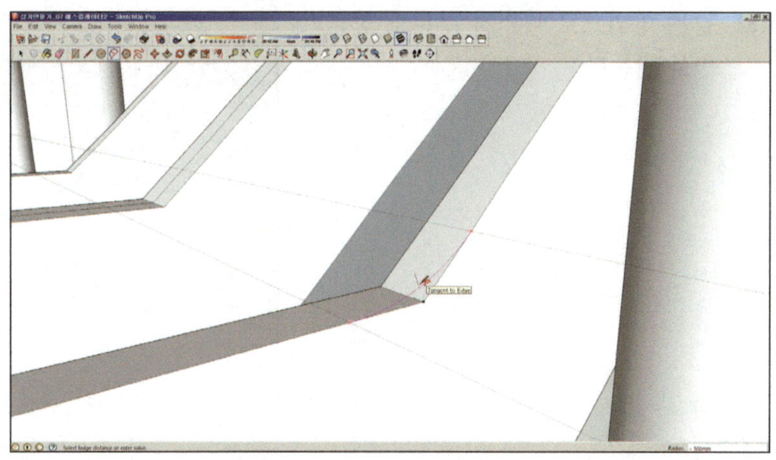

130 Push/Pull(밀기/끌기) 도구를 사용해서 뒷면을 만든다.

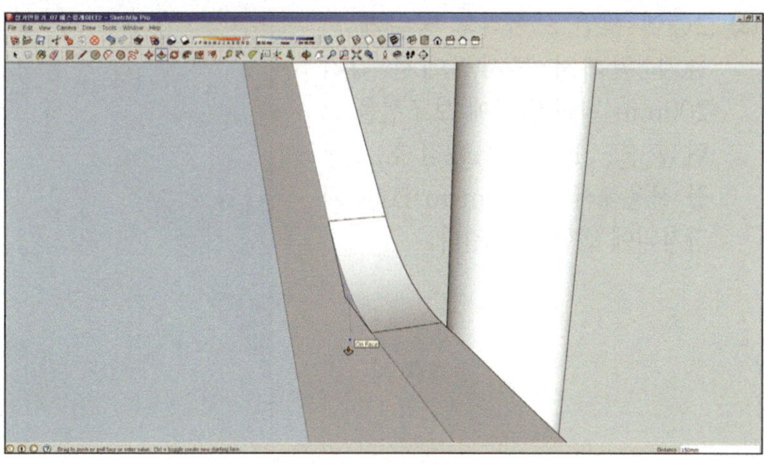

131 Eraser(지우기) 도구로 안쪽과 바깥쪽의 선들을 제거한다.

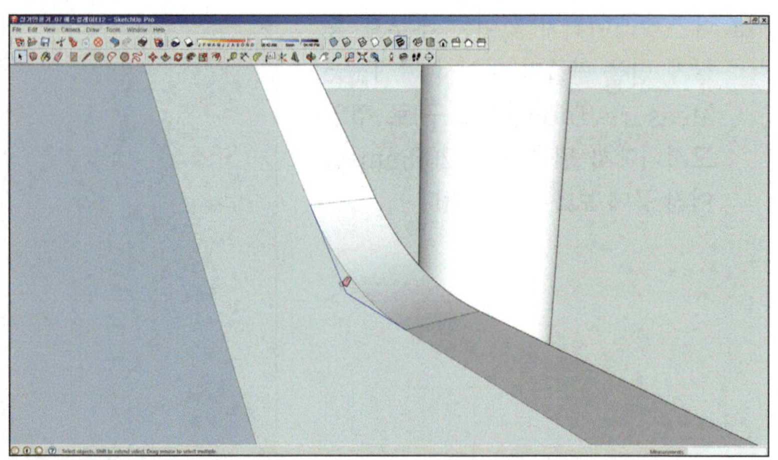

132 같은 방법으로 나머지 부분도 둥근 면을 만든다.

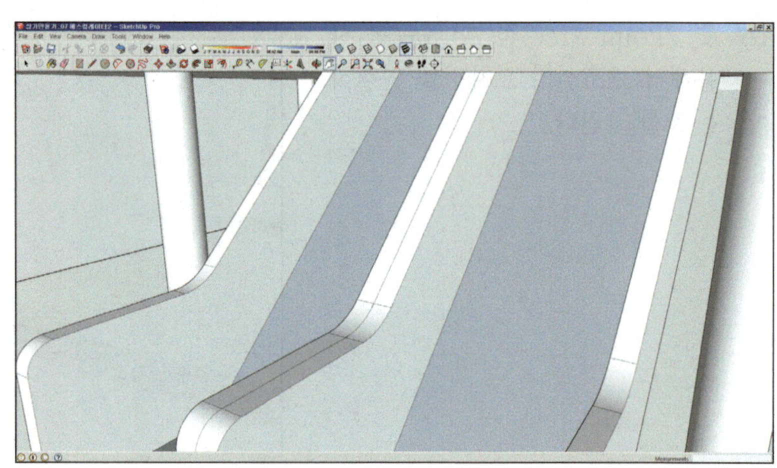

133 2층에 꺾인 모서리도 둥글게 만들기 위해서 모서리에서 각각 200mm 떨어진 곳에 보조선을 그린 후, 2Point Arc(2점 호) 도구를 사용해서 Tangent to Edge(가장자리에 접함)를 그린다.

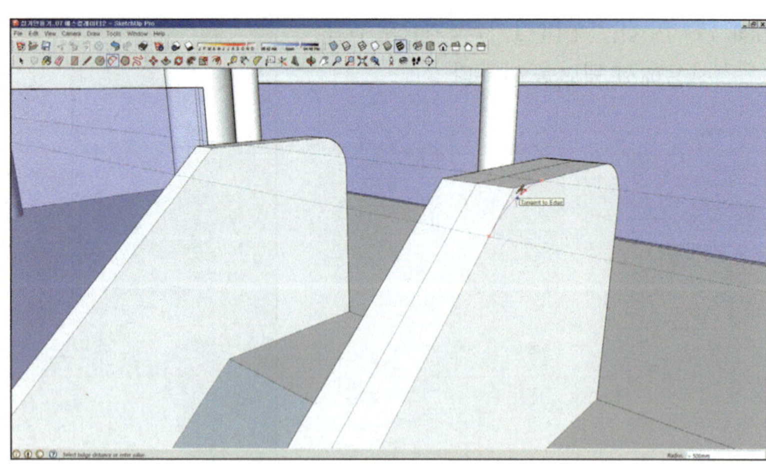

134 Push/Pull(밀기/끌기) 도구를 사용해서 뾰족한 모서리를 제거한다. 나머지 부분도 같은 방법으로 제작해서 둥근 면을 만든다.

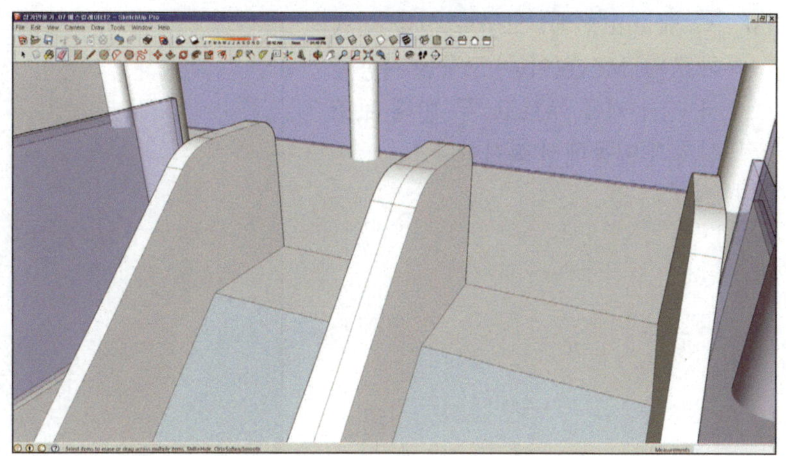

135 에스컬레이터 계단을 만들기 위해서 Tape Measure Tool(줄자도구)을 사용해서 아래 모서리에서 각각 300mm 떨어진 곳에 보조선을 2개 그린다.

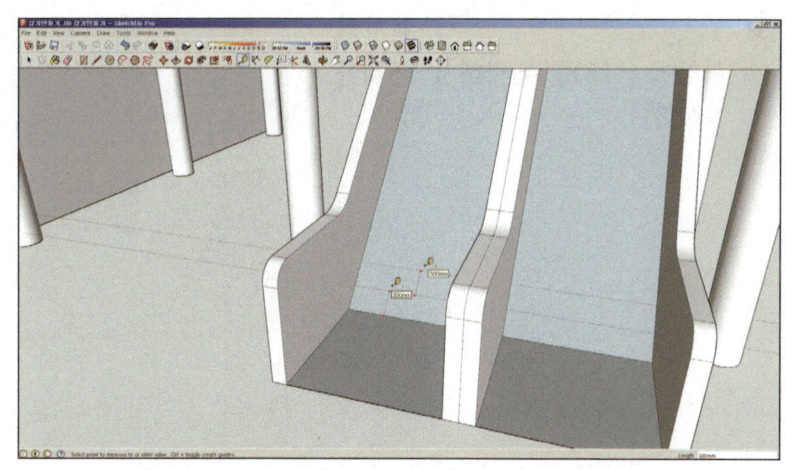

136 Line(선) 도구로 첫 번째 보조선에 맞추어 선을 그린다.

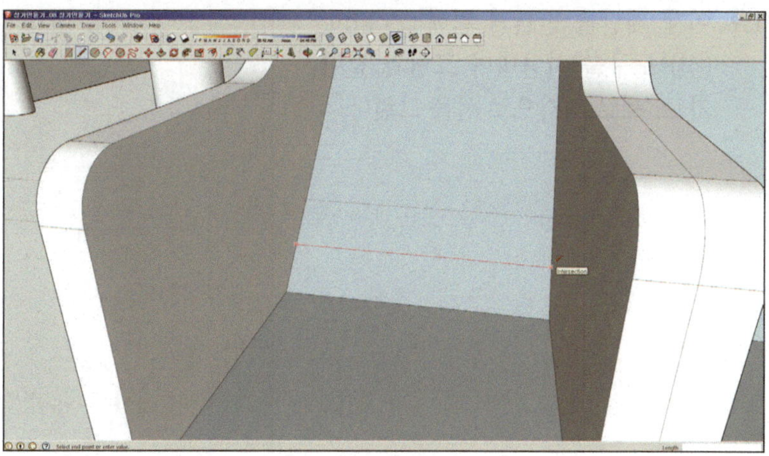

137 Select(선택) 도구로 선을 선택하고 Move(이동) 도구를 사용해서 Ctrl 키를 누르고, 두 번째 보조선까지 이동해서 복사한다.

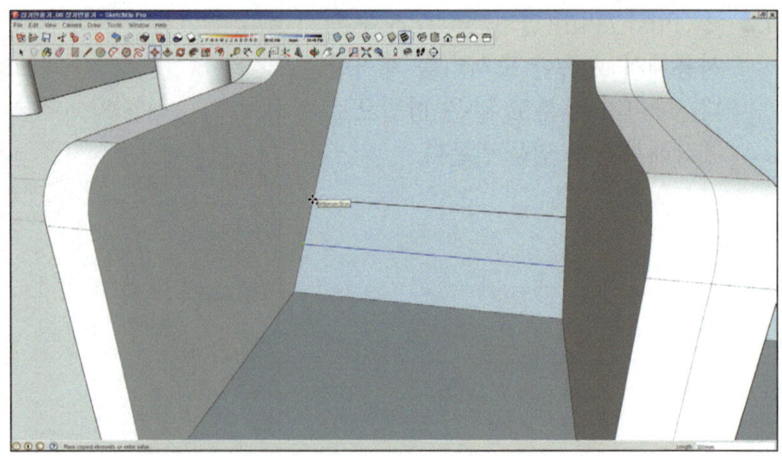

138 Length *15 수치입력창에 (*15)를 입력해서 15개를 복사한다.

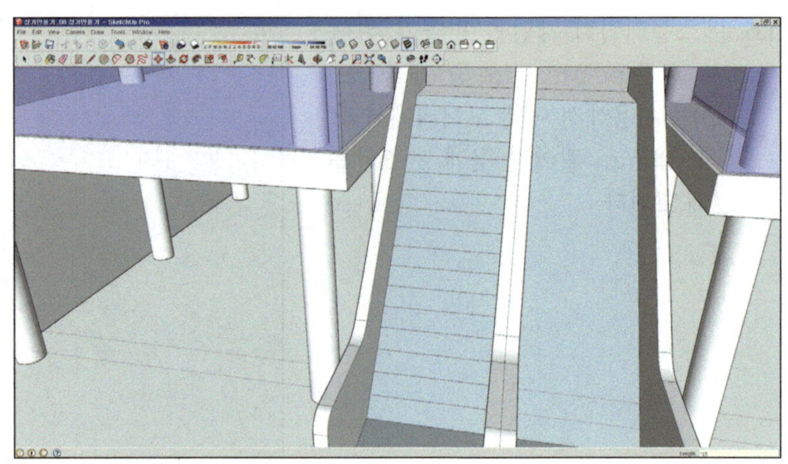

139 이제 계단을 만들기 위해 Line(선) 도구를 사용하여 그림과 같이 가로, 세로 직각으로 선을 그린다.

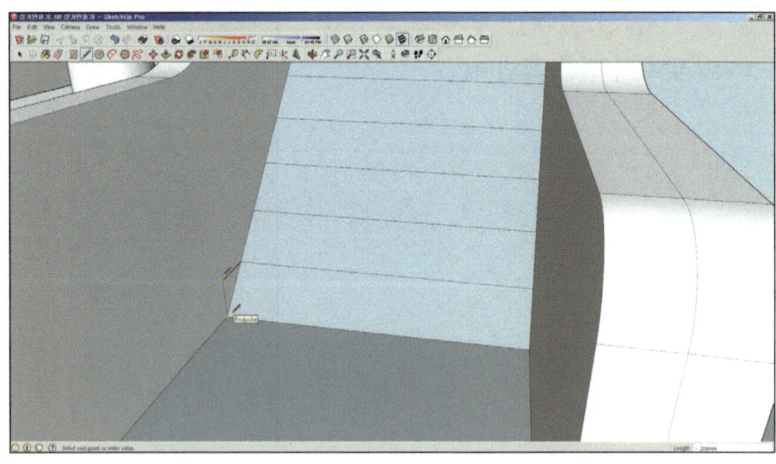

140 Push/Pull(밀기/끌기) 도구를 사용해서 삼각면을 선택한 후 반대 면까지 면을 만든다.

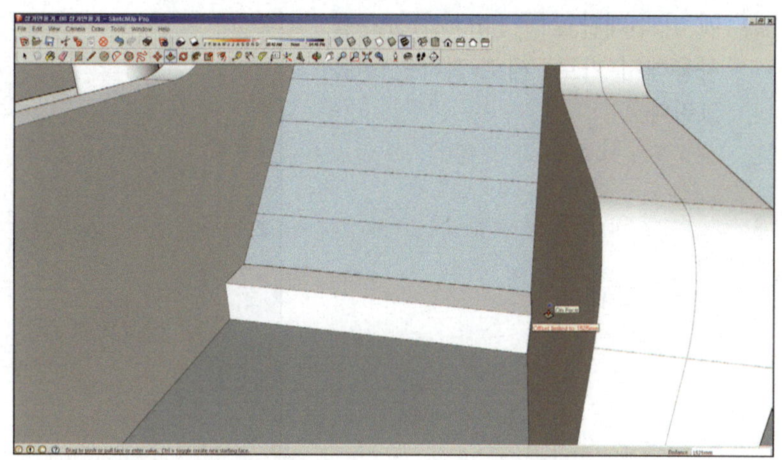

141 나머지 부분도 반복해서(139~140번)을 계단을 완성한다.

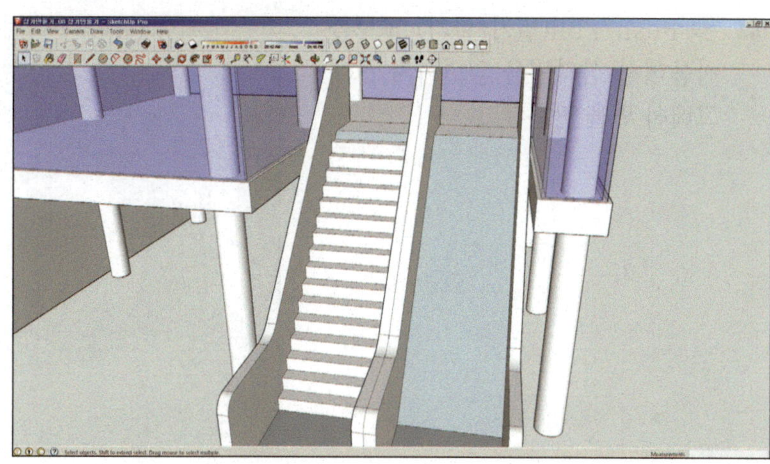

생성된 계단을 Select(선택) 도구로 선택한 후 Move 도구로 Ctrl 키를 누른 후 선에 맞추어 14개 복사를 해서 계단을 완성해도 좋다.

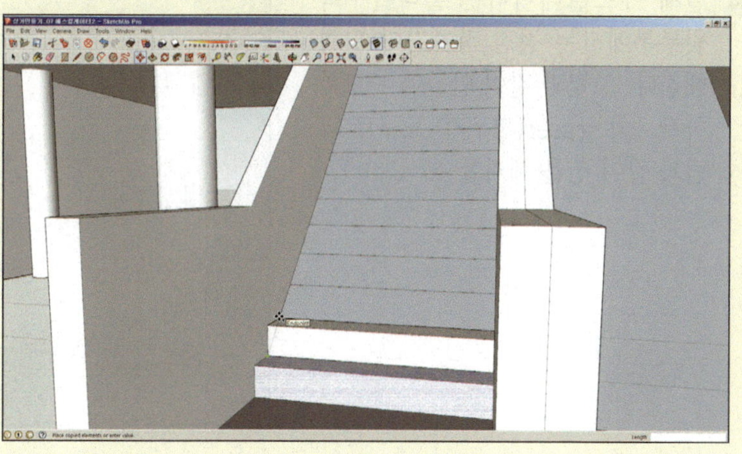

142 맨 위의 계단도 Line(선) 도구를 사용해서 가로, 세로 직각인 선을 그린다.

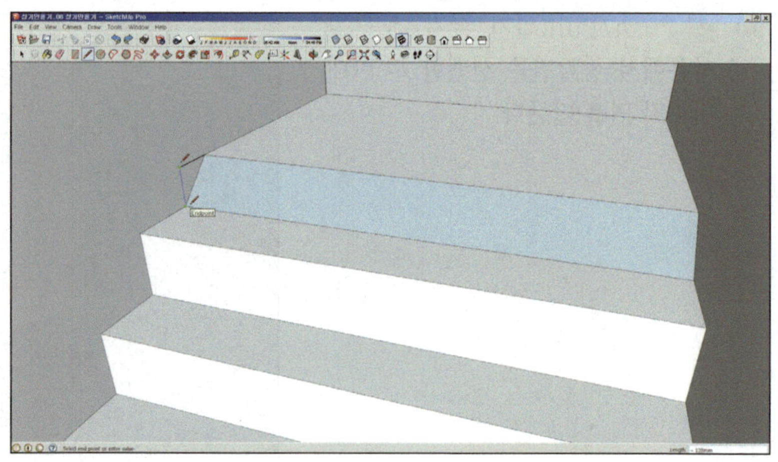

143 Push/Pull(밀기/끌기) 도구를 사용해서 삼각면을 옆면까지 드래그해서 면을 만든다.

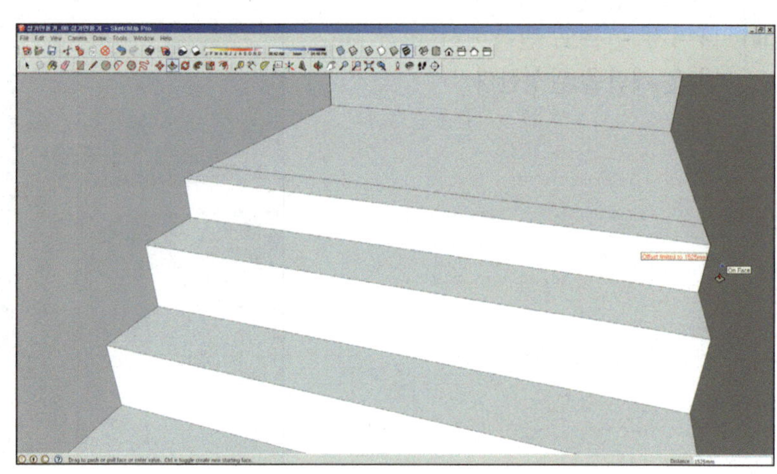

144 실제 에스컬레이터는 올라갈수록 윗부분에서는 점점 작아지며 평평해진다. 그것과 같이 만들어 보도록 하자. Eraser(지우기) 도구로 그림과 같이 선을 제거한다.

145 Tape Measure Tool(줄자도구)을 사용해서 윗면에 220mm 떨어진 곳에 보조선을 4개 그린다.

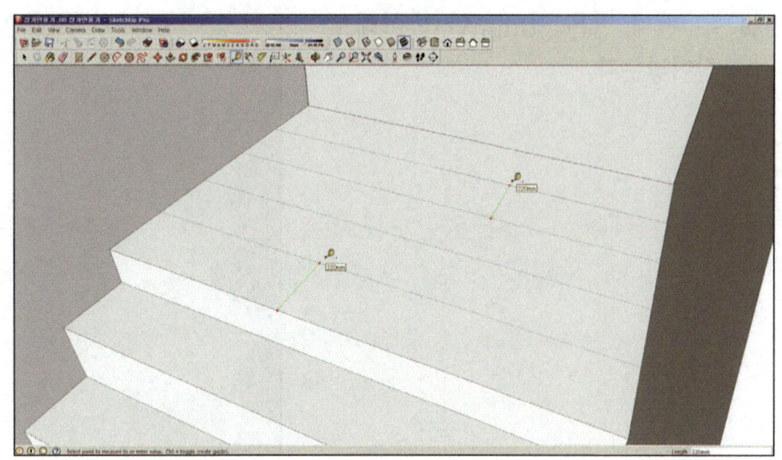

146 Line(선) 도구로 보조선에 맞추어 선을 그린다.

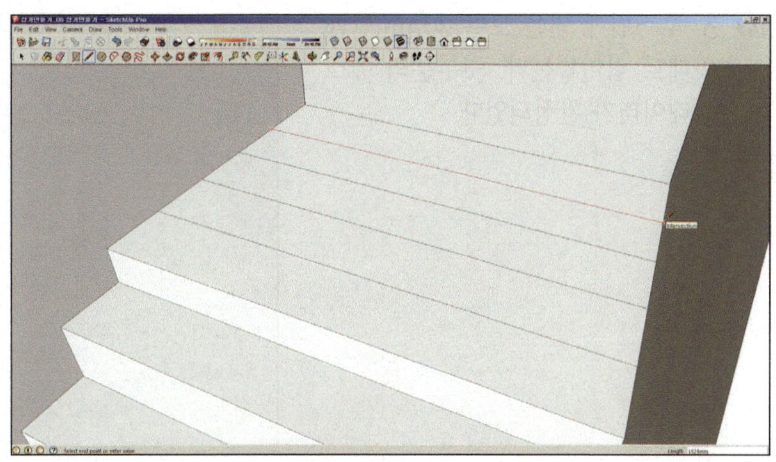

147 Push/Pull(밀기/끌기) 도구로 첫 번째 윗면을 아래로 50mm만큼 집어넣는다.

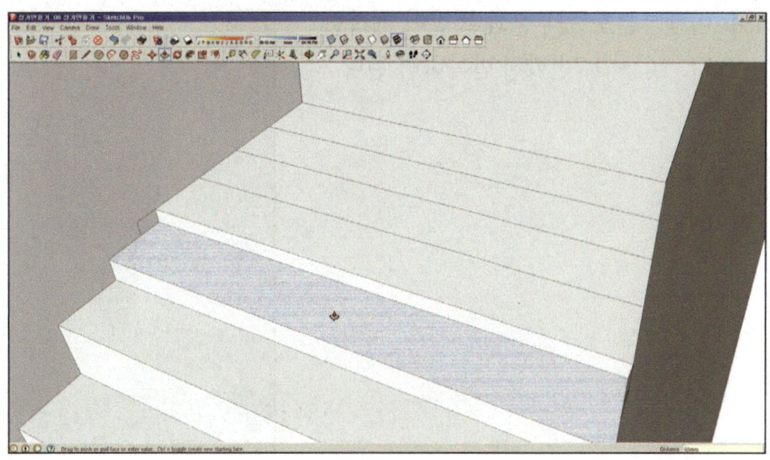

148 두 번째 면은 30mm만큼 아래로 집어넣는다.

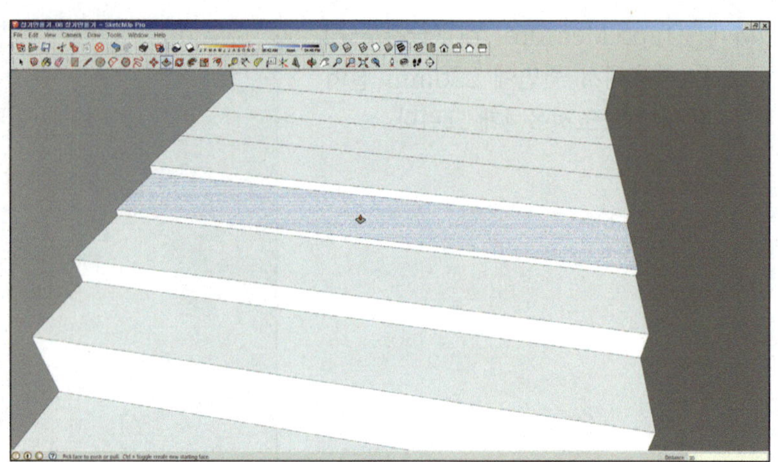

149 3, 4, 5번째 면은 모두 20mm만큼 아래로 집어넣는다. 윗부분의 에스컬레이터가 완성되었다.

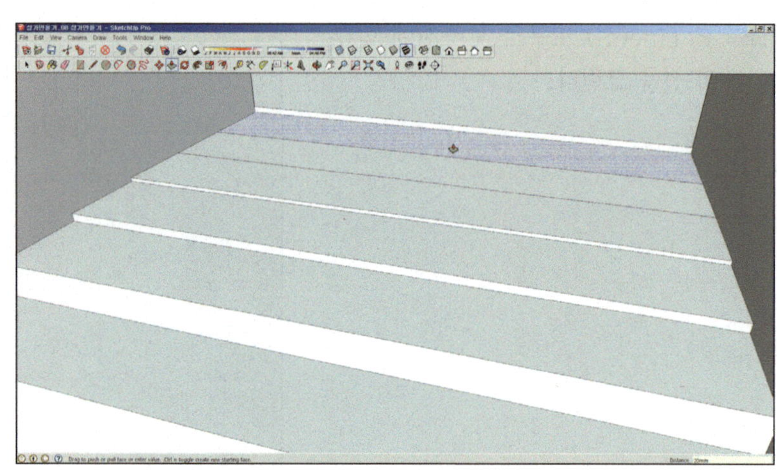

150 아랫부분도 윗부분과 똑같이 제작한다. 145~149번까지 반복하면 된다.

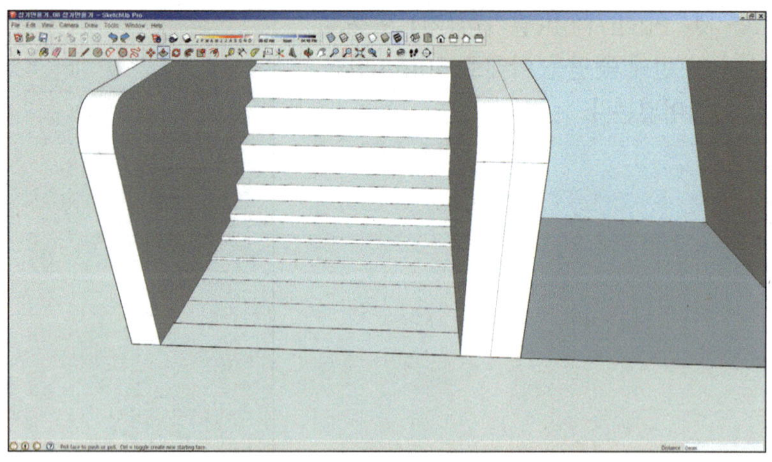

151 135~150번까지 반복해서 반대쪽 에스컬레이터도 제작한다.

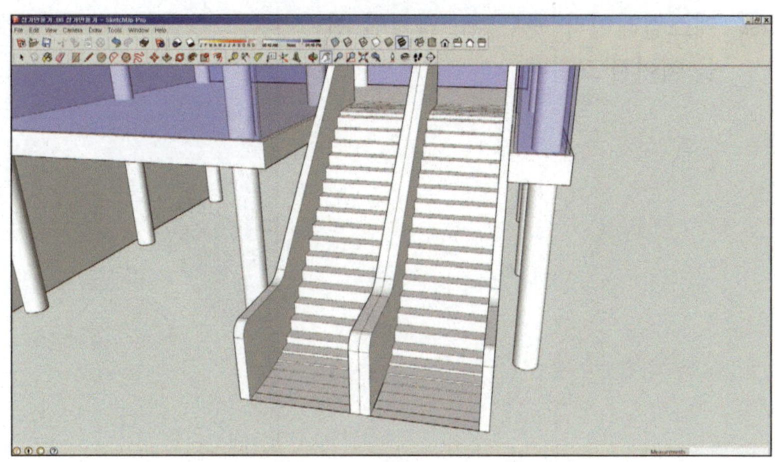

152 에스컬레이터 옆면을 세밀하게 만들기 위해서 Offset(오프셋) 도구를 사용해서 150mm 작은 면을 만든다.

153 아래 선들은 Eraser(지우기) 도구로 제거하고, 끊겨진 수직선을 Line(선) 도구를 사용해서 아랫면까지 그린다.

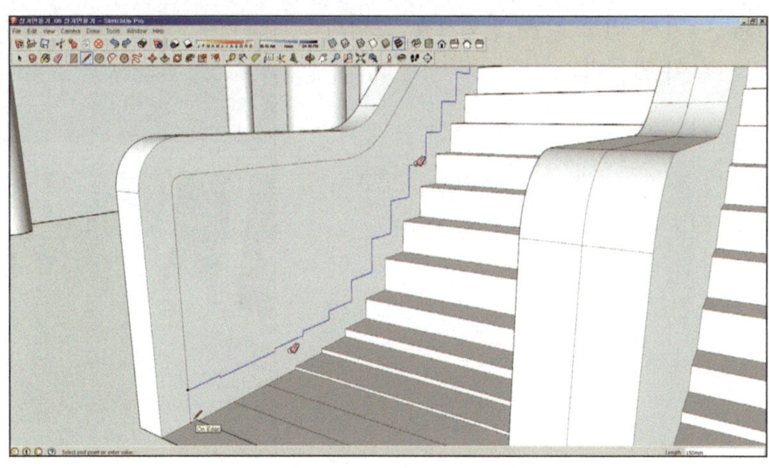

154 에스컬레이터 윗부분도 끊겨진 선을 이어서 그린다.

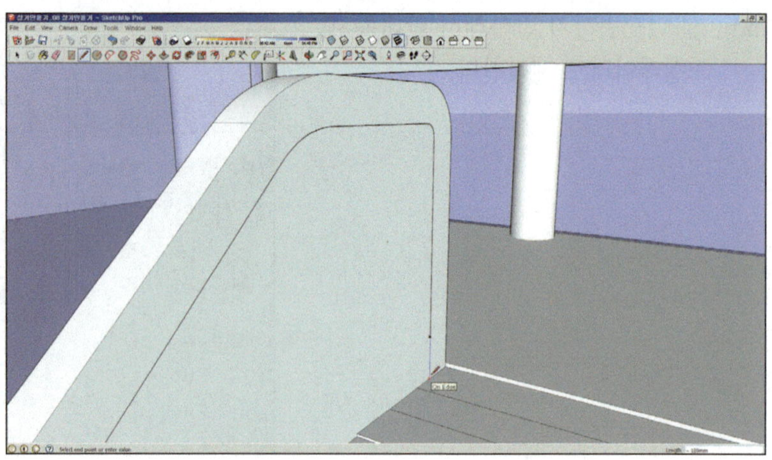

155 Push/Pull(밀기/끌기) 도구를 사용해서 바깥쪽으로 50mm만큼 면을 만든다.

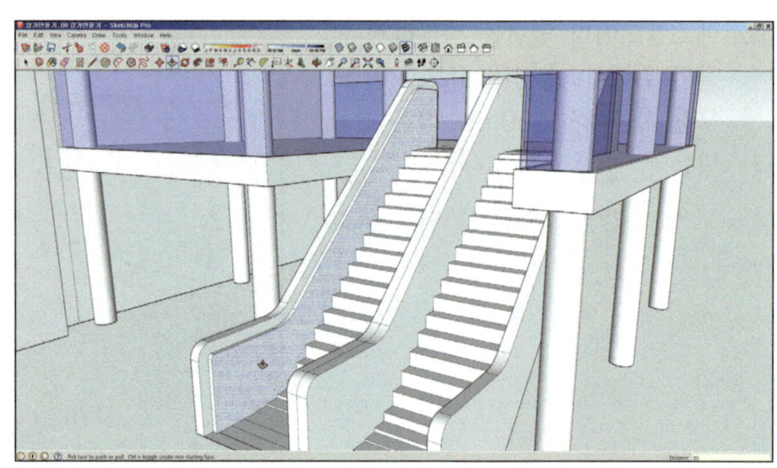

156 나머지 면도 같은 방법으로 그림과 같이 만든다.

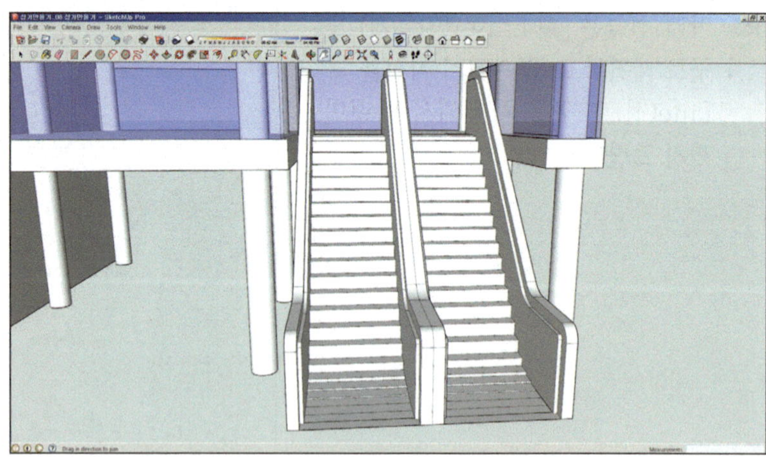

157 1층과 2층을 연결하는 에스컬레이터가 완성된 모습이다.

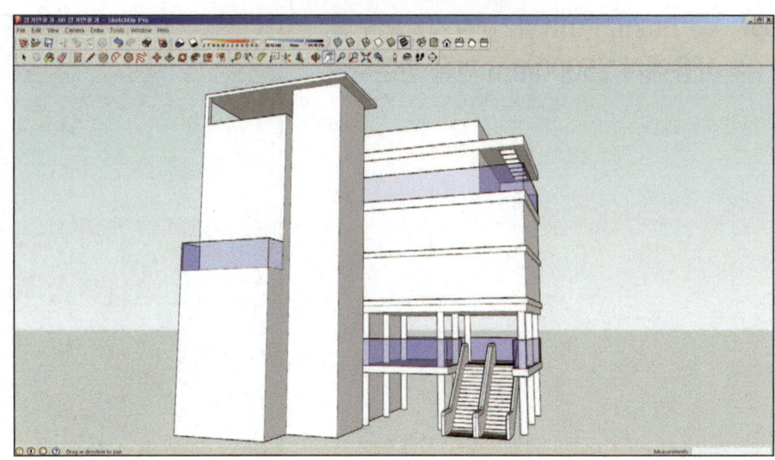

08 중앙건물에서 연결되는 쇼핑센터 만들기

이제 뒤쪽으로 연결되는 쇼핑센터를 만들어보도록 하자.

158 Rectangle(직사각형) 도구를 사용해서 가운데 건물의 왼쪽 면에서 그림과 같이 사각형을 그린다. 치수는 (16000, 12000)이다.

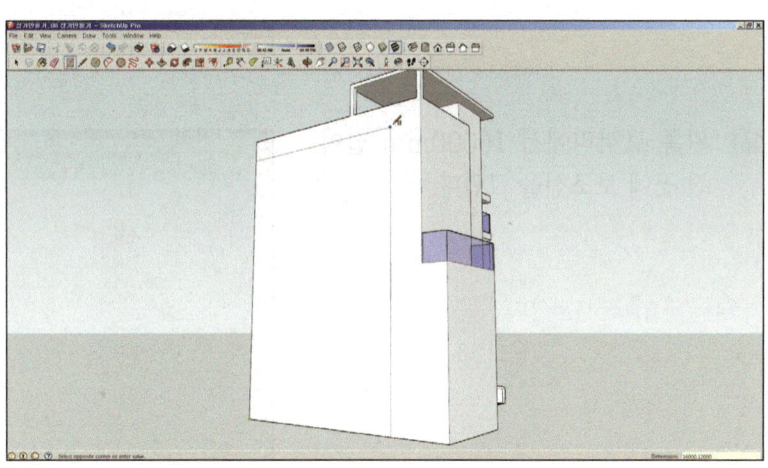

159 Push/Pull(밀기/끌기) 도구를 사용해서 25000mm 면을 만든다.

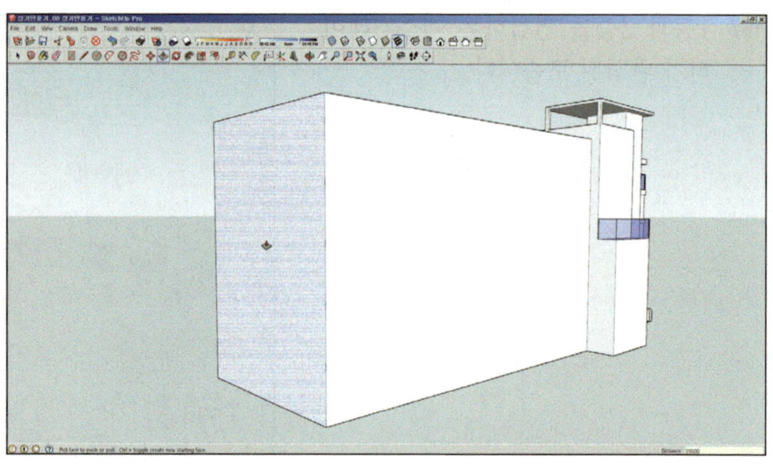

160 Tape Measure Tool(줄자도구)을 사용해서 위, 아래 모서리에서 각각 3500mm 떨어진 곳에 보조선을 2개 그린다.

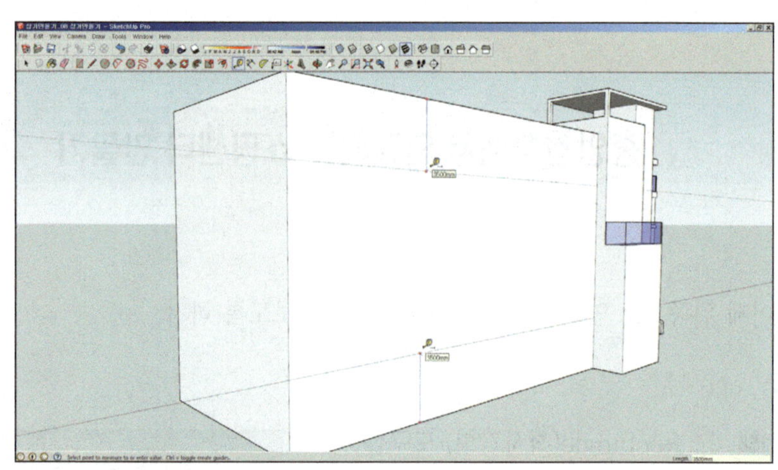

161 왼쪽 모서리에서 16000mm 떨어진 곳에 보조선을 그린다.

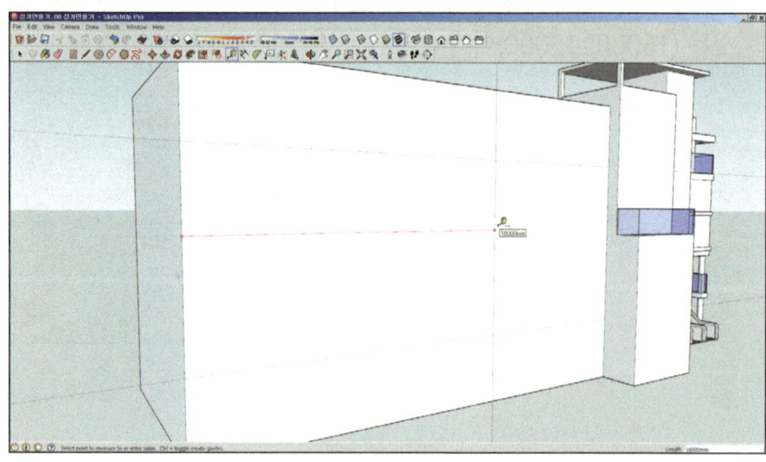

162 Rectangle(직사각형) 도구로 보조선에 맞추어 사각형을 그린다.

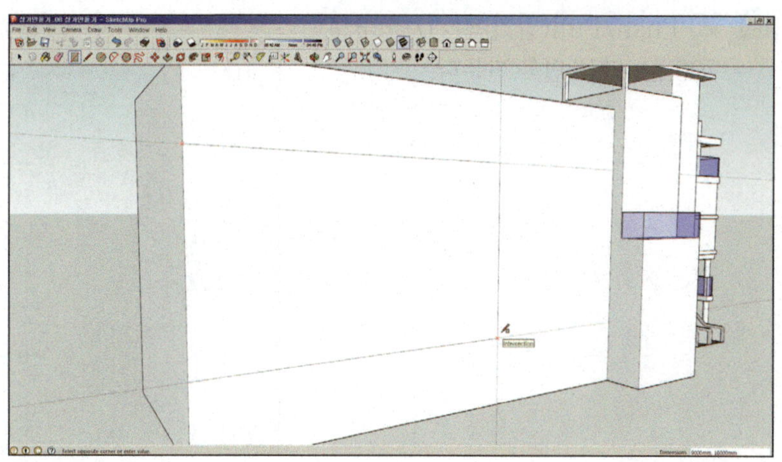

163 Push/Pull(밀기/끌기) 도구를 사용해서 가운데 건물의 높이까지 면을 만든다. 치수는 70mm이다.

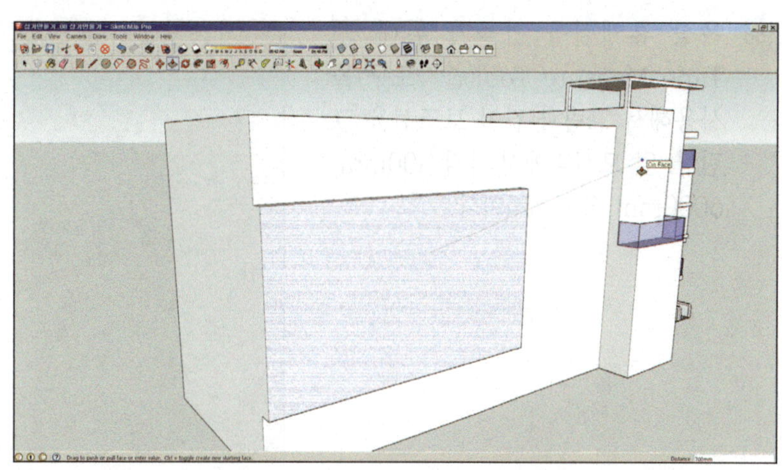

164 왼쪽 면에 Green축 방향으로 선을 2개 그린다.

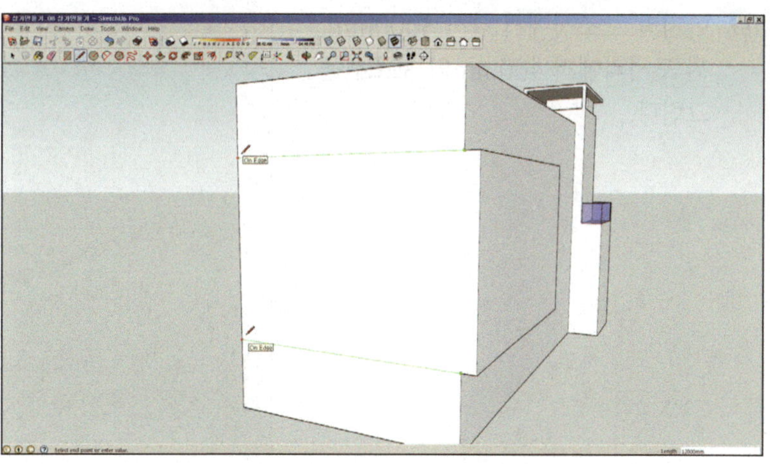

165 Push/Pull(밀기/끌기) 도구로 700mm만큼 면을 만든다.

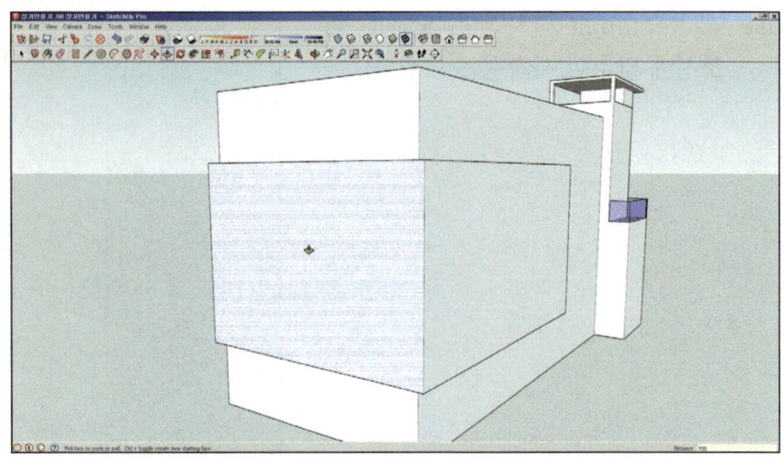

166 옥상 휴게실을 만들기 위해 Tape Measure Tool(줄자도구)을 사용해서 그림과 같이 보조선을 그린다. 앞 모서리에서 각각 300mm, 6000mm, 300mm이다.

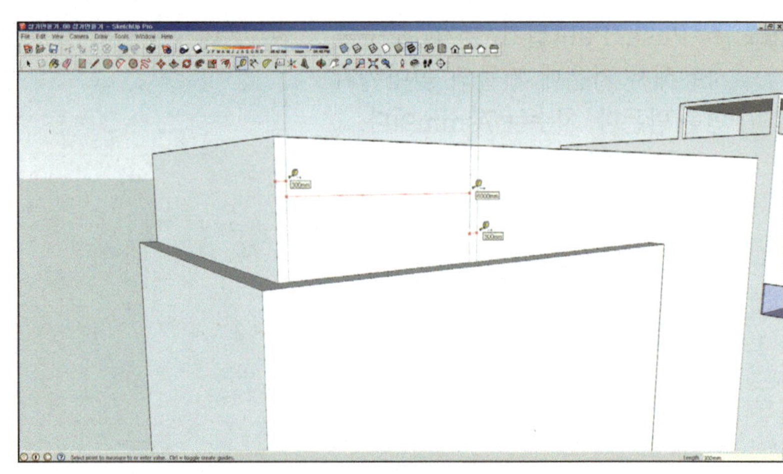

167 마지막 보조선에서 다시 3000mm, 위 모서리에서 400mm인 보조선을 그린다.

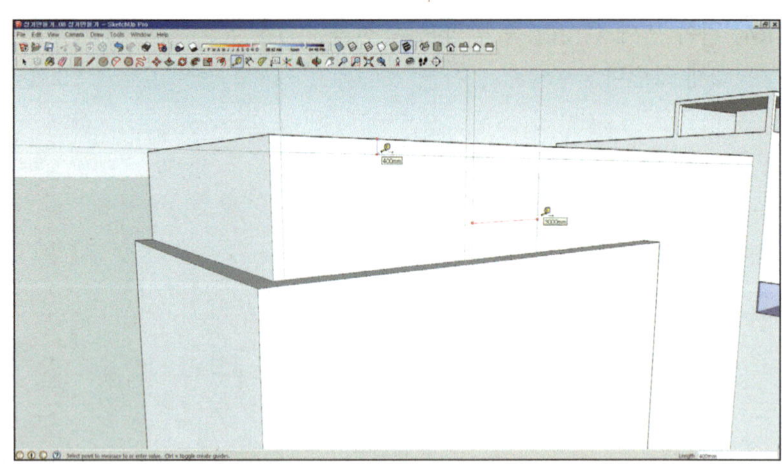

168 보조선에 맞추어 Rectangle(직사각형) 도구로 사각면을 만든다.

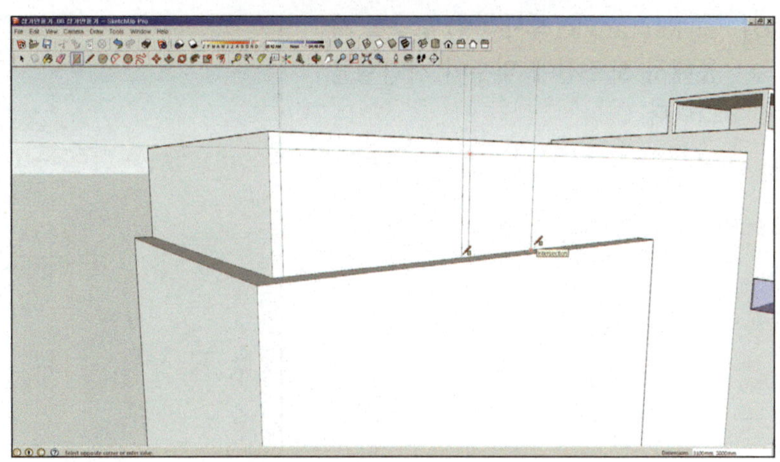

169 Push/Pull(밀기/끌기) 도구를 사용해서 끝까지 밀어넣어 면을 제거한다.

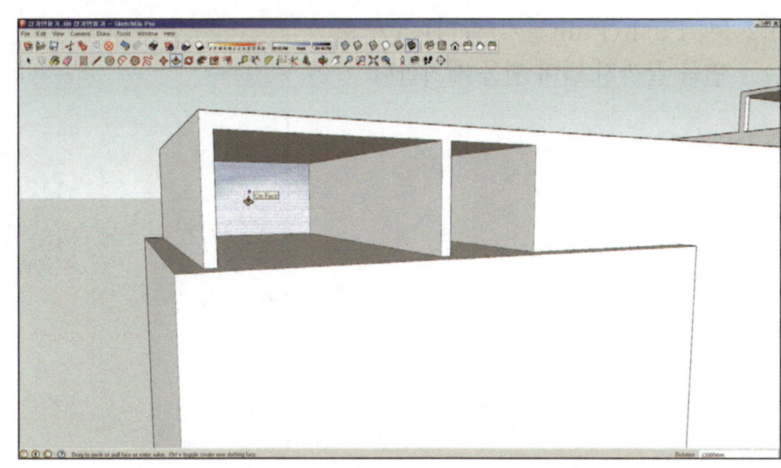

170 Tape Measure Tool(줄자도구) 도구를 사용해서 양쪽 모서리에서 300mm, 위 모서리에서 400mm 떨어진 곳에 보조선을 그린다.

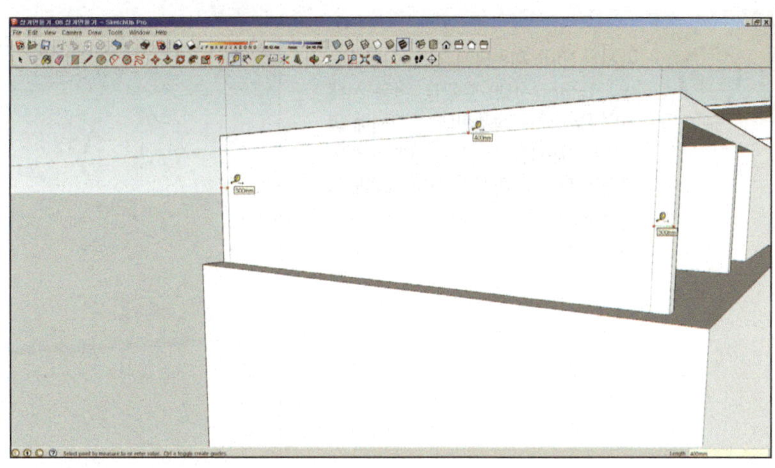

171 Rectangle(직사각형) 도구를 사용해서 보조선에 맞추어 사각형을 그린다.

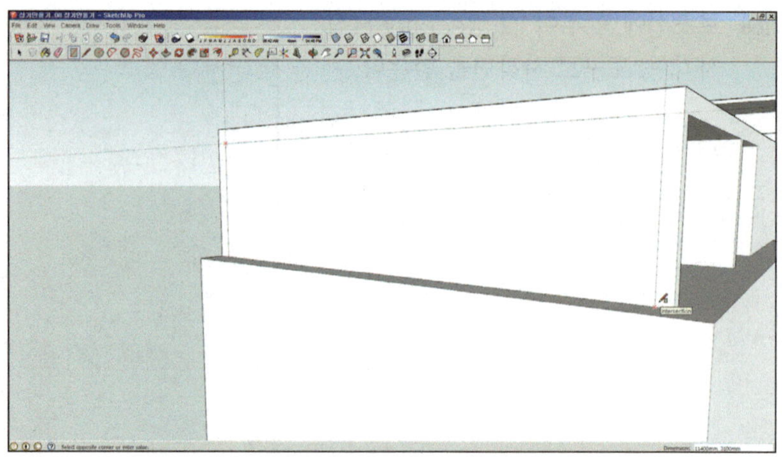

172 Push/Pull(밀기/끌기) 도구로 면을 끝까지 밀어 면을 제거한다.

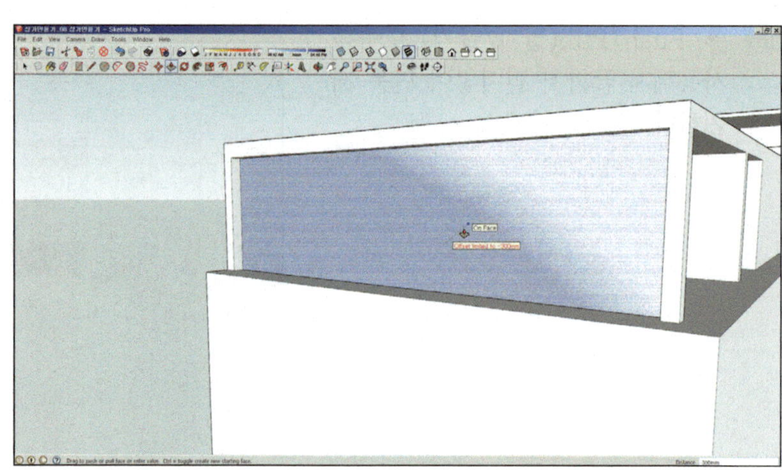

마지막 면이 제거되지 않는 경우에는 Select(선택) 도구로 면을 선택하여 Del 키로 삭제한다. 169번에 면을 밀어 제거할 때 위, 아래쪽에 선이 생기기 때문에 마지막 면이 제거되지 않는다.

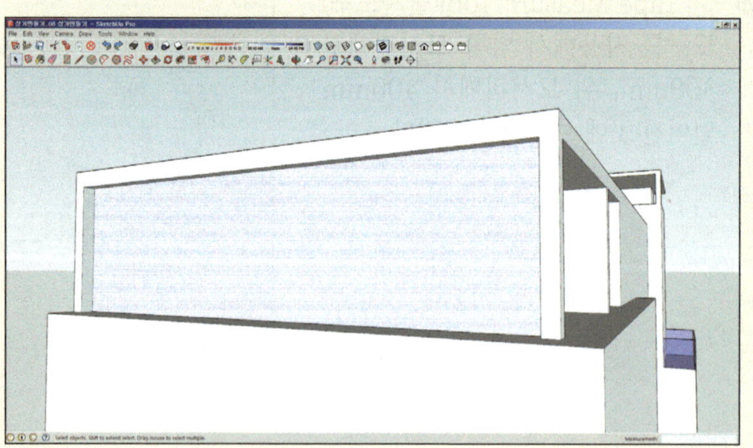

173 Eraser(지우기) 도구로 위, 아래 선을 제거한다.

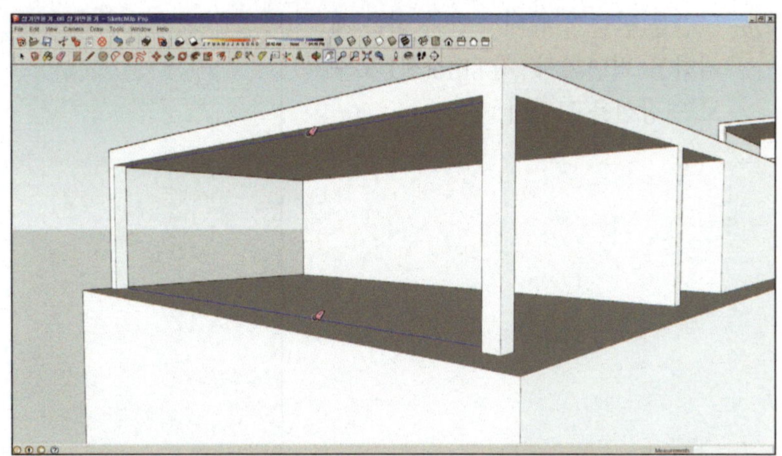

174 가운데 면도 같은 방법(170~173번)으로 제거한다.

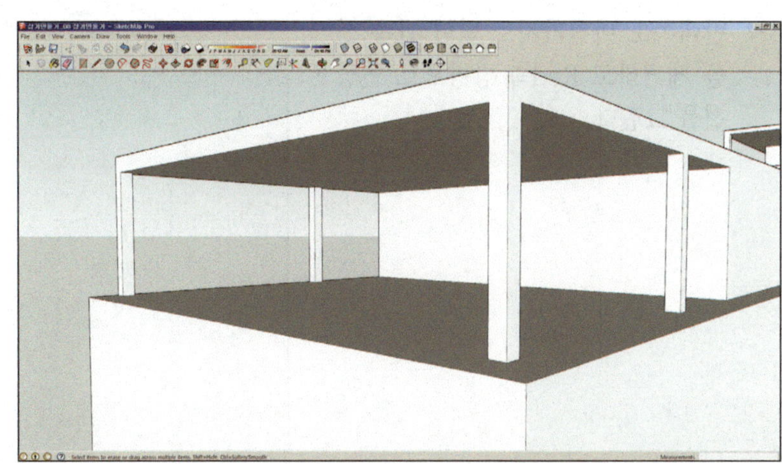

175 난간을 만들기 위해 Offset(오프셋) 도구를 사용해서 150mm 작은 면을 만든다.

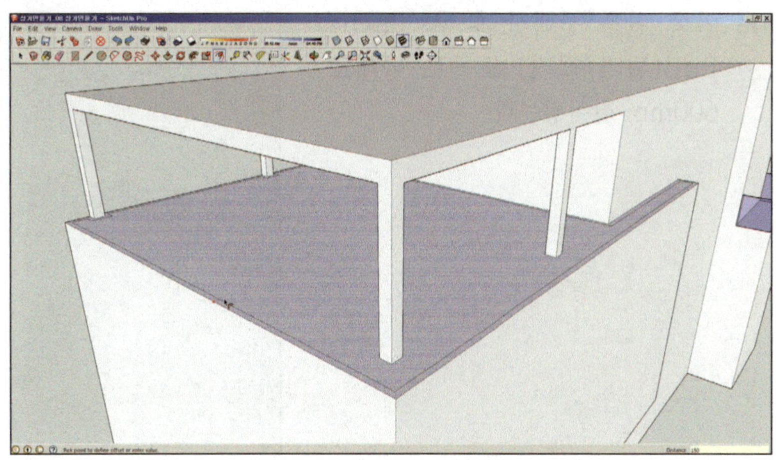

176 난간을 만들기 위해서 안쪽 선은 제거하고 벽면까지 Line(선) 도구로 연장선을 그린다.

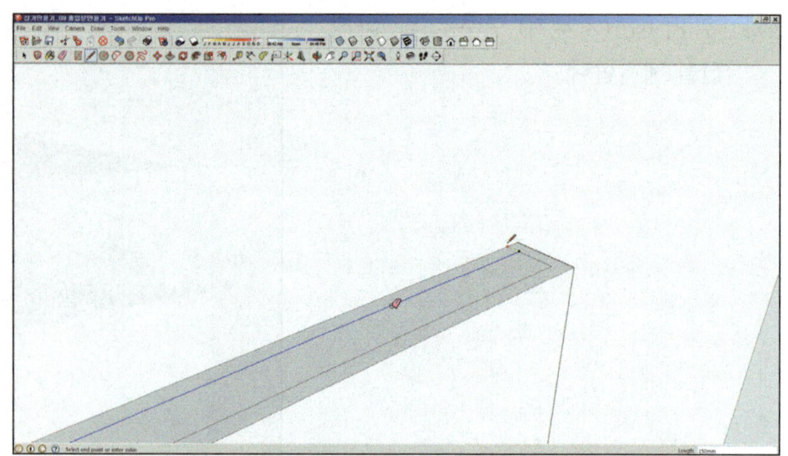

177 반대쪽도 마찬가지로 벽면 안쪽 선을 제거하고 Red축 방향으로 연장선을 그린다.

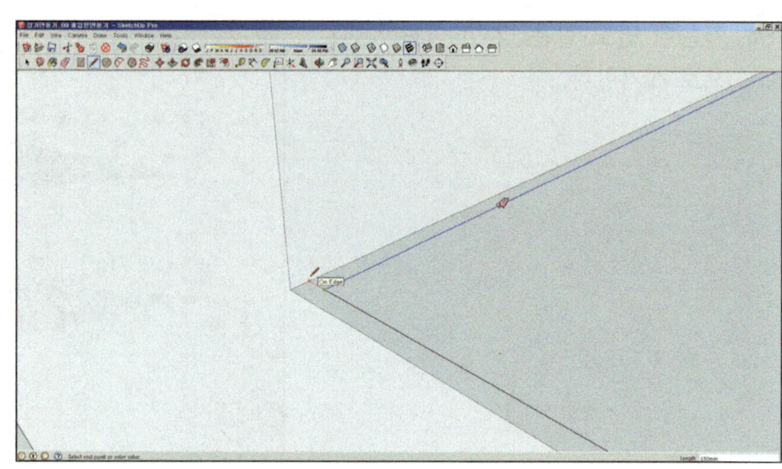

178 안쪽 면을 선택한 후 Push/Pull(밀기/끌기) 도구로 아래로 600mm 집어넣는다.

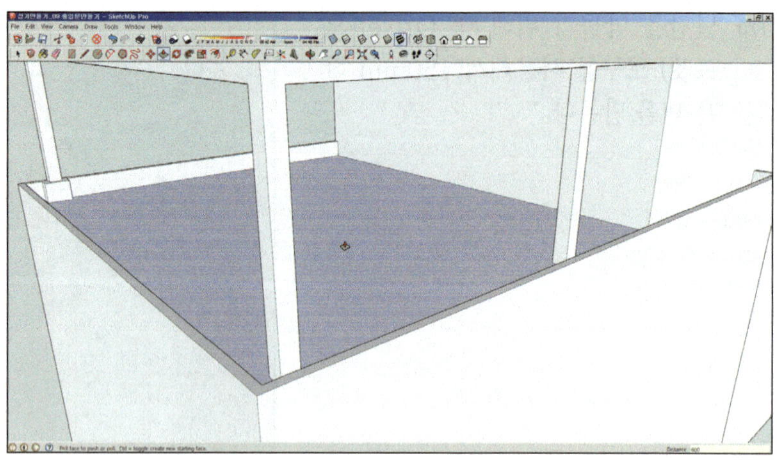

179 상가 윗면에서 Offset(오프셋) 도구를 사용해서 100mm 큰 면을 만든다.

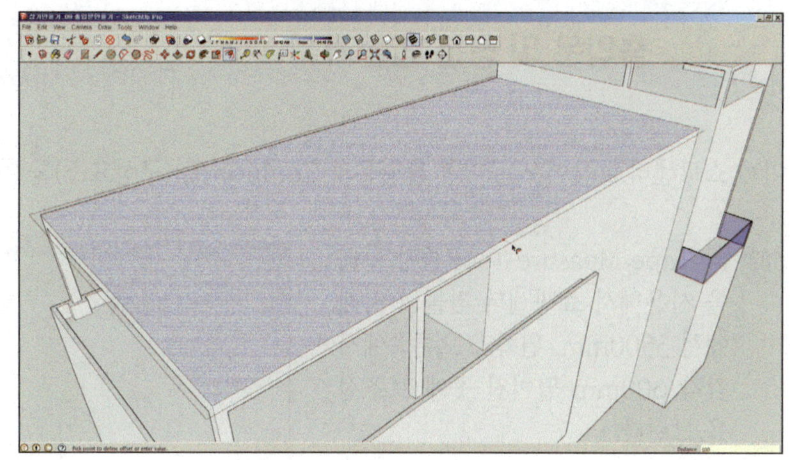

180 큰 면을 선택한 후 Push/Pull(밀기/끌기) 도구를 사용해서 600mm 면을 만든다.

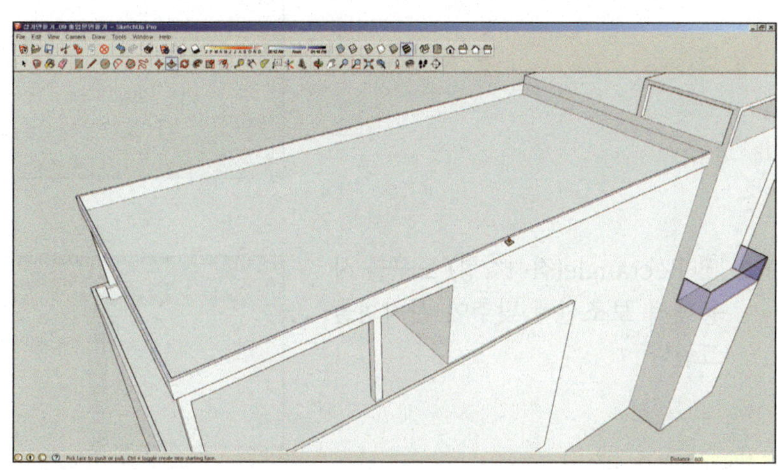

181 쇼핑센터 건물이 완성되었다.

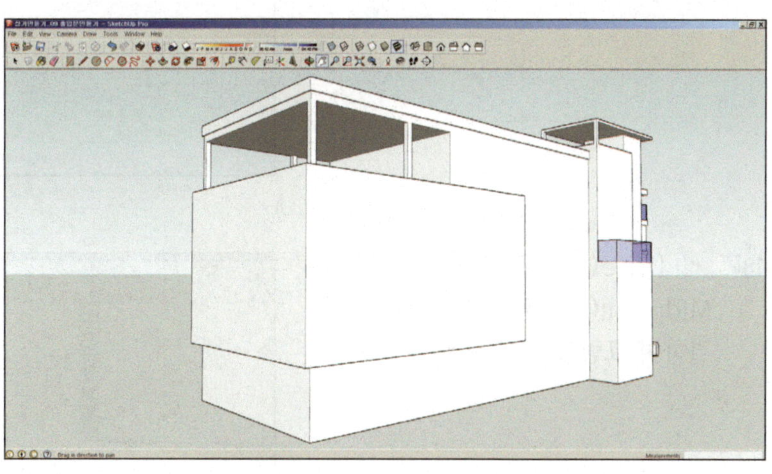

09 출입문 및 창문 만들기

이제 쇼핑센터로 들어오는 대형 출입문과 Component(구성요소)를 이용해서 창문을 만들어보자.

182 Tape Measure Tool(줄자도구)을 사용해서 쇼핑센터 건물의 아래에서 3500mm, 왼쪽과 오른쪽에서 각각 600mm 떨어진 곳에 보조선을 그린다.

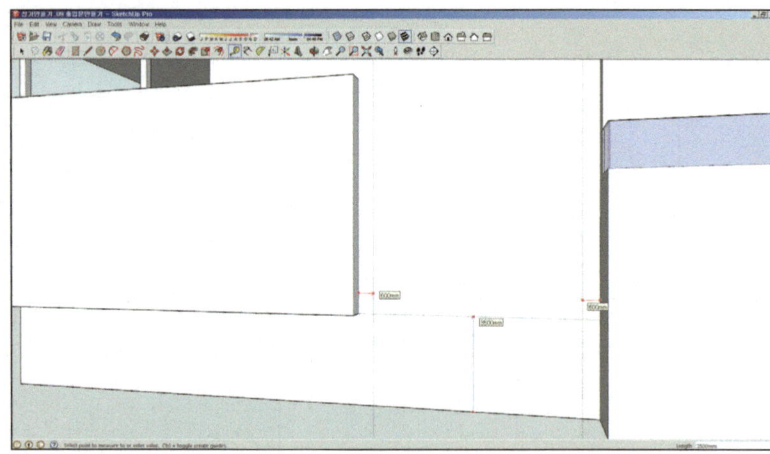

183 Rectangle(직사각형) 도구를 사용해서 보조선에 맞추어 사각형을 그린다.

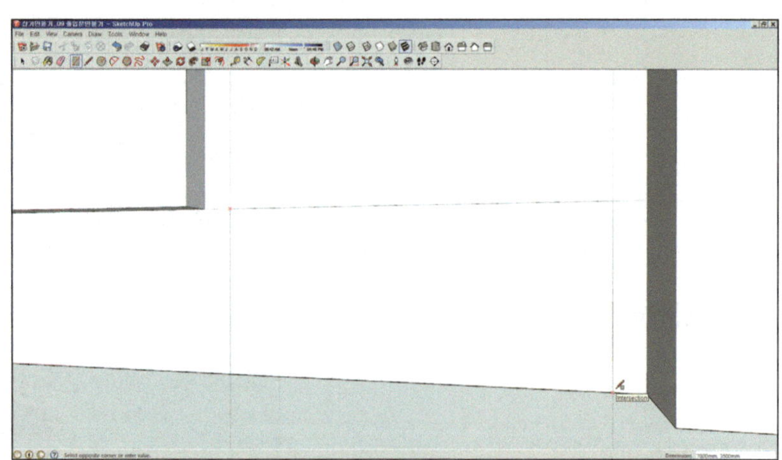

184 Line(선) 도구를 사용해서 Midpoint(중간점)을 위, 아래로 연결하여 그림과 같이 선을 그린다.

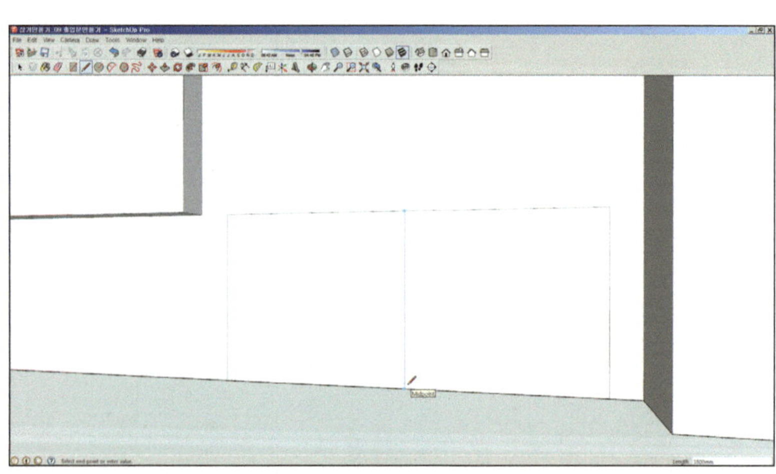

185 다시 한 번 Midpoint(중간점)를 지나는 선을 2개 그린다.

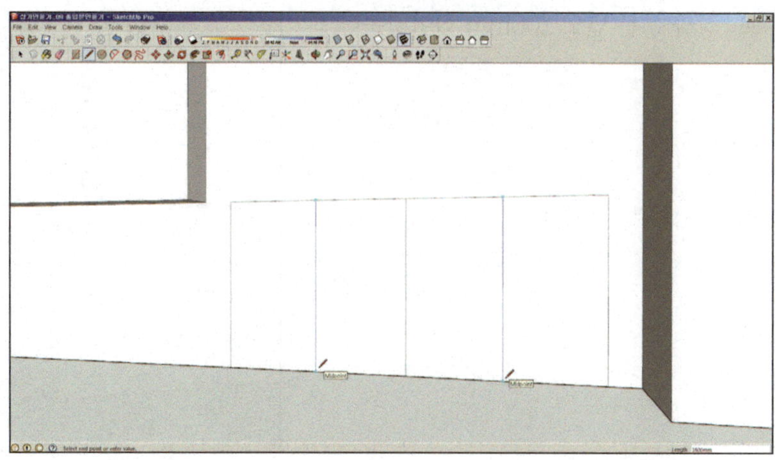

186 Offset(오프셋) 도구를 사용해서 안쪽으로 100mm 작은 사각면을 만든다.

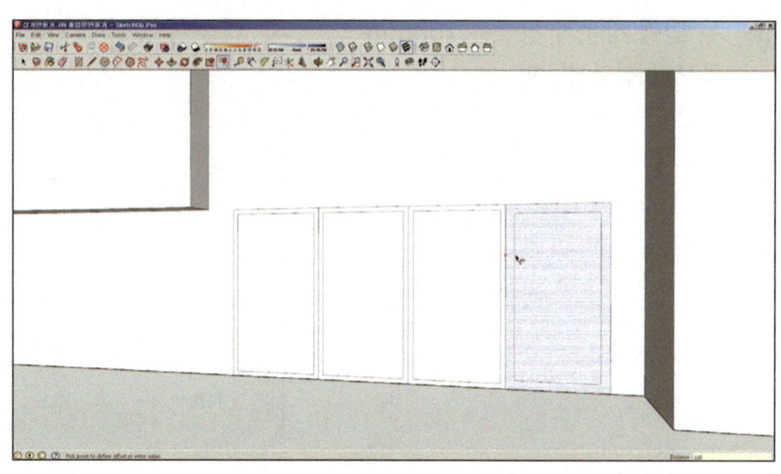

187 첫 번째 창문 부분을 선택한 후 Push/Pull(밀기/끌기) 도구로 200mm 안쪽으로 면을 집어넣는다.

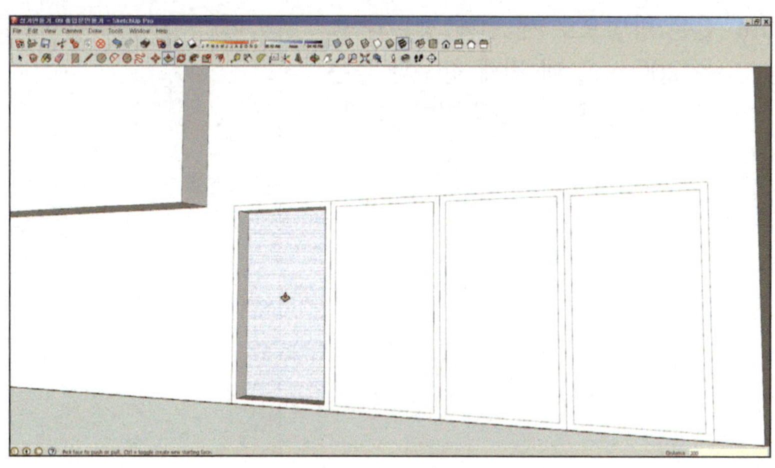

188 창틀 부분 면도 200mm 집어넣는다.

189 두 번째 창문과 창틀은 100mm 안쪽으로 집어넣는다.

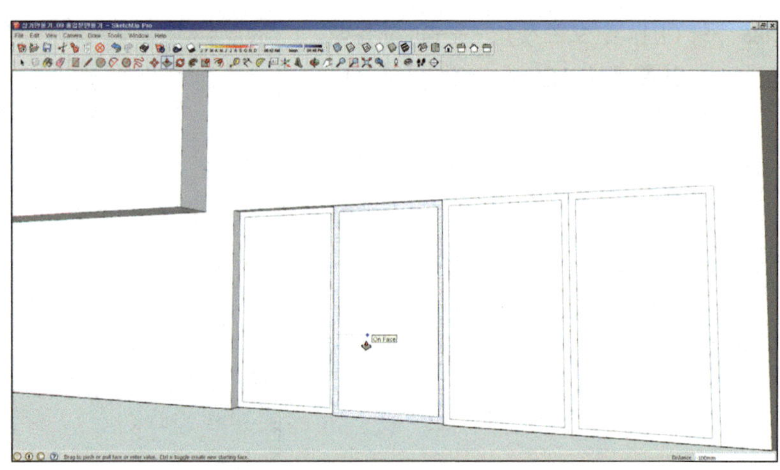

190 같은 방법으로 세 번째 창문과 틀은 200mm, 네 번째 창문과 틀은 100mm 안쪽으로 면을 집어넣는다.

191 Tape Measure Tool(줄자도구)을 사용해서 출입문의 위 모서리에서 300mm 떨어진 곳에 보조선을 그린 후, 다시 200mm 떨어진 곳에 보조선을 그린다.

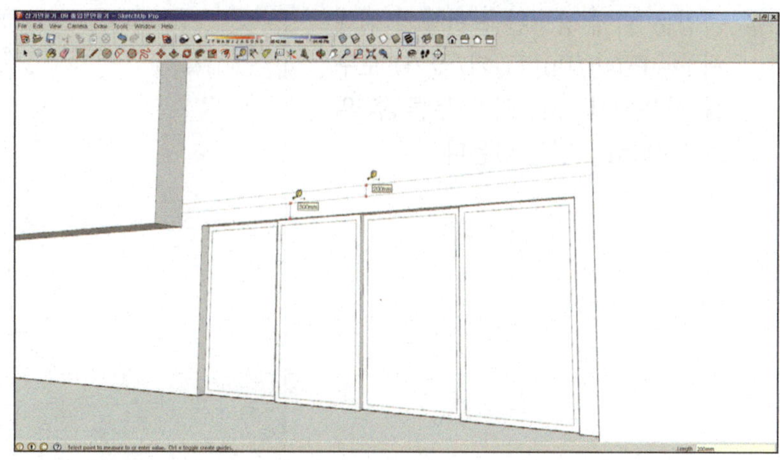

192 Rectangle(직사각형) 도구를 사용해서 보조선에 맞추어 사각형을 그린다.

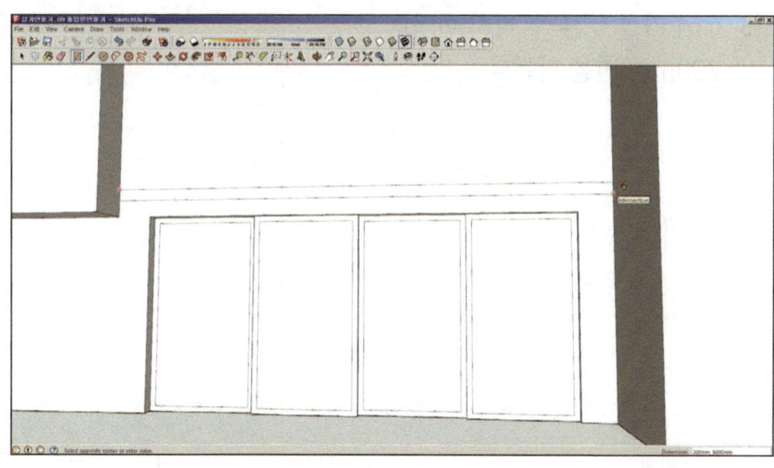

193 Push/Pull(밀기/끌기) 도구를 사용해서 500mm 면을 만든다.

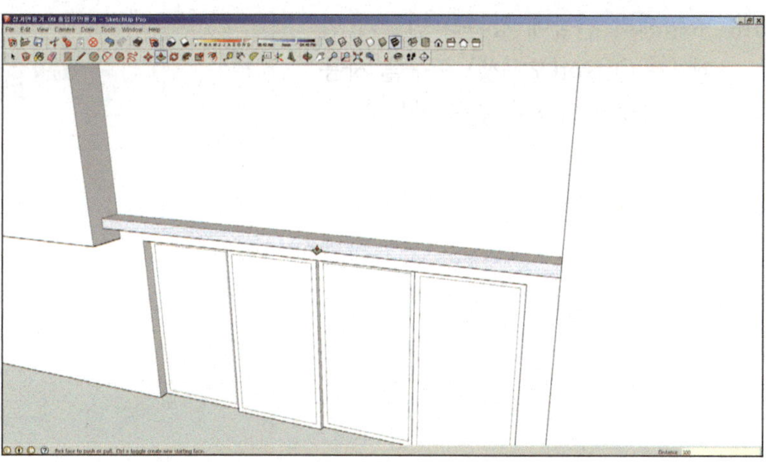

194 출입문 위에 광고판을 만들기 위해서 Push/Pull(밀기/끌기) 도구를 사용해서 Ctrl 키를 누른 후 위로 1500mm 면을 만든다.

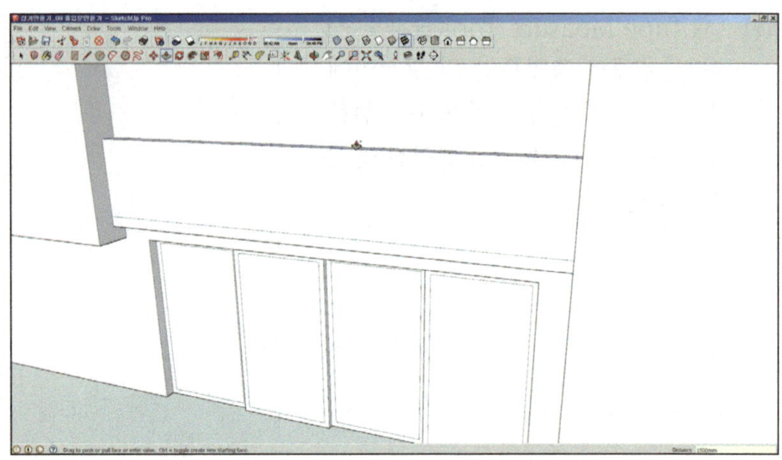

195 Ctrl 키를 누른 후 다시 한 번 200mm 면을 만든다.

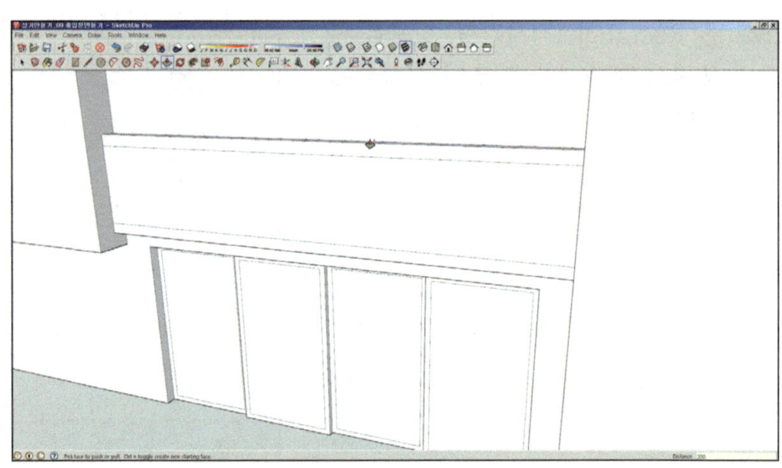

196 쇼핑센터 건물에 창문을 만들기 위해 Offset(오프셋) 도구를 사용해서 150mm 작은 면을 만든다.

197 그림과 같이 Tape Measure Tool(줄자도구)과 Line(선) 도구를 사용해서 선을 그린다. 치수는 독자 임의로 해도 무방하다. 창문의 크기를 크게 해도 되고 아니면 작게 해도 된다.

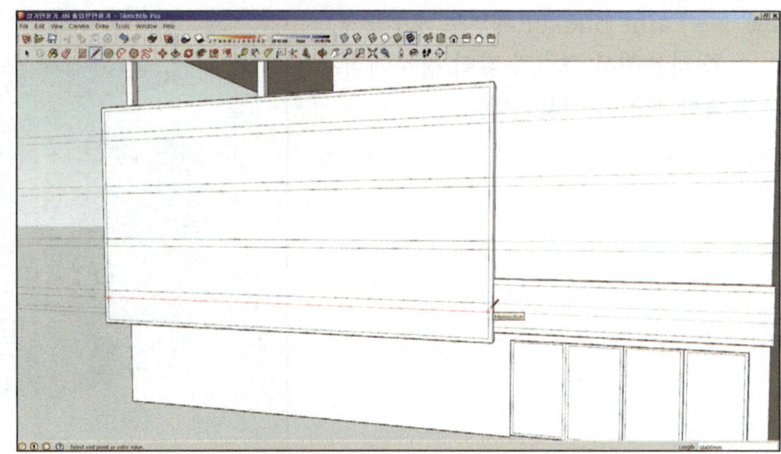

198 세로 선도 같은 방법으로 그린다.

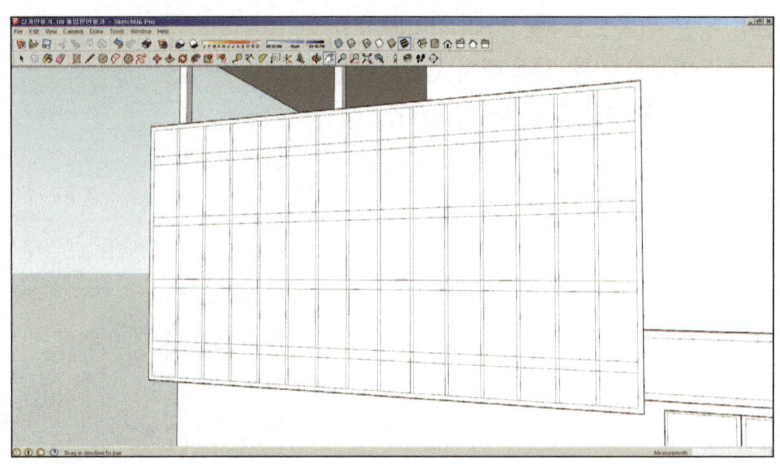

199 옆면도 같은 방법으로 창문의 만든다.

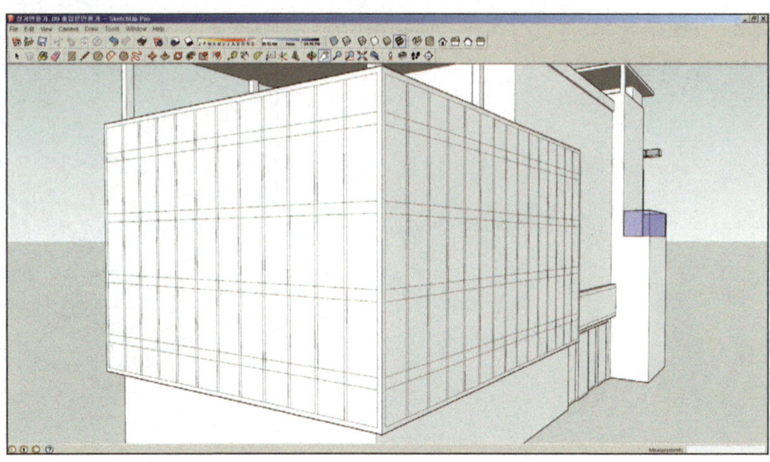

200 Paint Bucket(페인트 통) 도구를 사용해서 그림과 같이 창문에 투명한 재질을 적용한다.

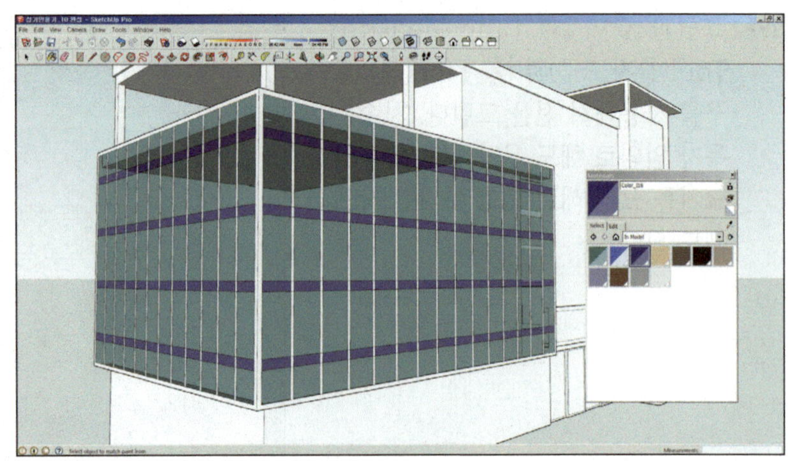

201 창문 위쪽으로 Push/Pull(밀기/끌기) 도구를 사용해서 Ctrl 키를 누른 후 면을 500mm 만든다.

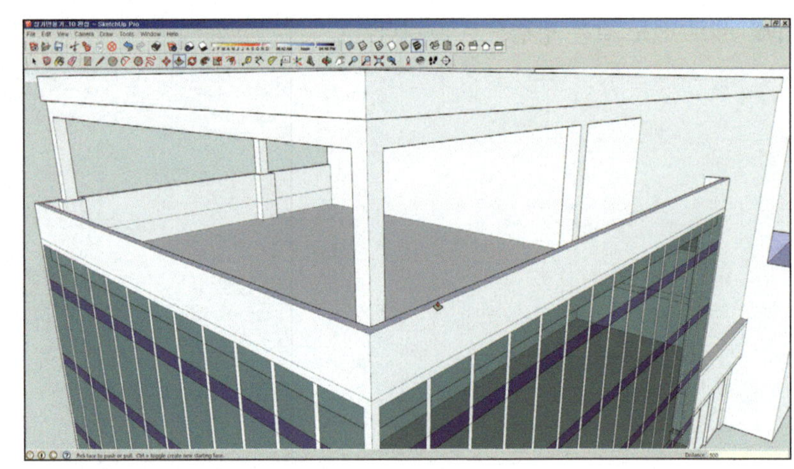

202 아랫부분도 마찬가지로 500mm 면을 만든다.

203 쇼핑센터의 창문이 완성되었다.

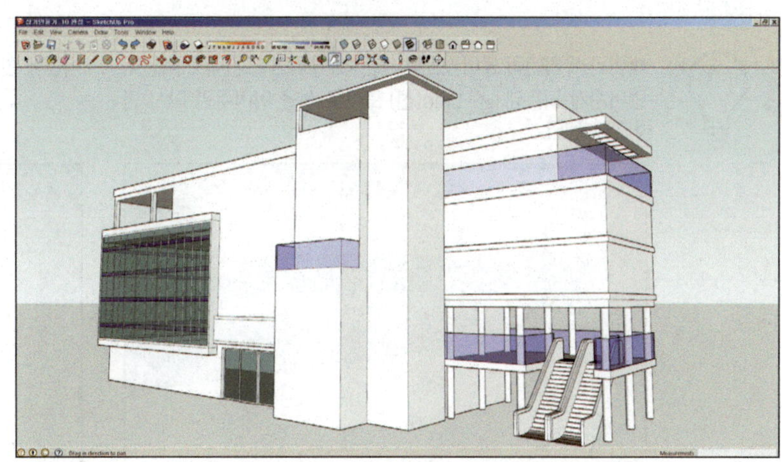

204 5층 벽면에 붙어 있는 유리 부분을 없애기 위해서 Line(선) 도구로 벽면의 모서리에 맞추어 Blue축 방향으로 선을 그린다.

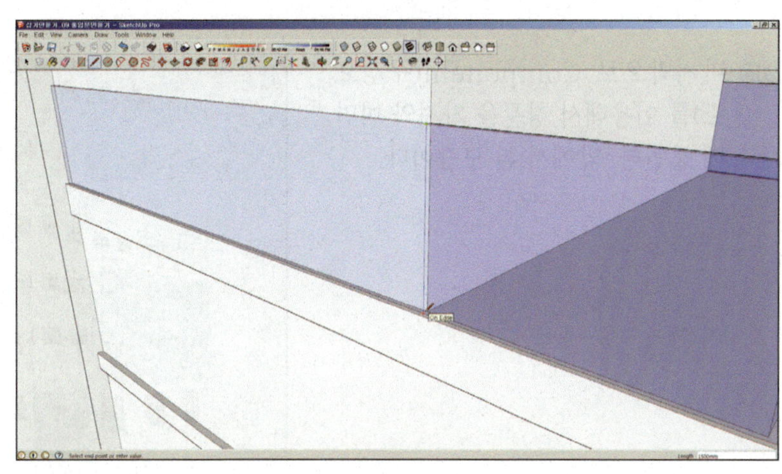

205 Push/Pull(밀기/끌기) 도구로 안쪽 벽면까지 밀어넣어 면을 제거한다.

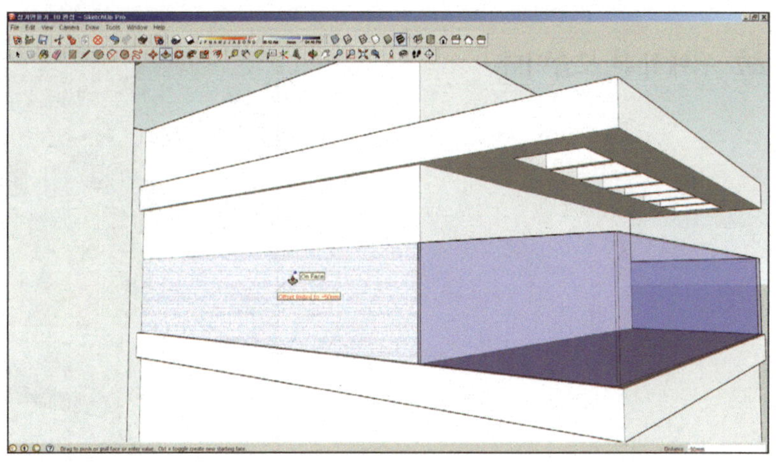

벽면과 유리면이 붙어 있었기 때문에 유리면 크기대로 벽면이 없어지게 되는데 Line(선) 도구로 선을 이어주면 다시 면이 생성된다.

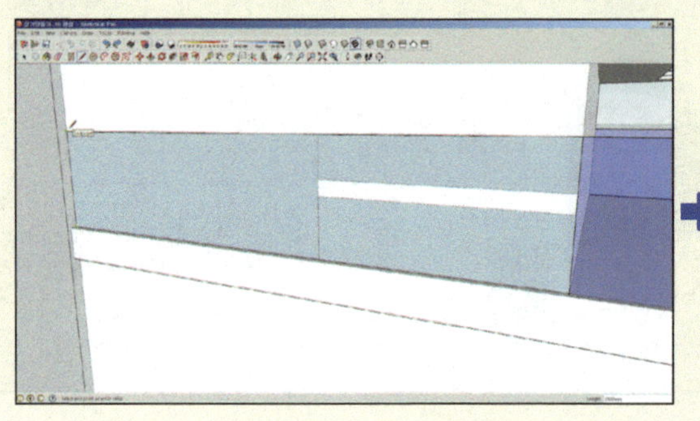

벽면에 선을 제거한다.

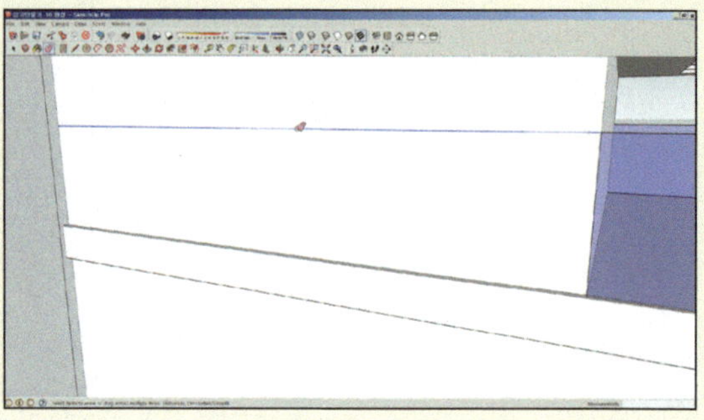

206 마지막으로 Component(구성요소)를 이용해서 창문을 가져와 벽면에 붙인다. 앞에서 본 모습이다.

207 뒤에서 본 모습이다.

10 도로 만들기 및 V-Ray로 랜더링하기

마지막으로 도로 및 보도를 만들어보고, V-Ray를 사용해서 랜더링해보도록 하자.

208 Top 뷰에서 Rectangle(직사각형) 도구를 사용해서 그림과 같이 사각형을 그린다. 치수는 임의대로 하되, 상가 뒤쪽으로 많은 공간이 확보되게 그린다.

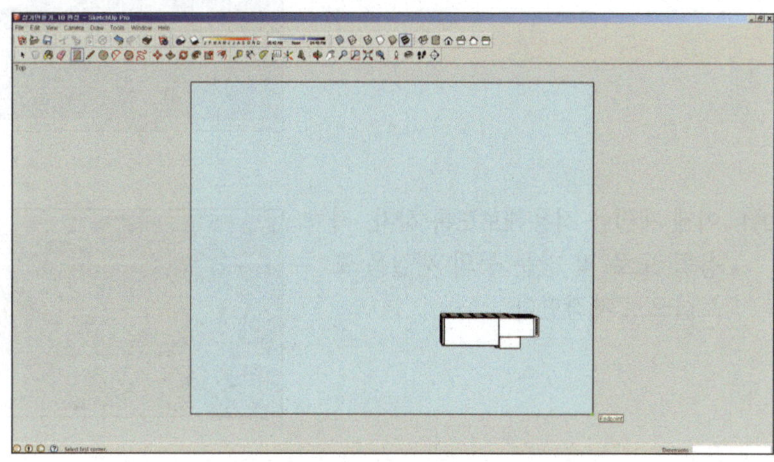

209 Line(선) 도구를 사용해서 도로 부분이 될 쇼핑센터 앞쪽에 선을 그린다.

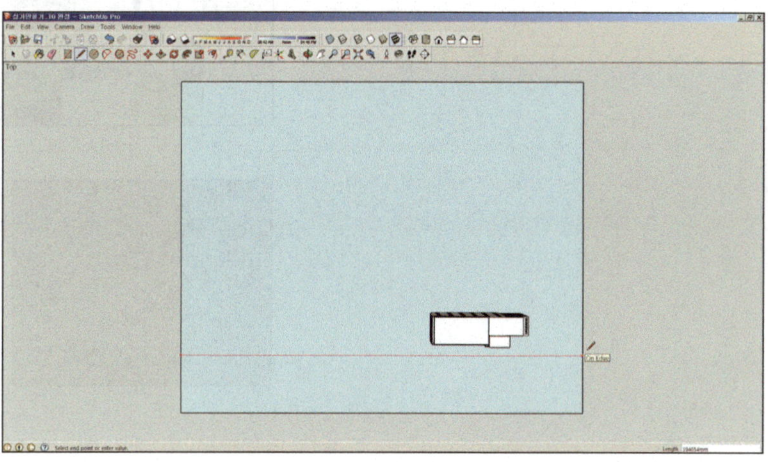

210 Push/Pull(밀기/끌기) 도구를 사용해서 도로가 될 부분을 아래로 150mm만큼 집어넣는다.

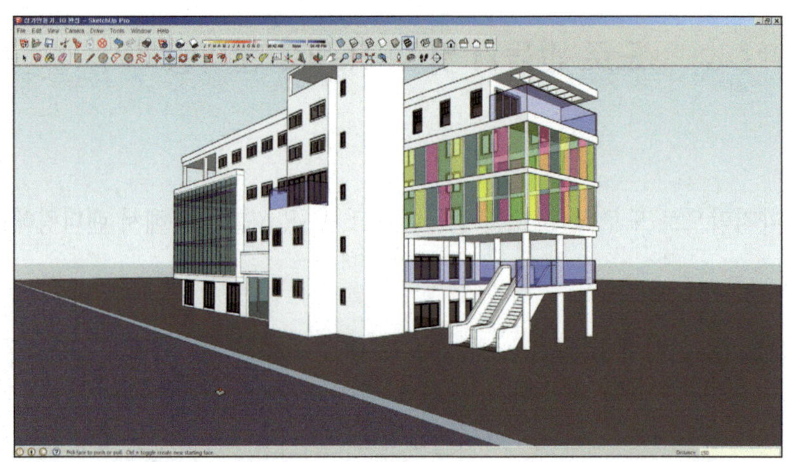

211 이제 재질을 적용해보도록 하자. 적용될 도로 및 창문 등의 재질은 포토샵으로 제작한다.

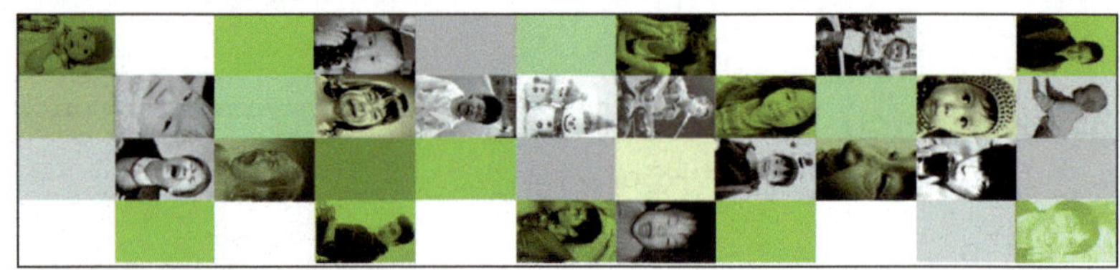

212 도로와 경계석 부분에 재질을 적용한다.

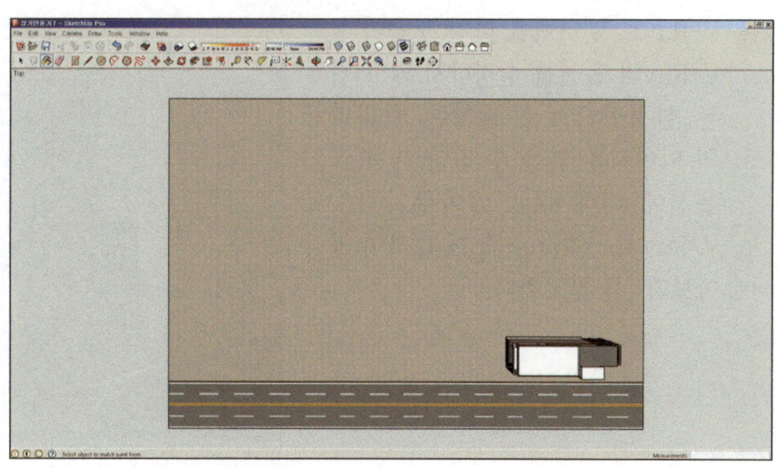

213 나머지 부분에도 재질을 적용해서 완성한다.

이제 V-Ray로 랜더링을 해보자. V-Ray는 직접 구매한 후 설치해야 한다(알아두기 10. V-Ray for SketchUp에 대하여 알아보기를 참고).

214 Start Render(랜더 실행기)를 클릭해서 V-Ray 랜더링을 시작한다.

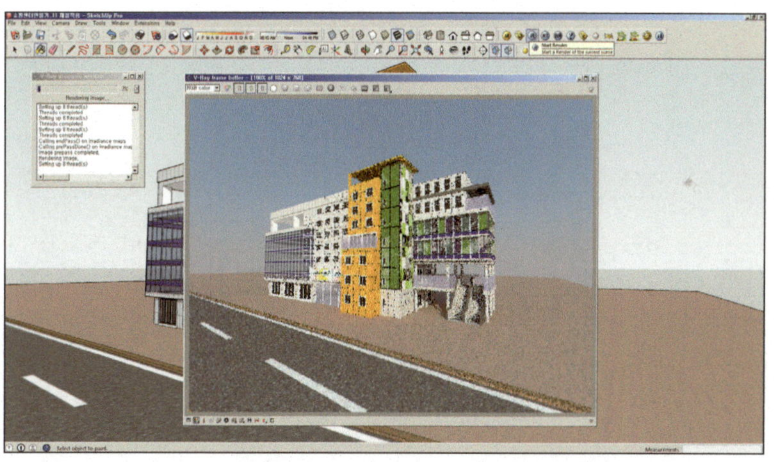

215 V-Ray로 랜더링을 마친 모습이다. V-Ray의 옵션을 설정하지 않고 기본 설정만으로도 괜찮은 퀄리티의 이미지를 얻을 수 있다. V-Ray 옵션에 대해서는 "알아두기 10. V-Ray for SketchUp에 대하여 알아보기"를 참고한다.

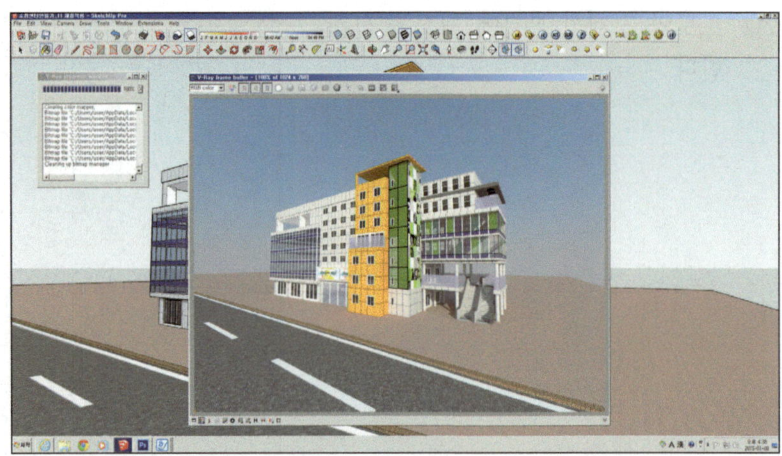

포토샵에서 최종 리터칭한 모습이다.

Styles(스타일) 설정하기 3

스타일 설정하기 세 번째 시간으로 이번에는 Styles Edit(스타일 편집) 에 대하여 알아보자.
Styles Edit(스타일 편집)에서는 Edge Settings(가장자리 설정), Face Settings(면 설정), Background Settings(배경 설정), Watermark Settings(워터마크 설정), Modeling Settings(모델링 설정) 등 총 5개로 나누어져 있다. 하나하나 살펴보면서 어떠한 기능들을 하는지 자세히 살펴보도록 하자.

1 벽면에 재질을 적용하기 전 단계를 불러온다.

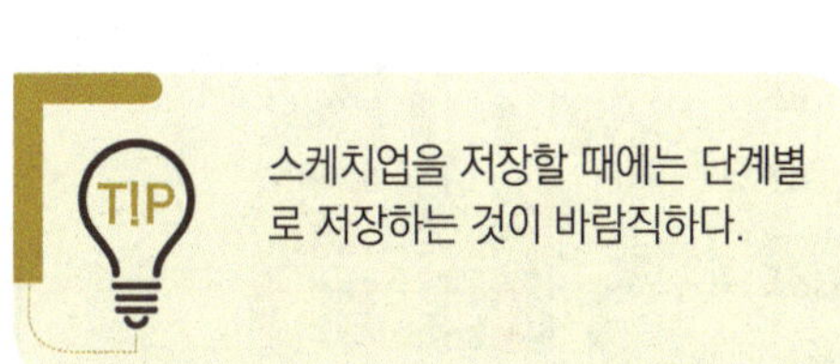

스케치업을 저장할 때에는 단계별로 저장하는 것이 바람직하다.

2 메뉴에서 Window(창) 〉 Styles(스타일)을 선택한다.

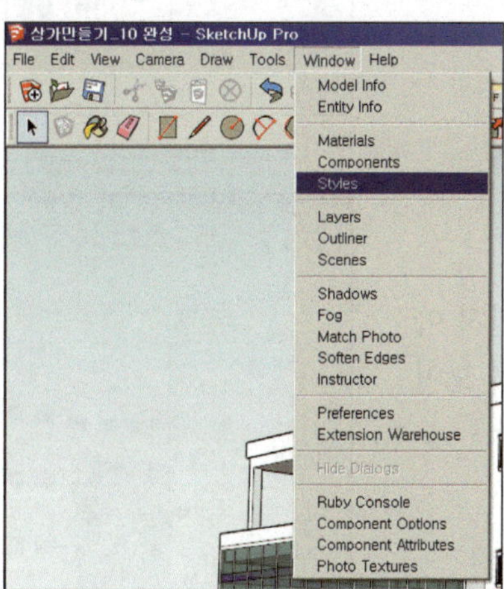

3 Styles(스타일) 창에서 Edit(편집)을 클릭한다. 그러면 [Select Edit Mix] 총 5개의 하위 메뉴가 나타나는데 하나하나 살펴보도록 하자.

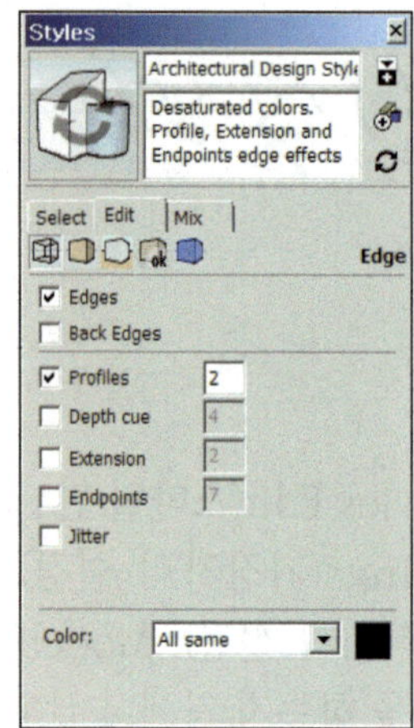

〈Edge Settings(가장자리 설정)〉

Edge Settings(가장자리 설정)은 화면에 보이는 오브젝트의 Edge(가장자리)의 속성을 설정할 수 있다.

1) 모두 체크해제할 때

- 그림과 같이 Edge 속성에서 모두 선택을 해제하면 선의 사라지고 면만 남아있는 것을 알 수 있다.

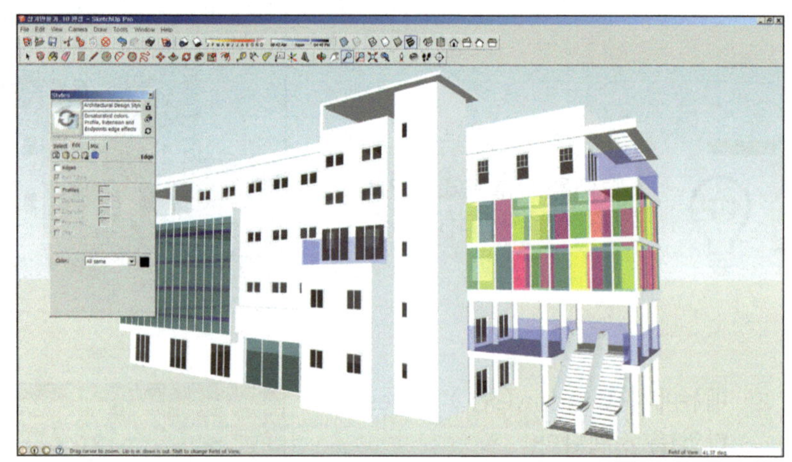

2) Edges(가장자리)

- 가장자리에 선을 보이게 할 것인지 아닌지를 결정한다. 체크하면 선이 보이고 해제하면 선이 보이지 않는다.

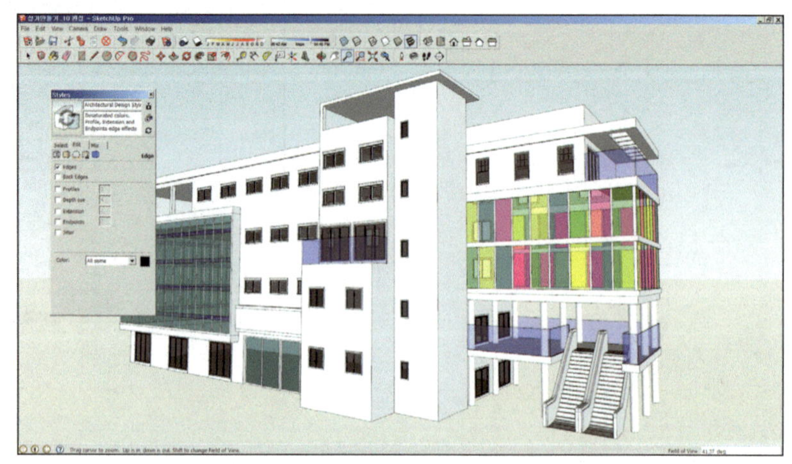

3) Back Edges(뒤쪽 가장자리)

- 앞면에 가려져 안 보이는 뒷면에 있는 선들을 보이게 할 것인지 아닌지를 결정한다.

4) Profiles(프로필)

- 가장자리의 선 두께를 결정한다. 값이 높을수록 선이 두꺼워진다.

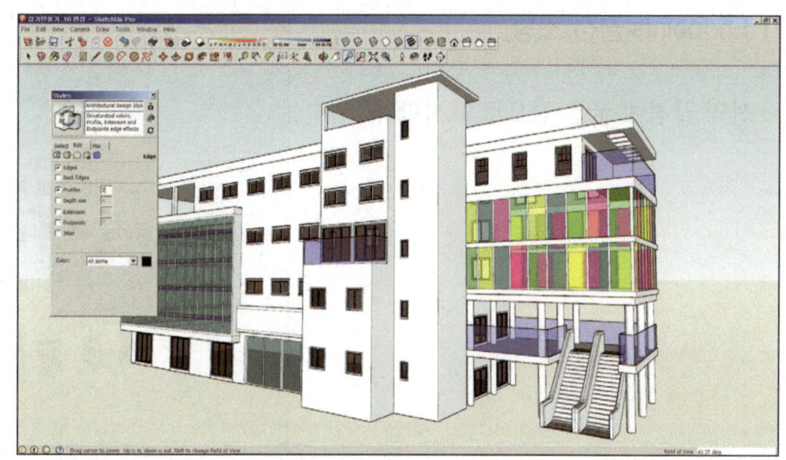

5) Depht cue(깊이감)

- 가장자리 선의 원근감을 표현한다. 값이 높아질수록 화면상에서 가까운 선은 굵게, 멀리 있는 선은 가늘게 적용된다.

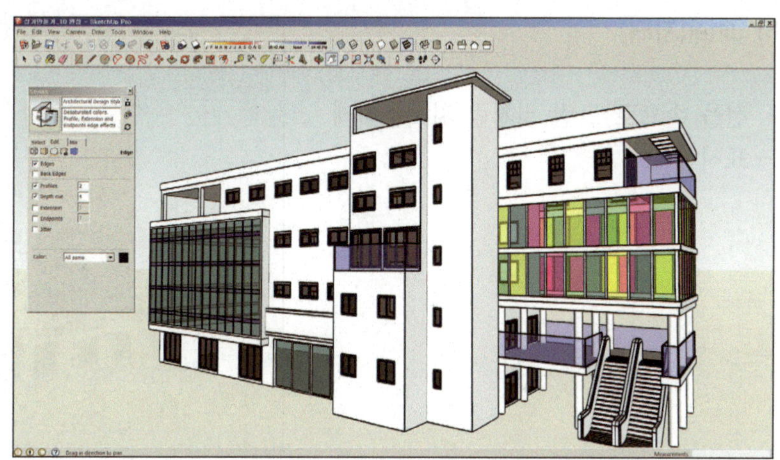

6) Extension(연장)

- 선의 끝점을 벗어나 연장선을 그린다. 값이 높을수록 연장선이 길게 그려진다.

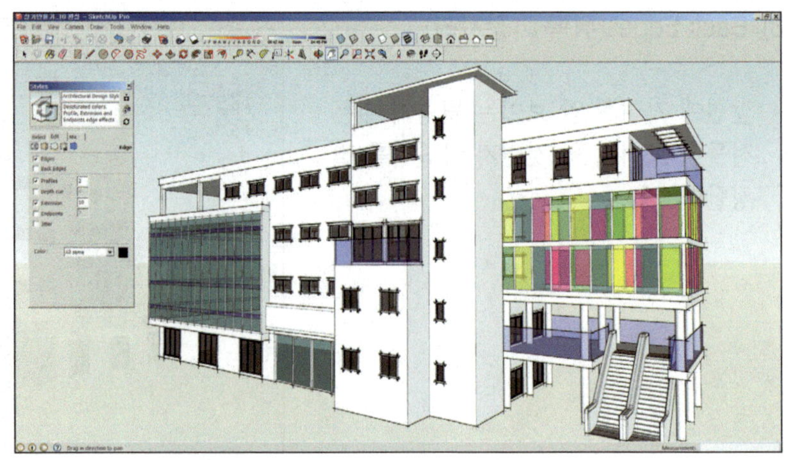

7) Endpoints(끝점 조망)

- 선의 끝점에 굵은 점으로 표시한다.

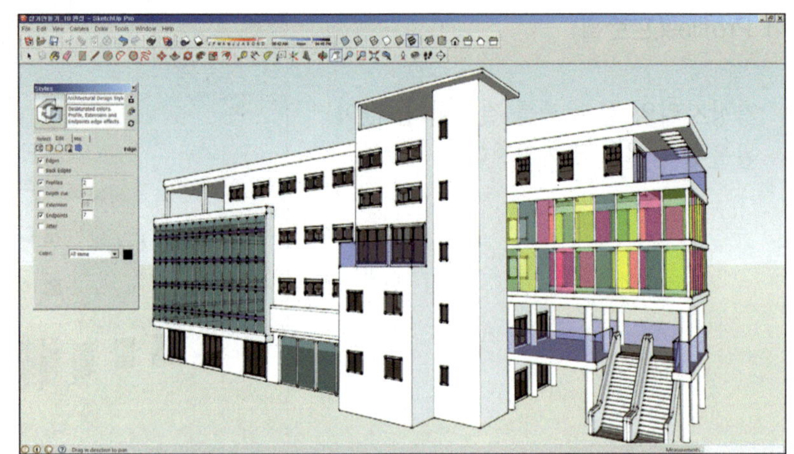

8) Jitter(지터)

- 선을 손으로 그린 것처럼 지저분하게 표시한다.

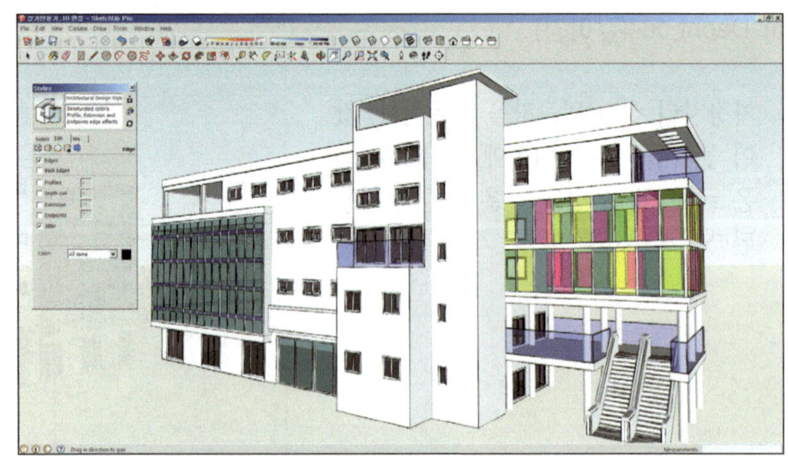

9) Color(색상)

- 선의 색상을 나타낸다.
- All Same(모두 같음)은 옆에 설정한 색으로 모두 표시한다.
- By Material(재질별)은 선을 메트리얼이 적용된 색상으로 표시한다.
- By axis(축별)는 그림과 같이 선을 Red축, Green축, Blue축의 색상으로 표시한다.

〈Face Settings(면 설정)〉

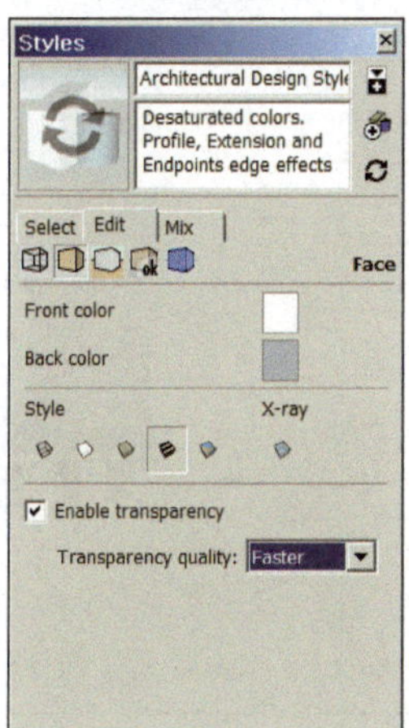

- 오브젝트 면의 색상을 설정한다.
- Front color(전경색)는 앞면의 색상을 나타낸다.
- Back color(배경색)는 뒷면의 색상을 나타낸다.
- Style(스타일)은 면의 스타일을 설정한다("알아두기 04. 스타일 설정하기 1" 을 참고).
- Enable transparency(투명도 사용)은 재질에 투명도를 적용했을 때 투명하게 표현한다. 체크를 해제하면 아무리 재질에 투명도를 적용했더라도 뷰포트에서 투명하게 표현되지 않는다.

〈Background Settings(배경 설정)〉

- 배경의 색상과 하늘, 땅(지면)의 색상을 설정한다.
- Sky(하늘)은 하늘의 색상을 표현한다.
- Ground(그라운드)는 땅(지면)의 색상을 표현한다.
- Show ground from below(아래로부터 그라운드 보기)는 시점이 땅(지면) 아래에 있는 경우 Ground(그라운드) 색상을 표현한다. 기본적으로 체크하지 않는 것이 좋다.

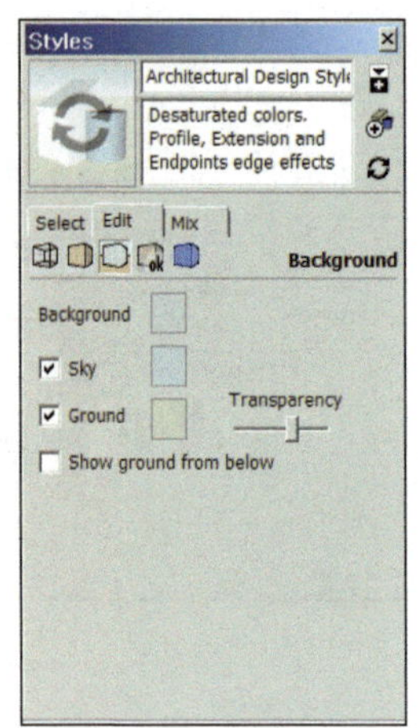

1) Sky(하늘)과 Ground(그라운드)를 모두 체크했을 때

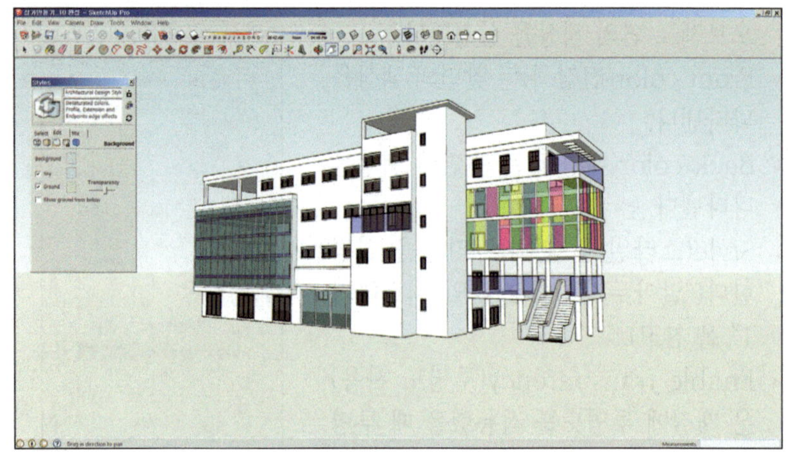

2) Sky(하늘)과 Ground(그라운드)를 체크하지 않았을 때

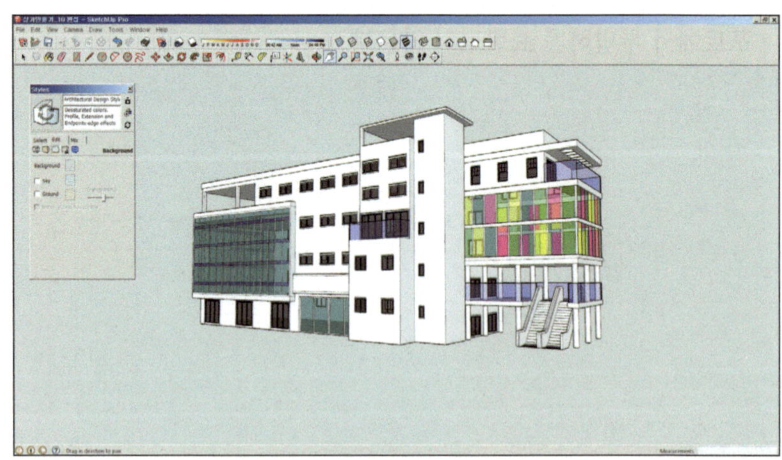

〈Watermark Setting(워터마크 설정)〉

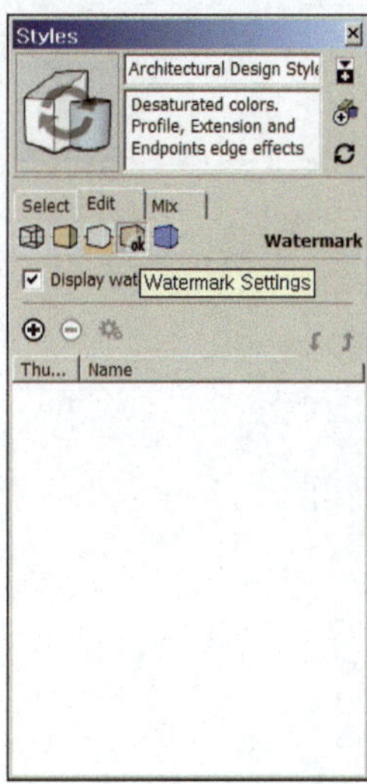

이미지로 된 워터마크를 작업화면 및 출력화면에 표시한다.

- Display watermarks(워터마크 표시)는 작업화면 및 출력화면에 워터마크를 표시한다.
- Add watermark (워터마크 추가) 는 작업화면에 워터마크를 추가한다.
- Delet watermark (워터마크 삭제) 는 적용된 워터마크를 삭제한다.

〈Modeling Settings(모델링 설정)〉

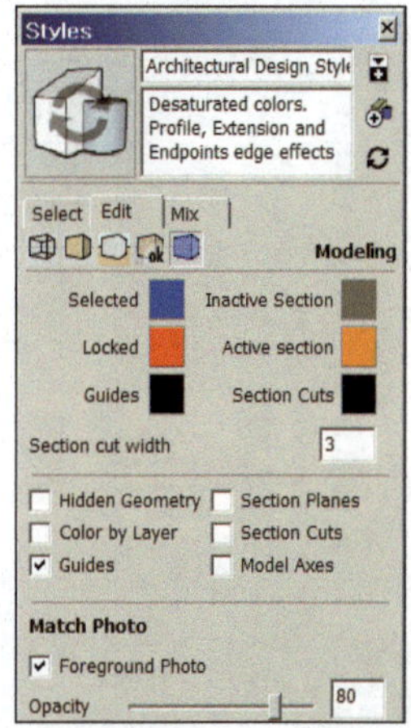

- 오브젝트의 면이나 단면, 선택면, 축의 표시 등에 대한 색상을 설정한다.
- Selected(선택된 개체)는 면이나 선을 선택했을 경우에 색상이다.
- Locked(잠김)은 오브젝트를 잠갔을 때(Lock)의 색상이다.
- Guides(안내선)은 보조선의 색상이다.
- Inactive Section(비활성 섹션)은 비활성화된 단면도구(Section Plan)의 색상이다.
- Active Section(활성 섹션)은 활성화된 단면도구(Section Plan)의 색상이다.
- Section Cuts(단면 컷)은 Section Plan(단면) 도구로 오브젝트의 단면을 볼 때 오브젝트 단면의 색상이다.
- Section cut width(단면 컷 너비)는 단면선의 두께를 나타낸다.

Part 04
아름다운 도시계획(고급편)

Chapter 09 아파트 단지 제작하기

Chapter 10 초등학교 제작하기

Part04에서는 도시계획편으로 아파트 단지와 학교를 제작한다. 도시계획편에서는 건축물의 모델링뿐만 아니라 도로 및 주변 환경도 제작해본다. 또한 V-Ray를 이용한 랜더링에 대해서도 살펴볼 것이다. V-Ray는 현재 개발된 Renderer(랜더러) 중 대중들에게 가장 사랑받는 Renderer(랜더러)이다. SketchUp뿐만 아니라 3dsmax, Rhino, Maya 등에서 다양하게 이용되며, 최종이미지 구현에 탁월한 퀄리티를 선보이고 어려운 세팅없이 기본값만으로도 충분히 좋은 결과물을 얻어내는 장점이 있다.

아파트 단지 제작하기

09
Chapter

먼저 비교적 쉬운 아파트 단지를 제작해보도록 하자. 필자가 예제로 택한 것 중 가장 쉬운 모델링에 속하면서도 만들어놓으면 가장 그럴싸한 예제가 아닐까 생각한다. 특히 아파트로 올라가는 장애인용 경사로, 아파트 외관의 세밀한 작업에 관심 있게 보길 바란다.

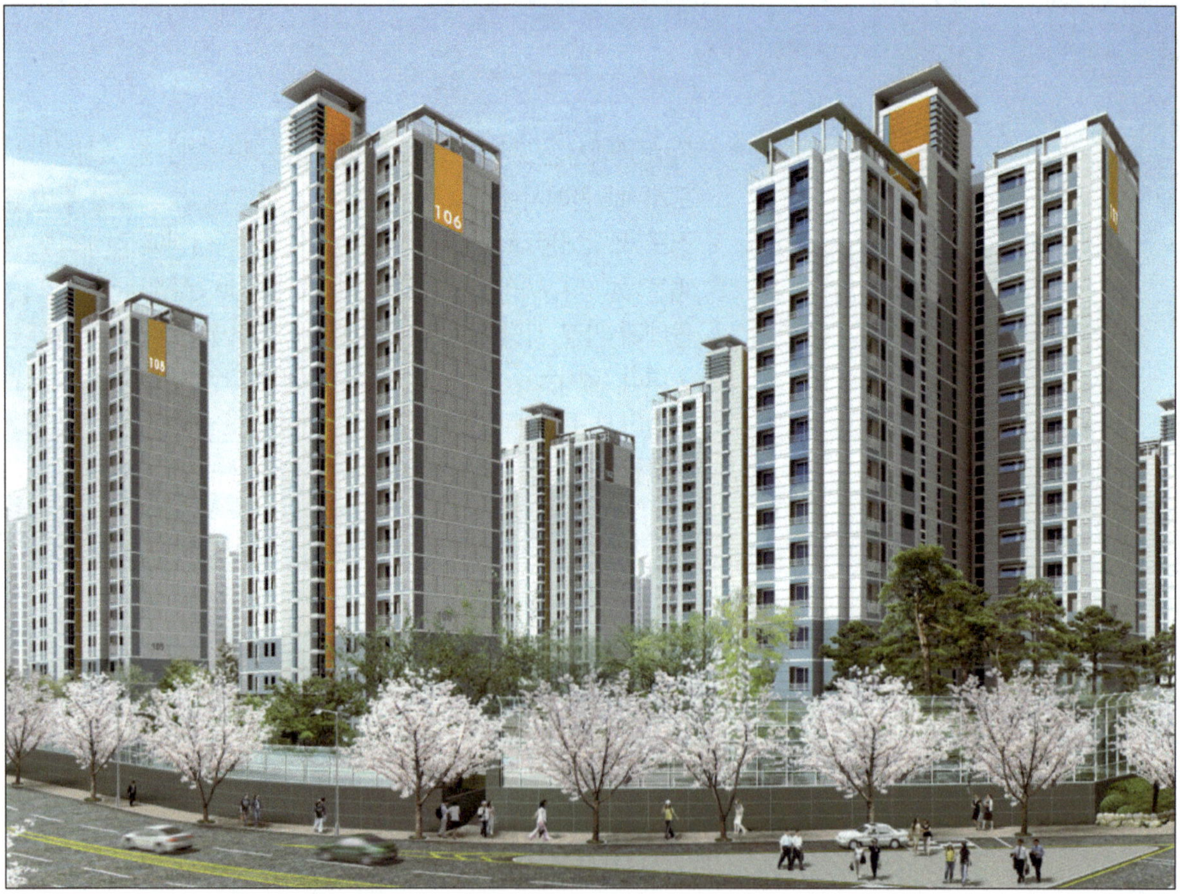

01 아파트의 기본형태 만들기

먼저 아파트의 기본 형태를 제작해보도록 하자. 아파트 건축모델링은 비교적 쉬운 편에 속하므로 어렵지 않게 따라할 수 있을 것이다.

1. Rectangle(직사각형) 도구를 사용해서 (4000, 1500)인 사각형을 그린다.

원래 아파트의 기본치수는 40000mm, 15000mm가 맞으나 1/10 크기로 제작할 것이다. 아무래도 치수가 크다보면 컴퓨터가 연산처리하는 데에 시간이 걸리므로 작업 시 계속 다운이 되거나 작업의 속도가 느려지게 된다. 이 점을 해결하기 위해 아파트와 같이 큰 건물들은 1/10로 축소해서 작업하는 것이 바람직하다. 다만 나중에 컴포넌트를 가져올 경우 컴포넌트도 1/10로 축소해야만 한다.

2. Tape Measure Tool(줄자도구)을 이용해서 왼쪽에서 2000mm 떨어진 곳에 보조선을 그린다.

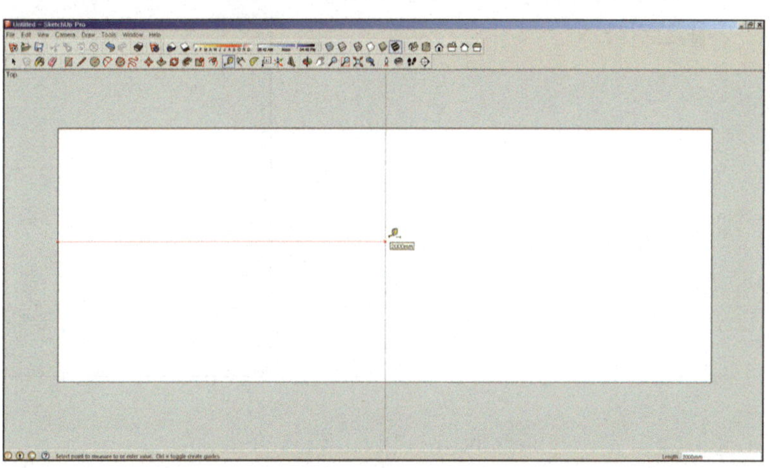

3 계속해서 그림과 같이 가운데 보조선에서 시작하여 왼쪽으로 250, 150, 200, 600mm 떨어진 곳에 보조선을 그린다.

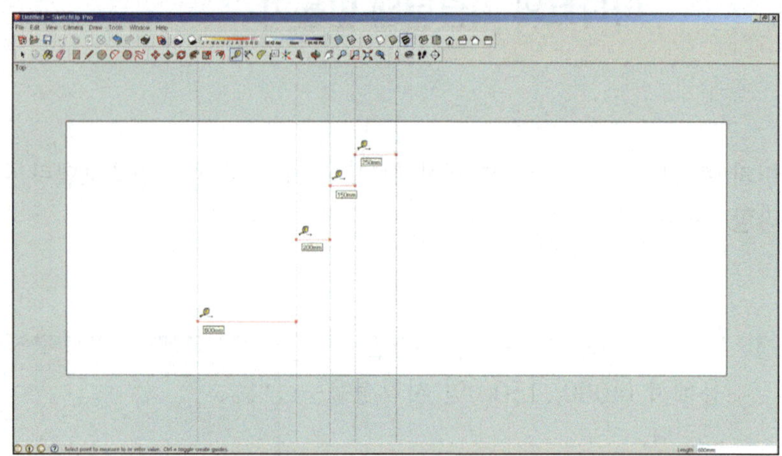

4 반대쪽으로도 같은 치수(250, 150, 200, 600mm)로 보조선을 그린다.

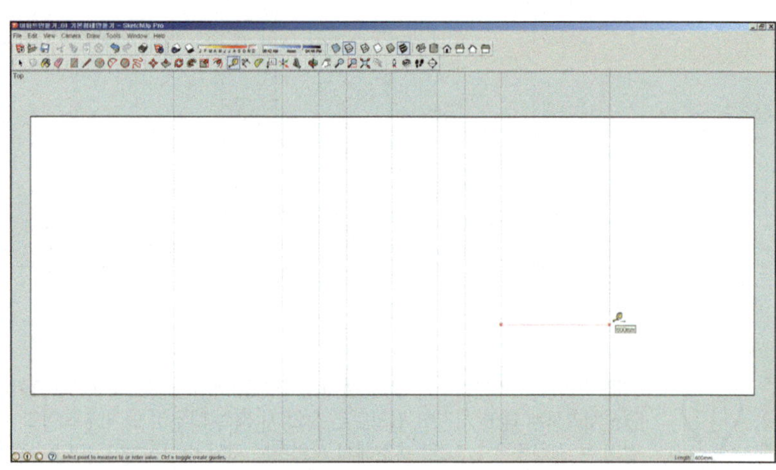

5 위, 아래 모서리에서 위와 아랫방향으로 100mm 떨어진 곳에 보조선을 그린다.

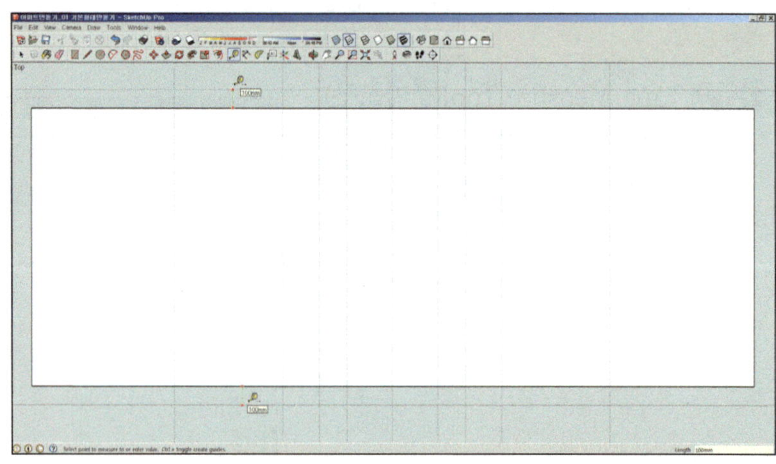

6 Rectangle(직사각형) 도구를 사용해서 그림과 같이 보조선에 맞추어 사각형을 그린다.

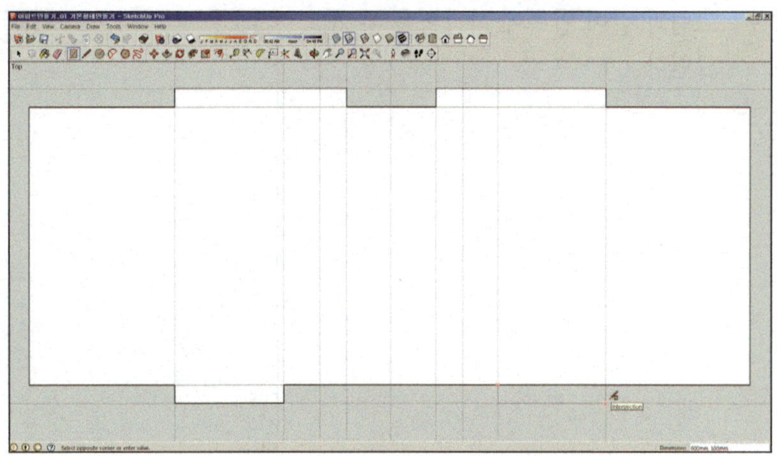

7 Tape Measure Tool(줄자도구)을 사용해서 아래 모서리에서 각각 위, 아래로 50mm 떨어진 곳에 보조선을 그린다.

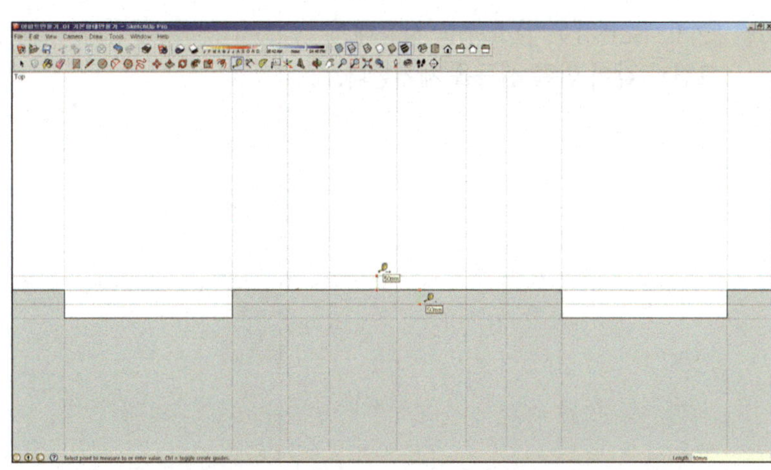

8 Rectangle(직사각형) 도구를 사용해서 보조선에 맞추어 사각형을 그린다.

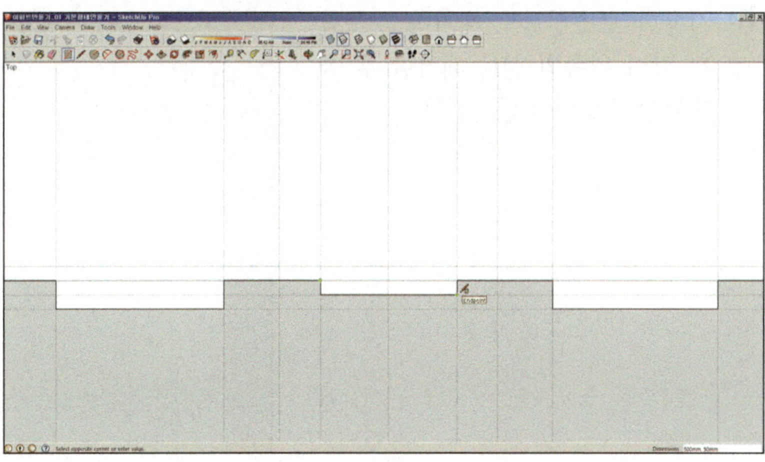

9 그림과 같이 안쪽에 사각형을 두 개 그린다.

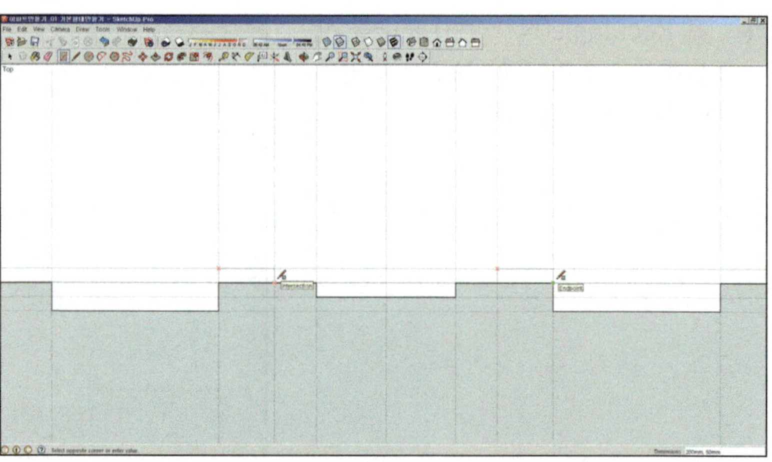

10 Eraser(지우기) 도구를 사용해서 그림과 같이 안쪽 선들을 제거한다.

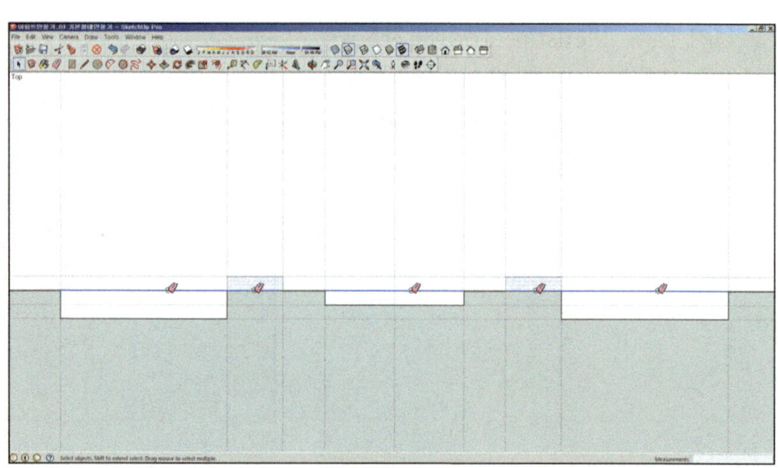

11 사용한 보조선들도 제거하고 그림과 같이 위쪽의 선도 제거한 후 아파트의 밑그림을 완성한다.

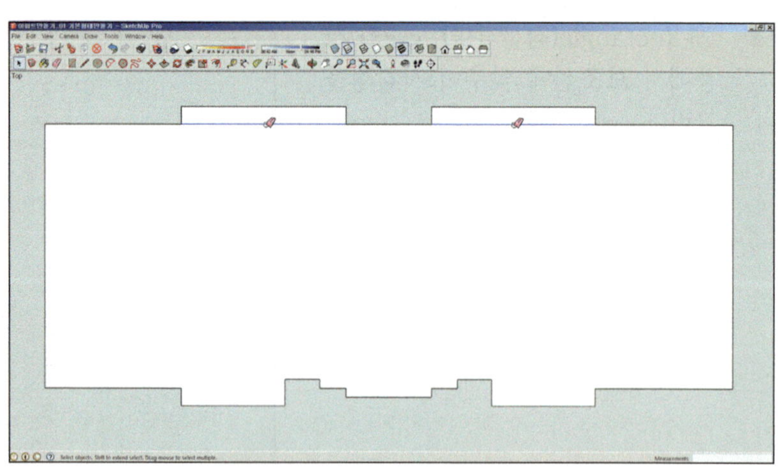

12 Push/Pull(밀기/끌기) 도구를 사용해서 높이가 350mm가 되도록 면을 만든다.

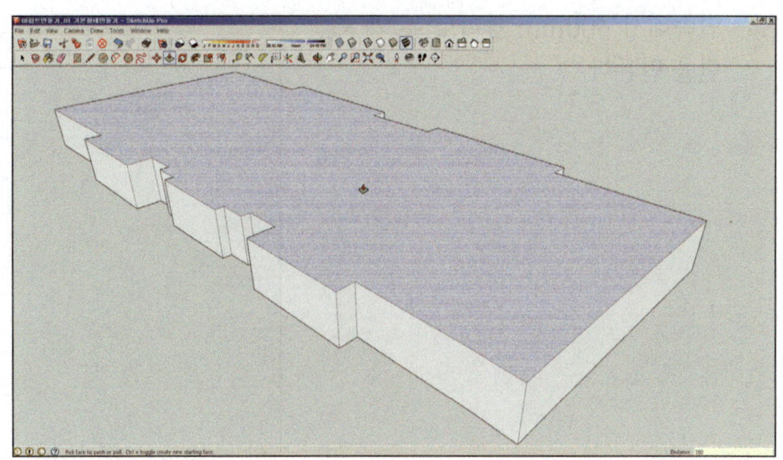

13 Push/Pull(밀기/끌기) 도구를 사용해서 Ctrl 키를 누른 후 300mm만큼 면을 만든다.

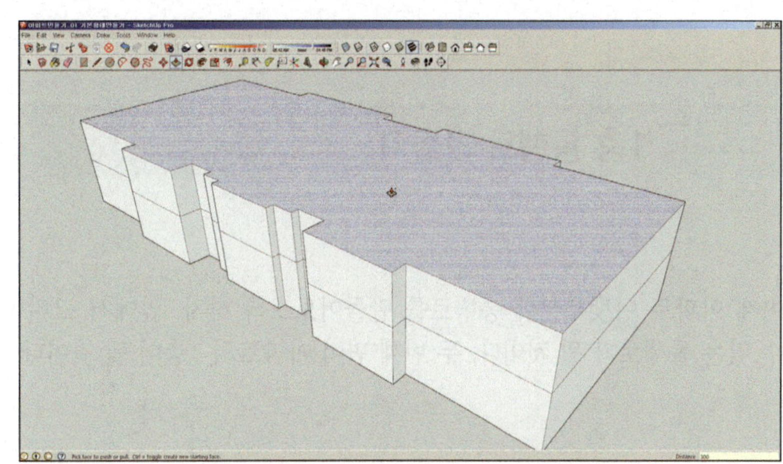

Push/Pull(밀기/끌기) 도구를 사용해서 면을 생성할 때 Ctrl 키를 누르는 이유는 아파트의 층수를 구별하기 위해서이다. 또한 1층의 높이와 2층의 높이를 다르게 한 이유는 1층은 통행로가 될 부분이기 때문이다. 실제로 두 번째 만든 면부터가 아파트의 1층이 된다.

14 연속해서 300mm 높이로 두 개 더 면을 만든다.

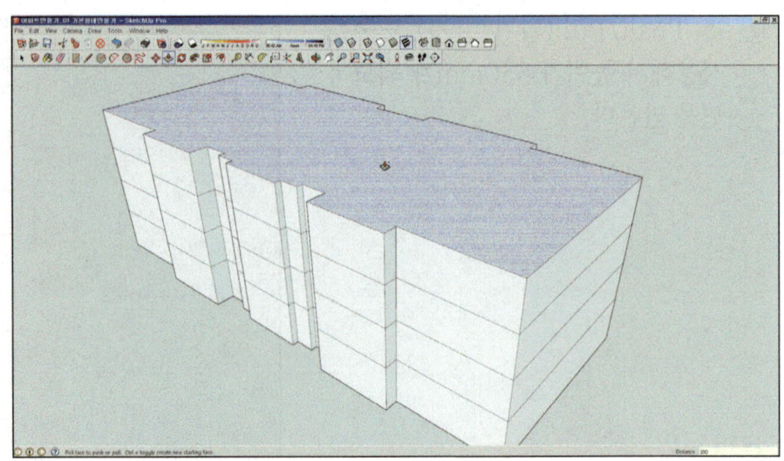

02 1층 통행로 만들기

이제 아파트 아랫부분에 통행로를 만들어보도록 하자. 앞에서 그린 아파트에서 맨 아랫부분이 아파트를 드나들 수 있는 통행로가 될 것이다. 두 번째 면이 아파트의 1층이 될 것이다.

15 앞면에서 Push/Pull(밀기/끌기) 도구를 사용해서 그림과 같이 아랫면을 옆면과 같은 높이가 되도록 면을 집어넣는다.

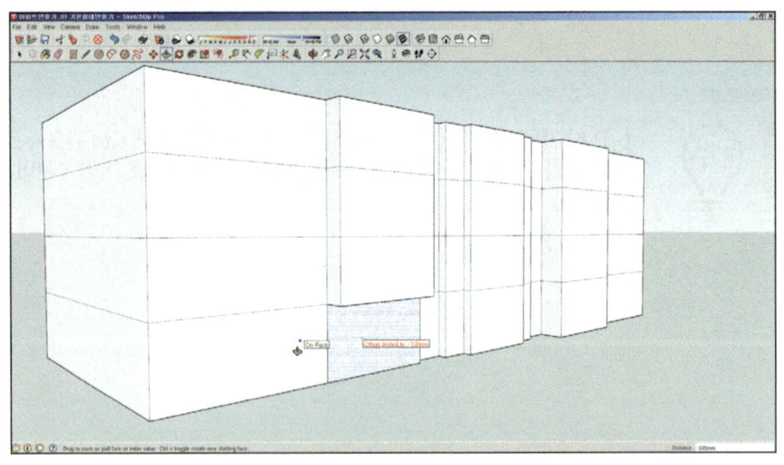

16 기둥을 만들기 위해서 Tape Measure Tool(줄자도구)을 사용해서 그림과 같이 각각 왼쪽은 200mm, 가운데와 오른쪽은 100mm 떨어진 보조선을 그린다.

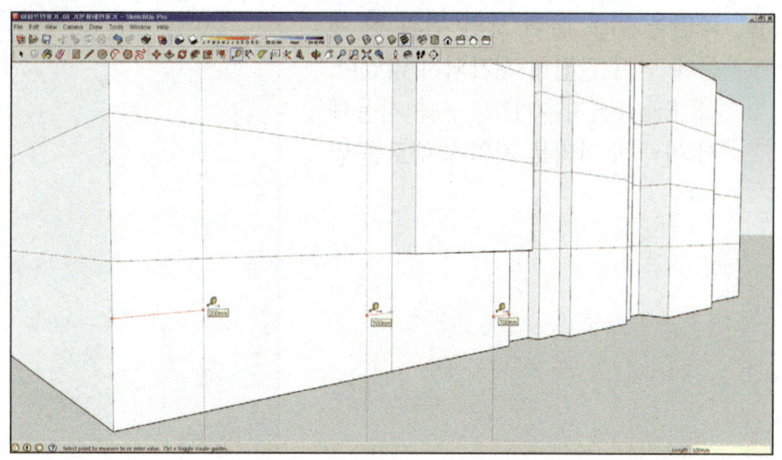

17 Line(선) 도구를 사용하여 보조선에 맞추어 수직선을 그린다.

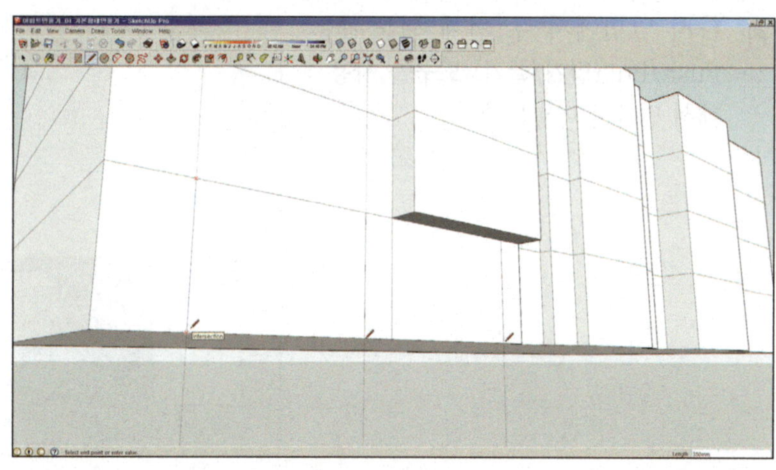

18 앞면을 선택한 후 Push/Pull(밀기/끌기) 도구를 사용해서 뒤 모서리까지 면을 집어넣는다.

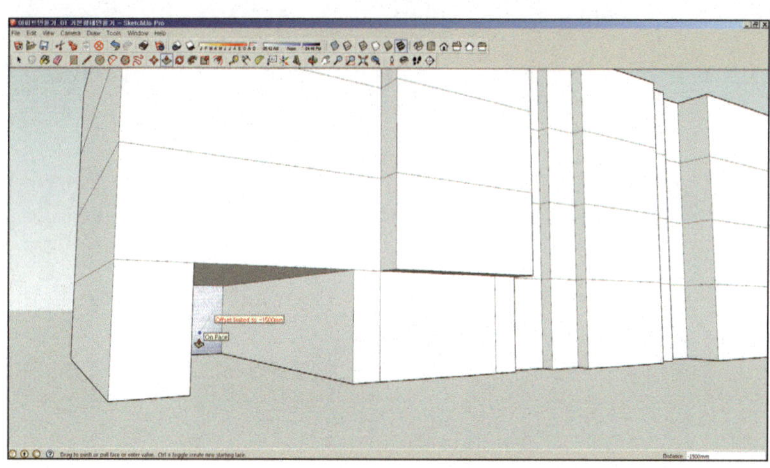

19 화면을 뒤로 돌려 보면 위의 선 때문에 면이 완전히 제거되지 않았다. Eraser(지우기) 도구를 사용해서 아래 모서리를 지워 통행로를 만든다.

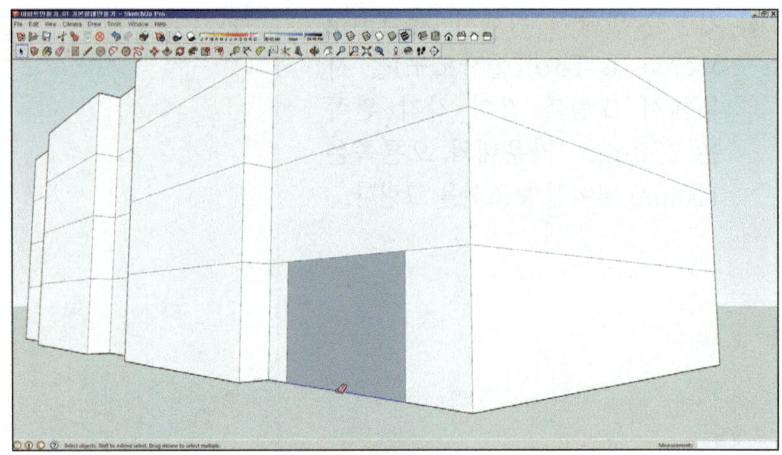

20 다시 앞면에서 두 번째 면도 Push/Pull(밀기/끌기) 도구를 사용해서 면을 집어넣는다.

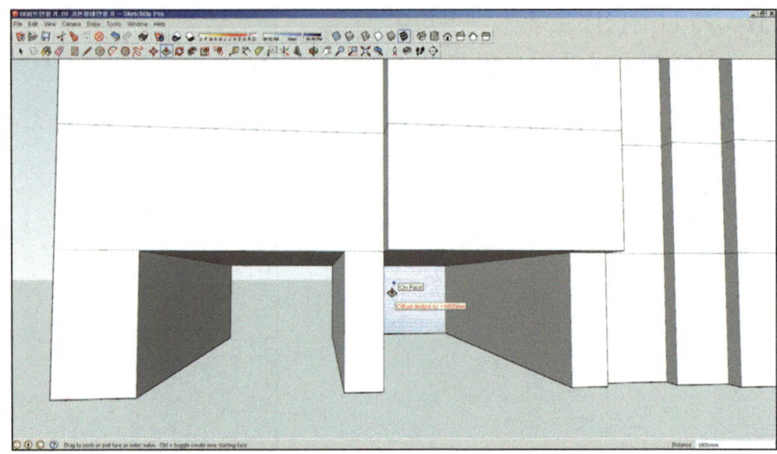

21 Eraser(지우기) 도구로 뒷면에서 남아 있는 모서리를 제거한다.

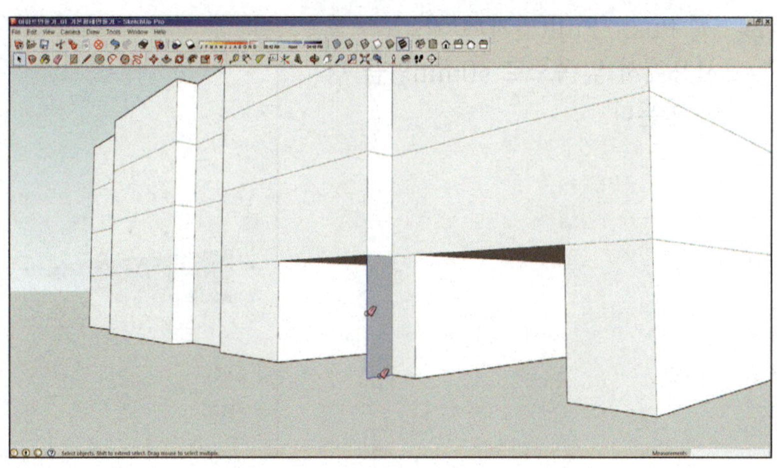

뒷면의 모서리가 모두 제거된 상태이다.

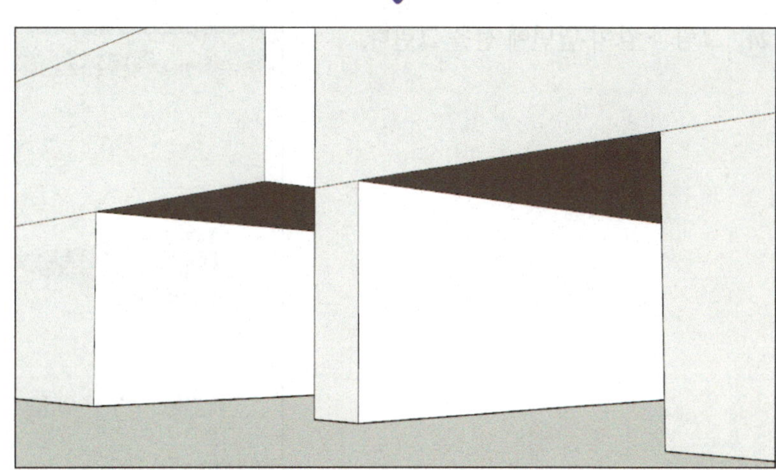

22 앞면에서 Tape Measure Tool(줄자도구)을 사용해서 그림과 같이 모서리에서 100mm 떨어진 곳에 보조선을 그린 후, 그 보조선에 맞추어 Line(선) 도구로 선을 그린다.

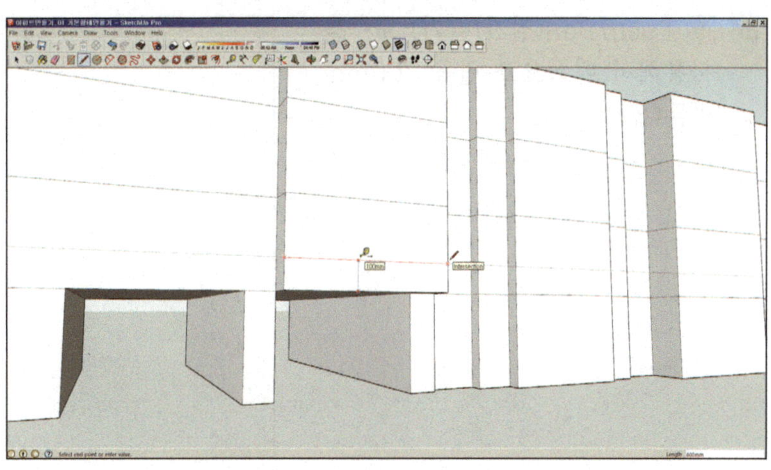

23 Push/Pull(밀기/끌기) 도구를 사용해서 앞쪽으로 50mm만큼 면을 만든다.

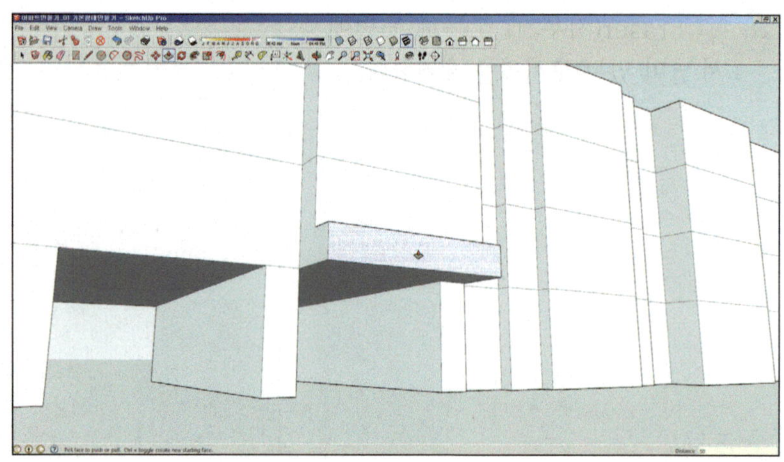

24 그림과 같이 옆면에 선을 그린다.

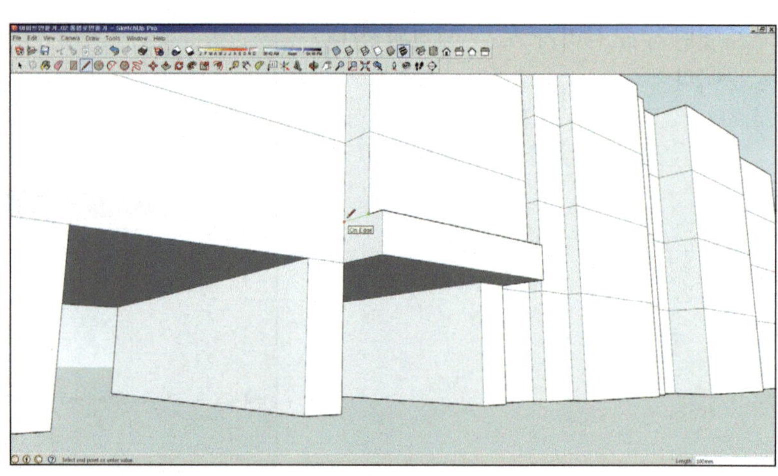

25 Push/Pull(밀기/끌기) 도구를 사용해서 왼쪽으로 면을 700mm 만든다.

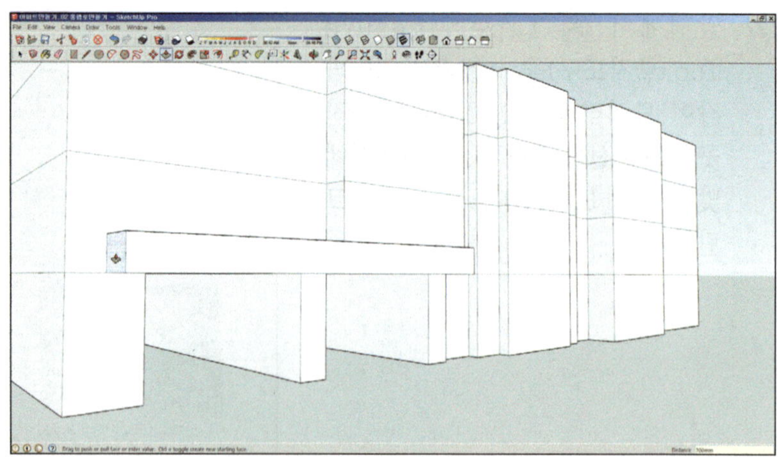

26 위, 아래 중간선을 제거하고 튀어나온 면의 Midpoint(중간점)을 연결하는 선을 그린다.

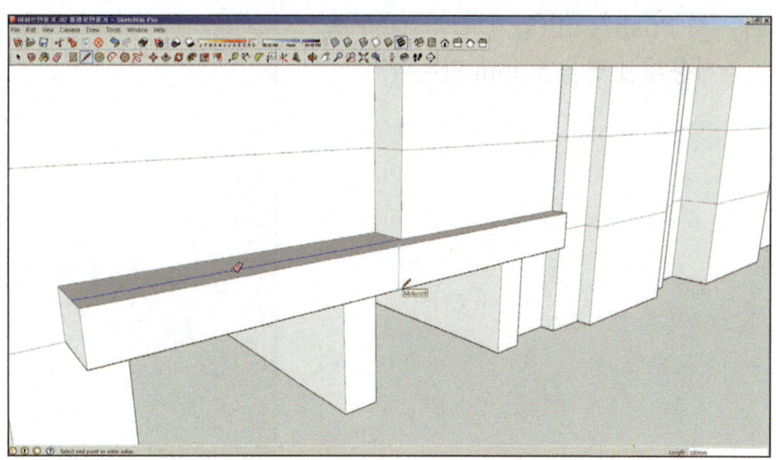

27 왼쪽 면을 선택한 후, Push/Pull(밀기/끌기) 도구를 사용해서 100mm만큼 면을 집어넣는다.

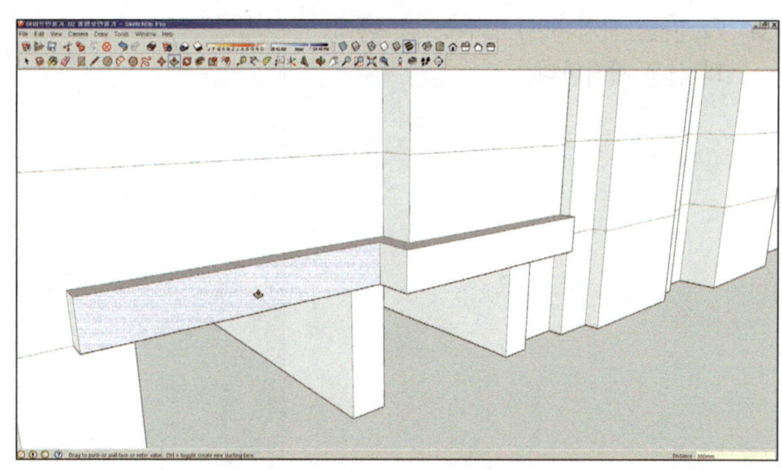

28 오른쪽 면에서 Line(선) 도구로 Green축 방향으로 선을 그린다.

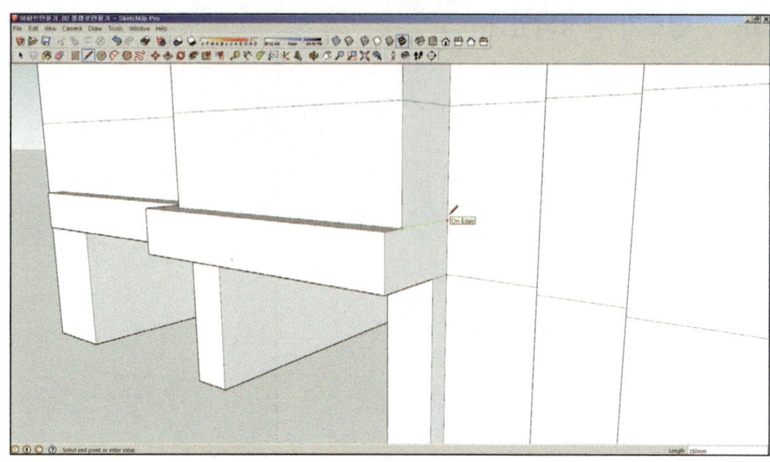

29 Push/Pull(밀기/끌기) 도구를 사용해서 면을 50mm 만든다.

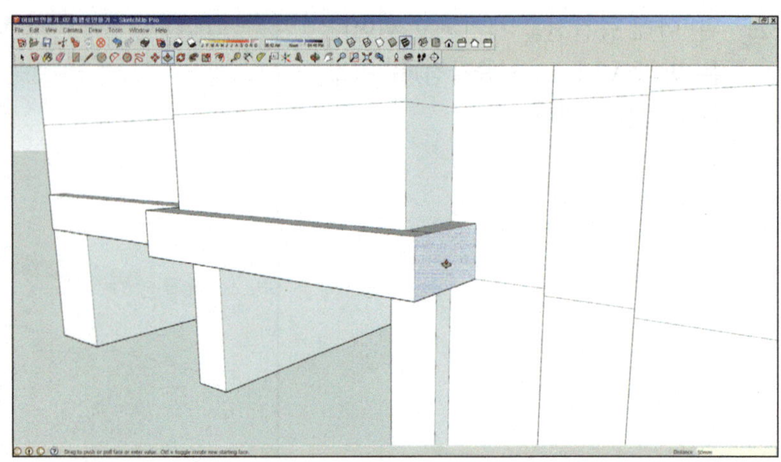

30 Eraser(지우기) 도구로 위, 아래의 선을 제거한다.

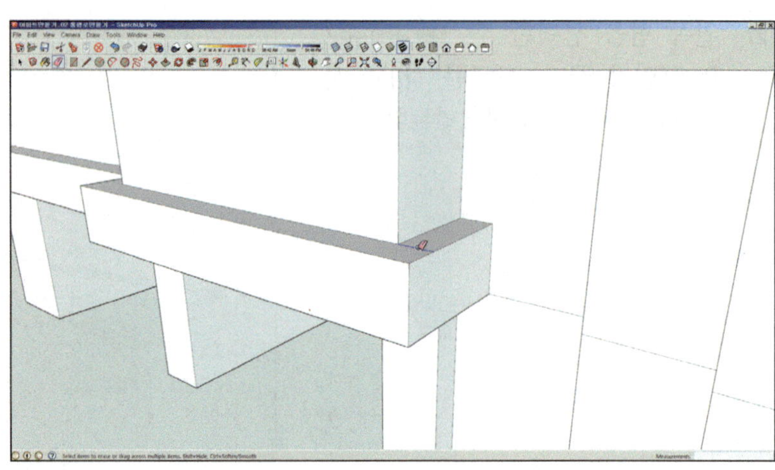

31 통행로가 완성되었다.

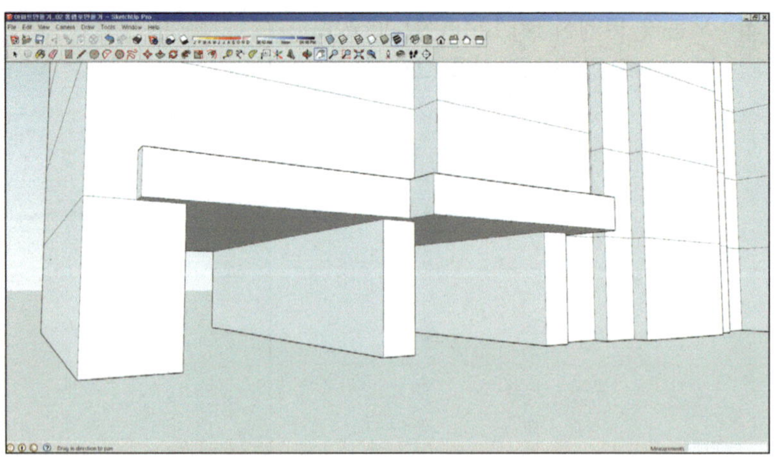

32 15~30번까지 반복 작업을 해서 반대쪽으로 통행로를 완성한다.

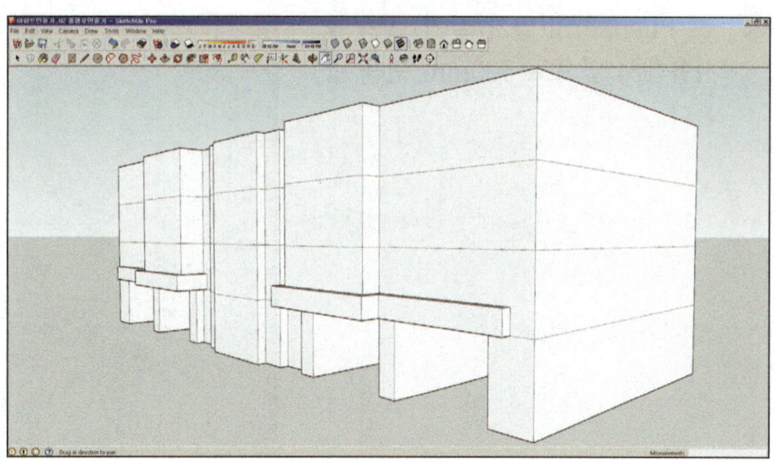

03 아파트 출입문 만들기

이번에는 1층 계단 및 엘리베이터로 연결되는 출입문을 만들어보도록 하자.

33 1층과 2층 사이의 중간선을 Eraser(지우기) 도구로 지운다.

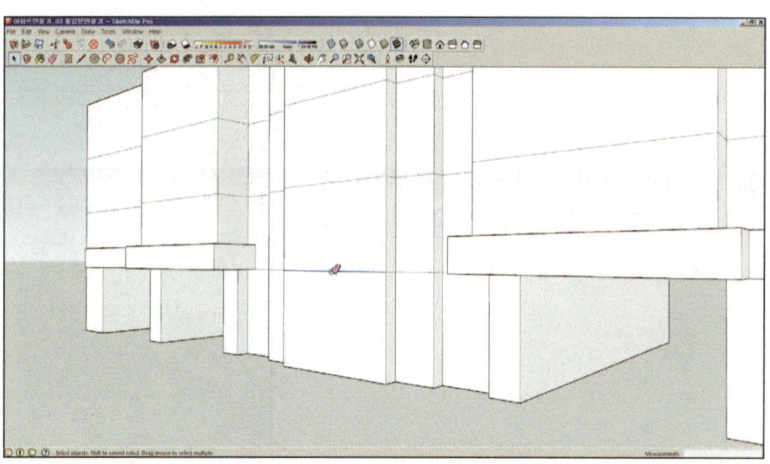

34 Push/Pull(밀기/끌기) 도구를 사용해서 앞으로 500mm 면을 만든다.

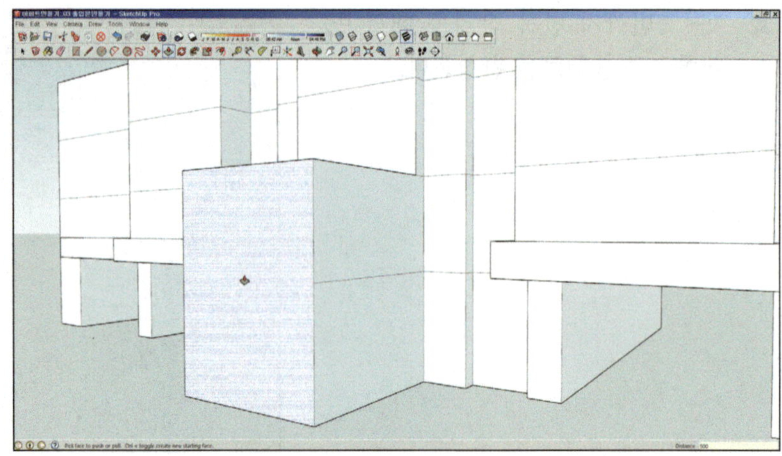

35 위쪽으로 면을 200mm만큼 만든다.

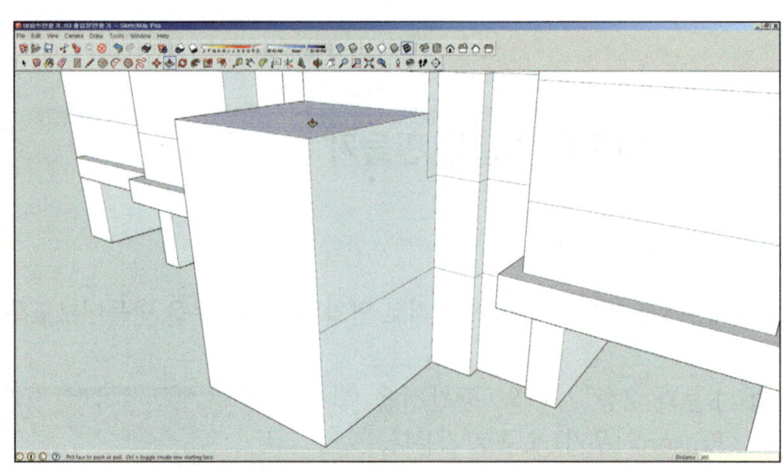

36 그림과 같이 Eraser(지우기) 도구로 중간선과 뒤쪽의 선을 제거한다. 반대쪽도 제거한다.

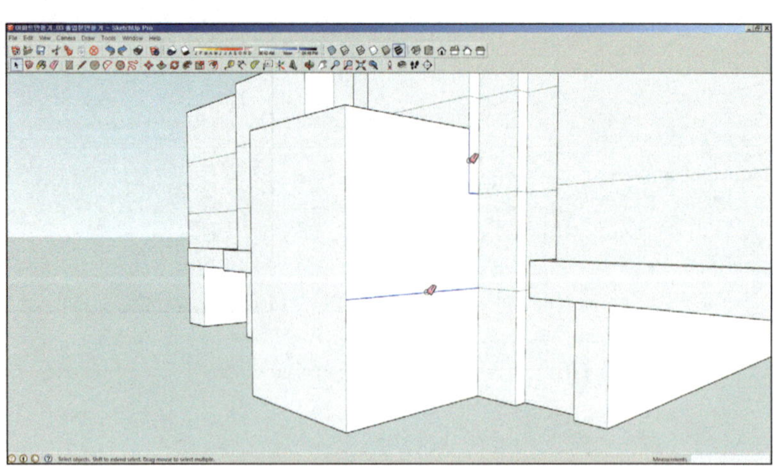

37 Tape Measure Tool(줄자도구)을 사용해서 아래 모서리에서 450mm 보조선을 그리고, 다시 그 보조선에서 100mm 떨어진 곳에 보조선을 그린다.

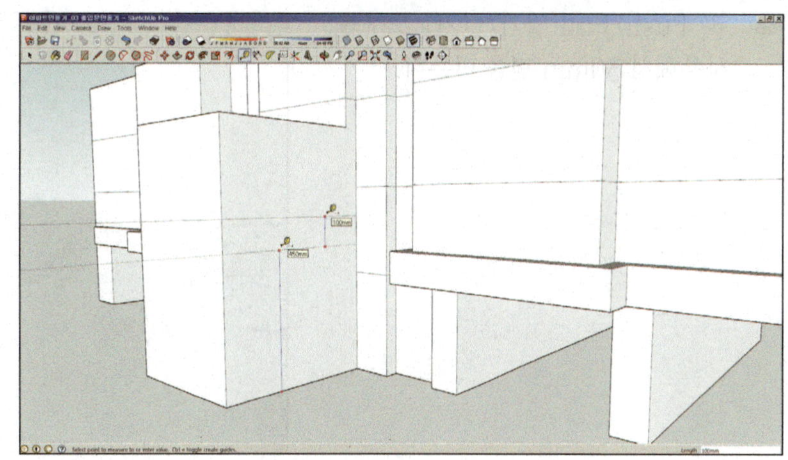

38 보조선에 맞추어 Line(선) 도구로 선을 그린다.

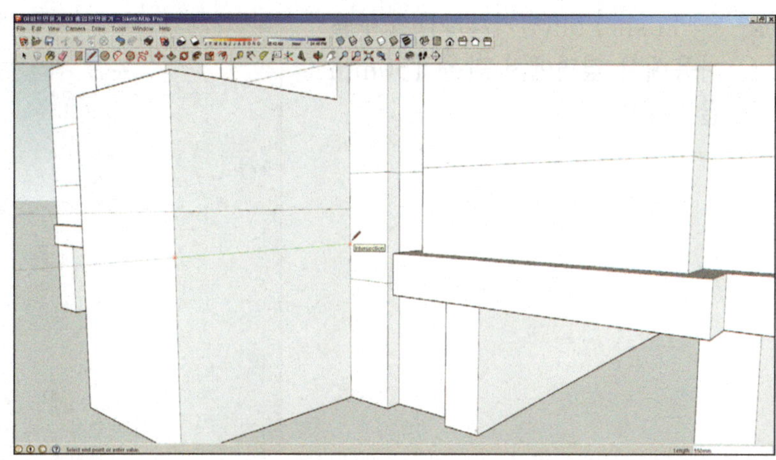

39 보조선을 지우고, 옆면의 선에 맞추어 앞면에 Red축 방향으로 선을 두 개 그린다.

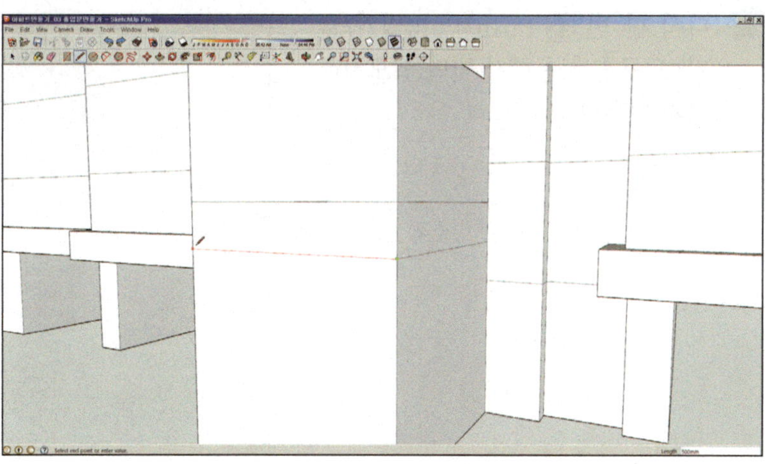

40 Push/Pull(밀기/끌기) 도구를 사용해서 30mm 면을 만든다.

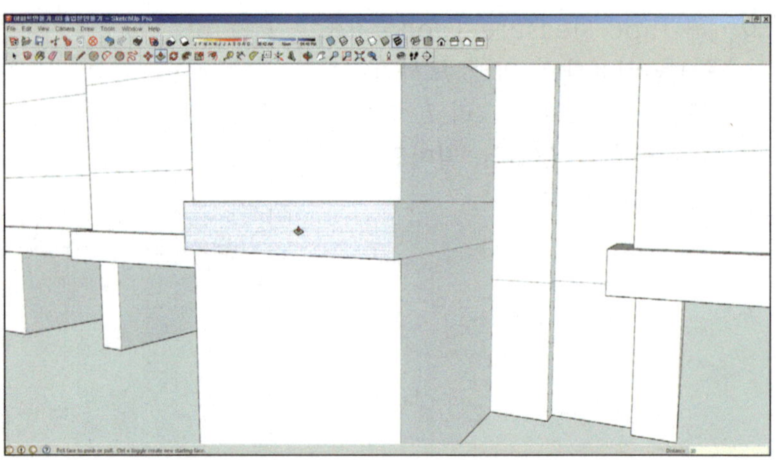

41 Push/Pull(밀기/끌기) 도구를 사용해서 옆면에서 면을 150mm 끝까지 만든다.

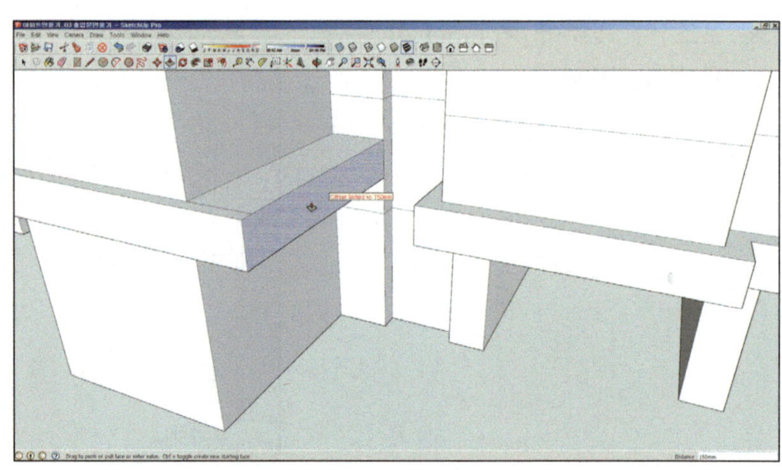

42 다시 한 번 Push/Pull(밀기/끌기) 도구를 사용해서 뒷면을 모서리까지 만든다.

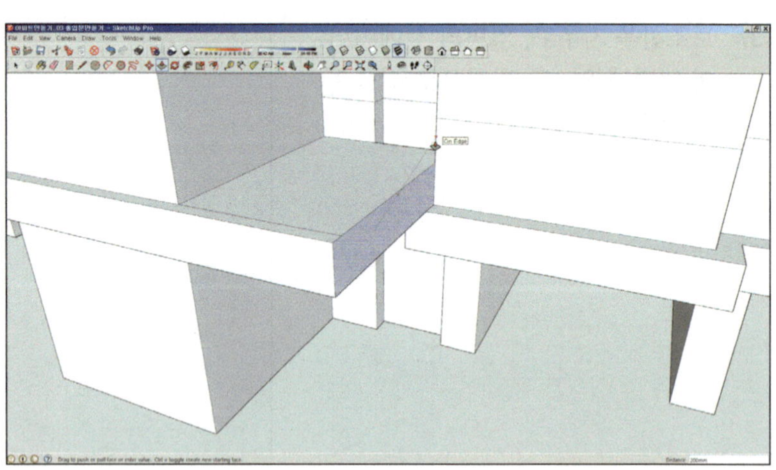

43 마지막으로 Push/Pull(밀기/끌기) 도구를 사용해서 그림과 같이 면을 만든다. 총 세 번 면을 생성했다.

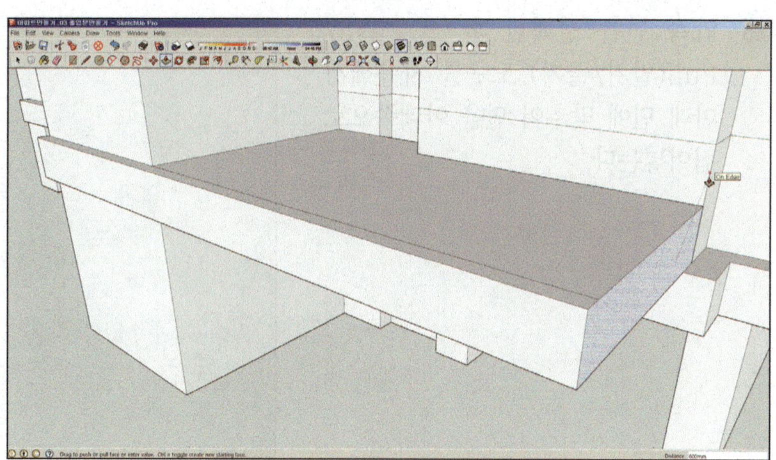

옆면을 생성할 때 Push/Pull(밀기/끌기) 도구를 사용해서 Ctrl 키를 누른 후 면을 한 번에 생성해도 되지만 그렇게 되면 옆면이 뒤쪽에 있는 건물을 침범해 들어가기 때문에 좋지 않은 방법이다. 위와 같이 총 세 번에 걸쳐 면을 늘리면서 생성해주면 뒤쪽의 건물을 침범하지 않고 만들 수 있다.

44 그림과 같이 Tape Measure Tool(줄자도구)을 사용해서 모서리에서 안쪽으로 간격이 30mm되게 보조선을 그린 후, 그 보조선에 맞추어 Line(선) 도구로 선을 그린다.

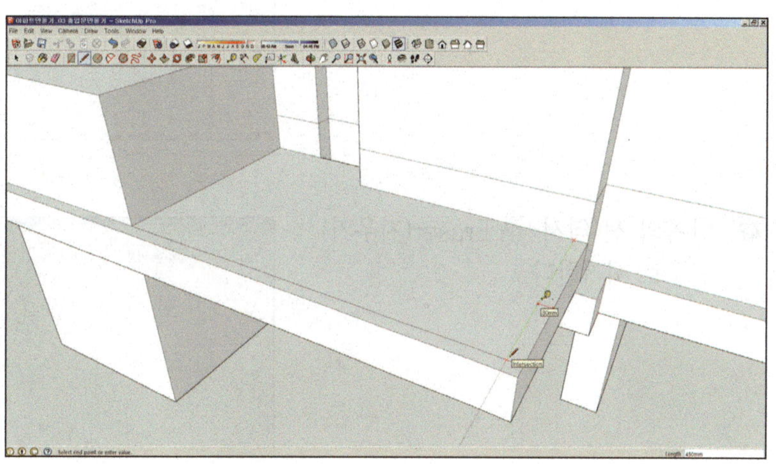

45 안쪽 면을 선택한 후 Push/Pull(밀기/끌기) 도구를 사용해서 아래 면에 맞추어 면을 아래쪽으로 집어넣는다.

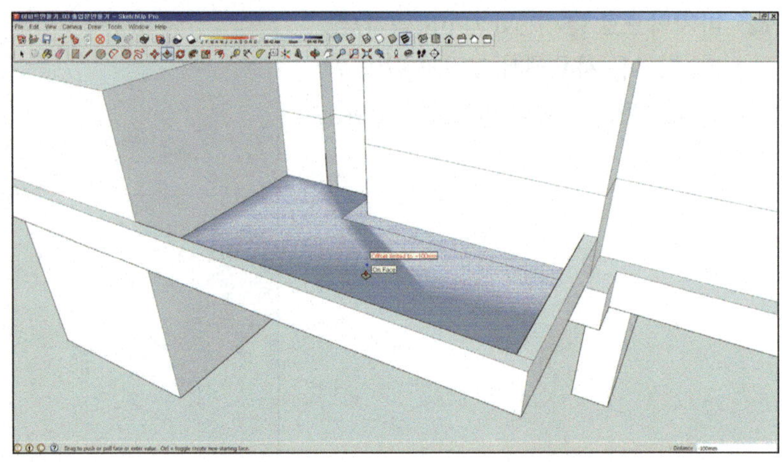

46 바닥면을 Select(선택) 도구로 선택하고 Del 키를 눌러 면을 제거한다. Eraser(지우기) 도구로 윗면과 옆면에 있는 선을 제거한다.

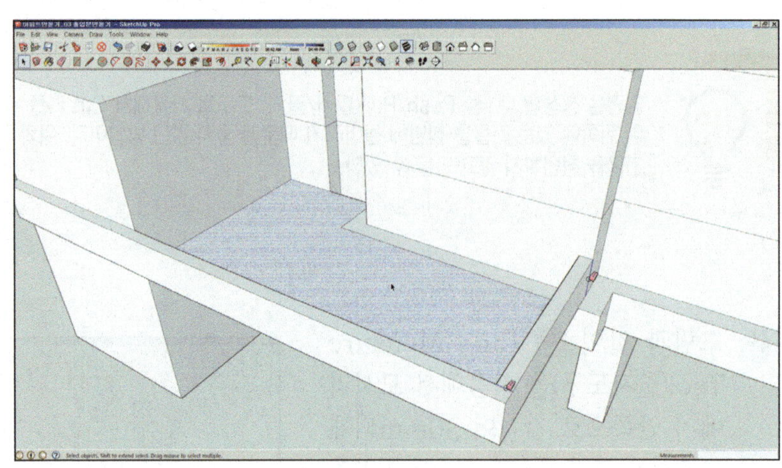

47 안쪽의 선 역시 Eraser(지우기) 도구로 제거한다.

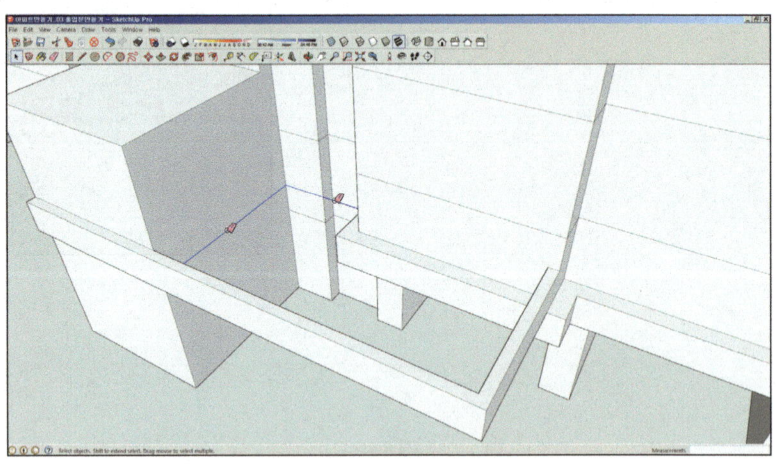

48 왼쪽 면에서 Line(선) 도구를 사용해서 Green축 방향으로 선을 그린다.

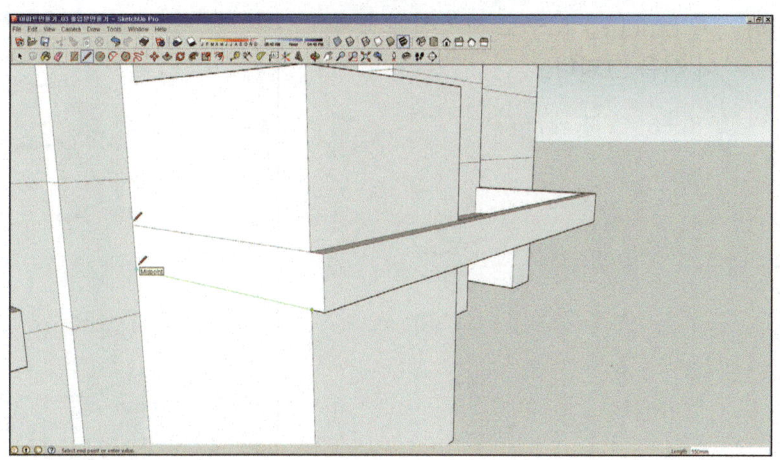

49 Push/Pull(밀기/끌기) 도구를 사용해서 30mm만큼 면을 만든다.

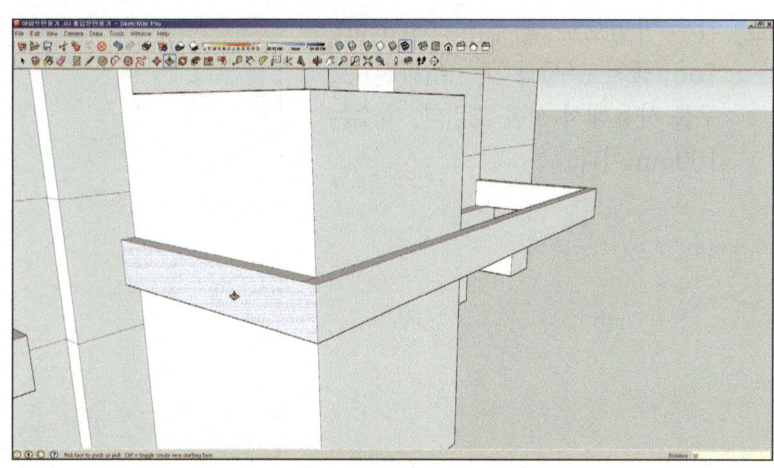

50 출입문 앞면에서 Tape Measure Tool(줄자도구)을 사용해서 양쪽 모서리에서 100mm 떨어진 곳에 보조선을 그린다.

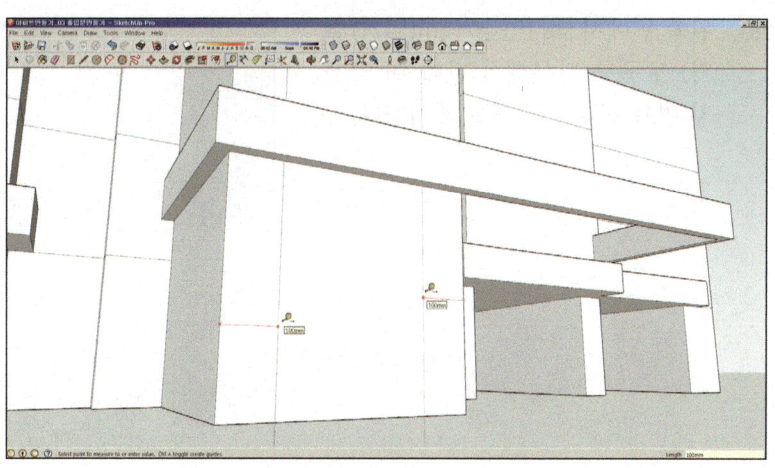

51 Line(선) 도구로 보조선에 맞추어 선을 그린다.

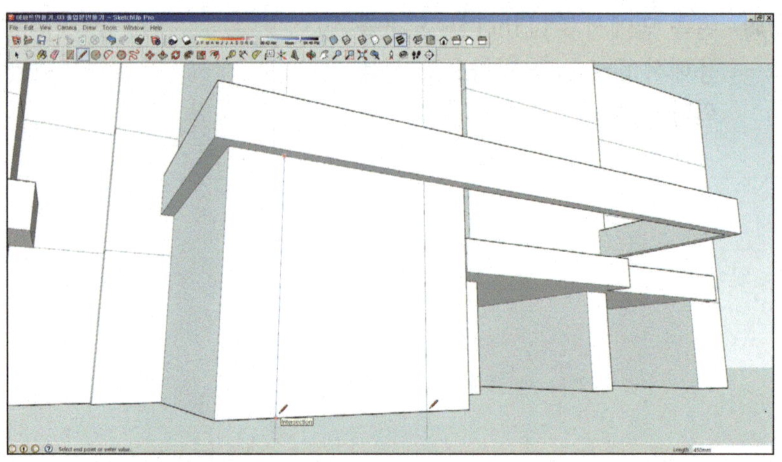

52 같은 방법으로 Tape Measure Tool(줄자도구)과 Line(선) 도구를 사용해서 선을 그린다. 치수는 100mm이다.

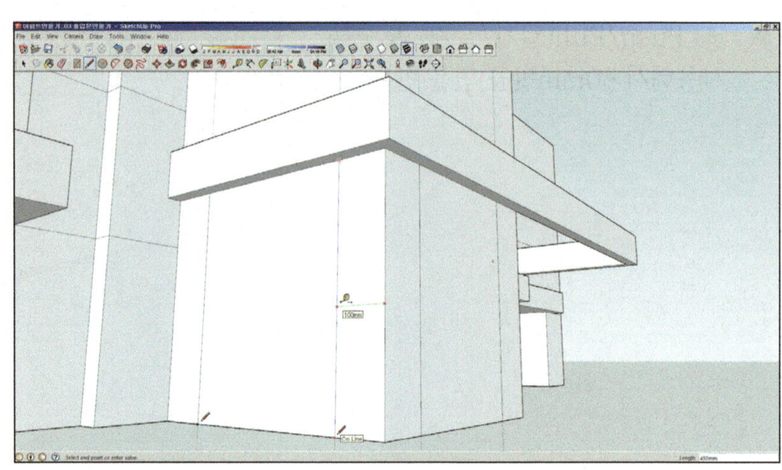

53 왼쪽 면에서 Push/Pull(밀기/끌기) 도구를 사용해서 반대 면 끝까지 면을 집어넣어 면을 제거한다.

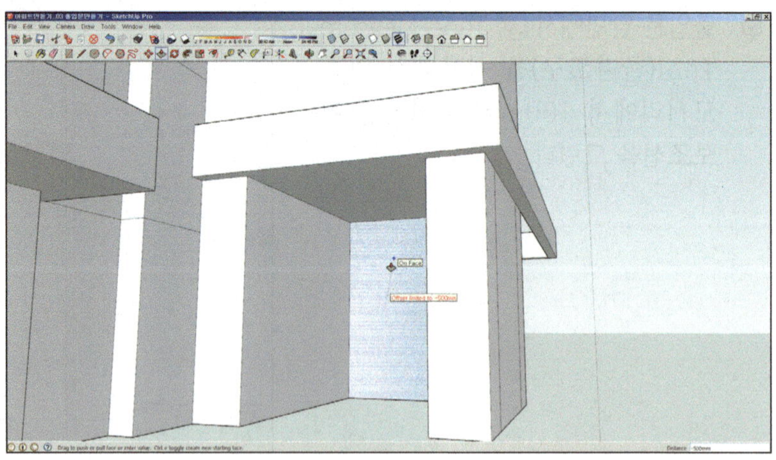

54 앞면도 Push/Pull(밀기/끌기) 도구를 사용해서 가운데 면을 제거한다.

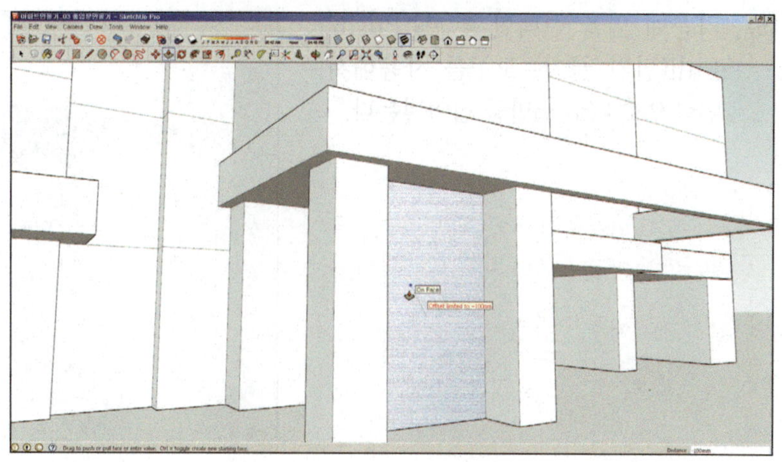

55 뒷면에서 Tape Measure Tool(줄자도구)을 사용해서 그림과 같이 양쪽 모서리에서 100mm 보조선을, 아래에서 80mm인 보조선을 그린다.

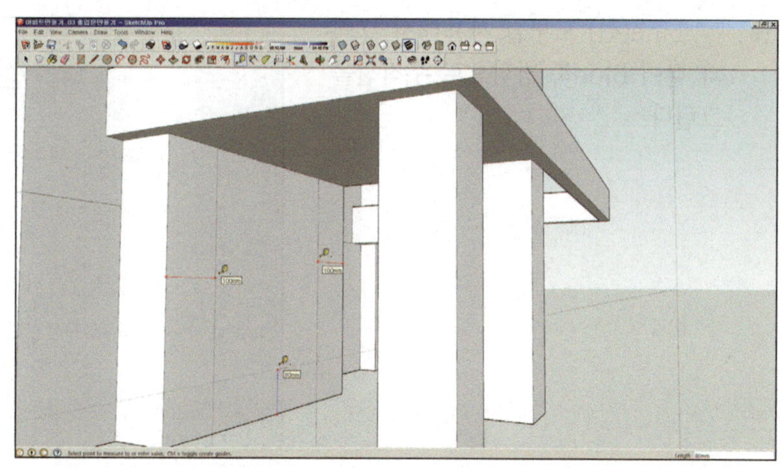

56 Rectangle(직사각형) 도구를 사용해서 보조선에 맞추어 사각형을 그린다.

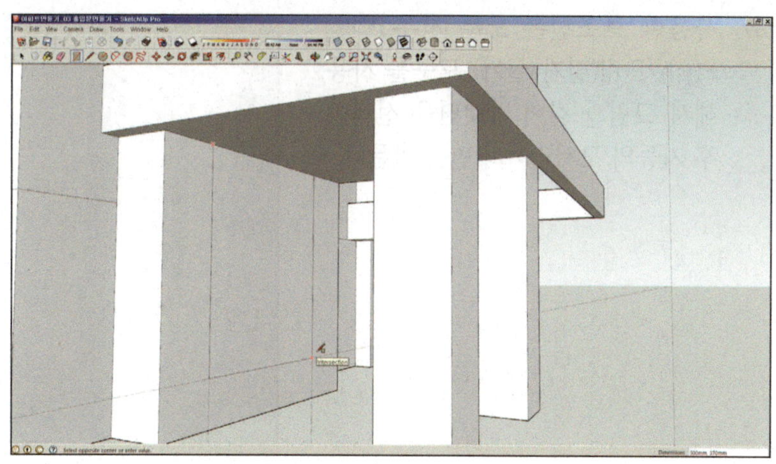

57 가운데 면을 선택한 후 Push/Pull(밀기/끌기) 도구를 사용해서 안쪽으로 80mm만큼 집어넣는다.

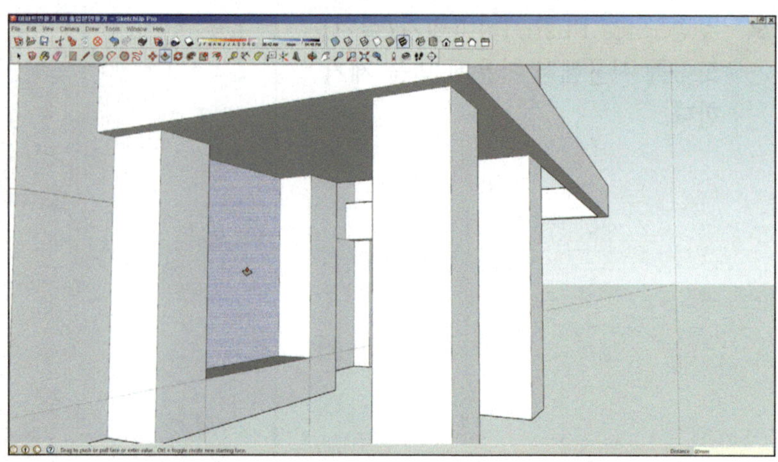

58 Line(선) 도구를 사용해서 그림과 같이 Blue축 방향으로 수직선을 그린다.

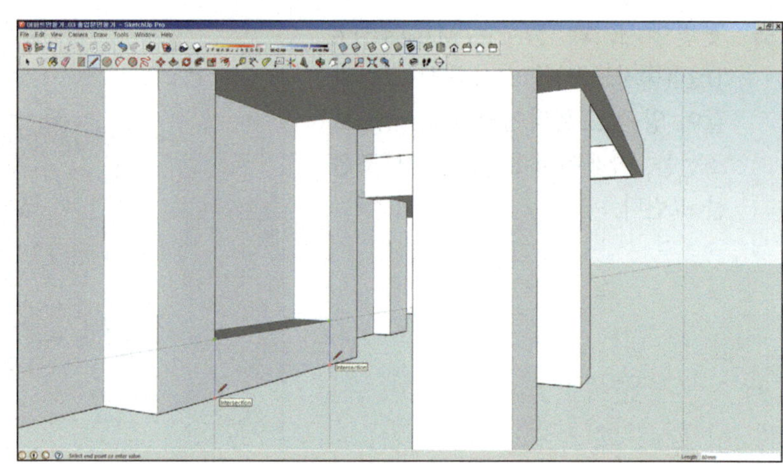

59 사용한 보조선은 모두 지우고 Push/Pull(밀기/끌기) 도구를 사용해서 그림과 같이 아랫면을 선택한 후 기둥의 모서리까지 면을 만든다.

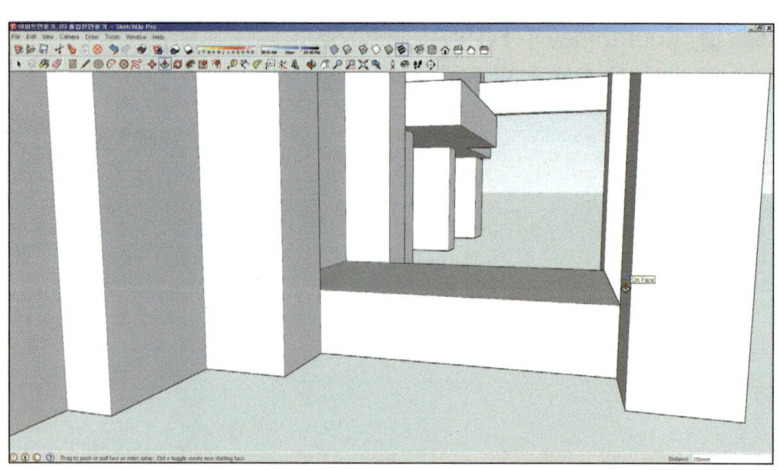

60 옆면에 계단을 만들기 위해 Tape Measure Tool(줄자도구)을 사용해서 지면에서 각각 20mm 떨어진 곳에 보조선을 세 개 그린다.

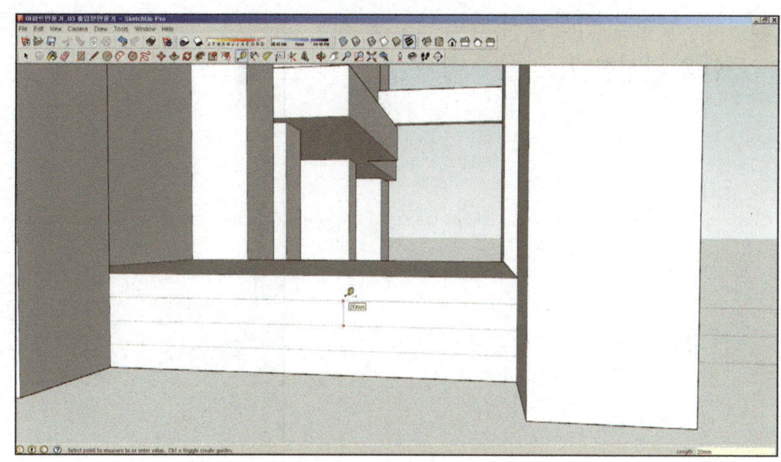

61 Line(선) 도구를 사용해서 보조선에 맞추어 선을 그린다.

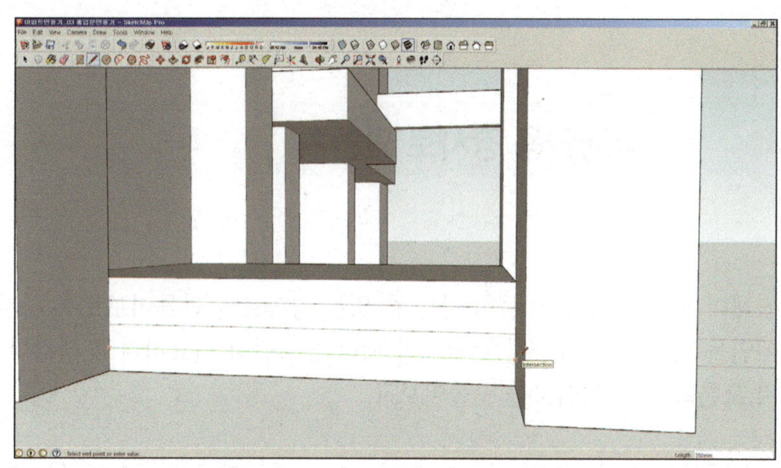

62 Push/Pull(밀기/끌기) 도구를 사용해서 30mm 차이를 두어 면을 만든다. 맨 아래는 90mm, 두 번째 면은 60mm, 아래에서 세 번째 면은 30mm이다.

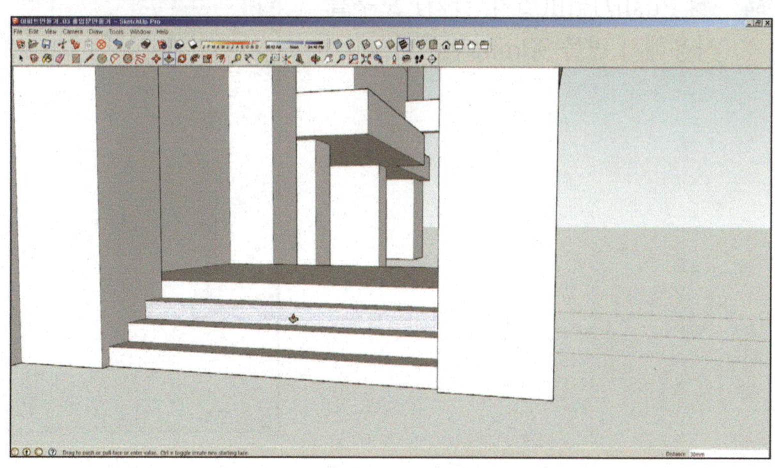

63 60~62번을 반복해서 앞쪽으로도 계단을 완성한다.

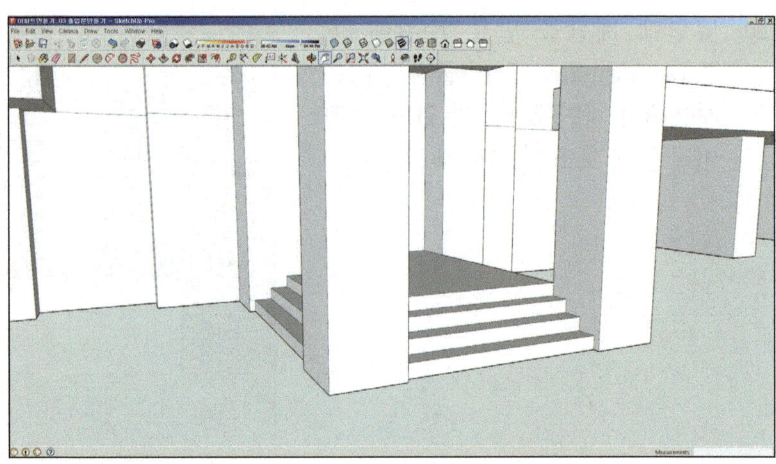

04 장애인용 경사로 만들기

휠체어 및 자전거, 아이들이 다닐 수 있는 경사로를 만들어보도록 하자. 필자는 장애인들을 가르치는 교사로서 장애인을 위한 공공 시설물들에 대한 배려가 절실히 필요하다고 생각한다. 앞면과 왼쪽 면은 계단을 완성했고 나머지 오른쪽 면에 경사로를 만들어보자.

64 Push/Pull(밀기/끌기) 도구를 사용해서 면을 90mm 만든다.

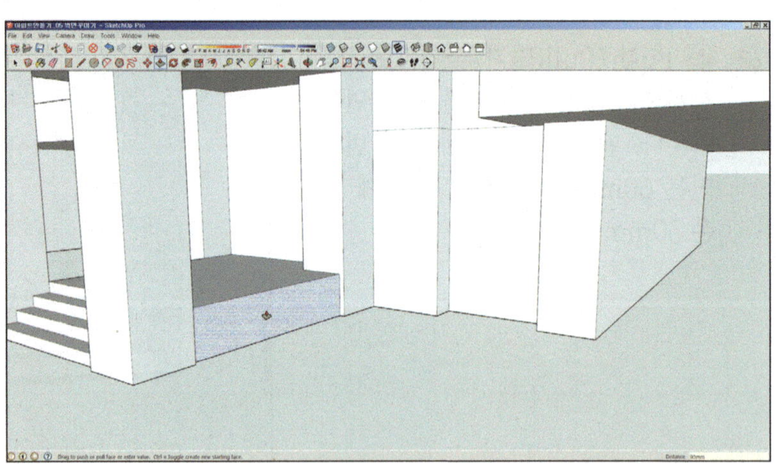

65 오른쪽 모서리에서 Rectangle(직사각형) 도구를 사용해서 치수가 (350, 200)인 사각형을 그린다.

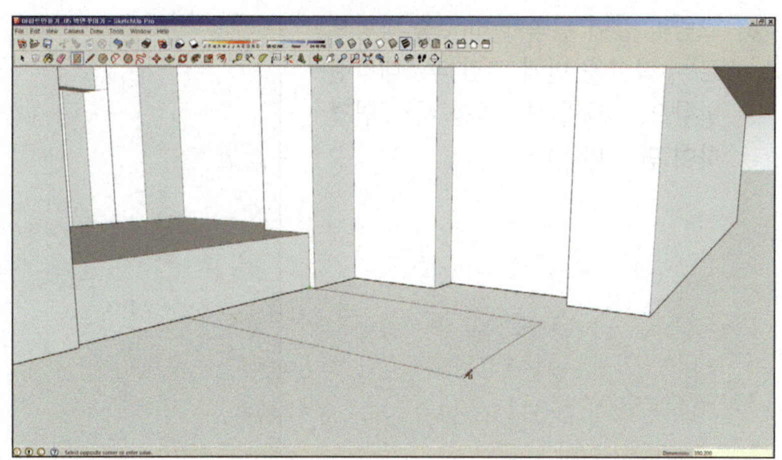

66 그림과 같이 Line(선) 도구를 사용해서 사각형의 모서리에서 Blue 축 방향으로 길이가 50mm인 선을 두 개 그린다.

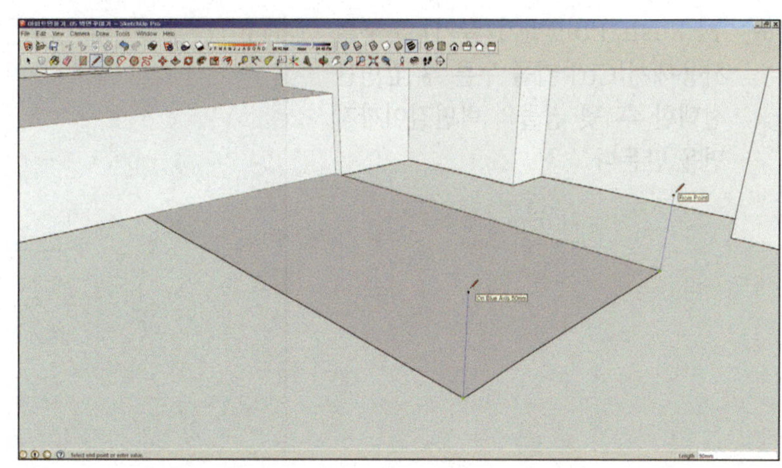

67 수직선 끝점을 연결하는 가로선을 그려서 경사로 면을 만든다.

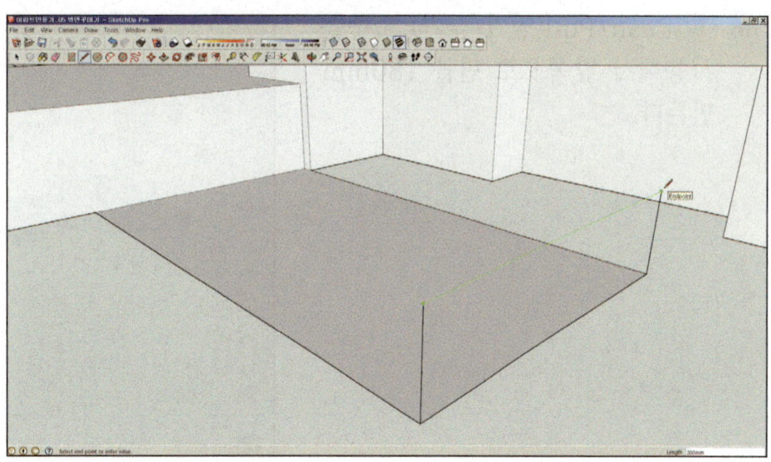

68 그림과 같이 뒤쪽에 Blue축 방향으로 수직선을 먼저 그린 후, 대각선 방향으로 선의 모서리를 서로 연결하여 면을 만든다.

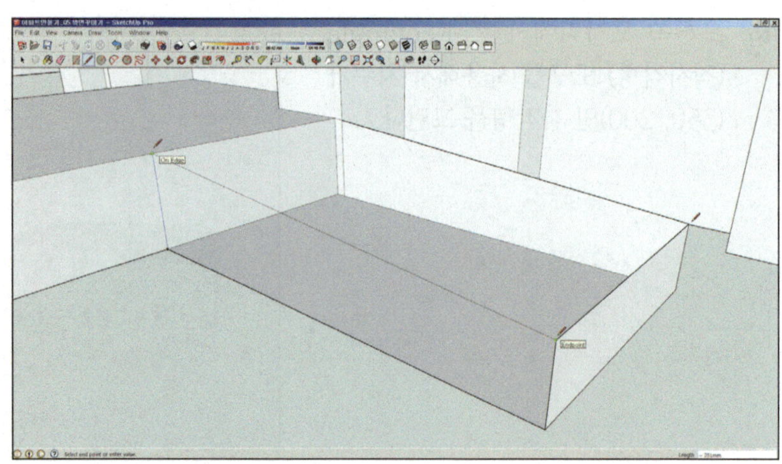

69 Push/Pull(밀기/끌기) 도구를 사용해서 Ctrl 키를 누른 후 앞면을 선택한 후 뒷 건물의 벽면길이까지 면을 만든다.

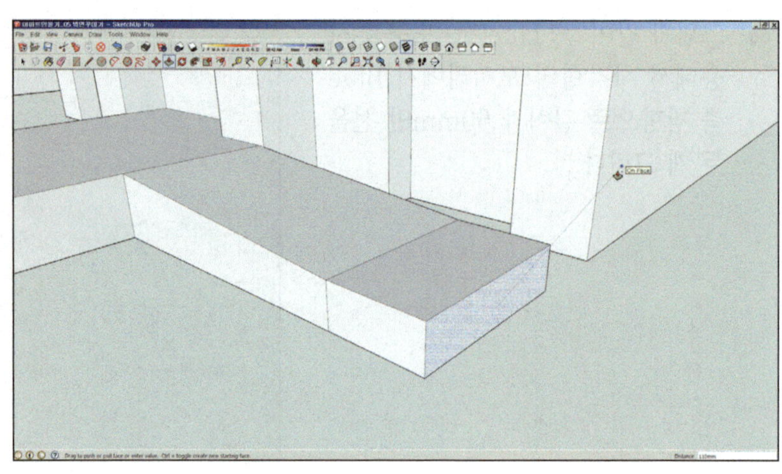

70 Push/Pull(밀기/끌기) 도구를 사용해서 앞쪽으로 면을 180mm 만든다.

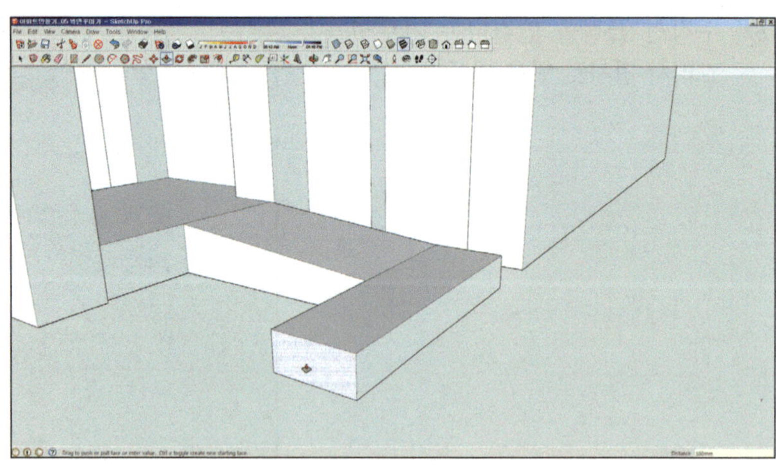

71 아래 모서리에서 Line(선) 도구를 사용해서 Red축 방향으로 200mm 선을 그리고, 다시 그 선 끝에서 Green축 방향으로 면까지 선을 그린다.

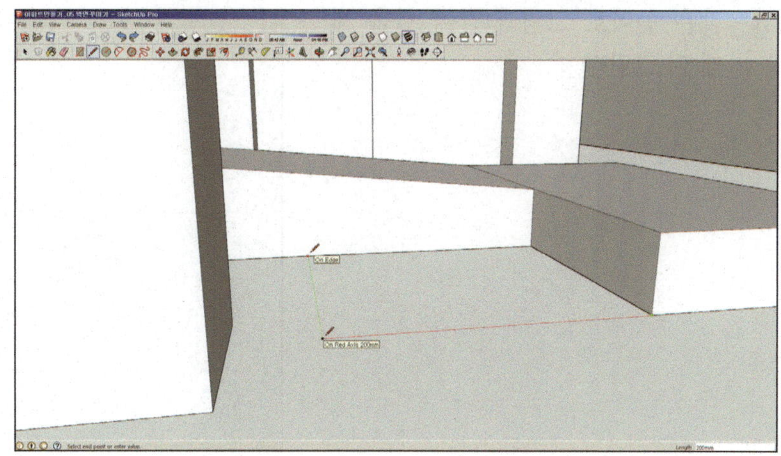

72 아래 모서리에서 대각선 방향으로 선을 이어 면을 만든다.

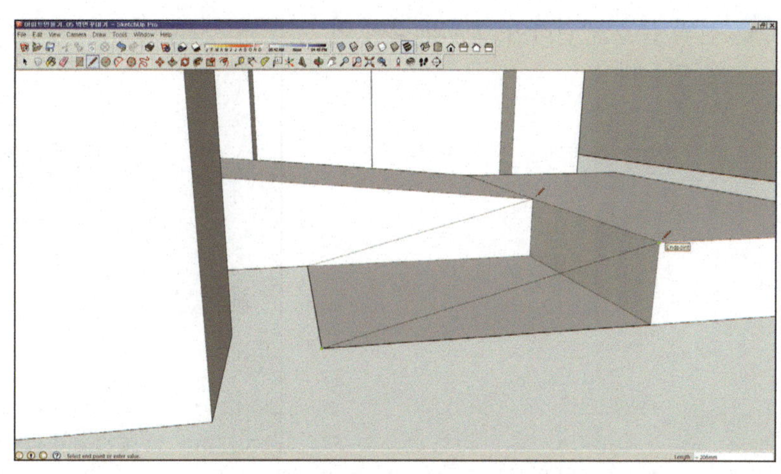

73 난간을 만들기 위해 그림과 같이 경사로 끝 모서리에서 Blue축 방향으로 60mm만큼 선을 그린다.

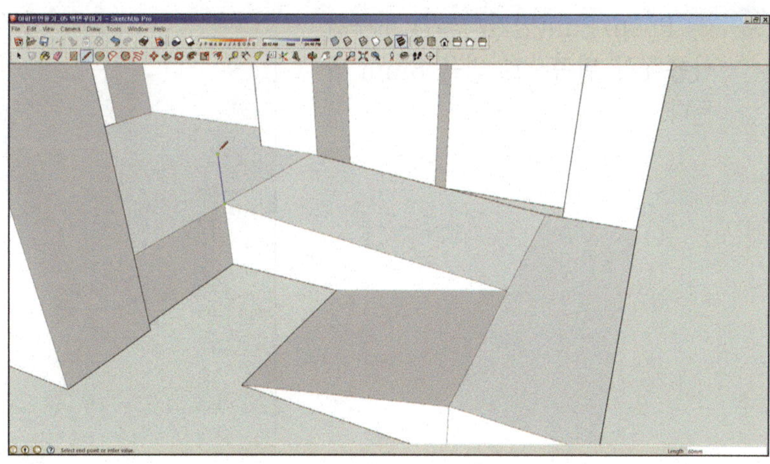

74 같은 높이로 그림과 같이 선을 세 개 더 그린다.

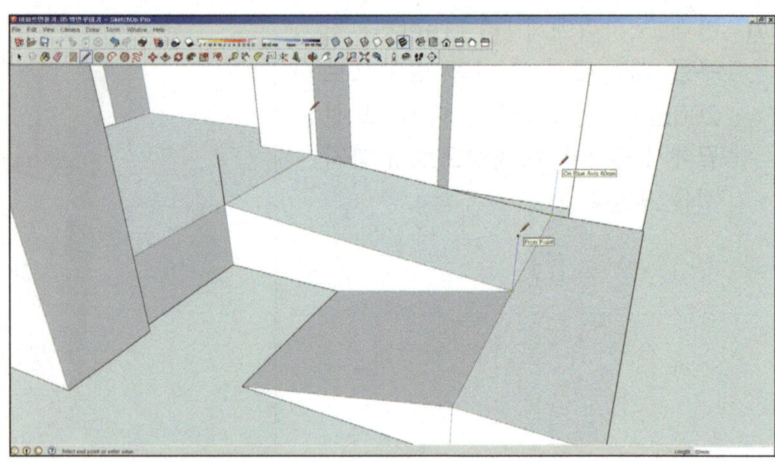

75 선의 끝을 연결하여 그림과 같이 면을 만든다.

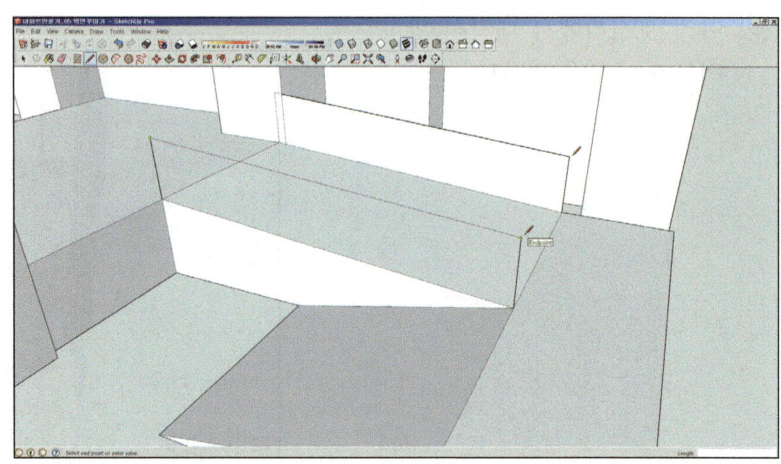

76 Push/Pull(밀기/끌기) 도구를 사용해서 뒤쪽으로 면을 8mm 만든다.

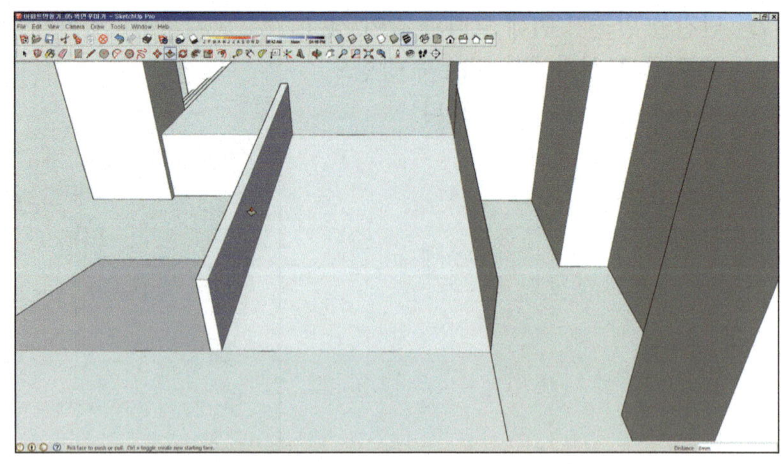

77 오른쪽 난간도 Push/Pull(밀기/끌기) 도구를 사용해서 면을 8mm 생성한 후 Eraser(지우기) 도구로 불필요한 선을 제거한다.

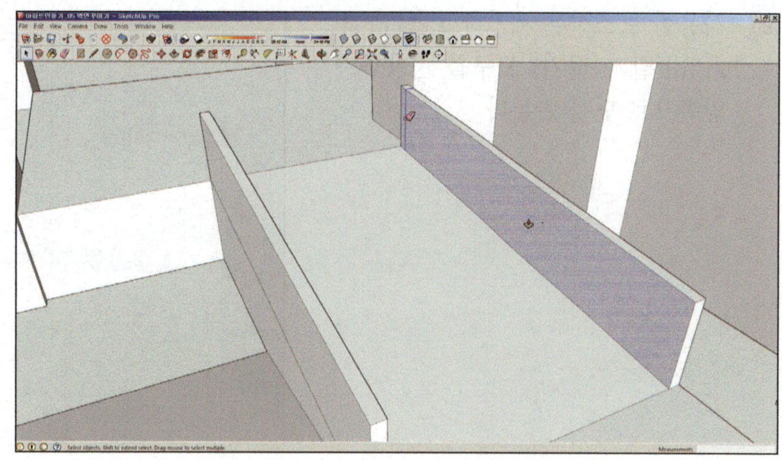

78 그림과 같이 Push/Pull(밀기/끌기) 도구를 사용해서 뒤쪽으로 면을 만든다.

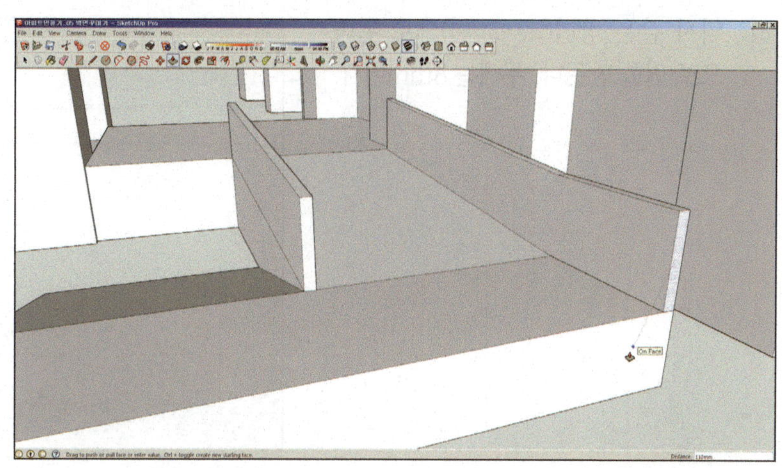

79 Tape Measure Tool(줄자도구)을 사용해서 모서리에서 8mm 떨어진 보조선을 그린 후, 그 보조선에 맞추어 Line(선) 도구로 선을 그린다.

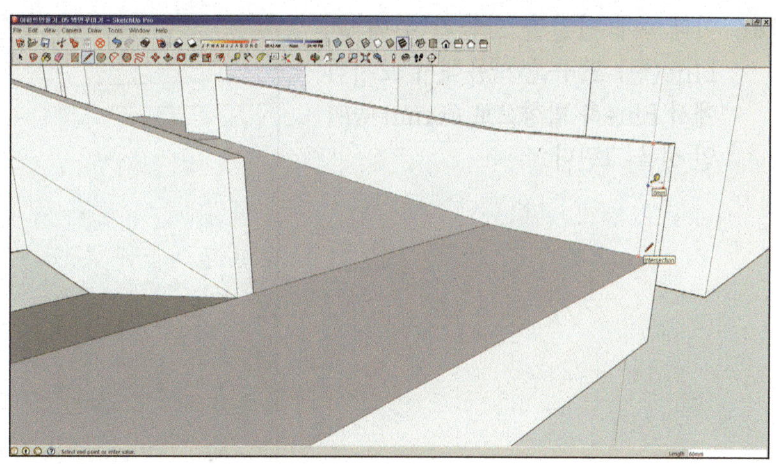

80 사용한 보조선은 제거하고 Push/Pull(밀기/끌기) 도구를 사용해서 앞쪽으로 면을 만든다.

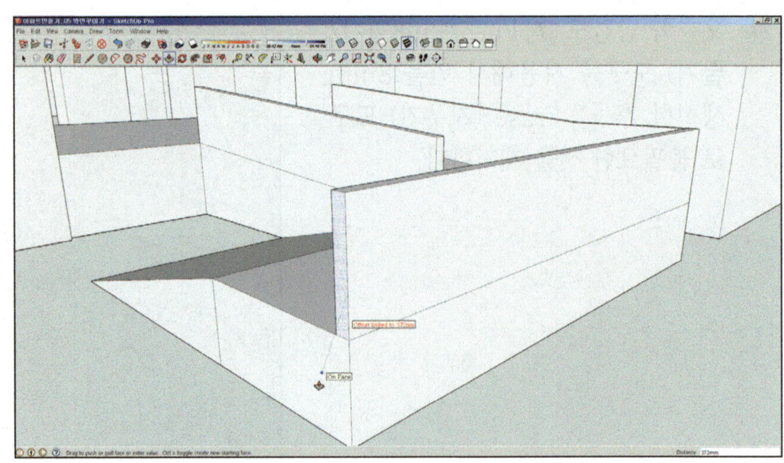

81 역시 같은 방법(79~80번)으로 왼쪽으로 면을 만든다. 두께는 8mm이다.

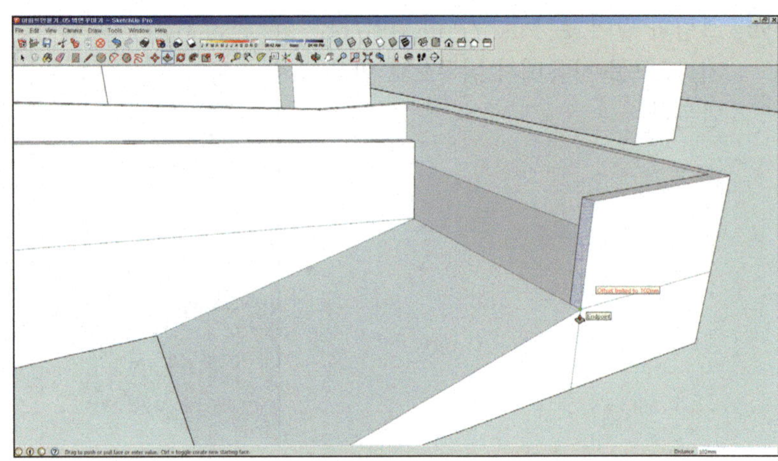

82 아래쪽에 난간을 만들기 위해 Line(선) 도구를 사용해서 모서리에서 Blue축 방향으로 60mm 높이인 선을 그린다.

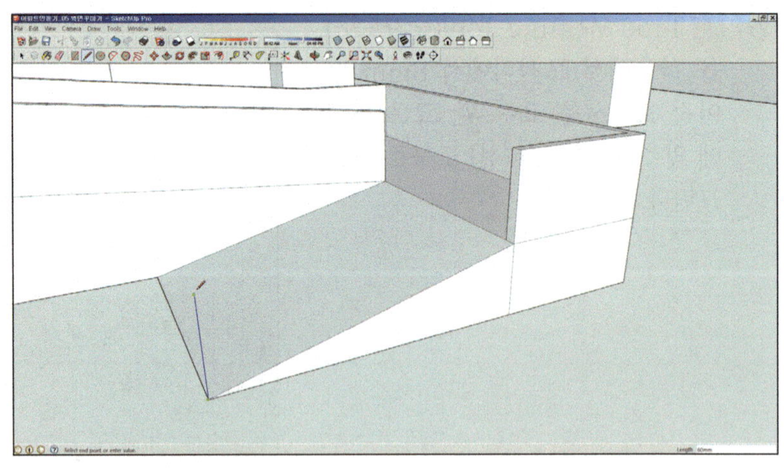

83 선의 위에 점과 모서리를 선으로 연결한다.

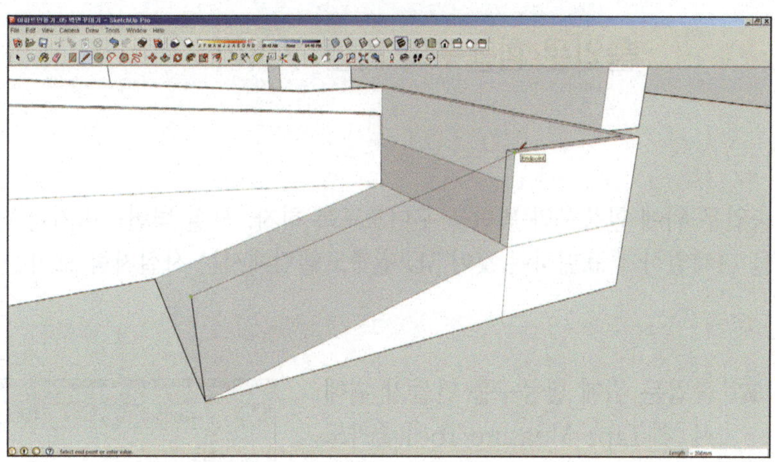

84 Push/Pull(밀기/끌기) 도구를 사용해서 뒤쪽으로 8mm만큼 면을 만든다.

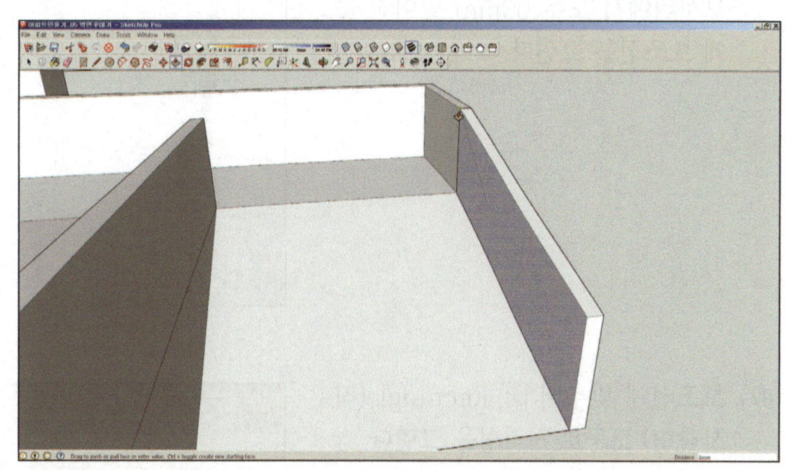

85 Eraser(지우기) 도구로 불필요한 선들을 제거해서 경사로를 완성한다. 안쪽의 선도 제거한다.

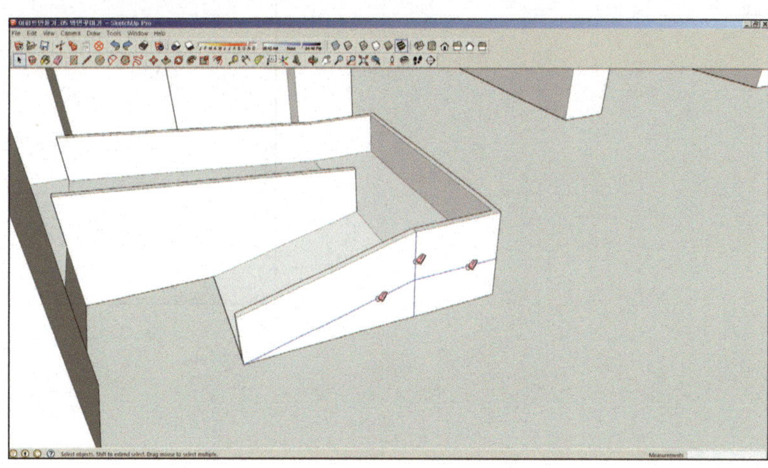

05 출입문 환풍구와 벽면 꾸미기

출입문 위에 환풍구와 벽면을 꾸며보도록 하자. 사실 벽면꾸미기는 아주 사소한 모델링일 수 있지만 이러한 것들을 디테일하게 표현하는 것이 3D 건축모델링에서는 사실처럼 보이는 매우 중요한 요소임을 알아야 한다.

86 출입문 위에 환풍구를 만들기 위해서 Tape Measure Tool(줄자도구)을 이용해서 양쪽 모서리와 위 모서리에서 모두 60mm 떨어진 곳에 보조선을 그린다.

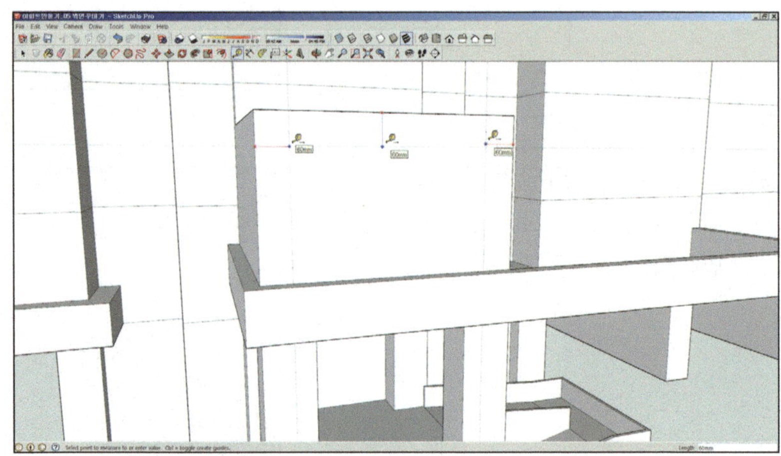

87 보조선에 맞추어 Rectangle(직사각형) 도구로 사각형을 그린다.

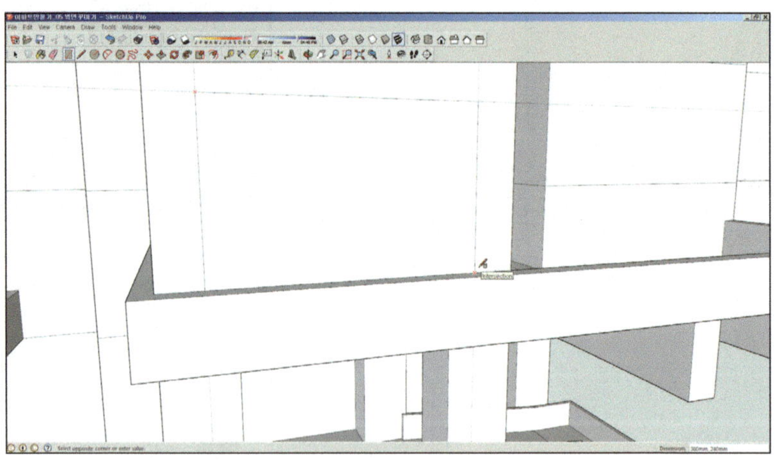

88 보조선을 제거한 후 Offset(오프셋) 도구를 사용해서 10mm만큼 작은 사각형을 만든다.

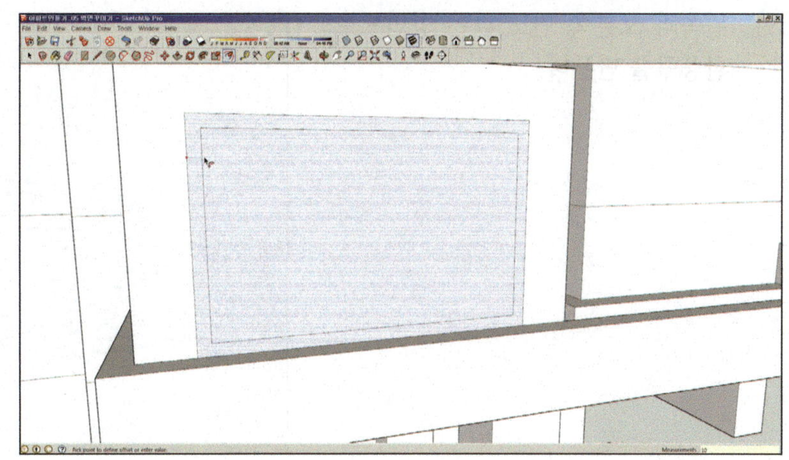

89 Tape Measure Tool(줄자도구)과 Line(선) 도구를 사용해서 그림과 같이 선을 그린다.

치수는 임의로 해도 무방하지만 간격을 일정하게 하는 것이 좋다. 간격을 일정하게 하기 위해서는 Move(이동) 도구로 Ctrl 키를 누른 후 복사하는 방법이 가장 빠르고 편리하다.

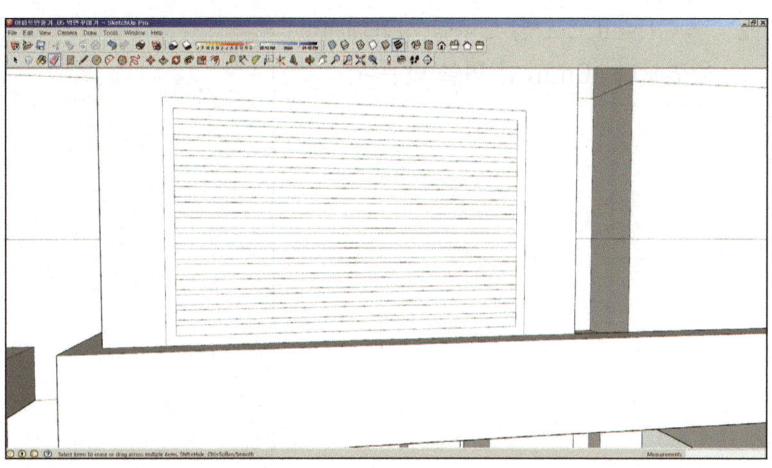

90 그림과 같이 Push/Pull(밀기/끌기) 도구를 사용해서 가운데 면들을 안쪽으로 30mm만큼 집어넣는다.

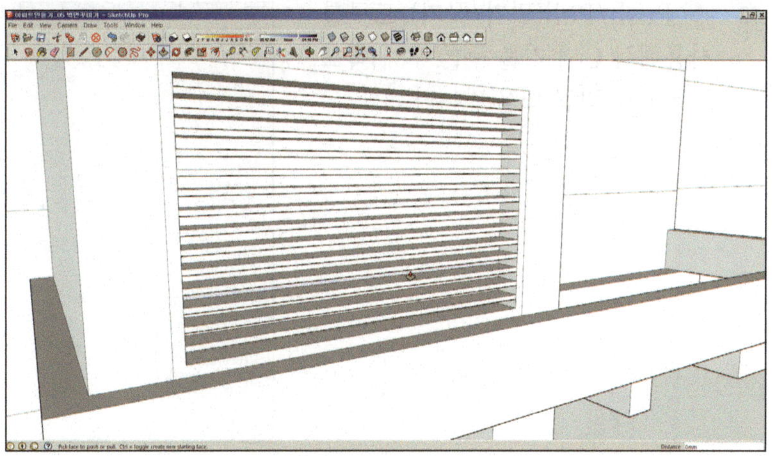

91 왼쪽과 오른쪽 면도 같은 방법으로 환풍구를 만든다.

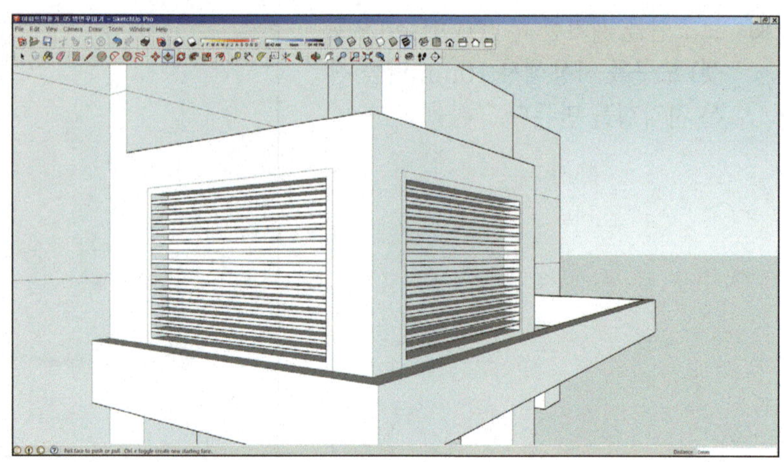

92 Offset(오프셋) 도구를 사용해서 윗면보다 40mm 큰 면을 만든다.

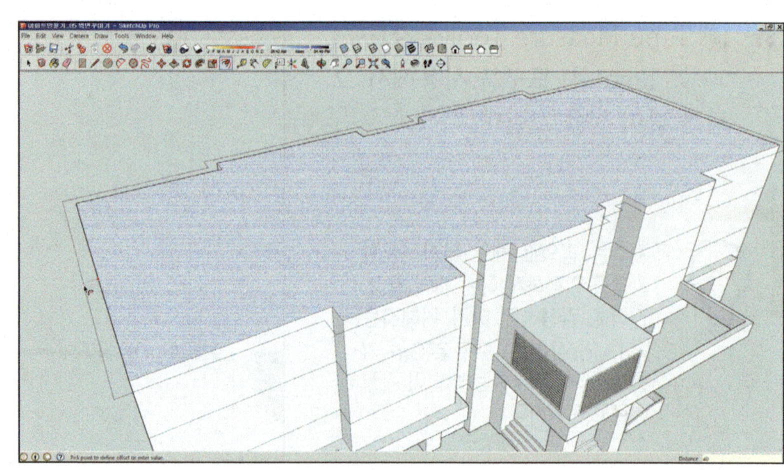

93 Push/Pull(밀기/끌기) 도구를 사용해서 Ctrl 키를 누른 후 위쪽으로 50mm만큼 면을 만든다.

94 바깥쪽 면도 Push/Pull(밀기/끌기) 도구를 사용해서 50mm만큼 면을 생성해서 안쪽 면과 높이를 맞춘다.

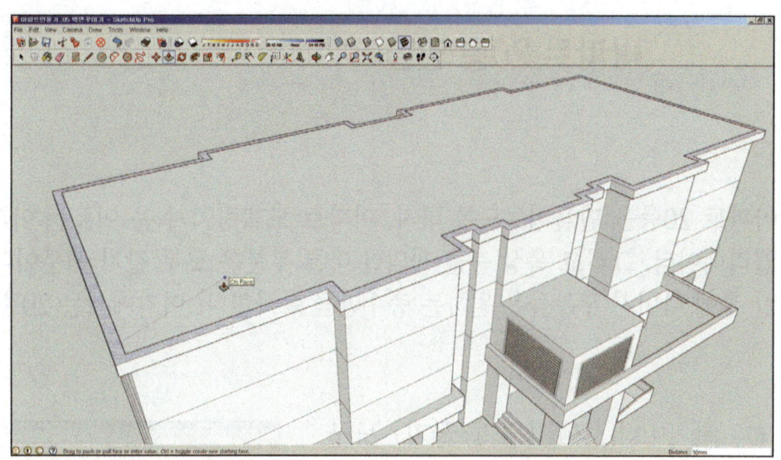

95 다시 Offset 도구를 사용해서 안쪽으로 20mm만큼 작은 면을 만든다.

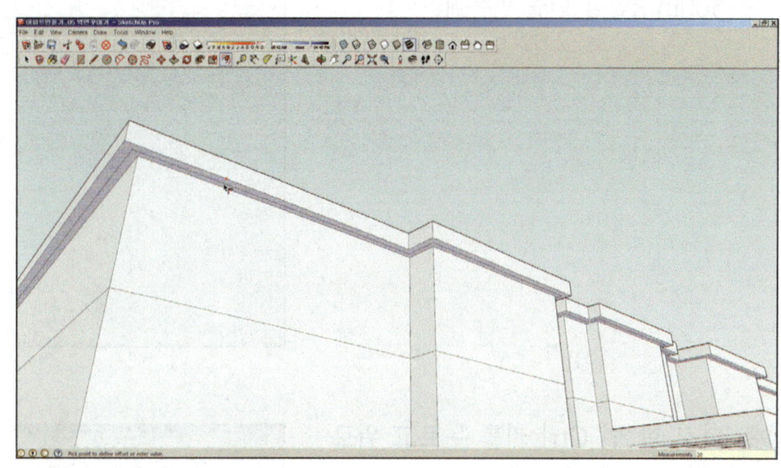

96 Push/Pull(밀기/끌기) 도구를 사용해서 아래로 30mm만큼 면을 생성해서 아파트 외벽 무늬를 완성한다.

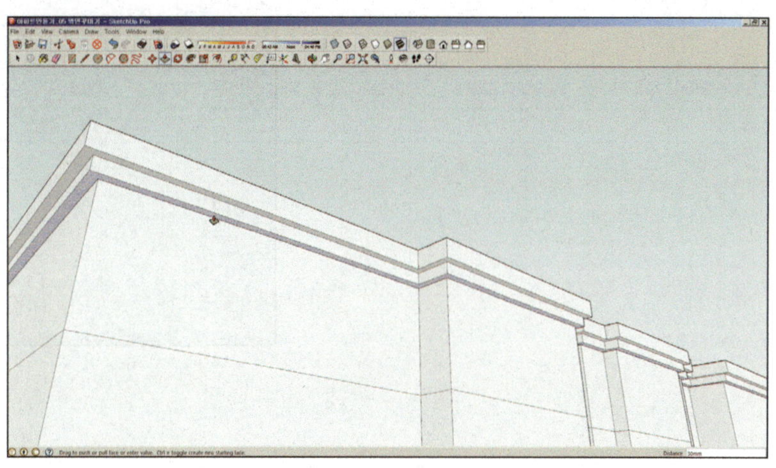

06 아파트 20층 만들기

아파트 20층을 만들어보도록 하자. 아파트 모델링이 쉬운 이유는 아파트는 1, 2, 3층에 해당하는 출입문 부분과 엘리베이터, 그리고 옥상 층을 제외한 다른 부분은 모두 같기 때문이다. 따라서 아파트 기본형이 되는 4층을 제작한 후에 나머지 부분들은 원하는 층수만큼 복사한다. 여기에서는 20층이기 때문에 20개 복사하면 된다.

97 Push/Pull(밀기/끌기) 도구를 사용해서 Ctrl 키를 누른 후 300mm만큼 면을 만든다.

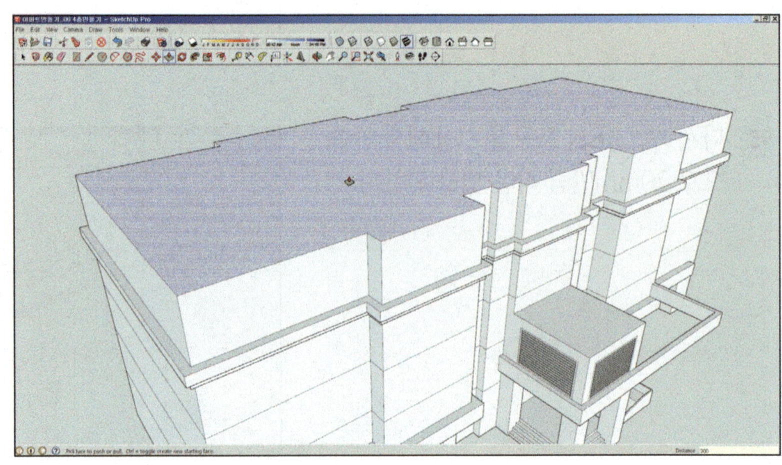

98 다시 한 번 Ctrl 키를 누르고 위로 25mm만큼 면을 만든다.

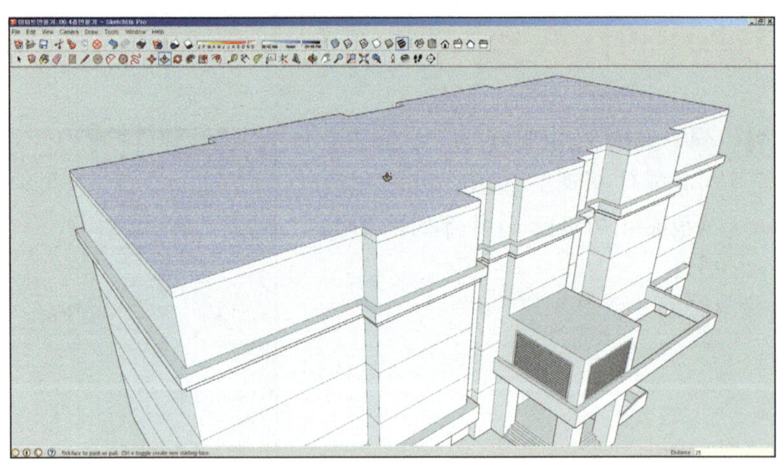

99 아파트 창문을 만들기 위해 메뉴에서 Window(창) 〉 Components(구성요소)를 선택해서 Components(구성요소) 창을 연다.

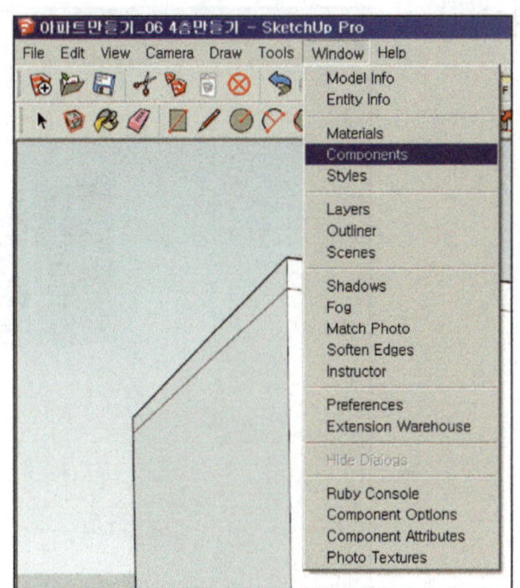

100 Components(구성요소) 창에서 Windows(창문)를 클릭해서 3D Warehouse에서 자신이 원하는 창문을 찾아 다운로드받는다.

Components(구성요소)에 대해 자세히 알고 싶으면 Chapter 03 일자형 주택만들기 "05. Components(구성요소)를 이용한 창문과 문만들기"를 참고한다.

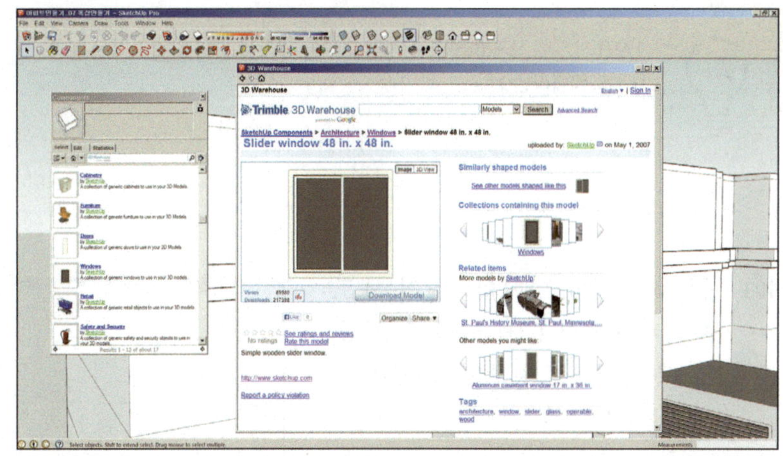

101 다운로드한 창문을 4층으로 가져간다.

창문이 아파트보다 큰 이유는 우리가 처음 아파트를 그릴 때 1/10 스케일로 그렸기 때문이다. 따라서 다운로드한 컴포넌트 창문도 1/10로 축소해야 한다.

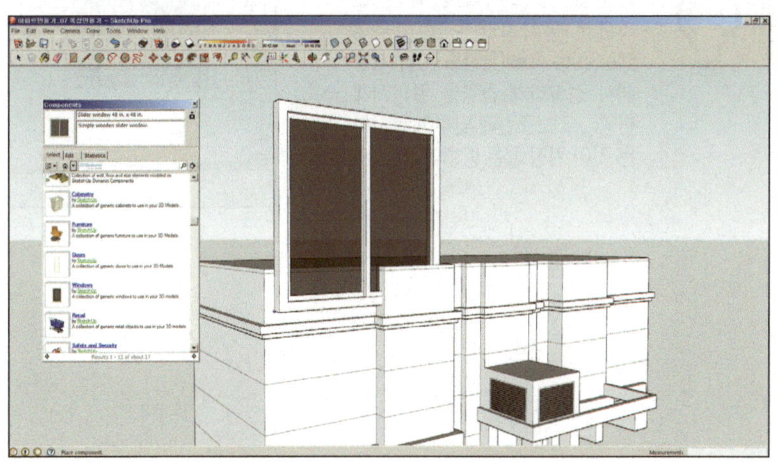

102 Scale(배율) 도구를 사용해서 창문을 작게 한다.

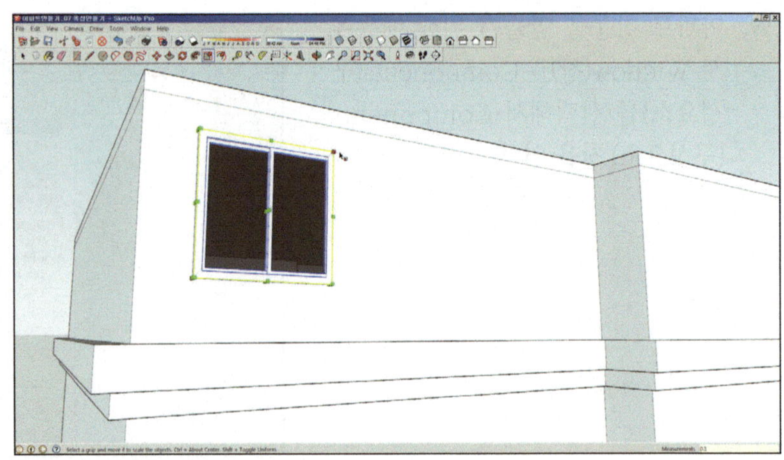

1/10 크기로 작게 하려면 스케일 도구를 대각선 방향을 잡아 축소한 후, Measurements 0.1 수치입력창에 0.1를 입력하면 된다.

103 창문을 선택하고 Move(이동) 도구를 사용해서 Ctrl 키를 누른 후 Red축 방향으로 창문을 복사한다.

창문을 옆 모서리와 같은 간격으로 복사하려면 Tape Measure Tool(줄자도구)을 사용해서 정확하게 간격을 떨어지게 한 후, 그 보조선에 맞추어 복사하는 것이 가장 좋은 방법이다.

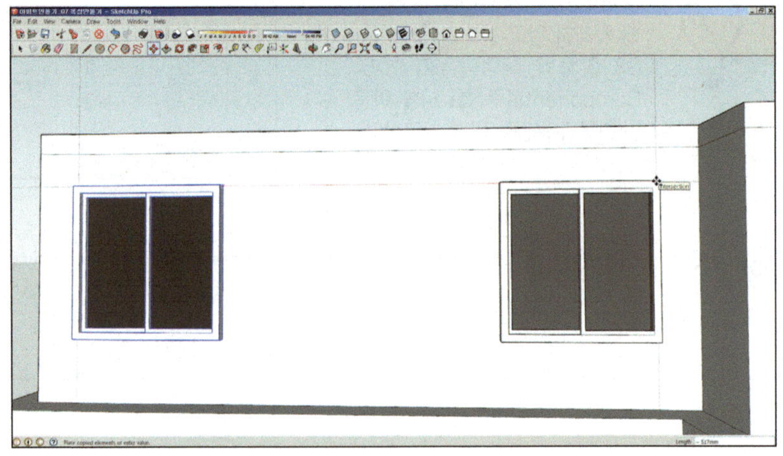

104 같은 방법으로 Components(구성요소) 창에서 그림과 같은 창문을 가져와 스케일로 1/10로 축소한 후, Move(이동) 도구를 사용해서 위치를 맞춘다.

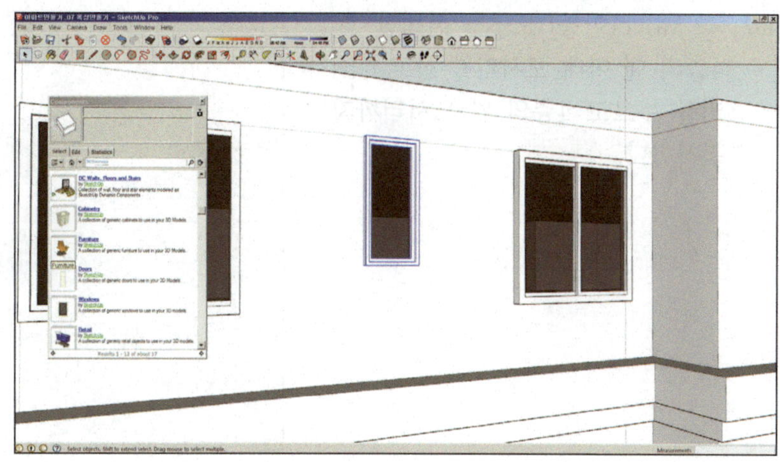

105 그림과 같이 Components(구성요소)를 이용해서 4층에 창문을 만든다. 이제 기본층이 완성되었다.

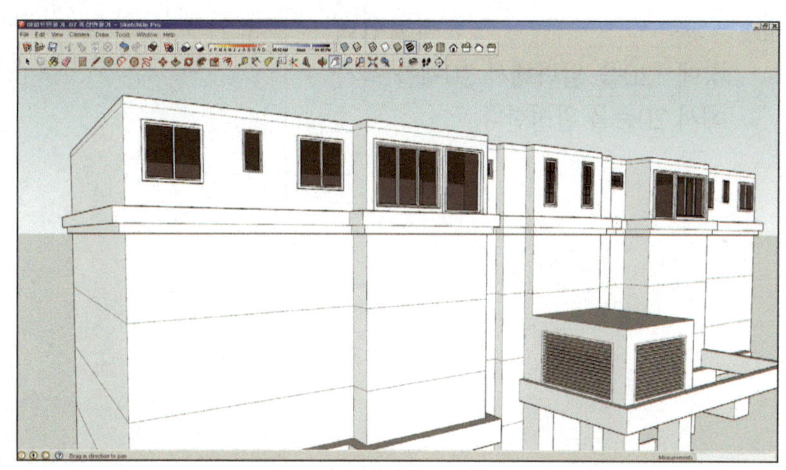

106 복사하기 위해서 Select(선택) 도구를 이용해서 왼쪽 드래그해서 4층을 전부 선택한다.

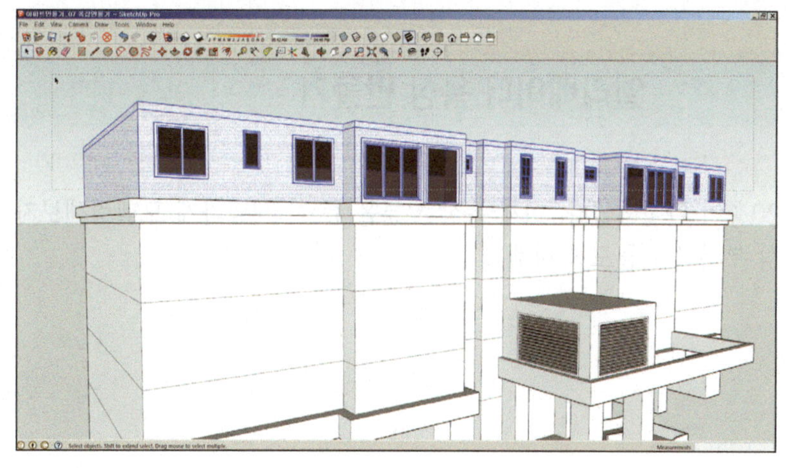

Select(선택) 도구를 사용할 때 왼쪽 드래그하면 Select(선택) 영역 안에 걸치는 오브젝트 모두 선택가능하다.

107 Move(이동) 도구를 선택한 후, 4층의 맨 아래 모서리를 잡고 Ctrl 키를 누르고 4층의 위 모서리까지 복사한다.

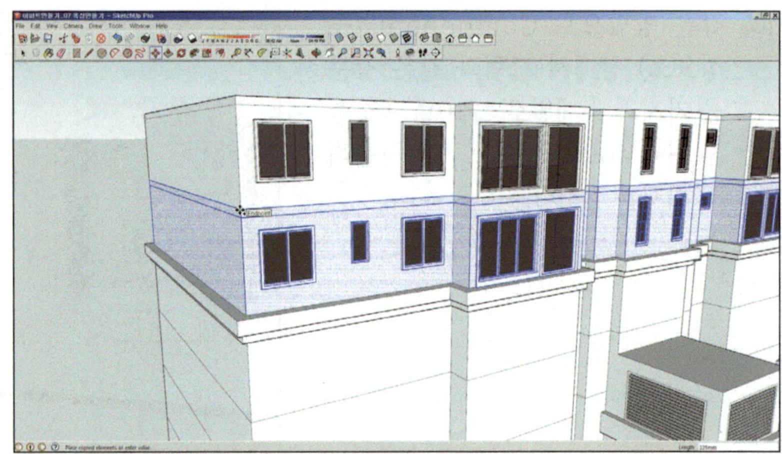

108 Length *20 수치입력 창에 *20을 입력해서 20개를 복사해서 20층을 완성한다.

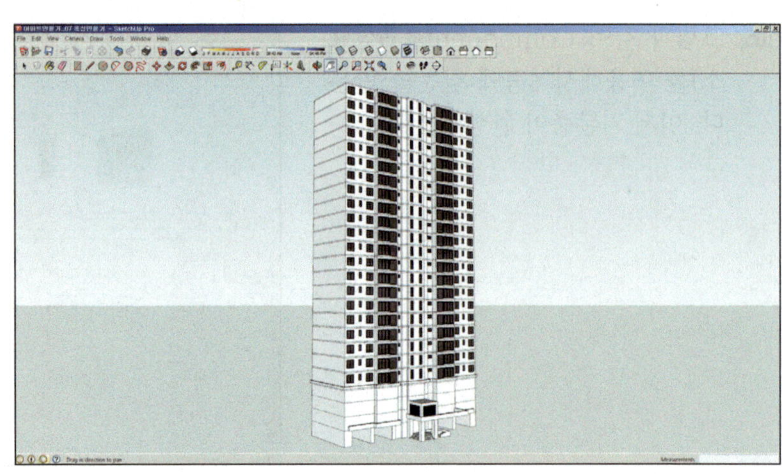

07 엘리베이터 옥상 만들기

20층이 완성되었다. 이제 옥상 부분을 좀 더 세밀하게 모델링해보자. 그러기 위해서 먼저 엘리베이터 건물의 옥상 부분을 만들도록 하겠다.

109 맨 윗면을 선택한 후 Push/Pull(밀기/끌기) 도구를 사용해서 60mm 면을 만든다.

110 그림과 같이 엘리베이터 옥상 부분을 만들기 위해 보조선을 그린다. 보조선의 치수는 앞 모서리에서 650mm 떨어져 있다.

그림과 같이 모서리와 같은 곳에 보조선을 그리기 위해서는 Tape Measure Tool(줄자도구)을 선택한 후 모서리의 중간 부분을 첫 번째 클릭하고 다시 모서리 두 번째 부분을 클릭하면 모서리와 같은 위치에 보조선이 생성된다.

111 Line(선) 도구를 사용해서 "ㄷ" 자 형태대로 보조선에 맞추어 선을 그린다.

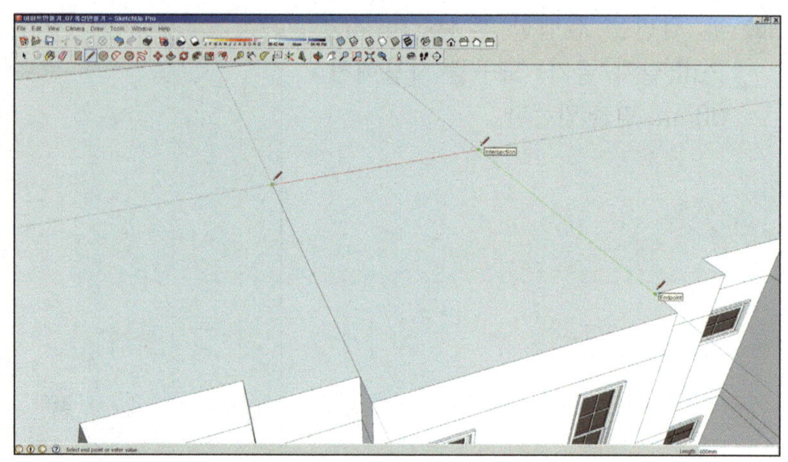

112 Push/Pull(밀기/끌기) 도구를 사용해서 500mm인 면을 만든다.

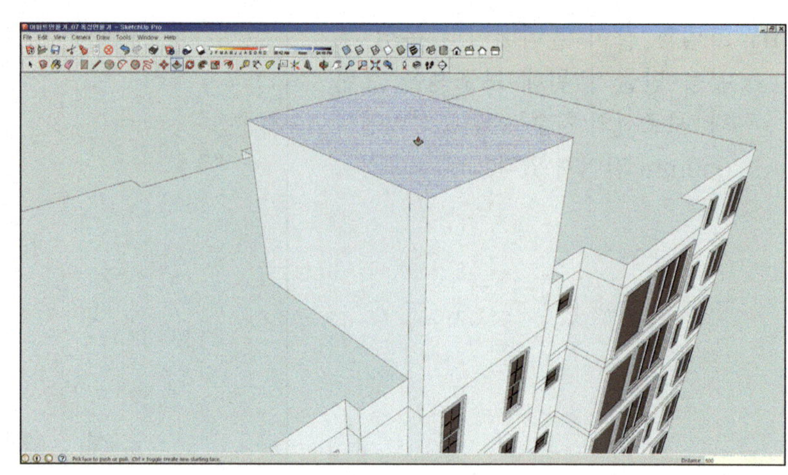

113 그림과 같이 엘리베이터 옥상 면을 선택한 후 Offset(오프셋) 도구를 사용해서 70mm만큼 작은 사각형을 만든다.

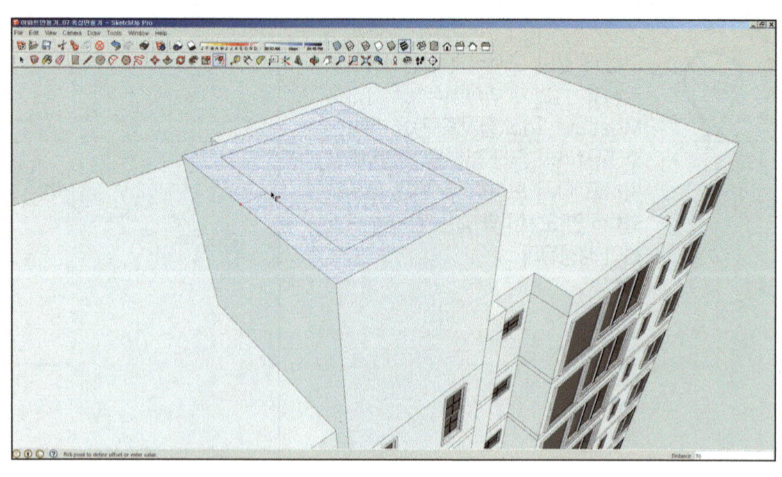

114 Push/Pull(밀기/끌기) 도구를 사용해서 100mm만큼 면을 만든다.

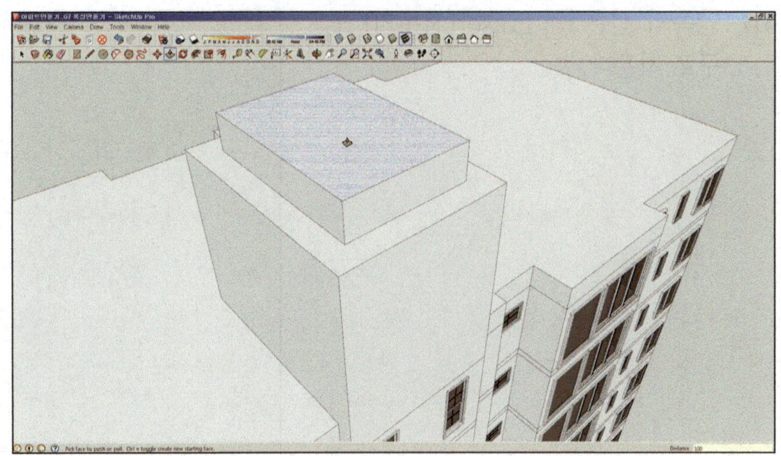

115 Offset(오프셋) 도구를 사용해서 그림과 같이 바깥으로 70mm 큰 사각형을 그린다.

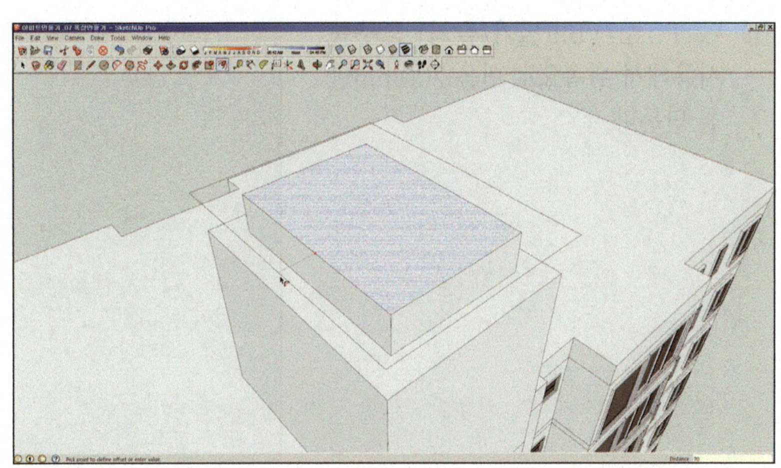

116 Push/Pull(밀기/끌기) 도구를 사용해서 안쪽 면과 바깥쪽 면을 모두 30mm 만든다.

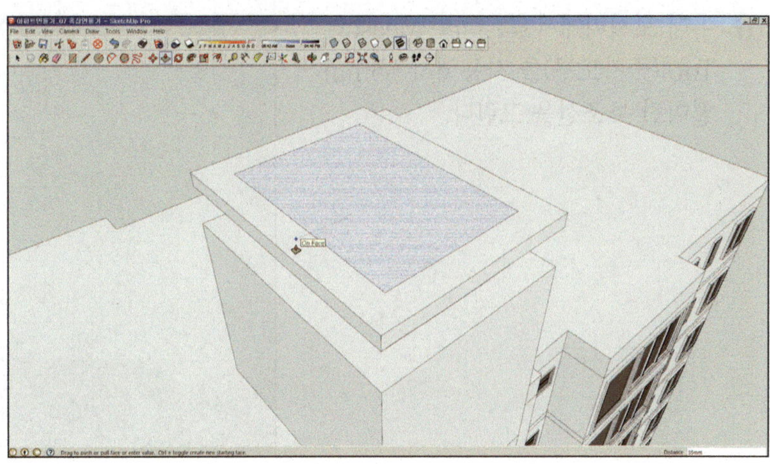

117 안쪽의 선은 Eraser(지우기) 도구로 지운다.

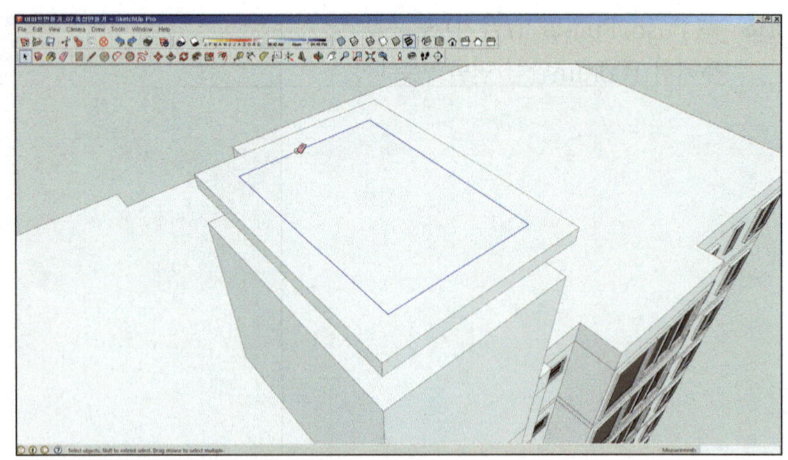

118 Push/Pull(밀기/끌기) 도구를 사용해서 뒤쪽으로 면을 200mm만큼 만든다.

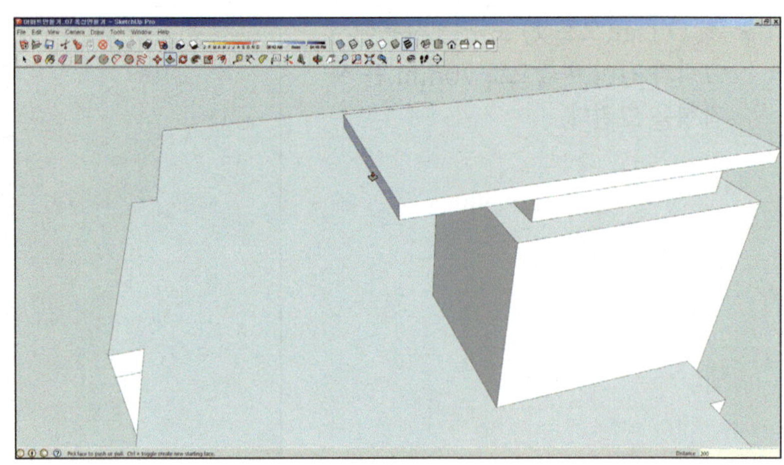

119 아래 모서리에서 Tape Measure Tool(줄자도구)을 사용해서 35mm 떨어진 보조선을 그린다.

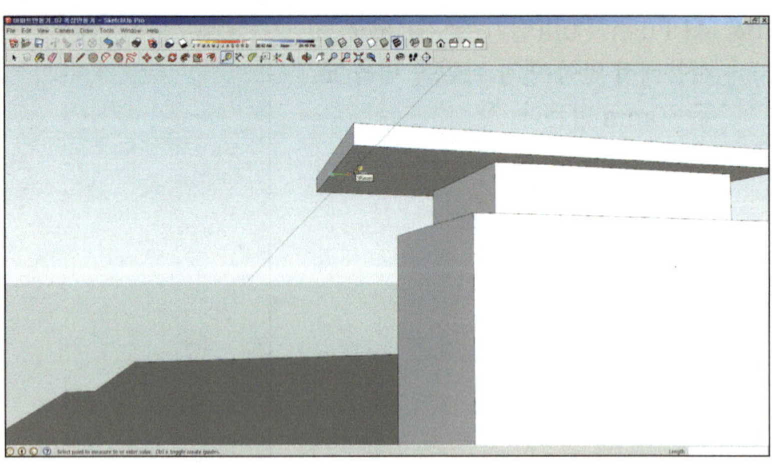

120 Line(선) 도구로 보조선에 맞추어 선을 그린 후 Push/Pull(밀기/끌기) 도구를 사용해서 그림과 같이 아래 옥상으로 면을 만든다.

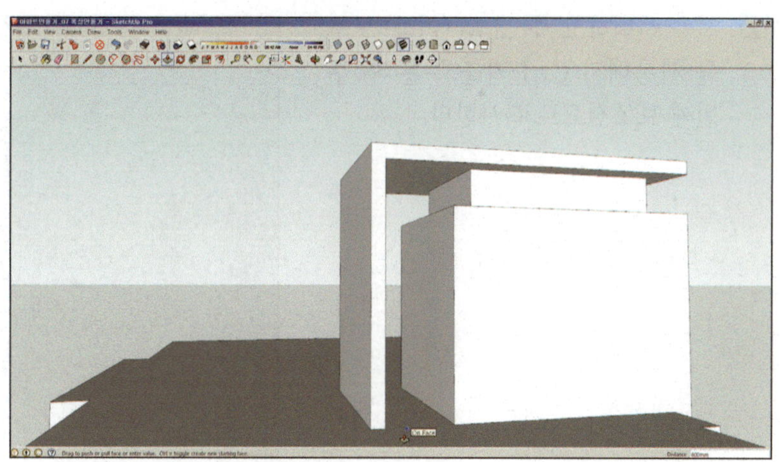

121 엘리베이터 통풍구를 만들기 위해 앞면에서 Tape Measure Tool(줄자도구)을 사용해서 위 모서리에서 50mm 떨어진 보조선을 생성한 후, 다시 그 보조선에서 25mm 떨어진 보조선을 그린다.

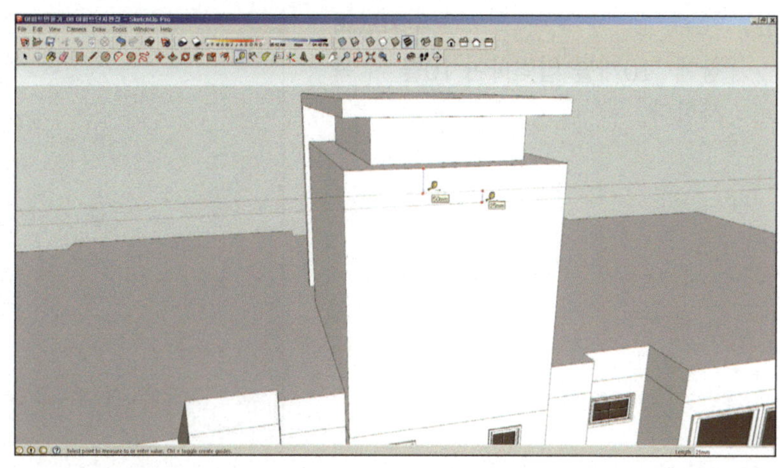

122 Line(선) 도구를 사용해서 첫 번째 보조선에 맞추어 선을 그린다.

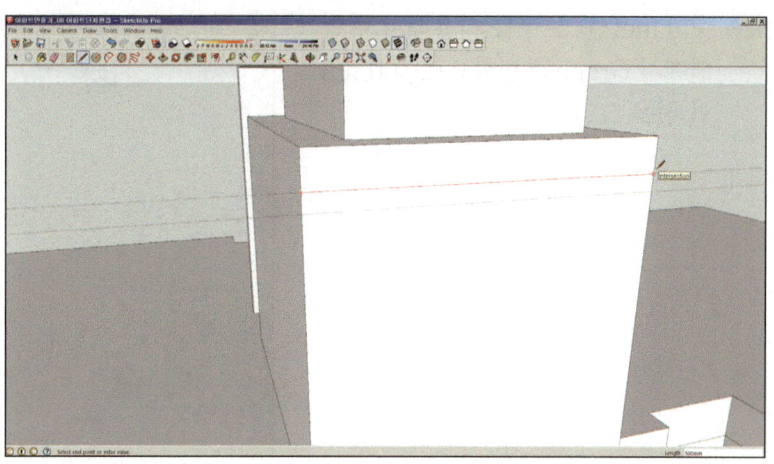

123 선을 선택하고 Move(이동) 도구를 사용해서 Ctrl 키를 누른 후 두 번째 보조선으로 복사한다.

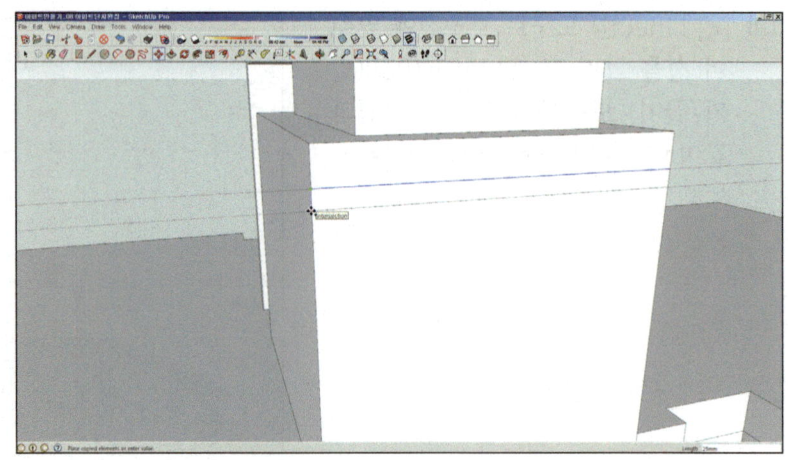

124 Length *10 수치입력 창에 *10개를 입력하여 10를 더 복사한다.

125 Line(선) 도구를 사용해서 왼쪽 면에서 Green축 방향으로 300mm인 선을 그린다.

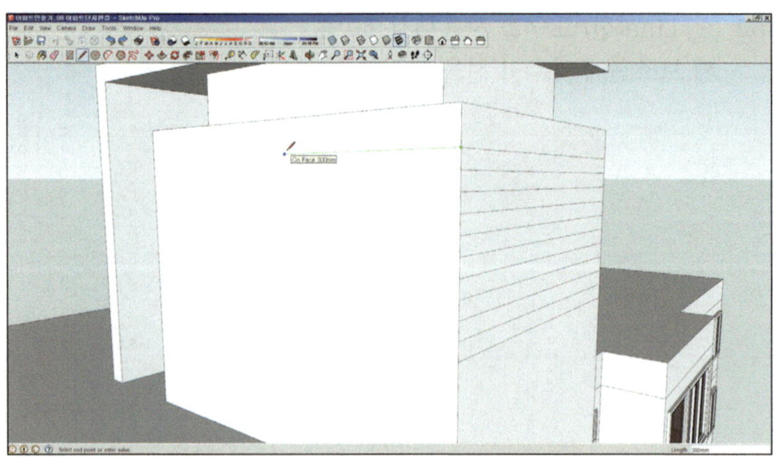

126 Move(이동) 도구를 사용해서 10개 더 복사한다.

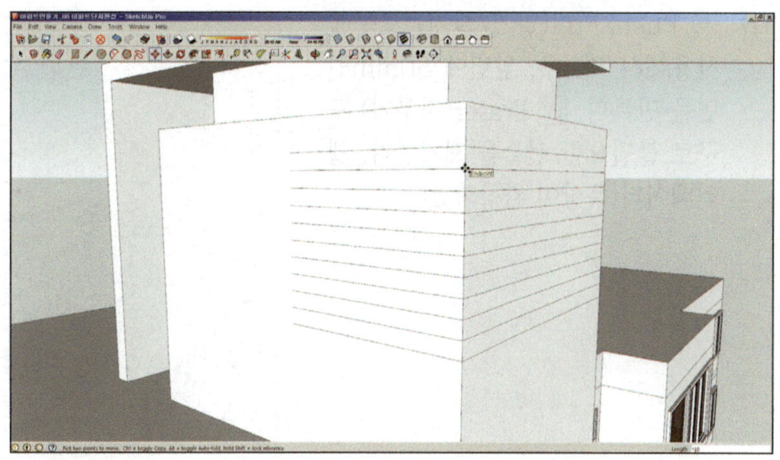

127 끝부분에 수직선을 그려 마무리한다.

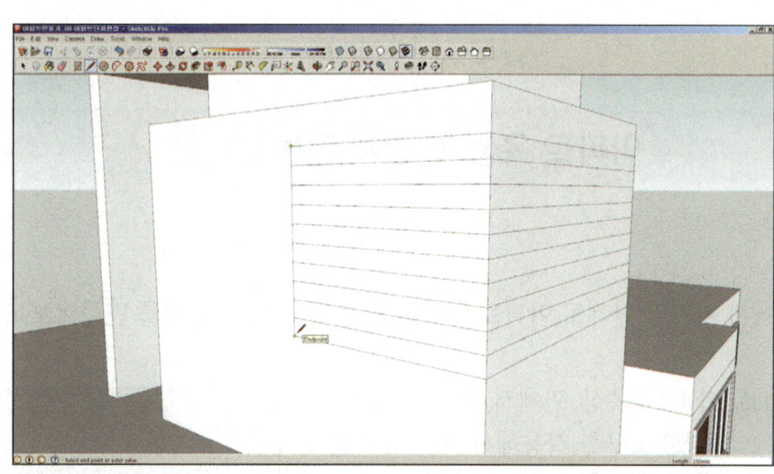

128 125~127번 작업을 반복해서 오른쪽 면도 그림과 같이 완성한다.

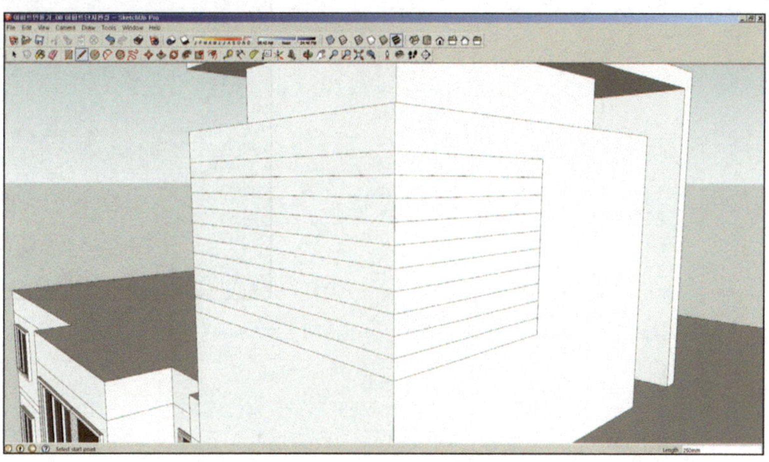

129 Push/Pull(밀기/끌기) 도구를 사용해서 좌, 우, 앞면에 50mm인 면을 만든다. Eraser(지우기) 도구로 불필요한 선들을 제거한다. 엘리베이터 옥상이 완성되었다.

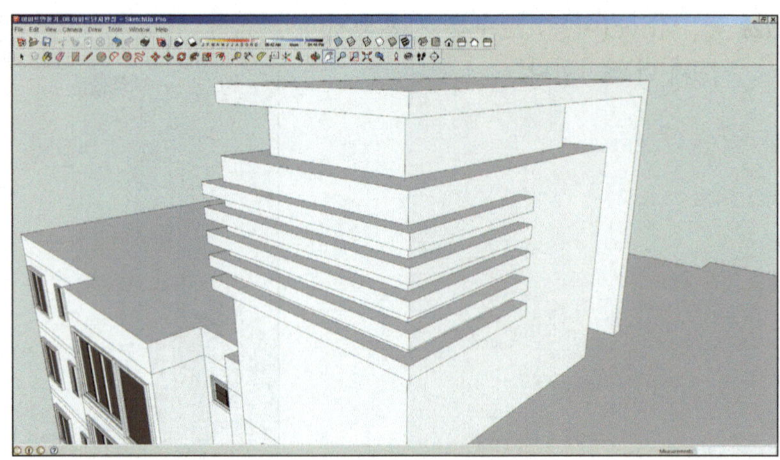

08 아파트 옥상 및 단지 만들기

이제 마지막 단계로 아파트 옥상의 난간 및 아파트 단지를 만들어보도록 하자.

130 아파트 옥상 면에서 Offset(오프셋) 도구를 사용해서 70mm 작은 면을 만든다.

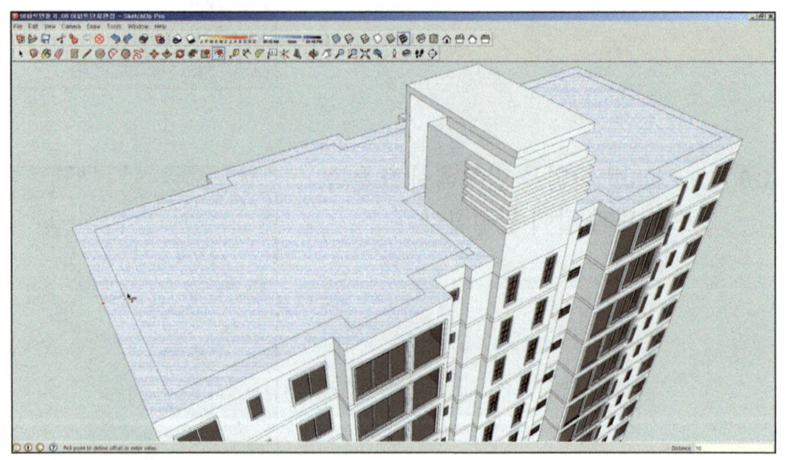

131 Line(선) 도구로 엘리베이터 면과 닿는 부분을 선으로 연결하고 뒤쪽의 선은 Eraser(지우기) 도구로 제거한다.

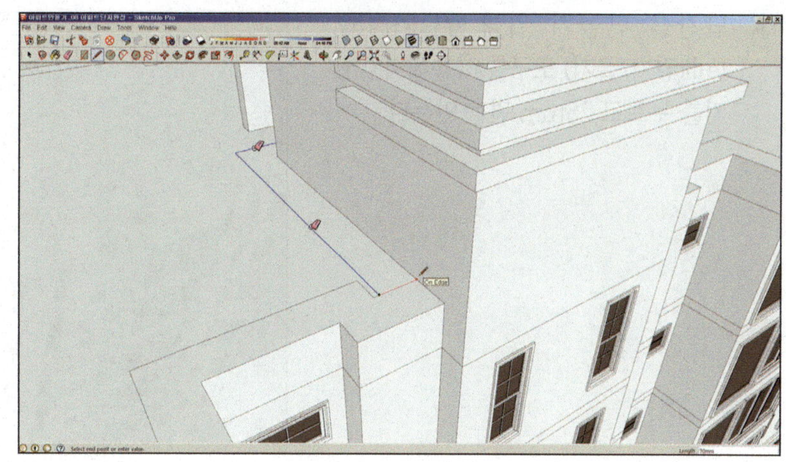

132 엘리베이터 반대쪽 면도 그림과 같이 연장선을 그린 후 필요 없는 선은 제거한다.

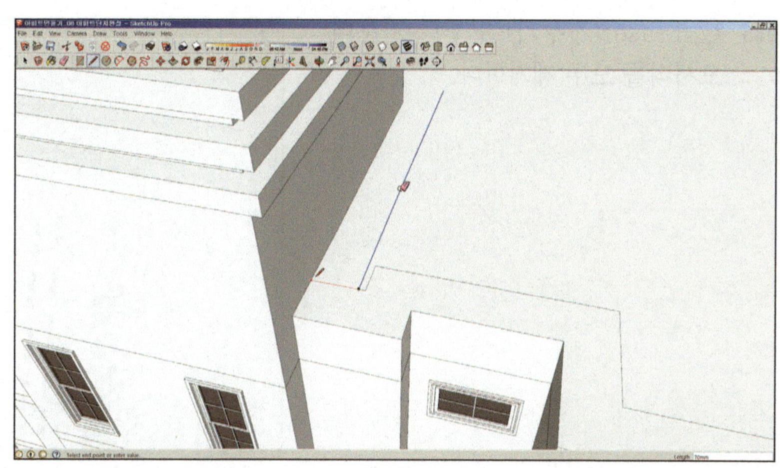

133 바깥쪽 옥상면을 선택하고 Push/Pull(밀기/끌기) 도구를 사용해서 Ctrl 키를 누른 후 면을 150mm 만든다.

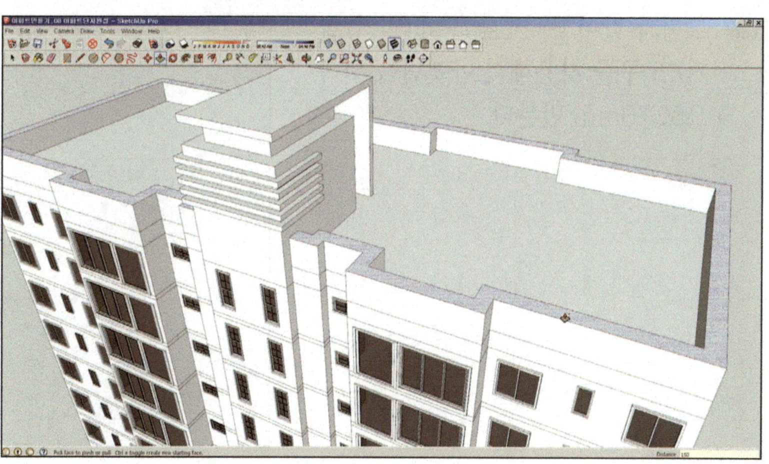

134 난간을 만들기 위해 Push/Pull(밀기/끌기) 도구를 사용해서 Ctrl 키를 누르고 25mm 면을 만든다.

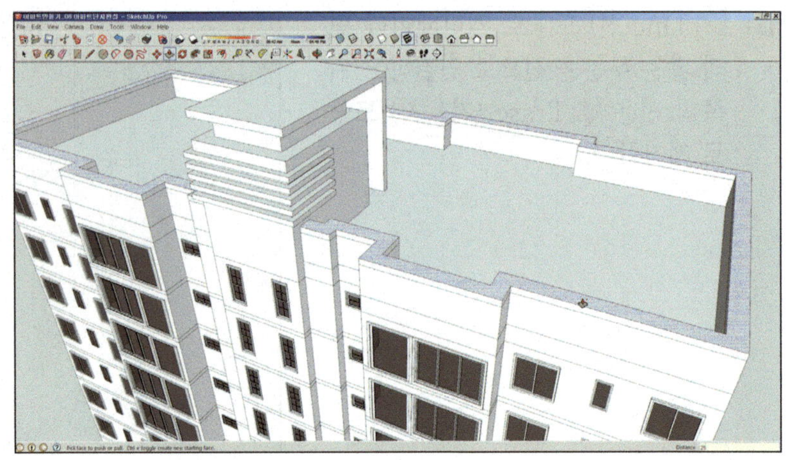

135 Eraser(지우기) 도구로 가운데 모서리를 모두 제거한다.

136 그림과 같이 Push/Pull(밀기/끌기) 도구를 사용해서 아랫면을 위쪽으로 70mm 만든다.

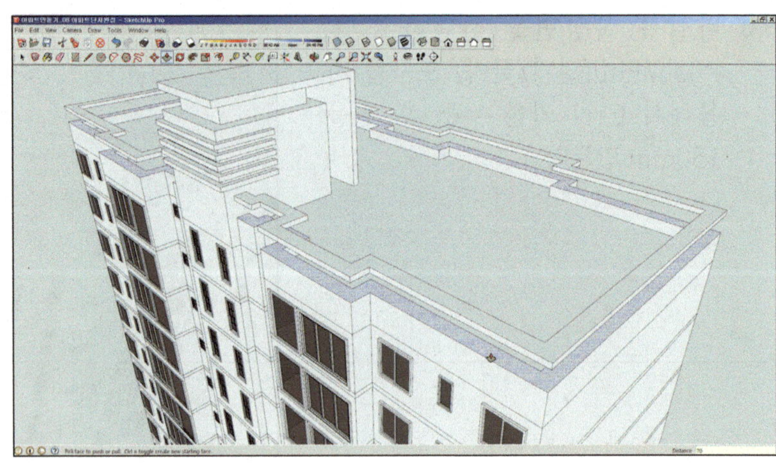

137 모서리에서 Rectangle(직사각형) 도구를 사용해서 (70, 70)인 사각형을 그린다.

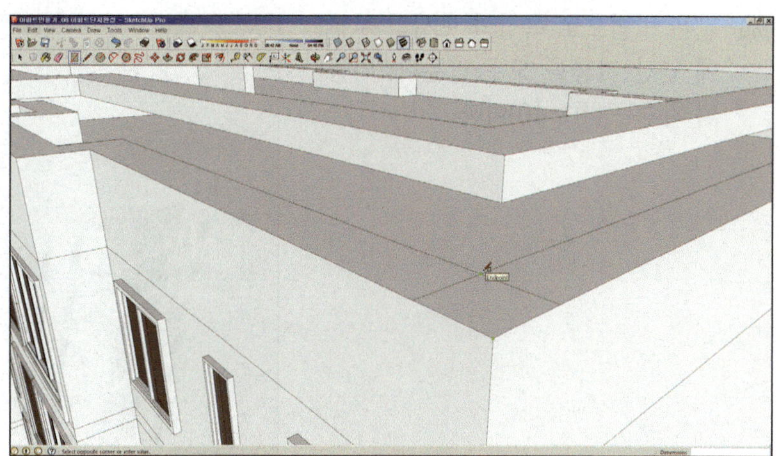

138 Offset(오프셋) 도구를 사용해서 15mm 작은 사각형을 만든다.

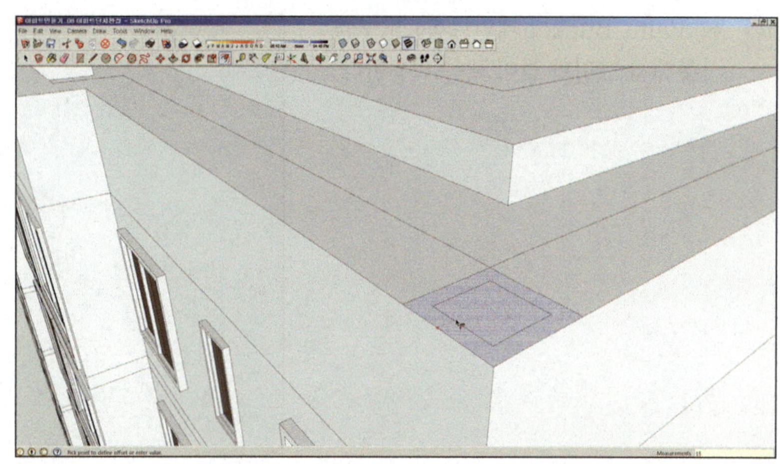

139 밖의 사각형은 Eraser(지우기) 도구로 제거한 후, Push/Pull(밀기/끌기) 도구를 사용해서 위 난간 아랫면까지 면을 만든다.

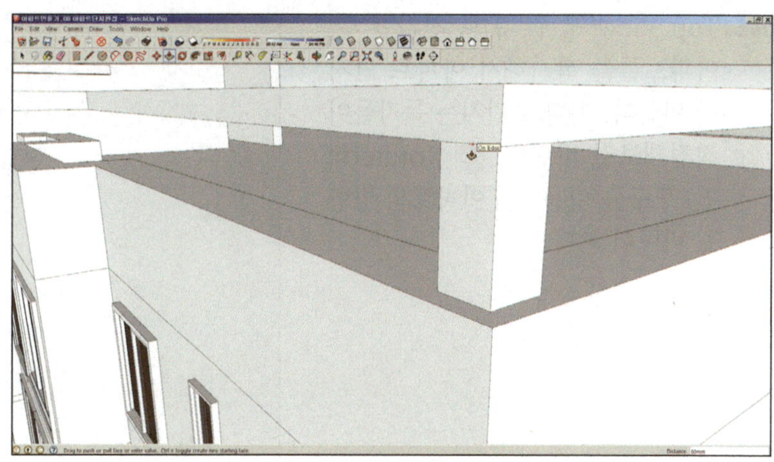

140 같은 방법으로 옥상의 모서리 부분에 난간 기둥을 모두 만든다. 기둥의 치수는 (40, 40)이다.

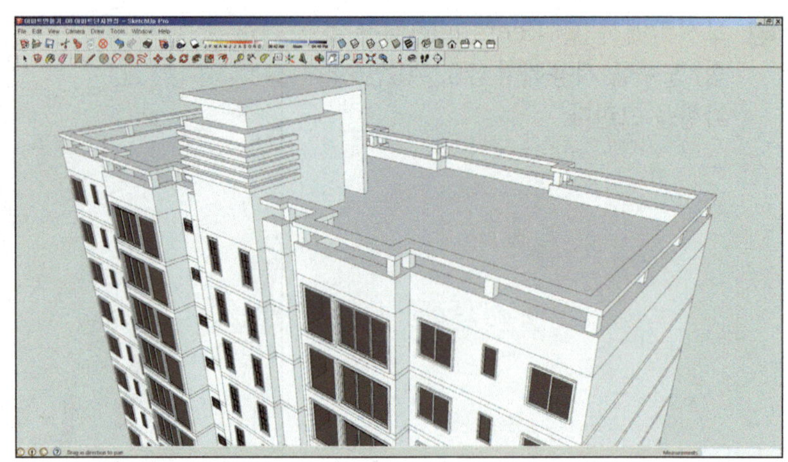

141 Paint Bucket(페인트통) 도구를 사용해서 그림과 같이 색을 적용한다.

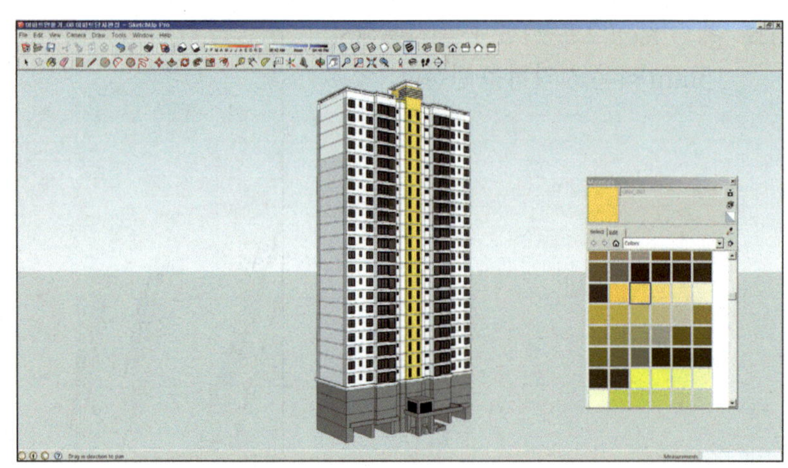

142 Top View(맨 위 뷰)로 전환한 후, 아파트들을 복사해서 아파트 단지를 만든다. 아파트 단지는 독자들이 직접해보길 바란다. Rotate(회전) 도구를 이용해서 아파트의 방향도 바꾸어 본다.

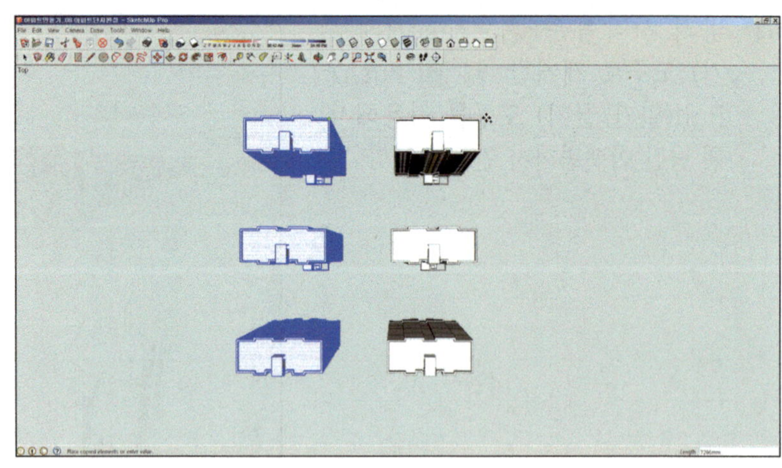

143 ISO View(ISO 뷰)로 돌아와 완성된 아파트 단지를 확인한다.

랜더링 작업과 포토샵 합성작업을 추가하면 다음과 같은 결과물을 얻을 수 있다. SketchUp에서는 불가능하지만 V-Ray에서 랜더링하고 포토샵 프로그램에서 나무 및 도로 등을 합성할 수 있다.

Camera(카메라)와 Section(섹션) 도구 이용하기

Camera(카메라) 도구는 오브젝트를 보는 시점을 바꾸고자 할 때 사용하는 도구이다. 카메라(Camera) 도구를 통하여 오브젝트의 View(뷰)를 지정하고 더 사실적인 시점을 표현하고자 할 때 사용한다. Section(섹션) 도구는 오브젝트의 단면을 볼 때 사용한다. 흔히 내부구조를 알아보고자 할 때 사용하는 것이다. 이번 시간에는 사실적인 시점을 나타내는 Camera(카메라)와 Section(섹션) 도구에 대하여 알아보자.

1) Camera(카메라) 도구

Camera(카메라) 도구는 총 9가지 기능들로 이루어져 있다.

- Orbit(궤도) 도구와 Pan(이동(상하/좌우))은 Chapter 02 꼭 필요한 기능 익히기 "02. Orbit(궤도)과 Pan(이동(상하/좌우))을 이용한 화면 둘러보기"에서 다루었던 내용이므로 넘어가기로 한다.
- Zoom(확대/축소) :
  마우스를 드래그함에 따라 카메라 뷰를 확대하거나 축소한다. 휠마우스의 경우 가운데 휠을 상하로 움직이면 Zoom(확대/축소)할 수 있다.
- Zoom Window(창 확대/축소) :
  내가 선택한 창의 모든 오브젝트가 표시되도록 카메라 뷰를 확대한다.
- Zoom Extents(범위 확대/축소) :
  카메라 뷰 안에 모든 오브젝트가 보이도록 확대하거나 축소한다.
- Previous(이전) :
  이전 카메라 뷰로 되돌아간다.
- Position Camera(카메라 위치지정) :
  사람의 눈높이에 맞추어 카메라를 배치하여 오브젝트를 사람의 눈높이대로 바라볼 수 있게 한다.
- Look Around(둘러보기) :
  고개를 돌려가며 사물을 보듯이 이리저리 주변을 둘러보듯 카메라를 회전시키는 도구이다.
- Walk(이동) :
  사람이 걸어가면서 오브젝트를 보듯 카메라를 이동하며 오브젝트를 관찰하는 도구이다.

그럼 지금부터 Position Camera(카메라 위치지정) 도구와 Look Around(둘러보기) 도구, Walk(이동) 도구에 대해 알아보기로 하자.

1 아파트 단지를 불러와서 Position Camera(카메라 위치지정) 도구를 선택한 후 그림과 같이 바닥면을 클릭한다.

2 그럼 카메라 뷰의 시점이 방금 클릭한 부분으로 이동된 것을 알 수 있다. Look Around(둘러보기) 도구로 변경된 것을 확인할 수 있다.

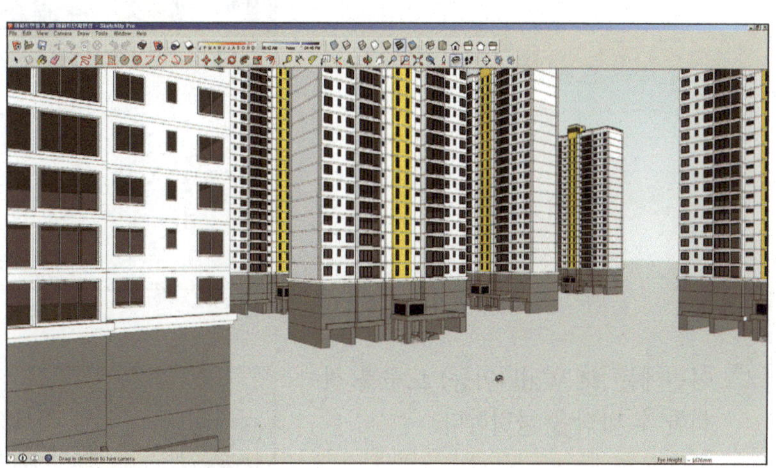

3 마우스를 드래그해보면 사람이 좌우로 살펴보듯 오브젝트가 보이는 것을 확인할 수 있다.

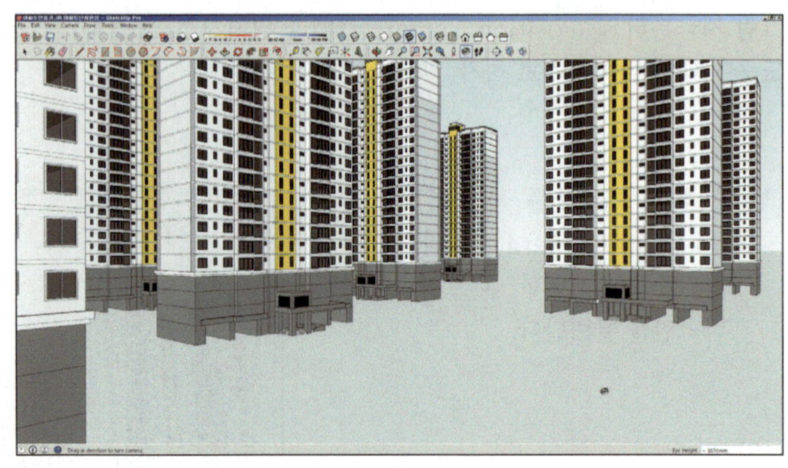

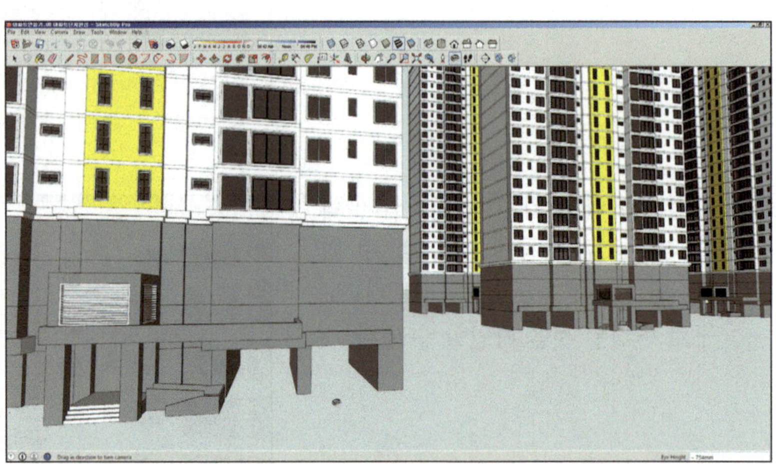

4 이번에는 Walk(이동) 도구를 선택한 후 바닥을 클릭한다.

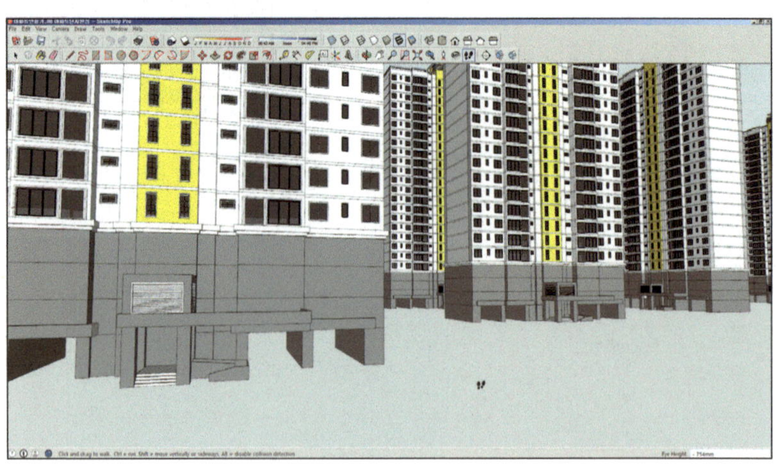

5 마우스를 클릭한 상태로 드래그해서 움직이면 마치 사람이 걸으면서 건물을 보는 듯이 카메라 뷰가 움직인다.

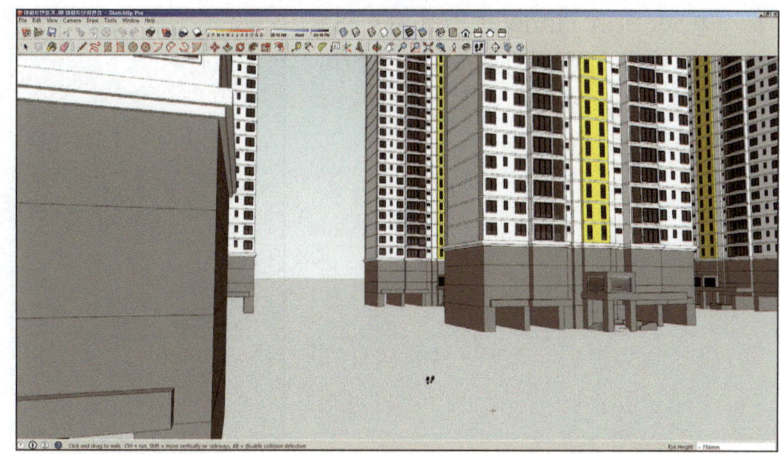

6 마치 우리가 게임을 하듯이 아파트 건물 사이를 마음껏 누빌 수 있다.

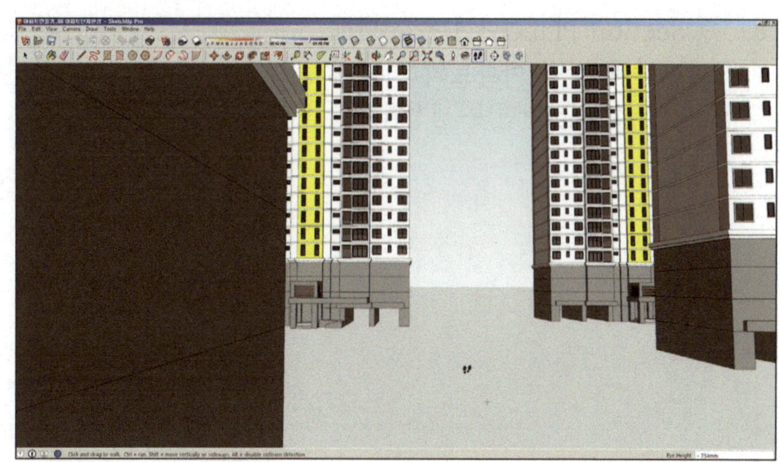

2) Section(섹션) 도구

- Section Plane(단면) :
  오브젝트의 단면을 관찰하기 위해 단면을 만드는 도구이다.
- Display Section Planes(단면 표시) :
  생성된 Section Plane(단면)을 보이거나 안 보이게 한다.
- Display Section Cuts(섹션 컷 표시) :
  Section Plane(단면)에 의해 생성되는 내부 단면을 보이거나 안 보이게 한다.

7 Section Plane(단면)에 대하여 알아보기 위해 아파트 하나만 남기고 나머지는 삭제하거나 숨긴다.

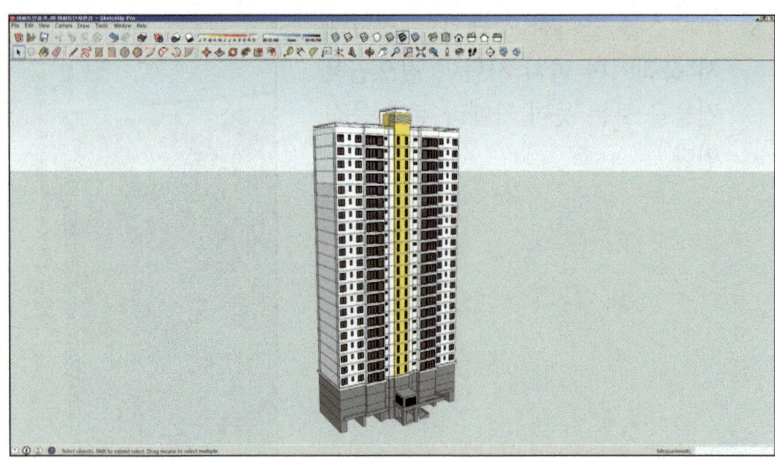

8 Section Plane(단면)을 선택하고 그림과 같이 아파트의 윗면에 Section Plane(단면)을 생성한다.

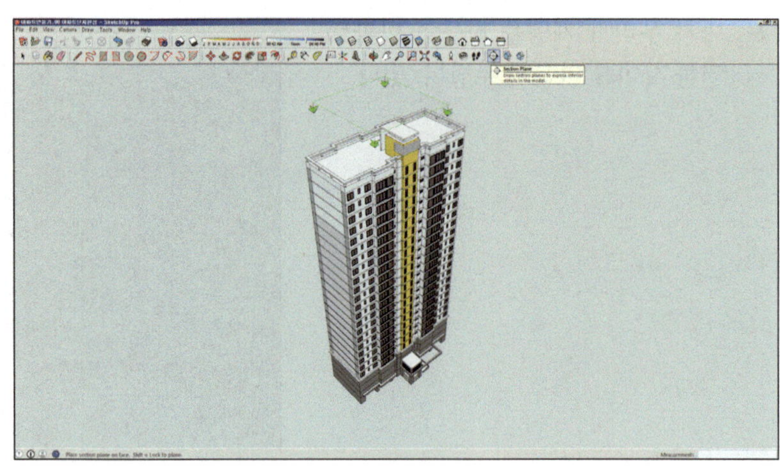

마우스를 클릭하면 Display Section Planes(단면 표시)와 Display Section Cuts(섹션 컷 표시)가 자동으로 활성화되며 그림과 같이 아파트가 사라진다.

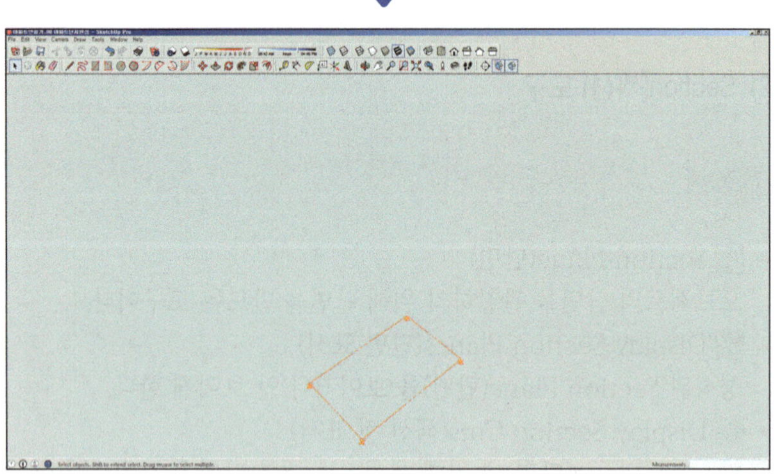

9 Move(이동) 도구로 Section Plane(단면)을 Blue축 방향으로 움직이면 아파트가 아래부터 생성되면서 단면의 모습을 볼 수 있다.

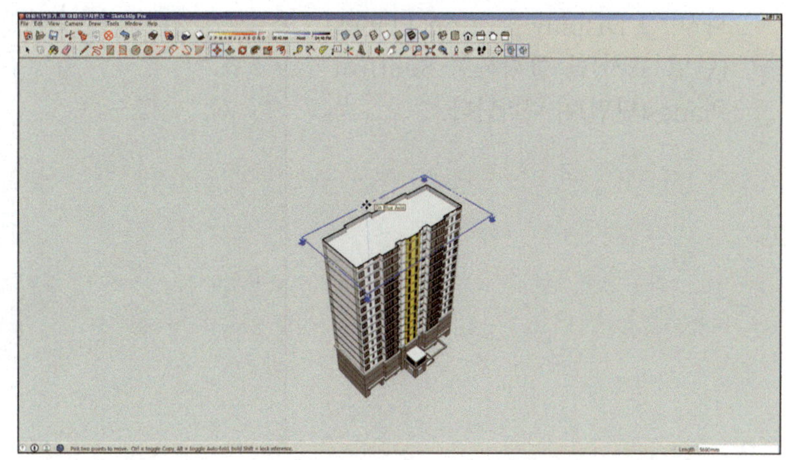

10 Move(이동) 도구로 상하로 이동하면서 아파트 내부의 면을 확인해 본다.

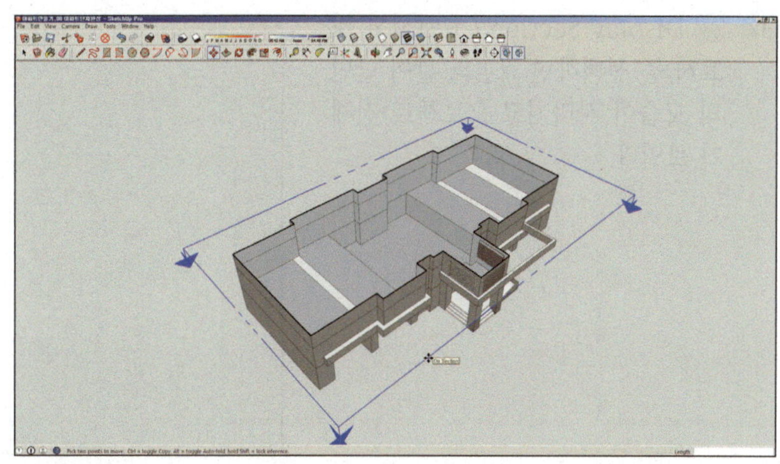

11 Display Section Planes(단면 표시)를 클릭하면 Section Planes(단면)이 사라진다.

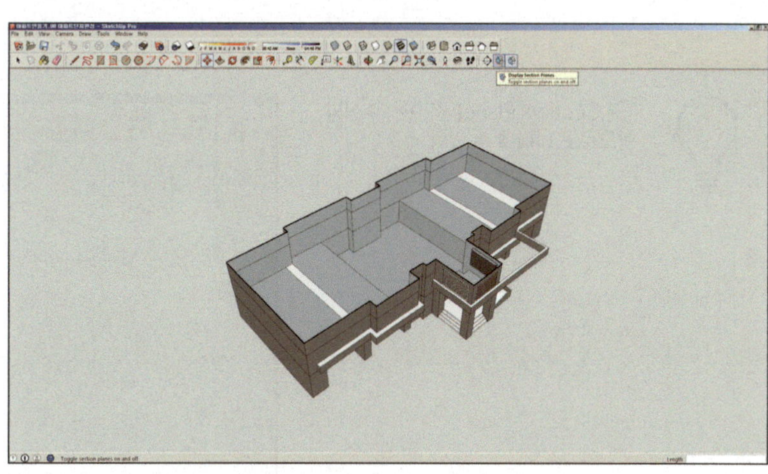

다시 Display Section Planes(단면 표시)를 클릭하면 Section Planes(단면)이 나타난다.

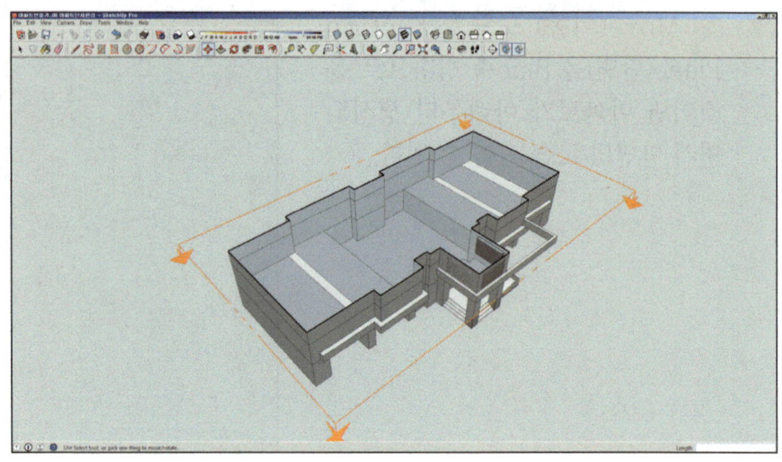

12 Display Section Cuts(섹션 컷 표시)를 선택하면 그림과 같이 단면의 모습이 사라지고 오브젝트 전체가 보인다.

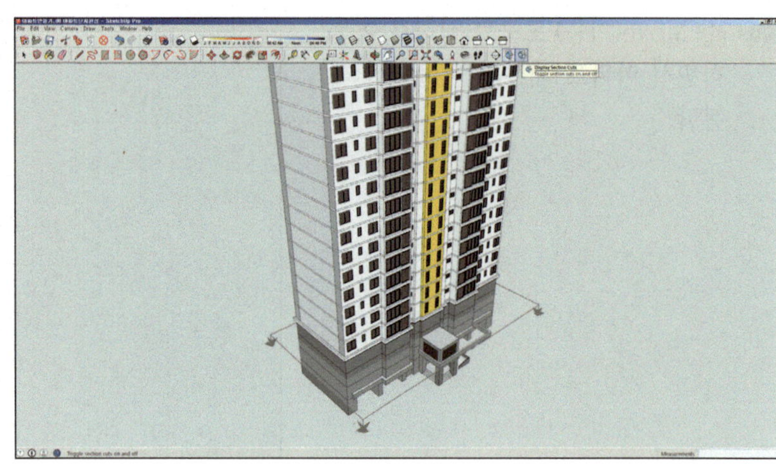

Section Plane(단면)은 수직방향으로도 나타낼 수 있다.

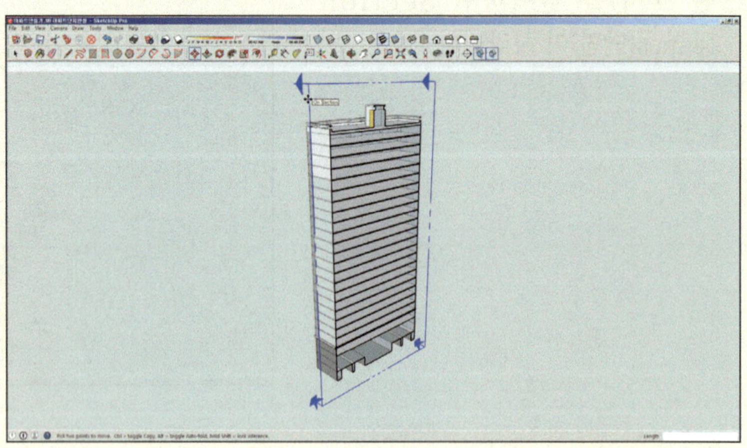

초등학교 제작하기

10 Chapter

이번 Chapter에서는 아름다운 학교를 만들어보겠다. 학교는 모델링도 중요하지만 매핑 및 포토샵 리터칭 작업이 중요하다. 항상 이야기하지만 건축 및 인테리어를 위해서는 반드시 포토샵 프로그램에 익숙해져야 할 것이다. 그래야 자신이 SketchUp으로 모델링한 3D 이미지를 가지고 좀 더 퀄리티 있는 이미지를 제작할 수 있다. 아래의 그림은 학교 건물을 SketchUp으로 모델링한 후 운동장, 재질, 나무, 사람 등은 포토샵에서 리터칭한 것이다. 또한 이번 Chapter의 알아두기 부분에서는 가장 많이 사용하는 랜더러인 V-Ray에 대해 알아보도록 하자.

01 초등학교의 기본형태 만들기

먼저 학교 건물의 기본형태를 만들어보도록 하자.

1 Rectangle(직사각형) 도구를 사용해서 (10000, 2500)인 사각형을 그린다.

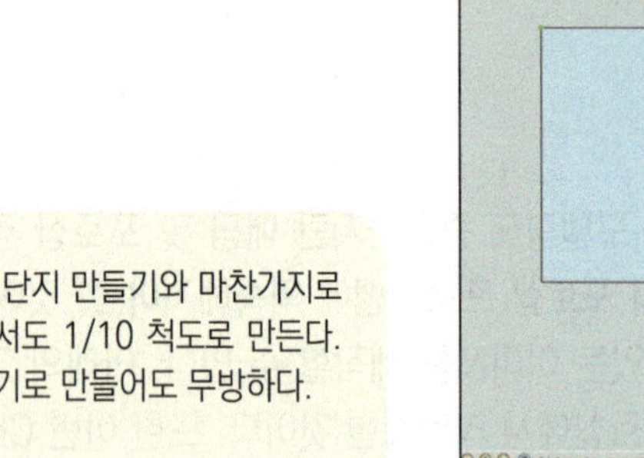

TIP 아파트 단지 만들기와 마찬가지로 여기에서도 1/10 척도로 만든다. 실제크기로 만들어도 무방하다.

2 사각형을 선택하고 Move(이동) 도구를 사용해서 Ctrl 키를 누른 후 Green축 방향으로 4500mm 이동하여 복사한다.

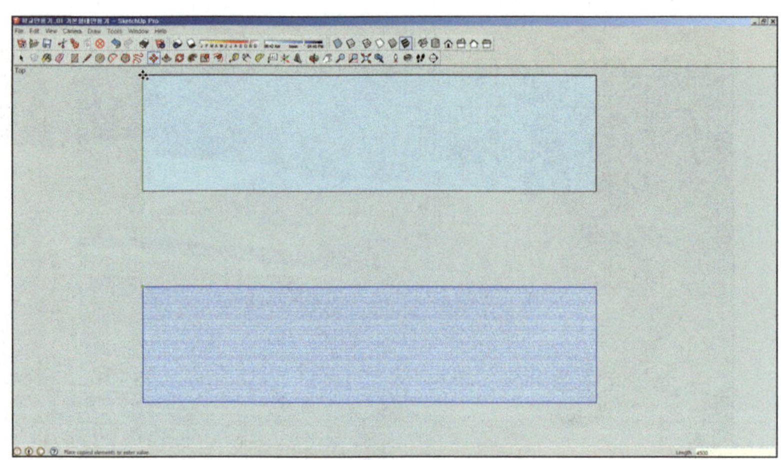

3 Tape Measure Tool(줄자도구)을 사용해서 양 옆 모서리에서 각각 4000mm 떨어진 곳에 보조선을 그린다.

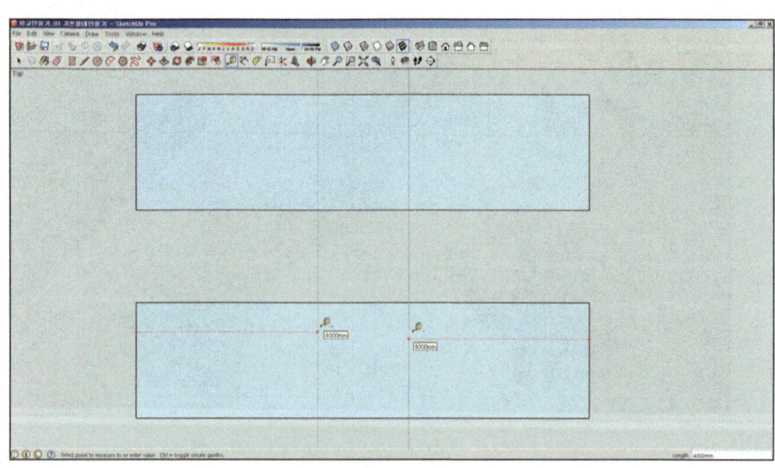

4 보조선에 맞춰 Line(선) 도구로 두 직사각형을 연결하는 선을 그린다.

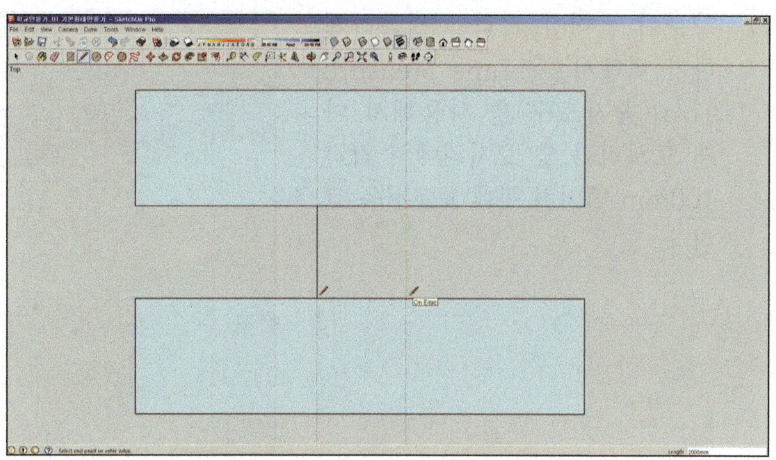

5 Eraser(지우기) 도구로 사용한 보조선과 가운데 선을 제거한다.

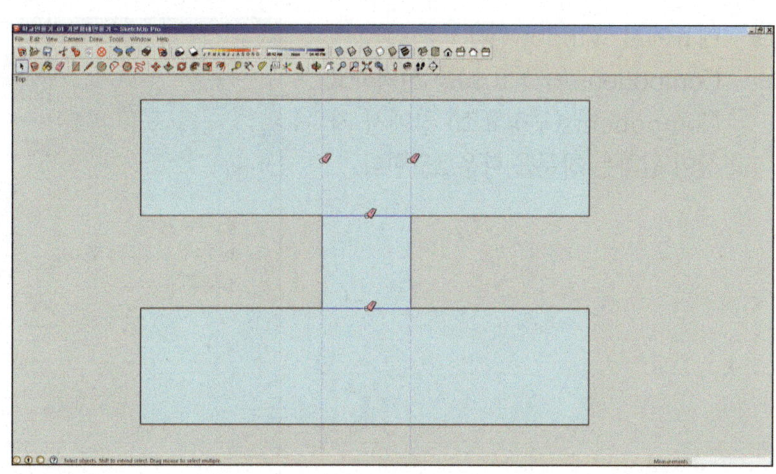

6 Push/Pull(밀기/끌기) 도구를 사용해서 400mm만큼 면을 만든다.

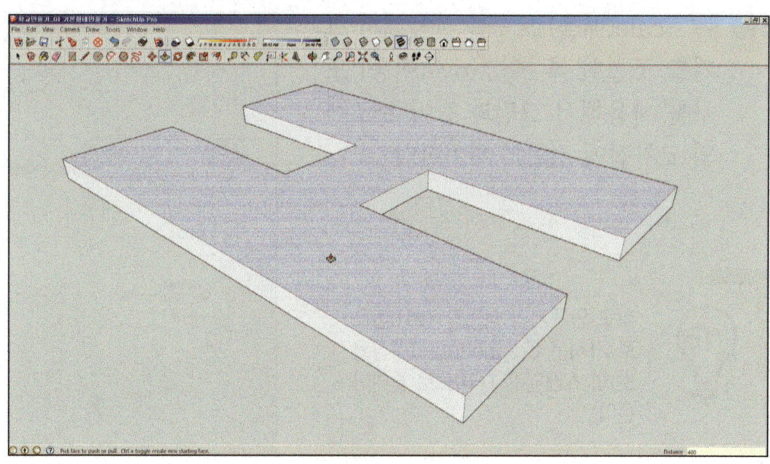

7 창문이 들어갈 자리를 정확하게 하기 위해서 Tape Measure Tool(줄자도구)을 사용해서 아래 모서리와 옆 모서리에서 각각 100mm 떨어진 곳에 보조선을 그린다.

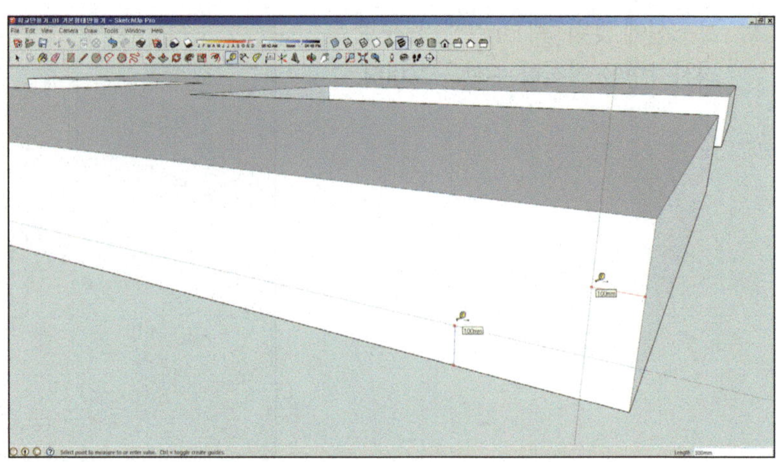

8 메뉴에서 Window(창) 〉 Components(구성요소)를 선택하고 Components(구성요소) 창에서 자신이 원하는 창문을 다운로드한다.

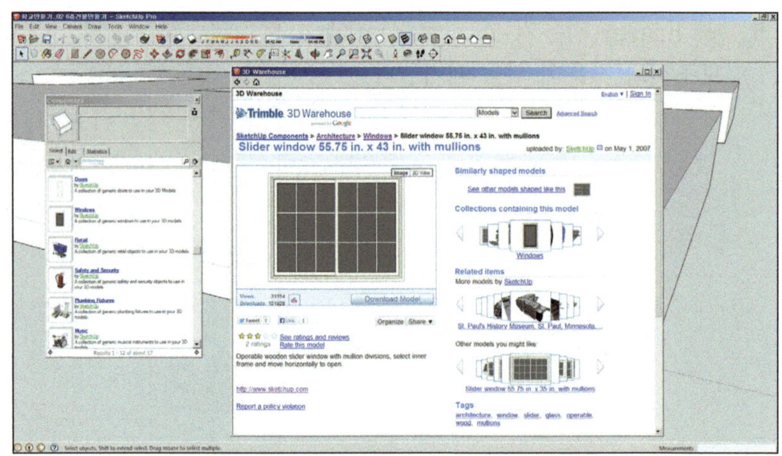

9 Scale(배율) 도구를 사용해서 크기를 조절한 후 Move(이동) 도구를 사용해서 그림과 같이 보조선의 교차점에 정확히 위치한다.

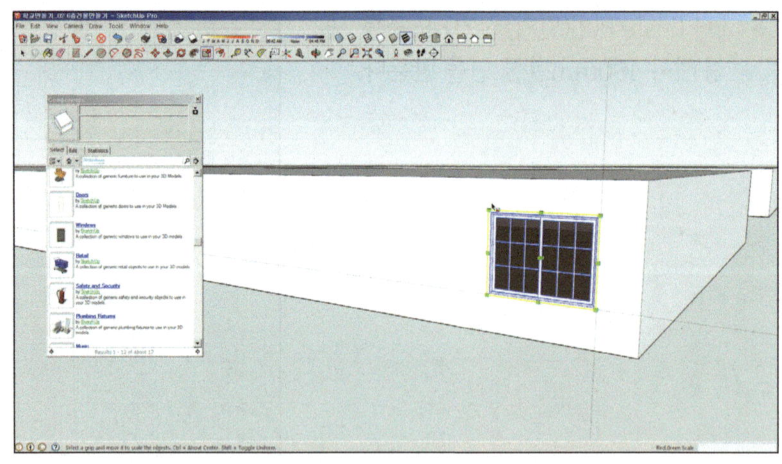

학교 만들기의 척도가 1/10이므로 가져온 Components(구성요소)의 스케일도 1/10으로 줄여야 한다.

10 창문을 선택하고 Move(이동) 도구를 사용해서 Ctrl 키를 누른 후 옆으로 315mm 떨어지게 복사한다.

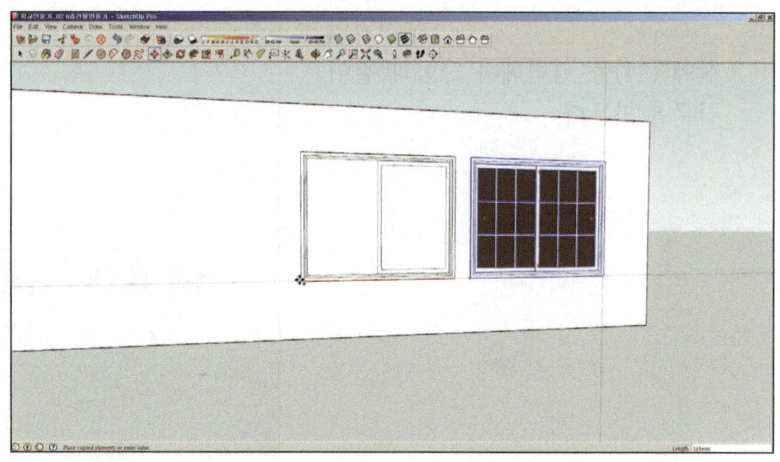

11 두 번째 창문 왼쪽 모서리에서 Tape Measure Tool(줄자도구)을 사용해서 150mm 떨어진 보조선을 그린다.

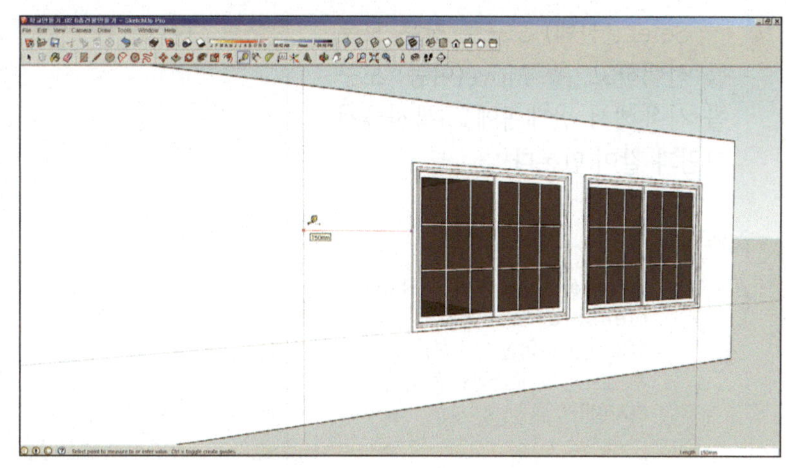

12 두 개의 창문 모두 선택한 후 Move(이동) 도구를 사용해서 그림과 같이 보조선의 교차점까지 복사한다.

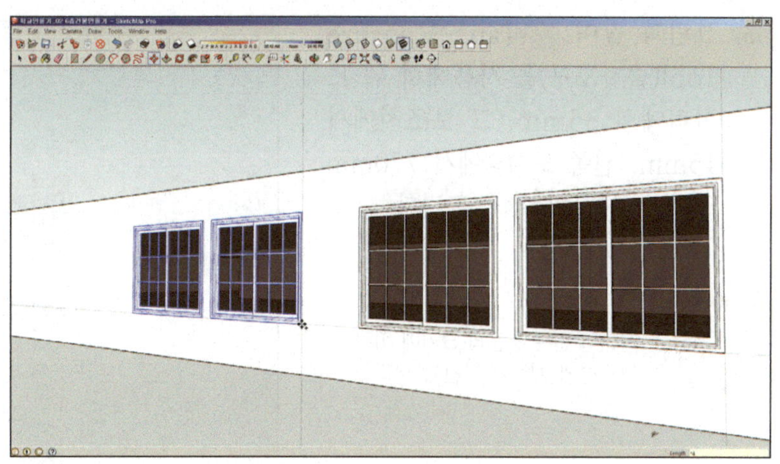

13 Length *4 수치입력 창에 (*4)을 입력해서 그림과 같이 창문을 만든다.

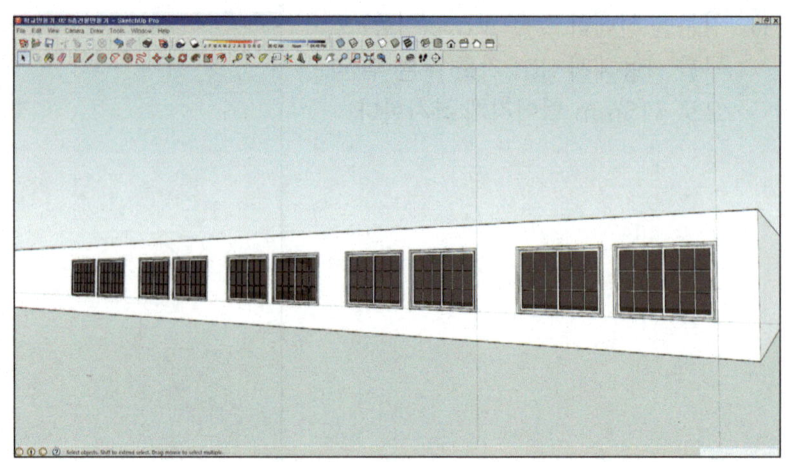

14 Select(선택) 도구로 창문 모두를 선택하고, Move(이동) 도구를 사용해서 반대쪽에도 복사해서 그림과 같이 만든다.

먼저 왼쪽 모서리에서 Tape Measure Tool(줄자도구)로 100mm 떨어진 보조선을 그린 후 보조선의 교차점으로 창문을 복사한다.

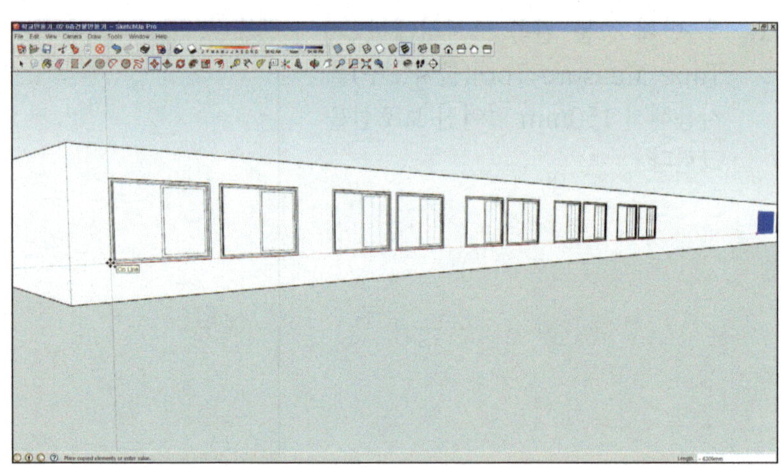

15 그림과 같이 Tape Measure Tool(줄자도구)을 사용해서 위 모서리에서 35mm, 그 보조선에서 15mm, 왼쪽 모서리에서 770mm 떨어진 곳에 보조선을 그린다.

자신이 만든 창문의 크기에 따라 보조선의 치수가 약간씩 달라질 수 있다.

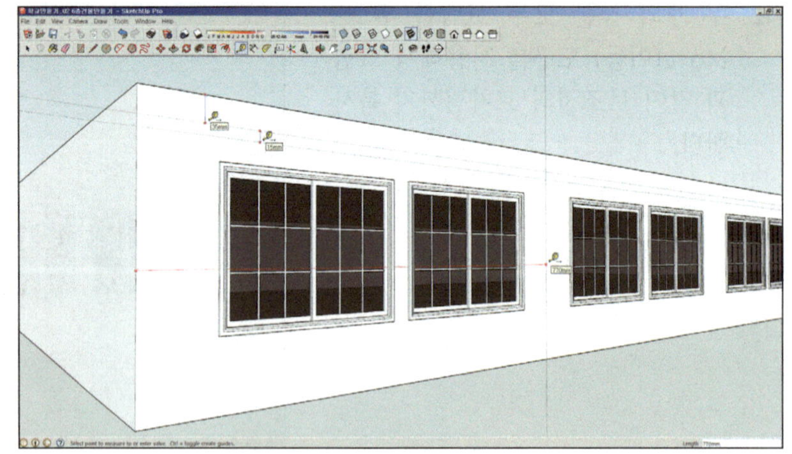

16 Rectangle(직사각형) 도구를 사용해서 보조선에 맞추어 사각형을 그린다.

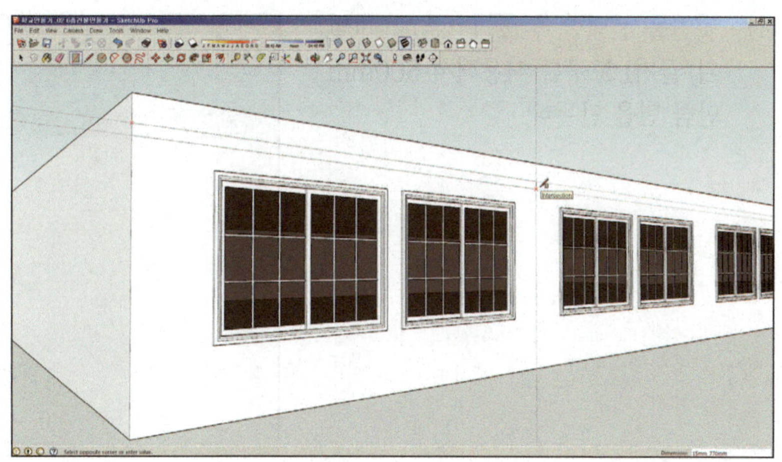

17 Push/Pull(밀기/끌기) 도구를 사용해서 Ctrl 키를 누른 후 앞쪽으로 면을 120mm만큼 만든다.

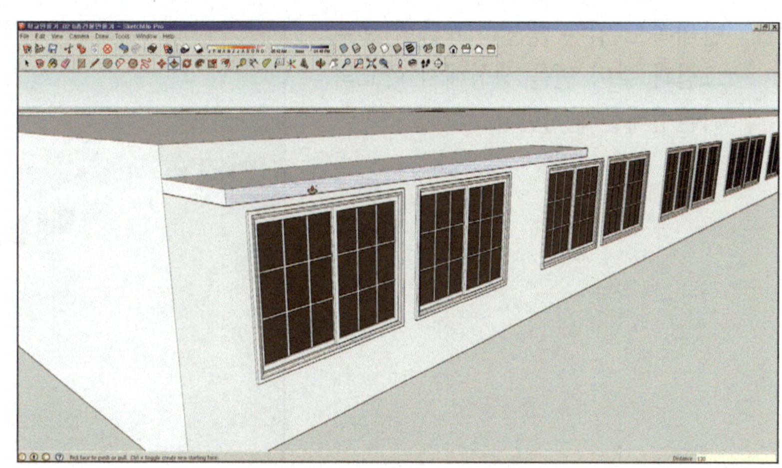

18 왼쪽 면에서 Push/Pull(밀기/끌기) 도구를 사용해서 60mm만큼 면을 만든다.

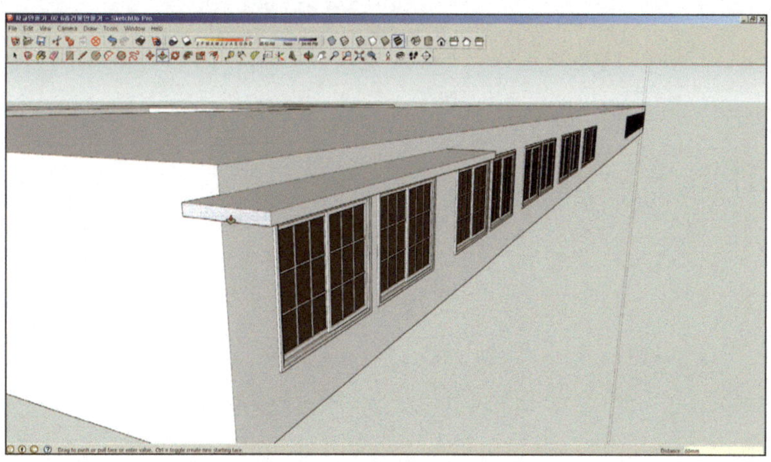

19 뒷면을 선택한 후 Push/Pull(밀기/끌기) 도구를 사용해서 500mm 만큼 면을 만든다.

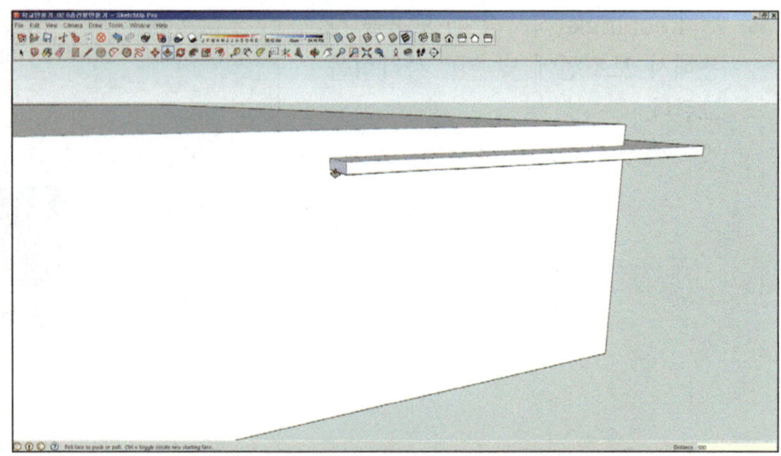

20 반대쪽도 같은 방법(15~19번)으로 그림과 같이 면을 생성해서 학교의 기본형태를 완성한다.

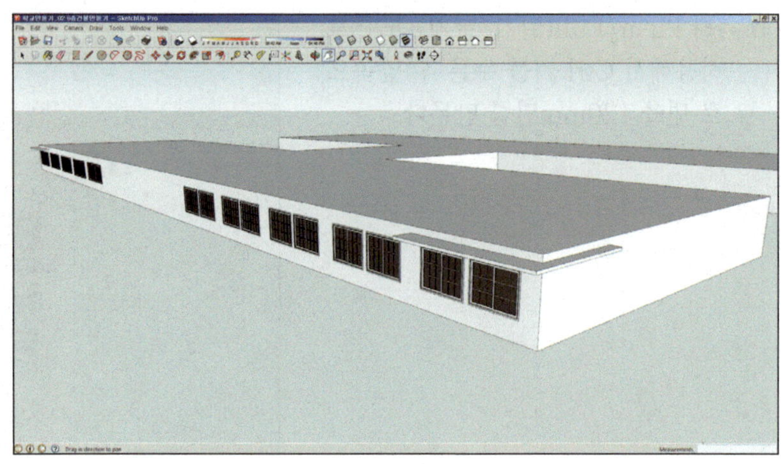

02 6층 건물 완성하기

앞에서 만든 1층 건물을 토대로 6층 건물을 완성해보자.

21 Select(선택) 도구를 이용해서 건물 전체를 선택하고 Move(이동) 도구를 사용해서 Ctrl 키를 누른 후 맨 아래 꼭짓점을 잡고 Blue 축 방향으로 1층 건물의 위쪽까지 복사한다.

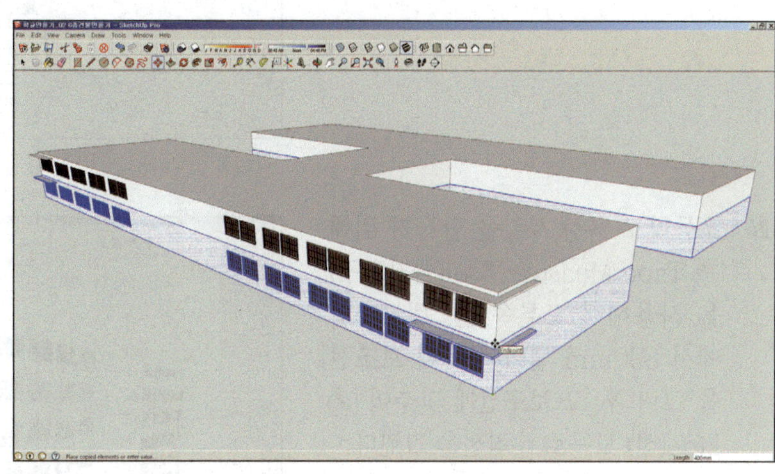

22 Length *5 수치입력창에 *5를 입력해서 6층짜리 건물을 만든다.

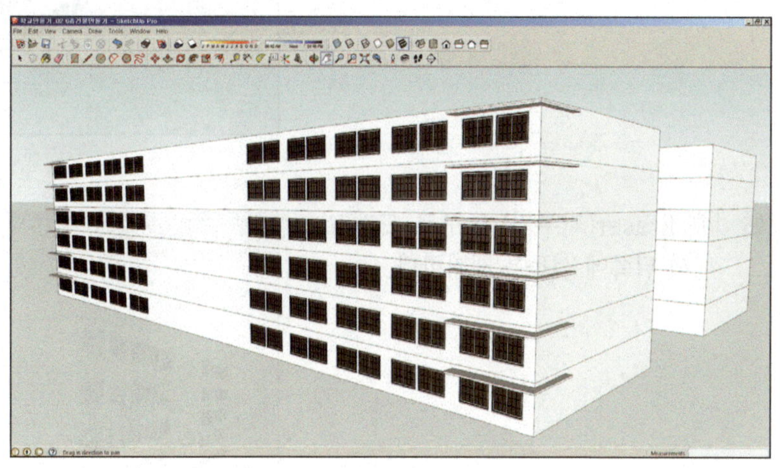

23 옥상을 만들기 위해 Push/Pull(밀기/끌기) 도구를 사용해서 Ctrl 키를 누른 후 200mm 면을 만든다.

24 초등학교 옥상 부분을 만들기 위해 Tape Measure Tool(줄자도구)을 사용해서 오른쪽 면, 뒷모서리에서 800mm 떨어진 곳에 보조선을 그린 후 그 보조선에 맞추어 Line(선) 도구로 수직선을 그린다.

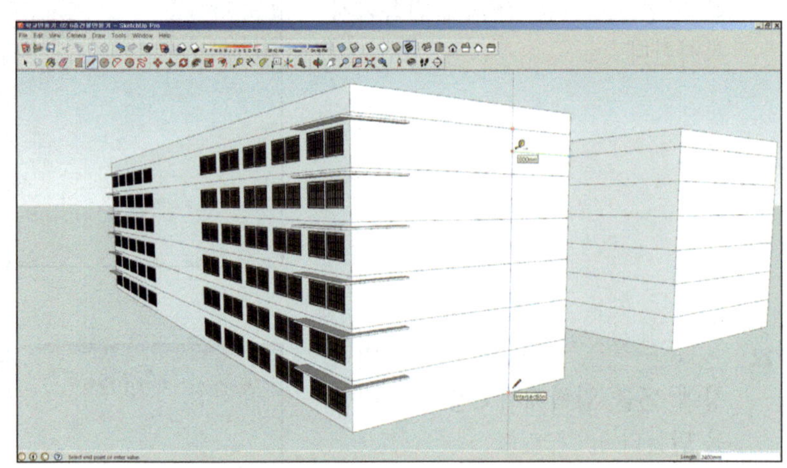

25 Eraser(지우기) 도구로 드래그해서 뒤쪽에 선들을 제거한다.

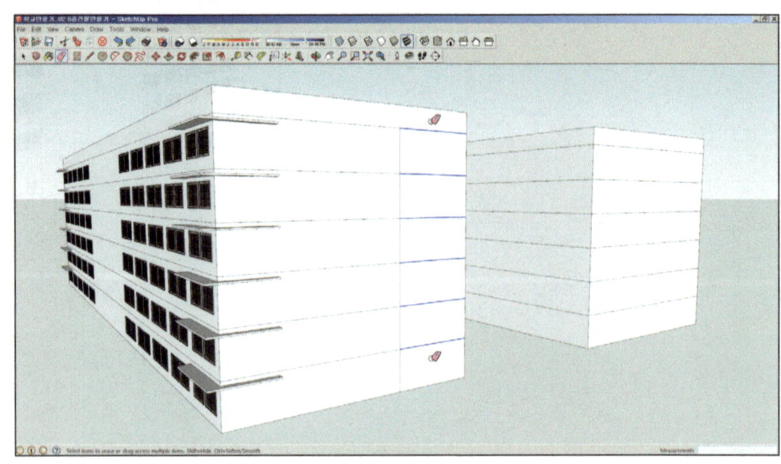

26 Push/Pull(밀기/끌기) 도구를 사용해서 200mm 안쪽으로 면을 집어넣는다.

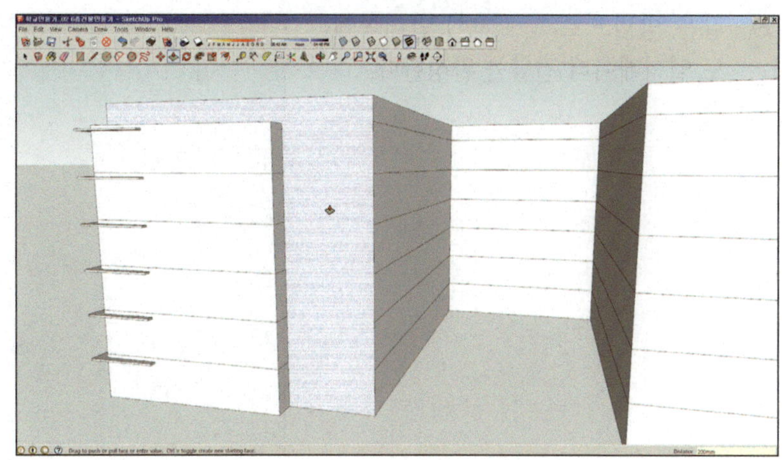

27 윗면에서 Rectangle(직사각형) 도구를 사용해서 (1000, 800)인 사각형을 그린다.

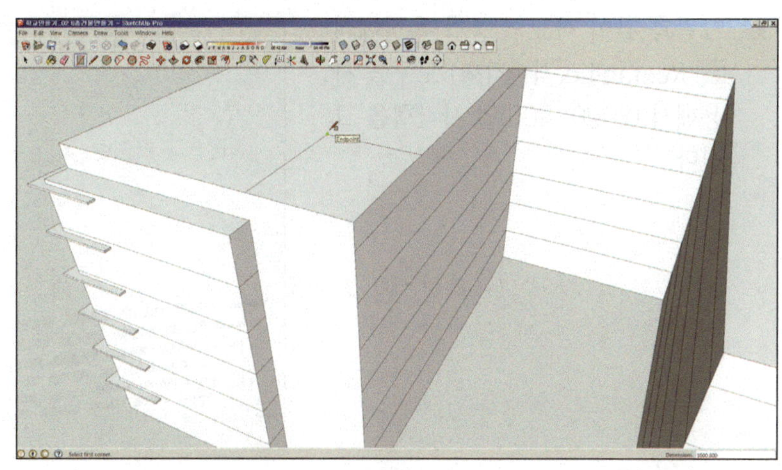

28 Push/Pull(밀기/끌기) 도구를 사용해서 위쪽으로 면을 500mm 만든다.

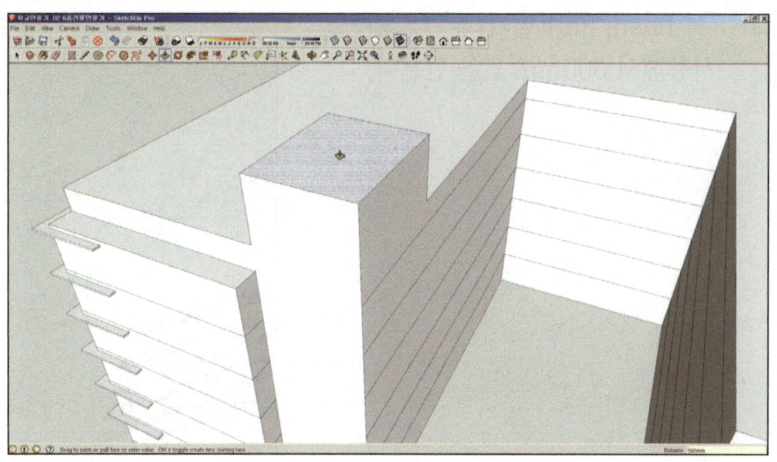

29 같은 방법으로(24~28번) 반대쪽에도 엘리베이터 건물을 완성한다.

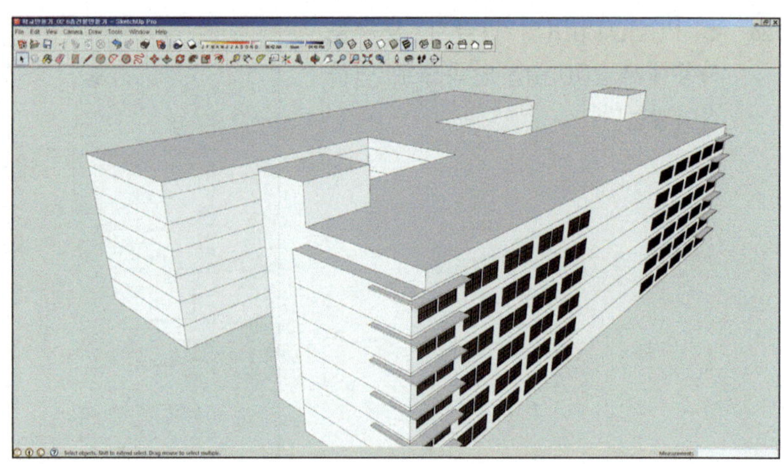

30 그림과 같이 학교의 중앙 옥상에서 Rectangle(직사각형) 도구를 사용해서 (2000, 800)인 사각형을 그린다.

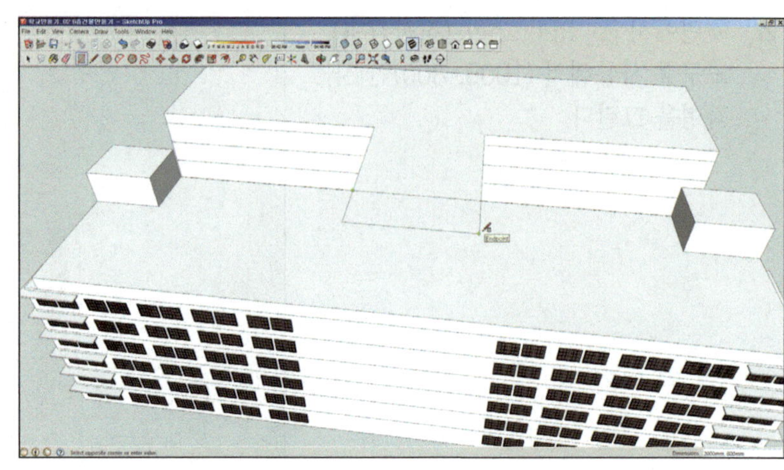

31 Push/Pull(밀기/끌기) 도구를 사용해서 600mm 면을 만든다.

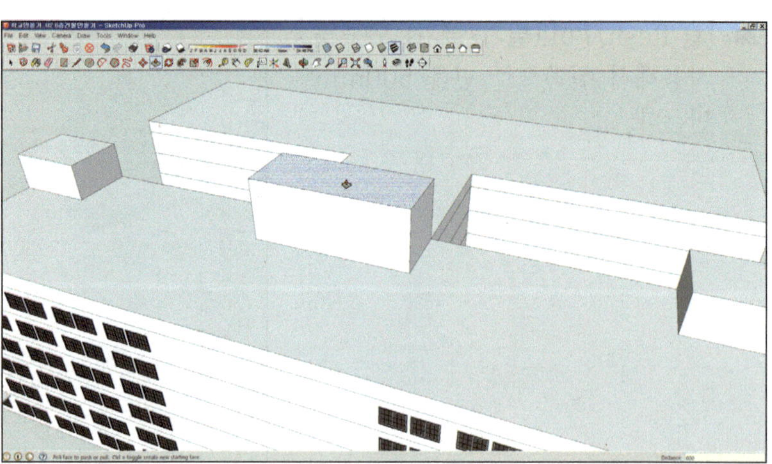

03 본관 출입문 만들기

학교에서 본관 출입문은 학교의 상징이다. 학교의 분위기에 맞게 출입문을 만들어보자.

32 Line(선) 도구로 앞면의 Midpoint(중간점)을 연결하는 세로 선을 그린 후, 그 중앙선에서 Tape Measure Tool(줄자도구)을 사용해서 좌우로 700mm 떨어진 보조선을 그린다.

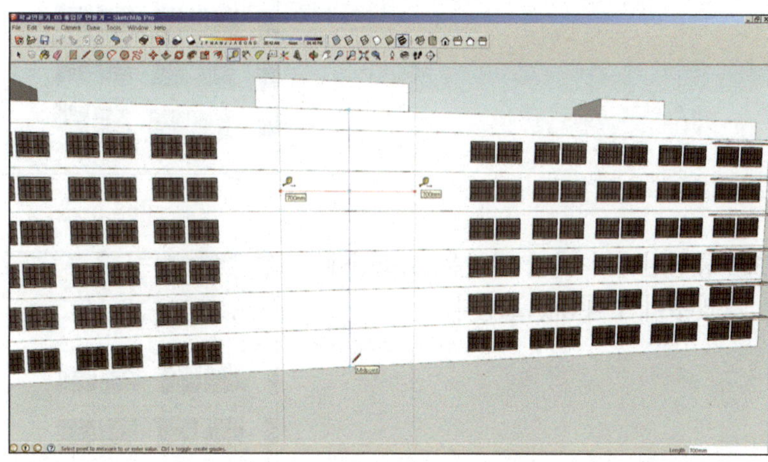

33 다시 32번에서 그린 두 개의 보조선을 중심으로 좌우로 100mm 떨어진 보조선을 그린다.

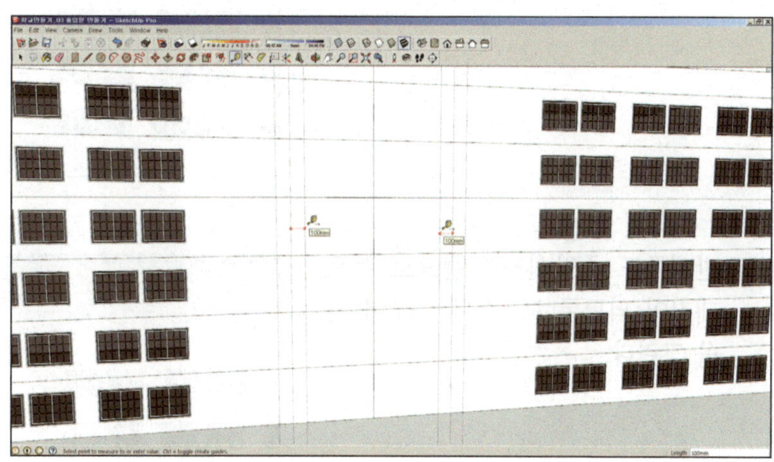

34 Line(선) 도구를 사용하여 그림과 같이 보조선과 가로선의 교차점을 지나는 선을 그린다.

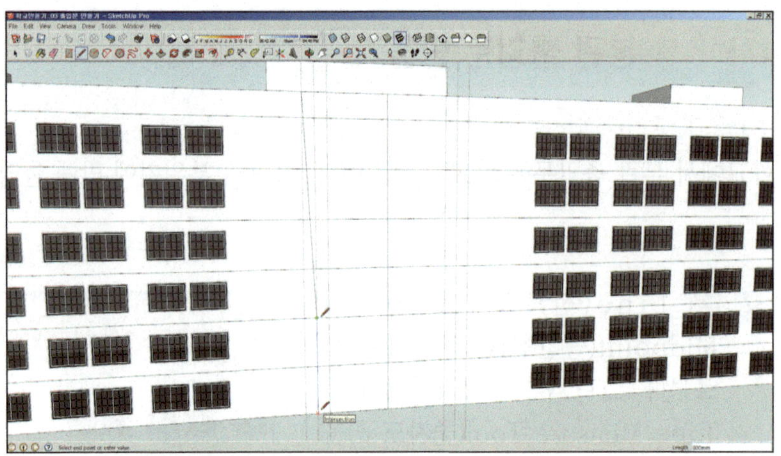

35 중심선에서 가장 가까운 보조선에 맞추어 수직선을 그린다.

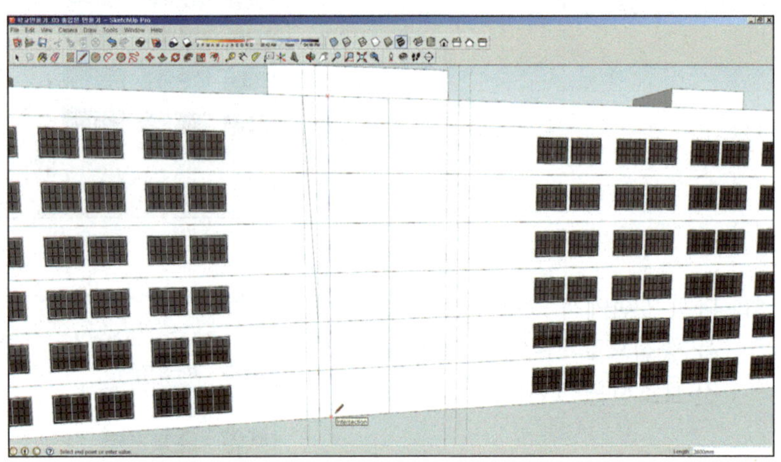

36 반대쪽도 중앙선을 기준으로 서로 대칭이 되도록 보조선에 맞추어 선을 그린다.

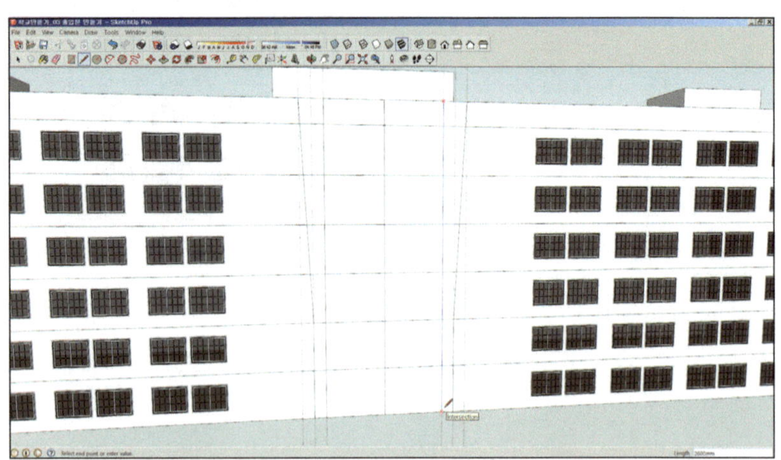

37 Eraser(지우기) 도구를 사용해서 보조선과 안쪽의 선들을 제거해서 본관 출입문의 밑그림을 완성한다.

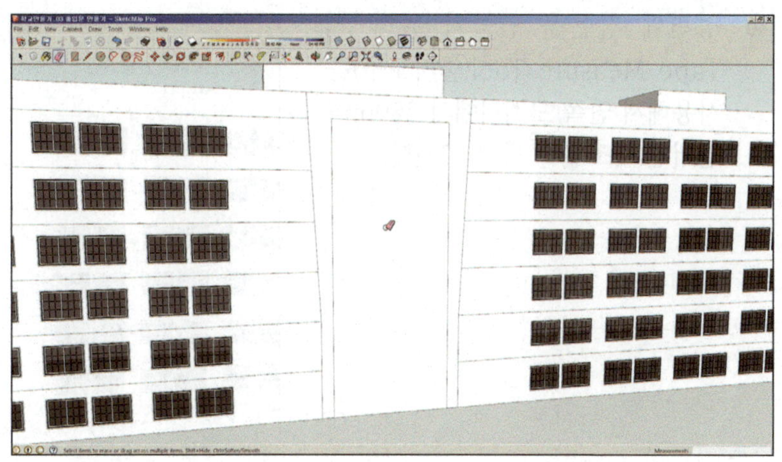

38 Push/Pull(밀기/끌기) 도구를 사용해서 앞으로 200mm 면을 만든다.

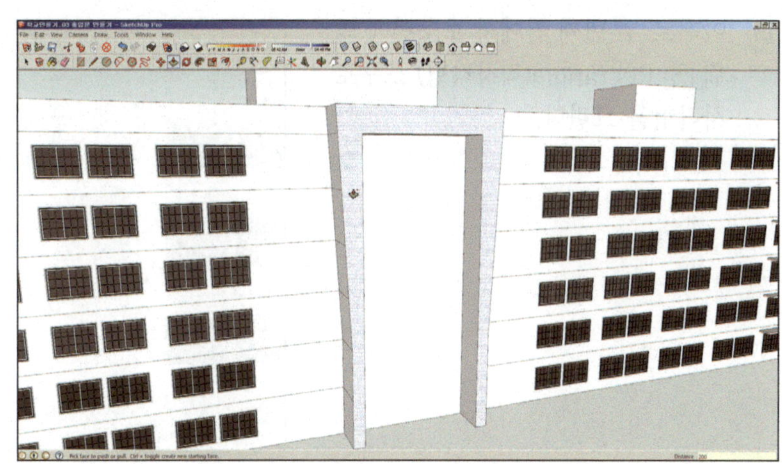

39 위쪽으로 면을 300mm 만든다.

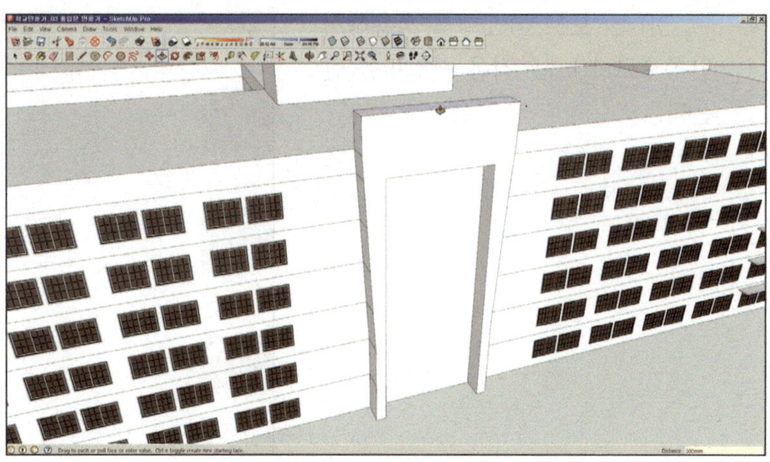

40 정면에 창문을 만들기 위해 Tape Measure Tool(줄자도구)을 사용해서 안쪽 모서리에서 250mm 떨어진 보조선을 세 개 그린다.

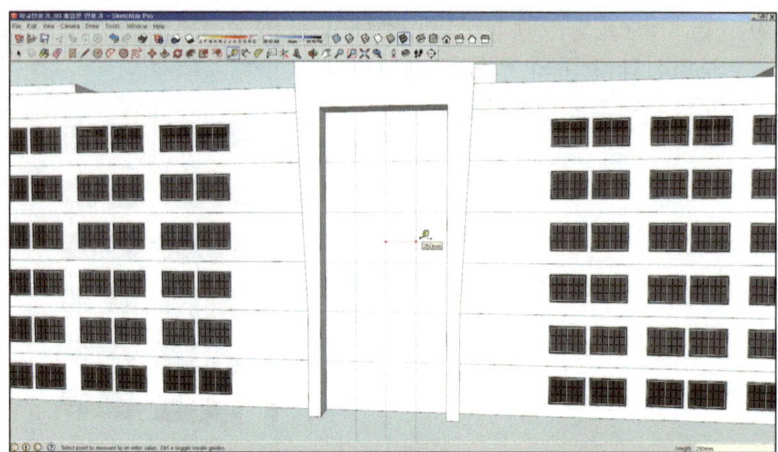

41 아래로 두 번째 칸에서 보조선에 맞춰 Rectangle(직사각형) 도구로 사각형을 그린다.

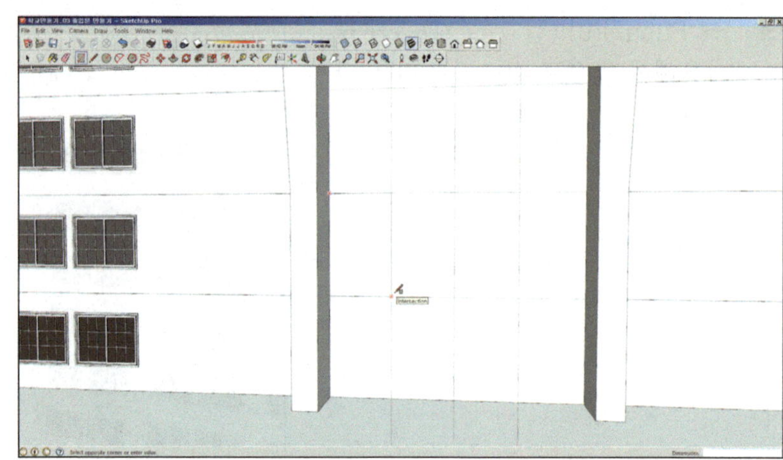

42 Offset(오프셋) 도구를 사용해서 안쪽으로 10mm 작은 사각면을 만든다.

43 나머지 부분도 같은 방법(41~42번)으로 창문을 만든다.

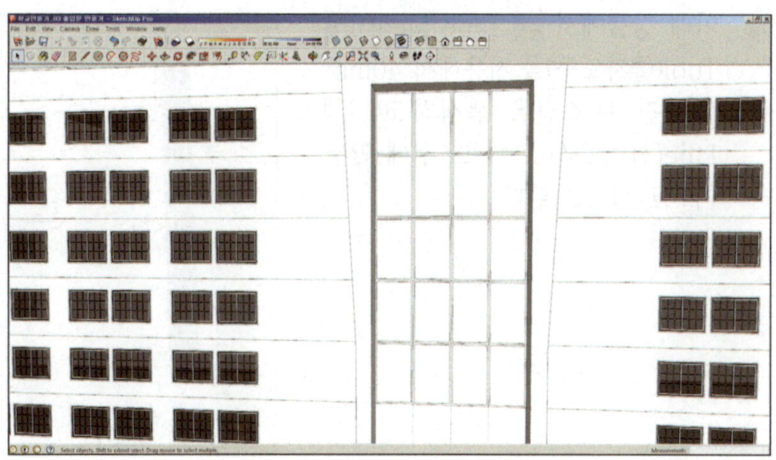

44 창틀을 하나로 연결하기 위해서 Eraser(지우기) 도구로 안쪽의 선들을 제거한다.

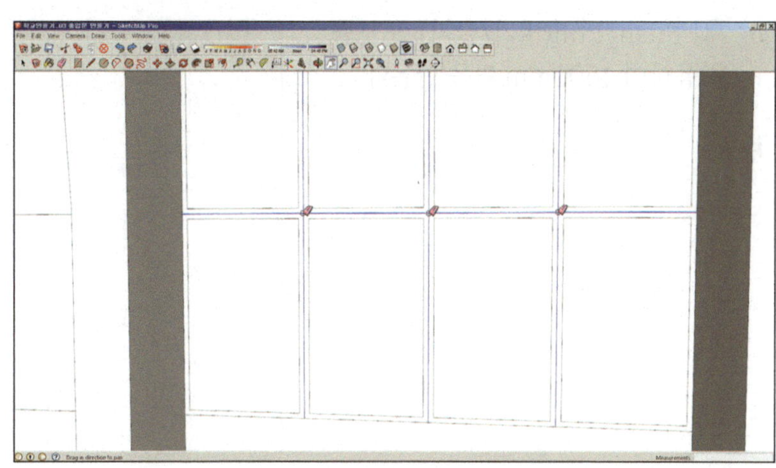

45 창틀 부분을 선택한 후 Push/Pull(밀기/끌기) 도구를 사용해서 10mm 면을 만든다.

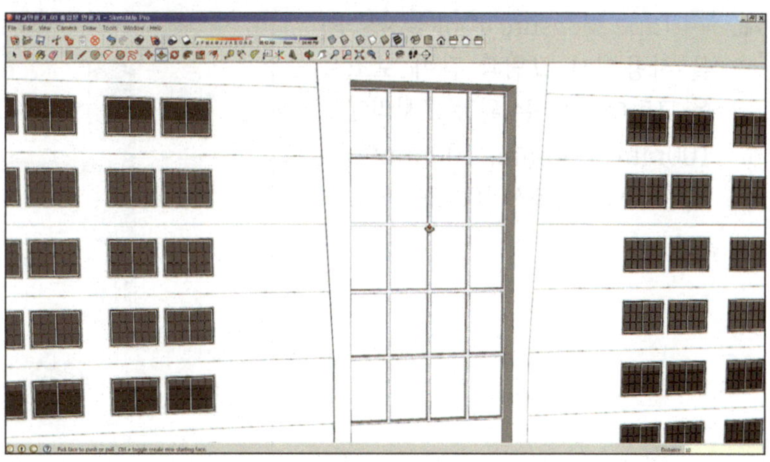

46 아래 창틀에서 Tape Measure Tool(줄자도구)을 사용해서 40mm 떨어진 보조선을 생성하고, Line(선) 도구로 그 보조선에 맞추어 가로선을 그린다.

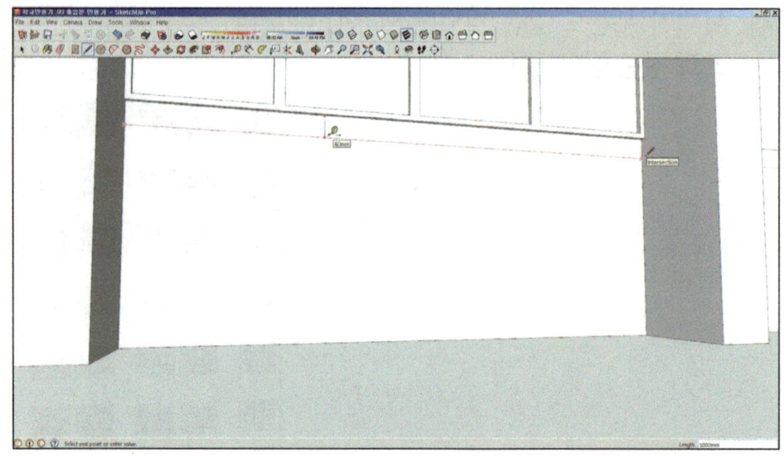

47 Push/Pull(밀기/끌기) 도구를 사용하여 1500mm 면을 만든다.

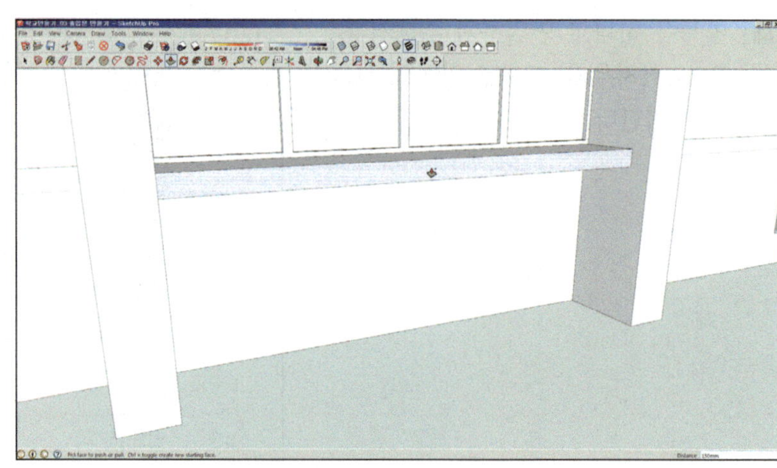

48 Tape Measure Tool(줄자도구)을 사용해서 그림과 같이 보조선을 그린다. 치수는 왼쪽 모서리에서 100mm, 500mm, 100mm이고, 오른쪽 모서리에서 100mm이다.

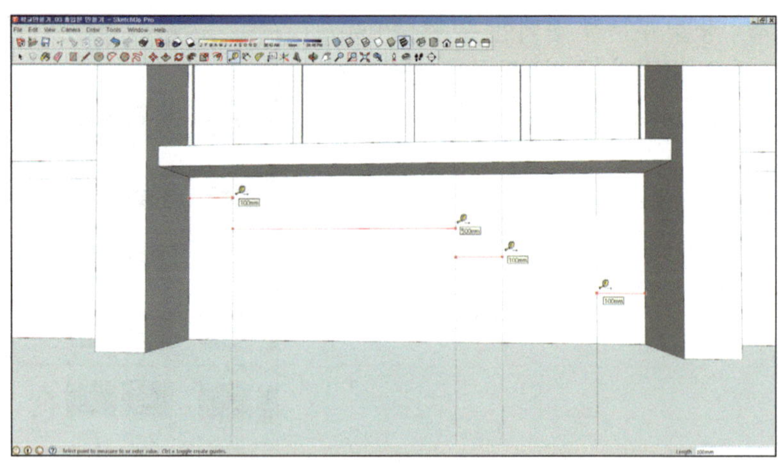

49 Line(선) 도구로 보조선에 맞추어 세로선을 그린다.

50 Push/Pull(밀기/끌기) 도구를 사용해서 그림과 같이 세 면 모두 50mm 면을 만든다.

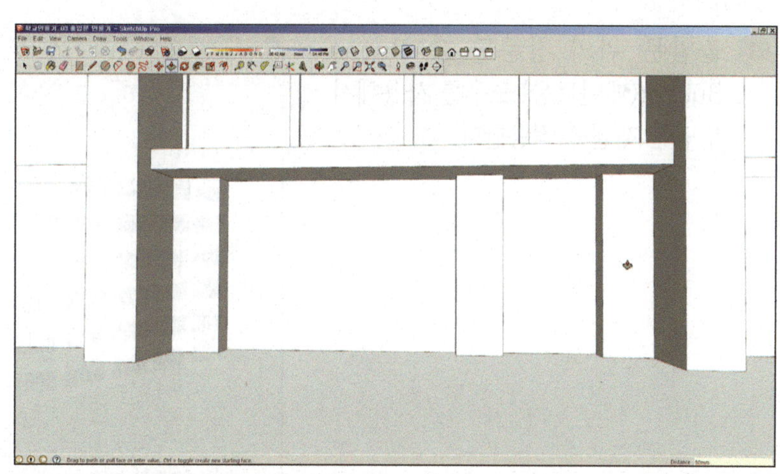

51 Tape Measure Tool(줄자도구)로 아래 모서리에서 250mm 떨어진 보조선을 그린다.

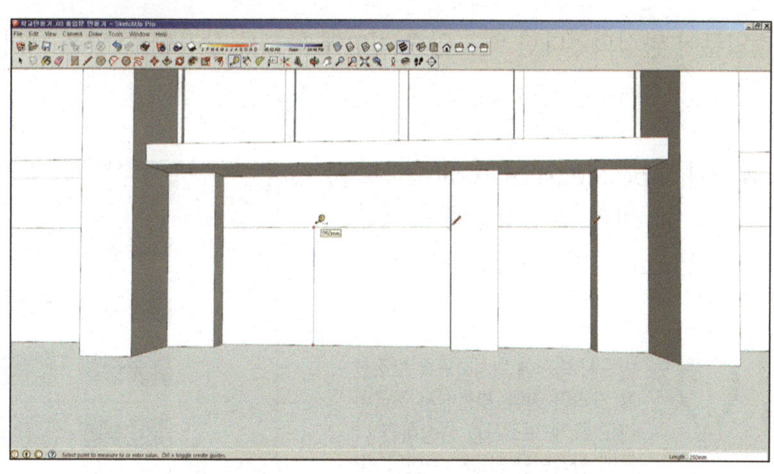

52 컴포넌트를 이용해서 그림과 같이 출입문을 완성한다.

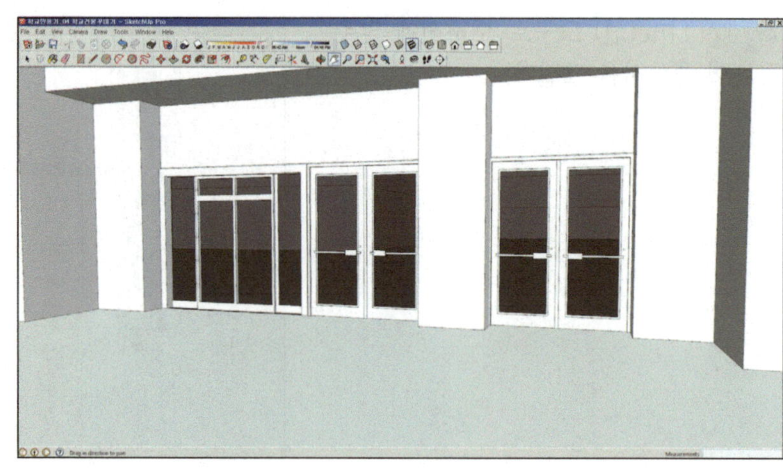

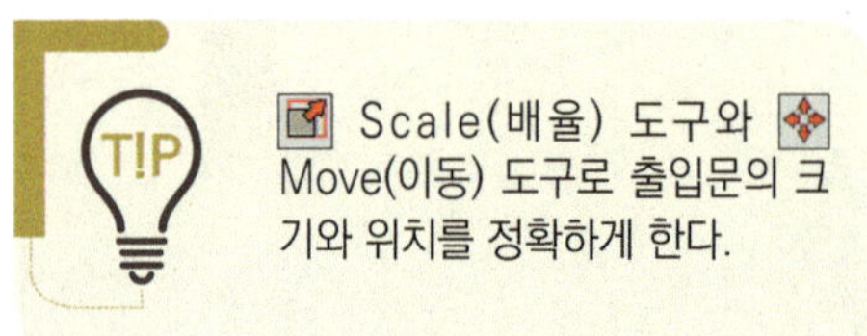

Scale(배율) 도구와 Move(이동) 도구로 출입문의 크기와 위치를 정확하게 한다.

53 출입문 위의 창문도 Paint Bucket(페인트통) 도구를 사용해서 투명한 재질을 적용한다.

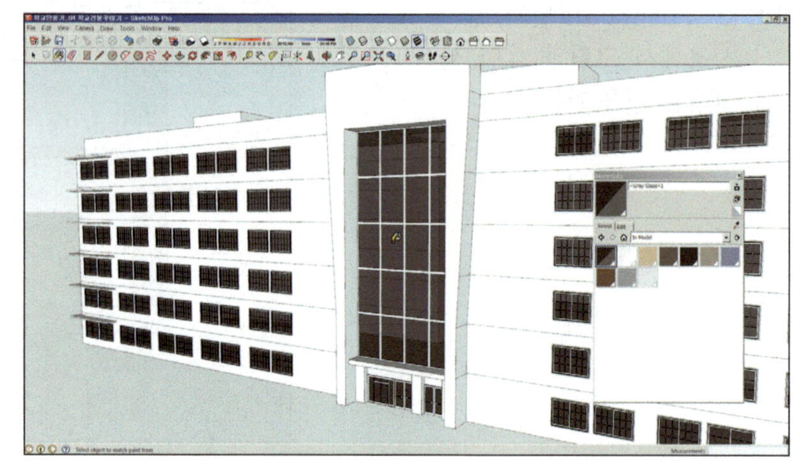

출입문이 완성되었다면 학교 앞쪽 벽면에 학교를 상징할 수 있는 무늬를 만들어보자.

54 Tape Measure Tool(줄자도구)로 세 번째 중앙창문에서 좌우로 125mm 떨어진 보조선을 그린다.

반드시 벽면에 위치하도록 보조선을 그려야 한다. 벽면에서 조금이라도 뜨게 보조선을 생성하면 나중에 사각면을 만들지 못한다. 따라서 화면을 확대해서 정확하게 벽면에서 125mm 떨어진 보조선을 그려야 한다.

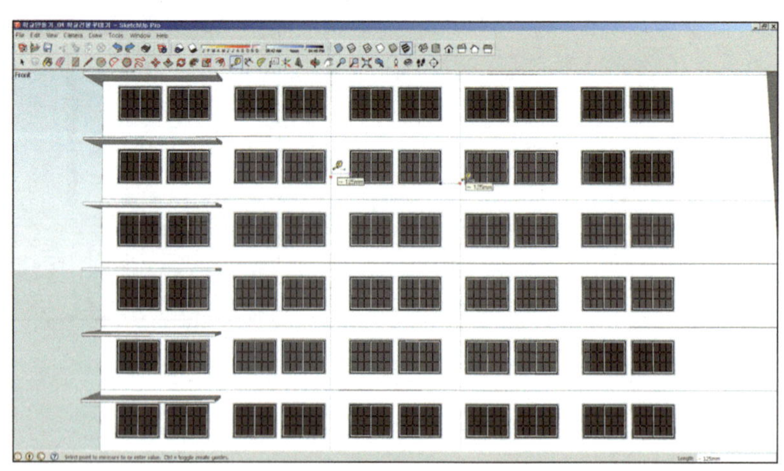

55 5층에서 4층까지 Line(선) 도구로 보조선에 맞추어 선을 그린다.

Line(선) 도구가 아니라 Rectangle(직사각형) 도구를 사용하면 그림과 같이 컴포넌트가 적용되어 있는 벽면이 다시 막히게 되므로 반드시 Line 도구를 사용해야 한다.

56 Eraser(지우기) 도구로 4층과 5층 사이의 가로선을 지운다.

57 Offset(오프셋) 도구를 사용해서 50mm 작은 사각면을 만든다.

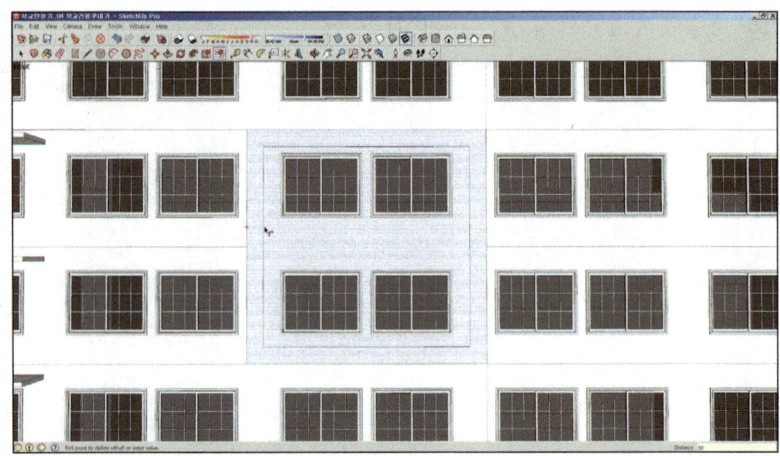

58 Push/Pull(밀기/끌기) 도구를 사용해서 앞쪽으로 150mm만큼 면을 만든다.

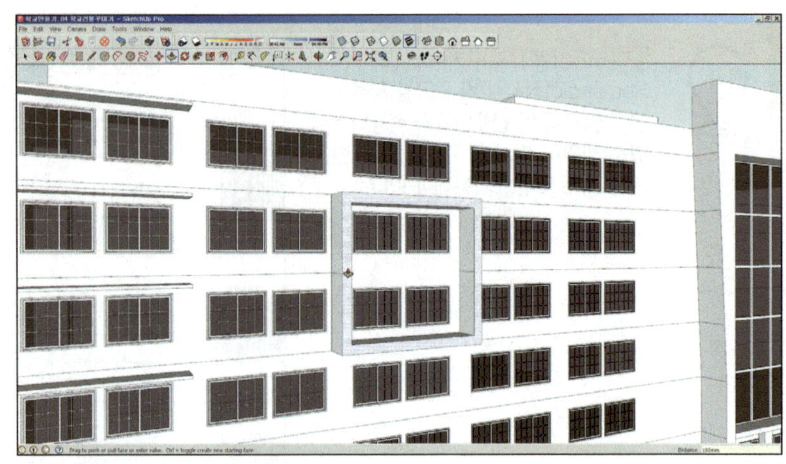

59 Eraser(지우기) 도구로 안쪽과 바깥쪽의 선들을 제거한다.

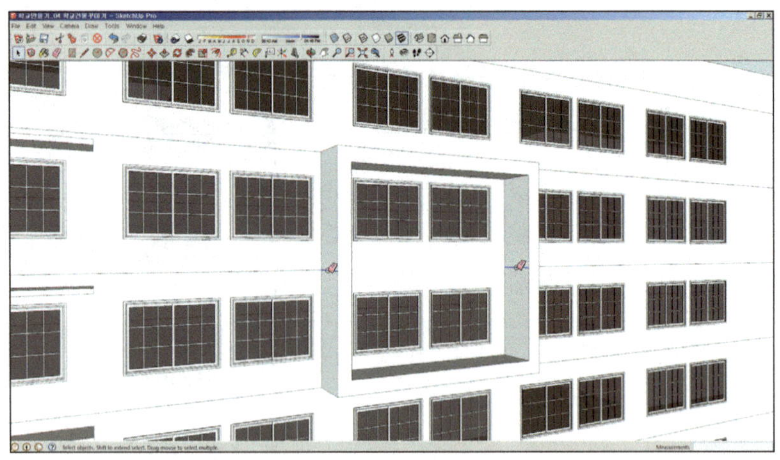

60 같은 방법으로(54~59번) 반대쪽에 도 벽면을 완성한다.

04 학교 옥상 휴게실 만들기

학교 옥상에 학생들이 편하게 휴식할 수 있는 휴게실을 만들어보자.

61 옥상 휴게실을 만들기 위해 Tape Measure Tool(줄자도구)을 사용해서 윗면의 모서리에서 각각 300mm 떨어진 보조선을 그린다.

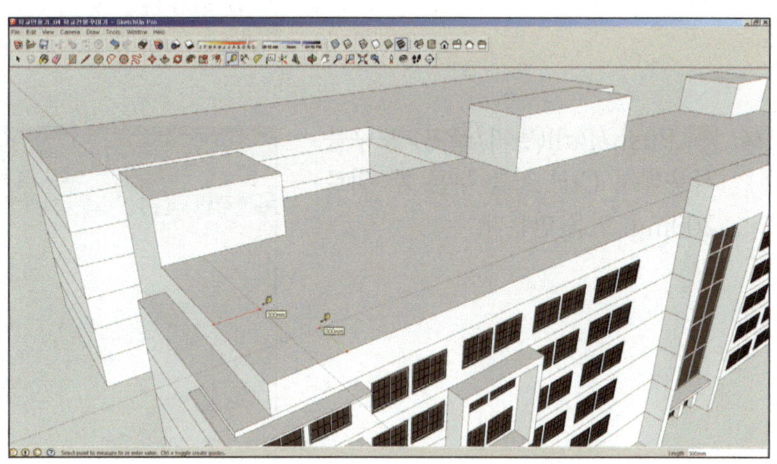

62 다시 한 번 3350mm 떨어진 곳에 보조선을 그린다.

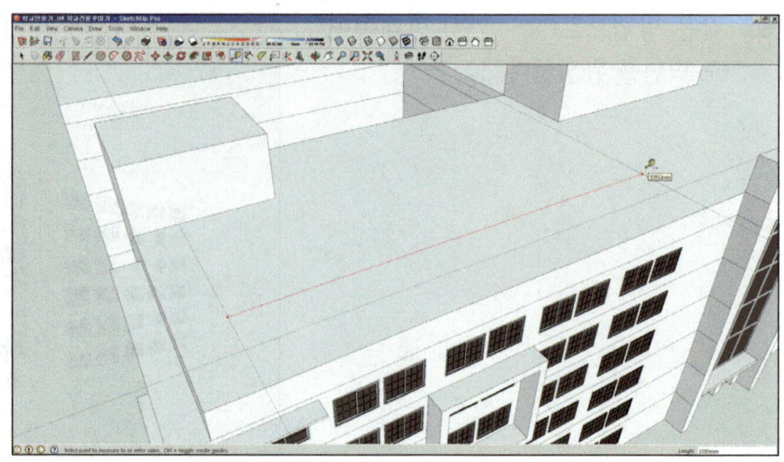

63 Line(선) 도구를 사용해서 보조선에 맞추어 L자 모양으로 선을 그린다.

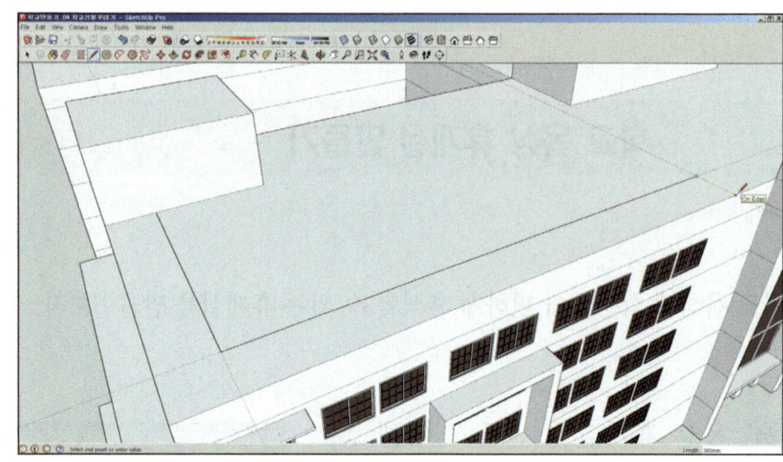

64 Push/Pull(밀기/끌기) 도구를 사용해서 Ctrl 키를 누른 후 위로 200mm 면을 만든다.

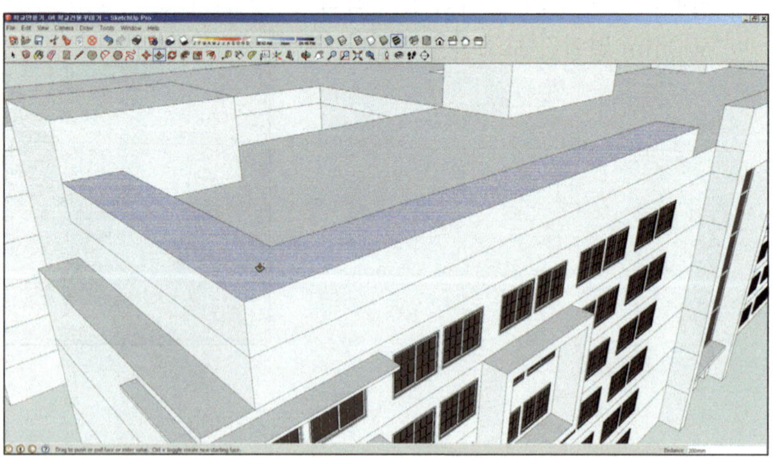

65 다시 한 번 Ctrl 키를 누른 후 25mm 만큼 면을 만든다.

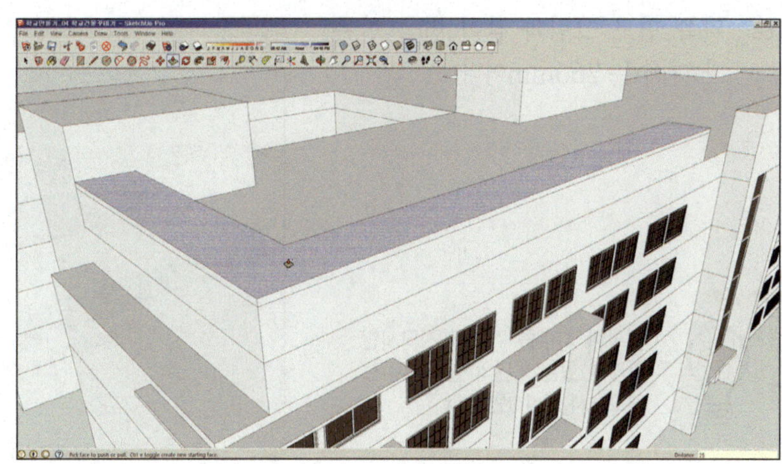

66 Eraser(지우기) 도구로 가운데 모서리를 모두 제거한다.

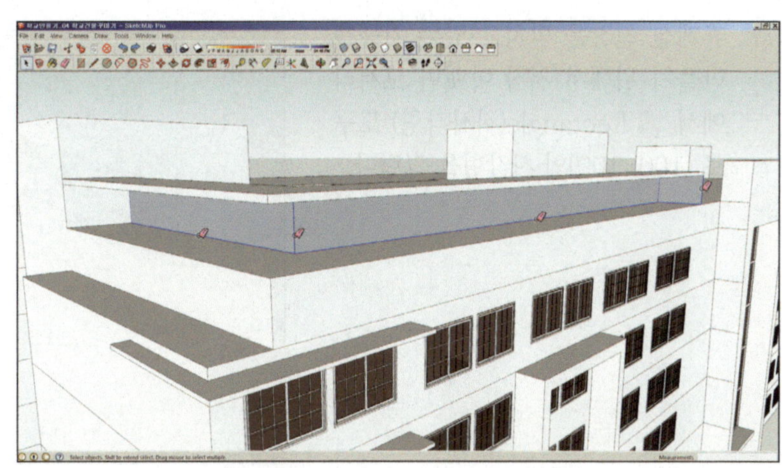

67 Push/Pull(밀기/끌기) 도구를 사용해서 앞쪽으로 120mm만큼 면을 만든다.

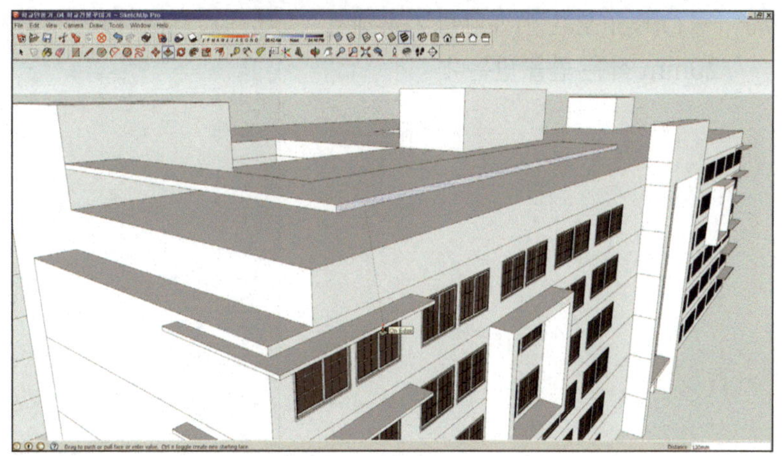

68 왼쪽 면도 그림과 같이 면을 만든다. 치수는 260mm이다.

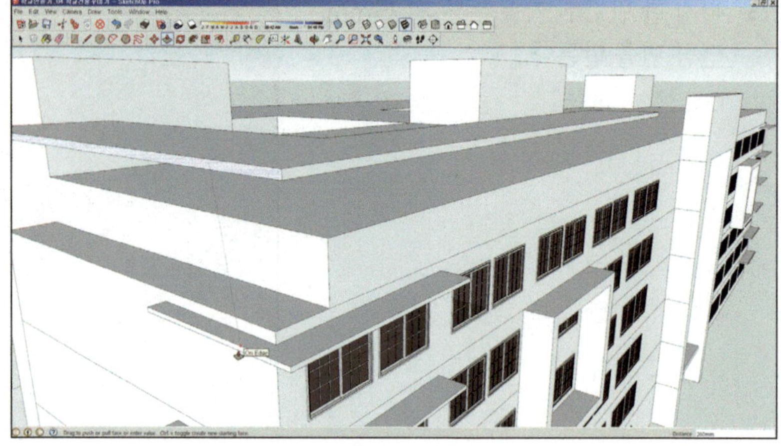

TIP 정확한 치수를 기입해도 되지만 아래에 있는 벽면의 높이까지 드래그해서 생성하면 된다.

69 휴게실 천장을 받치고 있는 기둥을 만들기 위해서 천장 아랫면 모서리에서 Rectangle(직사각형) 도구로 (100, 100)인 사각형을 그린다.

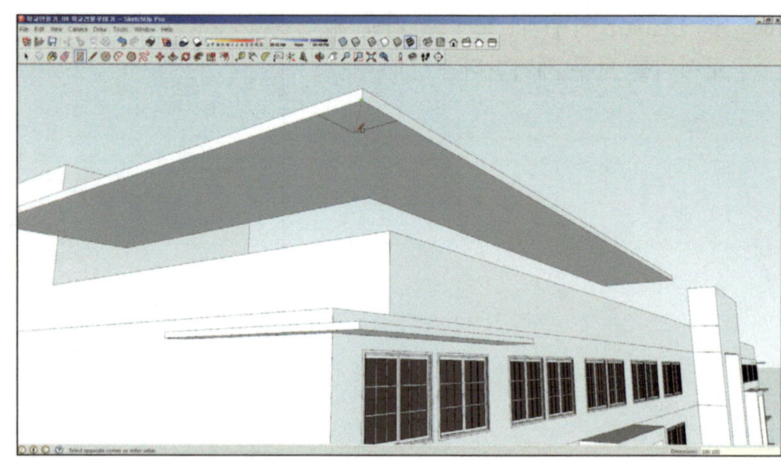

70 Offset(오프셋) 도구를 사용해서 20mm 작은 면을 만든다.

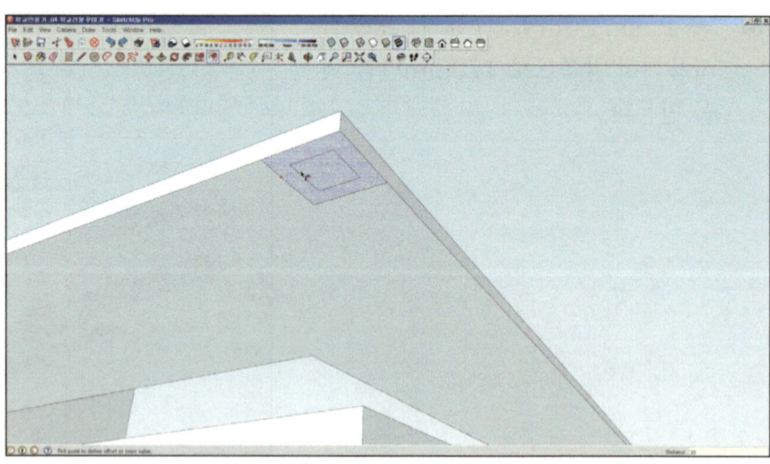

71 Eraser(지우기) 도구로 바깥쪽의 선을 지운다.

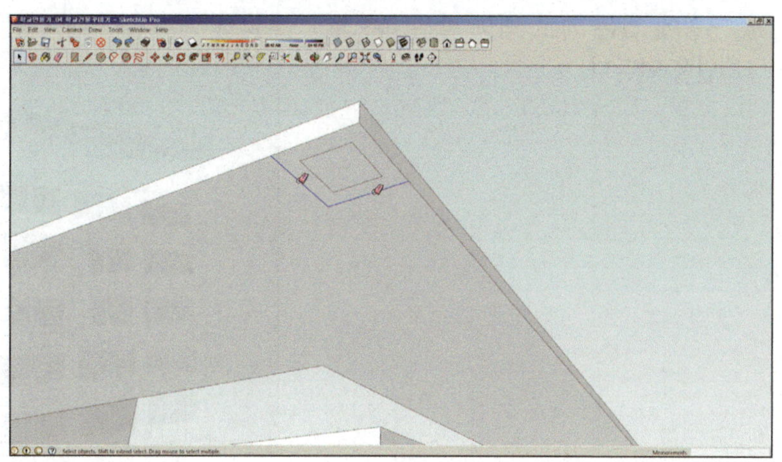

72 Push/Pull(밀기/끌기) 도구를 사용해서 지면까지 기둥을 만든다.

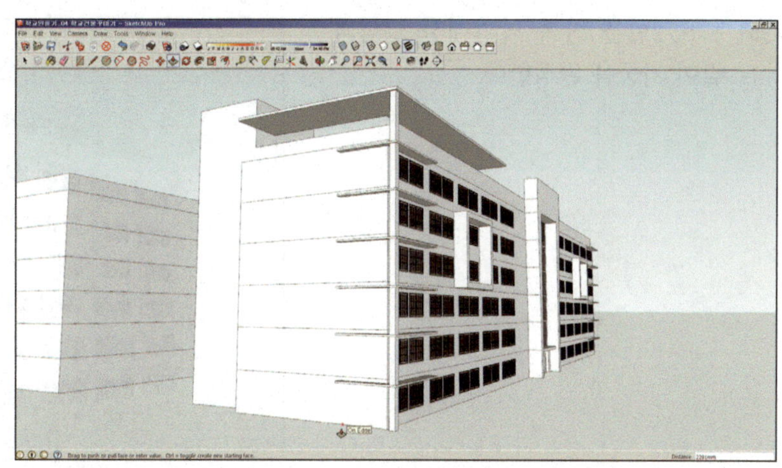

73 Push/Pull(밀기/끌기) 도구를 사용해서 그림과 같이 6층 벽면에 튀어나와 있는 벽의 오른쪽 면을 선택한 후, 옥상 휴게실의 천장 폭만큼 드래그해서 만든다.

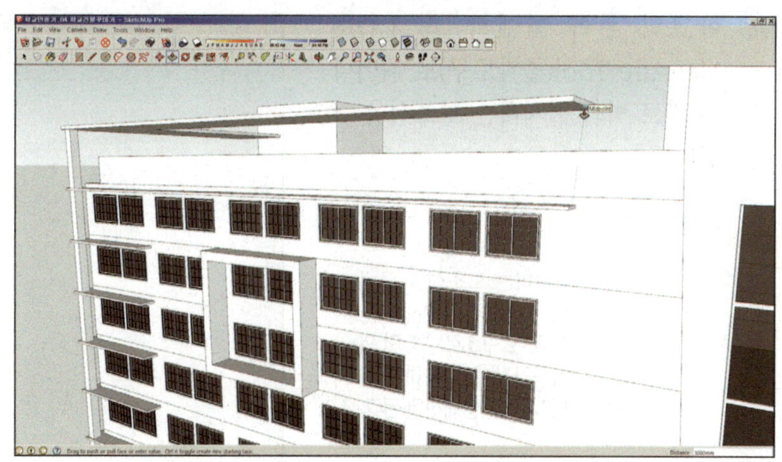

74 3층에 있는 가로 벽도 같은 폭으로 면을 만든다.

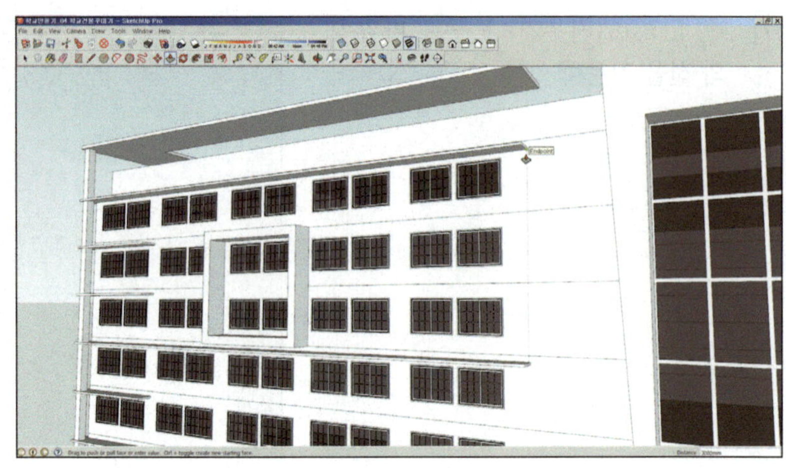

75 69~72번을 반복 작업해서 그림과 같이 기둥을 완성한다.

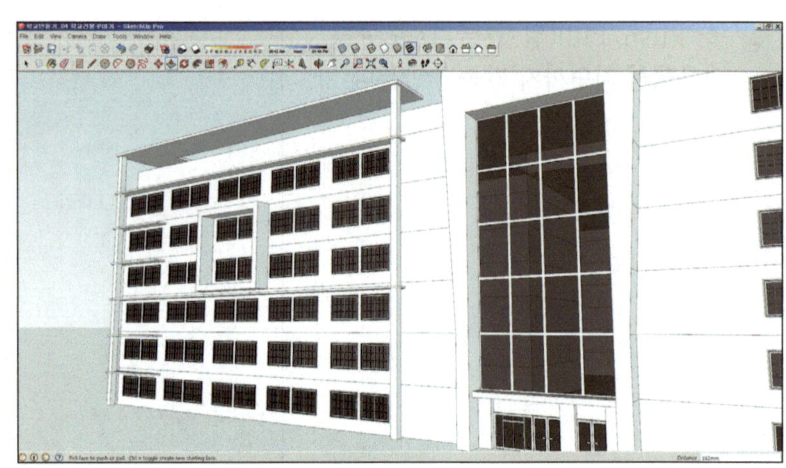

76 학교의 왼쪽 벽에서 Tape Measure Tool(줄자도구)로 튀어나온 가로 벽과 일치하는 보조선을 그린다.

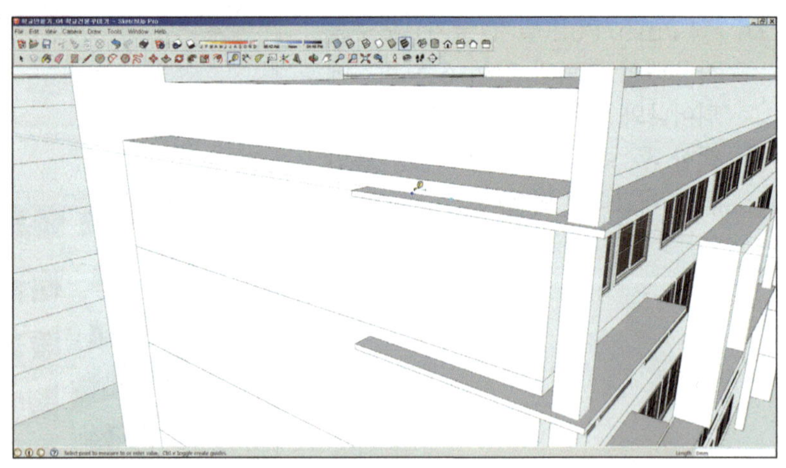

벽면과 일치하는 보조선을 그리기 위해서는 Tape Measure Tool(줄자도구)로 벽면의 Midpoint(중간점)을 클릭하고 같은 방향의 모서리를 클릭하면 된다.

77 그림과 같이 보조선에 맞춰 Rectangle(직사각형) 도구를 사용해서 (15, 500)인 사각형을 그린다.

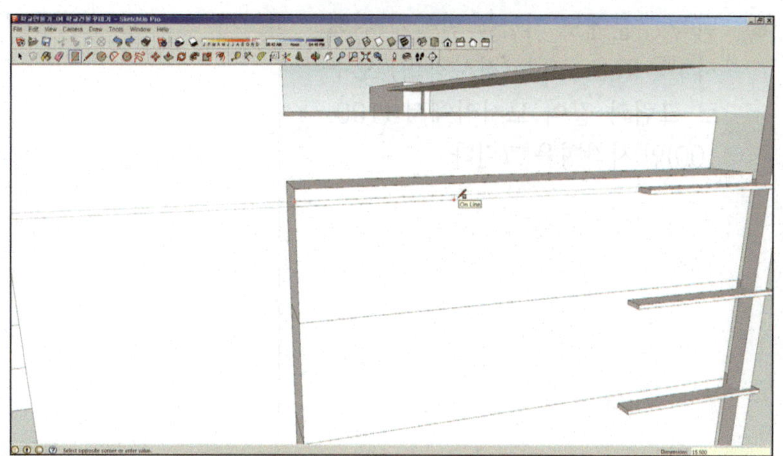

78 Push/Pull(밀기/끌기) 도구를 사용해서 앞쪽으로 60mm만큼 면을 만든다.

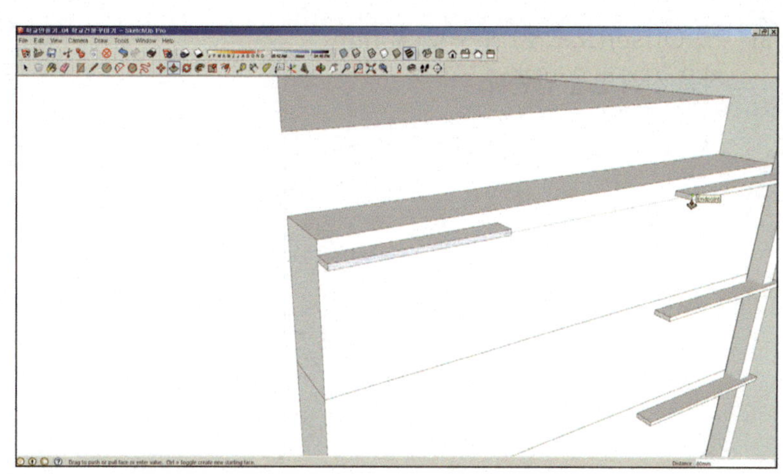

79 같은 방법으로 아랫부분도 그림과 같이 완성한다.

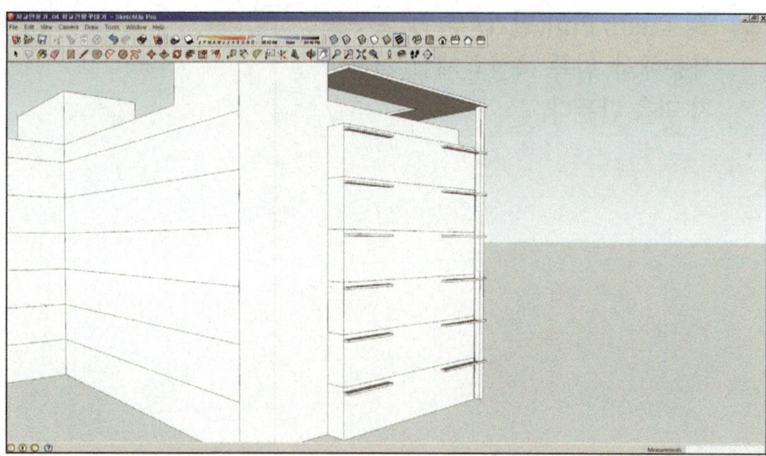

80 뒤쪽 부분에도 기둥을 만들기 위해서 Rectangle(직사각형) 도구로 그림과 같이 모서리에서 (100, 100)인 사각형을 그린다.

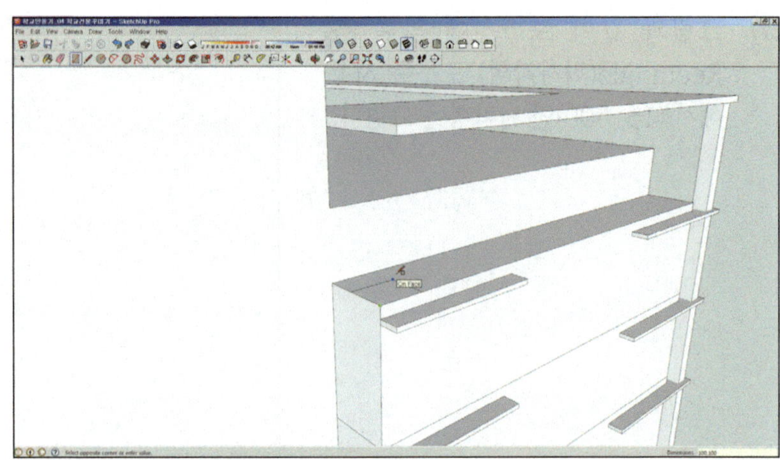

81 Offset(오프셋) 도구로 30mm 작은 사각면을 만든다.

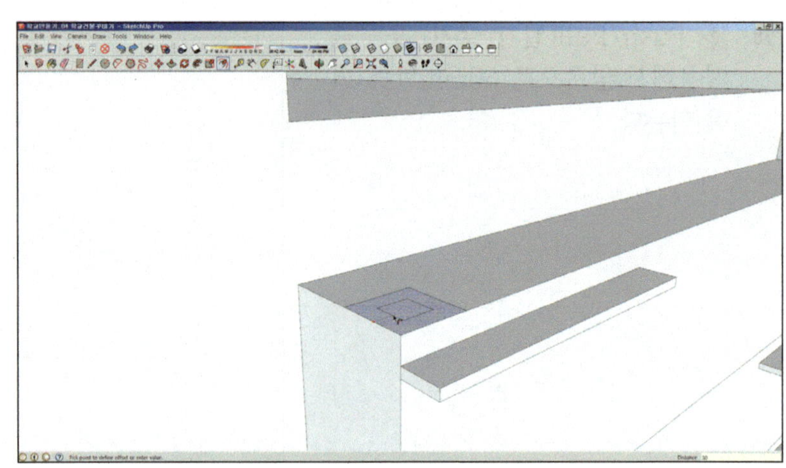

82 Push/Pull(밀기/끌기) 도구를 사용해서 위쪽 옥상휴게실 천장까지 면을 만든다.

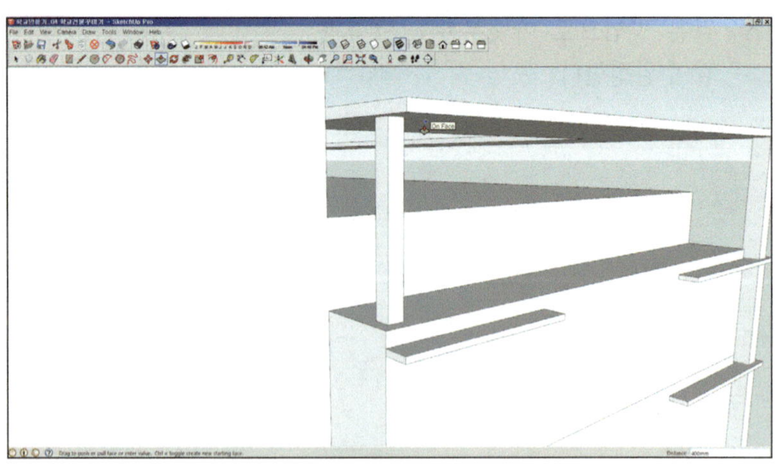

83 옥상을 만들기 위해 학교 건물의 윗면을 선택한 후 Offset(오프셋) 도구를 사용해서 80mm 작은 면을 만든다.

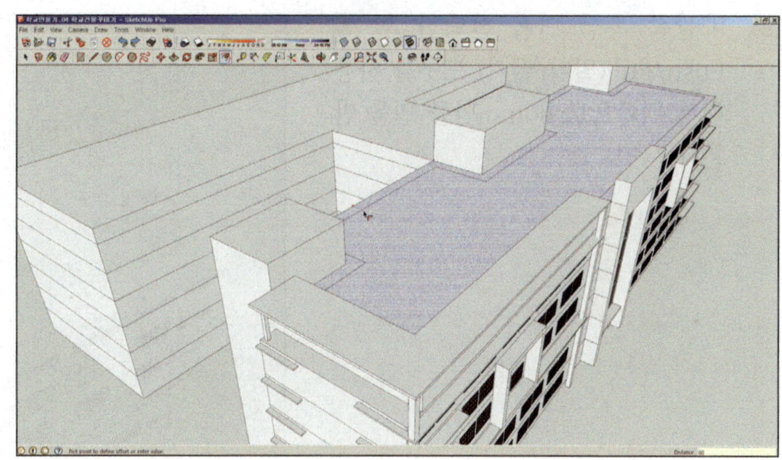

84 중앙 엘리베이터 부분에 Line(선) 도구로 연장선을 그리고 안쪽 선들은 Eraser(지우기) 도구로 지운다.

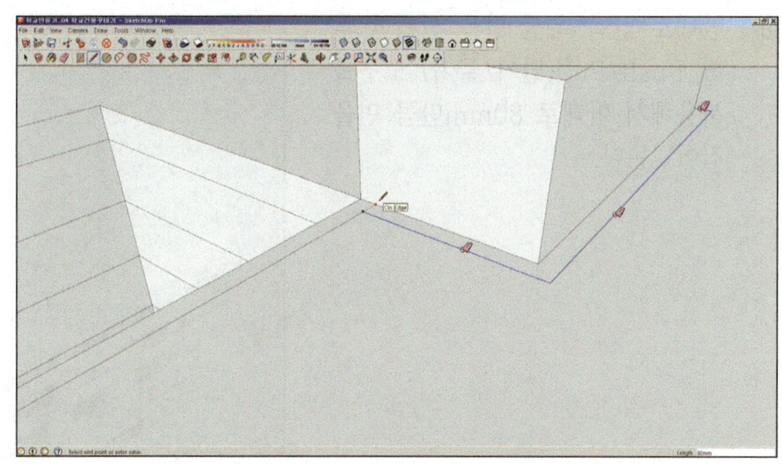

85 반대쪽 부분도 Line(선) 도구로 연장선을 그린다.

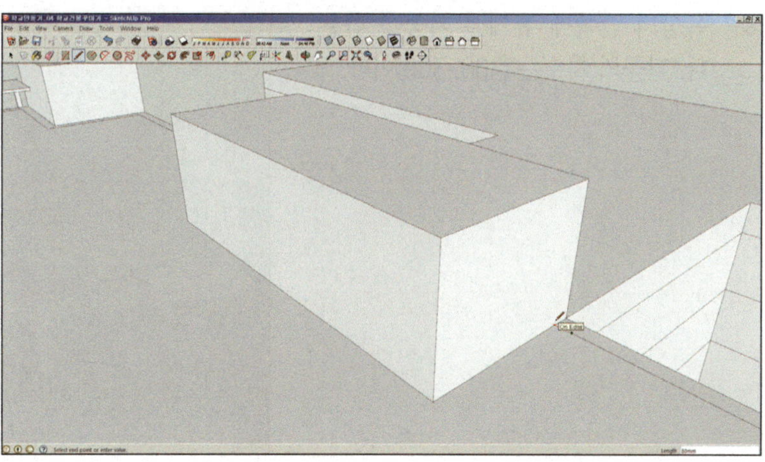

86 바깥쪽 옥상 면을 선택한 후 Push/Pull(밀기/끌기) 도구를 사용해서 위쪽으로 80mm만큼 면을 만든다.

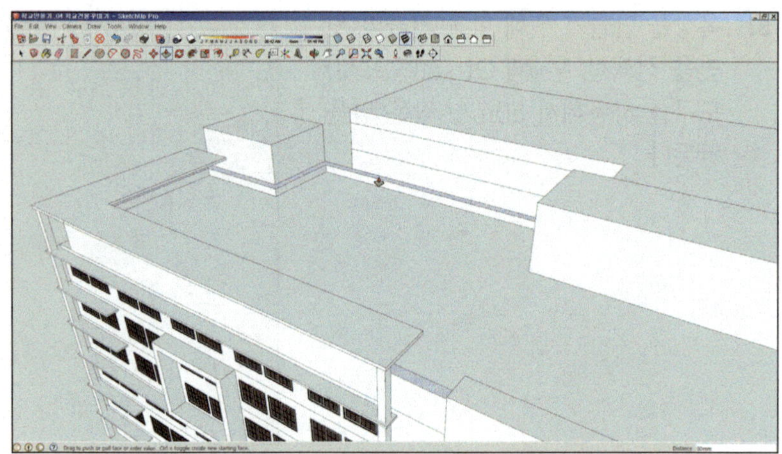

87 반대로 안쪽 옥상 면을 선택한 후 Push/Pull(밀기/끌기) 도구를 사용해서 아래로 80mm만큼 면을 집어넣는다.

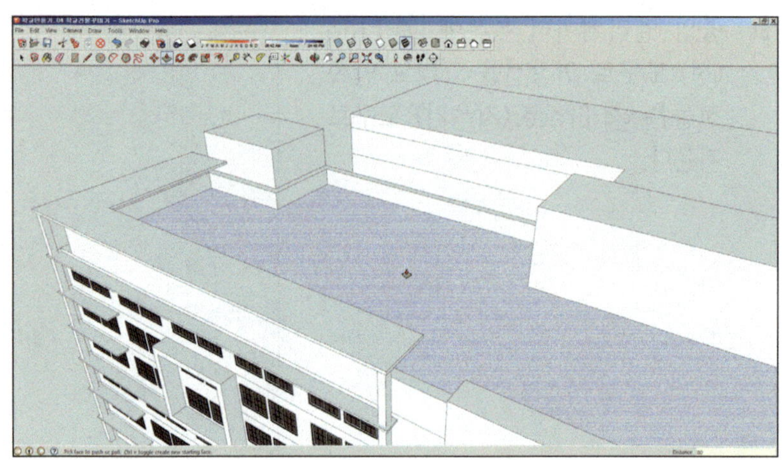

88 옥상의 안쪽에 휴게실 기둥을 만든다. 기둥의 치수는 (300, 300)이다.

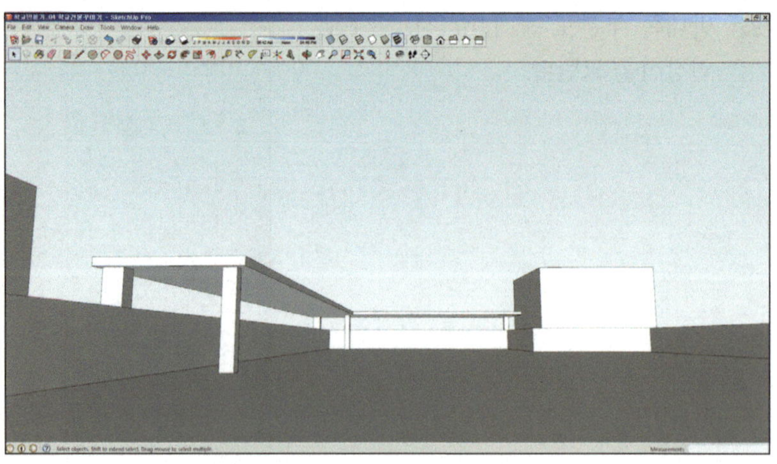

89 옥상 휴게실이 완성되었다. 임의대로 Component(구성요소)들을 이용하여 옥상 휴게실에 의자 및 정원 등을 꾸며보길 바란다.

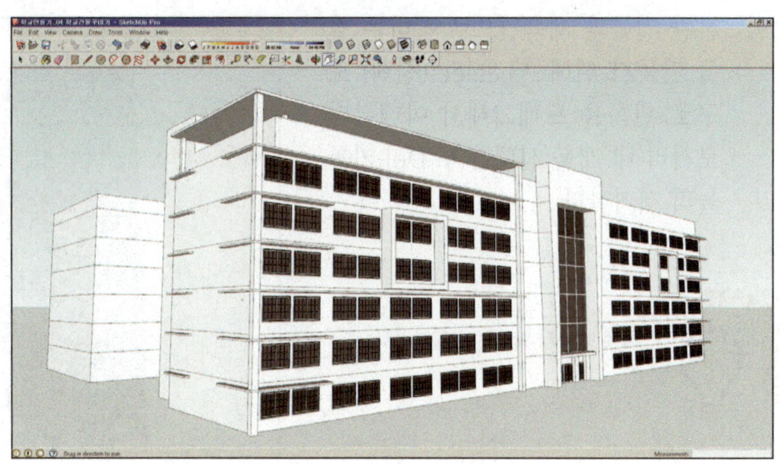

05 실내체육관 만들기

이제 학교 건물 뒤쪽에 실내체육관을 만들어보자.

90 실내체육관을 만들기 위해서 Eraser(지우기) 도구로 그림과 같이 뒤쪽 건물의 아래 선을 제거한다. 반대면도 마찬가지이다.

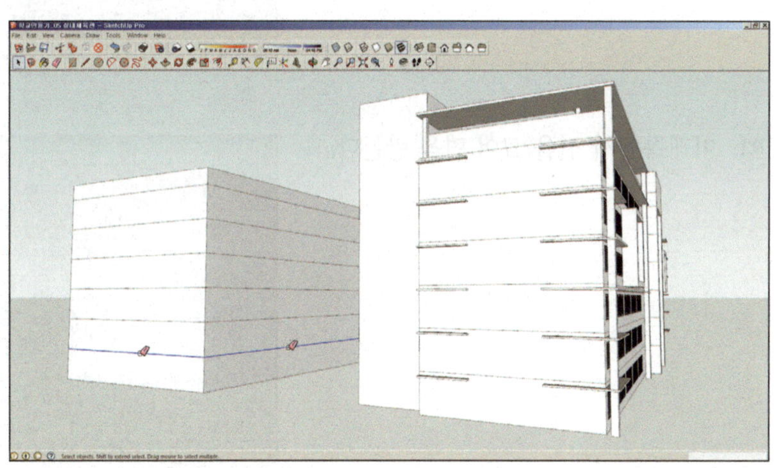

91 본관 건물과 체육관으로 통하는 길을 만들기 위해 Select(선택) 도구로 왼쪽을 드래그해서 아래부터 모서리 네 개를 선택한 후 Del 키를 눌러 제거한다.

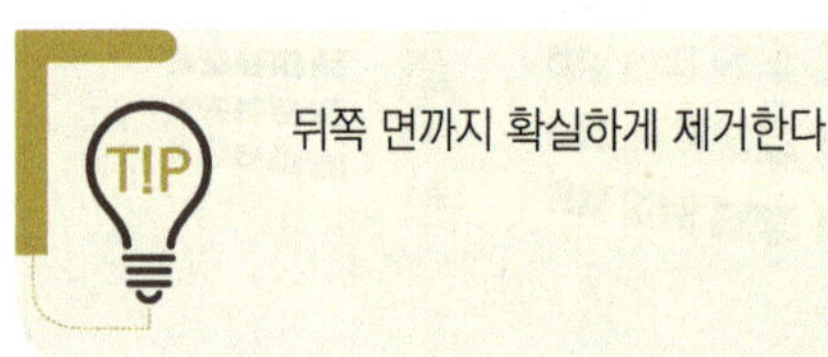

TIP 뒤쪽 면까지 확실하게 제거한다.

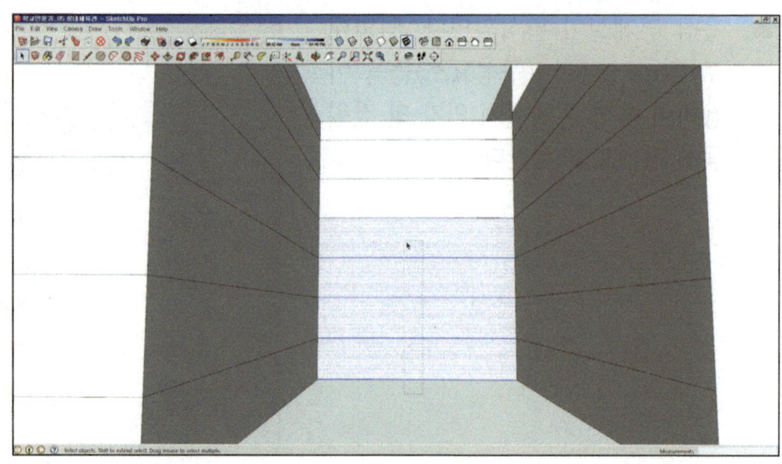

92 뚫린 면에 Line(선) 도구를 사용하여 선을 그어 윗면을 만든다.

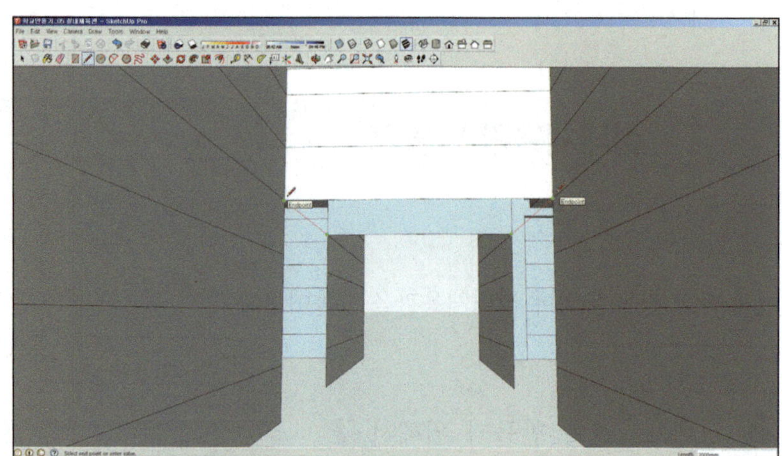

93 아래쪽에서 선을 그어 면을 만든다.

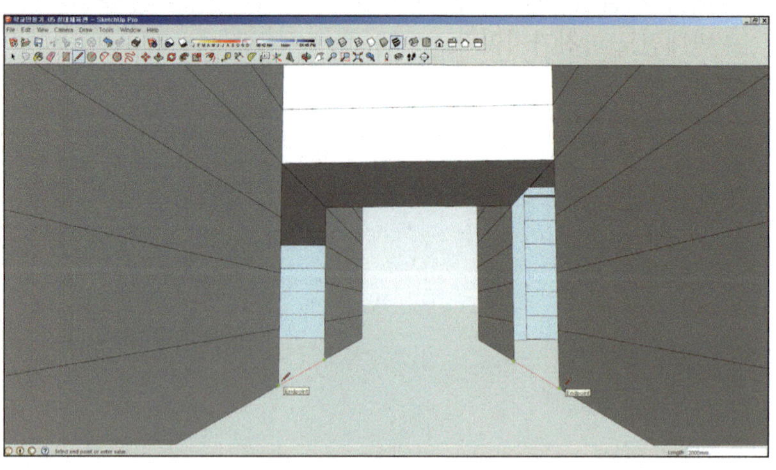

94 Eraser(지우기) 도구로 첫 번째 선부터 네 번째 선까지 선을 제거한다.

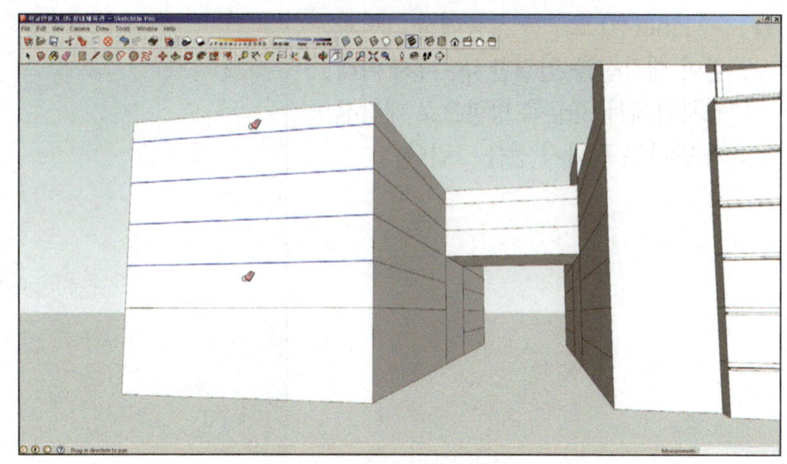

95 Push/Pull(밀기/끌기) 도구를 사용해서 바깥쪽으로 면을 800mm 만든다.

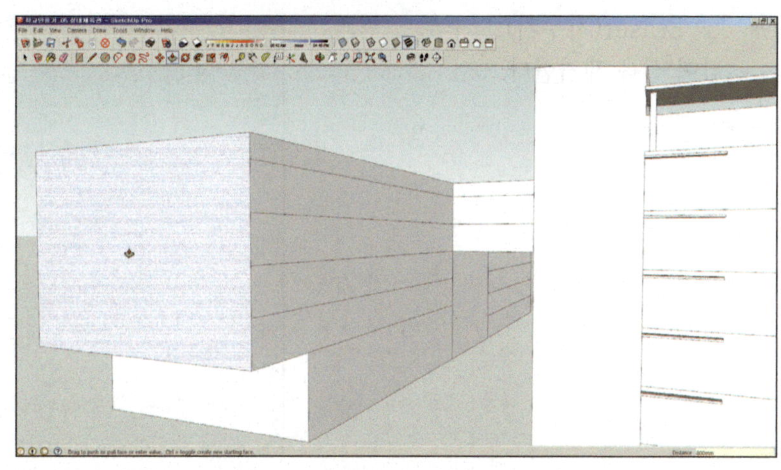

96 앞 모서리에서 2000mm 떨어진 보조선을 그린다.

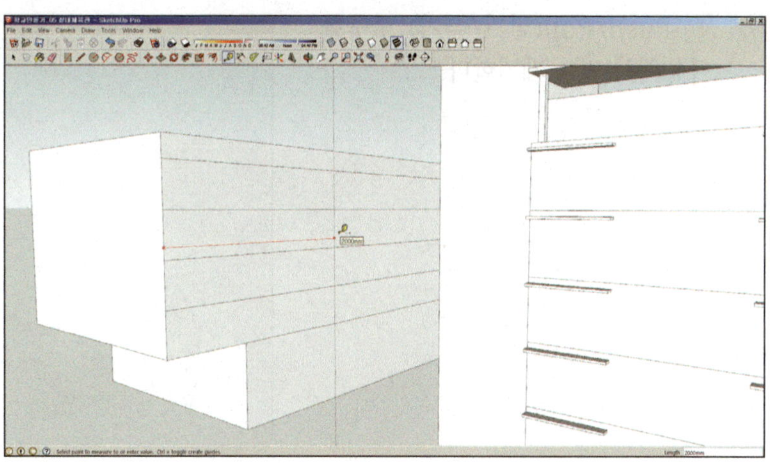

97 Line(선) 도구를 사용해서 그림과 같이 대각선을 연결한 후, 다시 아래 교차점에서 Blue축 방향으로 대각선과 만나는 점까지 선을 그린다.

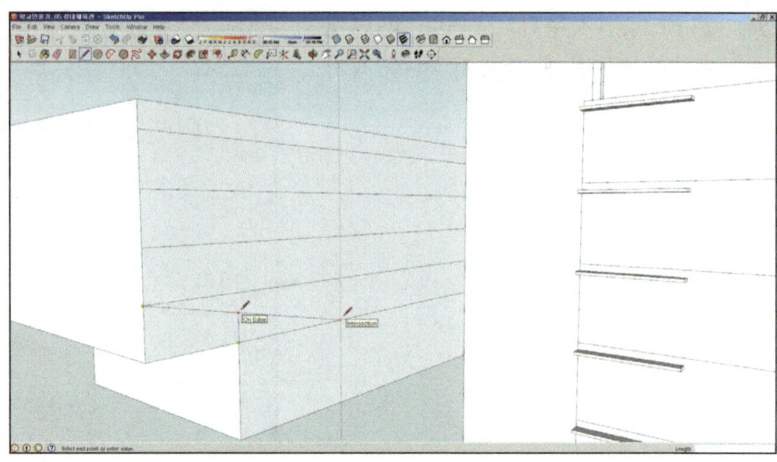

98 Eraser(지우기) 도구로 그림과 같이 선을 제거한다.

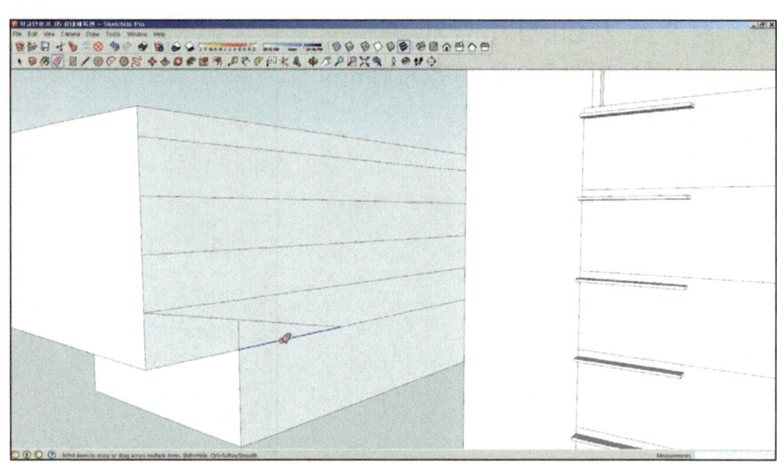

99 Push/Pull(밀기/끌기) 도구를 사용해서 면을 제거한다.

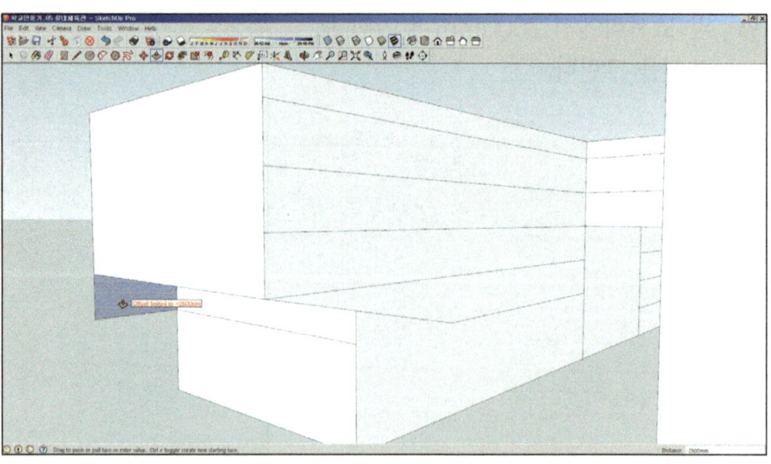

100 뒷면에서 Line(선) 도구를 사용해서 대각선의 끝점에서 평행하도록 선을 그린다. 분홍색 선이 나오면 평행을 의미한다. 앞쪽에 선을 제거한다.

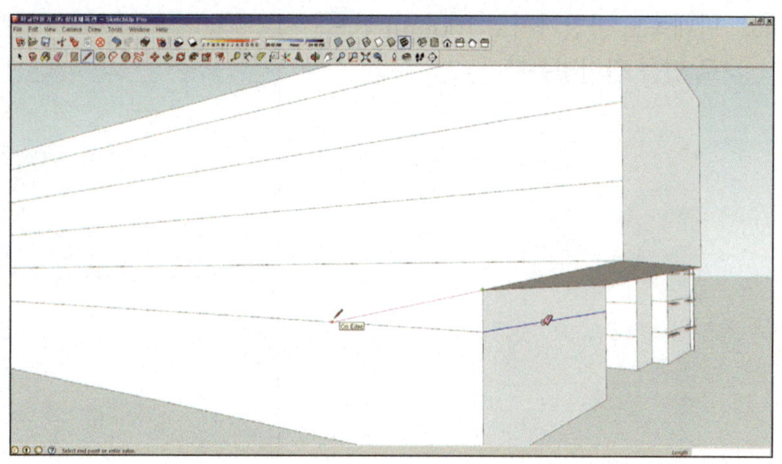

101 체육관 건물 윗면에 Green축 방향으로 선을 그린 후, 다시 끝점에서 Blue축 아랫방향으로 수직선을 그린다. 옆면의 선을 제거한다.

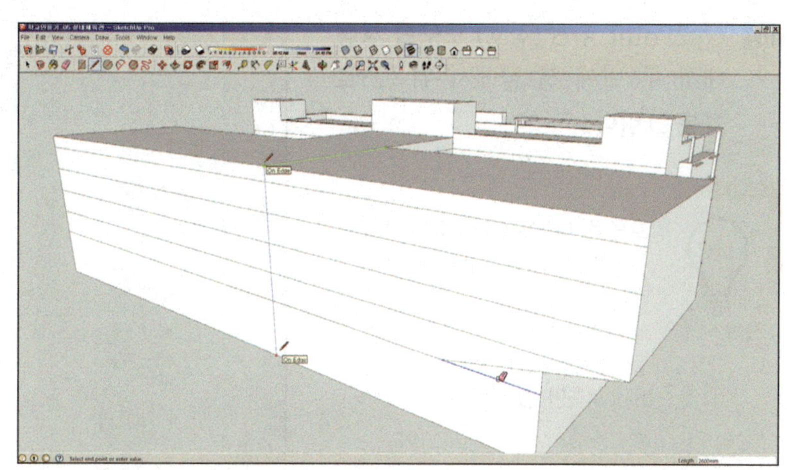

102 Push/Pull(밀기/끌기) 도구를 사용해서 안쪽으로 면을 100mm 집어넣는다.

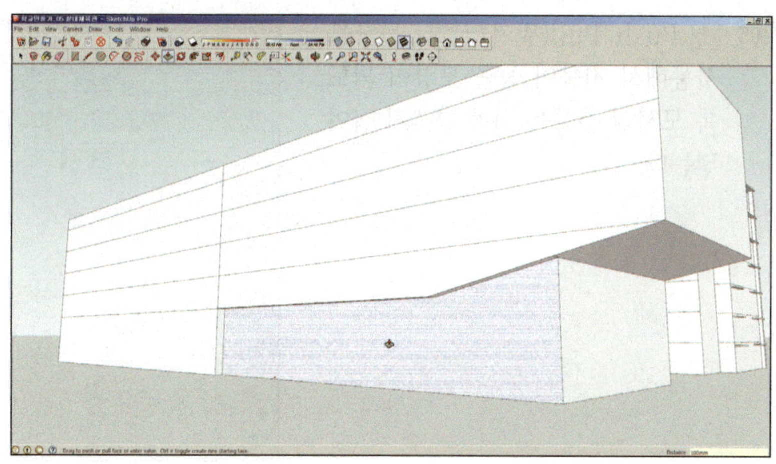

103 반대쪽도 마찬가지로 100mm 안으로 면을 집어넣는다.

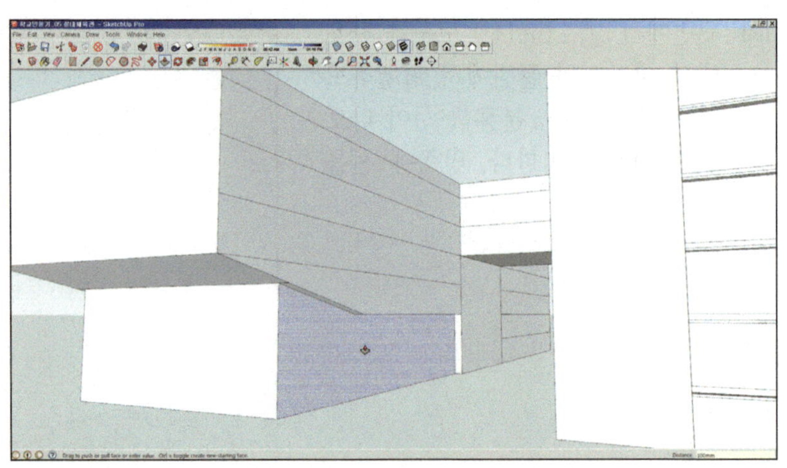

104 2Point Arc(2점호) 도구를 사용해서 두 번째 선 끝에서 위쪽으로 호를 그린다.

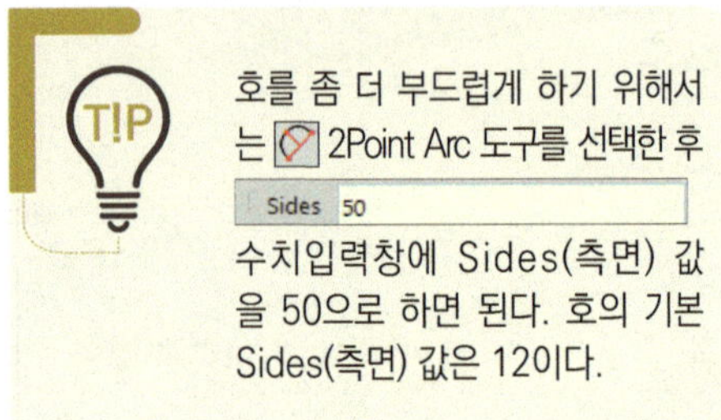

TIP

호를 좀 더 부드럽게 하기 위해서는 2Point Arc 도구를 선택한 후 Sides 50 수치입력창에 Sides(측면) 값을 50으로 하면 된다. 호의 기본 Sides(측면) 값은 12이다.

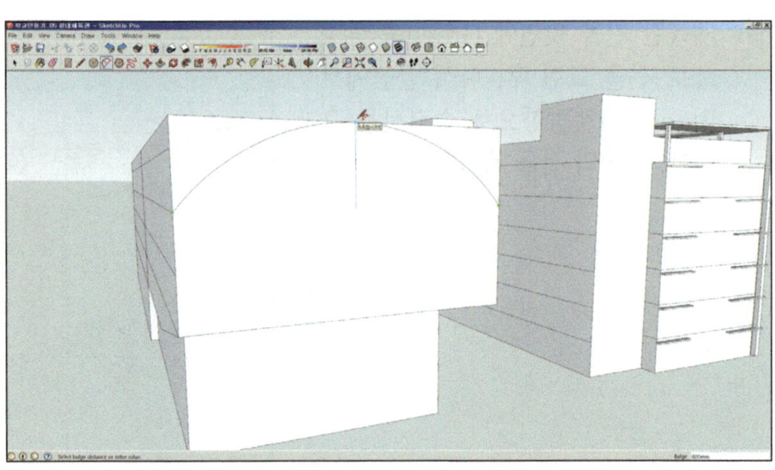

105 Push/Pull(밀기/끌기) 도구를 사용해서 지붕이 둥근 모양이 되도록 모서리 부분을 뒤쪽 면까지 집어넣는다.

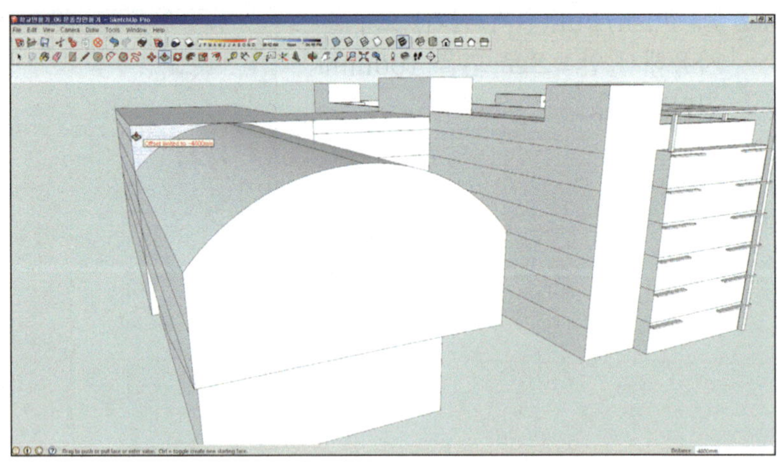

106 Select(선택) 도구로 체육관 둥근 모서리를 선택한 후 Offset(오프셋) 도구를 사용해서 50mm 떨어진 선을 그린다.

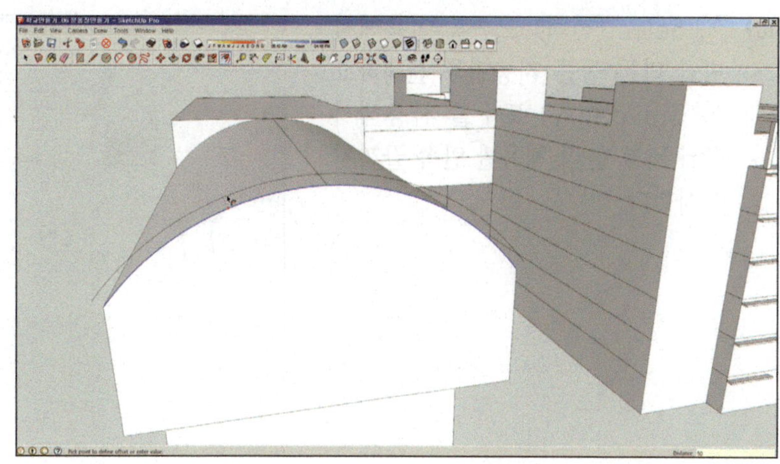

107 양쪽 모서리 끝을 Line(선) 도구를 사용하여 선을 연결한다.

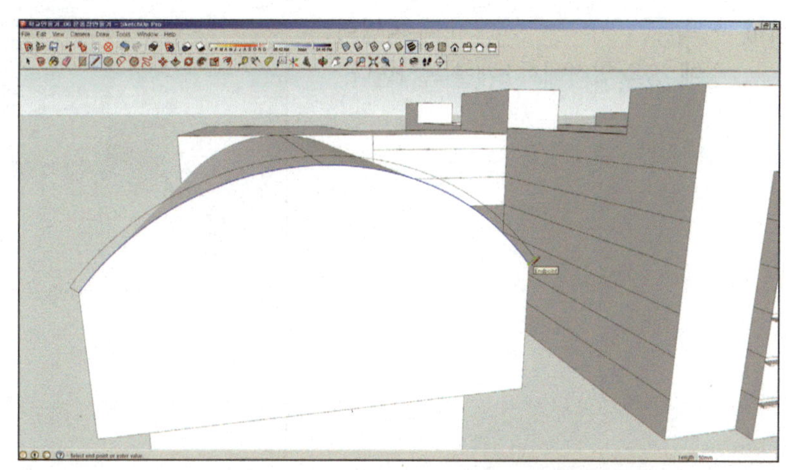

108 뒷면을 선택한 후 Push/Pull(밀기/끌기) 도구를 사용해서 150mm 면을 만든다.

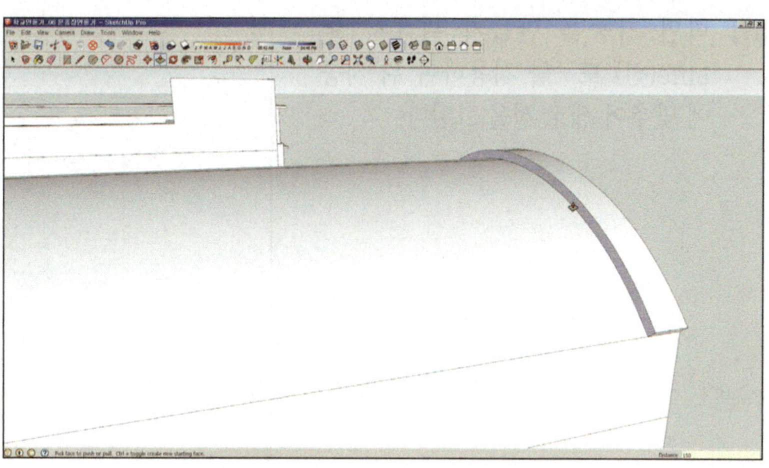

109 Select(선택) 도구를 이용해서 방금 만든 둥근 지붕면을 선택하고 Move(이동) 도구를 사용해서 Ctrl 키를 눌러 체육관 안쪽 끝까지 복사한다.

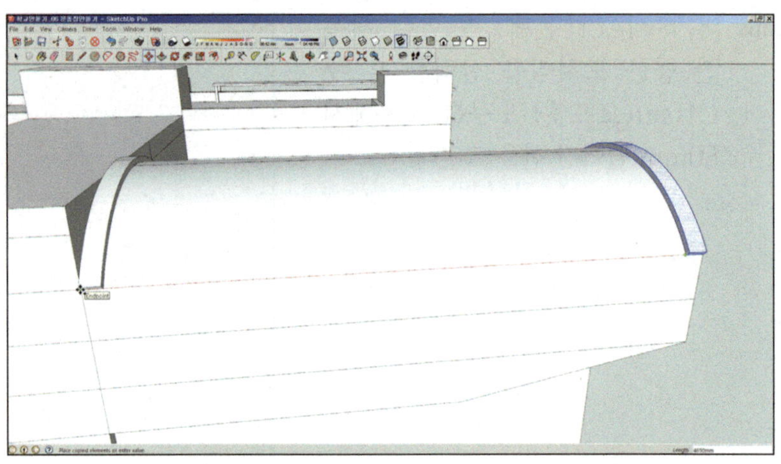

110 Length /8 수치입력창에 /8을 입력해서 8개를 복사한다.

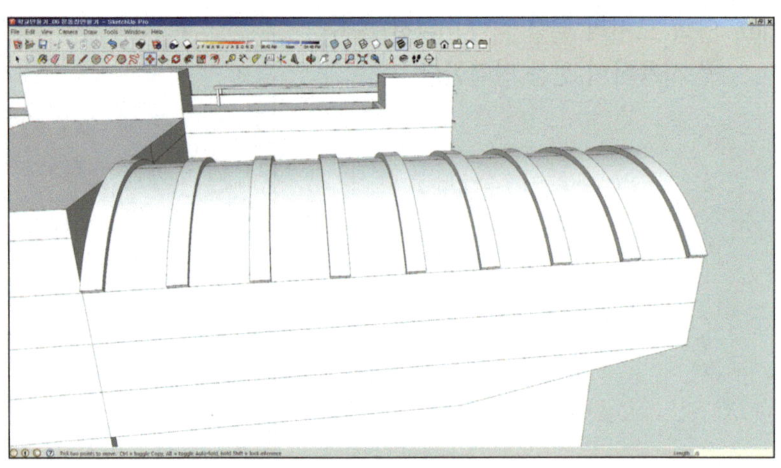

111 벽면 기둥을 만들기 위해서 Line(선) 도구를 사용하여 위 지붕에 맞추어 세로 선을 그린다.

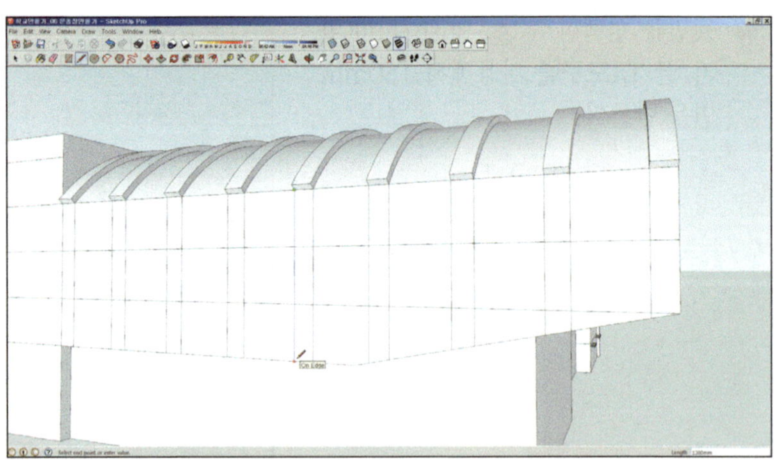

112 Eraser(지우기) 도구로 벽면 기둥 부분만 남기고 나머지는 제거한다.

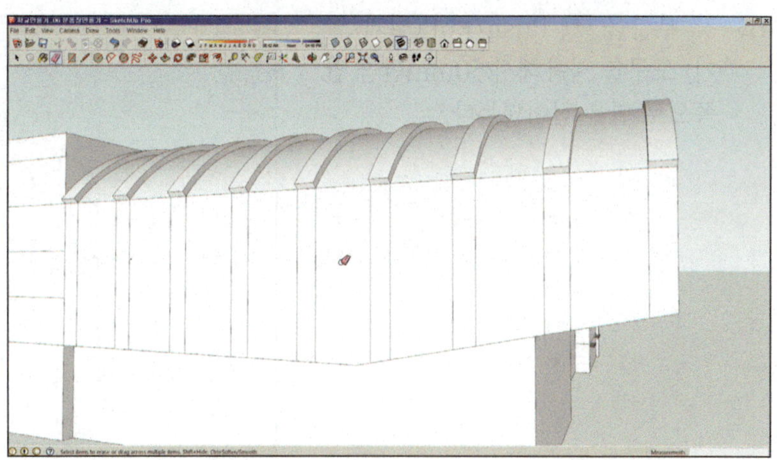

113 Tape Measure Tool(줄자도구)을 사용해서 위 모서리에서 50mm 떨어진 보조선을 그린다.

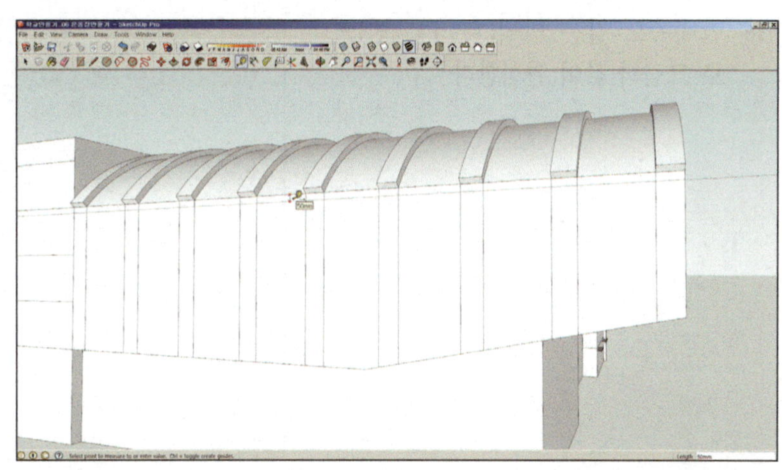

114 Line(선) 도구를 사용해서 세로 벽면을 빼고 나머지 부분에 보조선에 맞추어 선을 그린다.

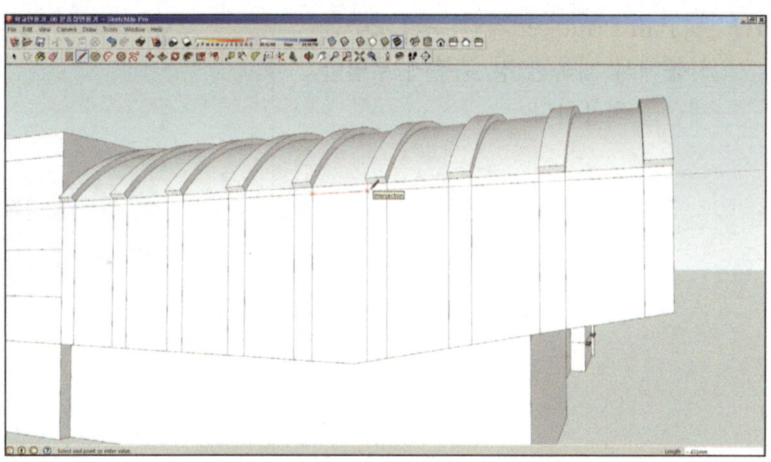

115 창 부분을 Push/Pull(밀기/끌기) 도구를 사용해서 50mm만큼 안쪽으로 면을 집어넣는다.

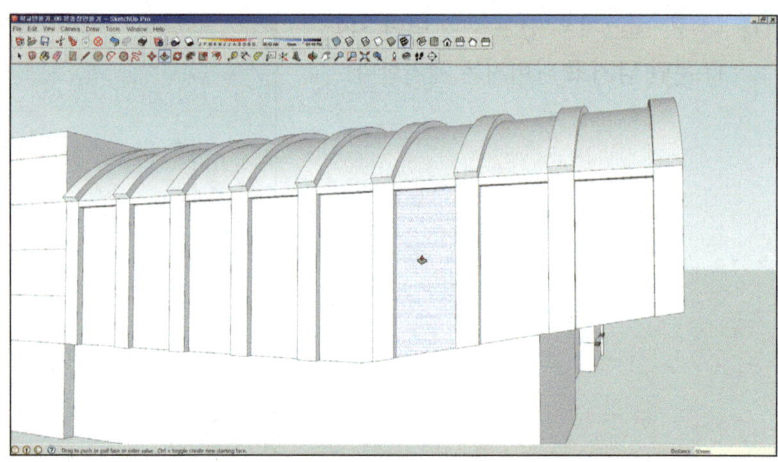

116 반대쪽도 같은 방법(111~115번)으로 그림과 같이 완성한다.

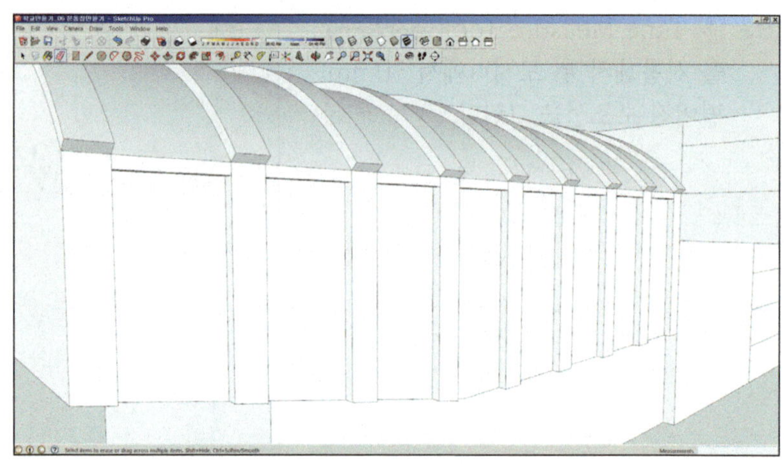

117 Paint Bucket(페인트통) 도구를 사용해서 체육관 창 부분에 투명한 재질을 적용한다.

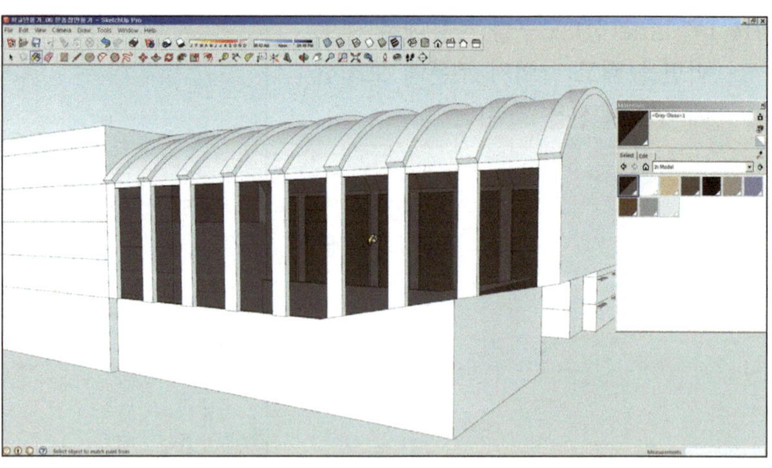

118 체육관 아랫부분에 창문을 만들기 위해서 Components(구성요소) 창, 3D Warehouse에서 자신이 원하는 창문을 다운로드한다.

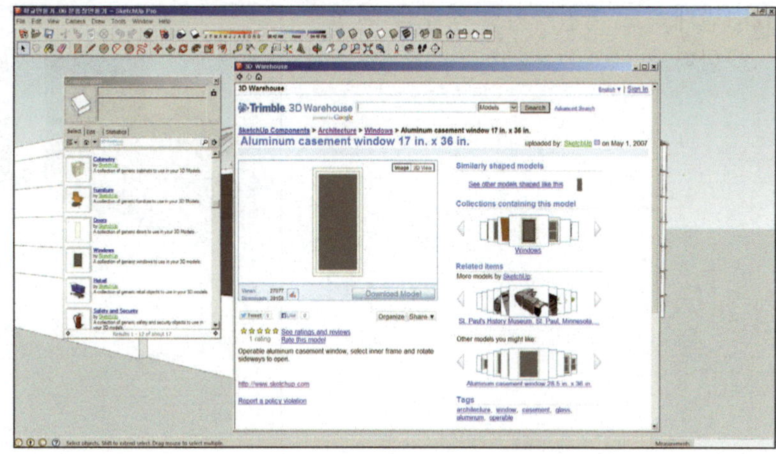

119 창문을 가져와 Scale(배율) 도구와 Move(이동) 도구로 창문을 체육관 벽에 위치한다.

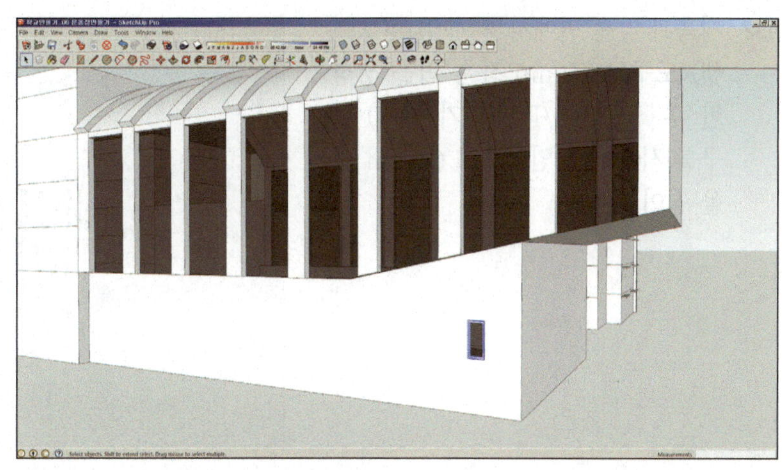

120 Move(이동) 도구를 이용해서 그림과 같이 복사한다.

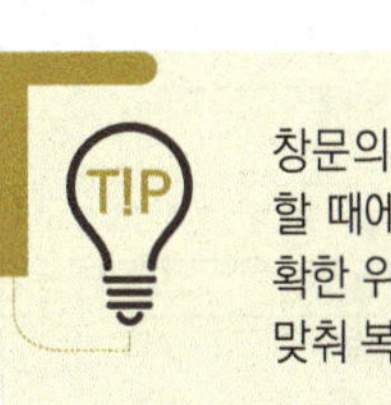

창문의 위치를 정확하게 하고자 할 때에는 먼저 보조선을 그려 정확한 위치를 잡은 후, 그 보조선에 맞춰 복사하면 된다.

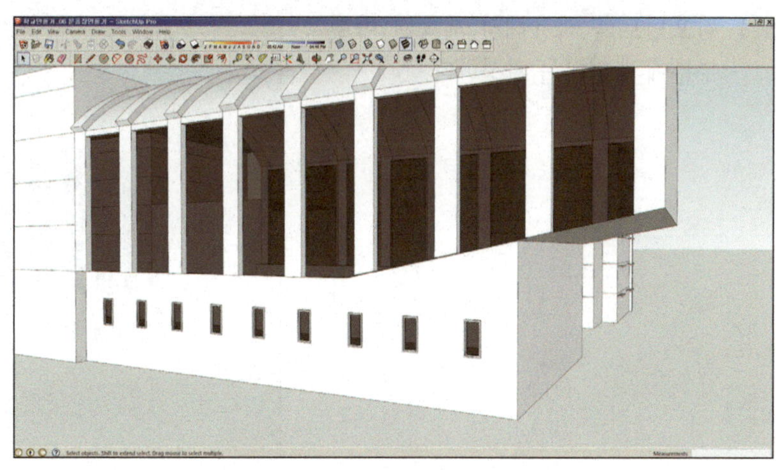

121 반대쪽도 마찬가지로 창문을 완성한다.

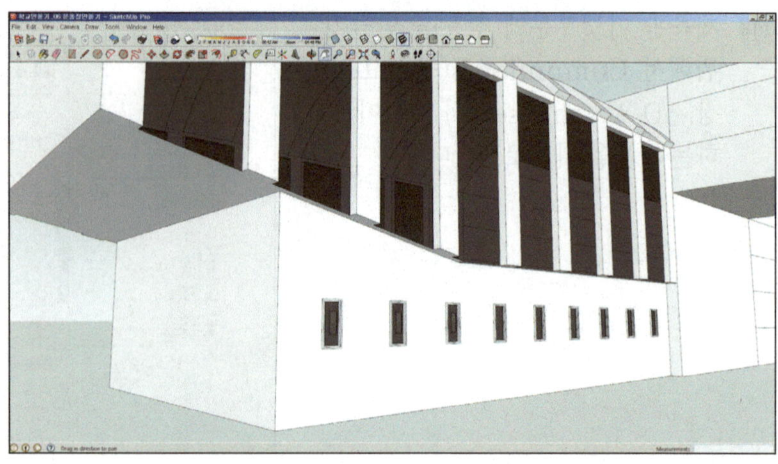

122 체육관 앞쪽 면에서 Offset(오프셋) 도구로 50mm 작은 면을 생성한 후 Push/Pull(밀기/끌기) 도구를 사용해서 안쪽으로 60mm 면을 집어넣는다.

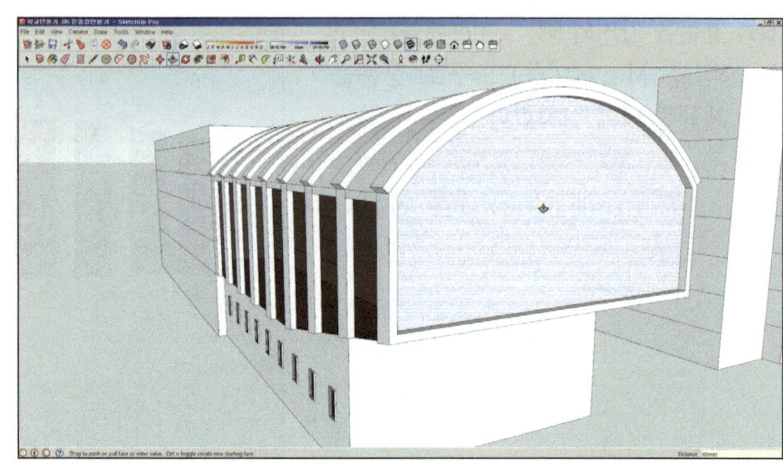

123 컴포넌트를 사용해서 체육관 아랫부분에 출입문을 완성한다.

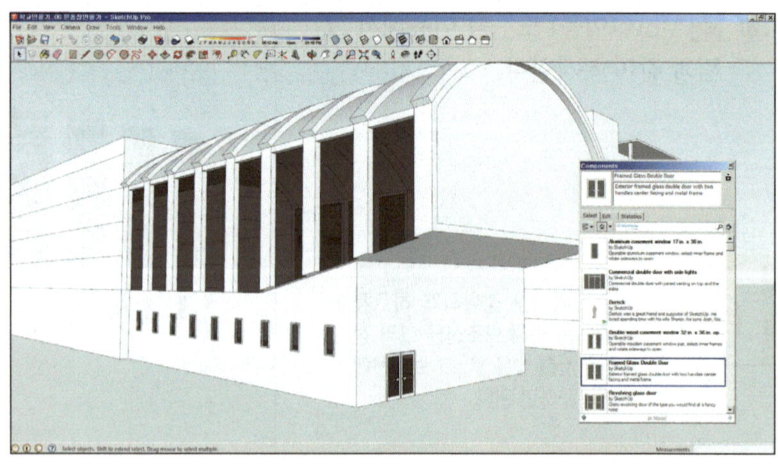

124 체육관 반대쪽의 건물은 독자 여러 분 임의대로 한 번 만들어보자. 과학실, 음악실, 동아리실, 기숙사 등 다양한 형태로 제작해보길 바란다.

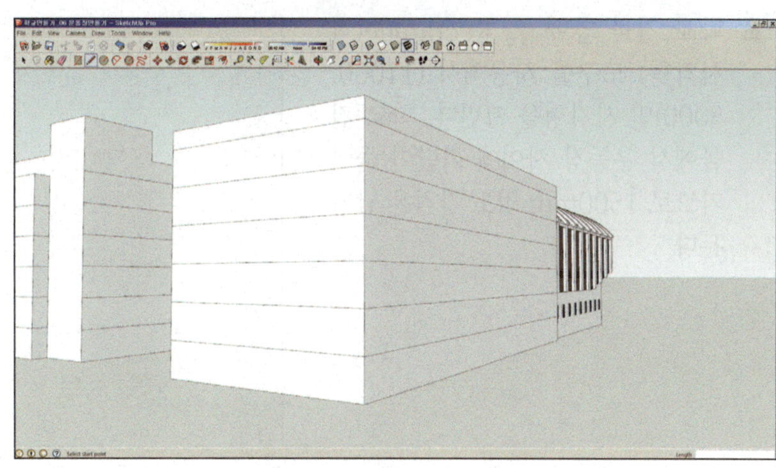

06 운동장 및 화단 만들기

이제 학교 운동장 및 1층 교실 앞 화단을 만들어보자.

125 먼저 학교 운동장을 만들기 위해서 Top View(맨 위 뷰)에서 Rectangle(직사각형) 도구를 사용해서 학교 건물이 포함되도록 사각형을 그린다. 치수는 (50000, 50000)이나 중요치 않으며 학교 건물이 포함되고 앞쪽에 운동장을 그릴 정도면 된다.

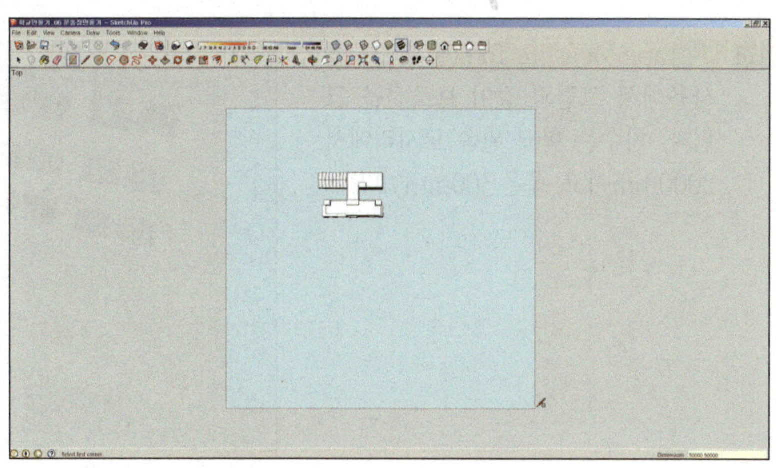

126 학교 건물 앞에 Rectangle(직사각형) 도구를 사용해서 (11000, 8000)인 사각형을 그린다. 학교 건물에서 운동장 사이에 화단이 들어가므로 1500mm 정도 간격은 남겨둔다.

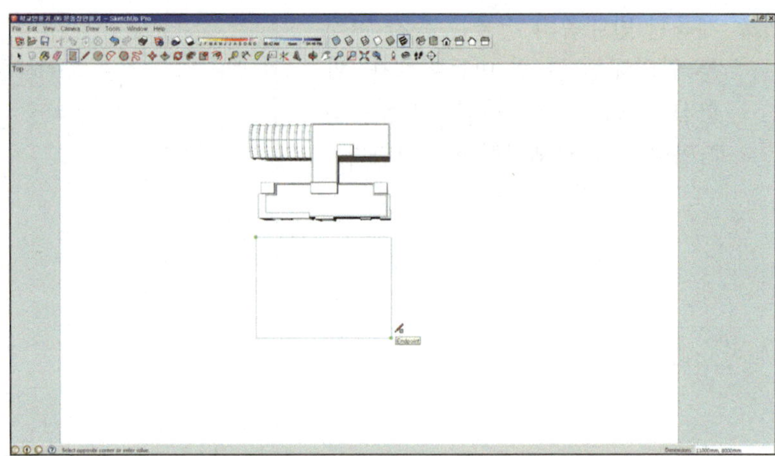

127 ISO View(ISO 뷰)로 전환한 후, 운동장을 만들기 위해 Push/Pull(밀기/끌기) 도구를 사용해서 아래로 150mm 면을 집어넣는다.

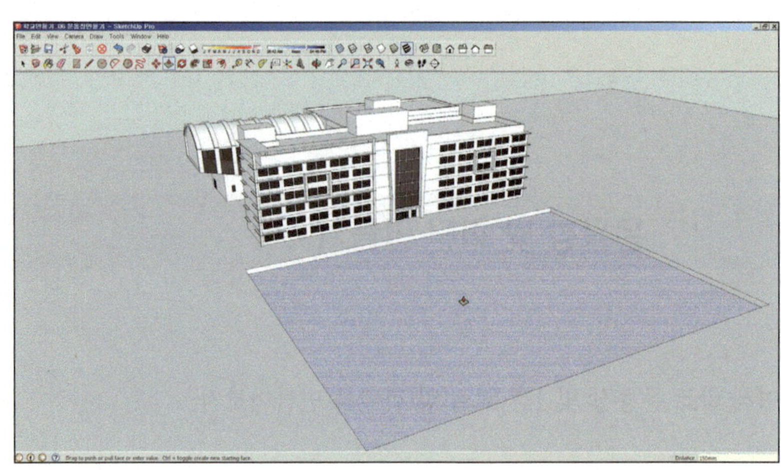

128 Tape Measure Tool(줄자도구)을 사용해서 그림과 같이 보조선을 그린다. 치수는 학교 왼쪽 모서리에서 2000mm이고, 폭은 300mm이다.

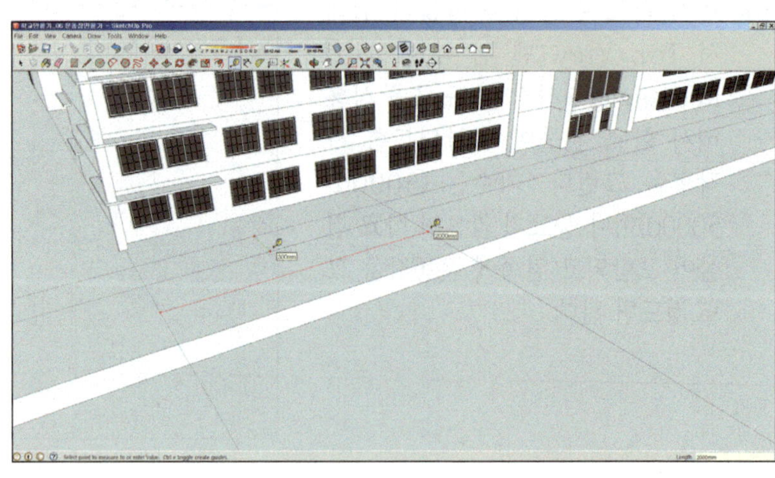

129 보조선에 맞추어 사각형을 그린다. 치수는 (2000, 300)이다.

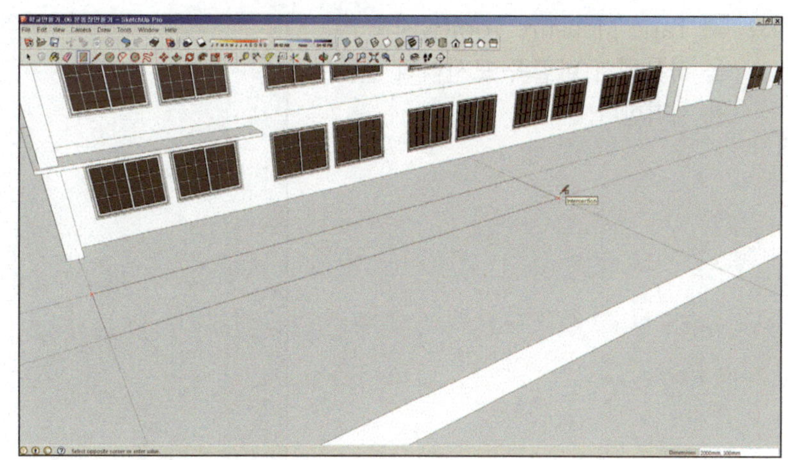

130 화단의 모서리를 둥글게 하기 위해서 Tape Measure Tool(줄자도구)을 사용해서 사각형에서 30mm 떨어진 보조선을 각각 두 개 그린다.

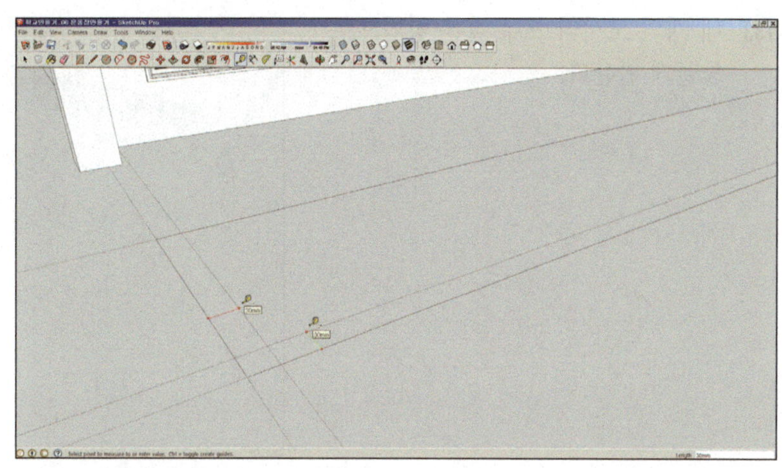

131 2Point Arc(2점호) 도구를 사용해서 각 모서리에서 부드럽게 연결되는 호를 그린다. Tangent to Edge(가장자리에 접함)이라는 메시지가 나와야 1/4원이 되는 호가 그려진다.

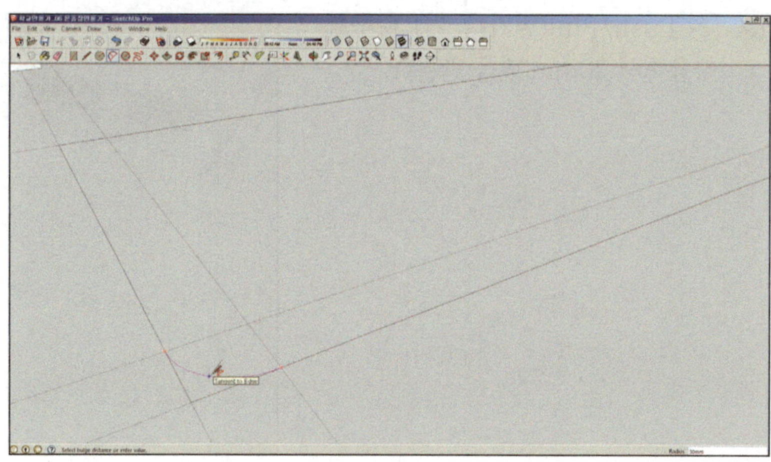

132 Tape Measure Tool(줄자도구)을 사용해서 바깥쪽 모서리의 선들을 제거한다.

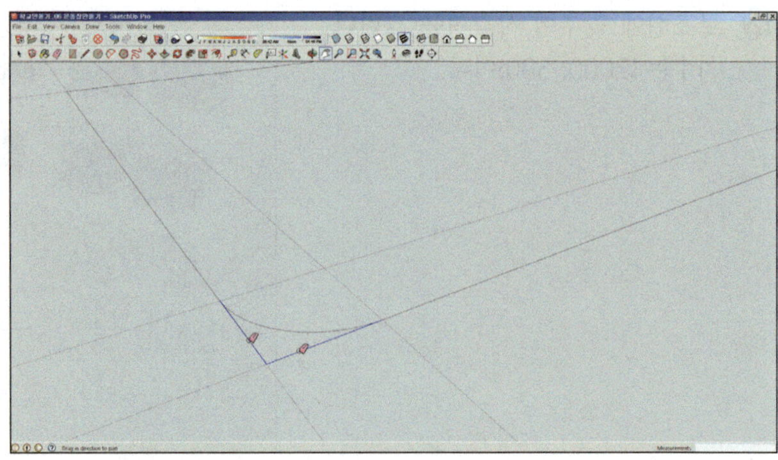

133 네 개의 모서리 모두 같은 방법으로 둥글게 만든다.

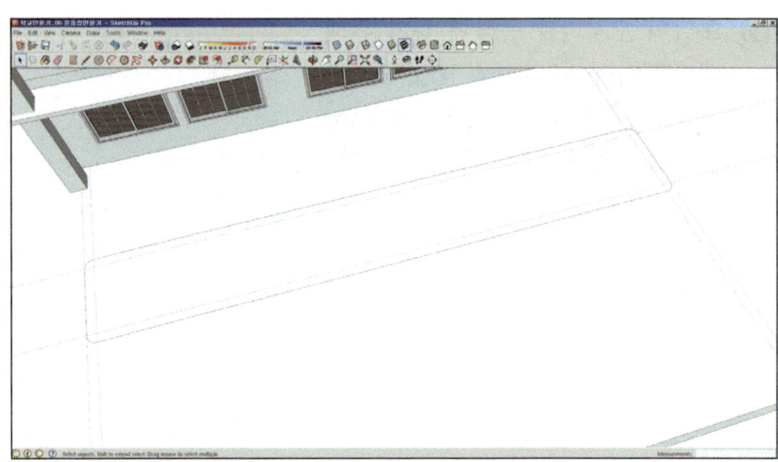

134 Push/Pull(밀기/끌기) 도구를 사용해서 20mm 면을 만든다.

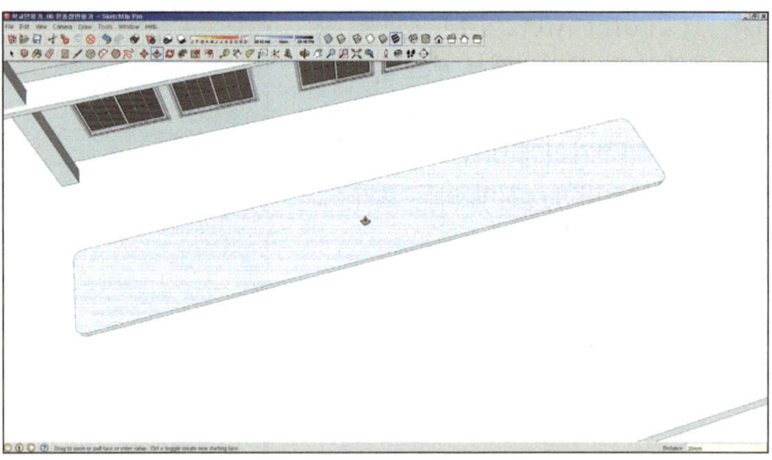

135 Offset(오프셋) 도구를 사용해서 안쪽으로 20mm 작은 사각형을 그린다.

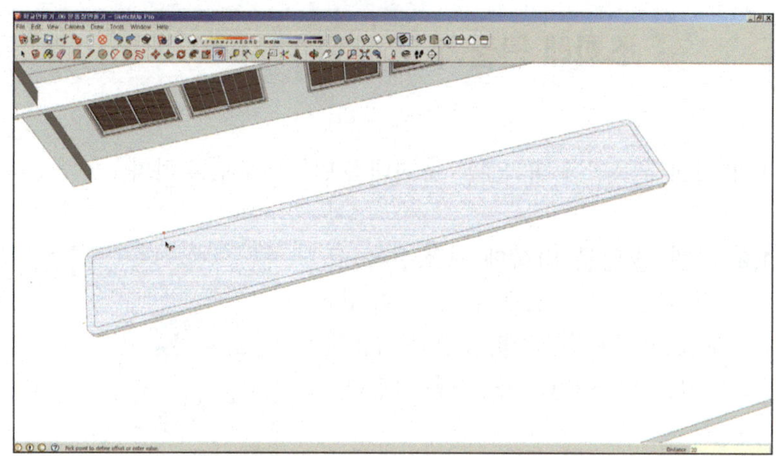

136 Select(선택) 도구로 화단을 모두 선택하고 Move(이동) 도구를 사용해서 Ctrl 키를 누른 후 출입문 왼쪽까지 복사한다.

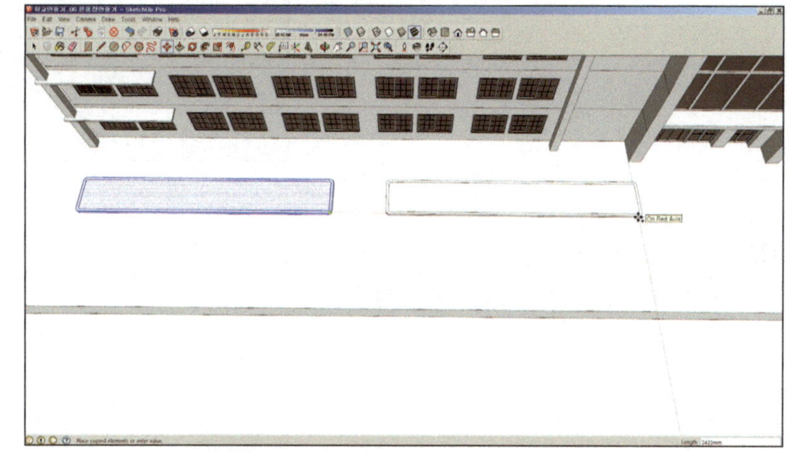

출입문 왼쪽에 미리 보조선을 그린 후, 그 보조선에 맞춰 복사하면 된다.

137 같은 방법으로 두 개의 화단을 모두 선택한 후, 옆쪽으로 복사해서 화단을 완성한다.

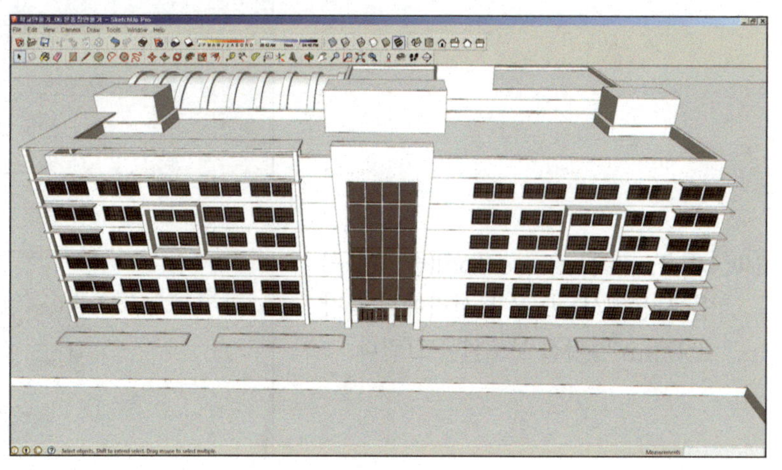

화단의 나무는 Component(구성요소)를 이용해서 꾸며도 되지만 사실감이 떨어진다. SketchUp으로 화단의 아랫부분만 만든 후 포토샵에서 실제 꽃과 나무들을 가져와 합성하는 방법이 바람직하다.

07 조회대 만들기

이제 학교 운동장을 바라보는 조회대를 만들어보도록 하자.

138 본관 출입문 안쪽에 보조선을 그린 후, 그 보조선에 맞추어 Rectangle(직사각형) 도구를 사용해서 (1000, 500)인 사각형을 그린다.

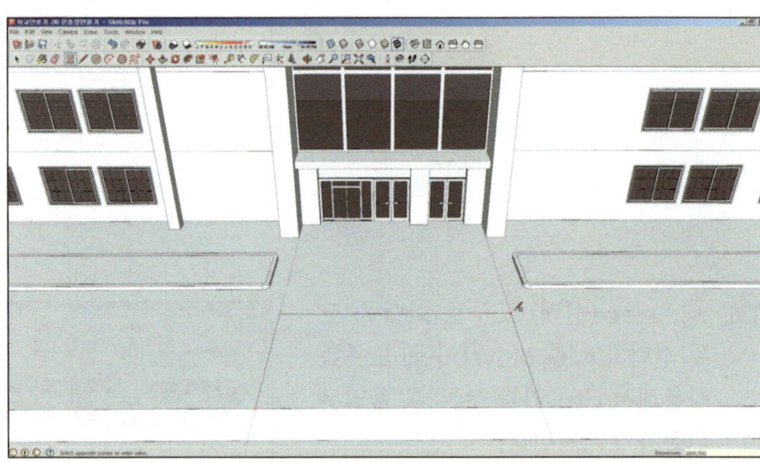

139 Push/Pull(밀기/끌기) 도구를 사용해서 위쪽으로 250mm만큼 면을 만든다.

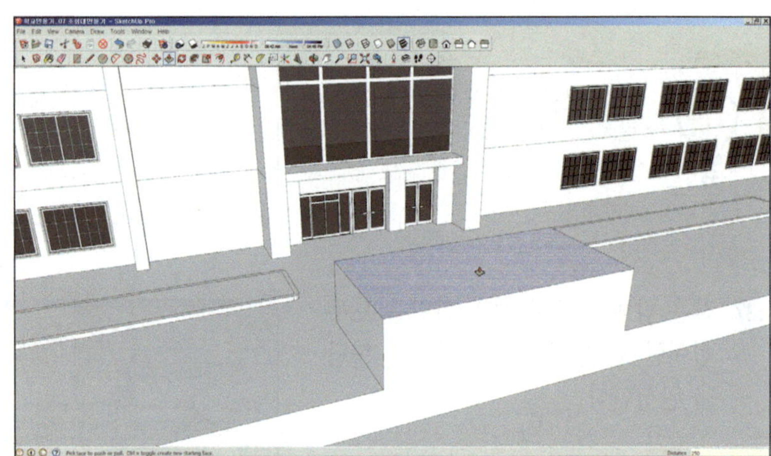

140 Tape Measure Tool(줄자도구)을 사용해서 좌, 우 모서리에서 각각 250mm 떨어진 보조선을 그린다.

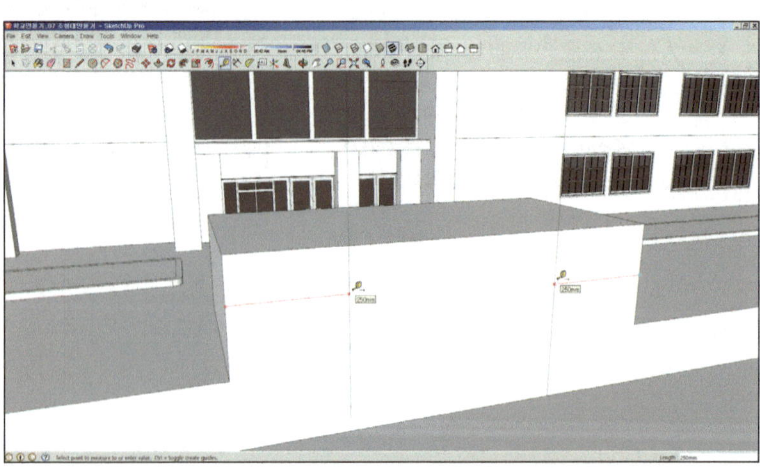

141 보조선에 맞추어 Line(선) 도구로 수직선을 그린다.

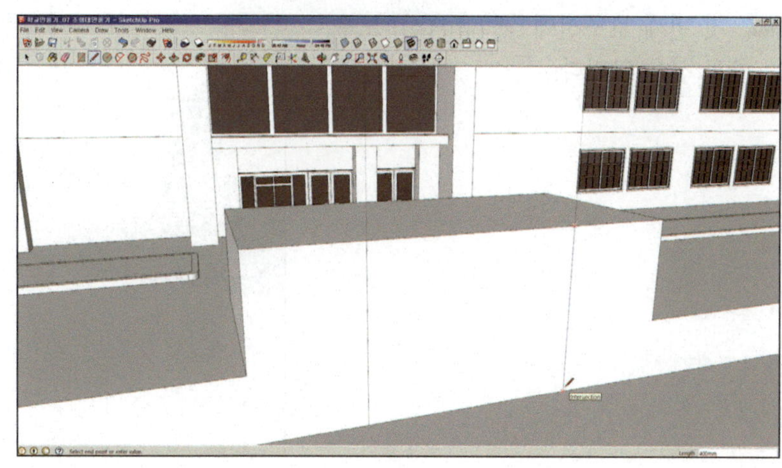

142 Push/Pull(밀기/끌기) 도구를 사용해서 앞쪽으로 150mm만큼 면을 만든다.

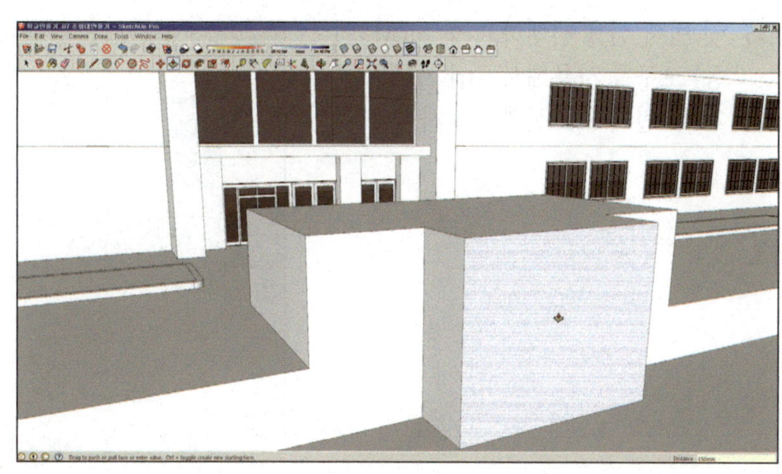

143 운동장에서 조회대로 올라가는 계단을 만들기 위해서 Tape Measure Tool(줄자도구)을 사용해서 지면에서 25mm 떨어진 보조선을 두 개 그린다.

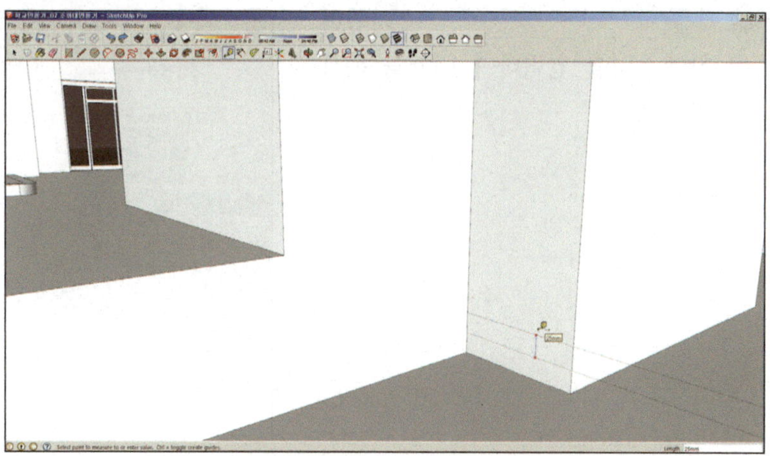

144 첫 번째 보조선에 Line(선) 도구로 선을 그린다.

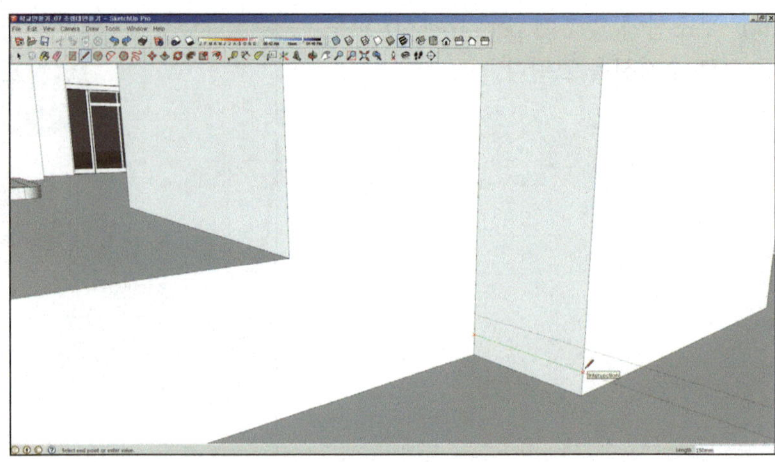

145 첫 번째 선을 선택하고 Move(이동) 도구를 사용해서 Ctrl 키를 누른 후 두 번째 보조선까지 복사한다.

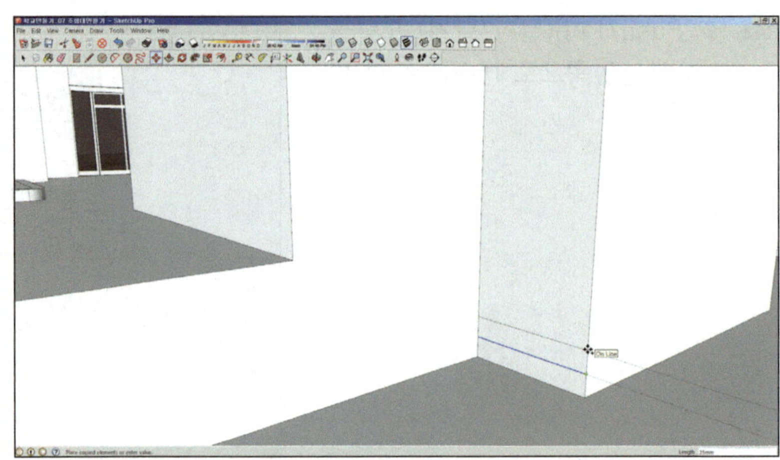

146 Length *14 수치입력 창에 *14를 입력하여 14개를 복사한다.

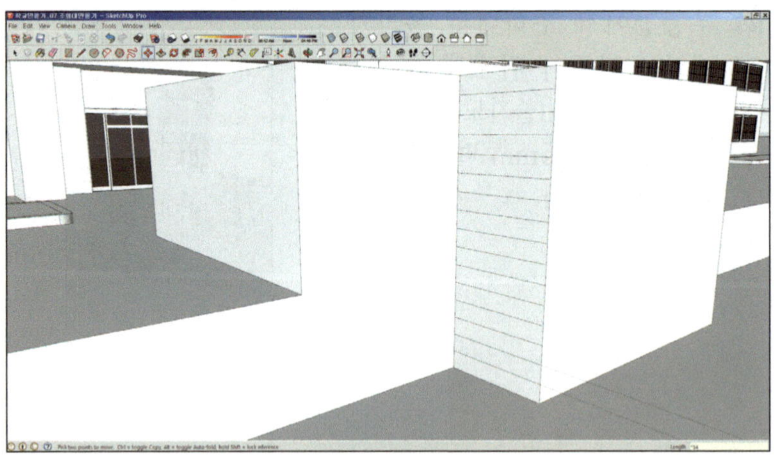

147  Push/Pull(밀기/끌기) 도구를 사용해서 계단을 완성한다.

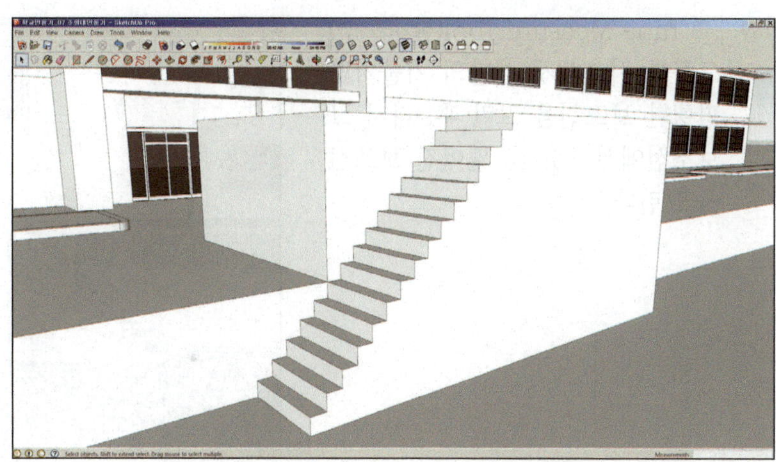

> **TIP**
> 맨 아래 계단의 면의 길이는 275mm이고, 두 번째가 250mm, 세 번째가 225mm, 다음은 25mm 간격씩 줄여나가면 된다.

148 143~147번 작업을 반복해서 반대쪽에도 계단을 완성한다.

149 Tape Measure Tool(줄자도구) 도구를 사용해서 계단의 기울기와 평행한 보조선을 그린 후, 다시 그 보조선에서 50mm 떨어진 보조선을 그린다.

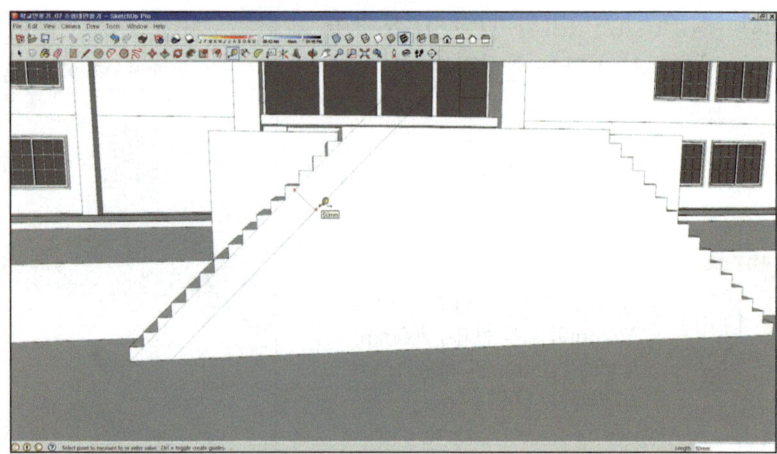

계단의 기울기와 평행한 보조선을 그리려면 그림과 같이 Tape Measure Tool(줄자도구)을 사용해서 계단의 끝점들을 클릭해서 만든다.

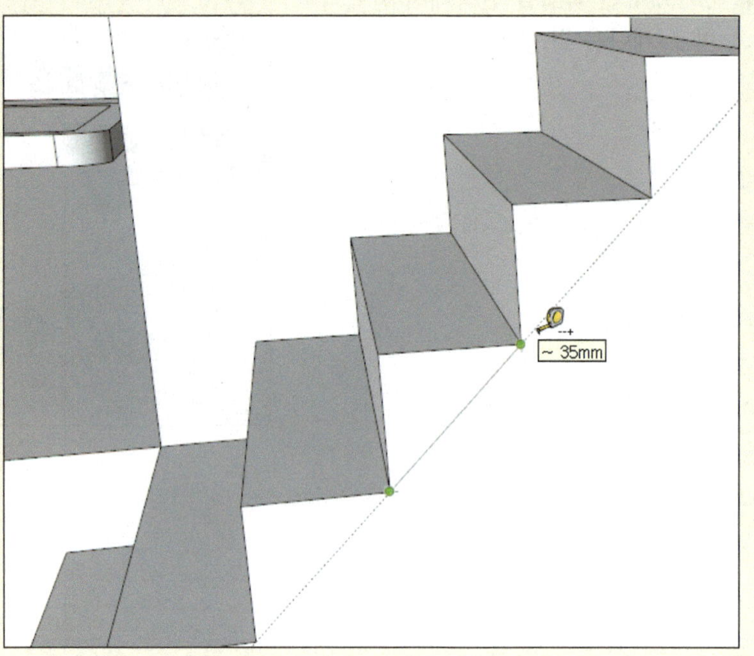

150 반대쪽도 같은 방법으로 계단과 평행한 보조선을 그리고, 다시 위 모서리에서 50mm 떨어진 보조선을 그린다.

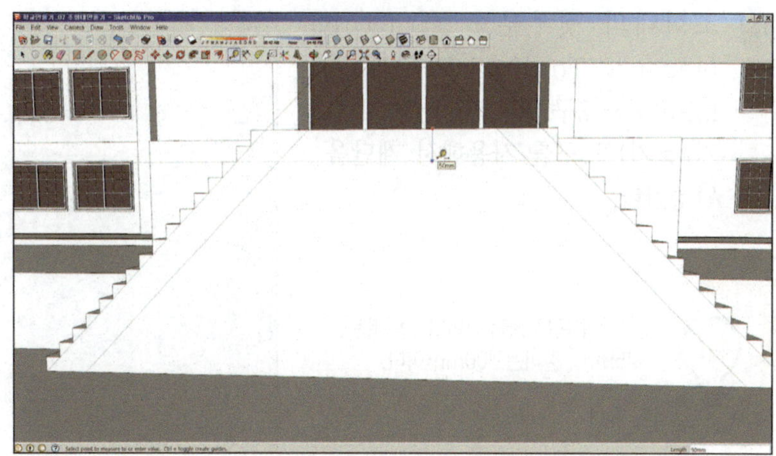

151 Line(선) 도구를 사용해서 보조선에 맞추어 선을 그린다.

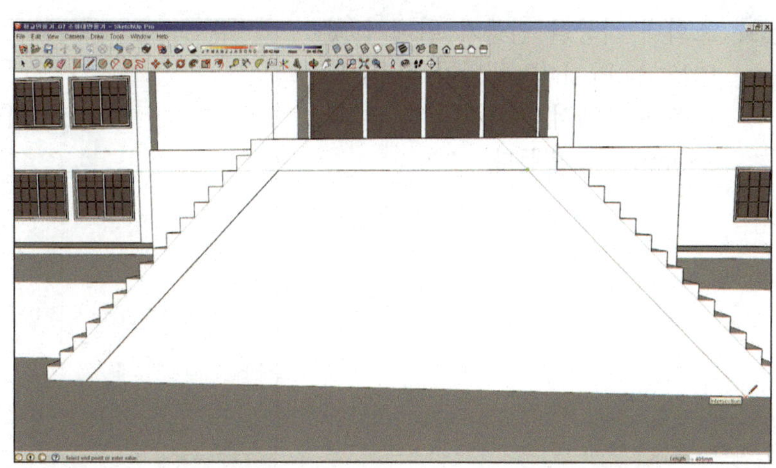

152 Push/Pull(밀기/끌기) 도구를 사용해서 계단 안쪽 면을 150mm 집어넣는다.

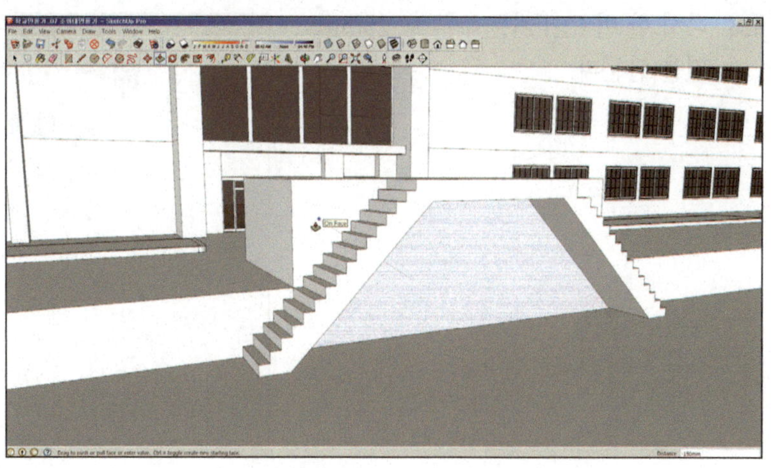

153 조회대의 뒷부분도 Tape Measure Tool(줄자도구)과 Line(선) 도구, Push/Pull(밀기/끌기) 도구를 사용해서 계단을 완성한다.

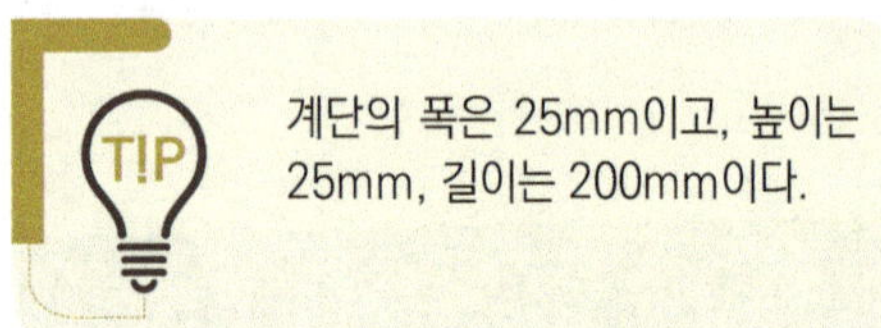

계단의 폭은 25mm이고, 높이는 25mm, 길이는 200mm이다.

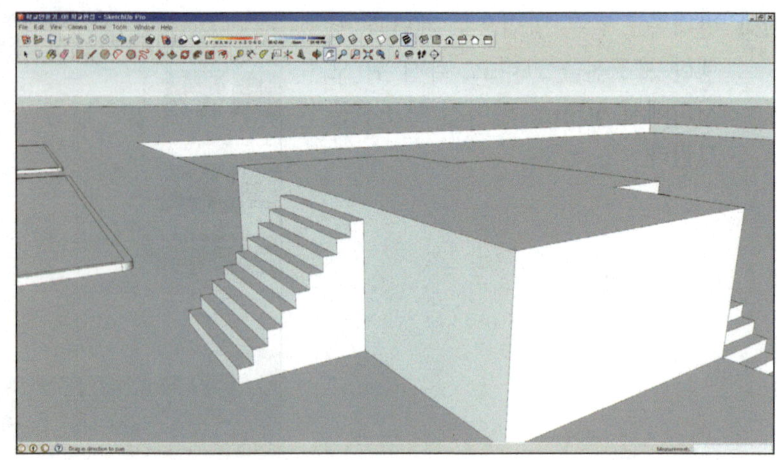

154 조회대 지붕을 만들기 위해서 윗면을 Push/Pull(밀기/끌기) 도구를 사용해서 Ctrl 키를 누른 후 250mm만큼 만든다.

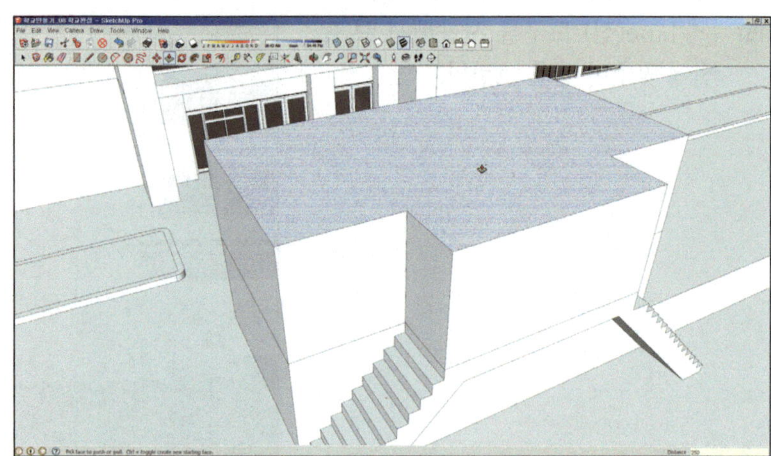

155 다시 한 번 Ctrl 키를 누른 후 25mm 면을 만든다.

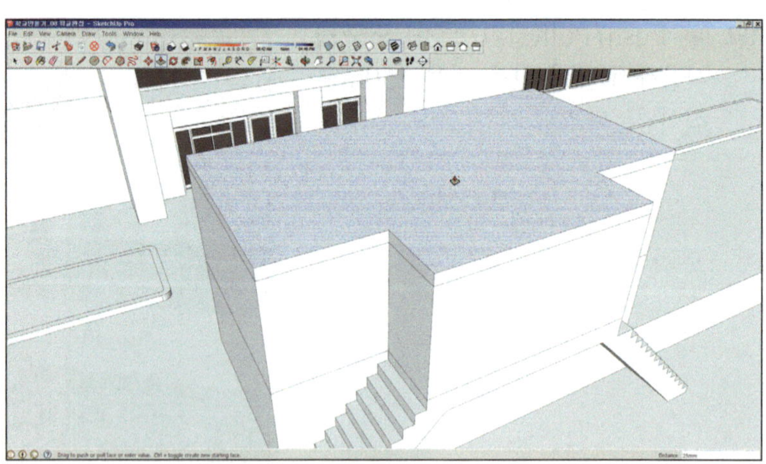

156 Eraser(지우기) 도구로 가운데 모서리를 모두 지운다.

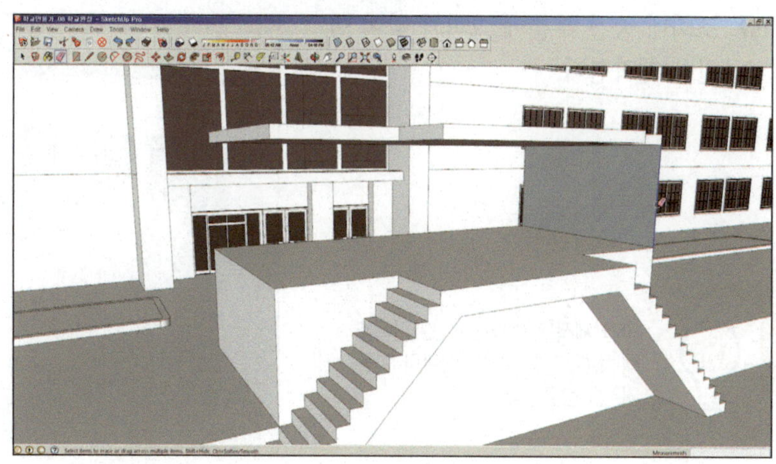

157 Push/Pull(밀기/끌기) 도구를 사용해서 튀어나온 왼쪽 면을 뒷면에 맞게 만든다.

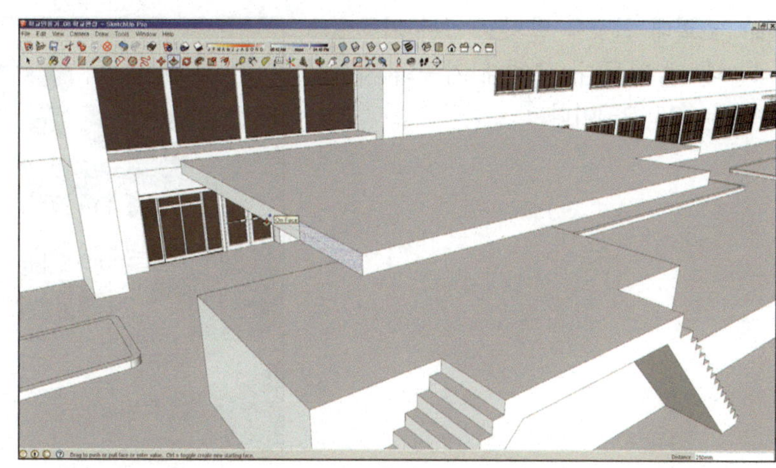

158 반대쪽도 같은 방법으로 면을 만든다.

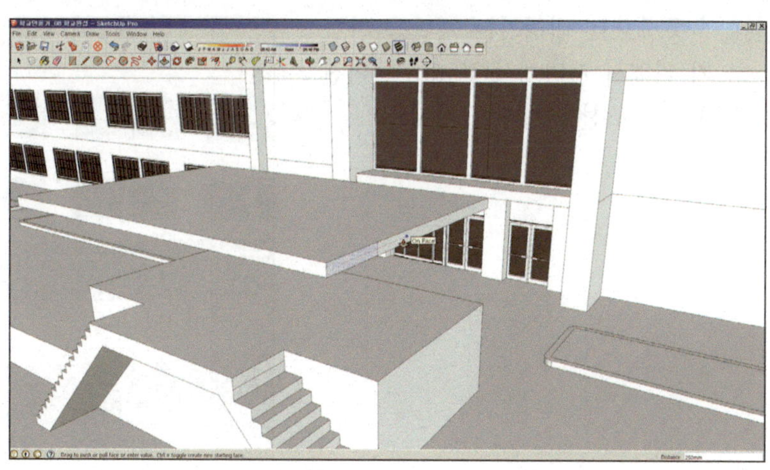

159 조회대 중간 부분에 그림과 같이 난간을 제작한다.

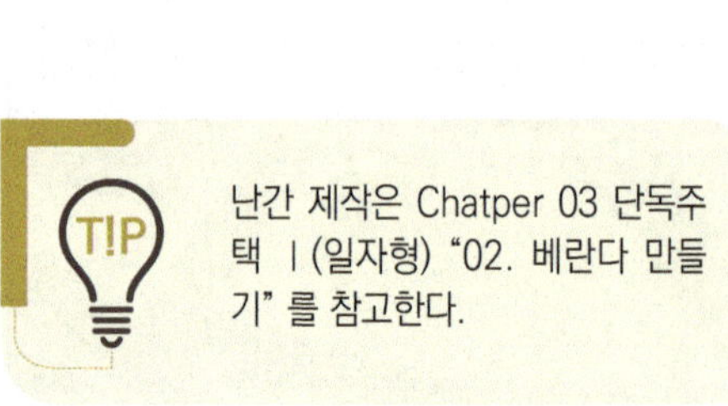

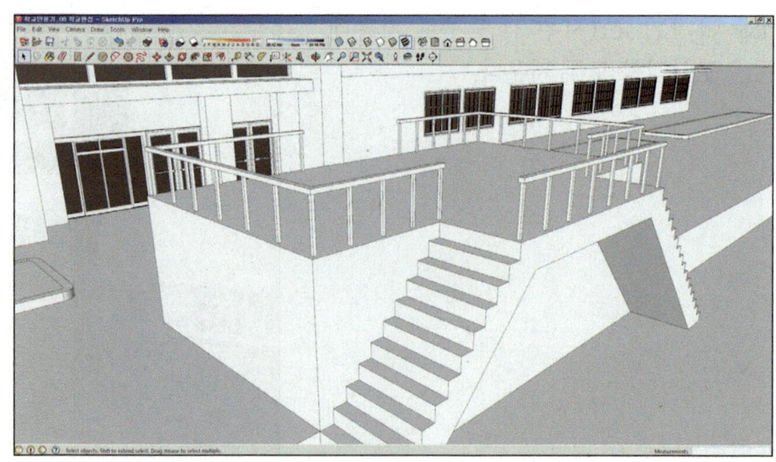

160 조회대 천장을 받치고 있는 기둥도 네 개 만든다. 조회대 기둥의 치수는 (25, 25)이다.

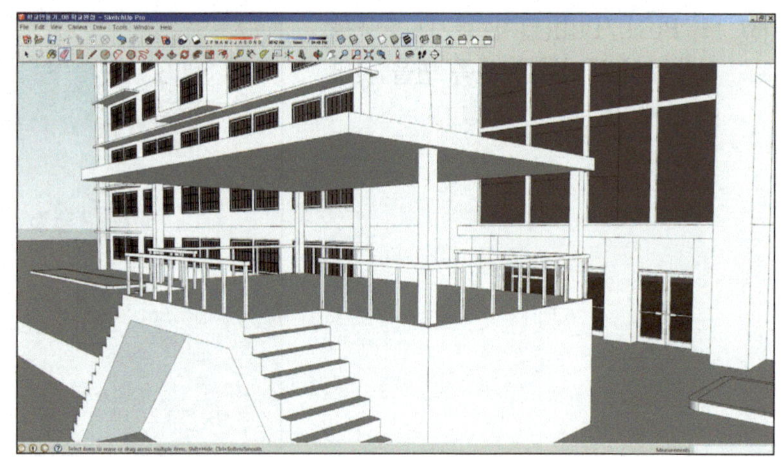

161 운동장으로 내려가는 계단을 만들기 위해서 지면에서 30mm 떨어진 곳에 보조선을 네 개 그린다.

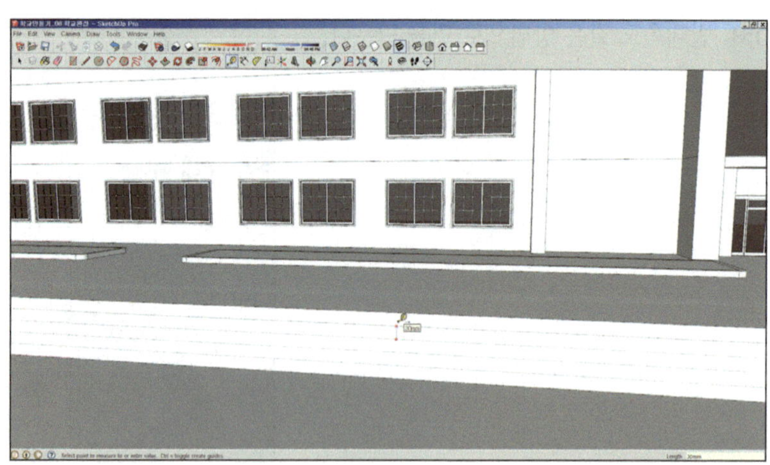

162 Line(선) 도구로 보조선에 맞게 선을 그린다.

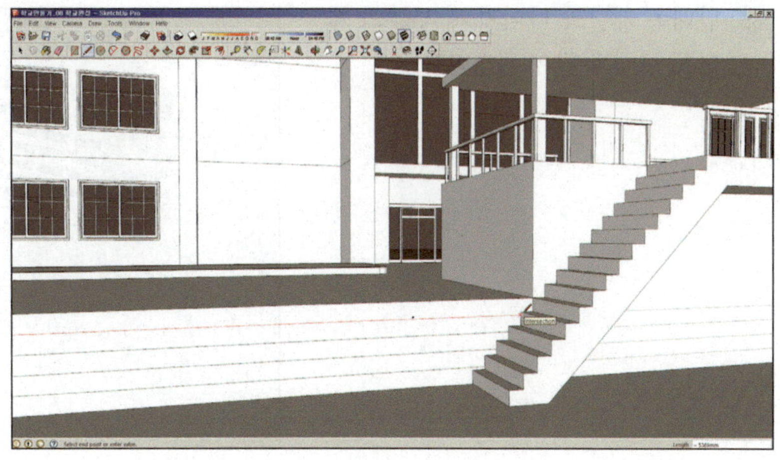

163 계단을 만들기 위해서 그림과 같이 조회대 계단에서 Blue축 방향으로 선을 그린다.

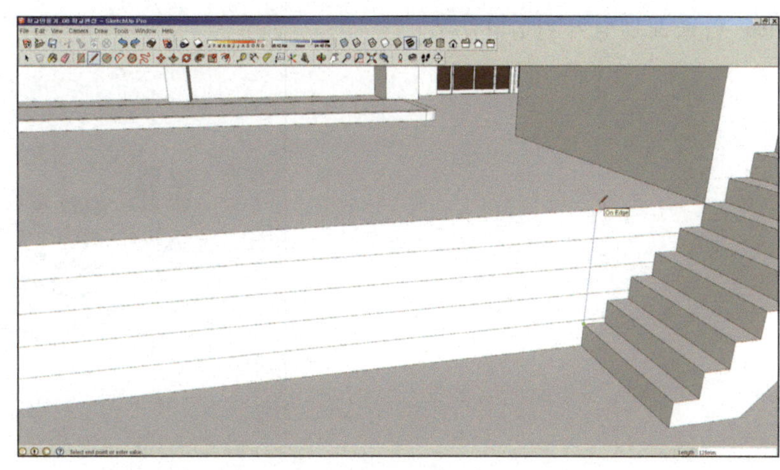

164 그림과 같이 Push/Pull(밀기/끌기) 도구를 사용해서 계단을 완성한다.

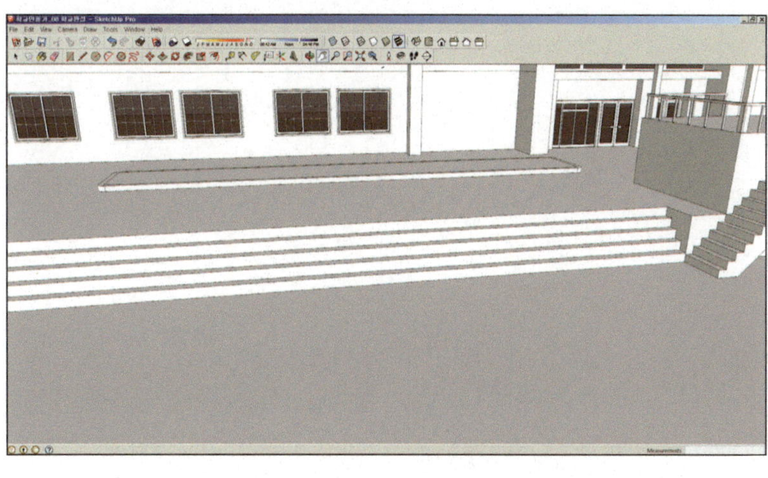

맨 위 계단은 120mm 안쪽으로 집어넣고, 두 번째는 90mm, 60mm, 30mm 순이다.

165 반대쪽 계단과 나머지 세 부분의 계단도 그림과 같이 완성한다.

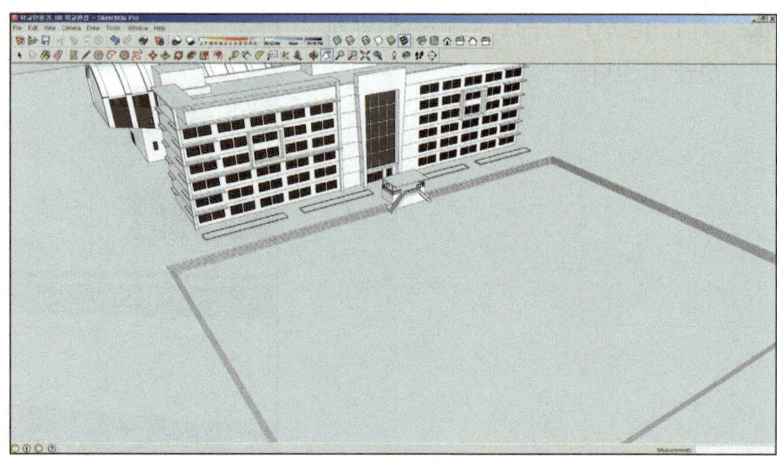

166 학교 모델링이 완성되었다.

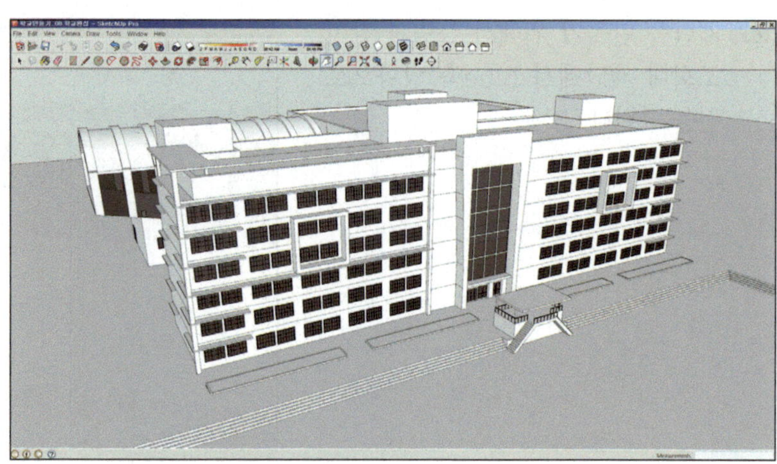

167 학교 건물과 운동장 부분에 재질(이미지)을 적용한다. 운동장 이미지는 포토샵을 이용해 만드는 것이 좋다.

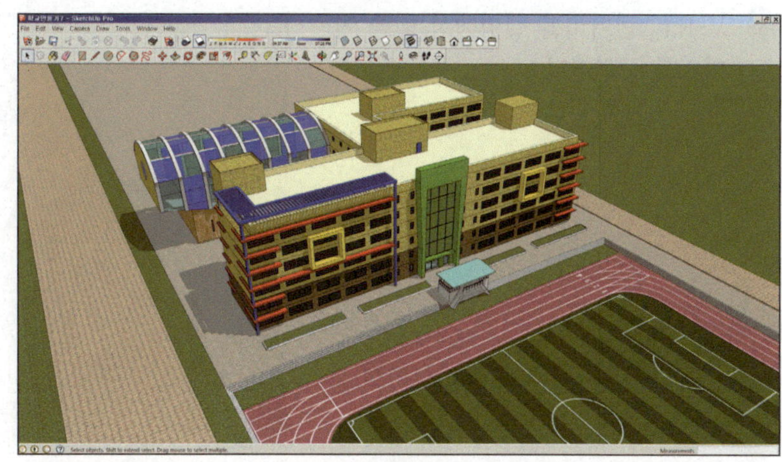

포토샵으로 만든 학교운동장 이미지

168 V-Ray 랜더러를 실행해서 최종 이미지를 구현한다.

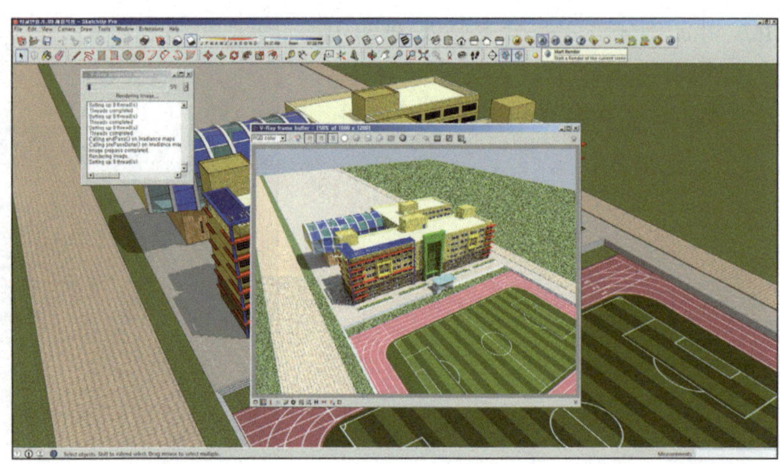

V-Ray 랜더러는 직접 구입해 설치해야 한다. 설치방법 및 옵션 설명은 뒷장에 "알아두기10. V-Ray for SketchUp에 대하여 알아보기" 편에 자세히 다루었다.

여러분도 포토샵에서 작업해 보도록 한다.

알아두기 10

V-Ray for SketchUp에 대하여 알아보기

V-Ray for SketchUp은 SketchUp 모델을 최고의 퀄리티와 사실적인 이미지를 구현할 때 사용하는 가장 강력한 랜더링 솔루션이다. 현재 V-Ray를 사용할 수 있는 프로그램으로는 3dsmax, 라이노, Maya 등이 있고 SketchUp 프로그램에도 많이 사용되고 있다. 우리가 V-Ray를 사용하는 가장 큰 이유는 바로 실사와 같은 이미지를 얻기 위해서이다. SketchUp 프로그램에서도 바로 V-Ray 랜더러를 설치하여 이와 같은 실사 이미지를 얻어 낼 수 있는 것이다.

그림 A

그림 B

그림 A는 그냥 SketchUp에서 모델링한 후 재질을 적용한 모습이며, 그림 B는 V-Ray for SketchUp을 설치한 후 랜더링을 작업한 이미지이다. 이처럼 좀 더 사실적이고 선명한 이미지를 얻어낼 수 있는 것이 바로 V-Ray의 장점이다. 그럼 지금부터 V-Ray에 관해서 살펴보도록 하자.

1) V-Ray 다운로드

V-Ray를 다운로드하기 위해서는 Chaosgroup(카오스그룹) 홈페이지에 접속하여야 한다.

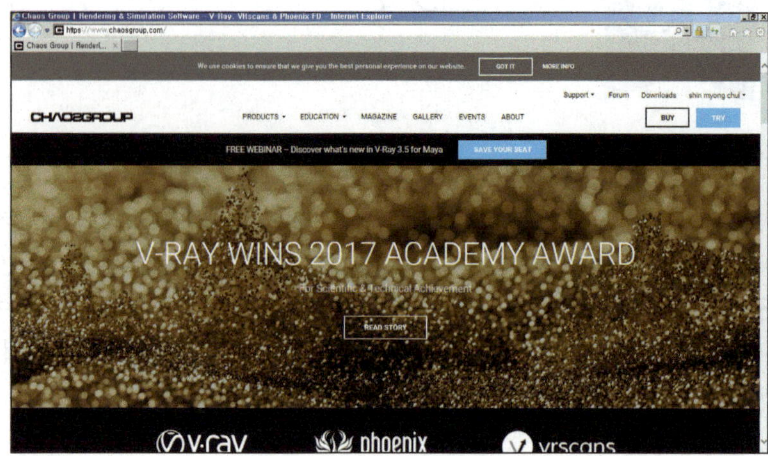

1 http://www.chaosgroup.com으로 접속한다. 로그인 한 후 트라이얼 버전을 다운로드하기 위해서 Try 버튼을 클릭한다.

V-Ray for SketchUp 정품을 구입하게 되면 Certificate(인증서)와 Dongle(보안키)를 제공받는다.
Certificate(인증서) 아래에 Username(사용자명)과 Password(비밀번호)가 적혀있다.

2 Download V-Ray for SketchUp Trial를 클릭한다.

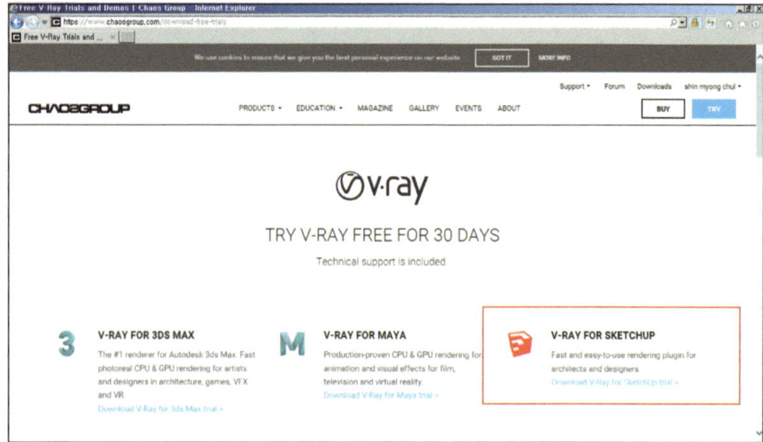

3 download section을 클릭한다.

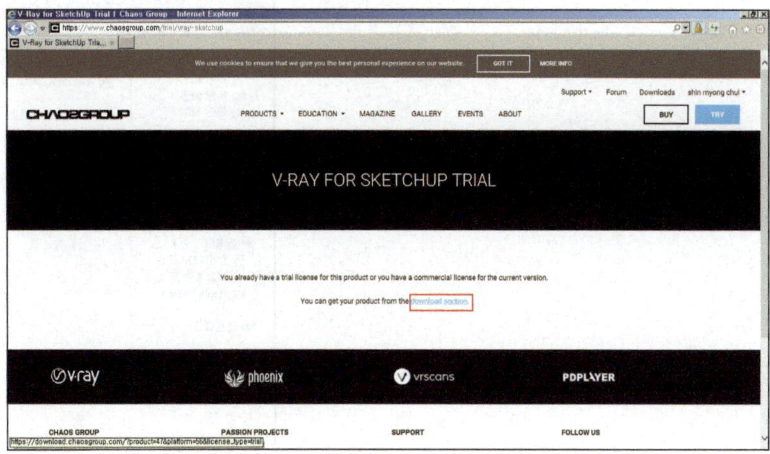

4 Download for Windows x64를 클릭한다.

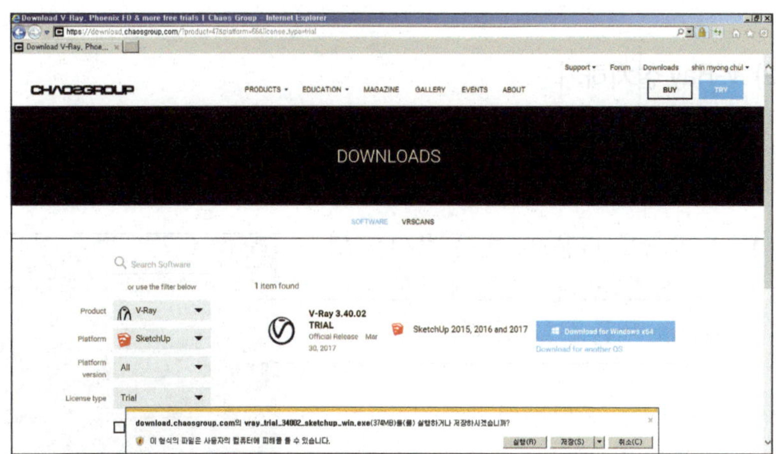

5 저장의 화살표를 클릭해서 '다른 이름으로 저장'을 선택한다.

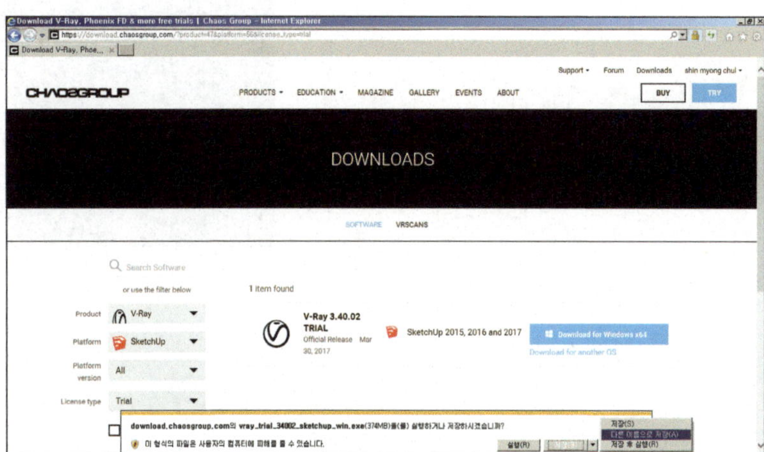

6 폴더를 생성한 후 그 폴더에 저장한다.

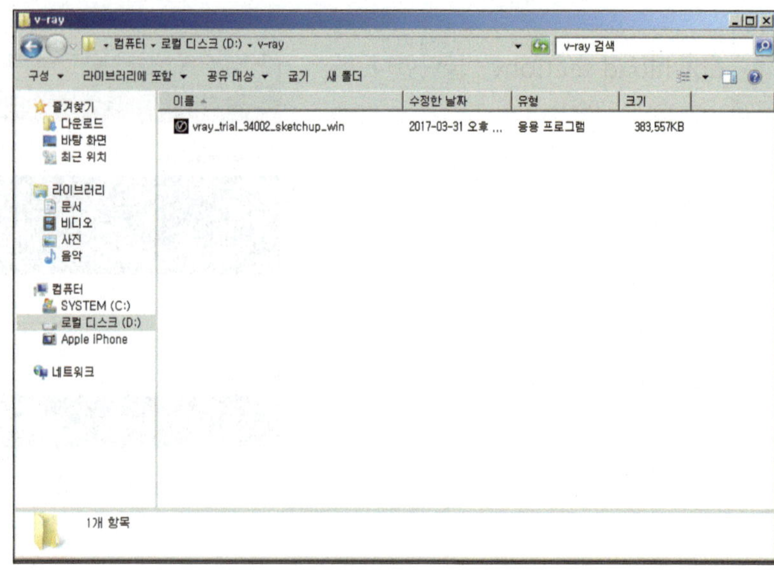

2) V-Ray 설치하기

다운로드 받은 V-Ray를 설치해보도록 하자.

1 V-Ray를 다운로드받은 폴더를 열고 설치파일을 더블클릭한다. I Agree 버튼을 클릭한다.

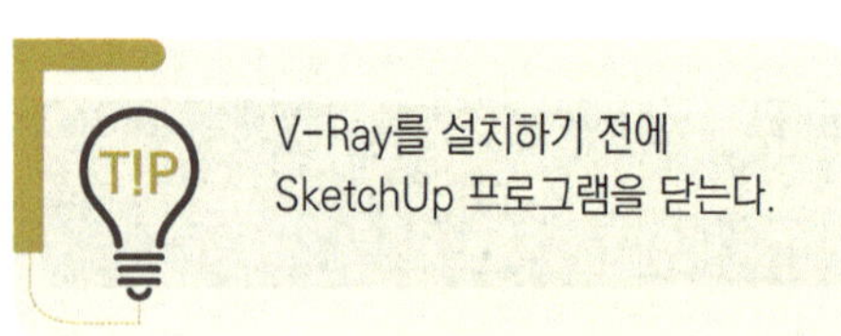

V-Ray를 설치하기 전에 SketchUp 프로그램을 닫는다.

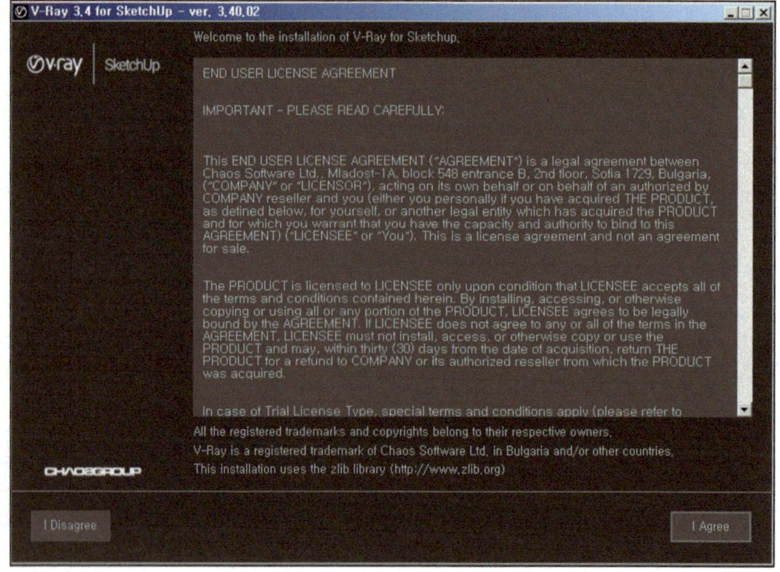

2 SketchUp 2019를 선택하고 Install Now 버튼을 클릭한다.

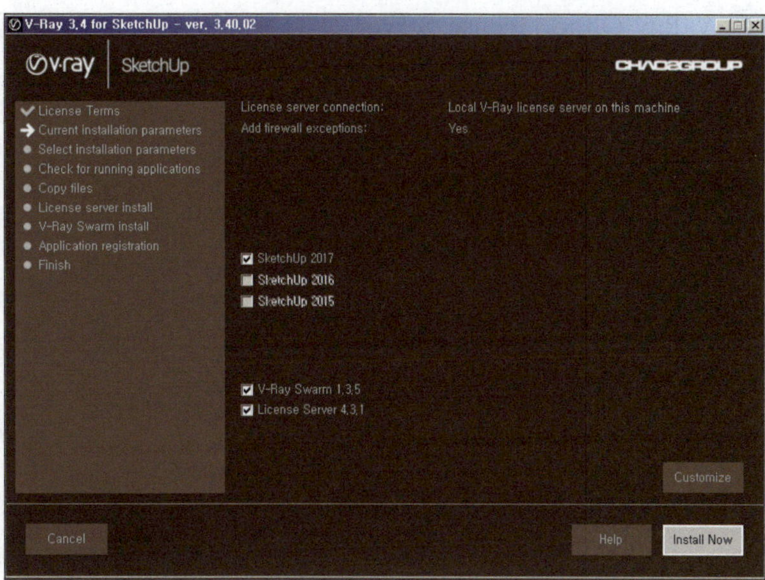

3 설치가 시작된다.

4 V-Ray Oline License Server 설치에 동의하라는 메시지가 나온다. I Agree를 선택한다.

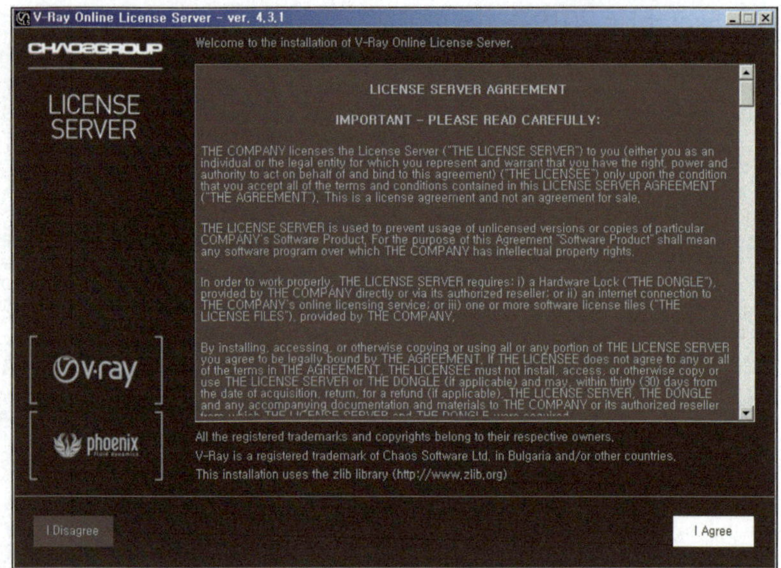

5 Install Now를 클릭해서 License Server를 설치한다.

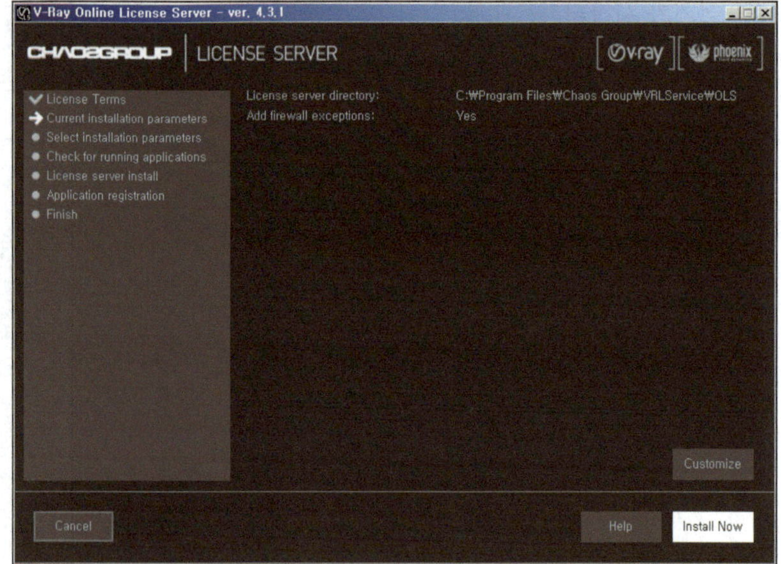

6 License Server 설치를 마친다.

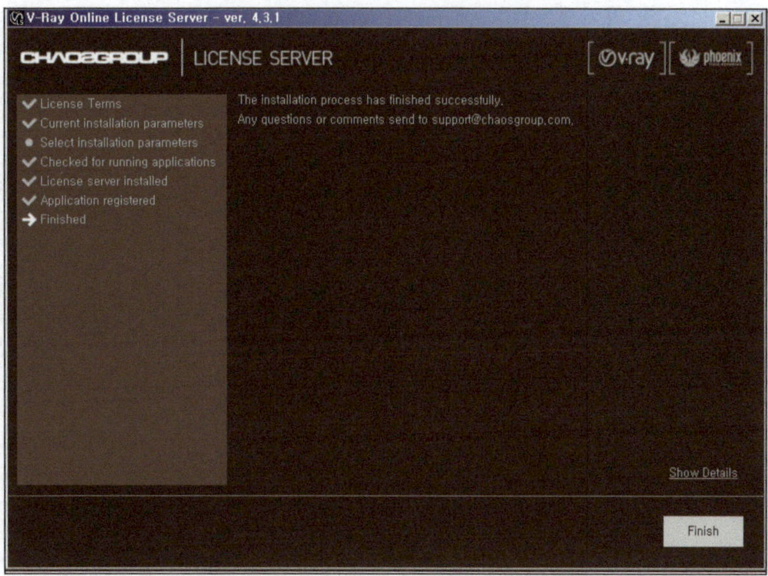

7 V-Ray Swarm 설치에 동의한다.

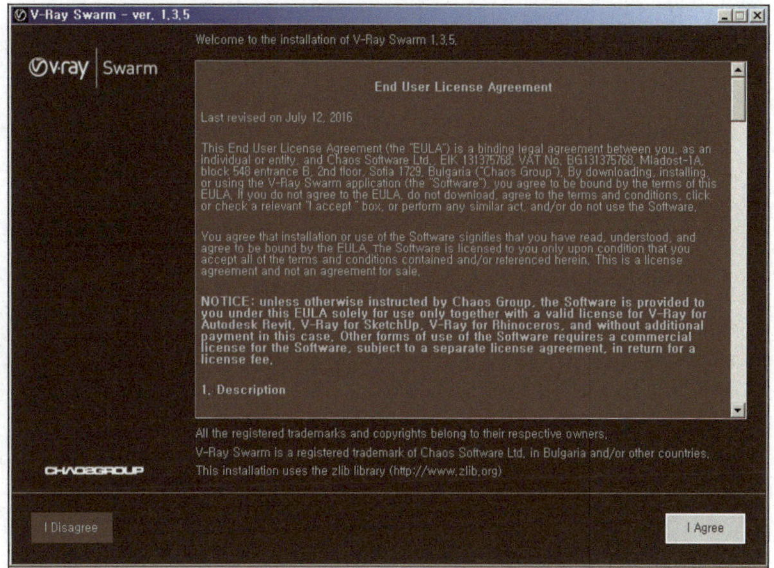

8 설치할 위치를 정하고 Install Now를 클릭한다.

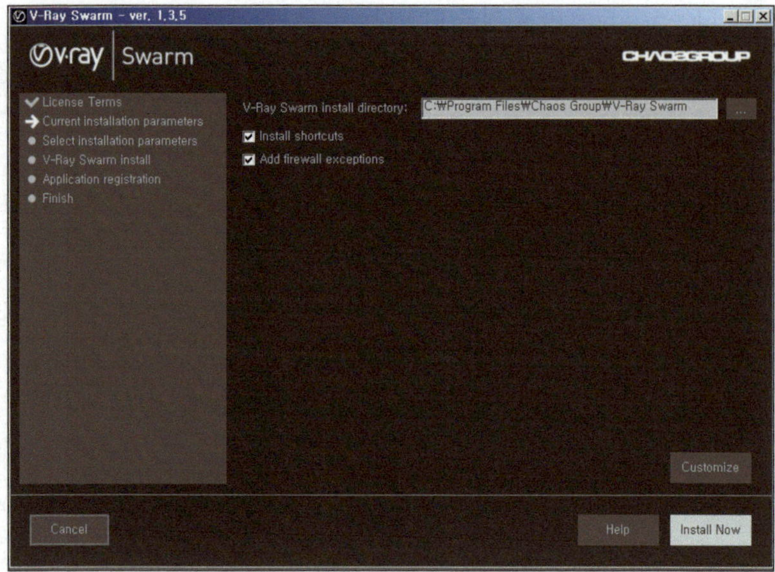

9 V-Ray Swarm을 설치한다.

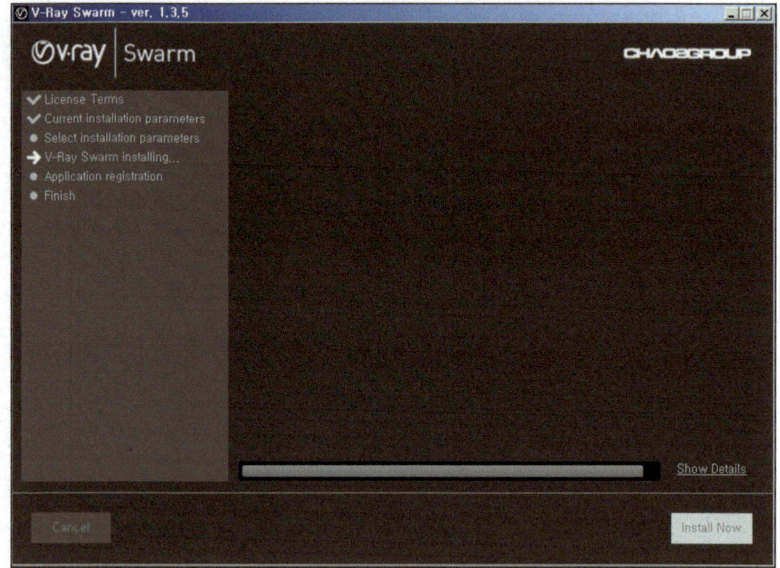

10 V-Ray 3.4 for SketchUp의 설치가 모두 끝났다.

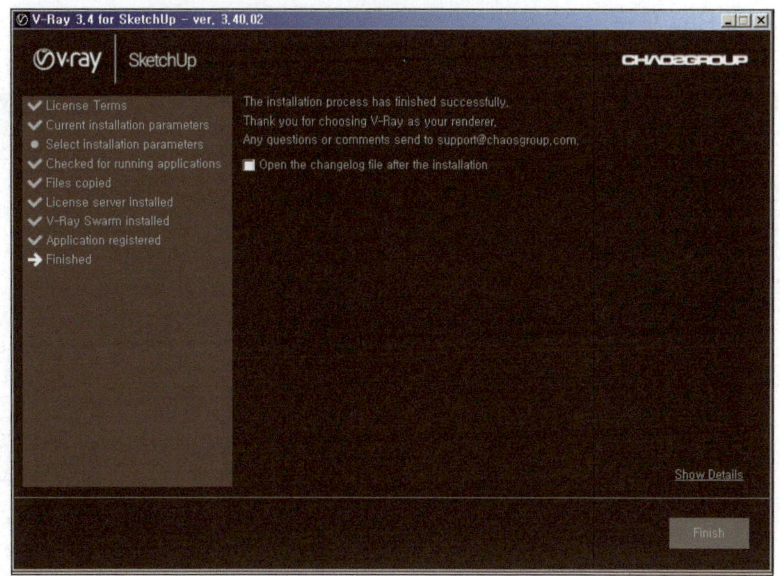

11 스케치업을 실행하면 V-Ray 아이콘들이 생성되었다.

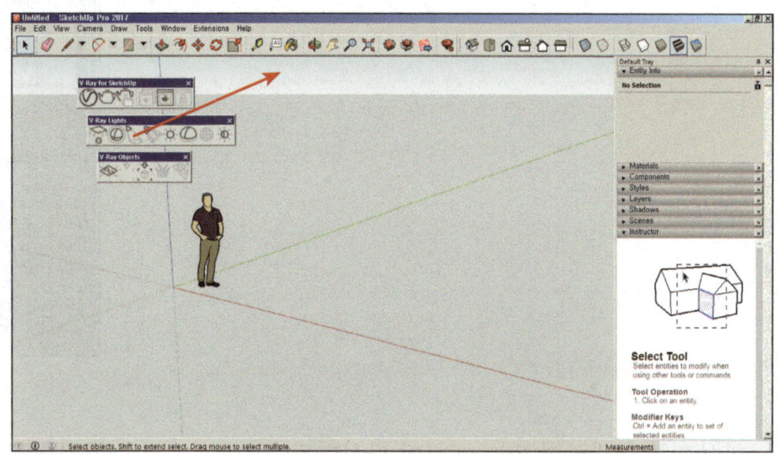

12 드래그해서 도구모음쪽으로 이동해서 아이콘을 정렬한다.

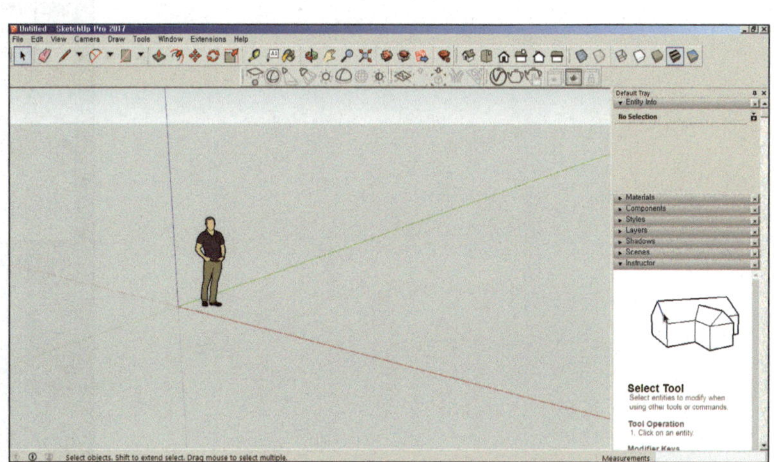

3) V-Ray 도구

V-Ray 도구에 대하여 알아보자.

1 Asset Editor(재질편집기)

- Asset Editor(재질편집기)는 스케치업에서 적용하는 재질을 편집하는 도구이다. 돌, 나무, 플라스틱, 메탈, 액체 등의 재질을 적용하고 적용된 재질에 반사, 굴절, 투명도 등 여러 가지 효과를 적용한다. 재질편집기를 실행하면 다음과 같은 편집기 창이 열리게 된다.

〈Material List〉
적용된 재질 리스트를 보여준다.
재질을 선택한 후 효과를 줄 수 있다.

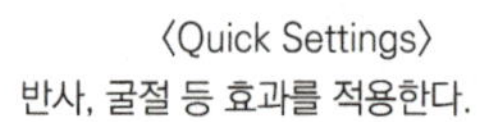
〈Quick Settings〉
반사, 굴절 등 효과를 적용한다.

- 화살표를 클릭하면 Editor 창이 활성화된다.

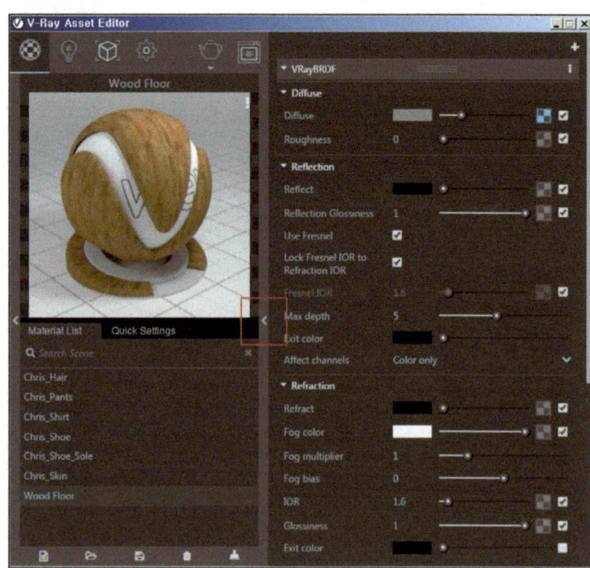

2 Render (랜더실행기)

- 실제로 랜더링을 실시하는 도구이다. 실행하게 되면 랜더링이 시작된다.

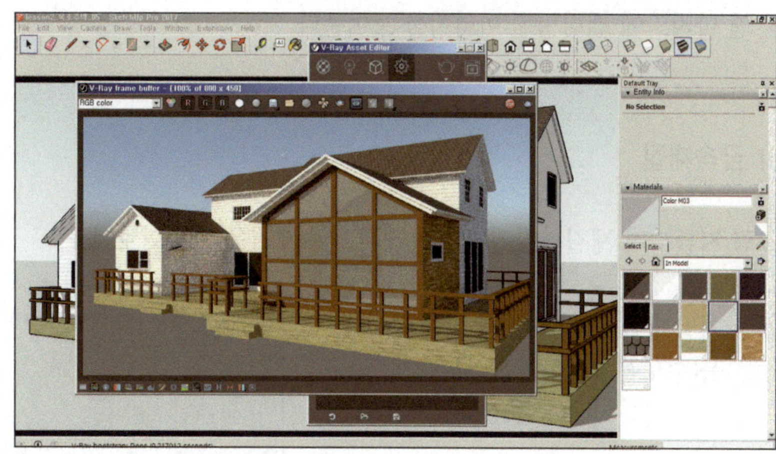

3 Render Interactive

- Render Interactive는 실시간으로 랜더링을 처리하는 방식이다. 사용자가 작업하는 것을 실시간으로 반영하여 랜더링을 실시하며, 재질의 옵션이나 화면을 전환할 때마다 랜더링이 계속 변하게 된다.
- 그림과 같이 Orbit(궤도)로 화면을 전환할 때마다 실시간으로 랜더링을 처리하게 된다.

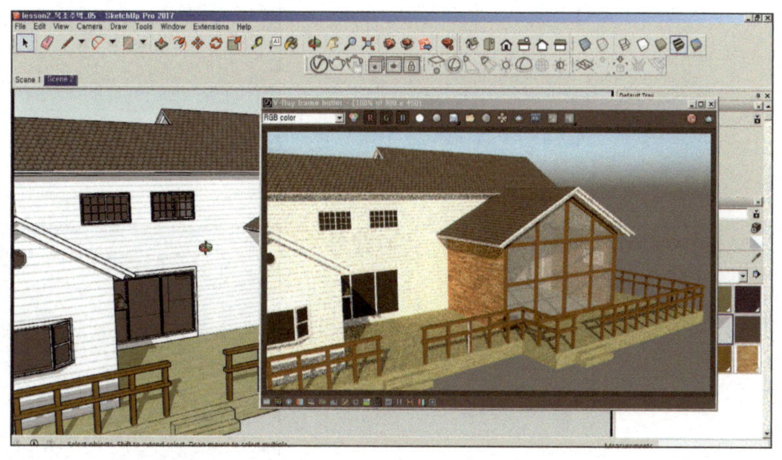

4 Batch Render

- 그림과 같이 여러 개의 Scene이 있을 경우 한꺼번에 랜더링 작업을 실시할 수 있다.

5 Show Frame Buffer

- 맨 마지막에 랜더링된 이미지를 보여준다.

4) 금속재질

그림 지금부터 재질편집기를 이용해서 금속재질을 만들어보자.

1 메탈재질을 적용하기 위해서 파일을(수도꼭지. skp) 불러온다.

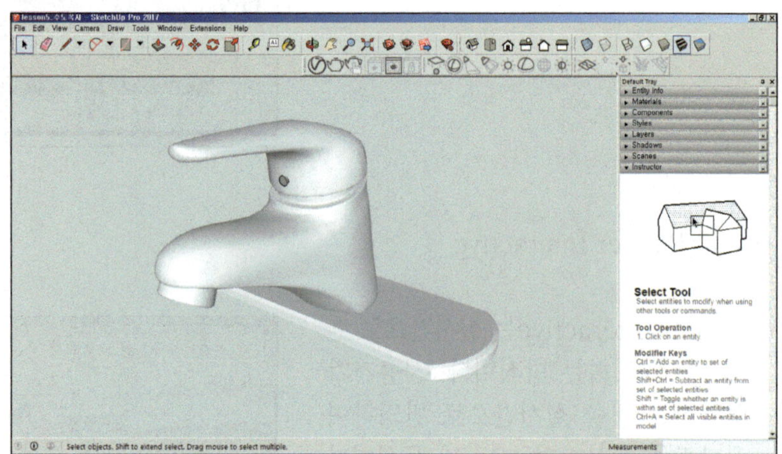

2 Select(선택) 도구로 수도꼭지 전체를 선택한다.

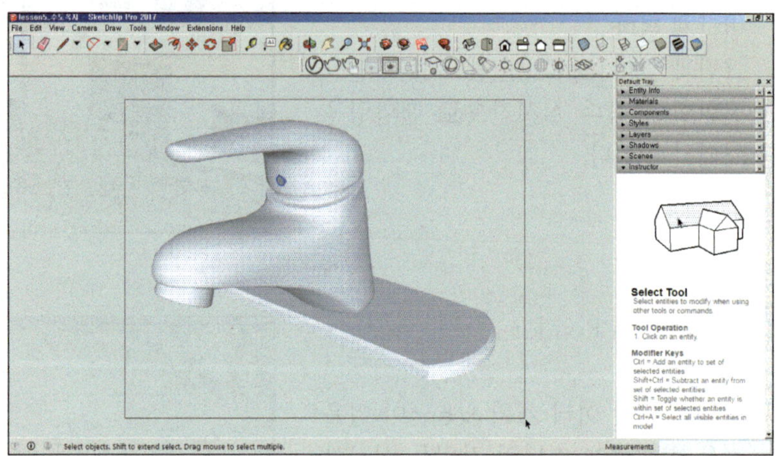

3 재질을 적용하기 위해서 Materials(재질) Tray를 활성화한 후 Colors를 선택한다.

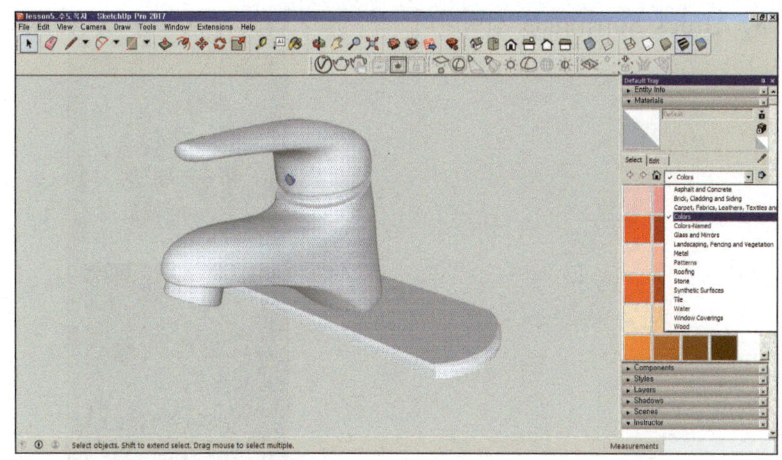

4 Color M06 재질을 선택하고 수도꼭지에 적용한다.

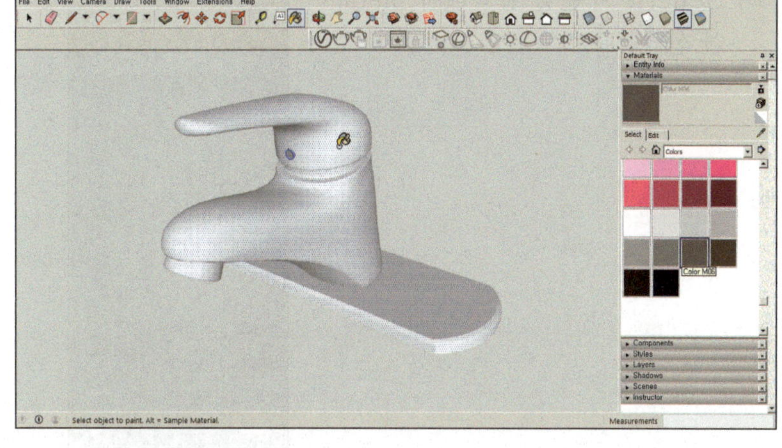

처음 재질을 적용할 때 적용된 재질의 이름을 정확히 알고 있어야 한다. 그래야 재질편집기에서 적용된 재질의 이름을 찾아 재질 효과를 적용할 수 있다.

5 Asset Editor(재질편집기)를 선택해서 재질편집기를 연다. 수도꼭지 재질로 적용한 Color M06을 선택한다.

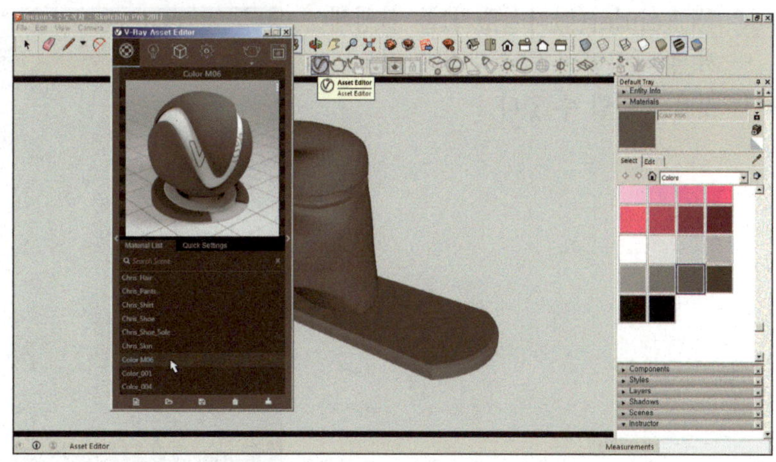

6 Quick Settings을 선택한다.

7 Generic 부분을 클릭해서 Metal을 선택한다.

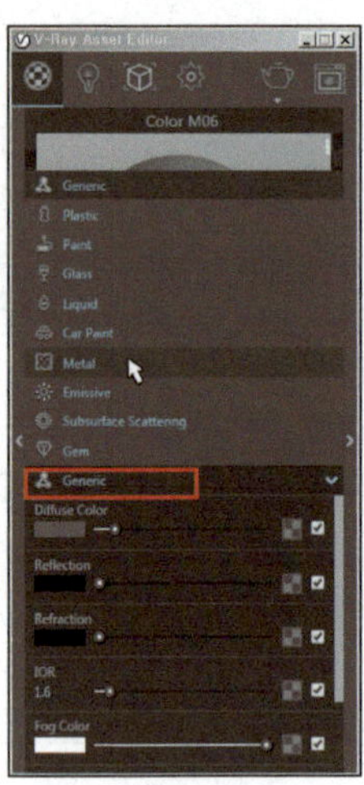

8 Render(랜더실행기)를 실행해서 랜더링하면 금속재질이 적용된 것을 확인할 수 있다.

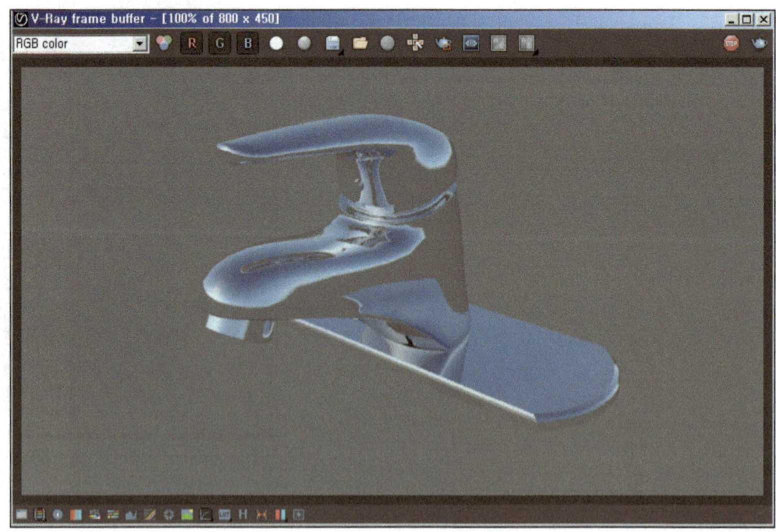

9 랜더링을 실행했을 때 배경색이 너무 어둡다. 배경색을 밝게 해보자. 재질편집기에서 Light를 선택한다.

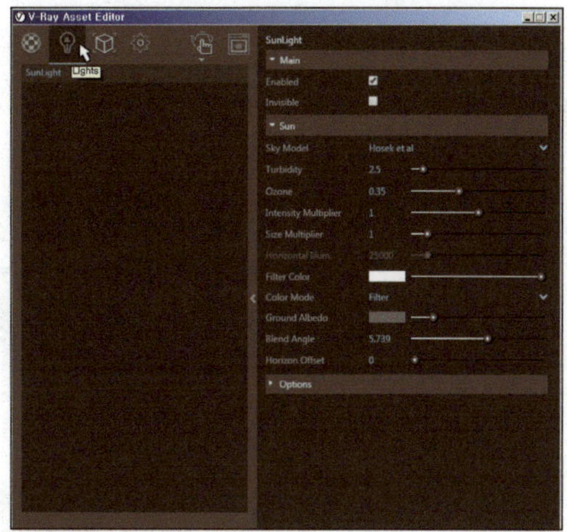

10 Ground Albedo 값을 마우스로 드래그해서 흰색으로 조절한다.

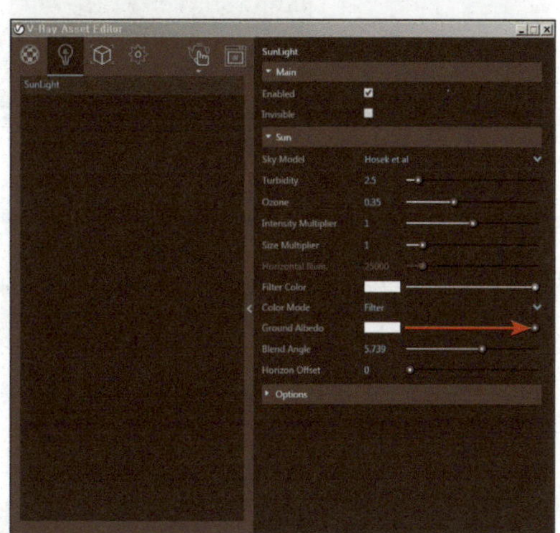

11 배경색이 흰색으로 변했다.

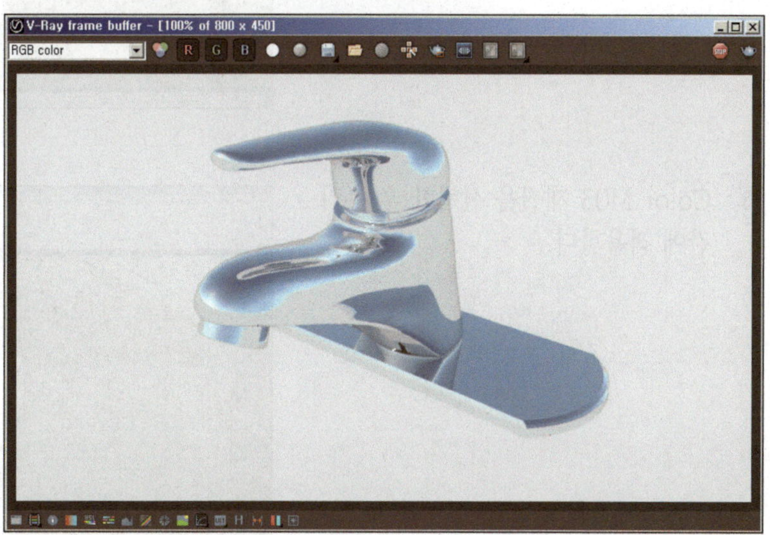

5) 유리재질

유리잔과 같은 유리재질을 적용해보자.

1 유리재질을 적용하기 위해서 파일을(유리잔. skp) 불러온다.

2 재질을 유리잔에 적용하기 위해서 Materials(재질) Tray에서 Colors를 선택한다.

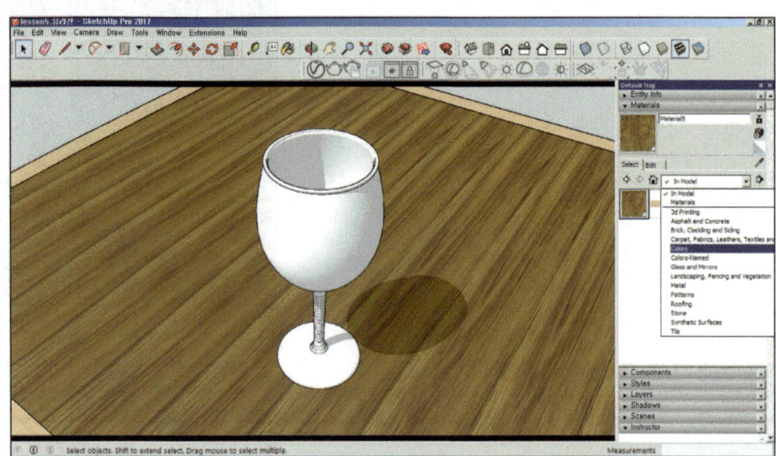

3 Color M03 재질을 선택한 후 유리잔에 적용한다.

4 유리잔에 재질이 적용되었다.

5 Asset Editor(재질편집기)를 선택해서 편집기를 활성화한다. 유리잔에 적용된 재질 Color M03을 선택한다.

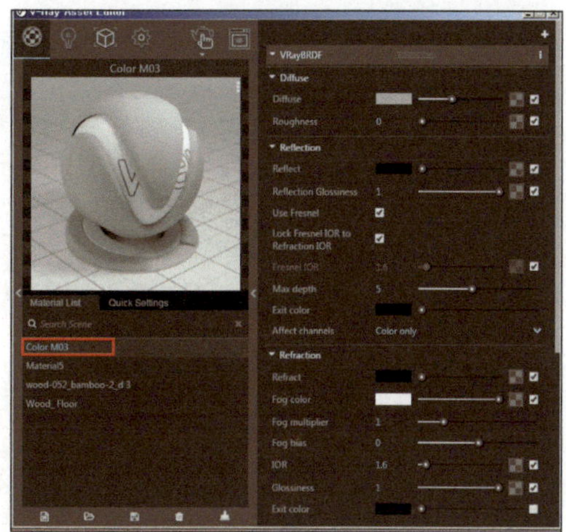

6 Quick Settings을 선택한다.

7 Generic 부분을 클릭해서 Glass를 선택한다.

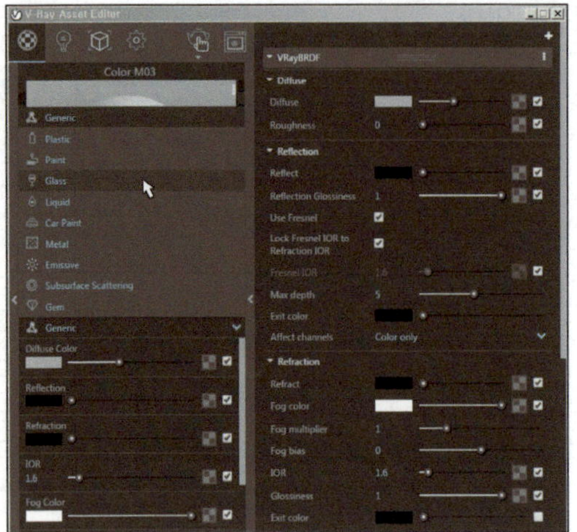

8 Render(랜더실행기)를 클릭해서 랜더링을 실행하면 유리재질이 적용된 것을 확인할 수 있다.

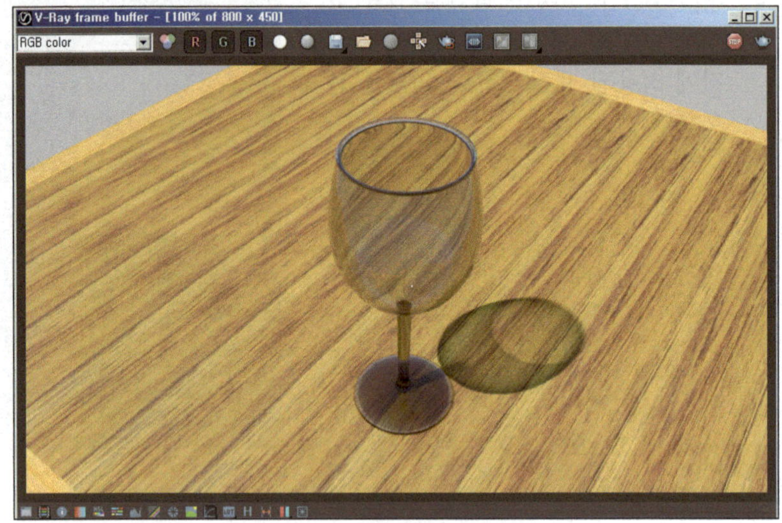

9 바닥재질에 반사재질을 적용해 보자. 바닥재질인 Material5를 선택한다.

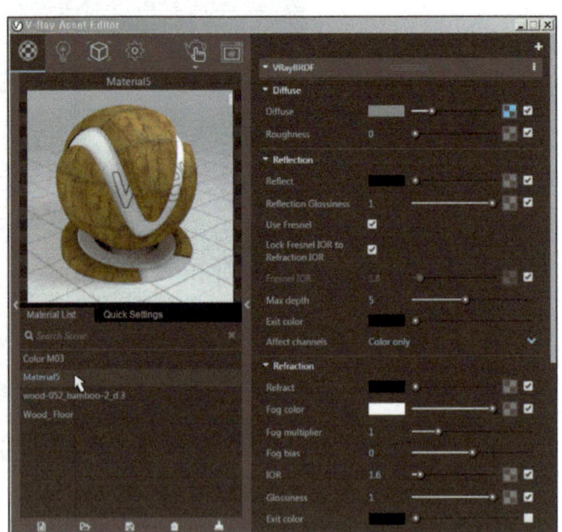

10 Reflect 값을 흰색으로 조절한다. Reflect 값이 흰색에 가까울수록 반사되는 값이 높아진다.

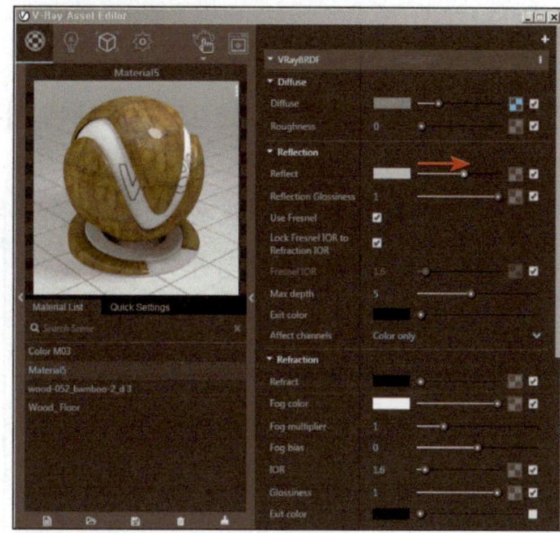

11 바닥에 반사재질이 적용된 것을 확인할 수 있다.

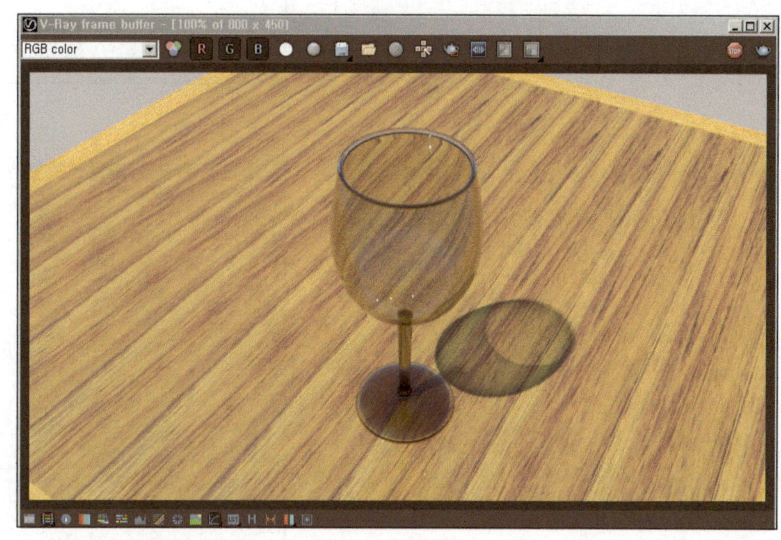

12 유리잔을 두 개 제작해본다.

6) 발광재질

형광등이나 조명과 같이 스스로 빛을 내는 재질을 만들어보자.

1 먼저 도넛형태의 오브젝트를 제작하고 그 모델링에 발광재질을 적용해보자. 도넛 모양을 만들기 위해서 Circle(원) 도구를 선택한다.

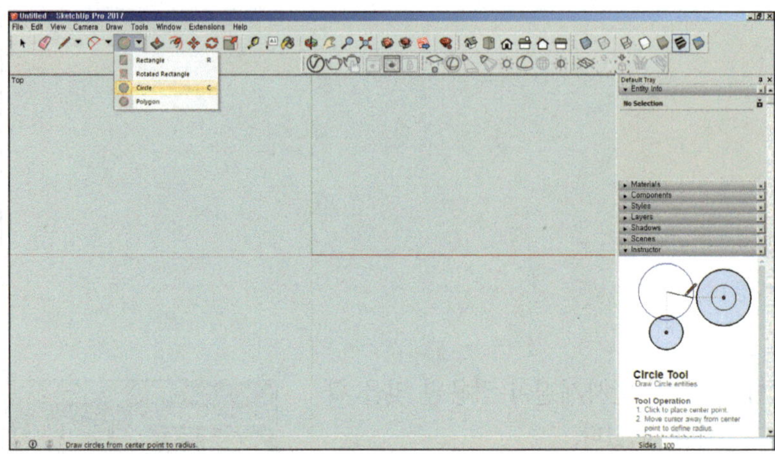

2 원점에서 시작하는 반지름이 150mm인 원을 그린다.

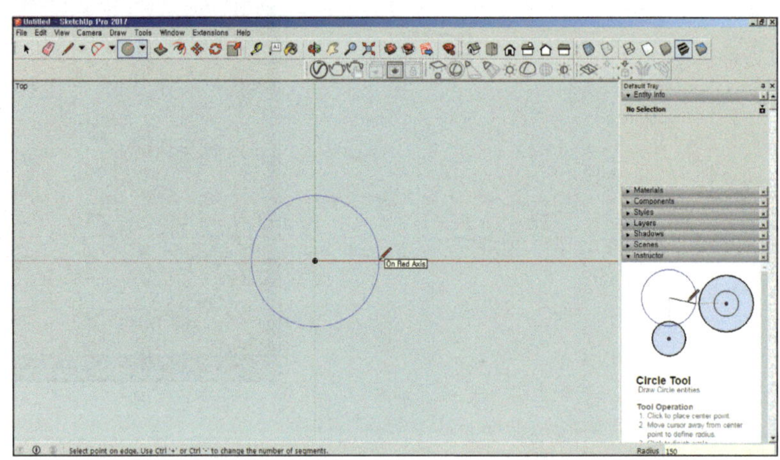

3 원의 모서리만 남기고 안쪽 면은 제거하기 위해서 Select(선택) 도구로 안쪽 면을 선택한다.

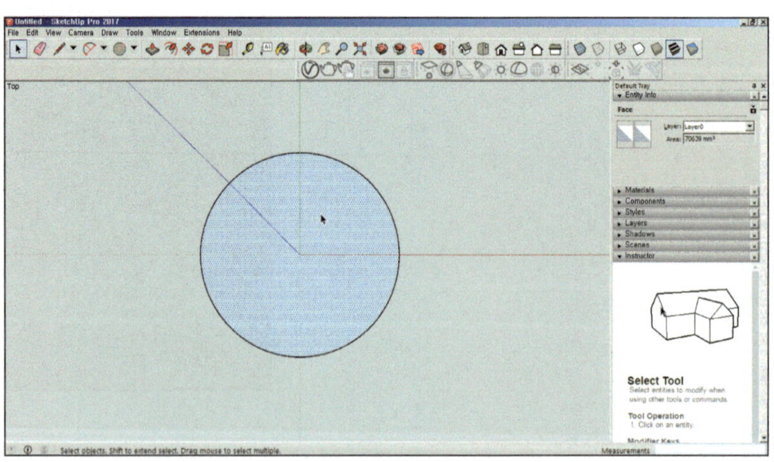

4 원의 바깥쪽 선만 남게 된다.

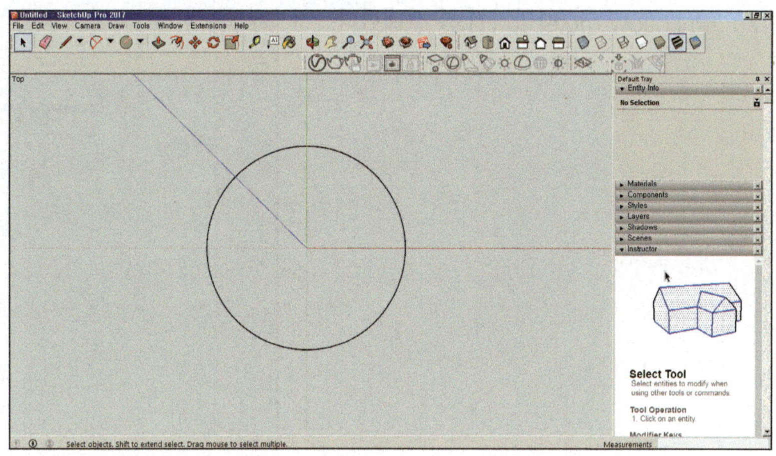

5 화면을 Front View로 전환한 후 원의 모서리 끝 부분에서 Circle(원) 도구를 사용해서 반지름이 15mm인 원을 그린다.

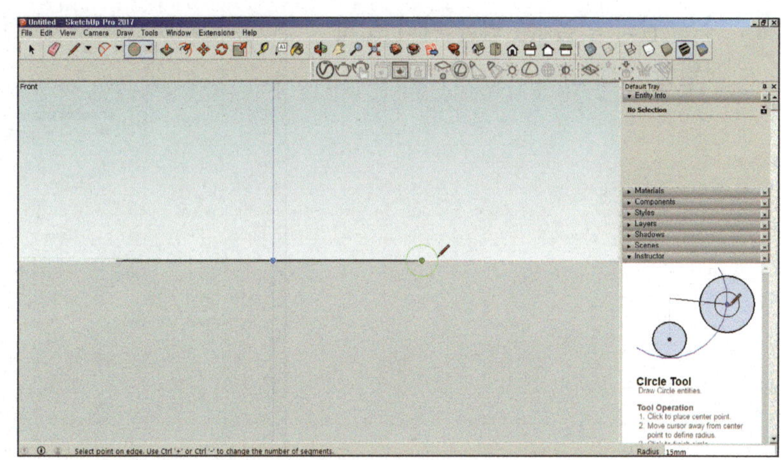

6 Follow me(따라가기) 기능을 사용하기 위해서 먼저 도구모음 부분에서 오른쪽 마우스를 클릭해서 Edit를 선택한다.

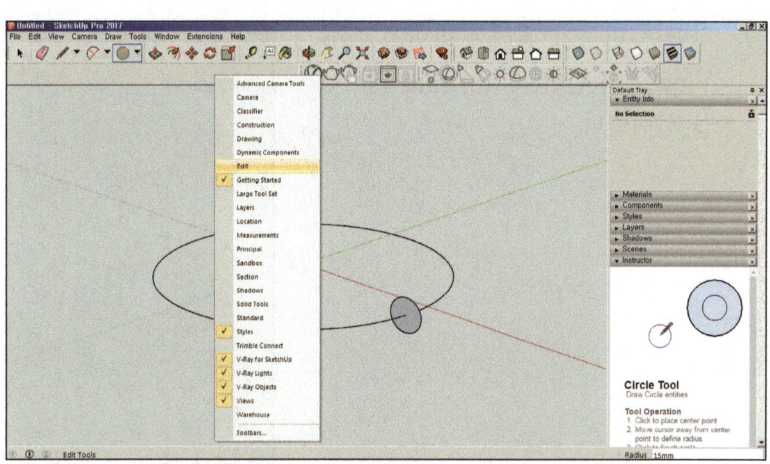

7 Follow me(따라가기)를 선택한다.

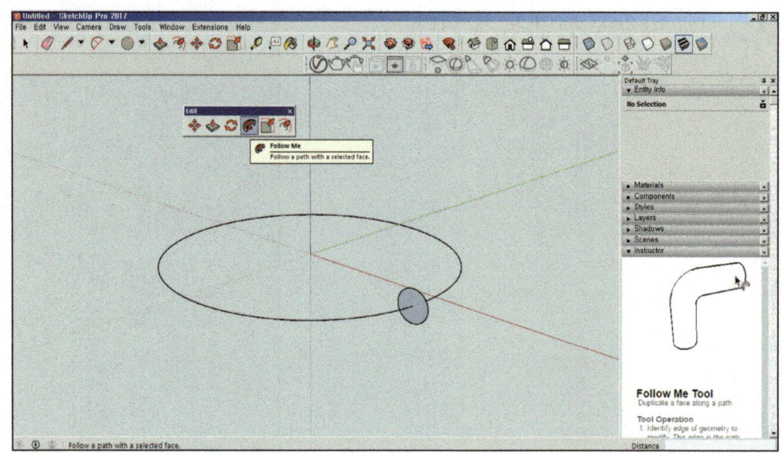

8 작은 원의 면을 큰 원을 따라 도넛 모양을 생성한다.

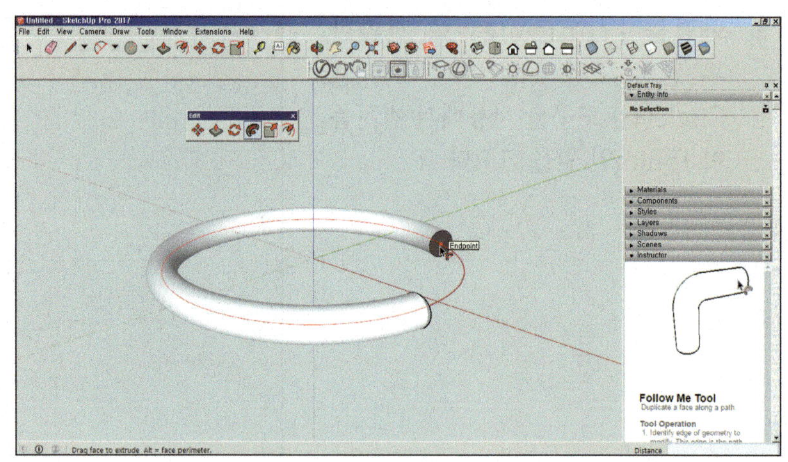

9 바닥면 만들기 위해서 화면을 Top View로 전환한 후 Infinite Plane을 선택한다.

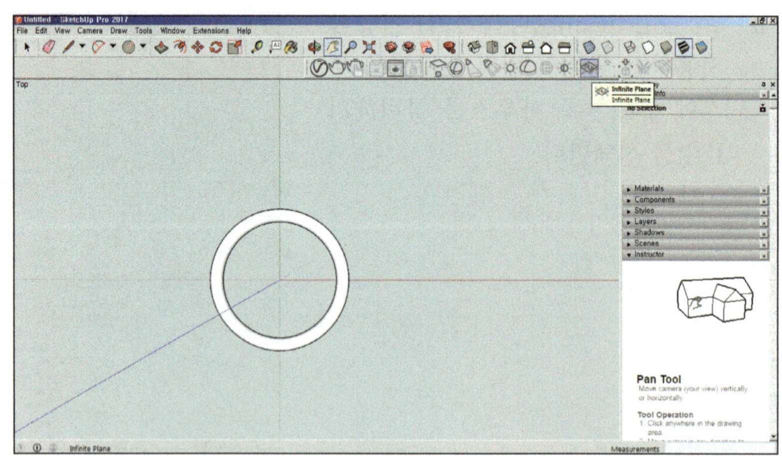

10 사각형을 그리게 되면 바닥면이 생성된다.

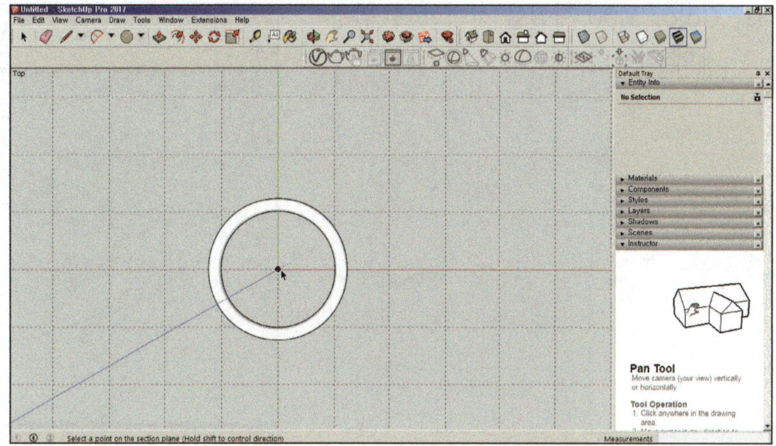

11 발광체의 아랫부분으로 이동하기 위해서 Move(이동) 도구를 사용해서 바닥면을 선택한 후 아래 방향으로 15mm 이동한다.

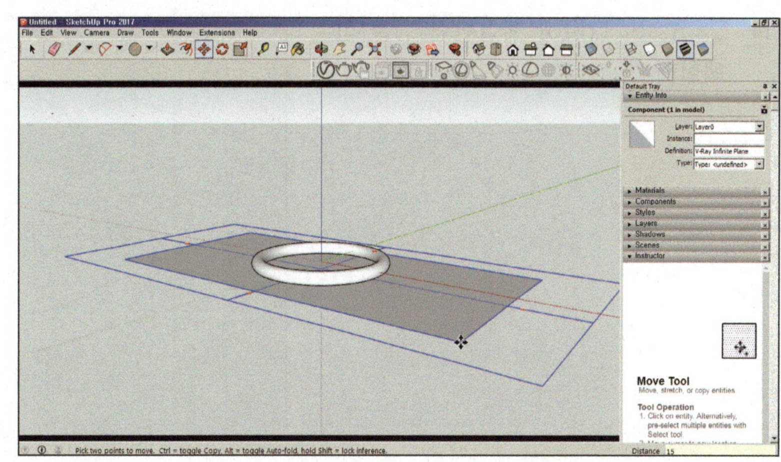

12 발광체에 재질을 적용하기 위해서 Materials(재질) Tray에서 Colors를 선택한다.

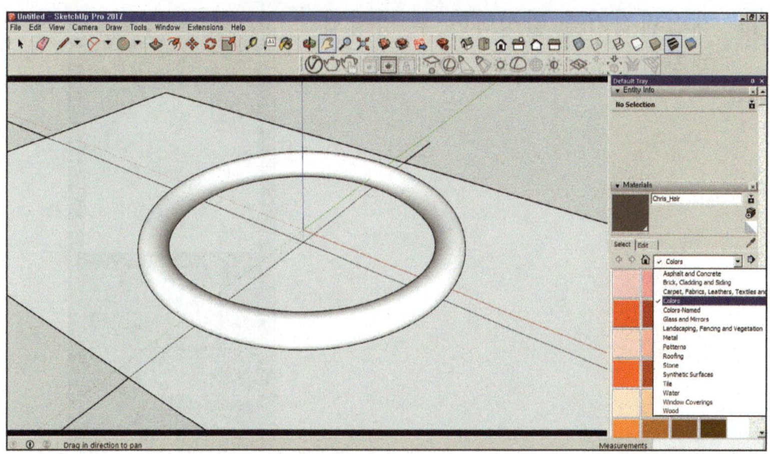

13 Color M00 재질을 선택한 후 발광체에 적용한다.

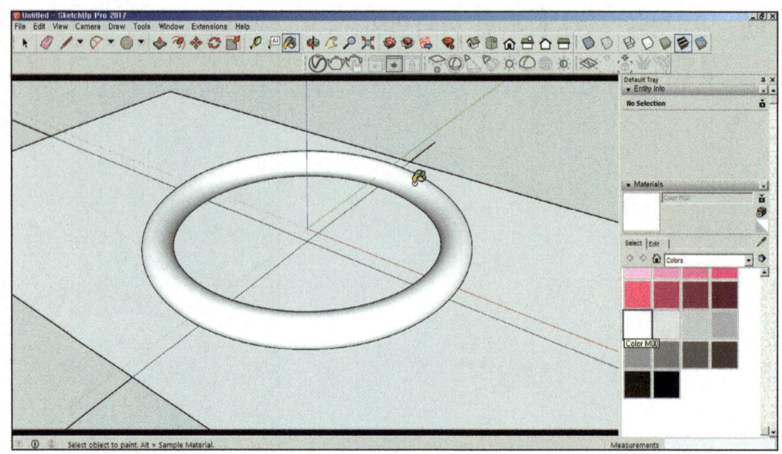

14 Asset Editor(재질편집기)를 선택한다.

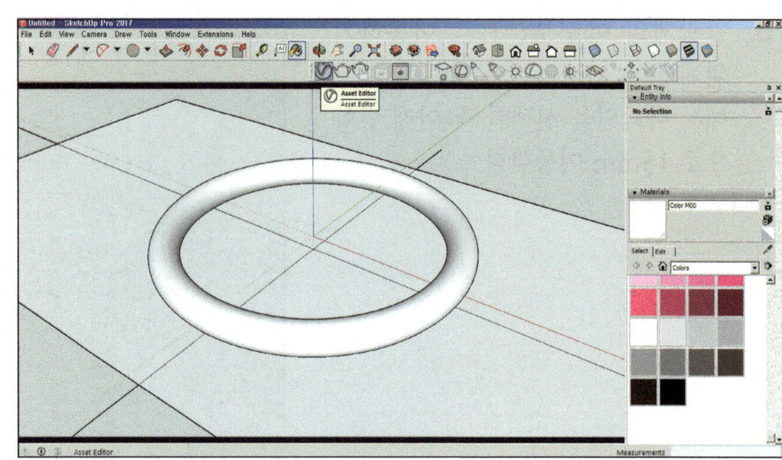

15 재질편집기를 활성화한 후 발광체 재질인 Color M00을 선택한다.

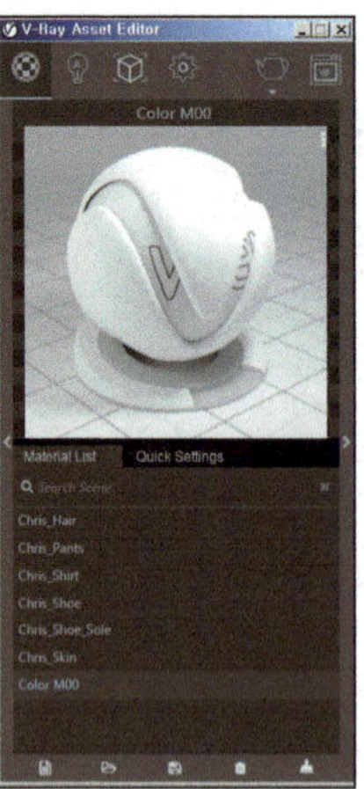

16 화살표를 클릭해서 편집기의 확장 옵션이 보이도록 한다.

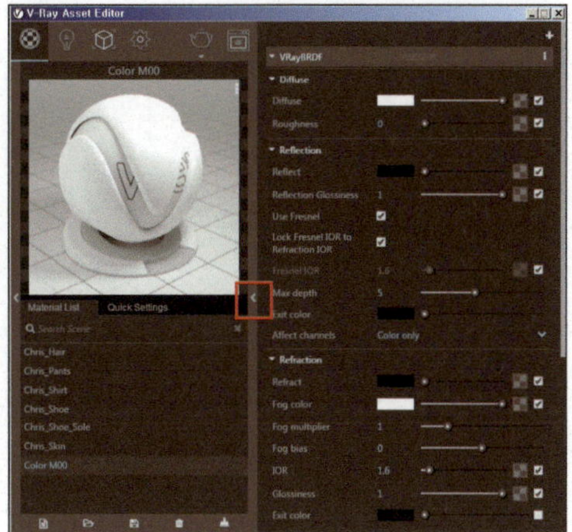

17 Quick Settings를 선택한다.

18 Generic 부분을 클릭해서 Emissive를 선택한다.

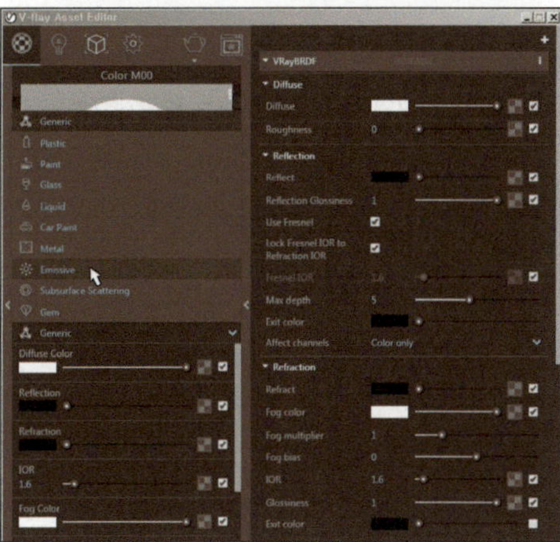

19 발광효과가 적용되었다.

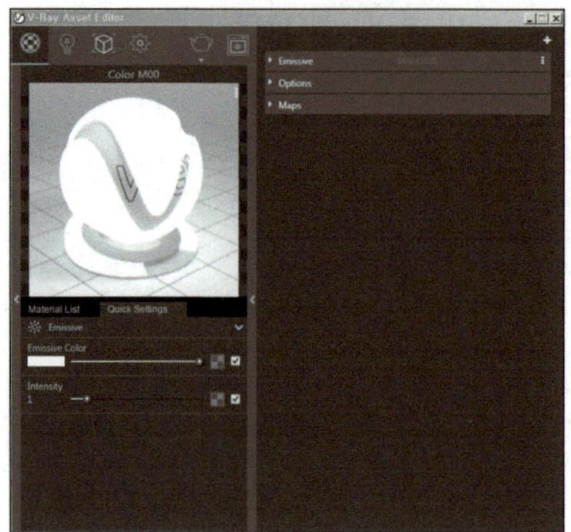

20 발광효과를 좀 더 세게 하기 위해서 Emissive 창을 활성화 한 후 Intensity 값을 2.5로 적용한다.

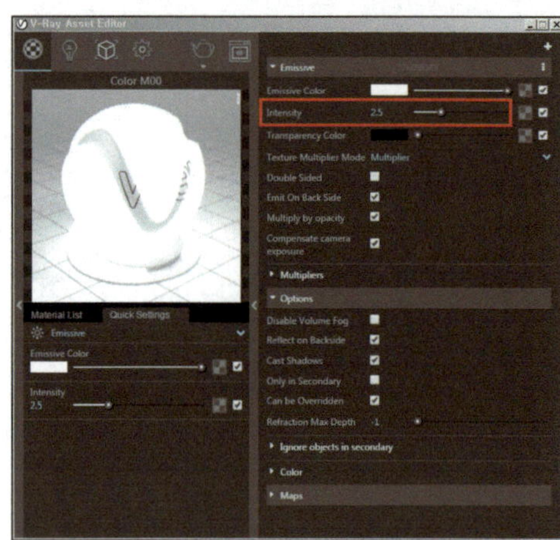

Emissive Color를 파란색으로 바꾸면 파란빛이 나오는 발광체로 바뀐다.

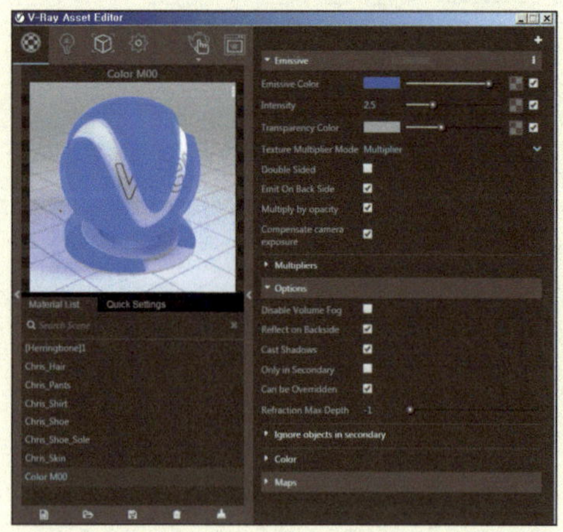

21 Render(랜더실행기)를 실행하면 그림과 같이 발광효과가 적용된 것을 알 수 있다.

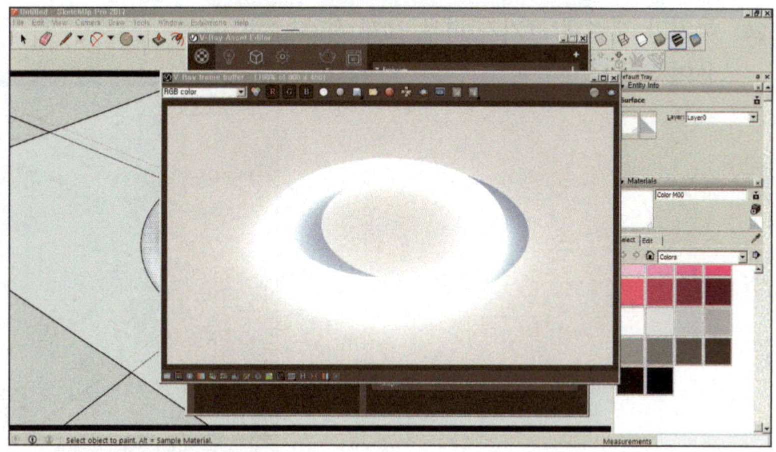

22 바닥면에 Tile 재질을 적용하기 위해서 Materials(재질) Tray에서 Tile을 선택한다.

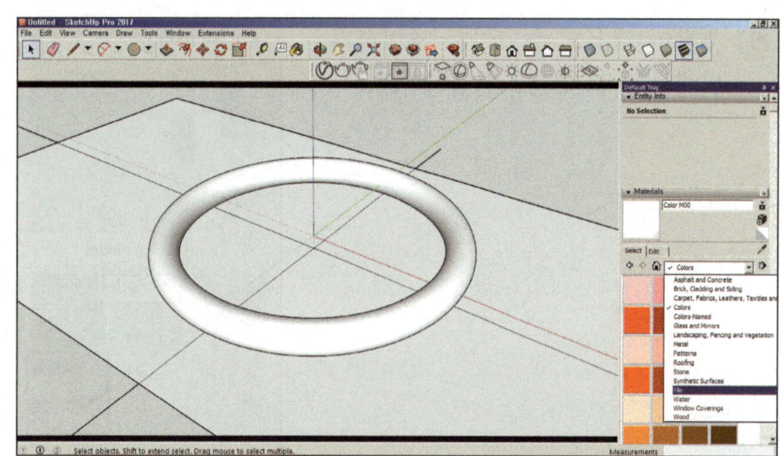

23 Tile에서 Herringbone 재질을 선택한 후 바닥에 재질을 적용한다.

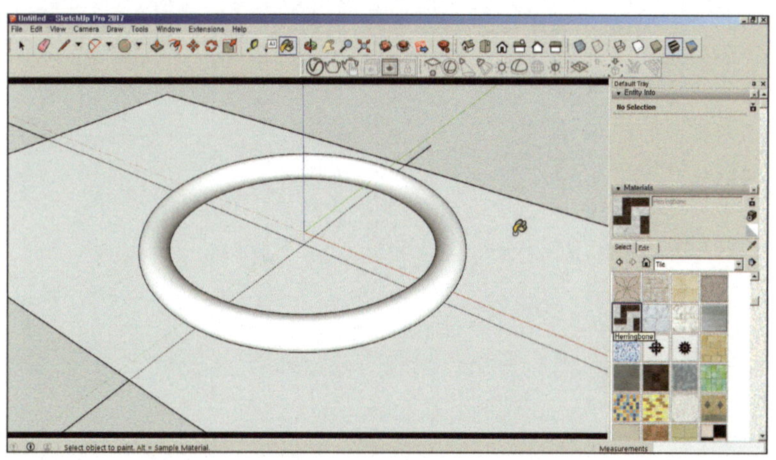

24 하지만 재질의 크기가 너무 크게 적용이 되었다.

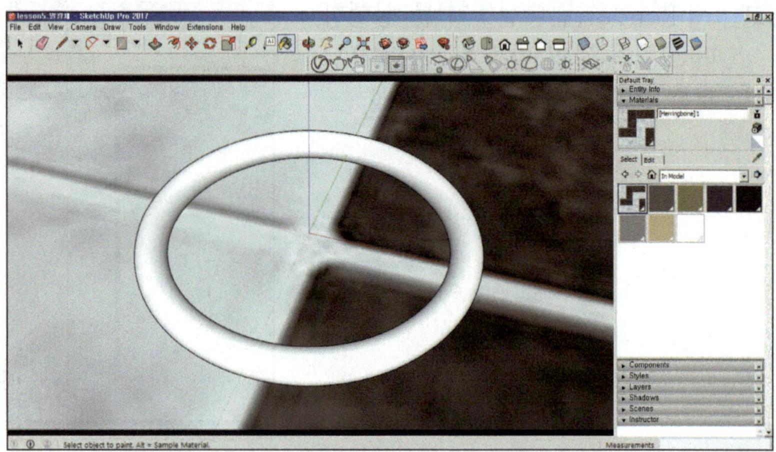

25 재질이 적용되는 크기를 조절하기 위해서 In Model을 선택한다.

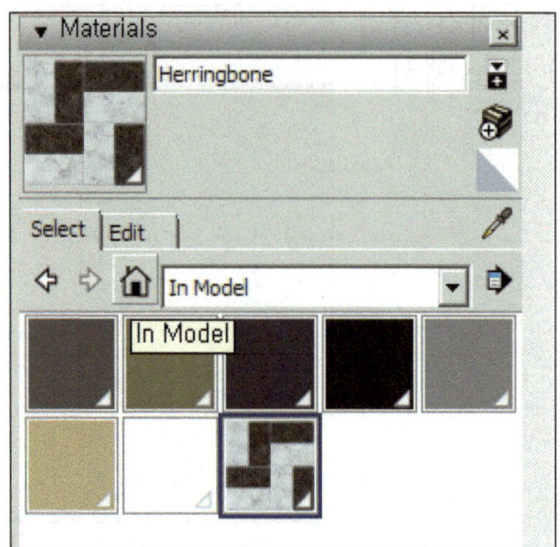

26 가로, 세로 적용되는 범위를 300mm로 지정한다.

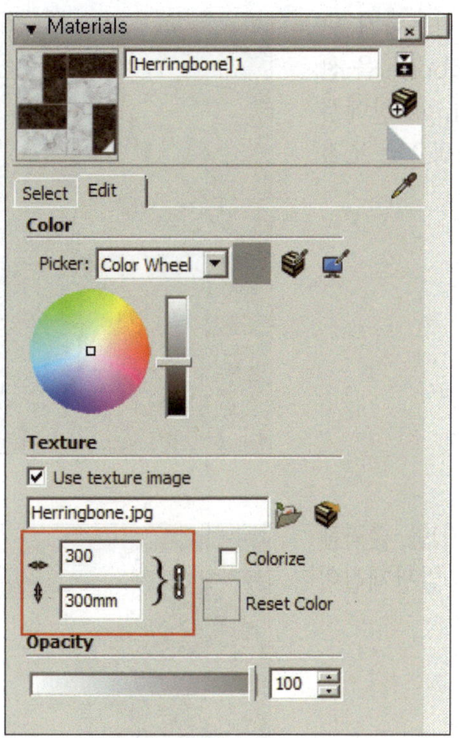

27 바닥면의 재질이 제대로 적용되었다. Asset Editor(재질편집기) 선택한다.

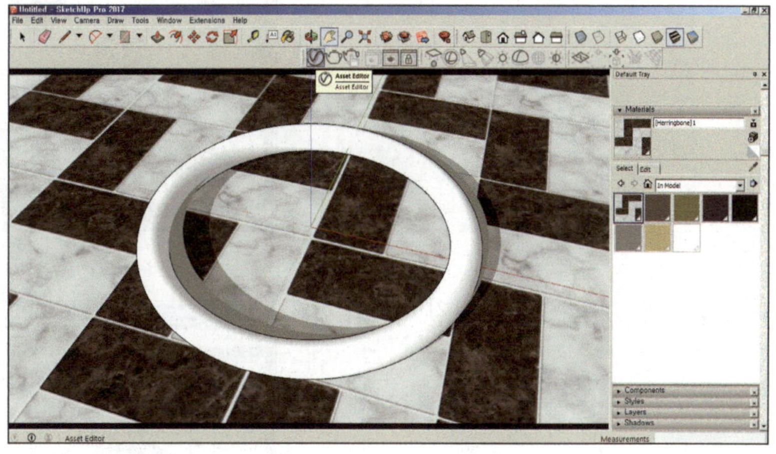

28 바닥면에 반사재질을 적용하기 위해서 바닥재질(Herringbone)을 선택한 후, Quick Settings 창에서 Reflection 부분을 회색으로 조절한다.

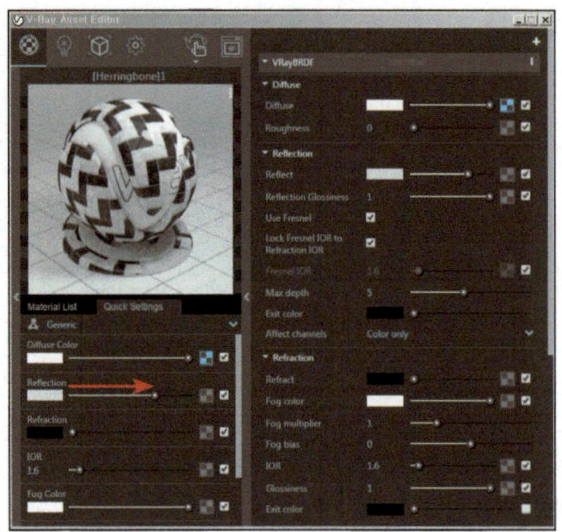

29 Render(랜더실행기)를 클릭해서 랜더링을 실행한다. 발광재질이 완성되었다.

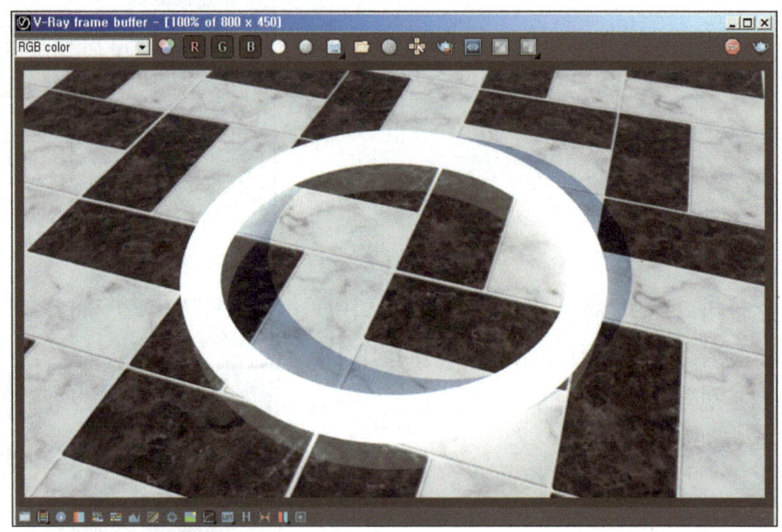

30 붉은색 조명도 만들어보길 바란다.

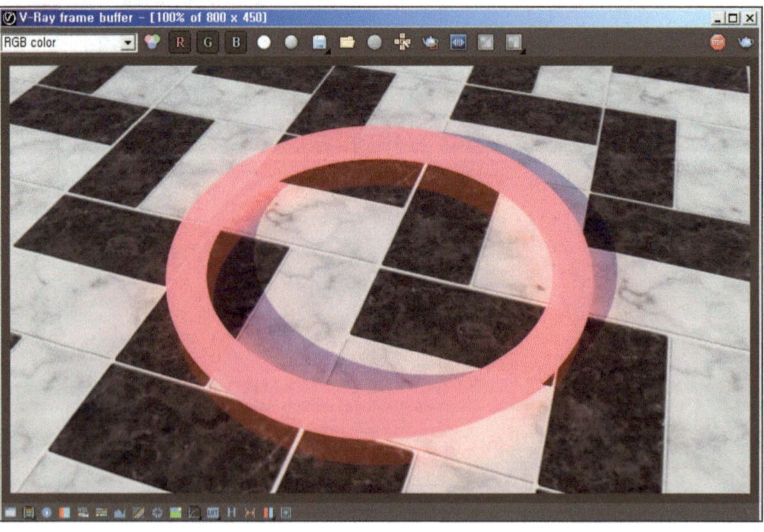

SKETCH UP 2019 SKETCH UP 2019 SKETCH UP 2019 SKETCH UP 2019 SKETCH UP 2019
SKETCH UP 2019 SKETCH UP 2019 SKETCH UP 2019 SKETCH UP 2019 SKETCH UP 2019
SKETCH UP 2019 SKETCH UP 2019 SKETCH UP 2019 SKETCH UP 2019 SKETCH UP 2019
SKETCH UP 2019 SKETCH UP 2019 SKETCH UP 2019 SKETCH UP 2019 SKETCH UP 2019
SKETCH UP 2019 SKETCH UP 2019 SKETCH UP 2019 SKETCH UP 2019 SKETCH UP 2019

Part 05
인테리어 만들기

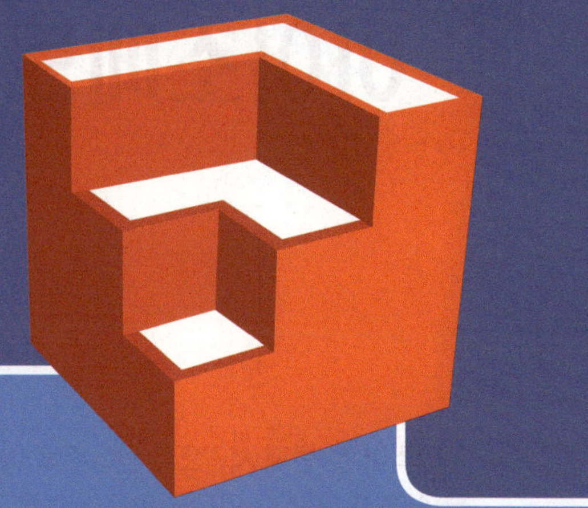

Chapter 11 단독주택 아이소메트리 만들기

Chapter 12 선이 아름다운 카페(Cafe) 제작하기

이번 Part에서는 인테리어를 제작하는 시간으로 단독주택 평면도면을 이용하여 아이소메트리 작업과 카페만들기 등 인테리어를 제작해 보자. 인테리어 모델링은 건축물보다 상대적으로 모델링은 쉬운 반면, 조명, 매핑(재질), 랜더링 작업이 까다롭다. 따라서 매핑 및 랜더링 작업은 V-Ray를 이용하든지 3dsmax 프로그램과 연계하여 작업하는 것이 수월할 수 있다. 이제 Part05를 통해서 인테리어 세계로 들어가 보자.

단독주택 아이소메트리 제작하기

11 Chapter

인테리어 첫 번째 시간으로 단독주택 아이소메트리를 만들어보도록 하자. 단독주택 아이소메트리는 단독주택의 내부구조를 쉽게 이해할 수 있도록 만들어 놓은 것으로 모델하우스에 가면 흔히 볼 수 있다. 인테리어의 가장 기본이라 할 수 있으며, 캐드 도면을 이용해서 SketchUp에서 쉽게 모델링할 수 있다. 따라서 이번 Chapter에서 중점적으로 살펴볼 수 있는 것이 바로 AutoCAD 도면을 불러와 그것을 SketchUp으로 모델링하는 과정이다.

01 캐드 도면 불러오기

단독주택 아이소메트리를 제작하기 위해서 먼저 Auto CAD로 제작한 도면을 불러와야 한다. 하지만 SketchUp에서 모델링 작업을 할 때, AutoCAD 도면 전체가 필요하지는 않다. 옆의 도면과 같이 그림 A는 벽면과 문, 창문, 가구, 치수, 중심선 등 도면 전체이며, 그림 B는 벽면만 남기고 나머지는 모두 숨긴 도면이다. 우리가 모델링을 하기 위해서는 그림 B와 같이 벽면만 보이는 것이 수월하다. 하지만 문과 창문은 작업에 꼭 필요한 도면이기 때문에 없앨 수는 없다. 따라서 독자 여러분이 CAD 작업을 할 때 주의해야 할 점은 항상 벽면과 창문, 문 등을 각각 따로 레이어(Layer)로 만들어 관리하는 것이다. 그래야 레이어를 숨길 수도 있고 필요할 때에는 보이게 할 수도 있다.

그림 A

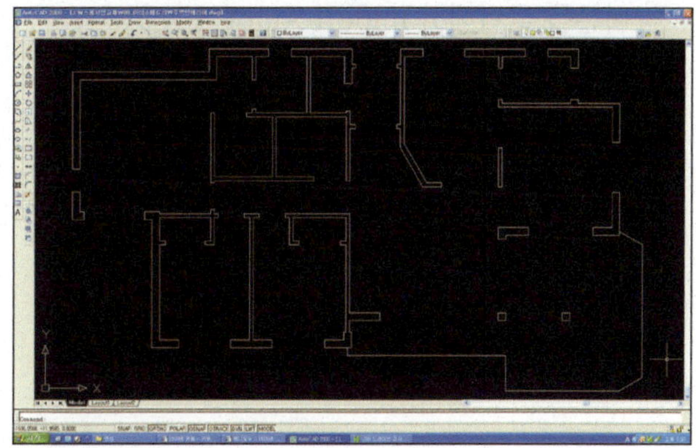

그림 B

1 캐드 도면을 불러오기 위해서 File(파일) 〉 Import(가져오기)를 선택한다.

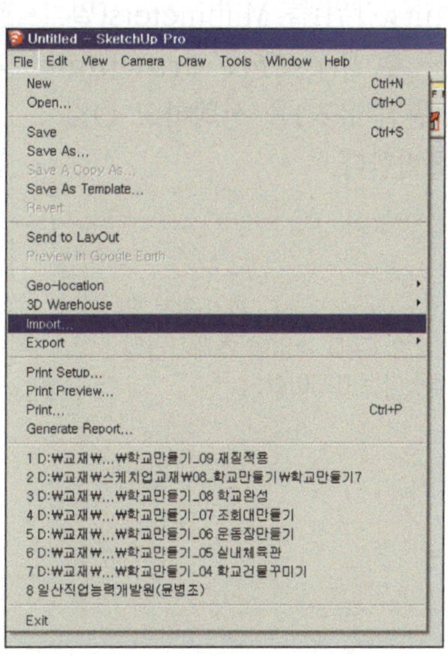

SketchUp 프로그램에서 Import(가져오기)를 통해 다양한 형식의 파일을 불러 올 수 있다. 이미지(jpg, png, psd, tif, tga, bmp) 파일 및 3ds 파일, CAD(dwg, dxf) 파일 등이 대표적이다. 이미지 파일은 매핑작업할 때 많이 사용되며, CAD 파일은 지금과 같이 인테리어 작업 시 많이 이용된다.

2 열기 창에서 파일형식을 AutoCAD Files (*.dwg, *.dxf)을 선택한 후 주택인테리어 파일을 찾는다.

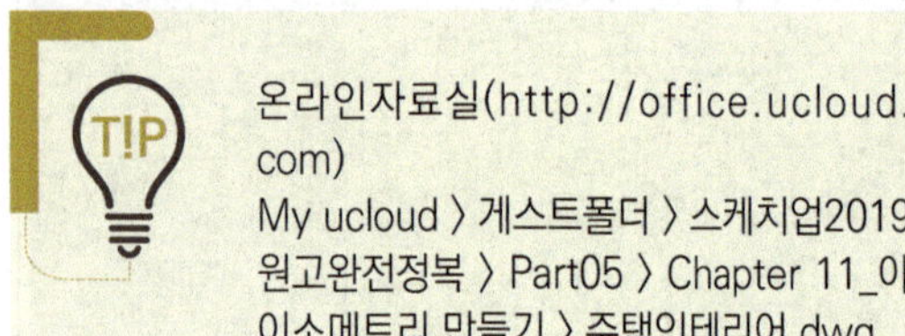

TIP 온라인자료실(http://office.ucloud.com)
My ucloud > 게스트폴더 > 스케치업2019 원고완전정복 > Part05 > Chapter 11_아이소메트리 만들기 > 주택인테리어.dwg

3 dwg 파일을 가져오기 전에 Options(옵션) 버튼을 클릭해서 Import AutoCAD DWG/DXF Options(AutoCAD DWG/DXF 가져오기 옵션) 창을 연다.

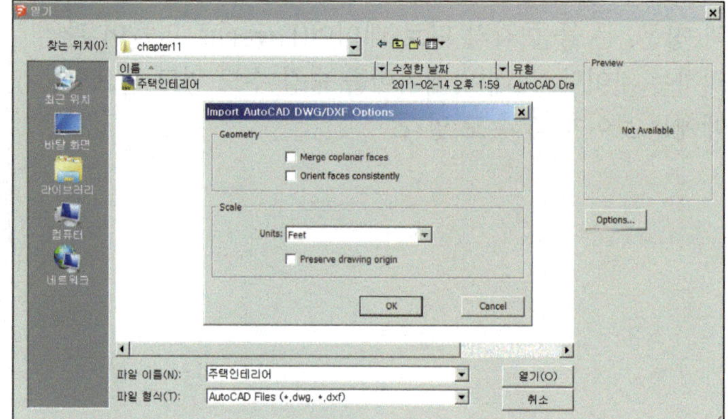

4 옵션 창에서 Units(단위)를 Millimeters(밀리미터)로 바꾼 후 Preserve drawing origin(그리기 원점 유지)을 선택하고 OK(확인) 버튼을 클릭한다.

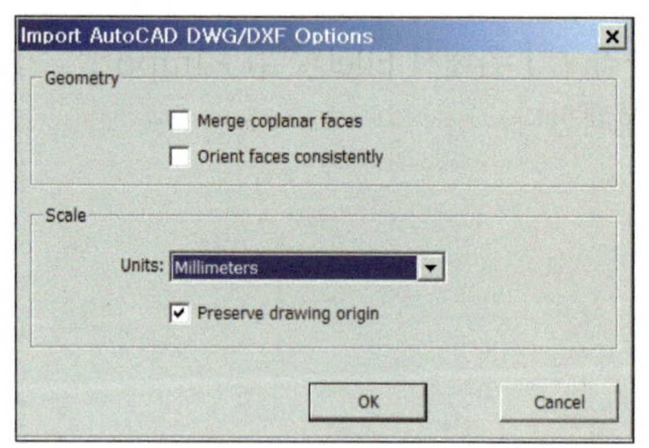

TIP Preserve drawing origin(그리기 원점 유지)은 불러오는 CAD 파일을 스케치업의 원점에 맞추겠다는 표시이다.

5 Import Results(가져오기 결과) 창이 열리며 가져온 AutoCAD의 요소들이 보인다. Close(닫기) 버튼을 클릭해서 CAD 파일을 불러온다.

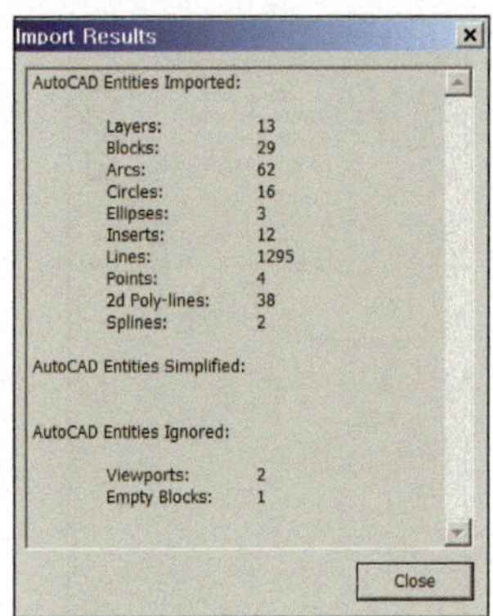

6 CAD 파일을 스케치업으로 불러왔다.

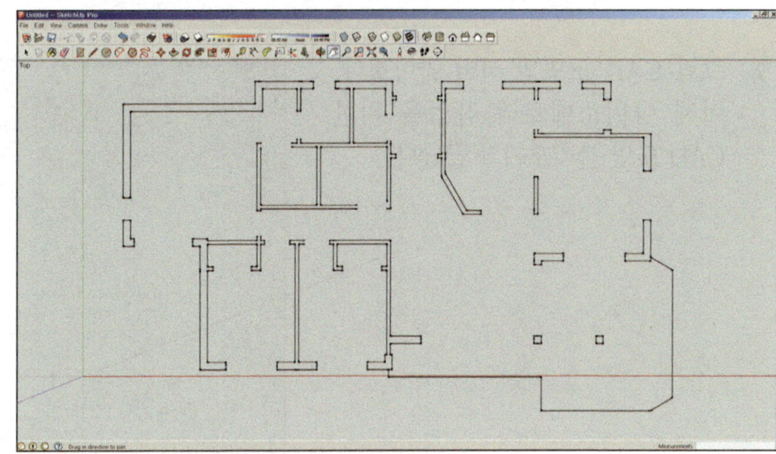

7 선의 굵기를 조절하기 위해서 메뉴에서 Window(창) > Styles(스타일)을 선택한다.

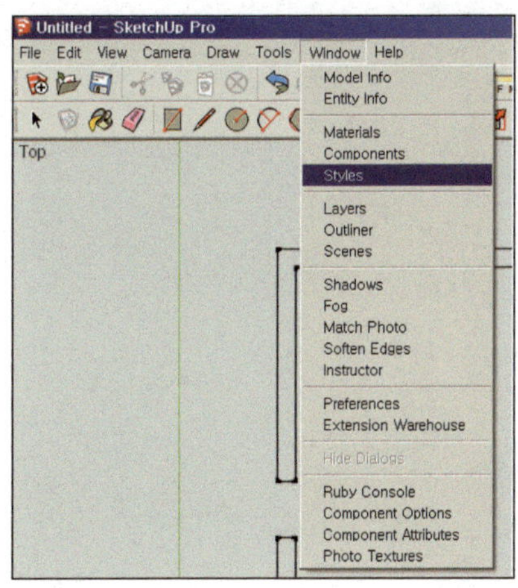

8 Styles(스타일) 창에서 Edit(편집) 〉 Edges Settings(가장자리 설정)에서 Edges(가장자리)를 선택하고 나머지는 선택 해제한다.

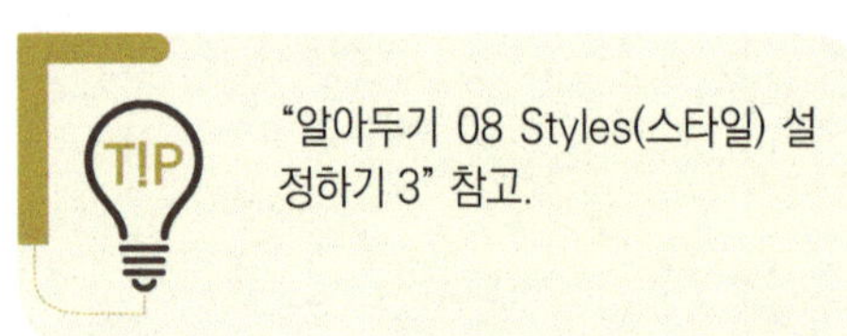

"알아두기 08 Styles(스타일) 설정하기 3" 참고.

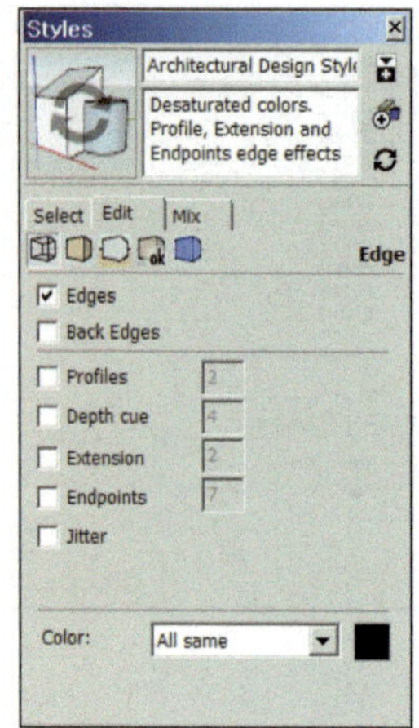

9 그림 CAD 도면의 선이 얇아졌다. 이제 아이소메트리 작업을 위한 CAD 도면 불러오기가 끝났다.

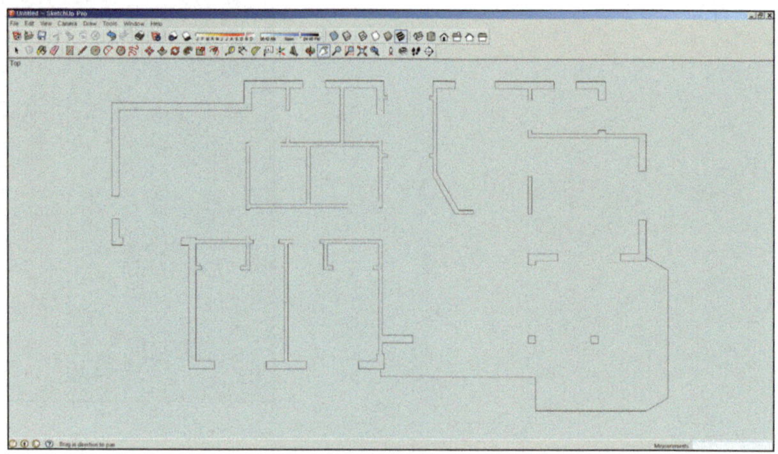

02 벽면 만들기

이제 CAD 도면에 맞추어 벽면을 만들어보자.

10 Rectangle(직사각형) 도구를 사용해서 도면에 맞추어 그림과 같이 사각형을 그린다.

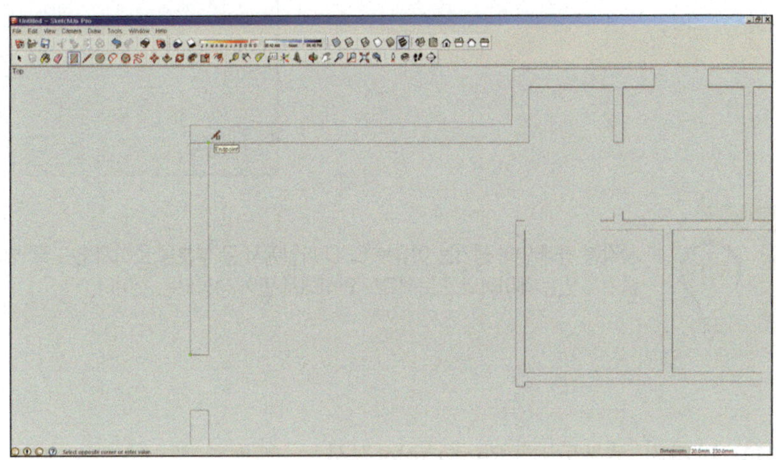

캐드 도면이 1/10 척도로 그려졌기 때문에 실제 크기로 제작하려면 Scale(배율) 도구로 10배 확대해야 한다. 책에서는 그냥 1/10로 축소해서 제작하였다. 따라서 Components(구성요소)로 창문과 인테리어가구 등을 불러올 경우 1/10로 축소해서 사용해야 한다.

11 그러면 그림과 같이 면이 생성된 것을 확인할 수 있다.

경우에 따라 그림과 같이 나오지 않을 수도 있다. 그림과 같이 나오지 않았을 경우 계속해서 Rectangle(직사각형) 도구를 사용해서 면을 생성해 가면 된다.

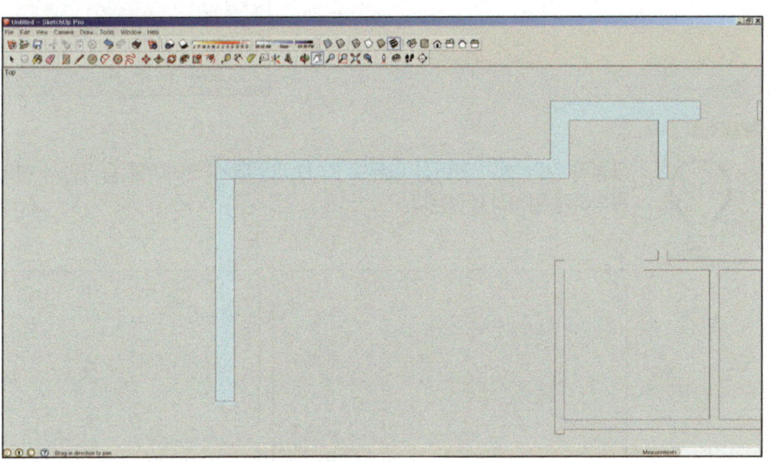

12 Eraser(지우기) 도구로 중간의 선을 지운다. 맨 아래에 있는 영역을 벗어나면 면도 Select(선택) 도구로 선택하고 Del 키로 삭제한다.

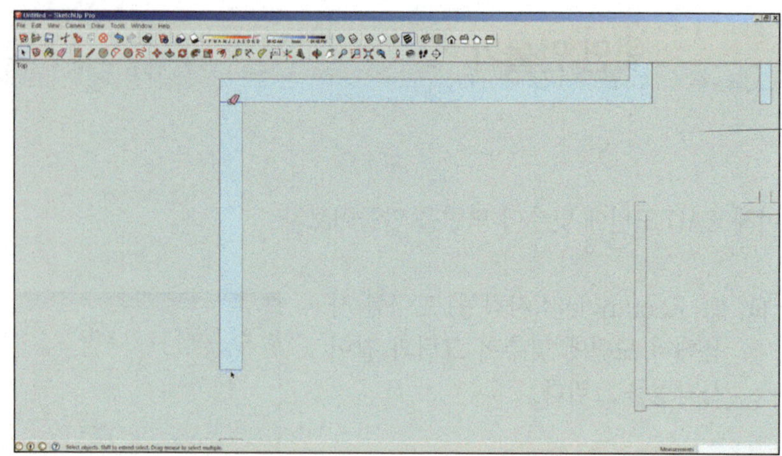

사각형 밖에 면이 생기는 이유는 CAD 파일에서 문 부분을 보이지 않도록 레이어를 숨겼기 때문이다. SketchUp에서 면을 생성할 때 숨겨져 있는 레이어의 오브젝트도 인식해서 면이 생성되는 것이다.

13 나머지 부분도 Rectangle(직사각형) 도구를 사용해서 도면에 맞추어 사각형을 그린다.

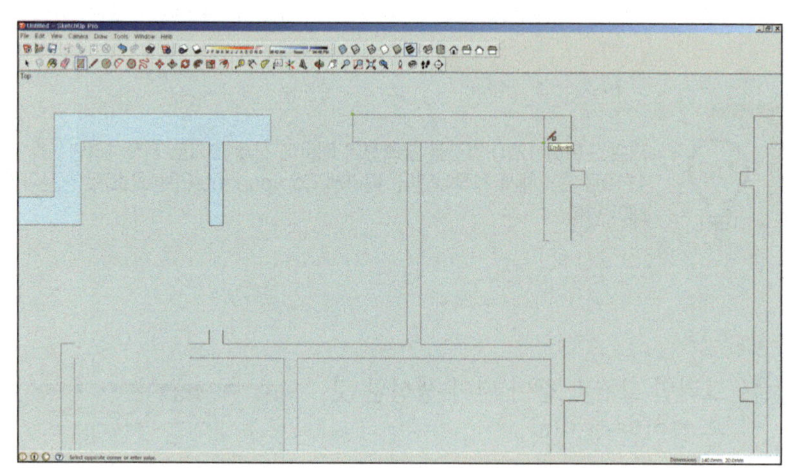

그림과 같이 선이 없어진 이유도 CAD 파일에서 레이어를 숨기면서 선이 사라진 경우이다. 아직까지 CAD 파일과 스케치업이 완벽하게 일치하지 않는다.

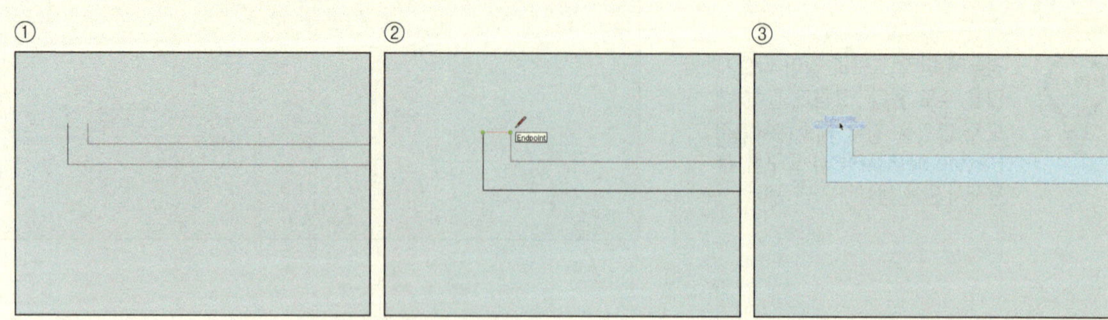

이럴 때에는 Line(선) 도구로 선을 그려 주면 면이 완성된다.

원하지 않는 면은 Select(선택) 도구로 선택해서 지운다.

14 바닥면은 Select(선택) 도구로 선택한 후 제거한다.

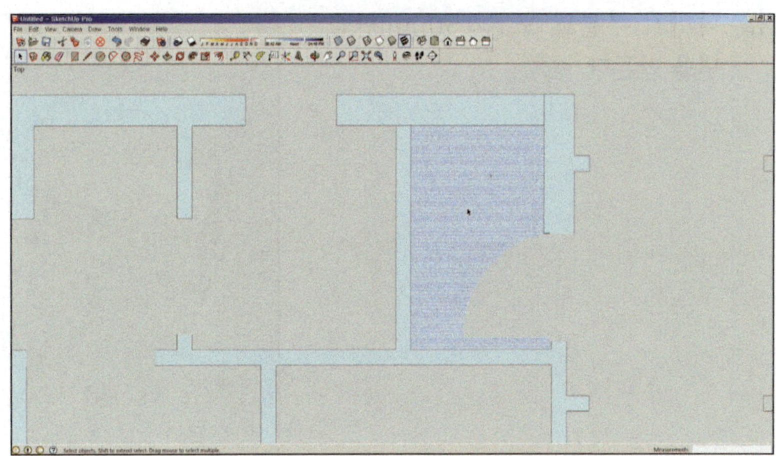

15 나머지부분도 도면에 맞추어 Line(선) 도구와 Rectangle(직사각형) 도구를 사용해서 그림과 같이 벽면의 밑그림을 완성한다.

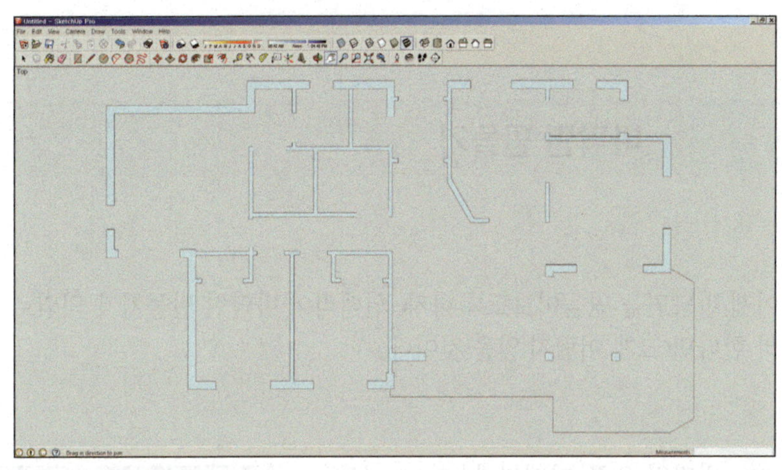

16 Push/Pull(밀기/끌기) 도구를 사용해서 면을 150mm 만든다.

면을 150mm만 생성한 이유는 실제 높이로 하게 되면 벽면 때문에 인테리어가 답답하게 보이기 때문이다. 아이소메트리는 단면을 보여주는 것이기 때문에 전체 높이로 하지 않아도 무방하다.

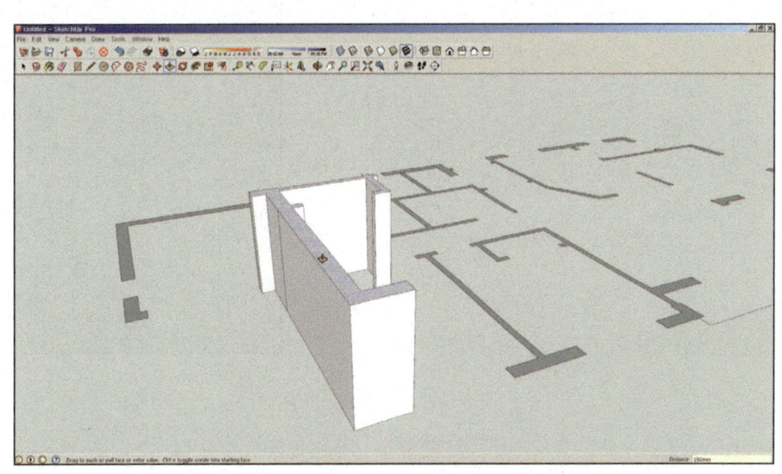

17 나머지 부분도 모두 150mm만큼 면을 만든다.

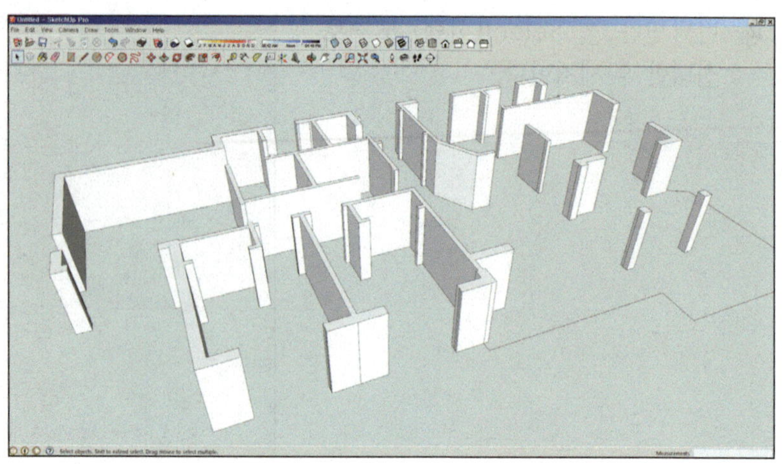

03 바닥면 만들기

이제 바닥면을 만들어보도록 하자. 인테리어 바닥면 만들기가 의외로 까다로운 작업이다. 하지만 책을 보고 잘 따라 한다면 크게 어렵지 않을 것이다.

18 벽면의 왼쪽 아래면에 Line(선) 도구로 선을 그린다.

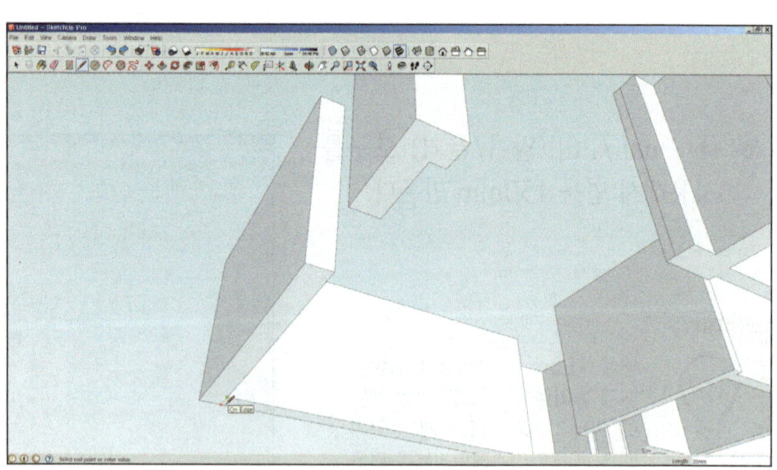

19 Push/Pull(밀기/끌기) 도구를 사용해서 Ctrl 키를 누른 후 면을 10mm 아래로 만든다.

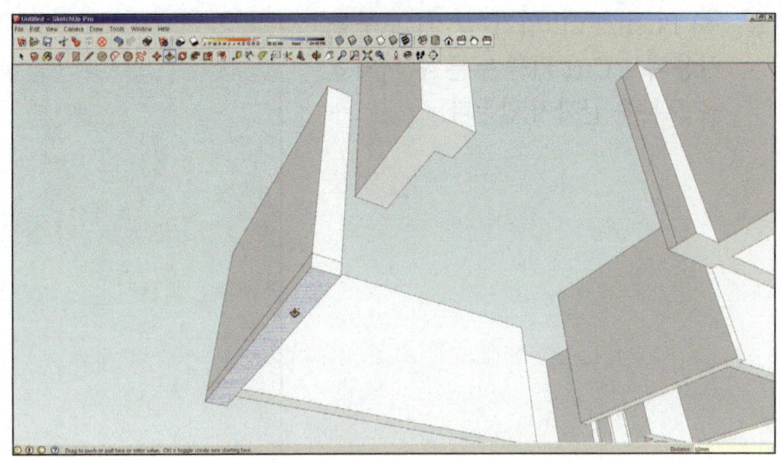

20 Eraser(지우기) 도구로 안쪽의 선을 제거한다.

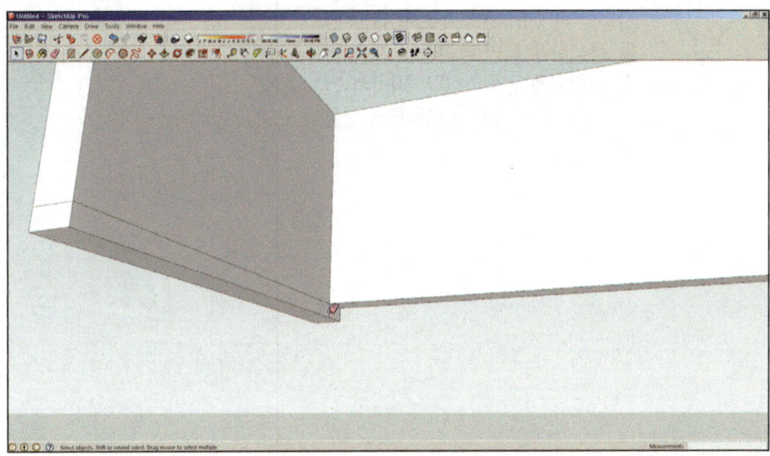

21 Push/Pull(밀기/끌기) 도구를 사용해서 Ctrl 키를 누른 후 바닥면을 오른쪽 끝까지 만든다.

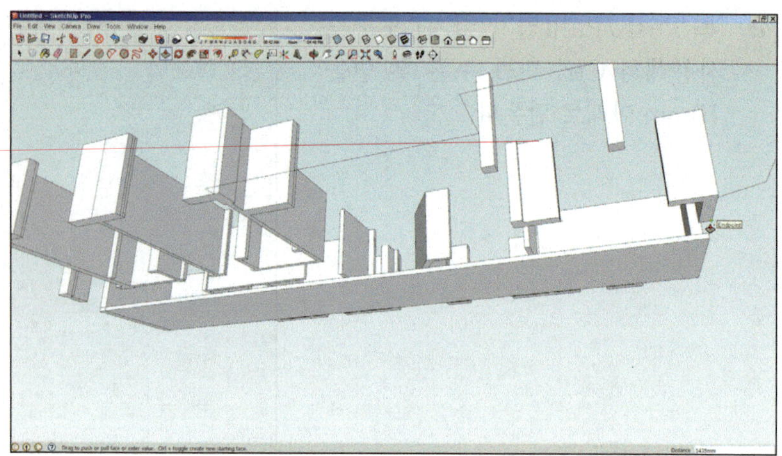

Push/Pull(밀기/끌기) 도구를 사용할 때 Ctrl 키를 누르지 않고 면을 생성하게 되면 중간중간 계속 면이 제한되게 만들어진다. 따라서 반드시 Ctrl 키를 누르고 바닥면을 생성해야 한다.

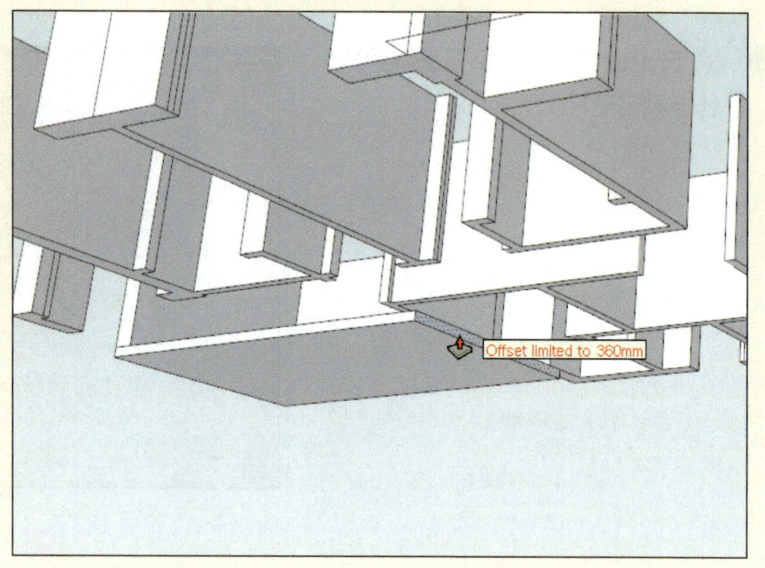

22 Eraser(지우기) 도구로 선들을 제거한다.

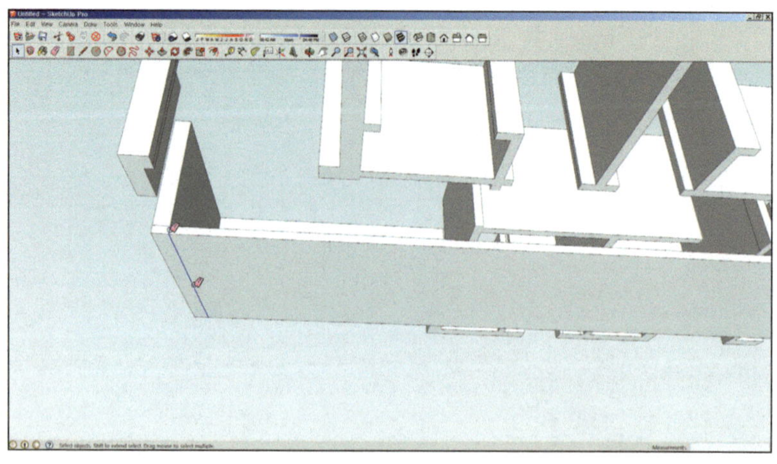

23 Push/Pull(밀기/끌기) 도구를 사용해서 Ctrl 키를 누른 후 바닥면을 앞 벽면까지 만든다.

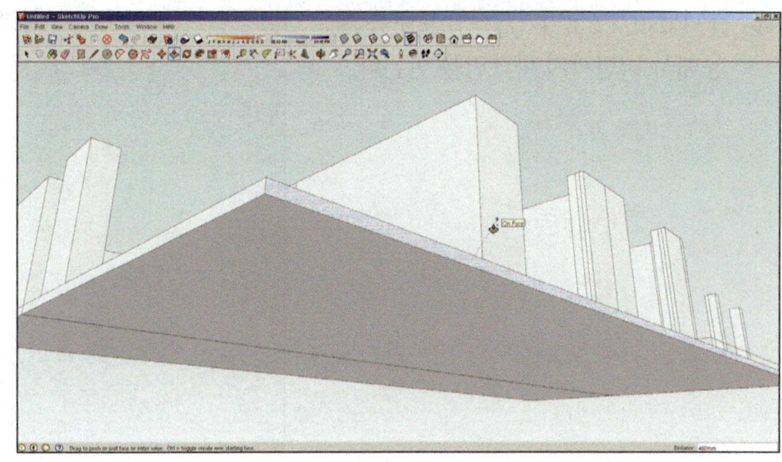

24 Eraser(지우기) 도구로 바닥의 선과 옆면의 선을 제거한다.

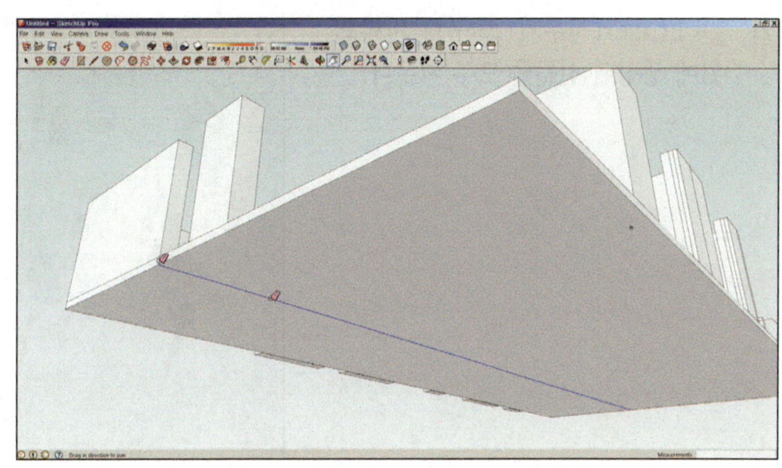

25 뒤쪽으로도 바닥면을 만들기 위해서 Line(선) 도구로 위 벽면에 맞추어 수직선을 그린다.

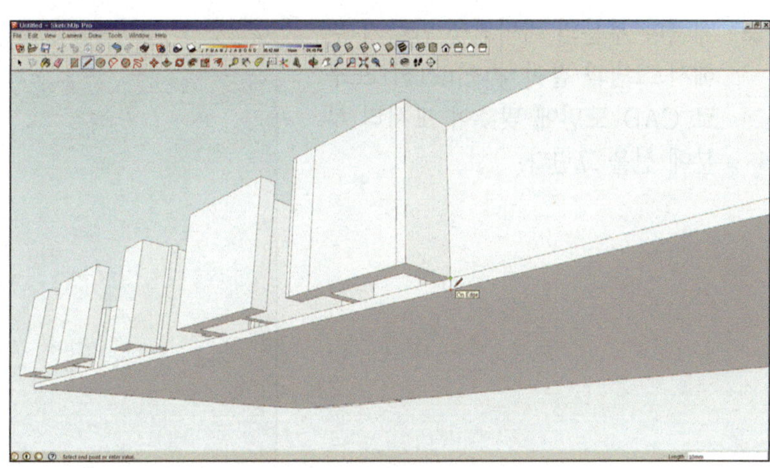

26 Push/Pull(밀기/끌기) 도구를 사용해서 벽면까지 바닥면을 만든다.

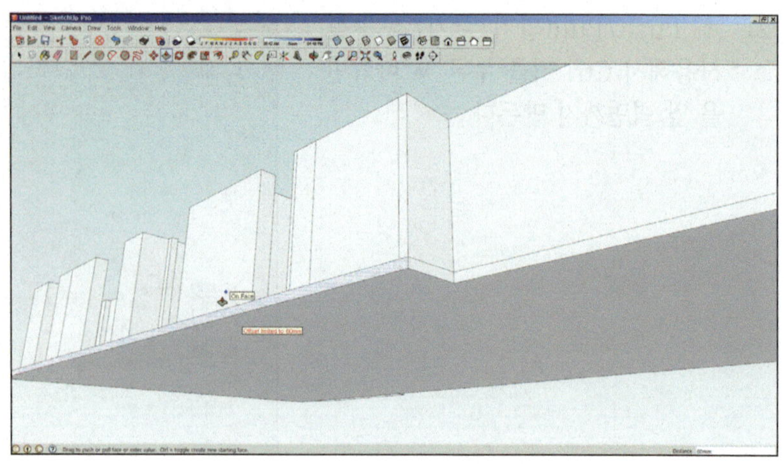

27 Eraser(지우기) 도구로 바닥면 위에 생성된 선들을 모두 지운다.

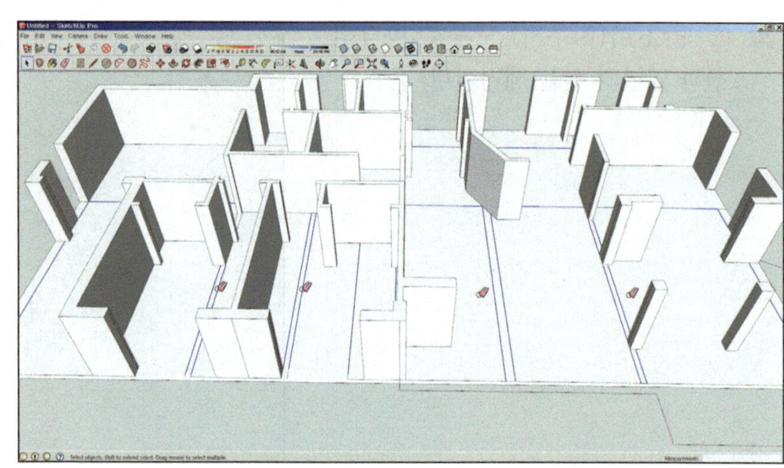

28 베란다 부분의 바닥면을 만들기 위해서 그림과 같이 Line(선) 도구로 CAD 도면에 맞추어 모서리 부분에 선을 그린다.

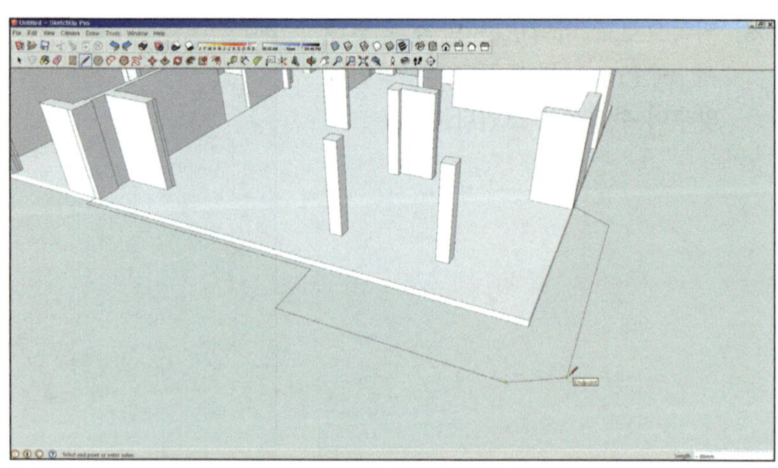

29 Push/Pull(밀기/끌기) 도구를 사용해서 아래 바닥면까지 면을 만든다.

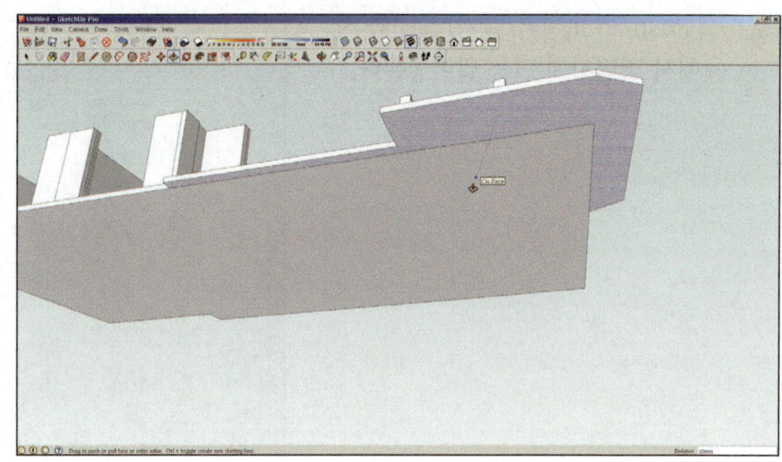

30 Eraser(지우기) 도구로 베란다 바닥면 위에 선들을 제거한다.

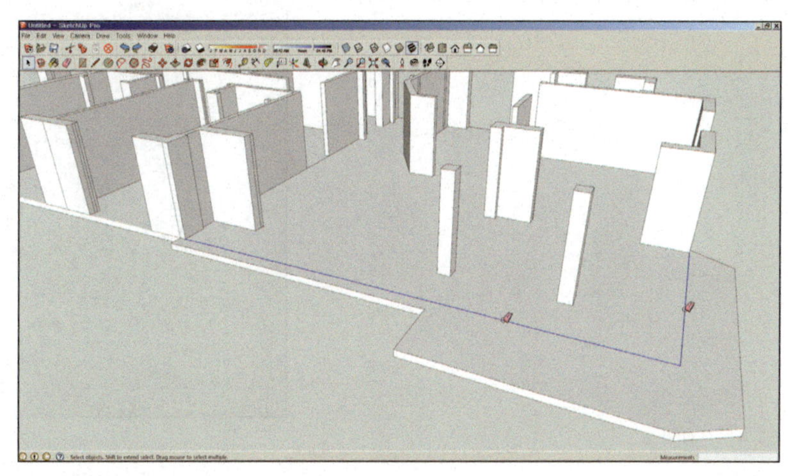

31 위 벽면에 맞추어 튀어나온 바닥면을 없앨 것이다. Line(선) 도구를 사용해서 벽면의 모서리에서 수직선을 그린다.

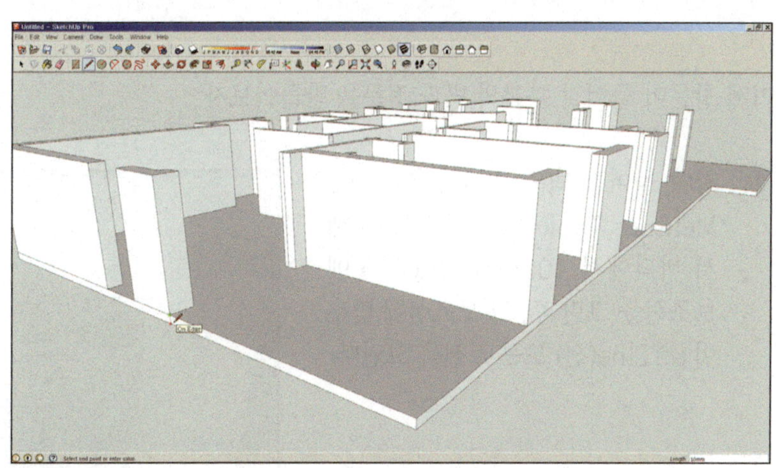

32 Push/Pull(밀기/끌기) 도구를 사용해서 벽면까지 면을 밀어넣는다.

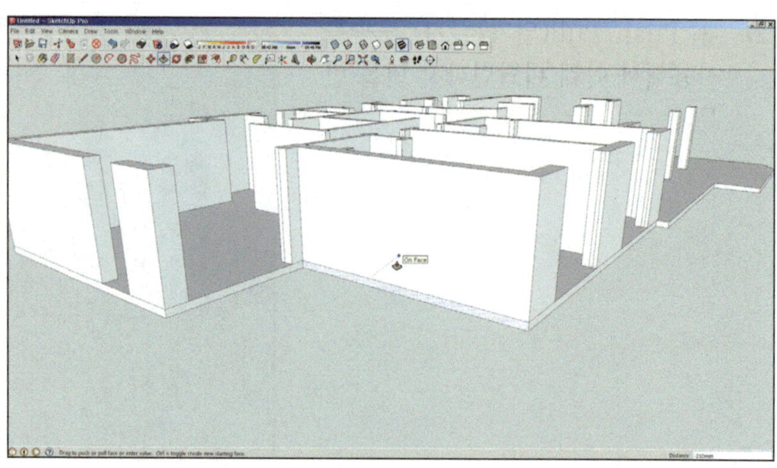

33 그림과 같이 바닥면이 완성되었다.

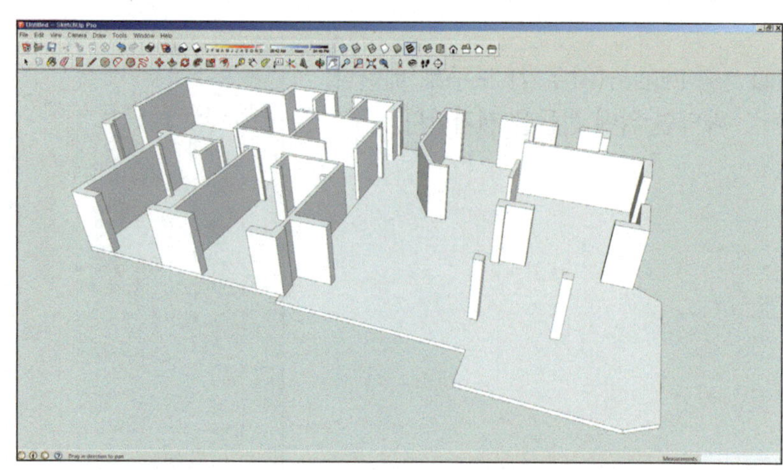

04 창문 벽과 정문 만들기

이제 창문이 들어갈 부분의 벽과 정문을 만들어보자.

34 창이 들어갈 벽의 옆면에 Tape Measure Tool(줄자도구)을 사용해서 바닥에서 100mm 떨어진 곳에 보조선을 그린 후, 그 보조선에 맞추어 Line(선) 도구로 선을 그린다.

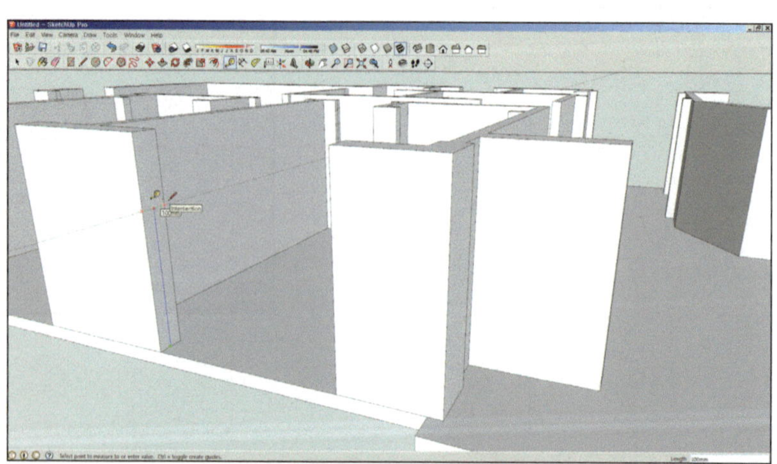

35 Push/Pull(밀기/끌기) 도구를 사용해서 아랫부분을 반대쪽 벽까지 면을 만든다.

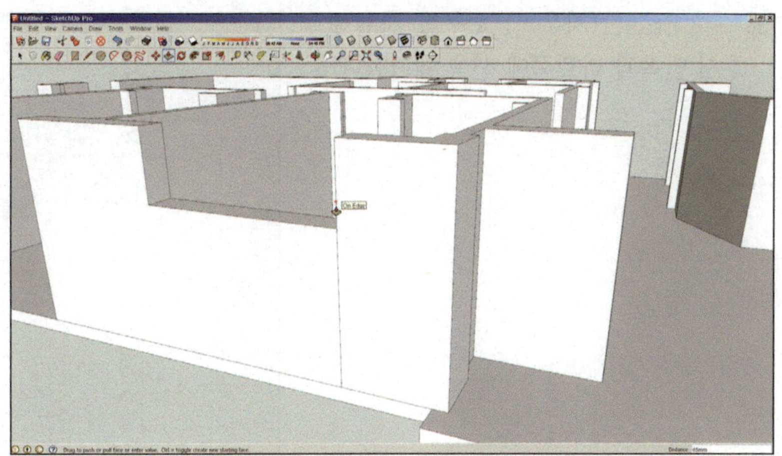

Push/Pull(밀기/끌기) 도구를 사용해서 면을 생성하다 보면 그림과 같이 면이 생성되는 것이 제한되는데, 이것 역시 CAD 파일에서 숨긴 레이어에 들어 있는 오브젝트에 영향을 받기 때문이다. 이때에는 Ctrl 키를 누르고 면을 생성하거나, 여러 번 반복해서 면을 만들면 된다.

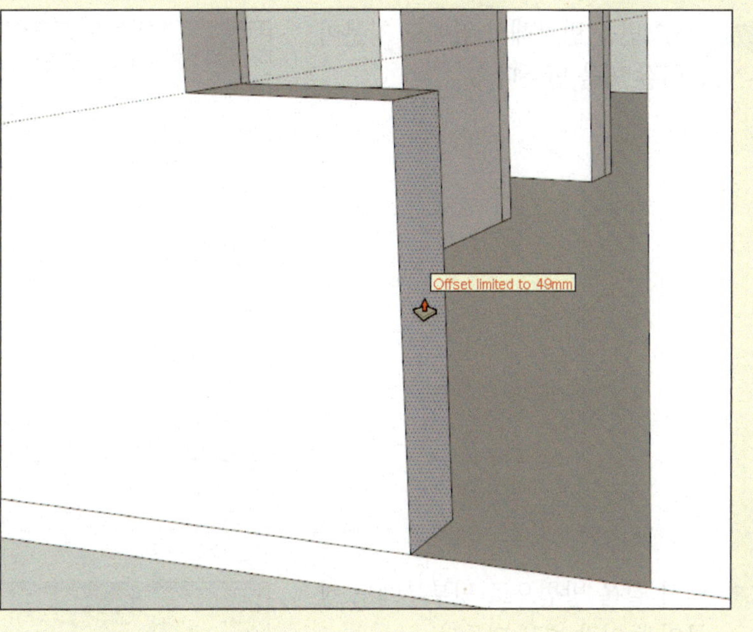

36 Eraser(지우기) 도구를 사용해서 안쪽과 바깥쪽에 선을 제거한다.

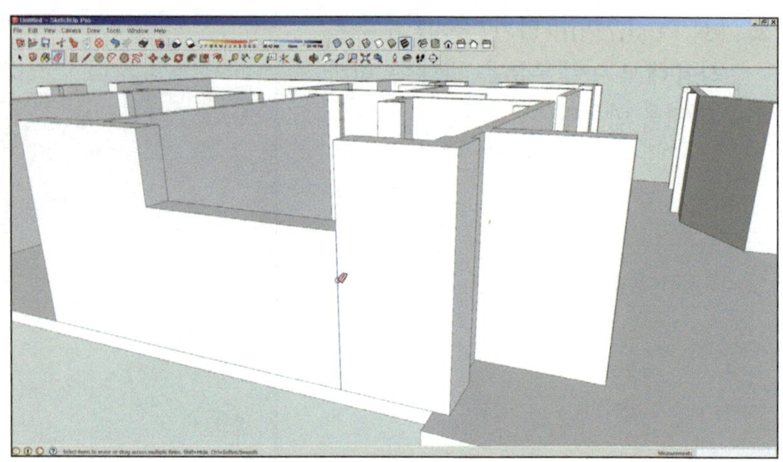

37 34~36번을 반복해서 옆에도 창문이 들어갈 벽을 만든다.

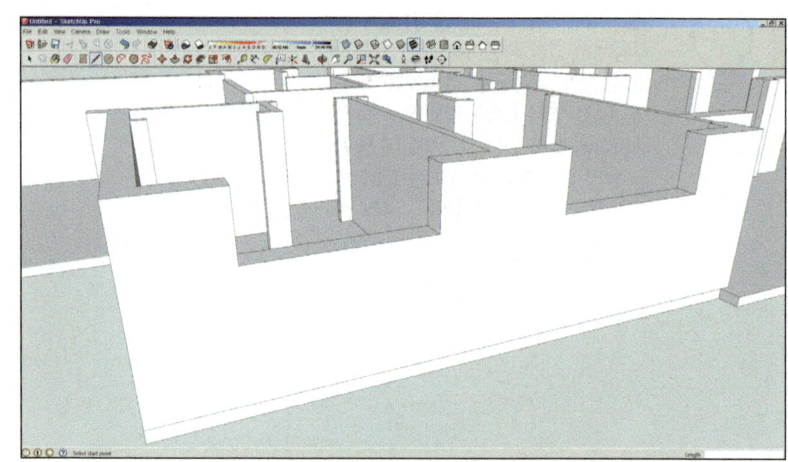

38 역시 같은 방법으로 뒷부분에도 창문이 들어갈 벽을 만든다.

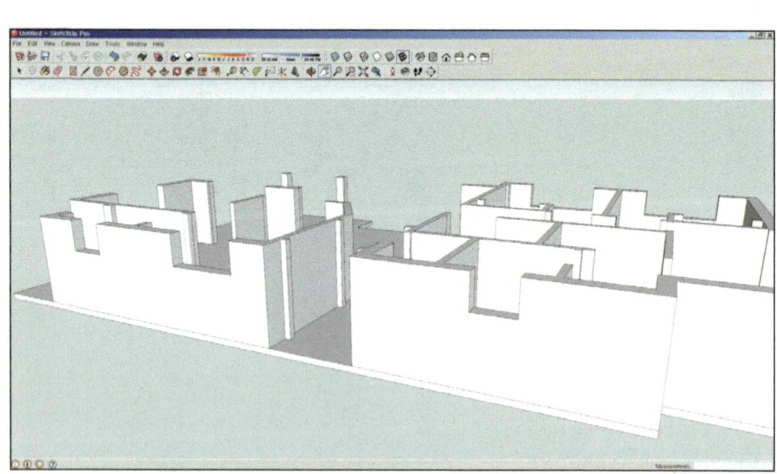

39 옆면도 마찬가지로 창문을 완성한다.

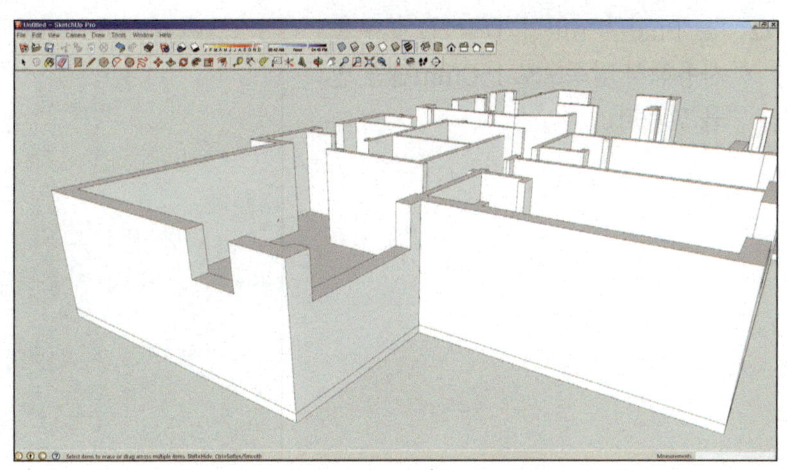

40 주택으로 들어오는 정문을 만들기 위해서 그림과 같이 Tape Measure Tool(줄자도구)을 사용해서 양쪽 모서리에서 50mm 떨어진 곳에 보조선을 그린다.

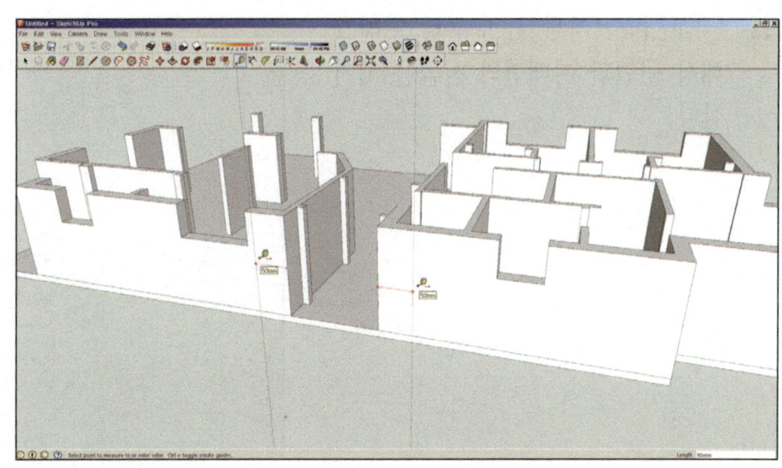

41 보조선에 맞추어 Line(선) 도구로 바닥면에 선을 그린다.

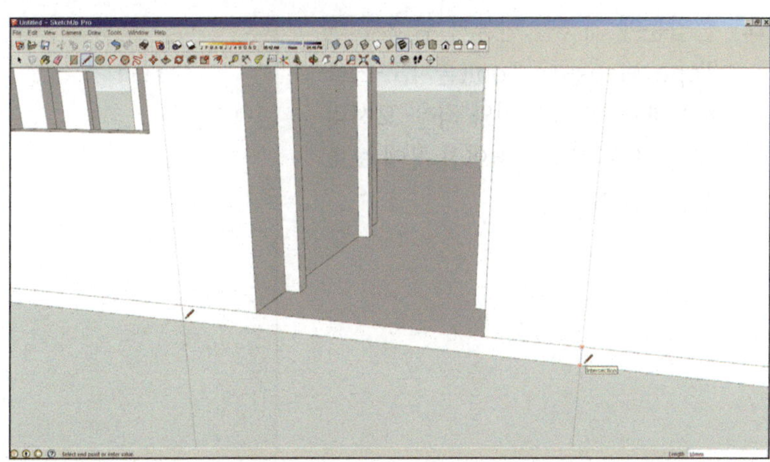

42 Push/Pull(밀기/끌기) 도구를 사용해서 앞쪽으로 150mm만큼 면을 만든다.

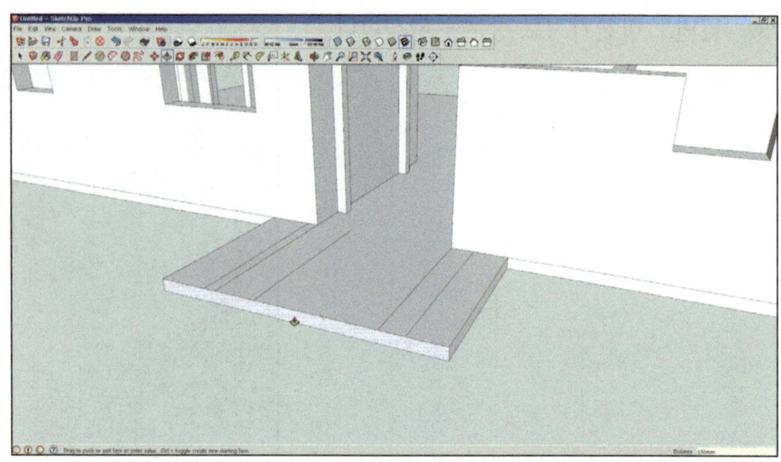

43 Eraser(지우기) 도구로 드래그해서 윗면과 아래면의 선들을 제거한다.

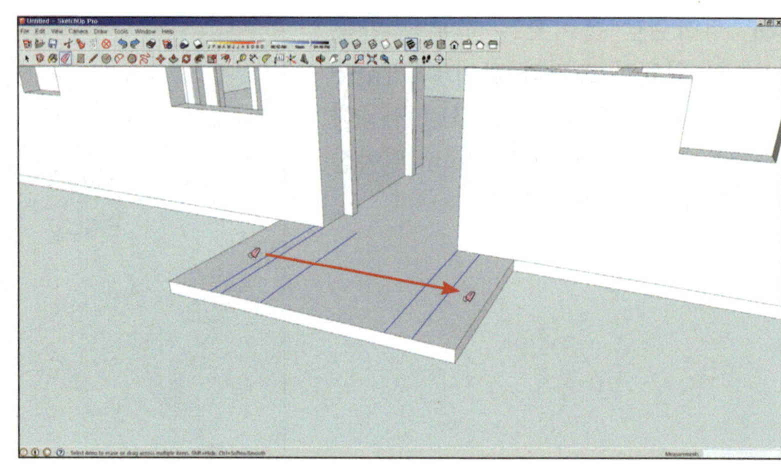

44 출입문에 기둥을 만들기 위해서 Tape Measure Tool(줄자도구)을 사용해서 앞 모서리와 좌우 모서리에서 전부 20mm 떨어진 곳에 보조선을 그린다.

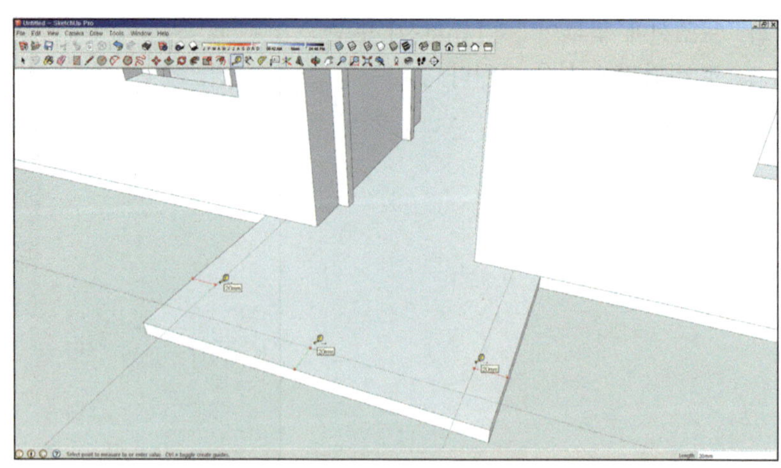

45 Rectangle(직사각형) 도구를 사용해서 보조선에 맞추어 (25, 25)인 사각형을 네 개 그린다.

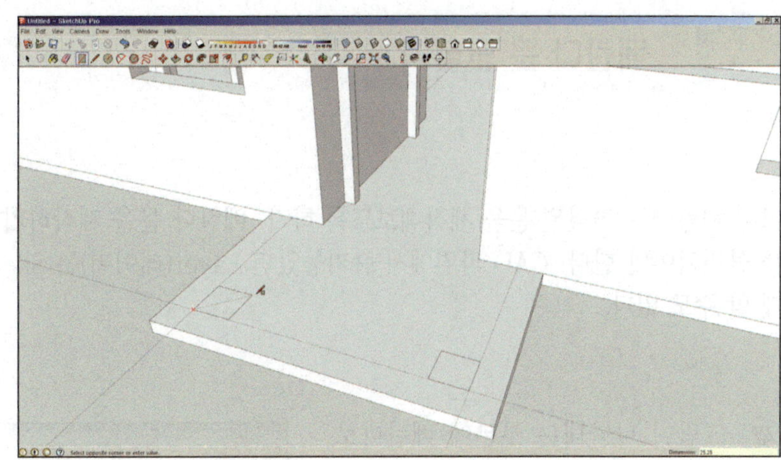

46 Push/Pull(밀기/끌기) 도구를 사용해서 벽면의 위까지 면을 생성해서 기둥을 완성한다.

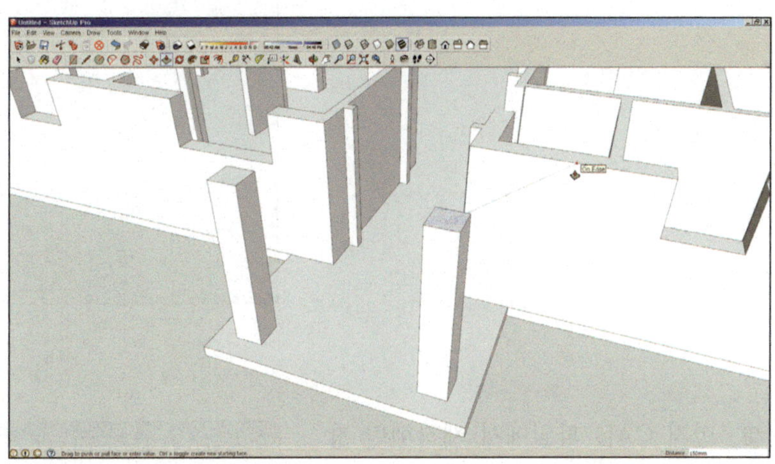

05 베란다 문 만들기

이제 베란다로 연결된 문을 제작해보도록 하자. 베란다 문을 제작하기 위해서 숨겨 놓았던 창문의 Layer(레이어)를 불러와야만 한다. CAD 파일에서 숨겨놓았던 Layer(레이어)는 SketchUp에서 보이게 할 수도 있고 보이지 않게 할 수도 있다.

47 그림이 나타내는 부분에 베란다로 나가는 문을 제작한다.

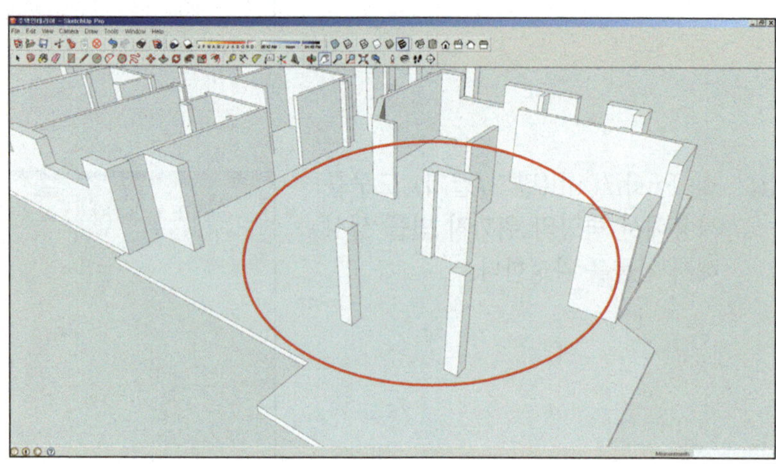

48 먼저 CAD 파일에서 제작했던 창문 레이어를 불러온다. 메뉴에서 Window(창) 〉 Layers(레이어)를 선택한다.

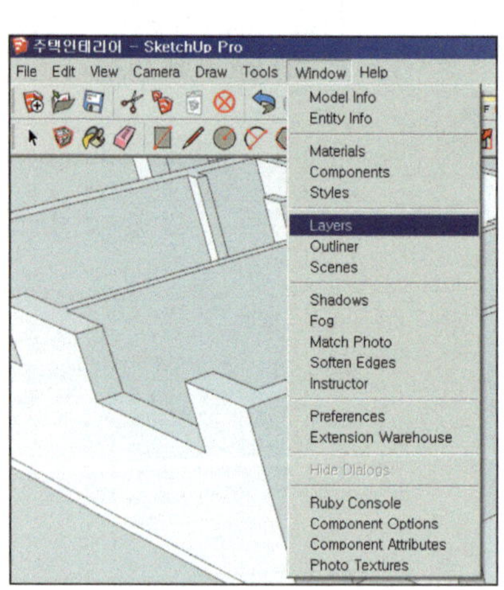

49 Layers(레이어) 창에서 창문 Layer(레이어)의 Visible(보기) 박스를 체크한다.

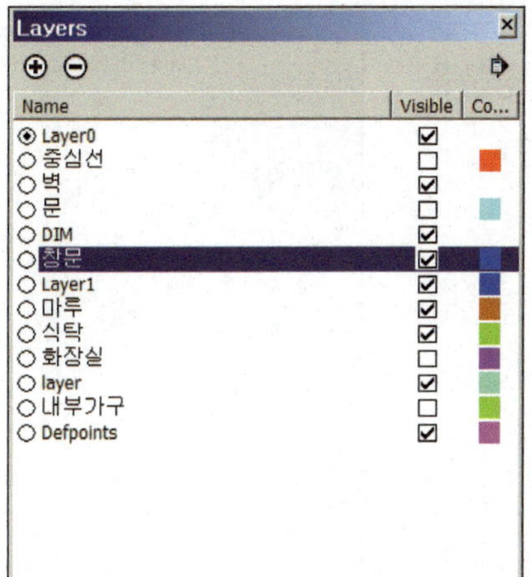

50 그림과 같이 베란다 창문에 대한 CAD 도면이 보인다.

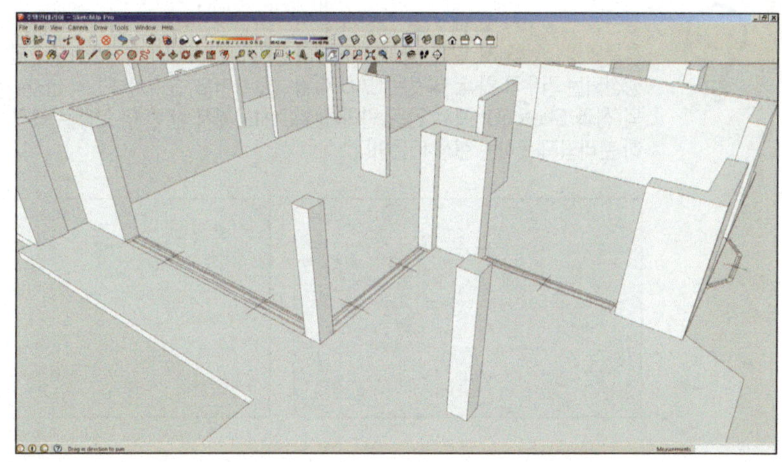

51 Eraser(지우기) 도구를 사용해서 그림과 같이 창문틀과 창문 부분만 남기고 나머지 부분은 모두 제거한다.

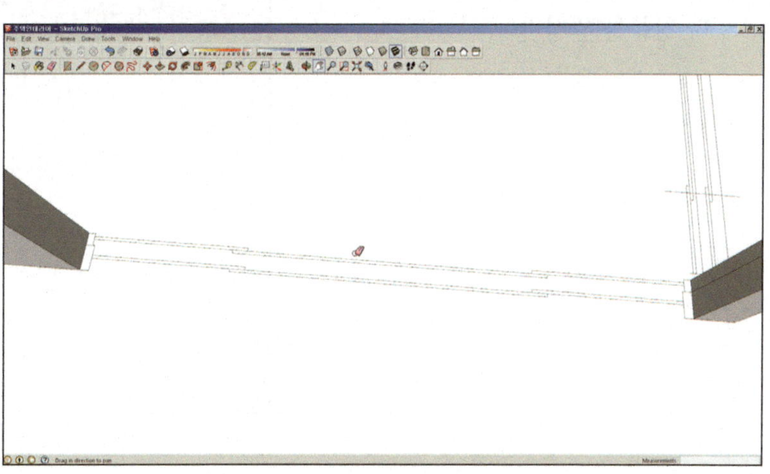

AutoCAD 도면 파일을 SketchUp으로 불러오게 되면 선으로 인식되기 때문에 Eraser(지우기) 도구로 삭제가 가능하다.

52 Push/Pull(밀기/끌기) 도구를 사용해서 베란다 창문틀과 창문을 만든다.

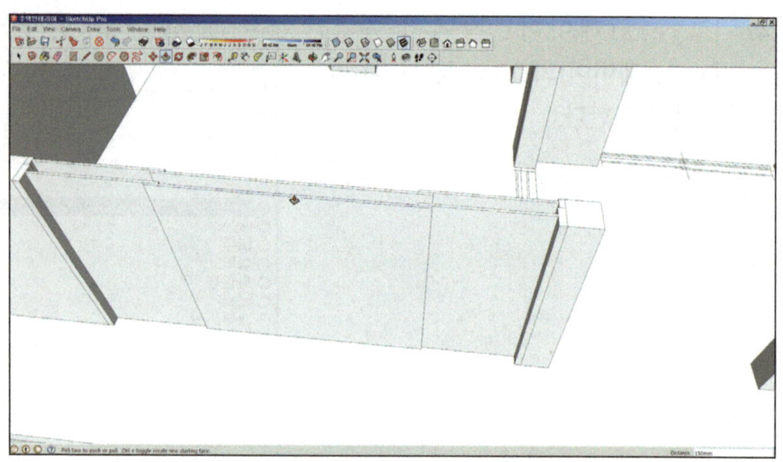

창문을 만들고자 할 때 가끔 그림과 같이 창문면만 선택되지 않고 바닥면 전체가 생성되는 경우가 있다. 이것은 CAD 파일의 선과 SketchUp에서 만든 면이 정확히 분리되지 못하는 현상 때문이다. 이런 경우에는 CAD 파일을 따라 Rectangle(직사각형) 도구를 사용해서 사각면을 그리거나 Line(선) 도구를 사용해서 한 번 더 그대로 그려주면 된다. 그림과 같이 창문면만 선택가능해진다.

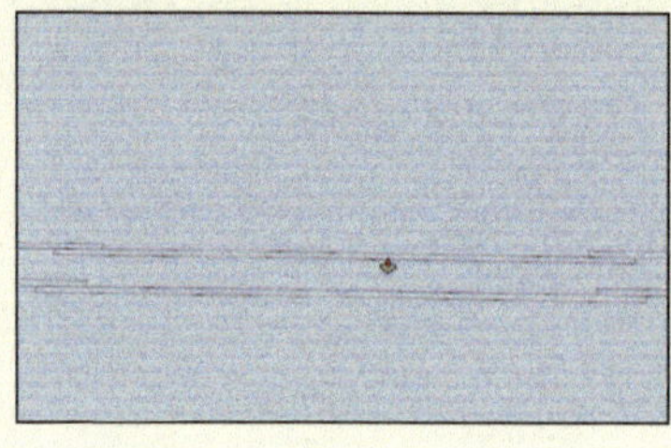

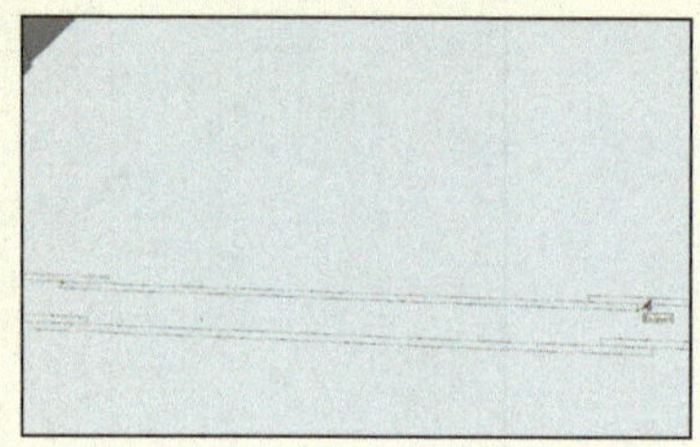

53 나머지 두 곳도 같은 방법으로 베란다 창문을 완성한다.

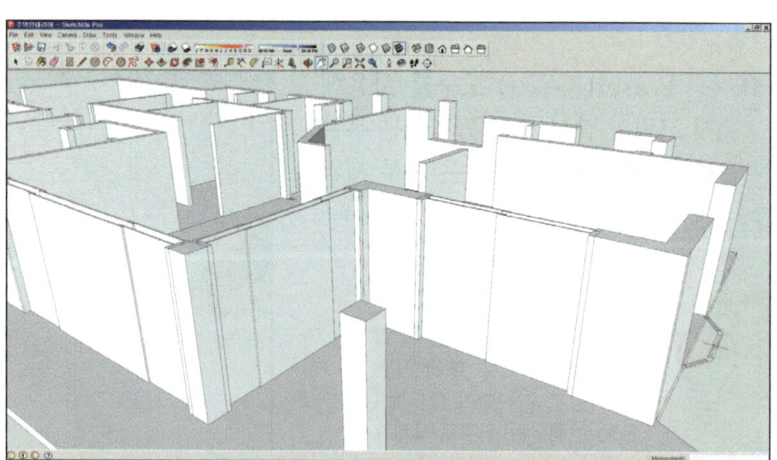

54 Paint Bucket(페인트통) 도구를 사용해서 투명한 재질을 베란다 창문에 적용한다.

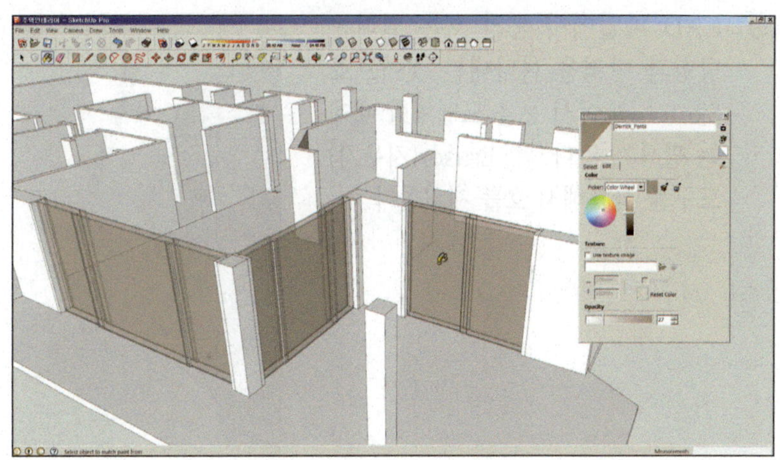

06 방문 만들기

역시 Layer(레이어) 창에서 문 레이어를 가져와 방문을 만들어보도록 하자.

55 메뉴에서 Window(창) 〉 Layers(레이어)를 선택한 후 Layers(레이어) 창에서 문 Layer(레이어)의 Visible(보기) 박스를 체크한다.

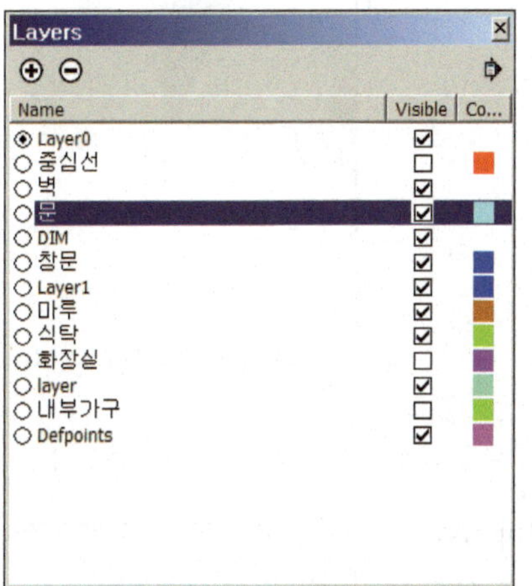

56 방문 CAD 도면이 불러온 걸 확인할 수 있다.

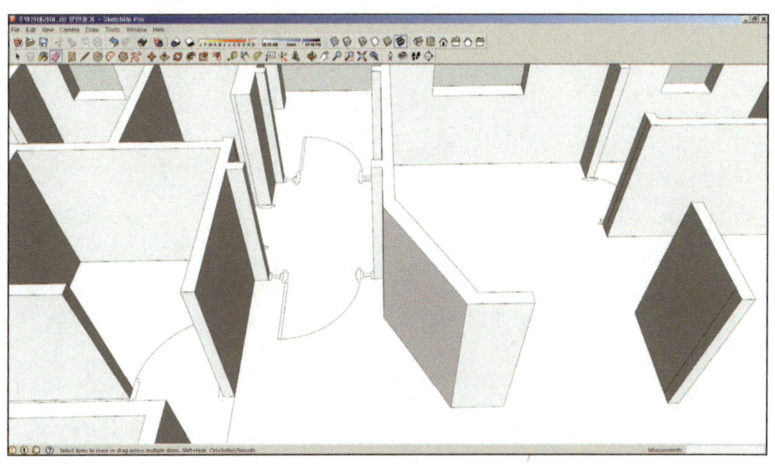

57 CAD 파일에서 문의 호는 열리는 방향과 반경을 나타내는 것이므로 SketchUp에서 문을 모델링할 때에는 필요가 없다. Eraser(지우기) 도구를 사용해서 호를 제거한다.

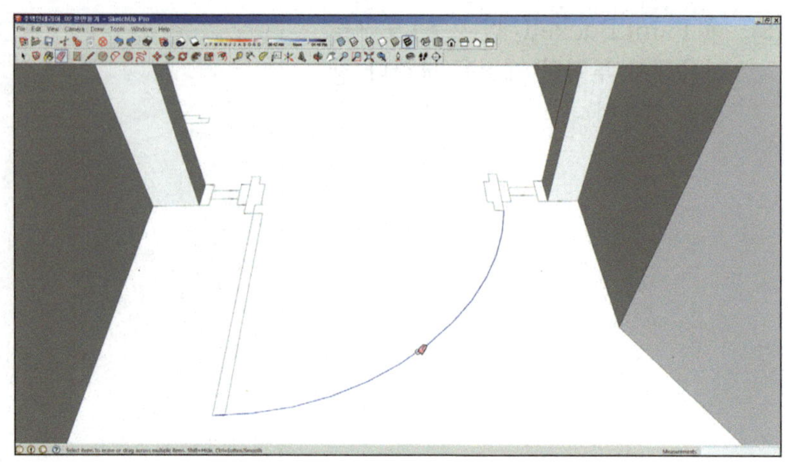

58 CAD 파일에 맞춰 Rectangle(직사각형) 도구를 사용해서 그대로 사각형을 그린다.

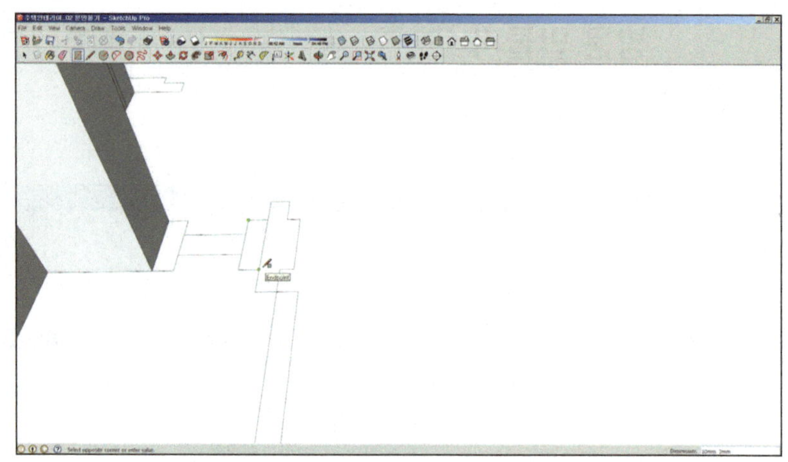

59 문틀은 한 번에 면을 생성해야 하기 때문에 Eraser(지우기) 도구로 선을 제거한다.

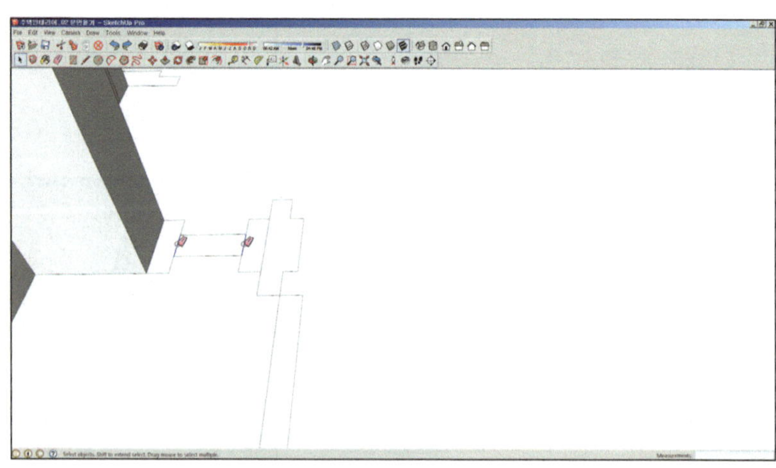

60 Push/Pull(밀기/끌기) 도구를 사용해서 벽면의 높이까지 면을 만든다.

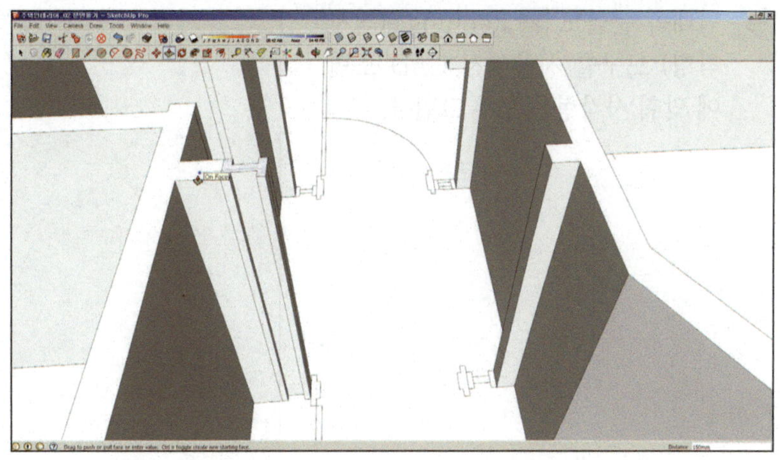

61 두 번째 문틀 역시 Push/Pull(밀기/끌기) 도구를 사용해서 면을 만든다.

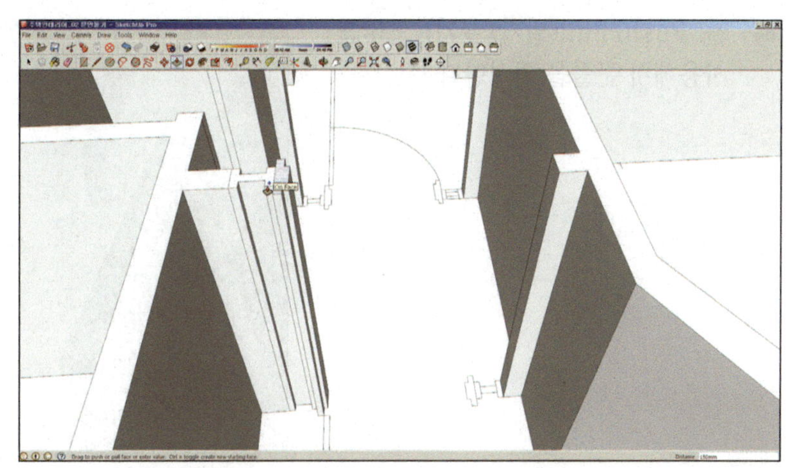

62 문도 같은 방법으로 면을 만든다.

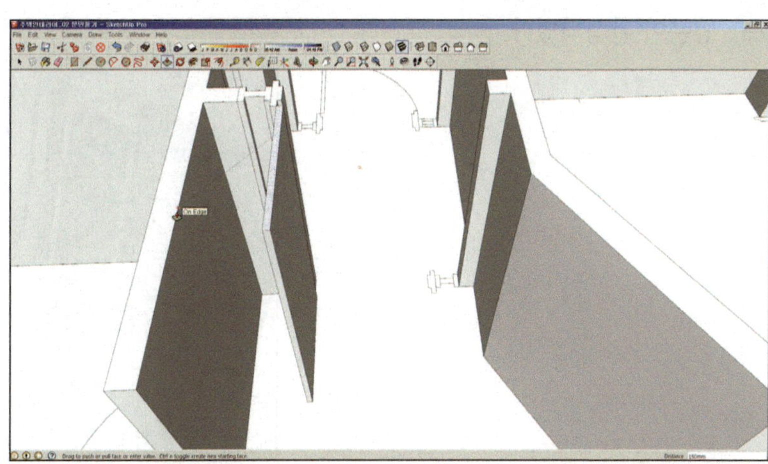

63 반대쪽 문틀도 Rectangle(직사각형) 도구를 사용해서 CAD 도면에 맞춰 사각형을 모두 그린다.

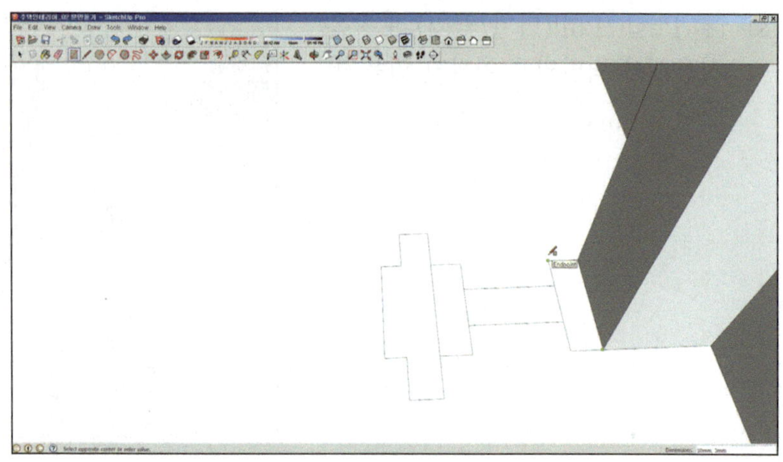

64 Push/Pull(밀기/끌기) 도구를 사용해서 문틀을 완성한다.

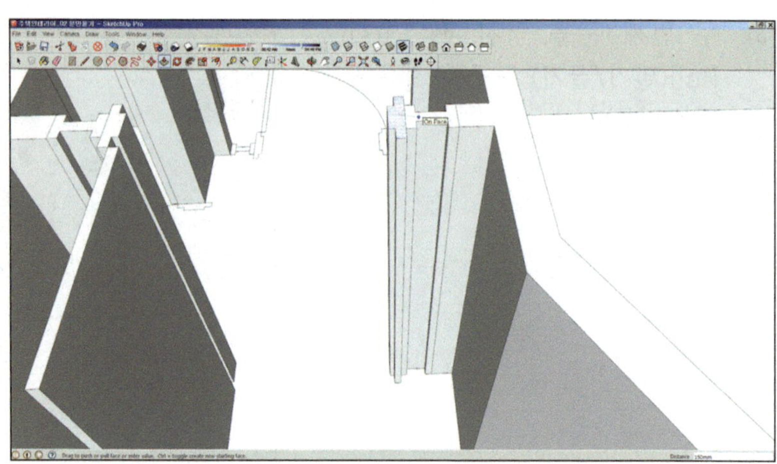

65 방문이 완성되었다.

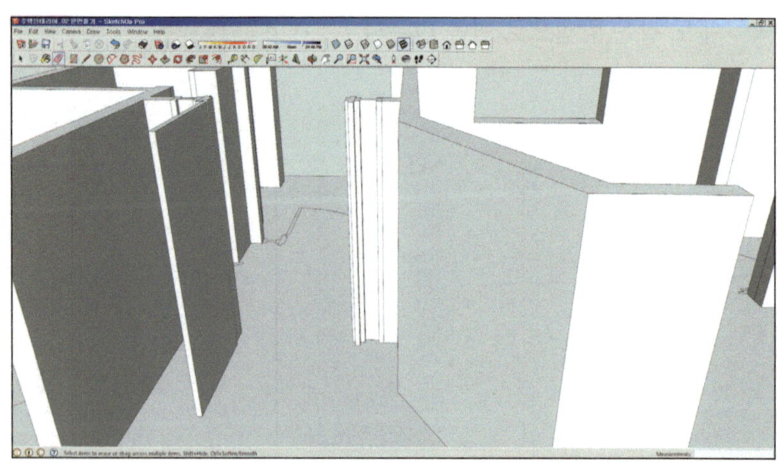

66 나머지 문들도 같은 방법(57~64번)으로 완성한다.

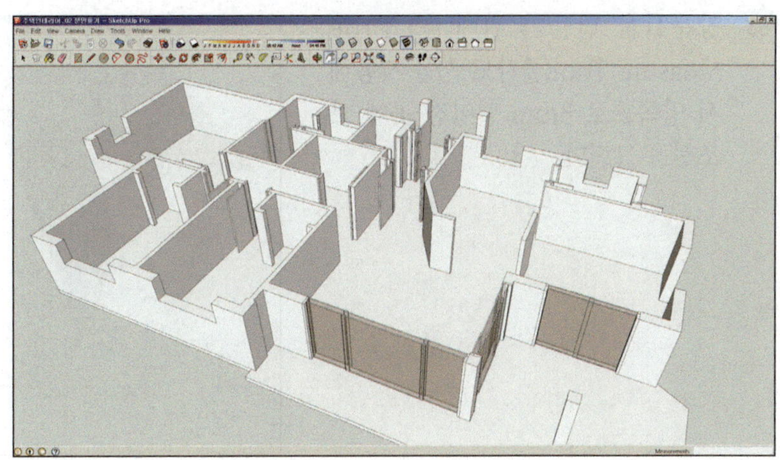

07 창문 만들기

이제 창문을 만들어보도록 하자. 창문은 간단한 작업이기 때문에 CAD 도면을 이용하지 않고 SketchUp에서 직접 만들어볼 것이다.

67 그림이 나타내는 부분에 창문을 제작해본다.

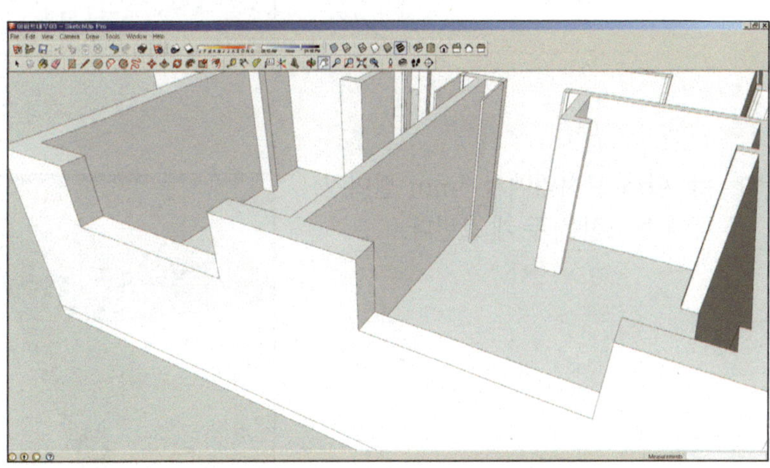

68 창문틀을 만들기 위해 Tape Measure Tool(줄자도구)을 사용해서 양쪽으로 3mm 떨어진 곳에 보조선을 그린다.

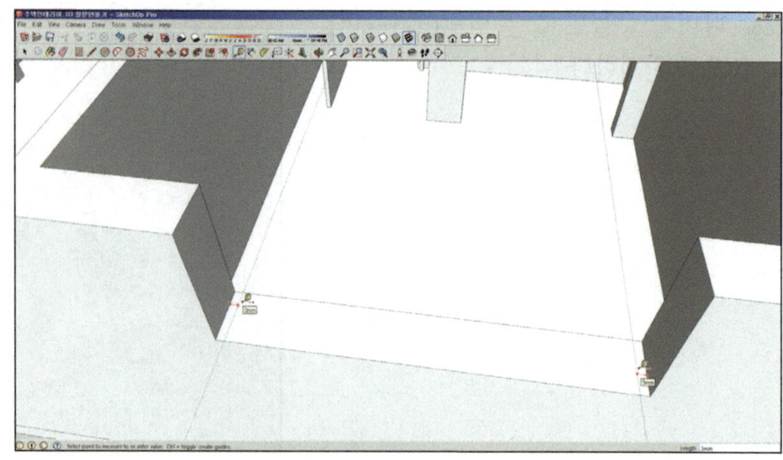

69 왼쪽 모서리에서 창문의 Midpoint(중간점)까지 보조선을 그린다. 치수로는 70mm이다.

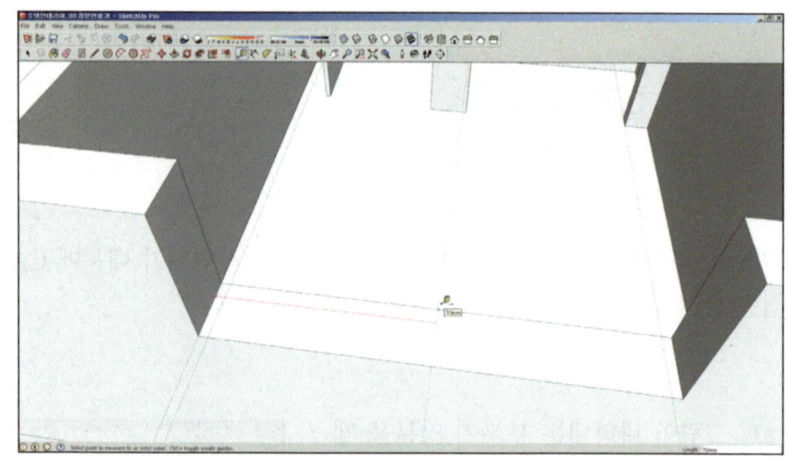

70 위, 아래 모서리에서 5mm 떨어진 곳에 보조선을 두 개 그린다.

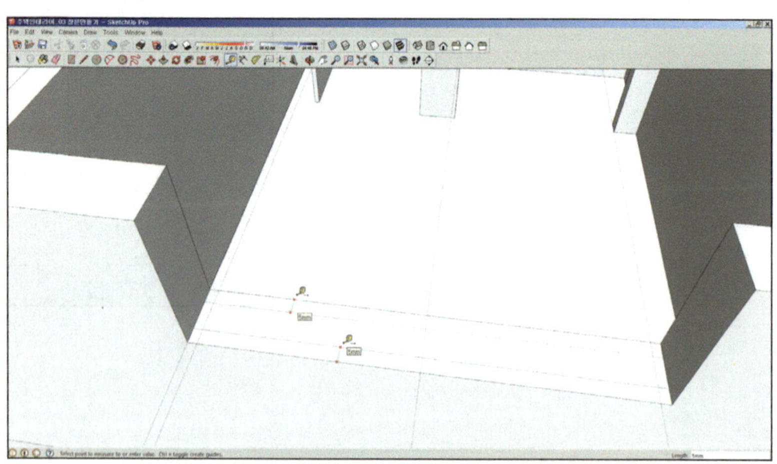

71 그림과 같이 2mm 떨어진 곳에 보조선을 두 개 그린다.

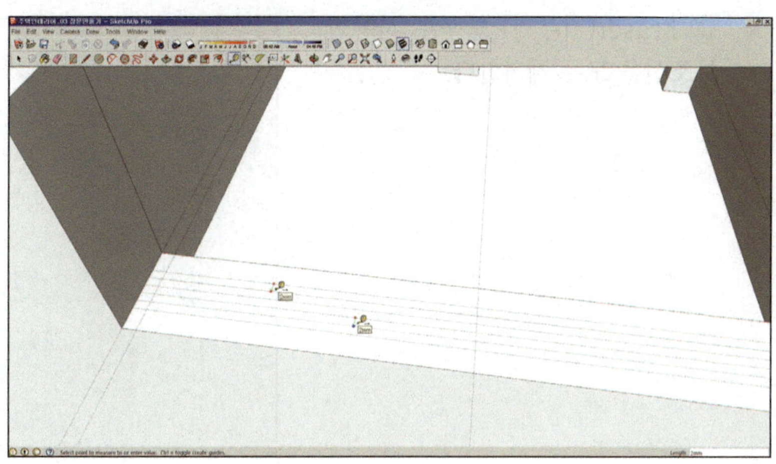

72 마지막으로 중간 보조선에서 좌우로 3mm 떨어진 곳에 보조선을 그린다.

73 Rectangle(직사각형) 도구를 사용해서 그림과 같이 보조선에 맞추어 사각형을 그린다.

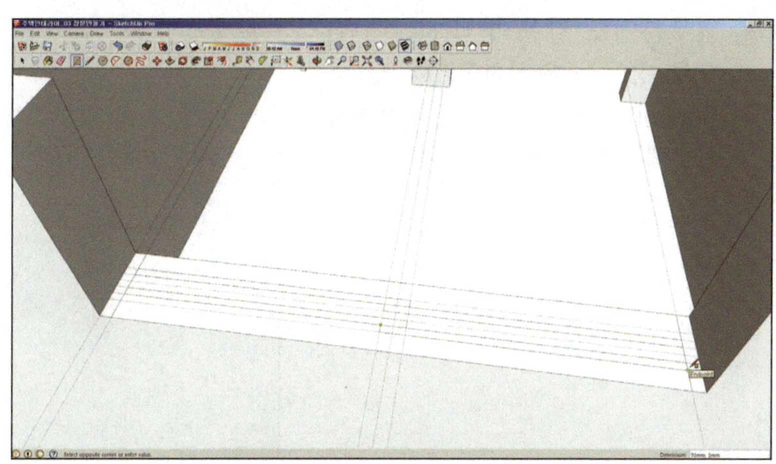

74 Eraser(지우기) 도구로 사용한 보조선을 모두 제거한다.

75 Push/Pull(밀기/끌기) 도구를 사용해서 벽면의 높이까지 면을 만든다.

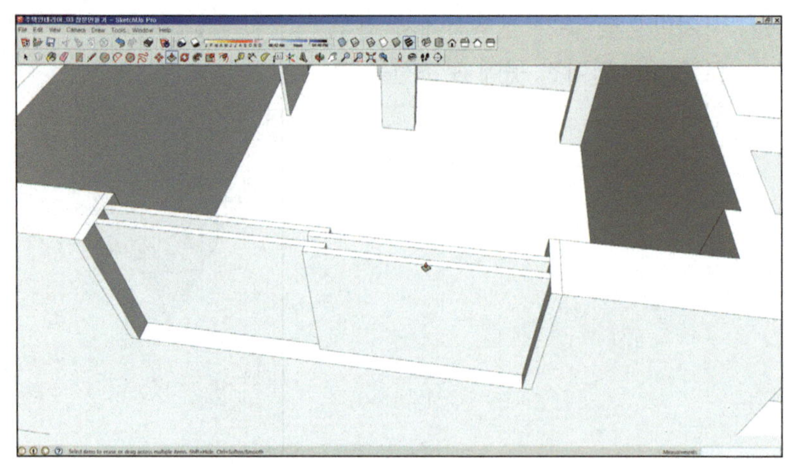

76 옆부분에도 같은 방법(68~75번)으로 창문을 완성하고 Paint Bucket(페인트통) 도구를 사용해서 창문에 투명한 재질을 적용한다.

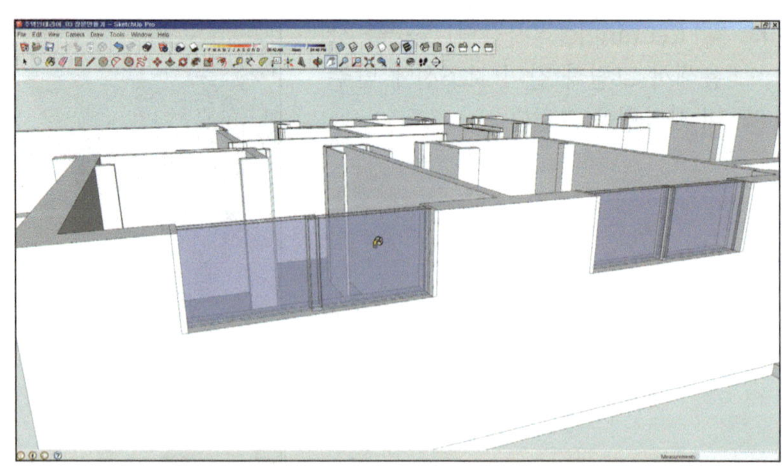

77 출입문 방향의 창문도 같은 방법으로 완성한다.

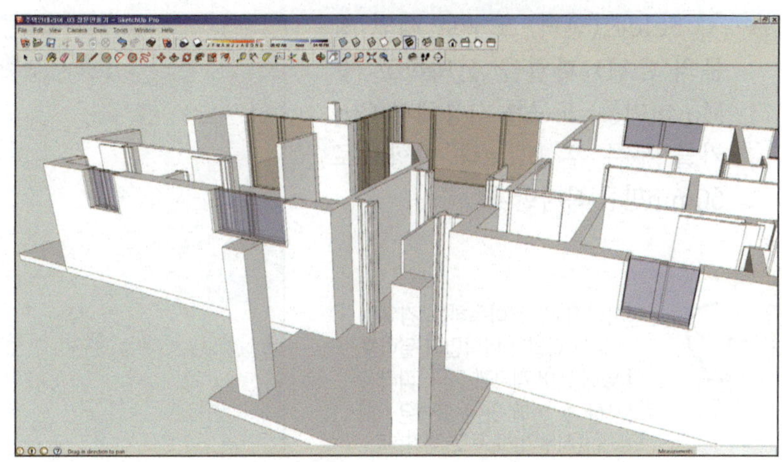

08 꺾인 창문과 Components(구성요소)로 내부 인테리어 꾸미기

이제 마지막 단계로 "ㄷ" 형태로 꺾인 창문을 만들어보고, 컴포넌트를 사용해서 쇼파, 가구, 화장실, 의자 등 내부 인테리어를 꾸미고 재질을 적용해보도록 한다. 컴포넌트는 독자 임의대로 마음에 드는 것을 가지고와 배치하면 된다.

78 그림이 나타내는 부분에 "ㄷ" 형태로 꺾인 창문을 만들어보자.

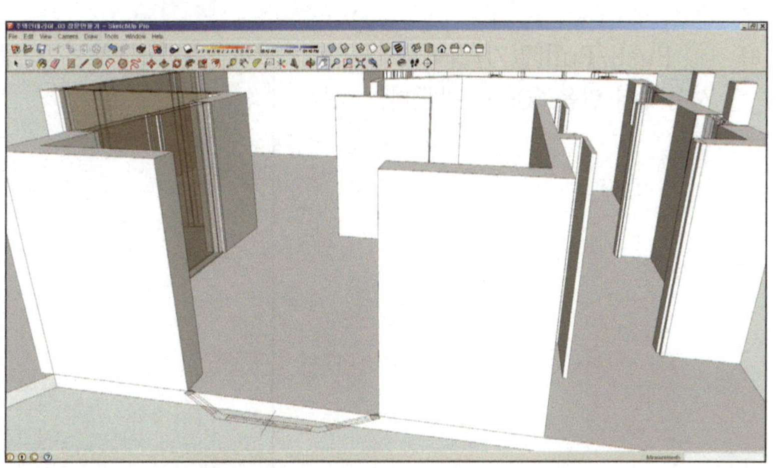

79 Select(선택) 도구로 꺾인 창문의 CAD 파일을 선택하고 Move(이동) 도구를 사용해서 Ctrl 키를 누른 후 Blue축 방향으로 60mm만큼 복사한다.

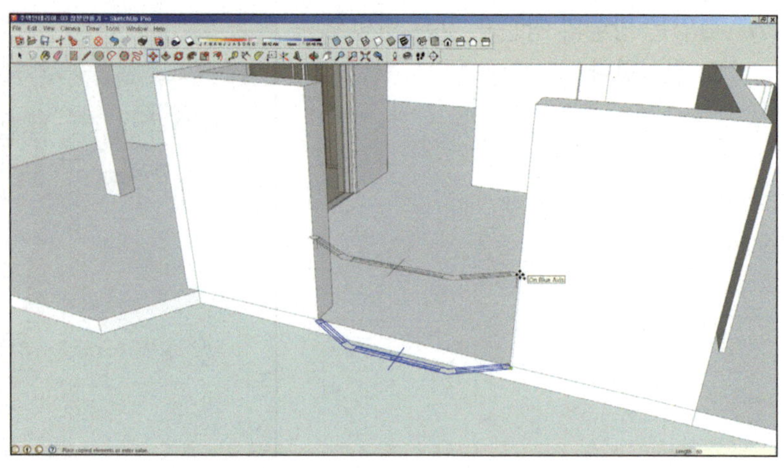

복사하지 않고 이동하는 경우에는 CAD 파일이 바닥면에 달라붙어 있어 면이 깨지게 된다. 따라서 복사한 후 밑에 있는 도면은 Eraser(지우기) 도구로 제거한다.

80 Line(선) 도구로 그림과 같이 선을 그린다.

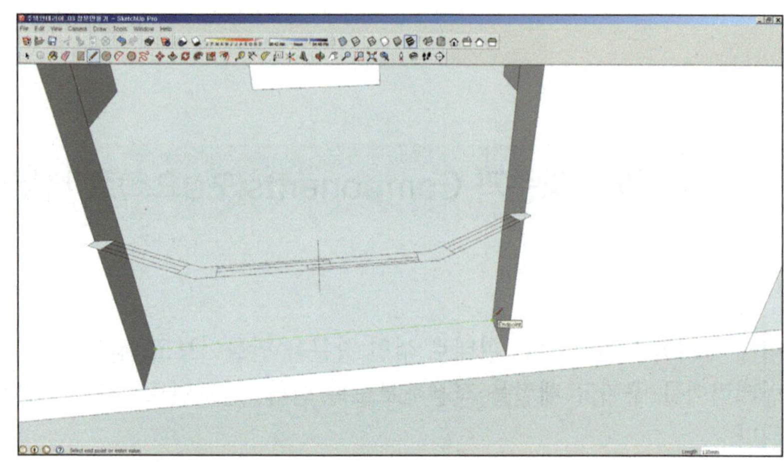

81 Push/Pull(밀기/끌기) 도구를 사용해서 면을 60mm 만든다.

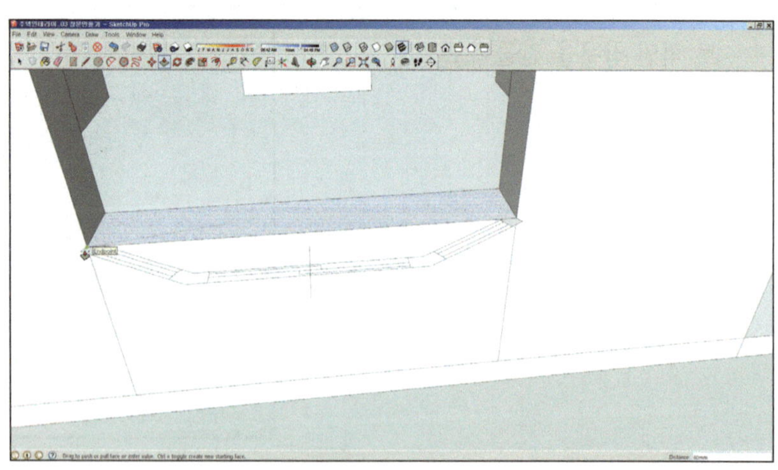

82 Eraser(지우기) 도구로 가운데 중심선을 지운다.

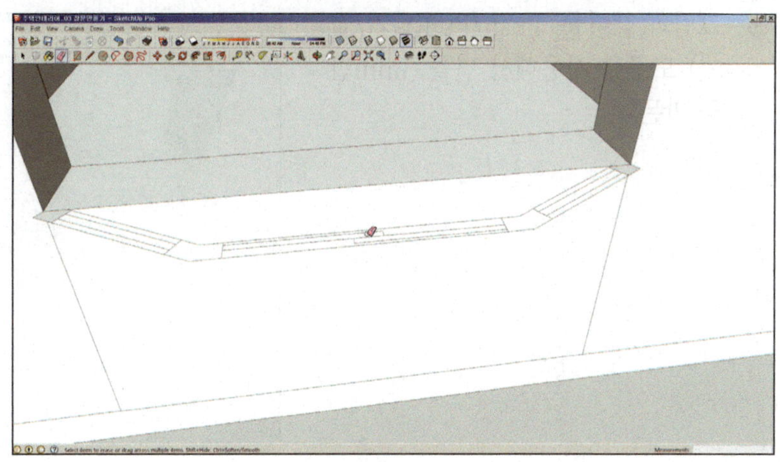

83 Line(선) 도구로 CAD 도면을 따라 선을 그려 면을 만든다.

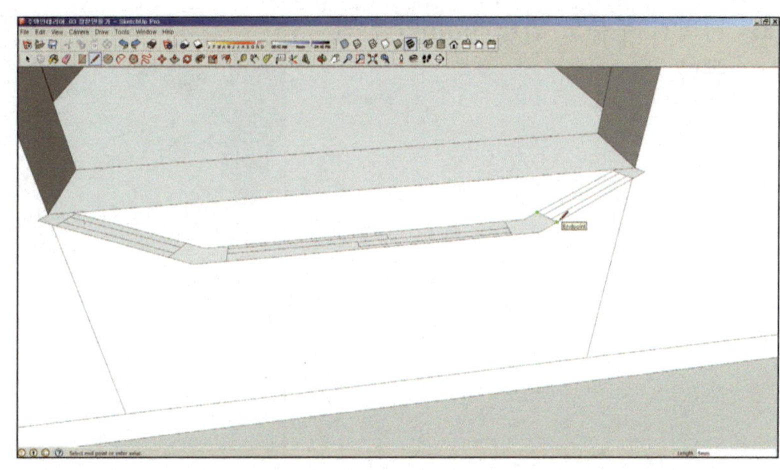

84 Line(선) 도구로 그림과 같이 선을 그려 안쪽에 면을 만든다.

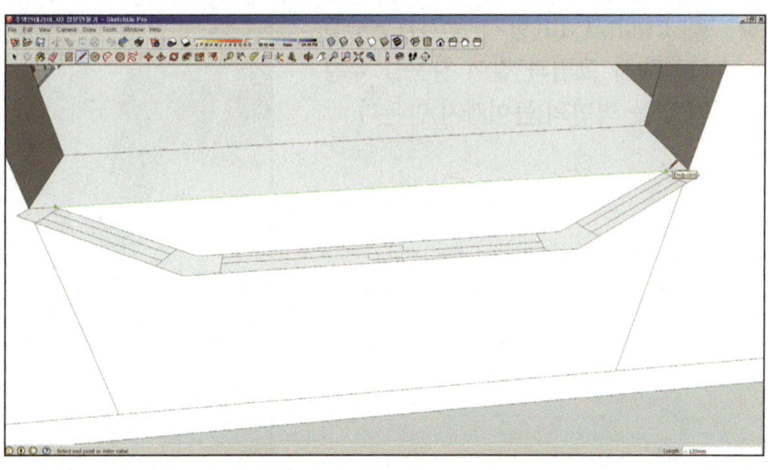

85 그림과 같이 Push/Pull(밀기/끌기) 도구를 사용해서 면을 3mm만큼 만든다.

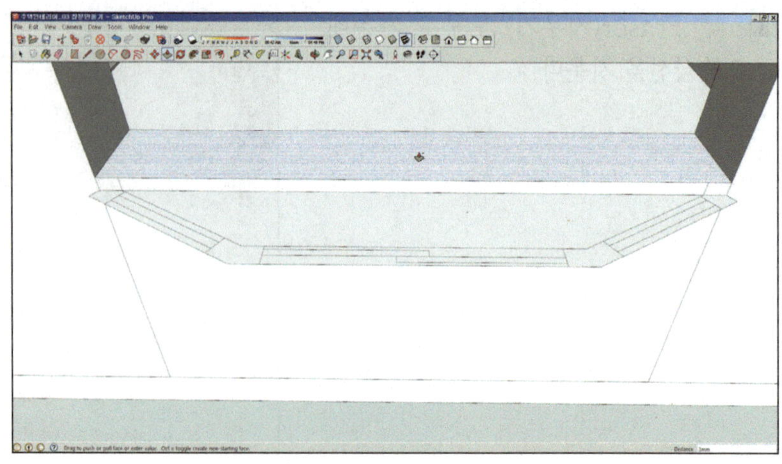

86 나머지 부분도 면을 3mm만큼 만든다.

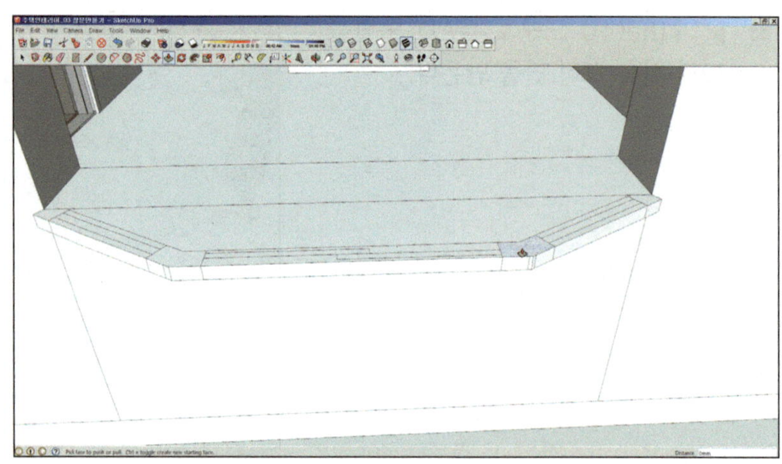

87 Push/Pull(밀기/끌기) 도구를 사용해서 그림과 같이 창문틀 부분의 면을 벽면의 높이까지 만든다.

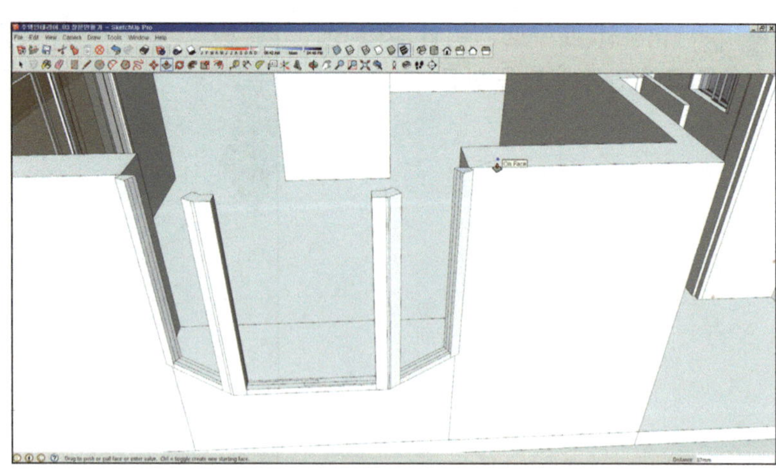

88 창문 부분도 Push/Pull(밀기/끌기) 도구를 사용해서 면을 만든다.

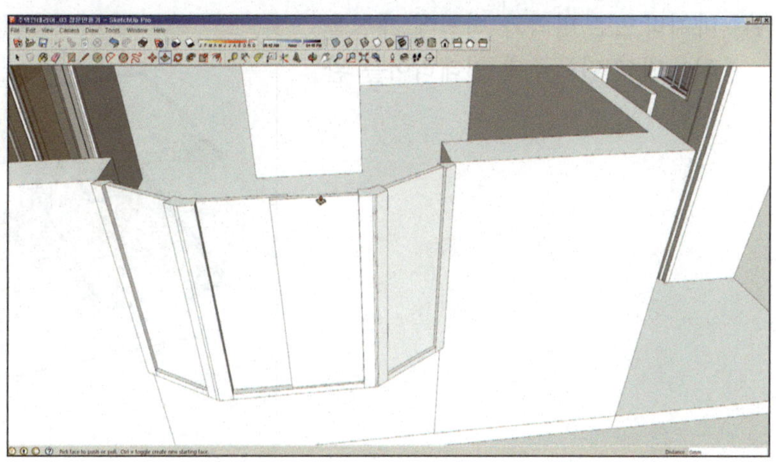

89 Eraser(지우기) 도구로 선들을 제거하고, Paint Bucket(페인트통) 도구를 사용해서 투명재질을 적용한다.

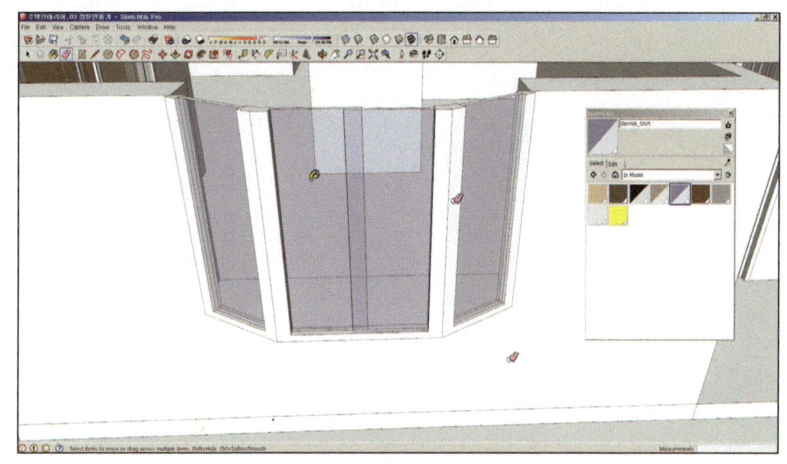

90 Components(구성요소)를 사용해서 그림과 같이 침대, 식탁, 의자, 소파, 변기, 세면대, 책상 등을 배치한다.

TIP

1/10 척도로 인테리어를 제작했기 때문에 Components(구성요소)를 불러와서 Scale(배율) 도구로 1/10로 축소해야 한다.

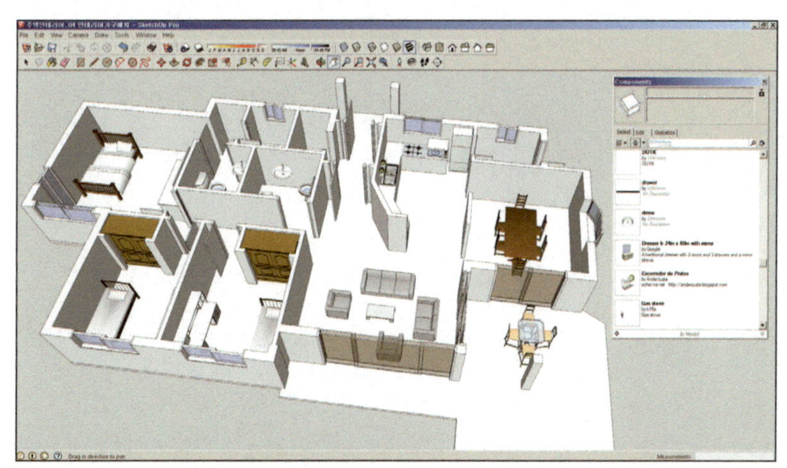

91 마지막으로 바닥과 벽면에 재질을 적용해서 단독주택 인테리어를 완성한다.

3D Warehouse(3D 이미지갤러리)로 다저스 스타디움 불러오기

3D Warehouse(3D 이미지갤러리)를 사용해서 인터넷에 올라온 수많은 SketchUp 모델링 데이터를 가져올 수 있다. 3D Warehouse(3D 이미지갤러리)를 사용해서 요즈음 류현진 선수가 활약하고 있는 LA다저스 스타디움으로 여행을 떠나보도록 하자. 참고로 3D Warehouse를 사용하기 위해서는 반드시 인터넷이 연결되어 있어야 한다.

1 메뉴에서 Window(창) 〉 3D Warehouse를 선택한다.

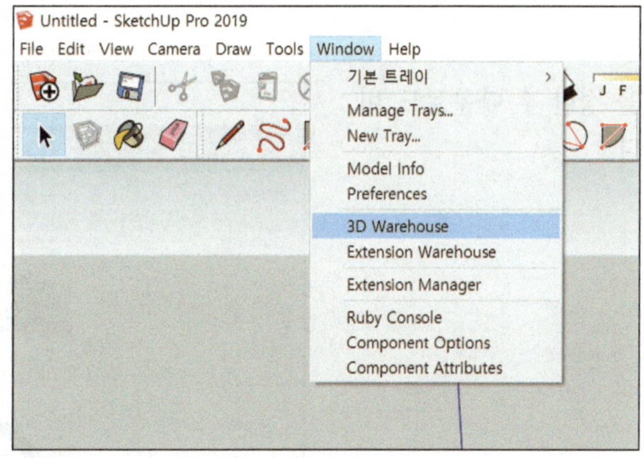

2 3D Warehouse 창에서 "Dodgers stadium"을 입력한다.

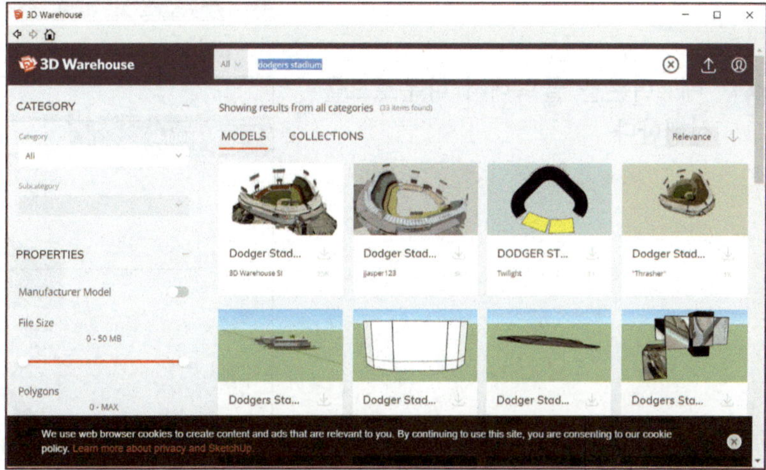

3D Warehouse를 실행하는 또다른 방법
Component 창에서 바로 "Dodgers stadium"을 입력한다. 그럼 바로 검색을 거쳐 Dodgers Stadium을 보여준다.

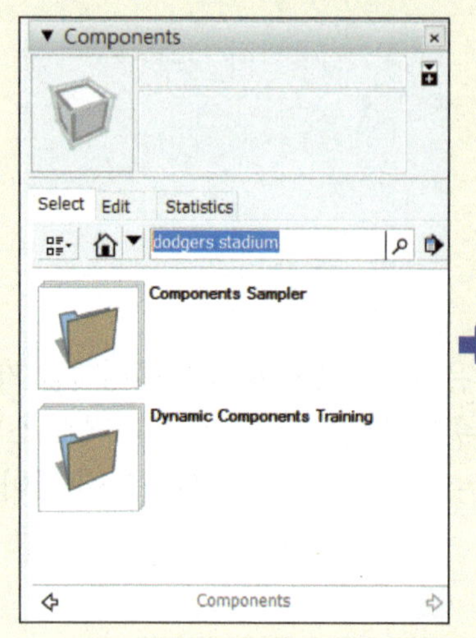

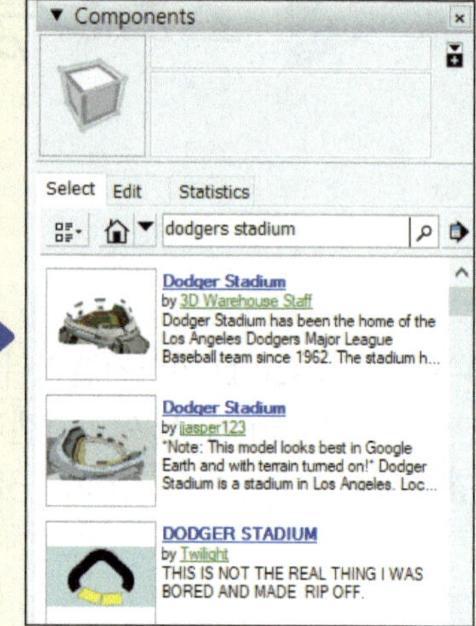

3 원하는 모델을 정한 후 다운로드 버튼을 클릭한다.

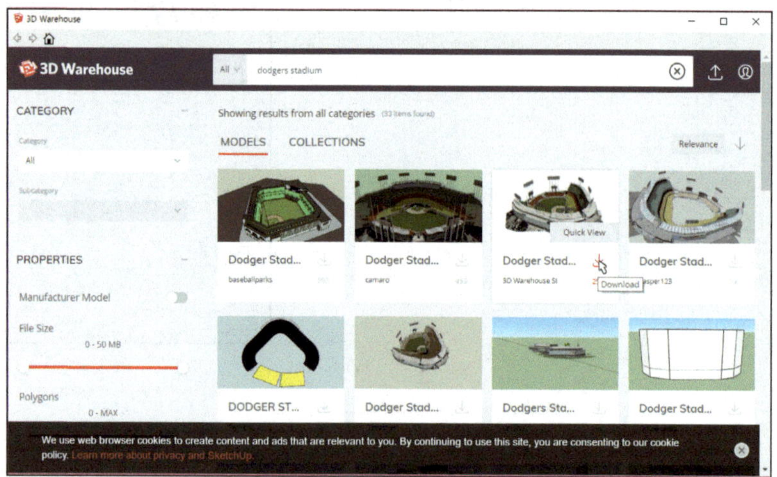

4 '예' 버튼을 클릭해서 다운로드를 실행한다.

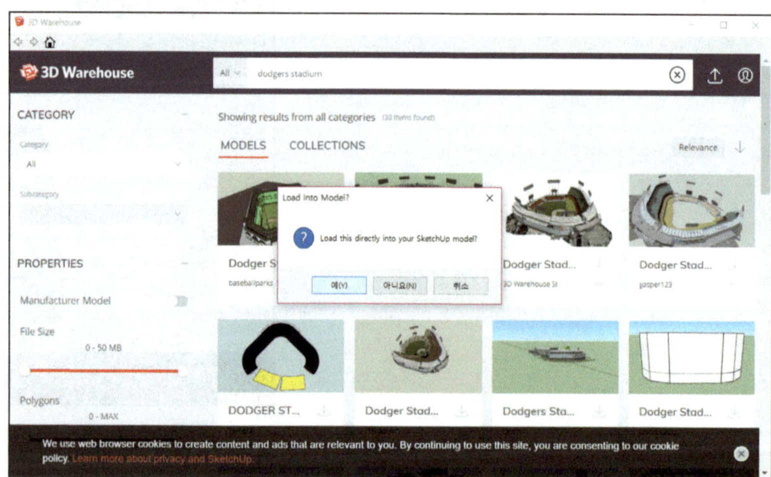

5 화면에 다저스 스타디움이 생성된 것을 확인할 수 있다.

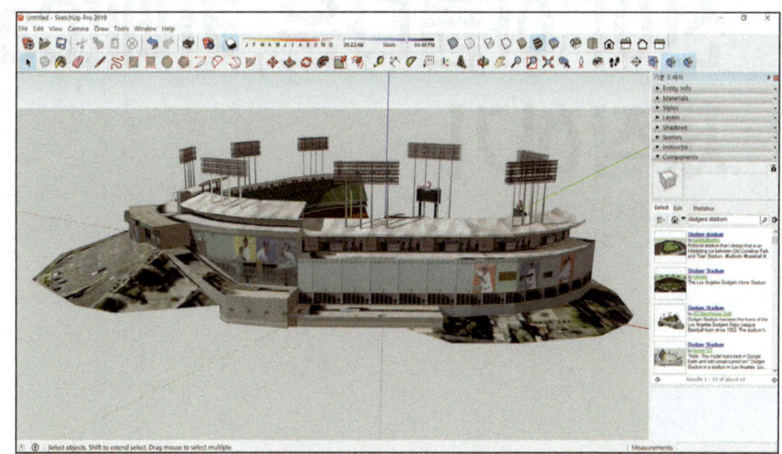

6 Orbit(궤도) 도구를 사용해서 정면이 보이도록 화면을 조정한다.

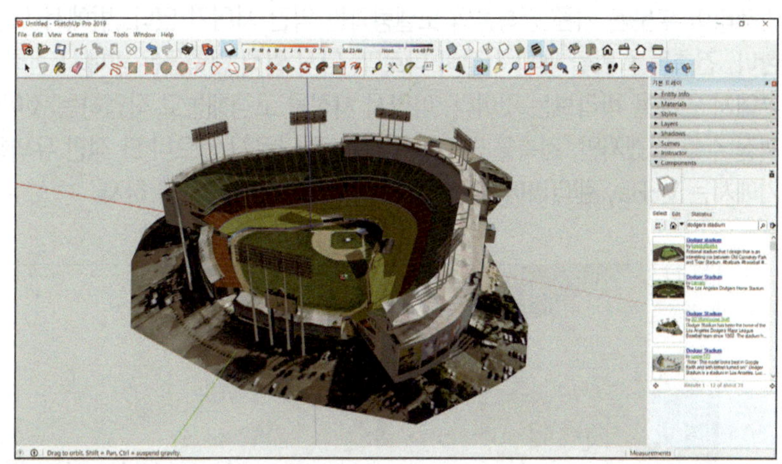

이처럼 3D Warehouse를 이용하면 유명한 건축물들을 손쉽게 가져올 수 있다.
본인이 원하는 유명 건축물들을 검색해서 불러와보자.

선이 아름다운 카페(Cafe) 제작하기

12 Chapter

인테리어 두 번째 시간으로 선이 아름다운 카페를 만들어보도록 하겠다.
인테리어 부분은 기존 건축물의 모델링과는 약간 차이가 있다. 밖에서 보이는 것이 아니라 안쪽에서 건물들을 만들어야 한다. 건축물을 만들 때와 시점이 다르다. 다시 말해 건축물은 밖에서 건축물의 외벽을 바라보지만 인테리어는 건물의 내부에서 안쪽을 바라보는 것이다. 따라서 시점을 고정해놓고 작업하는 것이 편리하다. 처음에는 익숙하지 않아 어렵게 느껴질 수도 있겠지만, 건축물 만드는 것과 크게 다르지 않으니 그 점만 유의해서 학습하기 바란다. 이번 Chapter의 알아두기에서는 V-Ray 랜더러에 대해 좀 더 깊이 있게 알아보도록 하자.

01 곡선으로된 테이블 바(Bar) 만들기

카페의 기본 내부와 곡선으로 이루어진 테이블 바를 만들어보자.

1 Rectangle(직사각형) 도구를 사용해서 (10000, 15000)인 사각형을 만든다. 카페 내부의 폭은 10m이고, 길이는 15m이다.

2 바닥면을 만들기 위해 Push/Pull(밀기/끌기) 도구를 사용해서 200mm 위로 면을 만든다.

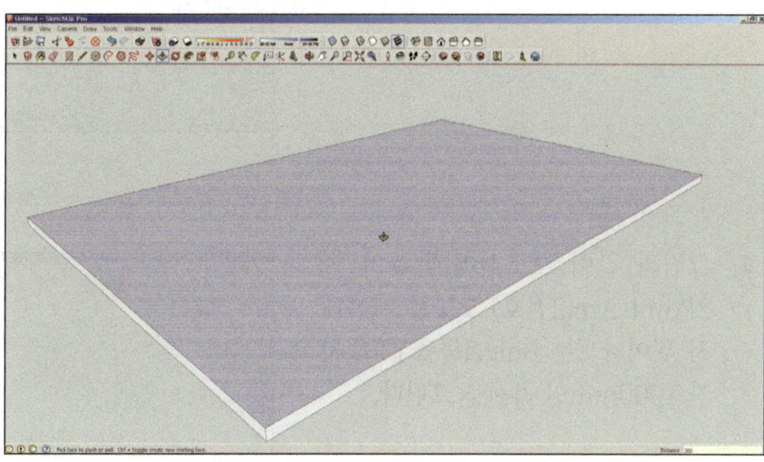

3 Tape Measure Tool(줄자도구)을 사용해서 오른쪽 모서리와 3500mm 떨어진 곳에 보조선을 그린다.

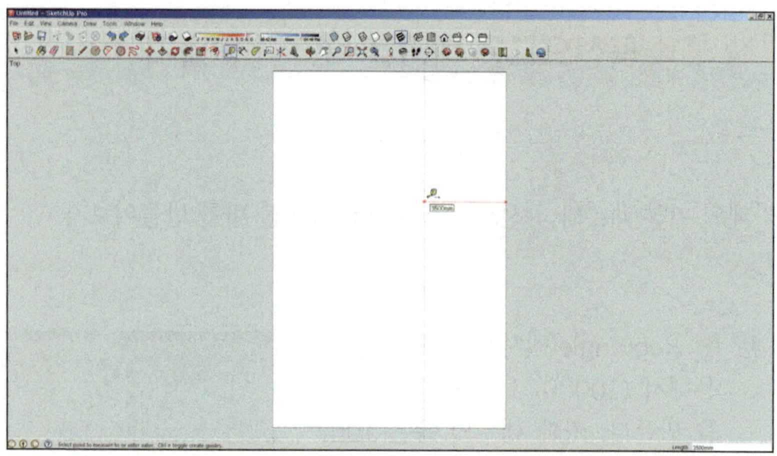

4 위로부터 5000mm 떨어진 곳에 보조선을 두 개 그린다. 길이를 3등분하기 위해서이다.

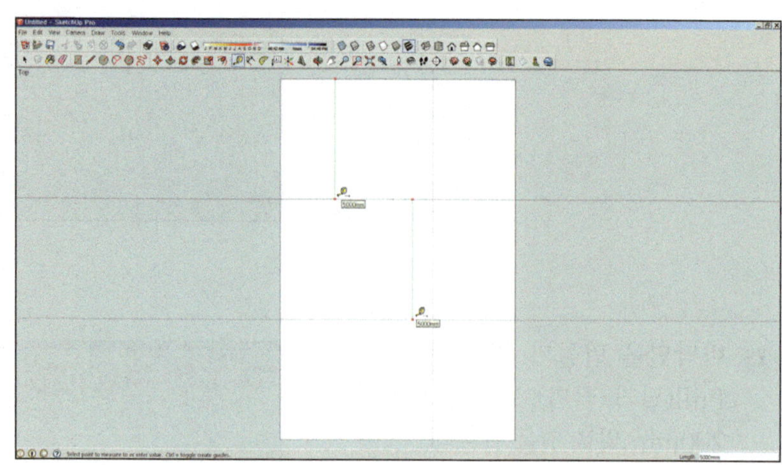

5 그림과 같이 보조선에 맞추어 2Point Arc(2점호) 도구를 사용해서 튀어나오는 Bulge(돌출부) 수치가 1000mm인 곡선을 그린다.

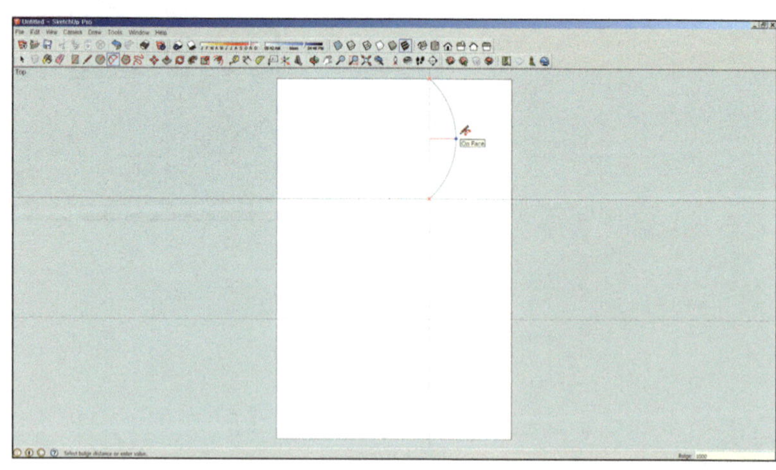

호를 그리기 전에 좀 더 부드러운 호를 그리기 위해서 2Point Arc(2점호) 도구를 선택한 후 수치입력창에서 Sides(측면) 값을 100으로 한다. 값이 높을수록 부드러운 곡선이 만들어진다.

Sides 100

6 연속해서 곡선을 그린다.

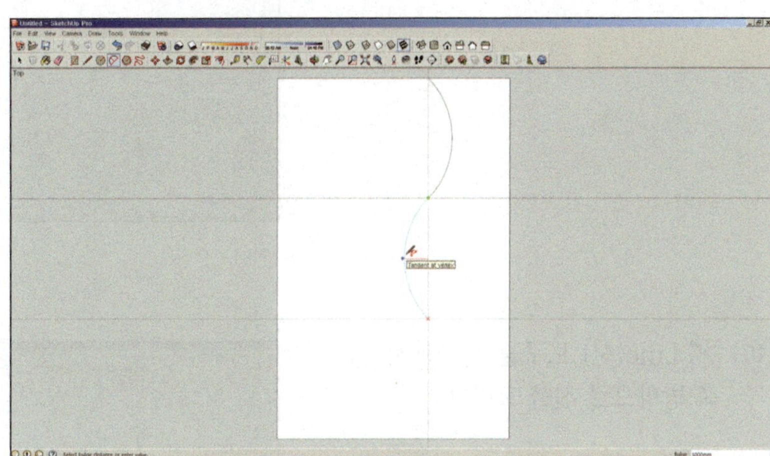

Targent at Vertex(정점에서 접선)이라는 메시지가 나오면 전에 그렸던 곡선과 가장 부드럽게 연결해주는 곡선이 그려진다. Bulge(돌출부) 값을 1000으로 입력해도 같은 결과로 그려진다.

7 마지막 곡선을 그림과 같이 그린다.

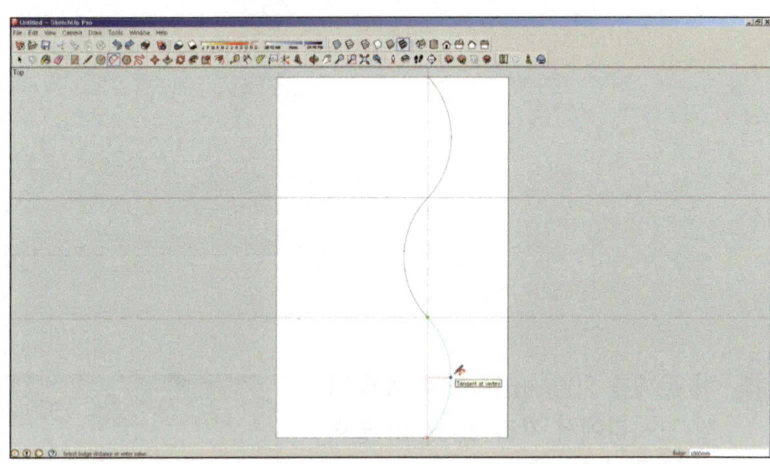

8 Push/Pull(밀기/끌기) 도구를 사용해서 위로 2700mm 면을 만든다.

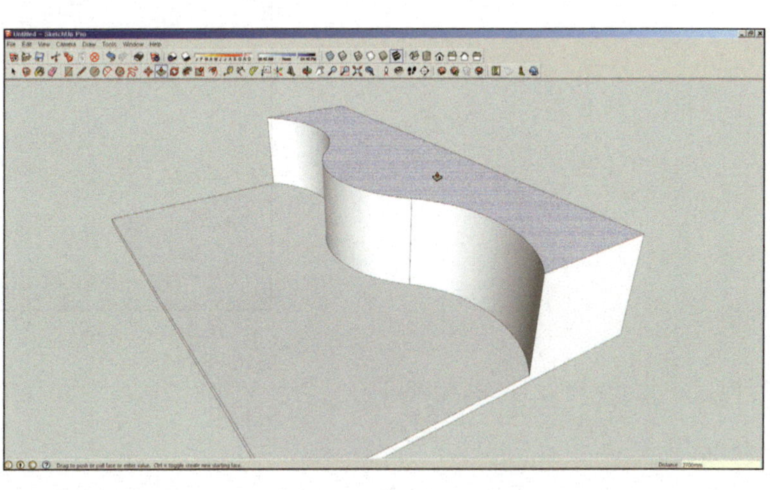

9 테이블 바의 넓이를 400mm로 하기 위해 Offset(오프셋) 도구를 사용해서 윗면보다 400mm 작은 면을 만든다.

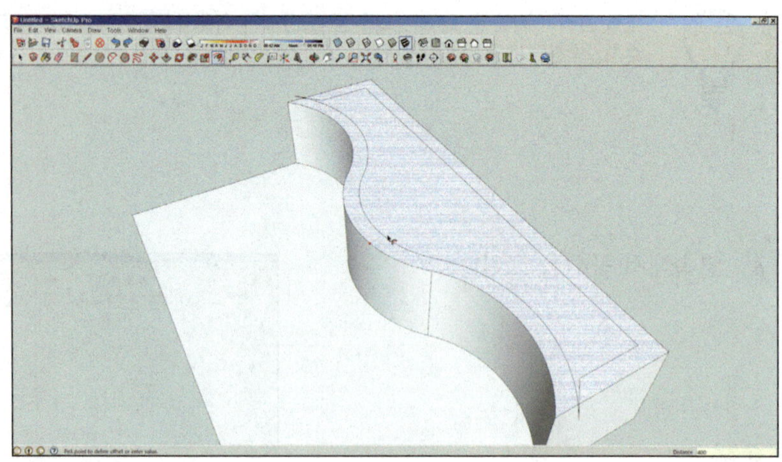

10 Line(선) 도구를 사용해서 Red 축 방향으로 선을 그린다.

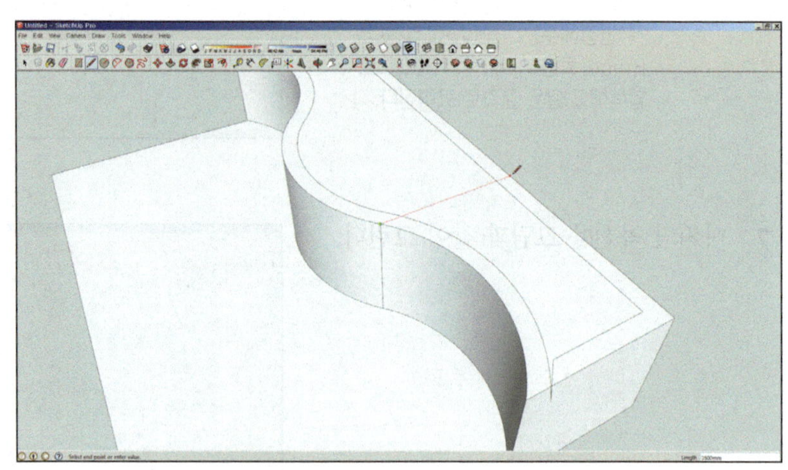

11 벽 두께를 200mm로 하기 위해 바깥 모서리에서 각각 200mm 떨어진 곳에 보조선을 그린다.

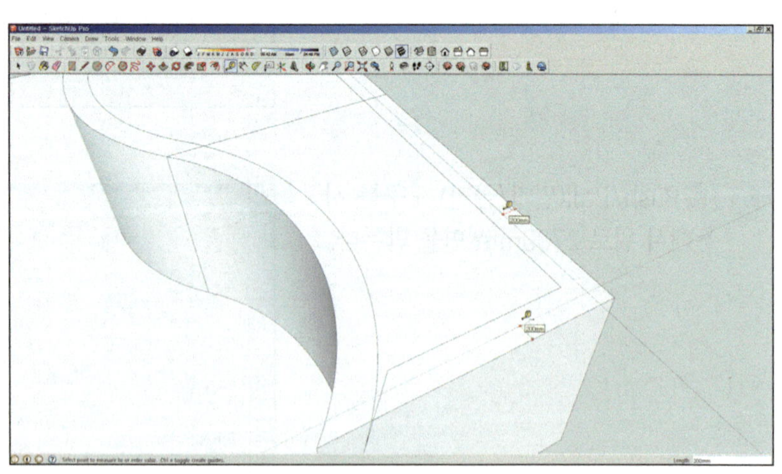

12 Line(선) 도구를 사용해서 그림과 같이 보조선에 맞추어 선을 그린다.

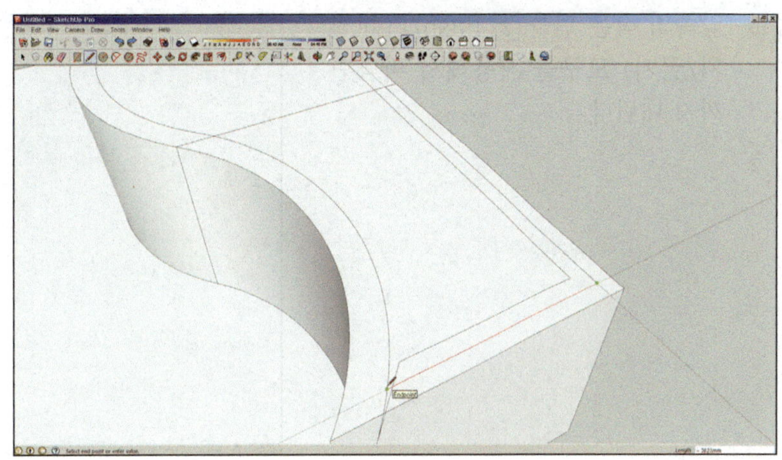

13 Eraser(지우기) 도구로 그림처럼 안쪽 선들을 제거한다.

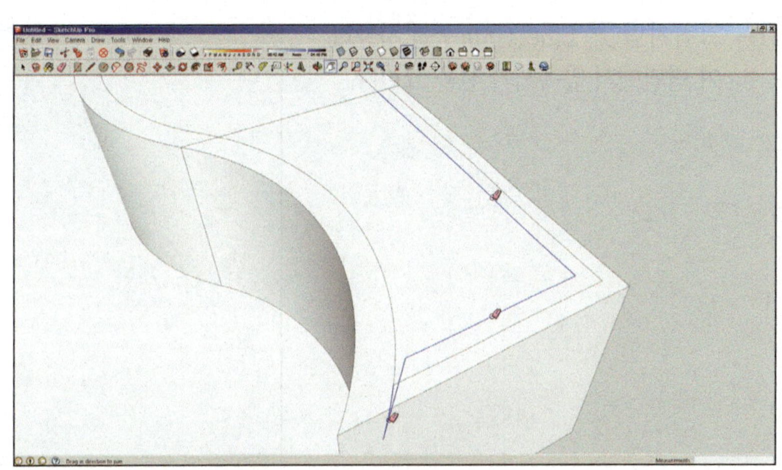

14 위쪽에 있는 선들도 제거한다.

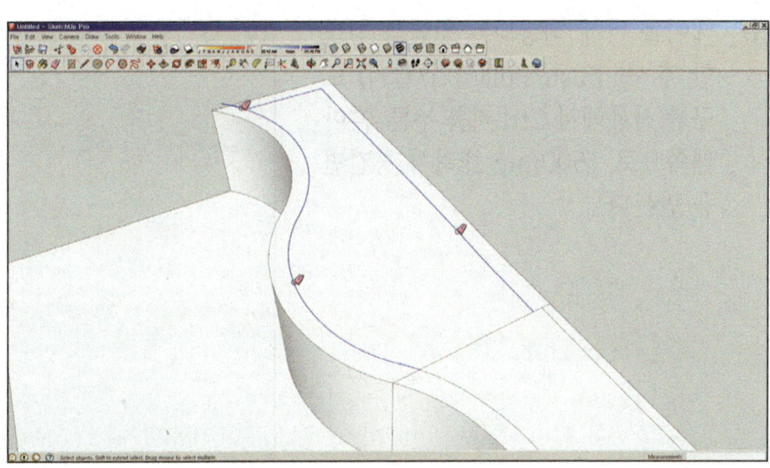

15 앞쪽의 작은 면을 Push/Pull(밀기/끌기) 도구를 사용해서 바닥면까지 내린다.

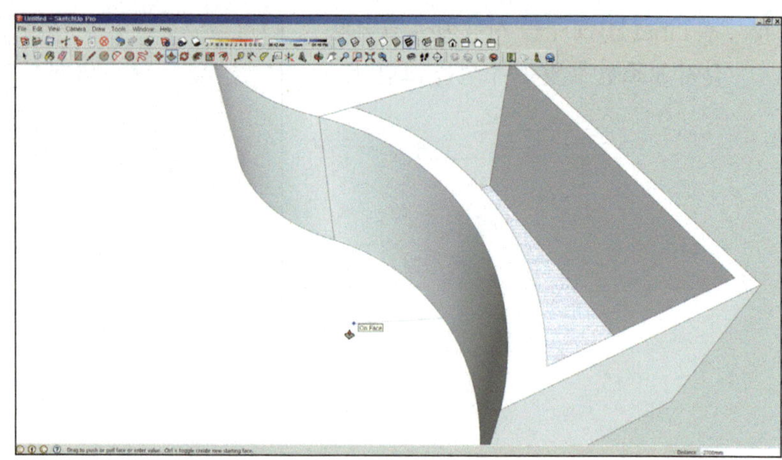

16 그림처럼 Line(선) 도구를 사용하여 벽면에서 앞쪽까지 선을 그린다.

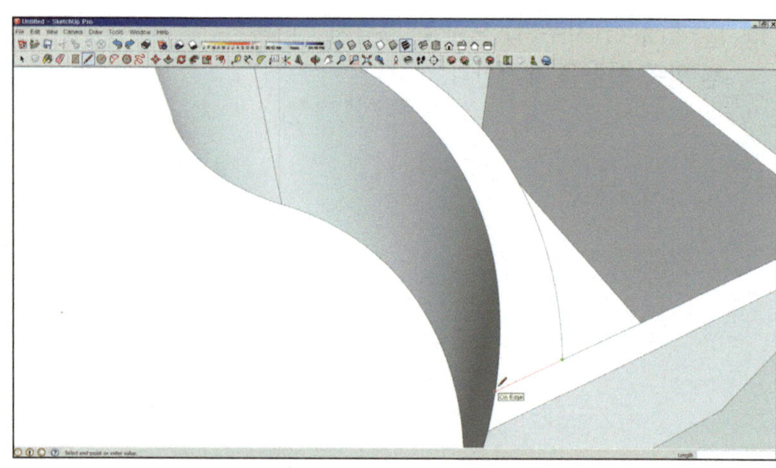

17 테이블 바에 해당되는 윗면을 선택한 후 Push/Pull(밀기/끌기) 도구를 사용해서 Ctrl 키를 누른 후 아래쪽으로 1500mm 내려서 중간면을 만든다.

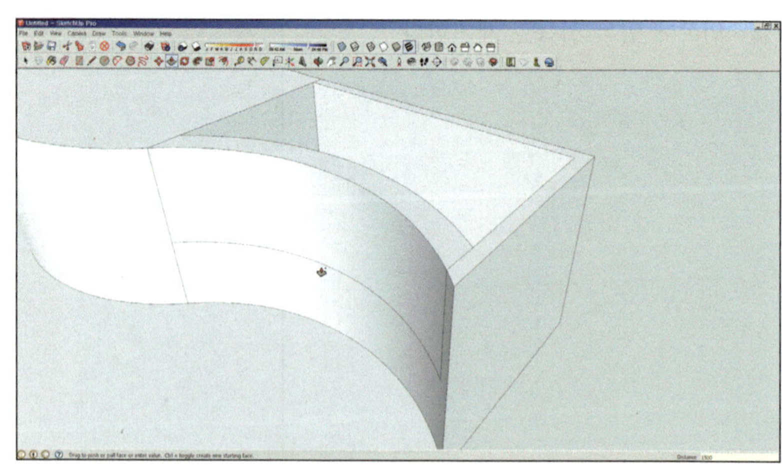

18 같은 방법으로 200mm 밑으로 내려 중간 면을 만든다.

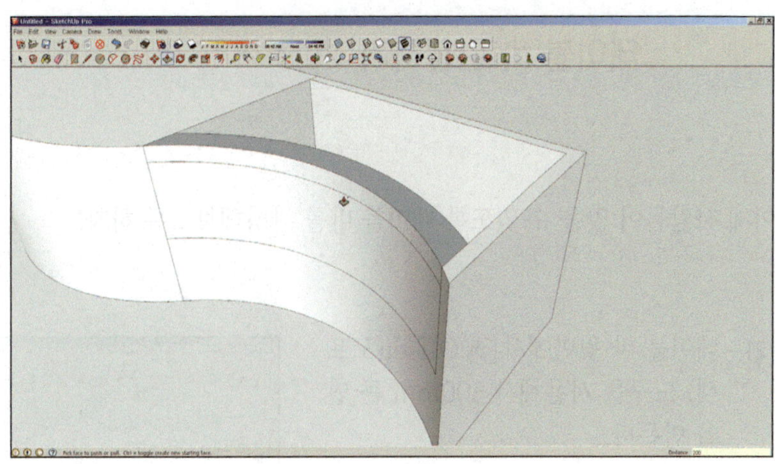

19 Select(선택) 도구로 가운데 면을 선택하고 Delete 키를 눌러 면을 제거한다.

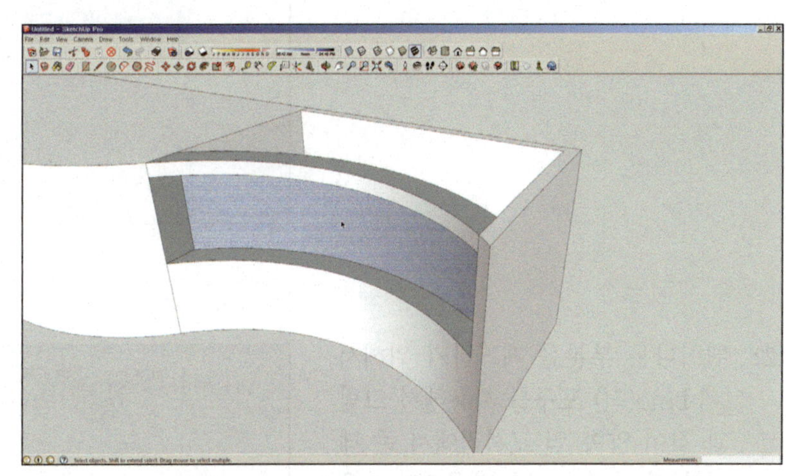

20 Eraser(지우기) 도구로 그림과 같이 선들을 제거한다.

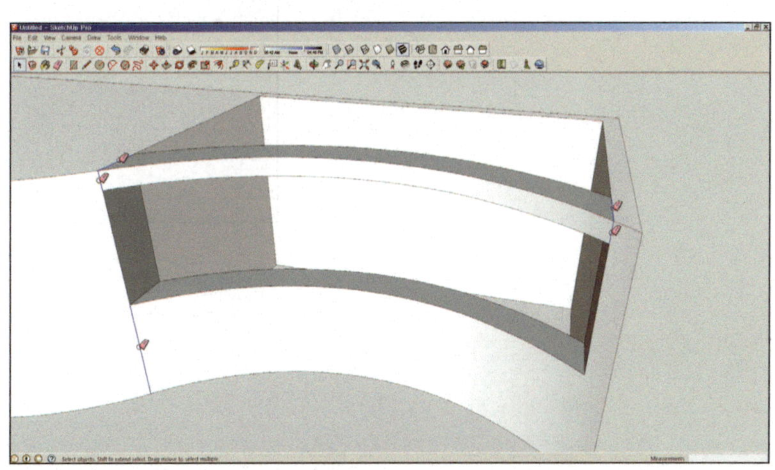

02 테이블 바 완성하기

이제 사람들이 앉을 수 있도록 테이블 바를 완성해보도록 하자.

21 테이블 바 윗면에서 Offset(오프셋) 도구를 사용해서 300mm 큰 면을 만든다.

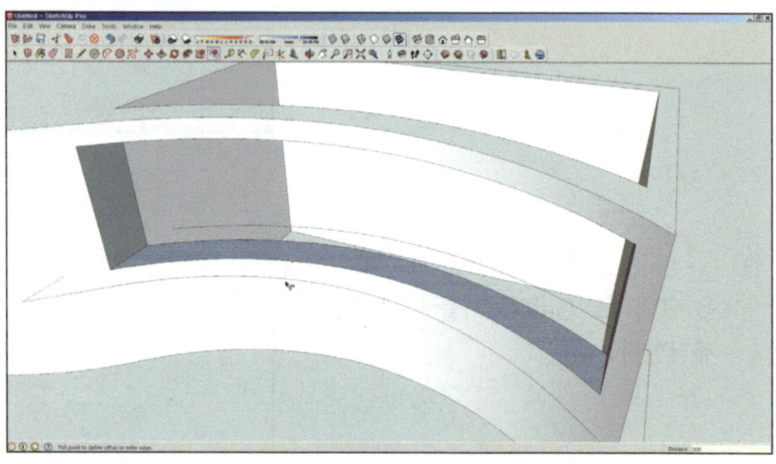

22 튀어나온 부분을 제거하기 위해서 Line(선) 도구를 사용해서 그림과 같이 양쪽 옆 모서리에서 큰 테이블 면 위에 Red축 방향으로 선을 그린다.

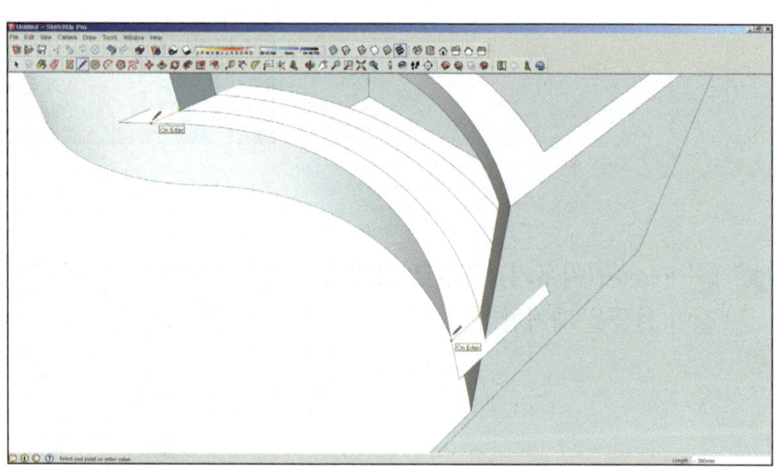

23 Eraser(지우기) 도구로 그림과 같이 뒤쪽 모서리와 옆쪽의 선들을 제거한다.

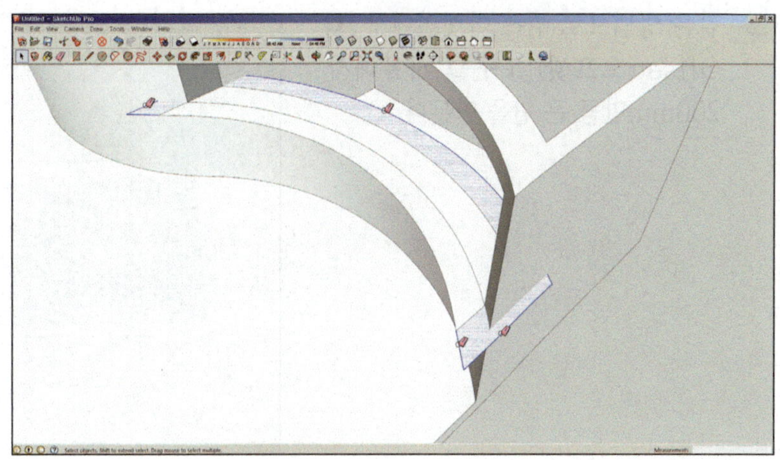

24 앞쪽 테이블의 아래 면을 선택하고 Push/Pull(밀기/끌기) 도구를 사용해서 아래쪽으로 100mm만큼 면을 만든다.

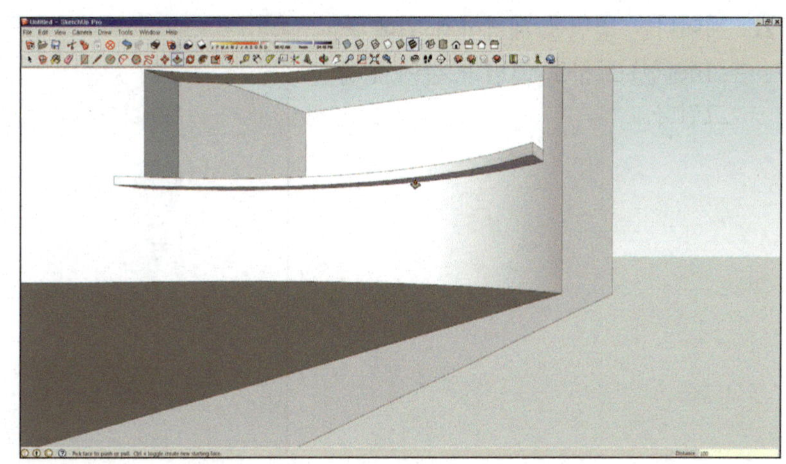

25 Eraser(지우기) 도구로 테이블 윗면의 선을 제거한다.

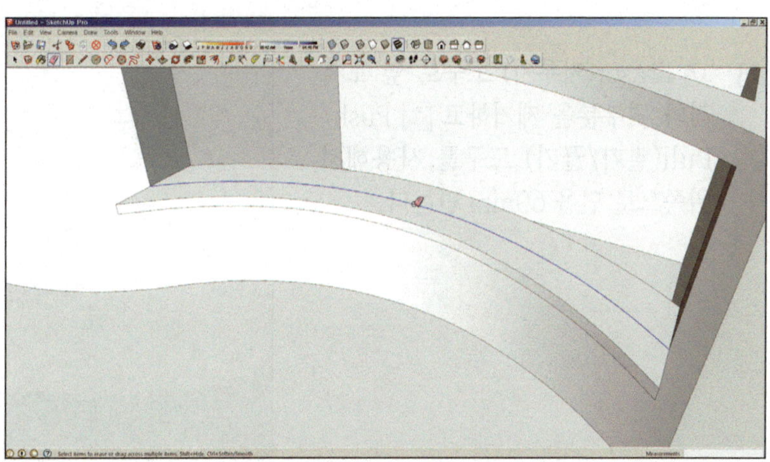

26 같은 방법으로 위쪽 아랫면에서 Offset(오프셋) 도구를 사용해서 200mm만큼 큰 면을 만든다.

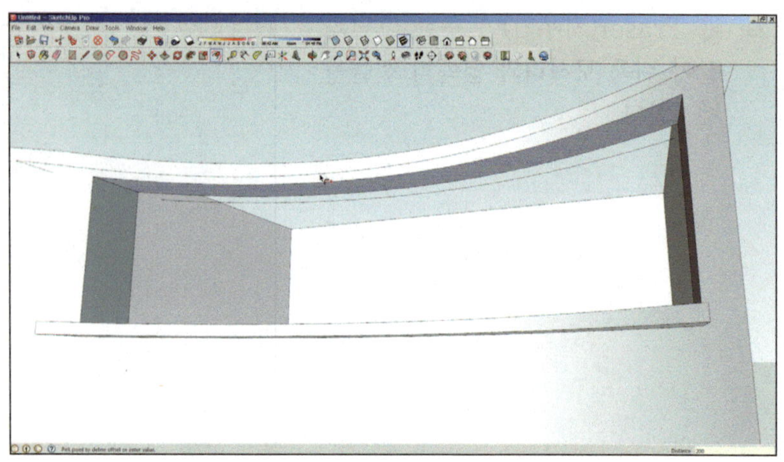

27 튀어나온 옆면을 제거하기 위해 Line(선) 도구로 그림과 같이 선을 그린다.

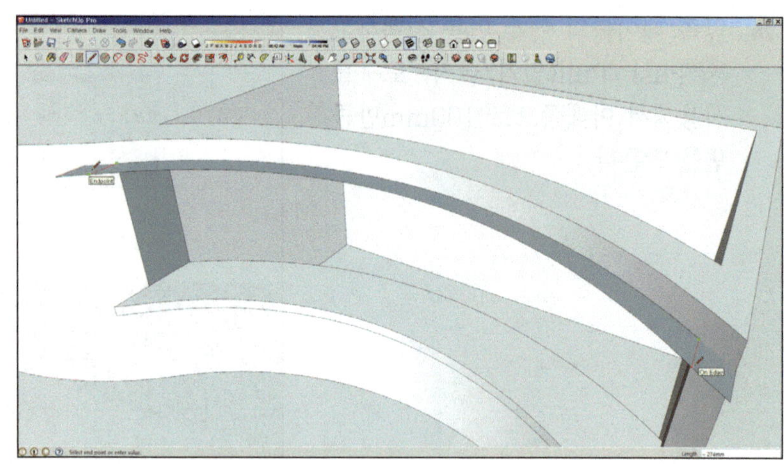

28 Eraser(지우기) 도구로 옆 모서리와 뒷부분을 제거하고 Push/Pull(밀기/끌기) 도구를 사용해서 위쪽으로 면을 60mm 만든다.

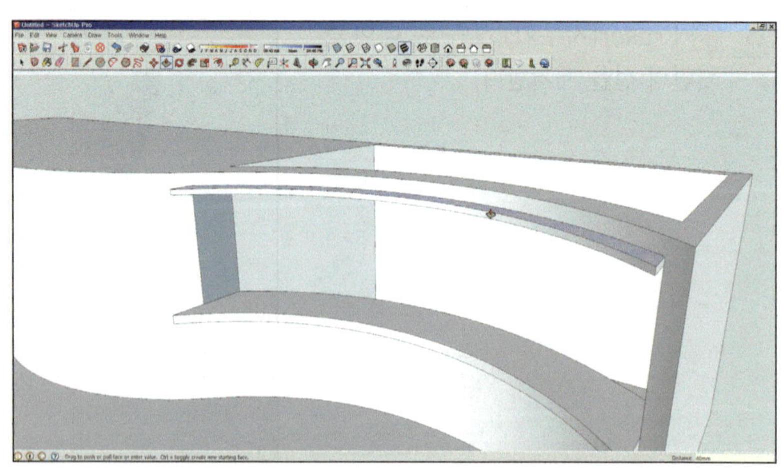

카페 안쪽 만들기

이제 카페 안쪽 부분을 만들어보자.

29 Tape Measure Tool(줄자도구)을 사용해서 그림처럼 테이블 바 모서리에서 500mm 떨어진 곳에 보조선을 그린다.

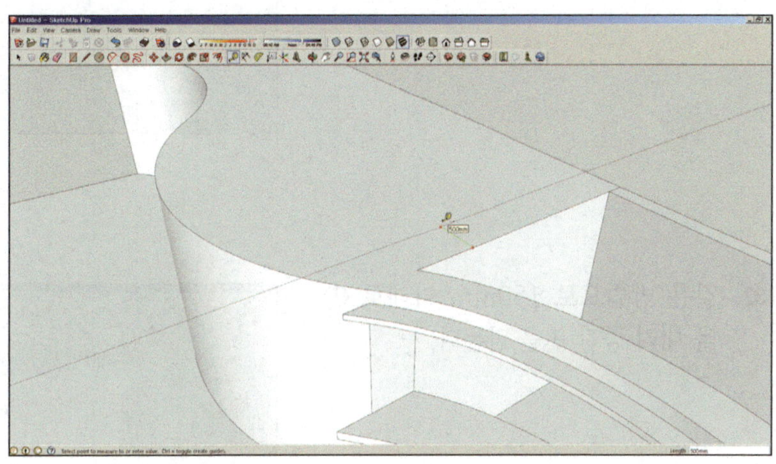

30 Line(선) 도구로 보조선에 맞추어 선을 그린다.

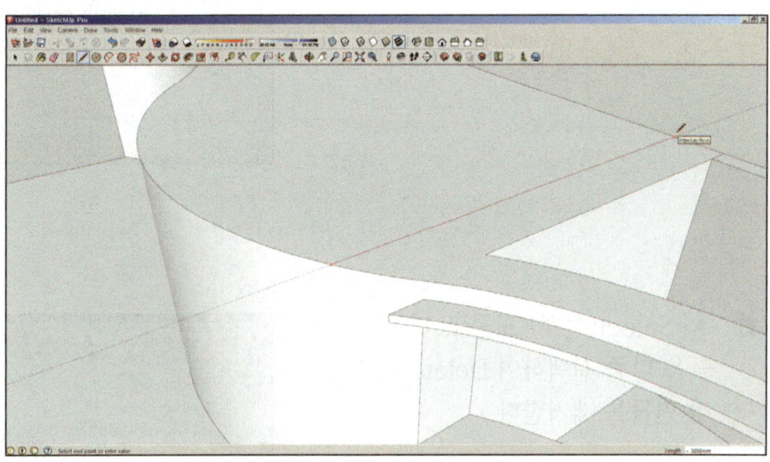

31 카페 안쪽 바닥 면을 만들기 위해서 테이블 바 만들었을 때처럼 윗면을 선택하고 Push/Pull(밀기/끌기) 도구를 사용해서 Ctrl 키를 누른 후 아래쪽으로 2600mm만큼 면을 내린다.

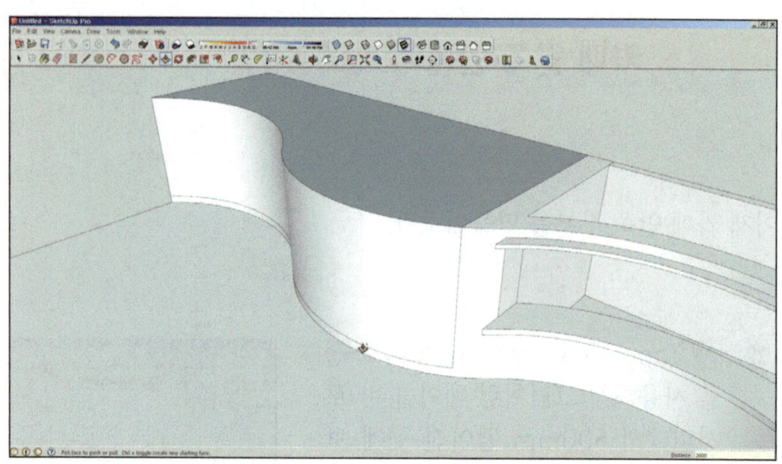

32 같은 방법으로 150mm 아래로 면을 내려 중간 면을 만든다.

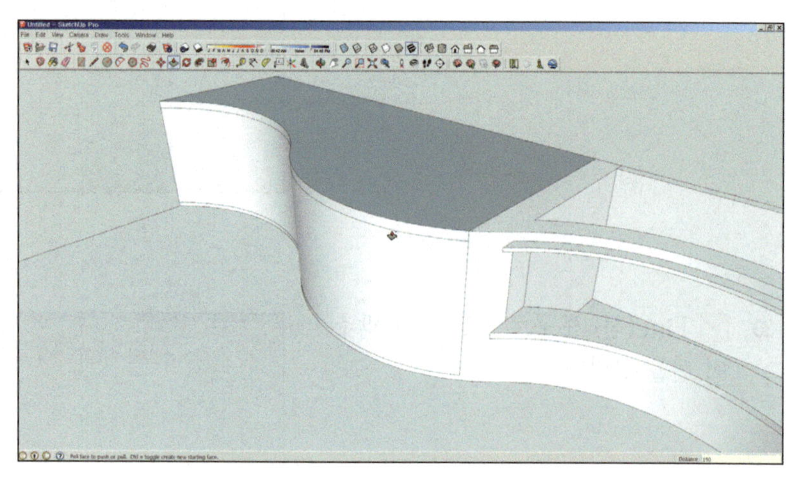

33 Select(선택) 도구로 가운데 면들을 다중 선택하여 Delete 키를 눌러 면들을 제거한다.

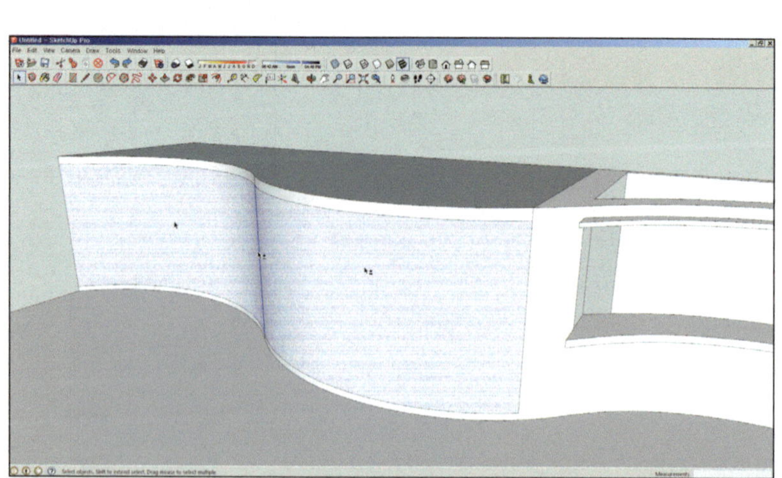

면을 다중선택할 때에는 Select(선택) 도구로 면을 선택한 후 다시 Shift 키를 누른 후 다른 면을 선택하면 된다.

34 Eraser(지우기) 도구로 그림과 같이 불필요한 선들을 제거한다.

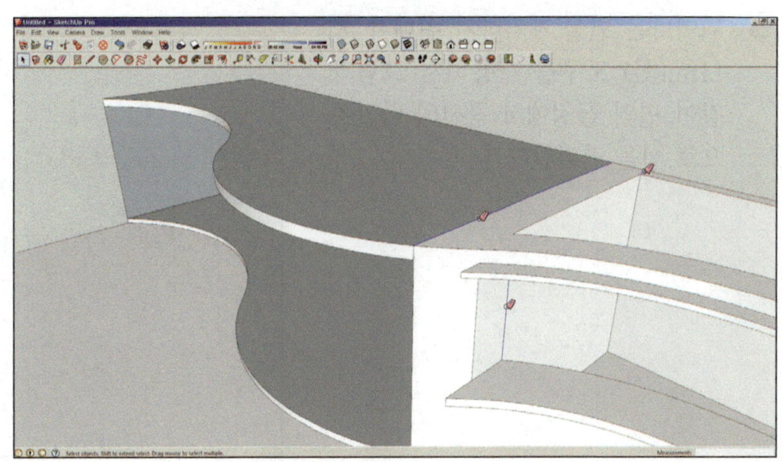

면이 진한 회색으로 보이는 이유는 안쪽 면과 바깥쪽 면이 뒤집혔기 때문이다. 그림과 같이 진한 면을 선택한 후 오른쪽 마우스를 클릭해서 Reverse Faces(면 반전)을 선택해서 면을 다시 뒤집으면 된다. 면이 뒤집혔다고 해서 잘못된 모델링이 아니며 굳이 면을 뒤집지 않더라도 나중에 Paint Bucket(페인트통) 도구를 사용해서 재질을 적용하면 진한 색이 없어진다.

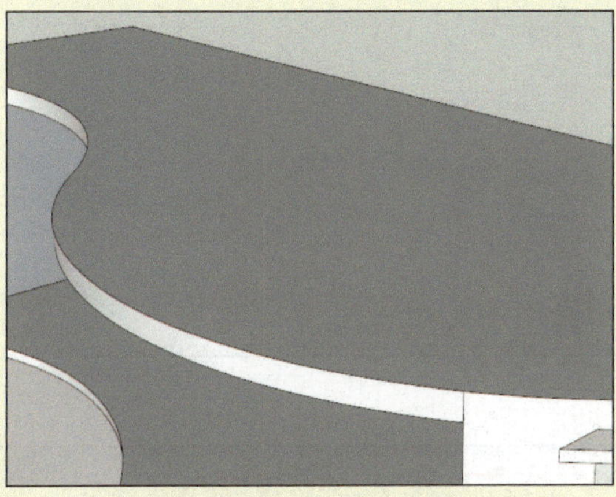

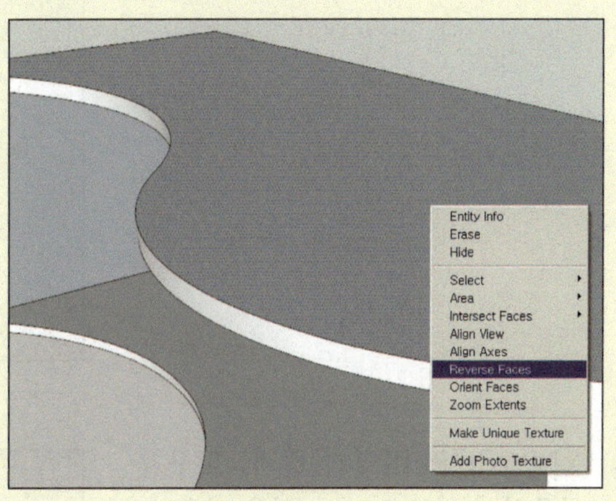

35 카페 안쪽 천장 면을 선택한 후 Offset(오프셋) 도구를 사용해서 200mm만큼 큰 면을 만든다.

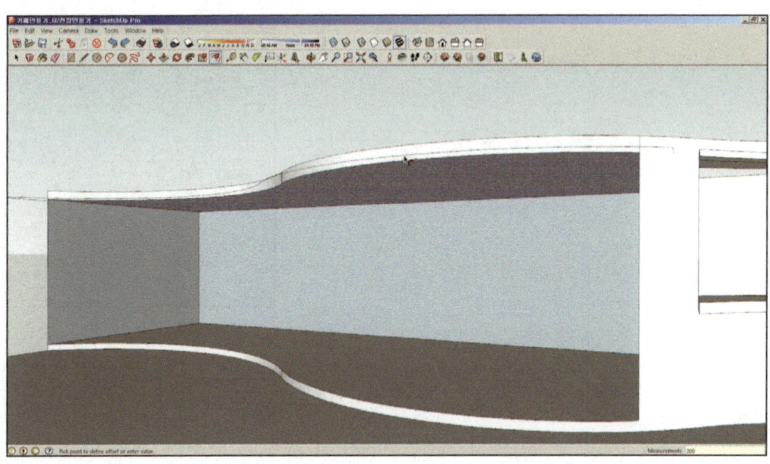

36 튀어나온 면을 제거하기 위해서 Line(선) 도구를 사용해서 그림과 같이 면의 끝점에서 곡선의 바깥쪽으로 선을 연결한다.

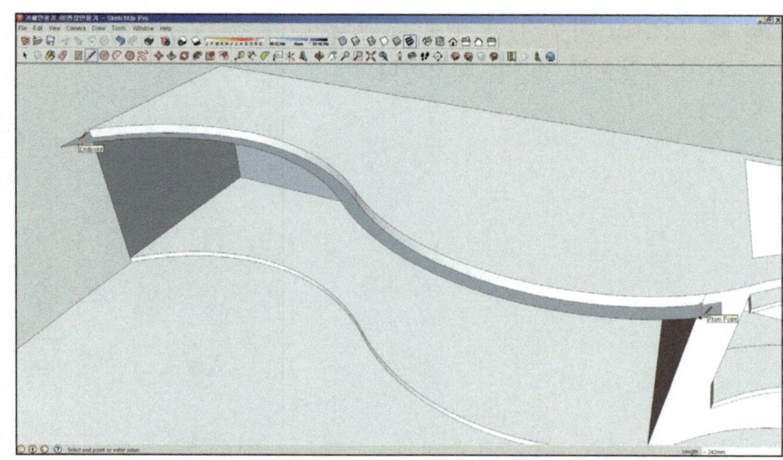

37 Eraser(지우기) 도구로 옆쪽 모서리와 뒤쪽 모서리를 제거한다.

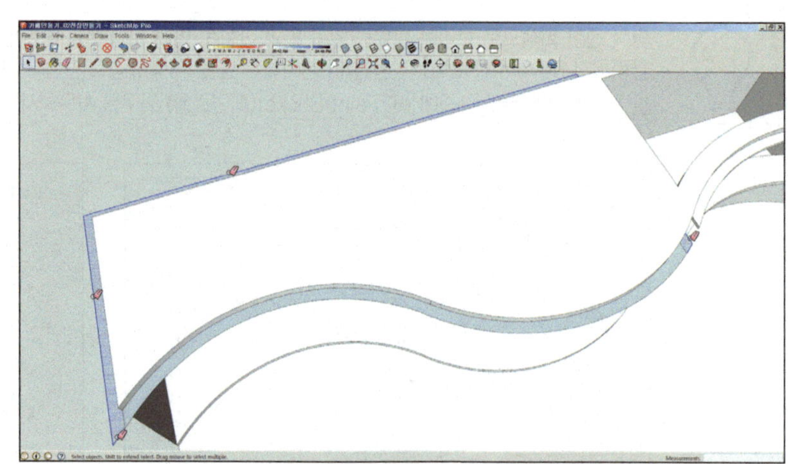

38 Push/Pull(밀기/끌기) 도구를 사용하여 위로 50mm 면을 만든다.

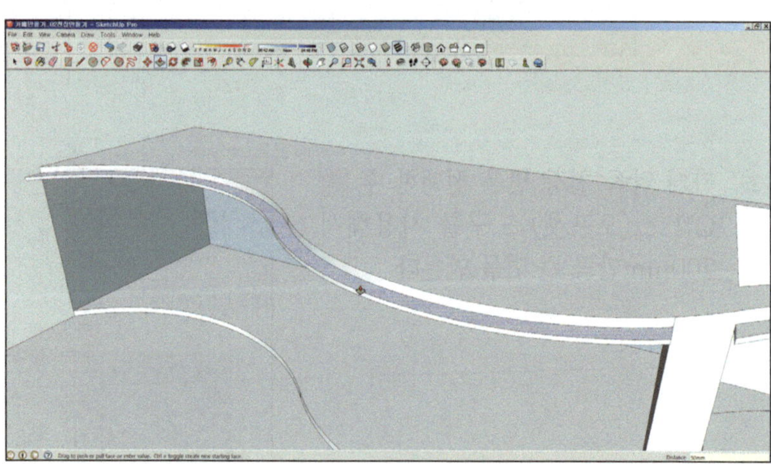

04 천장 및 조명 만들기

이제 천장 및 기둥, 그리고 원형으로 된 조명을 만들어 보도록 하자.

39 Rectangle(직사각형) 도구를 사용해서 아래 바닥면과 같은 크기인 (15000, 10000) 사각형을 그림과 같이 윗면의 모서리에서 시작하여 그린다.

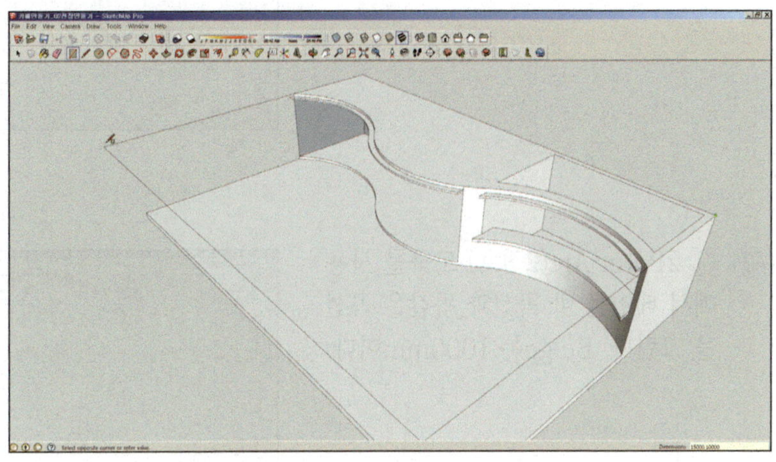

40 Tape Measure Tool(줄자 도구)을 사용해서 옆모서리에서 1500mm 떨어진 곳에 보조선을 만든다.

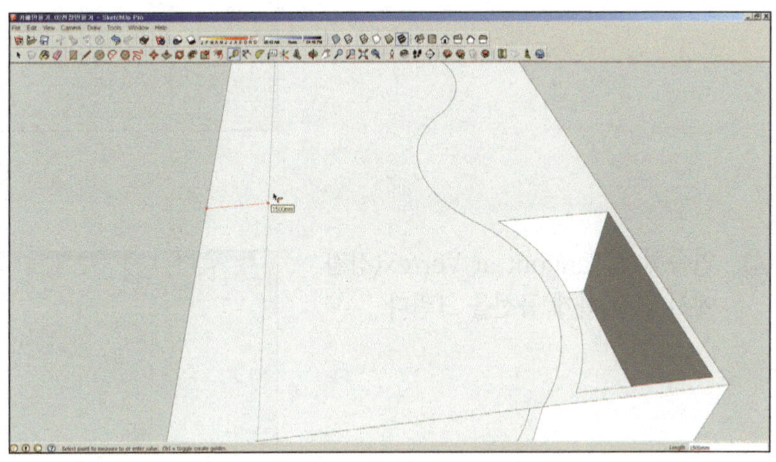

41 위 모서리에서 5000mm만큼 떨어진 곳에 보조선을 두 개 그린다.

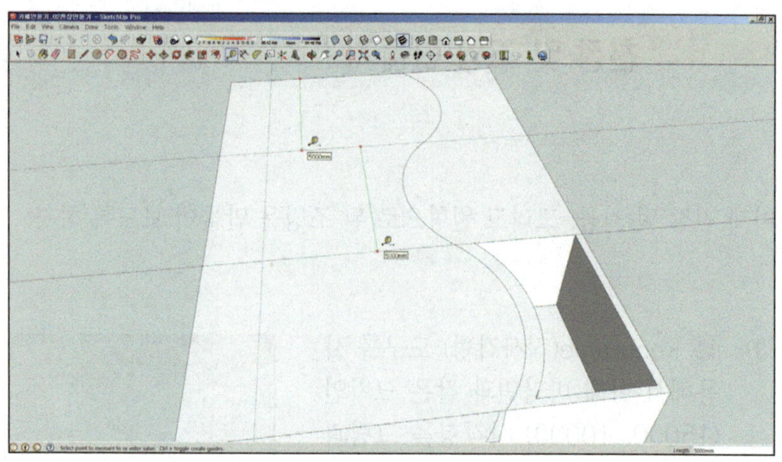

42 2Point Arc(2점호) 도구를 사용해서 테이블 바 곡선과 똑같은 곡선을 그린다. Bulge는 1000mm이다.

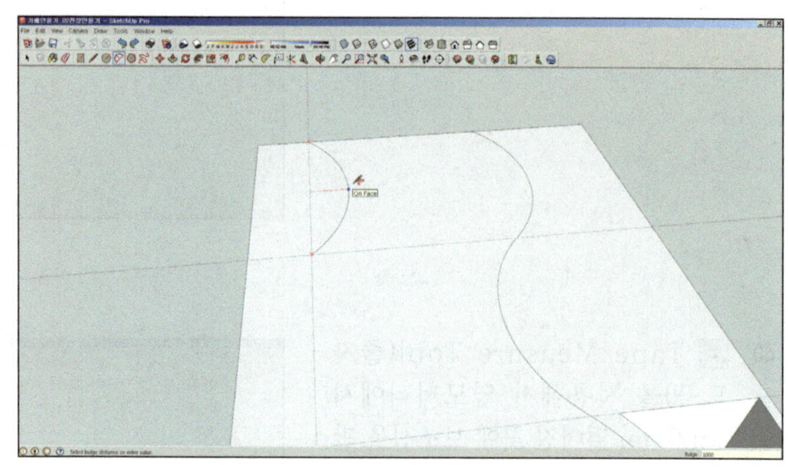

43 연속해서 Tangent at Vertex(정점에서 접선)하게 곡선을 그린다.

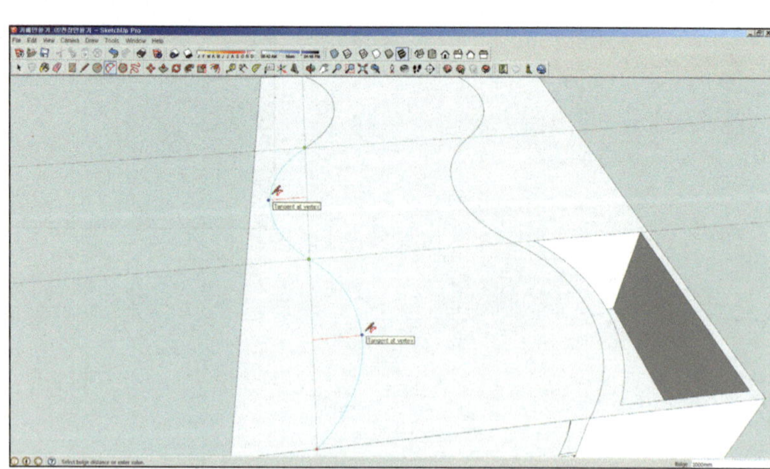

44 Push/Pull(밀기/끌기) 도구를 사용해서 위쪽으로 300mm만큼 면을 만든다.

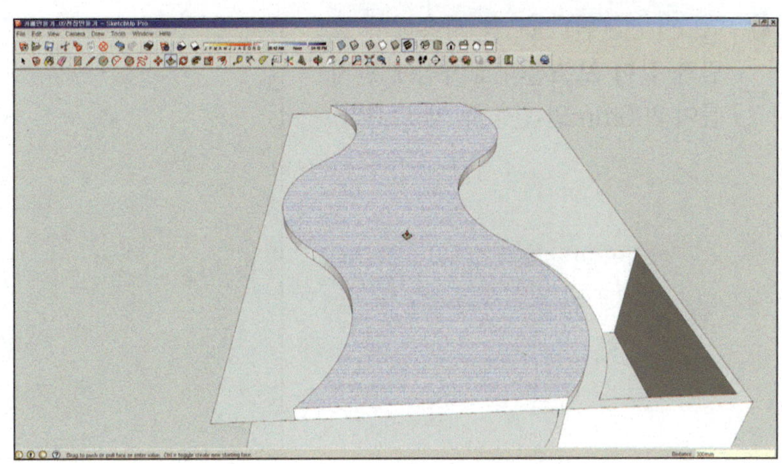

45 안쪽에서 바라보면 반대로 천장이 위쪽으로 올라간 것을 알 수 있다.

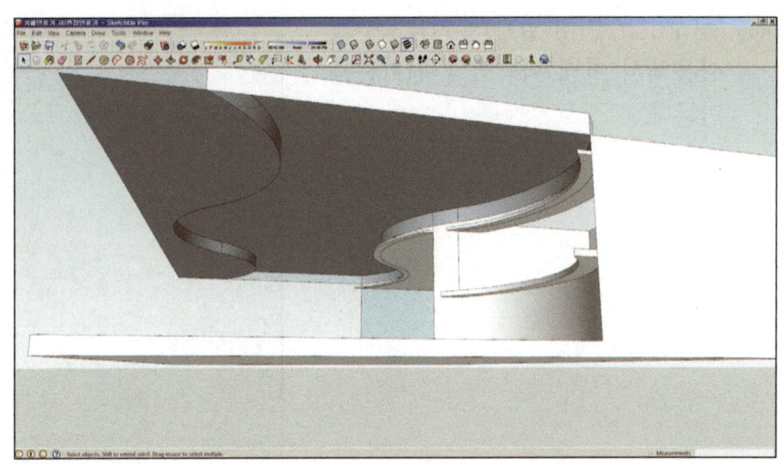

46 천장을 받치고 있는 기둥을 만들기 위해서 Tape Measure Tool(줄자도구)을 사용해서 좌우 모서리로부터 2000mm, 앞 모서리에서 1800mm 떨어진 곳에 보조선을 그린다.

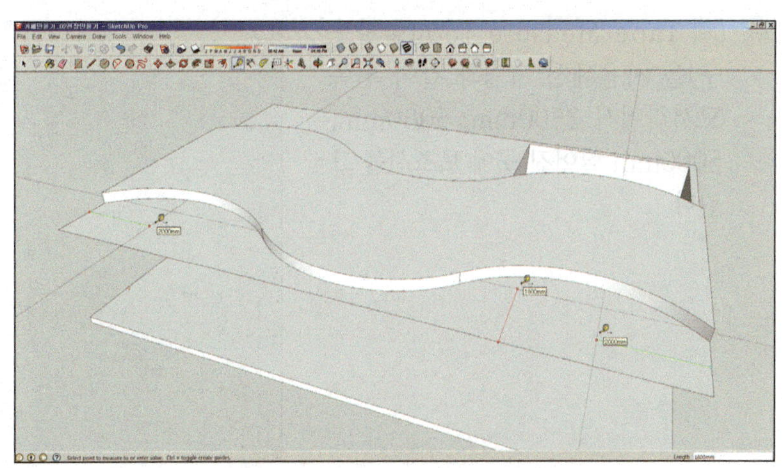

47 Circle(원) 도구를 사용해서 그림과 같이 보조선의 교차점에 반지름이 200mm인 원을 두 개 그린다.

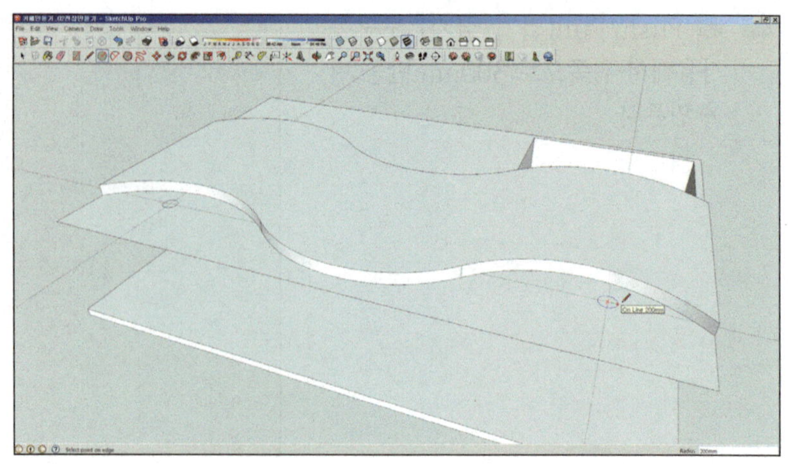

48 Push/Pull(밀기/끌기) 도구를 사용해서 아래 바닥까지 원기둥을 만든다.

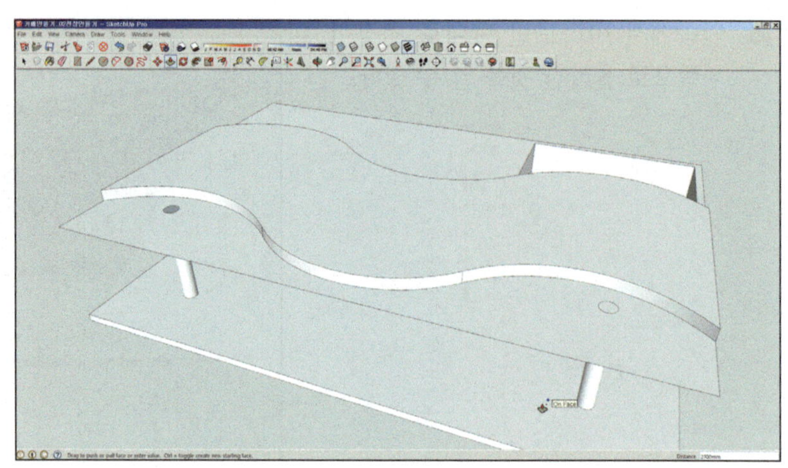

49 Tape Measure Tool(줄자도구)을 사용해서 그림과 같이 왼쪽 모서리에서 2500mm, 5000mm, 5000mm 떨어진 곳에 보조선을 그린다.

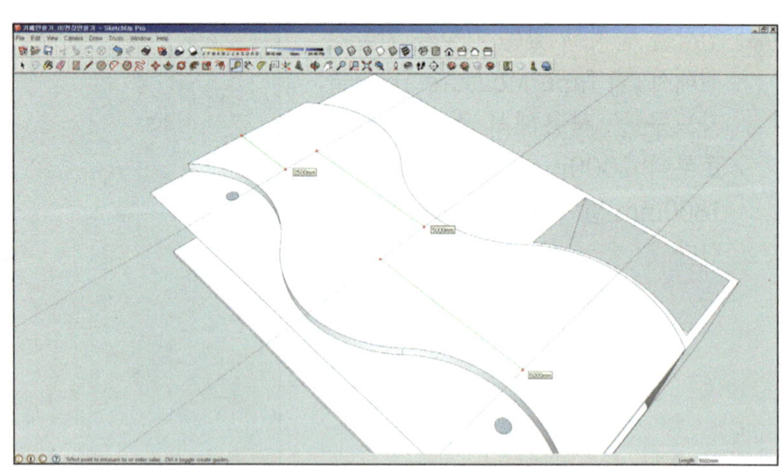

50 Line(선) 도구로 Midpoint(중간점)을 연결하는 선을 그린다.

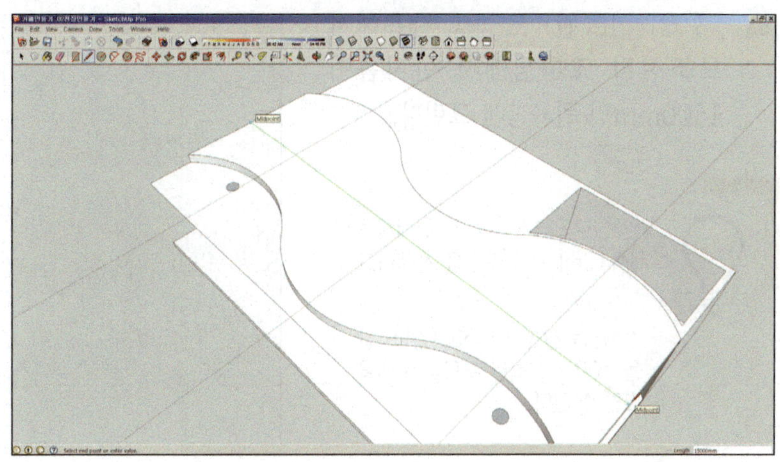

51 Tape Measure Tool(줄자도구)을 사용해서 중심선에서 각각 1250mm 떨어진 곳에 보조선을 그린다.

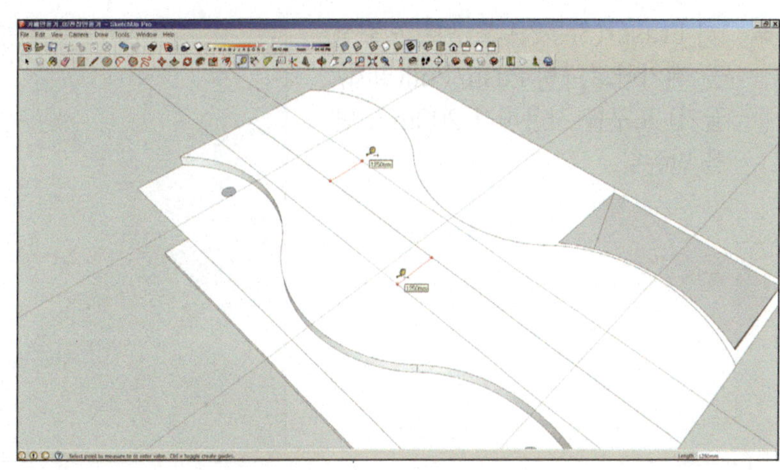

52 Eraser(지우기) 도구로 가운데 중심선을 지운다.

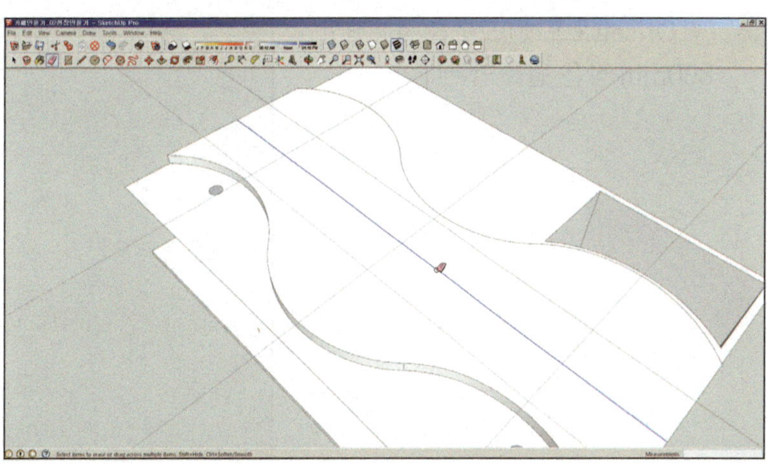

53 Circle(원) 도구를 사용해서 보조선의 교차점에서 반지름이 1500mm인 원을 3개 그린다.

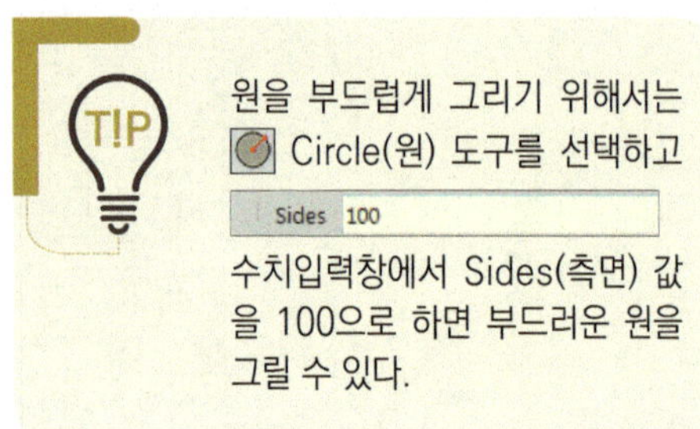

TIP

원을 부드럽게 그리기 위해서는 Circle(원) 도구를 선택하고

Sides 100

수치입력창에서 Sides(측면) 값을 100으로 하면 부드러운 원을 그릴 수 있다.

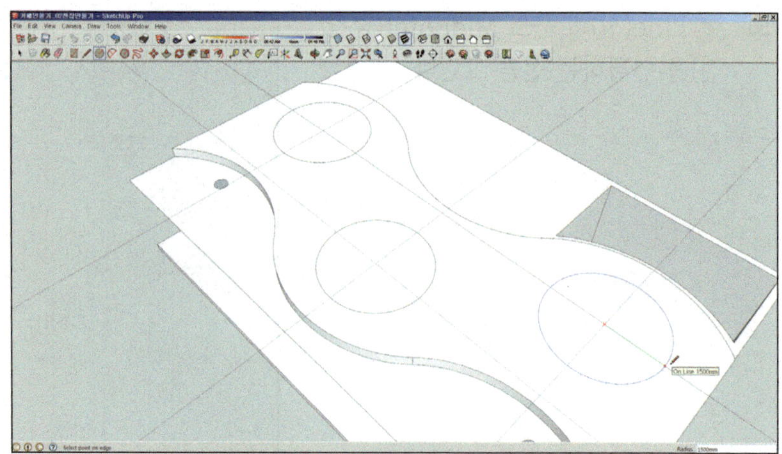

54 Eraser(지우기) 도구로 보조선을 제거하고, Push/Pull(밀기/끌기) 도구를 사용해서 200mm 면을 만든다.

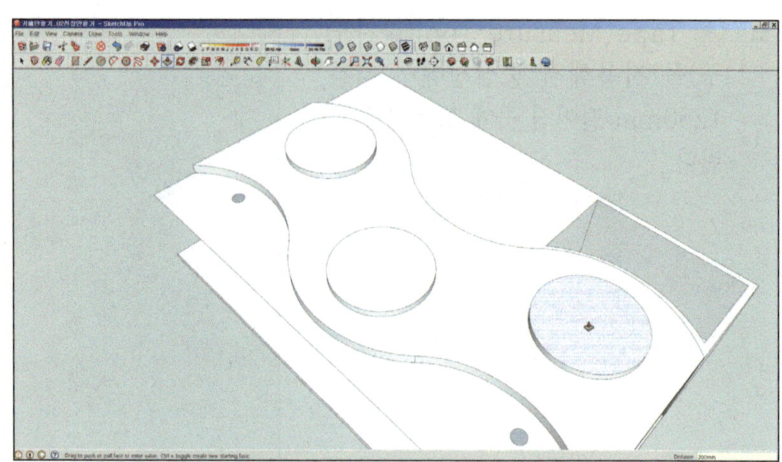

55 Offset(오프셋) 도구를 사용해서 800mm 작은 원을 만든다.

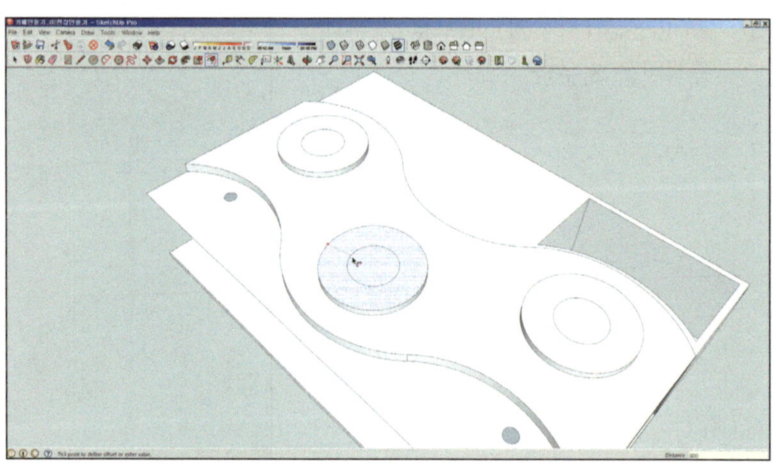

56 아래면에서 Push/Pull(밀기/끌기) 도구를 사용해서 작은원을 아래로 200mm만큼 내려서 면을 만든다.

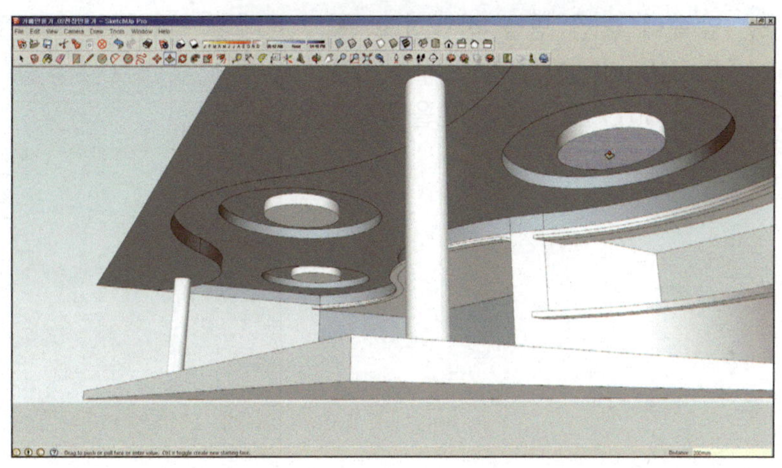

57 Push/Pull(밀기/끌기) 도구를 사용해서 Ctrl 키를 누른 후 윗면과 같은 높이로 천장 면을 만든다.

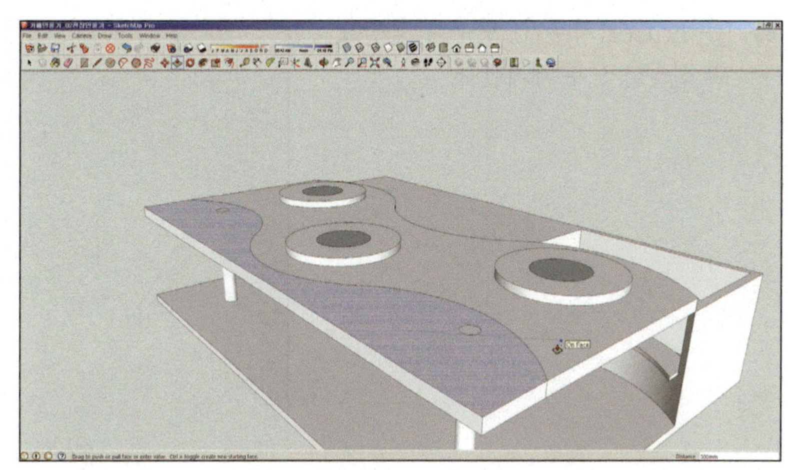

58 같은 방법으로 뒤쪽의 천장 면도 만든다.

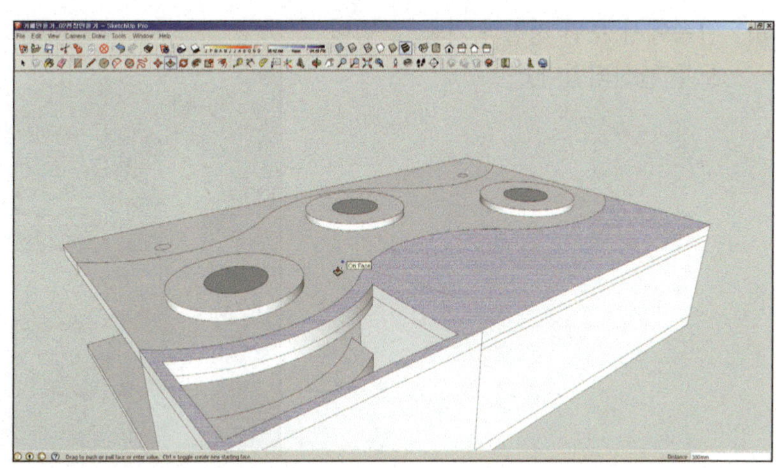

59 앞쪽에 뚫린 면을 선택하고 Push/Pull(밀기/끌기) 도구를 사용해서 Ctrl 키를 누른 후 면을 옆으로 만든다.

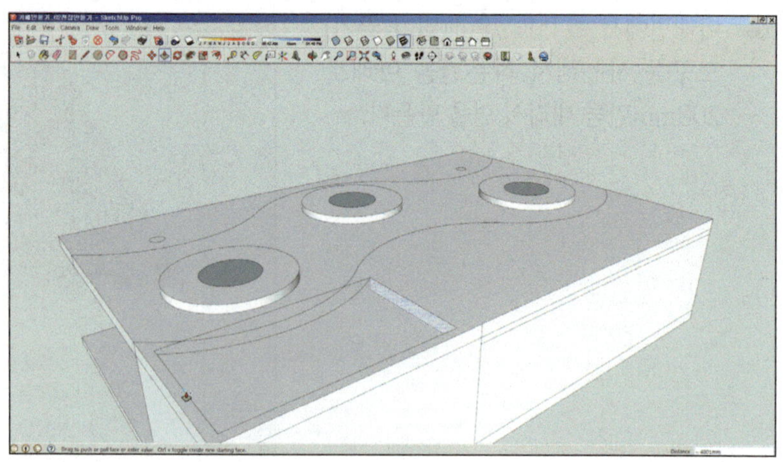

60 Eraser(지우기) 도구로 불필요한 선들을 모두 제거한다.

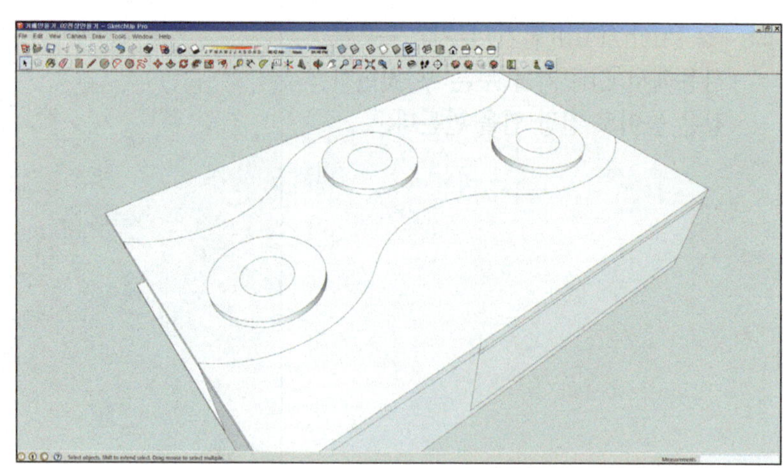

61 안쪽에서 보면 천장과 기둥, 조명이 모두 완성되었다.

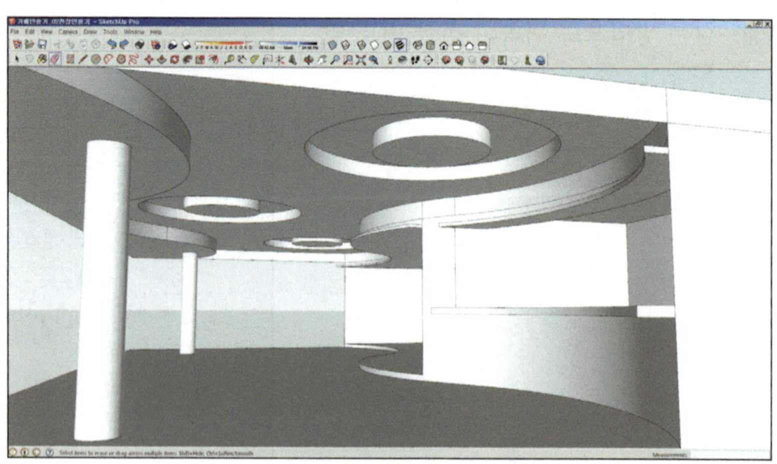

05 Filed of View(시야) 조절 및 벽면 만들기

이제 Filed of View로 카페의 시점을 조절해 보고 벽면을 만들어 보도록 하자. Field of View는 보는 시점에 왜곡을 주어 좁은 공간을 좀 더 넓게 보여지게 하며, 원근감을 더욱 살릴 수 있기 때문에 인테리어에서는 꼭 알아두어야 할 기능이다.

62 먼저 사람의 눈높이로 시점을 바꾸기 위해서 Position Camera(카메라 위치지정) 도구를 선택한 후 바닥 면을 클릭한다.

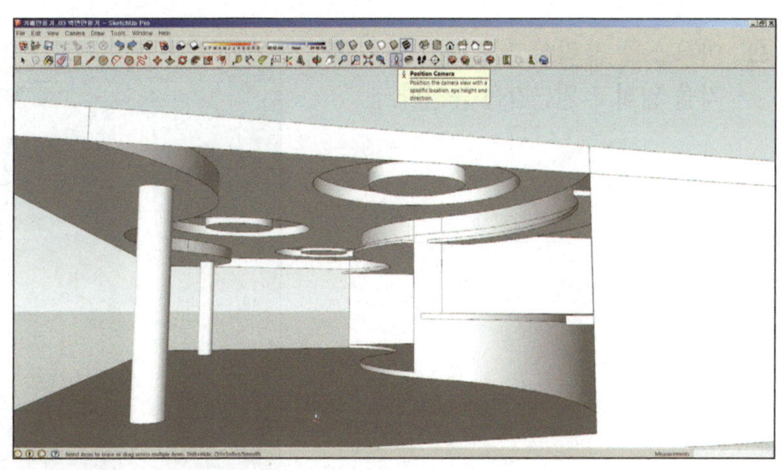

63 카페의 시점이 사람의 눈높이로 변한 것을 알 수 있다.

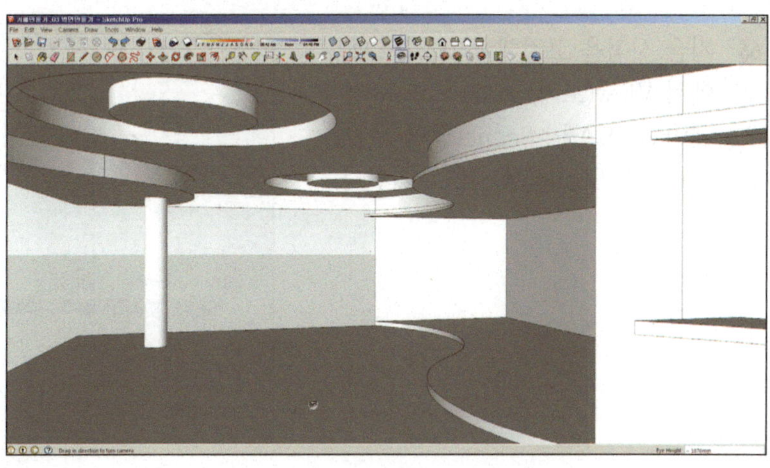

64 화각을 넓히기 위해서 메뉴에서 Camera(카메라) 〉 Field of View (시야)를 선택한다.

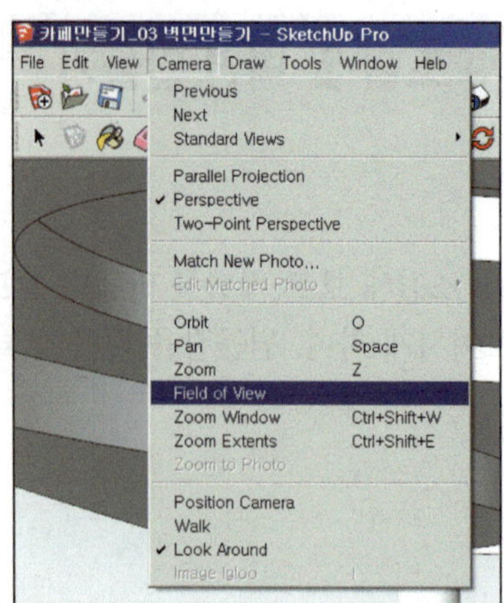

65 마우스를 클릭하고 드래그하여 화각을 넓히고 원근감을 높인다.

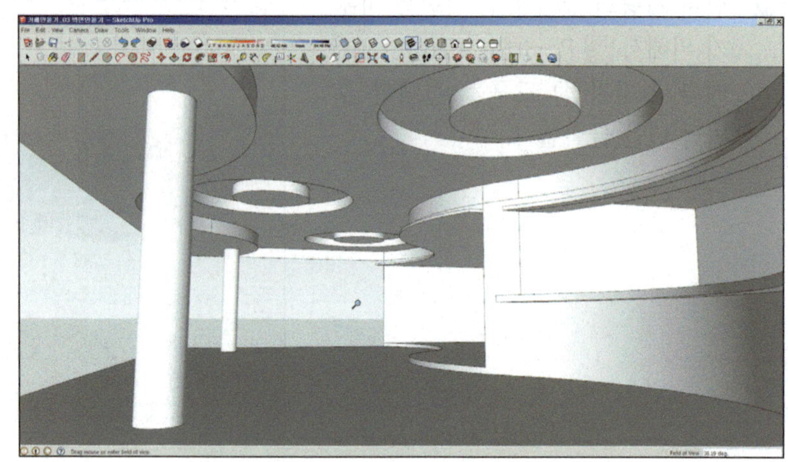

66 지금 시점을 고정해 두기 위해 메뉴에서 View(보기) 〉 Anmation(애니메이션) 〉 Add Scene(장면추가)을 선택하여 Scene(장면)을 추가한다.

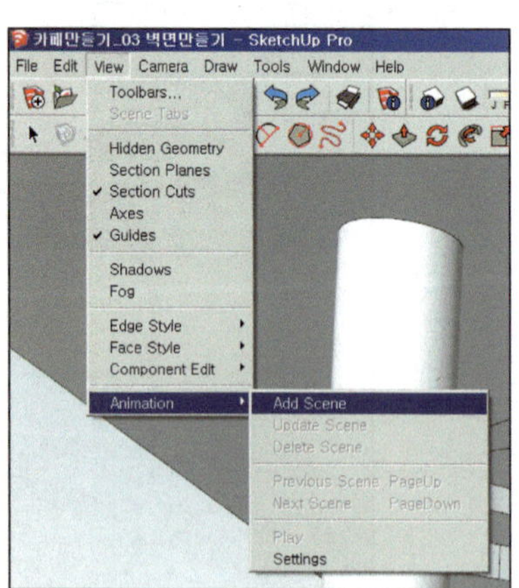

67 메뉴에서 View(보기) 〉 Animation(애니메이션) 〉 Update Scene(장면 업데이트)를 선택해서 지금의 View(뷰)를 Scene1(장면1)에 저장한다.

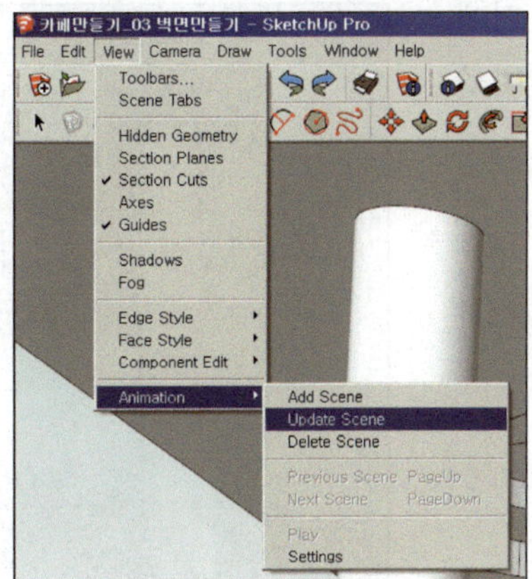

68 메뉴에서 View(보기) 〉 Scene Tabs(장면 탭)을 선택한다.

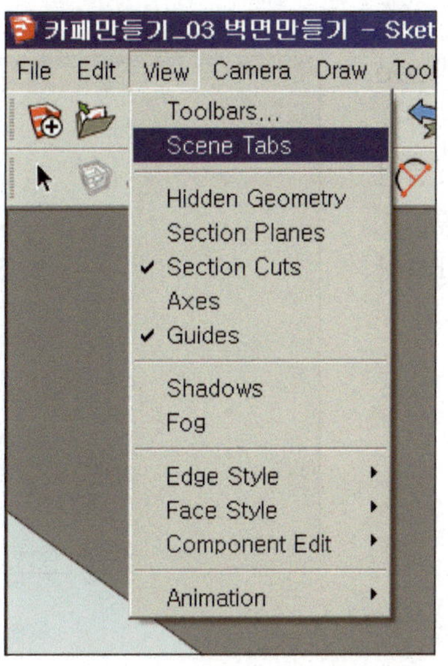

69 화면에 Scene1(장면1) 탭이 보인다. Orbit(궤도) 도구로 화면을 이동하고 마우스 중간 휠로 크기를 조절해 본다.

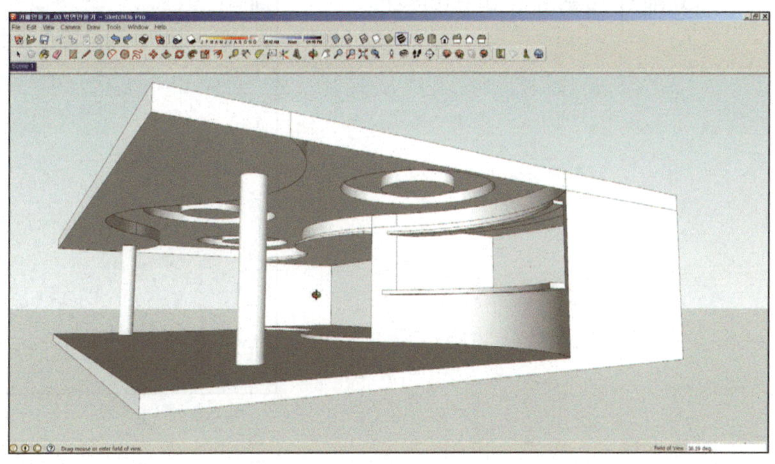

70 Scene1(장면1) 탭을 클릭하면 전에 저장한 시점으로 되돌아오는 것을 확인할 수 있다.

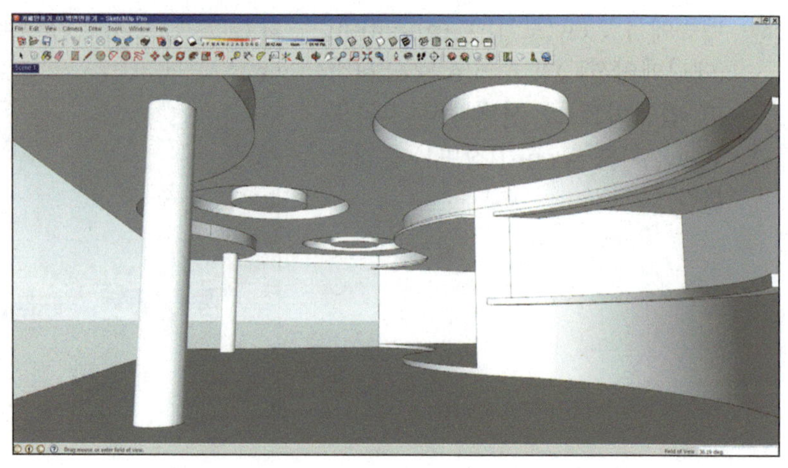

71 옆 벽면을 만들기 위해서 Tape Measure Tool(줄자도구)을 사용해서 앞 모서리에서 100mm 떨어진 곳에 보조선을 먼저 그린 후, Line(선) 도구로 보조선에 맞추어 그림과 같이 선을 그린다.

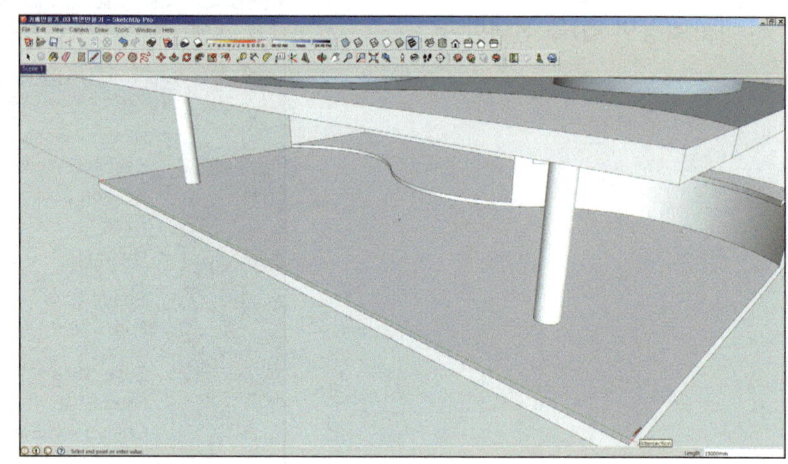

72 Push/Pull(밀기/끌기) 도구를 사용해서 위쪽까지 면을 만든다.

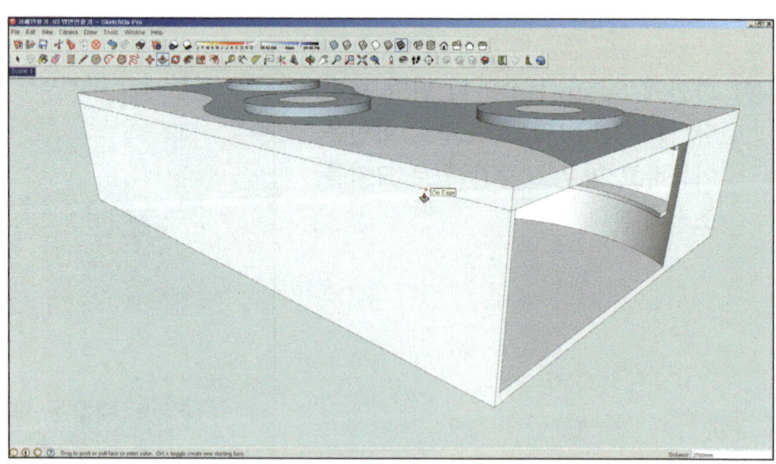

73 뒷면에도 벽을 만들기 위해서 Line(선) 도구로 그림과 같이 선을 그린다.

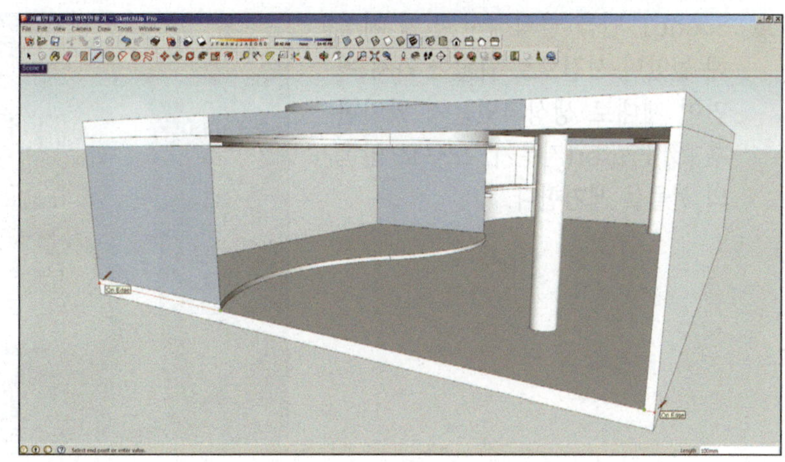

74 Push/Pull(밀기/끌기) 도구를 사용해서 Ctrl 키를 누른 후 앞쪽으로 100mm 면을 만든다.

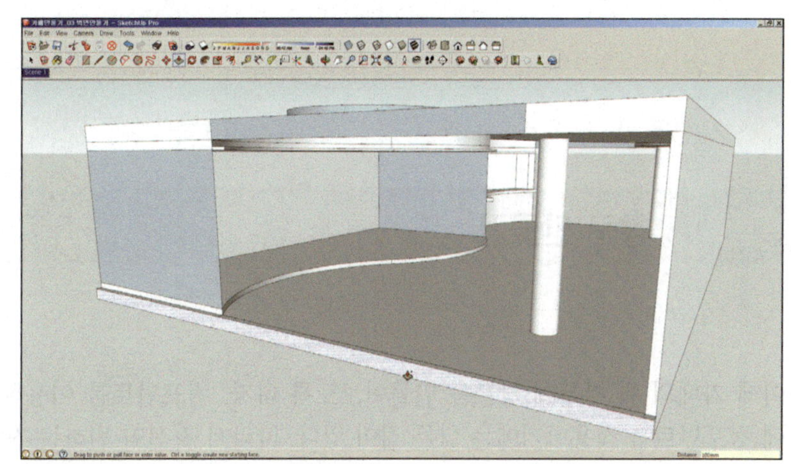

75 같은 방법으로 위쪽까지 면을 만든다.

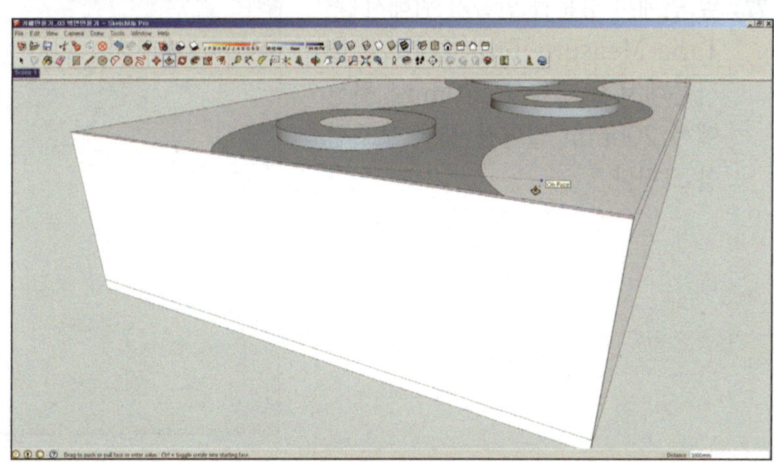

76 Scene1 탭을 클릭해서 전에 저장해 놓았던 시점으로 되돌아 와서 벽면이 제대로 생성되었는지 확인한 후 Eraser(지우기) 도구로 안쪽의 선들을 제거한다.

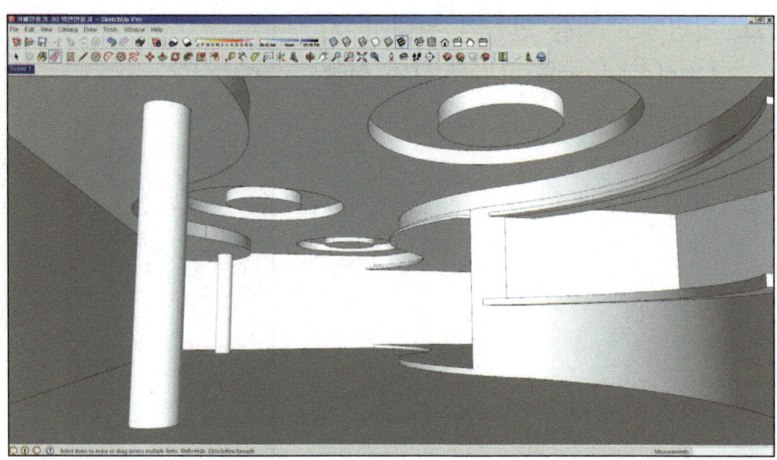

06 창문 만들기

이제 카페의 벽 부분에 창문을 만들어보도록 하자. 컴포넌트를 이용해서 창문을 만들어도 좋지만 인테리어 내부에 컴포넌트를 적용하기에는 힘든 점이 있다. 따라서 자신이 원하는 창문을 직접 만들어보는 것도 좋다.

77 앞 면에서 창문을 만들기 위해서 Tape Measure Tool(줄자도구)을 사용해서 아래에서 400mm, 윗선에서 200mm 떨어진 곳에 보조선을 그린다.

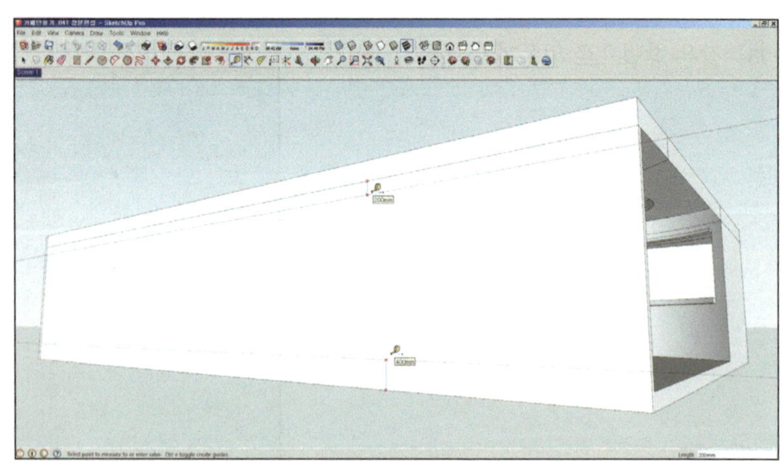

78 옆 모서리에서 50mm, 그 보조선으로부터 2000mm 떨어진 곳에 보조선을 그린다.

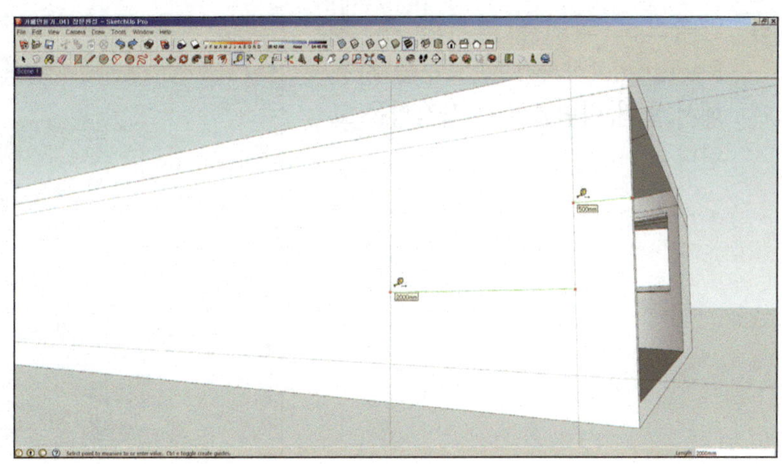

79 Rectangle(직사각형) 도구를 사용해서 보조선에 맞추어 사각형을 그린다.

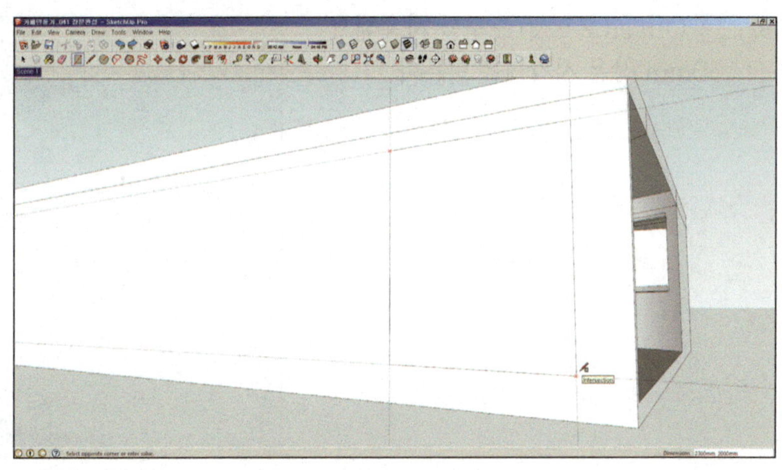

80 Push/Pull(밀기/끌기) 도구를 사용해서 안쪽까지 밀어넣어 면을 제거한다.

면을 제거하는 이유는 바깥쪽에 창문을 생성할 것이 아니라, 안쪽 내부에 창문을 생성할 것이기 때문이다. 처음부터 안쪽 면에 보조선을 그리고 작업해도 되지만 벽면, 기둥 등으로 인해 내부에서 화면전환하기가 쉽지 않다.

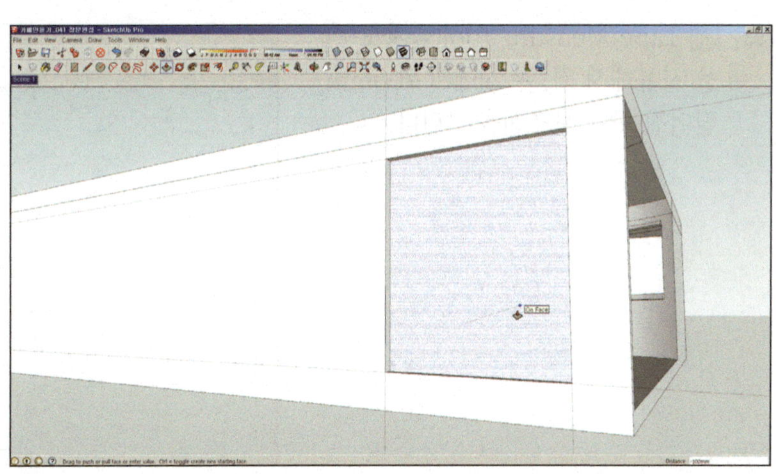

81 안쪽으로 화면을 전환한 후 Rectangle(직사각형) 도구를 사용해서 뚫린 벽면을 따라 사각형을 그린다.

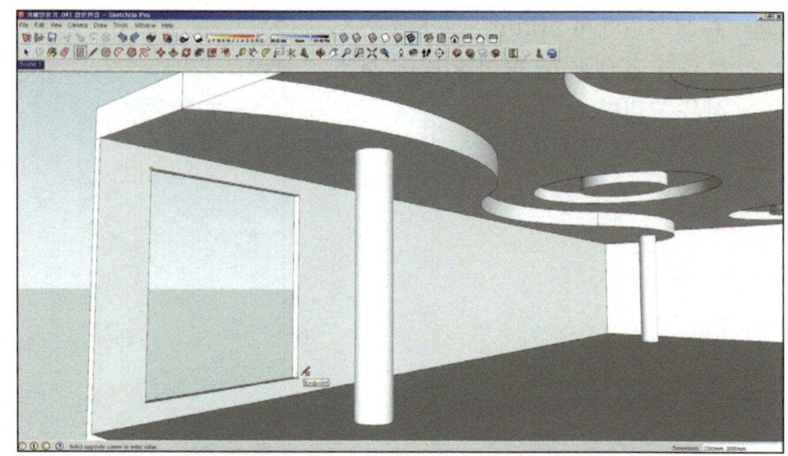

82 Offset(오프셋) 도구를 사용해서 50mm 작은 사각면을 만든다.

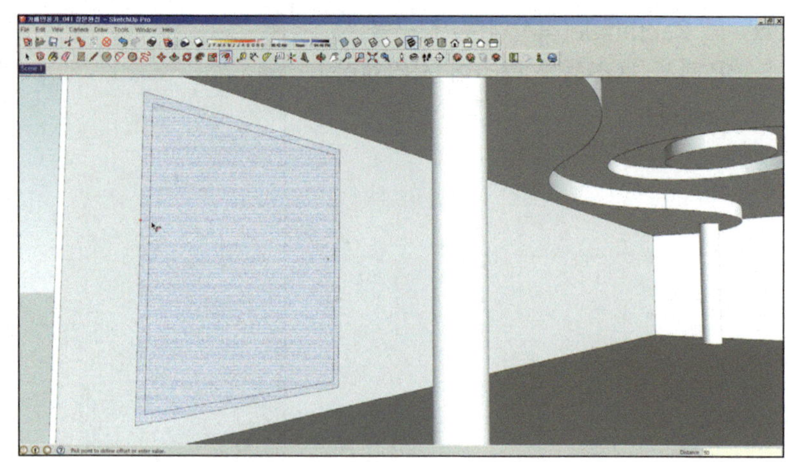

83 Tape Measure Tool(줄자도구)을 사용해서 좌, 우 선에서 700mm 떨어진 곳에 보조선을 그린다.

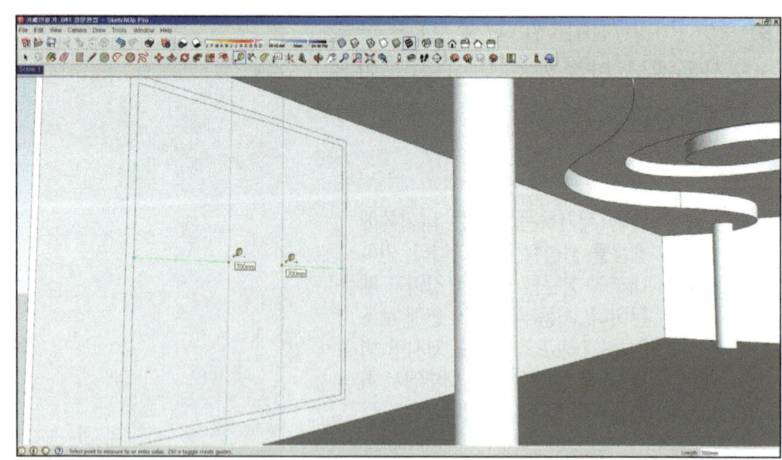

84 다시 한 번 바깥쪽으로 30mm 떨어진 곳에 보조선을 두 개 그린다.

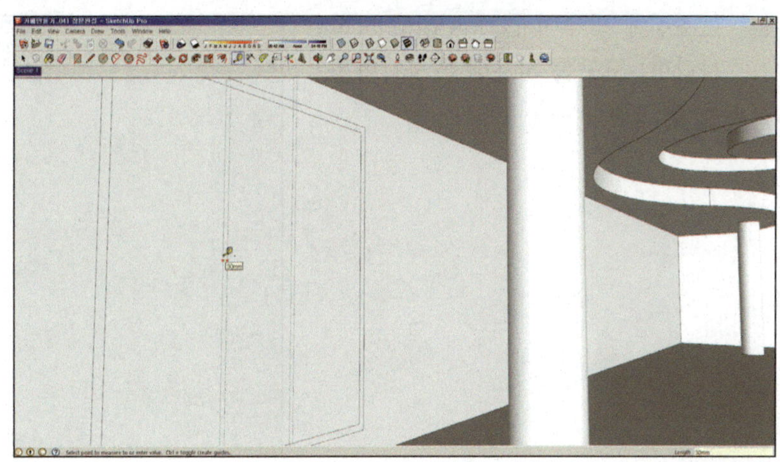

85 아래 선에서 500mm 떨어진 곳에 보조선을 그린 후, 그 보조선에서 30mm 떨어진 곳에 보조선을 그린다.

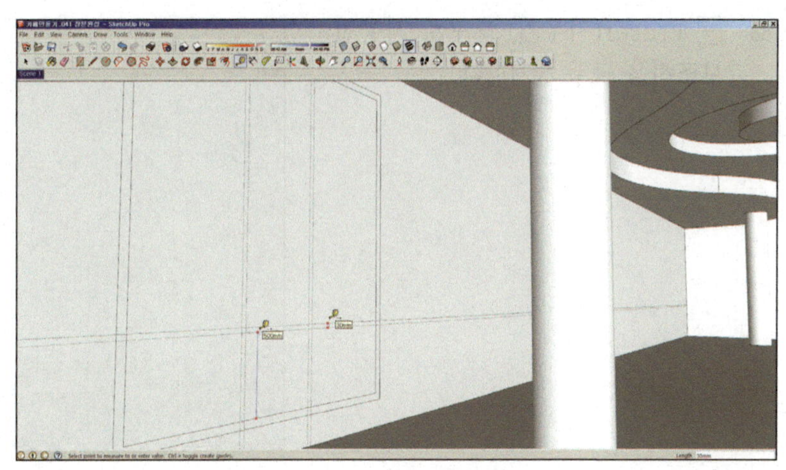

86 Line(선) 도구를 사용해서 보조선에 맞추어 그림과 같이 수직선을 그린다.

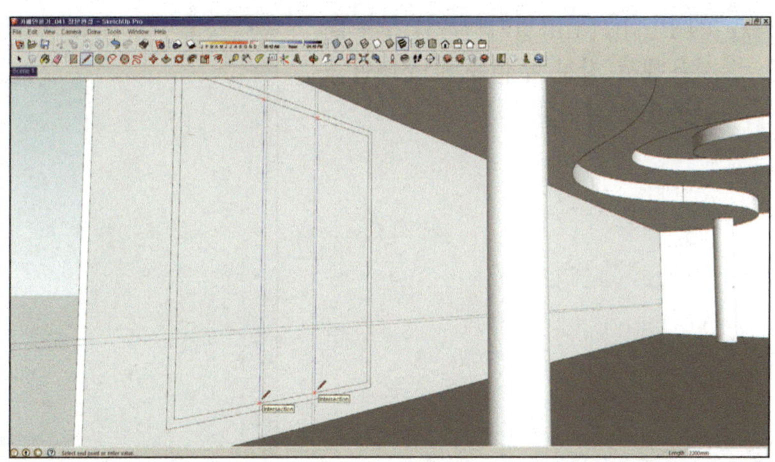

87 보조선에 맞추어 Rectangle(직사각형) 도구를 사용해서 사각형을 두 개 그린다.

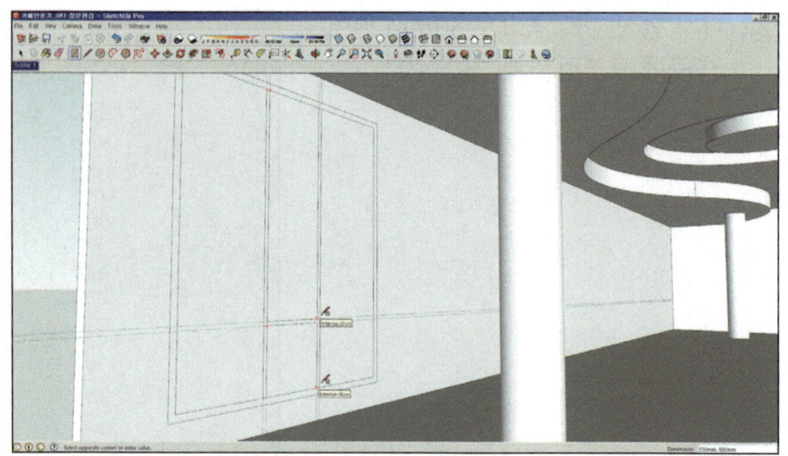

88 Eraser(지우기) 도구로 사용한 보조선을 모두 제거한다.

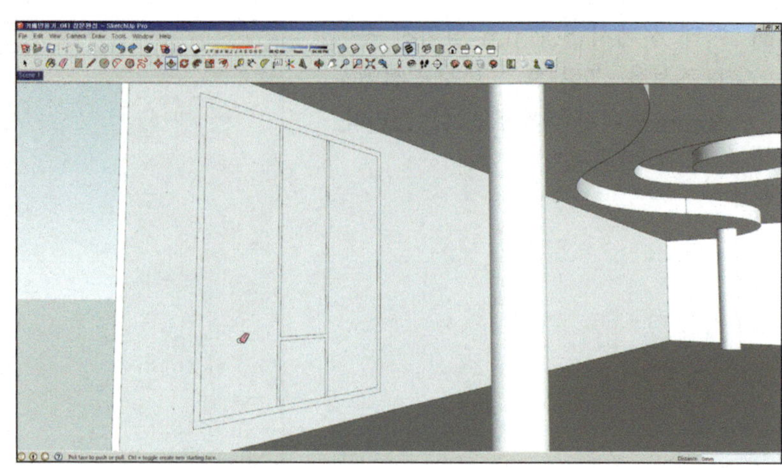

89 Push/Pull(밀기/끌기) 도구를 사용해서 창문 부분을 50mm만큼 안쪽으로 집어넣는다.

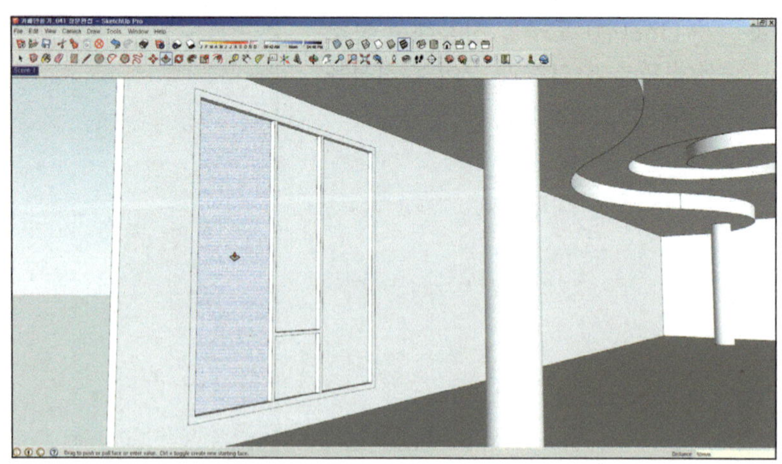

90 창틀 부분도 25mm만큼 집어넣는다.

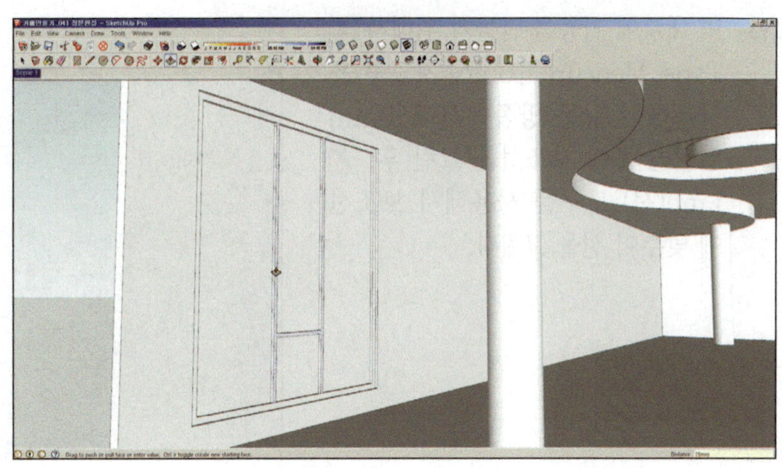

91 Paint Bucket(페인트통) 도구를 사용해서 창문 부분에 투명한 재질을 적용한다.

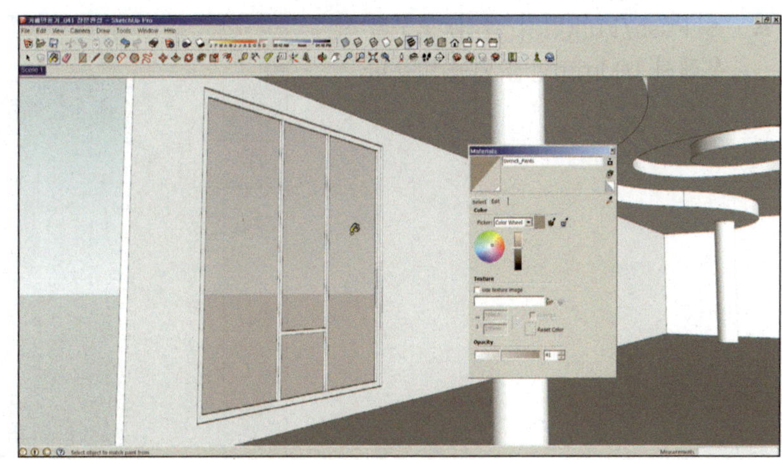

92 같은 방법으로(77~91번) 창문을 네 개 더 만든다. 창문과 창문의 간격은 1000mm이다.

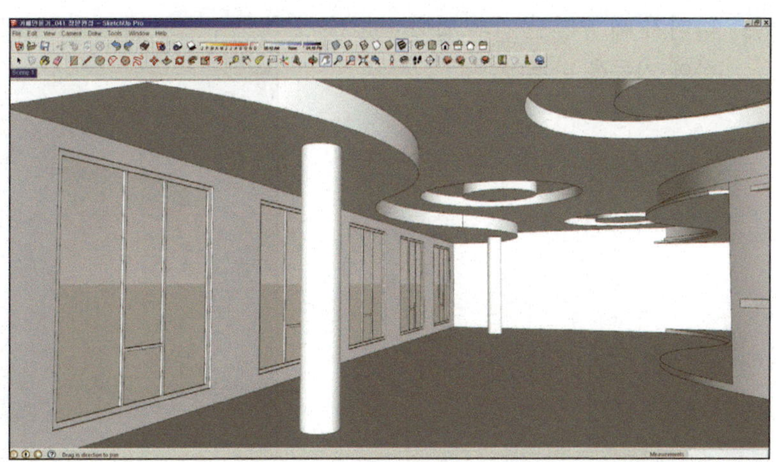

93 벽 내부에 기둥을 만들기 위해서 Tape Measure Tool(줄자도구)을 사용해서 창문 양쪽에서 250mm 떨어진 곳에 보조선을 그린 후, Line(선) 도구를 사용해서 보조선에 맞추어 선을 그린다.

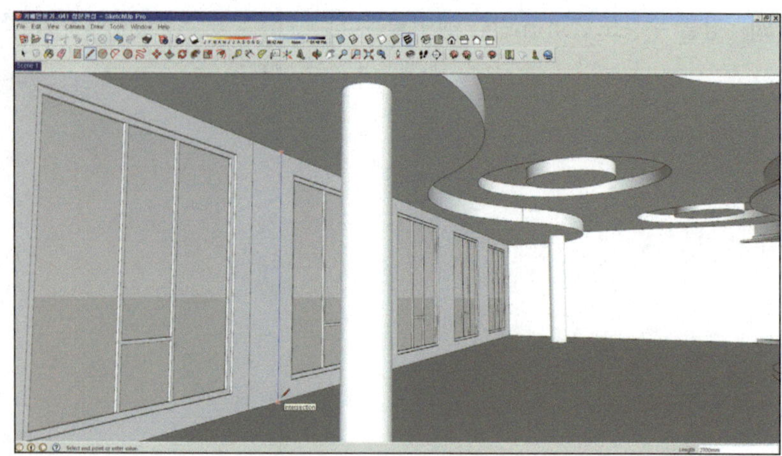

94 Push/Pull(밀기/끌기) 도구를 사용해서 100mm만큼 면을 만든다.

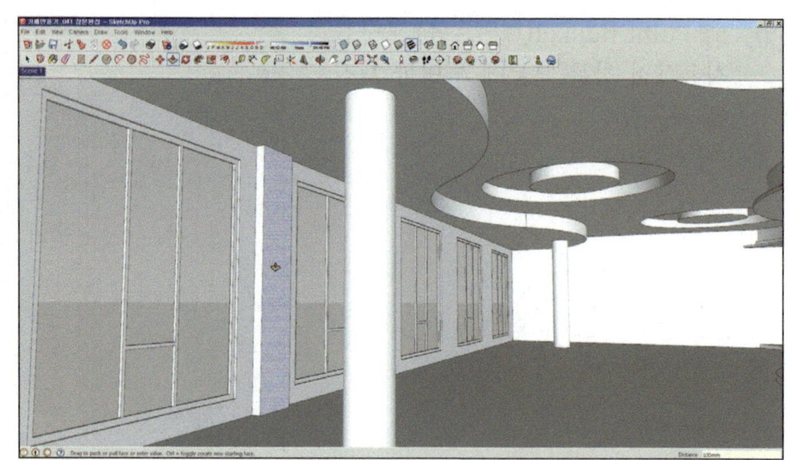

95 나머지 세 부분도 같은 방법으로 안쪽에 기둥을 만든다.

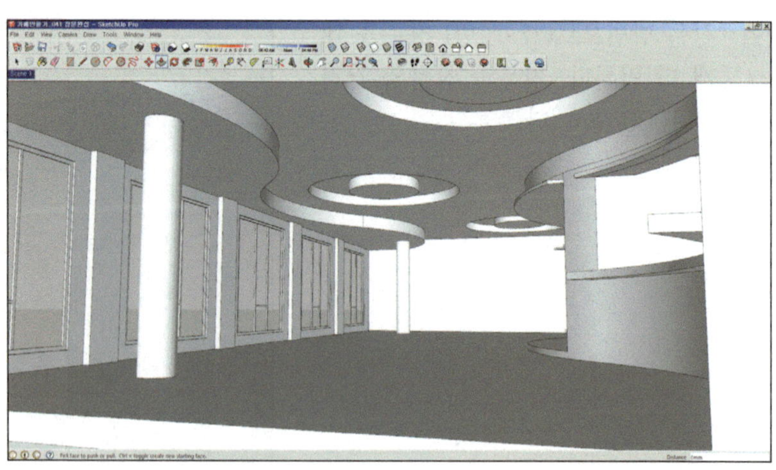

07 출입문 만들기

카페를 드나드는 출입문을 만들어보자.

96 반대쪽 면에 출입문을 만들어보자.

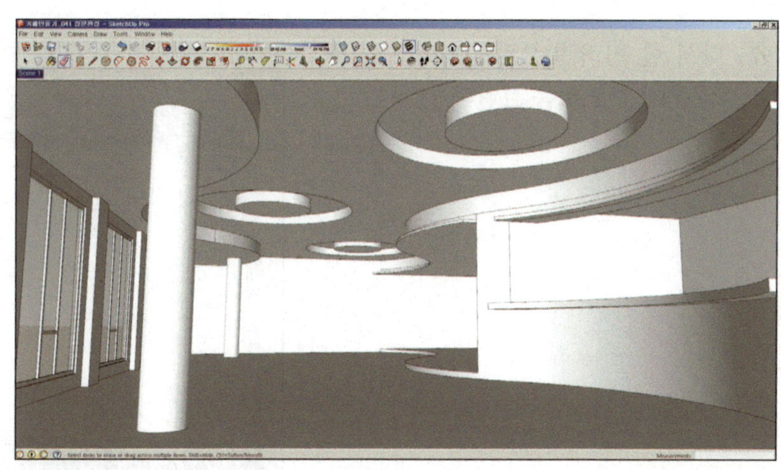

97 Tape Measure Tool(줄자도구)을 사용해서 왼쪽 모서리에서 3000mm 떨어진 곳에 보조선을 그린 후, 다시 그 보조선에서 1500mm 떨어진 곳에 보조선을 그린다.

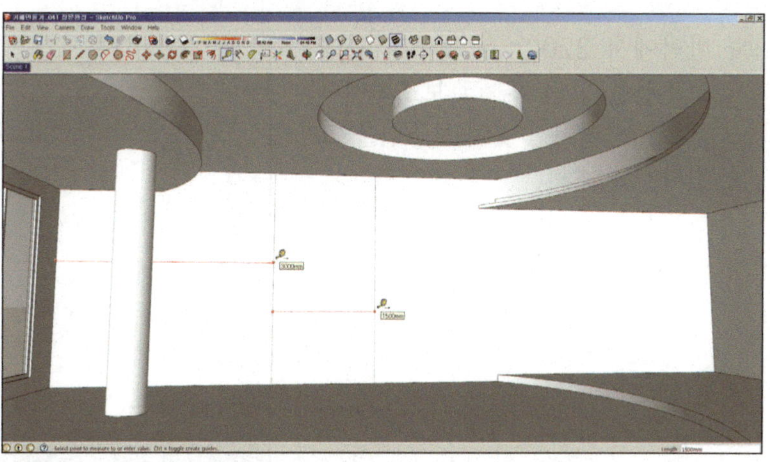

98 다시 보조선에서 양쪽으로 100mm 떨어진 곳에 보조선을 두 개 그린다.

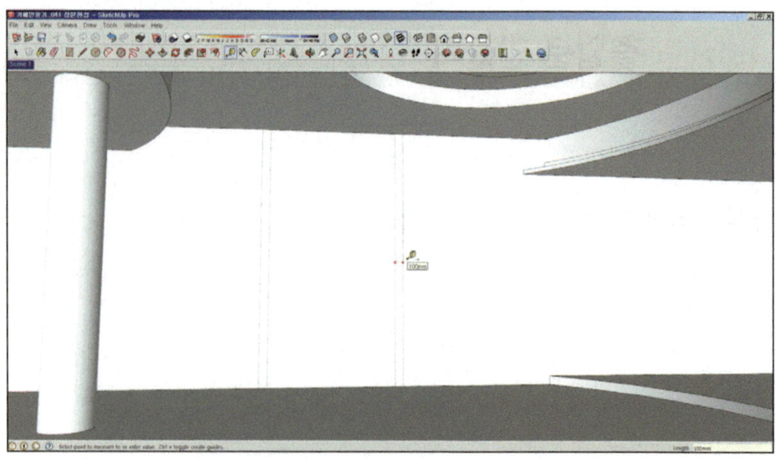

99 다시 한 번 양쪽으로 400mm 떨어진 곳에 보조선을 그린다.

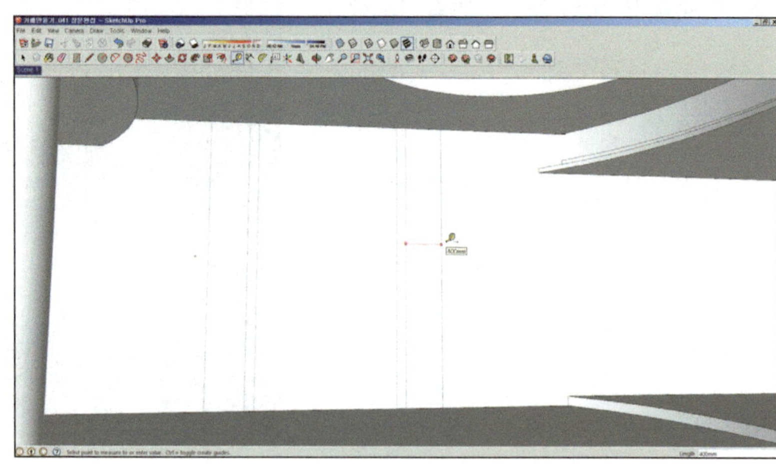

100 바닥에서 2200mm 떨어진 곳에 보조선을 그린 후, 그 보조선에서 100mm 떨어진 곳에 보조선을 그린다.

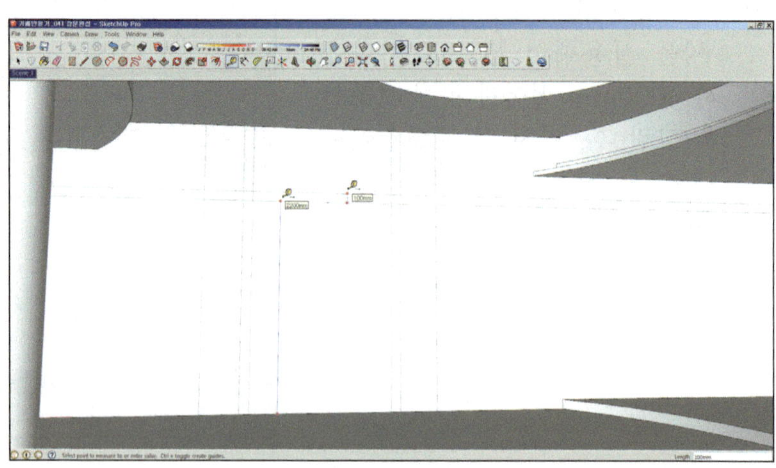

101 다시 300mm 떨어진 곳에 보조선을 그린 후, 그 보조선에서 100mm 떨어진 곳에 보조선을 그린다.

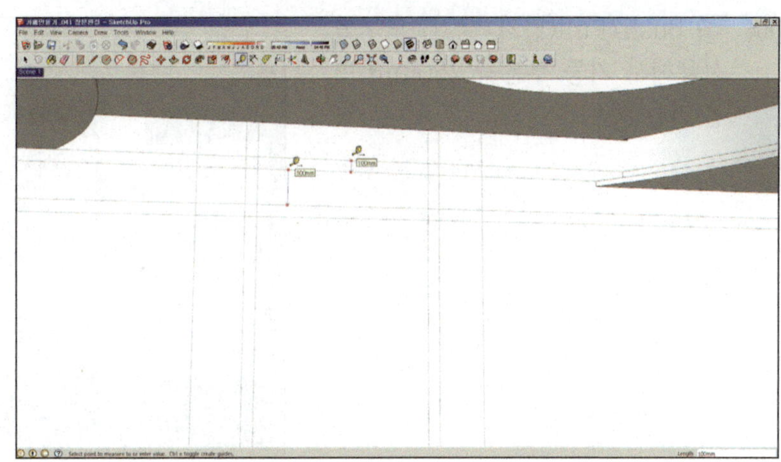

102 Rectangle(직사각형) 도구를 사용해서 그림과 같이 보조선에 맞추어 사각형을 그린다.

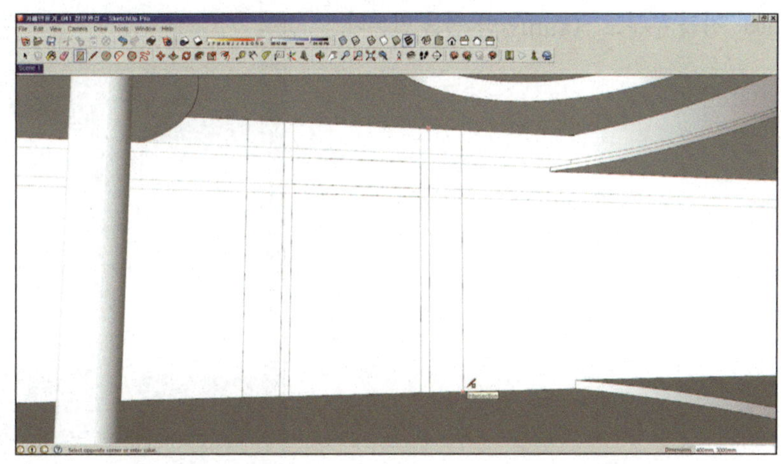

103 Line(선) 도구로 가로선을 그린 후, Eraser(지우기) 도구로 나머지 보조선을 모두 제거한다.

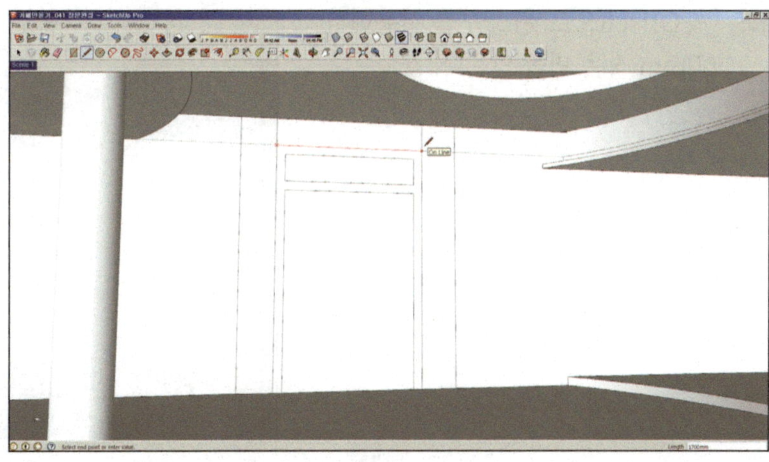

104 Push/Pull(밀기/끌기) 도구를 사용해서 기둥 부분을 250mm 면을 만든다.

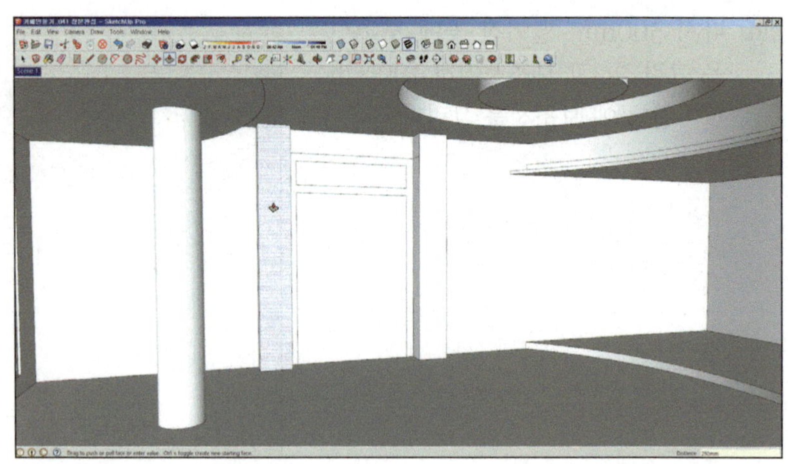

105 창틀 부분도 50mm만큼 면을 만든다.

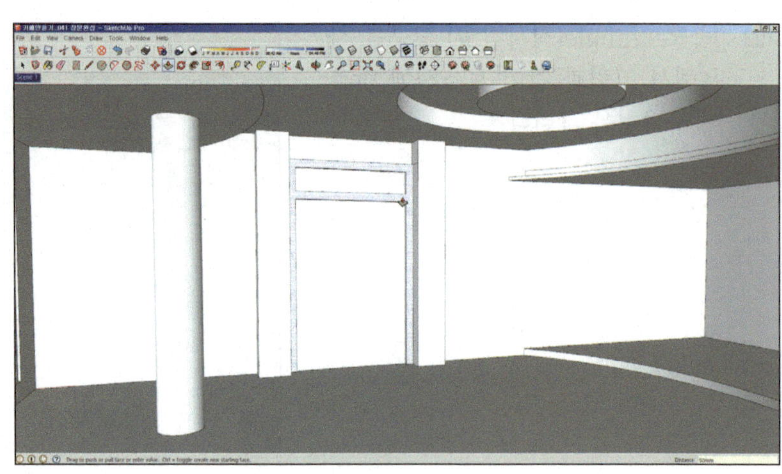

106 Offset(오프셋) 도구를 사용해서 60mm 작은 면을 만든다.

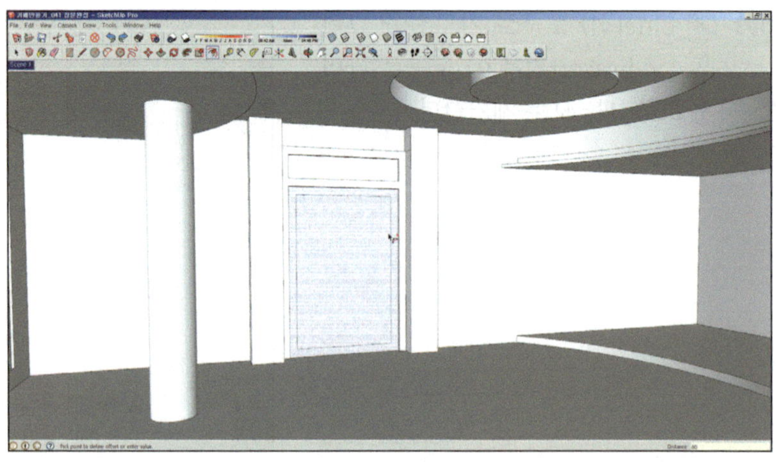

107 창문이 될 부분을 Push/Pull(밀기/끌기) 도구를 사용해서 면을 끝까지 밀어넣어 제거한다.

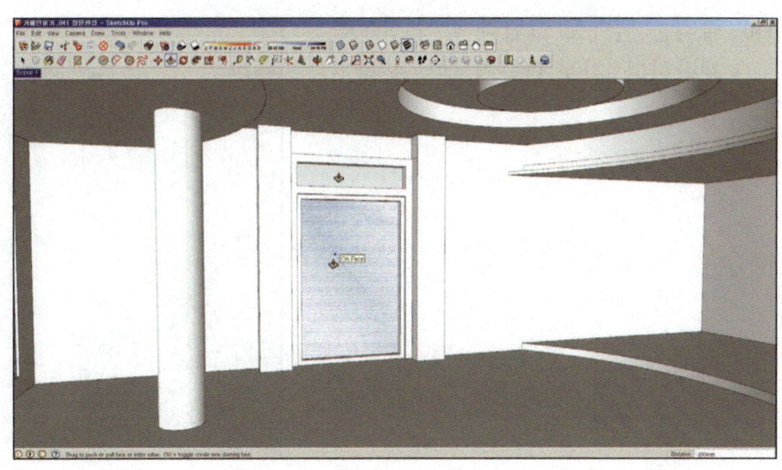

창문이 될 부분의 면을 제거하는 이유는 현재로는 창문의 두께가 벽면의 두께와 같기 때문에 너무 두껍다. 따라서 얇은 창문을 만들기 위해서 면을 제거한 것이다.

108 뒷부분으로 화면을 전환한 후 Rectangle(직사각형) 도구를 사용해서 뚫린 부분에 다시 사각형을 그린다.

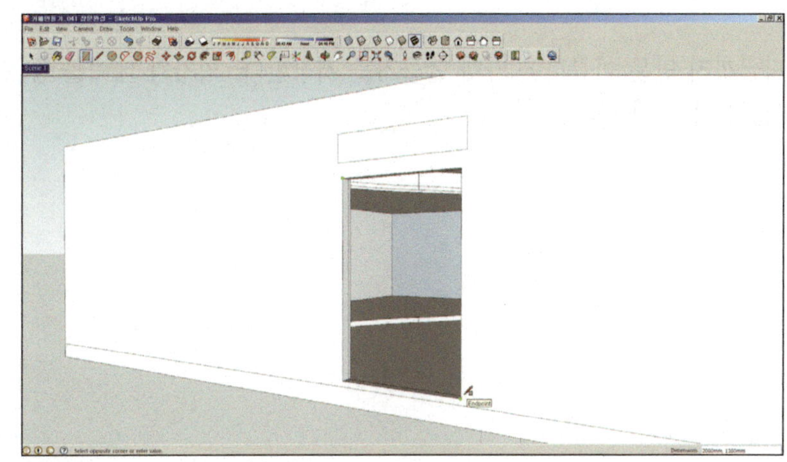

109 창문 부분에 Paint Bucket(페인트통) 도구를 사용해서 투명한 재질을 적용한다.

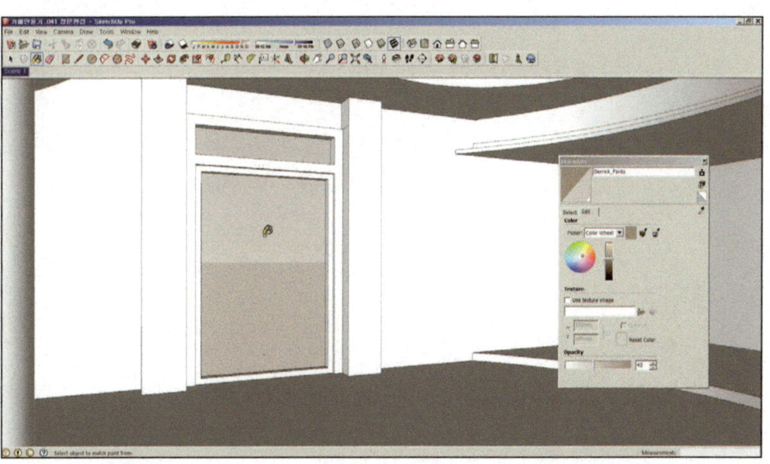

110 출입문 옆에도 그림과 같이 창문을 제작한다. 창문 만들기 부분을 참고한다.

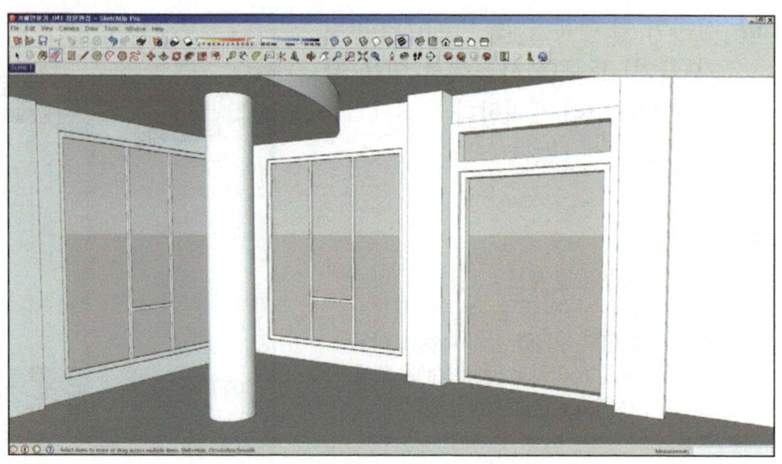

지금까지 만든 아름다운 카페 만들기를 저장한다. 의자와 테이블 등 인테리어 가구 만들기가 끝난 후, 의자와 테이블을 불러와 배치할 것이다.

08 인테리어 가구 만들기

인테리어 가구를 만들어보자.

3D Warehouse(이미지갤러리)를 이용해서 Components(구성요소)를 가져와 사용하면 쉽지만 SketchUp을 배우는 학생 및 독자들에게는 별로 좋지 않은 방법이다. 물론 Components(구성요소)가 편리한 것은 사실이지만 너무 Components(구성요소)를 의존하게 되면 자신의 모델링 실력이 좋아지지 않는다. 또한 Components(구성요소)가 무분별하게 업로드되고 있는 시점에서 잘못 만들어진 Components(구성요소)를 사용하면 벽에 붙지 않거나 스케일이 맞지 않는 경우가 많다. 따라서 필자는 될 수 있으면 Components(구성요소)를 불러와 사용하는 것보다 배우는 입장에서 자신이 원하는 오브젝트를 힘들더라도 규격에 맞게 직접 제작해보길 부탁드린다. 이렇게 만들어진 오브젝트는 자신만의 Components(구성요소)에 저장해서 사용할 수 있을 것이다. 이는 나중에는 자신의 자산이 될 것이며, 실무를 할 때 큰 도움이 될 것이다.

1) 의자 만들기

이제 카페에 들어갈 의자를 만들어보도록 하자. 의자를 만든 후 Components(구성요소)로 저장을 해서 언제든지 불러와 사용할 수 있도록 할 것이다.

111 새로운 창을 열어서 Front View(전방)에서 (450, 600)인 사각형을 만든다.

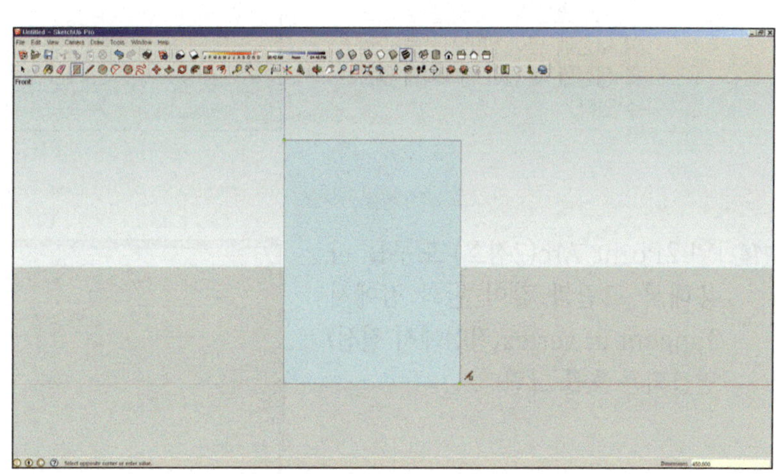

지금까지 시작을 Top View(맨 위)에서 시작했다면 의자 만들기는 Front View(전방)에서 시작한다. 이유는 의자의 옆 모습을 먼저 만든 후 면을 생성할 것이기 때문이다.

112 Tape Measure Tool(줄자도구)을 사용해서 왼쪽 모서리에서 70mm, 그 보조선에서 35mm, 오른쪽 모서리에서 100mm, 위 모서리에서 100mm, 아래 모서리에서 300mm 떨어진 곳에 보조선을 그린다.

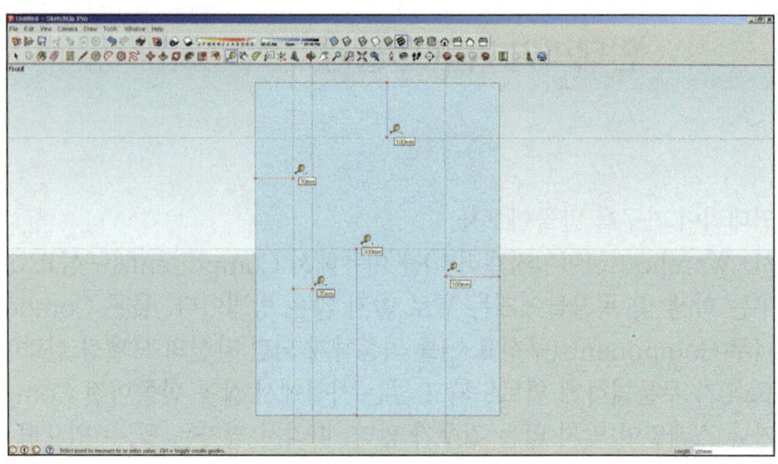

113 Circle(원) 도구로 보조선의 교차점에서 원을 세 개 그린다. 작은 원의 반지름은 20mm, 큰 원의 반지름은 35mm이다.

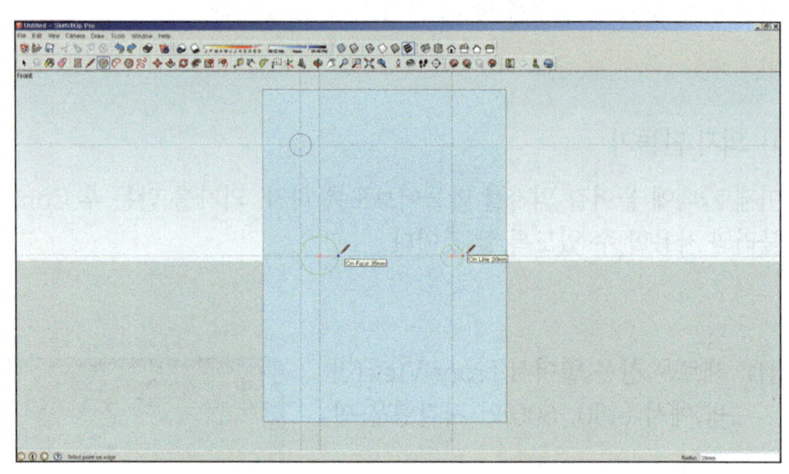

원을 그릴 때 Sides(측면) 값을 16으로 한다. Sides(측면) 값을 높이면 원은 부드러워질 수 있으나 나중에 면이 많아지므로 다리를 생성할 때 면이 선택되지 않을 수 있다.

114 2Point Arc(2점호) 도구를 사용해서 그림과 같이 원의 점에서 Tangent at vertex(정점에서 접선) 연결되는 호를 그린다.

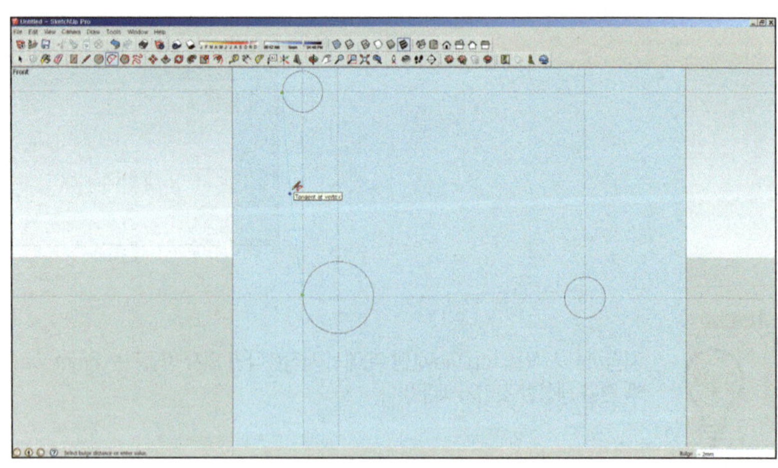

115 계속해서 2Point Arc(2점호) 도구를 사용해서 원끼리 Tangent at vertex(정점에서 접선)되게 그려 의자의 모양을 만든다.

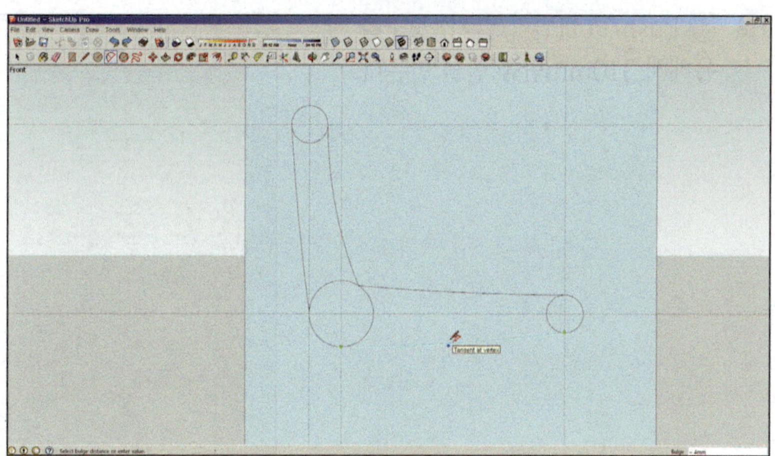

116 Eraser(지우기) 도구로 사용해서 원의 안쪽의 선들을 제거해 외곽선만 남긴다.

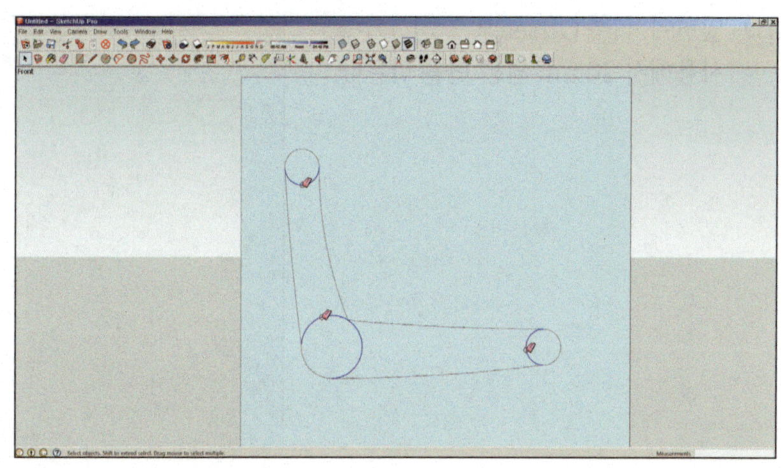

117 의자 모양만 남기고 나머지 모서리도 제거한다.

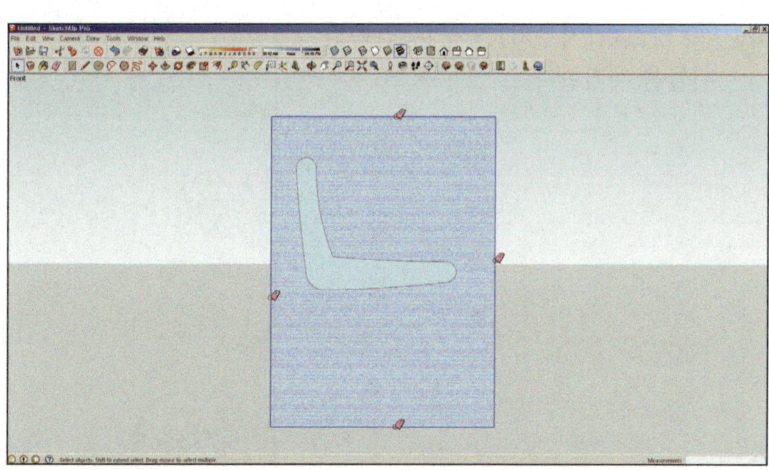

118 Push/Pull(밀기/끌기) 도구를 사용해서 310mm만큼 면을 만든다.

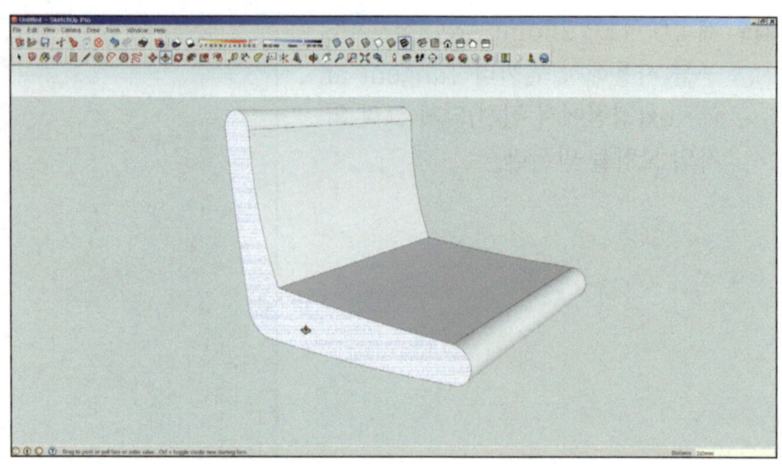

119 옆면에서 Offset(오프셋) 도구를 사용해서 20mm 넓은 면을 만든다.

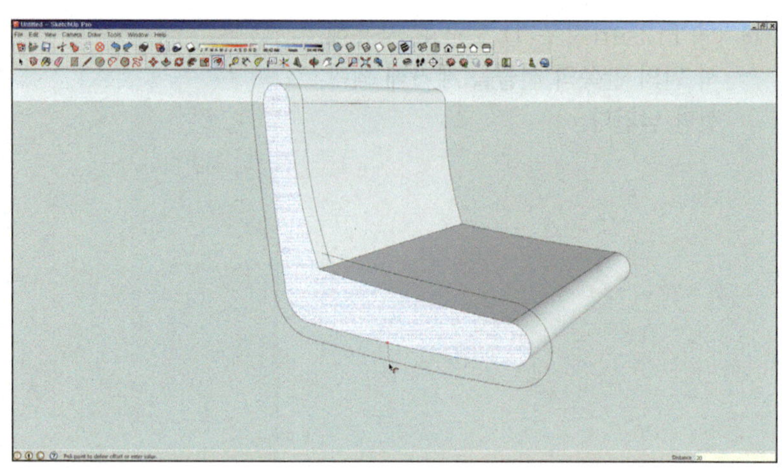

120 Eraser(지우기) 도구로 안쪽의 선들을 제거한다.

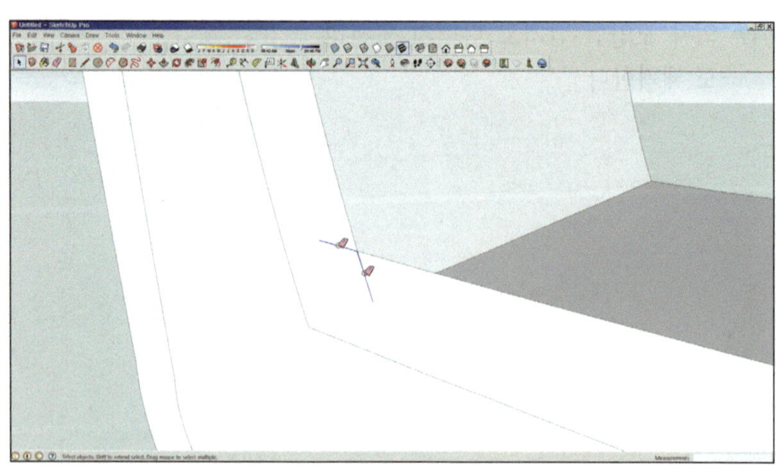

121 Push/Pull(밀기/끌기) 도구를 사용해서 50mm만큼 면을 만든다.

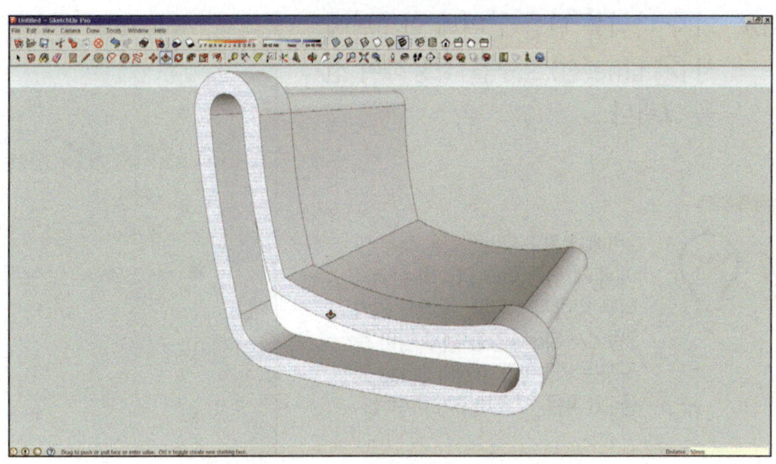

122 안쪽 면도 35mm만큼 면을 만든다.

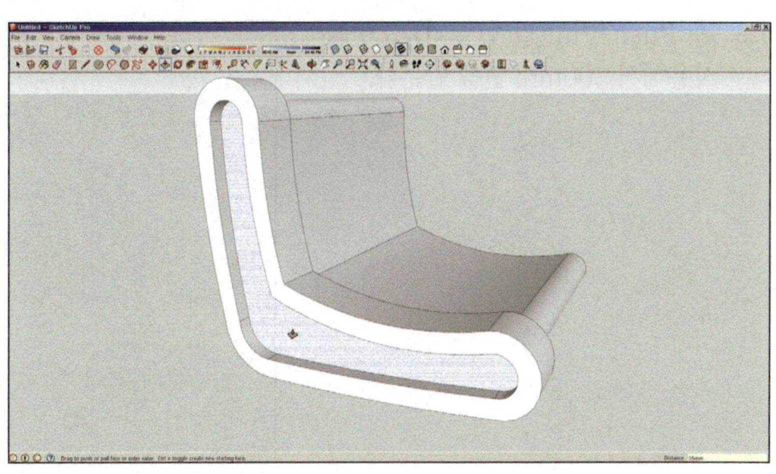

123 반대쪽도 같은 방법으로(119~122번) 만든다.

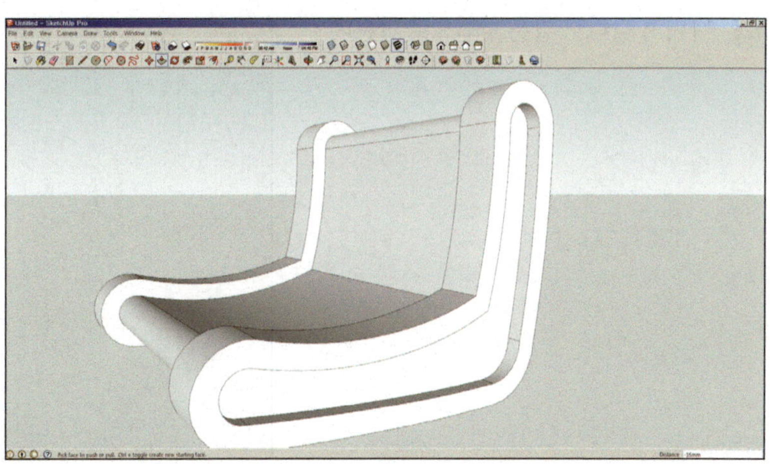

124 의자 다리를 만들기 위해 아랫면에서 Line(선) 도구를 사용하여 선을 그린다.

3번에서 원의 Sides 값을 너무 많이 주게 되면 이때 다리의 굵기나 너무 얇아지게 된다. 따라서 만약 3번에서 Sides 값을 너무 많이 준 독자는 되돌아가서 원의 Sides 값을 16 혹은 12로 바꾸기 바란다.

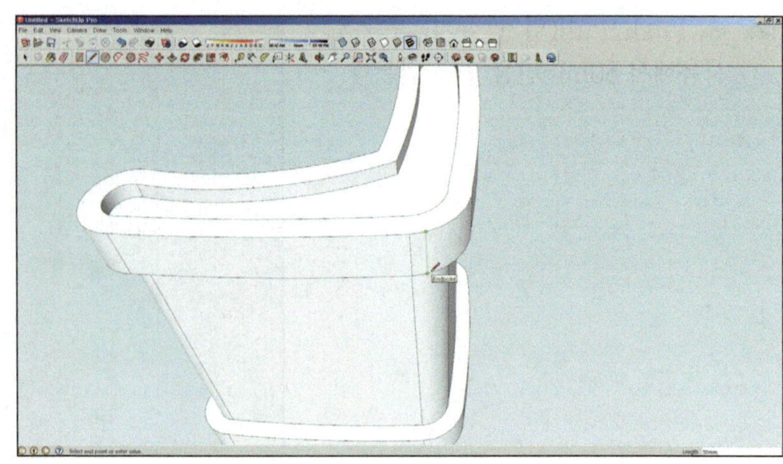

125 Push/Pull(밀기/끌기) 도구를 사용해서 300mm 면을 만든다.

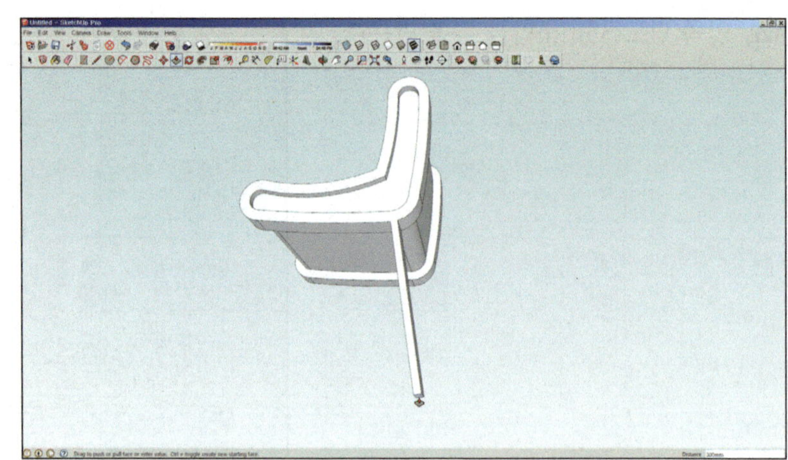

126 나머지 다리도 같은 방법으로 만든다.

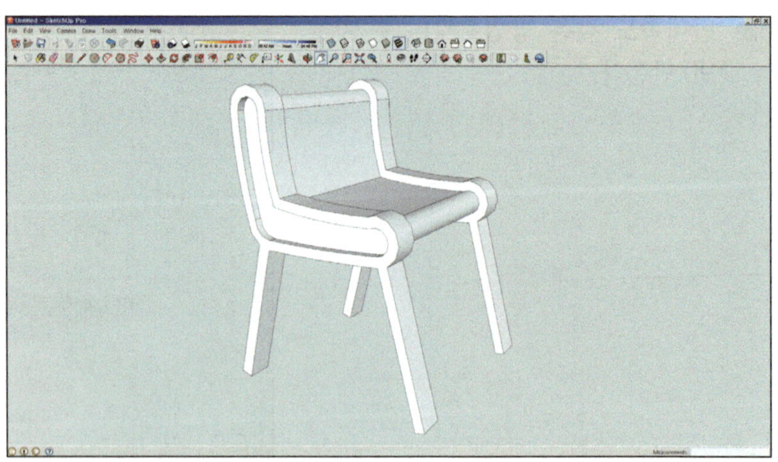

127 다리의 밑면이 지면과 평행하도록 만들기 위해서 그림과 같이 다리의 모서리에서 Red축 방향으로 선을 그린다.

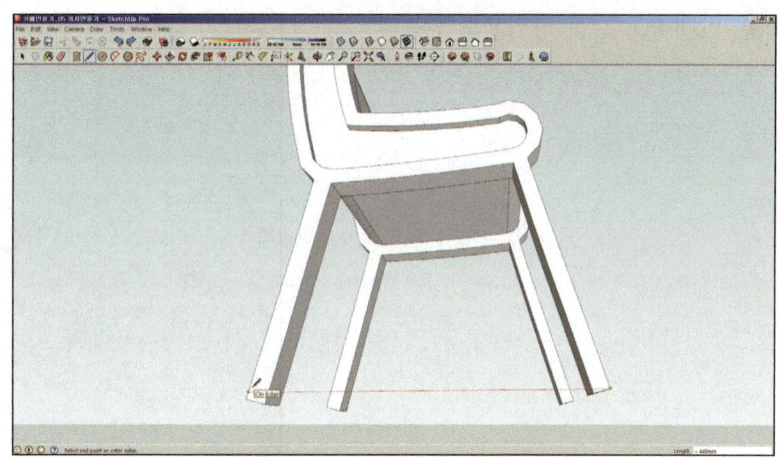

128 아랫부분을 Push/Pull(밀기/끌기) 도구를 사용해서 면을 없앤다.

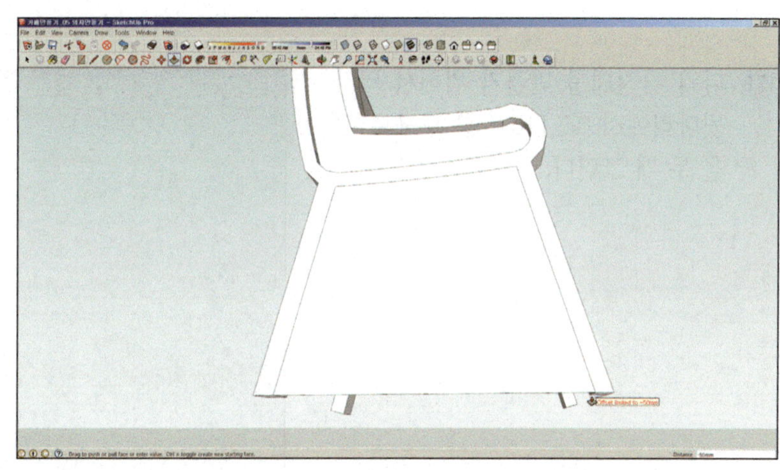

129 Eraser(지우기) 도구로 아래 모서리를 제거한다.

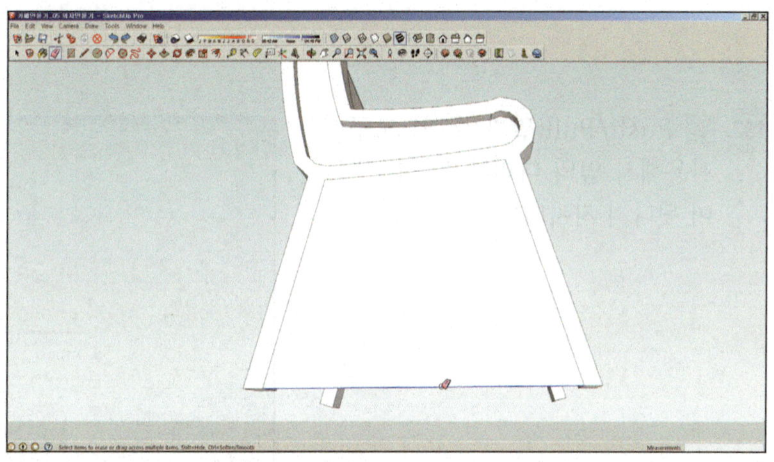

130 반대쪽도 같은 방법으로 만든다.

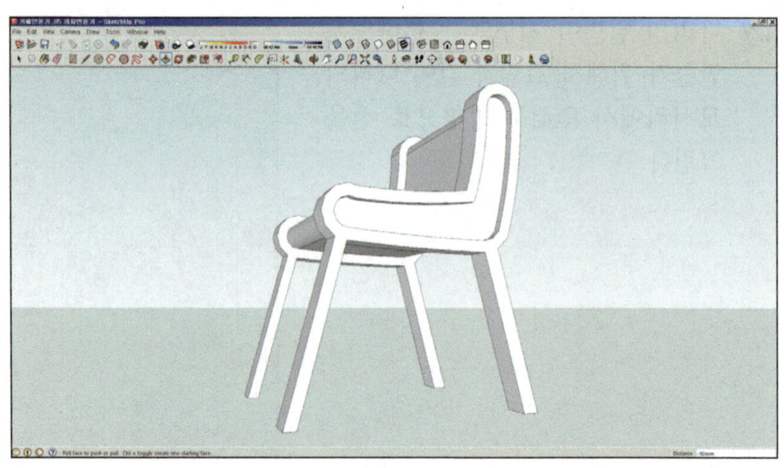

131 다리 지지대를 만들기 위해서 의자 뒷다리에서 Line(선) 도구로 선을 두 개 그린다.

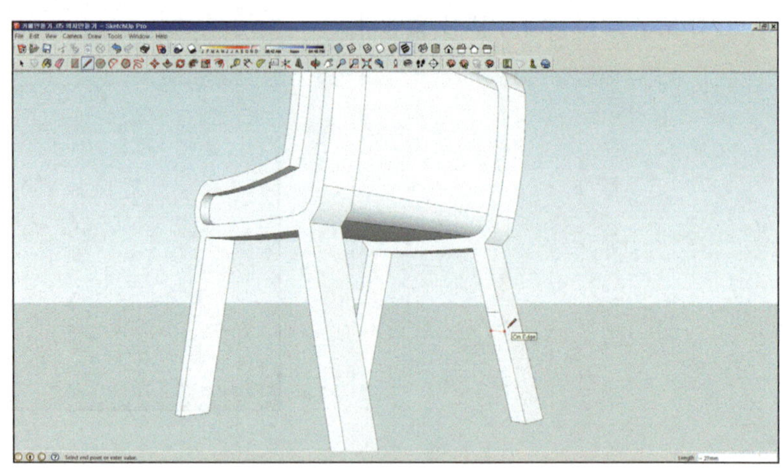

132 Push/Pull(밀기/끌기) 도구를 사용해서 옆의 다리까지 면을 만들어 뒷다리 지지대를 완성한다.

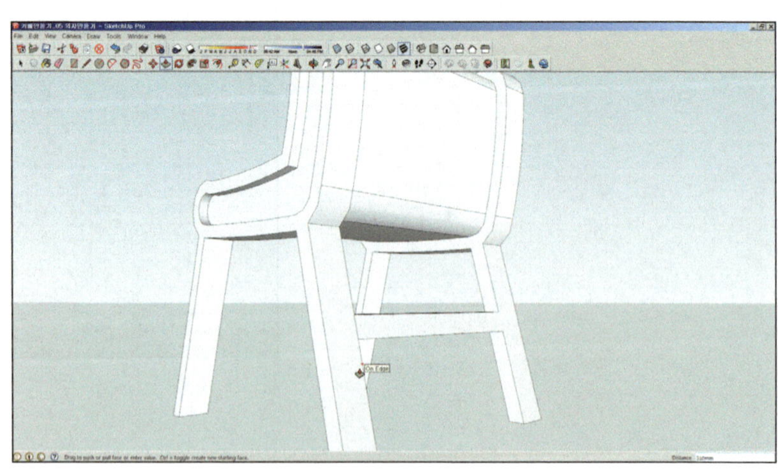

133 의자를 컴포넌트로 저장해보자. 의자를 전체 선택한 후 오른쪽 마우스를 클릭해서 Make Component(구성요소 만들기)를 선택한다.

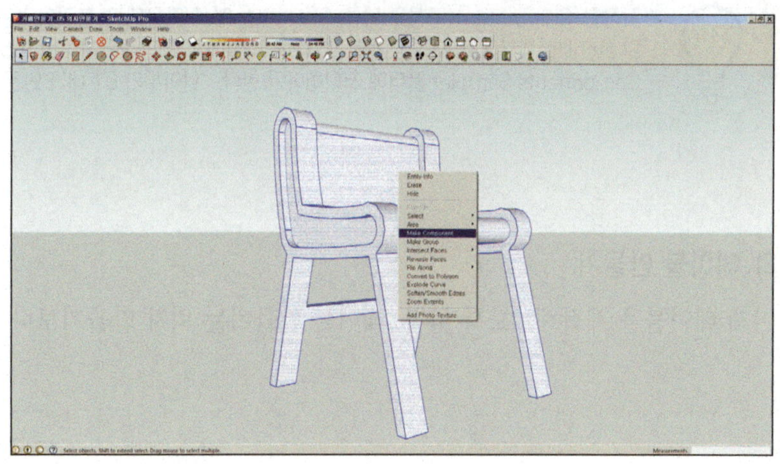

134 Create Components(구성요소 만들기) 창에서 Name(이름)과 Description(설명)을 넣고 Glue to(연결 댐) 부분을 Any(모두)로 바꾼 후, Create(만들기) 버튼을 클릭한다.

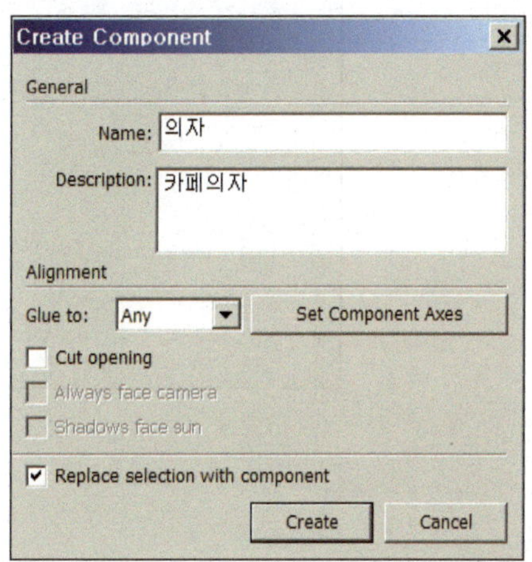

135 의자가 Component(구성요소)로 저장된 모습이다.

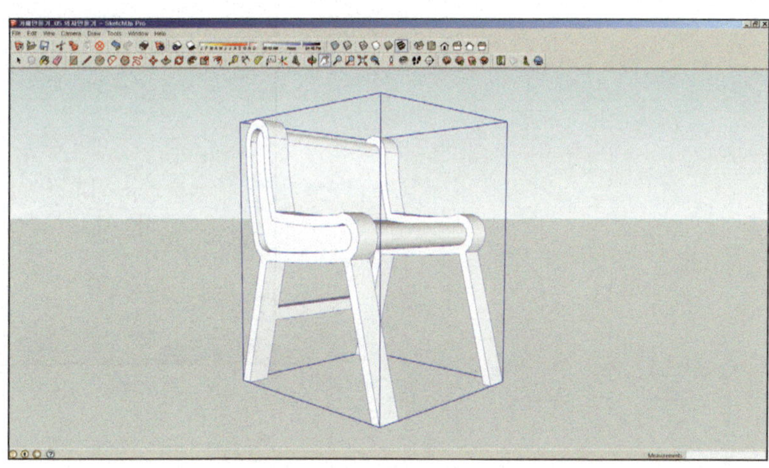

저장한 Component(구성요소)를 SketchUp에서 마음대로 불러오려면 컴퓨터에 저장해두어야 한다. 위에서 저장한 것은 SketchUp 내부에서 저장한 것이고, 다른 파일에서도 언제든지 Component(구성요소)를 불러오려면 SketchUp 파일 내의 Components Sampler 폴더에 저장해야만 한다. "알아두기 07 내가 만든 창문 컴포넌트로 저장하기" 부분을 참고하면 된다.

2) 테이블 만들기

이제 테이블을 제작해보도록 하자. 테이블 만들기는 의자 만들기보다 쉬워서 무난히 만들 수 있을 것이다.

136 새로운 창을 열고 Rectangle(직사각형) 도구를 사용해서 (900, 650)인 사각형을 그린다.

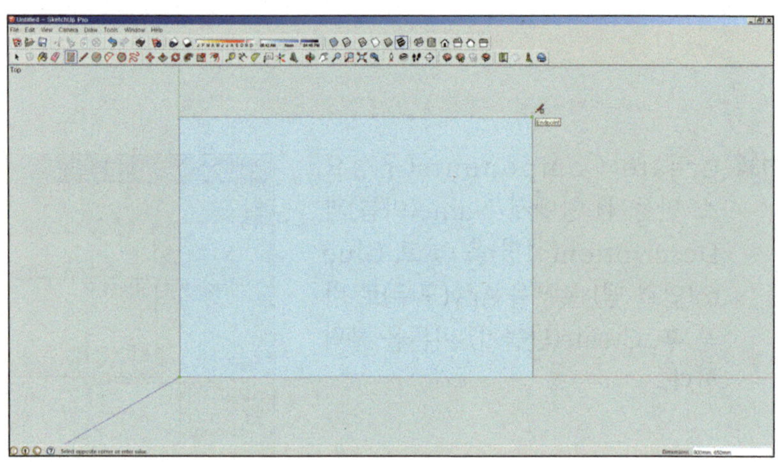

137 Push/Pull(밀기/끌기) 도구를 사용해서 25mm인 면을 만든다.

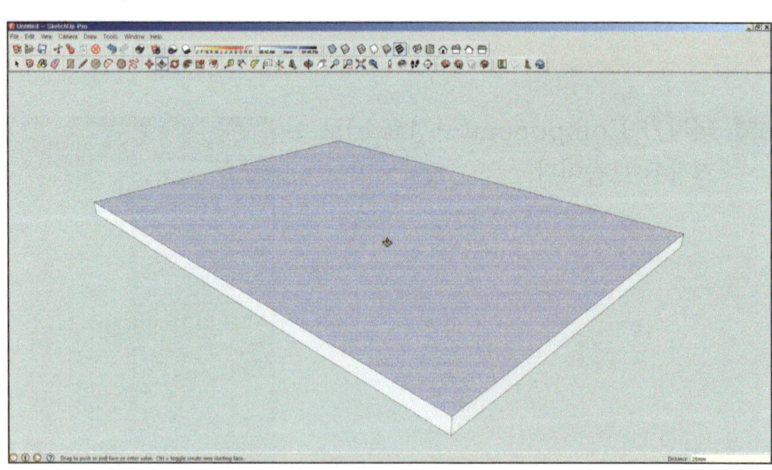

138 테이블을 전체 선택하고 Move(이동) 도구를 사용해서 Blue축 방향으로 700mm 이동한다.

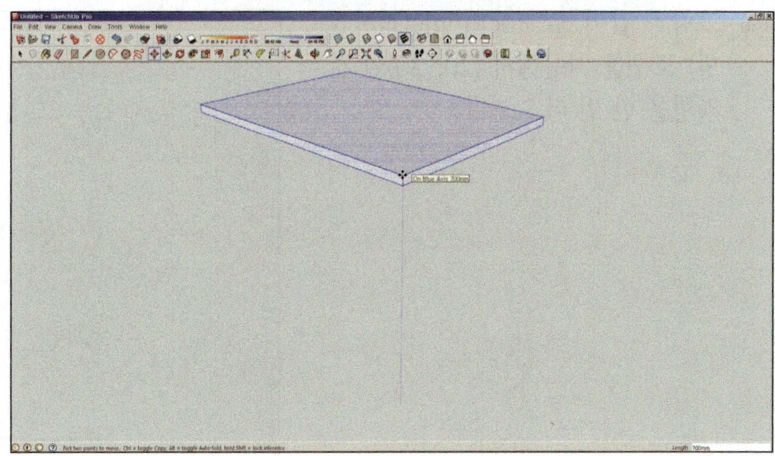

Blue축 방향으로 700mm 이동한 이유는 테이블의 윗면이 지면으로부터 700mm 떨어져 있기 때문이다. 맨 처음 사각형을 그리게 되면 지면에 붙게 되는데 그렇게 되면 다리를 생성했을 때 지면 아래로 만들어지게 된다. 물론 컴포넌트로 저장한 후 불러오게 되면 다리가 지면 아래로 삐어있더라도 상관없지만 그래도 정확하게 만들어주는 것이 바람직하다. 다리를 700mm로 생성하면 다리의 맨 끝이 지면에 붙는다.

139 바닥 면에 Rectangle(직사각형) 도구를 사용해서 (35, 35)인 사각형을 그린다.

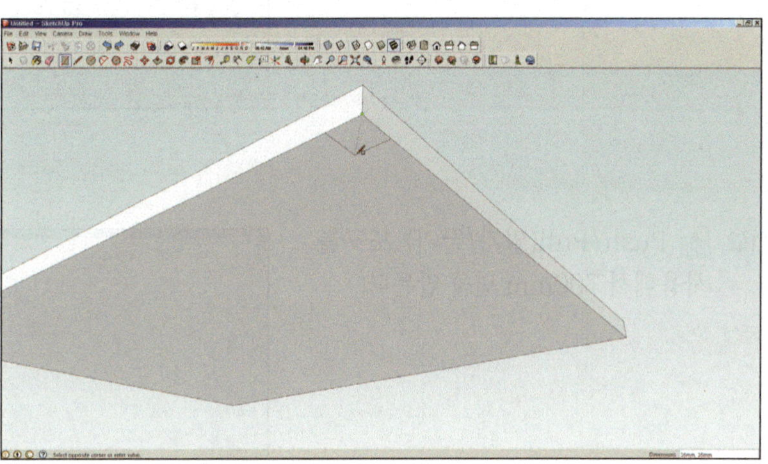

140 그림과 같이 Rectangle(직사각형) 도구를 사용해서 (20, 20)인 사각형을 한 번 더 그린다.

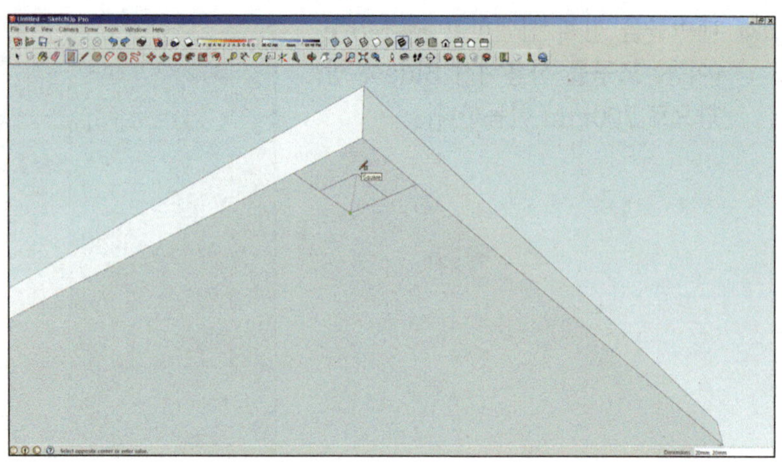

141 Eraser(지우기) 도구로 선을 제거한다.

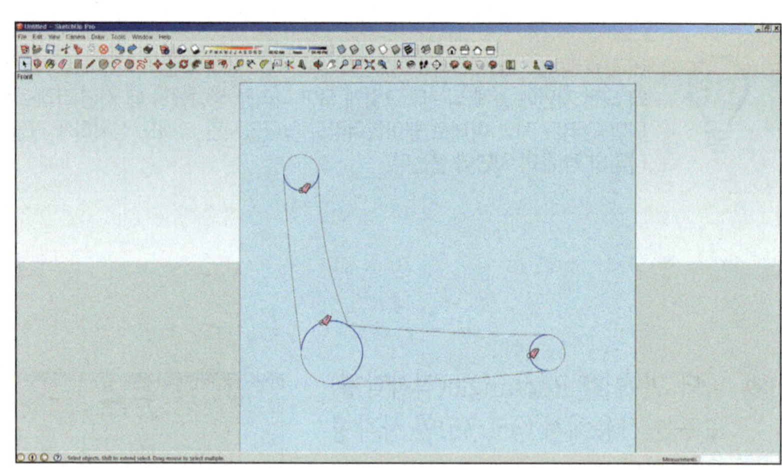

142 Push/Pull(밀기/끌기) 도구를 사용해서 700mm 면을 만든다.

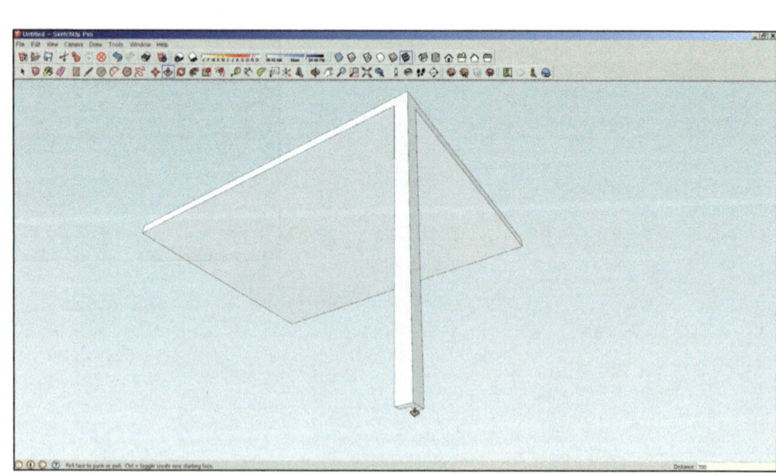

143 나머지 세 개의 다리 모두 같은 방법으로 만든다.

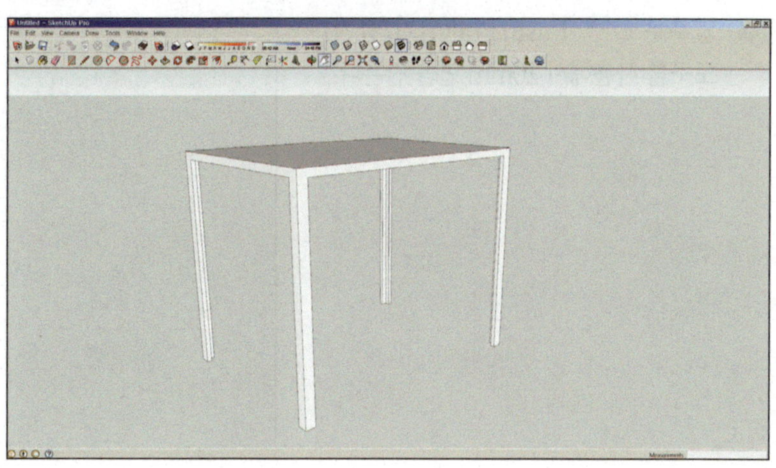

144 테이블 상판을 만들기 위해서 Offset(오프셋) 도구를 사용해서 15mm 큰 면을 만든다.

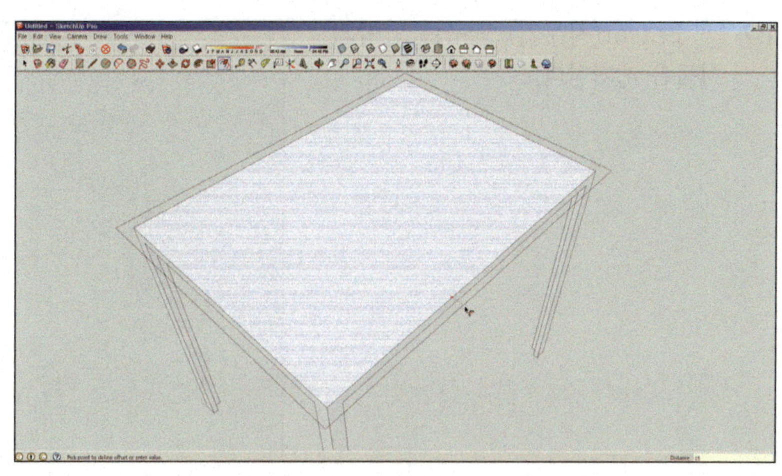

145 Push/Pull(밀기/끌기) 도구를 사용해서 Ctrl 키를 누른 후 위로 20mm만큼 면을 만든다.

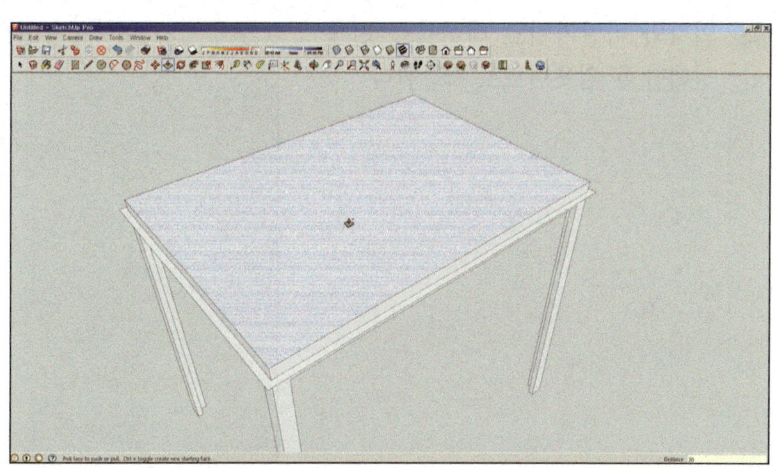

146 옆부분도 Push/Pull(밀기/끌기) 도구를 사용해서 20mm 면을 만든다.

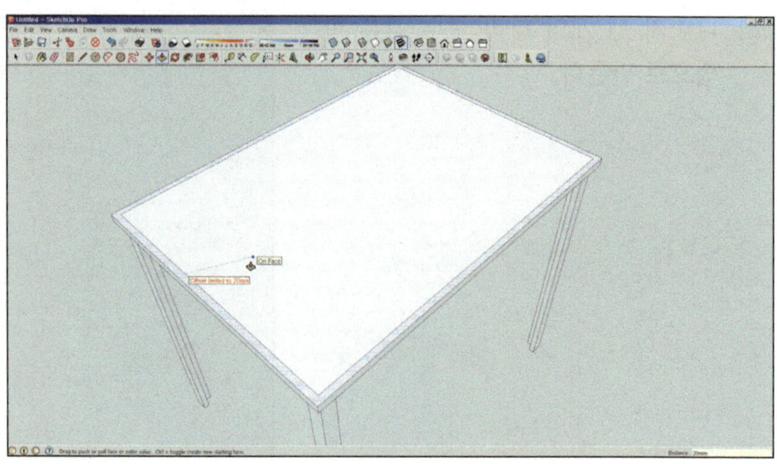

147 Eraser(지우기) 도구로 안쪽의 선들을 제거한다.

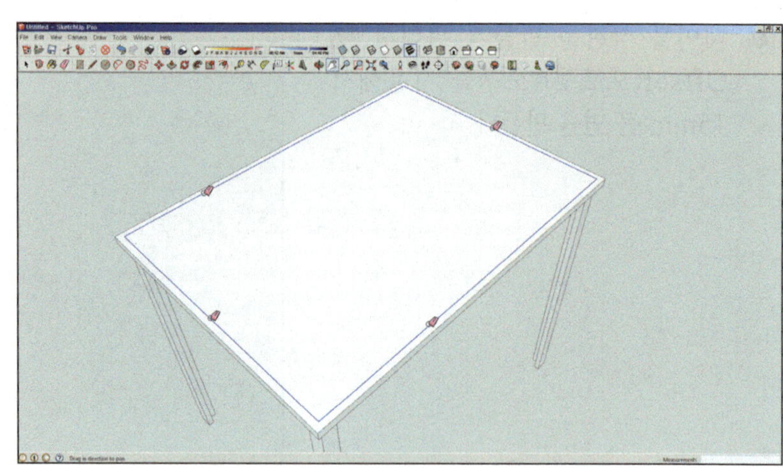

148 의자와 마찬가지로 테이블을 전체 선택한 후 컴포넌트로 저장한다.

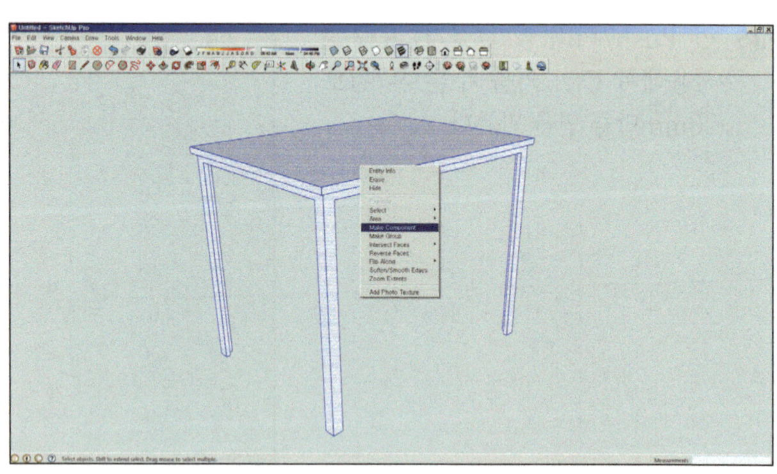

149 Circle(원) 도구를 이용해서 그림과 같이 테이블 바 의자도 직접 제작한 후 컴포넌트로 저장한다.

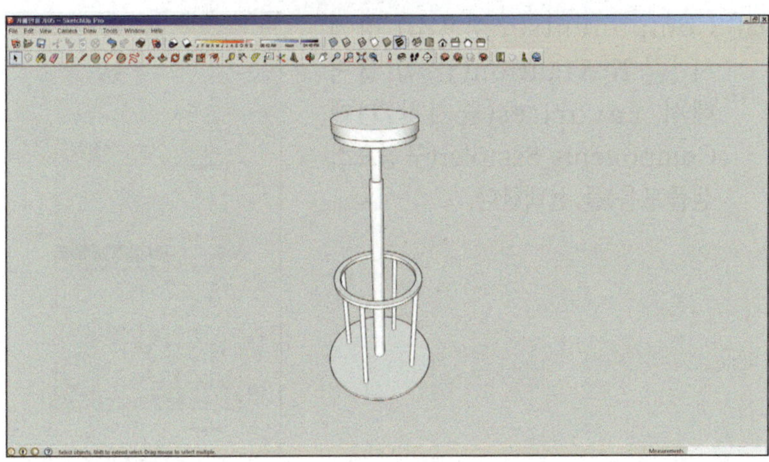

09 저장된 의자, 테이블 컴포넌트 불러와 배치하기

앞에서 만든 카페 파일에서 의자와 테이블 컴포넌트를 불러와 배치해보도록 하자.

150 카페 만들기 파일을 불러온 후, 의자와 테이블을 불러오기 위해서 메뉴에서 Window(창) > Components(구성요소)를 선택해서 Components(구성요소) 창을 연다.

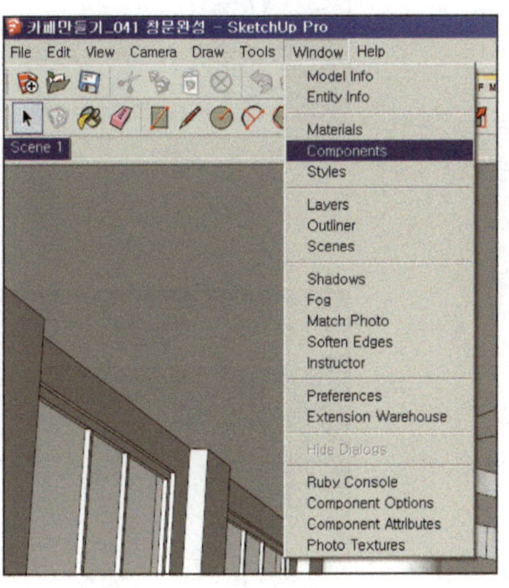

의자와 테이블은 컴포넌트로 저장한 후 반드시 C:/Program Files(x86)/SketchUp/SketchUp 2019/Components/Components Sampler 안에 저장되어 있어야 한다.
"알아두기 07 내가 만든 창문 컴포넌트로 저장하기" 부분을 참고하길 바란다.

151 Components(구성요소) 창에서 Navigation(탐색) 클릭해서 Favorites(즐겨찾기)에 Components Sampler(구성요소 샘플모음)를 선택한다.

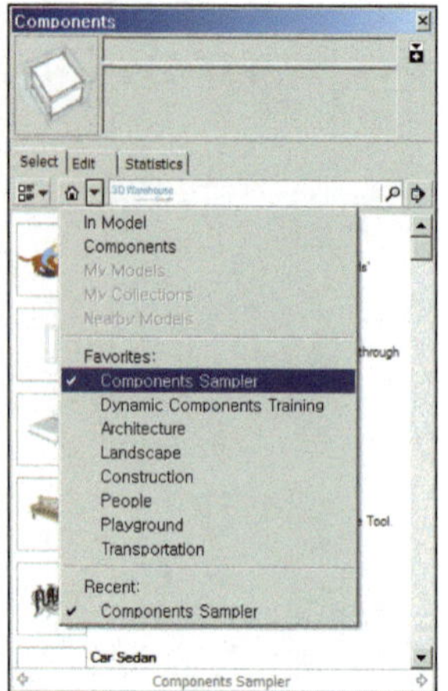

152 저장된 의자 컴포넌트를 선택해서 뷰포트로 가져온다.

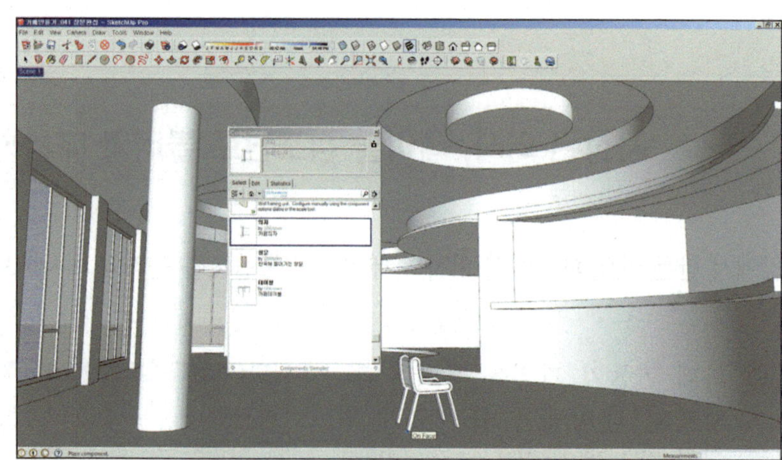

153 테이블도 가져온다.

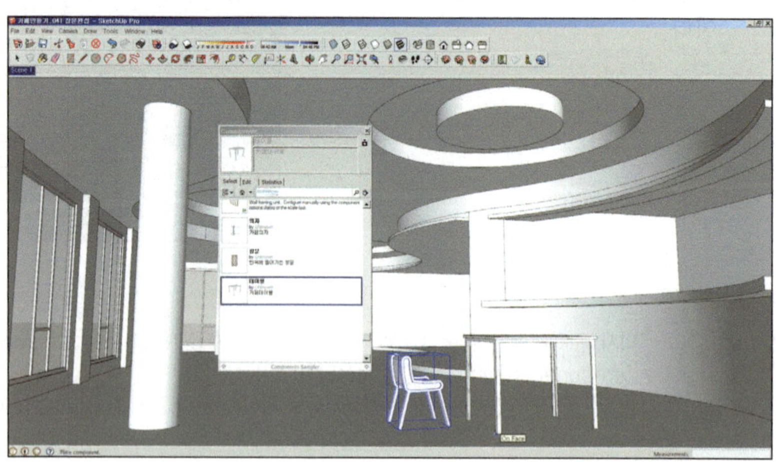

154 테이블과 의자를 복사해서 그림과 같이 배치한다. 테이블 바의 의자도 Components(구성요소)를 이용해서 가져온 후 배치한다. 옆의 그림은 Section Plane(단면) 도구로 본 모습이다.

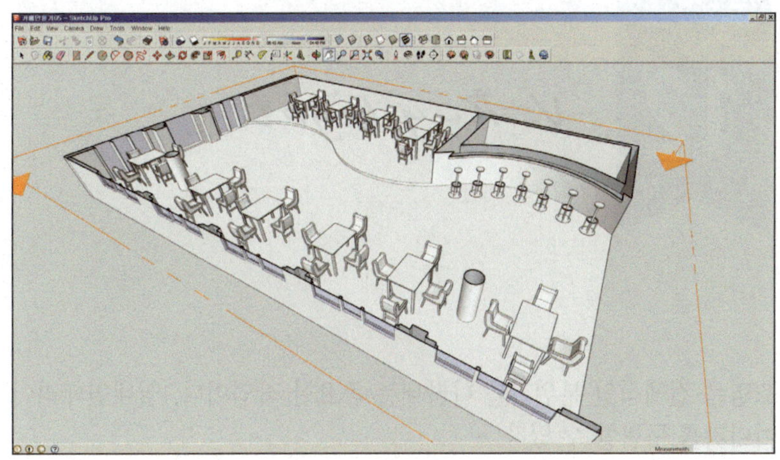

155 선이 아름다운 카페 모델링이 완성되었다. Scene(장면)을 하나 만들어서 다음과 같은 View(뷰)를 저장한다. 또한 Components(구성요소)를 이용해서 와인 진열장 등을 만들어 좀 더 사실적으로 완성해본다.

지금까지 인테리어 부분의 카페를 제작하였다. 이제 마지막 알아두기 12 부분에서 지금까지 만든 카페인테리어를 V-Ray 랜더러를 통해서 반사 재질 및 조명(발광체)를 표현하는 방법에 대해서 다루도록 하겠다.

V-Ray Light

조명은 전체적인 분위기를 나타내는 중요한 작업이다. 실내인테리어 작업 시 조명을 잘 적용하면 더욱 사실적인 이미지를 구현할 수 있다.

지금부터 인테리어를 하나 불러와서 조명을 설치해서 밝기를 조절해보자.

V-Ray Light에는 총 8가지가 있다.

- Plane Light(평면 조명)
- Sphere Light(구조 명)
- Spot Light(스포트라이트)
- IES Light(실내 조명)
- Omni Light(확장 조명)
- Dome Light(돔 조명)
- Mesh Light(Mesh 조명)
- Adjust Light Intensity(강도 조절 조명)

1 카페.skp 파일을 불러온다.

2 Render(랜더실행기)를 실행하면 발광효과 및 반사효과가 적용된 것을 알 수 있다. 하지만 전체적인 밝기가 너무 어둡다. V-Ray Light를 설치해서 밝기를 조절해보자.

3 조명을 설치하기 위해서 화면 뷰를 Front View로 전환한다. 조명을 앞쪽에 설치할 것이다.

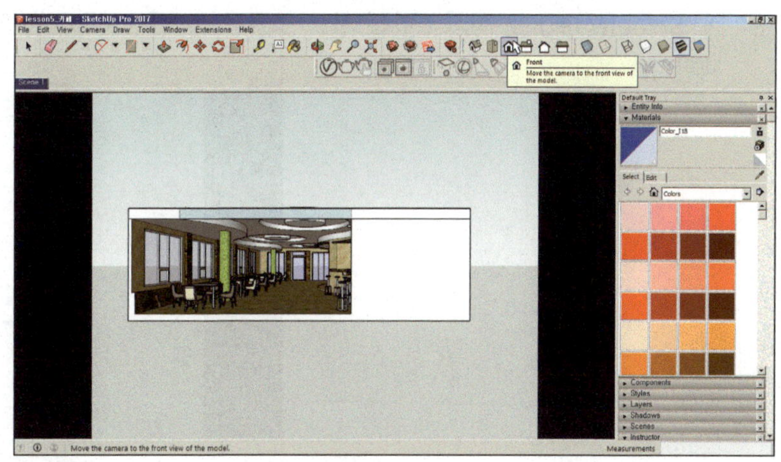

4 Plane Light를 선택한다.

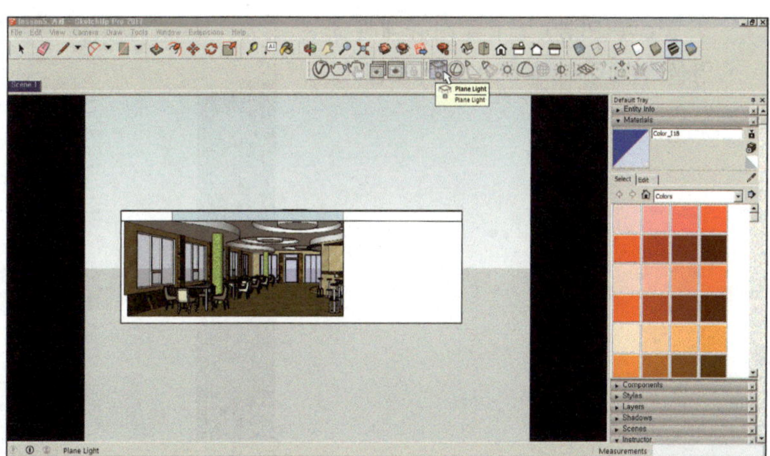

5 인테리어 전체를 덮을 정도 크기의 조명을 그린다.

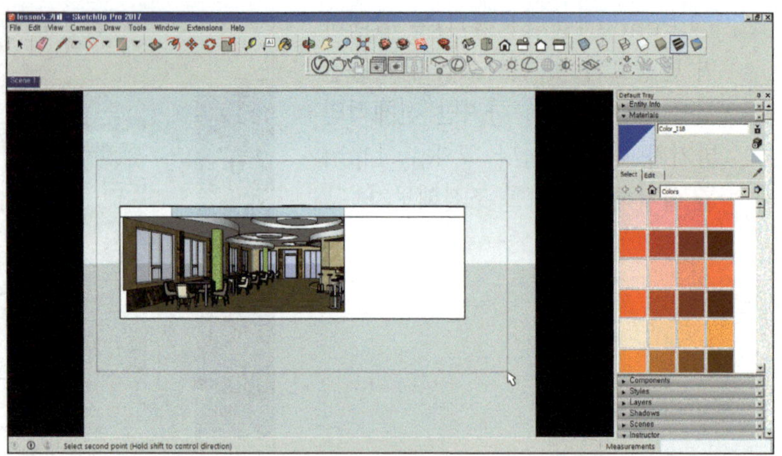

6 Select(선택) 도구로 조명을 선택한다.

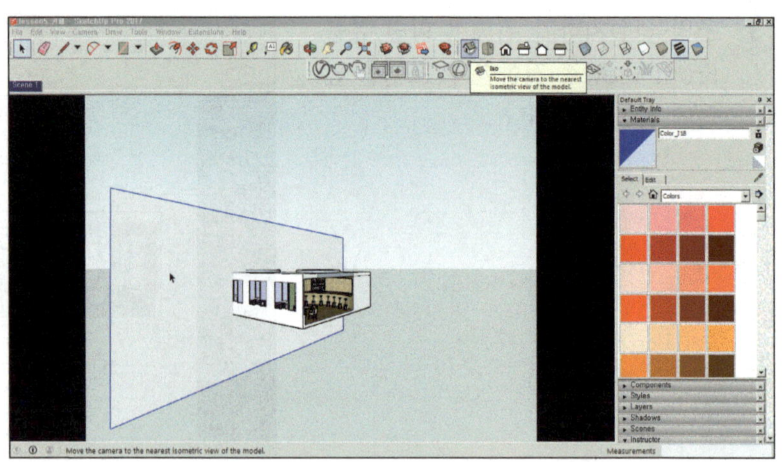

7 Move(이동) 도구를 사용해서 조명을 인테리어 앞쪽으로 이동한다.

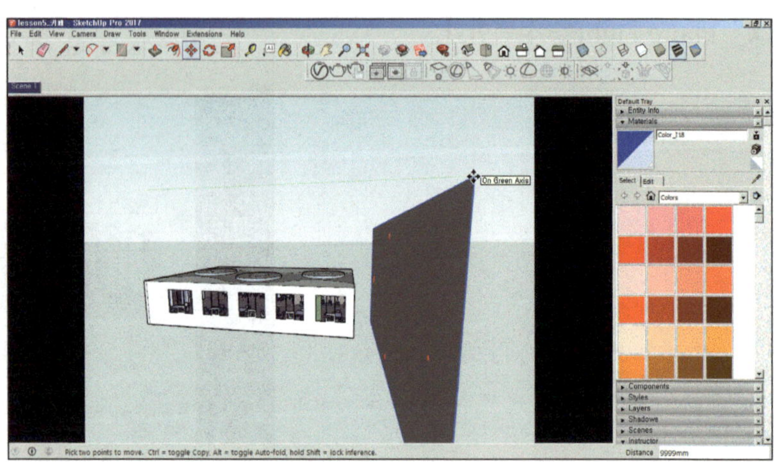

8 조명의 값을 설정하기 위해서 (Asset Editor 아이콘) Asset Editor(재질편집기)를 열어 V-Ray Rectangle Light를 선택한다.

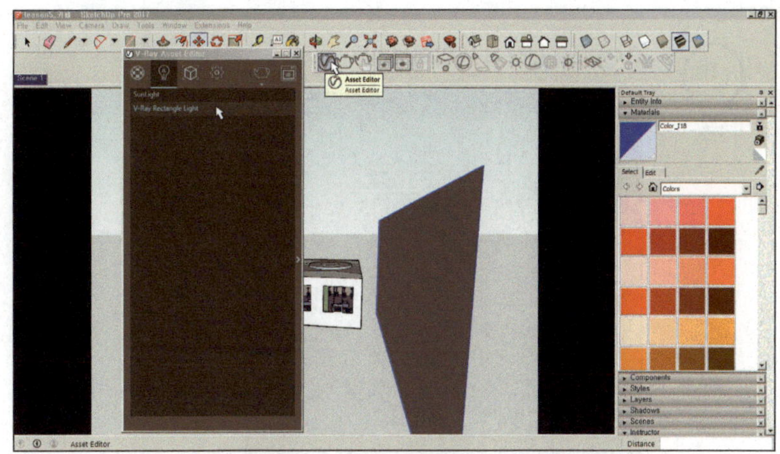

9 재질편집기 창을 활성화 한 후 조명의 세기(Intensity) 값을 60으로 올리고 Invisible과 Double Sided를 모두 체크한다.

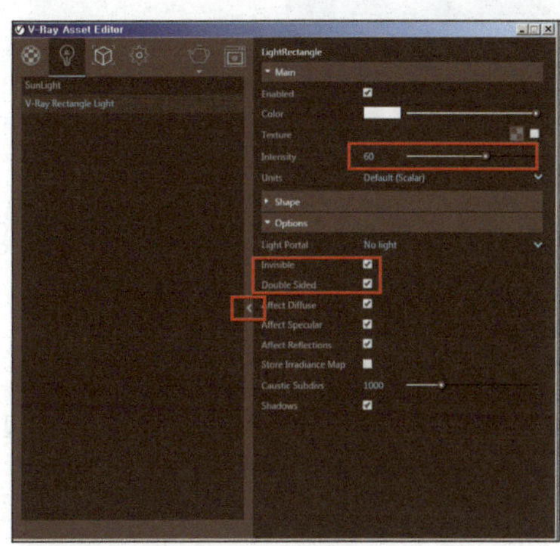

〈V-Ray Light 옵션 알아보기〉

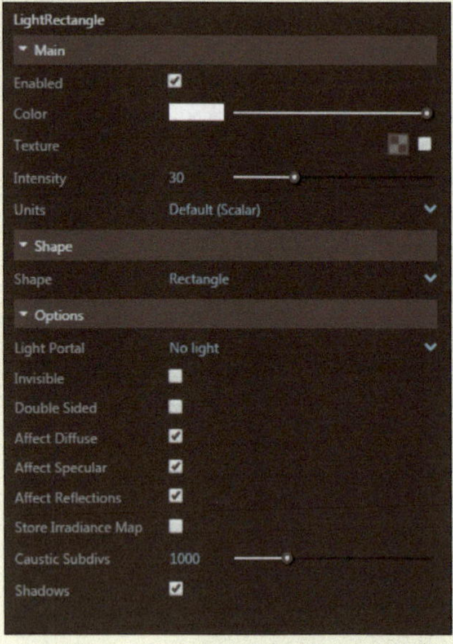

- Main
  - Enabled : 체크하면 Rectangle Light의 효과를 적용할 수 있다. 체크가 해제되어 있으면 조명의 효과가 적용되지 않는다.
  - Color : 광원의 색상을 나타낸다.
  - Texture : 조명의 색에 재질을 적용할 수 있다.
  - Intensity : 조명의 밝기를 나타낸다. 값이 클수록 빛이 강하게 적용된다.
  - Unit : 빛의 세기에 대한 단위를 설정한다.

- Shape
  - 조명의 모양을 Rectangle(사각형) 또는 Ellipse(타원형)으로 지정할 수 있다.

- Option : 조명에 대한 효과를 조절한다.
  - Light Portal : Portal light를 선택하면 Rectangle Light의 효과는 무시되고, V-Ray Option의 Environment에서 설정한 GI와 Background의 설정 값만 적용된다.
  - Invisble : 체크를 하면 빛의 효과는 적용되지만 Renctangle Light는 보이지 않는다.
  - Double Sided : 빛을 Plane 조명의 위, 아래 양 방향으로 적용한다.
  - Affect Diffuse : 체크표시를 해제하면 오브젝트의 색상이나 그림자 등은 표현되지 않고 오로지 광원의 효과만 표시된다.
  - Affect Specular : 오브젝트의 하이라이트 부분의 빛의 적용을 설정한다.
  - Affect Reflections : 오브젝트에 광원이 반사되는 효과를 적용한다.
  - Store in Irradiance Map : GI 엔진이 Irradiance Map으로 설정되어 있을 때 GI 연산과정에서 발생하는 데이터를 사용하기 때문에 랜더링 시간을 단축한다.
  - Caustic Subdivs : 빛의 산란 효과의 품질을 설정한다.
  - Shadows : 체크가 되어 있어야 그림자가 적용된다.

10 Render(랜더실행기)를 실행하면 밝기가 밝아진 것을 확인할 수 있다.

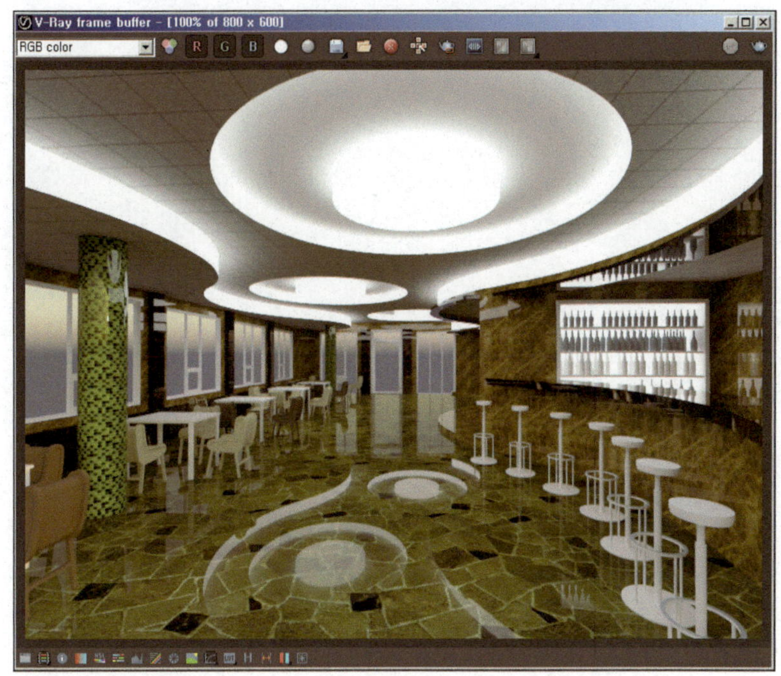

데이터 다운로드 안내

http://www.webhard.co.kr/
ID : dga1023
PW : 0221

GUEST그룹 → 자료실 → 스케치업 2019 완전정복 (신명철)
폴더 PW 입력 : 62852295

저자 신명철 (ideshin@kead.or.kr)

한국기술교육대학교 디자인공학과를 졸업하고
한국정보기술교육원(우성IT전문학교) 웹 애니메이션 프로듀서 과정
전임강사를 역임했다. 지금은 한국장애인고용공단에서 3D그래픽,
편집, 영상디자인 과정을 맡아 학생들을 가르치고 있다.

저서

『3ds max 4.2 현장실습 & 보드디자인』 (한빛미디어 2002년)
『스케치업 8 완전정복』 (도서출판 대가 2011년)
『스케치업 2015 완전정복』 (도서출판 대가 2015년)
『스케치업 2017 완전정복』 (도서출판 대가 2017년)

실전 예제로 배우는 건축 · 인테리어
스케치업 2019 완전정복

초판 1쇄 인쇄 2019년 7월 25일
초판 1쇄 발행 2019년 7월 30일

지은이 신명철
펴낸이 김호석
펴낸곳 도서출판 대가
편집부 박은주
마케팅 권우석 · 오중환
관리부 김소영

등록 제 311-47호
주소 경기도 고양시 일산동구 장항동 776-1, 로데오 메탈릭타워 405호
전화 02) 305-0210 / 306-0210
팩스 031) 905-0221
전자우편 dga1023@hanmail.net
홈페이지 www.bookdaega.com

ISBN 978-89-6285-229-5 13000

- 이 도서의 국립중앙도서관 출판시도서목록(CIP)은 서지정보유통지원시스템 홈페이지(seoji.nl.go.kr)와 국가자료공동목록시스템(www.nl.go.kr/kolisnet)에서 이용하실 수 있습니다. (CIP제어번호: CIP2019026926)